Curso de **DIREITO CONSTITUCIONAL**

Manoel Jorge e Silva Neto

Professor de Direito Constitucional nos Cursos de Graduação e Pós-Graduação (Mestrado e Doutorado) da Faculdade de Direito da Universidade Federal da Bahia. Professor Visitante de Direito Constitucional e Direitos Humanos na Universidade da Flórida – Levin College of Law (EUA). Professor Visitante de Direito Constitucional Comparado na Universidade François Rabelais (FRA). Doutor e Mestre em Direito Constitucional pela Pontifícia Universidade Católica de São Paulo. Procurador do Ministério Público do Trabalho (BA). Membro da Academia Nacional de Direito do Trabalho (ANDT) (Cadeira n. 64), do Instituto Brasileiro de Direito Social Cesarino Júnior, da Academia de Letras Jurídicas da Bahia (Cadeira n. 32) e do Instituto dos Advogados da Bahia (IAB). Ex-Presidente da Associação Nacional dos Procuradores do Trabalho (ANPT).

Curso de DIREITO CONSTITUCIONAL

Atualizado até a EC n. 71, de 29 de novembro de 2012,
e Súmula Vinculante n. 32, de 24 de fevereiro de 2011
(com comentários às Leis n. 11.417/2006 –
Súmula Vinculante – e 11.418/2006 –
Repercussão Geral de Questões Constitucionais)

8ª edição

2013

Editora Saraiva

Editora Saraiva

Rua Henrique Schaumann, 270, Cerqueira César — São Paulo — SP
CEP 05413-909
PABX: (11) 3613 3000
SACJUR: 0800 055 7688
De 2ª a 6ª, das 8:30 às 19:30
saraivajur@editorasaraiva.com.br
Acesse: www.saraivajur.com.br

FILIAIS

AMAZONAS/RONDÔNIA/RORAIMA/ACRE
Rua Costa Azevedo, 56 – Centro
Fone: (92) 3633-4227 – Fax: (92) 3633-4782 – Manaus

BAHIA/SERGIPE
Rua Agripino Dórea, 23 – Brotas
Fone: (71) 3381-5854 / 3381-5895
Fax: (71) 3381-0959 – Salvador

BAURU (SÃO PAULO)
Rua Monsenhor Claro, 2-55/2-57 – Centro
Fone: (14) 3234-5643 – Fax: (14) 3234-7401 – Bauru

CEARÁ/PIAUÍ/MARANHÃO
Av. Filomeno Gomes, 670 – Jacarecanga
Fone: (85) 3238-2323 / 3238-1384
Fax: (85) 3238-1331 – Fortaleza

DISTRITO FEDERAL
SIA/SUL Trecho 2 Lote 850 – Setor de Indústria e Abastecimento
Fone: (61) 3344-2920 / 3344-2951
Fax: (61) 3344-1709 – Brasília

GOIÁS/TOCANTINS
Av. Independência, 5330 – Setor Aeroporto
Fone: (62) 3225-2882 / 3212-2806
Fax: (62) 3224-3016 – Goiânia

MATO GROSSO DO SUL/MATO GROSSO
Rua 14 de Julho, 3148 – Centro
Fone: (67) 3382-3682 – Fax: (67) 3382-0112 – Campo Grande

MINAS GERAIS
Rua Além Paraíba, 449 – Lagoinha
Fone: (31) 3429-8300 – Fax: (31) 3429-8310 – Belo Horizonte

PARÁ/AMAPÁ
Travessa Apinagés, 186 – Batista Campos
Fone: (91) 3222-9034 / 3224-9038
Fax: (91) 3241-0499 – Belém

PARANÁ/SANTA CATARINA
Rua Conselheiro Laurindo, 2895 – Prado Velho
Fone/Fax: (41) 3332-4894 – Curitiba

PERNAMBUCO/PARAÍBA/R. G. DO NORTE/ALAGOAS
Rua Corredor do Bispo, 185 – Boa Vista
Fone: (81) 3421-4246 – Fax: (81) 3421-4510 – Recife

RIBEIRÃO PRETO (SÃO PAULO)
Av. Francisco Junqueira, 1255 – Centro
Fone: (16) 3610-5843 – Fax: (16) 3610-8284 – Ribeirão Preto

RIO DE JANEIRO/ESPÍRITO SANTO
Rua Visconde de Santa Isabel, 113 a 119 – Vila Isabel
Fone: (21) 2577-9494 – Fax: (21) 2577-8867 / 2577-9565 – Rio de Janeiro

RIO GRANDE DO SUL
Av. A. J. Renner, 231 – Farrapos
Fone/Fax: (51) 3371-4001 / 3371-1467 / 3371-1567
Porto Alegre

SÃO PAULO
Av. Antártica, 92 – Barra Funda
Fone: PABX (11) 3616-3666 – São Paulo

134.794.008.001

ISBN 978-85-02-19801-2

Dados Internacionais de Catalogação na Publicação (CIP)
(Câmara Brasileira do Livro, SP, Brasil)

Silva Neto, Manoel Jorge e
Curso de direito constitucional / Manoel Jorge e Silva Neto – 8. ed. – São Paulo : Saraiva, 2013.

1. Direito constitucional 2. Direito constitucional - Brasil I. Título.

12-14838 CDU-342(81)

Índice para catálogo sistemático:

1. Brasil : Direito constitucional 342(81)

Diretor editorial *Luiz Roberto Curia*
Gerente de produção editorial *Lígia Alves*
Editora *Thaís de Camargo Rodrigues*
Assistente editorial *Aline Darcy Flôr de Souza*
Produtora editorial *Clarissa Boraschi Maria*
Preparação de originais *Ana Cristina Garcia*
Liana Ganiko Brito
Maria Lúcia de Oliveira Godoy
Arte e diagramação *Cristina Aparecida Agudo de Freitas*
Edson Colobone
Revisão de provas *Rita de Cássia Queiroz Gorgati*
Renato Medeiros
Wilson Imoto
Serviços editoriais *Maria Cecília Coutinho Martins*
Vinicius Asevedo Vieira
Capa *Muiraquitã Editoração Gráfica*
Produção gráfica *Marli Rampim*
Impressão *EGB Editora Gráfica Bernardi Ltda*
Acabamento *EGB Editora Gráfica Bernardi Ltda*

Data de fechamento da edição: 8-3-2013

Dúvidas?
Acesse www.saraivajur.com.br

Das Utopias

"Se as coisas são inatingíveis... Ora!
Não é motivo para não querê-las...
Que tristes os caminhos, se não fora
A mágica presença das estrelas!"

Mário Quintana

AGRADECIMENTOS

Registro que a conclusão deste *Curso de Direito Constitucional* não foi obra exclusivamente minha. Em verdade, nenhuma obra é mérito unicamente do autor, como se poderia supor de modo equivocado.

Agradeço, portanto, em primeiro lugar, a Deus, por me encher de ânimo para fazer da ciência do direito instrumento à melhoria da condição de vida das pessoas; a todos os meus leitores – razão de tudo o que escrevo –; aos meus queridos alunos – razão de tudo o que pesquiso.

À Cláudia, porque você sabe que "amar é ver o sol por entre a noite escura/ É sofrer na alegria, é gozar na tortura/ E resumir num verso o infinito desejo:/ Viver por um sorriso; morrer por um beijo" (Oscar Lopes).

Com todo o meu amor de homem, amigo e companheiro.

A Maiana e Manoela, sangue do meu sangue, vida da minha vida, presente maravilhoso em dobro que recebi de Deus: "Minha filha, que magia esconde a sua natureza/ Que acorda tanta alegria, na minha tanta tristeza?/ Minha filha, meu tesouro; minha musa rosicler!/ Botão que em tempo vindouro; não será flor, mas mulher" (Luís Carlos Fonseca).

Com todo o meu amor de Pai.

Salvador, dezembro de 2005.

ABREVIATURAS

ACO	Ação Cível Originária
ACP	Ação Civil Pública
ADC	Ação Declaratória de Constitucionalidade
ADCT	Ato das Disposições Constitucionais Transitórias
ADI(n)	Ação Direta de Inconstitucionalidade
ADIMC	Ação Direta de Inconstitucionalidade com Medida Cautelar
ADPF	Arguição de Descumprimento de Preceito Fundamental
AgI	Agravo de Instrumento
AgR	Agravo Regimental
AgRgMI	Agravo Regimental em Mandado de Injunção
AgRRE	Agravo Regimental em Recurso Extraordinário
AI	Ato Institucional
AL	Alagoas
AM	Amazonas
ANATEL	Agência Nacional de Telecomunicações
ANEEL	Agência Nacional de Energia Elétrica
Ap.	Apelação
AP	Amapá
ApCMS	Apelação Cível em Mandado de Segurança
Art.	Artigo
AT	Argentina
BA	Bahia
BNDES	Banco Nacional de Desenvolvimento Econômico e Social
CC	Código Civil
CComp	Conflito de Competência
CE	Ceará
CF	Constituição Federal
CLT	Consolidação das Leis do Trabalho
CNI	Confederação Nacional da Indústria
CPC	Código de Processo Civil
CPP	Código de Processo Penal
DC	Dissídio Coletivo

Dec. Leg.	Decreto Legislativo
DF	Distrito Federal
DJ	*Diário da Justiça*
DJU	*Diário de Justiça da União*
DOU	*Diário Oficial da União*
DRU	Desvinculação das Receitas da União
EC	Emenda Constitucional
ECR	Emenda Constitucional de Revisão
ED	Embargo de Declaração
EDADI	Embargos de Declaração em Ação Direta de Inconstitucionalidade
EDv	Embargo de Divergência
Em. Jurisp.	*Ementário de Jurisprudência*
ES	Espírito Santo
Ext.	Extradição
FGTS	Fundo de Garantia do Tempo de Serviço
FR	França
FUNAI	Fundação Nacional do Índio
GG	*Grundgesetz* (Lei Fundamental de Bonn)
GO	Goiás
HC	*Habeas Corpus*
IBGE	Instituto Brasileiro de Geografia e Estatística
ICMS	Imposto sobre Circulação de Mercadorias e Serviços
IF	Intervenção Federal
Inq.	Inquérito
IT	Itália
j.	julgado
LACP	Lei da Ação Civil Pública
LC	Lei Complementar
LINDB	Lei de Introdução às Normas do Direito Brasileiro
LONMP	Lei Orgânica Nacional do Ministério Público
MA	Maranhão
MC	Medida Cautelar
MCMS	Medida Cautelar em Mandado de Segurança
MI	Mandado de Injunção
Min.	Ministro
MP	Medida Provisória/Ministério Público
MPDFT	Ministério Público do Distrito Federal e Territórios
MPE	Ministério Público Estadual
MPF	Ministério Público Federal
MPT	Ministério Público do Trabalho

MS	Mandado de Segurança/Mato Grosso do Sul
NCC	Novo Código Civil
OIT	Organização Internacional do Trabalho
OJ	Orientação Jurisprudencial
OMS	Organização Mundial da Saúde
ONU	Organização das Nações Unidas
PA	Pará
PB	Paraíba
PDDU	Plano Diretor de Desenvolvimento Urbano
PE	Pernambuco
Pet.	Petição
PGR	Procurador-Geral da República
PPE-QO	Questão de Ordem na Prisão Preventiva para a Extradição
PR	Paraná
QCr.	Questão de Ordem Criminal
QO	Questão de Ordem
PGR	Procurador-Geral da República
PI	Piauí
PR	Paraná
RDA	*Revista de Direito Administrativo*
RE	Recurso Extraordinário
Rcl.	Reclamação
Rel.	Relator
REO	Remessa *Ex Officio*
REsp.	Recurso Especial
RHD	Recurso em *Habeas Data*
RICD	Regimento Interno da Câmara dos Deputados
RISF	Regimento Interno do Senado Federal
RISTF	Regimento Interno do Supremo Tribunal Federal
RJ	Rio de Janeiro
RO	Rondônia
ROMS	Recurso Ordinário em Mandado de Segurança
Rp.	Representação
RREE	Recursos Extraordinários
RS	Rio Grande do Sul
RT	*Revista dos Tribunais*
RTJ	*Revista Trimestral de Jurisprudência*
SC	Santa Catarina
SDI	Seção de Dissídios Individuais
SINDEC	Sistema Nacional de Defesa Civil

SP	São Paulo
STF	Supremo Tribunal Federal
STJ	Superior Tribunal de Justiça
SUS	Sistema Único de Saúde
SV	Súmula Vinculante
T.	Turma
TFR	Tribunal Federal de Recursos
TO	Tocantins
TSE	Tribunal Superior Eleitoral
TST	Tribunal Superior do Trabalho
UF	União Federal
URSS	União das Repúblicas Socialistas Soviéticas

SUMÁRIO

NOTA À PRIMEIRA EDIÇÃO

Vimos afirmando obsessivamente que a ausência de cultura constitucional é causa de muitos dos males da civilização brasileira na atualidade.

Ultrapassada há séculos a Escola da Exegese, prevalece infelizmente a cultura dos códigos em detrimento da preservação dos valores supremos do ordenamento jurídico plasmados no texto constitucional.

Algo, no entanto, está mudando.

Com efeito, tem-se pressentido grande interesse, sobretudo na procura por cursos de pós-graduação em Direito Constitucional, *lato* e *stricto sensu*, circunstância a revelar o resgate da disciplina.

Digno de destaque também é a forma como a doutrina mais abalizada vem sistematicamente amparando suas conclusões a partir e com fundamento no sistema constitucional, seja no âmbito do Direito Civil, Penal ou do Trabalho.

As constantes referências no trabalho às decisões do Supremo Tribunal Federal e de outros tribunais superiores e estaduais decorrem da circunstância de a própria Constituição Federal lhes reservar o papel de guardiões do sistema constitucional.

Este *Curso de Direito Constitucional* é elaborado dentro dessa fase de soerguimento científico do Direito Constitucional, cuja pretensão é colaborar, a nosso modesto modo, para a definitiva consolidação de uma cultura constitucional no nosso País.

Salvador, janeiro de 2006.

NOTA À SEGUNDA EDIÇÃO

Foi com muita alegria que recebi a notícia dos amigos da Lumen Juris quanto ao término da 1ª edição após três meses de sua publicação.

José Ingeñeros, ensaísta, poeta e psicólogo argentino, afirma com habitualidade que "na vida o mais efetivo é o afetivo".

É ineliminável a felicidade de quem escreve, quando, além da divulgação da ciência, consegue fazer amigos.

E é assim, sem pieguice e com sinceridade, que considero cada leitor deste *Curso*, esteja onde estiver: um amigo com o qual divido o prazer do estudo do direito constitucional; divido as esperanças de uma constituição concretizada; divido os sonhos de um País menos desigual para as futuras gerações.

Muito obrigado!

Salvador, julho de 2006.

NOTA À TERCEIRA EDIÇÃO

Em pouco mais de um ano os leitores contemplaram a mim e à Editora Lumen Juris com três edições deste *Curso*.

Credito o êxito desta publicação ao sentimento que está impregnado em cada linha, em cada folha deste livro.

O sentimento é de profunda esperança por este País, no qual, embora se renovem desigualdades, renovam-se também os esforços de tantos que acreditam numa sociedade menos individualista e mais solidária.

Um abraço e o meu mais sincero muito obrigado!

Salvador, dezembro de 2007.

NOTA À QUARTA EDIÇÃO

Quatro meses passados e a alegria de ver esgotada mais uma edição deste *Curso*.

Sem pieguice – repito –, o agradecimento que faço a você, amigo leitor, é o compromisso de constante atualização e enriquecimento do texto com remissões doutrinárias e jurisprudenciais, principalmente do STF, que possam conduzir à adequada compreensão do Direito Constitucional.

Nesta edição foram acrescidas as Súmulas Vinculantes n. 4, 5, 6, 7, 8, 9, 10, 11 e 12, editadas pelo STF, com indicação da data de publicação e respectivos precedentes.

Para melhor procura do tema a ser investigado, foram incluídos tópicos em itálico acima dos parágrafos, isso quando conveniente para facilitar o estudo.

Também foram inseridos novos subitens ao Capítulo 25 (Direitos da Nacionalidade) e referentes à extradição, inclusive com a apresentação, em cada um deles, da jurisprudência do STF.

Foi incluído o subitem 19.5.2 ao Capítulo 19, no qual foram apresentadas considerações sobre a legitimidade da Defensoria Pública para propositura de ação civil pública, à vista da alteração do art. 5º da Lei n. 7.347/85 pela Lei n. 11.448/2007 e em virtude da propositura da ADIn n. 3.943 contra a disposição alterada.

Desejo registrar o grande apoio da Editora Lumen Juris, em especial do amigo João Luiz, cuja confiança depositada no autor deste *Curso* é estímulo à constante melhoria do texto.

Salvador, julho de 2008.

NOTA À QUINTA EDIÇÃO

Impuseram-se alterações nesta nova edição.

Após encaminharmos à Lumen os originais da edição anterior, o STF editou a Súmula Vinculante n. 13, reprovando a prática do nepotismo, e a Súmula Vinculante n. 14, tornando impositiva a instalação do contraditório em sede de investigação criminal, com o que se tornou indispensável a atualização do *Curso* para inclusão de comentários sobre os novos pronunciamentos do STF, mais ainda em virtude dos importantes reflexos no âmbito da Administração Pública brasileira e no contexto dos direitos fundamentais.

A propósito, também é novidade desta edição, ao final do livro, a inclusão de índice remissivo de súmulas vinculantes.

Mais uma vez: muito obrigado a todos!

Salvador, fevereiro de 2009.

NOTA À SEXTA EDIÇÃO

Esta edição traz alterações importantes.

No Capítulo 27 (Instrumentos de Garantia de Direitos), tivemos de adaptar todo o item 27.3 e referente aos mandados de segurança individual e coletivo em virtude da revogação da Lei n. 1.533/51 pela Lei n. 12.016, de 7 de agosto de 2009.

Também houve necessidade de atualização do texto em virtude da promulgação de diversas emendas constitucionais, inclusive a mais recente delas, no caso a EC n. 64, de 4 de fevereiro de 2010, que introduziu no art. 6º/CF o direito social à alimentação.

Em virtude da importância que atualmente representam para o sistema do direito positivo brasileiro, foi alterado o texto para adequá-lo às mais recentes súmulas vinculantes editadas pelo Supremo Tribunal Federal, com o que esta edição se encontra atualizada até a SV n. 31, de 17 de fevereiro de 2010.

E, enfim, não poderíamos, uma vez mais, deixar de agradecer a todos os leitores que prestigiam a mim e à Editora Lumen Juris com a carinhosa acolhida que vimos recebendo ao longo de todas essas edições.

Salvador, março de 2010.

NOTA À SÉTIMA EDIÇÃO

Novas e importantes alterações foram inseridas nesta edição.

O texto necessitou ser atualizado diante da promulgação da EC n. 65, que modificou o art. 227 para incluir também a juventude, da EC n. 66, que atribuiu nova redação ao § 6º do art. 226 da Constituição, alterando a disciplina constitucional sobre o divórcio, e, finalmente, da EC n. 67, que prorrogou, por tempo indeterminado, o prazo de vigência do Fundo de Combate e Erradicação da Pobreza.

Buscamos também a atualização da jurisprudência do STF, introduzindo as mais relevantes decisões recentemente adotadas pela Corte, com destaque para os MI's n. 943, 1010, 1074 e 1090, cujo julgamento, embora suspenso em 22-6-2011, revela a consolidação, na Corte, da tendência concretizadora do mandado de injunção.

Também nos pareceu relevante a inclusão do tema referente ao Transconstitucionalismo, que se destina à proteção multinível dos direitos humanos, razão pela qual foi dedicado item específico para o assunto no Capítulo 6 (Interpretação da Norma Constitucional).

E, por fim, nunca é demais agradecermos a todos os leitores e aos Professores de Direito Constitucional que vêm nos distinguido com a indicação da obra ao longo de todas essas edições.

Salvador, agosto de 2011.

NOTA À OITAVA EDIÇÃO

A oitava edição deste *Curso* foi realizada pela Editora Saraiva, prestigiosa casa editorial que doravante terá a responsabilidade de publicá-lo.

O leitor observará que esta edição se encontra atualizada até a Emenda Constitucional n. 71, de 29 de novembro de 2012, e Súmula Vinculante 32, de 24-2-2011, além da rotineira atualização da jurisprudência do STF e demais Tribunais Superiores.

Agradeço à Editora Lumen Juris por ter iniciado a edição desta obra no ano de 2006, e também nunca será demais agradecer aos alunos e professores de direito constitucional que vêm me distinguindo com a opção de leitura deste *Curso*.

Salvador, outubro de 2012.

PARTE I

TEORIA DA CONSTITUIÇÃO E CONTROLE DE CONSTITUCIONALIDADE

1

TEORIA DA CONSTITUIÇÃO E O DIREITO CONSTITUCIONAL

1.1 JUSTIFICATIVA PARA UMA TEORIA DA CONSTITUIÇÃO

Qual o sentido de dedicarem-se capítulos específicos sobre Teoria da Constituição?

Quando se constrói uma casa, é imprescindível edificar, inicialmente, a base fundante e o alicerce, indispensáveis à segurança da construção.

No campo da ciência jurídica, de igual modo, reveste-se de importância singular o estudo da teoria geral, tanto que se cogita da presença de uma teoria geral do direito, do processo, do delito (no direito penal) e também de uma Teoria da Constituição.

Se a constituição é, inegavelmente, o estatuto fundador da sociedade política, evidencia-se a necessidade de uma teoria que se proponha – em momento anterior ao estudo de um sistema constitucional em particular – a examinar o fenômeno do constitucionalismo e todos os desdobramentos que cercam a análise dessa realidade.

Não seria correto lançar-se ao estudo das questões mais candentes e controvertidas do direito constitucional sem se municionar com os subsídios da Teoria da Constituição.

A Teoria da Constituição, ou Teoria Constitucional, desempenha o insubstituível papel de oferecer os conceitos básicos sobre a constituição, o que servirá de auxílio para o exame das normas constitucionais concretas.

É intuitivo, no entanto, que o entendimento do conteúdo da Teoria da Constituição não deve dissociar-se da demonstração, no Texto de 1988, dos dispositivos atinentes às contenções do poder de reforma constitucional, ou a outros enunciados que guardem correspondência com o assunto a ser investigado.

Gomes Canotilho explicita que "a Teoria da Constituição não se limita a uma tarefa de 'investigação' ou 'descoberta' dos problemas político-constitucionais, nem a uma função de elemento 'concretizador' das normas da lei fundamental. [...] a Teoria da Constituição servirá também para 'racionalizar' e 'controlar' a pré-compreensão constitucional [...]. A necessidade de fundamentação da pré-compreensão obriga a uma teoria material da constituição"[1].

1 Cf. José Joaquim Gomes Canotilho, *Constituição Dirigente e Vinculação do Legislador*, p. 80-81. No que

1.2 CONTEÚDO DA TEORIA DA CONSTITUIÇÃO

Para bem entender a constituição positiva é necessário reconhecer no poder constituinte a sinergia capaz de criar e dar forma a um Estado, porquanto é a constituição o texto regulador da sociedade política.

O rol das considerações empreendidas pela Teoria Constitucional, no entanto, não deve, em verdade, ser limitado ao conceito do poder constituinte, mas igualmente esquadrinhar sua natureza, espécies e limitações.

Como não poderia deixar de ser, o estudo da constituição encontra-se inserido no conteúdo da disciplina. Advirta-se, apenas, que não será investigado um dado sistema constitucional, mas sim a constituição genericamente considerada, trazendo, para tanto, a contribuição dos teóricos, especialmente Ferdinand Lassalle, Carl Schmitt e Hans Kelsen.

Outrossim, o fato de as normas constitucionais serem as primeiras em um sistema positivo (pois antes delas só havia o direito natural) termina por provocar uma abissal dessemelhança no seu processo de interpretação.

Surge daí, como conteúdo, a interpretação das normas constitucionais, assunto de invulgar relevância para a compreensão dos preceptivos incorporados à Lei Fundamental, visto que seu entendimento só se fará possível mediante a referência ao conjunto de princípios hermenêuticos específicos.

A constituição é sempre autoaplicável? As disposições constitucionais ocasionam todos os efeitos expressos nos seus comandos?

As indagações estão afinadas ao tema da aplicabilidade das normas constitucionais, oportunidade em que se vai averiguar se pode a constituição, a partir de sua vigência, operar todas as consequências de caráter normativo.

José Joaquim Gomes Canotilho expõe que a constituição é o estatuto jurídico do fenômeno político[2], do que necessariamente se extrai a ilação segundo a qual não é apenas texto com feição jurígena, mas, de modo semelhante, vinculado a fatores políticos, sociais, culturais e econômicos.

Firma-se, assim, a importância do estudo do percurso histórico do constitucionalismo, de forma geral, e da história das Constituições brasileiras, sem que isso implique o desvirtuamento do conteúdo da disciplina, máxime porque não se realizará na Teoria Constitucional estudo circunstanciado da Constituição de 1988, conquanto as referências ao sistema constitucional se apresentem recomendáveis para tornar seu exame o mais didático possível.

Incluímos, por fim, ao final desta parte do *Curso*, o controle de constitucionalidade, promovendo referência aos sistemas, modos de exercício e efeitos da declara-

---

se refere ao que propriamente vem a ser "pré-compreensão constitucional", informamos que o Capítulo 6, relativo à interpretação da constituição, tratará do tema de modo específico.

2 Cf. *Direito Constitucional e Teoria da Constituição*, p. 1193.

ção de inconstitucionalidade, sempre com a indicação da jurisprudência do Supremo Tribunal Federal.

Portanto, esta parte tem o seguinte conteúdo: i) poder constituinte; ii) estudo da constituição (conceito, classificação, objeto, conteúdo e elementos); iii) história do constitucionalismo; iv) histórico das Constituições brasileiras; v) interpretação das normas constitucionais; vi) aplicabilidade das normas constitucionais; vii) noções de controle de constitucionalidade.

1.3 PROBLEMAS DA TEORIA DA CONSTITUIÇÃO[3]

O primeiro problema a ser investigado é que não há, hoje, uma *situação clássica* em sede de Teoria da Constituição, consoante nos informa Canotilho, compreendendo por "[...] situação clássica aquela em que se verifica um acordo duradouro em termos de categorias teóricas, aparelhos conceituais e métodos de conhecimento"[4].

A impossibilidade de convergência doutrinária para tratamento uniforme do conteúdo da Teoria da Constituição decorre da diversidade dos problemas constitucionais atuais e, logicamente, das respostas oferecidas pelos estudiosos, que não são semelhantes[5].

A Teoria da Constituição deve ser entendida como uma *teoria emergente* do processo histórico em que nos encontramos, em que prevalecem a incorporação de novas ordens normativas inseridas em comunidades políticas com maior amplitude (Comunidade Europeia, por exemplo) e a submissão do fato econômico à globalização[6].

Sem dúvida, basta que se examine a quantidade de teorias que se opõem, atualmente, à concepção de soberania infrene, idealizada por Jean Bodin, para que se constate que algo mudou e continua mudando no âmbito da Teoria da Constituição.

Mas outros problemas da Teoria da Constituição são apontados por Canotilho.

Certo que os modelos constitucionais não têm alcançado a desejada afinidade com os diferentes âmbitos e práticas sociais, surgem os *problemas de inclusão* da Teoria da Constituição[7], visto que muitas vezes as constituições não conseguem densificar os problemas da mudança e inovação jurídicas.

Os *problemas de referência* decorrem do atávico atrelamento à concepção individualista que prossegue firme em diversos sistemas constitucionais, desprezando a realidade – mais fática que jurídica – da existência de atores coletivos[8].

---

3 Recorremos à enunciação de Canotilho sem, todavia, fazer referência a todos os problemas destacados pelo constitucionalista português. O leitor encontrará o elenco completo dos problemas da Teoria da Constituição na obra *Direito Constitucional e Teoria da Constituição*, p. 1331-1338.

4 Idem, p. 1317.

5 Idem, ibidem.

6 Idem, ibidem.

7 Idem, p. 1331.

8 Idem, p. 1332.

Os *problemas de reflexividade*, por sua vez, dizem respeito à impossibilidade de o Estado e o sistema constitucional gerarem um quadro de respostas que atenda adequadamente ao conjunto cada vez mais complexo e crescente de exigências sociais[9].

Os *problemas de reinvenção do território*[10] são relevantes para a Teoria da Constituição porque a integração regional e a inevitável criação de órgãos supraestatais com poder para impor suas decisões a cada Estado (como é a hipótese do Tribunal Europeu e do Tribunal Penal Internacional) relativizam sobremaneira a ideia kelseniana de território como âmbito espacial de validez de uma ordem jurídica.

Os *problemas de risco* também afetam a Teoria da Constituição na medida em que os modelos atuais não conseguem resolver o problema da radical "assinalagmaticidade do risco", que significa o seguinte: a) o risco de catástrofes é criado por uns e suportado por outros; b) quem participa das decisões de risco são organismos aos quais carece legitimidade democrática para decidir sobre a sorte de comunidades inteiras; c) localizam-se as fontes de risco precisamente nos países mais débeis social, econômica, cultural e cientificamente, situando indústrias e atividades perigosas em países mais desprotegidos, consumando-se uma *injustiça ambiental*[11].

1.4 O DIREITO CONSTITUCIONAL

Conceito. O direito constitucional se propõe a investigar o fenômeno da constituição.

Mas o que é o direito constitucional? Pode-se conceituá-lo como o *domínio da ciência do direito que se ocupa do estudo das normas fundamentais organizatórias do Estado.*

Surgimento. A criação do direito constitucional remonta aos primórdios da Assembleia Constituinte francesa, de 1791, quando, naquela oportunidade, houve determinação a fim de que as universidades daquele país incluíssem a disciplina nos respectivos componentes curriculares.

Todavia, não foi no sistema educacional francês que se deu o surgimento do direito constitucional, mas sim na Itália, por meio de Compagnoni de Luzo.

1.4.1 Espécies

Manuel García-Pelayo divide o direito constitucional em três espécies: a) o direito constitucional *especial, positivo* ou *particular*; b) o direito constitucional *comparado*; e c) o direito constitucional *geral*[12].

1.4.1.1 Direito constitucional especial, positivo ou particular

Por direito constitucional especial, positivo ou particular deve-se entender a

9 Idem, ibidem.

10 Idem, p. 1334.

11 Idem, p. 1338.

12 Manuel García-Pelayo, *Derecho Constitucional Comparado*, p. 20-22.

disciplina da ciência do direito cujo objeto é a interpretação, sistematização e crítica de normas jurídico-constitucionais vigentes em determinado Estado[13].

Assim, de acordo com tal formulação teórica, todo estudo que tiver por objeto as normas constitucionais de um dado ordenamento jurídico, como o brasileiro, por exemplo, será compreendido como investigação presa ao direito constitucional especial, positivo ou particular.

1.4.1.2 Direito constitucional comparado

Já o direito constitucional comparado tem por objetivo o estudo das normas jurídico-constitucionais de vários Estados, com a preocupação de assinalar os traços distintivos e semelhantes existentes entre eles[14]; tem por objeto não só uma constituição, mas uma pluralidade de constituições[15].

Não se põe como pressuposto à investigação que as normas estejam vigentes; basta que o tenham sido[16].

1.4.1.3 Direito constitucional geral

O direito constitucional geral pode ser considerado como uma teoria do direito constitucional geral que tem por base o direito comparado, por meio do qual apresenta uma série de princípios, conceitos, instituições que podem ser encontrados nos vários sistemas do direito positivo para o fim de classificá-los e sistematizá-los numa visão unitária[17].

Embora o direito comparado sirva, como dito, ao direito constitucional geral, com este não deve absolutamente ser confundido, pois "(...) o que diferencia o direito constitucional geral do direito constitucional comparado é que, enquanto este se interessa por grupos jurídico-constitucionais em sua singularidade e contraste frente a outros grupos, o primeiro se preocupa somente das notas gerais e comuns (...)"[18].

A investigação de direito constitucional comparado se propõe ao exame de diversos textos constitucionais para desvendar o que lhes é comum e singular de cada qual, ao passo que o estudo de direito constitucional geral se destina à indicação das notas gerais e comuns dos diversos sistemas constitucionais.

---

13 Idem, p. 20.

14 Idem, ibidem.

15 Cf. Santi Romano, *Princípios de Direito Constitucional Geral*, p. 14.

16 Idem, p. 15.

17 Idem, p. 16.

18 Cf. Manuel García-Pelayo, op. cit., p. 22.

2

PODER CONSTITUINTE

2.1 INTRODUÇÃO

O fenômeno do poder se apresenta viável à investigação pela Ciência Política, pela Sociologia, pela Teoria do Estado e também pelo Direito Constitucional.

Aqui, nos domínios do que se convenciona denominar Teoria da Constituição, resplandece a importância do estudo da força que é capaz de constituir uma nova sociedade política estatal: o poder constituinte.

Propomos, neste Capítulo, desenvolver algumas ideias em torno da legitimidade do poder constituinte, da doutrina de Emmanuel Sieyès (quem inicialmente promoveu a distinção entre poderes constituinte e constituído), da sua natureza e titularidade, espécies, e, finalmente, das limitações impostas ao poder reformador.

2.2 LEGITIMIDADE DO PODER CONSTITUINTE

Para manter-se de pé, o moderno edifício jurídico busca suporte no pilar da hierarquia das normas, porque, para viabilizar a harmonia do sistema normativo[19],

---

19 De logo, presenciamos questão fundamental que não pode, em absoluto, deixar de ser atacada e concerne à indagação a respeito de se, efetivamente, o ordenamento jurídico configura um sistema, ou seja, num sentido genérico, "conjunto de elementos relacionados entre si, ordenados de acordo com determinados princípios, formando um todo ou uma unidade", como, por exemplo, o sistema solar (cf. Hilton Japiassú e Danilo Marcondes, *Dicionário Básico de Filosofia*, p. 226). Kelsen, em sua *Teoria Pura do Direito*, visualiza o sistema de normas estático – aquele que retira da norma hipotética fundamental o conteúdo e o fundamento de validade – e o sistema dinâmico, em que toda expedição de normatividade é aplicação de norma superior por alguém competente. Para Bobbio, requisito essencial para a configuração de sistema, além de conexidade com o todo, é o fato de haver inter-relacionamento coerente dos elementos sistêmicos. Acena ele para três significados de sistema: a) ordenamento em que as normas jurídicas são deriváveis de alguns princípios gerais, considerados à feição de postulados de um sistema científico; b) ordenamento da matéria, levado ao fim e ao cabo mediante processo indutivo, partindo-se do conteúdo das simples normas com a finalidade de construir conceitos sempre mais gerais, e classificações ou divisão da matéria (Jurisprudência sistemática, centrada na classificação); c) ordenamento jurídico tipificado como sistema tendo em vista a impossibilidade de nele coexistirem normas incompatíveis (cf. Bobbio, *Teoria do Ordenamento Jurídico*, p. 75-80). Aduz Bobbio, ainda, que, "se num ordenamento vêm existir normas incompatíveis, uma das duas ou ambas devem ser eliminadas. Se isso é verdade, quer dizer que as normas de um ordenamento têm um certo relacionamento entre si, e esse relacionamento é o relacionamento de

submetem-se os preceitos ordenadores existentes a um escalonamento que, em síntese, tem por objetivo a própria sobrevivência do sistema.

Exemplificando o quanto se afirmou, poderemos concluir que mera e simples ordem de serviço expedida por chefe de setor de repartição pública deverá curvar-se ao disposto em portaria emitida pelo secretário da unidade política (Estado ou Município), que, por sua vez, não poderá desbordar dos limites ditados pela lei, a qual, ainda, estará adstrita ao que ordena a constituição na hipótese, especialmente porque o texto constitucional, no plano hierárquico das normas jurídicas, posta-se no ápice do sistema do direito positivo, servindo, ao mesmo tempo, de arcabouço institucional do Estado e de instrumento normativo no qual todas as demais leis buscam o fundamento de validade.

Depreende-se, por conseguinte, que dos atos jurídicos em geral é exigida a legalidade, ou seja, consonância, adequação à lei, e desta exige-se conformação ao conteúdo constitucional, "[...] sob sanção de imediata invalidade e mediata declaração de inconstitucionalidade"[20].

E da constituição? O que se cobra da norma a surgir como fundamento de validade de todo o sistema? É demandada a legitimidade[21], resultado da correspondência do desejo coletiva e politicamente manifestado pela sociedade, e as finalidades do Estado positivamente inseridas na constituição.

---

compatibilidade, que implica a exclusão da incompatibilidade. Note-se, porém, que dizer que as normas devam ser compatíveis não quer dizer que se encaixem umas nas outras, isto é, que constituam um sistema dedutivo perfeito. Nesse terceiro sentido de sistema, o sistema jurídico não é um sistema dedutivo, como no primeiro sentido: é um sistema num sentido menos incisivo, se se quiser num sentido negativo, isto é, uma ordem que exclui a incompatibilidade das suas partes simples" (op. cit., p. 80). Maria Helena Diniz, diversamente, não concebe o direito como sistema jurídico, "[...] mas uma realidade que pode ser estudada de modo sistemático pela ciência do direito. É indubitável que a tarefa mais importante do jurista consiste em apresentar o direito sob uma forma sistemática, para facilitar seu conhecimento e manejo pelos que o aplicam" (cf. *Conflito de Normas*, p. 12).
É de real importância o esclarecimento quanto à impossibilidade de se promover a identificação entre "sistema normativo", como mencionamos no subitem, e "sistema jurídico" porque, como assinala Tércio Sampaio Ferraz Jr., "a estrutura complexa da própria norma nos obriga a falar em encadeamento de significações normativas, expressão esta que bem resume as múltiplas camadas dimensionais que compõem o fenômeno jurídico. Neles se compreendem não as normas como formas válidas para o comportamento finalístico, mas também formas categoriais, válidas para as formas anteriores" (cf. *Conceito de Sistema no Direito*, p. 173).

20 Idem, ibidem.

21 Convém anotar que o termo *legitimidade*, atualmente, expressa não apenas o legítimo conforme à lei. A acepção comum que vem sendo sistematicamente atribuída à palavra revela a ideia de legitimidade como noção paralela à lei ou, algumas vezes, até mesmo superior, quando induz a pensar na norma jurídica editada em consonância com os procedimentos constitucionalmente previstos, decorrendo daí a distinção entre legítimo e legal e legitimidade e legalidade, distinção consumada para traduzir uma eventual incompatibilidade da norma posta e aspirações de ordem social, política, econômica, ou ainda para delinear uma falta de identidade do direito positivo com a ordem moral (v. Tércio Sampaio Ferraz Jr., *Constituição de 1988:* legitimidade, vigência e eficácia, supremacia, p. 15).

Hermann Heller, ao criticar o decisionismo político de Carl Schmitt (assunto a ser abordado no Capítulo seguinte ao analisarmos a concepção política da constituição), acentua: "A questão da legitimidade de uma Constituição não pode, naturalmente, ser contestada, referindo-se ao seu nascimento segundo quaisquer preceitos jurídicos positivos, válidos com anterioridade. Mas, uma Constituição precisa, para ser Constituição, algo mais que uma relação factícia e instável de dominação, para valer como ordenação, conforme o direito, uma justificação segundo princípios éticos de direito"[22].

Por via de consequência, infere-se que a constituição não traslada, tão somente, o simples ato de positivar o poder político. Representa, de igual modo, a positivação dos valores jurídicos a imperarem quando da sua concepção.

Reside aí a legitimidade[23] da constituição, qual seja, a correspondência real dos valores jurídicos, objeto de positivação constitucional, com as aspirações de um povo.

E o poder constituinte? Como se opera a sua conceituação?

Bidart Campos informa que poder constituinte "[...] é a competência, capacidade ou energia para constituir ou dar constituição ao Estado, ou seja, para organizá-lo"[24].

O decisionismo político de Carl Schmitt conduz à ideia de que "poder constituinte é a vontade política cuja força ou autoridade é capaz de adotar a concreta decisão de conjunto sobre modo e forma da própria existência política, determinando assim a existência da unidade política como um todo"[25].

2.3 A FORMULAÇÃO TEÓRICA DE SIEYÈS

Em seu *"Qu'est-ce que le tiers état?"*, um dos célebres manifestos deflagradores da Revolução Francesa, publicado em 1788, o abade Emmanuel-Joseph Sieyès trouxe à baila as reivindicações da burguesia contra os privilégios da nobreza e do Absolutismo Monárquico, sistema de governo despótico e centralizador que imperava no Velho Continente há mais de um milênio.

De acordo com a formulação de Sieyès, o Terceiro Estado era representado pela nação ou pelo povo, incumbido de suportar todos os ônus do processo de produção, exercendo, ainda, os cargos subalternos na Administração Pública, pois os cargos honoríficos e lucrativos eram exercidos pela nobreza e pelo clero, privilegiados sem mérito, segundo o seu entender. A classe privilegiada, configurando um autêntico

---

22 Cf. Hermann Heller, *Teoría del Estado*, p. 298.

23 O sentido de legitimidade ao qual nos referimos se coaduna com o de substrato empírico de aspirações normativas a que alude Tércio Sampaio Ferraz Jr. (cf. *Constituição de 1988*, cit., p. 15), ou seja, sintonia entre a normatividade e as "pretensões" sociais, econômicas, políticas ou culturais de uma comunidade.

24 Cf. German J. Bidart Campos, *Filosofía del Derecho Constitucional*, p. 162.

25 Cf. Carl Schmitt, *Teoría de la Constitución*, p. 93-94.

corpo indolente, traduzia-se verdadeiramente em obstáculo ao progresso do país e deveria ser suprimida[26]. O Terceiro Estado, então, passou a reivindicar participação política por meio da escolha de cidadãos a ele vinculados de alguma forma.

Com o objetivo maior de fundamentar as reivindicações do Terceiro Estado, no tocante à participação política, originalmente Sieyès promoveu distinção entre o *poder constituinte* e os *poderes constituídos*, concluindo a respeito da existência de três fases no evolver da comunidade política.

Em síntese, na fase inicial, o que efetivamente importa é a intenção, dos indivíduos isolados, de constituírem ou organizarem uma nação.

Na fase posterior, a vontade real comum é o motivo de atuação da sociedade política, que, no entanto, tem sua manifestação prejudicada à vista da dispersão do povo pelo território.

Portanto, em uma última fase, há, por assim dizer, uma "seleção" de assuntos notoriamente vinculados ao interesse público, e, nesse passo, os "associados" da unidade política "[...] confiam o exercício desta porção de vontade nacional, e por conseguinte de poder, a alguns dentre eles"[27].

A constituição, na qualidade de instrumento normativo fundador da entidade política, define, relativamente aos "associados" representantes, os órgãos de representação, suas formas, funções afetas e os meios de exercê-las.

Evidencia, ademais, ser o poder constituinte inalienável, permanente e incondicionado.

Persiste ainda que a constituição esteja em vigência e dotada de plena eficácia.

O querer politicamente não se submete à constituição. Os poderes constituídos, diversamente, são limitados e condicionados, pois existem, porque assim o quis o poder constituinte e atuam, segundo a regra estabelecida na constituição, na medida em que *"la nación existe ante todo, es el origen de todo. Su voluntad es siempre legal, es la ley misma. Antes que ella y por encima de ella solo existe el derecho natural"*[28].

Percebe-se a tentativa de Sieyès de buscar, fora do sistema positivo, um direito público subjetivo inalienável do povo de autoconstituição, e não por outro motivo é que se afirma ser jusnaturalista[29] a sua posição.

26 Cf. Sieyés, *¿Que és el Tercer Estado*?, p. 11. Argumenta Sieyés: "¿Quién osaría, pues, decir que el tercer estado no tiene en sí todo lo necesario para formar una nación completa? Es el hombre fuerte y robusto, uno de cuyos brazos está todavia encadenado. Si se suprimiera el orden privilegiado, la nación no seria menos en encadenado. sino algo más. Así, ¿qué es el Tercer Estado? Todo, pero un todo trabado y oprimido. Qué seria sin el orden privilegiado? Todo, pero un todo libre y floreciénte. Nada puede marchar sin él, y todo iria infinitamente mejor sin los otros. No basta haber mostrado que los privilegiados, lejos de ser útiles a la nación, no pueden sino debilitarla y dañarla; hay que probar ahora que el orden noble no entra en la organización social; que podrá ser una carga para la nación, pero que forma parte de ella".

27 Idem, p. 71-73.

28 Cf. Sieyés, op. cit., p. 75.

29 Reconhecemos a existência de cinco sentidos distintos para a expressão *jusnaturalismo* ou *direito*

Porém, a natureza jurídica do poder constituinte foi duramente contestada no

---

natural. Primeiro, o jusnaturalismo dos escolásticos – a escolástica está voltada aos ensinamentos de filosofia e teologia ministrados nas escolas para a formação de religiosos em universidades na Europa ao longo da Idade Média, principalmente entre os séculos IX e XVII, e se caracterizam, de forma mais marcante, pela tentativa de harmonizar os dogmas do Cristianismo e as verdades reveladas nas Escrituras com as doutrinas filosóficas clássicas (cf. Hilton Japiassu e Danilo Marcondes, *Dicionário Básico de Filosofia*, p. 84) – admitia o direito natural como um conjunto de normas, ou de princípios morais originários, imanentes ao tecido social, positivados ou não pelo sistema do direito positivo porquanto decorrem da natureza das coisas e do homem, razão por que são apreendidos, de imediato, pela inteligência humana como verdadeiros (cf. Maria Helena Diniz, *Compêndio de Introdução à Ciência do Direito*, p. 34).
No entanto, a partir do século XVII, a feição objetiva e material do jusnaturalismo escolástico foi transmudada para a doutrina do direito natural subjetivo e formal em que "[...] a natureza do homem é uma realidade imutável e abstrata, por ser-lhe a forma inata, independente das variações materiais da conduta" (cf. Maria Helena Diniz, op. cit., p. 35). "[...] Para essa teoria do direito natural subjetivo, os preceitos do justo e do injusto continuam válidos, mesmo se suposta a inexistência de Deus, por terem seu fundamento nas leis imanentes à razão humana (Grotius)".
"A concepção do direito natural subjetivo e formal considera inatas no homem as tendências para a liberdade física e moral e para a igualdade, se não nas qualidades físicas, intelectuais e morais, pelo menos na dignidade essencial à natureza humana, presente em cada indivíduo e exigindo dos outros que o respeitem e tratem como especificamente igual (Pufendorf)" (cf. Maria Helena, op. cit., p. 38-39).
Immanuel Kant formulou a teoria do direito racional produto da exacerbação do plano jusnaturalista subjetivo e formal.
De acordo com a teoria, tomando por pressuposto ser o homem racional e livre, está, por conseguinte, apto a se impor normas de conduta, "[...] designadas por normas éticas, válidas para todos os seres racionais, que, por sua racionalidade, são fins em si e não a serviço de outros. [...] A obediência do homem à sua própria vontade livre e autônoma constitui, para Kant, a essência da moral e do direito quando a obrigatoriedade for cognoscível pela razão pura, independente de lei Natural. As normas jurídicas, para tal concepção, serão de direito natural, se sua extrema ou de direito positivo, se dependerem, para obrigarem, de legislação extrema" (cf. Maria Helena Diniz, op. cit., p. 39-40).
No século XIX, entretanto, houve ferrenha oposição ao arcabouço filosófico do direito natural, nomeadamente por parte dos historicistas, sociólogos e positivistas do direito, a ponto de quase se extinguir a escola jusnaturalista. Coube, porém, a Rudolf Stammler e Giorgio del Vecchio o esforço dirigido ao retorno ao direito natural.
Stammler formulou uma teoria do direito natural de compostura variável, repelindo a concepção jusnaturalista material fundada na natureza humana. "Sustenta ele que o direito natural não pode ser visto como um sistema orgânico de preceitos concretos, válidos com caráter absoluto para qualquer povo, tempo e lugar, mas apenas como um critério diretor, que plasme as figuras jurídicas, de acordo com as circunstâncias sociais, ou espaço-temporais, com a tradição histórica, com o tipo de sociedade, com a cultura etc. Há uma só ideia de justiça (direito natural de conteúdo variável) e inúmeros direitos justos, conforme as variações da matéria social e as diversas circunstâncias de cada época."
"Na base da teoria stammleriana está uma concepção ideal de sociedade, que se desenvolve por meio de critérios formais de valoração" (cf. Maria Helena Diniz, op. cit., p. 41).
del Vecchio, por outro lado, foi também um dos importantes "restauradores" da doutrina do direito natural, muito embora não estivesse voltado para a preservação do modelo original (objetivo e material) do jusnaturalismo.
Perseguia um modelo de direito natural sempre atento ao ideal do justo, permanente e imutável,

século XIX pelo positivismo jurídico, ao entender tal corrente que, sendo anterior o poder constituinte ao direito posto, não haveria como considerar a sua juridicidade (ver subitem 2.4.2).

2.4 CONCEITO, NATUREZA, CARACTERES, TITULARIDADE E EXERCÍCIO DO PODER CONSTITUINTE

2.4.1 Conceito de poder constituinte

Poder constituinte *é o destinado à criação do Estado, dotando-o de estrutura peculiar por meio de uma constituição, e o de alteração das normas constitucionais da sociedade política.*

2.4.2 Poder constituinte: poder de fato ou de direito?

Controvertem os teóricos a respeito da natureza do poder constituinte: seria poder de fato ou de direito?

A conclusão necessariamente depende de o cientista do direito haver abraçado a filosofia *positivista* ou *jusnaturalista*.

No primeiro caso, se o pensamento positivista não reconhece a existência de qualquer direito *antes* ou *fora* do Estado, a conclusão será a respeito da natureza fática do poder constituinte.

---

mas, por outro prisma, compatível com os vários materiais histórico-condicionados. "Ao estabelecer o sentido de 'natureza humana', como princípio jurídico, Del Vecchio esclarece que pode designar duas coisas bem diversas. Se analisarmos a expressão sob o prisma da causalidade, 'natureza' é a totalidade do real empírico, isto é, o conjunto de todos os fenômenos ligados entre si por vínculos causais; logo, 'homem' é uma partícula infinitesimal da natureza como todo. Este critério da causalidade é uma forma de conhecimento *a priori*, ou seja, universal e necessária, que funciona como condição de possibilidade de experiência. Essa consideração causal da natureza não faz aferições valorativas. Se a estudarmos baseados na concepção teleológica, não mais aparece como uma unidade mecânica de fenômenos, mas como uma ordem valorativa, como um princípio que se desenvolve em marcha ascendente, como razão que vivifica e organiza a matéria" (cf. Maria Helena Diniz, op. cit., p. 41-42).

Ao fim, perscrutando o mais recente sentido atribuído à terminologia *direito natural*, avistamos, na década de 70, a concepção quântica do direito, idealizada pelo jusfilósofo brasileiro Goffredo Telles Jr. Adverte o cientista que o sistema do direito positivo nem sempre é aquele que os indivíduos submissos a tal normatividade gostariam de ter. Para Goffredo Telles Jr., "o direito natural é um conjunto de normas jurídicas promulgadas, isto é, oficializadas pela inteligência governante, de conformidade com o sistema ético de referência da coletividade em que vigora. O direito natural é o direito legítimo, que nasce, que tem raízes, que brota da própria vida, no seio do povo. O governo só pode declarar o direito conforme a ideia de ordem jurídica acalentada pelo grupo social que dirige". "[...] O direito legítimo é quântico porque delimita, quantifica a movimentação humana, segundo o sistema ético de referência que espelha disposições genéticas da coletividade. O direito quântico não é arbitrário. É quântico porque é feito sob medida, e é a medida da liberdade humana. É quântico porque relaciona o dever ser com o ser de um sistema social de referência" (cf. Maria Helena Diniz, op. cit., p. 46).

Se, todavia, é de compostura jusnaturalista a formação do cientista do direito, não hesitará em concluir ser jurídica a natureza do poder constituinte.

Expõe, entretanto, Luís Roberto Barroso que "passando ao largo da discussão entre o jusnaturalismo e o positivismo quanto à natureza do poder constituinte, certo é que ele é a energia inicial que institui uma determinada ordem jurídica, criando ou reconstruindo o Estado através de uma constituição, que é a primeira expressão do direito positivo. Ela representa não apenas a positivação do poder, como também a indicação dos valores jurídicos supremos, firmando diretrizes e programas que devem nortear a atuação do governo e da sociedade. Em muitos casos, a constituição consiste, como incisivamente costumava dizer Piero Calamandrei, sobretudo *em uma polêmica contra o passado e em um programa de reformas em direção ao futuro*"[30].

Acompanhamos, no entanto, a posição de Santi Romano: "A formação de um novo Estado, no seu procedimento, é um fato ou uma série de fatos que, nos momentos em que se desenvolvem, não podem ser juridicamente apreciados pela mesma ordenação estatal, que ainda não existe e começa a existir apenas depois que eles se efetivarem. Isso não impede que possam ser regulados ou qualificados por outras ordenações, por exemplo, pelo direito internacional dos demais Estados, por alguma ordenação provisória que seja instaurada por força revolucionária ou para regular seu movimento"[31].

2.4.3 O pensamento de Georges Burdeau e os caracteres do poder constituinte: inicialidade, autonomia e incondicionalidade

Georges Burdeau afirma que são caracteres essenciais do poder constituinte a *inicialidade*, a *autonomia* e a *incondicionalidade*[32].

Diante da existência de qualquer núcleo organizado, saberemos, decerto, em que contribuíram determinados sujeitos para a sua formação.

Exemplificando, uma sociedade comercial não poderia subsistir ou ser criada senão por meio de manifestação de vontade de indivíduos (sócios) que, posteriormente, resolveram pela institucionalização da pessoa jurídica de direito privado por intermédio do contrato social ou de sociedade.

Guardadas as necessárias proporções, da mesma forma ocorre com a entidade estatal.

Há, com evidência, necessidade de manifestação de vontade de um ou de alguns indivíduos para criar o Estado.

30 Cf. *O Direito Constitucional e a Efetividade de suas Normas*: limites e possibilidades da Constituição brasileira, p. 66.

31 Cf. *Princípios de Direito Constitucional Geral*, p. 252.

32 Cf. *Traité de Science Politique*, p. 184-185. Afirma Burdeau: "Le pouvoir constituant est un pouvoir initial, autonome et inconditionné. Il est initial parce qu'il n'existe au-dessus de lui, ni en fait ni en droit aucun autre pouvoir. [...] L'autonomie du pouvoir est le corollaire de son caractère initial. [...] on peut dire que le pouvoir constituant est inconditionné car [...] il n'est subordonné à aucune règle de forme ni de fond".

Daí surge a *inicialidade* acentuada por Burdeau[33], à vista de inexistir outro poder acima do poder constituinte; a *autonomia*, em razão de caber ao seu titular decidir acerca do valor jurídico a conformar a estrutura do Estado, e, por último, a *incondicionalidade*, máxime porque não se subordina a qualquer regra de forma ou de fundo.

2.4.4 Poder constituinte e constituições costumeiras

A ideia de poder constituinte está vinculada à de constituição escrita[34], muito embora nada impeça a manifestação de tal poder com relação àquelas costumeiras ou históricas.

Ocorre que, nestas, a manifestação constituinte se protrai no tempo em razão do percurso histórico que caracteriza, de modo obrigatório, o procedimento formativo das constituições costumeiras ou consuetudinárias (ver, a respeito, o subitem 3.3.3.5 do próximo Capítulo).

2.4.5 Titularidade e exercício do poder constituinte

Deve-se distinguir a *titularidade* e o *exercício* do poder constituinte, pois não há comumente coincidência entre o titular e o exercente desse poder.

A titularidade é conferida ao *povo*.

A Constituição de 1988 consagra a titularidade ao povo brasileiro no parágrafo único do art. 1º: "Todo o *poder* emana do *povo*, que o exerce por meio de representantes eleitos ou diretamente, nos termos desta Constituição".

Já o exercício do poder constituinte é conferido àqueles eleitos pelo povo para o fim de elaboração do texto constitucional.

Logo, frise-se que não há identidade entre as pessoas que titularizam e as que exercem o poder constituinte, *salvo* na hipótese de revolução, quando o titular será o mesmo a exercer o poder. Por exemplo, o ditador que titulariza e assume o poder é o mesmo que elabora a constituição.

2.5 ESPÉCIES DE PODER CONSTITUINTE

2.5.1. Poder constituinte originário e derivado. Poder constituinte decorrente

Ainda que Georges Burdeau saliente inexistirem poderes constituintes distintos[35], encontramos imensa dificuldade na sustentação da tese, porquanto é o próprio tratadista que afirma ser o poder constituinte inicial, autônomo e incondicionado.

---

33 Idem, ibidem.

34 Karl Loewenstein afirma ser universal o fenômeno da constituição escrita, surgindo como inevitável consequência das conquistas das revoluções francesa e americana, a tal ponto que, "[...] a soberania popular e a constituição escrita se converteram, prática e ideologicamente, em conceitos sinônimos" (cf. *Teoría de la Constitución*, p. 159-160).

35 Op. cit., p. 181-182, 184 e 189.

Ora, prontamente se descortina a nítida diferenciação entre os poderes constituintes, porque vislumbramos um ilimitado; outro, limitado. Um incondicionado; outro, condicionado. Um *originário*; outro, *derivado*.

Relembre-se a conceituação proposta para poder constituinte: *é o destinado à criação do Estado, dotando-o de estrutura peculiar por meio de uma constituição, e o de alteração das normas constitucionais da sociedade política.*

Destarte, surge, assim, a conhecida classificação do poder constituinte em *originário* e *derivado*.

A constituição é emanação do poder constituinte.

Por outro lado, é concebida com caráter de definitividade e perenidade. Ocorre que a realidade cambiante das relações sociais, políticas e econômicas denota, por vezes, a conveniência de modificação de aspectos pontuais do texto constitucional, surgindo, nesse passo, o *poder constituinte derivado*, o *reformador*, ou ainda o *de competência constitucional derivada*.

Trata-se, em verdade, de aspecto vinculado à técnica constitucional, pois se tornaria impossível o chamamento do constituinte originário cada vez que os fatores de ordem social, política ou econômica apontassem para a mudança da constituição.

Subespécies do poder constituinte derivado. Consagrada a expressão *poder constituinte derivado*, ela admite, por sua vez, duas subespécies: o *poder de reforma constitucional* e o *constituinte decorrente*.

O poder de reforma constitucional compreende a *emenda* e a *revisão constitucional*. As alterações pontuais no texto constitucional são efetivadas por meio das emendas, ao passo que as modificações mais abrangentes se processam pelo procedimento da revisão constitucional[36].

Também se distinguem, se observado o processo constitucionalmente fixado para a emenda e a revisão. No primeiro caso, exige-se *quorum* qualificado de três quintos de votos dos membros de cada Casa Congressual, em regime de votação de dois turnos. No segundo caso, nota-se que a Constituição fixou apenas que "a revisão constitucional será realizada após cinco anos, *pelo voto da maioria absoluta dos membros do Congresso Nacional, em sessão unicameral*".

Examinada a forma de Estado federal, poderá ser encontrada outra manifestação do poder constituinte derivado: o *decorrente*.

---

36 Jurisprudência do STF se inclina para a inadmissibilidade de revisão constitucional no contexto das constituições estaduais. Assim decidiu na ADIn 1.722/TO, rel. Min. Marco Aurélio, j. em 10-12-1997: "Revisão Constitucional. Cartas Estaduais – Ao primeiro exame concorrem o sinal do bom direito, o risco de manter-se com plena eficácia o ato normativo estadual e a conveniência de suspensão no que, mediante emenda constitucional aprovada por assembleia legislativa, previu-se a revisão da Carta local, estipulando-se mecanismo suficiente a torná-la flexível, ou seja, jungindo-se a aprovação de emendas a votação em turno único e por maioria absoluta. Ao Poder Legislativo, Federal ou Estadual, não está aberta a via da introdução, no cenário jurídico, do instituto da revisão constitucional".

A Teoria do Estado nos fornece os subsídios acerca das formas de sociedades políticas existentes na atualidade: unitárias, regionais e federais. No primeiro caso, há irradiação das decisões políticas exclusivamente do órgão central, não assegurada a existência de unidades parciais autônomas; na segunda hipótese, notamos a presença de regiões politicamente autônomas, sem a previsão constitucional rigorosa de sua manutenção, cujos exemplos mais conhecidos são Portugal e Espanha; e, por fim, temos o Estado federal, baseado na divisão espacial do poder, isto é, na possibilidade de coexistência de órgão central e unidades parcelares autônomas, cuja imutabilidade da autonomia política concedida tem previsão constitucional.

Ocorre que a apontada autonomia precisa ser objetivamente reconhecida.

E como se opera o reconhecimento da autonomia dos Estados-Membros em uma Federação?

Dá-se precisamente em face da capacidade de organização própria das unidades federadas por documento que atenda à proclamada autonomia: a constituição estadual.

De contraparte, a elaboração das constituições estaduais pressupõe manifestação constituinte nos domínios do território do Estado-Membro, surgindo, assim, o poder constituinte decorrente.

Anna Cândida da Cunha Ferraz explicita que "essa modalidade de Poder Constituinte, prevista na Constituição, intervém para exercer uma tarefa de caráter nitidamente constituinte, qual seja, a de estabelecer a organização fundamental de entidades componentes do Estado Federal. Tem o Poder Constituinte Decorrente um caráter de complementariedade em relação à Constituição; destina-se a perfazer a obra do Poder Constituinte Originário nos Estados Federais, para estabelecer a Constituição dos seus Estados componentes. [...] De fato, nos Estados Federais, a tarefa do poder constituinte originário não pode ser considerada completa se a Constituição Federal não admitir, expressa ou implicitamente, o exercício da função constituinte pelas entidades federadas. O Estado Federal é um Estado composto de coletividades dotadas de autonomia, cujo conteúdo principal é a auto-organização, através de uma constituição própria. Evidente, portanto, que o Poder Decorrente exerce uma atividade de natureza constituinte"[37].

O art. 11 do Ato das Disposições Constitucionais Transitórias explicitamente confere a cada Assembleia Legislativa o poder de elaborar a Constituição dos Estados-Membros, estabelecendo o prazo de um ano, a contar da promulgação da Constituição Federal, determinando, ainda, que sejam obedecidos os princípios constitucionais federais.

2.5.1.1 Poder constituinte derivado e poder constituinte decorrente: expressões equívocas?

Foi visto que o elemento responsável pela consolidação de um modelo normativo para o Estado invariavelmente delega a outro poder a tarefa de alterar, de forma

37 Cf. Anna Cândida Cunha Ferraz, *Poder Constituinte do Estado-Membro*, p. 19-20.

pontual, a constituição, exceto no que se relaciona às cláusulas intangíveis (art. 60, § 4º, I a IV, da CF).

A doutrina não se apresenta uniforme quanto à sua nomenclatura, a ponto de adotar os signos "poder reformador", "poder de reforma constitucional", "poder constituinte instituído", ou ainda "poder constituinte derivado".

É certo que o elenco das terminologias indicadas não é exaustivo; porém, em trabalho voltado ao exame de uma Teoria da Constituição, é absolutamente indeclinável analisar o termo "poder constituinte derivado" para descobrir se guarda alguma imprecisão técnica, tendo em vista a habitualidade com que o termo é empregado pela doutrina brasileira.

Em primeiro lugar, a palavra "constituinte" decorre do verbo "constituir", que, por sua vez, tem o significado de "ser a base, a parte essencial de; formar, compor"[38].

Se, porventura, alguma crítica vier a ser feita à terminologia "poder constituinte derivado" sob o fundamento de que propriamente não "constitui" – o que seria prerrogativa exclusiva do poder constituinte originário –, mas apenas modifica o texto supremo em aspectos pontuais, encerrando, assim, suposta contradição no próprio termo, importa pôr em relevo a ideia de que o ato formal de constituição da sociedade política, organizando-a mediante um texto escrito, dogmático (como se sucede com a Constituição brasileira de 1988), não se esgota no momento em que se promulga uma nova ordem constitucional.

É que, assim como os indivíduos que o compõem, o Estado se submete a contínuo processo de transformação.

O Estado é processo, enfim[39].

E, no particular, tanto a manifestação originária quanto aquela de não menor relevância e destinada à atualização da norma suprema[40] podem ser consideradas "poder constituinte".

No segundo caso, não obstante a atuação se dê de modo condicionado, nada impede que prossiga a ciência do direito constitucional a denominá-lo "poder constituinte derivado", pois o ato de constituir se protrai no tempo mediante o exercício da competência constitucional reformadora a cada vez que injunções de color político, econômico ou social conduzirem à indigitada iniciativa.

Por sua vez, vimos que poder constituinte decorrente é a representação objetiva da autonomia das unidades parciais em uma Federação. Sem possibilidade de auto-organização dos Estados-Membros mediante as constituições estaduais não se cogita propriamente de forma federativa de Estado.

---

38 Cf. Aurélio Buarque de Holanda, *Dicionário da Língua Portuguesa*, p. 172.

39 No Capítulo 4, subitem 4.9, explicamos, com base na lição de Adolfo Posada, a ideia de Estado como processo.

40 Ressalva feita aos sistemas do *common law*, de caráter judicialista, nos quais o processo de aproximação do mundo circundante à realidade formal da constituição é consumado pelo Poder Judiciário.

André Ramos Tavares, no entanto, critica a denominação "poder constituinte decorrente", fazendo-o mediante os seguintes fundamentos: "Esse poder baseia-se na autonomia de que gozam os Estados numa Federação, mas que não é suficiente para atribuir a natureza de ilimitado, de inicial ou de incondicionado a esse poder. Há inclusive uma dependência genética que vincula as Cartas estaduais à federal, no sentido de que aquelas devem guardar simetria com o estabelecido nesta última"[41].

Mas a crítica lançada à terminologia "poder constituinte decorrente" não deve subsistir, *data venia*, pelas seguintes razões: i) conforme já aduzido acima, é equívoco imaginar que a propriedade constituinte se cola exclusivamente ao "pai fundador" da sociedade política, porquanto a atávica tendência transformadora do Estado põe relevância, de igual modo, na atuação do poder derivado, invariavelmente responsável por importantes alterações nos textos constitucionais pós-modernos que, não raro, alteram-lhes, de fato, a substância[42]; ii) a resistência quanto à identificação do poder decorrente como constituinte provém do reconhecido prestígio da teoria de Sieyès, cujo contributo à Teoria da Constituição, ao distinguir poder constituinte e poderes constituídos, malgrado extremamente valioso, não deve sobrepor-se à própria realidade dos Estados atuais, submetidos a contínua transformação; iii) a capacidade de auto-organização, inerente à forma federativa de Estado, confere a prerrogativa política às unidades parciais de decidirem a respeito dos valores jurídicos que devem conformar os respectivos textos constitucionais estaduais.

2.5.2 Poder constituinte material e formal

Outrossim, fala-se ainda em *poder constituinte material* e *formal*.

O poder constituinte material precede logicamente o formal, "[...] porque a ideia de Direito precede a regra de Direito, o valor comanda a norma, a opção política fundamenta a forma que elege para agir sobre os fatos. E precede-o historicamente, porque (sem considerar, mesmo, a Constituição institucional de antes do constitucionalismo) há sempre dois tempos no processo constituinte, o do triunfo de certa ideia de Direito ou do nascimento de certo regime e o da formalização dessa ideia ou desse regime [...]"[43].

O poder constituinte formal é o "[...] poder de decretação de normas com a forma e força jurídica próprias das formas constitucionais"[44] ou "[...] de criação originária de um complexo normativo ao qual se atribui a força de constituição"[45].

Nessa linha de pensamento, adverte Gonzalez Casanova: "Não é o mesmo constituir uma sociedade política que elaborar, aprovar e promulgar um documento le-

41 Cf. *Curso de Direito Constitucional*, p. 51.

42 Basta examinar, por exemplo, a Constituição portuguesa de 1976 após as sucessivas revisões contempladas no seu texto.

43 Cf. Jorge Miranda, *Manual de Direito Constitucional*, p. 63.

44 Idem, ibidem.

45 Cf. José Joaquim Gomes Canotilho, *Direito Constitucional*, p. 110.

gislativo chamado constituição. No primeiro caso, a constituição material de uma sociedade política é produto ou fruto da *politics*, do regime de coisas que cristaliza em uma política, república ou Estado (sociedade organizada de um modo ou outro). O poder constituinte em tal caso é a efetiva e dinâmica interação dos poderes sociais, entendidos como liberdades, como direitos (*jus*), como comportamentos usuais e normais dos indivíduos e de grupos. [...] Mas se entendemos por constituição a criação de texto legal que pretende regular a organização dos poderes políticos do Estado e as relações entre eles, além de garantir determinados direitos e liberdades dos cidadãos, então havemos de nos perguntar quem tem direito a tal criação normativa dentro da preexistente sociedade política"[46].

Tomando por parâmetro as acepções poder constituinte *material* e *formal*, visualizamos dois momentos bastante distintos, embora interligados, no que se refere ao surgimento de determinada sociedade política.

De início, resolvem os membros da comunidade pré-estatal pela formação de ente coletivo, formação esta a se perfazer mediante processo contínuo e gradativo cuja difusividade do titular do poder é sua nota essencial.

Em um segundo instante, encontraremos o monarca, a assembleia constituinte ou outro órgão apontado pelo poder fundacional[47] diante do encargo de elaboração de um documento formalizador dos comandos originariamente extratados.

2.5.3 Nossa opção: poder constituinte inato e adquirido

Nós, particularmente, preferimos denominar *poder constituinte inato* àquela energia materializada no elemento fundador e apta a determinar o aparecimento da criatura política coletiva, bem assim o sujeito (rei, ditador, assembleia ou órgão constituinte) que conduz o histórico encargo de elaboração da norma de regência do ordenamento positivo.

Dissemos inato em razão de o ente político trazê-lo consigo, sempre. Representa, sem dúvida, característica sua de compostura inarredável, porquanto poderá manifestar-se a qualquer tempo, independentemente do fato de já portar a sociedade política um texto formal. Virá à tona toda vez que fatores metajurídicos e extranormativos o impuserem, incondicionalmente, à ação dirigida ao apagamento da moldura constitucional anterior. Está, por isso mesmo, inato ao ente estatal o poder constituinte material originário[48], porque, embora não se revele com certa frequência, acompanha-o.

46 Cf. Gonzalez Casanova, *Teoría del Estado y Derecho Constitucional*, p. 210.

47 A expressão "poder fundador" foi, de forma inaugural, enunciada por Maurice Hauriou (cf. *Princípios de Derecho Público y Constitucional*, p. 314-315), ao assentar que a "operação mediante a qual se estabelecem as regras de superlegalidade constitucional não diferem, por sua natureza, daquelas mediante as quais se estabelecem as demais regras de Direito. É uma operação de fundação que supõe um *poder fundador* e um procedimento de fundação. Aqui, o *poder fundador* toma o nome de poder constituinte [...]" (os grifos são nossos).

48 É de autoria de Jorge Miranda a expressão "poder constituinte material originário" (cf. *Manual*, cit., p. 65).

Denominamos, outrossim, *poder constituinte adquirido* àquele que, necessária e obrigatoriamente, deriva da espécie inata. Seu papel é promover modificações pontuais no texto constitucional.

A atividade do poder constituinte adquirido está limitada pelo poder inato que o criou.

Trata-se de poder *adquirido* em razão de se inserir na estrutura organizativa do Estado por conveniência do poder constituinte *inato*, porque, como no subitem 2.5.1, inviável seria a convocação do sujeito detentor da competência originária a cada vez que se tornasse imperiosa a alteração pontual da Lei Maior.

2.6 LIMITAÇÕES AO PODER DE REFORMA

Sendo o poder constituinte derivado daquele que é constituído, é óbvio, até mesmo em razão da mais evidente necessidade de estabilização das normas constitucionais, ser a sua manifestação limitada.

2.6.1 Limitações processuais

Encontramos na Constituição de 1988 *limitações processuais*[49] ou *procedimentais*[50].

São aquelas relativas à iniciativa para proposta de emenda (Presidente da República, 1/3 da Câmara dos Deputados ou do Senado Federal; mais da metade das Assembleias Legislativas, posicionando-se cada uma por meio da maioria relativa de seus membros), ao *quorum* demandado para a sua aprovação (3/5 de cada Casa Congressual) e, por fim, o processo legislativo específico (votação em dois turnos, com promulgação das Mesas da Câmara e do Senado, ou seja, na hipótese de aprovada a emenda constitucional, não haverá a sanção do Presidente da República), conforme, respectivamente, acentua o art. 60, I a III e § 2º[51].

49 Cf. Celso Ribeiro Bastos, *op. cit.*, p. 33.

50 Cf. Michel Temer, *Elementos de Direito Constitucional*, p. 35.

51 "AÇÃO DIRETA DE INCONSTITUCIONALIDADE – RESOLUÇÃO N. 1 – RCF, DO CONGRESSO NACIONAL, DE 18.11.1993, QUE DISPÕE SOBRE O FUNCIONAMENTO DOS TRABALHOS DE REVISÃO CONSTITUCIONAL E ESTABELECE NORMAS COMPLEMENTARES ESPECÍFICAS – AÇÃO DE INCONSTITUCIONALIDADE AJUIZADA PELO GOVERNADOR DO ESTADO DO PARANÁ – Alegações de ofensa ao § 4º do art. 60 da Constituição Federal, eis que o Congresso Nacional, pelo ato impugnado, 'manifesta o solene desígnio de modificar o texto constitucional', mediante 'quórum de mera maioria absoluta', 'em turno único' e 'votação unicameral'. Sustenta-se, na inicial, além disso, que a revisão do art. 3º do ADCT da Carta Política de 1988 não mais tem cabimento, por que estaria intimamente vinculada aos resultados do plebiscito previsto no art. 2º do mesmo instrumento constitucional transitório. 'Emenda' e 'Revisão', na história constitucional brasileira. Emenda ou Revisão, como processos de mudança na Constituição, são manifestações do poder constituinte instituído e, por sua natureza, limitado. Está a 'Revisão' prevista no art. 3º do ADCT de 1988 sujeita aos limites estabelecidos no § 4º e seus incisos, do art. 60, da Constituição. O resultado do plebiscito de 21 de abril de 1993 não tornou sem objeto a revisão a que se refere o art. 3º do ADCT. Após 5 de outubro de 1993, cabia ao Congresso Nacional deliberar no sentido da opor-

2.6.2 Limitações circunstanciais

Presenciamos ainda, na Constituição de 1988, *limitações circunstanciais* ao poder de reforma constitucional. Concernem à impossibilidade de proposta de emenda tendente a alterar a Constituição quando decretado estado de sítio ou de defesa, ou intervenção federal (§ 1º do art. 60).

Fundamento político. Como justificar a proibição de mudança do texto constitucional em tais circunstâncias?

O estado de sítio ou de defesa (arts. 136 a 141), assim como a intervenção federal (arts. 34 a 36), representam situações bastante anormais nos rumos da vida política do País.

Consequentemente, ao configurarem momentos de exceção institucional, mediante os quais se viabiliza até o afastamento de diversos direitos individuais – na hipótese de decretação de estado de sítio –, proíbe-se a *proposição* e determina-se a *paralisação* de todo e qualquer projeto de emenda constitucional (PEC) em tramitação no Congresso, visto que são exigíveis a serenidade, a ponderação e o equilíbrio à atuação parlamentar quando voltada à mudança da Constituição, atributos dificilmente encontrados durante tais ocorrências.

Se estados de exceção institucional são preexistentes, proíbe-se a apresentação de proposta de emenda; se são posteriores ao início do processo legislativo, impõe-se sua imediata paralisação.

2.6.3 Limitações materiais explícitas e implícitas

Existem as *limitações materiais, explícitas* e *implícitas.*

As explícitas são aquelas previstas no § 4º do art. 60 e configuram autênticas cláusulas constitucionais de intocabilidade.

O legislador constituinte originário entendeu tão relevantes os princípios constitucionais relativos à forma federativa de Estado, ao voto direto, secreto, universal e periódico, à separação de poderes e aos direitos e garantias individuais, que nem sequer admitiu a hipótese de o constituinte derivado deliberar sobre tais assuntos[52].

Assinale-se ser não apenas vedada a mera e simples supressão de quaisquer das matérias previstas pelo § 4º do art. 60, mas também o atingimento, ainda que pela via oblíqua, reflexa ou indireta, das garantias previstas no preceito constitucional, por exemplo, na hipótese de retirada de competências da União para transferi-las aos Estados-Membros, porque (mesmo na prossecução da ideia descentralizadora a

---

tunidade ou necessidade de proceder a aludida revisão constitucional, a ser feita 'uma só vez'. As mudanças na Constituição, decorrentes da 'Revisão' do art. 3º do ADCT, estão sujeitas ao controle judicial, diante das 'cláusulas pétreas' consignadas no art. 60, § 4º e seus incisos, da Lei Magna de 1988. Não se fazem, assim, configurados os pressupostos para a concessão de medida liminar, suspendendo a eficácia da Resolução n. 01, de 1993 – RCF, do Congresso Nacional, até o julgamento final da ação" (STF, ADI 981 [MC] PR, TP, rel. Min. Néri da Silveira – *DJU* de 5-8-1994).

52 Deliberar, em sentido jurídico-constitucional, significa discutir.

marcar indelevelmente o modelo federativo, em tese) estaríamos admitindo a mudança da Federação, concebida com a repartição de competências originária e imperativamente ditadas pelo poder constituinte fundador.

As limitações materiais implícitas vêm perdendo, ao longo da evolução do direito constitucional contemporâneo, importância prática, porque as constituições modernas estão alargando as limitações explícitas, como, a propósito, fez a Constituição portuguesa de 1976.

Ainda assim, ficamos com a classificação de Nelson de Souza Sampaio, ao estabelecer serem tais limitações: a) as relativas ao titular do poder constituinte; b) as referentes ao titular do poder de reforma; e c) as alusivas ao processo da própria emenda[53].

Mas são apenas essas as vedações materiais implícitas? Parece-nos que não. Efetivamente, não é razoável acreditar que os fundamentos do Estado brasileiro (art. 1º, I a V), como os seus objetivos primaciais (art. 3º, I a IV), ou, enfim, todo o plexo normativo inserido nos Princípios Fundamentais (arts. 1º a 4º), possam vir a ser modificados pelo constituinte derivado, já que, idealmente, o constituinte originário determinou a persecução e concreção de tais finalidades como a razão ontológica da unidade estatal brasileira, necessário, portanto, o recurso à interpretação sistemática do texto constitucional para avistar o seu conteúdo imodificável não incluído nas cláusulas expressas de intocabilidade.

2.6.4 Limitações temporais

Quanto às *limitações temporais,* que dizem respeito ao período de tempo a ser compulsoriamente observado pelo constituinte derivado entre a promulgação do texto e ulterior alteração mediante emendas, resta esclarecer que tais limitações eram previstas na Constituição Imperial de 1824, muito embora, atualmente, não sejam encontradas na Constituição de 1988.

Não seria adequado concluir que a revisão constitucional, prevista no art. 3º do Ato das Disposições Constitucionais Transitórias, possa constituir-se em vedação temporal.

Se a norma fixou o procedimento de revisão a ser concretizado após cinco anos, contados da promulgação da Constituição, nada impediria que mesmo no dia seguinte à sua vigência fosse apresentada no Parlamento proposta de emenda, tendente a alterá-la. A limitação, por conseguinte, dizia respeito à revisão constitucional.

E já que se refletiu um pouco sobre o procedimento revisional do art. 3º do ADCT, é necessário também examinar se as modificações, por meio de plebiscito, consoante fixado no art. 2º, em relação à forma (república ou monarquia constitucional) e ao sistema de governo (presidencialismo ou parlamentarismo), uma vez recusadas pelo povo brasileiro, podem ser tentadas novamente pelo legislador constituinte de competência derivada.

---

53 Cf. *O Poder de Reforma Constitucional,* atualizada por Uadi Lamêgo Bulos, p. 95.

Contra a alteração poderia ser argumentado que a repulsa quanto às mudanças em promover a vedação material ao reexame do tema pelo Congresso Nacional em função reformadora, porquanto o único momento apropriado para o debate sobre a eventual transformação do sistema e da forma de governo, se esgotara com a revisão constitucional.

A par disso, poderia ser levantado o óbice referente ao art. 60, § 4º, III, para impedir que seja objeto de deliberação proposta de emenda tendente a abolir a separação dos poderes, porque a transferência da chefia de governo para o primeiro-ministro induziria a transgressão indireta da cláusula intocável.

Quanto à primeira argumentação, não parece correto concluir daquela maneira, fundamentalmente porque a revisão constitucional materializa procedimento destinado a aumentar o nível de consensualidade em torno da constituição recém-promulgada. O fato, *per se*, todavia, não deve constituir-se em barreira insuperável à nova discussão sobre conservar a república e o presidencialismo, máxime quando fatores de ordem política, social ou mesmo econômica impuserem que seja adotado o parlamentarismo e o eventual retorno à monarquia.

E, quanto ao segundo entendimento, esclarece-nos Michel Temer, ao ponderar: "O que o constituinte quer, no art. 60, é que o sistema seja sustentado por três funções distintas exercidas por órgãos distintos. A deslocação de uma das tarefas de um poder para o outro não significa a abolição desse poder. Não fosse assim, não poderíamos cogitar da reforma tributária porque uma de suas consequências é transferir competências ou recursos de uma para outra pessoa política: União, Estados e Municípios. E 'Federação' é, também, cláusula dita 'pétrea'"[54].

Por último, é possível também concluir que a mudança quanto à forma (monarquia ou república) ou quanto ao sistema de governo (presidencialismo ou parlamentarismo) pode ser imposta com tamanho grau de exigência política que, das duas, uma: ou se altera a Constituição, consumando-se a indispensável adaptabilidade do texto ao contexto, ou se opta por uma nova constituição, com todas as decorrências inerentes à instabilidade política e até social instaladas pela ruptura constitucional.

Contudo, o entendimento não deve ser aceito para o fim de autorizar revisão constitucional dirigida à mudança de outras normas que não exclusivamente as relativas à forma e sistema de governo (art. 3º do ADCT), visto que a maior flexibilidade do procedimento revisional atentaria contra as limitações processuais ao poder de reforma.

2.7 MUTAÇÃO CONSTITUCIONAL

2.7.1 Conceito

Expressa-se, aqui, ideia antes referida que guarda relação muito próxima com a mutação constitucional: o Estado é processo.

54 Cf. "O Congresso Nacional e a reforma política", in: *Direito do Estado:* novos rumos, p. 14.

Se o Estado, assim, revela-se convictamente como processo, renovando os seus fins de acordo com os critérios de valoração estabelecidos pelos indivíduos que o compõem, torna-se claro o fato de o seu documento basilar e organizativo estar, de modo contínuo, sujeito a transformações, pois as constituições não são eternas.

No contexto das constituições rígidas, por exemplo, são fixados processos mais solenes para a modificação das normas constitucionais. E conquanto se presencie maior dificuldade para alterar a constituição do que a lei ordinária, o que se vê, de fato, é a adequação dos textos constitucionais aos imperativos de natureza econômica, política, social, cultural e até antropológica. Em tais situações, veremos o aparecimento da figura do legislador constituinte derivado que exercerá a função de aproximar o texto da constituição ao contexto. Esse é o processo formal de mudança da constituição. E o mais conhecido; porém não é o único.

Deveras, quando, sem se valer do referido processo formal de mudança, a constituição é modificada, estamos diante do fenômeno denominado *mutação constitucional*[55].

Karl Loewenstein discorre que "as inevitáveis acomodações do direito constitucional à realidade constitucional são tidas em conta apenas de duas maneiras, as quais a teoria geral do Estado deu a denominação de reforma constitucional e mutação constitucional. [...] Na mutação constitucional [...] se produz uma transformação na realidade da configuração do poder político, da estrutura social ou do equilíbrio de interesses, sem que fique incorporada dita transformação no documento constitucional: o texto da constituição permanece intacto. Este tipo de mutação constitucional se dá em todos os Estados dotados de uma constituição escrita e são muito mais frequentes que as reformas constitucionais formais"[56].

2.7.2 Divergência terminológica na doutrina

Não há, todavia, uniformidade na doutrina quanto à escolha da terminologia para designar o fenômeno relativo à mudança informal da constituição.

Gomes Canotilho prefere o termo "transição constitucional" ao explicar que "[...] considerar-se-á como transição constitucional a revisão informal do com-

55 O Supremo Tribunal Federal vem conferindo interpretação ao art. 5º, XI, da Constituição, que, de modo claro, conduz à mutação constitucional do termo "casa" pelo trabalho da jurisprudência. Com efeito, no HC 81.611, STF/Pleno, rel. Min. Sepúlveda Pertence, *DJ* de 10-12-2003, restou consignado que: "[...] Prova: alegação de ilicitude da obtida mediante apreensão de documentos por agentes fiscais, em *escritórios de empresa – compreendidos no alcance da garantia constitucional da inviolabilidade do domicílio* – e de contaminação daquelas derivadas: tese substancialmente correta, mas, dependente de demonstração concreta de que os fiscais não estavam autorizados a entrar ou permanecer no escritório da empresa, o que demanda reexame de fatos e provas, vedado recurso no extraordinário (Súmula 279) [...]".

56 Cf. *Teoría de la Constitución*, p. 164.

promisso político formalmente plasmado na constituição sem alteração do texto constitucional. Em termos incisivos: muda o sentido sem mudar o texto"[57].

Jorge Miranda opta pela expressão "vicissitude constitucional". Informa o constitucionalista português que "as vicissitudes constitucionais com ruptura na continuidade da ordem jurídica ou alterações constitucionais *stricto sensu* podem ser totais e parciais. Correspondem à revolução e à ruptura não revolucionária ou modificação da constituição sem observância das regras processuais respectivas"[58].

2.7.3 Caracteres da mutação constitucional

As decisões judiciais, os usos e costumes, a interferência de grupos de pressão ou de interesse (*interest groups*) podem conduzir a alterações, de fato, da realidade constitucional, que se processam lentamente, sem que se modifique a norma.

São alterações legítimas do texto fundador, e é precisamente por essa razão que são consideradas constitucionais. Não têm o deletério propósito de atentar ou destruir a constituição.

Informalidade. Pelo que já se notou, são modificações ditadas informalmente. Presencia-se, desse modo, a primeira característica da mutação constitucional: a *informalidade*.

Imprevisibilidade. E como se trata de mudanças informais, fáticas, não há como se prever o momento em que ocorrerão, surgindo, assim, a segunda característica: a *imprevisibilidade*.

Intermitência. Por outro lado, é normal que as mutações constitucionais se sucedam em instantes cronologicamente distintos. Vale dizer: ocorrem em momentos separados. As exigências postas pelos destinatários dos comandos constitucionais se alteram em razão de fatores extranormativos, que, por sua vez, são insubmissos a regramento constitucional. Quando as indigitadas necessidades alcançam legitimidade de tal monta a ponto de causar ressonância na atuação judicial, na modificação dos usos e costumes e na interferência de grupos de pressão, este será o momento propício para o desencadeamento da mutação constitucional, sem que se investigue se houve mudança informal anterior que a ampare. Temos, nesse passo, sua derradeira característica: a *intermitência*.

2.7.4 As constituições flexíveis podem sofrer mutação constitucional?

Se é verdade que o fenômeno da mutação constitucional pode colher como destinatária precípua a constituição rígida, não menos é que defender sua exclusividade a sistemas constitucionais de tal espécie envolve, inegavelmente, grande equívoco.

As constituições flexíveis, a seu modo, também se sujeitam a transformações, sem que haja a mudança da norma.

---

57 Cf. *Direito Constitucional e Teoria da Constituição*, p. 1214.

58 Cf. *Manual de Direito Constitucional*, t. 2, p. 117.

Algo diferente de dizer que a flexibilidade de um texto constitucional implica a adoção de processos menos rigorosos para consumar-se a adequação da norma ao contexto social político, econômico, é, sem dúvida, afirmar que os sistemas flexíveis são incompatíveis com a mutação constitucional.

Não há nenhum nexo entre uma e outra realidade.

A necessidade de tornar a constituição instrumento normativo sempre apto a atender às demandas dos indivíduos deve invariavelmente permear a atuação dos protagonistas da mutação constitucional, pouco importando que o sistema para o qual as demandas da coletividade são plasmadas seja de natureza flexível ou rígida.

A mutação é um fato. E o seu aparecimento está vinculado a injunções outras que não aquelas referentes à opção do poder constituinte originário por um sistema flexível ou rígido.

2.7.5 Inércia legislativa e mutação inconstitucional

Quando o corpo legislativo resiste à missão de legislar, é possível que ocorra *mutação inconstitucional*.

Com efeito, se a determinação para legislar estiver contida no sistema constitucional e servir para efetivar a própria vontade de constituição, não se nega a existência de mutação, uma vez que se modificará o comando da norma sem alterar-lhe a letra. Exemplo: se o exercício de determinado direito ficou condicionado à edição de lei regulamentadora, a ausência da norma promove mutação, porque durante o período de inércia legislativa é subvertido e contrariado o próprio comando constitucional dirigido à fruição do direito, cuja remissão à lei não deve, jamais, representar "válvula de escape" para o legislador deixar de fazer aquilo que a constituição o obrigou a realizar, ocorrendo, assim, a mutação.

Só que aqui a mutação é inconstitucional.

Sem dúvida, conforme registrou o Ministro Celso de Mello no voto proferido no histórico julgamento do MI 712, a mutação decorrente de inércia legislativa ofende a Constituição porque não serve ao propósito real da mutação, que é adequar o texto escrito à realidade extranormativa.

2.7.6 Competência absoluta e mutação constitucional

A mutação constitucional pode até mesmo impor modificação factual na Constituição no que concerne à disciplina de competência absoluta dos tribunais, no caso a competência hierárquica, como ficou decidido no julgamento do HC-QO 86.009, rel. Min. Carlos Britto, julgado em 29-8-2006: "Mesmo tratando-se de alteração de competência por efeito de mutação constitucional (nova interpretação à Constituição Federal), e não propriamente de alteração no texto da Lei Fundamental, o fato é que se tem, na espécie, hipótese de competência absoluta (em razão do grau de jurisdição), que não se prorroga".

CONSTITUIÇÃO

3.1 CONCEITO

Todo objeto possui uma constituição a revelar sua forma específica e particular. Assim, diz-se que a bola é redonda; a cadeira é macia ou dura; a parede é lisa ou áspera.

Em verdade, ao analisarmos a constituição do objeto, estamos, por igual, decompondo sua estrutura, o seu ser.

Esse é o sentido amplíssimo do vocábulo "constituição".

Em sua acepção jurídica, todavia, constituição é a forma específica e inimitável assumida pela entidade estatal, ou, como salienta Celso Ribeiro Bastos, "é o conjunto de forças políticas, econômicas, ideológicas, etc., que conforma a realidade social de determinado Estado, configurando a sua particular maneira de ser"[59].

Não obstante, toda conceituação é perigosa e envolve aquele que se propõe a conceituar em um mar de dificuldades, o que não poderia ser diferente com relação ao conceito de constituição.

A ideia de constituição na qualidade de instrumento de ordenação do Estado apenas exterioriza uma face do fenômeno, porque, ao promoverem tal limitação, os juristas revelam um único aspecto, sendo nociva a posição, pois expressa uma realidade desvinculada do contexto para o qual se dirige a norma constitucional.

Objetivando alcançar a compreensão do dialético termo, surgiram as acepções sociológica, política e jurídica, de que logo adiante trataremos.

3.2 CONCEPÇÕES SOBRE AS CONSTITUIÇÕES

3.2.1 A acepção sociológica[60] de constituição

A concepção da constituição como fato, antes que como norma propriamente dita, é apanágio mais genuíno daquilo que se convencionou chamar "sociologismo jurídico", sendo "[...] uma concepção científica e uma atitude mental que de maneira

---

59 Cf. *Curso de Direito Constitucional*, p. 43.

60 Em estudos anteriores, criticamos a referência à doutrina de Lassalle como "acepção 'sociológica'" de constituição (ver *Curso Básico de Direito Constitucional*, Rio de Janeiro: Lumen Juris, 2004, t. 1).

mais ou menos intensa e extensa relativiza a política, o Direito e a cultura a situações sociais"[61].

Para tal corrente, a gênese do ordenamento jurídico-constitucional positivo deve ser buscada na realidade social, nos fatos que se desenvolvem e se enformam no meio social.

Ferdinand Lassalle se tornou o expoente maior do "sociologismo" no campo do direito constitucional ao acentuar que os fatores reais de poder que imperam no seio de cada sociedade "[...] são a força ativa e eficaz que informa todas as instituições jurídicas da sociedade em questão, fazendo com que não possam ser, em substância, mais que tal e como são"[62].

Portanto, será legítimo o texto constitucional quando guardar correspondência ou consonância com "os fatores reais de poder", sendo tais fatores a constituição real e efetiva, não passando a constituição escrita de "uma folha de papel" quando deles dissociada[63]. Será ilegítimo quando se distanciar ou quando não representar o efetivo poder social.

O exercício do poder é o instrumento real e a constituição, o instrumento formal, de acordo com a teoria.

Na afamada conferência de abril de 1862 na cidade de Berlim, cujo objeto estava voltado à descoberta da essência da constituição, Ferdinand Lassalle criticou o conceito reinante, sob o fundamento de que se ocupara – no caso, as definições jurídicas formais – muito mais com a tentativa de explicar o modo como se formavam e o que faziam as leis fundamentais, quando, em vez disso, deveriam se deter, de sorte a delinear sua aparência, no elemento essencial da constituição[64].

Assim, empregando sua investigação científica para desencobrir a substância da lei fundamental, serviu-se Lassalle de atraente teoria sedimentada nos mencionados fatores reais de poder e, dirigindo o labor à justificação de suas ideias, lança mão de interessante exemplo (conquanto remotamente factível, como ele próprio afirma): ocorrido um grande incêndio, foram reduzidos a pó todos os arquivos que continham os textos legais do Estado, o mesmo sucedendo com as bibliotecas públi-

---

61 Cf. García-Pelayo, *Derecho Constitucional Comparado*, p. 46.

62 Cf. Ferdinand Lassalle, *¿Que és una Constitución?*, p. 42. Lassalle afirma: "[...] todo país tiene, y ha tenido siempre, en todos los momentos de su historia, Constitución real y verdadera. Lo específico de los tiempos modernos – hay bien en esta, y no olvidarlo, pues tiene mucha importancia –, no son las constituciones reales y efectivas, sino las Constituciones escritas, las hojas de papel. En efecto, en casi todos los Estados modernos vemos apuntar, en un determinado momento de su historia, la tendencia a darse una Constitución escrita, cuja misión en una haja de papel, todas las instituciones vigentes en el país" (op. cit., p. 59).

63 Idem, ibidem.

64 Podemos afirmar que o pensamento de Lassalle é essencialista, tendo em vista a sequiosa busca pela essência da constituição. Frise-se, a propósito, que essencialismo se trata de doutrina filosófica a conferir primado à essência sobre a existência, correspondendo a primeira ao mundo invisível e imutável, ao passo que esta última se identifica com o mundo visível e flutuante (Platão).

cas e particulares. Sinistro, em suma, de tal dimensão que não remanescera um texto sequer para disciplinar as relações jurídicas ocorrentes no seio da unidade política abalada com o infausto e hipotético acontecimento. Indaga Lassalle: poderia o legislador editar normatividade ao seu capricho, elaborando leis que melhor lhe conviessem, ao seu talante ou alvedrio[65]?

Conclui negativamente, e o faz mediante o reconhecimento acerca da existência de determinados fatores de caráter extranormativo que não apenas enformam a constituição como, também, vinculam sua legitimidade ao fato de estar em consonância a "folha de papel" à constituição real e efetiva (os fatores reais de poder).

Expressa a constituição real e efetiva as relações de poder predominantes em um país: o poder militar, representado pelo Exército; o poder social, materializado nos latifundiários; o poder econômico, em razão da influência da grande indústria e do grande capital e, por derradeiro, o poder intelectual, urdido pela consciência e cultura do povo.

A respeito do sociologismo constitucional, oportuna é a remissão às ideias de Konrad Hesse: "Se as normas constitucionais nada mais expressam do que relações fáticas em contínua mudança, não há como deixar de reconhecer que a ciência da Constituição jurídica constitui uma ciência jurídica na ausência do direito [...]"[66].

3.2.2 O sentido político de Carl Schmitt

Já o decisionismo político promove distinção entre constituição e lei constitucional.

Carl Schmitt apresenta quatro conceitos de constituição:

absoluto – constituição como um todo unitário;

relativo – constituição como pluralidade de leis particulares;

positivo – constituição como decisão de conjunto sobre modo e forma da unidade política;

ideal – constituição como resultado da identidade entre o seu conteúdo e as aspirações dos grupos políticos dominantes[67].

De todos os conceitos articulados, o que se tornou mais conhecido foi o *positivo*, que promove a divisão entre *constituição* e *lei constitucional*. Constituição é o produto da decisão política fundamental, a estabelecer a forma de Estado, de governo, os órgãos do poder e os direitos e garantias constitucionais. Lei constitucional, por outro lado, diz respeito a matérias que apenas formalmente são constitucionais, porquanto poderiam ser tratadas pelo legislador ordinário[68].

65 Cf. Lassalle, op. cit., p. 42.

66 Cf. Konrad Hesse, *Escritos de Derecho Constitucional*, p. 59.

67 Cf. *Teoría de la Constitución*, p. 29-62.

68 Idem, p. 45-57.

Atém-se Carl Schmitt ao princípio da exclusão, ou seja, toda matéria que não resulte da "decisão política fundamental" promanada de um poder constituinte é considerada lei constitucional.

A sua teoria, após analisar os conceitos absoluto, relativo e ideal, termina por apontar o conceito *positivo,* representado pela decisão do conjunto sobre o modo e forma da existência da unidade política.

Ressalte-se que a posição de Schmitt contém inegáveis influências do sociologismo jurídico, nomeadamente quando afirma: "A Constituição não é, pois, coisa absoluta, porquanto não surge de si mesma. Tampouco vale em virtude de sua justiça normativa ou em razão de sua sistemática fechada. Não se dá a si mesma, senão que é dada por uma unidade política concreta. Talvez seja possível dizer que uma Constituição se estabelece por si mesma sem que a raridade desta expressão se choque em seguida. Mas que uma Constituição se dê a si mesma é um absurdo manifesto. A Constituição vale em razão da vontade política existente daquele que a dá. Toda a espécie de normação jurídica, e também a normação constitucional, pressupõe uma tal vontade como existente"[69].

3.2.3 A concepção jurídica de Hans Kelsen

O Direito, por outro lado, não necessita recorrer à Política, à Sociologia, de sorte a conceituar a constituição, argumenta Hans Kelsen[70]. A conceituação restrita à esfera puramente jurídica é o bastante.

Ao recorrer, de forma exclusiva, à ciência jurídica, objetivando explicitar e conceituar a constituição, Hans Kelsen admite dois planos distintos:

O lógico-jurídico e o jurídico-positivo. O plano *lógico-jurídico* traduz-se na norma suposta, hipotética, a servir de fundamento lógico transcendental de validade da constituição *jurídico-positiva*[71].

Kelsen assinala que "[...] a norma fundamental é a instauração do fato fundamental da criação jurídica e pode, nestes termos, ser designada como Constituição no sentido lógico-jurídico, para a distinguir da Constituição em sentido jurídico-positivo. Ela é o ponto de partida de um processo: do processo da criação do Direito positivo. Ela própria não é uma norma posta, posta pelo costume ou pelo ato de um órgão jurídico, não é uma norma positiva, mas uma norma pressuposta, na medida em que a instância constituinte é considerada como a mais elevada autoridade e por isso não pode ser havida como recebendo o poder constituinte através de uma outra norma, posta por uma autoridade superior"[72].

A norma posta (constituição jurídico-positiva), de existência visível, material, encontra o seu fundamento de validade na norma hipotética fundamental – *Grund-*

69 Idem, p. 46.

70 Cf. *Teoria Pura do Direito*, p. 1.

71 Cf. Kelsen, op. cit., p. 223-224.

72 Cf. Kelsen, op. cit., p. 222.

norm – (constituição lógico-jurídica), invisível e imaterial, compreendida no comando genérico e, naturalmente, aceito consistente na obediência a tudo quanto está na constituição[73].

Para entender a concepção jurídica de Kelsen, cumpre referir que a constituição *lógico-jurídica* significa a *ideia* aceita pelos destinatários dos comandos constitucionais de que devem conduzir-se de acordo com as prescrições enunciadas no texto formal, escrito, que vem a ser a constituição *jurídico-positiva*.

É ainda Kelsen quem afirma estar a constituição, no plano hierárquico das normas jurídicas, no mais elevado patamar do ordenamento positivo estatal, ao acentuar: "A Constituição no sentido formal é um certo documento solene, um conjunto de normas jurídicas que pode ser modificado apenas com a observância de prescrições especiais cujo propósito é tornar mais difícil a modificação dessas normas"[74].

3.2.4 A concepção de constituição total

Como bem observa Gomes Canotilho, no entanto, "a Constituição não deve ser estudada isoladamente. Pelo contrário, ela conexiona-se com outras categorias políticas e conjuntos sociais (Estado, sistema político, sistema jurídico, ordenamento, instituição) de relevante significado para a captação do mundo circundante/estruturante do político. Isto aponta para a imprescindibilidade de algumas ideias básicas sobre essas categorias e conjuntos"[75].

A plurissignificatividade do conceito de constituição conduz à constatação de que "todos os países possuem, possuíram sempre, em todos os momentos da sua história, uma constituição real e efetiva", consoante a teoria de Lassalle[76], promanada de uma "decisão política fundamental" (Carl Schmitt), servindo, a um só tempo, de fundamento de validade normativa de todo o sistema (constituição jurídico-positiva) e fundamento lógico-transcendental para validar a constituição positiva, já que assente e pacífica a obediência incondicionada da sociedade a tudo quanto emana da constituição, sendo ela norma suposta, hipotética (constituição lógico-jurídica)[77].

---

73 Cf. Kelsen, op. cit., p. 225. Salienta: "Somente quando pressuponhamos esta norma fundamental referida a uma constituição inteiramente determinada, quer dizer, somente quando pressuponhamos que nos devemos conduzir de acordo com esta Constituição concretamente determinada, é que podemos interpretar o sentido subjetivo do ato constituinte e dos atos constitucionalmente postos como sendo o seu sentido subjetivo, quer dizer, como normas jurídicas objetivamente válidas, e as relações constituídas através destas normas como relações jurídicas". O fundamento último de validade do sistema jurídico, para Kelsen, não é uma norma posta, mas um fato: a aceitação dos comandos da constituição jurídica. A partir daí se avolumaram as críticas à concepção jurídica. Castanheira Neves, por exemplo, acentua que o positivismo termina por construir, como último fundamento de validade, a eficácia de uma norma. E conclui: "[...] como se um 'mero fato' pudesse ser fundamento normativo" (cf. *Digesta:* escritos acerca do direito, do pensamento jurídico, da sua metodologia e outros, v. 2, p. 63).

74 Cf. Kelsen, *Teoria Geral do Direito e do Estado*, p. 130.

75 Cf. *Direito Constitucional*, p. 39.

76 Op. cit., p. 38.

77 Cf. Hans Kelsen, *Teoria Pura do Direito*, cit., p. 225.

Não por acaso, portanto, vêm os autores tentando estabelecer um conceito uno de constituição, a sintetizar a conexão de sentido das normas constitucionais com a realidade.

Interessante formulação é trazida por Canotilho ao caracterizar a constituição como "estatuto jurídico do político"[78]. Não quer significar a proposta um neodecisionismo na teoria política contemporânea. Revela, efetivamente, não o "político" como reduzido ao Estado, "[...] mas para conceber este como categoria explicativa e constitutiva da racionalização do político, nas condições históricas, particulares e concretas, dos processos de transformação política do ocidente europeu a partir do século XVI"[79].

Dirley da Cunha Jr., apoiando-se no escólio de Meirelles Teixeira, aduz que "esse conceito de Constituição total, se atentarmos, reúne, numa *perspectiva unitária*, aspectos econômicos, sociológicos, jurídicos e filosóficos. [...] Constituição é um conjunto de normas jurídicas fundamentais, condicionadas pela cultura total, e ao mesmo tempo condicionantes desta, emanadas da vontade existencial da unidade política, e reguladoras da existência, estrutura e fins do Estado e do modo de exercício e limites do poder político"[80].

3.3 CLASSIFICAÇÃO DAS CONSTITUIÇÕES

3.3.1 Fundamento para a classificação das constituições

O aspecto histórico e a classificação das constituições. Sempre foi preocupação dos pensadores ou dos teóricos do Estado o estudo dos princípios e normas legais a estruturarem a organização da unidade política.

Portanto, a concepção de constituição, tal como se formula atualmente, chegou a ser aventada pelos gregos e romanos.

Aristóteles efetuou precisa distinção entre lei constitucional e disposições legislativas ordinárias, na medida em que a lei constitucional despontaria como "alma do Estado", na feliz expressão de Isócrates, ou seja, o princípio maior, imorredouro, sem o qual a estrutura política não subsistiria. Refletindo acerca das marcas indeléveis presentes na constituição a diferenciá-la das outras espécies normativas, o filósofo heleno trouxe significativo contributo à teoria política ao assinalar as linhas essenciais da distinção dos poderes estatais que, modernamente, sob o influxo do pensamento liberal racionalista do século XVIII, foi desenvolvido pelo Barão de Montesquieu. Este, aditando-a, findou por concluir a respeito não apenas da imprescindibilidade da separação de poderes para a sobrevivência do Estado moderno, direcionado ao atingimento do Estado de Direito. Concluiu também pela necessidade de estar

78 Op. cit., p. 39.

79 Cf. Gomes Canotilho, op. cit., p. 40.

80 Cf. *Controle Judicial das Omissões do Poder Público*, p. 31.

garantida a separação de poderes por meio da institucionalização de órgãos distintos e autônomos.

Na Roma Antiga, muito embora, de início, a constituição apresentasse aspecto mais consuetudinário, com o evolver dessa civilização foram gradativamente sendo retiradas as amarras que a vinculavam aos costumes, o que se logrou, em definitivo, mediante as *constitutione* emanadas dos imperadores.

A Idade Média, de outro ver, trouxe consigo a filosofia cristã fundada no direito natural, relegando-se a plano secundário o Direito Público (incluindo-se a teoria constitucional), notadamente porque "[...] o homem, como valor espiritual, se elevava diante do Estado [...]", sendo ainda "[...] imprescindível que o próprio Estado se organizasse de sorte a não ferir as finalidades essenciais da pessoa humana[81]".

Observamos, portanto, os diversos tipos de Estados, ao longo das eras, adequando-se ao momento histórico, às contingências de cada sociedade.

Nessa linha de compreensão, se concluímos existirem diversos tipos de Estados concebidos em razão de fatores que lhes moldaram a personalidade política, irrecusável será reconhecer também a diversidade do instrumento fundador do Estado, e, por conseguinte, alcançarmos a classificação das constituições.

3.3.2 A classificação das constituições no direito constitucional estrangeiro

A doutrina estrangeira apresenta classificação interessante que merece ser registrada.

Não há, no entanto, lá também, como aqui, uniformidade da classificação; muito pelo contrário, os autores dissentem sobremaneira quando se propõem a classificar as constituições.

O pensamento de James Bryce. James Bryce, buscando explicitar o regime constitucional norte-americano, discrimina as cartas políticas em diversas modalidades, discrepando substancialmente conforme sejam elas costumeiras e escritas, flexíveis e rígidas[82].

Constituição costumeira ou histórica é aquela concretizada por via de processo constituinte protraído no tempo, representada por uma gama de costumes e usos que, amalgamados na habitualidade de sua prática, com o passar dos tempos, redundam na fundamentação da estrutura estatal.

Inexiste, como visto, materialização por meio do texto escrito.

Já as escritas, contrariamente, refletem o predomínio da codificação do direito sobre a norma consuetudinária.

Ao examinar a classificação das constituições em costumeiras e escritas, Bryce, verificando a dificuldade de distinguir umas das outras, sugere os termos rigidez e flexibilidade constitucional (constituições rígidas e flexíveis)[83]. Rígida é a constitui-

81 Cf. Rosah Russomano, *Lições de Direito Constitucional*, p. 49.

82 Cf. James Bryce, *Constituciones Flexibles y Constituciones Rígidas*, p. 19-34.

83 Idem, ibidem.

ção somente alterável mediante a observância de processo legislativo especial, diverso daquele estabelecido para criação das demais espécies normativas do sistema. Não se deve confundir rigidez com imutabilidade constitucional, que conduziria ao engessamento absoluto do Estado e, indefectivelmente, em face da existência da constituição imutável, se oporá a realidade, mais fática que jurídica, da natural evolução da sociedade, o que, decerto, desencadeará manifestação constituinte originária com a consequente ruptura institucional. Concernente à constituição flexível, podemos dizer que os Estados que a adotam não aceitam, de forma pura, o princípio da hierarquia das leis, porque não colocam a *lex fundamentalis* no vértice do sistema, e isso porque a constituição flexível pode ser modificada pelo simples processo legislativo comum.

Críticas à doutrina de Bryce (McBain e Barthélemy/Duez). Bryce, no entanto, foi criticado por confundir a constituição costumeira com a flexível, como também a escrita com a rígida.

A advertência é de McBain: "É habitual, desde que Bryce sugeriu os termos, distinguir-se constituições flexíveis e rígidas, condicionando a diferença na facilidade ou dificuldade com que as constituições podem ser temporária ou permanentemente alteradas. A distinção não é, ou pelo menos não deveria ser, baseada no caráter escrito ou não escrito da constituição" (tradução nossa)[84].

Também resplandece a crítica de Joseph Barthélemy e Paul Duez, para quem a classificação das constituições, como formulada, sob a óptica da supremacia constitucional, perde importância prática porque a constituição, seja ela costumeira ou escrita, seja ela flexível ou rígida, retira de si mesma uma certa supremacia[85].

A classificação de Canotilho. Canotilho, ao examinar a Constituição portuguesa de 1976, esclarece que é *unitextual, programática* ou *dirigente* e *compromissória.* "Esta unitextualidade deriva, em larga medida, de dois factores: (1) não existência de 'leis de emenda' da Constituição fora do texto constitucional, pois as alterações resultantes das leis constitucionais de revisão 'serão inseridas no lugar próprio mediante substituições, supressões e aditamentos necessários' (CRP, artigo 287º/1); (2) não existência de leis com valor constitucional ao lado da Constituição, como acontece em alguns países onde a disciplina de certas matérias é feita através de leis com força constitucional"[86]. Atento à transformação do Estado e às acentuadas exigências que se lhe dirigem, ao formular o conceito de "constituição dirigente", Canotilho articula duas indagações verdadeiramente instigantes: "Deve uma constituição conceber-

84 Cf. Howard Lee McBrain, *The Living Constitution*, p. 16. "It is customary also, since Lord Bryce suggested the terms, to distinguish between flexible and rigid constitutions, the difference depending upon the ease or difficulty with which constitutions may be temporarily or permanently altered. The distinction is not, or at least should not be, based upon the written or unwritten character of the constitution."

85 Cf. *Traité de Droit Constitutionnel*, p. 186. É o seguinte o texto original: "La constitution, soit elle coutummière ou écrite; soit elle souple ou rigide, tire, tout d'abord, une certaine suprèmacie".

86 Cf. *Direito Constitucional e Teoria da Constituição*, p. 215.

-se como 'estatuto organizatório', como simples 'instrumento de governo', definidor de competências e regulador de processos, ou, pelo contrário, deve aspirar a transformar-se num plano normativo-material global que determina tarefas, estabelece programas e define fins? Uma constituição é uma lei do Estado e só do Estado ou é um 'estatuto jurídico do político', um 'plano global normativo' do Estado e da sociedade?"[87].

O caráter programático ou dirigente da Constituição portuguesa de 1976 decorre da inserção de numerosas normas-tarefa e normas-fim, que definem programas de ação e de diretrizes de atuação dirigidas ao Estado[88]. A natureza compromissória da constituição se prende ao fato de que representa modelo normativo de compatibilização de interesses antagônicos. "Globalmente considerados, os compromissos constitucionais possibilitaram um projecto constitucional que tem servido para resolver razoavelmente os problemas suscitados pelo pluralismo político, pela complexidade social e pela democracia conflitual"[89].

A classificação de Loewenstein. Karl Loewenstein[90] propõe a classificação das constituições em *originárias* e *derivadas*, *ideológico-programáticas* e *utilitárias*, aludindo ainda às constituições *normativa*, *nominal* e *semântica*.

Constituição originária, segundo o autor, corresponde a "[...] um documento de governo que contém um princípio funcional novo, verdadeiramente criador, e portanto original, para o processo do poder político e para a formação da vontade estatal. A expressão constituição derivada (ou derivativa) designa um tipo de constituição que segue fundamentalmente os modelos constitucionais ou estrangeiros, levando a cabo tão somente uma adaptação às necessidades nacionais"[91].

Por outro lado, constituição ideológico-programática é aquela que se encontra impregnada de certa diretriz ideológica, ao passo que a constituição utilitária não se diferencia em muito de uma lista telefônica, como aponta Loewenstein, tendo por conta o seu conteúdo ideológico neutro[92].

Eis a definição de constituição *normativa* para Loewenstein: "Para ser real e efetiva, a constituição terá que ser observada lealmente por todos os interessados e terá que estar integrada na sociedade estatal, e esta nela. A constituição e a comunidade haverão de passar por uma simbiose. Somente neste caso cabe falar de uma consti-

---

87 Cf. Gomes Canotilho, *Constituição Dirigente e Vinculação do Legislador*, p. 12.

88 Idem, p. 217. É verdade que o ilustre constitucionalista português, modificando entendimento anterior defendido na obra *Constituição Dirigente e Vinculação do Legislador* (Coimbra, Coimbra Ed., 1994), mitiga os efeitos do dirigismo constitucional ao assinalar que "hoje, em virtude da transformação do papel do Estado, o programa constitucional assume mais o papel de legitimador da sociedade estatal do que a função dirigente do centro político" (cf. *Direito Constitucional e Teoria da Constituição*, p. 217-218).

89 Idem, p. 219.

90 Cf. *Teoría de la Constitución*, p. 209-213.

91 Idem, p. 209.

92 Idem, p. 211.

tuição normativa; suas normas dominam o processo político, ou inversamente, o processo do poder se adapta às normas da constituição e somente a elas"[93].

Sucede o fenômeno da constituição *nominal* quando a dinâmica do processo político não se adapta às suas normas, carecendo a constituição de realidade existencial. A função primária da constituição nominal é educativa; seu objetivo é, num futuro mais ou menos próximo, converter-se numa constituição normativa e determinar realmente a dinâmica do processo do poder em lugar de estar a ele submetida[94].

Será *semântica* a constituição quando "[...] a conformação do poder está congelada em benefício dos detentores fáticos do poder"[95].

3.3.3 A classificação das constituições na doutrina brasileira

De modo semelhante ao que ocorre no direito constitucional estrangeiro, não há tendência à uniformidade da classificação entre os constitucionalistas brasileiros.

Ainda assim, é possível indicar classificação que contempla os critérios adotados majoritariamente pela doutrina no Brasil, relativos ao *conteúdo*, à *forma*, à *origem*, à *estabilidade*, ao *modo de elaboração*, à *ideologia* e à *extensão*.

3.3.3.1 Quanto ao conteúdo: materiais e formais

Quanto ao conteúdo, as constituições podem ser *materiais* e *formais*. Materiais são aquelas que disciplinam exclusivamente temas vinculados à organização do Estado e aos direitos e garantias fundamentais. Formais são as constituições que inserem dispositivos que não guardam relação com o referido núcleo materialmente constitucional.

3.3.3.2 Quanto à forma: escritas e não escritas

Quanto à forma podem ser consideradas *escritas* e *não escritas*. Escritas são as constituições cuja disciplina da vida do Estado é inserida completamente em texto escrito. Não escrita é a constituição que se ampara nos costumes e na jurisprudência.

3.3.3.3 Quanto à origem: populares e outorgadas

Quanto à origem, podem ser *populares* ou *outorgadas*. Populares são as constituições elaboradas mediante a participação democrática do povo. Já as outorgadas, diferentemente, são impostas por ditador, monarca ou mesmo grupo político que se encontra no poder[96].

---

93 Idem, p. 217.

94 Idem, p. 218.

95 Idem, p. 219.

96 A evolução constitucional brasileira noticia a existência de quatro Constituições outorgadas (1824, 1937, 1967 e 1969) e quatro populares (1891, 1934, 1946 e 1988).

3.3.3.4 Quanto à estabilidade: rígidas, super-rígidas, flexíveis e semirrígidas

Quanto à estabilidade, podem ser *rígidas, super-rígidas, flexíveis* e *semirrígidas*. Rígidas são as constituições que preveem processo legislativo solene e mais rigoroso para a modificação de suas normas[97]. O conceito de super-rigidez constitucional é elaborado pela doutrina com base na ideia de que muitos textos constitucionais indicam a existência de um conteúdo intangível, imodificável – as denominadas *cláusulas pétreas*[98]. Flexíveis são os modelos constitucionais cujo processo de alteração de suas normas é idêntico àquele previsto no sistema normativo para a elaboração e alteração das leis ordinárias. Semirrígidas são as que possuem, ao mesmo tempo, dispositivos constitucionais alteráveis somente mediante processo mais difícil e rigoroso e outros cuja modificação pode operar-se da mesma forma admitida para as leis ordinárias.

3.3.3.5 Quanto ao modo de elaboração: dogmáticas e históricas

Quanto ao modo de elaboração, as constituições podem ser *dogmáticas* ou *históricas*. Dogmáticas são aquelas em que as regras de organização política de um país são expressamente inseridas em documento oficial, redigido com o objetivo de determinar que todos a cumpram.

André Ramos Tavares esclarece que "em geral, são tecidas a partir de institutos e instituições já consagrados na teoria, na doutrina, em dogmas políticos (o que lhes rende a nomenclatura assinalada"[99].

Históricas são as decorrentes dos usos, costumes e precedentes determinantes do lento processo de evolução histórica do sistema constitucional.

3.3.3.6 Quanto à ideologia: ortodoxas e ecléticas

Quanto à ideologia, podem ser destacadas duas espécies de constituições: *ortodoxas* e *ecléticas*. Ortodoxas são as elaboradas em atendimento a ideologia única. Ecléticas são as que resultam do embate ideológico existente quando da elaboração do texto constitucional.

3.3.3.7 Quanto à extensão: sintéticas e analíticas

Quanto à extensão, podem ser *sintéticas* ou *analíticas*. Sintéticos são os sistemas constitucionais que se caracterizam por enunciar princípios gerais, restringindo-se à disciplina da organização e limitação do poder, cujo exemplo sempre lembrado é a Constituição dos Estados Unidos de 1787. Analíticos, de modo diverso, são aqueles

---

97 A Constituição de 1988 é rígida, conforme demonstram os §§ 1º e 2º do art. 60.

98 Cf. Alexandre de Moraes, *Direito Constitucional*, p. 5. Revela o autor que a Constituição de 1988 pode ser considerada *surper-rígida*. André Ramos Tavares (cf. *Curso de Direito Constitucional*, p. 68) assinala, contudo, que a Constituição brasileira de 1988 seria exemplo de constituição super-rígida e rígida, concomitantemente.

99 Cf. *Curso de Direito Constitucional*, p. 97-98.

que empreendem disciplina minudente, promovendo tratamento em sede constitucional de temas que poderiam ser objeto de lei ordinária.

3.3.3.8 Síntese conclusiva sobre a classificação da constituição de 1988

Com base nos critérios relacionados pela doutrina nacional e estrangeira, é correto concluir que a Constituição brasileira de 1988 é *unitextual, dirigente, compromissória, ideológico-programática, formal, popular, rígida* e *super-rígida*, concomitantemente, *escrita, eclética* e *analítica*.

Quanto aos demais critérios de classificação apontados por Loewenstein (constituição *normativa, nominal* e *semântica*), não parece correto vincular a Constituição de 1988 a quaisquer deles, pois *ainda* não é normativa, mas também não é nominal, e, por sua vez, não pode adequadamente ser chamada de semântica.

3.4 OBJETO E CONTEÚDO DAS CONSTITUIÇÕES

Ao longo da história, observa-se a gradativa constitucionalização de matérias havidas por relevantes dentro da organização estatal.

A estruturação da unidade política, a disciplina de investidura dos agentes políticos nos órgãos fundamentais do Estado, o modo como é adquirido o poder político e a forma do seu exercício, os direitos e garantias fundamentais do indivíduo foram apenas algumas das matérias objeto de gradual positivação.

Para Karl Loewenstein, a autenticidade de uma constituição é medida pela disciplina e ordenação de um campo material mínimo, a saber: 1. tripartição de funções estatais, conferindo-as a órgãos distintos e autônomos, na forma da teoria engendrada por Montesquieu; 2. limitação genericamente imposta aos "poderes"[100] do Estado, mediante o estabelecimento de mecanismos de freios e contrapesos (*checks and balances*), ou seja, contenção do poder pelo próprio poder; 3. mecanismo de proibição de solução autocrática de impasse institucional; 4. criação de processo legislativo especial para adaptar a constituição à realidade social e política cambiante, de sorte a evitar a ruptura institucional; e, por fim, 5. reconhecimento expresso dos direitos individuais e das liberdades fundamentais como corolário lógico do reconhecimento da legitimidade da esfera de autodeterminação individual[101].

O aumento da constitucionalização de matérias que ainda não haviam sido tratadas pelo sistema constitucional gerou a distinção entre constituição em sentido material e constituição em sentido formal, porque, de acordo com a doutrina, assuntos não pertinentes à estrutura do Estado, à organização dos poderes, seu exercício e aos direitos e garantias fundamentais do indivíduo somente podiam ser considerados constitucionais porque localizados na constituição.

100 A terminologia se encontra entre aspas porque entendemos que o poder, enquanto manifestação objetiva do fenômeno político, é sempre uno e indivisível. O que pode ser fracionado para evitar o predomínio do arbítrio são as funções estatais.

101 Op. cit., p. 53.

Embora o exame do conteúdo das constituições mantenha relevância, a distinção doutrinária entre constituição material e formal carece de maior importância prática, porquanto não convivemos atualmente com discriminação de qualquer espécie com relação a um conteúdo formal ou materialmente constitucional, como ocorrera na Constituição do Império, ao indicar o art. 178: "É só constitucional o que diz respeito aos limites e atribuições respectivos dos poderes políticos, e aos direitos políticos e individuais dos cidadãos; tudo que não é constitucional pode ser alterado, sem as formalidades referidas, pelas legislaturas ordinárias".

3.5 ELEMENTOS DAS CONSTITUIÇÕES

Assenta a doutrina a classificação de cinco categorias de elementos, em razão da sua natureza, função ou finalidade:

a) *normas constitucionais orgânicas* ou *elementos orgânicos*, tendentes à estruturação do Estado e do Poder;

b) *normas constitucionais de limitação* ou *limitativas*, ou ainda *elementos limitativos*, que correspondem ao elenco de direitos e garantias fundamentais outorgadas ao indivíduo destinadas a limitar a atuação do Estado em face daquele, e também dirigido à limitação do arbítrio ou autodeterminação individual;

c) *normas de estabilização constitucional* ou *elementos de estabilização constitucional*, que consagram enunciados normativos criados para resolver conflitos constitucionais e para defender a constituição;

d) *normas constitucionais de aplicabilidade* ou *elementos formais de aplicabilidade*, que regulam os dispositivos inerentes à aplicabilidade das normas constitucionais, que são de grande importância para o estudo da eficácia dos preceitos da constituição;

e) *normas constitucionais socioideológicas* ou *elementos socioideológicos*, que revelam o compromisso das constituições contemporâneas com a busca por uma sociedade menos desigual (normas de direito social), bem assim as que fixam o modelo econômico do Estado (normas de direito econômico)[102].

102 Cf. José Afonso da Silva, *Aplicabilidade das Normas Constitucionais*, p. 165.

HISTÓRIA DO CONSTITUCIONALISMO

4.1 JUSTIFICATIVA DO CAPÍTULO

É necessário apresentar os motivos justificadores da previsão de capítulo específico para o estudo da história do constitucionalismo no contexto de uma Teoria da Constituição.

É que, inegavelmente, as questões mais atuais e relacionadas, por exemplo, à interpretação e à aplicabilidade das normas constitucionais não podem ser bem compreendidas se não forem enunciados os principais fatos históricos responsáveis pela transformação dos Estados e, logicamente, dos modelos normativo-constitucionais que sustentaram tais ordenamentos.

4.2 O SURGIMENTO DA PROTEÇÃO AOS DIREITOS FUNDAMENTAIS

Se bem que se possa reconhecer o caráter relativamente recente das previsões legislativas tuteladoras dos chamados direitos fundamentais, já na Idade Antiga se presencia alguma preocupação em torno dos direitos hoje consagrados nos mais diversos sistemas constitucionais.

José Afonso da Silva expõe que "(...) alguns antecedentes formais das declarações de direitos foram sendo elaborados, como o veto do tribuno da plebe contra ações injustas dos patrícios em Roma, a Lei de Valério Publícola proibindo penas corporais contra cidadãos em certas situações até culminar com o *Interdicto in Homine Libero Exhibendo*, remoto antecedente do *habeas corpus* moderno, que o Direito romano instituiu como proteção jurídica da liberdade"[103].

Na Idade Média, entretanto, houve considerável avanço em tema de proteção de alguns direitos fundamentais, especialmente na Inglaterra, decerto como consequência da limitação do poder monárquico e consolidação do parlamentarismo como sistema de governo[104], a partir do desinteresse demonstrado pelo monarca pelos problemas da Coroa Inglesa, fazendo-se representar nas reuniões do *Magnum Concilium* por um conselheiro, surgindo, daí, presumivelmente, a figura do primeiro-ministro.

103 Cf. *Curso de Direito Constitucional Positivo*, p. 150.

104 Nunca é demais recordar: sistema de governo (parlamentarismo/presidencialismo) – forma de governo (república/monarquia) – forma de Estado (federal/unitário/regional).

É necessário apontar a importância da *Magna Charta Libertatum* para o desenvolvimento dos direitos fundamentais.

No século XIII, precisamente no ano 1215, o Rei João Sem-Terra firmou pacto com bispos e nobres ingleses, garantindo-lhes alguns privilégios feudais.

Se é certo que a *Magna Charta* efetivamente deixou a esmagadora maioria da população sem acesso aos direitos nela previstos, não menos certo é que serviu como um dos marcos para a consolidação de importantes direitos e garantias fundamentais, como é o caso do *habeas corpus* e do direito de propriedade.

Todavia, como anota Ingo Sarlet, mesmo antes da *Magna Charta*, já existiam diversos documentos que buscavam consolidar a proteção a direitos fundamentais, como foi o documento firmado por Afonso IX, em 1188, a *Bula de Ouro da Hungria* (1222), o *Privilégio General* outorgado por Pedro III em 1283 e os *Privilégios da União Aragonesa* (1286)[105].

Com a Revolução Gloriosa, em 1688, Guilherme de Orange concedeu diversas prerrogativas aos membros do Parlamento, sendo implementada, na ocasião, nova concessão régia, denominada *Bill of Rights*.

É natural que a mudança no sistema de governo inglês tenha provocado o aparecimento de normas protetivas dos direitos fundamentais, notadamente porque, em seguida, o exercício da chefia de governo se transferira para o líder do Parlamento, que, por sua vez, carecia de apoio político dos seus pares eleitos pelos cidadãos ingleses.

Mas, convictamente, o constitucionalismo, em sua moldura clássica, surgiu com a Revolução Francesa[106], fato político e social que, pela sua relevância, inclusive

---

105 Cf. *A Eficácia dos Direitos Fundamentais*, p. 48.

106 Santi Romano insiste, no entanto, que o fenômeno do constitucionalismo tem origem inglesa e, portanto, é mais antigo do que a Revolução Francesa. Acentua que "este movimento é precisamente aquele que, no que se refere à Europa, tinha por finalidade introduzir no continente uma ordenação semelhante àquela que há séculos vigorava na Inglaterra, enquanto nos demais continentes a adoção de semelhante ordenação se deu antes do que na Europa, ou depois, em seguida a vários acontecimentos. De sorte que se pode dizer que o direito constitucional dos Estados Modernos resulta do direito constitucional inglês e das demais ordenações, dele mais ou menos derivadas diretamente" (cf. *Princípios de Direito Constitucional Geral*, p. 42-43). O autor faz ainda interessantes observações sobre a influência do direito inglês, admitindo o benefício do direito constitucional consuetudinário: "O processo histórico, através do qual se formou a Constituição inglesa, tem permitido uma característica e feliz conciliação da monarquia com a aristocracia e o povo, nas épocas em que os outros Estados eram monarquias absolutas, repúblicas aristocráticas ou, exclusivamente, democracias. Enquanto a Coroa foi muito prudente ao consentir a limitação dos poderes reais através da participação no governo das classes mais elevadas e dos comuns, não menos prudentes foram estas classes ao evitar o enfraquecimento do poder central que em outros Estados era consequência da falta de regulamentação da força política dos feudatários e daquela tumultuosa e indisciplinada classe popular (...)" (op. cit., p. 45-46). Embora o processo de consolidação do Estado Constitucional possa ser reconduzido à experiência inglesa, como afirma Santi Romano, é correto dizer que foi a Revolução Francesa, com a *rationalization du pouvoir* (fenômeno a ser examinado

para o exame histórico que ora se empreende, merece análise à parte.

4.3 O CONSTITUCIONALISMO CLÁSSICO, A REVOLUÇÃO FRANCESA E A INDEPENDÊNCIA AMERICANA

Conceito de constitucionalismo clássico. Chama-se de constitucionalismo clássico o movimento decorrente da Revolução Francesa de 1789 e da Independência Americana de 1776, cuja marca é a proteção dos direitos individuais e a divisão das funções estatais.

A história e o constitucionalismo moderno. Explica-se o fenômeno. A partir do final do século XV, com a política unificacionista ocorrida na Europa, os diversos Estados que até então se apresentavam com divisão espacial e política bastante fragmentária assumiram compleição distinta, máxime em virtude da centralização do poder político em mãos do monarca, que se posicionou como exclusiva fonte irradiadora de decisões.

Nessa época, também conhecida como a "Era das Descobertas", houve o soerguimento dos Estados nacionais e a instalação de modelo econômico voltado à acumulação de ouro e prata (metalismo). Igualmente vigorava na cartilha econômica desse período a busca obsessiva pelo equilíbrio da balança comercial, mediante o aumento das exportações.

Enquanto os Estados nacionais – de modo especial Portugal e Espanha – agigantavam-se com a sua política econômica mercantilista, o caminho inverso se fazia em termos de garantia dos direitos dos indivíduos.

Pouca ou nenhuma liberdade de expressão ou participação política; exações fiscais extorsivas e impostas ao alvedrio do suserano. Não havia, em suma, exercício de liberdade e o Estado absolutista monárquico parecia ser a única alternativa para a sociedade medieval.

Esboçava-se, todavia, o aparecimento de ideário que pregava rigorosamente o contrário dos postulados do Absolutismo Monárquico: o Iluminismo.

Tratava-se de movimento filosófico, igualmente conhecido como Esclarecimento, Ilustração ou Século das Luzes, que toma lugar na França, Alemanha e Inglaterra no século XVIII, cuja característica mais genuína era a defesa da racionalidade crítica contra a fé, a superstição e o dogma religioso[107].

Contribuição francesa ao constitucionalismo moderno. Na França, as ideias iluministas transportadas para o contexto político ensejaram o surgimento da *rationalization du pouvoir*, ou racionalização do poder, que significava simplesmente a necessidade de consolidação dos direitos individuais e da tripartição das funções estatais nas constituições.

---

adiante), que solidificou as bases do constitucionalismo moderno, notadamente em face do art. 16 da Declaração Universal dos Direitos do Homem e do Cidadão.

107 Cf. Hilton Japiassú e Danilo Marcondes, *Dicionário Básico de Filosofia*, p. 128-129.

Por conseguinte, a gênese do constitucionalismo clássico está atrelada ao irrefreável ímpeto quanto à positivação de direitos e garantias, aptos à salvaguarda dos indivíduos quanto à intromissão ou arbítrio praticados pelo Estado. Não se poderá compreender a noção do constitucionalismo daquela época se não se atentar para o autêntico motivo conducente à inclusão das liberdades públicas nos textos constitucionais: a preservação da liberdade individual.

O lema da Revolução Francesa – "Liberdade, Igualdade e Fraternidade" – serviu de esteio à configuração de Estado não interventor nos negócios individuais; sociedade política mera espectadora do que sucedia no torvelinho das relações sociais.

Entre os caracteres desse Estado, habitualmente chamado de "liberal" ou "abstencionista", pode ser destacada a passividade no trato das desigualdades sociais que grassavam, a ponto de a isonomia então assegurada ser apenas a de contextura formal, ou seja, não se investigava a respeito da existência de desequiparações havidas entre os indivíduos que impusessem atuação do Estado no sentido de eliminá-las ou, na pior das hipóteses, mitigá-las.

Se bem que seja inegável reconhecer o caráter francamente liberal da Declaração Francesa, Mirkine-Guetzèvitch esclarece que os direitos sociais não eram estranhos à consciência jurídica dos homens da Revolução Francesa, tanto que a concepção social da Declaração é estabelecida de modo marcante no projeto apresentado por Maximilien Robespierre à Sociedade dos Jacobinos a 21 de abril de 1793, cujo conteúdo, entre outros artigos, denotava a nítida preocupação com os direitos sociais[108].

Todavia, segundo ainda Guetzèvitch, "a Declaração de 1793 não seguiu o ousado projeto de Robespierre; mas ela estabeleceu já alguns direitos sociais e em seu artigo 1º dispõe: 'o fim da sociedade é a felicidade comum'"[109].

Contribuição americana ao constitucionalismo moderno. A Declaração da Independência Americana, de autoria de Thomas Jefferson, representou apenas o passo inicial à configuração do modelo constitucional americano.

Com o malogro dos artigos da Confederação, que outorgavam autonomia excessiva às ex-colônias inglesas, criando problemas significativos de relações comerciais entre os estados americanos e fragilizando-os, ainda, no âmbito internacional,

---

108 Cf. *Les Nouvelles Tendances du Droit Constitutionnel*, p. 86-87. São os seguintes os dispositivos, segundo o autor, que denotavam preocupação com os direitos sociais: art. 8º ("o direito de propriedade é limitado como os outros pela obrigação de respeitar os direitos de outrem"); art. 11 ("a sociedade é obrigada a prover a subsistência de todos os seus membros, seja lhes disponibilizando trabalho, seja assegurando os meios de vida àqueles que estão impossibilitados de trabalhar"); art. 12 ("os socorros necessários à indigência constituem dívida do rico para com o pobre; cabe à lei determinar como esta dívida deve ser saldada"); art. 13 ("os cidadãos cuja renda não exceder o necessário para sua subsistência são dispensados de contribuir para as despesas públicas. Os demais devem suportá-las progressivamente, segundo a extensão de sua fortuna") e art. 14 ("a sociedade deve favorecer com todo seu poder os progressos da razão pública e pôr a instrução ao alcance de todos os cidadãos").

109 Idem, p. 87-88.

foi convocada a Convenção Constitucional de Filadélfia, que ocorreu no período compreendido entre 25 de maio e 17 de setembro de 1787.

O processo de ratificação do Texto Constitucional de 1787 foi controvertido.

O estado da Pennsylvania, em 20 de novembro de 1787, foi o primeiro a organizar a convenção para ratificar o Texto de 1787. Já o estado da Carolina do Norte recusou a ratificação em 1788 e somente veio a fazê-lo em 1790, enquanto o de Rhode Island não o ratificou até 1790.

É necessário apontar que a relutância enérgica dos antifederalistas à ratificação do Texto Constitucional residia, simplesmente, no equívoco quanto a não serem incluídos direitos individuais no texto original.

Com efeito, embora muitos estados tenham ratificado a Constituição americana de 1787, muitos deixaram explícita a exigência quanto à edição de um *Bill of Rights*, quando, inclusive, os Estados da Virginia e de Nova Iorque aprovaram deliberações legislativas para a convocação de assembleias constituintes, destinadas à aprovação de texto garantidor de direitos individuais. E para evitar que ocorresse nova assembleia constituinte, James Madison, à época Deputado da Casa dos Representantes (*House of Representatives*), integrou em uma única proposta todas as emendas apresentadas pelos estados, com o que foi possível aprovar o *Bill of Rights*, sendo Nova Jérsey o primeiro estado a aprová-lo em 20 de novembro de 1789, enquanto o estado da Virginia foi o último deles, em 15 de dezembro de 1791[110].

A Constituição americana conta atualmente com vinte e sete emendas, sendo as dez primeiras identificadas ao *Bill of Rights* e editadas em 1791, protegendo desde a liberdade de religião (Emenda 1) até as competências reservadas aos estados federados (Emenda 10). A última, de 1992, prescreve que "*no law, varying the compensation for the services of the Senators and Representatives, shall take effect, until an ellection of Representatives shall have intervened*", ou seja, impede-se que a lei que altera a remuneração de Deputados e Senadores tenha eficácia até que se realize eleição posterior de Deputados.

A identidade das contribuições francesa e americana ao constitucionalismo moderno. Miguel Calmon Dantas bem sintetiza a semelhança havida entre a Constituição francesa de 1789 e a americana de 1787: "(...), embora com finalidades institucionais distintas, tanto os revolucionários franceses quanto os colonos americanos partilhavam do mesmo ideário, comum ao desenvolvimento e às contribuições inglesas, francesas e, também, americanas, de modo que, quanto aos direitos individuais consagrados nas Declarações americana e francesa, justifica-se a similitude percebida".

"Quaisquer declarações de direitos que fossem proclamadas no período girariam em derredor dos direitos de liberdade, igualdade, propriedade, e das garantias pertinentes à segurança individual, com maior ou menor intensidade de concretude"[111].

110 Cf. Erwin Chemerinsky, *Constitutional Law* : principles and policies, p. 12.

111 Cf. *Constitucionalismo Dirigente e Pós-Modernidade*, p. 83.

4.3.1 O constitucionalismo clássico e a racionalização do poder

No altiplano do ideário absenteísta característico do pensamento predominante durante o "Século das Luzes", resplandeceu, com intensa luminosidade, notadamente na França, o fenômeno da *racionalization du pouvoir*, ou, em vernáculo, racionalização do poder.

Consistia simplesmente na tentativa de aferrar o exercício do poder político ao racionalismo que vicejava à época, determinando importantíssimas consequências no plano constitucional, entre as quais a tripartição das funções do Estado e a consolidação dos direitos individuais.

Guetzèvitch entende que racionalização do poder é, genericamente, a tentativa de submeter ao direito todo o conjunto da vida coletiva[112].

Em rigor, a referência ao tema da tripartição das funções estatais deve corresponder a idêntica remissão às ideias de Montesquieu, cujo arcabouço teórico sedimentou a contenção do poder pelo próprio poder, muito embora tal pensamento igualmente possa ser encontrado na Grécia, com Aristóteles, quando dividiu também em três as funções do Estado: deliberação sobre assuntos de interesse geral, organização de cargos e magistraturas e atos judiciais. O grande mérito, todavia, da teoria de Montesquieu foi esclarecer que à divisão funcional seguir-se-ia a divisão orgânica, isto é, cada função específica do Estado para ser desempenhada por órgão distinto.

A par disso, a racionalização do poder induzia a incorporação dos direitos individuais clássicos às constituições modernas, fato determinante de sua inclusão no art. 16 da Declaração francesa de 1791: "*Toute societé dans laquelle la garantie des droits n'est pas assurée, ni la séparation des pouvoirs determinée, n'a point de constitution*".

4.4 A DERROCADA DO CONSTITUCIONALISMO CLÁSSICO E O SURGIMENTO DO CONSTITUCIONALISMO SOCIAL

Amparado no pressuposto de que não haveria razão para intervir nos negócios individuais, o Estado liberal prosseguia forte na linha do absenteísmo, urdido a partir e com fundamento no *laisser faire laisser passer que le monde va de lui même.*

E, diante de tal opção ideológica, não havia mesmo espaço para a tentativa de reduzir as desigualdades sempre alimentadas pelo liberalismo econômico.

Para Adam Smith, constituía verdadeiro despropósito a intervenção do Estado no domínio econômico, porquanto a "mão invisível" (*invisible hand)* se encarregaria de efetivar o natural equilíbrio do sistema. Dizia ainda que o indivíduo, mesmo que procurasse o melhor proveito para o investimento do seu capital – iniciativa, de ordinário, segundo ele, presa a sentimentos individualistas e egoísticos –, de modo natural o empreendimento findaria por satisfazer o interesse da coletividade[113].

---

112 Idem, p. 8. São as palavras do constitucionalista europeu: "On assiste au processus de la *rationalisation du pouvoir* à la tendance de soumettre au droit tout l'ensemble de la vie collective".

113 Cf. *A Riqueza das Nações*, p. 48.

As premissas forjadas nos domínios da doutrina econômica liberal não foram justificadas no plano da vida em sociedade, tanto que a consagração da isonomia de compostura formal, aliada ao absenteísmo que cingiu a fronte do Estado, trouxe como consequência, irreprimível, a eclosão de inúmeros movimentos sociais, destacando-se as Revoluções mexicana de 1910 e a russa de 1917, que contribuíram decisivamente para o aparecimento do fenômeno denominado *Constitucionalismo Social*, com a nota peculiar de modificação da postura do Estado em face dos indivíduos, já, agora, amparado no princípio da não neutralidade, e destinado a intervir no domínio econômico para consecução de sociedade menos desigual.

Observa-se, contudo, que a resposta das camadas populares à acentuada exploração do trabalho humano não foi imediata.

José Augusto Rodrigues Pinto explica: "Ainda que se compreenda não ter havido resposta social imediata a esse fato, é certo que já no meio do mesmo século (o autor se refere ao século XVIII) o panorama das relações entre operários e patrões mudara visivelmente, revelando-se a mudança, sobretudo, no clima de insatisfação de perfil coletivo marcante, reprimida pela natural resistência do capitalismo voltado para o lucro como meta exclusiva de sua atividade. A despeito da fermentação crescente e dos primeiros sinais de violência nos choques dos interesses antagonizados, a estrutura do Poder se conservou à margem dos acontecimentos, ou por não lhe compreender a exata profundidade, ou por sonhar com a solução do conflito nos limites internos das classes nele comprometidas de modo cada vez mais irreversível e abrangente"[114].

Frise-se que os princípios de justiça social, consolidados a partir do Manifesto Comunista de 1848, de Marx e Engels, não foram apenas responsáveis pelo surgimento dos modelos econômicos socialistas; pelo contrário, até nas economias assentadas sobre o regime de livre mercado se tornou impositiva a incorporação dos direitos sociais nas constituições contemporâneas.

É que passou a reinar predominantemente a ideia segundo a qual deveria o Estado buscar a legitimação garantindo os direitos sociais, nem que fosse para remetê-los ao plano de promessa a ser descumprida após.

Mas persiste a relevância dos direitos sociais, razão por que, doravante, trataremos do tema com a indicação do conceito, classificação e fundamentos, importância e evolução do constitucionalismo social.

4.5 CONCEITO E CLASSIFICAÇÃO DOS DIREITOS SOCIAIS

Conceito. Os direitos sociais *são direitos públicos subjetivos dirigidos contra o Estado, a determinar a exigibilidade de prestações no que se refere a educação, saúde, alimentação, trabalho, moradia, lazer, segurança e previdência social.*

Distinção dos direitos e garantias individuais. Diferem, portanto, dos direitos e garantias individuais na medida em que impõem um comando programático para ser

114 Cf. *Curso de Direito Individual do Trabalho*, p. 29.

cumprido pelo Estado, comando positivo representado por um mínimo em termos de realização do projeto social. Aqueles impõem ao Estado um não fazer, uma postura deliberadamente omissiva, de sorte a resguardar a esfera de liberdade individual.

Classificação. De acordo com a Constituição de 1988, os direitos sociais positivados são os seguintes:

a) do homem trabalhador;
b) da seguridade;
c) da educação e da cultura;
d) da família, criança, adolescente, jovem e idoso;
e) do meio ambiente.

Direitos sociais do homem trabalhador. Os direitos sociais referentes ao homem trabalhador se desdobram, ainda, em:

a) *direitos sociais trabalhistas individuais* – inseridos no âmbito da relação individual de trabalho;
b) *direitos sociais trabalhistas coletivos* – produto da autonomia privada negocial coletiva e do poder normativo de competência da Justiça do Trabalho.

4.6 FUNDAMENTOS DO CONSTITUCIONALISMO SOCIAL

Para compreendermos os fundamentos do constitucionalismo social, devemos, antes de mais nada, ter em mente ser a constituição não apenas a norma que se posiciona no ponto mais elevado do sistema jurídico de um país, mas a interação de fatores de ordem social, política e econômica. A constituição é, enfim, o resultado do dialético processo de enformação do Estado.

O constitucionalismo social, como parte integrante da grande maioria das constituições contemporâneas, não poderia, em absoluto, postar-se infenso a tal constatação.

Georges Ripert acentua a natureza protetiva e tutelar do Estado na democracia moderna ao assegurar a proteção aos mais fracos e numerosos[115].

Numa perspectiva histórica, analisando os diversos sistemas econômicos desencadeadores do desenvolvimento da civilização traduzíveis no feudalismo, no mercantilismo e no capitalismo, sentimo-nos inteiramente à vontade para afirmar que, entre todos, o que mais mudanças provocou (não apenas de ordem estrutural da sociedade, mas sobretudo de "temperamento" ideológico) foi o sistema capitalista de produção, lapidado pela Revolução Técnica[116], notadamente se atinarmos para o fato de que não se tratava mais de assentar o sistema de dominação na vassalagem

115 Texto original: "La démocratie moderne assure la protection des faibles avec d'autant plus de complaisance que les faibles sont en foit le plus nombreux" (cf. *Le Régime Démocratique et le Droit Civil Moderne*, p. 121).

116 Preferimos o termo ao conhecido "Revolução Industrial", pois que não induz à significatividade e à amplitude do fenômeno ocorrido na época.

e suserania (feudalismo) ou no comércio de mercadorias para acumulação de reserva em ouro (mercantilismo), mas sim na mais-valia, exploração do trabalho pelo capital (capitalismo), cuja resposta veio à tona quase de imediato através do Socialismo, quer o Utópico, defendido por Saint Simon, Charles Fourier e Proudhon, quer o Científico, criado pelos alemães Karl Marx e Friedrich Engels, restando por concluir estarem, todos, indistintamente, adequados ao conceito de modelo político de dominação, porquanto, como bem acentua Max Weber,

> *(...) o Estado consiste em uma relação de dominação do homem sobre o homem, fundada no instrumento da violência legítima (isto é, da violência considerada como legítima). O Estado só pode existir, portanto, sob condição de que os homens dominados se submetam à autoridade continuadamente reivindicada pelos dominadores*[117].

O fundamento da inscrição dos direitos sociais, em sentido amplíssimo, nas constituições está na razão direta do recrudescimento da questão social, na inflorescência de movimentos populares, mesmo porque, se a exploração desenfreada do ser humano pelo próprio no apogeu do sistema capitalista confere, por assim dizer, uma nódoa negra indelével à história da humanidade, traz à baila, como lenitivo, circunstância provocadora de mudança de estrutura.

A Revolução Russa de 1917 ressoava como grave advertência àqueles que, desavisada ou imprudentemente, insistiam na persecução do modelo liberal.

O receio quanto ao eclodir de movimentos identificadores da insatisfação popular, como a revolução soviética, alcançou níveis tão significativos que a introdução dos elementos socioideológicos nas constituições não portava direta relação com a maior ou menor proporção de *democratisme* de um determinado país. O surgimento de novos elementos sociais não correspondia, tão somente, ao resultado da interferência e participação de setores socialistas da sociedade nas assembleias constituintes, porquanto até mesmo nas constituições redigidas com inexpressiva atuação de tal ideologia se evidenciava, de fato, a inserção dos direitos sociais, e, nesse passo, explicável o fenômeno através da preocupação causada aos constituintes pela ameaça social e pelos efeitos devastadores da experiência russa[118].

Como dito, pairava sobre as sociedades a ameaça da conflitualidade objetiva[119], sendo premente a utilização das Declarações de Direito, de sorte a diminuir ou tornar controláveis os conflitos que tivessem por móvel a melhoria das "condições materiais de existência" da classe trabalhadora, para utilizar expressão consagrada por Karl Marx.

Certamente se iniciou a inserção dos elementos socioideológicos nas constituições em virtude das graves ocorrências do início do século XX, mas podemos afir-

---

117 Cf. *Ciência e Política*: duas vocações, p. 57.

118 Cf. B. Mirkine-Guetzévitch. *Les Nouvelles Tendances du Droit Constitutionnel*, p. 39-40.

119 Eis que Lewis, defensor da escola sociológica dos conflitos, argumenta quanto à permanência do estado conflitual em qualquer meio, mesmo naqueles onde aparentemente não seja presenciado, o que configura a existência dos conflitos subjetivos.

mar – sem receio quanto a cometimento de equívocos – estar o fenômeno da constitucionalização dos direitos sociais arraigado às Declarações modernas, desenhado como imorredouro símbolo a autenticar as vicissitudes do passado, a reclamar a efetivação das normas sociais no presente, conduzindo, indefectivelmente, à almejada estabilidade social para o futuro.

Destarte, o fenômeno da positivação constitucional dos elementos socioideológicos tem por causa eficiente a própria questão social, porquanto floresceu o capitalismo em regime de concentração dos meios de produção e também da insidiosa realidade do trabalho encarado como mercadoria, além da adversidade de condições em que era prestado – como retrata fielmente Émile Zola em seu *Germinal* –, triste quadro a que o Estado liberal não intervencionista burguês assistia impassível...

A irresignação quanto a persistir tal realidade determinou não apenas a criação do direito do trabalho, caracterizado como "um conjunto de regras jurídicas de natureza tutelar e compensatória, visando permitir, tanto quanto possível, a realização do fundamento moral (...)"[120], mas também a luta dos trabalhadores para o reconhecimento das normas tutelares do trabalho em nível constitucional (higidez e salubridade do meio ambiente de trabalho, salário mínimo, férias, limitação da jornada diária etc.).

Podemos sintetizar, portanto, dizendo que o constitucionalismo social tem fundamentos de natureza *sociológica, política* e *jurídica.*

Fundamento sociológico. Funda-se nos movimentos sociais contestadores da estrutura vigente, cujo exemplo mais marcante é a Revolução Socialista Soviética.

Fundamento político. É o resultado da decisão adotada pelas forças políticas predominantes à época da manifestação constituinte.

Fundamento jurídico. Radica-se na necessidade de introduzir na constituição os elementos sociais, como forma de expressar mais marcantemente o compromisso do Estado com a questão social, bem assim para impedir, inviabilizar ou dificultar a sua retirada por conveniência do legislador ordinário.

Fundamento jurídico e seus escopos (imediato e mediato). O princípio da proibição de retrocesso social. O fundamento jurídico do constitucionalismo social implica a necessidade de incluir na lei fundamental os direitos sociais, com dois escopos distintos: um *imediato* e outro *mediato.*

O escopo imediato é impedir a alteração *para pior* do dado de realização constitucional já obtido em termos de melhoria das condições materiais de existência das pessoas (princípio da proibição de retrocesso social).

Embora seja voz corrente na doutrina que o STF não acolhe o princípio da proibição de retrocesso social, rigorosamente, no Brasil, não se pode concluir que a decisão produzida no julgamento da constitucionalidade da cobrança de contribuição previdenciária de aposentados do serviço público seja utilizada como parâmetro.

120 Cf. Orlando Teixeira da Costa, *Direito Coletivo do Trabalho e Crise Econômica*, p. 23.

E por quê?

Simplesmente porque o próprio art. 201, *caput*, da CF determina que a previdência social deverá preservar o equilíbrio financeiro e *atuarial*.

Ora, equilíbrio atuarial não é solvabilidade do sistema previdenciário no presente, mas desenganadamente no *futuro*, o que será atingido por meio de medidas eficazes à manutenção da referida higidez financeira para as gerações do porvir, sem descarte, como aconteceu, da cobrança de contribuição dos inativos.

Diferente seria se o STF, por exemplo, se pusesse em linha de admissibilidade da extinção do direito às férias anuais remuneradas, limitação de jornada de trabalho, aviso prévio, ou mesmo extinção do sistema único de saúde, tornando exclusiva a prestação desse serviço essencial por agentes econômicos privados, porque, respectivamente, ou tais direitos se localizam em patamar mínimo de proteção social dos trabalhadores, ou se converte em direito social, cuja omissão do Estado em prestá-lo atenta contra a própria vida da pessoa.

O escopo mediato é traçar as diretrizes de atuação legislativa e administrativa em absoluta consonância com o programa escolhido pelo constituinte originário.

Poder-se-ia até deduzir a inutilidade da inserção dos direitos sociais ou elementos socioideológicos nas constituições como óbice à atuação dos grupos de interesse, porque até as próprias normas constitucionais, quer resultem do legislador constituinte originário, quer despontem como produto do trabalho constituinte de segundo grau ou constituinte de competência derivada, podem receber o influxo de tais segmentos organizados.

A contestação não deixa de trazer um aspecto relevantíssimo atinente ao processo de elaboração da constituição pelo titular do poder constituinte (povo, ditador) ou de modificação da lei fundamental pelo legislador derivado.

Não obstante, não podemos esquecer que há muito mais discussão e participação da sociedade quando da feitura do texto fundador do Estado ou ainda na sua alteração superveniente do que na eventualidade de alteração de mera lei ordinária ou complementar disciplinadora de norma social.

Canotilho e o paradoxo dos direitos sociais. Para Canotilho, "quem estiver minimamente atento aos recentes desenvolvimentos das relações entre o *constitucionalismo global* e o *constitucionalismo nacional* não poderá deixar de ficar intrigado com o *duplo discurso* das nações em torno dos direitos econômicos, sociais e culturais. Um número significativo de Estados tem aderido aos grandes tratados internacionais sobre direitos econômicos, sociais e culturais (Pacto Internacional sobre Direitos Econômicos, Sociais e Culturais, Carta Social Europeia) parecendo haver uma progressiva *communis opinio* internacional sobre a bondade jurídico-material destes direitos. Todavia, mesmo a doutrina aberta à recepção automática do direito internacional na ordem jurídica interna coloca numerosos obstáculos, quer à dignidade constitucional destes direitos, retomando-se, de forma mais ou menos encapuçada, a tese 'forsthoffiana' da 'reserva da administração' quanto a prestações sociais, quer a sua autonomia em relação aos princípios directivos da política econômica, social e cultural.

Eis o primeiro paradoxo: 'bondade' fora das fronteiras; maldade dentro das fronteiras constitucionais internas"[121].

Realmente, os Estados se comportam de modo hipócrita em tema de efetivação de direitos sociais inseridos em normas internacionais que subscrevem. O Brasil, por exemplo, *subscreveu* e *ratificou* a Convenção n. 158 da OIT, e fleumaticamente a *denunciou* meses após ter declarado, com pompa e circunstância, no cenário internacional, que iria efetivá-la.

Outro paradoxo referido pelo constitucionalista português concerne à forma como se tem processado a interpretação dos direitos sociais. Para ele, a confiança de que os direitos sociais serão assegurados tão só à conta do "(...) procedimento hermenêutico de atribuição de significado a enunciados linguístico-normativos (...)[122] conduz a resultados que não são nem razoáveis nem racionais e terminam produzindo efeitos contrários aos esperados, máxime porque o reconhecimento do direito social formalmente por meio da interpretação (...) só pode ter como consequência a capitulação da 'validade' das normas constitucionais perante a facticidade econômico-social"[123].

Não nos parece que o processo de interpretação constitucional deva ser culpado pela ausência de concretização de direitos sociais. Se subsiste, eventualmente, "capitulação da validade" de normas de direito social, o paradoxo não é, *data venia*, indicativo da inconveniência de interpretar a constituição através da busca do máximo de concretude desses preceitos, pois o papel do intérprete é conduzir o enunciado para o plano máximo possível de realizibilidade. Se há fortíssimo distanciamento entre a realidade formal e dogmática da constituição e a realidade física, não se pode atribuir a culpa da ausência de efetividade dos direitos ao processo de interpretação; pelo contrário, o que parece mais adequado concluir é que o sistemático entendimento quanto à operatividade plena da disposição social poderá conformar as próprias expectativas dos destinatários dos direitos sociais, elevando generalizadamente o nível de exigência acerca da satisfação de direitos sociais.

Por último, refere que os direitos constitucionais sociais ficam, em grande medida, condicionados à dependência legal, visto que "(...) o legislador determina o que é um direito social, mas ele não está vinculado a direitos sociais"[124].

Já, no particular, Canotilho registra seu "desconsolo", ao verberar que "(...) os direitos sociais mais não são do que pretensões legalmente reguladas"[125].

4.7 IMPORTÂNCIA DO CONSTITUCIONALISMO SOCIAL

O direito do trabalho, domínio normativo dotado de principiologia específica,

121 Cf. Gomes Canotilho, *Estudos sobre Direitos Fundamentais*, p. 103.

122 Idem, p. 104.

123 Idem, ibidem.

124 Idem, p. 105.

125 Idem, ibidem.

tem alargado sensivelmente o seu campo de atuação à vista da sua crescente importância na política e economia dos povos.

Reflete o direito do trabalho três dimensões traduzíveis dos princípios nucleares da constituição de um povo:

a) *a político-jurídica;*
b) *a político-econômica;* e
c) *a político-social.*

Disso resulta uma simbiose entre o direito constitucional e o direito do trabalho. Simbiose que se manifesta positivamente na constituição ao optar o legislador constituinte originário pela elevação dos princípios e institutos trabalhistas à natureza constitucional[126].

A introdução das normas de direito social nas constituições, se não forem remetidas ao plano da declaratividade e da retórica, revela o compromisso solenemente assumido entre os detentores dos meios de produção e da força de trabalho no sentido de buscarem uma sociedade menos desigual e, ao mesmo tempo, dignificadora do trabalhador e viável à atividade empresarial como expressão da economia de mercado e da livre-iniciativa.

O embate ideológico[127], longe de se constituir em empecilho à valorização do

---

126 Cf. E. Pérez Botija, apud Mariano Tissembaum, "La Constitucionalización del Derecho del Trabajo", in *Tratado de Derecho del Trabajo,* dirigido por Mario Deveali, p. 177-178.

127 Há vários sentidos da palavra *ideologia*. Na teoria social norte-americana contemporânea, por exemplo, o termo *ideologia* vem sendo utilizado para designar opiniões políticas conscientemente formuladas (cf. Anthony de Crespigny e Jeremy Cronin, *Ideologias Políticas,* p. 9). Afirmam os autores mencionados que a palavra *ideologia* quando inauguralmente concebida portava conotação bem distinta da que hoje se formula. Fora empregado o termo à época da Revolução Francesa, pela vez primeira, por Destutt de Tracy, que o associou à busca de um método, sendo que *idéologie* foi o nome dado por De Tracy ao método específico que propunha como universalmente aplicável. "A *idéologie,* ou ciência das ideias, proporcionaria o verdadeiro fundamento para todas as demais ciências" (op. cit., p. 6). Crespigny e Cronin aludem ainda ao sentido mais genérico e popular da palavra *ideologia,* apontada como sistemas de crenças de grupos sociais, e, com efeito, tal concepção foi disseminada a partir das obras de Karl Marx, muito embora não tenha sido o filósofo alemão o primeiro a reconhecer que os grupos sociais carregam consigo uma particular compreensão da realidade, distinta dos demais (idem, ibidem). Esclareça-se que, ao nos referirmos a embate ideológico, como fizemos no texto, associamos indicativamente a concepção de *ideologia* à de sistemas de crenças de grupos sociais.
Não obstante, não se esgotam nesse plano as incontáveis significações da palavra *ideologia*.
Karl Mannheim (cf. *Ideología y Utopía,* p. 49) reconhece dois sentidos distintos e separados do termo *ideologia,* sendo um particular e outro total. Ideologia, tomada em sua acepção particular, segundo Mannheim, revela-se através da desconfiança e do ceticismo do indivíduo com relação às ideias do seu adversário, e, por outro giro, assumida em seu sentido total, é sinônimo de conjunto de ideias de uma época ou de um grupo histórico-social concreto, "(...) por exemplo, de uma classe, quando estudamos as características e a composição da total estrutura do espírito de nossa época ou deste grupo" (idem, ibidem).
Tércio Sampaio Ferraz Jr. (cf. *Teoria da Norma Jurídica,* p. 155-157) clarifica que "ideologia é termo equívoco, significando, ora falsa consciência, ora tomada de posição (filosófica, política, pessoal,

trabalho e à livre-iniciativa, é fato gerador de uma sociedade pluralista, democrática, cujo apanágio mais genuíno é na multiplicidade das ideias alcançar a unicidade na solução dos problemas nacionais.

---

etc.), ora instrumento de análise crítica (teoria da ideologia), ora instrumento de justificação (programa de ação). Em nossa concepção, funcionalizamos o conceito. Admitimo-lo como conceito axiológico, isto é, a linguagem ideológica é também valorativa. Só que, enquanto os valores em geral constituem prisma, critério de avaliação de ações, a valoração ideológica tem por objetivo imediato os próprios valores. Além disso, com qualidade pragmática diferente. Enquanto os valores são expressões dialógicas, reflexivas e instáveis, a valoração ideológica é rígida e limitada. Ela atua no sentido de que a função seletiva do valor no controle da ação se torna 'consciente'. Isto é, a valoração ideológica é uma metacomunicação que estima as estimativas, valora as próprias valorações, seleciona as seleções ao 'dizer' ao endereçado como este deve vê-las".

"A ideologia, isto é, a avaliação ideológica, através da qual podemos identificar a qualidade imperatividade do sistema normativo, sendo metacomunicativa, constitui, portanto, por assim dizer, uma pauta de segundo grau, pressupondo a existência das próprias normas. Ela calibra o sistema normativo na medida em que só por ela é possível determinar, numa situação dada, que tipo de efetividade deve possuir ele, como um todo, para que suas normas constituam cadeias válidas e, em consequência, que tipo de autoridade deve ser assumida como legítima. Assim, por exemplo, máximas do tipo 'ninguém deve permitir-se obter proveito de sua própria fraude ou tirar vantagens de sua própria transgressão' são inspiradas em considerações que têm seu fundamento em avaliação ideológica, como as que afirmam o primado universal da ordem, da justiça, enquanto valor social, podendo decidir, em consequência, sobre a validade e efetividade de testamentos, contratos e outros atos jurídicos, confirmando-lhes, alterando-lhes e suprimindo-lhes a força obrigatória. Elas não são dirigidas diretamente aos relatos das normas, mas aos seus cometimentos, tocando, por isso, imediatamente na relação entre editor e sujeito como meta complementar." É Tércio Sampaio Ferraz Jr., ainda, quem esclarece a respeito da possibilidade de distinguir entre um enunciado sobre a ideologia e um enunciado ideológico, ao afirmar que "(...) a distinção é possível e tem ao menos um valor operacional. Assim, em tese, um enunciado sobre a ideologia, não importa seja ele mesmo ideológico, tem uma ideologia como seu objeto. Já um enunciado ideológico não fala de uma ideologia, mas tem uma carga ideológica: emite, ideologicamente, um valor, ou seja, um símbolo de preferência para ações indeterminadamente permanentes, uma fórmula integradora e sintética para a representação do consenso social. Muito embora, como reconhecemos, na prática, essa distinção seja imprecisa, poderíamos resumi-la dizendo que, numa alusão a Hart (1961:99), um enunciado sobre a ideologia manifesta um ponto de vista externo, enquanto um enunciado ideológico manifesta um ponto de vista interno. O primeiro é aquele que é emitido por um observador que, em tese, não tem um compromisso com a ideologia que menciona, ao passo que o segundo é emitido por um observador que se compromete" (cf. *Constituição de 1988:* legitimidade, vigência e eficácia, supremacia, p. 17).

Questão de relevo à qual não devemos tangenciar diz respeito à consideração de a ciência do direito comportar ou não a ideologia.

Para Hans Kelsen, a ciência do direito é ideológica enquanto em oposição ao mundo do ser ou da natureza, sob o prisma lógico transcendental, tendo em vista a sua afirmativa de que "somente quando se entenda 'ideologia' como oposição à realidade dos fatos da ordem do ser, isto é, quando por ideologia se entenda tudo que não seja realidade determinada por lei causal ou uma descrição desta realidade, é que o Direito, como norma – isto é, como sentido de atos da ordem do ser causalmente determinados mas diferente destes atos –, é uma ideologia" (cf. *Teoria Pura do Direito*, p. 116-117).

Contudo, é também anti-ideológica, quando se não referir a valores e, nessa linha, conclui Kelsen: "(...) a ciência tem, como conhecimento, a intenção imanente de desvendar o seu objeto. A 'ideologia', porém, encobre a realidade enquanto, com a intenção de a conservar, de a defender, a obscurece ou, com a intenção de a atacar, de a destruir e de a substituir por uma outra, a desfigura" (op. cit., p. 118-119).

O constitucionalismo social está fundamentalmente vinculado *ao princípio da não neutralidade*.

O que é o princípio da não neutralidade?

É o comprometimento da filosofia constitucional com os menos favorecidos.

O caráter compromissório é peculiar das constituições sociais com o fim de obtenção do consenso diante da multiplicidade ideológica.

4.8 EVOLUÇÃO

Não são encontradas, senão muito raramente, disposições a respeito de normas protetivas do trabalhador nas constituições do século XIX e nas anteriores aos grandes movimentos populares no início do século XX.

Iniludivelmente, a constitucionalização dos direitos sociais é nada mais nada menos que a pronta resposta dada pelos mantenedores da estrutura e da filosofia liberais à vista da possibilidade de modificação abrupta do sistema vigente e de ruptura institucional[128].

É preciso examinar o constitucionalismo social na perspectiva histórico-evolutivo-constitucional, a fim de presenciarmos as circunstâncias que determinaram a incorporação dos direitos sociais pelas constituições.

4.8.1 As constituições liberais dos séculos XVIII e XIX

Floriano Corrêa Vaz da Silva acentua que "seria uma esquematização simplista a afirmação de que as constituições do século XIX foram todas puramente liberais e as constituições do século XX foram todas marcadamente sociais. Em quaisquer constituições, nas mais diversas épocas, podem ser encontrados e pesquisados dispositivos concernentes à ordem social e econômica, cláusulas que explícita ou implicitamente definem o regime econômico-social pretendido pelos constituintes. A própria ausência de cláusulas sociais numa constituição traduz a opção por determinado sistema. E esta ausência, é claro, não impede uma lenta construção jurisprudencial, nem emendas constitucionais, nem legislação ordinária – que irão, pouco a pouco, delinear dentro do sistema constitucional, uma série de direitos sociais e trabalhistas, que passam a integrar o arcabouço econômico-social do País"[129].

É sintomático observar, até mesmo em sede de legislação infraconstitucional, a intenção de preservar o ideal líbero-individualista burguês, como ocorrera com o Código de Napoleão do século XIX, para garantir, de forma absoluta, o direito de propriedade como corolário lógico do princípio da não intervenção do Estado nos assuntos de ordem individual.

---

128 Na forma do que anunciamos anteriormente, com suporte na lição de Mirkine-Guetzévitch, não há relação direta ou necessária entre a inserção das normas de direito social nas constituições modernas e a interferência de segmentos "progressistas" da sociedade.

129 Cf. *Direito Constitucional do Trabalho*, p. 35.

Predominantemente, tanto as constituições do século XVIII quanto a norte-americana (1787) e a francesa, de 1791, consagraram o liberal-individualismo e não dedicaram qualquer atenção aos direitos sociais, que somente viriam a integrar as Declarações de Direito posteriores à primeira década do século XX.

No entanto, no século XIX já notamos a convergência, conquanto ainda tênue, para a previsão do mínimo em termos de proteção ao trabalho, ou simplesmente adotar como princípio constitucional tal modelo protetivo.

No continente europeu devem ser destacadas a Constituição francesa, de 1848, e a Constituição suíça, de 1874.

Com efeito, na Revolução Francesa (1789), o *droit au travail* ou "direito ao trabalho" era comumente ouvido nas manifestações populares que desencadearam um dos mais importantes acontecimentos políticos do milênio, sendo assunto ensejador de grande polêmica e controvérsia na Assembleia Constituinte de 1848, restando por ser inscrito na Constituição francesa de 1848, ao lado de alguns direitos sociais, o que, de igual modo, ocorrera com a Constituição suíça de 1874, ao concluir: "A Confederação tem o direito de estabelecer regras uniformes sobre o trabalho das crianças nas fábricas, a duração de trabalho imposta aos adultos e a proteção a dar aos operários no exercício de trabalhos insalubres e perigosos"[130].

Pierre Lavigne, invocando o pioneirismo da Constituição francesa no tocante à inserção dos direitos sociais, assevera que "são pela primeira vez definidos num texto solene e ampliados ao mesmo tempo que precisados: é feita sua ligação com os textos políticos"[131].

As substanciais e radicais metamorfoses, porém, somente viriam ocorrer no século XX, mais precisamente no primeiro quartel, com a eclosão da Primeira Guerra Mundial (1914), da Revolução Mexicana (1910) e da Revolução Socialista Soviética (1917).

4.8.2 As constituições do século XX

A idealização do direito como instrumento de conformação social é recente na teoria constitucional.

À luz dos fatos históricos marcantes ocorridos no início do século XX, as constituições foram gradativamente introduzindo princípios de democracia social e econômica, ensejando, nesse momento, de forma mais detida, a análise dos textos políticos mais importantes, aqueles causadores de maior impacto ideológico na estrutura de poder vigente.

4.8.2.1 A Constituição do México de 1917

A Carta mexicana é a primeira constituição político-social do mundo, no dizer de Trueba-Urbina[132], que traz no seu bojo como expressão máxima da supraconstitu-

130 Cf. Floriano Corrêa Vaz da Silva, "Constitucionalismo social", in *Curso de Direito Constitucional do Trabalho*, p. 39-40.

131 Apud Floriano Corrêa Vaz da Silva, "Constitucionalismo social", cit., p. 40.

132 Cf. Alberto Trueba-Urbina, *Derecho Social Mexicano*, p. 226.

cionalidade autogenerativa (complexo de fatores valorativos, sociológicos, antropológicos e culturais a direcionar a manifestação constituinte originária)[133] a dívida social e o compromisso quanto ao seu resgate.

Daniel Moreno observa que "poucas vezes o pensamento jurídico foi devedor de forma tão determinante da realidade social e das ideias postas em jogo, como no caso da mencionada Assembleia" – e, finalizando, refere como causa fundamental à decisão constituinte a deplorável situação dos camponeses e operários, que eram duramente explorados[134].

Ao reconhecer o pioneirismo da Constituição mexicana, assevera Loewenstein que, "*como postulados expresamente formulados, los derechos fundamentales socioeconómicos no son absolutamente nuevos: algunos de ellos, como el derecho al trabajo, fueran recogidos en la Constitución francesa de 1793 y 1848. Pero es sólo en nuestro siglo, tras la primeira y, en mayor grado todavia, tras la segunda guerra mundial, cuando se han convertido en el equipaje estándar del constitucionalismo. Fueron proclamados por primera vez, en la Constitución mexicana de 1917, que con un alto salto se ahorró todo el camino para realizarlos: todas las riquezas naturales fueron nacionalizadas y el Estado asumió completamente, por lo menos en el papel, la responsabilidad social para garantizar una digna existencia a cada uno de sus ciudadanos*"[135].

A constatação de Loewenstein é válida para atestar o comprometimento do constituinte mexicano com o programa social do Estado, fato absolutamente normal em virtude das determinantes sociais que acenavam para a única hipótese viável naquele momento histórico: a elevação das normas de direito social ao *status* de garantia constitucionalmente outorgada.

Iniciou-se, assim, o fenômeno do constitucionalismo social.

4.8.2.2 A Constituição de Weimar

A terrível situação política e social na Alemanha no começo do século XX foi fielmente retratada por Lionel Richard: "Desde março (1918), inspirando-se no que havia ocorrido na Rússia, a palavra de ordem dos espartaquistas que circulavam nas fábricas era organizar por toda parte conselhos de operários e de soldados. De repente, o desencadear de uma revolta no porto de Kiel, a 3 de novembro (1918), veio alterar tudo. Os marinheiros haviam se recusado a seguir os oficiais que queriam continuar a guerra no mar (no caso, o autor se refere à Primeira Guerra Mundial). As más condições de vida fizeram o resto: a bandeira vermelha foi hasteada nos navios e 20.000 marujos armados ocuparam o porto. Desarmaram os oficiais, libertaram os prisioneiros nos quartéis, elegeram conselho de soldados. Com esse exemplo, os operários interromperam o trabalho nas fábricas. Os grevistas formaram um conse-

133 Cf. Gomes Canotilho, op. cit., p. 121.

134 Cf. *Derecho Constitucional Mexicano*, p. 227 (citado por Floriano Corrêa Vaz da Silva, "Constitucionalismo social", cit., p. 41).

135 Cf. Karl Loewenstein, *Teoría de la Constitución*, p. 401.

lho de operários. Após Kiel, o processo se repetiu em Stuttgart e Hamburgo. As estações foram ocupadas, as tropas se levantaram contra os oficiais, os comandantes militares foram substituídos, os meios de transportes requisitados por soldados em revolta. Símbolos de séculos de opressão, as insígnias foram por toda parte destruídas; bandeiras vermelhas foram hasteadas; organizaram-se conselhos de operários e de soldados (...). A Alemanha estava no limiar de uma nova era. Limiar ainda difícil de transpor, sobre o qual se amontoavam milhares de esfomeados, de revoltados, mas também de indiferentes, de vingadores. Atrás de toda essa gente, 1 milhão e 800 mil vítimas, escombros incalculáveis. Era sobre eles que deveria nascer um novo Estado. Mas o passado podia ser apagado?"[136].

O cenário de desolação, insurreições das mais variadas espécies e desordens provocadas pela mais absoluta falta de autoridade dominava a Alemanha do início do século passado.

Impunha-se concepção de um novo Estado, e, para tanto, necessária a instalação da Assembleia Constituinte, cujo pluralismo político-ideológico era traço que lhe cingia indelevelmente a composição.

Nesse passo, os sociais-democratas são encarregados quanto à formação do novo governo, mesmo sem constituírem a maioria absoluta, mas em razão de possuírem a maior agremiação partidária. Os socialistas independentes recusam a formalização de acordo com os democratas, que, a partir de então, tecendo, na medida do possível, acordo político com a corrente centrista, elaboram o que se convencionou denominar "a coalização de Weimar", com três condições essenciais: a) criação e reconhecimento da forma republicana de governo; b) instituição de novas espécies tributárias de sorte a atingir as grandes fortunas; e c) socialização de empresas[137].

São os seguintes artigos que versam sobre a constitucionalização de normas de direito social no texto político alemão de 1919 (conhecido como Constituição de Weimar em virtude de a Assembleia Constituinte ter-se reunido na cidade com aquele nome): art. 151, ao estatuir que "à organização da vida econômica devem corresponder princípios da Justiça e ter como objetivo garantir a todos uma existência digna do homem. Nesses limites a liberdade econômica do indivíduo deve ser assegurada"; art. 157: "O trabalho é colocado sob a particular proteção do Reich. O Reich cria um direito operário uniforme"; art. 159, ao assegurar "a liberdade de coalização para a defesa e a melhoria das condições do trabalho e da vida econômica" (sendo verdadeiramente significativa a disposição constitucional alemã, pois transmuda a hipótese de "delito de coalização" para "garantia constitucional de coalização"), e, por derradeiro, o mais importante de todos (que provocou a preocupação e o receio do pensamento ortodoxo-liberal), o art. 165, segundo o qual "os operários e empregados são chamados a elaborar, em conjunto com os empregadores e em pé de igualdade, a regulamentação das condições de salários e de trabalho assim como ao con-

136 Apud Floriano Corrêa Vaz da Silva, "Constitucionalismo social", cit., p. 42-43.

137 Cf. Floriano Corrêa, "Constitucionalismo social", cit., p. 43-44.

junto do desenvolvimento econômico das forças de produção. As organizações patronais e operárias e os contratos que elas celebram são reconhecidos"; e, adiante, "os operários e empregados têm, para se ocupar de seus interesses sociais e econômicos, representações legais nos conselhos operários de empresa assim como nos conselhos operários das (...) regiões econômicas, e num conselho operário do Reich".

Espelha o art. 165 da Constituição de Weimar a consagração não apenas do princípio da autonomia privada negocial coletiva (em interpretação sistemática com o disposto no art. 159), mas também a nítida tendência socializante adotada pelo constituinte alemão.

4.8.2.3 A Constituição da Itália de 1947

Tissembaum, comentando o art. 1º ("A Itália é uma República democrática fundada no trabalho"), enfatiza: "Analisando o espírito que inspirou ao constituinte a sanção desta disposição diretiva, afirma o senhor Fanfani (ex-Ministro italiano) que deve ela ser interpretada do seguinte modo: 'Dizendo que a República está fundada no trabalho, exclui-se que ela possa fundar-se no privilégio, na nobreza hereditária, na exploração dos semelhantes, e afirma-se pelo contrário que ela se funda no dever e que há também, ao mesmo tempo, o direito para cada homem de encontrar em seu livre esforço sua capacidade de ser e de contribuir ao bem-estar da comunidade nacional. Por conseguinte, nada de exaltação do trabalho muscular, como superficialmente se poderia imaginar, do exclusivo esforço físico, mas sim a afirmação do dever de cada homem de ser o que cada um possa em proporção com seus talentos naturais, de modo que a máxima expansão da comunidade possa ser alcançada somente quando cada homem haja realizado, na plenitude de seu ser, a máxima contribuição à prosperidade comum"[138].

O art. 1º da Constituição da Itália, de 1947, nos revela ser possível a valorização do trabalho como princípio inseparável da valorização do indivíduo.

4.9 A CONSTITUIÇÃO EUROPEIA DE 2003: CONSTITUIÇÃO SEM ESTADO?

O Tratado de Maastricht, de 7 de fevereiro de 1992, instituiu a União Europeia, fixando-se, inclusive, padrão monetário único para todos os Estados-Partes: o euro.

Todavia, o mais significativo fato é a entrada em vigor da Constituição europeia de 2003 que se dará a partir da aprovação do texto pelos diversos países mediante consulta plebiscitária.

Cuida saber agora se a União Europeia, que busca a sua definitiva organização em um texto constitucional, será novo Estado formado a partir da aprovação do texto mediante plebiscito, ou se, diferentemente, a despeito da existência de um texto constitucional conformador da atuação das nações europeias, conservaram elas a soberania, o que importaria concluir sobre a existência de uma constituição sem Estado.

138 Apud Floriano Corrêa, "Constitucionalismo social", cit., p. 47.

Gomes Canotilho admite que "os domínios abrangidos pelo Tratado da União (Tratado de Maastricht) tocam no cerne daquilo que os autores alemães chamam *Staatlichkeit* ('estatalidade', 'soberania estatal', 'raiz ou essência do Estado'). É o caso da política externa, da defesa, da cidadania europeia, da investigação, do desenvolvimento tecnológico, e, sobretudo, da política monetária, da moeda única e do banco central europeu. O 'exercício em comum da soberania' em domínios tão estruturalmente 'estatais' e tão radicalmente ligados às decisões políticas democraticamente legitimadas seria 'inconstitucional' se as próprias constituições nacionais não autorizassem *expressis verbis* a União Europeia"[139].

Logo, as ideias do constitucionalista português reconduzem às mais instigantes questões acerca da Teoria da Interconstitucionalidade.

A Teoria da Interconstitucionalidade se propõe ao estudo das relações entre as diversas constituições que subsistem em um mesmo espaço político, diante da ocorrência, de fato, de convergências, concorrências, justaposições e conflitos de várias ordens entre as diversas realidades constitucionais, como se dá, por exemplo, nos Estados federais, desde que admitam o exercício de poder constituinte decorrente pelos legisladores estaduais[140].

Seria, por conseguinte, de natureza federativa a Constituição europeia de 2003?

Embora não se possa recusar a possibilidade de a União Europeia constituir-se, num futuro próximo, em Estado federal[141], principalmente pela instituição do Parlamento Europeu, da cidadania europeia e do padrão monetário único, ainda não é o momento de concluir ter havido opção pela forma estatal federativa, porquanto não é a União, mas sim os Estados nacionais que ainda comparecem para legitimar o Tratado de Maastricht, e são eles também que autorizarão a vigência interna da Constituição europeia de 2003.

Entretanto, como Estado é processo, tudo leva a crer pela consolidação do modelo federal nos domínios do Velho Continente, mesmo diante da ausência de identidade linguística, cultural, antropológica, o que, de mais a mais, pode tão só conduzir à existência de um Estado federal composto de diversas nações[142]. Contudo, até que sobrevenha a renúncia à soberania por parte dos Estados europeus, estamos, convictamente, diante de uma Constituição sem Estado.

---

139 Cf. Direito Constitucional e Teoria da Constituição, p. 210.

140 Idem, p. 1407.

141 Lembre-se que as ex-colônias inglesas na América do Norte não renunciaram à sua soberania tão logo após a Independência de 1776, tanto que inicialmente criaram uma Confederação, cujo malogro fora responsável pela engenhosa construção do Texto de 1787.

142 Nação é conceito sociológico, e não jurídico. Não pode haver, por outro lado, confusão entre os conceitos de Estado e Nação, desde que o primeiro é uma sociedade, enquanto o segundo é uma comunidade. Dalmo Dallari explica que "(...) o Estado é uma sociedade e a Nação uma comunidade, havendo, portanto, uma diferença essencial entre ambos, não se podendo dizer, com propriedade, que o Estado é uma Nação ou que é um produto da evolução desta. Para obter maior integração de seu povo, e assim reduzir as causas de conflito, os Estados procuram criar uma imagem nacional, simbólica e de efeitos emocionais, a fim de que os componentes da sociedade política se sintam mais solidários" (Cf. *Elementos de Teoria Geral do Estado*, p. 137).

HISTÓRICO DAS CONSTITUIÇÕES BRASILEIRAS

5.1 RAZÃO DO TRATAMENTO ESPECÍFICO DO TEMA

Após enunciados os fatos mais marcantes da história do constitucionalismo, é chegado o momento de examinar as principais características das Constituições brasileiras, expondo, além disso, os fatos históricos de relevo e subjacentes ao instante genético da construção dos modelos constitucionais em nosso país.

Conquanto evidencie aspecto lúgubre da história da civilização humana, adverte Menendez y Pelayo: "Povo que não sabe a sua história é povo condenado à irrevogável morte; pode produzir brilhantes personalidades isoladas, manifestações de paixão, de engenho, até de gênio, mas serão relâmpagos que evidenciarão ainda mais o negror da sua noite"[143].

Serve a advertência como justificativa do Capítulo, mais ainda em se tratando de trabalho vinculado ao estudo da constituição, cujas remissões às experiências anteriores desempenham o importante papel de informar a respeito da evolução político-constitucional brasileira.

Desse modo, dedicaremos um item específico para cada Constituição brasileira, à exceção da atual, visto que a análise detida de seu articulado não se trata de objeto de uma Teoria da Constituição.

5.2 A CONSTITUIÇÃO IMPERIAL DE 1824

A vinda da Família Real portuguesa para o Brasil. Um acontecimento da mais alta importância para a história brasileira – incluindo-se, nesse contexto, as repercussões de ordem política – foi a vinda da Família Real portuguesa para o Brasil em 1808, em consequência da ocupação de Portugal pelas tropas napoleônicas comandadas pelo General Junot[144].

---

143 Cf. "De los orígenes del criticismo y del excepticismo", in *Obras Completas*, IX, p. 132.

144 Napoleão decretara o *bloqueio continental* à Inglaterra como reação ao *bloqueio marítimo inglês*. Portugal, na época, encontrava-se visceralmente dependente da Inglaterra, inclusive através de diversos tratados de natureza comercial. Em outubro de 1807, conquanto a tentativa de D. João VI de se manter equidistante do conflito anglo-francês, Portugal assinou com a Inglaterra a denominada *Convenção Secreta*, que estipulava o seguinte: a) transferência da sede da Monarquia portuguesa para o Brasil; b) entrega da esquadra portuguesa à Inglaterra; c) a Ilha da Madeira serviria como ponto de combate após a ocupação da península ibérica pelos franceses; d) a Inglaterra teria direito

Acompanhada de comitiva de cerca de quinze mil pessoas, entre clérigos, nobres e funcionários do Reino, a sua chegada ao Brasil pode ter sido a causa mais eficiente para o processo de desligamento da Metrópole portuguesa.

A colônia brasileira, já alterado o seu *status* para Reino Unido a Portugal e Algarves[145], experimentou grande desenvolvimento com a chegada da comitiva, bastando indicar, como exemplo, o fato de que na bagagem real veio a primeira tipografia que se instalou no País, ensejando a publicação do periódico oficial *Gazeta do Rio de Janeiro*, a partir de 10 de setembro de 1808. Ainda nesse ano foi fundado o Banco do Brasil e criados diversos estabelecimentos de ensino, como a Escola Médico-Cirúrgica da Bahia e a Academia da Marinha.

Superado o período de beligerância na Europa, retornou a Família Real ao território português, encontrando-o sob o domínio do exército da Inglaterra.

O Dia do Fico. Em 1820, com a Revolução do Porto, exigiram os nobres portugueses o retorno de D. João VI, que permanecera no Brasil. Ao sair do País, deixou em seu lugar, como Príncipe Regente, D. Pedro I, que, em 9 de janeiro de 1822, desobedecendo idêntica ordem promanada da Corte, atendendo ao abaixo-assinado da população do Rio de Janeiro, respondeu: "Como é para o bem de todos e felicidade geral da Nação, estou pronto; diga ao povo que fico". O Dia do Fico – designação histórica da data – fortaleceu enormemente o movimento emancipador que culminaria na Independência do Brasil.

Celso Furtado informa que se, do ponto de vista militar, a Independência do Brasil constituiu uma operação simples, o mesmo não se deve dizer, no que toca às repercussões diplomáticas, pois se Portugal viesse a interpretar a separação da ex-colônia como ato de agressão, talvez se visse a Inglaterra obrigada a acudi-lo, como decorrência dos tratados celebrados com a Metrópole portuguesa e que, em contrapartida, rendera aos ingleses lucrativos privilégios, inclusive no Brasil[146].

Convocação e dissolução da Assembleia Constituinte de 1823. Declarada a Independência do Brasil em 7 de setembro de 1822, tratava-se, naquele momento, de se iniciar o processo de consolidação da soberania brasileira, o que, entre outras providências, reclamava a imediata convocação de Assembleia Constituinte, efetivamente ocorrida em 1823. Todavia, em virtude de os desígnios do Monarca não terem sido atendidos pelos legisladores constituintes, foi ela dissolvida, no mesmo ano, determinando a outorga da Carta Imperial, em 25 de março de 1824.

---

a um porto livre, preferencialmente na ilha de Santa Catarina; e) assinatura de novos tratados comerciais, assim que o Estado português se estabelecesse no Brasil (cf. Francisco Alencar, Lúcia Carpi e Marcos Venício Ribeiro, *História da Sociedade Brasileira*, p. 91).

145 "A presença da Corte no Rio de Janeiro criou em todo o Brasil, entre as classes proprietárias e as camadas urbanas, uma 'ideia de Império, ou seja, um esboço de sentimento de nacionalidade. Os proprietários rurais começaram a perceber que o Brasil ia além das suas terras. E que os seus interesses eram os mesmos de outros senhores escravocratas. A Corte, como centro catalizador, ia acabando com a dispersão" (cf. Francisco Alencar et al., op. cit., p. 96).

146 Cf. *Formação Econômica do Brasil*, p. 37.

Afirmação da independência. Observa-se, no plano jurídico-constitucional, a afirmação da indigitada independência logo no art. 1º da Constituição Imperial de 1824: "O Império do Brasil é a associação Politica de todos os Cidadãos brazileiros. Elles formam uma Nação livre, e independente, que não admitte com qualquer outra laço algum de união, ou federação, que se oponha á sua Independencia".

Vinculação formal à Igreja Católica. O Estado Imperial, por sua vez, não fugiu à tendência então predominante nas formas de governos monárquicos, em relação à vinculação a determinado segmento religioso, ao ponto de o art. 5º asseverar que "a Religião Catholica Apostolica Romana continuará a ser a Religião do Imperio. Todas as outras Religiões serão permittidas com seu culto domestico, ou particular em casas para isso destinadas, sem fórma alguma exterior de templo", enquanto o art. 103 determinava como obrigatório o juramento de fidelidade à Religião Católica: "O Imperador antes de ser acclamado prestará nas mãos do Presidente do Senado, reunidas as duas Camaras, o seguinte Juramento – Juro manter a Religião Catholica Apostolica Romana (...)".

E mesmo durante o Segundo Reinado, ainda que sob a marca da habilidade política de D. Pedro II, além de a Constituição de 1824 ter impedido que toda e qualquer liturgia não católica apostólica romana fosse realizada em local cujo exterior assumisse a forma de templo, entendia-se – embora a Constituição nada dispusesse a respeito – que o culto protestante tinha de ser dirigido em língua estrangeira[147].

A quadripartição das funções estatais. Mas a grande novidade da Carta de 1824 – e, convictamente, o seu traço mais característico – foi a quadripartição das funções do Estado: Poder Legislativo, Poder Executivo, Poder Judicial e Poder Moderador.

Com evidência, não seria a hipótese de eversão da Teoria de Montesquieu, mas sim verdadeiro recurso ao pensamento iluminista para adequá-lo ao Absolutismo Monárquico, razão por que, sem receio, pode-se concluir que D. Pedro I praticou, durante seu reinado, o Despotismo Esclarecido.

Entre todas as funções do Estado monárquico, aquela que mais prerrogativas incorporou foi o Poder Moderador. Reputado como "a chave de toda a organisação politica" (art. 98) e concedido, de modo exclusivo, ao Imperador, tinha por propósito manter a independência, equilíbrio e harmonia entre as funções estatais, cabendo-lhe, entre outras atribuições, nomear Senadores (art. 101, I); dissolver a Câmara dos Deputados (art. 101, V) e suspender magistrados (art. 101, VII).

Como consequência das suas ilimitadas prerrogativas, reconhecem Paulo Bonavides e Paes de Andrade que "o Poder Moderador da Carta do Império é literalmente a *constitucionalização* do absolutismo, se isto fora possível"[148].

Sobremais, como reflexo da Teoria da Origem Divina Sobrenatural do Poder, o Monarca brasileiro não poderia ser responsabilizado pelos seus atos. Diz o art. 99: "A pessoa do Imperador é inviolavel, e Sagrada: Elle não está sujeito a responsabilidade

147 Cf. David Gueiros Vieira, *O Protestantismo, a Maçonaria e a Questão Religiosa no Brasil*, p. 123.

148 Cf. *História Constitucional do Brasil*, p. 96.

alguma". Nesse sentido, pode-se deduzir que a fase do Absolutismo Monárquico configura o primeiro período da evolução histórica da responsabilidade do Estado, assim compreendidos: 1º período – irresponsabilidade total do Estado (*"the king can do no wrong"*, ou, em português, "o rei nada faz de errado"); 2º período – responsabilidade com culpa; 3º período – responsabilidade sem culpa.

Além de exercer o Poder Moderador, o Monarca igualmente assumiu a Chefia do Poder Executivo, conforme preconizavam os arts. 102 a 104.

O despotismo esclarecido no primeiro reinado. Sendo certo que o despotismo esclarecido se materializou na tentativa de diversos representantes da monarquia no sentido da adequação dos ideais iluministas ao Absolutismo, cumpre registrar que D. Pedro I, de forma semelhante, buscou adaptar o seu governo à circunstância, mediante, inclusive, a previsão de direitos individuais, consoante a redação do art. 179.

A semirrigidez da Carta Imperial de 1824. Muito embora não estivesse relacionada precisamente às prerrogativas do Poder Moderador, cumpre assinalar que a Constituição Imperial possuía característica singular no contexto dos sistemas constitucionais brasileiros: a sua semirrigidez.

Significa afirmar, de outro modo: a Carta de 1824 contava com dispositivos constitucionais cuja reforma somente se apresentaria viável através de procedimento mais solene e difícil que o referente às leis ordinárias; todavia, determinados temas poderiam ser alterados sem a solenidade requerida para os demais.

É o que se enxerga diante da literalidade do art. 178, segundo o qual:

> *é só constitucional o que diz respeito aos limites, e atribuições respectivas dos Poderes Politicos, e aos Direitos Politicos, e individuaes dos Cidadãos. Tudo, o que não é Constitucional, póde ser alterado sem as formalidades referidas, pelas Legislaturas ordinárias.*

Destarte, convivia-se, à época, com o que Carl Schmitt denominava constituição em sentido material e formal[149].

A abdicação e as Regências. Em face da insustentabilidade do seu governo, D. Pedro I abdicou do trono em 1831, e, diante da menoridade do seu sucessor, D. Pedro II, o Brasil foi administrado por uma Regência Provisória, que governou até 17 de junho de 1831. Nela estavam representados os *moderados,* na figura do Senador Nicolau de Campos Vergueiro e do Brigadeiro Francisco de Lima e Silva, os *caramurus,* na pessoa do Marquês de Caravelas. Posteriormente foi eleita a Regência Trina Permanente.

O Ato Adicional de 1834. Com o Ato Adicional (Lei n. 16, de 12-8-1834), foi aberto o precedente para a descentralização política e para o federalismo.

A Lei n. 16, de 1834, promoveu mudanças no contexto da representação parlamentar no âmbito das províncias, aumentando o número de membros, fixando tais corpos legislativos como obrigatoriamente intermediários entre o cidadão e os go-

---

149 A classificação de constituição material e formal foi objeto de análise no Capítulo 3 (subitem 3.3.3.1), assim como o conceito de semirrigidez constitucional (subitem 3.3.3.4).

vernos provinciais e estabelecendo idêntico procedimento eleitoral previsto na Constituição para a eleição da Assembleia Geral.

A Abolição da Escravatura e a conflagração republicana. Durante o período do Segundo Reinado, o Brasil experimentou tranquilidade institucional, pelo menos até quando os interesses das classes abastadas, que davam suporte político ao Império, não foram grandemente contrariados, o que, sem dúvida, ocorreu com a Abolição da Escravatura, em 13 de maio de 1888 – o estopim para a conflagração republicana.

5.3 A CONSTITUIÇÃO REPUBLICANA DE 1891

O Decreto n. 1/1889 e a instalação da República no Brasil. Por se constituir em causa para alguma confusão, é necessário esclarecer que não foi a Constituição de 24 de fevereiro de 1891 que inaugurou a forma de governo republicano no Brasil, mas, com efeito, o Decreto n. 1, de 15 de novembro de 1889, cujos arts. 1º e 2º não apenas consagraram a República, mas também a forma de Estado federal[150].

A respeito da Proclamação da República, Walter Costa Porto, enunciando as ideias de Ernest Hambloch, sustenta que "nosso País copiara da farmacopeia política latino-americana o drástico remédio contra uma doença que jamais sofrera". E prossegue: "A tese principal de Hambloch é que os países latino-americanos caíram no erro de adotar formas de constituição que, na ausência das restrições constitucionais, dos costumes ou influências, simplesmente resultaram em legalizar a velha tradição do caudilhismo. Para o Brasil, no entanto, adaptar os métodos parlamentares franceses ou ingleses ao seu novo regime teria sido simplesmente confirmar a evolução das liberdades políticas, gozadas durante a Monarquia"[151].

Alteração do nome do Estado brasileiro. Modificado o nome da sociedade política brasileira para "Estados Unidos do Brazil", constituído pela união indissolúvel das antigas províncias, o Estado republicano trouxe significativas alterações no nosso cenário constitucional.

Adoção do federalismo. A mais relevante alteração constitucional concerne à adoção do federalismo, inspirado na Constituição norte-americana de Filadélfia de 1791.

O ideal federalista foi causa mais eficiente para a modificação do sistema constitucional anterior do que propriamente o princípio republicano.

Caracterizado o federalismo pela indispensável autonomia a ser outorgada aos Estados, o art. 6º da Constituição de 1891 assegura o princípio da não intervenção, impedindo, portanto, a aleatória interferência do Governo Federal nas questões peculiares dos Estados, exceto para repelir invasão estrangeira ou de uma unidade em

150 "Art. 1º. A Nação Brazileira adopta como fórma de governo, sob o regimen representativo, a República Federativa proclamada a 15 de novembro de 1889, e constitue-se, por união perpetua e indissoluvel das suas antigas provincias, em Estados Unidos do Brazil. Art. 2º. Cada um das antigas provincias formará um Estado, e o antigo municipio neutro constituirá o Districto Federal, continuando a ser a capital da União, emquanto não se der execução ao disposto no artigo seguinte".

151 Prefácio aos *Comentários à Constituição Federal*, de João Barbalho.

outra; manter a forma republicana federativa; restabelecer a ordem e a tranquilidade e assegurar a execução das leis e decisões judiciais.

Adoção do presidencialismo. O sistema de governo foi alterado para o presidencialismo, com eleição do Presidente pela via direta para o exercício de mandato de quatro anos, vedada a reeleição (art. 43).

Responsabilização do Presidente da República. Como corolário do princípio republicano, o Texto Constitucional consagrou a responsabilização do Presidente da República, com a emissão de juízo de processabilidade pela Câmara dos Deputados e o julgamento propriamente dito pelo Senado; a competência para o julgamento, no caso dos crimes comuns, foi atribuída ao Supremo Tribunal Federal (art. 53).

Reconhecimento da liberdade religiosa. Posicionando-se em campo diametralmente oposto à Constituição de 1824, o Texto republicano passa a reconhecer como direito individual a liberdade religiosa, quer ao prescrever que "todos os individuos e confissões religiosas podem exercer publica e livremente o seu culto, associando-se para esse fim e adquirindo bens, observadas as disposições do direito commum" (§ 3º do art. 72), quer ao acentuar o fato de que "nenhum culto ou igreja gozará de subvenção official, nem terá relações de dependencia ou alliança com o Governo da União, ou o dos Estados" (§ 7º do art. 72).

A Doutrina Brasileira do Habeas Corpus. No conjunto dos direitos assegurados no corpo do art. 72, avulta em importância a ordem de *habeas corpus*: "Dar-se-ha o *habeas corpus* sempre que o individuo soffrer ou se achar em imminente perigo de soffrer violencia, ou coacção, por illegalidade, ou abuso de poder".

A redação do preceptivo conduziu à construção da Doutrina Brasileira do *Habeas Corpus*[152].

Inadequação do texto de 1891 ao constitucionalismo social. Ao final do século XIX e início do século XX ocorreu o fenômeno do constitucionalismo social[153]. tornando o sistema constitucional republicano de 1891 inadequado em face da prevalência do sentido social do direito, ensejando a ruptura e a promulgação da Constituição de 1934, doravante examinada.

5.4 A CONSTITUIÇÃO DE 1934

Podem ser indicadas importantes alterações na Constituição de 1934.

Inserção dos direitos sociais. Deve-se pontuar que foi essa Constituição que inaugurou a inserção dos direitos sociais.

Como influxo do que se passara no México e na Alemanha, o constituinte originário brasileiro de 1934 iniciou o processo de consolidação dos direitos sociais em nível constitucional, iniciando também o processo de intervenção do Estado no domínio da economia.

152 Ver Capítulo 27 (subitem 27.2.1).

153 Ver, a respeito, o subitem 4.4 do Capítulo anterior.

O art. 115 da Constituição de 1934 acentuava que "a ordem econômica deve ser organizada conforme os princípios da justiça e as necessidades da vida nacional, de modo que possibilite a todos existência digna. Dentro desses limites é garantida a liberdade econômica", ao passo que o parágrafo único previa que "os poderes públicos verificarão, periodicamente, o padrão de vida nas várias regiões do paiz".

Conquanto o cunho socializante impresso ao Texto Constitucional de 1934, vale apontar que o art. 116 estabelecia que somente por motivo de interesse público e autorizado em lei é que a União poderia exercer o monopólio de determinada atividade.

Diretrizes econômicas. Por outro lado, as diretrizes econômicas encontravam-se assentadas no art. 117: a) fomento da economia popular; b) desenvolvimento do crédito; c) nacionalização das instituições financeiras; d) nacionalização das empresas de seguro.

Traços essenciais (José Afonso da Silva). José Afonso da Silva sintetiza com precisão os seus traços essenciais: "A nova Constituição não era tão bem estruturada como a primeira. Trouxera conteúdo novo. Mantivera da anterior, porém, os princípios formais fundamentais: a república, a federação, a divisão de poderes (Legislativo, Executivo e Judiciário, independentes e coordenados entre si), o presidencialismo, o regime representativo. Mas ampliou os poderes da União, enumerados extensamente nos arts. 5º e 6º; enumerou alguns poderes dos Estados e conferiu-lhes os poderes remanescentes (arts. 7º e 8º); dispôs sobre os poderes concorrentes entre a União e Estados (art. 10). Discriminou, com mais rigor, as rendas tributárias entre União, Estados e Municípios, outorgando a estes base econômica em que se assentasse a autonomia que lhes assegurava. Aumentou os poderes do Executivo. Rompeu com o bicameralismo rígido, atribuindo o exercício do Poder Legislativo apenas à Câmara dos Deputados, transformando o Senado Federal em órgão de colaboração desta (arts. 22 e 88 e segs.). Definiu os direitos políticos e o sistema eleitoral, admitindo o voto feminino (arts. 108 e segs.). Criou a Justiça Eleitoral, como órgão do Poder Judiciário (arts. 63, *d*, e 82 e segs.). Adotou, ao lado da representação política tradicional, a representação corporativa de influência fascista (art. 23). Instituiu, ao lado do Ministério Público e do Tribunal de Contas, os Conselhos Técnicos, como órgãos de cooperação nas atividades governamentais. Ao lado da clássica declaração de direitos e garantias individuais, inscreveu um título sobre a Ordem Econômica e Social e outro sobre a família, a educação e a cultura, com normas quase todas programáticas[154], sob a influência da Constituição alemã de Weimar. Regulou os problemas da segurança nacional e estatuiu princípios sobre o funcionalismo público (arts. 159 e 172). Fora, enfim, um documento de compromisso entre o liberalismo e o intervencionismo"[155].

154 No que concerne à natureza, definição e efeitos das normas programáticas, examinar o Capítulo 7 (subitem 7.5).

155 Cf. *Curso de Direito Constitucional Positivo*, p. 83.

Outras modificações importantes: cláusula de reserva de plenário, ADIn interventiva e participação do Senado no controle de constitucionalidade. Também são de inegável relevância três modificações incorporadas ao texto de 1934:

a) *a cláusula de reserva de plenário;*
b) *a ação direta de inconstitucionalidade interventiva;*
c) *a participação do Senado no controle de constitucionalidade.*

A primeira inovação estava prevista no art. 179: "Só por maioria absoluta de votos da totalidade dos seus juizes, poderão os tribunaes declarar a inconstitucionalidade de lei ou acto do poder publico".

Trata-se de modificação que permanece no sistema constitucional brasileiro até os dias atuais, conforme se vê na redação do art. 97 da Constituição de 1988.

A ação direta interventiva encontrava-se disciplinada no art. 12, § 2º, determinando-se que a intervenção somente se efetivaria depois de a Corte Suprema (nome que se deu ao Supremo Tribunal Federal na época) se pronunciar, após provocação do Procurador-Geral da República.

Já a base constitucional da participação do Senado no controle de constitucionalidade era o art. 91, IV, ao fixar que competia à Casa Legislativa "suspender a execução, no todo ou em parte, de qualquer lei ou acto, deliberação ou regulamento, quando hajam sido declarados inconstitucionais pelo Poder Judiciario".

A distinção quanto ao modelo atual de participação do Senado no controle de constitucionalidade reside no fato de que, naquela época, permitia-se à Câmara Alta deliberar sobre suspensão de lei ou ato normativo quando declarados inconstitucionais pelo *Poder Judiciário*, ou seja, toda e qualquer decisão de autoridade judiciária poderia ensejar o ato suspensivo, ao passo que a atual redação do art. 52, X, da Constituição de 1988, viabiliza o exercício da competência, via resolução coparticipativa exclusivamente para hipóteses de declaração de inconstitucionalidade por decisão definitiva prolatada pelo Supremo Tribunal Federal.

O Senado como coordenador dos poderes. A respeito do Senado, é de destacar também o fato de ter sido reputado como "coordenador dos Poderes" (art. 88) e guarda da Constituição (art. 91, II a IV).

Restrição à participação política das mulheres. Conquanto promulgada tenha sido a Constituição de 1934 – e não outorgada –, cumpre esclarecer que uma característica desaprova a legitimidade de qualquer regime democrático: a negativa da participação das mulheres no processo político.

Deveras, somente se admitia a participação política das mulheres que exercessem função pública remunerada e ainda assim sob as sanções e ressalvas impostas por lei ordinária (art. 109).

Criação das CPIs. Também foi na Constituição de 1934 que foram criadas as Comissões Parlamentares de Inquérito.

Getúlio Vargas e a revogação da Constituição de 1934. Getúlio Vargas, receoso do avanço, a um só tempo, da Ação Integralista Brasileira, liderada por Plínio Salgado, e do Partido Comunista, chefiado por Luís Carlos Prestes, dissolve a

Câmara e o Senado e revoga a Constituição de 1934, outorgando a Carta Estadonovista de 1937.

5.5 A CONSTITUIÇÃO DE 1937

Centralização do poder político. A Constituição Estadonovista de 1937 foi marcada pela efetiva centralização do poder político nas mãos do Presidente da República, fato, aliás, bastante habitual à época e verdadeiro apanágio dos sistemas constitucionais outorgados, e, consequentemente, antidemocráticos.

Basta o exame das prerrogativas conferidas ao Chefe de Estado e de Governo pelo art. 75 para concluir quão centralizado se encontrava o poder político, notadamente quando se lhe permitia a dissolução da Câmara dos Deputados, além da possibilidade de adiar ou prorrogar as sessões do Parlamento (art. 75, *b* e *e*).

Reforçando a compostura totalitária da Constituição de 1937, nota-se o dispositivo que vedava a discussão, no âmbito da Câmara dos Deputados, de matéria estranha àquela indicada pelo Presidente para que fosse apreciada durante o período da prorrogação ou nas sessões extraordinárias (§ 1º do art. 39), impedindo, nessa linha de compreensão, viesse a ser incluído em pauta, ao alvedrio da Casa Legislativa, tema a ser debatido ao longo da convocação extraordinária.

Consolidando, enfim, o processo de adensamento do poder do Presidente da República, o parágrafo único do art. 166, ao regular o decreto de estado de emergência e de guerra, subtraiu do Parlamento a competência para examiná-los ou suspendê-los, tornando, demais disso, defesa a sua análise pelo Poder Judiciário (art. 170).

Por isso se pode concluir que a divisão das funções do Estado, fixada nos arts. 73 e 75, *b*, concretizou-se de forma apenas aparente.

Responsabilização aparente do Presidente da República. No tocante à responsabilidade do Presidente da República, salta aos olhos dado interessante dessa Constituição: muito embora viável a responsabilização, conforme previa o art. 85 – coincidentemente, o mesmo artigo que dispõe acerca das infrações político-funcionais do Chefe do Executivo na Constituição de 1988 –, na prática não se poderia acenar como plausível sua condenação, simplesmente porque a competência para julgá-lo, nos termos do art. 86, *caput*, era do Conselho Federal, com nada menos do que dez membros indicados pelo Presidente, a teor do art. 50 c/c o art. 75, *d*.

O problema da vigência da CF/37. Outra questão que deve ser examinada é o problema da vigência da Constituição de 1937, pois o art. 187 declarava que "esta Constituição entrará em vigor na sua data e será submetida ao plebiscito nacional na forma regulada em decreto do Presidente da República".

O tal plebiscito jamais veio a ser realizado, o que induz à ideia de não vigência formal da Constituição de 1937, visto que o ato que autorizaria a sua entrada em vigor não foi realizado pelo Presidente da República.

O final da Segunda Guerra e o restabelecimento dos princípios democráticos. Com o final da Segunda Guerra Mundial, em 1945, o clamor se dirigiu ao restabelecimento dos princípios democráticos, inclusive como reação ao nazifascismo, responsável pela deflagração do confronto bélico.

Paz e democracia eram as palavras de ordem, razão suficiente para fazer com que Getulio Vargas enviasse ao Congresso a Lei Constitucional n. 9, em que, entre outras alterações ocasionadas à Constituição de 1937, encontram-se a relativa ao art. 77, consagrando a eleição direta para Presidente da República, e a Lei Constitucional n. 15, dispondo sobre a eleição da Assembleia Constituinte, que, em 18 de setembro, promulgou a Constituição de 1946.

5.6 A CONSTITUIÇÃO DE 1946

Caracteres políticos. Não se admitiria naquele momento histórico qualquer distanciamento dos princípios libertários e democráticos, subsequentes ao término da conflagração mundial.

Constituição republicana, federativa e democrática buscou a legitimação do poder político no segmento popular.

Fortaleceu o princípio federativo, máxime em virtude do seu enfraquecimento ocorrido durante o período do Estado Novo.

Prestígio ao movimento municipalista. O movimento municipalista foi prestigiado como em nenhuma outra Constituição brasileira, conforme percuciente observação de Aliomar Baleeiro: "no correr do tempo, a República sacrificou muito os municípios, não só lhes restringindo a autonomia, cada vez mais ameaçada pelos estados, senão também desfavorecendo-os na discriminação das rendas públicas"[156].

Mudança na correlação de forças entre as funções do Estado. Ao persistir na consecução de sociedade política democrática, o constituinte originário alterou substancialmente o contexto das funções do Estado, mais ainda em face do agigantamento do Poder Executivo com todas as consequências nocivas ao ideal pluralista.

Assim, o Presidente da República passou a ser eleito pela via direta, para mandato de cinco anos, com correspondente eleição do Vice-Presidente, que, a propósito, acumulava as funções de Presidente do Senado.

Relativamente ao Poder Legislativo, "(...) restauraram-se-lhe as prerrogativas perdidas. Dá-se-lhe novamente a forma bicameral, que havia perdido em 1934, pelo advento ou pela criação de um Conselho Federal que eliminara o Senado em 1937, trocando-o por uma Comissão. Implanta-se, portanto, um bicameralismo igual, onde tanto a Câmara quanto o Senado tinham iguais poderes"[157].

No que se refere à função judicial, garante-se ao cidadão o amplo acesso aos tribunais, porquanto o § 4º do art. 141 prescreve que "a lei não poderá excluir da apreciação do Poder Judiciário qualquer lesão de direito individual", instalando, no âmbito constitucional, o princípio do direito de ação, da inafastabilidade do controle judicial ou do acesso ao Judiciário. Se bem que o seu contorno originário esteja atrelado ao direito individual, afastada, dessa forma, a proteção dos interesses coletivos

156 Apud Celso Ribeiro Bastos, *Curso de Direito Constitucional*, p. 133, nota de rodapé n. 2.

157 Cf. Celso Ribeiro Bastos, *Curso de Direito Constitucional*, p. 134.

ou mesmo o controle judicial dos atos de governo, não há como recusar o benefício causado pela incorporação do preceito no rol dos direitos individuais.

Garantia de acesso dos necessitados ao Judiciário. Em consonância com o princípio do direito de ação, o § 35 do art. 141 assegura que o Poder Público, de acordo com o disposto em lei, concederá assistência judiciária aos necessitados. Deveras, converter-se-ia em insólito instrumento de retórica afirmar, com pompa, que garantido estaria o acesso ao Judiciário, quando, desde os tempos mais remotos, sabe-se que a barreira econômica é circunstância a impedi-lo absolutamente.

Inserção da Justiça do Trabalho no Poder Judiciário. Foi também na Constituição de 1946 que a Justiça do Trabalho foi incluída no contexto do Poder Judiciário brasileiro. Mas, não se confunda: a Constituição de 1934 a criou, enquanto a de 1946 lhe conferiu caráter jurisdicional.

Diretrizes econômicas. No Título V, a Constituição de 1946 retoma a expressão "Ordem Econômica e Social", que antes, no Texto de 1937, fora substituída por "Ordem Econômica".

Refere expressamente à necessidade de conciliar a liberdade de iniciativa com a valorização do trabalho humano (art. 145), fixando a base constitucional para a intervenção do Estado no domínio econômico no art. 146, que admite o procedimento interventivo ou monopolizador, desde que autorizado por lei especial.

A repressão ao abuso do poder econômico. Mas, indiscutivelmente, o dispositivo mais característico do Texto Constitucional de 1946 foi a repressão ao abuso do poder econômico, cuja redação do art. 148 – repetido nas Constituições que se lhe seguiram – tornou-se um referencial daquele sistema constitucional.

5.7 A CONSTITUIÇÃO DE 1967

Circunstâncias políticas antecedentes (Manoel de Oliveira Franco Sobrinho). As conclusões extratadas por Manoel de Oliveira Franco Sobrinho indicam as circunstâncias políticas que caracterizaram o momento antecedente à outorga da Carta de 1967: "Em 1961 o Brasil adquirira exaustão emocional, estava sofrido e desencantado com as lideranças partidárias. A política interna carregava-se de eletricidade. Rumos não havia para a segurança do país ameaçado pela divisão progressiva das forças de facção. Com o epílogo da renúncia, os constantes justificados vetos militares, o Congresso, como medida urgente de salvação, se empavonou com a reforma parlamentarista. Sequer olhou para a realidade da nação em transe moral. Barganhou, para que se permitisse a posse do Vice-Presidente em troca de um Presidente aprisionado pela emenda constitucional. Em política também é preciso não esquecer a ordem física das coisas. As estruturas não estavam preparadas para um regime que urgia ser ultrapolitizado. Transformar um regime é responsabilidade do povo e não de governo. Foi o que se observou no episódio de agosto de 1962: uma massa enorme de congressistas aceitando o parlamentarismo como medida de salvação nacional contra uma possível guerra civil. Não houve, dentro do processo democrático, a necessária consulta popular. Mas houve excesso no poder, de eleição ou representação. O poder constituído transfigurou-se em poder constituinte. Jamais, em tempo algum,

Ato Adicional serviu para mudar estrutura orgânica natural do Estado. Ele é adicional na forma, essência e conteúdo. Amplia normas de organização política, formaliza poderes novos de administração, reformula a sistemática dos princípios. Nunca, porém, se exagera a si próprio, revolucionando as instituições ou impondo unilateralmente imperativo diferente de ordem constitucional. Desintegra-se, no sentido político, a unidade do poder presidencial. Nunca seria possível parlamentarizar-se a Constituição de 18 de setembro de 1946. As formas de governo são inerentes ao corpo e ao espírito das constituições (...)"[158].

O Golpe Militar de 1964. Encontrava-se o País, nos meados da década de 60, completamente à mercê de qualquer intempérie política, razão por que o Golpe Militar ocorrido em 31 de março de 1964 apenas veio certificar a fragilidade das instituições nacionais.

O AI n.1. Para legitimar o movimento revolucionário foi editado o Ato Institucional n. 1, estabelecendo, entre outras modificações de cunho autoritário: eleição indireta para Presidente e Vice-Presidente da República (art. 2º), possibilidade de suspensão dos direitos políticos por dez anos, com a cassação de mandatos eletivos (art. 10) e inviabilidade do controle judicial dos atos do governo militar.

O AI n. 2. É importante ressaltar que fora por via de distinto Ato Institucional, o de n. 2, que, por definitivo, fez-se ruir todo o sistema constitucional anterior, quando, no art. 33, foi determinada a vigência do referido Ato em face da Constituição de 1946.

O projeto da nova Constituição. Em dezembro de 1966, o Presidente Castelo Branco enviou ao Congresso Nacional o projeto da nova Constituição do Brasil, porquanto a Constituição de 1946, a par de ter sido destroçada pelo Ato Institucional n. 2, o número excessivo de emendas a desfigurara por completo.

Fortalecimento do Poder Executivo e os decretos-leis. A Constituição de 1967, outorgada em 24 de janeiro, procurou o fortalecimento do Poder Executivo, sobretudo para lhe fornecer mecanismo mais expedito de elaboração legislativa, tornando a função do Congresso Nacional secundária no contexto do processo legislativo brasileiro.

No tocante às matérias urgentes, portanto, possibilitou a expedição dos decretos-leis.

O art. 58 previa que *o Presidente da República, em casos de urgência ou de interesse público relevante, e desde que não resultasse aumento de despesa, poderia expedir decretos com força de lei sobre as seguintes matérias: I – segurança nacional; II – finanças públicas.*

Note-se que tais espécies normativas tinham campo material vinculado à segurança nacional e finanças públicas, o que permitia considerável edição de atos de caráter normativo de iniciativa do Presidente da República, porque o signo "segurança nacional" terminava por abrir precedente a que o Chefe de Governo legislasse praticamente sobre tudo e, o que é pior, sem qualquer controle legislativo.

158 Cf. *História Breve do Constitucionalismo no Brasil*, p. 57.

O processo legislativo inerente aos decretos-leis bem revela a sua compostura autoritária.

Com efeito, se, no prazo de sessenta dias da sua edição, não fosse examinado pelo Congresso Nacional, considerava-se aprovado por decurso de prazo.

É preciso esclarecer que a Constituição de 1988 não mais admite a edição de decretos-leis pelo Presidente da República.

No entanto, todos aqueles expedidos até 4 de outubro de 1988 e que não colidam com a Constituição continuam aptos a disciplinar acerca do tema de que tratam; podem, assim, ser objeto de recepção constitucional.

Mitigação da indelegabilidade das funções estatais. A Constituição mitigou o princípio da indelegabilidade das funções estatais, notadamente porque permitiu a delegação de poderes *interna corporis*.

Valor "segurança nacional". Como produto do Golpe Militar de 1964, o Texto Constitucional sob exame trouxe consigo os dispositivos relacionados à segurança nacional, tanto que o art. 9º afirmava a responsabilidade de todas as pessoas, naturais ou jurídicas, pela preservação da segurança do país.

A EC n. 16/65 e o controle abstrato-concentrado da constitucionalidade. A respeito do controle de constitucionalidade, a Carta de 1967 indicou prerrogativa ao Procurador-Geral da República para promover representação de inconstitucionalidade perante o Supremo Tribunal Federal para retirar lei ou ato normativo em colisão com os dispositivos constitucionais, incorporando inovação trazida pela EC n. 16, de 26 de novembro de 1965, consoante descreve o art. 114, I, *l*, da Constituição de 1967: *Compete ao Supremo Tribunal Federal: I – processar e julgar originariamente: l – a representação do Procurador-Geral da República, por inconstitucionalidade de lei ou ato normativo federal ou estadual.*

5.8 A CONSTITUIÇÃO DE 1969

Reduzida vigência temporal da CF/67. A Constituição de 1967 não conseguiu sobreviver por muito tempo, ainda que sustentada por sistema constitucional centralizador.

O AI n. 5. Em 13 de dezembro de 1968 foi editado o Ato Institucional n. 5 (AI 5), que municiou o Presidente da República com a espécie normativa mais autoritária de que se tem notícia em nossa história.

Rápido exame do AI n. 5 torna clara a impressão dos supremos poderes conferidos ao Presidente da República: decretar o recesso do Congresso Nacional, de qualquer Assembleia Legislativa ou Câmara de Vereadores (art. 2º); intervir em Estados ou Municípios, mesmo sem previsão constitucional (art. 3º); suspender os direitos políticos de qualquer cidadão (art. 4º); decretar, após investigação, o confisco de bens de todos que tenham enriquecido ilicitamente (art. 8º).

Demais disso, foi suspensa a ordem de *habeas corpus* (art. 10) e proibida a apreciação judicial de qualquer ato atinente ao governo militar (art. 11).

Pode-se afirmar, contudo, que a nova ordem constitucional de 1969 só veio a ser formalizada por meio da EC n. 1, de 17 de outubro de 1969.

A EC n. 1, de 1969, como ato de poder constituinte originário. Explica José Afonso da Silva: "Teórica e tecnicamente, não se tratou de emenda, mas de nova constituição. A emenda só serviu como mecanismo de outorga, uma vez que verdadeiramente se promulgou texto integralmente reformulado, a começar pela denominação que se lhe deu: *Constituição da República Federativa do Brasil*, enquanto a de 1967 se chamava apenas *Constituição do Brasil*"[159].

Corretíssima a conclusão.

O ato político responsável pelo surgimento da nova ordem constitucional foi a EC n. 1/69, que não era emenda constitucional qualquer, mas sim autêntica emanação de poder constituinte originário.

Seguramente, embora o art. 1º da EC n. 1/69 referisse que "*a Constituição de 24 de janeiro de 1967 passa a vigorar com a seguinte redação (...)*", a constitucionalização dos Atos Institucionais promoveu completo destroçamento do sistema constitucional anterior.

5.9 CONSTITUCIONALISMO SOCIAL DO BRASIL

O caráter liberal da Constituição de 1824. Em análise da nossa evolução político-institucional, deparamo-nos com a primeira das Constituições brasileiras: a Constituição Imperial de 1824.

Todavia, a gênese da nossa história constitucional se não confunde, em absoluto, com a origem do constitucionalismo social no País.

Acentuadamente liberal, a Constituição do Império recebeu o influxo absenteísta da Constituição francesa de 1814, que, por sua vez – como não poderia deixar de ser –, assentou os princípios da igualdade e liberdade em sede constitucional.

A Constituição de 1824 bem espelhou a ideologia dominante à época, e, em verdade, não poderia inscrever normas constitucionais sociais (o que redundaria em posição de vanguarda e sem precedente no direito constitucional comparado) em razão da realidade social do País no início do século XIX, não diversa do pensamento liberal a comandar o velho continente, como já assinalado pelo caráter marcadamente absenteísta da Constituição francesa de 1814.

Comentando os princípios da ordem liberal que tutelaram a propriedade naquele Texto francês, Jacques Rueff concluiu agudamente que "é, então, dentro da totalidade do campo aberto à ação dos homens que se exercerá a escolha do proprietário. Essa será livre porque liberta de toda incômoda intervenção; não será limitada senão pela natureza das coisas"[160].

---

159 Cf. *Curso de Direito Constitucional Positivo*, p. 88.

160 Cf. *L'Ordre Social*, t. 2, p. 638: "C'est alors dans la totalité du champ ouvert à l'action des hommes que s'exercera le choix du propriétaire. Ce choix sera libre parce que, affranchi de toute intervention contraignante, il ne sera limité que par la nature des choses".

A Constituição de 1891 e a reforma constitucional de 1926. Convém analisar a Constituição de 1891 dentro de dimensão histórico-evolutiva.

Assim é que o primeiro texto republicano não traz nenhum avanço em termos de inserção constitucional dos direitos sociais à vista do predomínio ideológico do ideal burguês. A CF/1891 reflete muito mais o apego constituinte à modificação da estrutura política (de Monarquia para República) do que o trilhar pelos caminhos da inovação do sistema econômico.

Todavia, com a reforma constitucional de 1926, foi inserido na Constituição de 1891 o primeiro dispositivo, precisamente o art. 34, versando sobre direito do trabalho, ao conferir competência ao Congresso Nacional para legislar a respeito.

Os direitos sociais, o constitucionalismo europeu e sua influência na história constitucional brasileira. As Declarações francesas de 1789 e de 1793 já afirmam, ao lado dos direitos negativos, obrigações positivas do Estado no domínio do assistencialismo social. A Constituição francesa de 1848 foi ainda mais longe e estabeleceu o princípio da proteção do trabalho.

O direito constitucional pós-guerra e a Constituição de 1934. No direito constitucional do pós-guerra a tendência social conheceu um marcante desenvolvimento e as novas Declarações inscreveram capítulo sobre os direitos sociais, correspondente às novas obrigações positivas do Estado.

Mirkine-Guetzévitch salienta: "Os textos constitucionais começam a reconhecer não o homem abstrato, mas o cidadão social. Depois da guerra, por consequência das condições históricas na Europa Central e Oriental, foram simultaneamente elaboradas as novas constituições na presença das dificuldades econômicas oriundas do término da guerra, quase todas avançando mais; começa-se a admitir as obrigações positivas do Estado" (tradução nossa)[161].

Influência da Constituição de Weimar no texto brasileiro de 1934. Na perspectiva de um direito constitucional pós-guerra é que surge a Constituição brasileira de 1934, comprometida com um programa de resgate da dívida social, promovendo, pela primeira vez, a inserção dos direitos sociais em sede constitucional, inspirados no legislador constituinte responsável pela Lei Maior da República de Weimar – a Constituição alemã de 1919.

A Constituição de 1934 é um marco da evolução histórica de nosso direito constitucional, porque, em acesso inovador, inscreveu e garantiu os direitos sociais, inovação, por sua vez, não repugnada ou esquecida pelos textos seguintes, porquanto passaram a eleger o constitucionalismo social como instrumento à consecução do bem-estar geral, como programa a ser desenvolvido pelo administrador e obedecido

---

161 Op. cit., p. 85-86. "Les textes constitutionnels commencent à reconnaitre non l'homme abstrait, mais le citoyen social. Après la guerre, par suite des conditions historiques dons lesquelles, en Europe centrale et orientale, on été simultanément élaborées les nouvelles Constitutions, en présence des difficultés économiques nées de la liquidation de la guerre, presque toutes nous les verrons plus loin, ont commencé à admettre dos obligations positives de l'État."

pelo legislador, mitigando as tensões oriundas da relação entre o capital e o trabalho.

A mudança da perspectiva constituinte deveu-se muito à influência da Constituição de Weimar.

Todavia, se os fatores de ordem extraconstitucional (econômicos, sociais, culturais, antropológicos) encontrados antes da Constituição de 1934 não vinculassem o poder do Estado a princípios da social-democracia, muito dificilmente atingiríamos a inserção histórica dos direitos sociais no texto de 1934.

O texto constitucional de 1934 é resultado da constatação de que o Estado, na história, como produto mesmo do pensamento reflexivo, não se concretiza jamais numa fórmula definitiva, cristalizada: o Estado é processo, e nele se transforma incessantemente sua ideia debaixo do influxo de critérios de valoração constantemente renovados[162].

A agitação social que precedeu as constituições do pós-guerra foi tão intensa nos Estados contemporâneos, a troca de estimação dos valores jurídicos e políticos tão radical, e tão profunda foi a crise do regime que o constitucionalismo liberal construíra, que a reinterpretação do fenômeno estatal exigiu a revisão da técnica de como se tornar possível a conferência de efetividade e eficácia a ele mesmo[163].

A Constituição de 1934 e o sentido social do direito. Nesse turbilhão ideológico surgiu a Constituição de 1934. Muito mais que simplesmente elevar ao *status* de garantia constitucional os direitos dos trabalhadores, o Texto incorporou o sentido social do direito, mediante o qual não apenas regulou as relações de trabalho, mas promoveu visão global respeitante à família, à educação, à saúde.

A Constituição de 1934 e os direitos sociais trabalhistas. Dentre os preceitos sociais trabalhistas trazidos pela Constituição de 1934, podem ser destacados o art. 120, ao afirmar o reconhecimento dos sindicatos e associações profissionais; o art. 121, ao listar como garantias mínimas da classe trabalhadora a jornada de oito horas diárias (o que foi tido e havido como "obstáculo" intransponível à produção...), salário mínimo e férias anuais remuneradas, e o art. 122, ao instituir a Justiça do Trabalho "para dirimir questões entre empregadores e empregados, regidas pela legislação social".

Ineficácia social da Constituição de 1934. Em razão do curto período em que vigorou, a Constituição de 1934 não chegou a produzir os esperados efeitos na estrutura social brasileira da década de 30.

A Constituição de 1937 e os direitos sociais trabalhistas. Com o objetivo de alcançar a legitimidade que enseja sua obediência[164], e de sorte a obter o imprescindível apoio de setores estratégicos da sociedade, a outorgada Constituição do Estado Novo de 1937 não procedeu à diminuição ou eliminação das normas de direito social, se bem que havia radical diversidade de tratamento no tocante ao direito individual e ao

162 Cf. Adolfo Posada, *La Idea Pura del Estado*, p. 11-12.

163 Idem, p. 33.

164 Como afirma Mac'Iver, "ningún grupo es capaz de mantener su imperio sobre otro, a menos que dé al sometido otros motivos de aquiescencia que la fuerza exhibida" (Cf. *Teoría del Gobierno*, p. 26).

direito coletivo do trabalho, quando a greve era considerada, a propósito, verdadeiro delito.

O final da Segunda Guerra e a derrocada da Constituição de 1937. O final da Segunda Grande Guerra e a derrota dos sistemas totalitários determinaram a necessidade de, mais uma vez, manifestação do poder constituinte originário, porquanto necessitava o País retornar ao regime democrático e pluralista, banido de nossas plagas desde o advento da Carta Estadonovista de 1937.

E assim foi.

Induvidosamente, os longos anos vivenciados sob o predomínio do governo totalitário de Getulio Vargas conduziram à busca infrene por modelo político que consagrasse as liberdades públicas e mantivesse os direitos e garantias fundamentais dos indivíduos.

A promulgação da Constituição de 1946. A Constituição de 1946 foi um primoroso texto na história constitucional brasileira, notadamente porque se caracterizava pela diversidade e pelo pluralismo no tocante à Assembleia Constituinte, que conseguiu auscultar a vontade coletiva direcionada ao sepultamento do Estado opressor, centralizador e ditatorial representado pela Constituição de 1937. Nasceu, portanto, com o compromisso já firmado no sentido de pôr termo à estrutura totalitária então vigente.

A Constituição de 1946 e a ordem econômica. Ao disciplinar a ordem econômica, o legislador constituinte da Carta de 1946 intencionalmente prescreveu sua organização de acordo com o postulado da justiça social, promovendo a conciliação, a um só tempo, da livre-iniciativa com a valorização do trabalho humano. É o aparecimento, com todos os seus traços delineadores, do Estado de Direito Social que, em 1949, a Alemanha procurou estruturar na sua Constituição.

A Constituição de 1946 e os direitos sociais trabalhistas. Destacou Roberto Barreto Prado, ao apontar as importantes modificações da CF/46 a respeito dos direitos sociais trabalhistas: "a) passou a Justiça do Trabalho a ser órgão do Poder Judiciário, gozando os seus magistrados de carreira das garantias inerentes à magistratura (arts. 94 e 95); b) ficou assegurada a participação obrigatória e direta do trabalhador nos lucros da empresa, nos termos e pela forma que a lei determinar (cf. art. 157, IV); c) repouso remunerado, preferentemente aos domingos e nos limites das exigências técnicas das empresas, nos feriados civis e religiosos, de acordo com a tradição local (art. 157, VI); d) estabilidade na empresa, ou na exploração rural, nos casos e nas condições que a lei estatuir (art. 157, XII); e) direito de greve, cujo exercício a lei regulará (art. 158); f) liberdade de associação profissional ou sindical, sendo reguladas por lei a forma de sua constituição, a sua representação legal nas convenções coletivas do trabalho e o exercício de funções delegadas pelo Poder Público (art. 159); g) competência da Justiça do Trabalho para julgar os dissídios coletivos, porém, a lei especificará os casos em que as decisões poderão estabelecer normas e condições de trabalho (art. 123 e 123, § 2º)"[165].

165 Cf. *Direito do Trabalho*, p. 63.

O golpe militar de 1964 e a ruptura institucional. Todavia, a insólita vocação nacional concernente à alternatividade entre o Estado de Direito e os regimes de exceção ensejou a ruptura institucional levada ao fim e a cabo pelo golpe militar de 1964.

O regime democrático festejado pela Constituição de 1946 foi destroçado pela ordem revolucionária e pelos Atos Institucionais impostos à sociedade. Por via de consequência, o problema, a partir daquele momento, já se tratava de legitimar o poder fundador do novo Estado.

Nesse contexto punha-se urgente a elaboração de novo texto constitucional copiado à própria imagem do poder revolucionário centralizador e totalitário.

A Constituição de 1967 e a ordem econômica. A Constituição de 1967 não afastou os direitos sociais antes consagrados, mas o fato não possibilitou a aceitação geral do regime militar, o que levou ao municionamento do Presidente de República com a espécie normativa mais autoritária e mais indigna à cidadania de que se tem notícia: o Ato Institucional n. 5, de 13-12-1968.

Nova ruptura institucional e Constituição de 1969. Mais uma vez, nova ruptura institucional e a edição da Emenda Constitucional n. 1, vigorante a partir de 30-10-1969.

Na verdade, a hipótese não era apenas de uma emenda à Constituição, mas sim de um novo texto a inaugurar distinta ordem jurídica, posta a serviço da consecução de objetivos e metas vinculados ao desenvolvimento econômico, sem afastar-se da justiça social, conforme asseverado pelo art. 160 da Constituição de 1969.

Objetivos da Constituição de 1969. A persecução do desenvolvimento econômico fundado na abertura ao capital externo, aliado a fatores de ordem econômica interna, como o baixo custo e a farta mão de obra no mercado de trabalho, bem assim a facilidade de obtenção de matéria-prima, propiciaram o incremento da produção agrícola e industrial e o consumo, pela população, dos bens produzidos pelos setores primário e secundário da economia, fazendo surgir, à época, o período denominado *milagre brasileiro*.

Tratamento dos direitos sociais na Constituição de 1969. Sob a vigência da Constituição de 1969, os direitos sociais estavam vinculados à ordem econômica, como a atestar a submissão do trabalho ao capital.

A Constituição de 1988 e o constitucionalismo social. Na Constituição de 1988 os direitos sociais estão sediados no Título II ("Dos direitos e garantias fundamentais"), o que demonstra a opção constituinte pela outorga de *autonomia* ao trabalho, já que não é mais admitido, tão só, como um componente do processo produtivo ou fator de produção. É, mesmo, substrato arraigado à inexcedível manifestação de cidadania do homem trabalhador. Homem a utilizar a sua força de trabalho como instrumento à realização de suas necessidades materiais, morais, espirituais.

Pode-se concluir, com Hernández Gil, que os valores fundamentais do Estado *"constituyen la raiz del ordenamiento jurídico, su espíritu, su fin, su función"*[166].

166 Cf. *Sistema de Valores en la Constitución*, p. 129.

A valorização social do trabalho e da livre-iniciativa, bem assim do pluralismo político, juntamente com a soberania, a cidadania e a dignidade da pessoa humana, estão acoplados aos valores superiores do Estado brasileiro e são como um sinal, um farol a conduzir à meta estatal. São o ponto de partida do resto do ordenamento jurídico.

Portanto, se, como vimos, foi a Constituição de 1934 um marco na história do nosso constitucionalismo social, a Constituição de 1988 aparece, por sua vez, sem precedente, vinculando não apenas a atuação política, mas também o Direito como um todo, já que tende necessariamente à consolidação de sistema jurídico a serviço do homem, da igualdade.

6

INTERPRETAÇÃO DA NORMA CONSTITUCIONAL

6.1 INTRODUÇÃO

Sem dúvida, envolve-se em campo de extremas dificuldades todo aquele que tenta interpretar a norma jurídica.

Condições muito pessoais do intérprete põem forma ao trabalho interpretativo, considerando que fatores de ordem ideológica e cultural influenciam o comportamento adotado pelo cientista do direito, mesmo porque, como destaca Ortega y Gasset "eu sou: eu e minha circunstância" – a indicar o filósofo fundador da doutrina perspectivista que todo conhecimento, mesmo sendo racional, encontra-se enraizado na vida[167].

Karl Mannheim, com muita propriedade, informa que "todo o conhecimento se orienta para algum objeto e seu método se acha influenciado pela natureza do objeto que estuda. Mas o modo de enfocar o objeto que se trata de conhecer, depende também da natureza da pessoa que conhece"[168], assinalando, ainda, que, "(...) o caráter específico e a situação vital do sujeito exercem influência sobre suas opiniões, percepções e interpretações"[169].

Recaséns Siches agrega novos fundamentos para registrar a importância da pessoa que interpreta para o processo de interpretação em si, aduzindo que "(...) não podem confundir-se os objetos ideais com os atos psíquicos que os pensam, pois estes, os atos que os apreendem, constituem realidades temporais, processos concretos do pensamento, distintos e individualizados em cada sujeito e a cada vez, com existência própria em cada caso, enquanto a ideia é a mesma e idêntica para todas as mentes e para todas as vezes que a concebam"[170].

Importante salientar também que o ato de conhecer – ou de interpretar – não dispensa, antes pressupõe o ato de ignorar, não subsistindo, dessa maneira, antítese entre *conhecimento* e *ignorância*.

Registre-se a conclusão de Karl Popper nesse sentido: "Assim, a própria ideia de conhecimento envolve, em princípio, a possibilidade de que revelar-se-á ter sido um

167 Cf. Ortega y Gasset, "Apuntes sobre el pensamiento, su teurgia y su demiurgia", in *Obras Completas.*

168 Cf. Karl Mannheim, *Ideología y Utopía,* p. 76.

169 Idem, p. 50.

170 Cf. *Los Temas de la Filosofía del Derecho*, p. 45-46.

erro e, portanto, um caso de ignorância. E a única forma de 'justificar' nosso conhecimento é, ela própria, meramente provisória, porque consiste em crítica ou, mais precisamente, no apelo ao fato de que até aqui nossas soluções tentadas parecem contrariar até nossas mais severas tentativas de crítica"[171].

A interpretação é um plano preconcebido de ação do homem tendente a modificar a realidade circundante através do pensamento, que se constitui em pressuposto para o agir. O pensamento, precedido pela alteração (estado conflitual em que elementos externos "roubam" a capacidade de interiorização do ser humano), desencadeador, por sua vez, da ação, configura fenômeno que não pode ser extirpado da natureza humana, porque o homem só é homem porque age após consumar a contemplação, o pensamento. Sem pensar[172], o homem se equivale ao animal, porque viverá em constante estado de alteração, impossibilitado de "ensimesmar-se"[173].

Transpondo as ideias sempre geniais de Ortega y Gasset para o campo da interpretação jurídica, consumada pelo cientista do direito, podemos assumir como alteração o estado em que ele se vê, atônito, em face da profusão de normas existentes no ordenamento e indicativas de diferentes soluções para um mesmo caso concreto; na condição de ensimesmamento, o ato de reflexão desenvolvido, no qual, resguardando-se no seu interior, busca o domínio do problema normativo a afligi-lo; e, como ação, o ato interpretativo da norma, voltado à modificação do sistema jurídico, designadamente quando imprime o intérprete conteúdo axiológico levado em conta pelo legislador à época da elaboração da norma jurídica.

A questão da interpretação da norma jurídica (muito embora tenham os cientistas do direito sobre ela, debalde, se debruçado) parece pertencer àquela gama de assuntos ou matérias que, quanto mais se estuda a respeito, quanto mais se busca freneticamente uma resposta para pôr fim à tormentosa indecisão sobre que trajetória trilhar no procedimento interpretativo, mais se cava fundo e fundo o buraco abissal entre o sujeito cognoscente e o objeto.

---

171 Cf. *Lógica das Ciências Sociais*, p. 16-17.

172 Diversamente do que a tradição filosófica propugna como sendo um dado ínsito à própria espécie humana, acompanhamos Ortega quando afirma ser o pensamento uma conquista do *homo insipiens* (homem ignorante), não estando, nunca, gratuitamente à sua disponibilidade.

173 Cf. Ortega y Gasset, *O Homem e a Gente*, p. 58-63. Ele apresenta a existência de "(...) três momentos diferentes que ciclicamente se repetem ao longo da história humana em formas cada vez mais complexas e densas: I) O homem se sente perdido, naufragado nas coisas; é a alteração; II) O homem, com enérgico esforço, se recolhe à sua intimidade para formar ideias sobre as coisas e seu possível domínio; é o ensimesmamento, a *vita contemplativa* como diziam os romanos, o *theoretikòs bíos* dos gregos, a *theoria*; III) O homem torna a submergir no mundo para atuar nele conforme um plano preconcebido; é a ação, a vida ativa, a práxis. De acordo com isto, não se pode falar de ação senão na medida em que esteja regida por uma prévia contemplação; e vice-versa, o pensamento não é senão um projetar a ação futura" (op. cit., p. 62). É importante observar que o autor, à vista de tais conclusões, repudia tanto o intelectualismo (isolamento, separação do pensar da vida humana) como o voluntarismo (predomínio exclusivo da ação pura, sem prévia contemplação, destarte).

Recaséns Siches observa que o labor do jurista deveria estar voltado à descoberta do método correto de interpretação; e, em lugar disso, a grande maioria dos autores apresenta estudos confusos acerca de múltiplos e variados métodos de interpretação[174].

Mediante humorada figura de linguagem, adverte o jusfilósofo que, sustentando-se a existência de diversos métodos de interpretação, seria o caso de situação em que determinada mulher, desejosa de encontrar futuro marido, tivesse de contentar-se, no entanto, com vários pretendentes, sem que nenhum deles se resolvesse pela ansiada proposta de casamento[175].

Por outro lado, se já é complexa a interpretação da lei, o que não dizer da norma constitucional, que se caracteriza como estatuto fundador da unidade política?

A constituição, como resultado do dialético processo de criação do Estado, traz consigo peculiaridades que determinam a utilização de alguns princípios hermenêuticos distintos daqueles utilizados para a interpretação da lei ordinária, especialmente se tivermos em conta que o estatuto fundamental, na condição de objeto da ciência interpretativa, "(...) se transforma num instrumento de realização política, com base na qual a legislação procurará concretizar princípios e programas implicitamente agasalhados pelo texto constitucional"[176].

Nesse sentido, não é o objetivo, aqui, trazer soluções para as graves controvérsias relativas à interpretação constitucional, o que seria inviável em virtude da proposta do Capítulo[177].

Assim, feitas tais considerações e advertido o leitor quanto a ser nossa proposta referente à interpretação constitucional direcionada à informação a respeito dos problemas gerais da hermenêutica da Lei Maior e enunciação dos princípios básicos específicos da disciplina constitucional, ingressamos, doravante, no seu estudo, não sem antes adentrarmos, propriamente, o estudo do procedimento interpretativo da norma jurídica comum.

---

174 Cf. Recaséns Siches, *Introducción al Estudio del Derecho*, p. 214.

175 Idem, ibidem.

176 Cf. Tércio Sampaio Ferraz Jr., *Constituição de 1988*: legitimidade, vigência e eficácia, supremacia (em colaboração), p. 11.

177 Recomendamos as seguintes obras para análise mais profunda da matéria pelo leitor: *Interpretação e Aplicabilidade das Normas Constitucionais*, de Celso R. Bastos e Carlos Ayres de Britto; *Teoría de la Interpretación Jurídica*, de Vittorio Frosini; *Constitución y Teoría General de la Interpretación Jurídica*, de Jerzy Wróblewsky; *Los Principios Generales del Derecho y su Formulación Constitucional*, de Joaquim Arce y Flores; *Understanding the Constitution*, de Edward S. Corwin e Jack W. Peltason; *La Interpretación de la Constitución*, de Enrique Alonso Garcia; *Escritos de Derecho Constitucional*, de Konrad Hesse, p. 33-54; *Direito Constitucional e Teoria da Constituição*, de J. J. Gomes Canotilho; "Algunas consideraciones sobre interpretación constitucional", de Miguel Limón Rojas, in *La Interpretación Constitucional*, p. 73-78, e, por último, nosso *O Princípio da Máxima Efetividade e a Interpretação Constitucional*, São Paulo: LTr, 1999.

6.2 INTERPRETAÇÃO COMO ATO HUMANO

Interpretar é ato atávico de ser humano

O próprio fato de existir pode ser considerado como processo constante de interpretação.

Desde o acordar até o adormecimento estamos a "interpretar". Ao acordar, olhamos para o despertador e interpretamos seu significado: lembramos o dia no calendário e, ato contínuo, nos situamos no mundo; andamos pelas ruas e, a todo momento, interpretamos palavras e gestos das pessoas que contactamos na nossa vida diária, como o policial que disciplina o trânsito nas ruas da cidade.

Diante de tal hipótese, utilizamos dois sentidos para interpretar o comando: *visão*, pois, ao percebermos o braço esticado do policial frente aos veículos, logo compreendemos estar a passagem livre para pedestres ou, por outro lado, a *audição*, visto que as distintas formas de trilar o apito produzem em nosso consciente diferentes resultados; ou ainda o vendedor de bilhetes de loteria ao informar, em alto e bom som, que "correrá" o sorteio em tal ou qual dia.

Que espécie de fenômeno é esse ocorrente em nosso espírito que, ao notar o vendedor de bilhetes, jamais o confundimos com o policial? É inata ao espírito humano a compreensão sobre tratar-se de distintos sinais e, portanto, determinantes de diversas situações? Ou, ainda: por que, diante de tal hipótese, não seria razoável recorrermos ao policial para adquirirmos bilhetes de loteria?

O fenômeno é o interpretativo e decorre de prévio conhecimento a respeito do que empiricamente sucede em tais situações.

Não se refira que o caso é de *ideia inata*, porque, se colocarmos criança de tenra idade diante de tal circunstância, não saberá distinguir as situações, porquanto não vivenciou a experiência e, por conseguinte, não possui condições objetivas para aferir a natureza dos fatos da vida postos à sua consideração. Ou seja: a ausência de *discernimento* quanto aos fatos inviabiliza, por completo, o fenômeno interpretativo.

Se, sob outro prisma, nos dirigíssemos ao policial para adquirir bilhetes de loteria, poderiam advir as seguintes consequências: a) o policial entenderia tratar-se de brincadeira de mau gosto ou até mesmo de desacato; b) concluiria estar diante de alguém com problemas mentais. Ao concluir de uma ou outra forma, os efeitos seriam identicamente desastrosos, porque, diante da alternativa "a", não lhe restaria outra providência que não a nossa prisão e, de acordo com a segunda possível conclusão, a inevitável consequência seria o encaminhamento à autoridade competente para a interdição civil.

O recurso à figura de linguagem é válido para exemplificar não apenas a imperiosa necessidade de conhecimento para consumar o trabalho interpretativo como, também, para alertar a respeito das nefastas consequências que podem ocorrer.

Triviais e corriqueiros fatos da vida, como vendas de bilhetes de loteria nas ruas ou sinais e/ou sons produzidos pelo policial para disciplinar o trânsito, são apreensíveis, de ordinário, pelas pessoas comuns em virtude do que usualmente observam à sua volta, e, em razão da sua simplicidade, há quase uma relação imediata de causa e efeito entre a ocorrência do fato e o entendimento humano.

Feliz ou infelizmente, assim não sucede com a interpretação normativa.

A interpretação da norma jurídica tem por objetivo a explicitação do seu conteúdo, que não é o homem, como rotineiramente se conclui, mas sim o seu comportamento nela normado, resultando daí a irrecusável complexidade do fenômeno interpretativo normativo, e também a sua importância, mais ainda quando é através da interpretação que se apresenta o valor a ser prestigiado, tendente a mitigar a tensão desencadeada pela dúvida no ordenamento, com a prática finalidade de criar condições para uma decisão possível[178].

6.3 INTERPRETAÇÃO, HERMENÊUTICA E INTEGRAÇÃO

A interpretação da norma deu lugar ao nascimento da hermenêutica jurídica[179].

As raízes da palavra "hermenêutica" residem no verbo grego *hermeneuein*, habitualmente traduzido por interpretar, e no substantivo *hermeneia*, a significar interpretação, sendo que, por inúmeras vezes, aparecem em muitos textos provenientes da Antiguidade (Xenofonte, Plutarco, Eurípedes, Epicuro, Lucrécio e Longino).

A palavra grega *hermeios* referia-se ao sacerdote do oráculo de Delfos. "Tanto esta palavra como as mencionadas no parágrafo anterior, remetem para o deus-mensageiro-alado Hermes, de cujo nome tais vocábulos supostamente derivaram, tendo os gregos atribuído à divindade a descoberta da linguagem e da escrita – ferramentas utilizadas pela compreensão humana para chegar ao significado das coisas e transmitir aos outros"[180].

Não são sinônimas as expressões *interpretação, hermenêutica* e *integração.*

Hermenêutica é a teoria da interpretação das leis, consoante salientam Berriat Saint-Prix e Fabreguettes[181], ou como assinala Carlos Maximiliano, "(...) é a teoria

---

178 Cf. Tércio Sampaio Ferraz Jr., *A Ciência do Direito*, p. 73.

179 Gustav Radbruch (*Introducción a la Filosofía del Derecho*, p. 9-10) assinala que "la interpretación jurídica busca el sentido objetivo del Derecho Positivo, es decir, el sentido incorporado a la norma jurídica misma, y no el sentido subjetivo, o sea el pensamiento de las personas que intervinieron en su creación. Esto es lo que distingue a la interpretación jurídica de la interpretación filológica. La interpretación filológica es siempre un repensar de algo interiormente pensado (el 'conocimiento de lo ya conocido', dice August Boeckh). La interpretación jurídica, por el contrario, consiste en llevar lo pensado hasta el final consecuente del proceso del pensamiento. La jurisprudencia es una ciencia práctica, llamada a dar una respuesta inmediata a toda pregunta jurídica, sin que pueda ninguno a contestar por razón de las lagunas, las contradicciones o las ambigüedades de que la ley pueda adolecer. Ello la obliga a conocer y entender las leyes mejor que las mismas personas que intervinieron en su redacción, a sacar de la ley más de lo que estas personas pusieron conscientemente en ella, al redactarlas o aprobarlas".

180 Cf. Richard E. Palmer, *Hermeneutics – Interpretation Theory*, in Schleiermacher, Diltney, Heidegger and Gadamer, p. 24.

181 Apud Carlos Maximiliano, *Hermenêutica e Aplicação do Direito*, p. 16.

científica da arte de interpretar"[182]. É por meio dos subsídios teóricos fornecidos pela hermenêutica que o intérprete consegue realizar, de modo adequado, o processo de interpretação.

Por sua vez, a interpretação significa o processo concreto por meio do qual o intérprete extrai o valor da norma jurídica.

José Joaquim Gomes Canotilho salienta que, em face do caráter incompleto, fragmentário e aberto do direito constitucional, o intérprete se vê obrigado à realização de dupla tarefa: a) fixar o âmbito e o conteúdo da norma a aplicar; b) complementar a norma constitucional, preenchendo as suas lacunas[183].

6.4 LIMITES À INTERPRETAÇÃO

Na forma da conceituação de Maximiliano, tratando-se verdadeiramente a interpretação de uma "arte", poder-se-iam impor limites à atuação do intérprete, como já indagado linhas atrás?

Vittorio Frosini acentua ter a controvérsia preocupado os espíritos e agitado os ânimos de teólogos e juristas da Idade Média, salientando, ainda, que surgiu entre os intérpretes da norma o mito da denominada "interpretação negativa", isto é, a possibilidade de prescindir-se do trabalho do intérprete, apoiando-se no aforismo segundo o qual *in claris non fit interpretatio*, rematando o autor pela ilusão e hipocrisia do entendimento, na medida em que se atribuir "claridade" a uma norma jurídica constitui um postulado interpretativo. A verdadeira claridade, segundo o mestre italiano, é a que resulta da interpretação, e não a que a precede[184].

Demais disso, *"la interpretación se aplica a todas las leyes, sean claras u oscuras, porque no hay que confundir la interpretación con la dificultad de la interpretación"*[185].

A limitação do trabalho do intérprete decorre da sistematização da hermenêutica jurídica, muito embora os princípios de interpretação, urdidos ao longo do evolver da ciência do direito, abram inúmeras possibilidades àquele para interpretar a norma ao sabor de suas conveniências e idiossincrasias, o que levou Engisch a afirmar que, muito frequentemente, impera o arbítrio na escolha de um certo tipo de interpretação[186].

---

182 Idem, p. 14. A respeito, elucidativa é a posição de Paulo de Barros Carvalho, ao enfatizar: "Para bem explicar a diferença que se instala entre a Hermenêutica e a interpretação, convém dizer que neste instante, enquanto tratamos, de modo genérico, dos meios, critérios e esquemas interpretativos, estamos laborando em campo nitidamente hermenêutico. Agora, se nos propusermos analisar um determinado dispositivo legal e formos aplicar os princípios, instrumentos e fórmulas preconizados pela Hermenêutica, aí, sim, estaremos certamente desenvolvendo uma atividade interpretativa" (cf. *Curso de Direito Tributário*, p. 72).

183 Cf. Gomes Canotilho, *Direito Constitucional e Teoria da Constituição*, p. 1221.

184 Cf. *Teoria de la Interpretación Jurídica*, p. 2.

185 Castán Tobeñas, *Derecho Civil*, p. 548 (citado por Lautaro Rio Alvares, *El Urbanismo y los Principios Fundamentales del Derecho Urbanístico*, p. 247).

186 Cf. Karl Engisch, *Introdução ao Pensamento Jurídico*, p. 145.

A tal respeito, discorre Wróblewsky: "Certamente, no entanto, os princípios e métodos de interpretação da lei são como um farol a iluminar o caminho do jurista a navegar sob as intempéries das controvérsias interpretativas, toda vez que surgir uma situação de dúvida ou situação de interpretação, configurando a modalidade interpretativa *stricto sensu*"[187].

6.5 A TESE DA ÚNICA INTERPRETAÇÃO CORRETA

É óbvio que a polêmica sobre ser admissível a ideia de existência de apenas uma interpretação correta não deve ter como alvo as decisões judiciais e o modelo autêntico, tendo em vista que a questão é superada pela aceitação ideológica da tese por um argumento *ex auctoritate*.

Porém, o processo de interpretação legal doutrinal, por inserido no discurso normativo, tem caráter aporético, entendendo-se, aqui, aporia como dificuldade resultante da igualdade de raciocínios, colocando o espírito na incerteza e no impasse quanto à ação a empreender.

A legitimação do processo interpretativo porta nenhuma relação com a questão ideológica de estar convicto o intérprete sobre a sua noção de "verdadeiro" e "correto", mas sim de estar a situação comunicativa atendendo aos limites identificáveis externos (mundo circundante) e às regras relativas à limitação interna, que, segundo a Pragmática Jurídica (ou Linguística do Diálogo)[188], são as seguintes:

1) aquele que fala tem de provar; o orador tem de provar, assumindo-se como prova, no conceito pragmático, a justificação, fundamentação do discurso;
2) todo ato de falar pode ser colocado em dúvida, possibilitando diálogos parciais entre orador e ouvinte;
3) a ação linguística primária do orador não pode ser atacada pelo ouvinte, o que inviabilizaria a situação comunicativa;
4) o orador não pode modificar sua ação linguística[189].

Mesmo sabendo encerrar-se numa aporia a conclusão acerca de ser aporético o discurso normativo, é interessante a observação de Tércio Sampaio Ferraz Jr. ao estabelecer que: "(...) uma dúvida quanto ao relato – por exemplo, que significa a ex-

---

187 Jerzy Wróblewsky, *Constitución y Teoría General de la Interpretación Jurídica*. Enfatiza o professor da Universidade de Lódz (Polônia), p. 22-23, que "interpretación sensu stricto quiere decir determinación de un significado de una expresión linguística cuando existen dudas referentes a este significado en un caso concreto de comunicación. Hay, portanto, dos tipos de situaciones de comunicación: o bien la comprensión directa de una lenguage es suficiente para fines de comunicación concreta, o bien existen dudas que se eliminan mediante la interpretación".

188 A pragmática, juntamente, com a sintática e a semântica, ao interagirem, são ferramentas postas à disposição do intérprete para a interpretação da norma.

189 Cf. Tércio Sampaio Ferraz Jr., *Teoria da Norma Jurídica*.

pressão 'emprego de violência' no art. 2º, § 4º, do Estatuto das Nações Unidas? – que se resolveria, eventualmente, ao nível de uma constatação empírica, sempre esconde um problema de cometimento, caso em que as interpretações sutis dos juristas fogem do seu verdadeiro sentido e revelam disputas ideológicas em que o conteúdo é reduzido a segundo plano, convertendo-se a questão em problema de ascendência comunicativa, grupal ou pessoal"[190].

Inelutavelmente, portanto, a tese da única interpretação correta encontra, em nosso entender, dois óbices lógico-metodológicos intransponíveis: a) impossibilidade de existir uma "única", "correta" e "verdadeira" interpretação, por estar o cientista do direito influenciado – antes, durante e após o trabalho interpretativo – por fatores não exclusivamente jurídicos, quer de natureza política, quer antropológica, econômica ou cultural, sendo que ditos fatores são legítimos e operam diferenciados efeitos sobre cada um que se propõe a interpretar a norma jurídica; e b) o conceito de verdade, segundo o idealismo lógico, significa "(...) a concordância do pensamento consigo mesmo"[191], concordância essa designadamente vinculada à ausência de contradições, o que torna "verdadeira" aquela interpretação tão só desprovida de antinomias.

6.6 PROCESSOS CLÁSSICOS DE INTERPRETAÇÃO DA NORMA

Importância do estudo da interpretação da lei para compreender a norma constitucional. A importância do estudo do tema decorre do fato de que a interpretação constitucional, a par das peculiaridades e hermenêutica específica, é informada por critérios também utilizados para a extração de valores da lei ordinária.

Logo, não se repugna a utilização de processos tradicionais de interpretação das leis ordinárias, se bem que compareçam com importância bastante relativizada em virtude da antedita especificidade da hermenêutica constitucional.

6.6.1 Processo gramatical

In principio erat verbum, máxima a evidenciar a preocupação dos intérpretes com o sentido puramente literal da norma, fez sobressair a interpretação gramatical, fundada em regras de linguística, através da qual o aplicador examina cada vocábulo do texto normativo, isolando-o ou em cotejo com o resto da sentença (análise sintática), pesquisando a origem etimológica ou atentando para a pontuação.

O atrelamento vicioso do intérprete ao sentido puramente gramatical da lei foi mitigado pela hermenêutica jurídica moderna, porque necessitou tomar por parâmetro as regras seguintes: a) deve ser analisada a colocação da norma no texto de lei, de sorte a ser adequado o sentido ao assunto tratado no título, capítulo ou seção da espécie normativa; b) ocorrendo contradição entre o senso gramatical e o lógico, este

190 Cf. Tércio Sampaio Ferraz Jr., op. cit.

191 Cf. Johannes Hessen, *Teoria do Conhecimento*, p. 152.

deve prevalecer; c) ante a existência de palavras com significado diverso, cumpre ao intérprete fixar-lhes o verdadeiro; d) sendo possível terem as palavras, a um só tempo, significado comum e técnico, deve o intérprete desprezar a acepção comum (já, aqui, aberto está um campo de ampla diferenciação entre a hermenêutica da lei e a interpretação da norma constitucional, à vista do princípio da coloquialidade, a funcionar como seu vetor interpretativo, como veremos a seguir); e) o significado do vocábulo deve ser tomado em conexão com o da lei; e f) o vocábulo deve ser entendido cotejando-o com os demais[192].

A interpretação da norma calcada exclusivamente no critério gramatical não está apta a abarcar a compreensibilidade do fenômeno jurídico porque não permite que o operador do direito execute o mister interpretativo consumando a imprescindível interação entre a norma, o fato e o valor, uma vez que, desprezando o elemento contextual, vincula-se ao texto, apenas.

Jhering também criticou a interpretação puramente literal ao assentar que "o apego à palavra é um desses fenômenos que, no direito como em outros ramos do saber, caracteriza a falta de madureza e de desenvolvimento intelectual"[193].

Procede também a crítica ao método gramatical formulada por Friedrich Muller: "Quando os juristas falam e escrevem sobre 'a' constituição, referem-se ao texto da constituição; quando falam 'da' lei, referem-se ao seu teor literal. Mas um novo enfoque da hermenêutica jurídica desentranhou o fundamental conjunto de fatos de uma não identidade de texto da norma e norma. Entre dois aspectos principais o teor literal de uma prescrição juspositiva é apenas a 'ponta do *iceberg*'. Por um lado, o teor literal serve via de regra à formulação do *programa da norma*, ao passo que o *âmbito da norma* normalmente é apenas sugerido como um elemento coconstitutivo da prescrição. Por outro lado, a normatividade, pertencente à norma segundo o entendimento veiculado pela tradição, não é produzida por esse mesmo texto. Muito pelo contrário, ela resulta dos dados extralinguísticos de tipo estatal-social: de um funcionamento efetivo, de um reconhecimento efetivo e de uma atualidade efetiva desse ordenamento constitucional para motivações empíricas na sua área; portanto, de dados que mesmo se quiséssemos nem poderiam ser fixados no texto da norma no sentido da garantia de sua pertinência. Também o '*conteúdo*' de uma prescrição jurídica, isto é, os *impulsos de ordenamento, regulamentação* e *critérios de aferição* que dela partem (porque publicados, veiculados, transmitidos, aceitos e observados) não estão substancialmente 'presentes' no seu teor literal. Esse conteúdo também pode ser formulado apenas em linguagem pelo teor literal, pode ser 'representado' apenas pelo modo peculiar à linguagem. Não é o teor literal de uma norma (constitucional) que regulamenta um caso jurídico concreto, mas o órgão legislativo, o órgão governamental, o funcionário da administração pública, o tribunal, que elaboram,

192 Cf. Degni, *L'Interpretazione della Legge*, Napoli: Jovene, 1909, p. 236 (citado por Maria Helena Diniz, *Curso de Direito Civil Brasileiro*, p. 49).

193 Cf. Jhering, *L'Esprit du Droit Romain*, tradução Neulinaere, t. 3, p. 147 (citado por Clóvis Beviláqua, *Teoria Geral do Direito Civil*, p. 46).

publicam e fundamentam a decisão regulamentadora do caso, providenciando, quando necessário, a sua implementação fáctica – sempre conforme o fio condutor da formulação linguística dessa norma (constitucional) e com outros meios metódicos auxiliares da concretização"[194].

Ainda assim, podemos deduzir ser a interpretação gramatical ou filológica de inegável importância para o descobrimento do sentido da norma constitucional, porque sua redação nos remete, por inúmeras vezes, ao estudo e análise do processo de escrita legislativa utilizado quer pelo constituinte originário, quer pelo legislador de competência constitucional derivada.

Tomemos, por exemplo, o comando inserido no art. 1º, *caput*, da Constituição, ao determinar que "a República Federativa do Brasil, formada pela união indissolúvel dos Estados e Municípios e do Distrito Federal, constitui-se em Estado Democrático de Direito e tem como fundamentos (...)". Deveras, a conjunção "e" gramaticalmente está a enfatizar a indissolubilidade da nossa Federação.

O STF também se vale do processo gramatical para interpretação das normas, tal como se mostra na seguinte decisão prolatada nos autos do HC 81.360/RJ, rel. Min. Ellen Gracie, j. em 19-12-2001: "*Habeas Corpus*. Estupro. Crime hediondo. Inteligência dos arts. 1º, V e 2º, § 1º, ambos da Lei n. 8.072/90. Cumprimento da pena em regime integralmente fechado. Impossibilidade de progressão. Formas simples e qualificada. Análise sistêmica e *gramatical*. Violência de gênero. Consequências biológicas, psicológicas e sociais do estupro que fazem dele um complexo problema de saúde pública. Circunstâncias que levam à conclusão de que não existe estupro do qual não resulte lesão de natureza grave. Estatísticas. Conceito de lesão corporal".

6.6.2 Processo lógico

O processo lógico consiste na interpretação do enunciado normativo por meio do recurso a "(...) regras tradicionais e precisas, tomadas de empréstimo à Lógica Geral. Pretende do simples estudo das normas em si, ou em conjunto, por meio do raciocínio dedutivo, obter a interpretação correta"[195].

A interpretação lógica tenta chegar ao conhecimento do direito mediante deduções lógicas ou silogismos. Por meio da dedução lógica ou silogismo – "raciocínio que nos permite tirar de uma ou várias proposições uma conclusão que delas decorre logicamente"[196] – empreende-se operação lógica mediante a qual se uma ou várias sentenças são postas como verdadeiras, há de se concluir que as que se lhes seguem são também verdadeiras e, portanto, se *A* é igual a *B* e se *B* é igual a *C* então *A* é igual a *C*.

194 Cf. *Métodos de Trabalho do Direito Constitucional*, p. 38-39.

195 Cf. Carlos Maximiliano, op. cit., p. 137.

196 Cf. Hilton Japiassú e Danilo Marcondes, *Dicionário Básico de Filosofia*, p. 65.

Segundo Aristóteles, "o silogismo é um argumento em que, estabelecidas certas coisas, resulta necessariamente delas, por serem o que são, outra coisa distinta do anteriormente estabelecido"[197].

O intérprete deve atender às regras do silogismo válido: *não é possível que as premissas sejam verdadeiras e a conclusão falsa.*

A Constituição de 1988 concede a possibilidade de compreender o processo lógico de interpretação.

Assim, examinado o disposto no art. 1º, III, temos: a) o Estado brasileiro tem como um dos princípios fundamentais a dignidade da pessoa humana; b) João é pessoa humana; c) logo, João é destinatário do princípio fundamental relativo à dignidade da pessoa humana.

A interpretação lógica foi alvo de severas críticas, especialmente por parte do realismo jurídico norte-americano, através de J. Holmes e Roscoe Pound[198], ao qualificarem-na de "fundamentalismo jurídico", "formalismo", "dedutivismo", "teoria fonográfica do direito", "jurisprudência mecânica" etc.

6.6.3 Processo sistemático

Já a interpretação sistemática toma por parâmetro o sistema[199] em que está inserida a norma jurídica, promovendo o inter-relacionamento com os outros dispositivos remanescentes que versam sobre o mesmo objeto.

Karl Engisch, ao enunciar a ideia de Stammler, segundo a qual, "quando alguém aplica um artigo do Código, aplica todo o Código", não obstante evidencie certo exagero na afirmação, finda por concluir que a asserção "(...) põe em evidência a unidade da ordem jurídica, a qual no nosso contexto se traduz em que as premissas maiores jurídicas têm de ser elaboradas a partir da consideração de todo o Código e, mais ainda, socorrendo-nos também de outros Códigos ou leis"[200], assinalando também que "ora se trata de que um parágrafo explicita outro, ora de que por qualquer forma o complementa, ora de que lhe abre excepções. São as conexões materiais (*sachliche*) que, sobre a base do princípio da unidade da ordem jurídica, apontam para aquela reunião de pensamentos jurídicos dispersos e prefiguram a articulação destes no mosaico da competente premissa maior"[201].

Por conseguinte, é por meio do processo sistemático que se permite concluir a respeito de ter o legislador constituinte originário protegido, de modo enfático, o

---

197 *Primeiros Analíticos,* I, 24 (citado por Japiassú e Marcondes, op. cit., p. 224).

198 Cf. Holmes, *The Common Law* (1881), Collected Legal Papers (1920); Pound, "Mechanical Jurisprudence", 8 Coll Rew 605 (1908). Ambos citados por Enrique Alonso García, in *La Interpretación de la Constitución,* p. 185.

199 O sentido atribuído, no caso, à palavra *sistema* é um dos assinalados por Bobbio, qual seja, ordenamento em que as normas jurídicas são deriváveis de alguns princípios gerais (cf. *Teoria do Ordenamento Jurídico,* p. 75-80).

200 Cf. Engisch, *Introdução,* cit., p. 118.

201 Idem, p. 123.

meio ambiente, conforme decorre do art. 5º, LXXIII; art. 7º, XXI; art. 23, VI; art. 24, VII, VIII; art. 129, III; art. 170, VI; § 3º do art. 174; art. 186; art. 200, VIII; e, finalmente, do art. 225, *caput*.

Surge daí a importância do processo sistemático para a interpretação da constituição[202].

6.6.4 Processo histórico-evolutivo

A respeito do processo histórico-evolutivo, salienta Ferrara: "uma norma de direito não brota dum jacto, como Minerva armada da cabeça de Júpiter legislador. Mesmo quando versa sobre relações novas, a regulamentação inspira-se frequentemente na imitação de outras relações que já têm disciplina no sistema; e independentemente disto, o direito, em especial o direito privado, é o produto duma lenta evolução, é uma fase dum desenvolvimento histórico muito longo que remonta ao direito romano e depois, através da elaboração medieval, onde confluem correntes de direito germânico e canônico, prossegue no direito comum e daí, pelo trâmite do direito francês, entra no nosso código. Uma grande parte dos princípios contidos nos códigos são a reprodução de princípios análogos vigentes no passado, tem cada um a sua história própria"[203].

Karl Engisch, por seu turno, adverte: "Fidelidade à situação presente, interpretação de acordo com a época actual, tal a tarefa do jurista. A sua mirada não vai dirigida para o passado, mas para o presente e o futuro. Fazer do órgão aplicador do Direito um obediente servo do legislador (com o conceito da 'obediência pensante' operou designadamente o subjectivista Heck) significaria degradá-lo. O juiz em especial é, como portador do 'Terceiro Poder' do Estado, um igual do legislador. Na medida em que, por meio da interpretação objectivista, apenas deixa valer a lei com este sentido, ele defende a sua própria autonomia. Por último e para concluir: o que

202 "ADICIONAL NOTURNO – HORAS EXTRAS NOTURNAS – ART. 7º, INC. IX, DA CF-88 – Adotado o *método sistemático* de interpretação, o disposto no art. 7º, inc. IX, da CF-88 que prevê a "remuneração do trabalho noturno superior à do diurno", autoriza conclusão de que a hora extra noturna deve ser calculada com base no valor da hora noturna, que, por sua vez, tem o valor fixado pela soma da hora diurna com o adicional noturno. De outra forma, a remuneração do trabalho extraordinário noturno com base no salário da hora diurna importaria ofensa ao preceito constitucional invocado, já que a labor noturno, neste caso, teria remuneração idêntica ao labor extra prestado durante o dia" (TRT 9ª R, RO 02854-2002 [18275-2002], Rel. Juíza Sueli Gil El-Rafihi, *DJPR* de 9-8-2002).

203 Cf. Francesco Ferrara, *Interpretação e Aplicação das Leis*, p. 143-144. Tércio Sampaio Ferraz Jr. expõe que "podemos distinguir entre a interpretação sociológica e a histórica conforme se leve em consideração a estrutura momentânea da situação ou sua gênese no tempo. Na prática, porém, é difícil de se sustentar a distinção. A busca do sentido efetivo na circunstância atual ou no momento de criação da norma mostra que ambos se interpenetram. Daí, às vezes, a ideia de uma interpretação histórico-evolutiva. É preciso ver as condições específicas do tempo em que a norma incide, mas não se pode desconhecer as condições em que ocorreu a sua gênese" (cf. *Introdução ao Estudo do Direito*, p. 289-290).

é hoje em dia um legislador cuja vontade 'pessoal' possa orientar uma interpretação 'histórica'? 'O legislador moderno é um ser anônimo constituído por uma pluralidade de pessoas e, portanto, por uma multiplicidade de direcções de vontade' (*Zweigert*). O sentido da lei, todavia, apenas pode ser um só, coerente e isento de contradições"[204].

A teoria constitucional oferece conclusão precisa sobre a importância do processo histórico para a compreensão da norma constitucional, porque, sem dúvida, não poderá ser submetido o constituinte originário a qualquer poder de direito mas, inegavelmente, ao promover a criação do Estado e, de forma contígua, do modelo jurídico a acompanhá-lo, submete-se, sim, a fatores históricos patenteados pela observação do ideal de "justo" consagrado pelo Estado "anterior" e positivado na constituição e, de modo especial, da capacidade desse modelo idealizado de cumprir a meta estatal voltada à dignificação da pessoa humana.

Nesse plano, a denominada "supraconstitucionalidade autogenerativa", de que nos informa Canotilho[205], exerce eficaz papel controlador da manifestação constituinte originária e, a par dos dados "reais" e "naturais", antropológicos, institucionais, as imagens do homem, os fins da comunidade, o sentimento jurídico e a experiência de valores[206], deve referir-se o processo contínuo de aprendizado histórico, cujo sujeito é o agente que materializa o poder constituinte originário.

A compreensão do fenômeno, todavia, somente se faz possível através da interpretação histórica da norma constitucional, porque – não obstante a inicialidade – não é razoável admitir que o poder fundador esquecerá a "experiência constitucional anterior".

A interpretação histórico-evolutiva é instrumento para compreender a dimensão da norma constitucional.

Por exemplo: o conceito de função social inserido no art. 5º, XXIII, não traduz significado imutável ou rígido. Em vez disso, de sorte a adequar o preceito constitucional à realidade social, deverá o intérprete adaptar o imperativo constitucional às necessidades do momento no qual a regra venha a ser aplicada. Eis a razão por que enfatiza Engisch ser a tarefa do jurista interpretar a norma com o pensamento voltado à época presente[207].

6.7 CRÍTICA AOS PROCESSOS TRADICIONAIS

Acerca das técnicas anteriormente apontadas é Engisch quem afirma ainda que não existem critérios coordenados e seguros para a consumação do trabalho interpretativo, porquanto conduzem a resultados mais ou menos ambíguos, decorrendo

---

204 Cf. Engisch, *Introdução*, cit., p. 174.

205 Cf. Canotilho, *Direito Constitucional*, p. 121.

206 Cf. Canotilho, op. cit., p. 119-121.

207 Cf. Engisch, op. cit., p. 174.

tal situação da própria compostura do fenômeno jurídico. Com isso concita o cientista do direito ao alargamento da sua visão científica, transcendendo "o horizonte do simples prático", para, por fim, alcançar uma compreensão inerente ao plano espiritual-cultural[208].

6.8 TÉCNICAS DE INTERPRETAÇÃO CONSTITUCIONAL

Os processos antes invocados correspondem à técnica jurídica, aquela, segundo Forsthoff, que estabelece que "a interpretação da constituição não se distingue da interpretação de uma lei e, por isso, para se interpretar o sentido da lei constitucional, devem utilizar-se as regras tradicionais da interpretação"[209].

Sobressaem, todavia, diferenças entre a norma constitucional e a lei hierarquicamente inferior.

O estatuto constitucional traz caracteres inconfundíveis com a lei comum, o que determina a utilização de técnicas interpretativas adstritas à ciência da constituição e delimitadas pela natureza específica do direito constitucional.

Konrad Hesse esclarece que "para o Direito Constitucional a importância da interpretação é fundamental, pois dado o caráter aberto e amplo da constituição, os problemas de interpretação surgem com maior frequência que em outros setores do ordenamento cujas normas são mais detalhadas"[210].

E como é certa a vinculação da hermenêutica constitucional ao mundo circundante, torna-se evidente que a interpretação da norma constitucional se encontra presa à *zetética jurídica* ("investigações que têm como objeto o direito no âmbito da Sociologia, da Antropologia, da Psicologia, da História, da Filosofia, da Ciência Política, etc.")[211], visto que, a um só tempo, é *conformada pela* e *conformadora da* realidade extraconstitucional, isto é, o intérprete deve absorver não apenas os elementos extrassistêmicos à constituição para promover a adequada interpretação constitucional, mas também tais elementos, uma vez consumada a interpretação, terminam por ser conformados por ela.

A doutrina de Jorge Miranda e a especificidade da interpretação constitucional. Jorge Miranda enuncia diretrizes para a interpretação constitucional: "a) a constituição deve ser tomada, a qualquer instante, como um todo, na busca de uma unidade e harmonia de sentido. O apelo ao elemento sistemático consiste aqui em procurar as recíprocas implicações de preceitos e princípios em que aqueles fins se traduzem, em situá-los e defini-los na sua inter-relacionação e em tentar, assim, chegar a uma idônea síntese globalizante, credível e dotada de uma energia normativa; b) isso aplica-se particularmente ao chamado fenômeno das 'contradições de princípios',

---

208 Idem, p. 149.

209 Apud Canotilho, op. cit., p. 206.

210 Cf. *Escritos de Derecho Constitucional*, p. 34.

211 Cf. Tércio Sampaio Ferraz Jr., *Introdução ao Estudo do Direito*, p. 43-44.

presente nas Constituições compromissórias e, não raro, noutros sectores além do Direito constitucional. Elas devem ser superadas, para lá da letra da lei, nuns casos, mediante a redução proporcionada do respectivo alcance e âmbito e da cedência de parte a parte e, noutros casos, mediante a preferência ou a prioridade, na efectivação, de certos princípios em relação aos restantes – nuns casos, pois, por meio de coordenação, noutros por intermédio de subordinação (assim, como já se disse, o princípio democrático, porque princípio de legitimidade da Constituição portuguesa, há de presidir à concretização dos demais princípios e, como se verá, o respeito dos direitos, liberdades e garantias há de ser o quadro de efectivação dos direitos econômicos, sociais e culturais). E pode ter de se solicitar, como critério final (mesmo sem aceitar todas as premissas do puro método valorativo), a ponderação dos valores inerentes aos princípios que deverão prevalecer; c) deve assentar-se no postulado de que todas as normas constitucionais são verdadeiras normas jurídicas e desempenham uma função útil no ordenamento. A nenhuma pode dar-se uma interpretação que lhe retire ou diminua a razão de ser. Mais: a uma norma fundamental tem de ser atribuído o sentido que mais eficácia lhe dê; a cada capacidade de regulamentação; d) os preceitos constitucionais devem ser interpretados não só no que explicitamente ostentam como também no que implicitamente deles resulta. Contudo, a eficácia implícita de quaisquer preceitos deve, por seu lado, ser pensada em conjugação com a eficácia, implícita ou explícita, dos outros comandos (é isso o que acontece, especialmente no domínio das competências dos órgãos, onde é usual falar em poderes implícitos); e) todas as normas constitucionais têm de ser tomadas como normas da Constituição actual, da Constituição que temos (conquanto com caráter prospectivo), e não como normas de uma Constituição futura, cuja execução não vincula, desta ou daquela maneira, os órgãos de poder e o legislador ordinário. E tão pouco podem reconduzir-se ao absurdo ou impor aos seus destinatários não o possível, mas o impossível; f) todas as constituições, pela própria natureza do objecto, rodeiam os seus conceitos de conceitos exógenos, vindos de outros sectores e ramos do Direito ou extrajurídicos, sejam políticos, econômicos, filosóficos, etc.; e com estes entra largamente a realidade constitucional a agir"[212].

A doutrina de Celso Bastos e Carlos Ayres Britto. Os Autores revelam a existência de notas características dos modelos constitucionais, que impõem a singular forma de ser da constituição e a inevitável especificidade de sua interpretação: a) a *inicialidade*, que decorre de sua propriedade de formar originariamente o ordenamento, em grau de superioridade hierárquica; b) o *conteúdo marcantemente político*, visto ser a constituição o "estatuto jurídico do fenômeno político (Canotilho); c) a *síntese e coloquialidade* da linguagem constitucional; d) a predominância de *normas de estrutura*, também chamadas de *normas de organização*[213].

Canotilho e a escolha do método "justo" para interpretar a constituição. Discorre Canotilho: "A questão do método justo em direito constitucional é um dos problemas

212 Cf. *Manual de Direito Constitucional*, p. 228-230.

213 Cf. *Interpretação e Aplicabilidade das Normas Constitucionais*, p. 12-33.

mais controvertidos e difíceis da moderna doutrina juspublicística. No momento actual, poder-se-á dizer que a interpretação das normas constitucionais é um conjunto de métodos, desenvolvidos pela doutrina e pela jurisprudência com base em critérios ou premissas (filosóficas, metodológicas, epistemológicas) diferentes, mas, em geral, reciprocamente complementares"[214].

Se a escolha de um "método justo" em termos de interpretação constitucional configura tarefa difícil de ser empreendida, é fácil concluir que os processos clássicos de interpretação formulados por Savigny nos séculos XIX e XX são inadequados para abranger a complexidade da norma constitucional, porque, além de sua dimensão jurídica, traduz plexo de fatores políticos a tornar insuficiente a técnica jurídica tradicional para solver as graves questões interpretativas relacionadas à constituição.

Justifica-se, por isso, a apresentação de uma *metódica constitucional*, instruída pela ideia de que a aplicação das normas constitucionais envolve, simultaneamente, o recurso a uma *teoria da norma*, a uma *teoria da constituição* e a uma *dogmática jurídica*[215].

6.8.1 Interpretação constitucional em sistema de *commom law*

Sob outro prisma, é interessante notar a ocorrência de profunda variação no que se refere ao trabalho de interpretação se estivermos, eventualmente, diante de um sistema jurídico classificável como de *common law*, anglo-saxônico, de cariz nitidamente jurisprudencialista, já que, em tais sistemas, as normas constitucionais tendem a uma "textura aberta"[216], apresentam conteúdo dotado de amplitude e elasticidade, constituindo-se, nesse diapasão, fértil terreno para a semeadura de uma constante interpretação constitucional.

Tomemos como exemplo a Constituição americana de 1787 e a interpretação promovida pela *Supreme Court*.

A cláusula *due process of law*, inicialmente referida como *law of the land* pelas Declarações de Direito do Bom Povo da Virgínia (1776), de Maryland (1778), da Carolina do Norte (1776) e, após, pelas colônias de Massachusetts (1780), New Hamp-

---

214 Cf. Canotilho, op. cit., p. 278. O constitucionalista português cita posição de K. Stern (*Staatsrecht*, I).

215 Cf. Canotilho, *Direito Constitucional e Teoria da Constituição*, p. 1103.

216 A "textura aberta" decorre da incapacidade natural do legislador, acentuadamente em sistemas jurídicos de *common law*, quanto à previsão de todas as possíveis combinações de circunstâncias que podem ocorrer com o passar do tempo. Herbert L. A. Hart (cf. *O Conceito de Direito*, p. 143), a respeito, salienta: "De facto, todos os sistemas de formas diferentes, chegam a um compromisso entre duas necessidades sociais: a necessidade de certas regras que podem, sobre grandes zonas de conduta, ser aplicadas com segurança por indivíduos privados a eles próprios, sem uma orientação oficial nova ou sem ponderar as questões sociais, e a necessidade de deixar em aberto, para resolução ulterior através de uma escolha oficial e informada, questões que só podem ser adequadamente apreciadas e resolvidas quando surgem num caso concreto". Esta última necessidade a que aludiu Hart é a denominada "textura aberta" da norma constitucional.

shire (1784), por fim foi elevada à condição de garantia constitucional pela Carta de 1787[217], através das emendas 5ª e 14ª, em conformidade com a redação do art. 5º da Constituição.

A Suprema Corte norte-americana quer entender a cláusula do devido processo legal da forma mais genérica possível, surgindo daí a interpretação concebendo-a como princípio tutelador do trinômio vida-liberdade-propriedade.

Demonstra Nelson Nery Junior que "o direito constitucional no sistema do *common law* é de reconhecida reputação, principalmente quanto à respeitabilidade e eficácia da incidência dos preceitos insculpidos naquele sistema jurídico. Isto se deveu em grande parte à firmeza e determinação com que a Suprema Corte dos Estados Unidos, por exemplo, vem agindo desde a entrada em vigor da Carta da Filadélfia, de 1787", aludindo ainda que a causa mais significativa do prestígio da ciência constitucional naquele país se deve à interpretação promovida pela Suprema Corte da cláusula *due process of law*, porquanto "o tribunal não só vem interpretando o princípio de modo a fazer valer o que o espírito do constituinte pretendeu quando adotou a regra, como também fazê-lo de forma analítica, 'declarando' que a corte decidiria dessa ou daquela maneira, se o problema fosse equacionado de outro modo"[218].

Decorre daí que nada há de excepcional no fato de a Constituição dos Estados Unidos estar em vigor desde a época da sua edição, tendo sofrido apenas algumas poucas emendas, porque o sistema construtivo-judicialista aberto daquele país exerce, por assim dizer, a tarefa de atualização do texto à realidade cambiante, encargo cometido ao poder constituinte de competência derivada em outros países.

6.8.2 Neoconstitucionalismo e técnicas de interpretação constitucional

A nova dimensão a ser necessariamente impingida à interpretação das leis se impõe ao campo do direito constitucional por força do elevado número de normas-princípio, que não se amoldam a procedimento interpretativo atado a um sistema "tudo ou nada", bem assim em razão da *textura aberta* das normas constitucionais.

Por isso não seria possível examinar as técnicas de interpretação constitucional sem aludir ao *neoconstitucionalismo*.

---

217 A 5ª Emenda salienta que "no person shall be held to answer for a capital, or otherwise infamous crime, unless on a presentment or indictment of a Grand Jury, except in cases arising in lhe land or naval forces, or in the Militia, when in actual service in time ofwar or public danger; nor shall any person be subject for the some of offence to be twice put in jeopardy of fite or limb; nor shall be compelled in any criminal case to be a witness against himself, nor be deprived of his life, liberty or property, without due process of law, nor shall private property be taken for public use, without just compensation". O respeito à cláusula *due process of law* é um marco do direito constitucional norte-americano, tanto que a exceção feita diz respeito apenas a fatos ocorridos em terra ou perante forças navais ou exército, quando o indivíduo estiver a serviço quer em tempo de guerra, quer em período de ameaça pública.

218 Cf. Nelson Nery Junior, *Princípios de Processo Civil na Constituição Federal*, p. 29-30.

É que durante longo período, mesmo após a consolidação dos movimentos constitucionais modernos, invariavelmente se buscou resposta para os problemas constitucionais por meio do recurso a uma teoria normativo-interpretativa da constituição.

E o atrelamento absoluto ao conteúdo dos enunciados linguísticos previstos nas constituições é consequência da utilização de uma teoria normativa para a interpretação constitucional.

Desse modo, reside intrínseca incompatibilidade entre o neoconstitucionalismo e o positivismo jurídico.

Écio Oto Ramos Duarte e Susanna Pozzolo esclarecem que "o intento de reconciliar o Estado com a sociedade, até então divorciados pela ciência jurídica positivista, veio associado com o interesse de superação de uma normatividade formal concebida desde a ideia de constituição como uma mera *folha de papel do racionalismo (Lassalle)* em direção a um modelo de Estado social que absorvesse *a programaticidade das normas constitucionais* tão inoperantes (...)"[219].

Quando, no entanto, percebeu-se que a constituição, no âmbito do sistema jurídico, possui caracteres específicos relativamente a outros diplomas legais (por exemplo, a inevitável e mais forte ainda vinculação a fatores extranormativos de natureza política, social, econômica etc.), concluiu-se também que os tradicionais processos de interpretação da lei não seriam suficientes para apresentar satisfatória solução aos problemas constitucionais. Quando a constituição – como é o caso da brasileira de 1988 – contempla a solução de controvérsias por meio de instrumentos de autocomposição dos conflitos (acordos e convenções coletivas de trabalho, por exemplo – art. 7º, XXVI), estimulando os intérpretes informais à assunção da responsabilidade decisória, reduzindo significativamente a intervenção do Estado e alterando o modo de formação do direito; quando as normas constitucionais consolidam a democracia participativa (plebiscito, referendo e iniciativa legislativa popular), tornando indispensável a energia dos cidadãos a fim de que se afigure um efetivo Estado democrático, a interpretação constitucional só pode ser realizada adequadamente a partir do reconhecimento do liame fatal entre as realidades constitucional e extraconstitucional.

O neoconstitucionalismo pretende a superação do positivismo jurídico em sede de interpretação constitucional.

Podem ser indicados os seguintes caracteres do neoconstitucionalismo:

a) opõe-se energicamente ao positivismo jurídico;
b) apresenta proposta de hermenêutica constitucional com nova concepção de norma jurídica, do problema das fontes do direito e dos métodos de interpretação;
c) defende a máxima efetividade das normas constitucionais, especialmente as de cunho social;

219 Cf. *Neoconstitucionalismo e Positivismo Jurídico*, p. 17.

d) entende o direito como instrumento de transformação da realidade física, em vez de se converter em simples reprodutor dessa realidade[220].

Esclarece Lenio Streck: "Pode-se dizer que a superação do velho constitucionalismo ou, se se quiser, do 'constitucionalismo ideológico' ocorre em três frentes: primeiro, pela teoria das fontes, uma vez que a lei já não é única fonte, aparecendo a própria constituição como autoaplicativa; a segunda ocorre com a substancial alteração da teoria da norma, em face do aparecimento dos princípios, problemática que tem relação com a própria teoria das fontes; a terceira frente dá-se no plano da interpretação"[221].

E no âmbito interpretativo os caracteres do neoconstitucionalismo podem ser sintetizados nas seguintes formulações:

a) princípios *versus* normas – com isso, defende-se que o ordenamento jurídico não se compõe somente de normas, senão de normas e princípios;
b) ponderação *versus* subsunção – diante da existência de princípios, exige-se teoria interpretativa distinta da clássica subsunção, quando, malgrado a antinomia entre eles, devem ser sopesados mediante o juízo de ponderação;
c) Constituição *versus* independência do legislador – significa dizer que a norma constitucional deve funcionar, sempre, como um guia ao legislador a partir e com fundamento no qual promove as suas escolhas políticas quando da edição de lei;
d) juízes *versus* liberdade do legislador – ultrapassada que está a técnica da subsunção diante da presença de princípios constitucionais (ou normas-princípio), ao juiz se impõe o encargo de contígua adequação da lei às prescrições constitucionais[222].

Assim, indicadas as bases do pensamento neoconstitucionalista, passemos a referir técnicas de interpretação que instrumentalizam o neoconstitucionalismo no campo da hermenêutica constitucional.

6.8.2.1. O método tópico e a interpretação constitucional (Viehweg)

Analisada a questão relativa à interpretação constitucional e às técnicas desenvolvidas pela doutrina e pela jurisprudência a partir da constatação de ser o positivismo jurídico insuficiente para compreender o significado das normas constitucionais, surge a tópica na década de 50[223], reintroduzida no mundo jurídico por meio da publicação da obra *Tópica e Jurisprudência* (*Topik und Jurisprudenz*) de Theodor Viehweg.

---

220 Cf. Johnson Barbosa Nogueira, *Neoconstitucionalismo e Efetivação dos Direitos Sociais*, p. 6.

221 Cf. *A Revolução Copernicana do (neo) Constitucionalismo e a (baixa) Compreensão do Fenômeno no Brasil*: uma abordagem à luz da hermenêutica filosófica, p. 2.

222 Cf. Susanna Pozzolo, *Neoconstitucionalismo y Especificidad de la Interpretación Constitucional*, p. 340-342.

223 A tópica, diferentemente das outras técnicas interpretativas, pode ser considerada um método, tendo em vista que se dirige ao órgão aplicador.

Parte a fundamentação do método de uma consideração essencial: a insuficiência da interpretação semântico-linguística como interpretação jurídica, já que esta se vincula ao movimento de ir e vir do intérprete (círculo hermenêutico).

O "círculo hermenêutico" consiste na relação entre formulações de problemas e respostas, entendidas como compreensão da norma, e, portanto, no dado de fato que sua linguagem, de forma alguma, pode afirmar o que se está pedindo: uma solução justa (Joseph Esser). Ainda segundo Esser, para a opção interpretativa do juiz, é definitivo seu "convencimento da exatidão", que excede sempre o conteúdo semântico do objeto normativo interpretado[224].

O método tópico constitui técnica do pensamento que se orienta para o problema, entendendo-se como tal toda questão que aparentemente admite mais de uma resposta e requer compreensão prévia[225].

Para solucionar os problemas concretos postos à sua consideração, o magistrado, por meio do método tópico, utiliza pontos de vista ou *topoi* que irão dirigir a solução.

Tratando-se de técnica vinculada ao pensar problemático, a tópica não se acomoda à concepção do sistema jurídico como objeto fechado dentro de si próprio; antes, contesta tal entendimento em virtude da dinâmica que dá a nota ao raciocínio direcionado para o problema.

Não obstante, a técnica de pensar por problemas não ocorre de forma instantânea no pensamento do julgador.

Há caminho que, com poucas variações, é perfilhado pelo aplicador da lei quando do emprego do método tópico.

Assim, como há conflito objetivo no processo judicial, em que o autor requer a emissão de provimento a tutelar-lhe a pretensão, ao passo que o réu pugna pela obtenção de sentença negativa quanto à pretensão formulada por aquele, cremos posta a situação nos seguintes termos: à *tese* apresentada pelo autor é oposta a *antítese* pelo réu e dirimida oficialmente a controvérsia mediante a *síntese* (decisão) do juiz.

Como a autoridade judicial não pode proferir o *non liquet*, recusando-se a decidir por entender não haver solução, e diante de diversas alternativas possíveis para decidir em razão dos pontos de vista trazidos pelas partes, servir-se-á o magistrado da argumentação dogmática, perquirindo a respeito da consistência do conflito, fazendo-o mediante a averiguação se há controvérsia e, ainda, mesmo se existente, se é jurídica. Essa fase do raciocínio tópico se denomina *translatio*.

O próximo passo a ser tomado relaciona-se à análise dos fatos alegados pelas partes. Consiste no perquirir se o fato existe e quem foi o responsável pela sua consumação, ou, ainda, se se conduziu o autor de vontade livre na prática do ato. Estamos, já, agora, diante da etapa conjectural[226].

---

224 Cf. *Precompresione e Scelta del Metodo nel Processo di Individuazione del Diritto*, Napoli: Ed. Schientifiche Italiane, 1983 (citado por Vittorio Frosini, *Teoría de la Interpretación Jurídica*, p. 131-132).

225 Cf. Theodor Viehweg, *Tópica y Jurisprudencia*, p. 49-50.

226 Cf. Maria Helena Diniz, *As Lacunas no Direito*, p. 128.

Em momento ulterior, ingressamos na *definitio*, que consiste na proposição de um objeto direto que modifica o conteúdo do fato: admite-se, mas outra coisa.

Discute-se, portanto, a relação entre o fato e o seu sentido tipificado pela norma. O ataque mais forte afirma essa relação; já a defesa a nega, substituindo-a por outra. A *definitio* é partidária, utilizada sempre no interesse das partes, estabelecendo uma relação entre a questão onomasiológica (designação do fato) e a semasiológica da palavra normativa (significado do texto normativo). "(...) Onomasiologia é a teoria da designação nominal, de modo que o primeiro passo na interpretação seria verificar o sentido dos vocábulos do texto, ou seja, sua correspondência com a realidade que ele designa (...)"[227]. A fase seguinte é a da qualificação adverbial do fato, em que se procura demonstrá-lo como revelador de uma qualidade jurídica imanente, isto é, em conformidade com o preceito normativo[228]. Nesse contexto surge a argumentação zetética, cujo traço mais significativo é a constante abertura para o questionamento de objetos em todas as direções[229], apresentando-se, outrossim, em três níveis distintos: análise, crítica e metacrítica. "Na análise a norma é tomada como uma ação linguística, envolvendo questões relativas ao seu autor (orador), ao seu destinatário (ouvinte), e a ela própria como técnica de comunicação (objeto) concebendo-se a norma como algo escrito ou oral que contém alguma intenção (vontade da lei ou do legislador). (...) A análise busca a determinação da vontade (...). Na crítica a norma é articulada dentro de uma situação, examinada na sua estrutura, repertório e objetivos, sendo interrogada no seu próprio fundamento (...). O nível crítico introduz o pensamento problemático à metacrítica, na qual a norma é questionada no seu sentido metanormativo, além de sua vigência, ou melhor, na sua eficácia e fundamento axiológico. O fundamento da norma é provado pois o que se pretende é sua justificação"[230].

Na seara constitucional, o método tópico parte das seguintes proposições:

a) *o caráter prático da interpretação constitucional, na medida em que objetiva resolver problemas concretos;*
b) *o caráter aberto, fragmentário ou indeterminado da norma constitucional;*
c) *a preferência pela discussão do problema em virtude da textura aberta das normas constitucionais*[231].

A tópica e o pensamento de Karl Popper. Karl Popper registra que o conhecimento, de uma maneira geral, está orientado para o problema e vice-versa: "Se é possível dizer que a ciência, ou o conhecimento, 'começa' por algo, poder-se-ia dizer o seguinte: o conhecimento não começa de percepções ou observações ou de coleções de fatos ou números, porém, começa mais propriamente de problemas. Poder-se-ia di-

227 Idem, p. 129.

228 Idem, p. 130.

229 Cf. Tércio Sampaio Ferraz Jr., *Introdução ao Estudo do Direito,* p. 44.

230 Cf. Maria Helena, ob. cit., p. 130-131.

231 Cf. Canotilho, op. cit., p. 219.

zer: não há nenhum conhecimento sem problema, mas, também, não há nenhum problema sem conhecimento".

"(...) cada problema surge da descoberta de que algo não está em ordem com o nosso suposto conhecimento; ou, examinado logicamente, da descoberta de uma contradição interna entre nosso suposto conhecimento e os fatos; ou, declarado talvez mais corretamente, da descoberta de uma contradição aparente entre nosso suposto conhecimento e os supostos fatos"[232].

E pondera socraticamente que, a cada problema resolvido, não só descobrimos problemas novos e carentes de solução, como também que a segurança do conhecimento é apenas ilusória: "(...) aonde acreditávamos pisar em solo firme e seguro, todas as coisas são, na verdade, inseguras e em estado de alteração contínua"[233].

Críticas ao método tópico. A primazia conferida ao problema (por isso denominado por alguns como método tópico-problemático, já que partirá o intérprete do caso concreto para a delimitação do alcance da norma constitucional) enseja inúmeras críticas por parte de doutrinadores, quer por força da casuística que se instalará no caminho da interpretação, quer em razão de, admitindo-se a solução da dúvida a partir do problema para a norma – e não o caminho inverso –, estaríamos a conferir estranha proeminência do caso concreto sobre o dispositivo constitucional, desbordando, muita vez, o limite ineliminável que é a própria constituição escrita, limite infranqueável ao qual deve submeter-se o intérprete, porquanto não poderá haver reforma da constituição por meio do procedimento interpretativo[234].

A respeito da instalação do método tópico no âmbito do direito constitucional e dos efeitos dela decorrentes, adverte Paulo Bonavides que: "A Constituição (...) perde até certo ponto aquele caráter reverencial que o formalismo clássico lhe conferira. A tópica abre tantas janelas para a realidade circunjacente que o aspecto material da Constituição, tomando-se, quer se queira quer não, o elemento predominante, tende a absorver por inteiro o aspecto formal. (...) A invasão da Constituição formal pelos *topoi* e a conversão dos princípios constitucionais e das próprias bases da Constituição em pontos de vista à livre disposição do intérprete, de certo modo enfraquece o caráter normativo dos sobreditos princípios, ou seja, a sua juridicidade. A Constituição, que já é parcialmente política, se torna por natureza politizada ao máximo com a metodologia dos problemas concretos, decorrentes da aplicação da hermenêutica tópica"[235].

É incensurável a conclusão alcançada pelo constitucionalista acerca da acentuada politização da norma constitucional, quando predomina o método tópico para sua interpretação, porque tanto a eleição de *topoi* pelo intérprete quanto a visualização de uma textura aberta[236] do texto constitucional direcionam, sem dúvida, para

---

232 Cf. *Lógica das Ciências Sociais*, p. 14-15.

233 Idem, p. 13.

234 Cf. Konrad Hesse, *Escritos de Derecho Constitucional*, p. 52.

235 Cf. Bonavides, *Curso de Direito Constitucional*, p. 453.

236 Utilizamos aqui, mais uma vez, a expressão "textura aberta", no sentido que a emprega Hart, isto é,

uma dimensão política do enunciado linguístico-semântico, que, sem embargo, é, de igual modo, também jurídico.

6.8.2.2 A técnica hermenêutico-concretizadora (Hesse)

Moderna técnica de interpretação constitucional amparada em bases tópicas é a hermenêutico-concretizadora ou de concretização, apta a buscar o resultado constitucionalmente "correto" mediante um procedimento racional e controlável, fundamentando esse resultado de modo igualmente racional e controlável, criando, assim, certeza e previsibilidade jurídicas, e não a simples decisão pela decisão[237].

Incisivo na crítica quanto à desenfreada utilização das técnicas clássicas para a interpretação constitucional, Hesse contesta o processo sistemático ao aduzir poder ser manuseado de diversos modos, quer se tenha em conta o lugar onde reside o preceito no texto normativo, quer, ainda, se atenha o intérprete à sua conexão material. Impugna o processo teleológico por encerrar praticamente uma "carta branca", pois com a regra de que se deve traçar o sentido do preceito não se avança nada a respeito da pergunta fundamental: como descobrir dito sentido?[238].

A concretização pressupõe a "compreensão" do conteúdo da norma a "concretizar", e, nessa linha de entendimento, não poderá o intérprete desvencilhar-se nem da "pré-compreensão" nem do problema concreto a resolver[239].

O intérprete compreende o conteúdo da norma a partir de uma "pré-compreensão" de sentido, permitindo-lhe contemplá-la com expectativas próprias e possibilitando seguir um projeto ainda carente de comprovação, correção e revisão, que, uma vez procedida análise mais aprofundada, resultará na obtenção da unidade de sentido que, finalmente, é fixada[240].

Malgrado originária da tópica, a técnica hermenêutico-concretizadora não pode ser assim confundida, porque assenta a interpretação como "(...) atividade normativamente vinculada, constituindo a *constitutio escripta* um limite ineliminável" (Hesse)" – diretriz que se não coaduna com a eleição ilimitada do *topoi* –, não admitindo o sacrifício da primazia da norma em prol da prioridade do problema[241].

6.8.2.3 A técnica concretista de constituição aberta (Häberle)

É induvidosa a influência da tópica também na técnica concretista da constituição aberta, propugnada por Peter Häberle, podendo ele ser considerado "extremista" da utilização daquela no âmbito do direito constitucional.

---

incapacidade do legislador de prever as inúmeras combinações de fatos, o que determina a necessidade de deixar em aberto, para solução ulterior, questões que só podem ser resolvidas casuisticamente.

237 Cf. Konrad Hesse, op. cit., p. 37.

238 Cf. Hesse, op. cit., p. 40.

239 Cf. Hesse, op. cit., p. 43.

240 Idem, p. 44.

241 Idem, ibidem.

Häberle distingue a interpretação em sentido lato e em sentido estrito[242].

A modalidade de interpretação estrita é aquela que utiliza os métodos tradicionais de color nitidamente civilista.

A interpretação lata, em contrapartida, caracteriza-se pelo oferecimento de um amplo campo ao debate e à renovação, encerrando uma visão dialética da realidade social apta à consecução do entendimento do fenômeno constitucional em sua essência e fundamento.

A teoria de Häberle quer entender a interpretação da constituição como "(...) processo aberto, ou seja, operação livre que como tal deve conservar-se. Sua compreensão há de ser a mais dilatada possível, de modo que, sobre acolher aquela interpretação que se faz em âmbito mais restrito, principalmente na esfera jurídica dos tribunais, venha a abranger por igual aqueles que ativa ou passivamente participam da vida da comunidade"[243].

De certa forma, *mutatis mutandis*, presenciamos identidade de colocações entre Häberle e Miguel Limón Rojas, porquanto afirma este que, no direito privado, o trabalho interpretativo fica restrito aos juízes, enquanto "no direito constitucional esta tarefa alcança os três poderes e ainda os governados, que para efeito de influência na decisão política, atuam fundamentalmente através de diversos órgãos de expressão da opinião pública"[244].

Para Häberle, a efetividade da constituição decorrerá da união das duas modalidades interpretativas (estrita e lata), porque se correlacionam e interpenetram, salientando que a "mudança social, ao acarretar as mudanças constitucionais tácitas decorrentes do fator tempo, só se explica à luz de uma interpretação da constituição em sentido amplo"[245], importando concluir que a sua teoria está ajustada a três ideias principais: em primeiro lugar, outorga legitimidade para a consumação do procedimento interpretativo da norma constitucional a todos aqueles que, direta ou indiretamente, ativa ou passivamente, pública ou anonimamente, participam da vida política do Estado (alargamento do círculo de intérpretes da constituição); em segundo lugar, como natural ilação da larga outorga de legitimidade, concebe-se a interpretação constitucional como processo aberto e público e, por fim, em terceiro lugar, a compreensão desse conceito acerca da própria constituição, assumida, de uma só vez, como realidade e "publicização"[246].

O processo aberto de interpretação constitucional, preconizado pela técnica concretista de Peter Häberle, confere relevância à ideia que o povo faz da constituição, decorrendo o pluralismo de intérpretes do pluralismo político e da democracia, de sorte que em sociedades políticas centralizadas não há espaço para a Teoria do

---

242 Cf. Peter Häberle, *"Verfassungsinterterpretation als offentlicher Prozess"*, Conferência proferida no "Seminário Hesse de Freiburg" (citado por Paulo Bonavides, em artigo publicado no Suplemento Cultural do jornal *O Estado de S. Paulo*, n. 206).

243 Cf. Häberle, op. cit., p. 124.

244 Cf. Rojas, *Interpretación Constitucional*, p. 73.

245 Cf. Häberle, op. cit., p. 126.

246 Cf. Paulo Bonavides, *Curso de Direito Constitucional*, cit., p. 466.

Constitucionalista Alemão, sendo obviamente inaplicável para a delimitação do alcance de enunciados normativos de constituição não democrática.

Crítica à técnica concretista. Bonavides judiciosamente critica o método concretista ao assinalar que "(...) demanda para uma eficaz aplicação a presença de sólido consenso democrático, base social estável, pressupostos institucionais firmes, cultura política bastante ampliada e desenvolvida, fatores sem dúvida difíceis de achar nos sistemas políticos e sociais de nações subdesenvolvidas (...)[247], e mesmo em países dotados de estruturas social, política e econômica estáveis e maduras, é inexorável o risco que se corre mediante a utilização do processo aberto porque (...) o surto de preponderância concedido a elementos fáticos e ideológicos de natureza irreprimível é capaz de exacerbar na sociedade, em proporções imprevisíveis, o antagonismo de classes, a competição dos interesses e a repressão das ideias"[248].

6.8.2.3.1 A interpretação constitucional e o pensamento possibilista de Häberle

Ainda quanto ao pensamento de Peter Häberle, merece ser referido o *possibilismo filosófico*, que muito auxilia a hermenêutica constitucional.

Dita forma de compreender a constituição parte da ideia de que a norma não é algo perfeito e acabado, senão simplesmente "pura possibilidade jurídica"; tal possibilidade, contudo, apenas pode vir a ser conhecida mediante a confrontação do conjunto normativo com a própria realidade[249].

O pensamento possibilista visa, segundo Häberle, a descoberta dos meios para conservar e recriar continuamente condições de liberdade para todos os indivíduos, com vistas à consecução de um justo e razoável equilíbrio de interesses, bem assim para proteger a constituição do passar do tempo.

Enquanto o pensamento realista impede a absorção do ser humano pela pura utopia, o possibilismo filosófico (amparado no racionalismo crítico)[250] dirige-se para um meio idôneo destinado a encontrar todo o potencial inovador ínsito às normas jurídicas.

247 Idem, p. 472.

248 Idem, ibidem.

249 Cf. Peter Häberle, *Pluralismo y Constitución*, p. 72-73.

250 O racionalismo crítico é corrente filosófica idealizada por Immanuel Kant. Para ele, só conheceremos realmente o mundo empírico (a realidade social, política e econômica, por exemplo) enquanto se relaciona a nós, sujeitos, e não a realidade em si, separada de nós. "(...) a própria experiência é uma forma de conhecimento que exige concurso do entendimento, cuja regra devo pressupor em mim antes de me serem dados os objectos, por consequência, *a priori* e essa regra é expressa em conceitos *a priori*, pelos quais têm de se regular necessariamente todos os objectos da experiência e com os quais devem concordar. No tocante aos objectos, na medida em que são simplesmente pensados pela razão – e necessariamente – mas sem poderem (pelo menos tais como a razão os pensa) ser dados na experiência, todas as tentativas para os pensar (pois têm que poder ser pensados) serão, consequentemente, uma magnífica pedra de toque daquilo que consideramos ser a mudança de método na maneira de pensar, a saber, que só conhecemos *a priori* das coisas o que nós mesmos nelas pomos" (cf. *Crítica da Razão Pura*, p. 20-21).

Consubstanciado na tríade "realidade-possibilidades-necessidades", em que os anteditos fatores produzem relação de concorrência e, concomitantemente, de cooperação, o problema jurídico que se coloca para o pensamento possibilista não é outro senão encontrar a "dose correta" de cada um dos componentes da relação triádica[251], cumprindo ao processo de interpretação da norma constitucional nele baseado buscar a indispensável harmonização.

6.8.2.4 A técnica científico-espiritual (Smend)

A técnica científico-espiritual, em contrapartida, não tem o seu objetivo voltado à delimitação conceitual dos enunciados linguísticos inseridos em uma constituição, mas busca, sim, atingir e compreender o sentido de uma lei constitucional na proporção da afinidade do conteúdo semântico com os valores de determinada comunidade. Procura estudar a constituição como elemento que poderá ligar a realidade escrita, formal, dogmática, ao manancial axiológico de um povo, aos valores tidos e havidos por legítimos pela sociedade.

Conquanto a técnica científico-espiritual esteja marcada por certa vaguidade, destaque-se que os direitos e garantias fundamentais não expressos na Constituição, mas decorrentes do regime e dos princípios por ela adotados (§ 1º do art. 5º da CF) podem ser descobertos por meio do emprego da técnica defendida por Smend.

6.8.2.5 A semiologia e a interpretação constitucional

> *Talvez o mais característico da vida humana seja a onipresença da linguagem. (...) A linguagem é elemento constitutivo da intersubjetividade e da vida social* (Sebastian Serrano).

Nessa linha de compreensão, o direito se expressa e torna-se inteligível mediante a utilização de uma linguagem específica, consagradora de determinados signos, resultando daí o interesse no estudo da semiologia, ou da semiótica, para a interpretação constitucional, porquanto ciência que se ocupa com o investigar da dimensão dos signos.

Lourival Vilanova destaca a importância da linguagem para o direito: "Altera-se o mundo físico mediante o trabalho e a tecnologia, que o potencia em resultados. E altera-se o mundo social mediante a linguagem das normas, uma classe da qual é a linguagem das normas do Direito"[252].

Há de se considerar que a tentativa de analisar os signos como objeto de distinto conhecimento científico decorreu de investigações de linguistas contemporâneos em torno da linguagem natural[253].

251 Cf. Häberle, op. cit., p. 74-76.

252 Cf. *As Estruturas Lógicas e o Sistema do Direito Positivo*, p. 3-4.

253 Paulo de Barros Carvalho (cf. *Apostila do Curso de Filosofia do Direito (Lógica Jurídica)*, p. 27-28) assinala que "a linguagem natural aparece como o instrumento por excelência da comunicação entre pessoas. Espontaneamente desenvolvida, não encontra limitações rígidas, vindo fortemente acompa-

Ferdinand de Saussure, na Suíça, e Charles Sanders Peirce, nos Estados Unidos, quase de forma simultânea, apontaram a necessidade de se elaborar uma teoria geral dos signos.

Saussure quer entender a língua (*langue*) – malgrado a ambiguidade do termo quando utilizado pelo autor – como um sistema de signos que combinam um conceito – o "significado" – a uma "marca psíquica do som" – o "significante". Os signos, para Charles Peirce, são três: o ícone (assemelhado ao objeto que representa), uma carta geográfica, por exemplo; o índice (determinado por seu objeto), como na hipótese de sintomas de doenças, fumaça; e o símbolo (determinado por seu objeto dinâmico, dependendo de uma convenção), como, exemplificando, a balança (símbolo da Justiça), a caveira (símbolo da morte).

Paulo de Barros Carvalho designa como índice o signo mantenedor de conexão física com o objeto indicado; o ícone, como tentativa de reprodução do objeto referido, trazendo como exemplo a fotografia, as caricaturas, os bustos esculpidos; e o símbolo, como um signo aleatória e arbitrariamente construído, inexistindo, em princípio, correspondência entre ele e o objeto da realidade material que pretende significar, rematando que "aceitos por convenção, os símbolos são largamente utilizados nos mais diferentes códigos de comunicação. Deles, não pode haver melhor exemplo do que as palavras de um determinado idioma. O vocábulo 'casa' nada sugere, considerado em si mesmo, a respeito da entidade real que menciona. É produto de convenção, formada num processo evolutivo que a Gramática Histórica pode em parte explicar, se bem que a escolha propriamente dita, no seu modo primitivo de existir, continue sendo ato arbitrário. São exemplos de símbolos, em linguagens não idiomáticas, a 'bandeira branca', que exprime o pedido de paz; a cruz, expressão viva do cristianismo; os emblemas, brasões, distintivos e tudo aquilo que representa pessoas, famílias, clubes, países, instituições etc."[254].

Peirce e Charles Morris, também norte-americano, promoveram a distinção dos sistemas sígnicos em três planos: o sintático, em que se estudam as relações entre os diversos signos entre si; o semântico, em que a relevância é posta na relação factual vinculativa do signo com a realidade por ele expressa; e o pragmático[255], no qual a

nhada de outros sistemas de significação coadjuvantes, entre os quais, quando falada, a mímica. Entre suas múltiplas características figura o descomprometimento com aspectos demarcatórios do assunto sobre que se fala ou escreve: flui com ampla liberdade e corresponde, por isso, à reivindicação própria da comunicação cotidiana. Sobremais, lida com significações muitas vezes imprecisas, não se prendendo a esquemas rígidos da formação sintática de enunciados. A combinação desses fatores prejudica a economia do discurso, acentuando a dependência das mensagens à boa compreensão da conjuntura contextual. De contraparte, sua dimensão pragmática é riquíssima, evoluindo soltamente entre emissor e destinatário. Nela, percebem-se com clareza as pautas valorativas e as inclinações ideológicas dos interlocutores que, em manifestações despreocupadas, exibem suas intenções, dando a conhecer os vínculos psicológicos e sociais que entre eles se estabelecem".

254 Cf. Paulo de Barros Carvalho, *Apostila*, cit., p. 5-6.

255 Tércio Sampaio Ferraz Jr. esclarece que "(...) no contexto pragmático, os símbolos contêm uma *carga emocional* que pode produzir alterações na significação, ao mostrar diferença na função; assim a

análise se dirigirá para a relação do signo com aqueles que se utilizam da linguagem: o emissor e o destinatário ou receptor da mensagem.

A sintaxe é a parte da semiótica que elabora a teoria da construção de toda linguagem mediante a concepção de um sistema de signos relacionados, conforme suas regras sintáticas e, portanto, sob tal aspecto, podemos afirmar que uma proposição qualquer (seja prescritiva, por inserida no direito positivo, seja descritiva, quando originária da ciência do direito) não tem sentido se não satisfaz a tais regras.

Assim, o próprio texto por nós escrito somente pode enviar ao leitor determinada mensagem porque atendemos às regras da sintaxe, porque obedecemos às normas de estruturação frásica, grafando no local apropriado da oração o sujeito, o verbo, o predicado etc.

Quais as consequências, na linguagem do direito, do desapego à ordenação sintática?

Tomemos como exemplo uma proposição prescritiva (portanto, do direito positivo) de natureza constitucional.

Assim, certamente seria o nosso espírito acometido, de imediato, de absoluta perplexidade se, ao analisarmos o art. 5º, *caput*, da Constituição, fosse encontrada a esfíngica mensagem: "Estrangeiros brasileiros garantindo-se sem distinção à liberdade à igualdade nos termos seguintes perante a lei residentes no País todos são iguais de qualquer natureza a inviolabilidade do direito à vida à segurança e à propriedade" – residindo nossa estranheza, sem dúvida, na desarrumação sintática do texto, fato que inviabiliza, por completo, a análise semiológica tanto no plano semântico (vínculo do signo com a realidade por ele expressa) quanto no aspecto pragmático (relação do signo com aqueles que se servem da linguagem), porque, desrespeitada a regra básica de ordenação sintática, não há como indagar a respeito da relação do signo com a realidade por ele expressa ou com os utentes da linguagem.

Vê-se, por consequência, como seriam danosos os efeitos de uma hipotética insubmissão do constituinte originário às normas relativas à sintaxe, já que a mensagem do elemento fundador do Estado não seria transmitida ao legislador ou ao aplicador do direito, o que, em termos de constituição de uma unidade política, delineia contornos muito graves em virtude de a impossibilidade de a *constitutio scripta* expedir comandos reguladores poderá gerar tamanha instabilidade que ocorrerá inevitavelmente ruptura institucional.

O signo comporta um suporte físico, associado a um significado e a uma significação.

O suporte físico é o canal material condutor da mensagem referente a um objeto da vida (de existência real ou ideal, visível ou não, concreto ou imaginário), que é o significado, suscitando em nosso pensamento uma ideia ou conceito, que se denomina significação.

---

entonação com que se lê um dispositivo: 'enriquecimento sem causa', se acentuamos 'enriquecimento' podemos estar querendo dizer que o *enriquecimento*, antes de mais nada, deve ser significativo; se acentuamos 'sem causa', o importante é que, seja qual for, o enriquecimento seja *injustificado*" – grifos do original (cf. *Introdução ao Estudo do Direito*, p. 259).

Melhor explicitando, ao mencionarmos a palavra "avião" a alguém, teremos por suporte físico as ondas sonoras; como significado, a realidade exterior expressa pela palavra (aparelho sustentado por asas que é meio de transporte aéreo); e, por significação, a ideia surgida na mente de outrem a respeito do objeto da realidade, aparecendo, aqui e ali, um conceito variável e idiossincrásico de "avião", tais como: um caro meio de transportar pessoas ou uma modalidade perigosa de transporte, tudo a depender de condicionantes pessoais.

Utilizando o mesmo art. 5º, *caput*, ao extrairmos de lá a locução "estrangeiros", assumiremos como suporte físico as letras impressas no papel; como significado as pessoas que não são nacionais; e, por fim, na qualidade de significação, poderemos extratar a ideia de "estrangeiro" como indivíduo capaz ou incapaz, honesto ou desonesto, tudo a depender de condicionantes pessoais modeladoras de nossa conclusão a respeito de tais pessoas.

D'outra sorte, no referente ao suporte físico, cremos não haver maiores disceptações quanto à tipificação do canal da mensagem normativa, na hipótese de ordenamento jurídico dotado de constituição sob a forma escrita: é a tinta gravada no papel.

No entanto, qual o suporte físico da norma constitucional consuetudinária não escrita (pondo-se como não discrepante a existência de direito consuetudinário escrito)? De forma indubitável, tratando-se de ordenamento cuja manifestação constituinte se protrai indefinidamente no tempo, não havendo qualquer preocupação de se reduzirem em um texto escrito os costumes constitucionais, revela-se (o suporte físico) na comunicação verbal (emissão de ondas sonoras) consumada entre os membros da comunidade política, no sentido de que tal ou qual matéria, ao longo do passar dos anos, vem recebendo certo tratamento.

Não concebemos, todavia, determinadas posturas semiológicas como aparato teórico a satisfazer completamente as necessidades da ciência jurídica[256] porque, sendo o direito, a um só tempo, norma, fato e valor (tridimensionalismo específico de Miguel Reale), repugna a ideia reducionista de ciência preocupada apenas com a linguagem levada ao fim e ao cabo pelo legislador. Trata-se de mais um dado de investigação posto à disponibilidade do jurista, representa mais um instrumento de análise do conteúdo normativo, e, nesse passo, cremos irrepreensível a crítica formulada por Miguel Reale, no sentido de que a Filosofia do Direito "não pode (...) ser convertida em mera 'teoria da linguagem do legislador', conforme propugnam certos neopositivistas, na sua desconsolada filosofia de puro rigorismo formal: o objeto de estudo do jusfilósofo é a experiência jurídica na integridade de sua estrutura fático-axiológico-normativa, enquanto geradora de modelos e de significados jurídicos"[257].

256 Esclareça-se que dirigimos a observação àquelas posições que afastam o elemento valor na análise do conteúdo normativo, como costuma ocorrer na análise sintática.

257 Cf. Miguel Reale, *Teoria Tridimensional do Direito*, p. 13-14.

6.8.2.6 A técnica de ponderação de interesses

Daniel Sarmento esclarece que, "no imaginário social, a ideia de ponderação sempre esteve visceralmente ligada à noção de justiça. Basta lembrar que o tradicional símbolo da justiça é uma deusa, com os olhos vendados, carregando uma balança, através da qual ela pode pesar e comparar – ponderar, em suma – direitos, argumentos e interesses"[258].

Diante da clara insuficiência do positivismo jurídico para solucionar os problemas singulares da interpretação constitucional, o desafio que se impõe é conciliar segurança e previsibilidade metodológicas com a fluidez e plasticidade que devem estar presentes no momento de solucionar antinomias entre princípios constitucionalmente protegidos[259].

Mas o que vem a ser a "técnica de ponderação de interesses"?

A ponderação é técnica de decisão que se utiliza quando há colisão de princípios ou de direitos fundamentais, funcionando como uma alternativa à técnica tradicional da subsunção[260].

Deveras, é comum que a solução de determinado problema normativo-constitucional não se dê mediante mero e simples recurso a uma norma em particular. Como os valores impressos em constituição heterodoxa ou eclética são muitas vezes conflitantes, a clássica operação de subsunção (premissa maior = enunciado normativo; premissa menor = fatos; consequência = aplicação da norma ao caso concreto) não é satisfatória para desvendar a solução mais adequada para a hipótese, simplesmente porque o sistema constitucional torna possível a escolha por duas ou mais normas que são conflitantes entre si.

O mais conhecido conflito a admitir a técnica da ponderação de interesses é o subsistente entre os direitos da personalidade[261] e a liberdade de informação jornalística. Como, no caso, não seria legítimo escolher a tutela à vida privada, por exemplo, em detrimento absoluto do direito à informação, notadamente à vista das injunções cometidas à operação pelo princípio da unidade e seu corolário, a concordância prática ou cedência recíproca – postulados de interpretação constitucional a serem examinados logo a seguir –, passam a se valer os aplicadores e os estudiosos do direito constitucional dessa técnica, destinando-a à solução dos cha-

---

258 Cf. *A Ponderação de Interesses na Constituição Federal*, p. 19.

259 Idem, p. 23.

260 Cf. Luís Roberto Barroso, petição inicial da ADPF n. 54. No caso, discutiu-se o tormentoso tema relativo ao prosseguimento de gravidez de feto anencefálico.

261 Os direitos da personalidade são todos aqueles referidos nos arts. 11 e seguintes do novo Código Civil, entre os quais o nome, a honra, a vida privada e a intimidade. Mas a técnica sob exame não mais pode ser utilizada quando em colisão o direito à intimidade e a liberdade de informação jornalística, cuja ponderação, após a EC n. 45/2004, foi substituída pela divulgação da notícia quando houver *interesse público* a determinar a sua veiculação, consoante determina o art. 93, IX, da Constituição (ver Capítulo 23, subitem 23.6.1).

mados "casos difíceis", de acordo com a terminologia consagrada por Herbert Hart[262].

Há duas formas de ponderação:

a) *ponderação em abstrato*; e

b) *ponderação em concreto*.

No primeiro caso, tem-se a utilização da técnica quando a doutrina se pronuncia sobre a hipótese de antagonismo entre bens constitucionalmente tutelados, apresentando proposta de solução.

Na segunda situação, observa-se a aplicação concreta dos dispositivos pelo aplicador do direito constitucional, que recorre à ponderação em abstrato consumada pela ciência do direito.

Daniel Sarmento, ao estabelecer os parâmetros para o adequado recurso à ponderação, esclarece que "o julgador deve buscar um ponto de equilíbrio entre os interesses em jogo, que atenda aos seguintes imperativos: a) a restrição a cada um dos interesses deve ser idônea para garantir a sobrevivência do outro; b) tal restrição deve ser a menor possível para a proteção do interesse contraposto; e c) o benefício logrado com a restrição a um interesse tem de compensar o grau de sacrifício imposto ao interesse antagônico. Além disso, a ponderação deve sempre se orientar no sentido da proteção e promoção da dignidade da pessoa humana, que condensa e sintetiza os valores fundamentais que esteiam a ordem constitucional vigente"[263].

A ponderação de interesses é também importante para a compreensão da legislação infraconstitucional.

Sem dúvida, se a Constituição de 1988 tem natureza analítica, não existindo domínio normativo que não tenha sido por ela tratado, a ponderação de interesses surge como técnica de especial importância para o entendimento das leis ordinárias[264].

Ponderação e harmonização. Ponderar princípios não é o mesmo que *harmonizar* princípios.

Ponderação de princípios significa cotejá-los para decidir qual deles, num caso concreto, tem maior peso ou valor, ao passo que harmonizar princípios tem o propósito de assegurar a aplicação coexistente dos princípios[265].

A importância da distinção reside no fato de que, diante de colisão entre direitos fundamentais, deve-se tentar inicialmente a *harmonização*, para somente após, caso não seja possível equilibrá-los, consumar a *ponderação*.

---

262 Cf. *O Conceito de Direito*, tradução de A. Ribeiro Mendes, Lisboa: Fundação Calouste Gulbenkian, 1986.

263 Cf. *A Ponderação de Interesses na Constituição Federal*, p. 144-145.

264 Idem, p. 23.

265 Cf. Canotilho, op. cit., p. 1227.

6.9 PRINCÍPIOS DE INTERPRETAÇÃO CONSTITUCIONAL

É inquestionável assumir a constituição o caráter de objeto cultural.

Carlos Cossio[266], amparado nas ideias do filósofo Edmund Husserl, distingue quatro objetos correspondentes às quatro regiões ônticas do conhecimento:

a) *objetos ideais* – são aqueles que não se encontram na experiência, no mundo empírico, mas no campo da especulação do pensamento, sendo impossível conhecê-los mediante a nossa percepção sensorial.

Por exemplo, a pirâmide normativa pensada por Hans Kelsen é um objeto ideal, visto que não podemos tocá-la ou senti-la e lhe atribuir qualquer valor porque, das propriedades de um triângulo, e. g., não podemos promover outras considerações que não aquelas relativas às suas características geométricas, inviável adjetivar, desse modo, ser bom ou mau, justo ou injusto, o triângulo.

b) *objetos naturais* – estão na experiência e existem no mundo físico (árvores, lua e até mesmo os fenômenos psicológicos, à conta da possibilidade de senti-los), sendo, entretanto, neutros sob a perspectiva axiológica porquanto eventual atribuição de valor não decorre de uma propriedade intrínseca do objeto examinando.

Quando Menotti del Picchia[267] exclama "Juca Mulato freme. Imerge os olhos entre / as estrelas curiosas. / Não sabe que anda o amor nos espaços profundos / a fecundar o ventre / das próprias nebulosas / na eterna gestação de novos mundos...", sem dúvida, a curiosidade atribuída pelo magnífico poeta às estrelas não é uma característica do astro, não é uma propriedade a ser analisada pelo astrofísico, assim como a beleza de uma rosa é um dado irrelevante sob a ótica da investigação científico-botânica.

c) *objetos culturais* – estes se encontram na experiência, fazem parte da realidade física e, diferentemente dos objetos ideais e naturais, são valiosos, isto é, há sempre a possibilidade de adjetivá-los.

Como exemplo, não nos restringindo ao campo jurídico, pode-se mencionar a "Monalisa", de Leonardo da Vinci, quando o sujeito cognoscente não poderá desvencilhar-se, jamais, de uma postura axiológica respeitante à obra.

d) *objetos metafísicos* – têm existência, são valiosos, mas não se encontram na experiência porque não podemos captá-los com os nossos órgãos do sentido.

Deus é o exemplo típico de objeto metafísico. Não é possível vê-lo ou tocá-lo, pois não se encontra na realidade empírica, mas está vinculado à suprema valoração (suprema bondade, suprema sabedoria etc.).

Dessa forma, é inquestionável reconhecer que o elemento fundador do Estado, necessariamente, vai buscar no substrato empírico da realidade social a fonte que, depois, será materializada pelo processo de adscrição dos enunciados linguísticos.

266 Cf. Carlos Cossio, *El Derecho en el Derecho Judicial*, p. 19-40.

267 Cf. *Juca Mulato*, Rio de Janeiro: Tecnoprint, s. d. p. 39.

O legislador constituinte originário, muito embora insubmisso a qualquer poder de compostura jurídica, encontra-se limitado pela ideia prevalente de direito em vigor à época da eclosão do movimento criador da pessoa política.

Mas o que vem a ser "ideia prevalente de direito"?

Não é apenas o conjunto de proposições descritivas acerca do sistema do direito positivo extratadas pelo cientista, mas a concepção genérica de todo e qualquer cidadão atinente ao modelo "ideal" de sistema normativo.

Se "ideia prevalente de direito" fosse consideração de ordem científica sobre normas jurídicas tão somente, de modo inequívoco, haveria um empobrecimento do processo constituinte de tal monta que a constituição dada à luz sob o império de tão nefasto acesso de intelectualismo[268] não resistiria por muito tempo, solapada que seria por inevitável ruptura institucional.

Contudo, nem por isso devemos retirar da jurisprudência o inegável contributo que presta com a descrição do direito objetivo, particularmente quando enuncia os pontos de partida, as causas primeiras, ou o que se convencionou nominar de princípios gerais do direito.

Se, como dissemos linhas atrás, a constituição é um objeto cultural, é inconteste – por assumir a forma escolhida pela atividade humana – estar na experiência, ter existência e, sobretudo, requerer postura axiológica do sujeito que se dispõe a conhecê-la.

Manifestação da atitude valorativa do sujeito cognoscente é indicar princípios informadores do ordenamento, máxime o constitucional.

Princípio é causa primeira, fundamento mesmo do conhecimento humano.

Para atingir o conhecimento, Descartes menciona que é preciso começar pela busca dos princípios, e estes devem estar associados a duas condições: em primeiro lugar, "(...) que sejam tão claros e evidentes que o espírito humano não possa duvidar de sua validade (...)", e, por outro lado, "(...) que seja deles que dependa o conhecimento das outras coisas, de sorte que possam ser conhecidos sem elas, mas não reciprocamente elas sem eles"[269].

A palavra "princípio", porém, é daquelas cuja ambiguidade é traço que marca a sua compostura.

Diversas questões podem ser colocadas: Em que sentido pode entender-se a expressão "princípios"? Os princípios de interpretação constitucional são normas jurídicas? Qual a importância da conhecida distinção que se faz entre "regras" e "princípios" constitucionais?

Os princípios podem se converter em:

---

268 O intelectualismo é doutrina filosófica que afirma a superioridade da atividade intelectiva, à qual se reduzem todas as outras.

269 Cf. *Princípios da Filosofia*, citado por Japiassú e Marcondes, *Dicionário Básico de Filosofia*, p. 201.

a) *normas jurídicas;*

b) *valores normativos.*

Os princípios de interpretação constitucional são valores normativos, porque, ao serem referidos como "princípios de interpretação" pela doutrina, terão validade na razão direta da conexidade axiológica que possuírem com o sistema constitucional.

Assim, nenhum doutrinador poderá enunciar a existência de princípio de interpretação sem que o postulado guarde linha de conexão com o sistema do direito positivo constitucional.

Há, todavia, ao menos um princípio de interpretação constitucional que é norma jurídica: *o princípio da interpretação conforme a constituição*, positivado no parágrafo único do art. 28 da Lei n. 9.868/99:

> *A declaração de constitucionalidade ou de inconstitucionalidade, inclusive a interpretação conforme a constituição e a declaração parcial de inconstitucionalidade sem redução de texto, têm eficácia contra todos e efeito vinculante em relação aos órgãos do Poder Judiciário e à Administração Pública federal, estadual e municipal.*

Mas as normas constitucionais podem, por sua vez, ser classificadas em *regras* e *princípios* constitucionais.

O que distinguiria os princípios das regras?

Robert Alexy salienta que "o ponto decisivo para a distinção entre regras e princípios é que os *princípios* são normas que ordenam que algo seja realizado na maior medida possível, dentro das possibilidades jurídicas e reais existentes. Portanto, os princípios são *mandados de otimização*, que estão caracterizados pelo fato de que podem ser cumpridos em diferente grau e que a medida devida de seu cumprimento não apenas depende das possibilidades reais senão também das jurídicas. (...), as *regras* são normas que só podem ser cumpridas ou não"[270].

Ronald Dworkin, seguindo a mesma linha, distingue regras de princípios constitucionais: "A diferença entre princípios normativos e regras jurídicas é uma distinção lógica. Ambos apontam para decisões específicas a respeito de obrigações jurídicas em circunstâncias particulares, mas eles diferem quanto ao caráter da solução que fornecem. Regras são aplicáveis num sistema tudo ou nada. Se ocorrem os fatos que a regra disciplina, então ou a regra é válida, hipótese na qual a resposta oferecida deve ser aceita, ou não é, hipótese em que em nada contribuirá para a decisão"[271].

---

270 Cf. *Teoría de los Derechos Fundamentales*, p. 86.

271 Cf. Dworkin, *Taking Rights Seriously*, p. 24. Eis o trecho original que traduzimos: "The difference between legal principles and legal rules is a logical distinction. Both sets of standards point to particular decisions about legal obligation in particular circumstances, but they differ in the character of the direction they give. Rules are applicable in an all-or-nothing fashion. If the facts a rule stipulates are given, than either the rule is valid, in which case the answer it supplies must be accepted, or it is not, in which case it contributes nothing for the decision".

Já os princípios têm uma dimensão que as regras não possuem – a dimensão de peso e importância.

Quando os princípios se interseccionam, quem se propuser a resolver o conflito com base neles deve ter em conta o peso relativo de cada qual. Evidente que isso não determina uma medida exata, matemática, porque será controvertida a conclusão a respeito de um princípio em particular ser mais importante que outro[272].

Logo, as normas constitucionais podem ser classificadas em:

a) *normas-regra;*

b) *normas-princípio.*

Exemplo de norma-regra é toda e qualquer previsão constitucional que outorga competências jurisdicionais de natureza material, pois ou ela é aplicada e trata de disciplinar a questão ou é simplesmente afastada.

Exemplos de normas-princípio são a imagem, a privacidade (art. 5º, X), a liberdade religiosa (art. 5º, VI, VIII), a liberdade de informação (art. 5º, IX), entre tantas outras, visto que estão invariavelmente submetidas a exame de aplicação equilibrada e ponderada em face de outras previsões constitucionais.

Princípio – repita-se – tanto é suscetível de adotar uma compostura de norma jurídica – nomeadamente ao figurar como objeto positivado no ordenamento – como, ao receber um influxo axiológico da ciência do direito, transforma-se em valor normativo, cuja aceitação e autoridade estão na razão direta de sua conexidade lógica com o sistema do direito positivo, não se podendo presumir "inteligência dos textos positivos contrária aos princípios científicos"[273].

Os princípios de interpretação constitucional são importantes vetores interpretativos toda vez que surgir situação de dúvida acerca do significado do enunciado normativo-constitucional.

Aqui, será objeto de nossa preocupação informar a respeito daqueles que mais se destacam na doutrina constitucional moderna, sem, evidentemente, portarmos a pretensão de trazer um catálogo completo.

Cuidaremos também de indicar a jurisprudência do Supremo Tribunal Federal pertinente aos postulados de interpretação constitucional.

6.9.1 O princípio da unidade

Conceito. É o princípio que comanda a interpretação da constituição tomando por parâmetro a sua unidade sistemática.

Aspectos doutrinários. É sabido ser a constituição a norma que confere validade a todas as remanescentes no sistema jurídico. É ela, segundo Kelsen, o fundamento normativo de validade das demais espécies residentes no ordenamento.

---

272 Idem, p. 26.

273 Cf. Carlos Maximiliano, *Comentários à Constituição de 1946*, v. 1, p. 331, n. 219.

Ora, se a constituição está localizada no ponto mais alto do ordenamento jurídico, nada mais lógico que deva ser interpretada com preservação de sua unidade de sentido, impedindo-se a descoberta de supostas antinomias. É o princípio da unidade da constituição, vertido na atitude do intérprete tendente a analisar as normas constitucionais com postura de preservação do seu caráter unitário, repugnando qualquer probabilidade de indicação de ideias contraditórias. Direcionar a postura científica do intérprete para a investigação do programa normativo ("medida de ordenação expressa através de enunciados linguísticos" – como quer Canotilho) abstraindo-se quanto a antinomias é proceder à interpretação festejando a unidade da norma vértice do sistema[274].

Indiscutivelmente, "(...) o princípio da unidade obriga o intérprete a considerar a constituição na sua globalidade e a procurar harmonizar os espaços de tensão (...) existentes entre as normas constitucionais a concretizar (...)"[275], decorrendo daí "(...) que o intérprete deva sempre considerar as normas constitucionais, não como normas isoladas e dispersas, mas sim como preceitos integrados num sistema unitário de normas e princípios"[276].

O princípio da unidade e a jurisprudência do STF. Observe-se o conteúdo desta decisão: "TRIBUTÁRIO – CONTRIBUIÇÕES SOCIAIS – IMUNIDADE. 1 – As contribuições sociais referentes ao art. 195 da Constituição Federal somente admitem a imunidade daquelas instituições especificamente referidas no seu parágrafo 7º, sendo determinação especial em relação ao art. 155, parágrafo 3º, sendo esta a interpretação que concretiza o princípio da unidade constitucional, preservando o conteúdo de ambos os dispositivos. 2 – Recurso improvido" (TRF 2ª R., AMS 2000.02.01.061317-8/ES, 4ª T., rel. Juíza Lana Regueira, *DJU* de 13-5-2003, p. 114).

6.9.2 O princípio da concordância prática

Conceito. Intimamente relacionado com o da unidade está o princípio da concordância prática, evidenciado na utilização de um meio de coordenação proporcional entre os diversos bens constitucionalmente tutelados[277].

É também chamado de princípio da cedência recíproca, pois cada direito *cede* em parte de sorte a obter a aplicação harmônica de ambos, sem que um prevaleça sobre o outro.

---

274 É interessante observar que até mesmo em sistemas abertos de cariz nitidamente judicial há preocupação em manter a unidade da constituição, malgrado a textura aberta de suas normas. Thomas Marks Jr. e John F. Cooper (cf. *State Constitutional Law,* p. 17) salientam que "aparentes incongruências entre os preceitos da Constituição devem ser resolvidas pela sua harmonização, a fim de evitar-se conflito e conferir-se efetividade para cada um deles" ("*seeming inconsistencies in constitutional provision should be resolved by harmonizing them so as to, if possible, avoid conflict and give effect to each one*").

275 Cf. Canotilho, ob. cit., p. 232.

276 Idem, p. 233.

277 Cf. Hesse, op. cit., p. 45.

É princípio de interpretação constitucional que, na hipótese de conflito, determina a harmonização dos bens constitucionalmente protegidos, impondo-se solução que atribua peso e importância na mesma medida aos direitos contrapostos.

Logo, o princípio da concordância prática não efetiva a *ponderação*, mas sim a *harmonização* entre direitos fundamentais. Harmoniza direitos, e não os pondera, o que é realizado pelo princípio da proporcionalidade, a ser examinado mais adiante.

Num raciocínio metafórico, teríamos o seguinte: a harmonização, amparada na concordância prática ou cedência recíproca, mantém os direitos equilibrados em ambos os pratos da balança; a ponderação, de modo distinto, torna os pratos desequilibrados ao atribuir maior peso ou importância a determinado direito num caso concreto.

O princípio da concordância prática no STF. O Supremo Tribunal Federal, ao examinar o confronto entre o comando constitucional assecuratório da presunção de não culpabilidade (art. 5º, LVII) e prisão provisória, disciplinada no art. 594 do Código de Processo Penal, decidiu que "o princípio constitucional da não culpabilidade, que sempre existiu, de modo imanente, em nosso ordenamento positivo, impede que se atribuam à acusação penal consequências jurídicas apenas compatíveis com decretos judiciais de condenação irrecorrível. Trata-se de princípio tutelar da liberdade individual, cujo domínio mais expressivo de incidência é o da disciplina jurídica da prova. A presunção de não culpabilidade, que decorre da norma inscrita no art. 5º, LVII, da Constituição, é meramente relativa (*juris tantum*). Esse princípio, que repudia presunções contrárias ao imputado, tornou mais intenso, para o órgão acusador, o ônus substancial da prova. A regra da não culpabilidade – não obstante o seu relevo – não afetou nem suprimiu a decretabilidade das diversas espécies que assume a prisão cautelar em nosso direito positivo. O instituto da tutela cautelar penal, que não veicula qualquer ideia de sanção, revela-se compatível com o princípio da não culpabilidade"[278].

Igualmente se pode presenciar o emprego do postulado quando o STF examinou o § 4º do art. 225: "A norma inscrita no art. 225, § 4º, da Constituição deve ser interpretada de modo harmonioso com o sistema jurídico consagrado pelo ordenamento fundamental, notadamente com a cláusula que, proclamada pelo art. 5º, XXII, da Carta Política, garante e assegura o direito de propriedade em todas as suas projeções, inclusive aquela concernente à compensação financeira devida pelo Poder Público ao proprietário atingido por atos imputáveis à atividade estatal. O preceito consubstanciado no art. 225, § 4º, da Carta da República, além de não haver convertido em bens públicos os imóveis particulares abrangidos pelas florestas e pelas matas nele referidas (...), também não impede a utilização, pelos próprios particulares, dos recursos naturais existentes naquelas áreas que estejam sujeitas ao domínio privado, desde que observadas as prescrições legais e respeitadas as condições necessárias à preservação ambiental" (RE 134.297-8/SP, 1ª T., *RT*, 723/146).

278 STF, HC 67.707-0/RS, rel. Min. Celso de Mello, 1ª Turma, decisão de 7-11-1989, *DJ* 1, de 14-8-1992, p. 12225.

6.9.3 O princípio do efeito integrador

Conceito. Outro princípio associado ao da unidade é o do efeito integrador (Canotilho) ou da eficácia integradora (Hesse), que tem por pressuposto a ideia de que, se a constituição se propõe à *criação* e *manutenção* da unidade política, isso demanda outorgar preferência na solução dos problemas jurídico-constitucionais com fundamento naqueles pontos de vista aptos ao atingimento da decantada unidade[279].

6.9.4 O princípio da correção funcional

Conceito. O princípio da correção funcional determina a obrigatória observância da arrumação de competências dos órgãos do Estado como concebida pelo poder constituinte originário, de tal sorte que o intérprete da constituição não altere o referido rol ao consumar o procedimento interpretativo.

Logo, o princípio da correção funcional aponta para o respeito à forma como o constituinte originário promoveu a divisão das atribuições dos órgãos do Estado.

A correção funcional na doutrina. Canotilho nomina-o também de *princípio da conformidade funcional.* "De acordo com este princípio, quando a Constituição regula de determinada forma a competência e função dos órgãos de soberania, estes órgãos devem manter-se no quadro de competências constitucionalmente definido, não devendo modificar, por via interpretativa (através do modo e resultado da interpretação), a repartição, coordenação e equilíbrio de poderes, funções e tarefas inerentes ao referido quadro de competências"[280].

Hesse enfatiza que, "se a constituição regula de uma determinada maneira o papel respectivo dos agentes das funções estatais, o órgão de interpretação deve manter-se na marca das funções a ele encaminhadas; dito órgão não deverá modificar a distribuição das funções através do modo e do resultado de dita interpretação"[281].

A correção funcional na Alemanha. O princípio da correção funcional vem sendo utilizado pela Corte Constitucional Federal alemã na medida em que se abstém

---

279 Cf. Gomes Canotilho, *Direito Constitucional e Teoria da Constituição,* p. 1210.

280 Cf. *Direito Constitucional e Teoria da Constituição,* p. 543-544.

281 Cf. Hesse, *Escritos de Derecho Constitucional,* p. 47. A observação do constitucionalista alemão faz sobressair o equívoco inicialmente cometido pelo Supremo Tribunal Federal, quando do julgamento do MI 20-4, do Distrito Federal, rel. Min. Celso de Mello, *DOU* de 27-5-1994, em que se reconheceu a mora do Congresso Nacional em regulamentar o art. 37, VII, e comunicar-lhe tal decisão, a fim de que fossem adotadas as providências cabíveis, sendo vencido o Min. Carlos Velloso, que, além de reconhecer a mora, acertadamente já fixava as condições necessárias para o exercício do direito de greve. E o equívoco decorre exatamente do fato de que o STF, ao reconhecer o retardo mero e simples e comunicar ao órgão legislativo para adoção de providências, abdicou da elevadíssima função que lhe havia sido atribuída pelo elemento fundador do Estado: a concretização das garantias individuais via ordem injuntiva. O princípio da correção funcional impunha ao STF a assunção da grave responsabilidade, isto é, colmatar, de imediato, a lacuna constitucional. Felizmente, a Suprema Corte brasileira refluiu quanto ao pronunciamento inicial, pois passou a admitir a extração de efeitos concretos do *decisum* prolatado em sede de mandado de injunção, como são exemplos os MIs 670, 712, 943, 1.010, 1.074 e 1.090.

quanto à retirada de espécie normativa declarada incompatível com a constituição, isto é, ainda que ofenda a norma-vértice, não se declara sua nulidade.

Embora a declaração de inconstitucionalidade sem a pronúncia da nulidade da lei (*Unvereinbarkitser Klärung*) gere insegurança na doutrina constitucional alemã[282], pode-se observar a utilização do princípio, porquanto evita que o Judiciário modifique o modelo normativo originariamente engendrado pelo legislador.

A correção funcional e a jurisprudência do STF. No Brasil, colhe-se como exemplo de aplicação do referido postulado a seguinte decisão do Supremo Tribunal Federal: "Federação. Discriminação de competência. Suspensão cautelar da Lei 417/93, do Distrito Federal, que versa sobre medidas de política administrativa destinadas a coibir a discriminação da mulher nas relações de trabalho. Plausibilidade da arguição de inconstitucionalidade da lei local, fundada na competência privativa da União para legislar sobre direito do trabalho (CF, art. 22, I), e, sobretudo, para 'organizar, manter e executar a inspeção do trabalho' (CF, art. 21, XXIV)"[283].

E mais: "A iniciativa reservada das leis que versem o regime jurídico dos servidores públicos revela-se, enquanto prerrogativa conferida pela Carta Política ao Chefe do Poder Executivo, projeção específica do princípio da separação dos poderes" (ADIn 248/RJ, STF, pleno, *RTJ*, 152/341).

6.9.5 O princípio da interpretação conforme a constituição

Conceito. Por princípio da interpretação conforme a constituição entende-se o postulado que impõe a escolha da decisão judicial que torne compatível à constituição a norma ou ato normativo impugnado, desprezando-se as demais que concluem pela inconstitucionalidade.

Aspectos doutrinários da interpretação conforme. O princípio da interpretação conforme a constituição ou princípio da vontade conjectural da legislador[284] está umbi-

282 Cf. Gilmar Ferreira Mendes, "A declaração de inconstitucionalidade sem a pronúncia da nulidade da lei – *Unvereinbarkitser Klärung* – na jurisprudência da Corte Constitucional Federal Alemã", *Revista de Informação Legislativa,* n. 118, p. 65.

283 STF, ADIMC 953/DF, rel. Min. Sepúlveda Pertence, Tribunal Pleno, decisão de 8-10-1993, *Em. de Jurisp.*, v. 1.731-01, p. 85, *DJ* 1, de 4-2-1994, p. 909.

284 Certamente, muito embora não seja nossa intenção atiçar o leitor com as graves controvérsias suscitadas pelos objetivistas e subjetivistas, não poderemos deixar à margem de discussão o problema relativo à existência de uma vontade da lei ou de uma vontade do legislador. Para a doutrina subjetivista, a interpretação da norma é sinônimo de compreensão do pensamento do legislador, a determinar, preponderantemente, a utilização do processo histórico. Sob a perspectiva dos objetivistas, todavia, a norma possui um sentido próprio, transcendente ao órgão ou pessoa que a instituiu, demarcado por fatores objetivos que atuam independentes e libertos da pessoa competente para editar a normatividade, pondo-se em relevância, nesse passo, aspectos extrínsecos e estruturais em que surge a lei, tornando necessário, de conseguinte, o recurso ao processo sociológico. Os objetivistas criticam os defensores de uma vontade do legislador afirmando ser mera ficção a existência de tal vontade, em virtude de dificilmente poder ser identificado, sob o aspecto físico, o legislador. Os subjetivistas, por sua vez, contestam a teoria da vontade da lei, argumentando conduzir a doutrina a insólito subjetivismo, responsável pela colocação da vontade do intérprete acima da vontade do legislador, tornando aquele com mais sabedoria do que a própria norma legislada.

licalmente ligado ao da correção porque desenvolve uma tese de ação do Judiciário (quando da fiscalização abstrata da constitucionalidade) com acatamento ao sistema criado pelo Legislativo, já que extirpar um artigo, uma alínea, ou, pior ainda, anular a lei por inteiro, importa modificar a ideia imperante na Casa Legislativa quando da edição do texto e, por isso mesmo, configura princípio cuja aplicabilidade no controle exercido pelo magistrado conduz a relacionamento harmônico e maduro entre as funções estatais.

Impõe o postulado uma postura de preservação do sistema normativo por parte dos órgãos competentes para fiscalizar a constitucionalidade, porquanto a anulação de uma lei é um fato muito mais grave que a anulação de um ato administrativo, por criar insegurança jurídica, já que o legislador não é suficientemente ágil para suprir, de imediato, a lacuna surgida no ordenamento em razão de expungida a norma declarada incompatível com o texto constitucional[285].

Anota García de Enterría: "Com frequência, essa anulação, que não implica por si mesma o restabelecimento de vigência da lei anterior a que substitui a anulada (cf. art. 2, 2, CC), e a lacuna que cria, pode determinar, como afirmado pelo Tribunal Constitucional italiano, uma 'situação de maior inconstitucionalidade' na solução prática dos problemas que a lei anulada regulava. É este *horror vacui* o que determina o princípio assim formulado pelo Tribunal Constitucional alemão: 'é válido o princípio de que uma lei não deve ser declarada nula quando pode ser interpretada em consonância com a Constituição'"[286].

André Ramos Tavares explicita que "(...) quando uma norma infraconstitucional contar com mais de uma interpretação possível, uma (no mínimo) pela constitucionalidade e outra ou outras pela inconstitucionalidade, múltipla interpretação dentro dos limites permitidos ao intérprete, este deverá sempre preferir a interpretação que consagre, ao final, a constitucionalidade. E isso é assim porque as leis são consideradas expressão da vontade popular, e, pois, se possível, devem ser preservadas pelo Judiciário".

"Contudo, há uma abordagem outra do tema, que o insere no contexto da hermenêutica da constituição. Significa essa diretriz que não se interpreta a constituição a partir das leis em geral (de baixo para cima). É absolutamente vedada a interpretação da constituição conforme às leis. Não se pode fazer uso de conceitos legais para pretender exprimir conceitos constitucionalmente conformados".

"Não se confunda, contudo, essa proibição com a possibilidade existente – e de resto jamais contestada – de que a lei pode integrar a vontade da constituição. A diferença de situações é patente. Nesses casos, é na própria constituição que se encontra o fundamento para que a lei possa 'complementar' seu desiderato, rematando-a"[287].

---

285 Cf. Eduardo García de Enterría, *La Constitución como Norma y el Tribunal Constitucional*, p. 96.

286 Idem, ibidem.

287 Cf. André Ramos Tavares, *Curso de Direito Constitucional*, p. 77.

A interpretação do ordenamento conforme a constituição reclama atenção do aplicador do direito a todos os valores constitucionais substanciais.

A interpretação conforme no sistema do direito positivo brasileiro. A interpretação conforme como norma-princípio. É importante esclarecer que o ordenamento jurídico brasileiro agasalhou o princípio, consoante estabelece o art. 28, parágrafo único, da Lei n. 9.868/99 (norma reguladora do processo de julgamento da ação direta de inconstitucionalidade e da ação declaratória de constitucionalidade perante o Supremo Tribunal Federal), tornando-o autêntica norma jurídica (ver exame inicial feito no subitem 6.4).

Portanto, o princípio da interpretação conforme a constituição é *norma-princípio,* não simplesmente porque se refere a um dos princípios de interpretação das normas constitucionais, mas sim porque está submetido à aplicação, sem recusar-se a incidência de outros postulados da hermenêutica constitucional.

Por exemplo, o fato de o intérprete lançar mão da interpretação conforme não exclui a possibilidade de recorrer também a outros princípios como o da unidade, máxima efetividade, correção funcional, etc.

A interpretação conforme e o controle concreto-difuso da constitucionalidade. Pode o juiz utilizar o princípio da interpretação conforme a constituição ao decidir arguição incidental e concreta de inconstitucionalidade?

Primeiro, cumpre destacar que a interpretação conforme a constituição se insere nas determinações previstas na Lei n. 9.868/99, que dispõe sobre o processo e julgamento da ADIn e da ADC perante o STF. Logo, a técnica se dirige ao exame da constitucionalidade no âmbito do controle concentrado-abstrato.

Em segundo lugar, é importante notar que o fundamento da interpretação é, ao impedir a assunção pelo Poder Judiciário do papel de *legislador negativo,* respeitar a vontade conjectural do Parlamento.

Consequentemente, é lógico que a interpretação conforme deva permanecer restrita ao controle concentrado-abstrato da constitucionalidade, porque a declaração de inconstitucionalidade na via de exceção ou de defesa não atenta contra a preservação do sistema normativo da forma como criado pelo povo por meio dos seus representantes. Trata-se de simples solução de caso concreto que não poderá ser aplicada a outras situações, o que impedirá seja qualificada como "atentado" ao sistema de normas construído pelo legislador.

6.9.5.1 Declaração parcial de inconstitucionalidade sem redução de texto. Distinção da interpretação conforme

Por outro lado, põe-se como indispensável a compreensão do que significa "declaração parcial de inconstitucionalidade sem redução de texto".

Em casos tais, não se declara a inconstitucionalidade da norma, mas o STF diz que tal ou qual *aplicação da norma* pode conduzir à incompatibilidade da lei com a Constituição, sendo que a forma de interpretar a lei dada pelo Tribunal vincula os demais órgãos do Poder Judiciário e da Administração Pública, em todos os níveis.

O recurso à declaração parcial de inconstitucionalidade sem redução de texto, admitida no parágrafo único do art. 28 da Lei n. 9.868/99, "(...) possibilita ao Supremo excluir determinadas hipóteses de *aplicação* da norma, que aparentemente seriam factíveis e que a levaria a uma inconstitucionalidade. Assim, enquanto a interpretação conforme se destina a excluir determinadas hipóteses de *interpretação* da norma, a declaração parcial de inconstitucionalidade sem redução de texto se dirige a afastar determinadas hipóteses de *aplicação* da norma"[288].

6.9.6 O princípio da coloquialidade

Conceito. É o princípio que consolida o entendimento de que as expressões inseridas na constituição devam assumir caráter coloquial.

O princípio da coloquialidade na doutrina. Assim, importa considerar que a constituição, antes mesmo de ser assumida como norma, deve ser estudada sob a óptica de fenômeno-resultado do dialético processo de enformação do Estado e, tratando-se de texto dirigido a toda a comunidade, não é razoável conceber a ideia de que o constituinte originário "obrigou" todos, indireta e indistintamente, à matrícula em curso de Direito para viabilizar a compreensão da norma; tampouco seria crível admitir que, ao comprarmos a Constituição em livraria, se fizesse ela acompanhar de providencial vídeo explicativo...

Socorre-nos, então, o princípio da coloquialidade porque "(...) a Constituição positiva é vazada em linguagem predominantemente lacônica, não analítica, à feição de uma sinopse de todo o ordenamento normativo (...)", e sendo "(...) o código primeiro do sistema de direito positivo, regulador das vivências políticas dos cidadãos, ela se patenteia como um estatuto de cidadania ou uma carta de nacionalidade, primando, por isto mesmo, pela utilização de palavras e expressões comuns, vocábulos e locuções de sentido preponderantemente vulgar, extraídos do manancial terminológico do comum do povo", conforme ensinam Celso Bastos e Carlos Ayres Britto ao analisarem a estrutura da linguagem constitucional[289].

Concluímos, todavia, que não se trata a coloquialidade apenas de uma característica do enunciado linguístico, como acentuam Celso Bastos e Carlos Britto, mas de verdadeiro princípio a nortear a atuação do intérprete, porque as expressões inseridas em uma constituição transcendem, muitas vezes, o sentido técnico-jurídico que comumente se lhes atribui.

Thomas Marks Jr. e John F. Cooper examinam o Caso *Gardiff v. Bismarck Public Scholl District* (1978) e concluem que *"in construing a constitutional provision, it is presumed the words utilized have been employed in their natural and ordinary meaning"*[290].

É certo que o fenômeno moderno das constituições analíticas (ver subitem 3.3.3.7) impôs a previsão nos textos constitucionais de diversas expressões colhidas

---

288 Cf. Dirley da Cunha Jr., *Controle de Constitucionalidade*: teoria e prática, p. 192.

289 Cf. Celso Bastos e Carlos A. Britto, *Interpretação e Aplicabilidade das Normas Constitucionais*, p. 19.

290 Cf. *State Constitutional Law,* p. 10: "Ao interpretar o preceito constitucional, é presumível que as palavras utilizadas foram empregadas em seu sentido comum" (tradução nossa).

da dogmática jurídica, processo dentro do qual se poderá incluir a Constituição brasileira de 1988. No entanto, o princípio da coloquialidade permanece com importância para o fim de interpretar os direitos e garantias fundamentais, já que é o conjunto normativo-constitucional que se dirige preferencialmente à tutela do cidadão.

6.9.7 O princípio da máxima efetividade

Conceito. É o princípio por meio do qual deve ser adotada a solução que mais eficácia atribua à norma constitucional.

O postulado na doutrina. O princípio representa a escolha da solução que conferir mais operatividade ao dispositivo constitucional, isso quando o intérprete está em dúvida a respeito de adotar o caminho da plena aplicabilidade ou da limitada eficácia da norma.

Em primoroso trabalho sugestionado pelo princípio da máxima efetividade, Hesse desanca a acepção sociológica de constituição, propugnada por Ferdinand Lassalle, e o faz judiciosamente, assinalando que, se o direito constitucional (ou a constituição mesma, por objeto de estudo dessa ciência) estuda as normas inseridas no estatuto fundador calcado na consideração de que expressam, nada mais, nada menos, relações fáticas altamente mutáveis, não se pode deixar de reconhecer que tal ciência constitui uma ciência jurídica na ausência do próprio direito, concluindo: "Assim, o Direito Constitucional não estaria a serviço de uma ordem estatal justa, cumprindo-lhe tão somente a miserável função – indigna de qualquer ciência – de justificar as relações de poder dominantes"[291].

O princípio na jurisprudência do STF. Foi o princípio norteador do julgamento do STF nos autos do RE 328.812/AM, rel. Min. Gilmar Mendes, j. em 10-12-2002: "É inaplicável o verbete 343 da Súmula do STF ('Não cabe ação rescisória por ofensa a literal dispositivo de lei, quando a decisão rescindenda se tiver baseado em texto legal de interpretação controvertida nos tribunais') em matéria constitucional, por afronta não só à *força normativa* da Constituição, mas também ao *princípio da máxima efetividade* da norma constitucional, porquanto admitir-se a aplicação da orientação contida no referido verbete em matéria de interpretação constitucional significa fortalecer as decisões das instâncias ordinárias em detrimento das decisões do STF (...)".

E ainda: "(...) A manutenção de decisões das instâncias ordinárias divergentes da interpretação consttiucional revela-se afrontosa à força normativa da Constituição e ao princípio da máxima efetividade da norma constitucional" (STF, RE-AgR 235.794/SC, 2ª T., rel. Min. Gilmar Mendes, *DJU* de 14-11-2002, p. 45).

6.9.8 O princípio da proporcionalidade

Conceito. É o princípio de interpretação constitucional que impõe soluções legislativa e judicial menos restritivas possíveis a direitos fundamentais, além de condicionar edição de leis a serem suportadas proporcionalmente pela coletividade.

291 Cf. Konrad Hesse, *A Força Normativa da Constituição*, p. 11.

A proporcionalidade no direito penal. No Brasil, a proporcionalidade pode ser pressentida até mesmo em sede de legislação penal, tanto que o art. 25 do Código Penal estatui: "Entende-se em legítima defesa quem, *usando moderamente dos meios necessários*, repele injusta agressão, atual ou iminente, a direito seu ou de outrem".

Ora, o que é "uso moderado dos meios necessários" senão recurso *proporcional* aos meios para repelir a agressão?

É evidente que, no campo do direito constitucional, o princípio da proporcionalidade recebe o influxo e a singularidade emprestados pela hermenêutica constitucional, que se apoia firmemente na ideia de *proibição de excesso*.

A proporcionalidade na Alemanha. Consolidado inicialmente na jurisprudência da Corte Constitucional Federal Alemã sob o pálio do *princípio da proibição do excesso* (*ubermassverbot*), o postulado da proporcionalidade assume três acepções na ciência do direito constitucional:

a) necessidade de o legislador editar leis menos restritivas aos direitos e garantias fundamentais[292];
b) obrigatoriedade de o aplicador do direito escolher a solução judicial que menor redução imponha a tais direitos;
c) os ônus relativos à norma expedida devem ser suportados proporcionalmente por todos os membros da comunidade política.

A proporcionalidade na doutrina. Raquel Denize Stumm, com amparo em ideias de estudiosos do direito constitucional, também revela a amplitude do princípio da proporcionalidade: "(...) Princípio da conformidade ou adequação de meios (*geeigntheit*) – A medida que pretende realizar o interesse público deve ser adequada aos fins subjacentes a que visa concretizar. O controle dos atos do poder público (poderes legislativo e executivo), que devem atender a 'relação de adequação medida--fim', pressupõe a investigação e prova de sua aptidão para a sua conformidade com os fins que motivaram a sua adoção (Canotilho, 1991, p. 387). (...) Princípio da necessidade – A ideia subjacente ao princípio é invadir a esfera de liberdade do indivíduo

---

292 ADIn 1.407-2/DF, rel. Min. Sepúlveda Pertence, *DJ* de 24-11-2000: "O Estado não pode legislar abusivamente. A atividade legislativa está necessariamente sujeita à rígida observância de diretriz fundamental, que, encontrando suporte teórico no princípio da proporcionalidade, veda os excessos normativos e as prescrições irrazoáveis do Poder Público. O princípio da proporcionalidade – que extrai a sua justificação dogmática de diversas cláusulas constitucionais, notadamente daquela que veicula a garantia do *substantive due process of law* – acha-se vocacionado a inibir e a neutralizar os abusos do Poder Público no exercício de suas funções, qualificando-se como parâmetro de aferição da própria constitucionalidade material dos atos estatais. A norma estatal, que não veicula qualquer conteúdo de irrazoabilidade, presta obséquio ao postulado da proporcionalidade, ajustando-se à cláusula que consagra, em sua dimensão material, o princípio do *substantive due process of law* (CF, art. 5º, LIV). Essa cláusula tutelar, ao inibir os efeitos prejudiciais decorrentes do abuso de poder legislativo, enfatiza a noção de que a prerrogativa de legislar outorgada ao Estado constitui atribuição jurídica essencialmente limitada, ainda que o momento de abstrata instauração normativa possa repousar em juízo meramente político ou discricionário do legislador".

o menos possível. É o entendimento do Tribunal Constitucional Federal alemão que formulou a seguinte máxima: 'o fim não pode ser atingido de outra maneira que afete menos o indivíduo', extraindo-a 'do caráter de princípio das normas de direito fundamental' (Alexy, 1993, p. 114). A opção feita pelo legislador ou o executivo deve ser passível de prova no sentido de ter sido a melhor e única possibilidade viável para a obtenção de certos fins e de menor custo ao indivíduo. O atendimento à relação custo-benefício de toda decisão político-jurídica a fim de preservar o máximo possível do direito que possui o cidadão. Canotilho cita outros elementos integrantes ao princípio da necessidade, elaborados pela doutrina no intuito de operacionalizá-lo na prática: 'a) a necessidade material, pois o meio deve ser o mais poupado possível quanto à limitação dos direitos fundamentais; b) a exigibilidade espacial aponta para a necessidade de limitar o âmbito de intervenção; c) a exigibilidade temporal pressupõe a rigorosa delimitação no tempo da medida coactiva do poder público; d) a exigibilidade pessoal significa que a medida se deve limitar à pessoa ou pessoas, cujos interesses devem ser sacrificados (...) Princípio da proporcionalidade em sentido estrito – Confunde-se com a pragmática da ponderação ou lei da ponderação. Decorre da análise do espaço de discricionariedade semântica (plurissignificação, vaguidade, porosidade, ambiguidade, fórmulas vazias) presentes no sistema jurídico. Constitui requisito para a ponderação de resultados a adequação entre meios e fins. A questão que se deve avaliar é como e em que grau se pode justificar uma ponderação orientada ao Direito. Justificar significa mostrar que se está em sintonia com pauta valorativa do ordenamento jurídico (...). Após a análise dos pressupostos fáticos do princípio, cabe avaliar 'se o resultado obtido com a intervenção é proporcional à carga coactiva da mesma' (Canotillho, 1991, p. 388). O juízo de ponderação entre os pesos dos direitos e bens contrapostos deve ter uma medida que permita alcançar a melhor proporção entre os meios e os fins. Em outras palavras, 'os meios legais restritivos e os fins obtidos devem situar-se numa justa medida', impedindo-se a adoção de medidas legais restritivas desproporcionadas, excessivas, em relação aos fins obtidos (Canotilho & Moreira, 1993, p. 152)"[293].

---

293 Cf. Raquel Denize Stumm, *O Princípio da Proporcionalidade no Direito Constitucional Brasileiro*, p. 79-81. Ernest Benda, ao realizar estudo em torno à dignidade da pessoa humana, positivada no art. 1.1 GG, termina por consagrar o recurso ao princípio da proporcionalidade: *"El art. 1.1 GG no contiene una mera declaración ética; se trata más bien – cuando menos – de una norma de Derecho objetivo. El alcance jurídico del compromiso que expresa para los poderes públicos se ve reforzado por el art. 79.3 GG; una norma que ni siquiera un legislador facultado para reformar la Constitución podría modificar, no es interpretable como un mero enunciado programático de principios éticamente deseables. Ciertamente que la dignidade humana es originariamente un valor moral. Lo que sucede es que su acogida com carácter de mandato constitucional en la Ley Fundamental implica su aceptación como valor jurídico, es decir, como norma jurídico-positiva. En cualquier caso, el Estado se halla jurídicamente obligado a preservar la dignidad humana y a protegerla en el marco de sus posibilidades. Las competencias del Estado resultan limitadas, en la medida en que com el mandato de respeto a la dignidad se establece una barrera absoluta a toda acción del Estado. A la vez aumentan las obligaciones de éste, toda vez que debe proteger tal valor, es decir, debe acudir en ayuda de cualquier persona cuya dignidad resulte amenazada – con independencia del origen público o privado de los peligros –. Respeto y protección de la dignidad son directrices vinculantes para toda la actividad del Estado"* (cf. "Dignidad humana y derechos de la personalidad", in *Manual de Derecho Constitucional*, p. 120).

A proporcionalidade na jurisprudência do STF. Referência à "razoabilidade" como expressão sinônima. O Supremo Tribunal Federal, quando do julgamento da ADIn 855/PR, concluiu que, "embora a doutrina constitucional brasileira não tenha logrado emprestar um tratamento mais sistemático à matéria, a questão da razoabilidade das leis restritivas tem assumido relevância na aferição da constitucionalidade de algumas leis"[294].

Com isso, nota-se que o STF não promove distinção entre *proporcionalidade* e *razoabilidade*[295].

Outra decisão do Supremo Tribunal Federal que merece registro é a pertinente à Representação n. 1.077, que trata do exame da constitucionalidade da Lei n. 383, de 4 de dezembro de 1980, do Estado do Rio de Janeiro, que elevara exorbitantemente os valores da taxa judiciária: "Sendo (...) a taxa judiciária, em face do atual sistema constitucional, taxa que serve de contraprestação à atuação de órgãos da justiça cujas despesas não sejam cobertas por custas e emolumentos, tem ela – como toda taxa com caráter de contraprestação – um limite, que é o custo da atividade do Estado, dirigido àquele contribuinte. Esse limite, evidentemente, é relativo, dada a dificuldade de se saber, exatamente, o custo real dos serviços a que corresponde tal contraprestação. O que é certo, porém, é que não pode taxa dessa natureza ultrapassar uma equivalência razoável entre o custo real dos serviços e o montante a que pode ser compelido o contribuinte a pagar, tendo em vista a base de cálculo estabelecida pela lei e o *quantum* da alíquota por esta fixado"[296].

Outras situações nas quais o STF se tem utilizado, sem parcimônia, do princípio da proporcionalidade são as relativas aos pedidos de intervenção federal[297].

6.10 TRANSCONSTITUCIONALISMO E A INTERPRETAÇÃO CONSTITUCIONAL

Aspectos iniciais relevantes. Discussão do momento é a respeito dos destinos e possibilidades da constituição do Estado nacional.

Dentro da multiplicidade de ordenamentos jurídicos, deve prevalecer a solução que *melhor* proteja o direito.

Assim, é possível a existência de decisão amparada na constituição estatal que não viabilize a proteção mais efetiva ao direito.

---

294 ADIn 855/PR, rel. Min. Octavio Gallotti, j. em 6-3-2008.

295 Foi também a tendência mantida no julgamento da ADIMC 1.813/DF, rel. Min. Marco Aurélio, *DJ* de 5-6-1998: "Eleições. Candidatos. Número. Definição. Ao primeiro exame, não surge a relevância de pedido no sentido de suspender-se preceito de lei que vincula o número de candidatos por partido às vagas destinadas à representação do povo do Estado na Câmara dos Deputados. Harmonia do preceito do § 2º do art. 10 da Lei 9.504, de 30-9-1997, regedora das eleições de 1998, com os princípios da *razoabilidade* e *proporcionalidade* ínsitos na Carta da República".

296 Rp. 1.077, rel. Min. Moreira Alves, citada por Raquel Denize Stumm, ob. cit., p. 90.

297 Ver IF n. 2.737, 2.805, 2.909, 2.975, 3.406 e 3.601.

Observe-se como exemplo o Caso Caroline de Mônaco.

Em 2003, a Corte Constitucional Federal alemã rejeitou recurso da princesa Caroline contra a imprensa local, que publicara fotos dela e de sua família em momento de privacidade.

A Corte alemã concluiu pela improcedência da ação sob o fundamento de que o direito à privacidade de famosos é diferente do de pessoas comuns. Inconformada, Caroline ingressou com medida judicial junto à Corte Europeia de Direitos Humanos, que, ao entender ter ocorrido indevida invasão de privacidade, pronunciou-se em sentido contrário ao do Tribunal alemão.

Todavia, a decisão do Tribunal europeu não supera a adotada pela Corte alemã, pois não há hierarquia entre eles, com o que passam a coexistir duas decisões de cunho constitucional adotadas por duas ordens distintas.

Nesse contexto, devem ser instalados o diálogo e a adequação entre as diversas ordens, em vez de defender-se a prevalência de uma sobre a outra.

Assim surgiu a ideia de *transconstitucionalismo*, termo cunhado por Marcelo Neves, amparado na *razão transversal* de Wolfgang Welsch, em que "o fundamental é precisar que os problemas constitucionais surgem em diversas ordens jurídicas, exigindo soluções fundadas no entrelaçamento entre elas"[298].

Portanto, "(...) um mesmo problema de direitos fundamentais pode apresentar-se perante uma ordem estatal, local, internacional, supranacional e transnacional (no sentido estrito) ou, com frequência, perante mais de uma dessas ordens, o que implica cooperações e conflitos, exigindo aprendizado recíproco (...). Afirmada essa emergência dos problemas constitucionais perante ordens jurídicas as mais diversas, reaparecendo a cada momento em forma de hidra, não há mais uma Constituição-Hércules que possa solucioná-los. A fragmentação dos problemas constitucionais permaneceria desestruturada se cada ordem jurídica pretendesse enfrentá-los isoladamente a cada caso. Impõe-se, pois, um 'diálogo' ou uma 'conversação' transconstitucional. É evidente que o transconstitucionalismo não é capaz de levar a uma unidade constitucional do sistema jurídico mundial. Mas ele parece que tem sido a única forma eficaz de dar e estruturar respostas adequadas aos problemas constitucionais que emergem fragmentariamente no contexto da sociedade mundial hodierna"[299].

Duas ideias conformam o transconstitucionalismo: o *aprendizado recíproco* e o *intercâmbio criativo* entre diversas ordens jurídicas, ou mesmo entre uma ordem constitucional e outra que não está formalmente institucionalizada, como é o caso dos sistemas de organização dos índios.

Conceito. Pode-se dizer que transconstitucionalismo é a tendência jurídico-filosófica destinada a viabilizar o entrelaçamento entre ordens jurídicas distintas ou entre uma ordem jurídica e outra não formalmente institucionalizada, por meio do

298 Cf. Marcelo Neves, *Transconstitucionalismo*, p. 121.

299 Idem, p. 121-122.

aprendizado recíproco e do intercâmbio criativo, de sorte a promover a mais adequada proteção aos direitos humanos.

Transconstitucionalismo e os princípios de interpretação constitucional. A constituição do constitucionalismo clássico não é a mesma constituição do constitucionalismo social, como também não é a do transconstitucionalismo.

Se a ideia é de entrelaçamento de ordens jurídicas distintas, é inegável reconhecer que será diferente a interpretação da constituição no transconstitucionalismo.

Consequentemente, a aplicação dos princípios de interpretação constitucional é alterada no transconstitucionalismo.

O princípio da unidade se modifica para impedir o aparecimento de contradições não apenas entre normas constitucionais, mas também entre estas e enunciados normativos de outra ordem jurídica, ou mesmo entre estas e práticas consolidadas em comunidades regidas por sistemas não institucionalizados (índios, por exemplo).

O princípio da máxima efetividade, por sua vez, não se limitará à extração do máximo de efeito da norma constitucional estatal, mas determinará o encontro da solução que mais *efetive* o direito humano ou fundamental, esteja onde estiver.

Já o princípio da interpretação conforme a constituição cede espaço para a interpretação conforme o *direito justo*.

Finalmente, o princípio da proporcionalidade impõe realizar a ponderação entre *normas-princípio* consagradas por diferentes ordenamentos, ou mesmo entre uma ordem jurídica e convenções e/ou práticas consolidadas em sistemas não institucionalizados.

APLICABILIDADE DAS NORMAS CONSTITUCIONAIS

7.1 CONSTITUIÇÃO EM SENTIDO MATERIAL E FORMAL

Já tivemos a oportunidade de observar no Capítulo 3 (subitem 3.2.2) a distinção promovida por Carl Schmitt entre constituição e lei constitucional.

O expoente do decisionismo político aponta que a constituição é o produto da decisão política fundamental para estabelecer a forma de Estado, de governo, a distribuição orgânica do poder e os direitos e garantias fundamentais. Tudo o mais, muito embora possa estar presente na constituição, somente pode ser considerado de compostura constitucional porque nela se encontra, formalmente.

O prestígio da teoria defensora de um conteúdo típico e peculiar às constituições já se notara cento e cinquenta anos antes da formulação teórica de Schmitt, quando o art. 16 da Declaração dos Direitos do Homem e do Cidadão, de 26 de agosto de 1789, sentenciou que em "toda sociedade em que a garantia dos direitos não estiver assegurada, nem determinada a separação de poderes, não haverá uma constituição".

O critério utilizado por Carl Schmitt para delimitar um conteúdo materialmente constitucional é o da exclusão.

Assim, será constituição tudo o que versar sobre a organização do poder político, a separação dos poderes e a disciplina dos direitos e garantias fundamentais. O objeto remanescente, malgrado inserido no texto constitucional, apenas pode ser assim considerado sob a óptica formal, isto é, em virtude de ter sido introduzido em uma constituição (lei constitucional).

A teoria desenvolvida por Schmitt teve o mérito de indicar a existência de normas constitucionais de "grau superior", fundando as bases para a inserção nos textos constitucionais modernos das denominadas cláusulas expressas de intocabilidade (ou "cláusulas pétreas", como preferem alguns, representadas pelos incisos I a IV do § 4º do art. 60 da Constituição de 1988).

Atualmente, contudo, qualquer relevância prática há no trabalho do estudioso quando estiver direcionado à distinção entre conteúdo material e formal, mesmo porque, à exceção do núcleo intangível das constituições (incluindo-se nele não apenas as vedações materiais explícitas, mas também as implícitas), todos os demais enunciados residentes no sistema constitucional poderão ser alterados com observância do processo legislativo descrito no art. 60.

Todavia, a divisão das normas constitucionais em materiais e formais ensejou o aparecimento de corrente doutrinária segundo a qual há normas na constituição que não podem ser propriamente de natureza constitucional e, por isso mesmo, não vinculam os destinatários de modo absoluto, porque não portam juridicidade, ou seja, não são normas jurídicas.

O estudo da eficácia da norma constitucional, norteado pelo princípio da máxima efetividade, tenderá à extração de todos os efeitos possíveis dos elementos inseridos na Constituição de 1988.

Por consequência, deve-se demonstrar o equívoco da conclusão de não serem jurídicas as chamadas normas programáticas. E o equívoco reside exatamente na escassa compreensão a respeito do motivo de sua incorporação nos textos constitucionais elaborados a partir do início do século XX.

O Estado, desde então, não mais tem o seu fim preso apenas à preservação da liberdade individual, mas à consolidação de modelo econômico que adote por fundamento os valores sociais do trabalho e da livre-iniciativa (art. 1º, IV, da CF).

De outra sorte, existem normas constitucionais que produzem imediata alteração no ordenamento; outras, no entanto, podem ter sua amplitude reduzida pelo legislador infraconstitucional.

A eficácia constitucional é tema dos mais tormentosos para a ciência do direito em virtude de estar a constituição no ápice da ordenação positiva estatal, cujos efeitos jurídicos abrangerão todas as normas do sistema.

Registre-se também a confusão feita pela doutrina no que concerne às terminologias *aplicabilidade, eficácia, validade, vigência, vigor* e *existência.*

Conquanto os termos referidos possam apresentar similitude indicativa de se tratar de expressões congêneres, relance pouco mais atento transmuda a supositiva semelhança para absoluta desigualdade, como se verá a seguir.

7.1.1 Distinção necessária entre eficácia, aplicabilidade, validade, vigência, vigor e existência

Eficácia. O pensamento de Kelsen. Eficácia, para Hans Kelsen, é a possibilidade de a norma jurídica, a um só tempo, ser aplicada e não obedecida, obedecida e não aplicada. Para se considerar um preceito como eficaz "(...) deve existir a possibilidade de uma conduta em desarmonia com a norma. Uma norma que preceituasse um certo evento que de antemão se sabe que necessariamente se tem de verificar, sempre e em toda parte, por força de uma lei natural, será tão absurda como uma norma que preceituasse um certo fato que de antemão se sabe que de forma alguma se poderá verificar, igualmente por força de uma lei natural"[300].

---

300 Cf. Hans Kelsen, *Teoria Pura do Direito,* p. 12. Para ele, "eficácia do direito significa que os homens realmente se conduzem como, segundo as normas jurídicas, devem se conduzir, significa que as normas são efetivamente aplicadas e obedecidas". "(...) Consiste no fato de que os homens são levados a observar uma conduta requerida por uma norma pela ideia que têm dessa norma" (cf. *Teoria Geral do Direito e do Estado,* p. 44).

Bem entendendo as ideias do cientista, o trecho extraído da *Teoria Pura* nos dá conta de que a eficácia, inegavelmente, está atrelada à disciplina da conduta possível, excluindo-se, nesse passo, a conduta necessária e a conduta impossível, já que redundaria em autêntico despropósito deôntico a adscrição de enunciado linguístico tendente a disciplinar conduta sem a qual o ser humano deixaria de existir, por exemplo, na absurda hipótese em que assinalasse o sistema a permissão, a obrigação ou a proibição para comer, e, de igual modo, excluída também será, da disciplina legal, a conduta impossível, isto é, aquela cuja probabilidade de ocorrência no mundo físico é materialmente inviável, como na inverossímil circunstância de prever a norma jurídica a proibição, permissão ou obrigação de qualquer pessoa de correr mais de 100 km/h.

A produção de efeitos jurídicos pelo enunciado normativo (eficácia) está na razão direta de ser respeitado ou desrespeitado, obedecido ou desobedecido, o que se apresenta viável apenas se o objeto da regulação for conduta possível.

A teoria de Kelsen é extremamente valiosa ao nos depararmos com o segmento doutrinário que pugna pela recusa de juridicidade a determinadas normas constitucionais, porque o jusfilósofo austríaco, ao trabalhar com a ideia de mínimo de eficácia, traça a nota designativa maior do fenômeno eficacial: a possibilidade de a norma ser concomitantemente obedecida e não aplicada, desobedecida e aplicada.

A ideia de eficácia na doutrina nacional. Para Paulo de Barros Carvalho a eficácia "(...) está referida à geração de efeitos jurídicos, efetiva ou potencialmente. Não se faz necessário, por certo, que a norma jurídica produza os efeitos que lhe são peculiares, para que se admita a eficácia. Esta haverá de estar latente, ínsita na aptidão para desencadear as consequências jurídicas adequadas, ainda que, por motivos exógenos, tais emanações venham a não acontecer, na inteira consonância com o fato que lhes deu origem"[301].

Eficácia social e eficácia jurídica. Norma eficaz é aquela que se encontra apta ao desencadeamento dos efeitos que lhe são ínsitos, próprios. Tais efeitos podem estar relacionados com uma efetiva conduta praticada no meio social de acordo com o comando imposto pelo enunciado normativo, quando, então, estaremos diante da *eficácia social*, ou, diversamente, podem traduzir-se na aptidão da norma para gerar, de forma mais ou menos intensa, consequências de natureza jurídica, regulando as condutas nela prescritas, quando, então, cogitaremos da *eficácia jurídica*.

Eficácia e aplicabilidade. O gênero eficácia não se confunde, todavia, com aplicabilidade, cujo significado é qualidade do que é aplicável.

No entanto, acompanhando a lição de José Afonso da Silva, não receamos identificar a aplicabilidade à espécie eficácia jurídica, na medida em que norma aplicável é toda aquela que tem capacidade de produzir efeitos jurídicos, pouco importando à

301 Cf. Paulo de Barros Carvalho, *Curso de Direito Tributário*, p. 64.

delimitação conceitual de aplicabilidade esteja ou não o dispositivo, efetivamente, desencadeando os efeitos próprios no meio social[302].

Assim, norma aplicável é o mesmo que norma juridicamente eficaz. "Por conseguinte, eficácia e aplicabilidade das normas constitucionais constituem fenômenos conexos, aspectos talvez do mesmo fenômeno, encarados sob prismas diferentes: aquela como potencialidade; esta como realizabilidade, praticidade. Se a norma não dispõe de todos os requisitos para sua aplicação aos casos concretos, falta-lhe eficácia, não dispõe de aplicabilidade. Esta se revela, assim, como possibilidade, a norma há que ser capaz de produzir efeitos jurídicos"[303].

Eficácia e validade fática. Tércio Sampaio Ferraz Jr. menciona que a teoria geral do direito vem reconhecendo a eficácia como espécie do gênero validade – no caso, validade fática – quando, preenchida a hipótese normativa, sucede a consequência jurídica[304].

Eficácia e validade (Alf Ross). Já Alf Ross, autor de país de *common law* e aluno de Kelsen, promove a identificação entre eficácia e validade utilizando como exemplo o jogo de xadrez. Quando efetivamente aplicada uma regra do jogo de xadrez por todos os jogadores, somente assim poderemos dizer que se trata de preceito válido. A validade externa – efetiva obediência do Judiciário ao comando normativo – é o que Ross denomina também eficácia. Antes da aplicação, a norma não ingressa no ordenamento jurídico; tem eficácia meramente provável, razão por que se afirma que o autor pode ser incluído entre os seguidores da teoria empírica, isto é, o direito como experiência judiciária[305].

Eficácia e validade (Hart). Para Hart, no entanto, não há conexão entre eficácia e validade, ao apontar: "se por eficácia se quer dizer que o facto de que uma regra de direito exigindo um certo comportamento é mais frequentemente obedecida do que desobedecida, é evidente que não há relação necessária entre a validade de uma regra concreta e a sua eficácia, a menos que a regra de reconhecimento do sistema inclua entre seus critérios, como o fazem algumas, a disposição (por vezes referida como regra de desuso) de que nenhuma regra é considerada como regra do sistema se tiver cessado há muito de ser eficaz"[306].

Traços distintivos entre eficácia e validade. Não obstante reconheçamos que há, ainda hoje, generalizada tendência no sistema da ciência do direito no sentido de estabelecer como sinônimas as expressões *eficácia* e *validade*, por apego ao rigor semântico que deve nortear o trabalho do cientista, cremos não haver espaço para tal identificação.

---

302 Cf. José Afonso da Silva, *Aplicabilidade das Normas Constitucionais*, p. 3.

303 Idem, p. 49-50.

304 Cf. Tércio S. F. Jr., *Teoria da Norma Jurídica*, p. 96. Para o jusfilósofo, "validade é uma propriedade do discurso normativo que exprime uma conexão de imunização" (idem, p. 103).

305 Cf. Alf Ross, *Sobre el Derecho y la Justicia*, p. 12-19.

306 Cf. Herbert L. A. Hart, *O Conceito de Direito*, p. 115.

Há os seguintes requisitos para admitir-se a validade de um enunciado normativo:

a) *objetivo* ou *formal*;
b) *subjetivo*;
c) *material*[307].

Consiste o primeiro deles na observância do processo legislativo, verificado pelo sistema constitucional, para a ponência de normas jurídicas na ordenação positiva.

O segundo se exprime no atendimento às normas organizativas, também com residência na constituição, normas que apontam a autoridade competente para emitir a espécie normativa.

O último requisito se conforma à circunstância em que o dispositivo legal possui conteúdo que não ofende as normas constitucionais.

Já a eficácia diz respeito à possibilidade de o enunciado efetiva (eficácia social) ou potencialmente (eficácia jurídica) produzir os efeitos próprios.

Algo muito diferente de a norma ter sido introduzida na ordenação com atendimento às regras sistêmicas relativas à competência, procedimento adequado à sua elaboração, e cujo conteúdo se encontra em conformidade com o que prescreve a constituição (validade), é o fato de estar correspondendo à situação da vida o que nela se encontra inscrito (eficácia), pois, como discorre Lourival Vilanova, com precisão, "a tese (ou a consequência normativa) é válida, como válida é a norma em sua bimembridade constituinte (hipótese/tese). É válida independentemente de a realidade confirmar ou verificar o esquema tipificado na hipótese, ou de a conduta prescrita na tese ocorrer como deve ocorrer"[308].

É substancial a distinção entre uma norma de Município, elaborada em consonância com a Lei Orgânica, e a Constituição Federal, ditando o comando a todos os motoristas no sentido do uso obrigatório de cinto de segurança[309] e configurando regra válida no sistema, e o fato ocorrido no mundo físico constante na obediência ao comando legal e efetivo uso, por parte dos motoristas, do aparato de segurança, constituindo-se em norma socialmente eficaz.

Entre validade e eficácia não há uma correlação de necessidade a vincular um termo a outro de forma inexorável.

---

307 Cf. Tércio Sampaio Ferraz Jr., *Introdução ao Estudo do Direito*, p. 197.

308 Cf. Lourival Vilanova, *As Estruturas Lógicas e o Sistema do Direito Positivo*, p. 59.

309 A propósito, em nosso entender, é irrecusável ao Município a competência para legislar sobre o trânsito quando se tratar da matéria de interesse predominantemente local (teoria da predominância do interesse), como na hipótese de disciplina do tráfego nas vias urbanas. Contudo, no que se refere à determinação para o compulsório uso de cinto de segurança, não presenciamos interesse restrito à municipalidade, mas a todo o País e, destarte, concluímos que a norma edilícia, assim provendo, padece de inconstitucionalidade orgânica, *ex vi* do art. 22, XI, da Constituição.

Explicando: o fato de uma norma jurídica ser válida, isto é, ter sido produzida de acordo com as regras sistêmicas para tanto estabelecidas, não determina a sua eficácia.

A validade não implica necessariamente a eficácia do preceito normativo, ou vice-versa.

O fato de a norma não ter sido produzida de acordo com as regras sistêmicas, que lhe conferem validade formal, material ou subjetiva não denota contingente vinculação com a sua eficácia social ou mesmo jurídica.

Com evidência, correlação de necessidade entre validade e eficácia não há; mas, por outro lado, não se poderá negar que a ordem jurídica global – ou mesmo o preceito singularmente considerado – perde a sua validade quando deixa de ser eficaz.

Hans Kelsen, após vincular sua concepção à teoria idealista e outra à teoria realista, menciona as duas teses contrapostas no que se refere à conexão entre validade e eficácia, em que uma aponta que a validade é completamente independente da eficácia, ao passo que outra sustenta a identificação, apresentando, por fim, uma saída para o problema: "(...) assim como a norma de dever-ser, como sentido do ato-de-ser que a põe, se identifica com este ato, assim a validade de dever-ser de uma norma jurídica se não identifica com a sua eficácia da ordem do ser, a eficácia da ordem jurídica como um todo e a eficácia de uma norma jurídica singular são – tal como o ato que estabelece a norma – condição de validade. Tal eficácia é condição no sentido de que uma ordem jurídica como um todo e uma norma jurídica singular já não são consideradas como válidas quando cessam de ser eficazes. Mas também a eficácia de uma ordem jurídica não é, tampouco como o fato que a estabelece, fundamento da validade. Fundamento da validade, isto é, a resposta à questão de saber por que devem as normas desta ordem jurídica ser observadas e aplicadas, é a norma fundamental pressuposta segundo a qual devemos agir em harmonia com uma Constituição efetivamente posta, globalmente eficaz, e, portanto, de harmonia com as normas efetivamente postas de conformidade com esta Constituição e globalmente eficazes. A fixação positiva e a eficácia são pela norma fundamental tornadas condição da validade. A eficácia o é no sentido de que deve acrescer ao ato de fixação para que a ordem jurídica como um todo, e bem assim a norma jurídica singular, não possa identificar-se com aquilo que condiciona. Assim, um homem, para viver, tem de nascer: mas, para permanecer com vida, outras condições têm ainda de ser preenchidas, *v. g.*, tem de receber alimento. Se esta condição não é satisfeita, perde a vida. A vida, porém, não se identifica nem com o fato de nascer nem com o fato de receber alimento"[310].

Kelsen identifica "dever-ser" com "valer", já que uma norma, segundo ele, vale se o dever-ser em sentido subjetivo puder ser interpretado como dever-ser em sentido objetivo, sendo que este último, para o jusfilósofo, é valer[311].

---

310 Cf. *Teoria Pura do Direito*, p. 236.

311 Idem, ibidem.

Themístocles Brandão Cavalcanti, discorrendo sobre a validade dos atos administrativos, vincula-a à competência para a prática do ato e à conformidade à lei. A competência é ditada pela legitimidade da investidura daquele que praticou o ato e o segundo aspecto, para se conferir validade, decorre do fato de curvar-se a autoridade aos preceitos reguladores da emissão do ato[312].

Malgrado se refira, ainda, ao estudo da compostura dos atos administrativos, é extremamente proveitosa a distinção entre validade e eficácia efetuada por Celso Antônio Bandeira de Mello, ao assinalar que "o ato administrativo é perfeito quando esgotadas as fases necessárias à sua produção. Portanto, ato perfeito é o que completou o ciclo necessário à sua formação. Perfeição, pois, é a situação do ato cujo processo está concluído. O ato administrativo é válido quando foi expedido em absoluta conformidade com as exigências do sistema normativo, vale dizer, quando se encontra adequado aos requisitos estabelecidos pela ordem jurídica. Validade, por isto, é a adequação do ato às exigências normativas. O ato administrativo é eficaz quando está disponível para a produção de seus efeitos próprios; ou seja, quando o desencadear de seus efeitos típicos não se encontra dependente de qualquer evento posterior, como uma condição suspensiva, termo inicial ou ato controlador a cargo de outra autoridade. Eficácia, então, é a situação atual de disponibilidade para produção dos efeitos típicos, próprios, do ato (...)[313]. Nota-se, por conseguinte, que um ato pode ser: a) perfeito, válido e eficaz – quando, concluído o seu ciclo de formação, encontra-se plenamente ajustado às exigências legais e está disponível para deflagração dos efeitos que lhe são típicos; b) perfeito, inválido e eficaz – quando, concluído seu ciclo de formação e apesar de não se achar conformado às exigências normativas, encontra-se produzindo os efeitos que lhe seriam inerentes; c) perfeito, válido e ineficaz – quando, concluído seu ciclo de formação e estando adequado aos requisitos de legitimidade, ainda não se encontra disponível para eclosão de seus efeitos típicos, por depender de um termo inicial ou de uma condição suspensiva, ou autorização, aprovação ou homologação a serem manifestados por uma autoridade controladora; d) perfeito, inválido e ineficaz – quando, esgotado seu ciclo de formação, sobre encontrar-se em desconformidade com a ordem jurídica, seus efeitos ainda não podem fluir por se encontrarem na dependência de algum acontecimento previsto como necessário para a produção dos efeitos (condição suspensiva ou termo inicial, ou aprovação ou homologação dependentes de outro órgão)"[314].

Eficácia, validade e vigência. Apontadas as dessemelhanças entre validade e eficácia, cuida-se, neste momento, de investigar se subsiste alguma identidade com o termo "vigência".

Mais uma vez, o quanto se afirmou anteriormente agora se aplica: não há correlação de necessidade entre validade e vigência ou entre esta e eficácia[315].

312 Cf. Themístocles Brandão Cavalcanti, *Curso de Direito Administrativo*, p. 50-51.

313 Cf. Celso Antônio Bandeira de Mello, *Curso de Direito Administrativo*, p. 232-233.

314 Idem, p. 234.

315 A eficácia, em rigor, não constitui pressuposto à vigência da norma, pois enunciados normativos que não mais vigoram podem ser plenamente eficazes.

Tratemos, de início, de decifrar um conceito para a expressão *vigência*.

Auxilia-nos, para esse mister, Ortega y Gasset: "A palavra 'vigência' procede da terminologia jurídica, em que se fala de leis vigentes, diante das derrogadas. A lei vigente é aquela que, quando o indivíduo precisa dela e a ela recorre, dispara automaticamente, como um aparelho mecânico de poder"[316].

A vigência da norma jurídica é um *plus* que se lhe confere além do mero existir. A vigência ultrapassa o momento da existência e da validade do enunciado normativo[317].

Esclarece Tércio Sampaio Ferraz Jr.: "Vigência exprime, pois, a exigibilidade de um comportamento, a qual ocorre a partir de um dado momento e até que a norma seja revogada"[318].

Norma em vigência, além de existente e válida, é norma que se encontra, imediatamente, desde a ocorrência do sucesso no mundo físico, viável ao fenômeno da subsunção; apta a servir, de plano, de instrumento paradigmático de ordenação da vida coletiva. Não há para a lei vigente a estipulação de *vacatio legis*, fenômeno que pode ocorrer entre a publicação da lei e a sua executoriedade.

Vigência e o art. 1º da LINDB. O art. 1º da Lei de Introdução às Normas do Direito Brasileiro (LINDB) acentua que, "salvo disposição contrária, a lei começa a vigorar, em todo o País, 45 (quarenta e cinco) dias depois de oficialmente publicada", e o § 1º dispõe que, "nos Estados estrangeiros, a obrigatoriedade da lei brasileira, quando admitida, se inicia 3 (três) meses depois de oficialmente publicada".

Malgrado o legislador, em regra, afaste o critério previsto no art. 1º da LINDB na medida em que, usualmente, associa a publicação à vigência do texto da lei, o período a medear a publicação e o início da entrada em vigor da norma – a conhecida *vacatio legis* – bem denota a dessemelhança entre a validade e a vigência.

Com efeito, de acordo com o art. 1º e § 1º da LINDB, a lei brasileira começa a vigorar, na ordem interna, quarenta e cinco dias a partir da data de publicação e, perante os sistemas jurídicos alienígenas, três meses após.

No período de *vacatio legis* é irrecusável reconhecer a validade do preceito normativo se emitido por autoridade competente e em consonância com o processo legislativo ditado pela constituição. Todavia, por força da vacância legal, não se poderá cogitar da imperatividade da lei na ordenação interna ou internacional dentro dos prazos fixados nas supernormas – ou seja, antes de esgotado o lapso previsto, a lei não está em vigência, não se encontra apta, ainda, à produção dos efeitos jurídicos que lhe são próprios, se bem que induvidosa a sua validade.

---

316 Cf. José Ortega y Gasset, *O Homem e a Gente*, p. 298.

317 Não se confunde existência com validade de norma. Exemplo disso é a norma inválida, pois, conquanto emitida por autoridade incompetente e/ou em desconformidade com o processo legislativo, existe enquanto enunciado ordenador de conduta, e até que seja expungida do sistema do direito positivo, continua produzindo os efeitos que lhe são próprios.

318 Cf. *Introdução ao Estudo do Direito*, p. 197.

Vigência e eficácia social. Um tema interessante a respeito da relação entre eficácia e vigência: a norma pode ser socialmente eficaz antes mesmo de entrar em vigência? A resposta é afirmativa.

Se os indivíduos, no plano da realidade, passam a conformar as suas condutas de acordo com o previsto em norma que ainda não vige (por não transcorrido ainda, por exemplo, o período da *vacatio legis*), tudo para conduzir a melhor convívio social, parece clara a hipótese de lei não vigente, contudo portadora de eficácia social.

Distinção entre vigência e vigor. Por último, mas não menos importante, impõe-se a indicação da dessemelhança existente entre *vigência* e *vigor* da norma jurídica.

A esse respeito leciona Tércio Sampaio Ferraz Jr.: "Em geral, a doutrina toma *vigor* por *vigência* e vice-versa. Uma leitura atenta de textos legais exigirá, porém, uma sutil mas importante distinção. Por exemplo, o art. 2º da Lei de Introdução ao Código Civil (o Autor se refere à atual Lei de Introdução às Normas do Direito Brasileiro – LINDB) prescreve: 'Não se destinando à *vigência* temporária, a lei terá *vigor* até que outra a modifique ou revogue'". O texto relaciona claramente *vigência* ao aspecto temporal da norma, a qual, no período (de vigência), tem *vigor*. Ora, o vigor de uma norma tem que ver com a sua imperatividade, com sua força *vinculante*. Tanto que, embora a citada regra da Lei de Introdução determine o vigor da norma até sua revogação, existem importantes efeitos de uma norma revogada (e que, portanto, perdeu a vigência ou tempo de validade) que nos autorizam a dizer que vigor e vigência designam qualidades distintas da norma.

Vigor como ultratividade da norma. Aduz, ainda, Tércio Sampaio Ferraz Jr. que "a possibilidade de uma norma, não mais vigente, continuar a vincular os fatos anteriores a sua saída do sistema chama-se *ultratividade*. A ultratividade não significa que a norma permaneça válida, visto que, revogada, não mais pertence ao sistema. (...) Assim, é possível dizer que a ultratividade é manifestação do *vigor* da norma legal"[319].

Exemplo de ultratividade da norma é o resultante da interpretação sistemática dos §§ 3º e 11 do art. 62 da CF.

De acordo com o § 3º do art. 62 da CF, o Congresso Nacional deve disciplinar, por meio de decreto legislativo, as relações jurídicas decorrentes de medida provisória rejeitada ou cuja eficácia fora perdida em razão de decurso de prazo.

Se, nos termos do § 11 do art. 62 da CF, não for editado o decreto legislativo até sessenta dias após a rejeição ou perda de eficácia da medida provisória, as relações jurídicas constituídas e decorrentes de atos praticados durante sua vigência continuarão a ser por ela regidas, configurando desenganadamente hipótese de ultratividade de medida provisória.

Vigência, assim, refere-se ao tempo de validade da norma, ao passo que *vigor* expressa a imperatividade, a sua força vinculante[320], que pode até ultrapassar a

319 Cf. *Introdução ao Estudo do Direito*, p. 201.

320 Idem, ibidem.

sua validade temporal (vigência), como se dá nos casos de ultratividade normativa.

Outro exemplo: o art. 105 do Código Tributário Nacional. Com efeito, prescreve que "a legislação tributária aplica-se imediatamente aos fatos geradores[321] futuros e aos pendentes, assim entendidos aqueles cuja ocorrência tenha tido início, mas não esteja completa, nos termos do art. 116".

Portanto, se determinada norma tributária não mais existente no ordenamento e, consequentemente, não portadora de validade com relação ao sistema, impõe específica exação à conta de ter eclodido o fato jurídico tributável em época em que era válida, não se nega reconhecer sua *ultratividade* (vigor) para compelir o sujeito passivo ao adimplemento do tributo devido, mesmo que não mais resida na ordenação.

Síntese conclusiva. Em resumo:

a) *eficácia* é a possibilidade de a norma produzir, efetiva (*eficácia social*) ou potencialmente (*eficácia jurídica*), os efeitos peculiares adscritos pelo político e, portanto, sustentando-nos na ilação kelseniana concernente ao mínimo de eficácia, temos, por certo, que todas as normas constitucionais são eficazes;

b) *aplicabilidade* é a qualidade do que é aplicável, potencialidade para produção de resultados, identificando-se, assim, com a eficácia jurídica;

c) *validade* da norma reconduz aos requisitos de ordem *objetiva* (observância do processo legislativo específico para a ponência do enunciado normativo no sistema), *subjetiva* (autoridade competente para emitir a espécie normativa) e *material* (adequação do conteúdo da lei às normas constitucionais);

d) *vigência* é a qualidade da norma que se encontra apta ao desencadeamento de efeitos no que tange ao espaço e no que toca ao tempo delimitados pela própria ordenação;

e) *vigor* corresponde ao efeito inerente à ultratividade da norma jurídica;

f) *existência* indica o fato de a norma jurídica estar no sistema, pouco importando seja eficaz, aplicável ou, em certos casos, até mesmo vigente (como na hipótese de lei ainda não em vigor por força de *vacatio legis*, mas, sem dúvida, existente na ordem positiva).

7.1.2 A vigência, a eficácia e a retroação da norma constitucional

As normas constitucionais são retroeficazes? Podem retrotrair para alcançar relações jurídicas consolidadas sob a vigência de constituição anterior? A nova ordem constitucional restaura a eficácia da lei revogada pela norma-origem pretérita?

Todas essas questões induvidosamente suscitam graves controvérsias relativas à eficácia da norma constitucional no que se refere a situações disciplinadas por normação anterior, à denominada *eficácia temporal* do preceito.

---

321 À expressão "fato gerador pendente" preferimos "fato jurídico tributável", porque, se há pendência, não chegou ainda a acontecer e se, por força de alguma razão, não pôde completar-se, não deve tecnicamente ser denominado "fato gerador" (cf. Paulo de Barros Carvalho, op. cit., p. 69-70).

Os diversos sistemas jurídicos, diante do problema da retroeficácia de enunciado normativo, adotam, em síntese, três posições distintas:

a) admitem a retroatividade absoluta da lei nova para atingir, inclusive, situações já consolidadas;
b) proíbem qualquer retroação da lei nova;
c) admitem, ressalvadas determinadas hipóteses, a retroatividade da lei mais recente.

Estamos, respectivamente, diante das teorias da *retroatividade absoluta*, da *irretroatividade absoluta* e da *retroatividade relativa.*

Sem maior tergiversar, notamos que o sistema constitucional brasileiro abraçou a teoria da retroatividade relativa da lei, já que admite a sua retroeficácia para abranger situações normadas por lei anterior, exceto se resultar em ofensa a direito adquirido, a ato jurídico perfeito e a coisa julgada (art. 5º, XXXVI).

No mesmo sentido dita a supernorma, constante do art. 6º e parágrafos da LINDB: "A Lei em vigor terá efeito imediato e geral, respeitados o ato jurídico perfeito, o direito adquirido e a coisa julgada. § 1º Reputa-se ato jurídico perfeito o já consumado segundo a lei vigente ao tempo em que se efetuou. § 2º Consideram-se adquiridos assim os direitos que o seu titular, ou alguém por ele, possa exercer, como aqueles cujo começo do exercício tenha termo prefixo, ou condição preestabelecida inalterável, a arbítrio de outrem. § 3º Chama-se coisa julgada ou caso julgado a decisão judicial de que já não caiba recurso".

Como assinalado, portanto, as normas constitucionais vigoram e são retroeficazes, exceto se tal efeito ocasionar agravo a direito adquirido, a ato jurídico perfeito e a coisa julgada.

7.2 A NOVA ORDEM CONSTITUCIONAL EM FACE DAS NORMAS ANTERIORES: RECEPÇÃO, REVOGAÇÃO, REPRISTINAÇÃO E DESCONSTITUCIONALIZAÇÃO

O que acontece com o sistema constitucional anterior quando promulgada uma nova constituição? Perde imediatamente a validade? Converte-se em norma infraconstitucional? Pode a nova constituição revalidar as normas revogadas pela norma constitucional anterior por ela revogada?

Não será possível responder às perguntas sem esquadrinhar os conceitos referentes à:

a) *recepção;*
b) *revogação;*
c) *repristinação;*
d) *desconstitucionalização.*

7.2.1 Recepção. O princípio da continuidade da ordem jurídica

Se a elaboração de um novo texto constitucional é a construção de uma nova ordem jurídica, torna-se evidente que todos os dispositivos legais devem estar compatibilizados aos ditames da constituição editada.

Não obstante, encerraria tarefa das mais árduas revogar todas as disposições legais em virtude da promulgação da constituição.

É que o ordenamento jurídico-positivo é objeto cultural; é crescentemente adensado pela sociedade à conta das carências e necessidades dos indivíduos.

Além disso, a criação de leis é procedimento demorado.

Assim, com o propósito de evitar o infindável trabalho de reiniciar a construção do sistema de normas ordinárias, apercebeu-se que muito mais apropriado e coerente seria fazer com que as leis inferiores à constituição pudessem ser aproveitadas quando compatíveis às normas constitucionais, originando, desse modo, o fenômeno chamado de *recepção constitucional*. "O fenômeno da recepção da ordem normativa vigente sob a égide da antiga Carta, e compatível com a nova, dando-lhe nova roupagem ou fundamento de validade, tem por finalidade precípua dar continuidade às relações sociais sem necessidade de novas leis ordinárias, o que seria, além de difícil, custoso, quase que impossível"[322].

Com isso, aplica-se no Brasil o *princípio da continuidade da ordem jurídica*, que significa o aproveitamento dos atos legislativos anteriores quando compatíveis com a nova constituição.

7.2.2 Revogação

Já os dispositivos que não podem ser compatibilizados com o texto constitucional são simplesmente revogados, ocorrendo assim a *revogação*.

Logo, normas anteriores à Constituição que sejam com ela incompatíveis são simplesmente revogadas, não se podendo cogitar de *inconstitucionalidade superveniente*.

A propósito, no Brasil, o STF não prestigia a tese da inconstitucionalidade superveniente: "(...) não há falar em inconstitucionalidade superveniente. Tem-se, em tal caso, a aplicação da conhecida doutrina de Kelsen: as normas infraconstitucionais anteriores à Constituição, com esta incompatíveis, não são por ela recebidas. Noutras palavras, ocorre derrogação, pela constituição nova, de normas infraconstitucionais com esta incompatíveis" (STF, RE 396.386/SP, rel. Min. Carlos Velloso, j. em 13-8-2004).

7.2.3 Repristinação. Repristinação imprópria

No que concerne à *repristinação*, ou seja, à possibilidade de restauração da eficácia da norma revogada pela perda de vigência da norma revogadora, não nos parece que o mero advento de um novo texto constitucional tenha o condão de restaurar a eficácia de lei ordinária revogada pela constituição anterior.

---

322 Cf. Maria Helena Diniz, *Norma Constitucional e seus Efeitos*, p. 43-44.

E por quê? Basicamente em virtude do fato de tal procedimento instilar grande insegurança nas relações jurídicas, cujos efeitos já se consolidaram, tornando, portanto, impróprio o retorno à situação antecedente.

Em situações excepcionalíssimas pode o legislador constituinte originário determinar, de modo expresso, o efeito repristinatório relativamente à norma infraconstitucional; contudo, não se admitirá a repristinação quando não houver explícita autorização constitucional neste sentido.

O STF já concluiu que subsiste efeito repristinatório no ordenamento jurídico brasileiro, impondo-se, entretanto, que a repristinação encontre suporte em cláusula normativa que a preveja expressamente, pois a repristinação não pode ser presumida (STF, Medida Cautelar em Ação Cautelar n. 586-8/SP, rel. Min. Nelson Jobim, *DJ* de 2-2-2005).

Há ainda necessidade de referir a denominada *repristinação imprópria*.

Ocorre quando o STF declara a inconstitucionalidade de uma norma por meio da fiscalização abstrata, restaurando-se a eficácia da lei revogada, tendo em vista a declaração judicial de invalidade da lei revocatória.

Foi o conteúdo da seguinte decisão do STF que admitiu expressamente o efeito repristinatório como natural decorrência da declaração de inconstitucionalidade na via abstrata: "A declaração de inconstitucionalidade em tese encerra um juízo de exclusão, que, fundado numa competência de rejeição deferida ao Supremo Tribunal Federal, consiste em remover do ordenamento positivo a manifestação estatal inválida e desconforme ao modelo plasmado na Carta Política, com todas as consequências daí decorrentes, *inclusive a plena restauração de eficácia das leis e das normas afetadas pelo ato declarado inconstitucional* (...)" (STF, ADIn 652/MA, rel. Min. Celso de Mello).

Assim também se pronunciou o Min. Moreira Alves: "(...), sendo nula a lei declarada inconstitucional, permanece vigente a legislação anterior a ela e que teria sido revogada, não houvesse a nulidade" (*RTJ*, 101/503).

Ao disciplinar a repristinação em sede normativa, dispôs o § 2º do art. 11 da Lei n. 9.868/99 que "a concessão da medida cautelar torna *aplicável a legislação anterior acaso existente, salvo expressa manifestação em sentido contrário*", o que evidentemente também vale para a decisão final.

Parece-nos, no entanto, que a redação do § 2º do art. 11 da Lei n. 9.868/99, cujo enunciado registra que se torna *aplicável a legislação anterior acaso existente, salvo expressa manifestação em sentido contrário*, termina por consolidar comando normativo antinômico à previsão constante do § 3º do art. 2º da Lei de Introdução às Normas do Direito Brasileiro, segundo o qual, "salvo disposição em contrário, a lei revogada não se restaura por ter a lei revogadora perdido a vigência".

E, nesse caso, como a disposição da LINDB é *supernorma*, destinada à aplicação e interpretação de todo o ordenamento jurídico, é regra que afasta a incidência do preceito da Lei n. 9.868/99.

Além disso, se a própria jurisprudência do STF aponta para a necessidade de aditamento da petição inicial da ação direta na hipótese de prorrogada medida provisória, tornando exigível seja aditada a inicial para incluir mera e simples renumeração de artigos, o efeito repristinatório impróprio decorrente da declaração de inconstitucionalidade da norma revocatória também somente seria admissível quando houvesse explícita manifestação do autor da medida e expressa alusão ao fenômeno da repristinação no acórdão que assim dispusesse.

Ora, se a repristinação só será admitida se houver expressa previsão legal, o valor *segurança jurídica* imanente ao § 3º do art. 2º da LINDB também deve conformar as decisões do STF na fiscalização abstrata para afastar a repristinação como mera decorrência da declaração de inconstitucionalidade da lei revogadora de lei agora impropriamente repristinada. E, por sua vez, o STF só poderá pronunciar-se pela repristinação caso o acionante tenha requerido expressamente tal efeito.

É a única forma de prestigiar o princípio da segurança jurídica, que se despreza, com a devida vênia, caso a repristinação imprópria possa ser acolhida, mesmo quando o próprio autor da ação direta não formula pedido a respeito.

Foi a tese defendida pelo Min. Marco Aurélio nos autos da ADIn 2.258; todavia, a decisão do STF afastando o princípio dispositivo nesse caso, entendeu que o Tribunal poderia examinar incidentemente a lei anterior, para repristiná-la ou não, ainda que não houvesse pleito nesse sentido[323].

7.2.4 Desconstitucionalização

E, por último, cabe aferir o significado do termo *desconstitucionalização*.

Maria Helena Diniz esclarece: "aplica-se à nova Constituição, no que tange às normas constitucionais anteriores, mesmo que não sejam incompatíveis, o critério cronológico, que é normativo, por ser um princípio jurídico-positivo, pressuposto,

---

323 STF, ADIn 2.258. rel. Min. Sepúlveda Pertence, j. em 14-2-2007: "(...). No que se refere à norma final do § 2º do art. 11 da Lei 9.868/99 que prevê que a 'concessão da medida cautelar torna aplicável a legislação anterior, salvo expressa manifestação em sentido contrário', o Tribunal, por maioria, julgou improcedente o pedido formulado. Salientou-se, inicialmente, que a ação direta foi instituída como instrumento de salvaguarda da higidez da ordem jurídica e não para a tutela de pretensões de direito dos sujeitos legitimados para propô-la e que, em razão disso, a recepção do princípio do pedido no processo objetivo da jurisdição constitucional há de ser dimensionada a partir dessa perspectiva institucional do sistema de controle abstrato de normas. Tendo isso em conta, entendeu-se, na linha adotada pela doutrina portuguesa e pequena parte da brasileira, que o Tribunal pode sobrepor apreciar incidentemente a constitucionalidade da lei precedente à impugnada para, julgando-a igualmente inválida, impedir sua revivescência decorrente da declaração de inconstitucionalidade da que a tenha revogado. Ressaltou-se que a recusa da repristinação se baseará em juízo similar ao da declaração incidente de inconstitucionalidade de norma cuja validade seja prejudicial da decisão principal a tomar, a qual sempre se pode dar de ofício e que nada exclui possa ocorrer no julgamento de uma ADI, onde um mesmo tribunal, como o STF, cumule as funções de órgão exclusivo do controle abstrato com o de órgão de cúpula do sistema difuso. Vencido, nessa parte, o Min. Marco Aurélio, que declarava a inconstitucionalidade da expressão impugnada por considerar que a possibilidade de o Tribunal extravasar os limites objetivos da própria ADI, declarando restabelecida ou não a legislação anterior, contrariaria os princípios da segurança jurídica e o de que o Judiciário atua apenas mediante provocação" (*Informativo STF*, n. 456).

implicitamente, pelo legislador, apesar de se aproximar muito da presunção. O princípio *lex posterior derogat legi priori* remonta-se ao tempo em que as normas começaram a ter vigência, restringindo-se somente ao conflito de normas pertencentes ao mesmo escalão, ou nível – a última prevalecerá sobre a precedente".

Todavia, se houver norma constitucional anterior disciplinadora de assunto ou matéria que não foi objeto da nova regulamentação constitucional, perderia ela sua vigência e sua eficácia?

"Não perderia sua vigência, continuaria em vigor, porém não mais na veste de norma constitucional, mas na de lei ordinária. Opera-se o fenômeno da desconstitucionalização da disposição constitucional. Os preceitos da norma constitucional precedente, que não conflitarem com a atual, não continuarão sendo constitucionais, mas ficarão vigendo, de acordo com o princípio da continuidade das normas compatíveis, como leis ordinárias"[324].

Mas o sistema do direito positivo brasileiro não aceita o fenômeno da desconstitucionalização, simplesmente porque não é possível acolher a tese de "rebaixamento" de normas constitucionais anteriores para o patamar de leis ordinárias quando a Constituição de 1988 não trata de tal possibilidade[325].

7.3 EVOLUÇÃO TEÓRICA DA EFICÁCIA CONSTITUCIONAL

É relativamente recente a preocupação dos teóricos acerca da eficácia das normas constitucionais.

Diríamos, com convicção, que o aguçamento da postura investigativa dos cientistas do direito constitucional com relação ao tema está na razão direta do crescimento de matérias introduzidas nas constituições, e em razão de compromissos selados pelo elemento formador da unidade política. De forma mais marcante, a partir desse momento, encontrou-se a teoria constitucional diante de grave controvérsia, cuja solução se impunha, *incontinenti*: todas as normas constitucionais se destinam, desde o instante de sua produção, ao desencadeamento dos efeitos esperados? Os enunciados introduzidos em uma constituição, desde o momento em que são editados, encontram-se aptos à contígua alteração de todo o sistema normativo?

As questões, surgidas nos alvores do direito constitucional, ainda não receberam pronta resposta por parte da doutrina e, pior que isso, trata-se, ainda hoje, de polêmica acesa no altiplano da ciência do direito político.

Constitui-se, inequivocamente, no mais tormentoso debate que se trava sobre a norma constitucional em nossos dias.

Tudo quanto se tem dito a respeito de eficácia constitucional, mediata ou imediatamente – numa síntese simplista –, busca o fundamento na defesa ou na crítica à teoria sociológica de Ferdinand Lassalle.

---

324 Idem, p. 46.

325 Cf. Celso Bastos, *Curso de Direito Constitucional*, p. 28.

Com efeito, ao examinarmos as diversas tendências na ciência da constituição, vamos encontrar dois blocos divididos por fenda abissal: um deles, representado por aqueles que entendem estar a constituição jungida a fatores extranormativos no que se refere à produção de efeitos que lhe são próprios. O outro grupo, capitaneado por igualmente prestigioso segmento doutrinário, defende a ideia de que a constituição retira dela própria os instrumentos conducentes à sua plena efetividade, não devendo curvar-se a condicionantes metajurídicas.

O pensamento de Thomas Cooley. A bem da verdade, antes mesmo de nos posicionarmos a respeito do assunto, convém anotar que a acalorada discussão sobre a operatividade plena do preceito constitucional se iniciou a partir da inserção das denominadas cláusulas programáticas nos textos constitucionais modernos, discussão, essa, que, por sua vez, muito embora não tenha sido suscitada, à época, com os contornos que hoje se definem, foi, inauguralmente, em obra clássica[326], provocada por Thomas Cooley.

Assinala Cooley que, "conquanto nenhum dos preceitos constitucionais deva ser considerado de compostura imaterial ou meramente consultivo, há alguns deles que, em virtude da natureza da lide, são tão inaptos à execução imediata e obrigatória (*compulsory enforcement*) como as prescrições diretivas (*directory provisions*) de uma maneira geral".

"E a razão é que, embora o propósito do enunciado seja consagrar direitos e impor obrigações, não constitui, em si mesmo, regra suficiente para, por meio dele, ser protegido o direito ou ser imposta a obrigação. Em tais casos, antes de o preceito constitucional se tornar efetivo deve ser editada legislação suplementar. A constituição, segundo o jurista norte-americano, algumas vezes, determina ao Legislativo a edição de lei com relação a uma matéria específica, e, nesse passo, se lhe apresenta óbvio ter a exigência apenas força moral, porquanto o legislador deve obedecer a tal comando, mas o direito que a ordem constitucional tencionou assegurar somente é garantido quando a legislação é voluntariamente editada"[327].

Ao buscar na Constituição dos Estados Unidos a fundamentação de sua teoria, Cooley menciona a 15ª Emenda, dividindo-a em trechos. O primeiro deles, segundo

---

326 Cf. Thomas M. Cooley, *A Treatise on the Constitutional Limitations which rest upon the Legislative Power of the States of the American Union.*

327 Cf. Thomas Cooley, op. cit., v. I, p. 165. É o seguinte o texto original: "But although none of the provisions of a constitution are to be looked upon as immaterial or merely advisory, there are some which, from the nature of the case, are as incapable of compusclry enforcement as are directory provisions in general. The reason is that while the purpose may be to establish rights or to impose duties, they do not in and of themselves constitute a sufficient rule by means of which such right may be protected or such duty enforced. In such cases, before the constitutional provision can be made effectual, supplemental legislation must be had, and the provision may be in its nature mandatory to the legislature to enact the needful legislation, though back of it there lies no authority to enforce the command. Sometimes the constitution in terms requires the legislature to enact laws on a particular subject; and here it is obvious that the requirement has only a moral force: the legislature ought to obey it; but the right intended to be given is only assured when legislation is voluntarily enacted".

o qual "o direito de voto dos cidadãos dos Estados Unidos não será negado pela União ou por qualquer Estado em razão de raça, cor ou anterior condição de escravo", porta induvidosa compostura auto-operativa, já que o propósito do comando constitucional quanto à proibição de discrímenes, baseados em tais particularidades, opera efeitos de imediato. Entretanto, quando posteriormente prevê que "o Congresso tem competência para executar este artigo através de legislação adequada", visualiza o autor a possibilidade de a regra não ser considerada suficientemente específica para proteger de forma integral a igualdade do direito ao voto, necessária, destarte, a edição de lei integrativa[328].

A partir daí, Cooley inicia as suas considerações, que resultaram na célebre classificação das normas constitucionais em:

a) *self-executing provisions*; e
b) *not self-executing provisions*.

O preceito constitucional pode ser considerado *self-executing* se está provido de regra suficiente por meio da qual o direito assegurado pode ser exercido e protegido e a obrigação imposta exigida.

De outro giro, a norma constitucional será considerada *not self-executing* quando meramente indica princípios, sem assentar regras por meio das quais tais princípios tenham força de lei.

Os preceitos constitucionais auto-operativos (*self-executing*) devem ser distinguidos em: (i) declaração limitativa do Poder Legislativo a respeito de uma dada matéria; e (ii) vedação constitucional positiva, não passível de alteração ou abrandamentos pelo legislador.

O enunciado auto-operativo não perde tal qualidade simplesmente porque prevê a edição de lei para torná-lo efetivo, e o mero fato de legislação ulterior vir a suplementar ou prescrever penalidade em virtude da inobservância do preceito constitucional não o torna ineficaz ante a ausência da lei indigitada[329].

A classificação de Rui Barbosa. No sistema da ciência do direito constitucional brasileiro, coube a Rui Barbosa a tarefa de disseminar, entre nós, as ideias de Cooley, passando a classificar as normas constitucionais em autoexecutáveis e não autoexecutáveis. As primeiras correspondiam às *self-executing provisions* de Cooley, ao passo que as últimas às *not self-executing provisions*.

Para Rui "não há, numa Constituição, cláusulas a que se deva atribuir meramente o valor moral de conselhos, avisos ou lições. Todas têm a força imperativa de regras, ditadas pela soberania nacional ou popular de seus órgãos. Muitas, porém, não revestem dos meios de ação essenciais ao seu exercício os direitos, que outorgam, ou os encargos, que impõem: estabelecem competências, atribuições, poderes, cujo uso tem de aguardar que a Legislatura, segundo seu critério, os habilite a exer-

328 Idem, p. 166.
329 Idem, p. 167-170.

cerem. A Constituição não se executa a si mesma: antes requer a ação legislativa, para lhe tornar efetivos os preceitos"[330].

É de observar, por digno de registro, que malgrado Rui Barbosa aponte que os preceitos existentes em uma constituição não podem ser equiparados a autênticas exortações morais, não trouxe uma solução adequada para aqueles dispositivos constitucionais que, não prescindindo de legislação ulterior integrativa de sua plena operatividade – e, portanto, não dotados de autoexecutoriedade –, ficam à mercê do legislador ordinário. Ou seja: se não se trata de exortação moral, que espécie de eficácia pode ser atribuída a preceitos que aguardam, indefinidamente, por edição de lei que os concretize, efetivando-os como modelos paradigmáticos reais de ordenação da conduta?

Rui Barbosa reconheceu a impropriedade de remeter-se ao plano dos "conselhos" ou "lições" ao legislador as inúmeras normas constitucionais não autoexecutáveis.

Todavia, poderia ter avançado mais em suas investigações, para examinar que espécie de efeitos concretos seria possível extrair, de imediato, de enunciados não operativos.

Pensamos nós, entretanto, que a inexistência de uma postura investigativa mais inquieta em relação ao tema da eficácia constitucional por parte do jurista baiano se torna até mesmo compreensível porque, sem dúvida, ao analisarmos a Constituição de 1891 – objeto de seus *Comentários* –, mais particularmente no trecho pertinente aos direitos e garantias fundamentais ("Declaração de Direitos", arts. 72-78), muito embora possamos notar a existência de normas não autoexecutáveis, como é, por exemplo, o § 27 do art. 72 ("a lei assegurará também a propriedade das marcas de fábrica"), não há, em nenhuma passagem do texto, remissões a compromissos ou metas a serem atingidas pela unidade política então formada. Como vimos no Capítulo 4 (subitem 4.4), as primeiras Constituições a inscreverem cláusulas compromissórias em seus textos foram a mexicana, de 1917, e a alemã, de 1919.

Destarte, a teoria engendrada por Thomas Cooley e divulgada no Brasil por Rui Barbosa atendia ao propósito da ciência do direito quanto à descrição do sistema do direito positivo nacional.

As normas constitucionais ou eram autoexecutáveis ou não autoexecutáveis.

Não havia espaço ou justificativa para maiores divagações teóricas ao cientista cometido ao encargo de descrever o sistema constitucional brasileiro da época.

As normas constitucionais ou produziam instantânea modificação no ordenamento ou tinham condicionada a sua operatividade, por conveniência do constituinte originário, à edição de lei que viesse a lhes integrar eficácia, cujo exemplo, já declinado, era o § 27 do art. 72 do primeiro texto constitucional republicano.

A doutrina de Pontes de Miranda. Discorrendo sobre a mesma realidade constitucional, acentuou Pontes de Miranda:

330 Cf. Rui Barbosa, *Comentários à Constituição Federal Brasileira*, p. 448-489.

"Uma das classificações mais importantes, sobretudo quando se atende ao caráter social das Constituições contemporâneas, bem como ao regime de rigidez das Constituições, é a que distingue as regras jurídicas em regras bastantes em si, regras não bastantes em si e regras programáticas. Rigorosamente, o que se deve ter em vista é a dicotomia das regras jurídicas em regras bastantes em si e regras não bastantes em si, porque tanto umas quanto outras podem ser simplesmente programáticas.

Quando uma regra se basta, por si mesma, para a sua incidência, diz-se bastante em si, *self-executing, self-acting, self-enforcing*. Quando, porém, precisam as regras jurídicas de regulamentação, porque, sem a criação de novas regras jurídicas, que as completem, ou suplementem, não poderiam incidir e, pois, ser aplicadas, dizem-se não bastantes em si.

Regras programáticas são aquelas em que o legislador, constituinte ou não, em vez de editar uma norma de aplicação concreta, apenas traça linhas diretoras, pelas quais se hão de orientar os Poderes públicos. A legislação, a execução e a própria justiça ficam sujeitas a esses ditames, que são como programas dados à sua função"[331].

Visão crítica sobre as concepções tradicionais acerca da eficácia constitucional. Não obstante, tratava-se de uma realidade inafastável o fato de que as constituições "compromissórias", certamente como o resultado do recrudescimento da questão social a partir do início do século XX, representavam fenômeno de caráter irreversível, cuja positivação, em sede constitucional dos valores sociais do trabalho e da dignidade do cidadão trabalhador, denotava uma guinada do direito político: antes, atrelado ao ideário liberal burguês, tudo o que se reservava ao Estado era uma conduta manifestamente omissiva (doutrina do *laisser-faire et laisser-passer*), tendo, no máximo, o dever de intervir apenas para resguardar a esfera da liberdade individual; após, inseridas as cláusulas compromissórias, traduzidas em um programa mínimo de realização de metas pelo Estado, impunha-se-lhe a obrigação de fazer cada vez mais, a cada dia, de sorte a melhorar as condições materiais de existência do cidadão.

A inserção de um "programa" pelas constituições contemporâneas suscitou a reformulação de tudo que até então se escrevera a respeito da eficácia das normas constitucionais.

A classificação elaborada por Cooley não mais abarcava, em sua plenitude, as diversas espécies de preceitos ingressos em uma constituição escrita.

A mera e simples divisão das normas em autoexecutáveis e não autoexecutáveis não se adequava à nova realidade imposta pelas condicionantes políticas, sociais e econômicas que culminaram por elevar ao *status* de garantia constitucionalmente outorgada a prossecução incansável por um modelo de ordem estatal destinada à realização daquilo que é representativo do desiderato maior, do sublime dever, da sua razão ontológica: cumprir as finalidades[332] impostas pelo elemento enformador.

---

331 Cf. Pontes de Miranda, *Comentários à Constituição Federal de 10 de Novembro de 1937*, p. 30-31.

332 A concepção instrumentalista ou finalística do Estado é aquela que melhor define a sua compostu-

O poder constituinte originário passou a introduzir, desde então, metas essenciais e insuprimíveis a serem alcançadas pelo Estado, surgindo, a partir daí, sérias controvérsias doutrinárias no que se refere aos efeitos concretos possíveis de se retirar tais comandos constitucionais.

7.3.1 A eficácia na moderna doutrina constitucional

O pensamento de Flávia Piovesan e a Constituição italiana de 1947. Flávia Piovesan assinala que "um dos mais intensos debates sobre a aplicabilidade das normas constitucionais ocorreu na Itália, especialmente em face de decisões judiciais sobre a aplicabilidade de normas da Constituição italiana de 1948, que apresentava marcante perfil programático. Este fator permitiu à doutrina italiana se concentrar na análise científica do tema, possibilitando a formulação de teorias sobre a aplicabilidade de diversas normas constitucionais"[333].

Efetivamente, primava a Constituição italiana de 1948 (promulgada em 27-12-1947 e com vigência a partir de janeiro de 1948) pela imposição de um programa a ser cumprido pelo Estado, com diretrizes que, de modo expresso, fixavam metas cujo cumprimento se impunha aos diversos setores da sociedade, máxime em termos de direito do trabalho, especialmente ao assentar o art. 3º que "incumbe à República remover os obstáculos de ordem econômica e social que, limitando de fato a liberdade e igualdade dos cidadãos, impedem o pleno desenvolvimento da pessoa humana e efetiva participação de todos os trabalhadores na organização política, econômica e social do País".

Assim, à conta de um conteúdo marcadamente programático, os constitucionalistas italianos se debruçaram com toda disposição sobre o exame da eficácia das denominadas normas de programa, buscando, em um contexto eminentemente científico, extrair efeitos de tais dispositivos.

Entretanto, as posições assumidas, de início, por grande parte da doutrina italiana, muito embora já presenciassem a existência de preceitos autoexecutáveis de aplicação direta imediata e não imediata, não diferiam muito da clássica divisão das normas constitucionais formulada por Cooley, visto que não anteviam possibilidade de extração de efeitos jurídicos concretos e imediatos das cláusulas programáticas.

A doutrina de Gaetano Azzariti. Gaetano Azzariti, por exemplo, promoveu a divisão das normas constitucionais em:

---

ra. Ataliba Nogueira (cf. *O Estado é meio e não fim*, p. 5-6) adverte que "é impossível desconhecer a correlação existente, e correlação de necessidade, entre as atividades do Estado e o fim do Estado. Tal desconhecimento inquina de erro a concepção do Estado. A simples observação leva-nos a verificar que só a tendência para um fim necessário e natural explica a origem do Estado, determina a sua forma de organização e circunscreve os âmbitos da sua atividade". "A vida do Estado e a de todos os organismos sociais supõe a ideia de finalidade e não pode explicar-se sem o fim que necessita todos os seus movimentos. Imanamente em sua natureza como ideia directriz, o fim orienta e aciona as energias, fazendo-as convergir para a realização de algum objetivo."

333 Cf. Flávia Piovesan, *Proteção Judicial contra Omissões Legislativas*, p. 53.

a) *preceptivas*; e
b) *diretivas*.

Norma preceptiva seria aquela (i) de aplicação direta e imediata, com prescindência de atuação do legislador infraconstitucional para lhe integrar operatividade plena; (ii) de aplicação direta, mas não imediata, dependente de norma integrativa.

Norma diretiva – como o próprio nome o diz – imporia apenas uma diretriz a ser seguida pelo legislador futuro[334].

Às normas diretivas anunciadas por Azzariti, preferiu-se posteriormente denominá-las como normas programáticas[335], já que apontavam as metas e o programa a ser cumprido pelo Estado.

A inovação da doutrina de Crisafulli. A discussão a respeito das normas programáticas se tornou mais acesa e fustigante a partir do momento que os estudiosos se entregaram ao exame de como se poderia extrair efeitos concretos de tais dispositivos constitucionais, mesmo porque, em virtude do mais comezinho fato de configurarem normas jurídicas, redundaria em invulgar despropósito atribuir-lhe, meramente, contextura declarativa, fato não perceptível à investigação inicial dos italianos, uma vez que, como evidenciara Azzariti, a imperatividade das disposições constitucionais estava presente apenas nos enunciados preceptivos.

A classificação formulada por Azzariti, por força de recusar eficácia jurídica aos preceitos diretivos ou programáticos, não foi objeto de plena aceitação na doutrina italiana, tanto que, em obra clássica do moderno direito constitucional, Vezio Crisafulli repugna os entendimentos antinormativistas, concluindo ser injuntiva a extra-

---

334 Gaetano Azzariti, *Problemi Attuali di Diritto Costituzionale*, p. 97-111. Acentua o autor, ao resumir a sua teoria: "(...) secando gli insegnamenti contenuti nella sentenza e te osservaziotli che procedono, si potrebbero nella Costituzione distinguere tre categorie di norme e, cioè; 1º) norme direttive, le quali non contengono alcun precetto concreto, ma danno solo direttive ai legislatore futuro; 2º) norme precettive, te quali contengono veri e propri comandi giuridici di applicazione diretta e immediata; 3º) norme precettive, tequali contengono egualmente comandi giuridici di applicazione dinta, ma non immediata, perchè richiedono altre norme giuridiche integrative" (op. cit., p. 103).

335 A adoção da terminologia *normas programáticas*, entretanto, não configurou postura unânime na doutrina constitucional italiana. Giuseppe Chiarelli, por exemplo, assinala que as noções de programa e norma são completamente diversas. Norma é regra de ação, enquanto programa é predeterminação de objetivos, configurando, assim, verdadeira *contradictio in terminis*; negação mesmo do conceito de norma. São importantes as conclusões do autor: (i) qualquer classificação das normas constitucionais não deve perder de vista que elas são normas jurídicas vigentes; (ii) não há rigor científico na locução "norma programática"; (iii) norma e programa são expressões antitéticas; (iv) deve prevalecer a ideia de "norma" sobre a ideia de "programa" nas disposições constitucionais; (v) tratando-se o ato constituinte de uma vontade normativa, não há como se entender a norma constitucional na condição de simples diretriz oferecida ao legislador futuro; (vi) podem ser discernidas no texto constitucional: normas completas, normas dependentes de integração, normas em branco (apud Geraldo Ataliba, "Eficácia jurídica das normas constitucionais e leis complementares", *Revista de Direito Público*, 13/43).

ção de efeitos jurídicos concretos das normas constitucionais de programa. As suas ideias promoveram uma autêntica cisão nas formulações tradicionais por conferir eficácia jurídica aos preceitos constitucionais programáticos – algo tão evidente em si e não notado à época –; importava, sem sombra de dúvida, revisar tudo quanto se havia dito até então a respeito da eficácia das normas constitucionais, mui especialmente se for levado em conta que a conhecida tese de bipartição das normas em diretivas e preceptivas não mais atendia aos reclamos de um direito constitucional tendente a, através da sua missão transformadora, fundada na força normativa da constituição, concretizar os desígnios do elemento criador do Estado.

Crisafulli distingue três modalidades de normas constitucionais, tomando por parâmetro o âmbito eficacial:

a) *normas de eficácia plena;*

b) *normas de eficácia limitada de legislação;* e

c) *normas de eficácia limitada programáticas*[336].

As normas de eficácia plena corresponderiam aos preceitos autoexecutáveis, *self-executing, self-acting,* a que aludiu Cooley, com prescindência da intermediação do legislador infraconstitucional para lhes integrar inteira operatividade.

Tais preceitos, desde a sua edição, já nascem com grau de eficácia jurídica suficiente para promover, de imediato, a contígua alteração de todo o sistema normativo.

As normas de eficácia limitada de legislação impõem expressamente a atuação do corpo legislativo para integrar eficácia ao preceito constitucional, aludem à normação futura como condição necessária à efetividade do dispositivo da constituição[337].

As normas de eficácia limitada programáticas são enunciados preceptivos que vinculam os diversos órgãos do Estado à realização dos objetivos fundamentais da unidade política, assinalados pelo poder constituinte originário.

Crisafulli, ao desvendar a compostura de tais normas, arremata: "Em vez de regularem, desde o primeiro momento, de modo direto e imediato, determinadas ordens de situações e relações, regulam comportamentos públicos destinados, por sua vez, a incidir sobre essas matérias: estabelecem, isso sim, aquilo que os órgãos governamentais deverão ou poderão fazer, relativamente a determinados assuntos"[338].

O Professor da Universidade de Trieste foi o grande responsável pela mudança de centro do moderno direito constitucional, na medida em que sua teoria acossou a maldição atávica da concepção lassalliana essencialista de constituição, fazendo

336 Cf. Vezio Crisafulli, "Efficacia delle norme costituzionali programatiche", *Rivista Trimestrale de Diritto Pubblico,* 1951.

337 Crisafulli acentua que tal acontece por "não bastarem elas, por si sós, para determinar uma operação atual, por não serem imediatamente operativas dessas situações e relações da vida real" (apud J. H. Meirelles Teixeira, *Curso de Direito Constitucional,* p. 321).

338 Apud J. H. Meirelles Teixeira, *Curso,* cit., p. 319.

emergir, em bases científicas de indiscutível rigor, um arcabouço teórico assentado naquilo que, mais recentemente, passou a se denominar força normativa da constituição, como quer Hesse.

O caráter inovador das ideias de Crisafulli aliado à tendência das constituições contemporâneas quanto à inclusão de programa a ser cumprido pelos órgãos do Estado tiveram por resultado sua ampla aceitação pelos cientistas do direito, aí incluídos os constitucionalistas brasileiros, razão por que se reserva título específico para o tema.

7.3.1.1 A doutrina brasileira e a moderna teoria da eficácia constitucional

A importante contribuição de Meirelles Teixeira. José Horácio Meirelles Teixeira foi dos primeiros autores nacionais a acompanhar a classificação dos preceitos constitucionais, aventada por Crisafulli, ao assinalar que "(...) o problema da eficácia ou aplicabilidade das normas constitucionais deve colocar-se hoje em termos bem diversos da clássica e rígida distinção entre normas autoexecutáveis e não autoexecutáveis, de uma classificação das normas constitucionais que possa servir de ponto de partida para uma nova doutrina, compreensiva dos vários problemas que o assunto sugere, em sua quase inesgotável temática, como, por exemplo, o da própria terminologia a adotar-se; o de uma distinção ou classificação das normas constitucionais, quanto à sua eficácia, que, repousando essencialmente na diversidade da respectiva natureza e nos seus efeitos jurídicos também diferentes, específicos, possa servir de base à determinação dos vários aspectos desses efeitos, bem como ao estudo de cada um destes"[339].

Adiante, aponta: "Ora, de todo o exposto até agora, resulta, inequivocamente, como acabamos de acentuar, que não existe norma constitucional despida de qualquer eficácia, ou de eficácia nula, e daí será fácil concluir-se que, atendendo-se à sua aplicabilidade e à sua eficácia, isto é, aos seus imediatos efeitos jurídicos, as normas constitucionais podem ser desde logo divididas em duas categorias bem distintas: a) normas de eficácia plena; b) normas de eficácia limitada, ou reduzida"[340].

Para o autor, considera-se norma de eficácia plena aquela que, desde o momento inicial da sua edição, já porta normatividade suficiente e necessária à incidência direta e imediata sobre a matéria tratada no enunciado. As normas de eficácia limitada, diversamente, não produzem desde a sua promulgação os efeitos típicos delas esperados porque não se estabeleceu, sobre a matéria, normatividade necessária para torná-las integralmente operativas, tarefa que passa a ser cumprida, total ou parcialmente, pelo legislador ordinário[341].

É percuciente a observação de Meirelles Teixeira a respeito da nomenclatura utilizada pela doutrina, no caso, normas constitucionais de eficácia plena e de eficá-

339 Cf. J. H. Meirelles Teixeira, *Curso*, cit., p. 316-317.

340 Idem, p. 317.

341 Idem, ibidem.

cia limitada, razão pela qual nos sentimos à vontade para transcrever, mais uma vez, as suas lições: "(...) cumpre observar: a) que o vocábulo 'plena', aí, não significa total, completa, exaustiva, pois já vimos que toda norma é sempre suscetível de novas aplicações e novos desenvolvimentos; para caracterizar essa plenitude da eficácia será suficiente que a norma possa realizar, desde logo, seus objetivos essenciais, específicos, nos termos já expostos, aquilo que constitui, mais especificamente, os interesses que ela pretende; b) a preceptividade da norma de eficácia plena, a respeito desses interesses específicos, é, portanto, direta, ao passo que, nas normas de eficácia limitada, no todo ou em parte, a sua preceptividade é apenas indireta; c) falamos, ainda, naquele conceito, em normatividade suficiente para alcançarem os fins essenciais da norma. Aqui, a teoria clássica, tão bem exposta por Rui, presta ainda excelentes serviços. A expressão 'completa', dessa teoria, como já tivemos ocasião de observar, deve ser entendida como 'suficiente', pois toda norma poderá ser considerada incompleta se tivermos em vista a possibilidade, sempre existente, de futuros desenvolvimentos e aplicações; d) os efeitos essenciais da norma programática, e das normas de eficácia limitada, em geral, são aqueles efeitos especificamente visados, não os meramente indiretos, ainda que relevantes"[342].

A doutrina de José Afonso da Silva. Em monografia específica sobre o tema, José Afonso da Silva, baseado também nas investigações de Crisafulli, classifica as normas constitucionais em:

a) *normas de eficácia plena;*
b) *normas de eficácia contida;* e
c) *normas de eficácia limitada,* divididas estas, ainda, em normas de eficácia limitada de *princípio institutivo* e de *princípio programático*[343].

A primeira questão a ser examinada àquele que se propõe a estudar o tema, segundo o Professor do Largo de São Francisco, é a determinação de um critério distintivo entre as normas de eficácia plena, contida e limitada; para isso, introduziu a jurisprudência italiana o modelo casuístico, isto é, o exame caso por caso para saber qual eficácia pode ser atribuída ao preceito constitucional.

Não obstante, a solução desenvolvida pela Corte de Cassação italiana provocava insegurança porque tornava incerta a efetividade de uma garantia prevista na norma constitucional, e por essa razão foi duramente criticada pela doutrina.

Esse critério distintivo, calcado na análise dos destinatários das normas, não porta rigor científico suficiente até mesmo para dilucidar quem são os destinatários de tais preceitos, mesmo porque, "se o termo quer significar aqueles que devem obediência a seu comando, não se pode discriminar, porque todos o devem".

"Se se refere àquela classe ou grupo de pessoas, cujo comportamento ou relações certas normas regulam de modo mais direto e específico, estabelecendo-lhes

342 Idem, p. 320.

343 Cf. José Afonso da Silva, *Aplicabilidade das Normas Constitucionais,* 3. ed., São Paulo: Malheiros, 1998.

direitos e obrigações, então se pode falar em destinatários apenas tendo em vista que essas pessoas, dada sua particular situação social prevista, estão mais diretamente sujeitas à incidência de tais normas; mas isso não exclui a obrigatoriedade delas em relação a outras pessoas ou grupos"[344].

Acompanhamos o entendimento do publicista quando adverte acerca da impossibilidade de adoção de um critério único, dotado de absoluta segurança, para distinguir as normas de eficácia plena das demais. Entretanto, o recurso à doutrina norte-americana capitaneada por Cooley, ao definir as denominadas *self-executing provisions*, fornece valiosos subsídios para o delineamento da compostura das normas constitucionais com plenitude eficacial[345].

No subitem 7.3, trouxemos a concepção de Cooley a respeito das normas autoexecutáveis: preceito constitucional provido de regra suficiente, por meio da qual o direito assegurado pode ser exercido e protegido e a obrigação imposta exigida, imediatamente.

A norma constitucional de eficácia plena dispõe precisamente sobre a matéria de que se trata, disciplinando qual a conduta positiva ou negativa a ser seguida, e, ainda que possa, eventualmente, não ser considerada eficaz em um contexto social para o qual se dirige, a peremptoriedade que promana do seu comando é indicativa de sua eficácia plena[346].

A aplicabilidade das normas constitucionais de eficácia plena é imediata, tornando-se, nesse passo, desnecessária e redundante a atividade do corpo legislativo ordinário. Desde sua gênese, produzem as modificações no ordenamento positivo. Desencadearão, de pronto, efeitos ab-rogatório ou derrogatório dos enunciados normativos hierarquicamente inferiores.

A Constituição de 1988 apresenta inúmeras disposições com eficácia plena. Por exemplo: o comando proibitivo no sentido de que ninguém será submetido a tortura, nem a tratamento desumano ou degradante (art. 5º, III); as prerrogativas conferidas aos magistrados – vitaliciedade, inamovibilidade e irredutibilidade de vencimentos –, em ordem a guardar o juiz de escusas influências no exercício da judicatura, assegurando, assim, a tripartição das funções estatais (art. 95, I, II, III); a garantia de acesso à informação a todos, resguardado o sigilo da fonte, quando necessário ao exercício profissional (art. 5º, XIV); a gratuidade quanto às ações de *habeas corpus* e *habeas data* (art. 5º, LXXVII). O elenco citado é meramente exemplificativo porque incontável é o número de preceitos dotados de eficácia plena.

José Afonso da Silva, ao resumir os caracteres essenciais das normas constitucionais de eficácia plena, apresenta os seguintes traços distintivos:

a) contêm vedações ou proibições (o citado art. 5º, III);
b) conferem isenções, imunidades e prerrogativas (o art. 95, I, II, III);

344 Idem, p. 86.
345 Idem, p. 87.
346 Idem, p. 88.

c) não designam órgãos ou autoridades especiais, a quem incumbe, de modo específico, a execução do comando constitucional;
d) não indicam processos especiais ou solenes para a sua execução; e, por fim,
e) não demandam a intermediação do legislador ordinário para que se complete o alcance ou sentido da norma porque, desde a sua elaboração, já possuem normatividade suficiente e apta ao desencadeamento dos efeitos perseguidos pelo órgão constituinte.

Prosseguindo no exame da classificação tripartite, elaborada por José Afonso da Silva, a par das normas de eficácia plena, outras existem que, embora promovam expressa remissão a normatividade futura, estão, desde o momento que forem expedidas, aptas a produzir, de imediato, os efeitos relativos à disciplina do objeto sobre o qual venham a tratar.

São normas que, diferentemente de outros preceitos constitucionais a demandarem a atuação do legislador ordinário para lhes integrar operatividade plena, podem ter a sua amplitude reduzida por iniciativa do poder legiferante.

São as normas de eficácia contida.

Enquanto não sobrevier legislação restritiva do comando inserida em tais disposições, as cláusulas constitucionais vigoram plenamente, como se fossem preceitos de eficácia plena[347].

José Afonso da Silva aponta as peculiaridades das normas de eficácia contida:

> "I – são normas que, em regra, solicitam a intervenção do legislador ordinário, fazendo expressa remissão a uma legislação futura; mas o apelo ao legislador ordinário visa restringir-lhes a plenitude da eficácia, regulamentando os direitos subjetivos que delas decorrem para os cidadãos, indivíduos ou grupos;
>
> II – enquanto o legislador ordinário não expedir a normação restritiva, sua eficácia será plena; nisso também diferem das normas de eficácia limitada, de vez que a interferência do legislador ordinário, em relação a estas, tem o escopo de lhes conferir plena eficácia e aplicabilidade concreta e positiva;
>
> III – são de aplicabilidade direta e imediata, visto que o legislador constituinte deu normatividade suficiente aos interesses vinculados à matéria de que cogitam;
>
> IV – algumas dessas normas já contêm um conceito ético juridicizado (bons costumes, ordem pública, etc.), como valor societário ou político a preservar, que implica a limitação de sua eficácia;

---

347 Idem, p. 91. *Data venia*, malgrado a autoridade intelectual do ilustre constitucionalista, não nos parece conveniente a escolha da terminologia "norma de eficácia contida" para designar tais disposições. Em primeiro lugar, tratando-se de um atributo da norma, não seria a hipótese de aludir a norma "de" eficácia "x", mas sim norma "com" eficácia "x". Em segundo lugar, fazer referência a uma norma "de eficácia contida", *venia concessa*, mais confunde do que propriamente auxilia a compreensão do alcance dos preceptivos de tal espécie, principalmente porque pode ficar patenteado que a eficácia da norma *sempre* está contida por regulamentação superveniente, o que não é verdade, pois a contenção poderá ocorrer; contudo, enquanto não se sucede, a norma é plenamente eficaz.

V – sua eficácia pode ainda ser afastada pela incidência de outras normas constitucionais, se ocorrerem certos pressupostos de fato (estado de sítio, por exemplo)"[348].

O art. 5º, XIII ("é livre o exercício de qualquer trabalho, ofício ou profissão, atendidas as qualificações profissionais que a lei estabelecer"), é exemplo típico de norma de eficácia contida, de acordo com a classificação do constitucionalista.

É, com efeito, norma que erige ao *status* de garantia constitucionalmente outorgada a liberdade de trabalho, mas por questões que escapam aos limites da ciência do direito constitucional, resolveu o legislador constituinte originário estabelecer que a decantada liberdade se condiciona, no evento de expedição de ulterior normatividade, ao atendimento das qualificações profissionais impostas pela normação.

Destarte, estaríamos, então, diante da circunstância em que a norma, ao consagrar determinada garantia, operava efeitos *pleno jure*, tendo, no entanto, seu alcance e dimensão restringidos por eventual iniciativa do agente legiferante, que, à conta do *munus* público a caracterizar o exercício de determinadas profissões (médicos, advogados etc.), houve por bem impor o atendimento a certos requisitos.

Assim, a liberdade quanto ao exercício de qualquer trabalho, ofício ou profissão se materializa, *incontinenti*, tornando viável ao cidadão exercer qualquer ofício ou atividade desde que a lei, diminuindo a extensão do direito fundamental, não venha a indicar a obrigatoriedade quanto a atendimento de exigências que, porventura, se prevejam.

Por fim, ainda sob investigação a tese de José Afonso da Silva, é necessário examinar as normas de eficácia limitada.

São dispositivos que se não encontram à disponibilidade do destinatário para, desde a sua criação, regular, de imediato, o objeto sobre o qual versa o enunciado.

Estão subdivididos em normas de eficácia limitada de *princípio institutivo* e de *princípio programático*.

As de princípio institutivo visam dar corpo a órgãos e instituições, razão pela qual também podem ser chamadas de normas de princípio orgânico ou organizativo, cujo exemplo a ser apontado é o § 3º do art. 25 ("Os Estados poderão, mediante lei complementar, instituir regiões metropolitanas, aglomerações urbanas e microrregiões, constituídas por agrupamentos de Municípios limítrofes, para integrar a organização, o planejamento e a execução de funções públicas de interesse comum").

As normas de eficácia limitada de princípio programático são aquelas que evidenciam o caráter compromissório das constituições modernas, o caráter de transição entre o Estado essencialmente absenteísta para o Estado interventor[349].

As normas programáticas, pela alta importância que representam para o estudo das garantias sociais previstas na Constituição, serão objeto de análise mais detida em subitem específico.

348 Idem, p. 92-93.

349 Idem, p. 106-127.

A teoria de Maria Helena Diniz. Apresenta Maria Helena Diniz proposta de classificação quadripartite das normas constitucionais:

a) normas com eficácia absoluta ou supereficazes;
b) normas com eficácia plena;
c) normas com eficácia relativa restringível; e
d) normas com eficácia relativa complementável ou dependentes de complementação[350].

As normas constitucionais supereficazes são aquelas que se equivalem às cláusulas de intocabilidade.

São os preceitos que o constituinte originário entendeu ser tão relevantes para a sobrevivência do Estado que nem sequer chega a admitir que se delibere a respeito de eventual supressão ou diminuição da sua amplitude. "Tais normas possuem eficácia positiva e negativa. Têm eficácia positiva, por terem incidência imediata e serem intangíveis, ou não emendáveis, visto não poder ser modificadas por processo normal de emenda. Têm eficácia negativa por vedarem qualquer lei que lhes seja contrastante, daí sua força paralisante total e imediata, permanecendo intangíveis, ou não emendáveis, exceto por meio de revolução, que, como um ato de força, pode destruí-las, criando outras, instaurando uma nova ordem jurídica"[351].

As normas com eficácia absoluta são todas aquelas assinaladas no § 4º do art. 60 da Constituição.

Vale, contudo, mais uma vez, insistir na conclusão que já extraímos no Capítulo 9: não é razoável concluir que os fundamentos do Estado brasileiro (art. 1º, I a V) e seus objetivos primaciais (art. 3º, I a IV) possam ser modificados pelo constituinte derivado, visto que o constituinte originário determinou a concreção de tais finalidades como a razão ontológica da unidade estatal brasileira, tornando-se inevitável o recurso à interpretação sistemática do texto constitucional para que se alcance o conteúdo inalterável não incluído nas cláusulas expressas de intocabilidade.

As normas com eficácia plena de Maria Helena Diniz não apresentam qualquer distinção digna de registro daquela classificação de José Afonso da Silva, já mencionada.

Entretanto, ao termo "norma de eficácia contida" prefere a primeira a expressão "norma com eficácia relativa restringível", que, segundo nosso entendimento, apresenta nomenclatura com maior rigor semântico, porquanto falar em eficácia contida poderia propagar a falsa ideia de que tais enunciados têm *necessariamente* os seus efeitos ou operatividade vinculados à lei ou a ato ulterior.

Como vimos, as normas com eficácia relativa restringível têm aplicabilidade direta e imediata, podendo, todavia, ter a sua amplitude reduzida em razão de sobrevir texto legislativo ordinário ou mesmo sentença judicial que encurte o seu es-

350 Cf. Maria Helena Diniz, *Norma Constitucional e seus Efeitos*, p. 98.
351 Idem, ibidem.

pectro de incidência, como é a hipótese, por exemplo, do direito individual à inviolabilidade do domicílio quando, no particular, é possível, por determinação judicial, que se lhe promova restrição (art. 5º, XI, da CF).

Tal fato, no entanto, não conduz à ilação de que a eficácia de tais preceitos é contida pela lei ou por outro ato referido pelo Texto Constitucional porque, em verdade, poderá ou não, *eventualmente*, advir contenção do espectro constitucional por normatividade inferior.

Além disso, no que diz respeito ao direito ao exercício de ofício ou profissão (art. 5º, XIII), temos por certo que contingente norma jurídica restritiva da liberdade profissional que venha a criar extenso rol de requisitos para o regular exercício de determinada profissão, praticamente impedindo que o "cidadão médio" possa exercê-la (quase tomando por empréstimo a expressão *homo medius* do direito penal), incorre em inegável inconstitucionalidade, pois se a contenção do direito é até mesmo estabelecida pelo sistema constitucional, não deve alcançar o limite de suprimi-la de fato.

Seria o caso, por exemplo, de a Lei n. 8.906/94 exigir, para o exercício da advocacia, que o bacharel em direito, além de aprovação no exame da OAB, possuísse título de doutor em qualquer domínio da ciência do direito.

A rigorosíssima e hipotética exigência descambaria para a incompatibilidade vertical com a Constituição porquanto imporia severa redução do alcance do direito fundamental à liberdade de ofício ou de profissão.

Em suma, o que se pretende deixar registrado é o seguinte: a plausibilidade do encurtamento do direito materializado em norma constitucional, com eficácia relativa restringível, não deve legitimar a sua excessiva contenção até chegar ao limite de inviabilizar, na prática, o exercício do direito nela consagrado, para o que concorre também, como fundamento contrário a tal proceder, o princípio da proporcionalidade.

Alude, por fim, a jurista às normas com eficácia relativa complementável, subdivididas – como de resto já o fez José Afonso da Silva – em normas de princípio institutivo e normas de princípio programático.

O pensamento de Celso Ribeiro Bastos e Carlos Ayres Britto. Indicam esses autores existir no Texto Constitucional normas de mera aplicação, quando portadoras de aptidão suficiente para deflagrar todos os efeitos para os quais se destinam, prescindindo de interposição legislativa ordinária para que se lhes confira inteira operatividade. Bipartem-se em normas: (i) irregulamentáveis; e (ii) regulamentáveis, das quais as primeiras "(...) incidem diretamente sobre os fatos regulados, repudiando qualquer regramento adjutório, normas cuja matéria é insuscetível de tratamento, senão a nível constitucional"[352]. As normas regulamentáveis, por outro giro, permitem o seu desdobramento mediante a edição de normas regulamentadoras, cujo ob-

352 Cf. Celso Ribeiro Bastos e Carlos Ayres Britto, *Interpretação e Aplicabilidade das Normas Constitucionais*, p. 39.

jetivo não se volta, em absoluto, à modificação do preceito constitucional, mas, tão somente, a desenvolver os seus aspectos externos. As normas de mera integração são aquelas que padecem de auto-operatividade, porque necessitam seja expedido enunciado com eficácia integradora. Classificam-se, ainda, em: (i) normas complementáveis, quando ditadas pelo constituinte originário a indispensabilidade de ulterior regulamentação legislativa e (ii) normas infringíveis, permissivas quanto à emissão de normatividade que venha a diminuir a sua amplitude (art. 5º, XIII, exemplo já mencionado)[353].

Nossa opção. Por melhor atender às nossas pretensões, relativas ao estudo da norma constitucional, adotamos a classificação proposta por Maria Helena Diniz, a saber:

a) normas com eficácia absoluta ou supereficazes;
b) normas com eficácia plena;
c) normas com eficácia relativa restringível;
d) normas com eficácia relativa complementável, que podem ser de princípio institutivo e normas programáticas[354].

7.4 A SUPEREFICÁCIA DAS NORMAS CONSTITUCIONAIS DE DIREITO SOCIAL

Ao iniciarmos o estudo do constitucionalismo social (Capítulo 4, subitem 4.5), trouxemos à colação os direitos sociais relativos ao *homem trabalhador*, à *seguridade*, à *educação e à cultura*, à *família, criança, adolescente, jovem e idoso*, e, por fim, aqueles relacionados ao *meio ambiente*.

O exame da eficácia da norma constitucional de direito social não pode ser consumado sem que se adentre a investigação acerca de configurar cláusula constitucional de intocabilidade.

É relevante a conclusão, porque a norma de direito social passará a ter *eficácia negativa*, vale dizer, será defeso às funções estatais, de modo especial a legislativa, produzir qualquer ato normativo que venha a diminuir ou suprimir o conteúdo de garantia social.

Impõe-se, de início, a remissão ao disposto no § 4º do art. 60 da Carta Suprema:

Não será objeto de deliberação a proposta de emenda tendente a abolir: I – a forma federativa de Estado; II – o voto direto, secreto, universal e periódico; III – a separação dos Poderes; IV – os direitos e garantias individuais.

353 Idem, p. 44-63.

354 A divisão das normas com eficácia relativa complementável em normas de princípio institutivo e normas programáticas foi extraída da classificação ultimada por José Afonso da Silva no tocante aos preceitos de eficácia limitada.

O constituinte originário impôs ao derivado o dever de total abstenção no que respeita à iniciativa de mudança da Constituição relativamente às cláusulas anunciadas pelo § 4º do art. 60.

Não há para o constituinte de segundo grau possibilidade de emissão de juízo político acerca da conveniência ou não da estadia de tais disposições em sede constitucional.

E a proibição ditada não versa apenas sobre vedar a aprovação de emenda ofensiva aos preceitos intangíveis.

A proibição vai mais longe, ao impedir à Casa Legislativa deliberar sobre o projeto ("não será objeto de deliberação...").

Frise-se: deliberar em sentido jurídico-constitucional significa discutir.

Prosseguindo: as vedações materiais explícitas são aquelas previstas nos incisos I a IV do § 4º do art. 60 da Constituição, destacando-se, entre elas, a que proíbe proposta de emenda tendente a abolir os direitos e garantias individuais[355].

Sobressai, nesse instante, um problema de real dimensão para o estudo do âmbito eficacial de tais normas: a proibição prevista no inciso IV do § 4º do art. 60 da Constituição de 1988 abrange também as cláusulas sociais?

Esclareça-se que há sistemas constitucionais que asseguram, de modo expresso, os direitos sociais como preceitos irretiráveis da constituição, como, a propósito, o faz a Constituição portuguesa de 1976, por meio do art. 290[356].

Se houver recurso ao processo gramatical, a interpretação retira as cláusulas sociais do âmbito das disposições intangíveis, porque houve alusão expressa do constituinte originário a "direitos e garantias individuais" como conteúdo constitucional imodificável.

Destarte, os direitos sociais não seriam "direitos e garantias individuais", mas sim espécie desse gênero.

Não parece correta a conclusão amparada no processo gramatical.

Como exemplos significativos e concretos da tentativa constituinte de abrandar

---

355 No Capítulo 2 (subitem 2.6), examinamos as limitações ao poder de reforma constitucional.

356 É numerosa a limitação ao poder de reforma ditada pelo constituinte português no art. 290: independência nacional e a unidade do Estado; a forma republicana de governo; a separação das Igrejas do Estado; os direitos, liberdades e garantias dos cidadãos; os direitos dos trabalhadores, das comissões de trabalhadores e das associações sindicais; o princípio da apropriação coletiva dos principais meios de produção e solos, bem como dos recursos naturais, e a eliminação dos monopólios e dos latifúndios; a planificação democrática da economia; o sufrágio universal, direto, secreto e periódico na designação dos titulares eletivos dos órgãos de soberania, das regiões autônomas e do poder local, bem como o sistema de representação proporcional; o pluralismo de expressão e organização política, incluindo partidos políticos e o direito de oposição democrática; a participação das organizações populares de base no exercício do poder local; a separação e a interdependência dos órgãos de soberania; a fiscalização da constitucionalidade por ação ou por omissão; a independência dos tribunais; a autonomia das autarquias locais; a autonomia político-administrativa dos arquipélagos de Açores e da Madeira.

as graves desigualdades que grassam em nosso meio social, as normas constitucionais de direito social representam compromisso solene assumido pelos diversos segmentos da sociedade no sentido de traçar uma moldura econômica fundada, a um só tempo, na valorização social do trabalho e na livre-iniciativa (art. 1º, IV).

Pode o "solene compromisso" ser denunciado por quem não o celebrou?

Convictamente, a norma de direito social, por configurar elemento voltado à consecução do Estado social, uma vez inserida na Constituição, é dela irretirável, sob pena de tal tentativa sujeitar-se à fiscalização de constitucionalidade e, nessa linha de raciocínio, temos de reconhecê-la como cláusula intocável ou norma com eficácia absoluta.

Os direitos sociais criam o projeto constitucional para a melhoria da condição material de existência das pessoas.

No entanto, se o projeto constitucional já se tornou um dado de realização posto pelo próprio constituinte originário, não é possível que o legislador constituinte derivado retroaja e extinga o modelo de Estado social concebido pelo elemento fundador[357], sendo tais disposições supereficazes.

7.5 EFEITOS DAS NORMAS CONSTITUCIONAIS PROGRAMÁTICAS

O constitucionalismo social representou a pronta resposta dada pelo sistema político de matriz liberal não intervencionista como forma de diminuir os conflitos sociais que marcaram o fim do século XIX e início do século XX.

A antevisão de que se pudessem repetir movimentos revolucionários de densidade igual ou superior à Revolução Russa provocou tamanho desassossego no então inabalável ideal burguês que, à época, tratava-se de problema cujo enfrentamento e desenlace significavam a própria sobrevivência do modelo político.

---

357 A retirada de cláusulas sociais da Constituição constitui agravo ao princípio do não retrocesso social, como menciona Canotilho (cf. *Direito Constitucional*, p. 474-475): "O princípio da democracia econômica e social aponta para a proibição de retrocesso social. A ideia aqui expressa também tem sido designada como proibição de 'contrarrevolução social' ou da 'evolução reacionária'. Com isto quer dizer-se que os direitos sociais e econômicos (ex.: direito dos trabalhadores, direito à assistência, direito à educação, etc.), uma vez alcançados ou conquistados, passam a constituir, simultaneamente, uma garantia institucional e um direito subjetivo. Desta forma, e independentemente do problema 'táctico' da irreversibilidade das conquistas sociais, o princípio em análise justifica, pelo menos, a subtração à livre e oportunística disposição do legislador, a diminuição de direitos adquiridos (ex.: segurança social, subsídio de desemprego, prestações de saúde), em clara violação do princípio da proteção da confiança e da segurança dos cidadãos no âmbito econômico, social e cultural (...). O reconhecimento desta proteção de 'direitos prestacionais de propriedade', subjetivamente adquiridos, constitui um limite jurídico do legislador e, ao mesmo tempo, uma obrigação de prossecução de uma política congruente com os direitos concretos e expectativas subjetivamente alicerçadas. Esta proibição justificará a sanção de inconstitucionalidade relativamente a normas manifestamente aniquiladoras das chamadas 'conquistas sociais' (assim, por exemplo, será inconstitucional uma lei que reduza o âmbito dos cidadãos com direito a subsídio de desemprego e pretenda alargar o tempo de trabalho necessário para a aquisição do direito à reforma (...)".

Forjado em clima inquietante, o constitucionalismo social já nasceu controvertido. Ao cometer a sociedade política como um todo à melhoria das condições de vida do cidadão, já surgiu provocador.

Entretanto, as principais metas perseguidas pela constituição social se consubstanciavam em normas programáticas, o que, desde então, abriu espaço para novos acessos de natureza sociológica fundados na teoria de Lassalle, segundo a qual o texto fundador do Estado nada mais era que o somatório dos fatores reais de poder. Assim, todo o compromisso selado pelo agente constituinte ficaria condicionado à ocorrência de situações ideais para a efetivação. A realização do programa estatal passava a depender de uma circunstância "ótima", submetendo-se, também, ao juízo emitido pelo legislador infraconstitucional acerca da conveniência e oportunidade da concretização da cláusula por meio da via legislativa.

A cada dia tornava-se mais evidente que as normas constitucionais programáticas não poderiam ser colocadas no plano da mera opção política em termos de atuação do legislador futuro. Não havia cientificidade alguma em defender a ideia de que o programa inserido em uma constituição se incluía na seara da conveniência e da oportunidade adstritas ao alvitre do corpo legislativo ordinário.

O Estado é instrumento à consecução de fins predeterminados pelo elemento formador.

A unidade política somente subsiste enquanto se mostrar capaz de atender às finalidades solenemente previstas no texto máximo pelo constituinte originário.

E tais finalidades estão expressamente materializadas no programa do Estado, nas metas e objetivos fundamentais que descrevem a sua razão de ser e de existir.

Deve o Estado, como um todo, buscar a concretização da vontade constituinte, o cumprimento do programa que, de tão relevante, fora introduzido no principal texto do sistema do direito positivo.

As normas programáticas constituem a elevada reserva do propósito do Estado, sendo proibido aos órgãos constituídos reduzir o plexo de metas inserto na constituição e afastar as cláusulas que consagram o programa estatal, tornando-se indiferentes a tais dispositivos mediante a adoção de tese de não vigência dos preceitos programáticos por força da sua dependência aos fatores de compostura econômica, política, social ou até cultural, como sói ser divulgado, aqui e ali[358].

---

358 A generalizada resistência quanto à efetivação dos comandos constitucionais programáticos faz lembrar conhecida fábula de La Fontaine, "A Raposa e a Cegonha": "A astuta raposa, estando num dia de fausto, convidou sua comadre cegonha para banquetear-se com ela. Satisfeita com tanta consideração, a cegonha aceitou de bom grado o amável convite. Qual não foi, porém, a sua surpresa ao verificar que todos os alimentos oferecidos pela raposa eram líquidos e vinham servidos em prato raso. Ora, possuindo bico longo, viu-se assim impossibilitada de sequer tocar na comida. E, enquanto isso, a raposa consumiu tudo e, ainda não se dando por satisfeita, lambeu até a última gota. (...)" (cf. La Fontaine, *Fábulas*, p. 29). É certo que a fábula continua e posteriormente a cegonha vai à forra. Mas é possível recorrer ao gênio de La Fontaine para concluir que o "banquete" dos direitos previstos na Constituição vem sendo servido em prato raso pelo Estado brasileiro ao cidadão!

O certo é que a problemática a circundar as cláusulas de programa é o ponto nevrálgico de toda a fecunda dissidência que se opera atualmente quando se propõe analisar a eficácia das normas constitucionais.

Em tais hipóteses, o que se vê, não raro, é um discurso com pouco rigor científico, caracterizado por proposições extratadas que não levam em conta o simples fato – perceptível aos olhos de qualquer leigo – de que as normas programáticas foram um dia, por alguma razão, introduzidas no texto constitucional, competindo a toda a unidade política (considerada, aqui, em seu sentido amplíssimo) prosseguir energicamente na consecução do programa estatal, "empurrando" a eficácia da norma programática para um grau máximo em termos de realizabilidade.

Em boa hora, nos idos de 1950, Vezio Crisafulli escreveu artigo intitulado "Eficácia das normas constitucionais programáticas", insurgindo-se contra a teoria tradicional e sustentando, com sólida e consistente argumentação, que: (i) a eficácia das normas de programa é a mesma de qualquer norma jurídica, distinguindo-se apenas quanto ao fato de que tais normas se dirigem de modo mais marcante aos órgãos estatais, particularmente no que atina ao Poder Legislativo; (ii) são normas obrigatórias, ao menos para o legislador; e, por conseguinte, (iii) são inválidas as leis com elas colidentes[359].

Na esteira do que, de forma inaugural, foi exposto pelo constitucionalista italiano, podemos, com amparo ainda na doutrina nacional[360], extrair os seguintes efeitos concretos das normas constitucionais programáticas:

a) impõem um dever para o legislador ordinário;
b) condicionam a legislação futura, sob pena de ser declarada a inconstitucionalidade das leis com elas incompatíveis;
c) informam a concepção do Estado, vinculando a emissão de normatividade aos fins colimados;
d) estabelecem um *telos* para a interpretação, integração e aplicação das leis;
e) condicionam a atividade discricionária da Administração e do Poder Judiciário;
f) criam situações jurídicas subjetivas.

359 Cf. Vezio Crisafulli, "Efficacia delle norme costituzionali programmatiche", *Rivista Trimestrale di Diritto Pubblico*, 1951, p. 358. Eis as conclusões do autor: "1) riconoscimento della efficacia normativa anche delle disposizioni costituzionali esclusivamente programmatiche, le quali enunciano vere norme giuridiche, che sono perciò precettive non meno delle altre, sebbene rivolte originariamente e direttamente ai soli organi dello Stato, ed anzitutto e con certezza, almeno agir organi legislativi; 2) riconoscimento, nell'ordinamento vigente, della natura propriamente obbligatoria del vincolo derivante dalle norme costituzionali programmatiche agir organi legislativi, come conseguenza deita efficacia formale prevalente deita loro fonte (la Costituzione) rispetto alie altre leggi, ordinarie; 3) riconoscimento perciò della invalidità di leggi successive che fossero in contrasto con le norme costituzionali programmatiche e, secando la corrente dottrinale che sembra preferible, anche delle disposizioni di leggi preesistente, se ed in quanto con esse contrastanti".

360 Cf. José Afonso da Silva, *Aplicabilidade*, cit., p. 146-147.

7.5.1 O direito fundamental ao mínimo existencial

Ainda que sob o título "direito fundamental ao mínimo existencial", o tema não foi incluído no capítulo pertinente aos direitos individuais em decorrência da fortíssima conexão com os efeitos das normas programáticas.

Consubstanciado no "direito às condições mínimas de existência humana digna que não pode ser objeto de intervenção do Estado e que ainda exige prestações estatais positivas"[361], o direito fundamental ao mínimo existencial tem residência implícita na Constituição de 1988, principalmente a partir da elevação a fundamento do Estado brasileiro do princípio da dignidade da pessoa humana (art. 1º, III).

O direito fundamental ao mínimo existencial não deve ser confundido com os direitos sociais.

Explica-se: embora ambos tenham por propósito estabelecer uma exigência para atuação comissiva estatal, ao direito ao mínimo existencial não se poderá opor o óbice da "reserva do possível".

Certamente, quanto aos direitos sociais, é singular a situação em que o Poder Judiciário é provocado para resolver um problema de descumprimento de política pública de compostura social prevista na Constituição de 1988, quando, na oportunidade, poderá o administrador articular que o referido desatendimento decorreu das denominadas "escolhas trágicas" e que o direito social a respeito do qual se exige judicialmente a concretização não pode ser satisfeito de modo imediato, o que implicaria a solução de continuidade de outros programas sociais em razão da insuficiência de recursos para atendimento a todos eles.

O direito fundamental ao mínimo existencial, no entanto, não se presta ao exercício de raciocínio do gênero simplesmente porque se trata de *um caso concreto, individual,* que confere, por consequência, *um direito público subjetivo ao indivíduo* para exigir a pronta resposta do Estado quanto à satisfação de prestação para que continue viva a pessoa e possa viver em foros de condições mínimas de existência.

Observe-se, por exemplo, o conteúdo programático do art. 196 da Constituição Federal: "A saúde é direito de todos e dever do Estado, garantido mediante políticas sociais e econômicas que visem à redução do risco de doença e de outros agravos e ao acesso universal igualitário às ações e serviços para sua promoção, proteção e recuperação".

Se, no caso, houver propositura de ação civil pública pelo Ministério Público a fim de promover o atendimento ao comando constitucional e adoção de programa de atendimento pré-natal a todas as gestantes do Brasil, seria possível ao Poder Executivo, a depender efetivamente da hipótese, argumentar que a adoção de um tal programa repercutiria negativamente em relação a outros projetos vinculados à promoção da saúde e prevenção de doenças.

Mas, na circunstância, o que *nunca* poderá ser argumentado pelo administrador é a impossibilidade de prestar o atendimento pré-natal a uma gestante carente cuja prenhez pode ser considerada de alto risco.

361 Cf. Ricardo Lobo Torres, *A Cidadania Multidimensional na Era dos Direitos*, p. 262.

Não há qualquer margem para a arguição da reserva do possível, mais ainda porque o descumprimento da norma constitucional programática no tocante à mulher grávida carente e com graves problemas na gravidez poderá, inclusive, desencadear até a sua morte[362].

Mesmo no tocante a serviços e prestações relevantes a serem cumpridas pelo Estado, é possível afirmar que alguns deles são mais relacionados ao direito fundamental ao mínimo existencial que outros.

Assim, a ausência do serviço de telefonia, salvo casos extremos, não põe sob ameaça o núcleo essencial dos direitos que o indivíduo precisa ter para uma vida digna; no entanto, a ausência de outros serviços públicos, tais como os relativos à saúde, coleta de lixo ou de esgoto, pode afetar mais frequentemente os direitos mais básicos da pessoa e que materializam, de fato, a possibilidade de existência digna[363].

Mas é viável a indicação de rol de serviços e prestações do Estado que podem, objetivamente, contribuir para a fruição de determinado direito fundamental ao mínimo existencial.

Assim, esse rol poderá ser composto dos seguintes direitos:

a) educação fundamental;

b) saúde básica;

c) assistência aos desamparados; e

d) acesso à Justiça[364].

Também se incorpora ao direito fundamental ao mínimo existencial o *patrimônio mínimo*, tendo em vista a correlação necessária com o núcleo essencial da dignidade da pessoa humana, como é o caso do direito à moradia, tema sobre o qual a jurisprudência tem acolhido a tese do patrimônio mínimo como corolário do direito ao mínimo existencial, remarcando-o com o aspecto da impenhorabilidade do bem de família[365].

O mesmo vêm entendendo os tribunais em relação aos móveis que guarnecem a moradia[366].

---

362 "Impossibilidade de invocação, pelo Poder Público, da cláusula da reserva do possível sempre que puder resultar, de sua aplicação, comprometimento do núcleo básico que qualifica o mínimo existencial" (STF, AI 583.476/SC, *DJ* de 24-5-2010).

363 Cf. Alexandre Aragão, *Serviços Públicos e Direitos Fundamentais:* Disponível em: <http://www.abar.org.br/ Artigo_aragao.pdf>. Acesso em: 27-11-2006.

364 Cf. Ana Paula de Barcellos, "O começo da história. a nova interpretação constitucional e o papel dos princípios no direito brasileiro", in: Luís Roberto Barroso (org.), *A Nova Interpretação Constitucional:* ponderação, direitos fundamentais e relações privadas, p. 258.

365 "(...) A impenhorabilidade proclamada pela Lei 8.009/90 objetiva proteger bens patrimoniais familiares essenciais à habitabilidade condigna. Essa inspiradora proteção social, com origem no *homestead* (EUA), objetiva manter as guarnições da casa, protegendo o devedor das agruras de viver sem o mínimo de condições de comodidade (...)" (STJ, EREsp 110.436/SP, rel. Min. Luiz Pereira, j. em 6-12-1999).

366 "PENHORA – TELEVISOR E *FREEZER* – BEM DE FAMÍLIA – LEI N. 8.009/90 – APLICABILIDADE.

7.6 EFICÁCIA DO PREÂMBULO

Diversas Constituições modernas, como a de Weimar (1919), do Japão (1946), da Grécia (1975), da Espanha (1978), entre inúmeras outras, passaram a inscrever, fora do plexo dos artigos mas no bloco de constitucionalidade, por certo como resultado de um processo constituinte subsequente à ruptura institucional, um preâmbulo, cujo conteúdo, à feição de suma dos objetivos primordiais da unidade política, é a síntese do que se propõe a realizar o Estado.

É o preâmbulo, assim, a eloquente advertência sobre a necessidade de o Estado, sempre, pugnar pela consecução dos fins desenhados no texto constitucional, de acordo com uma concepção instrumentalista do fenômeno estatal.

Assinala Jorge Miranda que "o alcance político e literário do preâmbulo é evidente em qualquer Constituição. Ele reflete a opinião pública ou o projeto de que a Constituição reúna a sua força; mais do que no articulado as palavras adquirem aqui todo o seu valor semântico e a linguagem todo o seu poder simbólico".

"Menos palpável é o sentido jurídico. Dizer que aí se descobre o espírito da constituição não basta para se apreender a exata natureza do preâmbulo tanto à face do articulado constitucional quanto à face das leis ordinárias"[367].

Tornar o preâmbulo, meramente, sinônimo de exortação moral direcionada aos aplicadores *lato sensu* da constituição, não resolve o problema.

Pior ainda: incluir o preâmbulo entre feixe de persuasões de consciência é retirar-lhe a conatural juridicidade, já que se encontra, muito embora à parte propriamente do articulado, residindo em uma constituição, e tal fato é indicativo da compostura jurídica de tais disposições.

Cuida, portanto, de investigar a eficácia jurídica do preâmbulo.

Teses sobre a eficácia do preâmbulo. Há divergência dos constitucionalistas a respeito, que oscilam entre a adoção de três teses principais:

a) a *tese da eficácia idêntica à de qualquer preceito constitucional;*

b) a *tese da irrelevância jurídica;* e

c) a *tese da relevância jurídica específica ou indireta*[368].

A primeira delas acentua que a inscrição preambular em nada se diferencia dos demais preceitos de uma constituição escrita.

De acordo com a segunda posição, o preâmbulo não pertence ao domínio do direito e sim da política, razão pela qual deve ser estudado pela ciência política, não pela ciência jurídica.

A impenhorabilidade estabelecida pela Lei n. 8.009/90 abrange o aparelho de televisor e o *freezer* por serem considerados como essenciais à habitabilidade condigna de uma família" (TJMS, AC 2002.009400-5, 1ª T. Cív., rel. Des. Atapoã da Costa Feliz, j. em 19-11-2002).

367 Cf. Jorge Miranda, *Manual de Direito Constitucional*, p. 209.

368 Idem, ibidem.

Os defensores da terceira tese admitem que o preâmbulo porta características jurídicas, estando, assim, vinculado ao bloco de constitucionalidade; contudo, tais caracteres são específicos e não podem ser confundidos com os demais articulados[369].

Acompanhamos o entendimento daqueles que veem no preâmbulo norma constitucional como outra qualquer, diferenciando apenas no que concerne à eficácia jurídica.

Evidentemente, não é razoável conceber a inconstitucionalidade de determinada lei ordinária em razão de dispor desta ou daquela maneira a norma preambular, já que não lhe pode ser outorgada eficácia jurídica absoluta, nem se torna possível, de outro tanto, extrair-lhe efeitos concretos de sorte a tornar imediatamente operativo o seu comando; e, por conseguinte, "(...) não há inconstitucionalidade por violação do preâmbulo como texto *a se*, só há inconstitucionalidade por violação dos princípios consignados na Constituição"[370].

Os princípios introduzidos em preâmbulo possuem idêntica eficácia à dos princípios adscritos no texto principal de uma constituição.

Eficácia do preâmbulo e a jurisprudência do STF. O Supremo Tribunal Federal admitiu exegese segundo a qual as disposições do Preâmbulo, por não se converterem em normas centrais da Constituição de 1988, não são de reprodução obrigatória no contexto das constituições dos Estados-Membros.

Observe-se o pronunciamento da Corte: ADIn 2.076-5/AC, rel. Min. Carlos Velloso, *DJ* de 8-8-2003: "(...) PREÂMBULO. NORMAS CENTRAIS. Constituição do Acre. I – Normas centrais da Constituição Federal: essas normas são de reprodução obrigatória na Constituição do Estado-Membro, mesmo porque, reproduzidas, ou não, incidirão sobre a ordem local. Reclamações 370-MT e 383-SP (RTJ 147/404). II – Preâmbulo da Constituição: não constitui norma central. Invocação da proteção de Deus: não se trata de norma de reprodução obrigatória na Constituição estadual, não tendo força normativa. III – Ação direta de inconstitucionalidade julgada improcedente".

7.7 NORMA CONSTITUCIONAL COM EFICÁCIA PLENA

Norma constitucional com eficácia plena prescinde da intermediação do legislador ordinário para que se lhe integre inteira operatividade. É enunciado que se encontra, desde a sua edição, à contígua incidência sobre os demais preceitos rema-

369 Esta é a posição adotada, por exemplo, por Carlos Maximiliano, ao concluir que, "embora o preâmbulo não seja parte integrante da lei básica, serve para determinar os fins para os quais foi elaborada, e, por eles, indica a verdadeira interpretação dos pontos duvidosos" (cf. *Comentários à Constituição Brasileira*, p. 115).

370 Cf. Jorge Miranda, *Manual*, cit., p. 211. Em nota de rodapé (a de n. 4), o constitucionalista português adverte que o art. 93 da Constituição francesa de 1946 excluía do controle de constitucionalidade os princípios inseridos no preâmbulo.

nescentes no ordenamento. É normatividade que se aplica, direta e imediatamente, sobre o sucesso no mundo físico, ordenando-o.

Presenciamos diversas normas constitucionais com eficácia plena, como o art. 1º, *caput*; a maioria dos direitos individuais assegurados no art. 5º (inclusive em face da expressa referência do § 1º do art. 5º).

Muitos dos direitos sociais dos trabalhadores também podem ser incluídos na classificação, tais como a duração do trabalho não superior a oito horas diárias e quarenta e quatro semanais, facultada a compensação de horários e a redução de jornada, mediante negociação coletiva (art. 7º, XIII); remuneração superior das horas extraordinárias (art. 7º, XVI); igualdade de direitos entre o trabalhador com vínculo empregatício e o avulso (art. 7º, XXXIV) etc.

No campo dos direitos da nacionalidade, o art. 12, I, *a* a *c*, e no contexto dos direitos políticos, o regramento consubstanciado no art. 17, *caput*, tem eficácia plena, assim como as normas organizativas dos arts. 18 e 19 e todas as outras disposições constitucionais que versem sobre a distribuição de competências.

Enfim, são inúmeros os preceptivos que detêm eficácia plena, cabendo ao estudioso do direito constitucional empreender exame casuístico para desencobrir o âmbito eficacial de cada um deles.

7.8 NORMA CONSTITUCIONAL COM EFICÁCIA RELATIVA RESTRINGÍVEL

A classificação da norma constitucional com eficácia relativa restringível veio atender a uma determinada espécie de preceitos incluídos na máxima ordenação. São aqueles que, conquanto promovam expressa remissão a lei futura, não podem ser equiparados às normas com eficácia relativa complementável (ou limitada) porque desde a sua origem estão aptos à produção dos seus efeitos próprios. O único traço que os distingue da norma com eficácia plena, entretanto, prende-se à circunstância de que a sua amplitude poderá ser reduzida por ulterior lei em sentido formal ou mesmo ato judicial, como se verá adiante.

Porta eficácia relativa restringível a ordem promanada do art. 5º, XIII[371], da Constituição. Anote-se que, muito embora esteja o enunciado entre as proposições representativas dos direitos e garantias individuais, não se pode duvidar que a liberdade quanto à escolha de ofício ou profissão encerra também uma conotação socioideológica, na medida em que a garantia da livre opção quanto à atividade a desempenhar reconduz, sempre, à ideia de melhoria de condições de existência para quem a exerce.

Assim, vamos ao art. 5º, XIII: "é livre o exercício de qualquer trabalho, ofício ou profissão, atendidas as qualificações profissionais que a lei estabelecer".

371 Art. 5º, XIII: "É livre o exercício de qualquer trabalho, ofício ou profissão, atendidas as qualificações profissionais que a lei estabelecer".

Significa, em suma: até que lei posterior discipline o exercício da atividade, estabelecendo, inclusive, limitações, é plena a ordem constitucional, não se podendo impor qualquer óbice à fruição da garantia.

José Afonso da Silva indica que "(...) o princípio da liberdade de exercício profissional, consignado no dispositivo, é de aplicabilidade imediata. Seu conteúdo envolve também a escolha do trabalho, do ofício ou da profissão, não apenas o seu exercício. O legislador ordinário, não obstante, pode estabelecer condições de capacidade para tanto. Se, num caso concreto, não houver lei que preveja essas condições, surge o direito subjetivo pleno do interessado, e a regra da liberdade se aplica desembaraçadamente"[372].

Para melhor compreender a questão, é elucidativo o recurso ao exemplo. Imagine-se, assim, a profissão de advogado, cujas limitações e prerrogativas estão presentes na Lei n. 8.906/94. Antes dela, porém, existia a Lei n. 4.215, de 27 de abril de 1963, que desempenhava o idêntico papel de regular o exercício da advocacia.

Pergunta: como se disciplinava a profissão antes da Lei n. 4.215/63?

A resposta é uma só: simplesmente não existiam normas tendentes a disciplinar a profissão de advogado, tanto que proliferavam à época pessoas leigas – os chamados "rábulas" –, cuja autorização para a defesa em juízo se escudava tão só na completa ausência de limitações ao exercício da advocacia por parte do sistema do direito positivo.

É óbvio que a superveniente edição de lei regulamentadora da profissão tornou compulsório o atendimento aos requisitos nela fixados, entre os quais a graduação em curso de direito, reconhecido pela autoridade administrativa competente.

E é óbvia também a impossibilidade de opor as novas regras a tantos que já exerciam a advocacia em face do direito adquirido.

A divagação, contudo, teve o propósito de assinalar a relevância das normas constitucionais com eficácia relativa restringível, em sede das quais não se admitem contenções outras a não ser aquelas expressamente estabelecidas pela Constituição.

E, ainda assim, impor-se-ão tais limitações somente quando a lei, em sentido formal, ou o ato judicial – legitimamente considerados pela Constituição como instrumentos limitativos do espectro da norma – vierem a ser implementados por quem estiver autorizado para tanto.

Outro dispositivo dotado de eficácia relativa restringível é o que consagra a inviolabilidade do domicílio[373].

Nota-se, no caso, que a contenção ao direito individual não promana de ato legislativo (como se costuma acreditar ser a característica de tais normas), mas sim de *ato judicial*. É a ordem do magistrado competente que autorizará, de modo legítimo,

---

372 Cf. José Afonso da Silva, *Aplicabilidade*, cit., p. 94.

373 Art. 5º, XI: "A casa é asilo inviolável do indivíduo, ninguém nela podendo penetrar sem consentimento do morador, salvo em caso de flagrante delito ou desastre, ou para prestar socorro, ou, durante o dia, por determinação judicial".

o afastamento da inviolabilidade do domicílio para, por exemplo, durante o dia, ser realizado um ato processual qualquer, como o cumprimento de mandado de prisão, busca e apreensão etc.

Ultimados os aspectos propedêuticos em derredor do tema, um último raciocínio pode e deve ser empreendido no que concerne às normas com eficácia relativa restringível. Refere-se ao seguinte: seria constitucional a edição de lei que, a pretexto de atender ao comando da Constituição, viesse, de fato e na realidade, praticamente a tornar inviável a fruição do direito consubstanciado em tais disposições? Ou melhor, utilizando ainda a Lei n. 8.906/94: seria compatível com a liberdade de ação profissional, exigir, por exemplo, que os bacharéis em direito se submetessem a exame de ordem todo ano, durante os dez anos seguintes à graduação, a fim de obterem a autorização para o exercício da advocacia?

É claro que o reconhecimento da inconstitucionalidade da exigência imposta na lei regulamentadora se atém a procedimento casuístico, mas, no particular, não teríamos receio em concluir pela incompatibilidade vertical de lei ordinária que promovesse tão insólita exigência, pelo que encerra transgressão ao princípio da proporcionalidade.

7.9 NORMA CONSTITUCIONAL COM EFICÁCIA RELATIVA COMPLEMENTÁVEL

As normas constitucionais com eficácia relativa complementável são as que se aplicam mediatamente.

Maria Helena Diniz anota: "Sua possibilidade de produzir efeitos é mediata, pois, enquanto não for promulgada aquela lei complementar ou ordinária, não produzirão efeitos positivos, mas terão eficácia paralisante de efeitos de normas precedentes incompatíveis e impeditivo de qualquer conduta contrária ao que estabelecerem"[374].

As normas com eficácia complementável podem ser de princípio institutivo ou organizativo, quando dão corpo a instituições ou órgãos, ou de princípio programático, quando apontam para as metas a serem alcançadas pela unidade política.

Exemplos de norma constitucional programática são os arts. 1º, IV; 170, *caput*, e inciso VIII; 182, *caput*; 192, *caput*; 194, *caput*; 196, *caput*; 205, *caput*; 215, *caput*; 225, *caput*, apenas para enunciar algumas das inúmeras disposições constitucionais de contextura programática.

De contraparte, como indicação de normas de princípio institutivo, podem ser citados os arts. 18, §§ 2º a 4º; 33, *caput*; 39, *caput*; 98, I e II; 131, *caput*; 134, parágrafo único; entre outras.

7.10 A CONSTITUCIONALIZAÇÃO SIMBÓLICA

Ao término deste Capítulo, mostra-se apropriado indicar algumas ideias em

374 Cf. *Norma Constitucional e seus Efeitos*, p. 101.

torno da "constitucionalização simbólica" e que guardam afinidade com o tema aplicabilidade das normas constitucionais.

Com efeito, a deliberada opção do legislador constituinte originário para positivar comandos constitucionais, que se sabe não implementáveis, pode conduzir o intérprete à adoção de comportamento céptico a respeito do verdadeiro papel cometido às constituições.

Por isso, torna-se juridicamente necessário entender a função do símbolo para a ponência de comandos constitucionais e para explicar a generalizada ausência de concretização da constituição.

Marcelo Neves, com base no pensamento de Harald Kindermann, apresenta o conteúdo da legislação simbólica:

a) *confirmar valores sociais*;
b) *demonstrar a capacidade de ação do Estado*; e
c) *adiar a solução de conflitos sociais através de compromissos dilatórios*[375].

A constitucionalização simbólica assume, por sua vez, dois aspectos distintos:

a) o *negativo* (insuficiente concretização normativo-jurídica do texto constitucional);
b) o *positivo* (função político-ideológica da atividade constituinte)[376].

Num contexto negativo, identifica-se a constitucionalização simbólica com a falta de efetivação dos comandos constitucionais, o que, inclusive, já foi referido linhas atrás.

Em contrapartida, o aspecto positivo conduz a um "constitucionalismo aparente", o que corresponde à tentativa de imunizar o sistema político contra outras alternativas. "Através dele, não apenas podem permanecer inalterados os problemas e relações que seriam normatizados com base nas respectivas disposições constitucionais, mas também ser obstruído o caminho das mudanças sociais em direção ao proclamado Estado Constitucional"[377].

Embora se possa promover alguma associação entre constitucionalização simbólica e cláusulas programáticas, o fato é que uma identificação absoluta entre ambos os fenômenos normativos deve ser evitada.

É que às normas programáticas, como vimos ao longo do Capítulo, vem sendo reconhecido o caráter jurígeno de suas disposições, o que não acontece com outras, acertadamente, denominadas "pseudoprogramáticas", pois não existe possibilidade de efetivação concreta da garantia de que trata, constituindo autêntica "letra morta", sendo relevantes apenas numa dimensão político-ideológica[378].

375 Cf. *A Constitucionalização Simbólica*, p. 34.

376 Idem, p. 83-92.

377 Idem, p. 89.

378 Idem, p. 104.

7.10.1 Constitucionalização simbólica, autopoiese e alopoiese

Proveniente do grego *autós* ("por si próprio") e *poiesis* ("criação"), autopoiese significa que o sistema é constituído pelos elementos produzidos por ele próprio. Todo sistema vivo estaria vinculado a um processo de criação, produção, destruição e regeneração de elementos intrassistêmicos.

Alopoiese, de contraparte, significa que "o respectivo sistema é determinado, então, por injunções diretas do mundo exterior, perdendo em significado a própria diferença entre sistema e meio ambiente"[379].

A constitucionalização simbólica conduziria à concepção alopoiética do direito porque, "em face da realidade social discrepante, o modelo constitucional é invocado pelos governantes como álibi: transfere-se a 'culpa' para a sociedade desorganizada, 'descarregando-se' de responsabilidade o Estado ou o governo constitucional"[380].

379 Idem, p. 125.

380 Idem, p. 161.

CONTROLE DE CONSTITUCIONALIDADE

8.1 SUPREMACIA DA CONSTITUIÇÃO

A constituição é a norma organizativa da sociedade política estatal. Nela estão disciplinados a forma de aquisição e o modo de exercício do poder político, a tripartição das funções do Estado, os direitos e garantias fundamentais.

Sendo, como é, o conjunto de disposições básicas reguladoras da vida do Estado, torna-se clara a posição hierárquica proeminente das normas constitucionais diante das demais leis do ordenamento jurídico.

A supremacia da constituição resulta, consequentemente, do seu caráter inicial e fundante do sistema jurídico.

Essa supremacia assume, contudo, duas feições:

a) *material*;

b) *formal*.

Dizer que a constituição é portadora de supremacia material é o mesmo que afirmar a submissão ao conteúdo de tudo quanto nela está contido.

Por outro lado, defender a sua supremacia formal é admitir a existência de processo legislativo mais solene e demorado para a mudança da constituição.

Por conseguinte, todas as funções estatais devem reverência incondicionada aos comandos constitucionais à vista da indigitada supremacia formal.

Nem sempre foi assim, no entanto.

Com efeito, durante muito tempo se pensou que a simples conformação da atividade do Poder Executivo ao princípio da legalidade seria suficiente para, *per se*, determinar a ampla proteção dos indivíduos; todavia, ao protegê-los da arbitrariedade desse Poder, os sistemas constitucionais deixaram o cidadão sem defesa diante da arbitrariedade do legislador, capaz de promulgar uma lei contrária ao princípio da liberdade individual proclamado pela constituição, razão por que o controle de constitucionalidade é garantia instrumental das liberdades individuais e consolida, de fato, o fenômeno da *racionalização do poder*, aqui materializado na jurisdição constitucional[381].

381 Cf. Mirkine-Guetzèvitch, *Les Nouvelles Tendances du Droit Constitutionnel*, p. 35.

Se o traço característico da supremacia formal é a previsão de normas especiais para o processo de alteração do texto constitucional, logicamente decorre que apenas as constituições rígidas podem situar-se em patamar mais elevado do sistema normativo, e somente elas, portanto, podem funcionar como paradigma regulador das leis em tema de controle de constitucionalidade.

8.2 TIPOS DE INCONSTITUCIONALIDADE

Antes de propriamente iniciarmos o estudo do controle de constitucionalidade, é recomendável apresentar os tipos de inconstitucionalidades reconhecidas pela doutrina[382].

8.2.1 Inconstitucionalidade material, formal e orgânica. A inconstitucionalidade chapada

Podem ser referidas inicialmente as seguintes inconstitucionalidades:

a) *material;*

b) *formal;* e

c) *orgânica.*

Quando a ofensa está relacionada ao conteúdo da norma em face da constituição, diz-se que a inconstitucionalidade é *material.*

Será *formal* quando se desrespeita o processo para formação das leis – infração às normas disciplinadoras do processo legislativo.

De contraparte, será *orgânica,* quando ofensiva às normas determinantes da competência.

Já, aqui, um registro merece ser feito: *toda incompatibilidade de natureza orgânica reconduz à de ordem formal.*

Se, por exemplo, o § 1º, I, do art. 61 da Constituição enuncia que são de iniciativa reservada do Presidente da República as leis que fixem ou modifiquem o efetivo das Forças Armadas, é intuitivo que a norma constitucional se dirige ao regramento do processo legislativo, impedindo que outra autoridade o inicie.

Sem dúvida, trata-se de norma de competência incluída no contexto do procedimento constitucionalmente estabelecido para a formação das leis. Em síntese: a inconstitucionalidade orgânica é espécie do gênero inconstitucionalidade formal.

Se bem que se não possa propriamente referir como subespécie das inconstitucionalidades material, formal ou orgânica, é possível aludir à denominada inconstitucionalidade *chapada,* cuja afinidade com a classificação em epígrafe se dá em razão da superlativa e evidente ofensa à constituição.

---

382 Valemo-nos, no caso, da classificação adotada por J. J. Gomes Canotilho e Vital Moreira, *Fundamentos da Constituição,* Coimbra: Coimbra Ed., 1991, p. 265-270.

Assim, diz-se *chapada* a inconstitucionalidade quando a norma que se impugna é escancaradamente inconstitucional, seja quanto ao conteúdo, seja quanto ao modo de produção legislativa.

Deve-se a terminologia à jurisprudência do STF, de modo específico à originalidade de Sepúlveda Pertence (ADIn-MC 1.802/DF, *DJ* de 13-2-2004, p. 10).

8.2.2 Inconstitucionalidade imediata e derivada

Merecem referência as inconstitucionalidades:

a) *imediata*; e

b) *derivada*.

A imediata decorre do exame da compatibilidade entre a constituição e determinada norma, sem que haja intermediação de qualquer outro veículo normativo.

A derivada pressupõe a existência de lei ou ato normativo entre a espécie considerada inconstitucional e a constituição.

O recurso a exemplo pode viabilizar maior clareza: imagine-se que o Congresso Nacional confira ao Presidente da República competência para editar determinada lei delegada, conforme autoriza o art. 68, *caput*, da Constituição.

Suponha-se também que a delegação legislativa tenha obedecido os ditames do § 1º e incisos I a III do art. 68[383]; mas, em vez de resolução do Congresso Nacional (§ 2º do art. 68), a lei delegada fora introduzida por decreto legislativo.

Se o Presidente da República disciplinar a matéria por meio da lei delegada[384], será ela inconstitucional, não em razão do seu conteúdo, mas sim por força de que o ato normativo que lhe deu surgimento não foi o prescrito pela constituição. Inconstitucionalidade, no caso, derivada, porque atinge o ato que deu origem à lei.

8.2.3 Inconstitucionalidade parcial e total

Nem sempre, por outro lado, a inconstitucionalidade afeta a norma em sua inteireza.

É mesmo raro que uma lei seja completamente incompatível com a constituição.

Nesses casos, está-se diante da inconstitucionalidade *parcial*, em oposição à *total*.

383 "§ 1º Não serão objeto de deliberação os atos de competência exclusiva do Congresso Nacional, os de competência privativa da Câmara dos Deputados ou do Senado Federal, a matéria reservada à lei complementar, nem a legislação sobre: I – organização do Poder Judiciário e do Ministério Público, a carreira e a garantia dos seus membros; II – nacionalidade, cidadania, direitos individuais, políticos e eleitorais; III – planos plurianuais, diretrizes orçamentárias e orçamentos."

384 É oportuno informar que as disposições do art. 68 e parágrafos da Constituição perderam, atualmente, importância prática, porque o Presidente da República pode valer-se de medida provisória para disciplinar determinada matéria, não precisando se submeter, portanto, às prescrições relacionadas ao rito para edição de lei delegada.

No Brasil, se o Presidente da República, com suporte na ideia de que a proposição, ainda que parcialmente, encerra vício de inconstitucionalidade, apuser veto parcial ao projeto de lei, somente poderá abranger texto integral de artigo, de parágrafo, de inciso ou de alínea (§ 2º do art. 66 da CF). É plenamente justificável a proibição firmada em caráter constitucional, porquanto o chefe do Poder Executivo federal poderia exercer o direito de veto no tocante a palavras ou termos do enunciado normativo, convertendo uma vedação em permissão e modificando totalmente o sentido da norma (por exemplo: "Não será permitido isso ou aquilo" para "Será permitido isso ou aquilo").

Sucede que, por vezes, estão de tal forma ligados os dispositivos legais não declarados inconstitucionais com aquele cuja incompatibilidade fora certificada pelo Poder Judiciário que, em verdade, torna-se inadequada a declaração parcial de inconstitucionalidade.

Gilmar Ferreira Mendes assinala que "não se deve olvidar que o grau de dependência entre as disposições legais pode determinar a declaração de inconstitucionalidade de toda a lei, uma vez que determinados preceitos não são dotados de vida própria. Há de se declarar a inconstitucionalidade total, igualmente, se as partes defeituosas estiverem de tal forma integradas no complexo normativo, que uma declaração parcial, ainda que tecnicamente possível, representasse a criação de lei nova (sic), com a usurpação das funções legislativas"[385].

Ressalta ainda o autor que o STF distingue esses dois casos de inconstitucionalidade total ao determinar a relação de *dependência*, quando, de modo objetivo, o trecho normativo isento do vício não detém autonomia, ou a relação de *interdependência*, quando se põe inviável uma separação, quer em virtude de as disposições legais formarem unidade incindível, quer porque a declaração parcial de inconstitucionalidade poderia representar intromissão indevida na esfera da competência legislativa[386].

8.2.4 Inconstitucionalidade comissiva e omissiva

Importante, de igual modo, a referência às inconstitucionalidades:

a) *comissiva*; e

b) *omissiva*.

Será comissiva quando um ato positivo do Poder Público determinar a incompatibilidade com as normas constitucionais; é uma ação no âmbito da esfera pública que vulnera o texto constitucional.

Será omissiva quando consubstanciada em um não fazer do Estado. Omite-se quanto à adoção de medida para tornar efetiva norma constitucional (§ 3º do art. 103 da CF).

385 Cf. *Controle de Constitucionalidade*, p. 281.

386 Idem, ibidem.

8.2.5 Inconstitucionalidade originária e superveniente

Há, por fim, as inconstitucionalidades

a) *originária*; e
b) *superveniente*.

Gomes Canotilho e Vital Moreira esclarecem que "a inconstitucionalidade tanto pode existir no momento da formação da norma, como ocorrer apenas posteriormente, por efeito de alteração da constituição. (...) uma norma que não é inconstitucional no momento da sua formação, pode vir a sê-lo quando se verifique modificação do parâmetro constitucional"[387].

Todavia, em se tratando de lei anterior à Constituição, que seja com esta incompatível, o STF não admite a tese da inconstitucionalidade superveniente, chegando mesmo a concluir que ação direta proposta em tal sentido deve ser extinta sem resolução de mérito por impossibilidade jurídica do pedido.

Observe-se a seguinte decisão: "CONSTITUIÇÃO. LEI ANTERIOR QUE A CONTRARIE. REVOGAÇÃO. INCONSTITUCIONALIDADE SUPERVENIENTE. IMPOSSIBILIDADE. A lei ou é constitucional ou não é lei. Lei inconstitucional é uma contradição em si. A lei é constitucional quando fiel à Constituição; inconstitucional, na medida em que desrespeita, dispondo sobre o que lhe era vedado. O vício da inconstitucionalidade é congênito à lei e há de ser apurado em face da Constituição vigente ao tempo de sua elaboração. Lei anterior não pode ser inconstitucional em relação a Constituição superveniente; nem o legislador poderia infringir Constituição futura. A Constituição sobrevinda não torna inconstitucionais leis anteriores com ela conflitantes: revoga-as. Pelo fato de ser superior, a Constituição não deixa de produzir efeitos revogatórios. Seria ilógico que a lei fundamental, por ser suprema, não revogasse, ao ser promulgada, leis ordinárias. A lei maior valeria menos que a lei ordinária (...)" (STF, ADIn 521/MT, rel. Min. Paulo Brossard, j. em 7-2-1992).

E mais: "(...) não há falar em inconstitucionalidade superveniente. Tem-se, em tal caso, a aplicação da conhecida doutrina de Kelsen: as normas infraconstitucionais anteriores à Constituição, com esta incompatíveis, não são por ela recebidas. Noutras palavras, ocorre derrogação, pela constituição nova, de normas infraconstitucionais com esta incompatíveis" (STF, RE 396.386/SP, rel. Min. Carlos Velloso, j. em 13-8-2004).

Igualmente não é admissível no âmbito da jurisprudência do STF a denominada *constitucionalidade superveniente*, isto é, alteração constitucional que torne material ou formalmente adequada à Constituição norma que antes era considerada incompatível com ela.

Assim decidiu o STF: "CONSTITUCIONALIDADE SUPERVENIENTE – ARTIGO 3º, § 1º DA LEI 9.718, DE 27 DE NOVEMBRO DE 1998 – EMENDA CONSTITUCIONAL N. 20, DE 15 DE DEZEMBRO DE 1998. O sistema jurídico brasileiro não

387 Cf. *Fundamentos da Constituição*, p. 268.

contempla a figura da constitucionalidade superveniente" (STF, RE 390.840/MG, rel. Min. Marco Aurélio, j. em 9-11-2005).

8.3 MOMENTOS PARA A EFETIVAÇÃO DO CONTROLE DE CONSTITUCIONALIDADE

A própria constituição, por vezes, apresenta procedimentos tendentes a evitar o aparecimento de leis que colidam com o seu conteúdo. É o chamado controle preventivo da constitucionalidade.

No Brasil, a Constituição de 1988 oferece exemplo do controle no § 1º do art. 66: "Se o Presidente da República considerar o projeto, no todo ou em parte, inconstitucional ou contrário ao interesse público, vetá-lo-á total ou parcialmente, no prazo de quinze dias úteis, contados da data do recebimento, e comunicará, dentro de quarenta e oito horas, ao Presidente do Senado Federal os motivos do veto".

Preventivo porque o Chefe do Poder Executivo federal detém a prerrogativa de recusar a sanção ao projeto de lei, ou a parte dele, quando o conteúdo estiver ofendendo a Constituição.

Logo, no nosso sistema constitucional, o controle preventivo é consumado pelo Chefe do Poder Executivo quando examina o projeto de lei no âmbito da sua compatibilidade com a Constituição.

Mas há também comissão das Casas Legislativas que possuem a prerrogativa de *impedir*, *prevenir* o ingresso de norma inconstitucional no sistema. É a Comissão de Constituição e Justiça, que decorre da norma organizativa do art. 58 e tem sua disciplina específica ditada nos respectivos regimentos internos do Senado e da Câmara dos Deputados (art. 101 do RISF e art. 32, III, do RICD).

Diferentemente do que sucede em Portugal[388], não contamos com a possibilidade de controle judicial preventivo[389], se bem que o STF tenha acenado para a legiti-

---

388 "Artigo 279º (Efeitos da decisão) 1. Se o Tribunal Constitucional se pronunciar pela inconstitucionalidade de norma constante de qualquer decreto ou acordo internacional, deverá o diploma ser vetado pelo Presidente da República ou pelo Ministro da República, conforme os casos, e devolvido ao órgão que o tiver aprovado. 2. No caso previsto no n. 1, o decreto não poderá ser promulgado ou assinado sem que o órgão que o tiver aprovado expurgue a norma julgada inconstitucional ou, quando for caso disso, o confirme por maioria de dois terços dos Deputados presentes, desde que superior à maioria absoluta dos Deputados em efectividade de funções. 3. Se o diploma vier a ser reformulado, poderá o Presidente da República ou o Ministro da República, conforme os casos, requerer a apreciação preventiva da constitucionalidade de qualquer das suas normas. 4. Se o Tribunal Constitucional se pronunciar pela inconstitucionalidade de norma constante de tratado, este só poderá ser ratificado se a Assembleia da República o vier a aprovar por maioria de dois terços dos Deputados presentes, desde que superior à maioria absoluta dos Deputados em efectividade de funções."

389 Atente-se para trecho da ementa da decisão do STF prolatada na ADIn 466-2, rel. Min. Celso de Mello, *DJ* de 10-5-1992: "(...) O direito constitucional positivo brasileiro, ao longo de sua evolução histórica, jamais autorizou – como a nova Constituição promulgada em 1988, também não o admite – o sistema de controle jurisdicional preventivo de constitucionalidade, em abstrato. Inexiste, desse modo, em

midade de parlamentar impugnar ato do processo legislativo, por inconstitucionalidade material ou formal, praticado pela Mesa da Casa Legislativa à qual pertence[390].

Mas, suponha-se ter o projeto de lei ultrapassado o prazo indicado no § 1º do art. 66 sem que o Presidente da República o tenha vetado. Urge, nessas hipóteses – bastante comuns, é bom frisar –, sejam criados instrumentos para retirar do ordenamento jurídico a norma ofensiva à Constituição. É o controle repressivo, cujos sistemas veremos a seguir.

---

nosso sistema jurídico, a possibilidade de fiscalização abstrata preventiva da legitimidade constitucional de meras proposições normativas pelo Supremo Tribunal Federal. Atos normativos 'in fieri', ainda em fase de formação, com tramitação procedimental não concluída, não ensejam e nem dão margem ao controle concentrado ou em tese de constitucionalidade, que supõe – ressalvadas as situações configuradoras de omissão juridicamente relevante – a existência de espécies normativas definitivas, perfeitas e acabadas. Ao contrário do ato normativo – que existe e que pode dispor de eficácia jurídica imediata, constituindo, por isso mesmo, uma realidade inovadora da ordem positiva –, a mera proposição legislativa nada mais encerra do que simples proposta de direito novo, a ser submetida à apreciação do órgão competente, para que, de sua eventual aprovação, possa derivar, então, a sua introdução formal no universo jurídico. A jurisprudência do Supremo Tribunal Federal tem refletido claramente essa posição em tema de controle normativo abstrato, exigindo, nos termos do que prescreve o próprio texto constitucional – e ressalvada a hipótese de inconstitucionalidade por omissão – que a ação direta tenha, e só possa ter, como objeto juridicamente idôneo, apenas leis e atos normativos, federais e estaduais, já promulgados, editados e publicados (...)".

390 MS n. 24.645, rel. Min. Celso de Mello. Observe-se o elucidativo trecho da ementa do Acórdão: "Titulares do poder de agir em sede jurisdicional, portanto, tratando-se de controvérsia constitucional instaurada ainda no momento formativo do projeto de lei ou da proposta de emenda à Constituição, hão de ser os próprios membros do Congresso Nacional, a quem se reconhece, como líquido e certo, o direito público subjetivo à correta observância da disciplina jurídica imposta pela Carta Política, em tema de elaboração das espécies normativas. O parlamentar, fundado na sua condição de partícipe essencial do procedimento de formação das normas estatais, dispõe, por tal razão, da prerrogativa irrecusável de impugnar, em juízo, o eventual descumprimento, pela Casa legislativa, das cláusulas constitucionais que lhe condicionam, no domínio material ou no plano formal, a atividade de positivação dos atos normativos". Atente-se também para o MS 20.257/DF, rel. Min. Décio Miranda, *DJ* de 27-2-1981: "Mandado de segurança contra ato da Mesa do Congresso que admitiu a deliberação de proposta de emenda constitucional que a impetração alega ser tendente a abolição da República. Cabimento do mandado de segurança em hipóteses em que a vedação constitucional se dirige ao próprio processamento da lei ou da emenda, vedando a sua apresentação (como é o caso previsto no parágrafo único do artigo 57) ou a sua deliberação (como na espécie). Nesses casos, a inconstitucionalidade diz respeito ao próprio andamento do processo legislativo, e isso porque a constituição não quer – em face da gravidade dessas deliberações, se consumadas – que sequer se chegue a deliberação, proibindo-a taxativamente. A inconstitucionalidade, se ocorrente, já existe antes de o projeto ou de a proposta se transformar em lei ou em emenda constitucional, porque o próprio processamento já desrespeita, frontalmente, a constituição. Inexistência, no caso, da pretendida inconstitucionalidade, uma vez que a prorrogação de mandato de dois para quatro anos, tendo em vista a conveniência da coincidência de mandatos nos vários níveis da federação, não implica a introdução do princípio de que os mandatos não mais são temporários, nem envolve, indiretamente, sua adoção de fato. Mandado de segurança indeferido". Logo, no âmbito da jurisprudência do STF, comete-se a legitimidade ao parlamentar da Casa cujo projeto de lei ou proposta de emenda à Constituição esteja vulnerando, material ou formalmente, os dispositivos constitucionais.

8.4 SISTEMAS DE CONTROLE REPRESSIVO DAS NORMAS INCONSTITUCIONAIS

São três os sistemas de controle repressivo apontados pela ciência do direito constitucional:

a) *político;*
b) *jurídico;* e
c) *misto.*

8.4.1 Controle político

O controle político, surgido na França com o Senado Conservador, em 1799, como o nome já está a indicar, é efetivado por órgão político.

Tal controle é também denominado "sistema francês", em razão de sua gênese ter-se operado naquele país.

O antigo *Soviete Supremo* da extinta URSS é também exemplo de órgão que efetivava o controle político da adequação das leis e atos normativos à constituição.

Qual o propósito dessa espécie de controle?

Responde-nos Paulo Bonavides, com apoio na doutrina francesa: "A meta do controle político é, segundo Michel-Henry Fabre, assegurar a repartição constitucional das competências, relegando a segundo plano a proteção direta das liberdades individuais. O seu principal efeito, acrescenta o publicista, consiste em tolher o nascimento jurídico da lei inconstitucional"[391].

8.4.2 Controle judicial (*judicial review*)

O controle jurisdicional irrompeu nos Estados Unidos, em 1803, no célebre Caso *Marbury v. Madison*, quando o Juiz Marshall afirmou: *"The constitution is what the judge says it is"*[392].

391 Cf. *Curso de Direito Constitucional*, p. 271.

392 "A constituição é o que o juiz diz que ela é." É o seguinte o trecho da decisão histórica transcrita e traduzida por Rui Barbosa (cf. *Os Atos Inconstitucionais do Congresso e do Poder Executivo ante a Justiça Federal*, Rio de Janeiro: Companhia Impressora, 1893, p. 43-45): "Toda a construção do direito americano tem por base a noção de que o povo possui originariamente o direito de estabelecer, para o seu futuro governo, os princípios, que mais conducentes se lhe afigurem à sua utilidade. O exercício desse direito original é um insigne esforço: não pode, nem deve repetir-se frequentemente. Os princípios, que destarte uma vez se estabeleceram, consideram-se, portanto, fundamentais. E, como a autoridade, de que eles dimanam, é suprema, e raro se exerce, esses princípios têm destino permanente. A vontade primitiva e soberana organiza o governo, assinando-lhe os diferentes ramos, as respectivas funções. A isto pode cingir-se; ou pode estabelecer raias que eles não devam transpor. Nesta última espécie se classifica o governo dos Estados Unidos. Definiram-se e demarcaram-se os poderes da legislatura; e, para que sobre tais limites não ocorresse erro, ou deslembrança, fez-se escrita a Constituição. Com que fim se estipularia essa estipulação a escrito, se os limites prescritos pudessem ser ultrapassados exatamente por aqueles, que ela se propunha a coibir? Acabou-se a distinção entre os governos de poderes limitados e os de poderes indefinidos, se os confins, que se

A doutrina se refere a tal controle como "sistema americano".

8.4.3 Controle misto

Há ainda o controle misto, em que parte das normas é submetida a controle judicial e outra, a órgão político, cujo exemplo sempre lembrado é o da Constituição da Suíça, cujas leis federais ficam sob controle político da Assembleia Nacional e as locais sob controle jurisdicional[393].

8.4.4 Exceções ao controle judicial no Brasil

No Brasil, o controle repressivo é de natureza *judicial*, conquanto possam ser referidas duas exceções mediante as quais o Poder Legislativo igualmente atua para retirar norma inconstitucional do sistema:

i) art. 49, V, da CF, que provê competência ao Congresso Nacional para sustar atos normativos do Poder Executivo que exorbitem o poder regulamentar ou os limites da delegação legislativa;

ii) se o Congresso Nacional vier a rejeitar medida provisória com base em parecer da comissão mista que concluiu pela inconstitucionalidade, temos hipótese de controle repressivo efetivado pelo legislador, porquanto, segundo a redação do art. 62, *caput*, da CF, a medida provisória, desde o momento em que é editada, tem força de lei.

Tais exceções, todavia, não chegam a afastar a franca natureza judicial do sistema repressivo de controle de constitucionalidade adotado no Brasil.

8.5 O CONTROLE DE CONSTITUCIONALIDADE NO DIREITO ESTRANGEIRO

O sistema constitucional brasileiro é a combinação de diversos modelos de controle de constitucionalidade existentes no direito estrangeiro, por isso serão referidos apenas aqueles responsáveis pela consolidação do modelo atual brasileiro.

---

estabelecem, não circunscrevem as pessoas, a que se impõem, e ficarem igualmente obrigados os atos permitidos e os atos defesos. Ou havemos de admitir que a Constituição anula qualquer medida legislativa, que a contrarie, ou anuir em que a legislatura possa alterar por medidas ordinárias a Constituição. Não há contestar o dilema. Entre as duas alternativas não se descobre meio-termo. Ou, a Constituição é uma lei superior, soberana, irreformável por meios comuns; ou se nivela com os atos da legislação usual, e, como estes, é reformável ao sabor da legislatura. Se a primeira proposição é verdadeira, então o ato legislativo, contrário à Constituição, não será lei; se é verdadeira a segunda, então as constituições escritas são absurdos esforços do povo, por limitar um poder de sua natureza ilimitável. Ora, com certeza todos os que têm formulado constituições escritas, sempre o fizeram com o intuito de assentar a lei fundamental e suprema da nação; e, conseguintemente, a teoria de tais governos deve ser que qualquer ato da legislatura ofensivo da Constituição é nulo. Esta doutrina está essencialmente ligada às constituições escritas, e portanto, deve-se observar como um dos princípios fundamentais de nossa sociedade".

393 Cf. José Afonso da Silva, *Curso de Direito Constitucional Positivo*, p. 52.

8.5.1 O sistema americano (controle concreto-difuso)

Quando adotamos o controle concreto-difuso, servimo-nos da experiência da Suprema Corte norte-americana.

É preciso anotar que o controle difuso nos Estados Unidos não se encontra previsto na Constituição de Filadélfia de 1787, tendo decorrido da mencionada decisão, no Caso *Marbury* v. *Madison*, mediante a qual o Juiz Marshall acentuou a competência da Suprema Corte quanto à declaração, no caso concreto, se uma lei é ou não compatível com a constituição.

É conveniente assinalar que até então (1803, data do célebre julgamento realizado pela Suprema Corte) nenhum outro sistema jurídico havia adotado semelhante procedimento[394].

Mauro Cappelletti esclarece que "a razão disto é, de resto, facilmente compreensível se se pensa que, precisamente, com a Constituição norte-americana, teve verdadeiramente início a época do 'constitucionalismo', com a concepção da *supremacy of the constitution* em relação às leis ordinárias. A Constituição norte-americana representou, em síntese, o arquétipo das assim chamadas constituições 'rígidas'[395], contrapostas às constituições 'flexíveis', ou seja, o arquétipo daquelas constituições que não podem ser mudadas ou derrogadas, através de leis ordinárias, mas, eventualmente, apenas através de procedimentos especiais de revisão constitucional"[396].

8.5.2 O sistema austríaco (controle concentrado-abstrato)

O Brasil também adota o sistema do controle abstrato da constitucionalidade.

Tal sistema também é denominado "modelo austríaco", em razão de ter sido posto em prática pela Constituição austríaca de 1920. "No originário sistema austríaco, portanto, não só os juízes – exceção feita exclusivamente para o *Verfassungsge-*

394 Não é, todavia, o pensamento de Cappelletti, para quem a Grécia, de modo específico na cidade-Estado de Atenas, distinguia o *nómos* – lei em sentido estrito – e o *pséfisma* – equivalente ao moderno decreto. O poder atribuído à *Ecclesía* (assembleia popular) era o de expedir o *pséfisma*. E conclui o jurista italiano: "Entretanto, era princípio fundamental aquele segundo o qual o decreto, qualquer que fosse o seu conteúdo, devia ser 'legal, seja na forma, seja na substância. Isto é, ele devia, como seríamos tentados a dizer, nós, juristas modernos, ser *constitucional*. Ou seja, não podia estar em contraste com os *nómoi* vigentes – as *leis constitucionais* vigentes" (cf. *O Controle Judicial da Constitucionalidade das Leis no Direito Comparado*, p. 50).

395 Frise-se: a Constituição norte-americana é *rígida*. É o que decorre da análise do artigo V: "Sempre que dois terços dos membros de ambas as Câmaras julgarem necessário, o Congresso proporá emendas a esta Constituição, ou, se as legislaturas de dois terços dos Estados o pedirem, convocará uma convenção para propor emendas, que, em um e outro caso, serão válidas para todos os efeitos como parte desta Constituição, se forem ratificadas pelas legislaturas de três quartos dos Estados ou por convenções reunidas para este fim em três quartos deles, propondo uma ou outra dessas maneiras de ratificação. Nenhuma emenda poderá, antes do ano 1808, afetar de qualquer forma as cláusulas primeira e quarta da Seção 9, do Artigo I, e nenhum Estado poderá ser privado, sem seu consentimento, de sua igualdade de sufrágio no Senado".

396 Idem, p. 46-47.

ruchtshof, quer dizer, exclusivamente para a Corte Constitucional – não tinham qualquer poder de controlar a constitucionalidade das leis, como também não tinham o poder de não aplicar as leis que reputassem inconstitucionais (...), mas os juízes austríacos, além disso, tampouco tinham o poder de pedir à Corte Constitucional que fizesse ela o controle que lhes era vedado. Com efeito, a questão da constitucionalidade das leis podia ser arguida perante a Corte Constitucional austríaca somente por aqueles órgãos, não judiciários mas políticos, que estavam indicados na Constituição, isto é, pelo Governo Federal (*Bundesregierung*), tratando-se de pedir o controle da legitimidade constitucional das leis dos *Länder* (*Landesgesetze*), pelos Governos dos *Länder* (*Landesregierung*) tratando-se de controle de leis federais.

(...)

Entretanto, a lei austríaca de revisão da Constituição (*Bundesverfassungsnovelle*) de 1929 modificou parcialmente este sistema de controle de constitucionalidade das leis exercitável exclusivamente 'em via de ação'. E, como se sabe, o sistema hoje vigente na Áustria é, exatamente, o que resulta da *Novelle* de 1929. (...)

Essa importante lei de reforma constitucional de 1929 mudou o art. 140 da Constituição austríaca para acrescentar, à legitimação dos órgãos políticos, também a legitimação de dois órgãos judiciários ordinários, isto é, para conferir legitimação para instaurar perante a Corte Constitucional o processo de controle das leis, além de ao Governo Federal e de aos Governos dos *Länder*, também ao *Oberster Gerichtshof* (ou seja, à Corte Suprema para as causas civis e penais) e ao *Verwaltungsgerichtshof* (ou seja, à Corte Suprema para causas administrativas)"[397].

8.5.3 O controle de constitucionalidade na Suíça

Na Suíça, combina-se o sistema político e o judicial, dando origem ao sistema misto de controle de constitucionalidade. Não há controle judicial de constitucionalidade das leis federais, mas apenas das leis cantonais (locais), por meio do qual os juízes suíços se valem do controle concreto-difuso.

8.5.4 O controle de constitucionalidade na Alemanha

Na Alemanha, adota-se exclusivamente o controle concentrado mediante a fiscalização abstrata da constitucionalidade realizada pela Corte Constitucional Federal Alemã, muito embora tenha experimentado o sistema americano durante a vigência da Constituição de Weimar[398].

8.5.5 O controle de constitucionalidade na Itália

Contudo, na Itália – como também acontece na Alemanha –, os juízes de instâncias inferiores têm o dever de encaminhar a questão da constitucionalidade da lei à

397 Idem, p. 105-106.

398 Idem, p. 71.

Corte Constitucional. "Em síntese, todos os juízes, e não apenas os juízes superiores, são legitimados a dirigir-se à Corte Constitucional, limitadamente às leis relevantes nos casos concretos submetidos a seu julgamento; e este julgamento será *suspenso*, enquanto a Corte Constitucional não tiver decidido a questão prejudicial de constitucionalidade"[399].

8.6 EVOLUÇÃO DO CONTROLE DE CONSTITUCIONALIDADE NO BRASIL

8.6.1 A Constituição Imperial de 1824

A primeira Constituição brasileira, a Imperial de 1824, não contemplava de modo explícito nenhum controle de constitucionalidade.

Todavia, diante da possibilidade de o Poder Moderador intervir em qualquer outro, convertendo-se, conforme a dicção do art. 98, em "chave de toda a organização política", não se recusaria que tal intervenção se operasse para fazer respeitar os comandos constitucionais[400].

8.6.2 A Constituição Republicana de 1891

Já a Constituição Republicana de 1891, fortemente influenciada pelo direito constitucional norte-americano, instalou no Brasil o controle concreto-difuso.

8.6.3 A Constituição de 1934

A Constituição de 1934 apresentou importantes alterações no contexto do controle de constitucionalidade no Brasil.

Criou a *cláusula de reserva de plenário*, isto é, a determinação segundo a qual somente por voto da maioria absoluta de seus membros é que os tribunais poderiam declarar a inconstitucionalidade de lei ou ato do Poder Público[401] (art. 179).

Estabeleceu a prerrogativa ao Procurador-Geral da República para a *representação interventiva*.

---

399 Idem, p. 109.

400 Cf. Oswaldo Luiz Palu, *Controle de Constitucionalidade*, p. 120.

401 A jurisprudência tem convergido para o entendimento de que, se não há declaração de inconstitucionalidade pelo órgão fracionário, não reside ofensa à cláusula de reserva de plenário quando os autos não são remetidos ao órgão do tribunal com competência para a referida declaração: "PROCESSUAL CIVIL – CLÁUSULA DE RESERVA DE PLENÁRIO – ART. 481 DO CPC – NORMA ANTERIOR À CONSTITUIÇÃO FEDERAL – REVOGAÇÃO OU NÃO RECEPÇÃO – SUBMISSÃO DA QUESTÃO AO TRIBUNAL PLENO – DESNECESSIDADE. A cláusula de reserva de plenário somente é aplicável na hipótese de controle difuso em que deva ser declarada a inconstitucionalidade de Lei ou ato normativo do poder público, não se aplicando aos casos (como o dos autos) em que se reputam revogadas ou não recepcionadas normas anteriores à Constituição vigente. Nestes casos, não há que se falar em inconstitucionalidade, mas sim em revogação ou não recepção. Precedentes do colendo Supremo Tribunal e desta Corte. Recurso não conhecido" (STJ, REsp 439606/SE, 5ª T., rel. Min. Felix Fischer, *DJU* de 14-4-2003).

Fixou, por fim, a competência para a *suspensão, pelo Senado, da eficácia de lei declarada inconstitucional pelo Poder Judiciário.*

Observe-se que todas as alterações inseridas na Constituição de 1934 continuam presentes no Texto Constitucional de 1988.

8.6.4 A Constituição de 1937

A Constituição de 1937 moldou o controle de constitucionalidade à sua compleição autoritária, tanto que o parágrafo único do art. 96 admitia a remessa ao Parlamento, pelo Presidente da República, da declaração de inconstitucionalidade de lei "necessária ao bem-estar do Povo, à promoção ou defesa de interesse nacional de alta monta", a fim de que o corpo legislativo examinasse a decisão judicial, com o que podia invalidá-la por voto de dois terços de seus membros.

8.6.5 A Emenda Constitucional n. 16, de 26 de novembro de 1965. A Constituição de 1967

Importantíssima inovação foi trazida pela Emenda Constitucional n. 16, de 26 de novembro de 1965, posteriormente incorporada à Constituição de 1967: a legitimidade conferida ao Procurador-Geral da República para a representação de inconstitucionalidade de lei em tese. É o surgimento, em nosso país, da fiscalização abstrata da constitucionalidade.

8.7 MODOS DE EXERCÍCIO DO CONTROLE JURISDICIONAL NO BRASIL

Quando o Poder Judiciário é chamado para resolver um conflito entre lei ordinária e a Constituição, nem sempre possuem identidade os modos pelos quais se declara a inconstitucionalidade.

A questão da inconstitucionalidade pode ser agitada incidentalmente em um caso concreto.

É o denominado *controle concreto-difuso*, de competência de todos os juízes e tribunais brasileiros e exercitável pela *via de exceção ou de defesa*.

Há também no Brasil o *controle abstrato-concentrado*, de competência exclusiva do STF e dos Tribunais de Justiça estaduais, e exercitável pela *via direta*.

Não é possível, todavia, promover identificação absoluta entre o controle abstrato e a fiscalização concentrada, visto que há ações que são propostas de modo concentrado, isto é, somente perante o STF, mas que não perfazem modalidade de fiscalização abstrata da constitucionalidade, como é a hipótese da ação direta de inconstitucionalidade interventiva federal.

Eis a razão por que são mais adequadas as terminologias "concreto-difuso" e "abstrato-concentrado" no que se refere à indicação das formas de controle jurisdicional da constitucionalidade no Brasil.

Pelas dessemelhanças havidas entre os dois sistemas de controle de constitucionalidade, recomenda-se o exame particularizado de cada um.

8.7.1 O controle concreto-difuso

O indivíduo, de forma isolada, pode buscar eximir-se do cumprimento de uma obrigação prevista em lei por considerá-la inconstitucional. No caso, em um dado processo, requer a declaração de inconstitucionalidade pelo juiz que, diga-se de passagem, *nunca* e *nunca* poderá ser o objeto central da controvérsia.

Imagine-se a hipótese de contribuinte que ingressa com medida judicial contra o aumento de imposto por entender que o veículo normativo utilizado para a majoração da alíquota não foi adequado. Assim, em vez de utilizada a medida provisória (procedimento consentido pelo § 2º do art. 62 da CF), recorreu-se ao decreto.

Ora, o objetivo da parte não foi obter a declaração, em tese, da inconstitucionalidade da norma tributária, mas simplesmente se desvencilhar da obrigação do pagamento do valor do tributo majorado. É a *via de exceção* ou *de defesa*.

Sempre exercitável em determinado processo judicial, o modo de efetivação do controle concreto-difuso da constitucionalidade possui as seguintes características:

a) trata-se de controle incidental da constitucionalidade (*incidenter tantum*);

b) apenas expande os seus efeitos relativamente às pessoas envolvidas na demanda judicial (efeitos *inter partes*);

c) o controle pode ser efetivado por qualquer juiz ou tribunal (motivo pelo qual é chamado de *difuso*, visto que todas as autoridades judiciárias brasileiras têm competência para efetivá-lo)[402]; e

d) pode ser iniciado por qualquer ente com personalidade que se encontre sob a incidência de norma que repute inconstitucional (legitimidade ampla).

8.7.2 O controle abstrato-concentrado

A fiscalização da constitucionalidade, todavia, pode consumar-se abstratamente, quando o propósito em si da ação está jungido à declaração, em tese, da compatibilidade vertical ou não de uma lei ou ato do Poder Público com a constituição. É a denominada via direta ou concentrada (também chamada de "sistema austríaco"), pois que, no sistema brasileiro, defere-se a competência para tal controle ao Supremo Tribunal Federal[403].

---

402 Entende o STF que a decretação de inconstitucionalidade, sempre que necessária ao julgamento de uma causa, deve ser feita de ofício pelo juiz (STF, *RTJ*, 95/202).

403 Competente é o Tribunal de Justiça do Estado para o controle de constitucionalidade do ato normativo estadual e municipal em face da Constituição do Estado-Membro. Observe-se o conteúdo do § 2º do art. 125 da Constituição Federal: "Cabe aos Estados a instituição de representação de inconstitucionalidade de leis ou atos normativos estaduais ou municipais em face da Constituição Estadual, vedada a atribuição da legitimação para agir a um único órgão". Mas não poderá o Estado-Membro fixar a possibilidade de controle concentrado da constitucionalidade de lei municipal em face da Constituição Federal, mesmo que venha a ser empreendido pelo Tribunal de Justiça do Estado (ADIN 347/SP, rel. Min. Moreira Alves). O que ocorrerá se lei estadual for impugnada perante o STF e o TJ local, com fundamentos respectivamente na Constituição Federal e Estadual? Respon-

Diferentemente do que sucede no controle concreto-difuso ou por via de exceção ou de defesa, a via direta tem por objeto a própria declaração de inconstitucionalidade, além do que, de acordo com a Constituição de 1988, a propositura da ação somente pode dar-se pelos órgãos e pessoas indicadas no art. 103, I a IX[404].

Outra distinção: enquanto os efeitos da declaração de inconstitucionalidade no controle concreto-difuso se encontram adstritos apenas às partes que integraram o processo judicial, na via de ação direta serão expandidos para afetar as relações jurídicas das pessoas que nem sequer tiveram conhecimento a respeito da existência da medida intentada (eficácia *erga omnes*).

Logo, o controle abstrato-concentrado possui as seguintes características:

a) a arguição de inconstitucionalidade é o próprio objeto da demanda;
b) determina a expansão dos efeitos da decisão inclusive para pessoas que não participaram do processo (eficácia *erga omnes* ou contra todos);
c) o controle jurisdicional somente pode ser efetivado pelo STF (no tocante à Constituição Federal) e pelos Tribunais de Justiça estaduais (no tocante às Constituições dos Estados-Membros);
d) só pode ser iniciado pelas pessoas e órgãos indicados no art. 103, I a IX, da Constituição Federal (legitimidade restrita).

8.7.2.1 A fiscalização direta da constitucionalidade no Brasil

Em face da variedade de instrumentos processuais à efetivação do controle pela via direta, é conveniente destacar em subitem específico as respectivas ações constitucionais, que são as seguintes:

a) *ação direta de inconstitucionalidade;*
b) *ação direta de inconstitucionalidade por omissão;*
c) *ação declaratória de constitucionalidade;*

---

de, com clareza, Oswaldo Luiz Palu: "(...), deve-se suspender a ação proposta ante a jurisdição estadual até final decisão do Supremo Tribunal Federal. A decisão do Supremo Tribunal Federal que declarar inconstitucional a lei estadual terá efeito *erga omnes*, vinculará o Tribunal de Justiça, e fará coisa julgada, extinguindo-se a ação na jurisdição estadual. Se, entretanto, a ação estadual estiver baseada em outros fundamentos e o Supremo Tribunal julgar a ação improcedente com o *quorum* qualificado (6 votos), constitucional portanto o ato normativo, poderá a ação estadual prosseguir em relação aos demais fundamentos jurídicos, que não o dispositivo repetido da Constituição" (cf. *Controle de Constitucionalidade*, p. 210).

404 Art. 103 (com redação dada pela EC n. 45/2004). Podem propor a ação direta de inconstitucionalidade e a ação declaratória de constitucionalidade: I – o Presidente da República; II – a Mesa do Senado Federal; III – a Mesa da Câmara dos Deputados; IV – a Mesa de Assembleia Legislativa ou da Câmara Legislativa do Distrito Federal; V – o Governador de Estado ou do Distrito Federal; VI – o Procurador-Geral da República; VII – o Conselho Federal da Ordem dos Advogados do Brasil; VIII – partido político com representação no Congresso Nacional; IX – confederação sindical ou entidade de classe de âmbito nacional.

d) *arguição de descumprimento de preceito fundamental* (que tem caráter *ambivalente*, ora podendo instar o controle abstrato, ora o concreto, como se verá no subitem 8.7.2.1.4).

8.7.2.1.1 Ação direta de inconstitucionalidade. Legitimidade

A ação direta de inconstitucionalidade é a mais conhecida e, de longe, a mais utilizada. Serve para retirar do ordenamento jurídico norma ou ato do Poder Público que colida com dispositivo constitucional.

O rol dos legitimados para a propositura da ação, como já assinalado, é o previsto no art. 103, I a IX.

8.7.2.1.1.1 Objeto da ação direta de inconstitucionalidade

Normas constitucionais originárias.Impossibilidade. Não poderá *norma constitucional originária* ser objeto de ação direta de inconstitucionalidade, com o que o sistema brasileiro não adota a teoria alemã das normas constitucionais inconstitucionais defendida por Otto Bachof[405].

O STF igualmente desacolhe a teoria, registrando que norma constitucional originária é objeto nomológico insuscetível de controle de constitucionalidade, concluindo, ainda, que a referida impossibilidade abrange o controle abstrato-concentrado e o concreto-difuso[406].

Impossibilidade de controle abstrato-concentrado de lei municipal perante o STF. O objeto da ação direta de inconstitucionalidade é a *lei ou ato normativo federal* ou estadual[407], com o que a Constituição produziu *silêncio eloquente* quanto à impossibilidade de efetivação de controle concentrado no âmbito do STF de lei municipal.

Embora alguma discussão já tenha havido no campo doutrinário a respeito do controle concentrado da constitucionalidade de lei municipal pelo Supremo Tribunal Federal, prevaleceu a tese do "silêncio eloquente", segundo a qual, se o art. 102, I, *a*, da Constituição fez remissão expressa à viabilidade do controle pelo STF de lei ou ato normativo federal ou estadual, poderia muito bem estendê-lo para abranger as leis editadas pelos Municípios. Não o fazendo explicitamente, terminou por traduzir a vontade, manifesta em "silêncio eloquente", quanto a subtrair tal competência do Supremo.

Concluiu o Supremo que "(...) o nosso sistema de controle de constitucionalidade não admite o controle concentrado de constitucionalidade de lei ou ato normativo municipal em face da Constituição Federal; nem mesmo perante o Supremo Tribunal Federal que tem, como competência precípua, a sua guarda, art. 102. O único controle de inconstitucionalidade de lei ou ato normativo municipal em face da

---

405 Cf. *Normas Constitucionais Inconstitucionais?*, Coimbra: Almedina, 1994.

406 STF, ADIn 4.097-AgR, rel. Min. Cezar Peluso, *DJ* de 7-11-2008.

407 Art. 102, I, *a*, da Constituição Federal.

Constituição Federal que se admite é o concreto-difuso, exercido 'incidenter tantum', por todos os órgãos do Poder Judiciário, quando do julgamento de cada caso concreto. (...)" (STF, Rcl. 337, *RDA*, 199/201).

Ainda em reforço à argumentação relativa à impossibilidade do mencionado controle, atente-se para o fato de que o § 2º do art. 125 descreve como circunstância autorizativa o confronto da lei municipal em face da *Constituição estadual*, o que importa dizer, de outra forma, que só se admitirá ação direta de inconstitucionalidade de lei municipal, a ser julgada pelo Tribunal local, na hipótese de violação direta do texto constitucional estadual, não se autorizando as Cortes das unidades da Federação brasileira à efetivação de controle da norma municipal fixando como parâmetro a Constituição Federal[408].

E se o dispositivo constitucional do Estado-Membro vulnerado pela norma do Município traduzir-se em mera repetição da Constituição Federal?

Mesmo assim, não será consentida a propositura de ação direta perante o STF com base na norma constitucional federal supostamente violada, se bem que, em casos dessa ordem, poderá ser interposto recurso extraordinário da decisão estadual que não reconhecer a inconstitucionalidade da norma municipal.

Cumpre esclarecer também que, mesmo cabível recurso extraordinário, é necessário percorrer as instâncias judiciárias recursais prévias, interpondo, no particular, recursos especial e extraordinário junto ao Superior Tribunal de Justiça, que julgará, em primeiro lugar, o especial, para, após, remeter os autos juntamente com o recurso extraordinário ao Supremo Tribunal Federal (ver arts. 541 e s. do CPC).

Decreto e ação direta. Decreto pode ser objeto de declaração de inconstitucionalidade?

Se a hipótese é de decreto regulamentar, que é expedido para a fiel execução da lei, é evidente que não se poderá propor ação direta porque o parâmetro do decreto não é a Constituição Federal, mas simplesmente a lei. Logo, a hipótese não é de declaração de inconstitucionalidade, mas de *ilegalidade*, em face do desbordamento da atividade executiva no tocante ao conteúdo da lei.

Todavia, se o decreto regulamentar ultrapassa o poder conferido ao Chefe do Poder Executivo, dispondo acerca de conteúdo que somente por lei poderia ser dis-

408 "(...) O art. 125, § 2º, da Lei Magna, prevê a hipótese de controle concentrado de constitucionalidade de Lei ou ato normativo municipal, tão só, diante da Constituição Estadual. 4. A norma da Carta de Roraima apontada como ofendida – o art. 15 – não constitui regra de repetição do art. 29, IV, a, da Lei Magna Federal, à vista do qual se proferiu a decisão. 5. Não dispunha a Corte local de competência para processar e julgar a constitucionalidade de dispositivo da Lei Orgânica do Município de Boa Vista, perante a Constituição Federal (art. 29, IV, a). 6. Extinção do processo sem julgamento do mérito por impossibilidade jurídica do pedido, eis que a Constituição não prevê a hipótese de ação direta em que se argua a inconstitucionalidade de Lei Municipal em face da Constituição Federal. 7. Recurso extraordinário conhecido e provido para anular o acórdão, por incompetência do Tribunal local" (STF, RE 171819/RR, 2ª T., rel. Min. Néri da Silveira, *DJU* de 24-5-2002, p. 69).

ciplinado, cabe o controle de constitucionalidade sob o fundamento de invasão de matéria reservada à lei, de ofensa ao princípio da legalidade[409].

Assim, o STF admite a propositura de ação direta tendo por objeto a declaração de inconstitucionalidade do chamado *decreto autônomo* (ADIn 1.435-8/DF), ou seja, o que é editado sem amparo na lei em sentido material e formal (ofensa ao princípio da reserva legal). No caso, o controle é admitido porque o decreto invade a seara do legislador ao criar, modificar ou extinguir direitos ou obrigações.

Logo, atos normativos *secundários*, como os decretos que devem subordinação à lei, sem *autonomia*, não podem ser objeto de ação direta, simplesmente porque o problema na ação é reconduzível a questões de *legalidade* do preceito impugnado, e não de *constitucionalidade* (ver ADIn 2.862/SP, rel. Min. Cármen Lúcia, j. em 26-3-2008).

Lei que pode ser objeto de ação direta. Toda lei editada pelo Parlamento pode ser objeto de ação direta?

Nem toda.

Observe-se que há *leis de efeitos concretos* que, muito embora possam ser consideradas *leis em sentido formal*, isto é, são aprovadas pela autoridade competente e de acordo com o processo constitucionalmente regrado, não têm conteúdo de lei, não são *leis em sentido material*, visto que se dirigem a destinatário(s) determinado(s).

Exemplo: se alguém comete ato de bravura e o Congresso Nacional brasileiro aprova lei destinando ao indivíduo pensão vitalícia em razão do ato praticado, essa lei *jamais* poderá ter sua constitucionalidade discutida em sede de fiscalização abstrata.

Inversamente, há *leis em sentido exclusivamente material* que podem ser objeto de declaração de inconstitucionalidade, pois devemos relembrar que o art. 102, I, *a*, da Constituição se refere à discussão na ação direta sobre *lei ou ato normativo federal ou estadual*. Assim, *ato normativo* não é *lei*, porque se fosse o constituinte originário não teria utilizado duas expressões para significar a mesma realidade normativa.

Exemplo: *instruções, resoluções ou até portarias* com caráter normativo sujeitam-se ao controle via ação direta.

No julgamento da ADIn 4.048 MC/DF, rel. Min. Gilmar Mendes, j. em 14-5-2008, o STF reviu sua jurisprudência sobre a impossibilidade de ação direta cujo objeto seja lei de efeitos concretos, pois, segundo o relator, a Constituição submeteu *qualquer* lei, sem distinção, ao controle abstrato-concentrado, conforme prevê o art. 102, I, *a*.

Ato normativo e ação direta. Que é, enfim, ato normativo?

É ato expedido pelo Poder Público com conteúdo *genérico* e *abstrato*.

A generalidade significa abrangência indiscriminada de destinatários.

---

409 STF, ADIn 1.553/DF, rel. Min. Marco Aurélio, j. em 13-5-2004; ADInMC 1.969-4/DF, rel. Min. Marco Aurélio, *DJ* de 5-3-2004.

A abstratividade se relaciona à existência de fato-tipo descrito no ato que impõe a subsunção das situações jurídicas individuais.

Portanto, podem ser indicados como atos normativos genéricos e abstratos as *resoluções administrativas*, como já reconheceu o STF no julgamento da ADInMC 2.098/AL, rel. Min. Ilmar Galvão, j. em 17-11-1999, ao apreciar a Resolução n. 6/99 do Tribunal Regional do Trabalho da 19ª Região, que determinou a incidência da verba de representação dos magistrados sobre a integralidade dos vencimentos.

Atos normativos privados e ação direta. Atos normativos privados não podem ser objeto de ação direta, porquanto não são dotados de generalidade e abstratividade.

Veja-se, por exemplo, a convenção de condomínio, cuja força normativa – incontestável para conformar o comportamento dos condôminos – não tem coatividade para adequar a conduta de quem não tem nenhuma relação com o condomínio.

Convenção coletiva e ação direta. Assim também não cabe ação direta contra *convenção coletiva de trabalho*, porque, embora Carnelutti tenha afirmado que é "alma de lei em corpo de contrato", a sua normatividade é restrita aos trabalhadores e empresas envolvidas nas relações entre determinada categoria profissional e econômica.

Súmula e ação direta. Súmula não pode ser objeto de ação direta.

Se é indiscutível que as súmulas representam a consolidação de julgamentos uniformes de tribunais, sem submeter formalmente juízos hierarquicamente inferiores, torna-se clara a impossibilidade de declaração de inconstitucionalidade dada a não vinculatividade do pronunciamento judicial.

Súmula vinculante e ação direta. Súmula vinculante pode ser objeto de ação direta de inconstitucionalidade?

Obviamente que não.

Trata-se de *pedido juridicamente impossível* (art. 267, VI, do CPC).

No sistema constitucional brasileiro, a única impugnação *possível* à súmula vinculante que ofende a Constituição é *seu pedido de cancelamento dirigido diretamente ao Supremo Tribunal Federal* (§ 2º do art. 103-A da CF, *verbis:* "Sem prejuízo do que vier a ser estabelecido em lei, a aprovação, revisão ou cancelamento de súmula poderá ser provocada por aqueles que podem propor a ação direta de inconstitucionalidade").

Sobremais, seria ilógico, desarrazoado ou mesmo desprestigioso instar o STF a pronunciamento, via ação direta, acerca de inconstitucionalidade de súmula vinculante que ele próprio editou, já que, se fosse o caso de reconhecer a incompatibilidade do provimento à Constituição, *a cancelaria, de ofício* (art. 103-A, *caput*, parte final).

Normas revogadas e ação direta. Normas revogadas igualmente não admitem propositura de ação direta (ver último subitem deste Capítulo).

8.7.2.1.1.2 Controle de constitucionalidade e descumprimento da decisão do STF

Acentua o art. 102, I, *l*, da CF que compete ao Supremo Tribunal Federal processar e julgar, originariamente, "a reclamação para a preservação de sua competência e garantia da autoridade de suas decisões".

Assim, prolatada a decisão pelo STF e diante do seu descumprimento, cabível é a reclamação constitucional para assegurar a autoridade do *decisum*, cuja legitimidade é outorgada aos mesmos órgãos e pessoas que podem propor a ação direta (STF, Rcls. 173/DF, 467-8/DF e 422/RJ).

Posteriormente, a jurisprudência do STF passou a admitir também a legitimidade de todos que sofreram prejuízo diante do descumprimento da decisão prolatada pela Corte em sede de fiscalização abstrata[410].

8.7.2.1.1.3 Reclamação constitucional e súmula não vinculante. Não cabimento

Em se tratando de súmula com caráter não vinculante, é certo não caber recurso a reclamação constitucional, porquanto súmulas ordinárias têm o efeito de promover a uniformização da jurisprudência dos tribunais, não se podendo outorgar natureza vinculante quando tal efeito não se encontra previsto no sistema do direito positivo.

Fixa a exegese, a respeito, o Supremo Tribunal Federal: "(...) as súmulas são orientações derivadas de assentada jurisprudência da Corte em determinada maté-

410 O STF inicialmente sufragou entendimento quanto à legitimidade restrita para a reclamação constitucional, não a admitindo com relação a terceiros que detivessem interesse jurídico no cumprimento da decisão produzida em sede de controle concentrado. "RECLAMAÇÃO – QUESTÃO DE ORDEM – FALTA DE LEGITIMAÇÃO ATIVA DOS RECLAMANTES. É firme a jurisprudência desta Corte no sentido de que, sendo objetivo o processo pelo qual se exerce o controle de constitucionalidade dos atos normativos em abstrato, não se considera parte interessada, a que alude a Lei 8.038/1990, para o efeito de legitimação ativa para propor reclamação sob o fundamento de não cumprimento de acórdão prolatado em ação direta de inconstitucionalidade, terceiros que tenham, subjetivamente, interesse jurídico ou econômico na observância dessa decisão. Precedentes do STF (STF – RCLQO 518 – BA – TP – Rel. Min. Moreira Alves – DJU 24.10.1997)." Todavia, as decisões mais recentes do STF não mais adotam o restritivo entendimento. Observe-se a conclusão da Reclamação n. 2.082/MS, rel. Min. Maurício Corrêa, *DJ* de 30-4-2004: "RECLAMAÇÃO. ADI 1662/SP. MUNICÍPIO: LEGITIMIDADE ATIVA. PRECATÓRIO. CABIMENTO. PAGAMENTO DE RECLAMAÇÃO TRABALHISTA. PRETERIÇÃO DE ORDEM DE PRECEDÊNCIA. SEQUESTRO DE VERBAS PÚBLICAS. POSSIBILIDADE. 1. Reclamação. Legitimidade ativa do Município para sua propositura, dada a comprovação do prejuízo patrimonial sofrido em virtude do cumprimento da ordem judicial de constrição. Precedentes. 2. Precatório alimentar. Vencimento do prazo para o seu pagamento e não inclusão, pela entidade estatal, da verba necessária à satisfação do débito não se equiparam à quebra da ordem cronológica dos precatórios, que é a única hipótese constitucional a autorizar a medida constritiva. 3. Precatório. Pagamento. Quebra da ordem de precedência, devidamente comprovada pela quitação de parte de dívida inscrita *a posteriori*. Ocorrência de preterição. Hipótese suficiente à legitimação do sequestro de verbas públicas. Observância à autoridade da decisão proferida na ADI 1662. Reclamação julgada improcedente". E mais: "(...) Reclamação. Reconhecimento de legitimidade ativa *ad causam* de todos que comprovem prejuízo oriundo de decisões dos órgãos do Poder Judiciário, bem como da Administração Pública de todos os níveis, contrárias ao julgado do Tribunal. Ampliação do conceito de parte interessada (Lei 8.038/90, art. 13). Reflexos processuais da eficácia vinculante do acórdão a ser preservado. 5. Apreciado o mérito da ADI 1662-SP (*DJ* de 30-8-2001), está o Município legitimado para propor reclamação. Agravo regimental provido" (Reclamação n. 1.880 AgR/SP, *DJ* de 19-3-2004, rel. Min. Maurício Corrêa).

ria, e por isto devem ser consideradas e respeitadas, mas não são *dogmas*, tanto que podem ser revistas e – se e quando necessário, justificadamente – ponderadas ou abrandadas à vista dos fatos concretamente postos nos autos" (STF, Rcl. 3.979-0/DF, rel. Min. Gilmar Mendes, *DJ* de 2-6-2006).

8.7.2.1.2 Ação direta de inconstitucionalidade por omissão

A ação direta de inconstitucionalidade por omissão é novidade incorporada aos domínios do nosso direito constitucional pelo Texto de 1988, sob a inspiração do art. 283 da Constituição portuguesa de 1976[411]. Busca atenuar os graves problemas decorrentes da omissão dos Poderes Executivo e Legislativo no que se refere ao cumprimento do que se convencionou denominar "vontade de constituição".

Base constitucional. O § 2º do art. 103 da Constituição de 1988 fixa que, "declarada a inconstitucionalidade por omissão de medida para tornar efetiva norma constitucional, será dada ciência ao Poder competente para a adoção das providências necessárias e, em se tratando de órgão administrativo, para fazê-lo em trinta dias".

Objeto da ADIn por omissão e cláusula programática. Qual o objeto da ação? Seria qualquer omissão vulneradora da "vontade de constituição"?

Não é correto que assim se conclua.

Somente os comandos da Lei Suprema reconduzíveis a imposições constitucionais legiferantes em sentido estrito[412], uma vez descumpridos, podem ser considerados omissão inconstitucional.

De conseguinte, não está a ação direta de inconstitucionalidade por omissão vocacionada a efetivar conteúdo programático inserido na Constituição de 1988, não se podendo recorrer à medida para, por exemplo, implementar políticas públicas.

Atente-se para o pronunciamento de Canotilho: "O relevo modesto da inconstitucionalidade por omissão prova as dificuldades do controlo de políticas públicas. Os juízes não se podem transformar em conformadores sociais nem é possível, em termos democráticos processuais, obrigar jurisdicionalmente os órgãos políticos a cumprir um determinado programa de acção. Pode censurar-se, através do controlo

---

411 O indigitado dispositivo preceitua: "1. A requerimento do Presidente da República, do Provedor de Justiça ou, com fundamento em violação de direitos das regiões autônomas, dos presidentes das assembleias regionais, o Tribunal Constitucional aprecia e verifica o não cumprimento da Constituição por omissão das medidas legislativas necessárias para tornar exequíveis as normas constitucionais. 2. Quando o Tribunal Constitucional verificar a existência de inconstitucionalidade por omissão, dará disso conhecimento ao órgão legislativo competente". Também merece registro o disposto no art. 336, 7, da Constituição venezuelana, visto que confere ao Tribunal Supremo de Justiça competência para "declarar a inconstitucionalidade das omissões do poder legislativo municipal, estadual ou nacional, quando tenha deixado de ditar as normas ou medidas indispensáveis para garantir o cumprimento desta Constituição, ou as ditadas de forma incompleta, e *estabelecer o prazo necessário à correção*". Vê-se, com isso, que o sistema constitucional venezuelano admite fixação de prazo para sanar a omissão inconstitucional inclusive no que concerne ao legislador.

412 Cf. Canotilho, *Direito Constitucional e Teoria da Constituição*, p. 1158.

da constitucionalidade, actos normativos densificadores de uma política de sinal contrário à fixada nas normas-tarefa da Constituição. Mas a *política deliberativa* sobre as *políticas* da República pertence à política e não à justiça"[413].

E mais: deflui a inviabilidade, no caso brasileiro, do próprio § 2º do art. 103 da Constituição de 1988.

Se, como prevê o dispositivo, declarada a inconstitucionalidade por omissão, será dada ciência ao Poder competente para adoção de providências necessárias e, em se tratando de órgão administrativo, para fazê-lo em trinta dias, é lógico que, das duas situações, uma delas irá ocorrer: ou será proposta a ação direta de inconstitucionalidade omissiva em face de órgão de Poder (Presidência da República, Congresso Nacional), tornando-se ilegítima a intromissão do Supremo Tribunal Federal na esfera dessas funções estatais, inclusive se prestigiado o princípio da independência e harmonia entre os Poderes (art. 2º da CF), ou, por outro lado, será proposta em face de órgão administrativo, ao qual falece, em absoluto, competência para implementar política pública, visto que o seu poder de decisão se dirige à edição de atos administrativos, jamais a *atos de governo*.

Embora seja inviável, como vimos, a implementação de política pública por meio de ação direta de inconstitucionalidade por omissão, outros instrumentos processuais dirigidos à proteção judicial de interesses transindividuais da coletividade (ação civil pública, por exemplo) podem muito bem ser intentados tanto para, no caso, impor a realização de política pública ainda não iniciada, conquanto ordenada constitucionalmente, como para, de outro modo, promover o redirecionamento dos atos de governo distanciados do programa normativo-constitucional e referente à saúde, educação, trabalho, assistência social, lazer etc.

Objeto da ADIn por omissão e significado de "medida". Diversamente do objeto da ADIn comissiva, que só pode ser lei ou ato normativo federal ou estadual (art. 102, I, *a*, da CF), o significado da expressão *medida*, com explícita referência no § 2º do art. 103 da CF, deve ser o mais amplo possível.

Torna-se possível que *atos normativos secundários* devam ser implementados para tornar efetiva norma constitucional, como regulamentos, instruções ou até portarias, todos de competência de autoridade administrativa.

É possível, assim, estender a sindicabilidade da omissão ao Poder Judiciário, quando, exemplificativamente, omisso em regulamentar tema inerente ao seu regimento interno[414].

Consequências da inconstitucionalidade omissiva. Enfatize-se que duas são as consequências para as hipóteses de inconstitucionalidade omissiva no Brasil, tudo a depender de a inação promanar de Poder do Estado ou de órgão administrativo.

No primeiro caso, como ninguém poderá obrigar o legislador a editar a lei cuja omissão inconstitucional fora reconhecida judicialmente, ou mesmo obrigar o Presi-

413 Idem, p. 937-938.

414 Cf. Luís Roberto Barroso, *O Controle de Constitucionalidade no Direito Brasileiro*, p. 229-230.

dente da República à emissão do ato de governo, o Supremo Tribunal Federal limitar-se-á a dar ciência do fato a fim de que providências sejam adotadas, cumprindo esclarecer que nenhuma sanção jurídica poderá ser dirigida ao Poder Legislativo ou Executivo, em razão de não ser adotada qualquer iniciativa no particular.

No segundo caso, a decisão judicial é vinculativa, obrigando o órgão administrativo a implementar a medida no prazo de trinta dias.

Inconstitucionalidade omissiva e responsabilização estatal. Luiz Alberto David Araujo pugna pela responsabilização do Estado na hipótese de emissão de provimento declaratório da inconstitucionalidade por omissão: "A declaração judicial da omissão implica o reconhecimento de dano a pessoa ou grupo de pessoas prejudicadas[415]. Estamos diante de uma obrigação descumprida por uma pessoa de direito público, no caso o Poder Legislativo da União Federal e, por outro lado, de titulares de direitos feridos, que sofreram prejuízos pela omissão legislativa, reconhecida através da coisa julgada"[416].

Digna de elogios a posição doutrinária assumida, muito embora nos preocupemos com o desvio que possa ocorrer em sede de inconstitucionalidade por omissão, já que a utilidade do acórdão declaratório (muito menos para subsanar a lacuna legislativa) se destinará à pretensão quanto ao recebimento de valor em dinheiro do Estado. Mas, resolvida essa questão, posicionamo-nos no sentido de que qualquer iniciativa tendente a efetivar o comando constitucional aviltado pela inércia do legislador será sempre bem recebida, ainda que seja pela via reflexa da pressão a se exercer sobre a unidade política à qual está ligado o órgão legiferante inativo, condenando-a ao pagamento de indenização.

8.7.2.1.2.1 Distinção entre a ação direta de inconstitucionalidade por omissão e o mandado de injunção

Conquanto se revelem, hoje, bem mais aclaradas as notas distintivas no referente ao mandado de injunção, é conveniente relembrá-las.

O papel atribuído à ação direta de inconstitucionalidade por omissão e ao mandado de injunção, voltado à efetividade do comando constitucional, pode, aqui e ali, lançar um véu de incertezas no trabalho do aplicador em razão da suposta similitude entre ambos.

Todavia, a semelhança não persiste a exame um pouco mais detido.

Diferem sobremaneira à conta de três elementos distintivos essenciais:

a) a *legitimidade*;

b) o *objeto*; e

c) os *efeitos*.

415 Ver também comentário a respeito do mandado de injunção coletivo (subitem 27.4, Capítulo 27).

416 Cf. *A Proteção Constitucional das Pessoas Portadoras de Deficiência*, p. 143.

Parte *legítima* para impetrar mandado de injunção é, como dito, qualquer ente com personalidade, ao passo que, no que tange à ação direta de inconstitucionalidade por omissão, têm qualidade para agir os expressamente indicados nos incisos I a IX do art. 103 da Constituição.

No tocante ao *objeto*, o mandado de injunção tenciona transformar o direito abstrato em concreto; a ação direta em questão visa dar ciência ao Poder competente de sua inércia, a fim de que adote as providências necessárias e, em se tratando de órgão administrativo, para fazê-lo em trinta dias (art. 103, § 2º, da CF).

É lógico que, se a ação direta é julgada procedente em face dos Poderes Executivo ou Legislativo, nas pessoas dos agentes políticos que os exercem, ainda que se impusesse no acórdão a edição da norma em prazo nele consignado, não residiria obrigatoriedade quanto a tal providência, visto que o procedimento conflitaria com o princípio da separação das funções do Estado.

Apenas se for a hipótese de órgão administrativo é que o provimento judicial deverá ser atendido no prazo de trinta dias, sob pena de responsabilidade do agente público que o descumprir.

É o que decorre da intelecção do § 2º do art. 103 da Constituição Federal.

Assim se pronunciou o STF no julgamento da ADIn 2.525-2/DF, rel. Min. Ilmar Galvão, *DJ* de 5-4-2002, que, ao julgá-la procedente, optou pela ciência ao Chefe do Poder Executivo Federal: "Por unanimidade, o Tribunal julgou procedente o pedido formulado para assentar a omissão do Chefe do Poder Executivo quanto ao encaminhamento do projeto visando à revisão geral dos vencimentos, dando-se-lhe ciência desta decisão".

Não foi, entretanto, o caminho seguido em decisão mais recente, no caso o julgamento da ADIn 3.682, rel. Min. Gilmar Mendes, *DJ* de 6-9-2007, quando a ação foi julgada "(...) procedente para declarar estado de mora do Congresso Nacional, a fim de que no prazo de 18 meses venha a adotar todas as providências legislativas necessárias ao cumprimento do dever constitucional imposto pelo art. 18, § 4º/CF (...)".

Quanto aos *efeitos*, o mandado de injunção não determina a transcendência subjetiva do julgado para colher situações jurídicas de pessoas não envolvidas na demanda, à exceção dos mandados de injunção coletivos; a ADIn por omissão, diversamente, por força de estar inserida no rol dos instrumentos aptos à fiscalização abstrata da constitucionalidade, tem sempre eficácia *erga omnes*, isto é, desencadeará consequências para além do processo em que foi prolatada a decisão.

8.7.2.1.2.2 O procedimento da ação direta de inconstitucionalidade por omissão e a sua disciplina pela Lei n. 12.063/2009

Com o objetivo de disciplinar o procedimento da ação direta de inconstitucionalidade por omissão, foi editada a Lei n. 12.063, de 27 de outubro de 2009, que introduziu alterações na Lei n. 9.868/99.

De início, registre-se que o art. 12-A esclarece que os legitimados à propositura das medidas são os mesmos cuja legitimidade é reconhecida para a ação direta de inconstitucionalidade e para a ação declaratória de constitucionalidade.

Deve o autor da ação indicar na petição inicial: I – a omissão inconstitucional total ou parcial quanto ao cumprimento de dever constitucional de legislar ou quanto à adoção de providência de índole administrativa; II – o pedido, com suas especificações (art. 12-B da Lei n. 12.063/2009).

Além disso, a petição inicial, acompanhada de instrumento de procuração, se for o caso, será apresentada em duas vias, devendo conter cópias dos documentos necessários para comprovar a alegação de omissão (parágrafo único do art. 12-B).

A petição inicial inepta, não fundamentada, e a manifestamente improcedente serão liminarmente indeferidas pelo relator (art. 12-C).

De acordo com o parágrafo único do art. 12-C, caberá agravo da decisão que indeferir a petição inicial.

De modo idêntico ao regramento relativo à ADIn e à ADC, prevalece o princípio da indisponibilidade da instância, já que proposta a ação não se admitirá desistência.

Ainda que os colegitimados não tenham proposto a medida, poderão manifestar-se por escrito sobre o objeto da ação e pedir a juntada de documentos reputados úteis para o exame da matéria, no prazo das informações, bem como apresentar memoriais (§ 1º do art. 12-E).

Por outro lado, o relator poderá solicitar a manifestação do Advogado-Geral da União, que deverá ser encaminhada no prazo de quinze dias (§ 2º do art. 12-E).

Já o Procurador-Geral da República, nas ações em que não for autor, terá vista do processo, por quinze dias, após o decurso do prazo para informações (§ 3º do art. 12-E).

Cabe medida cautelar na ADIn por omissão?

O art. 12-F torna possível tal concessão: "Em caso de excepcional urgência e relevância da matéria, o Tribunal, por decisão da maioria absoluta de seus membros, observado o disposto no art. 22, poderá conceder medida cautelar, após a audiência dos órgãos ou autoridades responsáveis pela omissão inconstitucional, que deverão pronunciar-se no prazo de 5 (cinco) dias".

Qual o objeto da medida cautelar?

A medida cautelar poderá consistir na suspensão da aplicação da lei ou do ato normativo questionado, no caso de omissão parcial, bem como na suspensão de processos judiciais ou de procedimentos administrativos, ou ainda em outra providência a ser fixada pelo Tribunal (§ 1º do art. 12-F), devendo ser ouvido o Procurador-Geral da República, no prazo de três dias, caso o relator entenda indispensável a manifestação (§ 2º do art. 12-F).

Quando do julgamento do pedido de medida cautelar, será facultada sustentação oral aos representantes judiciais do requerente e das autoridades ou órgãos responsáveis pela omissão inconstitucional, na forma estabelecida no Regimento do Supremo Tribunal Federal (§ 3º do art. 12-F).

De acordo com o comando do art. 12-G, concedida a medida cautelar, o Supremo Tribunal Federal fará publicar, em seção especial do *Diário Oficial da União* e do *Diário da Justiça da União*, a parte dispositiva da decisão no prazo de dez dias, devendo solicitar as informações à autoridade ou ao órgão responsável pela omissão inconstitucional.

Declarada a inconstitucionalidade por omissão, presentes na sessão, no mínimo, oito ministros (art. 22 da Lei n. 9.868/99), será dada ciência ao Poder competente para a adoção das providências necessárias (art. 12-H).

Segundo o § 1º do art. 12-H, em caso de omissão imputável a órgão administrativo, as providências deverão ser adotadas no prazo de trinta dias, ou em prazo razoável a ser estipulado excepcionalmente pelo Tribunal, tendo em vista as circunstâncias específicas do caso e o interesse público envolvido.

8.7.2.1.3 Ação declaratória de constitucionalidade

ADC – surgimento e base constitucional. Concernente à ação declaratória de constitucionalidade, também chamada de ação direta de constitucionalidade, esclareça-se que surgiu com a promulgação da EC n. 3, de 17 de março de 1993.

Atualmente, encontra-se prevista no art. 103, *caput*, ao estabelecer: "Podem propor a ação direta de inconstitucionalidade e a ação declaratória de constitucionalidade (...)", passando a enunciar os órgãos e pessoas legitimadas à sua propositura[417].

Propósito de criação da ADC. Fernando Scaff e Antônio Maués explicam que "a criação de uma ação para declarar a constitucionalidade de uma lei deve ser entendida no contexto das crescentes divergências entre as decisões tomadas no controle difuso e no controle concentrado de constitucionalidade, bem como pela ausência de mecanismos eficazes de articulação dos dois sistemas"[418], mais ainda porque diante da atribuição de efeito vinculante às suas decisões operou-se a vinculação dos demais órgãos do Poder Judiciário relativamente às decisões do STF, afastando-se, nesses casos, do caráter meramente *intelectual* baseado na simples força persuasiva de seu conteúdo e sem qualquer exigibilidade jurídica, passando a impor vinculação de compostura *dissuasória*, por meio da qual a não observância do julgado determina a reforma das decisões que o contrariaram[419].

Objeto. Frise-se que o objeto da ação declaratória de constitucionalidade é menos abrangente que o da ação direta de inconstitucionalidade, visto que o art. 102, I,

---

417 Os Municípios podem propor ação direta de inconstitucionalidade no âmbito estadual? Não nos parece que a previsão em norma constitucional estadual de prerrogativa da espécie vulnere a Constituição Federal. Logo, desde que haja explícita legitimidade cometida pelo poder constituinte decorrente, tal possibilidade deve ser admitida. Observe-se a seguinte decisão: "AÇÃO DIRETA DE INCONSTITUCIONALIDADE AJUIZADA POR MUNICÍPIO – ILEGITIMIDADE ATIVA *AD CAUSAM* . Extinção do processo sem julgamento do mérito. É patente a ilegitimidade ativa *ad causam* do requerente, posto que o município não figura no elenco das pessoas e entidades legitimadas pelo art. 134 da Constituição do Estado, para promoverem controle *in abstrato* da constitucionalidade de ato normativo estadual ou municipal" (TJBA, ADI 22.895-6/02 [26.586], TP, rel. Des. Paulo Furtado, j. em 28-3-2003).

418 Cf. *Justiça Constitucional e Tributação*, p. 38.

419 Idem, p. 42.

a, da Constituição fixa a lei ou ato normativo *federal*, tão somente, enquanto na ADIn o objeto é lei ou ato normativo *federal* ou *estadual*.

A pretensão na ação declaratória de constitucionalidade não é expungir do ordenamento lei ou ato normativo federal, mas sim certificar a sua conformidade com a Constituição, com o efeito prático de paralisar toda e qualquer discussão a respeito do tema tratado na ADC.

Oswaldo Luiz Palu esclarece que "houve inúmeras vezes em que o então titular único da ação declaratória de inconstitucionalidade propôs a ação com objetivo de ver declarada a constitucionalidade do ato normativo, como quando encaminhava a representação (sua antiga denominação) com parecer contrário, *a priori*, à sua procedência. Tal fato demonstra que a ação direta de inconstitucionalidade e a ação declaratória de constitucionalidade têm caráter ambivalente ou fungível, sendo que proposta com pedido de constitucionalidade pode ser concedida com efeito contrário; requerida com pedido de inconstitucionalidade, pode ser concedida, também, contrariamente"[420].

Legitimidade ativa. Revogação do § 4º do art. 103 da CF pela EC n. 45/2004. O § 4º do art. 103 da CF foi revogado pela EC n. 45/2004, que extinguiu a dicotomia até então existente quanto à legitimidade para propor ação direta de inconstitucionalidade e ação declaratória de constitucionalidade.

O dispositivo referia que "a ação declaratória de constitucionalidade poderia ser proposta pelo Presidente da República, pela Mesa do Senado Federal, pela Mesa da Câmara dos Deputados ou pelo Procurador-Geral da República".

Percebe-se, assim, que a legitimidade para a propositura de ação declaratória de constitucionalidade era bem mais restrita que a referente à ação direta de inconstitucionalidade, comissiva ou omissiva.

Contudo, foi extinto o tratamento dicotômico quanto à legitimação para ação direta, seja em razão da mencionada revogação do § 4º do art. 103, seja em razão do atual enunciado do art. 103, *caput*, da CF: "Podem propor a *ação direta de inconstitucionalidade* e a *ação declaratória de constitucionalidade* (...)".

8.7.2.1.4 Arguição de descumprimento de preceito fundamental

A sua base constitucional é o § 1º do art. 102, com redação dada pela EC n. 3/93: "A arguição de descumprimento de preceito fundamental decorrente desta Constituição será apreciada pelo Supremo Tribunal Federal, na forma da lei".

A regulamentação da medida foi concretizada com o advento da Lei n. 9.882, de 3 de dezembro de 1999.

8.7.2.1.4.1 Órgão competente para apreciação. Possibilidade de ADPF estadual

A arguição de descumprimento de preceito fundamental deve ser proposta perante o Supremo Tribunal Federal, e somente perante ele em casos nos quais

420 Cf. *Controle de Constitucionalidade*: conceitos, sistemas e efeitos, p. 252.

resida na arguição a alegação de descumprimento de preceito relativo à Constituição Federal.

Seria possível a propositura da arguição no âmbito dos Estados-Membros, atraindo, assim, a competência do Tribunal de Justiça local?

Expõe Dirley da Cunha Jr.: "(...) Somos integralmente concordes com essa possibilidade, com base no critério da simetria, de modo que as cartas estaduais podem perfeitamente introduzir, em seus sistemas de defesa da supremacia de suas normas, a arguição de descumprimento em tela, para a proteção específica dos preceitos fundamentais que consagra. Nesse caso, a competência para julgá-la certamente caberá, com exclusividade, aos Tribunais de Justiça".

E continua: "Nota-se que algumas Constituições estaduais acolheram o instituto da arguição nos moldes acima mencionados. A Constituição do Estado de Alagoas dispôs sobre a arguição no art. 133, inciso IX, alínea *r*, segundo o qual compete ao Tribunal de Justiça processar e julgar originariamente 'a arguição de descumprimento de preceito fundamental decorrente desta Constituição'". Igualmente, a Constituição do Estado do Rio Grande do Norte prevê, no seu art. 71, I, *a*, a competência do Tribunal de Justiça para processar e julgar originariamente "a arguição de descumprimento de preceito fundamental decorrente desta Constituição, na forma da lei". Acompanhamos a conclusão, pois, com efeito, o § 1º do art. 102 da Constituição Federal, ao acentuar que "a arguição de descumprimento de preceito fundamental *decorrente desta Constituição* será apreciada pelo Supremo Tribunal Federal, na forma da lei", claramente deixa ao alvedrio do poder constituinte decorrente optar, com base na antedita simetria, acerca da inclusão da arguição no âmbito estadual. O que se não admitirá é a existência de arguição criada no âmbito dos Estados-Membros para a proteção de preceito fundamental decorrente da Constituição Federal. Todavia, se a hipótese é de arguição incluída na Constituição estadual para a tutela de preceito fundamental nela previsto, seria mesmo incompatível com a própria Constituição Federal impedir as unidades estaduais de assim proceder, máxime em razão dos comandos do art. 18, *caput*, que assegura a autonomia dos Estados, do art. 25, *caput*, e § 1º e de todas as demais cláusulas que protegem o sistema federativo brasileiro[421].

8.7.2.1.4.2 Espécies de ADPF

Dois critérios podem ser propostos para classificar a ADPF: o *momento* e o *fim* da arguição.

Quanto ao *momento* em que é proposta, observe-se que o art. 1º, *caput*, da Lei n. 9.882/99 salienta que a ação constitucional tem por objetivo evitar ou reparar lesão a preceito fundamental, resultante de ato do Poder Público, surgindo, assim, duas espécies de arguição: *preventiva* ("evitar a lesão") e *repressiva* ("reparar a lesão").

Quanto ao *fim* da arguição, esclarece o art. 1º, *caput*, da Lei n. 9.882/99 que será proposta perante o Supremo Tribunal Federal, constituindo-se assim em típica ação

421 Cf. Dirley da Cunha Jr., *Controle de Constitucionalidade*: teoria e prática, p. 265.

de controle *concentrado principal* da constitucionalidade, tal como acontece com a ação direta.

O objetivo, aqui, é conduzir ao STF exame de ofensa a preceito fundamental de forma *direta* e *autônoma*.

Mas o parágrafo único do art. 1º, I, assinala que caberá também a arguição quando for relevante o fundamento da controvérsia constitucional sobre lei ou ato normativo federal, estadual ou municipal, incluídos os anteriores à Constituição.

Com isso, surge a arguição que instala controle *concentrado*, porém *incidental*, porque é dentro de processo com partes determinadas (processo subjetivo) que aparece *incidentalmente* a discussão sobre ofensa a preceito fundamental.

Portanto, quanto ao *fim*, a arguição poderá ser *direta* ou *autônoma*, quando se identifica ao processo objetivo de controle de constitucionalidade, ou *incidental*, quando se converte em peculiar forma de efetivação do controle *concreto*, porque realizado exclusivamente pelo STF (controle concentrado).

8.7.2.1.4.3 Significado de "preceito fundamental"

Se o que se argui é o descumprimento de "preceito fundamental", torna-se absolutamente indeclinável o exame do que representa a expressão.

Há quem entenda "preceito fundamental" como locução sinônima de direitos e garantias fundamentais, bem assim de fundamentos e objetivos da República Federativa do Brasil[422]; mas há também quem resista a tal identificação[423].

Daniel Sarmento, no entanto, quer compreender preceito fundamental como conceito jurídico indeterminado: "(...), parece-nos que o legislador agiu bem ao não arrolar taxativamente quais, dentre os dispositivos constitucionais, devem ser considerados como preceitos fundamentais. Ao valer-se de um conceito jurídico indeterminado, a lei conferiu uma maleabilidade maior à jurisprudência, que poderá acomodar com mais facilidade mudanças no mundo dos fatos, bem como a interpretação evolutiva da Constituição. Caberá, sobretudo ao Supremo Tribunal Federal, definir tal conceito, sempre baseando-se na consideração do dado axiológico subjacente ao ordenamento constitucional"[424].

---

422 Cf. Alexandre de Moraes, "Comentários à Lei n. 9.882/99 – arguição de descumprimento de preceito fundamental", p. 17.

423 Cf. André Ramos Tavares, *Arguição de Descumprimento de Preceito Constitucional Fundamental:* Aspectos essenciais do instituto na Constituição e na lei. Explica o autor: "Pode-se dizer que, de uma mera proclamação jurídica de normas com superioridade hierárquica em relação às demais, a inspiração humana alcançou aquilo que se mostrara, até então, historicamente improvável: traçar valores supremos e perenes, que assumem uma importância ainda maior em relação às demais normas constitucionais, embora estejam vertidos também em roupagem constitucional. A perenidade dos valores assim concebidos não impede sua dinamicidade interna, obra a ser realizada pelos intérpretes das normas que os consubstanciam. À jurisdição constitucional enquanto atividade desenvolvida pelo Tribunal Constitucional está atribuída a missão de desenvolver, em última instância, os valores constitucionais" (op. cit., p. 49).

424 Cf. "Aspectos sobre a arguição de descumprimento de preceito fundamental", p. 91.

Deveras, ainda que se tome por certo ser o sistema jurídico brasileiro de base romanística, não vocacionado, em tese, à tarefa construtora do ordenamento pelo juiz, como se dá em sistemas judicialistas (Estados Unidos e Inglaterra, por exemplo), é importante reconhecer o caráter político impresso na interpretação constitucional.

E, nesse plano, a sensibilidade metajurídica do intérprete da norma constitucional conduzirá à atualização do significado de "preceito fundamental", cambiante e variável, visto que variável e cambiante também é o plexo de valores considerado inestimável pelos indivíduos integrantes da comunidade política.

8.7.2.1.4.4 Controle concentrado de norma municipal e o "silêncio eloquente" do art. 102, I, a, *da CF*

Outro tema controvertido a respeito da arguição sob enfoque: o controle concentrado de norma municipal não ofenderia o "silêncio eloquente" do art. 102, I, *a*, da Constituição?

Ou, ainda: a inexistência de controle de constitucionalidade concentrado no STF de lei municipal não impediria que o legislador ordinário fixasse como objeto da ADPF a lei local?

O problema relacionado ao controle de constitucionalidade das normas municipais não é recente, tanto que desde a promulgação do Texto Constitucional de 1988 se discute sobre a possibilidade de o STF proceder ao exame pelo critério concentrado; contudo, a jurisprudência da nossa Suprema Corte concluiu negativamente, como já referido no subitem anterior.

Renova-se, agora, a discussão, com outros contornos, pois prevê-se o controle concentrado no STF de lei municipal por via de arguição de descumprimento de preceito fundamental.

O art. 1º, parágrafo único, I, da Lei n. 9.882/99, ao incluir a lei municipal como objeto de ADPF, não atingiu, em nosso entender, o regramento constitucional que, implicitamente, afastou o controle de constitucionalidade de tais leis, de forma concentrada-abstrata, perante o STF. É que se trata de institutos diversos, e a vedação implícita tem por alvo o controle efetivado no plano abstrato por meio da ação direta de inconstitucionalidade omissiva, comissiva e a ação declaratória de constitucionalidade. E porque a ADPF se localiza em enunciado distinto (§ 1º do art. 102), não se lhe estende a interdição subentendida no corpo do art. 102, I, *a*.

8.7.2.1.4.5 O caráter ambivalente da ADPF

Outrossim, quer porque a arguição de descumprimento de preceito fundamental está vocacionada a estancar ofensa a situações concretas, quer porque se destina igualmente a atacar, em tese, lei vulneradora de preceito fundamental, não é correto incluí-la no rol dos instrumentos que integram o controle concreto da constitucionalidade no Brasil. Possui caráter ambivalente, prestando-se a controlar a constitucionalidade *abstrata* ou *concretamente*[425].

---

425 Cf. Walter Claudius Rothenburg, *Arguição de Descumprimento de Preceito Fundamental*, p. 201-202.

8.7.2.1.4.6 ADPF e o princípio da subsidiariedade

Outro tema a merecer destaque com relação à ADPF é o caráter subsidiário da medida, conforme se depreende da redação do § 1º do art. 4º da Lei n. 9.882/99: "Não será admitida arguição de descumprimento de preceito fundamental quando houver qualquer outro meio eficaz de sanar a lesividade".

É o princípio da subsidiariedade a caracterizar o recurso à ação constitucional[426].

Se a atuação lesiva a preceito fundamental puder ser obstada, por via de impetração de mandado de segurança, *habeas corpus*, *habeas data* ou qualquer outro remédio processualmente previsto, não será admitida a arguição.

Mas é evidente que o outro meio apontado pelas leis processuais para estancar a lesão precisa ser efetivo, não se podendo erigir como barreira à utilização da ADPF o mero fato da existência do instrumento no sistema jurídico, como na circunstância de aludir-se à possibilidade de ataque a uma decisão judicial vulneradora do preceito quando o recurso cabível possui apenas efeito devolutivo[427].

O princípio em questão, todavia, deve ser aplicado restritamente à hipótese de ADPF *incidental* e não à *autônoma*, pois se houver a consolidação da ideia de subsidiariedade também para a ADPF autônoma, ocorrerá inegável rebaixamento da es-

---

426 O Supremo Tribunal Federal já reconheceu obrigatório o atendimento ao princípio da subsidiariedade na ADPF 03/CE, ADPF 12/DF, ADPF 13/SP, ADPF 17/AP e ADPF 18/CE. Observe-se a seguinte ementa da ADPF 18/CE: "ARGUIÇÃO DE DESCUMPRIMENTO DE PRECEITO FUNDAMENTAL – AGRAVO REGIMENTAL – 2. Visa a ação desconstituir ato do Governador do Estado do Ceará que, concordando com a conclusão a que chegou a Comissão Processante da Procuradoria de Processo Administrativo-Disciplinar – PROPAD, da Procuradoria-Geral do Estado – PGR, nos autos do Processo Administrativo-Disciplinar n. 270/97, determinou a lavratura de ato de demissão de policial civil. 3. Negado seguimento por despacho, ao fundamento de que "não será admitida arguição de descumprimento de preceito fundamental quando houver outro meio eficaz de sanar a lesividade", nos termos da Lei n. 9.882/99, art. 4º, § 1º. 4. Agravo regimental em que se defende a inexistência de outro meio eficaz para sanar a lesividade que aponta. Aduz suspeição do TJCE. 5. Os vícios do processo disciplinar e a nulidade do ato de demissão estão sendo objeto de ação ordinária em curso na Justiça local cearense, ajuizada com pedido de antecipação de tutela, já deferida. 6. Se ainda não ocorreu o cumprimento da decisão judicial de primeiro grau, não seria a medida judicial ora ajuizada no STF a via adequada a assegurar a imediata execução do *decisum*. Incabível discutir a alegada parcialidade da Corte de Justiça do Ceará para processar e julgar as medidas judiciais requeridas. 7. Agravo regimental a que se nega provimento" (STF, ADPFA 18/CE, TP, rel. Min. Néri da Silveira, *DJU* de 14-6-2002, p. 127).

427 Os diversos recursos previstos nas leis processuais têm a aptidão para gerar, de ordinário, duas espécies de efeitos: devolutivo e suspensivo. O efeito devolutivo, mais comum, refere-se ao fato de o recurso devolver ao tribunal a apreciação da matéria impugnada pelo recorrente. Por outro lado, "o efeito suspensivo é uma qualidade do recurso que adia a produção dos efeitos da decisão impugnada assim que interposto o recurso, qualidade essa que perdura até que transite em julgado a decisão sobre o recurso" (cf. Nelson Nery Junior, *Princípios Fundamentais:* teoria geral dos recursos, p. 207-208).

tatura constitucional da ação, e, pior ainda, da própria tarefa a ela incumbida de tutela dos preceitos fundamentais[428].

8.7.2.1.4.7 Quorum *para julgamento*

A Lei n. 9.882/99 exige *quorum* qualificado para a sessão do STF em que se julgará a ADPF, quando, na oportunidade, pelo menos dois terços dos Ministros deverão estar presentes.

8.7.2.1.4.8 ADPF, eficácia contra todos e efeito vinculante

De modo semelhante ao que acontece com a ação declaratória de constitucionalidade e a ação direta de inconstitucionalidade (§ 2º do art. 102 da CF, alterado pela EC n. 45/2004), a decisão na ADPF terá eficácia contra todos e efeito vinculante relativamente aos demais órgãos do Poder Público (§ 3º do art. 10 da Lei n. 9.882/99).

Ressalte-se que a eficácia contra todos e o efeito vinculante se referem às espécies de ADPF *incidental* e *autônoma.*

Isso deve ser esclarecido porque, evidenciado o caráter ambivalente da ação constitucional, poder-se-ia supor que a ADPF proposta em razão de ofensa a preceito fundamental no caso concreto (ADPF incidental) poderia afastar a eficácia *erga omnes* e o efeito vinculante, o que não é exato.

Walter Claudius Rothenburg adverte que "(...) a arguição de descumprimento de preceito fundamental, em sua modalidade incidental, revela a curiosa figura híbrida de um controle concreto (quando se estiver a discutir uma questão em concreto) com efeitos de controle em tese (em que a decisão se pronuncia em definitivo sobre a validade do ato questionado)"[429].

8.7.2.1.4.9 Modulação temporal da eficácia da decisão na ADPF

Quanto ao momento a partir do qual a decisão do STF em sede de ADPF passará a operar efeitos, o art. 11 da Lei n. 9.882/99 confere larga margem de liberdade ao órgão julgador para, por maioria de dois terços dos seus membros, restringir os efeitos da declaração ou decidir que ela só tenha eficácia a partir de seu trânsito em julgado ou de outro instante que venha a ser fixado.

8.7.2.1.4.10 Legitimidade para a ADPF

O art. 2º, I, da Lei n. 9.882/99 assinala que podem propor a ADPF os mesmos que estão legitimados para a ação direta de inconstitucionalidade, ou seja, os indicados nos incisos do art. 103 da Constituição.

O art. 2º, II, da Lei previa que a legitimidade seria conferida a qualquer pessoa lesada ou ameaçada por ato do Poder Público; todavia, o dispositivo foi vetado pelo

428 Cf. Dirley da Cunha Jr., *Controle de Constitucionalidade*: teoria e prática, p. 296-298.

429 Cf. *Arguição de Descumprimento de Preceito Fundamental*, p. 229.

Presidente da República, impedindo, desse modo, o alargamento da qualidade para agir em sede de ADPF e tornando a arguição incidental de existência meramente formal.

Explique-se: se os legitimados para a ADPF são exclusivamente aqueles que podem propor ação direta, e se as pessoas lesadas somente têm o direito de representar ao Procurador-Geral da República para solicitar a propositura de ADPF, convencendo-se o PGR de ocorrida a ofensa, é certo que utilizará a arguição *direta* ou *autônoma*, e não a incidental.

8.7.3 Parâmetro de controle de constitucionalidade no Brasil

É necessário informar que o parâmetro para a efetivação do controle judicial da constitucionalidade no Brasil não deve prender-se exclusivamente ao confronto entre lei ou ato normativo federal ou estadual e a Constituição de 1988, ou mesmo lei ou ato normativo municipal e as Constituições estaduais (§ 2º do art. 125 da CF).

A parametricidade quanto ao controle de constitucionalidade no Brasil foi alterada pela EC n. 45/2004.

Deveras, foi incluído o § 3º ao art. 5º da Constituição de 1988 pela EC n. 45/2004, cuja redação é a seguinte: "Os tratados e convenções internacionais sobre direitos humanos que forem aprovados, em cada Casa do Congresso Nacional, em dois turnos, por três quintos dos votos dos respectivos membros, serão equivalentes às emendas constitucionais".

Nesse passo, tornaram-se equivalentes às emendas os tratados e convenções internacionais *sobre direitos humanos* quando *aprovados de acordo com o idêntico processo legislativo estabelecido para as emendas*.

Consequentemente, ampliou-se a parametricidade material da fiscalização de constitucionalidade[430].

8.8 A PARTICIPAÇÃO DO SENADO NO CONTROLE DE CONSTITUCIONALIDADE

Dispõe o art. 52, X, da Constituição que compete privativamente ao Senado suspender a execução, no todo ou em parte, de lei declarada inconstitucional por decisão definitiva do Supremo Tribunal Federal.

Oswaldo Luiz Palu pondera que são tão raras as resoluções do Senado cujo objeto seja a indigitada suspensão, que defende a completa inutilidade da previsão do art. 52, X, da Constituição[431]; todavia, se é certo que isso aconteceu em passado recente, a ponto de nos filiarmos anteriormente à mesma conclusão[432], não menos certo é

430 Cf. Paulo Roberto Lyrio Pimenta, "O controle de constitucionalidade das leis e a Emenda Constitucional n. 45/2004", in: *Reforma do Judiciário*, Fredie Didier Jr., Saulo Casali e Edvaldo Brito (coords.), p. 173.

431 Cf. *Controle de Constitucionalidade*, p. 184-185.

432 Cf. nosso *Curso Básico de Direito Constitucional*, t. 1, p. 240.

que essa ideia não corresponde à realidade atual, *data maxima venia*, pois a Câmara Alta, só em 2005, expediu quarenta e quatro resoluções destinadas ao exercício da competência fixada no dispositivo constitucional[433].

Alguns questionamentos são sumamente importantes para desvendar a real compostura da participação do Senado no controle de constitucionalidade brasileiro, razão por que incluiremos as indagações em subitens distintos.

8.8.1 O procedimento torna "misto" o sistema de controle brasileiro?

De logo, frise-se que a integração do Senado ao controle de constitucionalidade no Brasil não torna "misto" o nosso sistema, simplesmente porque a atribuição reservada à Casa Legislativa se refere à *suspensão da execução de lei declarada inconstitucional por decisão definitiva do STF*. Por conseguinte, nos termos do art. 52, X, da Constituição, quem declara a inconstitucionalidade é o STF – órgão do Poder Judiciário brasileiro – e não o Senado, que se reduz à emissão de juízo político acerca da decisão.

8.8.2 A atribuição do Senado é exercitável no controle concreto-difuso ou no abstrato-concentrado?

Quanto ao segundo questionamento, cabe esclarecer que o controle pela via direta é exercido, de forma concentrada, pelo Supremo Tribunal Federal, reputado como protetor da Constituição (art. 102, *caput*).

Ora, parece incontestável que a Constituição não atribuiria ao STF a destacada função de preservá-la por meio do controle abstrato-concentrado para, no contexto das atribuições do Senado, esvaziá-la a ponto de praticamente determinar a sua extinção.

É que, com evidência, se a decisão do STF fosse condicionada a eventual assentimento legislativo por intermédio da suspensão da execução da lei declarada inconstitucional no controle abstrato-concentrado (via direta), chegaríamos à circunstância de submissão total da Suprema Corte à Casa Legislativa em sede de tal controle.

Posto dessa forma, conclui-se que a prerrogativa conferida pelo art. 52, X, ao Senado está limitada à via de exceção ou de defesa, quando, arguida incidentalmente a questão da inconstitucionalidade da lei em um caso concreto, se alcançado o STF por meio de recurso extraordinário[434], o tribunal, ao reconhecer a tese do re-

433 Observe-se o conteúdo das Resoluções n. 9/47 e 49/52, todas do ano 2005.

434 Após a EC n. 45/2004, a admissibilidade do recurso extraordinário perante o Supremo Tribunal Federal está condicionada à demonstração, pelo recorrente, da repercussão geral das questões constitucionais discutidas no caso, nos termos da lei, somente podendo o STF recusá-lo por manifestação de dois terços de seus membros. É a restauração da antiga "arguição de relevância de questão federal", que existia no contexto do Código de Processo Civil revogado. Tramita no Congresso Nacional o Projeto de Lei n. 12, do Senado, que regulamenta o dispositivo.

corrente, remete a decisão à Câmara Alta a fim de que delibere sobre a suspensão[435].

8.8.3 Declarada a inconstitucionalidade pelo STF, encontra-se a Casa Legislativa obrigada à suspensão da lei?

No pertinente à dúvida sobre se o Senado está obrigado à suspensão, parece-nos que responder afirmativamente seria o mesmo que considerar de todo inútil a previsão constitucional.

A não se outorgar ao Senado margem de poder para decidir sobre os destinos da declaração de inconstitucionalidade no caso concreto, seria melhor não contemplar essa prerrogativa na Constituição...

Por isso que o STF reconheceu inicialmente a liberdade inerente às funções do Senado em tema de suspensão da execução de lei declarada incompatível com as normas constitucionais[436].

Se a Casa Legislativa é assembleia política, é natural que o exame empreendido a respeito do acórdão da Corte Suprema também seja político. Cumprirá ao Senado investigar se a suspensão da execução da lei, atribuindo-lhe efeitos *erga omnes*[437], é oportuna ou conveniente; ou se, mesmo patente a inconstitucionalidade, não seria mais adequada a manutenção do dispositivo legal tal como se encontra no ordenamento jurídico.

Observa-se, todavia, a tendência do STF a modificar totalmente o entendimento, tal como resulta dos pronunciamentos dos Ministros no âmbito da Rcl. 4.335, uma vez que a maioria admite que a atribuição do Senado é para conferir mera publicidade à decisão do STF que, no caso concreto, além de declarar a inconstitucionalidade da norma ou ato do Poder Público, determina eficácia *erga omnes*.

Não concordamos com a modificação da jurisprudência que se avizinha, *venia concessa* (ver subitem 8.11.3).

8.8.4 A decisão que suspende a execução da norma é retroativa?

Quanto à retroatividade da decisão política do Senado suspensiva da execução da lei, utilizou-se do mesmo critério de recomendar prudência e ponderação para suspender a eficácia determinante de efeitos *ex nunc*, ou seja, somente a partir da conclusão legislativa é que a norma perderá aptidão para criar direitos ou impor obrigações.

---

435 Encontra-se consolidado na jurisprudência do STF o entendimento de que a prerrogativa está afeta ao controle concreto (STF, *RTJ*, 151/331-55).

436 STF, MI 460-9/RJ, rel. Min. Celso de Mello, *DJ* de 16-6-1994, p. 15509.

437 A suspensão da execução de lei declarada inconstitucional no caso concreto pelo STF por via de recurso é, em verdade, forma de o controle difuso vir a operar eficácia contra todos. O STF, quando do julgamento de recurso extraordinário, sufragando a *tendência maximalista*, vem admitindo, em casos excepcionais, a atribuição de eficácia *erga omnes*, viabilizando assim, também, hipótese de transcendência de julgado no caso de processos subjetivos.

Frise-se que, uma vez emitida a resolução senatorial, naturalmente portadora de eficácia *erga omnes*, transparece a identidade de efeitos entre o controle abstrato--concentrado e o controle concreto da constitucionalidade.

Com isso, é possível sustentar que a mesma motivação política (sendo certo que exame de tal natureza é realizado também no momento que se propõe a ação direta) que concluiu pela inconveniência do recurso à ação direta por quaisquer dos colegitimados do art. 103 da CF à época em que a norma surgiu, ou, por outro lado, a própria modulação temporal da declaração consentida pela Lei n. 9.868/99, é, sem dúvida, obstativa também da retroeficácia da deliberação suspensiva do Senado.

É que a declaração de inconstitucionalidade em sede abstrata é sempre instruída por considerações transcendentes à emissão de juízo meramente jurídico, visto que a conclusão judicial pela inconstitucionalidade operará efeitos de ordem política, social, econômica etc.

Se não foi proposta a medida na época em que a lei suspensa pelo Senado foi editada, isso resulta presumivelmente da conclusão dos órgãos e pessoas que poderiam propô-la de que fatores extranormativos simplesmente não autorizavam o início da ação.

E se é assim, não haveria como defender a retroeficácia radical da deliberação suspensiva do Senado tendo em vista a própria inconveniência detectada pelos agentes referidos nos incisos do art. 103 para a iniciativa quanto à ação direta.

Em síntese: se a decisão do Senado impusesse efeito retroativo à suspensão, certamente desencadearia convulsionamento jurídico em série nas respectivas relações travadas com base na norma cuja perda da eficácia fora decretada.

Não é esse, entretanto, o entendimento do STF[438].

8.8.5 Quem pode comunicar ao Senado a respeito da decisão do STF?

A respeito do questionamento sobre quem pode comunicar ao Senado acerca da decisão do STF, elucidativas são as ponderações de Dirley da Cunha Jr.: "(...) Embora a Constituição não seja explícita a respeito, ninguém mais duvida que compete ao próprio Supremo Tribunal Federal proceder a esta comunicação, após transitar em julgado a decisão que declarou, em sede de controle incidental, a inconstitucionalidade do ato impugnado. Aliás, essa providência vem prevista no próprio Regimento Interno da Corte (RISTF, art. 178). Tal comunicação, outrossim, está franqueada ao Procurador-geral da República, que pode tomar a iniciativa de participar oficialmente ao Senado acerca da decisão definitiva do Supremo. Relembramos, a propósito, que a Constituição de 1934 outorgou expressamente ao Procurador-geral da República a competência para comunicar a decisão do STF ao Senado, 'para os fins do art. 91, IV' daquela Carta (art. 96), isto é, para o Senado suspender a execução do

438 RMS 17.796, rel. Min. Amaral Santos, *RDA*, 105/111-113.

ato, de tal sorte que, sem a comunicação do Procurador-geral da República, estava o Senado, consoante a doutrina predominante, impedido de exercer essa atribuição. Para além disso, hoje se admite, sem contestações, que o Senado Federal pode, após tomar conhecimento da decisão do Supremo Tribunal, entabular, de ofício, o procedimento visando à suspensão da execução do referido ato, conforme prevê seu próprio Regimento Interno (arts. 386 e 388)"[439].

8.8.6 Qual a amplitude do pronunciamento legislativo?

Sobre a indagação pertinente à amplitude da medida da Câmara Alta, é óbvio que, malgrado a Constituição refira à suspensão da execução, *no todo ou em parte*, de lei declarada inconstitucional pelo STF, o espaço de movimentação da Casa Legislativa se atém ao raio da declaração do Supremo quando a decisão concluir pela incompatibilidade parcial da norma com a Constituição: se a Corte conclui pela inconstitucionalidade *em parte*, não poderá o Senado suspender a execução *no todo*. Se, entretanto, o STF declara a incompatibilidade vertical de *todo* o diploma normativo, pode legitimamente o Senado situar os efeitos da resolução coparticipativa (espécie normativa exigível para tal suspensão) *em parte* dos enunciados da lei declarada totalmente inconstitucional.

8.8.7 É passível de revogação pelo próprio Senado o ato suspensivo expedido?

No que toca ao questionamento sobre a revogação da suspensão, temos por certo que o mesmo juízo de valor político a autorizar que se expeça a resolução e se suspenda a execução de lei declarada inconstitucional é, em verdade, permissivo em relação à sua revogação.

Não é esse, entretanto, o entendimento sufragado pelo STF[440].

8.8.8 Qual o significado de "lei" no art. 52, X?

Relativamente a essa pergunta, parece evidente que lei, na dicção do art. 52, X, não pode nem deve ter o significado de norma expedida pelo Parlamento e de acordo com o processo constitucionalmente regrado (lei em sentido *material* e *formal*), pois, seguramente, a competência indicada no preceptivo se destina a reduzir a conflitualidade difusa que instala por meio da via de exceção ou de defesa. E, nesse passo, tratando-se de leis em sentido unicamente *material* (resoluções administrativas, instruções, decretos autônomos etc.), uma vez todas de caráter normativo, são, de modo recorrente, impugnadas pelos indivíduos, no caso concreto, determinando, assim, idêntico tratamento àquele dispensado às espécies normativas em sentido material e formal.

---

439 Cf. *Controle de Constitucionalidade*: teoria e prática, p. 146.

440 MS n. 16.512, rel. Min. Oswaldo Trigueiro.

8.8.9 Leis estaduais e municipais também podem ter a execução suspensa pelo Senado?

E, finalmente, a respeito da possibilidade de suspensão da execução de atos normativos estaduais e municipais, concluímos afirmativamente.

Se houve discussão, no caso concreto, que alcançou o STF por meio de recurso extraordinário, o próprio papel atribuído ao Senado de representação dos Estados e do Distrito Federal (art. 46 da CF) torna absolutamente legítima a suspensão da execução de atos normativos estaduais e municipais.

8.9 O CONTROLE DE CONSTITUCIONALIDADE E A PERTINÊNCIA TEMÁTICA

O art. 103, I a IX, da Constituição fixa os órgãos e as pessoas que podem iniciar o processo de fiscalização abstrata da constitucionalidade.

E, mesmo não tendo a Constituição adotado, explícita ou implicitamente, qualquer critério restritivo à propositura da ação direta de inconstitucionalidade pelos colegitimados, a jurisprudência do Supremo Tribunal Federal vem se consolidando no sentido da restrição à iniciativa quanto a alguns dos órgãos e pessoas indicadas no antedito preceito constitucional, presumivelmente em virtude do expressivo número de ações propostas por entidades sindicais.

Nessa linha de compreensão, reconhece-se amplamente a legitimidade ativa das seguintes pessoas e entidades:

a) Presidente da República;

b) Mesas do Senado e da Câmara;

c) Procurador-Geral da República;

d) Conselho Federal da Ordem dos Advogados do Brasil;

e) partido político com representação no Congresso Nacional.

Essas pessoas e entidades têm, como se refere na jurisprudência, *legitimidade ativa universal*[441].

Quanto aos demais, foi adotada construção jurisprudencial com base na tese da "pertinência temática".

São eles:

441 STF, ADIn-MC 1.963/PR, rel. Min. Maurício Corrêa, j. em 18-3-1999: "(...). 1. Os partidos políticos com representação no Congresso Nacional têm *legitimidade ativa universal* para propor ação direta de inconstitucionalidade, não incidindo, portanto, a condição da ação relativa à pertinência temática. 2. Inconstitucionalidade formal reconhecida em face do vício de iniciativa da Lei impugnada, de origem parlamentar, que não é convalidado nem mesmo pela sanção do Chefe do Poder Executivo. Precedentes. 3. Não reconhecimento de inconstitucionalidade material em face do artigo 37, II e V, no superficial exame cabível em juízo liminar. Ressalva de hipótese prevista no texto constitucional: ADIMC n. 1.791-PE. 4. Medida cautelar deferida para suspender a eficácia da lei impugnada, com efeito *ex nunc*, até o final julgamento da ação direta".

a) Governador de Estado[442] ou do Distrito Federal;
b) Mesas de Assembleia Legislativa ou Distrital;
c) confederação sindical ou entidade de classe de âmbito nacional.

Significado de pertinência temática. Que significa *pertinência temática*? Traduz-se na ideia de que, para a propositura da ação, deve haver correspondência entre o objeto da medida judicial intentada e os propósitos institucionais da entidade acionante[443] (no caso do art. 103, IX) ou os interesses da unidade federativa, representada pelo Governador ou pelo respectivo Parlamento estadual ou distrital.

ADIn proposta por Governador e a pertinência temática na jurisprudência do STF. O Supremo Tribunal Federal, na ADIn 902/SP, concluiu que, "tratando-se de impugnação de ato normativo de Estado diverso daquele governado pelo requerente, impõe-se a demonstração do requisito 'pertinência'", ao passo que, na ADIn 1.307-6, proposta por Mesa de Assembleia Legislativa, foi então decidido que "na hipótese não há vínculo objetivo de pertinência entre o conteúdo material das normas impugnadas – crédito rural – e a competência ou os interesses da Assembleia Legislativa do Estado de Mato Grosso do Sul".

Ilegitimidade ativa de federações e sindicatos nacionais na jurisprudência do STF. Com relação às confederações sindicais ou entidades de classe de âmbito nacional, o STF não admite a propositura de ação direta por federações ou sindicatos nacionais[444].

Ilegitimidade ativa de diretório regional de partido político na jurisprudência do STF. E mesmo no que se refere aos partidos políticos, cuja legitimidade é ampla para o início do processo objetivo[445] de fiscalização abstrata da constitucionalidade[446], o STF recusa a possibilidade de a ação direta vir a ser proposta por diretório regional ou executiva regional de agremiação partidária[447].

---

442 É o Governador do Estado – e não o Procurador-Geral do Estado – que tem legitimidade ativa e capacidade postulatória para a ação direta de inconstitucionalidade (STF, *RDA*, 185/187).

443 "AÇÃO DIRETA DE INCONSTITUCIONALIDADE – SISTEMA INTEGRADO DE PAGAMENTO DE IMPOSTOS E CONTRIBUIÇÕES DAS MICROEMPRESAS E EMPRESAS DE PEQUENO PORTE – CONFEDERAÇÃO NACIONAL DAS PROFISSÕES LIBERAIS – PERTINÊNCIA TEMÁTICA – LEGITIMIDADE ATIVA – PESSOAS JURÍDICAS IMPEDIDAS DE OPTAR PELO REGIME – CONSTITUCIONALIDADE. 1. Há pertinência temática entre os objetivos institucionais da requerente e o inciso XIII do artigo 9º da Lei 9.317/96, uma vez que o pedido visa a defesa dos interesses de profissionais liberais, nada obstante a referência a pessoas jurídicas prestadoras de serviços. 2. Legitimidade ativa da Confederação. (...)". (STF, ADI 1643/UF, rel. Min. Maurício Corrêa, *DJU* de 14-3-2003, p. 27).

444 *RTJ*, 129/957, 134/50; *RDA*, 176/47.

445 Chama-se *objetivo* o processo instaurado para declaração em tese de inconstitucionalidade de ato normativo porque nele não há partes, diferentemente do que acontece com os processos comuns, integrados por autor, réu, litisconsorte etc.

446 "Os partidos políticos com representação no Congresso Nacional têm legitimidade ativa universal para propor ação direta de inconstitucionalidade, não incidindo, portanto, a condição da ação relativa à pertinência temática" (STF, ADIn 1.963/PR, *DJ* de 7-5-1999, p. 1).

447 "A disposição do inciso VIII do art. 103 da Constituição pressupõe procedimento do Diretório Nacional do partido político com representação no Congresso Nacional" (STF, ADIn 610/PI).

Crítica doutrinária à pertinência temática. Zeno Veloso apresenta sua discordância ao caminho jurisprudencial restritivo acolhido pelo STF: "Do ponto de vista estritamente jurídico, no entanto, entendemos, *data venia*, que a exigência da mencionada relação de pertinência não encontra qualquer amparo na Constituição. Fere, inclusive, o princípio da igualdade, pois não se requer tal relação de pertinência a respeito de todos os órgãos ou pessoas legitimados pelo art. 103".

"O nosso controle abstrato de normas é um processo objetivo, sem contraditório, marcado pela impessoalidade, não sendo pertinente falar-se num interesse jurídico subjetivo e específico do autor. É incabível criar-se uma condição de ação, natural do processo comum, tanto mais quando a Carta Magna elencou os órgãos e pessoas legitimados para o controle direto, sem mencionar qualquer restrição ao direito de propositura conferido aos mesmos. Tais entes legitimados funcionam, antes, como defensores abstratos, advogados da Constituição"[448].

Agregando novos fundamentos, salientam Fredie Didier Jr., Paula Sarno Braga e Rafael Oliveira que "não poderia o STF afirmar que um ente legalmente legitimado não tem, *em determinado caso*, o poder de conduzir o processo. Para esta doutrina, o legislador teria estabelecido um rol taxativo de legitimados, firmando uma presunção absoluta de que seriam 'representantes adequados', não cabendo ao magistrado essa avaliação. A verificação da *adequacy of representation* seria tarefa do legislador. A legitimação coletiva seria, pois, *ope legis*"[449].

Pondera, todavia, Oswaldo Luiz Palu que "a ampliação da legitimidade, se foi útil pela acessibilidade permitida à jurisdição constitucional, acarretou, entretanto, alguns problemas, eis que inútil permitir o ingresso a excessivo número de agentes e entidades quando o número de juízes encarregados do julgamento é o mesmo (...)"[450].

Nosso entendimento. A nosso ver, não é ofensiva a tese da pertinência temática ao postulado da isonomia, porquanto não se nos afigura viável acolher a tese de inconstitucionalidade, ao menos, por esse motivo.

É que o legislador, o administrador, o magistrado, ou mesmo o particular podem, sem agravo ao caríssimo postulado da igualdade, colher determinadas características dos indivíduos para consumar discriminação com lastro no sistema constitucional.

E, em se tratando de legitimidade para a propositura de ação direta, a limitativa tese da pertinência temática não encontraria óbice na Constituição, porque, tanto no caso do Presidente da República como das Mesas Legislativas do Senado e da Câma-

---

448 Cf. *Controle Jurisdicional de Constitucionalidade*, p. 75.

449 Cf. Fredie Didier Jr. et al., *Aspectos Processuais da Ação Direta de Inconstitucionalidade e da Ação Declaratória de Constitucionalidade*, p. 369.

450 Op. cit., p. 196.

ra, do Conselho Federal da OAB, do PGR e dos partidos políticos, as atribuições e prerrogativas assinaladas na Constituição concernem à defesa do interesse público do Estado brasileiro como um todo.

Tais conclusões, contudo, não devem conduzir ao beneplácito da restrição criada pela jurisprudência do Supremo Tribunal Federal.

Sem dúvida, restringir o acesso à fiscalização abstrata da constitucionalidade, quando o intento do constituinte originário foi precisamente o contrário, não representa algo aceitável em um Estado que se quer "democrático" e "de direito"...

Convictamente, o processo de fiscalização da constitucionalidade indica circunstância singular ao aprimoramento das instituições, para a interpretação plural da Constituição, e, sobretudo, para consolidar a cultura constitucional, algo de que nos ressentimos bastante no Brasil, porque os assuntos a ela relacionados não podem ser habitualmente envoltos em "penumbra misteriosa" como se a sua compreensão apenas fosse possível a seres especiais e iluminados...

Mas cultura não é, está sendo razão suficiente para nos precatarmos contra o intelectualismo assolador da interpretação constitucional no Brasil, abrindo a "porta" da Constituição ao indivíduo comum, outorgando-lhe igualmente a oportunidade de participar do processo de concretização da vontade constitucional.

A propósito, José Afonso da Silva lamenta o fato de o cidadão não ter sido incluído no rol do art. 103 da Constituição[451]; ocorre que tanto o afastamento do cidadão quanto a construção de entendimento restritivo referente à pertinência temática estão associados à ausência de cultura constitucional, que, por sua vez, acopla-se a pífio questionamento da sociedade civil quanto à atuação dos órgãos do Estado, pois ali onde existisse nível razoável de conscientização, existiria, sem dúvida, maior reivindicação e exigência dos destinatários dos comandos constitucionais quanto ao seu efetivo cumprimento, com o que naturalmente se alargaria o círculo dos "fiscais" da Constituição.

8.10 O PROCEDIMENTO NA FISCALIZAÇÃO ABSTRATA DA CONSTITUCIONALIDADE

Fenômeno interessante ocorreu com a edição da Lei n. 9.868, de 10 de novembro de 1999: trata-se de texto normativo que condensa, em nível de lei ordinária, os principais temas decididos pelo STF em sede de fiscalização abstrata da constitucionalidade.

Com evidência, a Lei n. 9.868/99, ao dispor sobre o processo e julgamento da ação direta de inconstitucionalidade e da ação declaratória de constitucionalidade perante o Supremo Tribunal Federal, praticamente promoveu a inserção em texto de lei da jurisprudência consolidada pelo STF a respeito dos assuntos mais importantes sobre tal controle.

451 Cf. *Curso de Direito Constitucional Positivo*, p. 54.

Entretanto, não se buscará, neste item, a indicação de todos os artigos da Lei que disciplinam o procedimento referente a tais ações constitucionais, mas, tão somente, alguns, entre estes, que reputamos mais importantes.

8.10.1 Petição inicial na ação direta. Instrumento de mandato. Aditamento. Necessidade de impugnação específica da lei ou ato normativo considerado inconstitucional pelo autor

O parágrafo único do art. 3º expõe que "a petição inicial, acompanhada de instrumento de procuração, quando subscrita por advogado, será apresentada em duas vias, devendo conter cópias da lei ou do ato normativo impugnado e dos documentos necessários para comprovar a impugnação".

A respeito, é necessário esclarecer que o instrumento de mandato conferido ao advogado, eventualmente constituído para propor ADIn ou ADC[452], deve contemplar expressamente poderes para ingressar com a medida[453].

Cabe aditamento da petição inicial em sede de ação direta?

Na verdade, impor-se-á, por vezes, a necessidade de aditá-la, quando prorrogada a medida, sob pena de declarar-se a perda de objeto da ação[454].

Além disso, autoriza-se o aditamento desde que seja consumado pelo próprio autor da ação, não se admitindo que outro o faça, nem mesmo a Advocacia-Geral da União, como já decidiu o STF[455].

Por último, é importante examinar se o STF pode declarar a inconstitucionalidade de lei ou ato normativo quando não há impugnação específica feita pelo autor da medida.

---

452 O STF, na ADIn 127/AL, por via de pedido de vista do Min. Sepúlveda Pertence, em situação na qual se discutia a possibilidade de subscrição da petição inicial pelo chefe do Poder Executivo do Estado-Membro, concluiu que "o Governador do Estado e as demais autoridades e entidades referidas no art. 103, incisos I a VII, da Constituição Federal, além de ativamente legitimados à instauração do controle concentrado de constitucionalidade das leis e atos normativos, federais e estaduais, mediante ajuizamento da ação direta perante o Supremo Tribunal Federal, possuem capacidade processual plena e dispõem, *ex vi* da própria norma constitucional, de capacidade postulatória".

453 O Supremo Tribunal Federal, por unanimidade, decidiu liminarmente que, nas ações diretas de inconstitucionalidade, a procuração deve ser outorgada com o fim específico de se impugnar a norma jurídica considerada inconstitucional pela parte que a propõe (STF/Pleno, ADIn 2.187-7/BA, rel. Min. Octavio Gallotti, *DOU* de 19-5-2000).

454 STF, ADIn 1.882/DF, rel. Min. Gilmar Mendes: "CONSTITUCIONAL. AÇÃO DIRETA DE INCONSTITUCIONALIDADE. MEDIDA PROVISÓRIA N. 1.704-2, DE 28 DE AGOSTO DE 1998. FALTA DE ADITAMENTO À INICIAL ANTE A REEDIÇÃO DO ATO NORMATIVO IMPUGNADO. A falta de aditamento à inicial, em razão da reedição da medida provisória, implica a perda de objeto da ação direta de inconstitucionalidade".

455 STF, ADIn 2.251, rel. Min. Sydney Sanches, j. em 15-3-2001: "AÇÃO DIRETA DE INCONSTITUCIONALIDADE DA MEDIDA PROVISÓRIA N. 1984-19, DE 29 DE JUNHO DE 2000. 1. Falta de aditamento da inicial, pelo Partido autor da Ação, para impugnar as últimas reedições da Medida Provisória, ocorridas no curso do processo. 2. Não cabe à Advocacia-Geral da União suprir essa falta. Pedido indeferido. 3. Ação julgada prejudicada, cassadas, em consequência, as medidas cautelares já concedidas. 4. Plenário. Decisão unânime".

O STF examinou o assunto no âmbito do julgamento da ADIn 2.182, proposta pelo Partido Trabalhista Nacional.

O relator da ação, Min. Marco Aurélio, entendeu que o Partido Trabalhista Nacional, autor da ação, tinha objetivo único, que era a declaração de inconstitucionalidade pelo vício formal. "Não havendo a exploração pelo vício material na peça primeira da ação, é dado ao Tribunal atuar de ofício e, aí, partir para o exame de todos os dispositivos da lei? A resposta para mim é desenganadamente negativa."

Esclareceu ainda que a Lei n. 9.868/99 é clara ao estabelecer que a petição inicial deve indicar o dispositivo da lei ou do ato normativo questionado e os fundamentos jurídicos do pedido em relação a cada uma das contestações, com o que não poderia haver ingresso na questão da inconstitucionalidade material da norma.

E indagou: "Se o Tribunal me compelir a examinar a ação sob o ângulo material, eu terei que cotejar, sem provocação do requerente, artigo por artigo dessa lei com todos os artigos da Constituição Federal, e como fica a nossa jurisprudência no sentido da inépcia da inicial quando não há abordagem, quando o requerente não enfoca em que estaria o conflito do artigo com o texto constitucional?"

Já o Min. Gilmar Mendes, ao apresentar divergência, sustentou que o Supremo deveria examinar a questão. Segundo ele, o Regimento Interno do STF consagrou que caberia ao Tribunal, na representação de inconstitucionalidade – regra que vale hoje para ADIn –, declarar a procedência ou a improcedência da ação de forma plena para não provocar controvérsias, "tendo em vista a existência desse amplíssimo modelo de controle difuso de que nós somos dotados".

Consideramos mais adequada a tese vencedora, ou seja, a que impede o afastamento do princípio dispositivo no âmbito da fiscalização abstrata, *data venia*.

Com evidência, se as decisões do STF têm convergido até para a inadmissibilidade da ação direta proposta contra medida provisória quando, uma vez prorrogada a norma, não há aditamento da petição inicial, parece inadequado, *data maxima venia*, sustentar que se vinculem os demais órgãos do Poder Judiciário e da Administração Pública, em todos os níveis, à motivação extratada pelo Supremo na ação, quando nem sequer o autor apresentou impugnação ao texto normativo cuja inconstitucionalidade fora reconhecida, de ofício, pelo STF.

8.10.2 O princípio da indisponibilidade da instância

O art. 5º revela que "proposta a ação direta, não se admitirá desistência".

É a consagração, em nível legislativo, do princípio da indisponibilidade da instância. "A regra é plenamente explicável: a ação direta de inconstitucionalidade tem natureza jurídico-pública, não corresponde a um direito subjetivo do autor, que não tem o poder de dispor da mesma. Num processo em que o interesse público é inequívoco e preponderante, não há razão que justifique vincular o Tribunal à manifestação unilateral do autor da ação, com o propósito de extingui-la"[456].

456 Cf. Zeno Veloso, op. cit., p. 80.

8.10.3 Prazo para informações

As informações a serem fornecidas pelos órgãos ou autoridades responsáveis pela edição da lei ou ato impugnados serão solicitadas pelo relator e prestadas no prazo de trinta dias (art. 6º e parágrafo único da Lei n. 9.868/99).

8.10.4 A figura do *amicus curiae*

Base normativa. Por outro lado, conquanto não se admita intervenção de terceiro no processo de ação direta de inconstitucionalidade, o relator, ao considerar a relevância de determinada matéria e a representatividade dos que desejam ingressar na relação jurídica processual, poderá, por despacho irrecorrível, admitir a manifestação de outros órgãos ou entidades (art. 7º e § 2º da Lei n. 9.868/99).

Origem. É a figura do *amicus curiae*[457] – ou *friend of the Court*, no dizer dos norte-americanos – outrora aceitável apenas nos domínios da jurisprudência do STF[458]; hoje expressamente admitida no sistema do direito positivo brasileiro, tudo com suporte na ideia consagrada no magistério de Peter Häberle[459], segundo o qual a interpretação da Constituição não deve ser limitada aos seus intérpretes formais, mas àqueles também que são destinatários dos seus comandos, como sucede com os cidadãos de forma geral.

Conquanto alguns autores atribuam a origem do instituto ao direito romano, é inegável reconhecer que foi no sistema judicial estadunidense que se desenvolveu e alcançou visibilidade no contexto internacional[460].

Propósito de intervenção de amicus curiae. O propósito da intervenção do *amicus curiae* se prende, como já decidiu o STF, "(...) à legitimação social das decisões do

457 ADIn 2.321 MC/DF, rel. Min. Celso de Mello, *DJ* de 10-6-2005: "(...) Processo Objetivo de Controle Normativo Abstrato – Possibilidade de Intervenção do *Amicus Curiae*: Um Fator de Pluralização e de Legitimação do Debate Constitucional. O ordenamento positivo brasileiro processualizou, na regra inscrita no art. 7º, § 2º, da Lei n. 9.868/99, a figura do *amicus curiae*, permitindo, em consequência, que terceiros, desde que investidos de representatividade adequada, sejam admitidos na relação processual, para efeito de manifestação sobre a questão de direito subjacente à própria controvérsia constitucional. A intervenção do *amicus curiae*, para legitimar-se, deve apoiar-se em razões que tornem desejável e útil a sua atuação processual na causa, em ordem a proporcionar meios que viabilizem uma adequada resolução do litígio constitucional. A ideia nuclear que anima os propósitos teleológicos que motivaram a formulação da norma legal em causa, viabilizadora da intervenção do *amicus curiae* no processo de fiscalização normativa abstrata, tem por objetivo essencial pluralizar o debate constitucional, permitindo, desse modo, que o Supremo Tribunal Federal venha a dispor de todos os elementos informativos possíveis e necessários à resolução da controvérsia, visando-se, ainda, com tal abertura procedimental, superar a grave questão pertinente à legitimidade democrática das decisões emanadas desta Suprema Corte, quando no desempenho de seu extraordinário poder de efetuar, em abstrato, o controle concentrado de constitucionalidade (...)".

458 ADIN 69-1/SP, rel. Min. Octavio Gallotti.

459 Cf. *Hermenêutica Constitucional*: a sociedade aberta dos intérpretes da Constituição – Contribuição para a interpretação pluralista e "procedimental" da Constituição, tradução de Gilmar Ferreira Mendes, Porto Alegre: Sérgio A. Fabris, Editor, 1997.

460 Cf. Mirella de Carvalho Aguiar, *Amicus Curiae*, p. 11.

Tribunal Constitucional, viabilizando, em obséquio ao postulado democrático, a abertura do processo de fiscalização concentrada de constitucionalidade, em ordem a permitir que nele se realize a possibilidade de participação de entidades e de instituições que efetivamente representem os interesses gerais da coletividade ou que expressem os valores essenciais e relevantes de grupos, classes ou estratos sociais"[461].

Intervenção de amicus curiae *no sistema normativo brasileiro.* Releva anotar que o ordenamento jurídico brasileiro não autoriza a intervenção de *amicus curiae* apenas no controle abstrato-concentrado da constitucionalidade.

São os seguintes os diplomas legais que permitem tal intervenção: Lei n. 6.385/76 – art. 31, quanto à Comissão de Valores Mobiliários (CVM); Lei n. 8.884/94 – art. 89, quanto ao Conselho Administrativo de Defesa Econômica (CADE); Lei n. 9.469/97 – art. 5º, parágrafo único, quanto a qualquer pessoa jurídica de direito público; Código de Processo Civil – art. 482, §§ 2º e 3º, quanto a ente com representatividade; e, por fim, Lei n. 10.259/2001 – art. 14, § 7º, quanto a qualquer pessoa[462].

Quem pode ser amicus curiae? Pessoa natural pode ser *amicus curiae*? Note-se a redação do § 2º do art. 7º da Lei n. 9.868/99: "O relator, considerando a relevância da matéria e a representatividade dos postulantes, poderá, por despacho irrecorrível, admitir, observado o prazo fixado no parágrafo anterior, a manifestação de outros *órgãos ou entidades*".

Logo, os signos "órgãos ou entidades" denunciam a impossibilidade de pessoa natural vir a ser "amigo da Corte" no processo de fiscalização abstrata da constitucionalidade.

Contudo, não só o processo literal de interpretação do enunciado rechaça a figura de pessoa natural como *amicus curiae.*

É certo que o próprio objetivo do art. 7º da Lei ordinária se volta à consolidação de exegese plural das normas constitucionais. Mas a interpretação plural que se pretende alcançar por meio da Lei n. 9.868/99 não é aquela destinada a ouvir o cidadão individualmente considerado. Embora a doutrina de Häberle convoque o intérprete informal da constituição para realizar a tarefa de concretizá-la por meio do procedimento interpretativo, que deve ser o mais aberto, amplo e democrático possível, no âmbito da fiscalização abstrata da constitucionalidade no Brasil, resolveu o legislador ordinário, de modo legítimo, restringir a manifestação em sede de ação direta apenas a *órgãos ou entidades*, de sorte a serem auscultados pelo STF os entes coletivos cujos interesses possam ser afetados pela decisão judicial.

É nessa linha que se tem pronunciado o STF, ou seja, pela inviabilidade de pessoa natural intervir em sede de ação direta na condição de *amicus curiae* (ADIn 3.105, ED/DF, *DJ* de 23-2-2007; ADIn 3.934, ED AgR, *DJ* de 31-3-2011, rel. Min. Celso de Mello).

Há prazo para manifestação de amicus curiae? Afirmativamente, há pronuncia-

461 ADIMC 2.130/SC, rel. Min. Celso de Mello, publicação em 2-2-2001.

462 Cf. Mirella de Carvalho Aguiar, op. cit., p. 35.

mento do STJ no particular, sob o fundamento de que a manifestação se dará no mesmo prazo de trinta dias fixado para o pedido de informações às autoridades responsáveis pela edição da lei ou do ato normativo impugnado[463].

Admitindo, todavia, a manifestação de *amicus curiae* quando o processo já se encontra em andamento, e afastando-se de precedentes que impunham momento para a indigitada intervenção (ADIMC 2.321; ADIMC 2.130; ADInQO 2.223), colhe-se decisão do STF, da lavra do Min. Gilmar Mendes, segundo a qual, "(...) ao ter acesso a essa pluralidade de visões em permanente diálogo, este Supremo Tribunal Federal passa a contar com os benefícios decorrentes dos subsídios técnicos, implicações político-jurídicas e elementos de repercussão econômica que possam vir a ser apresentados pelos 'amigos da Corte'. Essa inovação institucional, além de contribuir para a qualidade da prestação jurisdicional, garante novas possibilidades de legitimação dos julgamentos do Tribunal no âmbito de sua tarefa precípua de guarda da Constituição. É certo, também, que, ao cumprir as funções de Corte Constitucional, o Tribunal não pode deixar de exercer a sua competência, especialmente no que se refere à defesa dos direitos fundamentais em face de uma decisão legislativa, sob a alegação de que não dispõe dos mecanismos probatórios adequados para examinar a matéria. Entendo, portanto, que a admissão de *amicus curiae* confere ao processo um colorido diferenciado, emprestando-lhe caráter pluralista e aberto, fundamental para o reconhecimento de direitos e a realização de garantias constitucionais em um Estado Democrático de Direito (...)"[464].

Parece-nos mais compatível com a figura do *amicus curiae* o entendimento do STF, ainda mais porque a interpretação plural que deve conformar a fiscalização abstrata da constitucionalidade em razão dos reflexos metajurídicos que desencadeia, de modo induvidoso, não se compadece com fixação de prazo ou momento para manifestação do "amigo da Corte", cuja exigência em tal sentido significaria a própria negação do *telos* cometido ao indigitado chamamento de órgãos ou entidades para contribuírem com a legitimidade das decisões judiciais no controle abstrato-concentrado.

---

463 "AGRAVO REGIMENTAL NA MEDIDA CAUTELAR – PROCESSO CIVIL – REPRESENTAÇÃO POR INCONSTITUCIONALIDADE – INTERVENÇÃO DO *AMICUS CURIAE* – ART. 7º, § 2º, DA LEI N. 9.868/99 – RECUSA DO ÓRGÃO JULGADOR – PROCESSO DEVIDAMENTE INSTRUÍDO E PRONTO PARA JULGAMENTO – ULTRAPASSAGEM DO MOMENTO OPORTUNO – ARGUIÇÃO DE ILEGALIDADE – INEXISTÊNCIA – PRETENSÃO DE EFEITO SUSPENSIVO AO RECURSO ESPECIAL – INDEFERIMENTO DA LIMINAR – AUSÊNCIA DOS PRESSUPOSTOS – AGRAVO IMPROVIDO. 1. Não se afigura plausível, a essa altura, o direito arguido, mormente tendo em vista a superação do momento processual oportuno para a admissão da manifestação pretendida, que é justamente o prazo inicial de trinta dias destinado à instrução do feito com a colhida das informações pertinentes. 2. O processo em questão, como se sabe, é de natureza objetiva, onde não se discute situações individuais, pelo que não há se falar em 'seríssimo cerceamento de defesa'. 3. Agravo Regimental improvido" (STJ, AGRMC 5328/RJ, 2ª T., rel. Min. Laurita Vaz, *DJU* de 10-2-2003).

464 ADIn 2.548, rel. Min. Gilmar Mendes, j. em 18-10-2005.

Se é o interesse à interpretação plural da Constituição o parâmetro sinalizador da manifestação de *amicus curiae*, como se lhe opor prazo para fazer chegar as suas razões ao processo objetivo? Sendo verdadeiramente importante auscultar a sociedade, em sede de controle abstrato-concentrado, que motivo conviria recusar a intervenção de órgãos ou entidades, já que podem acenar, a qualquer tempo, inclusive da tribuna, para singularidades do caso até então não pressentidas pelo órgão judicial?

Suspensão e nulidade do processo e intervenção de amicus curiae. *Impossibilidade.* O processo objetivo, todavia, não deve ser paralisado até que o *amicus curiae* se disponha a intervir, ou pior ainda, ser anulado em razão de ausência de sua intervenção, pois que, se o processo desenvolveu-se à sua ausência, não impondo a Lei n. 9.868/99 a compulsoriedade de sua manifestação ("[... o relator *poderá*...]"), não se pode cogitar de nulidade ali onde a norma não emprestou força obrigatória à intervenção de *amicus curiae*. E mais: se não interveio durante todo o processo, nem sequer requerendo a palavra em sessão de julgamento, trata-se de *silêncio eloquente* acerca da inexistência de seu interesse nos eventuais reflexos da decisão, fato que, em suma, deslegitima a sua intervenção, à luz, inclusive, da referida interpretação procedimental da constituição propugnada por Peter Häberle.

Poderes do amicus curiae *no processo.* Quanto aos poderes do *amicus curiae* no processo, é curial a admissibilidade de sua intervenção para apresentar arrazoado escrito ou memorial, tratando-se de prerrogativa inerente à própria essência do instituto[465].

Contudo, sendo autêntico auxiliar do juízo, não se lhe outorgarão poderes ordinários conferidos às partes em processo judicial, tornando-se inviável, conforme leciona Carlos del Prá, "(a) recorrer quanto às questões diretamente relacionadas ao objeto da ação (STF, AgrReg na ADIn 2.581/SP); (b) formular ou alterar pedido; (c) praticar qualquer ato de disposição de direito; (d) apresentar exceções etc."[466].

8.10.5 Requisição quanto a informações adicionais

Por outro lado, em caso de necessidade de esclarecimento de matéria ou circunstância fática ou de notória insuficiência das informações existentes nos autos, poderá o relator requisitar informações adicionais, designar perito ou comissão de peritos para que emita parecer sobre a questão, ou fixar data para, em audiência pública, ouvir depoimentos de pessoas com experiência e autoridade na matéria (§ 1º do art. 9º).

8.10.6 Medida cautelar. *Quorum* para apreciação. Possibilidade de desistência. Medida cautelar em ADC

No tocante à medida cautelar requerida nos autos de ação direta de inconstitucionalidade, salvo no período de recesso, somente poderá ser deferida por maio-

465 Cf. Mirella de Carvalho Aguiar, op. cit., p. 14.

466 Apud Mirella de Carvalho Aguiar, op. cit., p. 19.

ria absoluta dos membros do Tribunal, após a manifestação dos órgãos ou autoridades, dos quais emanou o ato impugnado, contando, para tanto, com o prazo de cinco dias (art. 10), facultada a sustentação oral aos representantes judiciais do requerente (§ 2º do art. 10), para cujo deferimento atribui-se eficácia contra todos e efeitos *ex nunc*, salvo se o Tribunal entender que deva conceder-lhe eficácia retroativa (§ 1º do art. 11).

A Lei n. 9.868/99 não dispõe expressamente acerca da possibilidade ou não de desistência do pedido cautelar formulado no bojo da ação direta; o STF, contudo, tem concluído que, uma vez feito o pedido de medida cautelar, não será admissível a sua desistência[467].

Relativamente à ação declaratória de constitucionalidade, de modo semelhante ao tratamento reservado à petição inicial de ADIn, o seu indeferimento pode ensejar a interposição de agravo, nos termos do parágrafo único do art. 15 da Lei n. 9.868/99, persistindo, entretanto, a proibição quanto à desistência da ação (art. 16).

No que respeita à medida cautelar em sede de ADC, o Supremo Tribunal Federal poderá deferi-la, por decisão da maioria absoluta de seus membros, consistente na determinação de que os juízes e os Tribunais suspendam o julgamento dos processos que envolvam a aplicação da lei ou do ato normativo, objeto da ação, até seu julgamento definitivo (art. 21).

8.10.7 Decisão na ADIn e na ADC. *Quorum* regimental

A decisão sobre a constitucionalidade ou a inconstitucionalidade da lei ou do ato normativo somente será tomada se estiverem presentes na sessão pelo menos oito Ministros (art. 22); contudo, a respectiva decisão de mérito exigirá o voto de, no mínimo, seis Ministros do STF (art. 23).

Proclamada a constitucionalidade, julgar-se-á improcedente a ação direta ou procedente eventual ação declaratória; e, proclamada a inconstitucionalidade, julgar-se-á procedente a ação direta ou improcedente eventual ação declaratória (art. 24).

8.10.8. Irrecorribilidade da decisão

A decisão que declara a constitucionalidade ou a inconstitucionalidade da lei, ou ato normativo, em ação direta ou em ação declaratória, é irrecorrível, ressalvada a interposição de embargos declaratórios, não podendo, igualmente, ser objeto de ação rescisória (art. 26).

8.10.9 Modulação temporal da eficácia da decisão na ADIn

De modo semelhante ao que ocorre com a decisão prolatada, em arguição de descumprimento de preceito fundamental, ao declarar a inconstitucionalidade de lei

467 ADInMC 2.049/RJ, rel. Min. Néri da Silveira, j. em 14-4-2000 (*Informativo STF*, n. 185).

ou ato normativo, e tendo em vista razões de segurança jurídica ou de excepcional interesse social, poderá o Supremo Tribunal Federal, por maioria de dois terços de seus membros, restringir os efeitos daquela declaração ou decidir que ela só tenha eficácia a partir de seu trânsito em julgado ou de outro momento que venha a ser fixado (art. 27).

8.10.10 O princípio da interpretação conforme a constituição. Distinção da declaração parcial de inconstitucionalidade sem redução de texto

Dispositivo interessante é o que incorpora ao sistema do direito positivo princípio de interpretação constitucional já consolidado nos domínios da jurisprudência do Supremo Tribunal Federal: o da interpretação conforme a constituição. Com efeito, o parágrafo único do art. 28 da Lei n. 9.868/99 preceitua que "a declaração de constitucionalidade ou de inconstitucionalidade, inclusive a interpretação conforme a Constituição e a declaração parcial de inconstitucionalidade sem redução de texto, tem eficácia contra todos e efeito vinculante em relação aos órgãos do Poder Judiciário e à Administração Pública federal, estadual e municipal".

Aqui é necessário apresentar a nota distintiva entre a *interpretação conforme a Constituição* e a *declaração parcial de inconstitucionalidade sem redução de texto.*

No primeiro caso, o STF escolherá, entre as soluções possíveis, aquela cujo resultado implique a compatibilidade do ato normativo com a Constituição.

No segundo caso, no entanto, declara-se parcialmente a inconstitucionalidade para determinada(s) hipótese(s) de aplicação da norma.

Conquanto o STF tenha inicialmente tratado de modo indistinto a interpretação conforme e a declaração parcial de inconstitucionalidade sem redução de texto, a sua jurisprudência mais recente já converge para a desequiparação dos institutos[468].

8.11 DISTINÇÃO ENTRE EFICÁCIA *ERGA OMNES* E EFEITO VINCULANTE

De sorte a bem compreender o controle em questão, torna-se injuntivo o exame da ação direta de inconstitucionalidade no tocante aos efeitos determinados pelo sistema do direito positivo, de forma especial no que atina aos dispositivos da Lei n. 9.868, de 10 de novembro de 1999.

Antes disso, porém, cumpre relembrar que, no controle concreto-difuso da constitucionalidade, outorga-se a qualquer juiz ou tribunal o poder de declarar se uma lei ou ato do Poder Público com caráter normativo está ou não consentâneo ao sistema constitucional, desde que, no caso de órgão colegiado, o entendimento acerca da inconstitucionalidade promane do voto da maioria absoluta dos membros do tribunal ou do respectivo órgão especial, conforme prevê o art. 97 da Constituição.

468 Ver ADIn 491, rel. Min. Moreira Alves, *RTJ*, n. 137; ADIn 939, rel. Min. Sydney Sanches, *DJU* de 18-3-1994.

Sabe-se também que na via de exceção ou de defesa – veículo de manifestação do controle concreto-difuso – não é admissível a transcendência subjetiva dos efeitos do provimento judicial que concluiu pela inconstitucionalidade. Ou, em outras palavras: a declaração de incompatibilidade vertical somente aproveita ou prejudica as pessoas envolvidas na demanda[469-470].

O mesmo não sucede quando estamos diante da fiscalização abstrata da constitucionalidade.

Porque, no caso, a declaração de que um ato normativo é inconstitucional se apresenta como tema principal do processo objetivo – não se tratando, portanto, de uma questão a resolver-se *incidenter tantum* (como se presencia no controle concreto--difuso), mas sim de modo principal (*principaliter*) –, colhe-se que os efeitos da decisão judicial estender-se-ão para atingir tantas pessoas quantas as situações jurídicas forem subsumidas ao comando legal reputado inválido. É a conhecida eficácia *erga omnes*, ou "contra todos", que não deve ser identificada ao efeito vinculante, confusão que se comete com infeliz habitualidade e, por isso, impõe-se a análise de suas dessemelhanças.

O próprio § 2º do art. 102 da Constituição, acrescentado pela Emenda Constitucional n. 3, de 17 de março de 1993, e com redação alterada pela EC n. 45/2004, explicita que "as decisões definitivas de mérito, proferidas pelo Supremo Tribunal Federal, nas ações diretas de inconstitucionalidade e nas ações declaratórias de constitucionalidade produzirão eficácia contra todos e efeito vinculante, relativamente aos demais órgãos do Poder Judiciário e à administração pública direta e indireta, nas esferas federal, estadual e municipal".

---

469 Não se deve esquecer que o processo no qual se julgou incidentalmente a questão constitucional poderá, via recurso extraordinário, alcançar o Supremo Tribunal Federal, quando, na oportunidade, chancelando a tese de vulneração à norma constitucional, enviará a Suprema Corte os autos ao Senado, a fim de que a Casa legislativa suspenda, no todo ou em parte, a lei declarada inconstitucional (quando se moverá por critério estritamente político, avaliando se a suspensão da eficácia da norma inconstitucional não seria um mal maior do que a sua permanência no sistema), operando-se exclusivamente nessa hipótese a eficácia *erga omnes* da decisão produzida em um caso concreto. Ver também RE 108.873/RJ, rel. Min. Djaci Falcão.

470 Todavia, cresce no STF, sob a liderança do Min. Gilmar Mendes, a denominada *corrente maximalista*, que defende a adoção de efeito vinculante e eficácia *erga omnes* também para o caso de julgamento de alguns processos subjetivos. Observe-se a ementa do seguinte julgamento: "RECLAMAÇÃO. 2. Sequestro de recursos do Município de Capitão Poço. Débitos trabalhistas. 3. Afronta à autoridade da decisão proferida na ADI 1662. 4. Admissão de sequestro de verbas públicas somente na hipótese de quebra da ordem cronológica. Não equiparação às situações de não inclusão da despesa no Orçamento. 5. Efeito vinculante das decisões proferidas em ação direta de inconstitucionalidade. 6. Eficácia que transcende o caso singular. 7. Alcance do efeito vinculante que não se limita à parte dispositiva da decisão. 8. Aplicação das razões determinantes da decisão proferida na ADI 1662. 9. Reclamação que se julga procedente". Com todo o respeito que está a merecer o entendimento, temos por certo que a adoção de efeito transcendente no âmbito de julgamento de caso concreto determina duas consequências inconvenientes: a) esvazia o sentido da súmula vinculante; b) ofende o princípio da correção funcional, visto que torna letra morta a prerrogativa conferida ao Senado pelo art. 52, X, da Constituição.

Mas, o que vem a ser propriamente "efeito vinculante"?

Efeito vinculante significa submissão generalizada ao conteúdo da decisão prolatada pelo STF, seja pela inconstitucionalidade ou não, impedindo-se que órgãos do Poder Judiciário decidam diferentemente e que a Administração Pública – federal, estadual e municipal – edite atos administrativos em rota de colisão com o que decidido pelo Supremo Tribunal Federal[471].

O efeito vinculante proíbe a renovação de ato cujo conteúdo se identifique ao do ato reputado incompatível com a Constituição pelo STF.

Além disso, na ADC 1-1/DF, rel. Min. Moreira Alves, *DJU* de 16-6-1995, foi reconhecido, em razão do efeito vinculante, *o dever dos destinatários de eliminação dos atos que possuam identidade de conteúdo com aqueloutro declarado inconstitucional*, bem assim da vedação já mencionada quanto a reiterar-se o preceito com vício de inconstitucionalidade.

Logo, duas providências se impõem e decorrem do efeito vinculante: a) *proibição de reproduzir;* e b) *eliminação* do ato cujo conteúdo se identifique àquele reconhecido como inconstitucional pelo STF.

Observe-se, por outro lado, que não há identidade entre efeito vinculante e coisa julgada material, pois se determinado ato normativo é declarado inconstitucional pelo STF, não é o efeito vinculante que impedirá o reexame da questão pelos demais órgãos do Poder Judiciário, mas convictamente a coisa julgada material, cuja eficácia se impõe contra todos[472].

8.11.1 Destinatários do efeito vinculante

Impõe-se o efeito vinculante ao Poder Executivo?

Pensamos que não.

Sendo certo que são inconfundíveis entre si as expressões *Poder Executivo* e *Administração Pública direta* e *indireta*, quando, no particular, estas últimas apenas se traduzem em órgãos que estão incorporados à função executiva e consultam com a tendência à *descentralização administrativa* (no caso da administração indireta, tam-

---

471 O Ministro Moreira Alves indicou as consequências do descumprimento da decisão do STF em virtude da atribuição de efeito vinculante ao julgado: "(...) a) se os demais órgãos do Poder Judiciário, nos casos concretos sob seu julgamento, não respeitarem a decisão prolatada nessa ação, a parte prejudicada poderá valer-se do instituto da reclamação para o Supremo Tribunal Federal, a fim de que esta garanta a autoridade dessa decisão; e b) essa decisão (e isso se restringe ao dispositivo dela, não abrangendo – como sucede na Alemanha – os seus fundamentos determinantes, até porque a Emenda Constitucional n. 3 só atribui efeito vinculante à própria decisão definitiva de mérito), essa decisão, repito, alcança os atos normativos de igual conteúdo daquele que deu origem a ela mas que não foi seu objeto, para o fim de, independentemente de nova ação, serem tidos como constitucionais ou inconstitucionais, adstrita essa eficácia aos atos normativos emanados dos demais órgãos do Poder Judiciário e do Poder Executivo, uma vez que ela não alcança os atos editados pelo Poder Legislativo" (*RTJ*, 157/382).

472 Cf. Roger Stiefelmann Leal, *Efeito Vinculante na Jurisdição Constitucional*, p. 157.

bém chamada de *descentralizada*), ao passo que aquele descreve a existência de órgão que se manifesta com *poder* (Presidente da República, por exemplo), não há fundamento para estender-se o efeito vinculante ao Presidente, aos Governadores e aos Prefeitos.

É sintomático que a EC n. 45/2004, ao alterar o § 2º do art. 102 da CF, tenha optado por vinculação dos efeitos da decisão à *Administração Pública direta* e *indireta federal, estadual* e *municipal*, e não ao *Poder Executivo*, tal como constava expressamente na redação trazida pela EC n. 3/93, que criou a ação declaratória de constitucionalidade.

Consequentemente, embora os atos praticados por Ministros de Estado se submetam ao efeito vinculante, e, por simetria, assim também com relação aos Secretários estaduais e municipais, não será possível adstringir a iniciativa do Presidente, dos Governadores ou dos Prefeitos quanto à reiteração da prática do ato tido por inconstitucional pelo STF, salvo se o § 2º do art. 102 da CF vier a ser alterado para contemplar como destinatário do efeito vinculante o Poder Executivo.

O efeito vinculante atinge o próprio STF? O efeito vinculante não se dirige evidentemente ao próprio STF, porque "a fórmula adotada pela Emenda n. 3, de 1993, parece excluir também o Supremo Tribunal Federal do âmbito de aplicação do efeito vinculante. A expressa referência ao efeito vinculante em relação 'aos demais órgãos do Poder Judiciário' legitima esse entendimento"[473].

Ineficácia do efeito vinculante relativamente ao legislador brasileiro. Percebe-se também que não é atingido pelo efeito vinculante o Poder Legislativo à ausência de indicação expressa no § 2º do art. 102 da CF.

Qual o fundamento da não inclusão do legislador no rol dos submetidos ao efeito vinculante?

Se o Poder Legislativo incorpora a especial condição de representante da soberania popular; se a lei é consequência de injunções de natureza política, social, econômica, cultural, antropológica – e não apenas jurídica –, não haveria fundamento para vincular também o legislador ao efeito descrito no § 2º do art. 102 da Constituição.

Efeito vinculante e Teoria da Transcendência dos Motivos Determinanntes (Pedro Lenza). Também é preciso informar que o efeito vinculante detém a propriedade de impor a exegese adotada pelo STF para o exame da constitucionalidade da norma ou ato do Poder Público.

Sendo assim, quando o STF sufraga determinada tese na motivação do *decisum*, tal fundamentação escapa à incidência do art. 469, I, do CPC (*Não fazem coisa julgada: I – os motivos, ainda que importantes para determinar o alcance da parte dispositiva da sentença*) para impor efeito vinculante no que concerne aos motivos determinantes da decisão.

473 Cf. Gilmar Mendes, "O Efeito Vinculante das Decisões do STF nos Processos de Controle Abstrato de Normas", *Revista Jurídica Virtual*, p. 13. Assim se pronunciou o STF no julgamento da ADIn 2.675/PE, rel. Min. Carlos Velloso.

É o que se passou a chamar de *Teoria da Transcendência dos Motivos Determinantes*[474], com decisões do STF em tal sentido[475], muito embora em julgamento mais recente, no caso o Agravo Regimental interposto nos autos da Rcl. 2.475, j. em 2-8-2007, tenha a Corte recusado a tese.

8.11.2 Limite temporal do efeito vinculante

A partir de que momento, no processo, pode-se operar o efeito vinculante?

O § 2º do art. 102 da CF declara que *as decisões definitivas de mérito* produzirão o efeito vinculante.

Logo, não se admitirá que tal efeito possa advir de medida cautelar deferida no curso da ação direta; entretanto, o STF sufragou essa possibilidade em sede de ação declaratória de constitucionalidade, conforme decidido nos autos da ADC 4-6/DF, rel. Min. Sydney Sanches, *DJU* de 21-5-1999. Por outro lado, com base em interpretação extensiva, admitiu-o também para cautelares deferidas em ação direta de inconstitucionalidade, consoante decisão proferida nos autos da Rcl. 2.256/RN, rel. Min. Gilmar Mendes, j. em 11-9-2003.

Todavia, há jurisprudência do STF em linha de afirmação da inadmissibilidade do efeito vinculante em sede cautelar, fundamentalmente porque o juízo extratado na medida cautelar não tem a finalidade prática de declaração de constitucionalidade ou inconstitucionalidade do ato normativo impugnado (STF, Rcl. (MC) QO 2.063-1/RJ, rel. Min. Ellen Gracie, *DJU* de 5-9-2003).

Conclusões sobre o Efeito Vinculante

i) *a decisão na ação direta de inconstitucionalidade, do mesmo modo como se opera na ação declaratória de constitucionalidade e na ADPF, produz eficácia contra todos e efeito vinculante;*

ii) *o efeito vinculante se diferencia da eficácia* erga omnes *porque, ao declarar incompatível o ato normativo com a Constituição, impede a sua repetição; declarando-o constitucional, obsta a qualquer órgão jurisdicional do País contingente remate pela inconstitucionalidade;*

iii) *os órgãos da Administração Pública, de todas as unidades da Federação brasileira, submetem-se ao efeito vinculante, impedindo-lhes prática de ato administrativo idêntico àquele reputado inconstitucional pelo STF no âmbito do controle abstrato-concentrado;*

iv) *os Poderes Legislativos das unidades da Federação brasileira não estão juridicamente proibidos de repetir o conteúdo da norma reputada incompatível com a Constituição pelo STF, desde que a eles se não dirige o efeito vinculante.*

8.11.3 A "abstratização" do controle concreto-difuso e a eficácia *erga omnes*

É indiscutível que a decisão no controle concreto-difuso opera efeitos *inter partes*, diferentemente do que ocorre na fiscalização concentrada-abstrata, quando o provimento judicial incorpora eficácia *erga omnes*.

---

474 Cf. Pedro Lenza, *Direito Constitucional Esquematizado*, p. 144.

475 STF, Rcl. 2.986, rel. Min. Celso de Mello, *DJU* de 18-3-2005.

Entretanto, há decisões do Supremo Tribunal Federal, segundo as quais, igualmente no controle concreto-difuso, em dadas hipóteses, é possível operar efeitos gerais, contra todos.

Como exemplo de tal manifestação, temos a Rcl. 4.335, mediante a qual o relator, Min. Gilmar Mendes, conferiu eficácia *erga omnes* à decisão prolatada nos autos do HC 82.959/SP, que declarou a inconstitucionalidade do § 1º do art. 2º da Lei n. 8.072/90 (Lei dos Crimes Hediondos), e cassou decisões do Juiz de Direito da Vara de Execuções Penais da Comarca de Rio Branco – AC, pelas quais indeferiu pedido de progressão de regime em favor de condenados a pena de reclusão em regime integralmente fechado em decorrência da prática de crimes hediondos.

No referido processo, o Min. Eros Grau, em voto-vista, julgou procedente a reclamação, acompanhando o voto do relator, no sentido de que, pelo art. 52, X, da CF, ao Senado Federal, no quadro de uma verdadeira mutação constitucional, está atribuída competência apenas para dar *publicidade* à suspensão da execução de lei declarada inconstitucional, no todo ou em parte, por decisão definitiva do Supremo Tribunal Federal, haja vista que essa decisão contém força normativa bastante para suspender a execução da lei (*Informativo STF*, n. 463).

O relator da reclamação, Min. Gilmar Mendes, pronunciou-se para reconhecer que a multiplicação de decisões dotadas de eficácia geral e o advento da Lei n. 9.882/99 alterou de forma radical a concepção que dominava sobre a divisão de poderes, tornando comum no sistema a decisão com eficácia geral, que era excepcional sob a EC n. 16/65 e a CF 67/69. Salientou serem inevitáveis, portanto, as reinterpretações dos institutos vinculados ao controle incidental de inconstitucionalidade, notadamente o da exigência da maioria absoluta para declaração de inconstitucionalidade e o da suspensão de execução da lei pelo Senado Federal. Reputou ser legítimo entender que, atualmente, a fórmula relativa à suspensão de execução da lei pelo Senado há de ter simples efeito de publicidade, ou seja, se o STF, em sede de controle incidental, declarar, definitivamente, que a lei é inconstitucional, essa decisão terá efeitos gerais, fazendo-se a comunicação àquela Casa Legislativa para que publique a decisão no *Diário do Congresso* (*Informativo STF*, n. 464).

Concluiu, desse modo, que as decisões proferidas pelo juízo reclamado desrespeitaram a eficácia *erga omnes* a ser atribuída à decisão do STF no HC 82.959/SP.

É o crescimento da *tendência maximalista*, no âmbito do controle de constitucionalidade brasileiro, que termina conferindo eficácia contra todos nos processos concretos, tornando seus efeitos idênticos àqueles inerentes à decisão produzida em sede de ação direta.

Crítica. Merecedora de respeito a decisão, não nos parece que seja bom o caminho a perfilhar o STF, *data maxima venia*, pelas seguintes razões:

a) o sistema de controle de constitucionalidade no Brasil contempla a viabilidade de pedido *incidental* (pelo controle concreto-difuso) e *principal* (pelo controle abstrato-concentrado) de inconstitucionalidade;
b) pedido de declaração *incidental* de inconstitucionalidade representa exercício de garantia fundamental pelo indivíduo;

c) a participação do Senado é prevista desde a Constituição de 1934 exatamente para, após emissão de juízo político pela Câmara Alta, expandir os efeitos da decisão tomada no caso concreto;

d) possui o STF o instrumento da súmula vinculante para operar a transcendência *erga omnes* de questão apreciada no processo concreto, e tal instrumento pode ser adotado, inclusive *ex officio*, pela Corte;

e) a competência estatuída ao STF pelo art. 102, *caput*, da CF quanto à guarda da Constituição não repugna interpretá-la sistematicamente em face das demais prescrições constitucionais, de modo particular a que impõe o relacionamento independente e harmonioso entre as funções estatais legislativa, executiva e judiciária (art. 2º da CF);

f) a prerrogativa conferida ao Senado pelo art. 52, X, na atualidade, nada tem de obsoleta, em razão das inúmeras resoluções coparticipativas expedidas a partir de 2005[476];

g) a subtração dessa prerrogativa historicamente atribuída ao Senado produz inequívoca ofensa ao princípio da correção funcional, impeditivo de a interpretação constitucional servir para alteração do rol de competências atribuído aos órgãos do Estado pelo legislador constituinte originário;

h) o princípio da democracia participativa (art. 1º, V, e art. 14, I a III, da CF), no plano processual, induz à condução de ofensa a direitos fundamentais do indivíduo ao Poder Judiciário, procedimento que será inapelavelmente prejudicado se o STF concluir pela atribuição de eficácia *erga omnes* às decisões tomadas nos casos concretos.

Logo, diante desse quadro de possibilidades de conferência de eficácia *erga omnes* às decisões prolatadas nos processos subjetivos, tememos se reduza o espectro de atuação do Poder Legislativo e se torne letra morta a dicção do art. 52, X, da Constituição.

O que parece evidente nessa tendência do STF em conferir eficácia *erga omnes* a decisões adotadas no controle concreto é, *data venia*, navegar a Corte na nova *onda processual*, que se caracteriza por fortíssima limitação do direito das partes no processo judicial, pois termina aplicando mais um duríssimo golpe contra o controle concreto-difuso.

Sobremais, consolida jurisprudência que descamba para mero e simples arbítrio judicial, circunstância tanto mais grave quando se constata o distanciamento de nossa Corte Constitucional de princípios democráticos que descrevem sua razão de ser e de existir, com a devida vênia.

---

476 O Senado tem expedido tais resoluções com bastante habitualidade, se não vejamos: no ano de 2006, expediu as Resoluções de n. 10, 11, 12, 13, 14, 15 e 16; no ano de 2007, as de n. 2, 4, 5, 7, 11, 12, 19, 20, 21, 24, 25, 26, 27, 28, 29 e 30; no ano de 2008, as de n. 3, 6, 7 e 26; no de 2009, a de n. 37; no ano de 2010, as Resoluções n. 4, 43 e 44, e, finalmente, no ano de 2012, até o fechamento desta edição, foram expedidas as Resoluções n. 1, 2, 3, 4 e 5. Logo, não há o menor fundamento na defesa da "abstratização" com amparo na suposta omissão do Senado quanto ao exercício da competência que lhe defere o art. 52, X, da CF.

8.12 O CONTROLE DE CONSTITUCIONALIDADE E O PRINCÍPIO DA SIMETRIA

O princípio da simetria é objeto de aplicação exclusivamente no âmbito dos Estados que assumem a forma federativa, como é o caso do Brasil.

Pode ser conceituado como o princípio segundo o qual as unidades federativas, ao organizarem as suas constituições estaduais, devem obedecer às normas de organização[477] previstas na Constituição Federal.

Sucede que o art. 25, *caput*, da Constituição outorga aos Estados-Membros a capacidade de auto-organização mediante as constituições e leis que adotarem, *observados os princípios do Texto Constitucional de 1988*, salientando ainda o § 1º que são reservadas às unidades estaduais as competências que não lhes sejam vedadas pelas normas constitucionais federais.

E mais: no âmbito do Poder Judiciário, o art. 125, *caput*, enfatiza que os Estados organizarão a sua Justiça, *observados os princípios estabelecidos na Constituição de 1988.*

A necessidade de obediência ao princípio da simetria e a presença de normas na Constituição Federal, que outorgam a denominada *competência residual* ou *remanescente* aos Estados-Membros, instalam séria discussão a respeito das hipóteses em que entidades estaduais devam curvar-se incondicionalmente ao modelo constitucional federal.

Não temos dúvida em afirmar que esta é uma das mais graves questões postas atualmente a exame do Supremo Tribunal Federal no plano do controle abstrato--concentrado da constitucionalidade.

O princípio da simetria, as normas de reprodução e as normas de imitação. É certo que o STF tem tentado consolidar jurisprudência de sorte a elucidar quando o controle abstrato-concentrado de norma estadual pode ser submetido diretamente à Corte ou, dito em outras palavras, quando propriamente as unidades estaduais e distrital devem atender ao princípio da simetria.

E a jurisprudência da Corte traduz a tentativa via referência às *normas de reprodução* e às *normas de imitação.*

As normas de reprodução são aquelas existentes na Constituição Federal que devem ser obrigatoriamente adotadas pelo poder constituinte decorrente.

As normas de imitação são aquelas de caráter não obrigatório, cuja inclusão na constituição do Estado-Membro decorre de mera imitação feita pelo constituinte estadual.

No caso de normas de imitação e de reprodução, não há possibilidade de deslocamento da ação direta a fim de ser julgada pelo STF[478].

---

477 Normas de organização ou de estrutura são aquelas que disciplinam a forma como devem ser elaboradas outras normas.

478 "(...). Com isso, o que parece definir a competência para julgamento de ação direta de inconstitucionalidade é o parâmetro de controle adotado (em outras palavras, a causa de pedir formulada na petição inicial de ação direta), sendo irrelevante se, no caso de controle abstrato em face da Cons-

De conseguinte, o que se pretende nesse subitem é indicar a jurisprudência do STF acerca da aplicação do princípio da simetria, não sem apresentar contribuição própria para o estudo do tema.

E a primeira conclusão é a mais óbvia delas: os Estados não podem exercitar a referida capacidade de auto-organização quando o texto constitucional veda, explícita ou implicitamente, a adoção de modelo distinto.

Note-se o que ocorre com a divisão das funções estatais: não haverá nenhuma possibilidade de o poder constituinte decorrente optar, no âmbito estadual, por outro modelo que não contemple a existência das funções executiva, legislativa e judiciária.

Com evidência, se, entre os Princípios Fundamentais da República Federativa do Brasil (entenda-se: União, *Estados, Distrito Federal* e Municípios), consigna-se no art. 2º que são poderes da União, independentes e harmônicos entre si, o Legislativo, o Executivo e o Judiciário; se a divisão tricotômica está ressaltada na organização dos Estados federados por meio de referência às Assembleias Legislativas (art. 27, §§ 1º a 4º), ao Governador (art. 28, §§ 1º e 2º) e ao Tribunal de Justiça e à competência da Justiça estadual (§§ 1º ao 7º do art. 125 e art. 126), torna-se evidente que não há espaço, no particular, para exercício de autonomia pelas unidades da Federação brasileira, reconhecendo-se, assim, o caráter de *normas de reprodução*, obrigatórias, portanto, para o contexto das constituições estaduais.

---

tituição Estadual, o Tribunal de Justiça tiver que declarar a (i)legitimidade de norma perante dispositivos constitucionais estaduais que são mera reprodução de normas constitucionais federais de observância obrigatória para os Estados. Essa orientação já foi diversas vezes reiterada pelo Tribunal, que tem ressaltado que '[o] § 2º do artigo 125 da Constituição Federal não contempla exceção: define a competência para a ação direta de inconstitucionalidade, a causa de pedir lançada na inicial; sendo esta o conflito da norma atacada com a Carta do Estado, impõe-se concluir pela competência do Tribunal de Justiça, pouco importando que ocorra repetição de preceito da Carta da República de adoção obrigatória'" (RE 177.865, rel. Min. Marco Aurélio, *Ementário* 1801-13, p. 2509. No mesmo sentido, cf. Rcl 588, rel. Min. Marco Aurélio, *Ementário* 1863-01, p. 136; RE 154.028, Rel. Min. Marco Aurélio, *Ementário* 1904-02, p. 415; RE 199293, rel. Min. Marco Aurélio, *Ementário* 2158-3, p. 563). "Se assim é em relação às *normas de reprodução* (normas constitucionais federais de observância obrigatória reproduzidas na Carta local), com maior razão será para as *normas de imitação* (normas constitucionais federais não obrigatórias imitadas pelo constituinte estadual). Presentes na Constituição do Estado-Membro por mera liberalidade do órgão constituinte decorrente, que o faz no exercício e dentro dos limites de sua autonomia constitucional, a impugnação de leis e atos normativos locais em face dessas normas de imitação não serve de pretexto para se deslocar a competência para processar e julgar a ação ao Supremo Tribunal Federal. É que tais normas 'são frutos da autonomia do Estado-Membro, da qual deriva a sua validade e, por isso, para todos os efeitos, são normas constitucionais estaduais' (RCL 370, Rel. Min. Octavio Gallotti, *Ementário* 2037-1, p. 56)." Logo, a decisão de Tribunal de Justiça estadual que, em controle abstrato, declara a inconstitucionalidade de lei municipal em face de norma da Constituição do Estado que constitui mera repetição de dispositivo da Constituição Federal, não afronta o que decidido na ADI 508/MG, rel. Min. Sydney Sanches (*DJ* de 23-5-2003), na medida em que o parâmetro de controle, nesse caso, é a própria norma constitucional estadual.

O princípio da simetria e a jurisprudência do STF. Um dos temas recorrentemente submetidos à análise do STF é o atendimento pelos Estados às normas de processo legislativo fixadas na Constituição.

Assim, já decidiu o Supremo Tribunal Federal residir ofensa ao princípio da simetria quando os Estados-Membros fixam a obrigatoriedade de lei complementar para regulação de matérias para as quais a Constituição Federal prevê o processo legislativo ordinário[479].

Efetivamente, se a matéria reservada à lei complementar impõe expressa indicação no Texto Constitucional, não podem os Estados-Membros forcejar pela submissão a rito legislativo quanto a temas que não guardam nenhuma afinidade com aqueles inseridos na reserva à lei complementar pela Constituição de 1988, porque, inclusive, mediante a imposição de *iter* diferenciado à aprovação das leis estaduais, instilar-se-ia acentuado desequilíbrio entre as funções estatais no plano estadual, com inegável repercussão no pacto federativo, o qual compete à Constituição Federal preservar.

As controvérsias em torno da prerrogativa para iniciar o processo legislativo também têm sido tratadas pelo STF, tanto que, com amparo no princípio da simetria, impediu a usurpação da iniciativa de Governador de Estado quanto a projeto de lei relativo ao regime jurídico dos militares[480].

De modo semelhante, vedou o STF a iniciativa legislativa parlamentar quanto a projetos de lei referentes à organização da Administração Pública estadual[481]. Aqui,

---

479 ADIn 2.872/PI, rel. Min. Eros Grau.

480 ADIn 2.966-5/RO, rel. Min. Joaquim Barbosa, *DJ* de 6-5-2005: "Ação Direta de Inconstitucionalidade. Militares. Regime Jurídico. Iniciativa Privativa do Chefe do Poder Executivo. Procedência do Pedido. Emenda Constitucional 29/2002, do Estado de Rondônia. Inconstitucionalidade. À luz do *princípio da simetria*, é de iniciativa privativa do chefe do Poder Executivo estadual as leis que disciplinem o regime jurídico dos militares (art. 61, § 1º, II, f, da CF/1988). Matéria restrita à iniciativa do Poder Executivo não pode ser regulada por emenda constitucional de origem parlamentar. Precedentes. Pedido julgado procedente". O mesmo decidiu o STF com relação ao regime jurídico e remuneração dos demais servidores públicos (ADIn 1.353-0/RN, rel. Min. Maurício Corrêa, *DJ* de 22-8-1997).

481 ADIn 2.646-1/SP, rel. Min. Maurício Corrêa, *DJ* de 4-10-2002: "Ação Direta de Inconstitucionalidade. Medida Cautelar. Organização da Polícia Militar do Estado de São Paulo. Competência do Chefe do Executivo. Vício de Iniciativa. 1. Compete privativamente ao Governador do Estado, pelo *princípio da simetria*, a direção superior da administração estadual, bem como a iniciativa para propor projetos de lei que visem criação, estruturação e atribuições de Secretarias e órgãos da administração pública (CF, artigos 84, II e IV, e 61, § 1º, II, e). 2. Hipótese em que o projeto de iniciativa parlamentar, transformado em lei, apresenta vício insanável caracterizado pela invasão de competência reservada ao Poder Executivo pela Constituição Federal. Medida cautelar deferida. Mérito – Ação Direta de Inconstitucionalidade. Lei de Origem Parlamentar. Organização da Polícia Militar do Estado de São Paulo. Vício Formal de Iniciativa. As regras previstas na Constituição Federal para o processo legislativo aplicam-se aos Estados-Membros. Compete exclusivamente ao Governador a iniciativa de leis que cuidem da estruturação e funcionamento de órgãos vinculados ao Poder Executivo (CF, artigos 61, § 1º, II, 'e'; e 144, § 6º). Precedentes. Inconstitucionalidade da Lei 10.890/2001,

nota-se não apenas vulneração a norma de processo legislativo prevista na Constituição Federal, mas ofensa à divisão das funções estatais, visto que o legislador estadual transferiu para o Poder Legislativo a condução da Administração Pública.

Não seguiu o STF, contudo, a tese de ofensa ao princípio da simetria na hipótese de necessidade de aprovação legislativa para nomeação, por Governador de Estado, de dirigentes de empresas públicas, autarquias, fundações e sociedades de economia mista estaduais[482].

Aliás, parece-nos que, rigorosamente, poderia ter o STF julgado improcedente o pleito de inconstitucionalidade não para afastar, na situação, a incidência do princípio da simetria, mas sim para nele fundamentar a decisão.

Com efeito, sabe-se que a aprovação legislativa indispensável para que o Presidente da República nomeie agentes públicos para determinados cargos no Brasil se submete à vênia do Senado (art. 52, III, *a* a *f*, da CF).

Entretanto, embora a Constituição se refira a aprovação prévia, por voto secreto, após a arguição pública, para a nomeação de magistrados, Ministros do TCU, Governador de Território, presidente e diretores do Banco Central e Procurador-Geral da República, os cargos cuja nomeação se submete ao procedimento são indicados na Constituição, de forma meramente exemplificativa, e não taxativa, tanto que aponta o art. 52, III, *f*, que titulares de outros cargos que a *lei* determinar poderão ter processo de investidura idêntico.

Sendo assim, se o legislador estadual sufraga disposição tendente a prever aprovação legislativa para outros cargos não indicados pelo art. 52, III, *a* a *g*, não está

---

do Estado de São Paulo. Ação julgada procedente". No mesmo sentido a ADIn 2.417-5/SP, rel. Min. Maurício Corrêa, *DJ* de 18-5-2001.

482 ADIN 1.281/PA, rel. Min. Maurício Corrêa, *DJ* de 11-3-2004: "Julgado o pedido formulado em ação direta ajuizada pelo Estado do Pará contra expressões contidas nos artigos 92, XX, 135, XII e 302 da Constituição, do mesmo Estado, que condicionam a nomeação de dirigentes das autarquias, empresas públicas, fundações públicas e sociedades de economia mista de que o Estado detenha o controle acionário, à aprovação prévia pela Assembleia Legislativa. Preliminarmente, o Tribunal julgou prejudicada a ação no ponto em que se impugnava o inciso XII do art. 135, tendo em conta a sua superveniente alteração com a promulgação da EC estadual 15/99 – pela qual se tornou desnecessária a prévia aprovação pela Assembleia para os dirigentes de empresas públicas e de sociedades de economia mista de que o Estado detenha controle acionário. Em seguida, o Tribunal, afastando a alegada inconstitucionalidade da participação legislativa na nomeação dos dirigentes fundações públicas e autarquias, julgou improcedente o pedido, por entender aplicável à espécie o *princípio da simetria* previsto no art. 52, III, f, da CF/88. Por fim, ante a ausência de plausibilidade jurídica da tese de violação ao princípio que prevê a harmonia e separação entre os Poderes, o Tribunal também julgou improcedente o pedido quanto ao art. 302 – que veda a ocupação, a título interino, por mais de sessenta dias, dos cargos que dependam de aprovação legislativa (Compete privativamente ao Senado Federal: (...) III – aprovar previamente, por voto secreto, após arguição pública, a escolha de: (...) f) titulares de outros cargos que a lei determinar). Precedentes citados: ADI 2225 MC/SC (DJU de 29-9-2000), ADI 862 MC/AP (DJU de 3-9-93), ADI 1642 MC/MG (DJU de 14-6-2002) e ADI 1858 MC/GO (DJU de 18-5-2001). ADI 1281/PA, rel. Min. Maurício Corrêa, 11.3.2004. (ADI-1281)" (*Informativo STF*, n. 339).

realizando nada fora dos limites postos pela Constituição, mas, em substância, no balizamento trazido pelo próprio art. 53, III, e no contexto do legítimo exercício da competência residual, proclamada no art. 25, *caput*.

Por outro lado, o STF se pronunciou favoravelmente à edição de medidas provisórias a cargo do Governador de Estado e do Distrito Federal, sob o fundamento de que "(...) podem os Estados-Membros editar medidas provisórias em face do princípio da simetria, obedecidas as regras básicas do processo legislativo no âmbito da União (CF, artigo 62)", e de que "(...) constitui forma de restrição não prevista no vigente sistema constitucional pátrio (CF, § 1º, do artigo 25) qualquer limitação imposta às unidades federadas para a edição de medidas provisórias", concluindo pela "(...) legitimidade e facultatividade de sua adoção pelos Estados-Membros, a exemplo da União Federal"[483].

Não nos parece acertada, *data maxima venia*, a decisão do Excelso Pretório, cujos comentários já foram feitos no Capítulo 15 (subitem 15.8).

E para que se não pense que o STF aplica o princípio da simetria apenas em relação aos Estados-Membros, convém esclarecer que os entes municipais também estão expostos à incidência do postulado[484].

Observem-se, a respeito, as decisões prolatadas por tribunais estaduais, inclusive em matéria eleitoral, com recurso ao princípio da simetria[485].

---

483 ADIn 425/TO, rel. Min. Maurício Corrêa, *DJ* de 19-12-2003.

484 RE 192.527, rel. Min. Marco Aurélio. "(...) recurso extraordinário interposto contra acórdão proferido pelo Tribunal de Justiça do Estado do Paraná que declarara, em sede de ação direta, a inconstitucionalidade da Emenda 7/92 à Lei Orgânica do Município de Antonina-PR – que dispõe sobre a competência para processar e julgar o prefeito e o vice-prefeito nos crimes de responsabilidade e nas infrações político-administrativas por eles praticadas –, o Tribunal, com base no *princípio da simetria* (CF, art. 86, § 1º), entendeu constitucionais o dispositivo que conferia à Câmara Municipal competência para julgar o prefeito nas práticas de infrações político-administrativas definidas no DL 201/67 (afastados os crimes comuns previstos no art. 1º do referido Decreto-Lei, cuja competência é do Tribunal de Justiça) e a norma que prevê o afastamento, por até 90 dias, do prefeito quando recebida denúncia por crime político-administrativo pela Câmara Municipal. O Tribunal decidiu ser inconstitucional a norma que previa o afastamento do prefeito quando recebida a denúncia por crime comum pelo Tribunal de Justiça por ofensa à competência privativa da União para legislar sobre direito processual. RE 192.527-PR, rel. Min. Marco Aurélio, 25.4.2001 (RE 192527)" (*Informativo STF*, n. 226).

485 "AÇÃO DIRETA DE INCONSTITUCIONALIDADE – LIMINAR – LEI N. 1.815 – MUNICÍPIO DE ITAPORÃ – LEI REVOGADORA DA LEI QUE INSTITUIU A COSIP – COMPETÊNCIA PRIVATIVA DO PRESIDENTE DA REPÚBLICA SOBRE MATÉRIA TRIBUTÁRIA – *PRINCÍPIO DA SIMETRIA* – REDUÇÃO DE RECEITA – POSSIBILIDADE DE DEFICIÊNCIA NA PRESTAÇÃO DOS SERVIÇOS DE ILUMINAÇÃO PÚBLICA – DEFERIDA. Deve ser deferida a liminar para suspender a eficácia da Lei Municipal que revoga a lei que instituiu a COSIP porque presente o *fumus boni iuris*, consubstanciado no *princípio da simetria* da aplicação das normas constitucionais, uma vez que é da competência privativa do Presidente da República a iniciativa de leis que disponham sobre matéria tributária, e o *periculum in mora*, porque pode acarretar prejuízos ao município em virtude da redução de receita e eventual deficiência na prestação dos serviços de iluminação pública" (TJMS, ADI 2003.007217-9/0000-00 Capital, 2ª T. Esp., rel. Des. Rêmolo Letteriello, j. em 23-7-2003).

"RECURSO EM AÇÃO DE IMPUGNAÇÃO DE MANDATO ELETIVO – PRELIMINAR DE CERCEAMENTO DE DEFESA REJEITADA – SENTENÇA QUE CASSA O MANDATO ELETIVO – DECLARAÇÃO DE INELEGIBILIDADE – TRÂNSITO EM JULGADO – ART. 15 DA LEI COMPLEMENTAR N. 64/90 – DECRETAÇÃO DA PERDA NO ÂMBITO LEGISLATIVO – *PRINCÍPIO DA SIMETRIA* – ART. 55, § 2º, DA CONSTITUIÇÃO FEDERAL – COMUNICAÇÃO À CÂMARA PELO JUÍZO DA CAUSA – PROVIMENTO PARCIAL. Não pode ser acolhida a preliminar de cerceamento de defesa por falta de oportunidade de produção de provas no âmbito da ação impugnatória de mandato eletivo, porquanto, encontrando-se concluído o processo de investigação judicial eleitoral, satisfatória a prova neste produzida e que foi regularmente emprestada. Cabe à justiça eleitoral tornar insubsistente, em ação própria, o mandato eletivo, conforme alude o § 10 do art. 14 da Constituição Federal, com a declaração de inelegibilidade do agente, observando-se os termos do art. 15 da Lei Complementar RAIME n. 31, n. 64/90. Porém, compete à Câmara Municipal, em seu juízo político, iniciar o procedimento e decidir sobre a perda do mandato de parlamentar eleito e empossado, a partir de comunicação da justiça eleitoral. Incabível, na espécie, a ordem direta do juízo da causa do afastamento do cargo, que depende, para sua concretização, de decisão da casa legislativa. Sentença reformada no que tange ao impedimento do recorrente ao exercício regular do seu mandato, procedendo-se apenas a comunicação à Câmara Municipal da desconstituição do mandato, para as medidas legais e regimentais pertinentes" (TREMS, RAIME 31, (4467) rel. Juiz Geraldo de Carvalho, j. em 2-6-2003) JCF.55 JCF.55.2 JCF.14 JCF.14.10.

"RECURSO ELEITORAL – DIPLOMAS NULOS – MANDATOS ELETIVOS CASSADOS – SENTENÇA COM TRÂNSITO EM JULGADO – VACÂNCIA SIMULTÂNEA DOS CARGOS DE PREFEITO E VICE-PREFEITO NO SEGUNDO BIÊNIO – DECISÃO *A QUO* QUE DETERMINOU ELEIÇÃO DIRETA – EDIÇÃO DE RESOLUÇÃO PELO TRIBUNAL REGIONAL – *PRINCÍPIO DA SIMETRIA* – ARTS. 224 DO CÓDIGO ELEITORAL E 81, § 1º, DA CONSTITUIÇÃO FEDERAL – AUTOAPLICABILIDADE – ELEIÇÃO INDIRETA PELO PODER LEGISLATIVO – RESOLUÇÃO DO TRE QUE DETERMINOU ELEIÇÃO DIRETA – DESCONSTITUIÇÃO – PROVIMENTO – PROVIDÊNCIAS A SEREM TOMADAS PELA CÂMARA MUNICIPAL – EM SENDO AUTOAPLICÁVEL O ART. 81, § 1º, DA CONSTITUIÇÃO FEDERAL, DEVE O MESMO SER INVOCADO PARA O CASO ANÁLOGO DE VACÂNCIA DOS CARGOS TITULARES DO PODER EXECUTIVO MUNICIPAL NOS ÚLTIMOS DOIS ANOS DO MANDATO ELETIVO – RECURSO ELEITORAL N. 34 – POR CONSEGUINTE, DÁ-SE A SEGUINTE INTERPRETAÇÃO QUANTO ÀS DISPOSIÇÕES INSERTAS NO ART. 224 DO CÓDIGO ELEITORAL C.C. O ART. 81, § 1º, DA CONSTITUIÇÃO FEDERAL – 1) em regra geral, ocorrendo a vacância (por renúncia, falecimento ou impedimento) dos titulares dos cargos da chefia do poder executivo, convoca-se nova eleição depois de aberta a última vaga da seguinte forma: A) vacância nos dois primeiros anos: Eleição direta, com base no regular processo eletivo do sufrágio universal; b) vacância nos dois últimos anos do mandato: Eleição indireta para ambos os cargos pela casa legislativa; 2) se a vacância ocorrer por hipótese de nulidade da votação obtida, e sendo esta em percentual inferior a 50% dos votos válidos, não se aplica o item anterior, quando então assumirá a chefia o candidato que ficou em segundo lugar; 3) se a vacância ocorrer por hipótese de nulidade da votação obtida e sendo esta em percentual superior a 50% dos votos válidos, deve ser observado o seguinte: A) vacância nos dois primeiros anos: Nova eleição (direta, com base no regular processo eletivo do sufrágio universal), nos termos do art. 224 do Código Eleitoral; b) vacância nos dois últimos anos do mandato: Devem ser combinados os termos do art. 224 do Código Eleitoral com a norma inserta no 1º do art. 81 da Constituição Federal, procedendo-se à nova eleição, mas de forma indireta pela Câmara Municipal, por força de aplicação analógica ante os princípios federativo e da simetria. Recurso eleitoral n. 34. A não convocação de nova eleição no interregno do segundo biênio do mandato tem seu fundamento nos princípios da razoabilidade e da economicidade, já que se evita o desgaste da mobilização popular (e o seu custo financeiro) para uma eleição para um mandato reduzido. Neste sentido, vagando simultaneamente os cargos de prefeito e vice-prefeito no último biênio do período dos respectivos mandatos eletivos,

8.13 EFEITOS DA DECLARAÇÃO DE INCONSTITUCIONALIDADE

Declarada a inconstitucionalidade, fulmina-se a norma desde a sua gênese? É o que se responderá neste subitem.

Note-se, em primeiro lugar, que não são unívocos os fenômenos relativos à *nulidade* e à *anulabilidade*.

A nulidade, quando de compostura *absoluta*, é declarada pelo juiz, sem que haja necessidade de provocação da parte.

A anulabilidade (ou nulidade relativa), de modo diverso, sempre pressupõe expresso pedido a respeito.

E embora o art. 182 do Código Civil expanda a retroeficácia também para casos de anulabilidade de negócio jurídico ("anulado o negócio jurídico, *restituir-se-ão as partes ao estado em que antes dele se achavam*, e, não sendo possível restituí-las, serão indenizadas como equivalente"), tornando, no particular, semelhantes as nulidades absoluta e relativa, consideramos que a retroeficácia radical na declaração de nulidade relativa tem pertinência com o direito civil, regulatório de *normas de conduta*, e não *de organização*, como ocorre com o direito constitucional, cujos contornos em

---

com a desconstituição por decisão transitada em julgado (art. 15 da Lei Complementar n. 64/90), o preenchimento de tais cargos deve ser procedido através de eleição indireta, pela Câmara Municipal, em observância ao art. 81, § 1º, da Constituição Federal, aplicável perfeitamente ao caso em decorrência do *princípio da simetria*. As condições de elegibilidade e as hipóteses de inelegibilidade (respectivamente §§ 3º e 4º a 8º do art. 14 da Constituição Federal) aplicam-se, de pleno direito, à eleição indireta aqui mencionada" (TREMS, REL 34 (4464), rel. Juiz Wagner Leão do Carmo, j. em 20-5-2003). JCEL.224 JCF.81 JCF.81.1 JCF.14 JCF.14.3 JCF.14.4 JCF.14.8."

"AÇÃO DIRETA DE INCONSTITUCIONALIDADE – LEGITIMIDADE – PARTIDO POLÍTICO COM REPRESENTAÇÃO NA ASSEMBLEIA LEGISLATIVA ESTADUAL – REGIMENTO INTERNO DA CÂMARA MUNICIPAL – PASSÍVEL DE CONTROLE CONSTITUCIONAL – QUÓRUM PARA PROCESSAR O PREFEITO E VICE-PREFEITO MUNICIPAL – CONTRARIEDADE AO ART. 86 DA CF/88 E ART. 89 DA CE/89 – APLICAÇÃO DO *PRINCÍPIO DA SIMETRIA* ESCULPIDO NO *CAPUT* DOS ARTS. 29 DA CF/88 E 16 DA CE/89 – 1. Há perigo de dano irreparável ou de difícil reparação, bem como o *periculum in mora*, se não for revogada a norma que determina o *quorum* de votos por simples maioria para o processamento, pelo Legislativo local, do Prefeito e Vice-Prefeito Municipal. 2. Se as Cartas Constitucionais Federal e Estadual dizem que o *quorum* mínimo para processar o chefe do executivo deve ser de 2/3, aplicando-se o *princípio da simetria*, presente está o *fumus boni iuris*. Deferimento da liminar com a consequente suspensão do art. 156 do Regimento Interno da Câmara Municipal de Ipiranga. RICMI" (TJPR, AInconst 0119683-0 (5367) Curitiba, O.Esp., rel. Des. Sidney Mora, *DJPR* de 27-5-2002).

"AÇÃO DIRETA DE INCONSTITUCIONALIDADE – LEI ORGÂNICA MUNICIPAL – CELEBRAÇÃO DE CONVÊNIOS, CONSÓRCIOS, ACORDOS E OUTROS INSTRUMENTOS CONGÊNERES SUJEITOS À APROVAÇÃO PELA CÂMARA MUNICIPAL – SUBORDINAÇÃO QUE OFENDE O PRINCÍPIO DA INDEPENDÊNCIA E HARMONIA DOS PODERES – ART. 32 DA CONSTITUIÇÃO ESTADUAL EM SIMETRIA COM O ART. 2º DA LEI MAIOR – PROCEDÊNCIA DA AÇÃO. Inconstitucional se revela a norma que subordina os convênios, acordos, contratos e atos do Executivo à prévia aprovação do Legislativo, porque ofensiva ao princípio da independência dos poderes (TJSC, ADI 00.001824-4, O.Esp., rel. Des. Alcides Aguiar, j. em 20-12-2000) JCF.2.

sede de declaração de inconstitucionalidade, além disso, conferem ao STF poder para modulação temporal dos efeitos até quando a hipótese é de nulidade *absoluta*.

O sistema do direito positivo brasileiro optou pela *teoria da nulidade dos atos inconstitucionais*, consolidando a ideia quanto ao atingimento da lei ou ato normativo inconstitucional desde o seu surgimento.

Por consequência, no caso de declaração de inconstitucionalidade formulada no âmbito do controle concreto-difuso, na via de exceção ou de defesa, impõe-se a atribuição de efeitos *ex tunc*, salvo quando a retroeficácia da declaração resultar em agravo a direito adquirido, ato jurídico perfeito e à coisa julgada (art. 5º, XXXVI, da CF)[486].

No âmbito do controle concentrado, na via direta, a regra também é a fixação de efeitos *ex tunc* à declaração[487].

Merece registro, todavia, a redação do art. 27 da Lei n. 9.868/99:

> *Ao declarar a inconstitucionalidade de lei ou ato normativo, e tendo em vista razões de segurança jurídica ou de excepcional interesse social, poderá o Supremo Tribunal Federal, por maioria de dois terços de seus membros, restringir os efeitos daquela declaração ou decidir que ela só tenha eficácia a partir de seu trânsito em julgado ou de outro momento que venha a ser fixado.*

Prossegue a vinculação à teoria da nulidade dos atos inconstitucionais, inclusive no que concerne ao controle abstrato-concentrado da constitucionalidade.

No entanto, o referido preceptivo da Lei n. 9.868/99 indica duas situações que podem autorizar o STF ao afastamento da regra geral de atribuição de efeitos *ex tunc* à declaração de inconstitucionalidade: *razões de segurança jurídica* ou de *excepcional interesse social*.

Com evidência, embora durante grande período na doutrina brasileira tenha prevalecido a tese de que as leis e atos do Poder Público ofensivos à Constituição eram *nulos* e não simplesmente *anuláveis*, esboçou-se lúcida oposição ao entendimento até então reinante, segundo a qual as leis, durante o tempo em que estiveram vigendo no ordenamento jurídico, antes do reconhecimento judicial da sua incom-

---

486 "AGRAVO DE INSTRUMENTO – EXTINÇÃO DA EXECUÇÃO – INCONSTITUCIONALIDADE DE LEI – EFEITO *EX TUNC* – COISA JULGADA – SEGURANÇA DO DIREITO – RECURSO CONHECIDO E DESPROVIDO. Os efeitos da declaração de inconstitucionalidade têm efeitos *ex tunc*, devendo-se, no entanto, respeitar os direitos adquiridos e as situações já consolidadas. A coisa julgada é instituto processual que visa garantir a certeza e a segurança do direito" (TJES, AI 007019000129, 4ª C.Cív., rel. Des. Manoel Alves Rabelo, j. em 12-8-2002).

487 "CONTROLE ABSTRATO DE CONSTITUCIONALIDADE – ALEGADA OMISSÃO, POSTO NÃO HAVER O ACÓRDÃO ATACADO EXPLICITADO OS EFEITOS DA DECLARAÇÃO DE INCONSTITUCIONALIDADE DO ART. 25 DO ADCT PARANAENSE, SE *EX TUNC* OU *EX NUNC* . A declaração de inconstitucionalidade decorrente da procedência de ação direta tem efeitos *ex tunc*, regra que somente admite exceção na forma do art. 27 da Lei n. 9.868/99, hipótese não configurada no caso em questão. Embargos rejeitados" (STF, EDADI 483, TP, rel. Min. Ilmar Galvão, *DJU* em 5-10-2001, p. 57).

patibilidade com a Constituição, foram responsáveis pelo estabelecimento de inúmeras relações jurídicas, tendo sido ainda por meio delas que muitos direitos surgiram ou foram extintos.

Logo, seguir a linha da declaração de inconstitucionalidade com efeitos *ex tunc*, em muitas situações, conduziria ao convulsionamento em série do ordenamento jurídico, instilando, sobremais, gravíssimo atentado à segurança jurídica.

Por isso o art. 27 da Lei n. 9.868/99 fixa as razões de segurança jurídica e de excepcional interesse social como obstativas à atribuição de efeitos retroativos radicais à declaração de inconstitucionalidade, devendo – dada a natureza especialíssima de tal efeito – a decisão ser adotada por, no mínimo, dois terços dos Ministros do STF.

8.13.1 O art. 27 da Lei n. 9.868/99 e sua aplicabilidade ao controle concreto-difuso

Esclareça-se que o procedimento descrito no dispositivo não se aplica exclusivamente à hipótese das decisões adotadas pelo STF no controle abstrato-concentrado da constitucionalidade, cabendo também para os denominados processos subjetivos nos quais reside arguição de inconstitucionalidade. Com isso, refluímos quanto a entendimento defendido em edições anteriores.

Deveras, o mesmo imperativo determinante da segurança jurídica a operar a modulação temporal dos efeitos na declaração abstrata de inconstitucionalidade dar-se-á igualmente no controle concreto-difuso, impondo-se a atribuição de efeitos *ex nunc*.

O signo "segurança jurídica", que funciona como um dos critérios balizadores da modulação da eficácia temporal da declaração de inconstitucionalidade, seguramente não se presta apenas a autorizar variação dos efeitos na ação direta, porque o apelo à segurança jurídica não se faz necessário só no âmbito dos efeitos gerais e abstratos das normas jurídicas; sem recusar a ingente necessidade de modulação dos efeitos no processo objetivo quando validamente constituídas relações jurídicas, também o indivíduo, à luz da mesma segurança jurídica, não pode ficar à mercê da retroeficácia total da declaração de inconstitucionalidade quando celebrou contratos, contraiu obrigações, incorporou direitos, tudo com base na norma cuja inconstitucionalidade fora judicialmente reconhecida.

Expõe Paulo Pimenta: "No controle difuso, a pronúncia de inconstitucionalidade pelo STF pode importar, ou não, a retroatividade dos efeitos da decisão. Vale dizer, a solução para o problema da eficácia temporal deve ser a mesma proposta para o controle abstrato, isto é, a eficácia retroativa ou prospectiva da pronúncia vai depender dos princípios relacionados com o caso concreto"[488], concluindo ainda que os mesmos problemas relacionados à via direta se presenciam na via de exceção ou de defesa, razão pela qual se impõe a aplicação do princípio da proporcionalidade, em

488 Cf. *Efeitos da Decisão de Inconstitucionalidade no Direito Tributário*, p. 96.

sentido estrito, flexibilizando-se a eficácia retroativa da declaração[489].

E sufragando tal possibilidade, assim se pronuncia o STF: "O Supremo Tribunal Federal tem reconhecido, excepcionalmente, a possibilidade de proceder à modulação ou limitação temporal dos efeitos da declaração de inconstitucionalidade, mesmo quando proferida, por esta Corte, em sede de controle difuso" (RE 197.917/SP, rel. Min. Maurício Corrêa).

8.13.2 Efeitos da declaração de constitucionalidade

Se, no entanto, a declaração é de *constitucionalidade*, como ocorre quando procedente a ADC ou improcedente a ADIn, o julgamento do STF que confirma a compatibilidade do ato com a Constituição produz, sempre, efeitos *ex tunc*, dada a presunção de constitucionalidade das leis e atos do Poder Público.

8.14 O PODER EXECUTIVO E AS LEIS INCONSTITUCIONAIS

Já expusemos que o sistema brasileiro de controle de constitucionalidade segue a *teoria da nulidade absoluta dos atos inconstitucionais*.

Se, nesse passo, a declaração judicial da inconstitucionalidade é retroeficaz e fulmina a lei ou o ato normativo viciado desde o momento em que ingressou no sistema, seria estranho obrigar o Chefe do Poder Executivo à espera da conclusão judicial, pois isso poderia resultar inominável agravo ao patrimônio público.

Todavia, guiado por razões de segurança jurídica ou de excepcional interesse social, poderá o STF, por maioria de dois terços de seus membros, restringir os efeitos da declaração ou decidir que ela só tenha eficácia a partir de seu trânsito em julgado ou de outro momento que venha a ser fixado (art. 27 da Lei n. 9.868/99).

Há hipóteses, portanto, nas quais a declaração de inconstitucionalidade produzirá tão só efeitos *ex nunc* ou *pro futuro*.

Logo, impedir que o Chefe do Poder Executivo afaste, no âmbito da Administração Pública por ele chefiada – e só com relação a ela, é claro! –, a aplicação de norma suspeita de inconstitucionalidade significa admitir o desencadeamento de efeitos nocivos ao interesse público até que, por definitivo, o Poder Judiciário declare a existência do vício.

Consequentemente, a própria redação atribuída ao art. 27 da Lei n. 9.868/99 serve de perfeito fundamento para a recusa de aplicação de lei ou ato normativo fundamentalmente inconstitucional, porquanto há situações em que se não presencia retroeficácia na declaração, advindo daí possível efeito danoso ao patrimônio público, cumprindo ao Chefe do Poder Executivo atuar preventivamente de molde a obstar se consolide essa situação.

Atente-se, no entanto, que vimos cogitando de prerrogativa do Chefe do Poder

---

489 Idem, ibidem.

Executivo, razão pela qual não é deferida a outras autoridades administrativas, por mais autonomia que tenham ou possam crer que a possuam.

É que o Chefe do Poder Executivo detém a prerrogativa; porém pode ser responsabilizado por descumprimento da Constituição (art. 85, *caput*, e.g.).

Advirta-se ainda que não se trata, de jeito algum, de usurpação de competência judicial pela função executiva, porque, de resto, eventual ofensa a interesse dos indivíduos ocasionada pela recusa quanto à aplicação de lei considerada inconstitucional pelo Presidente da República, Governadores e Prefeitos, poderá ser conduzida ao Poder Judiciário, que dará a palavra final sobre a adequação ou não da norma ou ato normativo à Constituição.

Por fim, é na linha da admissibilidade da tese de recusa legítima de lei inconstitucional pelo Poder Executivo que se pronunciam o STF[490] e o STJ[491].

8.15 COISA JULGADA E CONTROLE DE CONSTITUCIONALIDADE

Ao finalizarmos este Capítulo, examinaremos a ocorrência de coisa julgada no âmbito do controle abstrato-concentrado da constitucionalidade.

Quanto ao controle concreto-difuso, o tema não merece maiores disceptações visto que se resolverá o problema da imutabilidade da decisão com apoio nas regras processuais comuns, em razão do desencadeamento de efeitos apenas entre as partes, exceto se o Senado utilizar a competência firmada no art. 52, X, da CF.

Todavia, no âmbito do controle efetivado em sede de ação direta, surgem dois questionamentos de vulto: a) O Supremo Tribunal Federal está vinculado à decisão que proferiu em anterior ação direta? Ou, de outra forma: o acórdão que concluiu pela constitucionalidade ou não de lei ou ato normativo do Poder Público produz coisa julgada material?; b) É possível desconstituir sentenças transitadas em julgado que tenham ofendido a decisão do STF prolatada no controle abstrato-concentrado?

Em primeiro lugar, recorde-se que a Teoria Geral do Processo indica a existência da *coisa julgada formal* e *material*. Aquela se refere à impossibilidade de renovar discussão no *interior* do processo cuja decisão não caiba mais recurso. Esta, diferentemente, é impeditiva de nova discussão quer no processo em que foi produzida, quer *fora* dele.

Por conseguinte, quando se examina se a decisão do STF produz coisa julgada material, está a se analisar se a nossa Suprema Corte obriga-se a decidir, de idêntico modo, com relação a outras ações diretas supervenientes que possuam total identidade dos elementos da ação.

E a resposta só pode ser negativa...

---

490 ADIn 221/DF, rel. Min. Moreira Alves. Nessa ação direta, o STF estendeu tal prerrogativa aos Chefes dos Poderes Legislativos.

491 REsp 23.121/92, rel. Min. Humberto Gomes de Barros.

A defesa da ocorrência de coisa julgada material, no tocante ao STF, acerca de decisões por ele próprio prolatadas, seria o mesmo que acolher o efeito vinculante dirigido à Corte. E tal entendimento não encontra respaldo na Constituição de 1988.

Eis a redação do § 2º do art. 102:

As decisões definitivas de mérito, proferidas pelo Supremo Tribunal Federal, nas ações diretas de inconstitucionalidade e nas ações declaratórias de constitucionalidade produzirão eficácia contra todos e efeito vinculante, relativamente aos demais órgãos do Poder Judiciário e à administração pública direta e indireta, nas esferas federal, estadual e municipal.

Como se vê, o efeito vinculante, específico do controle abstrato-concentrado, não deve ser dirigido ao STF, porque se impõe "aos demais órgãos do Poder Judiciário", além de outras autoridades referidas no parágrafo.

E ainda que não residisse dispositivo na Constituição a afastar o efeito vinculante em relação ao STF nessas situações, é induvidoso que a natureza do controle abstrato-concentrado de normas não determinaria coisa julgada material, porque o decidido no passado, à luz de circunstâncias econômicas, sociais e políticas diversas, pode, de fato, ser decidido diferentemente no presente ou no futuro, diante da alterabilidade atávica de ditas circunstâncias.

Gilmar Ferreira Mendes assinala que "tem-se admitido (...) que a coisa julgada material (*materielle Rechtskraft*) não subsiste em face de radicais alterações das circunstâncias fáticas, ou das concepções jurídicas dominantes (...)", concluindo que "(...) a decisão confirmatória de validade não parece obstar à reapreciação da matéria do juízo de constitucionalidade, desde que se configurem significativas alterações quanto ao parâmetro de controle (*Masstabnorm*) ou/e ao objeto do controle (*Prufungsnorm*)"[492].

No entanto, parece evidente que, malgrado não tenha a decisão anterior o efeito de vincular o STF futuramente quando examinar nova ação direta sob o império de distintos fatores extranormativos, é inegável reconhecer que o acórdão prolatado no controle abstrato-concentrado determina coisa julgada material, no âmbito das decisões da Corte produzidas no caso concreto, no controle difuso, quando a questão incidental a respeito da (in)constitucionalidade de ato normativo alcançar o Supremo por meio de recurso extraordinário.

Concernente ao segundo questionamento, ou seja, se é possível rescindir decisões transitadas em julgado quando divergirem de conclusão do STF no controle abstrato-concentrado, salienta Germám Bidart Campos que a revisão da coisa julgada subsistiria ainda que não se presenciasse dispositivo processual que a assegurasse expressamente[493].

No Brasil, entretanto, a Lei n. 11.232, de 22 de dezembro de 2005, que entrou em

492 Cf. *Controle de Constitucionalidade*, p. 297-299.

493 Apud Carlos Valder do Nascimento, *Por uma Teoria da Coisa Julgada Inconstitucional*, p. 13.

vigor a partir de 24 de junho de 2006, fixou nova redação ao parágrafo único do art. 741 do Código de Processo Civil, *in verbis*:

> *Para efeito do disposto no inciso II do* caput *deste artigo (o inciso II trata da inexigibilidade do título), considera-se também inexigível o título judicial fundado em lei ou ato normativo declarados inconstitucionais pelo Supremo Tribunal Federal, ou fundado em aplicação ou interpretação da lei ou ato normativo tidas pelo Supremo Tribunal Federal como incompatíveis com a Constituição Federal.*

Logo, o sistema processual brasileiro admite expressamente que, em sede de embargos à execução contra Fazenda Pública, aduza o embargante-executado que o título judicial a aparelhar a execução é inexigível, em razão de inconstitucionalidade reconhecida pelo STF, no que concerne à norma em que se fundara o título impugnado.

Portanto, em duas hipóteses pode ser atacada a coisa julgada material: a) nos embargos à execução, obviamente se atendido o prazo de trinta dias para sua oposição (art. 730, *caput*, alterado pelo art. 1º-B da Lei n. 9.494/97); b) na ação rescisória, com fundamento no art. 485, V, do CPC, proposta no prazo de dois anos do trânsito em julgado da decisão rescindenda (art. 495 do CPC).

É claro que, tanto no tocante aos embargos quanto com relação à ação rescisória, somente será admitida a tese da coisa julgada inconstitucional se a decisão do STF foi prolatada *antes* do trânsito em julgado do *decisum* impugnado em sede de execução ou que se pretende rescindir, respectivamente.

Se a decisão do STF no controle abstrato-concentrado foi produzida *depois* da formação da coisa julgada, *após* o trânsito em julgado da sentença impugnada, aí passa a ser absoluta a intangibilidade da *res judicata*.

Nelson Nery Junior e Rosa Maria de Andrade Nery expõem que "(...) somente a decisão *anterior* do STF, proclamando a inconstitucionalidade de lei ou de ato normativo ou a aplicação ou interpretação de norma tida como incompatível com a CF em ADIn (...) é que poderia atingir o título executivo judicial que transitasse em julgado *posteriormente* à decisão do STF"[494]. (grifos do original)

Parece-nos irretorquível o entendimento.

Se é indiscutível a retroação de efeitos na declaração de inconstitucionalidade efetivada no controle abstrato, atingindo a norma desde a sua gênese, salvo quando o STF lança mão do procedimento descrito no art. 27 da Lei n. 9.868/99, é irrepreensível a ilação de que a retroeficácia não poderá atingir situações jurídicas protegidas por decisões judiciais transitadas em julgado *antes* da emissão do acórdão do STF que se inclinou pela tese da inconstitucionalidade.

É que, na hipótese, autorizados efeitos *ex tunc* radicais, até contra a coisa julgada formada em momento anterior à decisão do STF, seria solapada a cláusula do Estado Democrático de Direito (art. 1º, *caput*, da CF), a intangibilidade da coisa julgada –

494 Cf. *Código de Processo Civil Comentado*, p. 918.

objeto de tutela constitucional (art. 5º, XXXVI) – e um dos seus corolários, que é o *princípio da segurança jurídica*[495].

Além disso, temos convicção de que o controle abstrato da constitucionalidade, ao ser balizado, sobretudo, por circunstâncias extranormativas, impede naturalmente o desencadeamento de efeitos *ex tunc* que venham alcançar a coisa julgada que se formou em momento anterior à decisão no controle abstrato.

E por quê?

Recorra-se a exemplo para responder à pergunta: imagine-se que, editada uma lei, somente meses ou anos após tenha sido proposta a ação direta (a ação direta não se submete a prazo algum) ou declarada a inconstitucionalidade com efeitos *ex tunc*.

Ora, se a declaração de inconstitucionalidade se deu após considerável lapso temporal, é óbvio ter ocorrido sob a vigência de fatores exógenos predominantes à época em que se deu, e não no instante em que ingressou a norma no sistema.

Por consequência, é equívoco manifesto desconstituir a coisa julgada que se formou antes da declaração do Supremo na via direta porque, naquela época, não se impunha a declaração de incompatibilidade vertical da norma com a Constituição à vista de circunstâncias extranormativas, tanto que nem sequer foi a medida utilizada.

8.16 CONTROLE DE CONSTITUCIONALIDADE E NORMAS REVOGADAS

Quando se propõe ação direta (no controle abstrato-concentrado) ou quando se pretende que a declaração de inconstitucionalidade se dê, de modo incidental, em determinado processo (no controle concreto-difuso), é habitual que o interessado na declaração se volte contra lei ou ato normativo *existente* no sistema normativo, que ainda produz efeitos visto que não revogados por lei posterior ou pela Constituição.

Não é raro, todavia, que o interesse na declaração de inconstitucionalidade se dirija às normas revogadas, porque, sendo induvidoso que a revogação determina

495 Há, no entanto, decisões em sentido contrário: "QUESTÃO DE ORDEM – PROCESSO CIVIL – EXECUÇÃO CONTRA FAZENDA PÚBLICA – COISA JULGADA – INCONSTITUCIONALIDADE – RELATIVIZAÇÃO – EXONERAÇÃO DO CUMPRIMENTO DA DECISÃO – 1. A inconstitucionalidade, por ser matéria de ordem pública, pode ser reconhecida, de ofício, a qualquer tempo e grau de jurisdição, mesmo depois de preclusas as vias impugnativas e formada a denominada coisa julgada, a exemplo do que acontece com os erros materiais e a nulidade absoluta. Em assim sendo, por não estar coberta pela *res judicata* a decisão portadora de efeitos juridicamente impossíveis, a mesma pode ser revista a qualquer momento, até mesmo por ocasião da execução, ante inexigibilidade do título, por ser nula a coisa julgada inconstitucional. 2. Encerrando a presente hipótese situação excepcional, tendo em vista que o Supremo Tribunal Federal e esse próprio sodalício, reiteradamente, têm declarado a inconstitucionalidade do IPC como índice de reajuste dos vencimentos de servidor estadual, desobriga-se o Estado do Espírito Santo do cumprimento da decisão no que tange a denominada 'Lei da Trimestralidade' " (TJES, MS 100010010013, TP, rel. Des. Sérgio Bizzotto Pessoa de Mendonça, j. em 6-2-2003).

efeitos *pro futuro*, ou seja, somente após o momento em que o corpo legislativo retira a norma do sistema, pode-se tornar relevante a declaração de inconstitucionalidade de normas a respeito das quais se opera o fenômeno da *ultratividade*.

Tome-se, por exemplo, determinada lei tributária que elegeu um dado comportamento como fato jurídico tributável e foi revogada após alguns anos de vigência.

Nesse caso, parece claro que o princípio constitucional tributário da legalidade estrita (art. 150, I) impedirá a investida da administração fiscal contra o contribuinte, cujo comportamento realizado *após* a revogação da lei, simplesmente deslegitima a iniciativa do fisco à ausência de lei.

O que dizer com relação ao contribuinte que realizou o comportamento durante o período de vigência da lei? Haveria ofensa à legalidade estrita se o fisco buscasse o pagamento do tributo?

É óbvio que não, já que, se o fato ocorreu durante período em que a lei *existia*, revogação posterior não obsta à cobrança dos tributos devidos e relativos ao respectivo período de vigência da lei.

Nasce, assim, legítimo interesse à declaração de inconstitucionalidade de dispositivo de lei revogada.

A jurisprudência do STF é no sentido da inadmissibilidade de controle abstrato da constitucionalidade quando o objeto é lei revogada.

O fundamento utilizado foi o de que, nesses casos, a ação direta serviria apenas para a tutela de situações jurídicas individuais, circunstância que se não compatibiliza, segundo a Corte Suprema, com o controle efetivado na via abstrata[496].

Canotilho também restringe tal possibilidade: "(...). Não deve recorrer-se à declaração de inconstitucionalidade sempre que os efeitos já produzidos sejam pouco relevantes ou possam ser eliminados recorrendo a outros meios ou remédios para a defesa de direitos"[497].

Por conseguinte, tratando-se de norma revogada, cuja *ultratividade* não tem aptidão para abranger, de modo genérico, todas as situações jurídicas, torna-se incabí-

---

496 "AÇÃO DIRETA DE INCONSTITUCIONALIDADE – OBJETO DA AÇÃO – REVOGAÇÃO SUPERVENIENTE DA LEI ARGUIDA DE INCONSTITUCIONAL – PREJUDICIALIDADE DA AÇÃO – CONTROVÉRSIA. Objeto da ação direta prevista no art. 102, I, a, e 103 da Constituição Federal, e a declaração de inconstitucionalidade de lei ou ato normativo em tese, logo o interesse de agir só existe se a lei estiver em vigor. Revogação da lei arguida de inconstitucional. Prejudicialidade da ação por perda do objeto. A revogação ulterior da lei questionada realiza, em si, a função jurídica constitucional reservada a ação direta de expungir do sistema jurídico a norma inquinada de inconstitucionalidade. Efeitos concretos da lei revogada, durante sua vigência. Matéria que, por não constituir objeto da ação direta, deve ser remetida às vias ordinárias. A declaração em tese de lei que não mais existe transformaria a ação direta em instrumento processual de proteção de situações jurídicas pessoais e concretas. Ação direta que, tendo por objeto a Lei 9.048/1989 do Estado do Paraná, revogada no curso da ação, se julga prejudicada" (STF, ADIMC 709/PR, TP, rel. Min. Paulo Brossard, *DJU* de 24-6-1994).

497 Cf. *Direito Constitucional e Teoria da Constituição*, p. 938.

vel a fiscalização abstrata, porquanto apta apenas ao desencadeamento de efeitos concretos após a revogação.

Em síntese: malgrado *ultrativa*, norma revogada não pode instar o controle abstrato-concentrado porque os efeitos que desprende são de compostura concreta.

8.17. CONTROLE DE CONSTITUCIONALIDADE, PROCEDIMENTALISMO E SUBSTANCIALISMO

A Constituição de 1988 não é apenas um conjunto de normas, mas de princípios também, "(...) que ordenam que algo seja realizado na maior medida possível dentro das possibilidades jurídicas e fáticas existentes", conforme refere Robert Alexy[498].

Assim, quando da realização do controle de constitucionalidade, surge discussão acerca dos limites que devam ser impostos à jurisdição constitucional em tema de realização dos direitos fundamentais pelo Poder Judiciário, especialmente os de natureza social.

Costuma-se afirmar a oposição, nesse contexto, entre o Procedimentalismo e o Substancialismo.

Expoente do Procedimentalismo, Jürgen Habermas critica incisivamente a invasão da política e da sociedade pelo Direito, partindo da ideia de que os sistemas jurídicos construídos a partir do final do século XX, mesmo nas democracias de massas do Estado Social, impõem visão procedimentalista do Direito[499]. Para ele, um tribunal constitucional não deve ter a missão de realizar valores substanciais da sociedade, mas assegurar a existência de *procedimentos* que tornem viável a formação democrática da opinião[500], zelando para garantir que o cidadão disponha de mecanismos para compreender a natureza dos seus problemas e o modo de solucioná-los. O tribunal constitucional deve ficar limitado à tarefa de compreensão procedimental da constituição, reduzindo-se a proteger o processo de criação democrática do Direito[501].

De caráter procedimentalista também é o pensamento de John H. Ely, para quem o tribunal constitucional só poderá realizar imparcialmente sua tarefa se resistir à tentação de preenchimento de espaços destinados à interpretação com juízos de valores morais[502].

Opondo-se ao Procedimentalismo, L.H. Tribe entende que a constituição possui valores substantivos a serem implementados concretamente pelo Poder Judiciário, e indica como exemplos os enunciados da Constituição americana de 1787 inerentes à abolição da escravatura e à cláusula do devido processo legal. Defende o Substancialismo por meio da tese de que até mesmo o processo de participação democrática do

498 Cf. *Teoria dos Direitos Fundamentais*, p. 90.

499 Cf. Direito e Democracia – Entre Facticidade e Validade, v. I, p. 297 e s.

500 Idem, ibidem.

501 Idem, v. I, p. 297 e s.; v. II, p. 170 e s.

502 Cf. *Democracy and Distrust – A Theory of Judicial Review*, p. 133.

cidadão na formação da vontade política do Estado contém caráter substantivo, como, por exemplo, a questão de "quem vota", ou "um homem um voto", e que as teorias procedimentalistas não conseguem perceber que o processo é algo em si mesmo valioso[503].

Crítica

O Procedimentalismo se propõe a assegurar a manutenção das regras do jogo democrático, deixando o cidadão livre para, dentro do espaço da política, realizar os valores substanciais da coletividade.

O Substancialismo não repugna a possibilidade de ditos valores serem efetivados no plano judicial.

Logo, um dado comum a procedimentalistas e substancialistas é a preocupação com a efetividade dos direitos, e também que a solução se dará obrigatoriamente no plano institucional (respectivamente, pelo Poder Judiciário e pelo processo político).

De nossa parte, parece-nos que a visão substancialista de condução ao Poder Judiciário de interesses sociais relevantes, outorgando-lhe legitimidade para a decisão, representa muito mais uma etapa para alcançar a ideia procedimentalista de cidadania ativa e destinada a realizar, no plano da política, os valores substanciais da coletividade.

Aliás, se as normas constitucionais encerram valores, impedir que o Poder Judiciário as efetive é relembrar a discussão travada no célebre Caso *Marbury v. Madison*, no qual se controverteu sobre se o juiz poderia resolver problema de incompatibilidade entre a lei e a constituição.

Não há como recusar a Poder do Estado, como o Judiciário, a tarefa de realizar a constituição, mais ainda em sociedades marcadas pela exclusão e desigualdade.

Porém, ultrapassado esse momento, pensamos que a tese procedimentalista está muito mais adequada à realização do ideal democrático pela relevância que põe no comportamento do cidadão dentro do espaço político.

503 Cf. L.H. Tribe, *The Puzzling Persistence of Process-Based Constitutional Theories*, p. 1065 e s.

PARTE II

ORGANIZAÇÃO DO ESTADO BRASILEIRO. PODERES EXECUTIVO, LEGISLATIVO E JUDICIÁRIO. FUNÇÕES ESSENCIAIS À JUSTIÇA. TRIBUTAÇÃO E ORÇAMENTO

PRINCÍPIOS FUNDAMENTAIS

9.1 JUSTIFICATIVA DO CAPÍTULO

O exame dos Princípios Fundamentais do Estado brasileiro deve ser necessariamente empreendido em momento anterior ao estudo da sua organização.

E por quê? Basicamente em virtude do fato de tais postulados conformarem a atuação do Estado e funcionarem como vetores interpretativos da Constituição. É incorrer em crasso equívoco a tentativa de entender a organização estatal brasileira à revelia do que o elemento constituinte originário chamou de "princípio fundamental".

A relevância do tema se impõe *per se*. Pouco importa o domínio normativo sobre o qual se debruça o aplicador do direito: civil, processual civil, comercial, trabalhista, penal, processual penal e assim por diante. O que se apresenta sempre indeclinável a quem quer interpretar disposição do sistema do direito positivo brasileiro é o recurso aos Princípios Fundamentais, indicados nos arts. 1º a 4º da Constituição Federal.

Sucede que não há no Brasil cultura constitucional, materializada em comportamentos e condutas tendentes a: i) preservar a "vontade de constituição"; ii) efetivar, no plano máximo possível, os princípios e normas constitucionais; iii) disseminar o conhecimento a respeito do texto constitucional. E a inexistência de cultura constitucional reverbera nos mais variados domínios da vida brasileira, quer no campo econômico, quer no político, social e no altiplano do pensamento jurídico.

E o mais intrigante de tudo isso é constatar, com grande tristeza, que preceitos havidos como "princípios fundamentais constitucionais" são utilizados como meros instrumentos de retórica, indicados, aqui e ali, com grandiloquência em seminários e congressos de direito constitucional, sem que os advogados, membros do Ministério Público e juízes se deem conta da obrigação que se lhes é continuamente dirigida para o cumprimento dos comandos constitucionais, de modo específico no que concerne aos denominados "princípios fundamentais".

Eis o propósito deste Capítulo: alertar para a existência dos Princípios Fundamentais e à necessidade de consumar-se o processo de interpretação de todo o sistema constitucional de acordo com as previsões dos arts. 1º a 4º da Constituição.

Destarte, princípio é causa primeira e inicial, fundamento mesmo do conhecimento humano.

Para atingir o conhecimento, Descartes menciona ser necessário iniciar pela procura dos princípios e estes devem estar associados a duas condições: em primeiro lugar, "(...) que sejam tão claros e evidentes que o espírito humano não possa duvidar de sua validade (...)" e, por outro lado, "(...) que seja deles que dependa o conhecimento das outras coisas, de sorte que possam ser conhecidas sem elas, mas não reciprocamente elas sem eles"[504].

9.2 OS PRINCÍPIOS FUNDAMENTAIS COMO NORMAS JURÍDICAS

O legislador constituinte originário inicia o Título I com a expressão "Dos Princípios Fundamentais".

"Princípio" se converte em locução ambígua, como já aludimos no início deste *Curso* (ver item 6.4 do Capítulo 6). Sinaliza para a ocorrência de diversas significações. Por isso que tentar descobrir a substância dos Princípios Fundamentais, sem que, precedentemente, desvende-se o significado da expressão "princípio", importa ignorar a amplitude semântica do vocábulo com todas as nocivas consequências advindas do assumir-se postura da ordem.

Os Princípios Fundamentais assumem a compostura de norma jurídica, porquanto o constituinte originário resolveu pela sua inclusão, de modo explícito, no texto do direito positivo.

São, portanto, inegavelmente, normas jurídicas, tanto que o elemento constituinte originário lhes atribui tal natureza ao promover tratamento específico no corpo dos arts. 1º a 4º da Constituição.

9.2.1 Os Princípios Fundamentais em espécie. República, Federação e Estado Democrático de Direito

O art. 1º, *caput*, enuncia que "a República Federativa do Brasil, formada pela união indissolúvel dos Estados e Municípios e do Distrito Federal, constitui-se em Estado Democrático de Direito (...)".

A proposição prescritiva revela a indicação dos seguintes Princípios Fundamentais, merecedores de exame circunstanciado:

a) *República;*
b) *Federação;*
c) *Estado Democrático de Direito.*

9.2.1.1 Princípio republicano

República é a forma de governo assumida pela sociedade política estatal brasileira. Pesquisando a origem etimológica do termo, tem-se que *res publica* significa "coisa pública", o que contrasta com o domínio exercido pelos particulares no que concerne a questões cuja amplitude não ultrapassa o interesse meramente particular.

504 Cf. *Princípios de Filosofia*, citado por Japiassú e Marcondes, *Dicionário Básico de Filosofia*, p. 201.

Se o que é de todos não pertence a ninguém de forma individual, há de se buscar forma de governo destinada a garantir a atuação do governante, com vistas à consecução do interesse geral.

Por conseguinte, a forma de governo republicano passa a incorporar os seguintes caracteres:

a) *responsabilidade;*
b) *eletividade;*
c) *provisoriedade dos mandatos.*

Quanto à responsabilidade do governante ou do próprio Estado por atos praticados por seus agentes, sabe-se que apenas na história mais recente da civilização é que se iniciou tal processo.

Deveras, durante o período em que predominou incólume a justificação sobrenatural do poder político[505], não se reservava qualquer espaço para impor a responsabilização do Estado ou do governante.

Porque recebera da divindade o poder político, o rei prestava contas a Deus. E só. Foi o primeiro período da evolução da responsabilidade das sociedades políticas, no qual se consagrou a Teoria da Irresponsabilidade do Estado, materializada nos brocardos *"the king can do no wrong"* ou *"le roi ne peut mal faire"*.

A concepção perdurou até meados do século XIX, quando, a partir de então, o entendimento que prevaleceu foi o da responsabilização do Estado, desde que o particular atingido provasse a ocorrência de dolo ou culpa de parte do agente estatal. Foi o início do período da chamada Teoria da Responsabilidade com Culpa.

Por fim, considerado o fato de que o Estado se encontra em situação bastante privilegiada no que se refere ao particular, começou a ganhar prestígio a Teoria da Responsabilidade sem Culpa. Reconhecida na esmagadora maioria dos sistemas legislativos contemporâneos, visa facilitar a reparabilidade do dano sofrido pelo indivíduo diante de ação ou omissão do Estado, mediante a dispensa da verificação de ocorrência de culpa em relação ao fato lesivo a direito.

---

505 Embora a obra de Santo Tomás de Aquino seja referida, ainda hoje, por equívoco, para justificar a legitimidade do poder sem peias do monarca durante o apogeu da Monarquia Absolutista na Europa, é necessário desmistificar a ideia, mais ainda porque não encontra respaldo na "Suma contra os gentios" ou na "Suma Teológica". Santo Tomás de Aquino foi o criador do *tomismo*, sistema filosófico destinado a compatibilizar as ideias de Aristóteles com os dogmas da fé cristã. Defendeu que o Estado era criado por Deus, mas não a ponto de se impor aos homens um monarca. É o precursor da doutrina do direito divino providencial, que via em Deus o guia providencial da sociedade humana. Elucidativo é o comentário de Paulo Bonavides a respeito: "Fazendo da designação dos governantes obra dos homens e não da divindade, a teoria da investidura providencial alcança de imediato um resultado cabal e visível que a separa das duas posições antecedentes do pensamento teocrático: o da eventual participação dos governados na escolha dos governantes. Quebrou-se assim a rigidez das implicações autocráticas decorrentes das teorias monárquicas do direito divino e tornou-se possível conciliar os princípios teológicos da soberania com os postulados democráticos pertinentes à sede e ao exercício do poder político" (cf. *Ciência Política*, p. 130).

Mas a responsabilidade inerente à forma de governo republicano não se esgota na propositura de ações de indenização por particulares, sem que se pesquise o elemento culpa, tal como acontece atualmente.

Exige-se, hoje, mais.

Impõe-se, de modo semelhante, a responsabilização penal e política do governante que atenta contra as regras da boa e honesta administração.

E a Constituição de 1988 seguiu o caminho de tal responsabilização, como se poderá notar na previsão do art. 85, I a VII, e da competência fixada ao Supremo Tribunal Federal para o julgamento do Presidente e do Vice-Presidente da República ante a acusação de prática de infração penal comum (art. 102, I, *b*)[506].

A segunda característica da forma de governo republicano é a eletividade. Porque – repita-se – a "coisa é pública", torna-se politicamente recomendável indispensável que a conduta de quem foi alçado ao posto de governo pela via de eleição seja posta em confronto após ultrapassado determinado lapso temporal. As eleições periódicas, destinadas ao preenchimento dos cargos no Poder Executivo federal, estadual e municipal, com as campanhas eleitorais em rádio e televisão (§ 3º do art. 17), prestam-se a formar o convencimento do eleitor acerca do candidato mais adequado ao exercício do cargo eletivo.

A provisoriedade dos mandatos se constitui na limitação temporal do exercício do cargo eletivo. No Brasil, os cargos eletivos do Poder Executivo, em todas as esferas, são limitados a quatro anos (arts. 28, 29, I, e 82).

A regra da provisoriedade dos mandatos é complementar à da eletividade: não se poderia pensar em eleições periódicas quando se permite o exercício de mandato sem limitação no tempo.

9.2.1.2 Princípio federativo

Federação: aspectos conceituais e históricos. O signo "República Federativa do Brasil" induz à escolha de forma de Estado baseada na descentralização política: a Federação.

Decorrente do latim *foedus, foederis,* que significa união, pacto, aliança, a forma federativa de Estado é engenhoso sistema desenvolvido pelos Estados Unidos da América no século XVIII, mediante o esforço empreendido pelos publicistas norte-americanos Alexander Hamilton, John Jay e James Madison, autores do clássico *The Federalist Papers,* coletânea de artigos publicados na imprensa daquele país e que visavam difundir a necessidade de aproximação das ex-colônias inglesas na América.

---

506 Outras autoridades que, eventualmente, cometam crimes comuns, também serão julgadas pelo STF, conforme prevê o dispositivo: "Art. 102. Compete ao Supremo Tribunal Federal, precipuamente, a guarda da Constituição, cabendo-lhe: I – processar e julgar originariamente: a) (...); b) nas infrações penais comuns, o Presidente da República, o Vice-Presidente, os membros do Congresso Nacional, seus próprios Ministros e o Procurador-Geral da República".

É de reconhecer que o sistema federativo norte-americano não foi criado num repente; pelo contrário, as iniciativas dirigidas à consolidação da soberania das ex-colônias chegaram mesmo a determinar a aproximação, por força de um tratado internacional que originou a Confederação de 1778, dois anos, portanto, após a independência da Coroa Britânica.

O malogro da união confederativa impôs a convocação dos Estados independentes à Convenção de Filadélfia, para a qual cada ex-colônia enviou um autêntico embaixador, e não mero representante constituinte.

Foi, então, naquela Assembleia, que preponderou o gênio de Hamilton, Jay e Madison, visto que conseguiram convencer os demais integrantes acerca da conveniência política de se ajustar, a um só tempo, a autonomia das unidades parciais ao imprescindível fortalecimento do órgão central.

O modelo federal na Alemanha. Atente-se para a evolução do modelo federal na Alemanha.

Johann Vogel discorre que a história do Federalismo alemão pode ser dividida em três períodos: a) a situação até 1945; b) de 1945 a 1949; e c) a situação após a Lei Fundamental de Bonn. Indica o juspublicista que até 1945 houve acentuada fragilização do *Reich*, mesmo em face da Unificação Prussiana de 1871[507].

Não obstante, com o advento do nazinacionalismo, aconteceu grande centralização de poder político no órgão central, inclusive mediante a edição da Lei de Habilitação de 1934, que extinguiu a obrigatoriedade de sincronização entre as regiões que compunham a Alemanha[508].

De 1945 a 1949, constata Vogel que esse período é marcado pela ocupação das nações aliadas, fato não impeditivo, entretanto, do aparecimento de diversos *lander* (como são chamadas as unidades federativas alemãs), a exemplo do da Baviera e de Hesse[509].

Após a *Grundgesetz* (Lei Fundamental de Bonn) consolidou-se o modelo federal e o *Bundersrat*, que é a assembleia que integra os representantes dos *lander*[510].

Vogel também esclarece que o elemento fundador do Estado alemão preocupou-se sobremaneira com a diminuição das desigualdades existentes entre as unidades federativas, fazendo constar, de modo expresso, no art. 28.1 da *Grundgesetz*, o princípio da homogeneidade federativa, segundo o qual deve porfiar o Estado alemão pela mitigação das desigualdades entre os *lander*, fazendo com que a Alemanha integre o rol dos países que optaram pelo federalismo cooperativo[511].

Federalismo dualista e cooperativo. O primeiro momento da Federação norte-americana se caracterizou pela concessão de maior autonomia às unidades parciais. E

507 Cf. El régimen federal de la Ley Fundamental, in *Manual de Derecho Constitucional*, p. 615-627.

508 Idem, ibidem.

509 Idem, ibidem.

510 Idem, ibidem.

511 Idem, ibidem.

não haveria como ser diferente, porque estavam, naquela fase inicial do federalismo, bastante ciosas de suas competências.

É o momento da preponderância do federalismo *dualista* ou *dual*, ou seja, maior separação entre o órgão central e as porções estaduais, circunstância decorrente de outorga de rol considerável de competências aos Estados-Membros, concebidos a partir e com fundamento nas ideias autonomistas que caracterizaram o momento genético da criação dessa singular forma de Estado.

Sucede que, atualmente, predomina o federalismo *cooperativo*, isto é, maior interação entre a entidade central e os Estados, tudo com o objetivo de fazer com que sejam alcançadas as metas da sociedade política. Inclusive os Estados Unidos não mais estão organizados em um federalismo de color dualista desde que, com a crise econômica de 1929 e a subsequente intervenção do Estado no domínio econômico, Franklin Roosevelt, ao adotar o planejamento econômico chamado "*New Deal*", limitou fortemente a autonomia das unidades parciais.

Jorge Miranda esclarece que "de 1787 para cá ocorreu um alargamento fortíssimo e crescente do poder federal, em consequência da Guerra de Secessão de 1861-1865 e de duas guerras mundiais, do aumento de número de Estados federados (de 13 para 50), da imigração e das comunicações, do reforço da coesão nacional e, ainda, do aumento das funções do Estado federal e do seu peso financeiro"[512].

Iluminismo e a federação dualista. Temos por certo que o pensamento iluminista contribuiu grandemente para a consolidação de modelo federativo no qual as partes integrantes detivessem considerável parcela de atribuições, além de impedir que o relacionamento estreito entre elas e o órgão central pudesse eventualmente provocar a diminuição ou até a eversão das unidades federadas.

Para seguir forte o federalismo dualista igualmente concorreu o liberalismo econômico, que foi o transporte, para a economia, das ideias racioliberais.

Com efeito, defendia Adam Smith que "todo indivíduo está continuamente esforçando-se para achar o emprego mais vantajoso para o capital que possa comandar. É sua própria vantagem, de fato, e não a da sociedade, que ele tem em vista. Mas o estudo de sua própria vantagem, naturalmente, ou melhor, necessariamente, leva-o a preferir aquele emprego que é mais vantajoso para a sociedade"[513]. Assim, o indivíduo, mesmo orientado por propósitos egoísticos, faria a melhor destinação para o seu capital, preservando-se o interesse público pela via oblíqua.

E mais: não haveria, para ele, qualquer necessidade de o Estado intervir no domínio econômico, já que a "mão invisível" (*invisible hand*) trataria de efetivar naturalmente o equilíbrio das forças do mercado, autorregulando as respectivas relações.

Portanto, é certo dizer, com suporte no liberalismo econômico, que a menor intervenção do Estado na economia provocou indiscutível reflexo na preservação do modelo de federalismo dualista.

512 Cf. *Manual de Direito Constitucional*, t. 1, p. 142.

513 Cf. A *Riqueza das Nações*, p. 184.

Ora, se não se fazia imperiosa a intervenção do Estado no domínio econômico, não havia, por conseguinte, como aludir à conveniência de uniformidade quanto à edição de normas econômicas pelas unidades parciais e órgão central, mantendo-se, cada qual, no respectivo centro de atuação, sem necessidade de maior inter-relacionamento no particular.

O malogro do liberalismo, contudo, impôs o redimensionamento da Federação. A ideia, forjada no sistema liberal, de que se asseguraria ao rico e ao pobre a mesma liberdade de dormirem sob a ponte – como alfineta com ironia Anatole France – foi responsável pelo insidioso recrudescimento das desigualdades, ao ponto de surgir fortíssima reação em meados do século XIX por meio do *Manifesto Comunista*, de Karl Marx e Friedrich Engels.

A Questão Social emergira, e com ela reivindicações dirigidas à redução das desigualdades.

A mudança do padrão do constitucionalismo moderno, instruído pelo princípio da não neutralidade, redefiniu o papel do Estado e acarretou consequências no plano da estrutura federativa, impondo-se, a partir de então, indispensável uniformização no trato das questões econômicas pelo Estado federal, circunstância determinante da consagração do modelo de federalismo cooperativo, acentuando-se o poder do órgão central.

Federação brasileira: dualista ou cooperativa? Frise-se que o federalismo adotado pela Constituição de 1988 é inegavelmente de compostura *cooperativa*.

Com evidência, não bastassem as previsões do art. 3º, III (ao esclarecer que é objetivo fundamental do Estado brasileiro erradicar a pobreza e a marginalização e reduzir as desigualdades sociais e *regionais*); do art. 43, ao acentuar que, para efeitos administrativos, a União poderá articular sua ação em um mesmo complexo geoeconômico e social, visando ao seu desenvolvimento e à *redução das desigualdades regionais* (cujos instrumentos para a efetivação do dispositivo se consignam imediatamente nos incisos e parágrafos do art. 43); e do art. 151, I, que positiva o princípio constitucional tributário da uniformidade geográfica, mas admite como ressalva à incidência do postulado a concessão de incentivos fiscais destinados a *promover o equilíbrio do desenvolvimento socioeconômico entre as diferentes regiões do País*, subsiste, ainda, a eloquente determinação inserida no parágrafo único do art. 23, segundo a qual "lei complementar fixará normas para a *cooperação* entre a União e os Estados, o Distrito Federal e os Municípios, tendo em vista *o equilíbrio do desenvolvimento e do bem-estar em âmbito nacional*".

Requisitos da Federação. Impõe-se a coexistência de alguns requisitos a fim de que se presencie a forma federativa de Estado.

Imagine-se que, em um Estado unitário, por razões de conveniência política, resolva o governante descentralizar competências de natureza administrativa.

Estaria caracterizado o Estado federal?

Lógico que não.

De sorte a viabilizar a construção do sistema federativo, urge que se desloquem para as unidades parciais competências de natureza política, o que importa dizer, de outro modo: outorgue-se *autonomia política* aos Estados.

Mera e simples outorga de autonomia política, contudo, não induz à necessária conformação de modelo federal.

Especule-se ainda que o referido Estado tenha admitido conceder autonomia política às unidades parciais, consagrando-lhes a viabilidade quanto à edição de leis versando sobre temas de interesse local.

À primeira vista se poderia concluir que a forma federativa teria finalmente se cristalizado em face da autonomia política outorgada.

Muitos passos ainda à frente são exigidos para se atingir a descentralização política característica do modelo federal, porque o mesmo órgão central que concedera a autonomia legislativa poderá retirá-la ao seu exclusivo talante.

É imprescindível que a capacidade política seja outorgada pela constituição.

Entretanto, não é bastante que o sistema constitucional preveja tal possibilidade, uma vez que o legislador constituinte derivado também poderá emitir juízo político a respeito da estadia de tais disposições na Lei Maior, chegando até a retirar a autonomia antes assegurada.

Como resolver, então, o impasse?

A cláusula federativa deve ser elevada a patamar de dispositivo constitucional intocável, impedindo-se, dessa forma, a supressão da autonomia política pelo titular do poder de reforma constitucional.

É o que acontece na Constituição de 1988, pois é suficiente rápido exame do art. 60, § 4º, I, para descobrir que a cláusula federativa porta eficácia jurídica absoluta.

> *Não será objeto de deliberação proposta de emenda tendente a abolir: I – a forma federativa de Estado; (...).*

Traços distintivos entre federação e confederação. É necessário apresentar as diferenças entre federação e confederação.

Para Karl Strupp, publicista alemão, as uniões entre Estados podem ser classificadas em *união de direito constitucional* e *união de direito internacional*[514]. A primeira corresponde à forma federativa de Estado, enquanto a segunda configura a confederação. O que se torna realmente decisivo para demarcar se a hipótese é de federação ou confederação é a existência de soberania ou de autonomia política das partes integrantes do pacto unionista. Se as unidades integram o pacto, mas mantêm o poder político elevado ao seu último grau, decidindo as questões internas ao seu alvedrio e livres de interferência externa, a situação claramente denota a existência de um modelo confederativo, visto que persiste a soberania de cada qual. Se, no entanto, há abdicação ou renúncia da soberania das unidades em prol do órgão central, cujo documento formalizador do pacto (constituição) lhes permite o exercício da capacidade de autogoverno, certamente que o modelo indicado é o federativo.

Consequentemente, em uma federação preservada fica a autonomia das unidades parciais, ao passo que na confederação restará incólume a soberania, que é elemento constitutivo do Estado.

514 Apud Paulo Bonavides, *Ciência Política*, p. 179.

Outra distinção digna de registro é a atinente ao documento que une os Estados na federação e na confederação. O liame jurídico em uma federação é a constituição, ao passo que, diferentemente, na confederação, é um tratado internacional. Por esse motivo não se pode aventar com propriedade acerca da existência de Estados no modelo federativo sem que a referência à locução construa um colar de incertezas sobre a própria definição de Estado. Preferem-se, portanto, as expressões "estados-membros", "províncias", para designar as partes integrantes da sociedade política estatal federativa.

9.2.1.3 Estado Democrático de Direito

Finalmente, "Estado Democrático de Direito" outro significado não tem que Estado de Direito e de Justiça Social.

O acréscimo da expressão "democrático" ocorreu a partir da Constituição de 1988 e impinge nova compreensão do Estado brasileiro, porque, conforme acentua Miguel Reale, "pela leitura dos Anais da Constituinte infere-se que não foi julgado bastante dizer-se que somente é legítimo o Estado constituído de conformidade com o Direito e atuante na forma do Direito, porquanto se quis deixar bem claro que o Estado deve ter origem e finalidade de acordo com o Direito manifestado livre e originariamente pelo próprio povo, excluída, por exemplo, a hipótese de adesão a uma Constituição outorgada por uma autoridade qualquer, civil ou militar, por mais que ela consagre os princípios democráticos".

"Poder-se-á acrescentar que o adjetivo 'Democrático' pode também indicar o propósito de passar-se de um Estado de Direito, meramente formal, a um Estado de Direito e de Justiça Social, isto é, instaurado concretamente com base nos valores fundantes da comunidade. 'Estado Democrático de Direito', nessa linha de pensamento, equivaleria, em última análise, a 'Estado de Direito e de Justiça Social' (...)."

"Não concordo, por conseguinte, com os juristas que consideram sinônimos os termos 'Estado de Direito' e 'Estado Democrático de Direito'. Tal entendimento não me parece admissível em Hermenêutica Jurídica, notadamente no plano da Carta Magna, porquanto, em princípio, a termos novos deve corresponder nova interpretação."

Estado Democrático de Direito e legitimidade política. Augusto Zimmermann, por sua vez, traz importante contribuição ao aliar o princípio fundamental à legitimidade política: "Neste sentido, em um Estado Democrático de Direito, o ordenamento jurídico está vinculado ao poder democrático da transformação da realidade social, muito embora a força transformadora do direito seja impedida de perfazer intervenções ilegítimas na esfera das liberdades públicas. Afinal, o compromisso da democracia com o Estado de Direito está pautado, para a sua própria sobrevivência, no respeito aos direitos negativos de primeira geração, onde os indivíduos se reconhecem precipuamente como livres e iguais em direitos fundamentais e responsabilidades cívicas. O Estado Democrático de Direito acredita na importância das normas jurídicas para a sólida construção de uma democracia legitimamente institucionalizada. Apoia-se, ademais, na ideia de autonomia individual e direitos sociais, onde os cidadãos exercitam ativamente os seus direitos de participação e comunicação. Por conseguinte, conclui-se então que o legislador constituinte buscou com esta nova expressão, Estado Democrático de Direito, restaurar a força do direito vinculando-o à necessidade de uma efetiva legitimação democrática das normas jurídicas. Fundamentalmente, enfim, a criação desta nova expressão denominada Estado Democrático de Direito se deve ao simples fato de nós termos atravessado duas décadas de um regime militar autoritário, onde tanto o valor Estado de Direito bem como o da democracia foram absolutamente desprezados. Agora, mais do que nunca, parece que a força do direito associa-se ao processo de reconstrução democrática da sociedade política"[515].

9.2.2 Os fundamentos do Estado brasileiro

Estão previstos nos diversos incisos do art. 1º e são eles:

a) a *soberania;*
b) a *cidadania;*
c) a *dignidade da pessoa humana;*
d) os *valores sociais do trabalho e da livre-iniciativa;*
e) o *pluralismo político.*

Examinemo-los em subitens distintos, pois.

9.2.2.1 A soberania

Em rigor, a soberania é elemento constitutivo do Estado[516], porque representa a capacidade de a pessoa política decidir a respeito de questões próprias sem a interferência de outro Estado.

Bodin e o conceito de soberania. Jean Bodin poeticamente esclarece que "assim como o navio não é mais do que madeira, sem forma de embarcação, quando lhe tiramos a quilha, que sustenta o costado, a proa e o convés, também a República, sem um poder soberano que una todos os seus membros e partes, e todos os lares e colégios, num só corpo, não é mais República"[517].

Deve, segundo a doutrina, ser entendida de duas formas: soberania *interna* e *externa.* "A soberania interna quer dizer que o poder do Estado, nas leis e ordens que edita para todos os indivíduos que habitam seu território e as sociedades formadas por esses indivíduos, predomina sem contraste, não pode ser limitado por nenhum outro poder. O termo soberania significa, portanto, que o poder do Estado é o mais alto existente dentro do Estado, é a *summa potestas*, a potestade".

515 Cf. *Curso de Direito Constitucional*, p. 231.

516 Os demais elementos constitutivos do Estado são o pessoal (povo), o espacial (território) e o finalístico (finalidade).

517 Cf. *Le Six Livres de la Republique*, p. 12.

"A soberania externa significa que, nas relações recíprocas entre os Estados, não há subordinação nem dependência, e sim igualdade".

"Esses dois aspectos não constituem duas soberanias; a soberania é uma só e se resume em que, do ponto de vista jurídico unicamente, é um poder independente em relação aos demais Estados e supremo dentro do próprio Estado"[518].

Soberania e globalização. É preciso investigar o fenômeno da globalização em virtude do que sucede principalmente no campo das relações econômicas internacionais.

Os efeitos da globalização se fazem sentir nos mais diversos domínios da vida em sociedade[519].

Todavia, não é fenômeno cercado de qualquer novidade, simplesmente porque a história da civilização oferta exemplos de tentativa de consolidar uma "aldeia global": o Império Romano tentou expandir-se por toda a terra; Portugal e Espanha, na época das descobertas, buscaram, de modo semelhante, aumentar as suas possessões territoriais, culminando com a divisão do globo em duas partes iguais no Tratado de Tordesilhas; a Revolução Industrial imprimiu a marca da expansão do capitalismo em busca dos mercados consumidores; e, ao final da década de 80, com a Queda do Muro de Berlim, promoveu-se a abertura econômica e política dos países antes pertencentes à denominada "Cortina de Ferro". Estamos, portanto, diante da quarta "onda" globalizadora, com o que – repita-se – a ocorrência não deve rigorosamente ser considerada fato novo.

Sendo termo que designa o fim das economias nacionais e a integração, cada vez maior, dos mercados, dos meios de comunicação (revolução tecnológica) e dos transportes, a globalização da economia, consequentemente, põe em evidência apenas um traço dessa realidade.

Mas aquilo que hoje se chama de *global sourcing* – o abastecimento da empresa por meio de fornecedores que se encontram em diversas partes do mundo – provoca acirramento incontrolável da competitividade, instalando um autêntico estado de autodefesa no contexto das relações econômicas internacionais e ensejando o aparecimento de teses segundo as quais a aproximação econômica teria provocado a necessidade de atualização do conceito de soberania.

É o pensamento de Celso Ribeiro Bastos: "Ter, portanto, a soberania como fundamento do Estado brasileiro significa que dentro do nosso território não se admitirá força outra que não a dos poderes juridicamente constituídos, não podendo qual-

518 Cf. Darcy Azambuja, *Teoria Geral do Estado*, p. 50.

519 Pedro Lino de Carvalho Jr. esclarece: "A dinâmica que o capitalismo pós-industrial assumiu neste final de milênio, conduziu-o ao fenômeno da globalização que, na esfera econômica e política, já revela sua face: mercados abertos, capitais flutuantes, a dissolução das fronteiras geográficas, a desterritorialização da produção, a relativização do conceito de soberania, a deslegalização e a desformalização dos direitos sociais, e a reestruturação produtiva, com a anunciada superação do modelo fordista-taylorista pelo modelo da denominada especialização flexível" (cf. *A Lesão Consumerista no Direito Brasileiro*, p. 4).

quer agente estranho à Nação intervir nos seus negócios. No entanto, o princípio da soberania é fortemente corroído pelo avanço da ordem jurídica internacional. A todo instante reproduzem-se tratados, conferências, convenções, que procuram traçar as diretrizes para uma convivência pacífica e para uma colaboração permanente entre os Estados. Os múltiplos problemas do mundo moderno, alimentação, energia, poluição, guerra nuclear, repressão ao crime organizado, ultrapassam as barreiras do Estado, impondo-lhe, desde logo, uma interdependência de fato".

"À pergunta de que se o termo 'soberania' ainda é útil para qualificar o poder ilimitado do Estado, deve ser dada uma resposta condicionada. Está caduco o conceito se por ele entendermos uma quantidade certa de poder que não possa sofrer contraste ou restrição. Será termo atual se com ele estivermos significando uma qualidade ou atributo da ordem jurídica estatal. Neste sentido, ela – a ordem interna – ainda é soberana, porque, embora exercida com limitações, não foi igualada por nenhuma ordem de direito interna, nem superada por nenhuma outra externa"[520].

Para explicar o exercício da soberania, diante da realidade mundial globalizada, é impossível distanciar-se da ideia de que o Estado é processo, e, como tal, renova-se indefinidamente, porque a transformação é característica atávica do ser humano, que, por sua vez, termina conformando os caracteres da sociedade política à sua imagem e semelhança.

E é também um objeto cultural, na medida em que é posto em determinada forma para atender a necessidades humanas.

Logicamente disso deflui a constatação segundo a qual é o espírito humano o promotor da atualização do conceito de soberania[521], porque, malgrado continue sendo elemento constitutivo do Estado, não o é mais daquela forma de Estado absolutista monárquico cujo exercício do poder político ocorria sem peias e ensejou a concepção de soberania infrene, conforme idealizado por Jean Bodin.

Não se trata de "relativização" do conceito de soberania, mas sim da sua autêntica incorporação à realidade dos Estados atuais que não se enclausuram em compartimentos estanques; pelo contrário, recorrem aos tratados e convenções internacionais visando à solução dos seus problemas domésticos. E, se, nessa linha de compreensão, comparecem ao concerto internacional, subscrevendo tais disposições, a presença do Estado nacional é eloquente demonstração de exercício de soberania[522].

---

520 Cf. *Curso de Teoria do Estado e Ciência Política*, p. 271 (nota de rodapé).

521 É oportuna a referência à lição de John Stuart Mill, conquanto se dirija a observações em derredor da escolha da melhor forma de governo: "Lembremos, então, em primeiro lugar, que as instituições políticas são obra dos homens (embora vez por outra se ignore a proposição), devendo a origem e a existência inteira à vontade humana. Não acordaram os homens em manhã de estio para com elas deparar completas. Nem se assemelham às árvores que, uma vez plantadas, 'estão sempre a crescer' enquanto os homens 'estão a dormir'. Em qualquer estádio da existência são o que são pela atuação voluntária do homem" (cf. *O Governo Representativo*, p. 7).

522 Não concordamos, por esse motivo, com a conclusão extratada por Georges Burdeau, para quem a experiência tem demonstrado, praticamente, que não há mais clima para a soberania, tal qual a

Soberania e acordos com o FMI. Algumas observações merecem ser feitas sobre a celebração de acordos de natureza financeira e a limitação do poder de o Estado decidir acerca do seu destino.

Referimos precisamente aos acordos entabulados por sucessivos governos no Brasil com o Fundo Monetário Internacional.

É o Presidente da República quem detém a competência privativa para subscrição de tratados e atos internacionais[523] de uma forma geral, submetidos, contudo, a referendo do Congresso Nacional (art. 84, VIII).

Percebe-se, porém – e a cada vez de modo mais acentuado –, a inclusão de metas econômicas a serem atingidas pelo Estado brasileiro como condição para a liberação de recursos por parte dos agentes financeiros integrantes do Fundo Monetário Internacional.

Assim é que a diminuição do *deficit* público é invariavelmente imposta como medida imprescindível à obtenção de empréstimo destinado a viabilizar o equilíbrio da economia nacional.

Ora, se a soberania é reconhecida como o poder incontrastável de a sociedade política decidir a respeito dos rumos que deve tomar, liberta de qualquer interferência externa, conclui-se que os referidos acordos mantidos com o FMI, ao conformarem não apenas atos administrativos expedidos pelo Chefe do Poder Executivo federal, mas também leis em sentido formal[524], padecem de inconstitucionalidade por ferimento ao Princípio Fundamental atinente à soberania.

---

ideia foi, de início, concebida, sendo melhor eliminá-la radical e definitivamente (cf. *Traité de Science Politique*, v. 2, p. 441 e s.).

523 Conquanto a norma constitucional promova referência a "tratados, convenções e atos internacionais", parece-nos que não há distinção entre tratados e convenções. Nascimento e Silva e Hildebrando Accioly (cf. *Manual de Direito Internacional Público*, p. 28-30) esclarecem que "por tratado entende-se o ato jurídico por meio do qual se manifesta o acordo de vontades entre duas ou mais pessoas internacionais. As Convenções de Viena de 1969 e de 1986 tiveram o grande mérito de estabelecer que o direito de firmar tratados deixou de ser atributo exclusivo dos Estados e pode ser exercido também pelas demais pessoas internacionais, sendo que em 1986 ficou ainda esclarecido que tal direito pode ser exercido por sujeitos do direito internacional que não os Estados e organizações intergovernamentais, havendo, por exemplo, o direito da Cruz Vermelha neste particular sido lembrado em mais de uma oportunidade. Outro ponto importante, consolidado pelas duas convenções, é o uso da terminologia *tratado*, referindo-se a um acordo regido pelo direito internacional, 'qualquer que seja a sua denominação'. Em outras palavras, *tratado* é a expressão genérica. (...) Accioly, baseando-se em diversos autores, ensina que a melhor classificação é a que tem em vista a natureza jurídica do ato. Sob este aspecto podem ser divididos em *tratados-contratos* e *tratados-lei* ou *tratados-normativos*. Os tratados-leis são geralmente celebrados entre muitos Estados com o objetivo de fixar as normas de DI; as convenções multilaterais como as de Viena são exemplo perfeito deste tipo de tratado. Os tratados-contratos procuram regular interesses recíprocos dos Estados, isto é, buscam regular interesses recíprocos e são geralmente de natureza bilateral, mas existem diversos exemplos de tratados multilaterais restritos. Nada impede que um tratado reúna as duas qualidades, como pode suceder nos tratados de paz ou de fronteiras" (grifos do original).

524 Leis em sentido formal são normas jurídicas editadas pela autoridade competente e de acordo com o procedimento constitucionalmente estabelecido.

É que não se pode comparar a participação dos Estados no contexto internacional – ainda que afastando eventualmente a prevalência da ordem interna em favor da norma alienígena – com imposições direcionadas para que se editem leis de tal ou qual conteúdo, tão só à conta de dependência econômica dos Estados mais ricos ou, pior do que isso, das organizações financeiras de caráter supranacional.

Soberania e "Risco Brasil". Relacionado a tema econômico – conquanto dele parcialmente se diferencie – encontramos a associação entre a soberania e o propalado "Risco Brasil".

O risco significa uma medida utilizada pelos agentes econômicos acerca das contingências e da probabilidade de um evento, declaradamente não desejado, vir ou não vir a acontecer; reflete o risco a probabilidade quantificada que um acordo celebrado tem de ser ou não ser satisfeito. Enfim, o risco mercantil representa a probabilidade de acesso aos bens ser frustrada, ou a probabilidade de impedimento do exercício do direito de propriedade[525].

E essa medida de probabilidade provoca grande instabilidade no sistema da economia, fazendo com que a política econômica governamental esteja amarrada, de fato, aos grilhões impostos pela oscilação dos índices de risco.

Resulta de tudo o seguinte: o Estado perde a sua capacidade de planejamento econômico – e consequentemente considerável parcela de sua soberania – a partir do momento que, ávido por debelar a instabilidade, conforma a edição de normas econômicas não aos imperativos ditados por fatores internos, mas sim àqueles provenientes da análise de agências internacionais de consultoria econômica.

Soberania e "Estados fracassados". Mitigada foi a ideia de soberania a partir da construção do conceito dos Estados fracassados.

Rotberg assinala que "Estados fracassados são tensos, conflituosos e perigosos. Geralmente apresentam as seguintes características: aumento da criminalidade e da violência política; perda do controle de fronteiras; surgimento de hostilidades étnicas, religiosas, linguísticas e culturais; guerra civil; uso do terror contra os próprios cidadãos; instituições fracas; infraestrutura deteriorada ou insuficiente; incapacidade de cobrar impostos sem coerção abusiva; altas taxas de corrupção; sistema de saúde em colapso; taxas crescentes de mortalidade infantil e queda da expectativa média de vida; fim das oportunidades educacionais regulares; taxas decrescentes de PIB *per capita*; inflação galopante; preferência disseminada por moeda estrangeira; escassez de alimentos, levando à fome"[526].

O problema dos "Estados fracassados" produz inegáveis reflexos no exercício da soberania, fundamentalmente porque, sendo certa a dificuldade que têm para solucionar as variadas e gravíssimas ocorrências internas, têm restringida a sua soberania pelos Estados Unidos (caracterizadas as relações internacionais pós-moder-

525 Cf. Luiz Fernando Fortes Félix, Soberania e "Risco Brasil", in *Soberania: antigos e novos paradigmas*, p. 187.

526 Apud José Augusto Fontoura Costa, *Soberania e Estados Fracassados*, p. 131.

nas pela unipolaridade), que se movem diante da incapacidade das sociedades políticas "fracassadas" de fornecerem resposta segura no que concerne à não expansão, notadamente dos atos de terrorismo.

A despeito de tais situações, o art. 4º, IV, da Constituição de 1988 fixa como Princípio Fundamental de direito internacional o pertinente à não intervenção, postulado mais do que suficiente para fazer com que o Governo brasileiro se oriente pela linha da reverência à soberania de qualquer Estado – seja ou não "fracassado".

Compete-lhe, de modo irrecusável, porfiar pela adoção de procedimentos no âmbito do direito das gentes que concilie a situação grave por que passam diversos Estados com a soberania de cada qual, defendendo que lhes seja subministrado auxílio pela comunidade internacional sem velado ou explícito afastamento da soberania.

9.2.2.2 A cidadania. Sentido amplo e estrito

Prosseguindo com a indicação dos fundamentos do Estado brasileiro, encontramos a cidadania (art. 1º, II).

O conteúdo jurídico tradicional da expressão "cidadania" reconduz ao exercício do direito político ativo[527], ou seja, o de eleger representantes para o parlamento ou os detentores dos cargos de chefia do Poder Executivo federal, estadual e municipal.

Não é outra a conclusão a extrair do art. 1º da Lei n. 4.717, de 29 de junho de 1965 (Lei da Ação Popular – LAP), quando determina que "qualquer cidadão será parte legítima para pleitear a anulação ou a declaração de nulidade de atos lesivos ao patrimônio da União, do Distrito Federal, dos Estados e dos Municípios (...)", apontando o § 3º que "a prova da cidadania, para ingresso em juízo, será feita com o título eleitoral, ou com o documento que a ele corresponda".

Entretanto, não há mais espaço para o acolhimento da restritiva acepção do termo "cidadania", principalmente porque a sua inclusão como fundamento do Estado brasileiro permite ampliar o seu espectro, compreendendo, a partir da Constituição de 1988, duas realidades que, malgrado guardem alguma semelhança, não devem ser objeto de identificação absoluta:

a) cidadania em *sentido estrito*; e
b) cidadania em *sentido amplo*.

A primeira corresponde à antedita fruição do direito político ativo.

Já a segunda comporta desdobramentos que se afinam propriamente ao Estado Democrático de Direito.

---

527 Há ainda o direito político passivo, representado pela capacidade eleitoral passiva. De acordo com a Constituição de 1988, o processo para aquisição da capacidade eleitoral passiva se inicia aos dezoito anos (idade mínima para o indivíduo ser eleito para o cargo de Vereador – art. 14, § 3º, VI, *d*) e completa-se aos trinta e cinco anos (idade mínima para concorrer aos cargos de Presidente e Vice-Presidente da República e Senador – art. 14, § 3º, VI, *a*).

Consagrar o fundamento referente à cidadania em sentido amplo é vincular o Estado à obrigação de destinar aos indivíduos direitos e garantias fundamentais, mui especialmente aqueles relacionados a direitos sociais.

Então, isso quer dizer que o reconhecimento da cidadania em um sistema político está na razão direta da sua capacidade de garantir às pessoas o direito à liberdade, à igualdade substancial, à vida, à incolumidade física – direitos criados pelo constitucionalismo clássico –, mas, sobretudo, os atinentes à educação, à saúde, ao trabalho –, enfim todos os direitos de caráter prestacional –, além, é claro, como não poderia deixar de ser, dos direitos políticos.

Tem-se, assim, que a cidadania abrange os direitos políticos, mas não deve ser a eles limitada, porquanto a sua incorporação ao *status* constitucional de um dos fundamentos do Estado brasileiro tece uma rede de proteção em torno das pessoas, reforçando a ideia de que a sociedade política, criada a partir de 1988, deve porfiar pela consecução dos direitos e garantias fundamentais, inclusive por força de adoção de iniciativas públicas destinadas a fazer com que o indivíduo se torne um cidadão – efetivo usuário dos bens e serviços decorrentes do desenvolvimento econômico.

Jaime Pinsky esclarece que "ser cidadão é ter direito à vida, à liberdade, à propriedade, à igualdade perante a lei: é, em resumo, ter direitos civis. É também participar no destino da sociedade, votar, ser votado, ter direitos políticos. Os direitos civis e políticos não asseguram a democracia sem os direitos sociais, aqueles que garantem a participação do indivíduo na riqueza coletiva: o direito à educação, ao trabalho, ao salário justo, à saúde, a uma velhice tranquila. Exercer a cidadania plena é ter direitos civis, políticos e sociais"[528].

Igualmente admitindo a amplitude do Princípio Fundamental, verbera Calmon de Passos que "(...) ser cidadão plenamente significa poder de participação efetiva na vida política e participação com preservação do poder de autodeterminação pessoal, seja em termos de impor abstenções ao Estado, seja em termos de lhe exigir prestações"[529].

9.2.2.3 A dignidade da pessoa humana

No inciso III do art. 1º da Constituição se presencia o fundamento pertinente à dignidade da pessoa humana.

Fundamento histórico. Historicamente, a dignidade da pessoa humana encontra-se ligada ao Cristianismo. Sua fundamentação está amparada no fato de que o homem foi criado à imagem e semelhança de Deus. O Cristianismo antigo adotou a ideia da liberdade do ser humano como apanágio da sua condição racional e em virtude de ser dotado de livre-arbítrio, mesmo que não chegassem a ser reconhecidos na Antiguidade os direitos fundamentais tal como se incorporaram aos textos legislativos atualmente[530].

528 Cf. *Teoria da Cidadania*, p. 9.

529 Idem. Ibidem.

530 Cf. Ernest Benda, *Dignidad Humana y Derechos de la Personalidad*, p. 118.

A dignidade da pessoa humana: valor-fonte do sistema normativo (Miguel Reale). A dignidade da pessoa humana é o fim supremo de todo o direito; logo, expande os seus efeitos nos mais distintos domínios normativos para fundamentar toda e qualquer interpretação. É o fundamento maior do Estado brasileiro.

Miguel Reale explica que "(...) o fato de poder e dever cada homem se realizar de conformidade com o seu ser pessoal, na condicionalidade de sua natureza e do meio histórico a que pertence, não exclui, mas antes exige o reconhecimento de ser ele partícipe de uma tarefa ou empenho comum a toda a espécie humana, ou, por outras palavras, de que os seus atos transcendem o círculo de seus interesses, ou dos grupos em que mais imediatamente se inserem, por serem, pura e simplesmente, atos humanos, suscetíveis de uma qualificação deontológica de alcance universal. Donde resulta a emergência de uma multiplicidade de ideologias, em função das quais cada um de nós situa e legitima as suas inclinações e esperanças"[531].

Todavia, "(...) a dignidade da pessoa humana não é uma criação constitucional, pois ela é um desses conceitos *a priori*, um dado preexistente a toda experiência especulativa, tal como a própria pessoa humana. A Constituição, reconhecendo a sua existência e a sua iminência, transforma-a num valor supremo da ordem jurídica, quando a declara como um dos fundamentos da República Federativa do Brasil constituída em Estado Democrático de Direito"[532].

Dignidade da pessoa humana e humanização do sistema constitucional. Firmar como fundamento do Estado brasileiro a dignidade da pessoa humana deixa à mostra a obrigatoriedade de pôr no núcleo central das atenções o indivíduo, quer seja para torná-lo efetivamente destinatário dos direitos de cunho prestacional, quer ainda para demarcar, com precisão, a ideia de que o mais elevado e sublime propósito cometido à sociedade política é o enaltecimento da dignidade das pessoas que a compõem.

Quando o elemento constituinte originário põe sob destaque a pessoa humana, consagrando a sua dignidade, tem em mira pugnar pela humanização do sistema constitucional.

Com efeito.

Se a Constituição é o estatuto jurídico no qual foram disciplinadas questões da mais alta importância para a organização do Estado brasileiro, como a previsão de eleições, duração dos mandatos, competências das unidades federativas, organização das funções estatais legislativa, executiva e judiciária, intervenção federal e tantas outras disposições da ordem, a referência à dignidade da pessoa humana funciona como cláusula de advertência para a circunstância de que, não obstante seja a Constituição o texto que disciplinará as relações de poder, o que mais importa, em suma, é colocar a serviço do ser humano tudo o que é realizado pelo Estado.

Não fosse assim, se imaginássemos uma organização estatal fleumática, soberba e indiferente às demandas dos indivíduos, teríamos de aceitar passivamente a

---

531 Cf. *Estado Democrático de Direito e o Conflito de Ideologias*, p. 101.

532 Cf. José Afonso da Silva, *Poder Constituinte e Poder Popular*, p. 146.

tese de que o Estado é um fim em si mesmo e não um meio ao atingimento de finalidades que, em último grau, contemplam a melhoria das condições de vida das pessoas.

Convictamente, "o Estado não é fim do homem; sua missão é ajudar o homem a conseguir o seu fim. É um meio, visa à ordem externa para a prosperidade comum dos homens"[533].

Pessoas jurídicas e dignidade da pessoa humana. Incompatibilidade. A dignidade é da pessoa *humana*.

Excetuam-se da previsão constitucional, portanto, as pessoas jurídicas. Sindicatos, associações, empresas, órgãos públicos não podem ser abrangidos pelo comando do art. 1º, III, da Constituição[534].

Dignidade da pessoa humana e controle de constitucionalidade. Sendo a dignidade da pessoa humana o valor fonte de todos os outros valores constitucionalmente postos, deve ser utilizada como balizamento para eventual declaração de inconstitucionalidade de lei ou ato do Poder Público, ou mesmo para conformar o comportamento de quem quer que esteja, no caso concreto, ofendendo o Princípio Fundamental em questão.

Dignidade da pessoa humana como topoi. Não se conceitua dignidade da pessoa humana.

Trata-se, como se refere no sistema da ciência do direito, de um *topoi*, ou seja, termo que não admite conceituação, muito embora sirva de ponto de partida para a solução do problema normativo ocorrente.

É o mesmo que se opera com o termo "interesse público". Não há a possibilidade de conceituá-lo, conquanto o magistrado e o membro do Ministério Público possam afirmar, no caso concreto, se a hipótese tratada é de "interesse público".

Dignidade da pessoa humana não é passível de conceituação, se bem que o juiz possa – ou melhor, deva – decidir se tal ou qual conduta ofende o referido princípio conformador do Estado brasileiro[535].

---

533 Cf. Ataliba Nogueira, *O Estado é um Meio e Não um Fim*, p. 113.

534 A dignidade da pessoa humana serve também para fundamentar o aparecimento dos direitos da personalidade (intimidade, privacidade, imagem, nome, incolumidade física). Atualmente, o Código Civil promoveu a inclusão de tais direitos ao sistema positivo (arts. 11 e s.). Se bem que se não possa outorgar às pessoas jurídicas qualquer tutela com base no fundamento da dignidade da pessoa humana, alguns direitos da personalidade podem lhes ser destinados, como é o caso da proteção jurídica ao nome e à imagem-atributo. A propósito, a admissibilidade de serem dedicados direitos da personalidade às pessoas jurídicas é prevista no art. 52 do NCC.

535 Não foi com lastro em outro Princípio Fundamental, mas no pertinente à dignidade da pessoa humana, que o STF, no julgamento do HC 70.389/SP, rel. Min. Sydney Sanches, rel. p/ Acórdão Min. Celso de Mello, publicado no *DJ* de 10-8-2001, decidiu que "a simples referência normativa à tortura, constante da descrição típica consubstanciada no art. 233 do Estatuto da Criança e do Adolescente, exterioriza um universo conceitual impregnado de noções com que o senso comum e o sentimento de decência das pessoas identificam as condutas aviltantes que traduzem, na concreção de sua prática, o gesto ominoso de ofensa à *dignidade da pessoa humana*. A tortura constitui a negação

9.2.2.4 Os valores sociais do trabalho e da livre-iniciativa

O inciso IV do art. 1º indica como fundamentos do Estado brasileiro os valores sociais do trabalho e da livre-iniciativa.

A primeira Constituição brasileira a trazer referência expressa sobre a valorização do trabalho foi a de 1946, em cujo seio resplandecia o art. 145: "A ordem econômica deve ser organizada conforme os princípios da justiça social, conciliando a liberdade de iniciativa com a valorização do trabalho humano".

A mesma linha foi seguida pela Constituição de 1967, ao dispor que "a ordem econômica tem por fim realizar a justiça social, com base nos seguintes princípios: I – (...); II – valorização do trabalho como condição da dignidade humana", comando que, por sua vez, permaneceu inalterado na ordem constitucional subsequente, conforme se vê no art. 160, II, da Constituição de 1969.

De conseguinte, nota-se que incorporar um valor social ao trabalho humano já faz parte da história constitucional brasileira, cumprindo esclarecer, assim, que o trabalho não pode, de maneira alguma, ser assumido friamente como mero fator produtivo; é, sim, fonte de realização material, moral e espiritual do trabalhador.

A livre-iniciativa, por sua vez, deve ser compatibilizada à valorização do trabalho humano. Note-se que a expressão "valores sociais" tanto se aplica ao trabalho quanto à livre-iniciativa, devendo, nesse passo, valer-se o aplicador do direito do postulado da concordância prática, dirigido à solução que equilibre os bens constitucionalmente tutelados. Nem o excessivo peso a ser atribuído à liberdade de iniciativa, nem conferir maior densidade aos valores sociais do trabalho.

A tentativa do elemento constituinte originário de pôr ambos em um único dispositivo e reputá-los como fundamentos do Estado brasileiro indica, de forma declarada, a opção constitucional pela ideologia democrático-social[536].

9.2.2.5 O pluralismo político

E, encerrando o catálogo dos fundamentos do Estado brasileiro, encontramos o pluralismo político (art. 1º, V)[537].

---

arbitrária dos direitos humanos, pois reflete – enquanto prática ilegítima, imoral e abusiva – um inaceitável ensaio de atuação estatal tendente a asfixiar e, até mesmo, a suprimir a *dignidade*, a autonomia e a liberdade com que o indivíduo foi dotado, de maneira indisponível, pelo ordenamento positivo" (grifamos).

536 A democracia social alia a atuação do Estado em prol da efetivação dos direitos sociais à liberdade de iniciativa econômica. O art. 170, *caput*, repete a indicação de tais fundamentos quando prescreve que "a ordem econômica, fundada na valorização do trabalho humano e na livre-iniciativa, tem por fim assegurar a todos existência digna, conforme os ditames da justiça social, observados os seguintes princípios".

537 O STF já decidiu pela inconstitucionalidade de norma estadual com base, dentre outros princípios constitucionais, no pluralismo político: "AÇÃO DIRETA DE INCONSTITUCIONALIDADE – ART. 11, *CAPUT* E PARÁGRAFOS 1º E 2º, E ART. 72, DA LEI N. 9.100, DE 29 DE SETEMBRO DE 1995 – NORMAS QUE CONDICIONARAM O NÚMERO DE CANDIDATOS ÀS CÂMARAS MUNICI-

A expressão "pluralismo político" ainda não foi bem compreendida por tantos que se lançam à exegese dos Princípios Fundamentais[538], precisamente porque não deve ser confundida com pluripartidarismo – princípio vinculado à organização político-partidária no Brasil, conforme acentua o art. 17, *caput*.

Pluripartidarismo significa sistema político dentro do qual se permite a criação de inúmeros partidos.

Mais abrangente, e, por isso, de conceituação um pouco mais difícil, é o *pluralismo político*.

Entretanto, a despeito de sua maior amplitude, pode-se apontar um conceito:

> pluralismo político é o fundamento do Estado brasileiro que assegura a existência de centros coletivos dotados de multiplicidade ideológica que, rivalizando-se entre si, tentam interferir ou interferem na formação da vontade do Estado.

Decompondo-o, temos que representa:

a) "fundamento do Estado brasileiro", em face da "residência" constitucional do postulado;
b) "que assegura a existência de centros coletivos", porque não se presta o pluralismo político a assegurar a liberdade de manifestação de pensamento da pessoa

---

PAIS AO NÚMERO DE REPRESENTANTES DO RESPECTIVO PARTIDO NA CÂMARA FEDERAL – ALEGADA AFRONTA AO PRINCÍPIO DA ISONOMIA. Plausibilidade da tese, relativamente aos parágrafos do art. 11, por instituírem critério caprichoso que não guarda coerência lógica com a disparidade de tratamento neles estabelecida. Afronta à igualdade caracterizadora do *pluralismo político* consagrado pela Carta de 1988. Normas de resto incompatíveis com o princípio do devido processo legal, no que se revelam *leges ad persona*, desprovidas de indispensável generalidade, ao laborarem com dados concretos alusivos à atual representação de cada Partido na Câmara Federal, com vista exclusiva à eleição de 1996. Concorrência, no caso, do requisito da conveniência da pronta suspensão de sua vigência, em face da iminência do desencadeamento do processo eleitoral. Cautelar parcialmente deferida" (STF, ADIMC 1.355/DF, TP, rel. Min. Ilmar Galvão, *DJU* de 23-2-1996).

538 Para Norberto Bobbio, "o termo é novo, mas o conceito não. Que uma sociedade é tanto melhor governada quanto mais repartido for o poder e mais numerosos forem os centros de poder que controlam os órgãos do poder central é uma ideia que se encontra em toda a história do pensamento político. Uma das formas tradicionais para distinguir um governo despótico de um governo não despótico é observar a maior ou menor presença dos chamados corpos intermediários e, mais precisamente, a maior ou menor distribuição do poder territorial e funcional entre governantes e governados. A alta concentração de poder que não tolera a formação de poderes secundários e interpostos entre o poder central e o indivíduo, e que anula toda a oposição ao arbítrio do governante, caracteriza essencialmente todo governo despótico".

"(...) nossas sociedades são sociedades complexas. Nelas se formaram esferas particulares relativamente autônomas, desde os sindicatos até os partidos, desde os grupos organizados até os grupos não organizados, etc. (...) o melhor modo para organizar uma sociedade desse tipo é fazer com que o sistema político permita aos vários grupos ou camadas sociais que se expressem politicamente, participem, direta ou indiretamente, na formação da vontade coletiva. (...) uma sociedade política assim constituída é a antítese de toda forma de despotismo, em particular daquela versão moderna do despotismo a que se costuma chamar de totalitarismo" (cf. *As Ideologias e o Poder em Crise*, p. 15-16).

individualmente considerada, direito assegurado pelo fundamento concernente à cidadania e consubstanciado, por exemplo, no art. 5º, IV;

c) "dotados de multiplicidade ideológica", porque os interesses de cada um se distinguem em razão de objetivos de natureza política, econômica, cultural, antropológica etc.;

d) "que interferem ou tentam interferir na formação da vontade do Estado", visto que a sociedade pluralista está marcada pela alternância no poder e compatibilização de interesses contrapostos, o que somente se obtém por meio da interferência de tais centros quando da consolidação da vontade do Estado, ou seja, quando a norma jurídica é elaborada.

De contraparte, o pluralismo político não subsiste sem que se confira *autonomia* aos referidos entes coletivos. É dizer: indispensável que se assegure a *autonomia* sindical, universitária, partidária, a *autonomia* dos segmentos religiosos e das demais entidades associativas, a fim de que seja possível a participação de cada um deles na formação da vontade do Estado.

9.2.3 O parágrafo único do art. 1º da Constituição

Dispõe o preceito sob epígrafe que "todo poder emana do povo, que o exerce por meio de representantes eleitos ou diretamente, nos termos desta Constituição".

Povo é conceito jurídico, porque revela o conjunto de indivíduos que mantêm um vínculo de nacionalidade com a pessoa política.

Não se confunde com "nação" – objeto de estudo da sociologia –, termo designativo da existência de identidade racial, linguística, cultural, antropológica.

Tampouco se poderá confundi-lo com "população", que indica os habitantes de determinado território em um dado período, sendo, por isso, bastante útil aos estudos de geografia humana.

O comando segundo o qual "todo o poder emana do povo" reconduz à reverência absoluta e incondicionada de assunção do poder político exclusivamente através das vias democráticas. Aliás, a determinação já se inserira no "Estado Democrático de Direito", com o que está remarcada a obrigatoriedade de legitimação do poder político por meio da participação popular.

A participação popular pode operar-se diretamente ou por meio de representantes.

No sistema constitucional brasileiro, presenciam-se hipóteses de democracia semidireta nos casos de plebiscito, referendo e iniciativa legislativa popular[539].

O plebiscito é consulta feita ao povo antes da aprovação da lei.

539 Concordamos com Dalmo de Abreu Dallari ao classificar tais institutos como de democracia semidireta, porque, "embora considerados por alguns autores como característicos da democracia direta, não dão ao povo a possibilidade de ampla discussão antes da deliberação, sendo por isso classificados pela maioria como representativos da *democracia semidireta*" (cf. *Elementos de Teoria Geral do Estado*, p. 153).

O referendo é consulta posterior à edição do texto pelo Parlamento, presumivelmente como forma de aumentar a consensualidade em torno da lei aprovada, dado o seu caráter polêmico.

A iniciativa legislativa popular reside na prerrogativa conferida aos cidadãos de apresentarem projeto de lei à Câmara dos Deputados, desde que atendidos os pressupostos fixados no § 2º do art. 61 da Constituição[540].

Diante da viabilidade do exercício da denominada "democracia direta", pode-se afirmar que, após a Constituição de 1988, consagrou-se a "democracia participativa"[541], combinando-se elementos do sistema representativo com os da democracia direta.

Não se deve esquecer que o balizamento à democracia direta está consignado no próprio texto da Constituição, ou seja, não há como o legislador com competência reformadora ampliar os procedimentos de participação direta do povo.

São eles – o plebiscito, o referendo e a iniciativa legislativa popular – o núcleo sobre o qual devem gravitar todas as expectativas dos cidadãos relativamente à interferência direta nos assuntos de Estado.

Admitir o seu alargamento poderá desencadear eventual instabilidade política, porquanto os marcos da participação dos indivíduos foram fixados também em virtude das prerrogativas e atribuições de natureza política conferidas aos Poderes Legislativo e Executivo.

9.2.4 O art. 2º da Constituição e a tripartição das funções estatais

Prevê o art. 2º da Constituição: "São Poderes da União, independentes e harmônicos entre si[542], o Legislativo, o Executivo e o Judiciário".

Consideração inicial se impõe acerca da referência a "poderes".

Ainda que seja da tradição constitucional brasileira aludir aos "poderes" do

---

540 Prescreve o dispositivo que "a iniciativa popular pode ser exercida pela apresentação à Câmara dos Deputados de projeto de lei subscrito por, no mínimo, um por cento do eleitorado nacional, distribuído pelo menos por cinco Estados, com não menos de três décimos por cento dos eleitores de cada um deles".

541 É preciso entender, contudo, que a chamada "democracia participativa" não conduz meramente à maior participação popular nas decisões políticas do Estado, não estando, por conseguinte, adstrita aos direitos políticos. Está também vocacionada a fazer com que questões sociais relevantes sejam submetidas à apreciação do Poder Judiciário pelos cidadãos e por órgãos públicos ou privados, respectivamente por via da ação popular ou mediante o recurso à ação civil pública.

542 O STF concedeu liminar para suspender norma constitucional estadual que previa como crime de responsabilidade a ausência de Governador do Estado à convocação feita pela Assembleia Legislativa para prestar informações pessoalmente. Concluiu-se que o *fumus bonis juris* se evidenciara na ofensa ao princípio da separação e harmonia entre os Poderes (STF, *RDA*, 178/78). Também, noutro caso, entendeu o STF inconstitucional norma de constituição estadual que subordinava convênios, atos, contratos e acordos de Secretaria de Estado à autorização da Assembleia Legislativa, isso com amparo no idêntico fundamento quanto ao princípio da separação e harmonia entre os Poderes (STF, *RDA*, 206/228).

Estado, é importante registrar que o poder, enquanto manifestação objetiva de força da sociedade estatal, é uno e indivisível. Divididas são as funções do Estado a fim de torná-lo apto ao atingimento das finalidades que descrevem sua razão ontológica.

Portanto, é técnico e correto referir à tripartição das funções do Estado e não à divisão de "poderes". E mesmo quando for observada, neste trabalho, a utilização dos termos "Poder Executivo", "Poder Legislativo" e "Poder Judiciário", a ocorrência se deu em obséquio à linguagem adotada pela Constituição de 1988.

A respeito da técnica de repartição das funções do Estado, muitos se lembram imediatamente do arcabouço teórico elaborado por Montesquieu.

Todavia, o filósofo heleno Aristóteles, muito antes do aparecimento da teoria do pensador francês, já apresentara um esboço de divisão dos atos do Estado em três espécies: deliberações sobre assuntos de interesse geral, organização de cargos e magistraturas e atos judiciais.

Assim se pronunciou textualmente o filósofo: "Todas as formas de constituição apresentam três partes em referências às quais o bom legislador deve examinar o que é conveniente para cada constituição; se estas partes forem bem ordenadas a constituição será necessariamente bem ordenada, e na medida em que diferem umas das outras as constituições também diferem entre si. Destas três partes uma trata da deliberação sobre assuntos públicos; a segunda trata das funções públicas, ou seja: quais são as que devem ser instituídas, qual deve ser sua autoridade específica, e como devem ser escolhidos os funcionários; a terceira trata de como deve ser o poder judiciário"[543].

É certo que as ideias pouco efeito tiveram na configuração dos modelos políticos subsequentes, tanto que predominou incólume praticamente no milênio que se seguiu à sua existência a forma de governo monárquica absolutista, que alcançou o seu apogeu durante os séculos XV e XVI.

De sua parte, Montesquieu, adepto do Racionalismo, transportou para a teoria política os subsídios da filosofia iluminista[544].

Mas, convictamente, o grande mérito da sua teoria foi consolidar a ideia de que à *divisão funcional* deveria corresponder a *divisão orgânica*, isto é, para funções estatais distintas, órgãos distintos.

À época, Montesquieu idealizou sua teoria com base no fato de que não se admitiria o exercício de uma função do Estado por outra. Assim, o Legislativo só editava leis; o Executivo as executava e o Judiciário resolvia os conflitos decorrentes de sua aplicação. Não se autorizava inter-relacionamento entre as funções estatais[545].

---

543 Cf. Aristóteles, *Política*, p. 151.

544 Cf. *O Espírito das Leis*, apresentação de Renato Janine Ribeiro e tradução de Cristina Murachco, São Paulo: Martins Fontes, 2005.

545 Merecem destaque os seguintes trechos de *O Espírito das Leis*: "(...) qualquer que seja este exame, o corpo legislativo não deve ter o poder de julgar a pessoa e, por conseguinte, a conduta daquele que executa.

O Estado é *processo*. E o Estado mudou. E ao mudar, impôs novo direcionamento à Teoria da Tripartição das Funções Estatais, tornando politicamente necessário e socialmente indispensável a criação de sistema político no qual os órgãos que desempenham as funções legislativa, executiva e judiciária busquem maior aproximação. Com isso, tornou-se relativo o princípio da indelegabilidade das funções do Estado, a ponto de a Constituição de 1988, no art. 68, reservar a possibilidade de o Presidente da República solicitar delegação legislativa ao Congresso Nacional.

Há, atualmente, maior interação entre as funções do Estado.

E também não se deve cogitar de exclusividade no tocante à atividade de cada qual.

Trata-se de reconhecer a *precipuidade* ou *principalidade* nas atribuições constitucionalmente fixadas aos Poderes Legislativo, Executivo e Judiciário.

Logo, o Congresso Nacional tem por função precípua editar leis, mas também julga, como se dá na hipótese de julgamento do Presidente da República ante a prática de infração político-administrativa, ou crime de responsabilidade, como preferiu o legislador constituinte originário (art. 85, I a VII). É-lhe autorizada também a prática de atos administrativos quando, por exemplo, nomeia agentes públicos para os seus cargos ou concede férias a seus servidores.

O Poder Executivo administra e esta é a sua função principal. Contudo, legisla por via de edição de medidas provisórias (art. 62 da CF). E julga, como se observa nos casos de processos administrativos postos à sua apreciação.

Ao Poder Judiciário se reserva a missão institucional de solucionar as lides, que são os conflitos de interesse qualificados por pretensão resistida ou insatisfeita. Não se poderá impedi-lo, todavia, de edição de atos que possuam natureza legislativa, como sucede com a prerrogativa conferida aos tribunais quanto à elaboração dos seus regimentos internos. E administra os próprios serviços, como é a hipótese de admissão de servidores para o exercício de funções inerentes à atividade-meio do Poder Judiciário.

9.2.5 Os objetivos fundamentais da República Federativa do Brasil (art. 3º)

Todo Estado persegue fins; logo a finalidade representa um dos seus elementos constitutivos[546].

(...)

Embora em geral o poder de julgar não deva estar unido a nenhuma parte do legislativo, isto está sujeito a três exceções, fundadas no interesse particular daquele que deve ser julgado.

(...)

(...) se o poder legislativo participar da execução o poder executivo estará igualmente perdido" (op. cit., p. 174-175).

546 Seguimos, assim, o pensamento de Alexandre Groppali, para quem "se o território e o povo representam os elementos materiais do Estado e o poder de império representa o seu elemento formal, a finalidade constitui o seu elemento espiritual, fazendo-o viver no tempo em um contínuo trabalho para atingir metas cada vez mais altas". E continua o juspublicista italiano: "Em contraposição com

Malgrado a importância dos objetivos do Estado – que descrevem a sua finalidade –, a indicação de "objetivos fundamentais" num sistema constitucional brasileiro somente se consumou na Constituição de 1988. É nela que encontraremos muitas finalidades cometidas, de modo explícito, ao Estado brasileiro pelo legislador constituinte originário.

Há, por conseguinte, no nosso sistema constitucional, objetivos fundamentais que traduzem elenco de propósitos descritores da razão ontológica da República Federativa do Brasil.

Estão localizados no art. 3º da Constituição, ao dispor que constituem objetivos fundamentais da República Federativa do Brasil:

I – construir uma sociedade livre, justa e solidária;

II – garantir o desenvolvimento nacional;

III – erradicar a pobreza e a marginalização e reduzir as desigualdades sociais e regionais;

IV – promover o bem de todos, sem preconceitos de origem, raça, sexo, cor, idade e quaisquer outras formas de discriminação.

9.2.5.1 Sociedade livre, justa e solidária (art. 3º, I, da CF)

O primeiro deles concerne à construção de uma sociedade livre, justa e solidária.

Livre é a sociedade cujas limitações, eventualmente dirigidas aos indivíduos, estão amparadas, de modo exclusivo, na lei em sentido formal, ou seja, na norma jurídica editada pela autoridade competente e de acordo com o procedimento fixado na Constituição.

Portanto, não servem ao fim de constranger a liberdade individual os decretos e atos administrativos de qualquer espécie que não busquem o seu fundamento de validade na lei introduzida no ordenamento jurídico pelo corpo legislativo.

Justa é a sociedade na qual se presencia a justiça substancial, mediante a adoção de políticas públicas por parte do Estado direcionadas à diminuição das desigualdades.

Solidária é a sociedade que não inimiza os indivíduos, fazendo com que porfie na consecução das metas de todos os segmentos ou grupos nela inseridos, promovendo o desejável equilíbrio entre os interesses heterogêneos[547].

---

outros autores, nós julgamos que a finalidade também constitua um outro elemento do Estado e precisamente o seu elemento teleológico, a ele identificado e coessencial, porquanto não se pode conceber que uma pessoa jurídica, como o Estado, não tenha um fim para o qual tenda na manifestação de sua atividade. O projeto pois, como aquilo que acaba por polarizar toda a atividade do Estado e por constituir sua suprema razão de existir, é assim o elemento que melhor exprime e caracteriza sua íntima essência, imprimindo-lhe por si só a estrutura e a função" (cf. *Doutrina do Estado*, p. 141).

547 Oportuna a remissão ao pensamento de José Ingeñeros: "Onde falta a justiça não pode haver solidariedade; semeando-se uma, colhe-se a outra. Governar um povo não é igualar os seus componentes, nem sacrificar uma parte em benefício de outra; é propender para um equilíbrio que favoreça a unidade nacional, desenvolvendo a solidariedade entre as partes, que são heterogêneas sem ser

O pensamento solidarista está presente na obra de Léon Duguit[548], sendo possível concluir que sua influência na doutrina brasileira impôs a positivação, conquanto tardiamente, do princípio solidarista na Constituição de 1988, como se observa da redação do art. 3º, I, e do art. 40, *caput*.

Com efeito, nenhuma Constituição brasileira precedente possui dispositivo que assegure explicitamente a busca por uma sociedade solidária.

9.2.5.2 Garantir o desenvolvimento nacional (art. 3º, II, da CF)

O art. 3º, II, faz alusão à garantia do desenvolvimento brasileiro como objetivo primordial a ser concretizado.

Aqui uma distinção importantíssima deve ser empreendida: desenvolvimento e crescimento econômico não são expressões idênticas.

A primeira delas se relaciona ao conjunto de medidas adotadas na política econômica que conduzam à melhoria das condições de vida das pessoas.

Assim, o conhecido "Índice de Desenvolvimento Humano" (IDH), estabelecido como parâmetro objetivo pela Organização das Nações Unidas (ONU) para verificar a qualidade de vida em determinado país, e, consequentemente, o seu estágio de desenvolvimento, não leva em consideração o produto interno bruto (PIB), ou seja, a quantidade de riqueza produzida em dado sistema econômico, mas sim a sua capacidade de promover a justa distribuição do que se produziu.

Os dados referentes ao Índice de Desenvolvimento Humano tomam por base diversos critérios, tais como nível educacional da população; acesso à moradia condigna; taxa de mortalidade infantil; média de expectativa de vida.

Para certificar-se quanto à amplitude da locução "desenvolvimento nacional", basta atentar para a Constituição de 1988, visto que há passagens no texto que deliberadamente associam o desenvolvimento ao contexto econômico (arts. 5º, XXIX; 21, IX; 43, II; 151, I, e 180), e muitas outras não, cujo exemplo emblemático é o art. 3º, II.

Diferentemente, quando se menciona "crescimento econômico", a hipótese é de exame da quantidade de riqueza existente em uma economia.

Pode-se concluir, em síntese, dizendo que o desenvolvimento econômico expressa grandeza qualitativa, ao passo que o crescimento econômico revela grandeza quantitativa.

Eros Roberto Grau anota que "a ideia de desenvolvimento supõe dinâmicas mutações e importa que se esteja a realizar, na sociedade por ela abrangida, um pro-

---

antagônicas. A heterogeneidade é natural, pela diversidade de aptidões e tendências humanas e é proveitosa, porque engendra as desigualdades necessárias para as múltiplas funções da vida social. Sendo naturais, as desigualdades não podem ser suprimidas; nem conviria suprimi-las, ainda que se pudesse. A solidariedade consiste em equilibrá-la, criando-se a igualdade diante do direito, para que todas as desigualdades possam desenvolver-se integralmente em proveito da sociedade" (cf. *As Forças Morais*, p. 53).

548 Cf. *Traité de Droit Constitutionnel*, 1927, t. 1-5.

cesso de mobilidade social contínua e intermitente. O processo de desenvolvimento deve levar a um salto, de uma estrutura social para outra, acompanhado da elevação do nível econômico e do nível cultural-intelectual comunitário. Daí porque, importando a consumação de mudanças de ordem não apenas quantitativa, mas também qualitativa, não pode o desenvolvimento ser confundido com a ideia de crescimento"[549].

Permitimo-nos afirmar, todavia, que tal desenvolvimento não se dará se prosseguirmos com a importação acrítica de soluções estrangeiras, notadamente para os problemas econômicos.

Procede, por isso, a crítica de Celso Furtado: "(...) A primeira condição para liberar-se do subdesenvolvimento é escapar da obsessão de reproduzir o perfil daqueles que se autointitulam desenvolvidos. É assumir a própria identidade. Na crise de civilização que vivemos, somente a confiança em nós mesmos poderá nos restituir a esperança de chegar a bom porto"[550].

9.2.5.3 Erradicar a pobreza e a marginalização e reduzir as desigualdades sociais e regionais (art. 3º, III, da CF)

"Erradicar a pobreza e a marginalização e reduzir as desigualdades sociais e regionais" é o objetivo fundamental descrito no art. 3º, III, da Constituição.

Como o Estado brasileiro não é apenas "de direito", mas sobretudo "democrático", o propósito fundamental assinalado no preceptivo é reforço à ideia que se acha disseminada em todo o sistema constitucional: o atingimento de nível mínimo de condições materiais de existência para o povo brasileiro.

De modo inquestionável, os objetivos fundamentais anteriormente relacionados, entre os quais o pertinente à construção de uma sociedade justa e o relativo à garantia do desenvolvimento nacional, integram-se de tal forma à necessidade de erradicação da pobreza e da marginalização, bem assim à urgência quanto à diminuição das desigualdades sociais[551], que se pode concluir com convicção serem intercomplementares.

Não há justiça social onde grassam a pobreza e indivíduos completamente à margem da vida em sociedade – sem trabalho, sem educação e sem saúde. É correto também dizer que ali onde se presenciar acentuado desnível socioeconômico entre os indivíduos, presumivelmente, não houve desenvolvimento nacional.

549 Cf. *Elementos de Direito Econômico*, p. 7-8.

550 Cf. *O Capitalismo Global*, p. 67.

551 O STF, no julgamento da ADIn 1.003 MC/DF, rel. Min. Celso de Mello, publicada no *DJ* de 10-9-1999, decidiu que "a Constituição da República, ao fixar as diretrizes que regem a atividade econômica e que tutelam o direito de propriedade, proclama, como valores fundamentais a serem respeitados, a supremacia do interesse público, os ditames da justiça social, *a redução das desigualdades sociais, dando especial ênfase, dentro dessa perspectiva, ao princípio da solidariedade*, cuja realização parece haver sido implementada pelo Congresso Nacional ao editar o art. 1º da Lei n. 8.441/92" (grifos nossos).

Reside, contudo, na parte final do preceito interessante regramento que habitualmente tem a sua amplitude despercebida pelos estudiosos do direito constitucional.

Com efeito, ao prescrever como objetivo fundamental a redução das desigualdades regionais, nota-se a tentativa do legislador constituinte originário de manter o equilíbrio do pacto federativo mediante a exortação ao harmônico relacionamento entre os Estados da Federação brasileira, fato que somente acontecerá se não houver graves disparidades entre as suas economias.

Cumpre esclarecer que a exortação reverbera nos mais diversos domínios do sistema constitucional, fazendo até com que o orçamento fiscal referente aos Poderes da União, seus fundos, órgãos e entidades da administração direta e indireta, inclusive fundações instituídas e mantidas pelo Poder Público, assim como o orçamento de investimento das empresas em que a União, direta ou indiretamente, detenha a maioria do capital social com direito a voto, sejam compatibilizados a fim de *reduzir desigualdades inter-regionais* (art. 165, I e II e § 7º).

Relativamente ao art. 3º, IV, remetemos ao Capítulo que versa sobre os direitos individuais (Capítulo 23, subitem 23.3), oportunidade em que o dispositivo foi examinado.

9.2.6 O art. 4º e as relações internacionais

Sendo a Constituição o texto disciplinador da vida do Estado brasileiro, notadamente quando se relaciona com outros Estados, torna-se indispensável a incursão no âmbito normativo-constitucional regedor das relações mantidas pela República Federativa do Brasil no âmbito internacional.

Sim, porque na hipótese de subscrição de tratado ou convenção internacional que colida com qualquer princípio enunciado no art. 4º, impõe-se a declaração de inconstitucionalidade, sendo certo que as normas internacionais, quando não adequadas ao disposto no § 3º do art. 5º da Constituição, ingressam no sistema do direito positivo brasileiro na condição de normas infraconstitucionais[552].

Salienta o art. 4º que a República Federativa do Brasil rege suas relações internacionais pelos seguintes princípios:

I – independência nacional;

II – prevalência dos direitos humanos;

III – autodeterminação dos povos;

IV – não intervenção;

V – igualdade entre os Estados;

VI – defesa da paz;

VII – solução pacífica dos conflitos;

VIII – repúdio ao terrorismo e ao racismo;

552 É o entendimento do Supremo Tribunal Federal (ADIn 1.480-3/DF).

IX – cooperação entre os povos para o progresso da humanidade;

X – concessão de asilo político.

9.2.6.1 Independência nacional (art. 4º, I, da CF)

De início, cumpre examinar o disposto no inciso I do art. 4º.

Independência nacional tem o mesmo sentido de soberania?

Parece-nos que não, muito embora aquela seja desta resultante.

Explique-se: a soberania, como visto, é poder incontrastável de impor a vontade no plano interno e externo.

Não há, por conseguinte, como identificar totalmente "independência nacional" e "soberania", porquanto a primeira somente se aplica no âmbito das relações internacionais.

Não haveria, assim, sentido algum em referir-se a independência nacional quando se tratar de imposição da vontade do Estado brasileiro no plano interno.

É óbvio que a soberania é fenômeno único – não há duas soberanias, a externa e a interna.

Contudo, por outro lado, é certo também que a independência nacional é exercitável apenas quando o Brasil comparece ao concerto internacional.

Diante da opção consumada pelo legislador constituinte originário, o que surge claro é a sua tentativa de enfatizar que o País deve buscar, sempre, a preservação de sua independência quando do relacionamento com outros Estados soberanos.

9.2.6.2 Prevalência dos direitos humanos (art. 4º, II, da CF)

A prevalência dos direitos humanos é outro princípio a ser respeitado pela República Federativa do Brasil no âmbito internacional (inciso II).

A prevalência dos direitos humanos consubstancia exortação ao Estado brasileiro a fim de que promova crescente adensamento da proteção aos direitos humanos, quer consolidando-os como direitos fundamentais no âmbito interno, quer para balizar o comportamento do Presidente da República e do Congresso Nacional, condicionando-os sempre à subscrição e expedição do decreto de promulgação, no caso do Chefe de Estado, e à ratificação parlamentar.

9.2.6.3 Autodeterminação dos povos e não intervenção (art. 4º, III e IV, da CF)

Outro princípio é o pertinente à *autodeterminação dos povos* (inciso III), que se não confunde com o relativo à *não intervenção* (art. 4º, IV).

O primeiro deles impõe ao Estado brasileiro postura de preservação da vontade de coletividades, ainda não constituídas formalmente em Estados soberanos, seja para respeitar a decisão de se tornarem sociedades políticas soberanas[553], seja

553 No âmbito do direito internacional, formaliza-se a autodeterminação para que uma nação se cons-

para continuarem atreladas a outros Estados[554].

A não intervenção pressupõe Estado já constituído, impondo-se ao Brasil a proibição de se imiscuir em suas questões internas.

9.2.6.4 Igualdade entre os Estados (art. 4º, V, da CF)

A *igualdade entre os Estados* é enaltecida pelo inciso V.

O direito internacional contemporâneo reconhece a igualdade como direito dos Estados.

Diversas normas internacionais contemplam a igualdade entre Estados.

O artigo 4 da Convenção Panamericana sobre os Direitos e Deveres dos Estados, de 1933, explicita que "os Estados são juridicamente iguais, gozam dos mesmos direitos e têm a mesma capacidade no seu exercício. Os direitos de cada um não dependem do poder que tenha para assegurar o seu exercício, mas do simples fato de sua existência como pessoa de direito internacional".

Discute-se como aceitar a tese de igualdade entre os Estados quando, no próprio seio da Organização das Nações Unidas (ONU), convive-se com desigualdade na composição do Conselho de Segurança da entidade internacional, visto que o direito de veto foi concedido apenas aos EUA, à Rússia, Inglaterra, França e China.

Explicam alguns que a justificativa é de que os Estados que têm maiores obrigações na ordem internacional teriam o direito de possuir alguma vantagem, decorrente dessa posição proeminente[555].

Duas consequências relevantes decorrem do reconhecimento da igualdade entre Estados:

a) em qualquer questão a ser deliberada pela comunidade internacional, cada Estado terá direito a voto, e o voto do Estado fraco terá idêntico peso ao do Estado forte;
b) nenhum Estado tem direito de reclamar jurisdição sobre outro Estado soberano, resultando disso que os tribunais de um Estado não têm competência judicial em relação a outro[556].

---

titua em Estado soberano mediante o *ato de reconhecimento de Estado*. "Reconhecimento significa a decisão do governo de um Estado existente de aceitar outra entidade como um Estado. Trata-se de um ato jurídico, com consequências jurídicas, mas na prática constatam-se considerações políticas que pesam sobretudo no ato de reconhecimento" (cf. Nascimento e Silva e Hildebrando Accioly, *Manual de Direito Internacional Público*, p. 97).

554 Canotilho também dá à autodeterminação dos povos o sentido aqui empregado: "A autodeterminação precede o Estado de direito e precede a democracia: ela é o momento verdadeiramente *fundacional* de qualquer comunidade constituída como Estado democrático de direito" (cf. *Direito Constitucional e Teoria da Constituição*, p. 233).

555 Cf. Carlos Roberto Husek, *Curso de Direito Internacional Público*, p. 75.

556 Cf. Nascimento e Silva e Hildebrando Accioly, op. cit., p. 121-122.

9.2.6.4.1 Igualdade entre os Estados e o princípio da reciprocidade

Corolário da igualdade entre os Estados é o *princípio da reciprocidade*, que rege as relações internacionais, especialmente no que se refere aos processos de extradição.

Significa que um Estado somente poderá exigir a extradição se houver tratamento recíproco relativamente aos pedidos extradicionais formulados pela República Federativa do Brasil.

Todavia, mesmo que haja promessa de reciprocidade em matéria de extradição, o ato governamental não tem aptidão para vincular o Congresso Nacional ou o Supremo tribunal Federal, nesse último caso quando a questão alcança o STF[557].

9.2.6.4.2 Igualdade entre os Estados e a existência de microestados

Outro problema inerente à igualdade entre as sociedades políticas concerne à existência dos denominados *microestados*.

Como admitir, por exemplo, absoluta paridade entre Estados como Andorra (468 km^2) e Liechtenstein (160 km^2), apenas para citar dois deles, diante dos países de vulto? Como conciliar essa igualdade no âmbito do debate instalado nos foros internacionais?

"Por isso, a principal restrição que durante longo tempo lhes impôs a prática internacional foi sua inaceitabilidade nas organizações internacionais, notadamente nas de caráter político. Mas nos anos recentes acabaram elas – mesmo a ONU – por acolher microestados recém-independentes como as repúblicas insulares do Pacífico e do Caribe. Não fazia sentido continuar resistindo ao ingresso de velhas microssoberanias como Andorra, Liechtenstein, Mônaco e São Marinho. Todas foram admitidas na ONU e em outras organizações universais ao longo dos anos noventa"[558].

9.2.6.4.3 Igualdade entre os Estados e imunidade de jurisdição

Sendo certo, como vimos, que nenhum Estado tem direito de reclamar jurisdição sobre outro Estado soberano, surge singular desdobramento do direito à igualdade entre os Estados: o relevante tema da *imunidade de jurisdição*.

---

557 A respeito, colhe-se a seguinte decisão, prolatada pelo Min. Victor Nunes Leal, e mencionada por Francisco Rezek: "(...) O melhor entendimento da Constituição é que ela se refere aos atos internacionais de que resultem obrigações para o nosso país. Quando muito, portanto, caberia discutir a exigência da aprovação parlamentar para o compromisso de reciprocidade que fosse apresentado pelo governo brasileiro em seus pedidos de extradição. Mas a simples aceitação da promessa de Estado estrangeiro não envolve obrigação para nós. Nenhum outro Estado, à falta de norma convencional, ou de promessa feita pelo Brasil (que não é o caso), poderia pretender um *direito* à extradição, exigível do nosso país, pois não há normas de direito internacional sobre extradição obrigatória para todos os Estados" (cf. *Direito Internacional Público*, p. 198). Contudo, é Francisco Rezek quem argumenta acerca da impossibilidade de recusa do pedido extradicional quando fundado em tratado, visto que, na hipótese, admitir-se-ia, com a recusa, a responsabilização do Estado brasileiro no contexto internacional (op. cit., p. 199).

558 Cf. Francisco Rezek, *Direito Internacional Público*, p. 239.

A imunidade de jurisdição decorre exclusivamente do reconhecimento da soberania dos Estados, não havendo uma norma internacional, sequer, que a contemple explicitamente.

Mas tal imunidade não assume caráter absoluto.

E a conclusão decorre do exame das normas internacionais que tratam da *imunidade diplomática* e *consular*.

Com evidência, não se trata propriamente de novidade, nos domínios do direito internacional público, as questões que giram em torno das imunidades diplomática e consular, porque o *Réglement* de Viena, de 1815, promoveu a originária disciplina da matéria em sede de norma internacional.

Atualmente, duas são as convenções que tratam do assunto, e, de modo semelhante, celebradas em Viena: a Convenção sobre Relações Diplomáticas (1961) e a referente às Relações Consulares (1963), ambas promulgadas pelo Brasil, respectivamente, pelo Decreto n. 56.435/65 e pelo Decreto n. 61.078/67.

É justificável o tratamento em separado da imunidade dos corpos diplomático e consular, fundamentalmente porque o diplomata acreditado representa o Estado de origem junto às autoridades locais, ao passo que o cônsul tem a atribuição de cuidar de interesses privados dos seus compatriotas.

Assim, enquanto a imunidade penal é de caráter ilimitado, no caso de eventual infração cometida pelo embaixador ou qualquer outro membro de sua família, o mesmo não deve ser concluído no que concerne ao cônsul, visto que o princípio da extraterritorialidade alcança apenas os atos de ofício, o que significa concluir, de outro modo: os crimes comuns serão processados e punidos com amparo na lei penal do Estado onde ocorreu o fato.

A clareza existente, contudo, quando se discute a imunidade penal, não se repete a respeito da imunidade de jurisdição.

É que, esquadrinhadas as convenções, como dito, não se depara com um dispositivo sequer a assegurar a indigitada prerrogativa; não obstante, por toda parte, honra-se a imunidade de jurisdição sob o fundamento de que nenhum Estado – soberano, portanto – pode ser conduzido contra a sua vontade ao tribunal local.

A imunidade de *jurisdição* não se confunde com a de *execução*. A primeira se refere à impossibilidade de o Estado estrangeiro ser réu em ação judicial. A segunda se materializa na proibição de desenvolvimento dos atos executórios tendentes a fazer cumprir o comando sentencial trânsito em julgado, de modo específico no que atina à penhora e subsequente expropriação do bem para satisfazer o crédito exequendo.

O generalizado reconhecimento das duas espécies de imunidade fez surgir importantíssimos efeitos de ordem prática.

Se, por exemplo, o Estado estrangeiro era acionado perante a Justiça do Trabalho no Brasil, e, na contestação, nada aduzia no tocante à imunidade, reconhecia-se, na hipótese, ter consumado a denominada renúncia tácita, admissível em tais casos. Já, em execução, conquanto viável a renúncia, somente se permitia o desencadeamento de consequências se fosse efetivada de modo expresso.

Todavia, a regra da imunidade absoluta tem sofrido abalos consideráveis, o que se iniciou com a Convenção Europeia, de 1972, cujo conteúdo promoveu a exclusão do contexto da imunidade as ações relativas a contratos celebrados e exequíveis com base na lei local.

O Supremo Tribunal Federal, em julgamento realizado no ano 1989 (Ap. Cív. 9.696, *RTJ*, 133/159), firmou entendimento no sentido de inexistência de imunidade de jurisdição em causa de natureza trabalhista.

No julgamento do RE 222.368/PE, publicado no *DJU* de 8-3-2002, o STF concluiu que "privilégios diplomáticos não podem ser invocados, em processos trabalhistas, para coonestar o enriquecimento sem causa de Estados estrangeiros, em injusto detrimento de trabalhadores residentes em território brasileiro, sob pena de essa prática consagrar inaceitável desvio ético-jurídico, incompatível com o princípio da boa-fé e com os grandes postulados do direito internacional", consagrando, destarte, a tese da imunidade relativa de jurisdição[559].

9.2.6.5 Defesa da paz (art. 4º, VI, da CF)

Outrossim, o inciso VI comete ao Brasil a defesa da paz. A tradição não beligerante do Estado brasileiro – com poucas ocorrências a atestarem o contrário, como a Guerra do Paraguai – foi responsável pela inserção de tal dispositivo na Constituição de 1988, que, em verdade, fora previsto também no Preâmbulo.

9.2.6.6 Solução pacífica dos conflitos (art. 4º, VII, da CF)

Outra repetição de norma preambular consta no inciso VII, fixando a solução pacífica dos conflitos como princípio fundamental a ser observado pelo Estado brasileiro.

Pinto Ferreira delimita o seu conteúdo:

"a) soluções de caráter diplomático ou não jurisdicionais, como negociações diretas, congressos, conferências, bons ofícios, mediação, consulta, conciliação;

b) soluções jurisdicionais, como arbitragem, recurso à Justiça Internacional; comissões de inquérito e de conciliação, comissões mistas"[560].

9.2.6.7 Repúdio ao terrorismo e ao racismo (art. 4º, VIII, da CF)

O inciso VIII enuncia o repúdio ao terrorismo e ao racismo como princípio regente das relações internacionais do Estado brasileiro.

O terrorismo consiste na barganha violenta do poder político.

---

559 Segundo o STF, igualmente se poderá afastar a imunidade referida: a) em ações de indenização civil por danos; b) outros litígios em que o Estado estrangeiro realize atos de comércio ou proceda como mero particular (*RTJ*, 133/159).

560 Cf. *Comentários à Constituição Brasileira*, p. 54.

E se, no sistema constitucional brasileiro, há expressas disposições que reprovam terminantemente o terrorismo, prevendo que "constitui crime inafiançável e imprescritível a ação de grupos armados, civis ou militares, contra o Estado Democrático" (art. 5º, XLIV), assinalando ainda que "a prática do racismo constitui crime inafiançável e imprescritível, sujeito à pena de reclusão, nos termos da lei" (art. 5º, XLII), torna-se claro, a não mais poder, que todos os esforços devem ser envidados para estabelecer, no plano do relacionamento do Brasil no contexto internacional, um conjunto de medidas não apenas aptas para banir o terrorismo e o racismo, mas também dedicadas à investigação das causas que ensejam o seu aparecimento.

9.2.6.8 A cooperação entre os povos para o progresso da humanidade (art. 4º, IX, da CF)

A cooperação entre os povos para o progresso da humanidade não foi esquecida pelo legislador constituinte originário (inciso IX).

O dispositivo revela que a ordem constitucional brasileira põe no mesmo plano de igualdade Estados formalmente constituídos e *povos*.

Pouco importa.

De acordo com a dicção constitucional, trate-se de Estado soberano ou nação; o que é decisivo para a incidência do preceptivo é a atuação conjunta em prol do progresso da humanidade.

No particular, compreendeu – e bem – o constituinte originário que, dada a multifacetada organização da comunidade internacional, seria autêntico despropósito desconhecer a realidade de povos que, malgrado não constituídos em sociedades políticas, têm importância crucial para o desenvolvimento de todas as nações.

9.2.6.9 Concessão de asilo político (art. 4º, X, da CF)

O último inciso do art. 4º se refere à concessão de asilo político[561].

O termo "asilo político" deve ser entendido como gênero, comportando três espécies, a saber:

a) *asilo diplomático;*

b) *asilo territorial;*

c) *asilo neutro.*

O *asilo diplomático* significa a concessão da prerrogativa àqueles que buscam refúgio nas missões diplomáticas (embaixadas), navios e aeronaves militares.

O *asilo territorial* compreende o pedido de ingresso ou permanência no território do Estado de estrangeiros perseguidos por motivação política.

561 Para o STF, embora a concessão de asilo político constitua ato administrativo regido pelo direito internacional, não se obsta ao Tribunal a análise do pedido de extradição, porquanto não está adstrito o STF ao juízo formulado pelo Poder Executivo (STF, *RDA*, 181-182/167).

O *asilo neutro* refere-se à permissão concedida por um Estado não integrado e em conflito bélico a fim de que membros de forças estrangeiras em beligerância sejam admitidos em seu território para o fim de refúgio, e.g.

9.2.6.10 A redação do parágrafo único do art. 4º da Constituição

Por fim, prescreve o parágrafo único do art. 4º que "a República Federativa do Brasil buscará a integração econômica, política, social e cultural dos povos da América Latina, visando à formação de uma comunidade latino-americana de nações".

ORGANIZAÇÃO DO ESTADO BRASILEIRO

10.1 CONSIDERAÇÕES INICIAIS SOBRE A FORMA FEDERATIVA DE ESTADO

No início deste *Curso*, remarcamos a necessidade de distinguirem-se forma de Estado, forma de governo e sistema de governo.

Mencionando uma vez mais as distinções, entre as formas de Estado, encontramos:

a) *unitário;*

b) *federal;* e

c) *regional.*

Formas de governo, desde a classificação promovida por Maquiavel, em *O Príncipe*, são:

a) *república;*

b) *monarquia.*

Sistemas de governo são:

a) *parlamentarista;*

b) *presidencialista.*

Aqui, examinaremos as distinções entre as formas de Estado, pondo ênfase no modelo federal.

Estado *unitário* é aquele no qual se presencia forte centralização nas decisões políticas, cujo espaço para manifestação da autonomia política é inteiramente ocupado pelo órgão central.

Estado *regional* é aquele que conta com regiões politicamente autônomas sem, contudo, previsão constitucional rigorosa de sua manutenção, cujos exemplos mais conhecidos são Portugal e Espanha.

Estado federal é a sociedade política que confere às unidades que a compõem autonomia para decidir sobre os seus próprios assuntos, cuja respectiva autonomia política concedida assume *status* de cláusula constitucional imutável.

Cogitamos muitas vezes, aqui, nessa introdução, de autonomia política.

Mas o que é entidade com autonomia política?

Autonomia política é

a capacidade conferida a pessoa jurídica de direito público territorial a fim de que decida sobre assuntos de seu interesse, quer mediante a edição de leis, quer por meio de atos do governo local.

10.1.1 Natureza jurídica do Estado federal

Como definir ou situar juridicamente o Estado federal? Seria viável a descoberta da natureza jurídica dessa forma de Estado?

O tema não é novo, tanto que já há algum tempo buscam os doutrinadores desvendar a compleição da sociedade estatal federativa.

São variados os entendimentos acerca da matéria, razão por que nos deteremos na indicação das teorias que demarcam, cada qual a seu modo, um aspecto importante da federação[562].

10.1.1.1 Teoria da Divisão da Soberania ou da Dupla Soberania

Surgiu nos Estados Unidos da América como decorrência da fortíssima reação das ex-colônias inglesas quanto à perda da soberania em favor de um órgão central.

A Teoria foi inicialmente apresentada no clássico trabalho *O Federalista*, de autoria de Alexander Hamilton, John Jay e James Madison, que resolveram condensar artigos publicados nos mais importantes jornais daquele país como forma de ampliar a aceitação em torno do novo modelo de Estado que preconizavam. Alexis de Tocqueville, pouco tempo depois, na Europa, em monografia de idêntica importância (*De la democratie en Amerique*, publicada em 1888), também tentou dilucidar a natureza jurídica do Estado federal.

De acordo com essa Teoria, a soberania é repartida entre a União e os Estados federados, mas de maneira especial, de sorte a permitir que, sob certo ângulo, formem um único corpo político, e, sob outros aspectos, mantenham-se separados. Quando resolvem integrar o Estado federal, cedem parte de sua soberania, ficando exclusivamente com a porção de soberania que se reservam. Estados federados e União mantêm completa independência de organização e atuam com plena liberdade em seus círculos próprios. São iguais entre si, encontrando-se a soberania partilhada entre eles, e se mantêm justapostos, e não superpostos[563].

É criticável a Teoria porquanto não se pode propriamente cogitar de divisão da soberania.

Como poder do Estado conduzido ao nível máximo no plano interno (submissão de todos os indivíduos às ordens promanadas do Estado) e plano externo (im-

---

562 Indicamos a seguinte bibliografia para exame mais detido do Estado federal: Oswaldo Aranha Bandeira de Mello, *Natureza Jurídica do Estado Federal*, São Paulo: Empresa Gráfica da Revista dos Tribunais, 1937; José Luiz de Anhaia Mello, *O Estado Federal e suas Novas Perspectivas*, São Paulo: Max Limonad, 1960; Celso Ribeiro Bastos (coord.), *Por uma Nova Federação*, São Paulo: Revista dos Tribunais, 1995.

563 Cf. Oswaldo Aranha Bandeira de Mello, op. cit., p. 17-20.

possibilidade de interferência de outros Estados nos assuntos pertinentes à unidade política soberana), revelaria paradoxo incontornável a admissão de um Estado que contivesse outras unidades identicamente soberanas. Ou a soberania é una, ou não existe. Seriam Estados dentro de Estados? E sendo assim, permitir-se-ia a secessão quando bem aprouvesse às unidades parciais?

Vê-se, então, que a Teoria da Divisão da Soberania representa muito mais um ardiloso subterfúgio encontrado por aqueles ilustres publicistas norte-americanos para ampliar a consensualidade em torno do modelo de Estado federal.

10.1.1.2 Teoria do Direito dos Estados-Membros

Assenta-se na ideia de que os Estados-Membros, ao integrarem a Federação, continuam livres para dela se afastarem.

Foi idealizada por Jefferson e sustentada posteriormente por George Tuker e William Rawle, tendo sido grandemente aceita, de modo especial nos Estados sulistas da América do Norte, que, a propósito, a utilizaram como fundamento para a Guerra de Secessão.

Defende que o Estado federal nada mais é que uma confederação de Estados, por meio da qual se unem em prol de um pacto de defesa mútua e assistência, com a entrega de parte do exercício de suas atribuições ao órgão central.

A soberania dos Estados-Membros não é transferida para a União, mas, apenas para melhor administração do Estado, para isso reuniram-se naquela atribuições típicas de poder. Os Estados-Membros não criam nova sociedade política que lhes seja superior; a União é tão só a expressão do conjunto deles.

De tudo isso advêm três consequências:

a) as leis do governo central serão obrigatórias somente quando ratificadas pelos Estados-Membros;
b) o "direito de nulificação", preservando-se a faculdade de as unidades parciais anularem as decisões do governo central que venham a considerar nocivas ou contrárias ao pacto federativo;
c) o "direito de segregação", permitindo-se-lhes que, a qualquer tempo, abandonem a federação[564].

Igualmente inaceitável a Teoria do Direito dos Estados-Membros para desencobrir a natureza jurídica do Estado federal, simplesmente porque guarda a possibilidade de afastamento das unidades do pacto federativo, além de facultar-lhes o descumprimento das decisões oriundas do órgão central.

Sobremais, encerra grande contradição na medida em que conclui ser a União, como visto, expressão do conjunto dos Estados, e, na prática, nada vale a decisão formalizada por este conjunto, porque pode ser anulada.

564 Idem, p. 22-27.

10.1.1.3 Teoria da Participação dos Estados-Membros na Formação da Vontade do Estado Federal ou Teoria do Estado Unitário Qualificado

De modo distinto do que defendera a Teoria do Direito dos Estados-Membros, os defensores da Teoria da Participação dos Estados-Membros na Formação da Vontade Nacional não localizam a soberania nas unidades parciais por entenderem que se refere à qualidade essencial do Estado.

Foi consagrada por Louis Le Fur, razão por que alguns a denominam também "Escola Francesa".

Para ele, desde que se tome por certo o fato de o Estado federal prever autonomia política às unidades que o compõem, o que lhe é inerente, e assuma caráter inafastável em uma Federação a interferência dos Estados-Membros na formação do todo. As partes devem, em síntese, contribuir para a formação da vontade do todo, que é o Estado federal.

Todavia, embora se reconheça a engenhosidade da Teoria, a prerrogativa conferida às unidades não configura traço exclusivo do Estado federal, como bem aponta Oswaldo Aranha Bandeira de Mello[565].

10.1.1.4 Opinião

Na Federação existem partes a dispor e não a compor. A composição supõe partes separadas ou separáveis do todo; a disposição supõe partes inerentes ao todo[566].

A feliz síntese conceitual de João Mendes revela que, na Federação, o fenômeno se assemelha à combinação entre dois elementos químicos: cada um perde a sua propriedade inicial para dar origem a nova substância.

10.1.2 Federalismo e Federação

Embora semelhantes, não há como ser admitida a identidade entre as terminologias *federalismo* e *federação.*

Federalismo é expressão teórica da técnica de limitação espacial do poder.

Federação é aplicação concreta dos postulados do federalismo, com o fim principal de conferir autonomia política às unidades parciais, cujo fundamento se extrai diretamente de cláusulas constitucionais intangíveis.

10.2 O ART. 18 DA CONSTITUIÇÃO E A ORGANIZAÇÃO DO ESTADO BRASILEIRO

Esclarece o art. 18 que "a organização político-administrativa da República Federativa do Brasil compreende a União, os Estados, o Distrito Federal e os Municípios, todos autônomos, nos termos desta Constituição".

565 Idem, p. 29-30.

566 Cf. João Mendes Júnior, *As Ideias de Soberania, Autonomia e Federação,* citado por José Luiz de Anhaia Mello, *O Estado Federal e suas Novas Perspectivas,* p. 88.

Como observado no Capítulo 9, o art. 1º já promovera alusão bastante parecida à do dispositivo em questão.

Em verdade, o preceptivo que inaugura os Princípios Fundamentais é continente do qual é conteúdo a norma agora examinada, precisamente por possuir maior abrangência, pois, além de ordenar a organização da sociedade política nacional, fixa também a sua ideologia ("Estado Democrático de Direito") e os seus fundamentos.

Mas há um traço distintivo entre os arts. 1º e 18 da Constituição que merece análise mais cuidadosa.

É que a redação do art. 1º indica que a República Federativa do Brasil é formada pela união (com "u" minúsculo, indicando a existência de substantivo) indissolúvel dos Estados e Municípios e do Distrito Federal.

Ora, como se nota na redação do art. 18, o legislador constituinte originário explicitou que a República Federativa do Brasil compreende a União (já, aqui, com "U" maiúsculo, indicando a existência de nome próprio) e as demais unidades que integram a peculiar Federação brasileira.

Consequentemente, não se poderá confundir o Estado brasileiro, cujo nome escolhido pelo seu "pai fundador" foi "República Federativa do Brasil"[567], com a União, que nada mais é do que uma unidade federativa com os Estados, Municípios e o Distrito Federal.

Portanto, quando da subscrição de acordos ou tratados internacionais, quem comparece não é a União, mas sim a República Federativa do Brasil, composta pelo órgão central, acrescida de todas as outras unidades parciais, formando, assim, a singular forma federativa brasileira.

Poderia, no entanto, opor-se séria dissidência à ideia, porquanto o art. 21, I, da CF determina que compete à União manter relações com Estados estrangeiros; declarar a guerra e celebrar a paz; assegurar a defesa nacional e permitir, nos casos previstos em lei complementar, que forças estrangeiras transitem pelo território nacional ou nele permaneçam temporariamente, além de outras atribuições que caracterizam as competências exclusivas da União[568].

567 Há decisão que registra acertadamente a dicotomia entre República Federativa do Brasil e União: "MANDADO DE SEGURANÇA – PESCADO MERLUZA IMPORTADO DE PAÍS MEMBRO DO GATT/OMC – ISENÇÃO DO ICMS – INTELIGÊNCIA DA NORMA DO § 2º DO ART. 5º DA CR DE 1988 – SEGURANÇA CONCEDIDA. Tratado internacional do GATT, em que é parte celebrante a República Federativa do Brasil (e não a União), prevalece sobre a legislação interna. Inaplicabilidade do disposto no art. 151, III, da CR/88 neste caso. Vigência dos artigos 176 e 178 do CTN, no que não conflita com o disposto nos artigos 150, § 6º, e 155, § 2º, XII, *g*, da CR de 1988. Constitucionalidade das normas do parágrafo 1º do artigo 1º da parte I e dos parágrafos 1º e 2º do artigo III da parte II do tratato do GATT. Unânime" (TJPE, AC 49241-9, rel. Des. José Fernandes, *DJPE* de 17-8-2002).

568 Veremos ainda neste Capítulo a diferença entre competência exclusiva e privativa e quais critérios devem ser utilizados para diferenciá-las.

Seriam, por assim dizer, atribuições típicas de quem incorpora responsabilidade na condição de Estado brasileiro, e não meramente como unidade parcial dele.

Como, então, compatibilizar a desejável distinção entre a República Federativa do Brasil e a União se o próprio Texto Constitucional produz passagem na qual se torna incerta a dessemelhança?

Parece-nos que o fato de a Constituição ter atribuído à União competências de natureza internacional extremamente relevantes não induz, em absoluto, ao reconhecimento de identidade entre ela e a República Federativa do Brasil, que é – repita-se – o autêntico Estado brasileiro.

O que se alvitrou mediante a fixação de competências da espécie à União foi simplesmente deixar mais do que claro que os agentes públicos responsáveis pela edição de tais atos são aqueles vinculados não aos Estados, Municípios ou Distrito Federal, mas à União.

E só...

Com efeito, seria bastante estranho que Governadores de Estados ou Prefeitos de Municípios pudessem representar todo o Estado brasileiro em tais situações, mais ainda porque inevitavelmente surgiriam grandes conflitos de representatividade.

Portanto, tudo de sorte a dirimir dúvidas sobre quem deve representar o Estado brasileiro, a Constituição fixou competências internacionais à União, incorporando-as, outrossim, à figura do Presidente da República, conforme descrevem os incisos VII, VIII, XIX, XX e XXII do art. 84, uma vez que, ancorado no sistema de governo presidencialista, o legislador constituinte originário a ele atribui as Chefias do Governo e do Estado.

André Ramos Tavares atentou para o problema, concluindo que "poder-se-ia imaginar que a União nada mais é do que uma conjunção de Estados, Distrito Federal e Municípios. Ou seja, União no sentido de associação dos referidos entes federativos. Corroboraria esse entendimento a leitura isolada e literal do disposto no art. 1º (...). Contudo, no art. 18, a Constituição esclarece, peremptoriamente, que a República Federativa do Brasil compreende 'a União, os Estados, o Distrito Federal e os Municípios, todos autônomos'. Portanto, a União não se confunde com o Brasil, sendo apenas um dos entes federativos que compõem o Estado federal brasileiro".

"A União é uma pessoa jurídica de direito público interno. Assim, embora não conte com personalidade internacional – apenas atribuída ao Estado federal brasileiro –, são as autoridades e órgãos da União que representam o Estado federal nos atos e relações do âmbito internacional"[569].

Em síntese: *República Federativa do Brasil* é o nome do Estado brasileiro, que, por equívoco, muitos identificam à União, o que constitui severo erro.

Tem a República Federativa do Brasil capacidade para representação do Estado brasileiro nos negócios internacionais, e, por conseguinte, é ente de direito público territorial externo.

---

569 Cf. *Curso de Direito Constitucional*, p. 734.

Já a *União* é pessoa jurídica de direito público territorial interno, assim como os Estados, Municípios e o Distrito Federal.

10.3 OS TERRITÓRIOS NA CONSTITUIÇÃO DE 1988

Os Territórios são pessoas jurídicas de direito público territorial, sem autonomia política, criados por lei, e administrados diretamente pela União ou por autoridade local a ela vinculada.

Diferentemente do que sucedera na Constituição de 1969, cujo art. 1º acentuava que "o Brasil é uma República Federativa, constituída, sob o regime representativo, pela união indissolúvel dos Estados, do Distrito Federal e dos Territórios", o vigente Texto Constitucional não os incluiu na organização federativa brasileira, reduzindo-se a esclarecer que integram a União, e sua criação, transformação em Estado ou reintegração ao Estado de origem serão reguladas em lei complementar (§ 2º do art. 18).

Atualmente não existem no Brasil porque os antigos Territórios de Roraima e do Amapá foram transformados em Estados pela Constituição de 1988 (art. 14 do ADCT), ao passo que o de Fernando de Noronha foi incorporado ao Estado de Pernambuco (art. 15 do ADCT).

Entretanto, na eventualidade de virem a ser criadas entidades territoriais, remeter-se-á à legislação infraconstitucional a disciplina pertinente à organização administrativa e judiciária.

Que lei?

Ora, seguramente aquela que promana da atividade legislativa do Congresso Nacional, sendo certo que os Territórios integram a União.

A depender da extensão do território criado, poderá ele ser dividido em Municípios, aplicando-se, no que couber, as disposições constitucionais relativas aos entes municipais (§ 1º do art. 33).

Desprovido de qualquer autonomia administrativa, as contas de seu Governo devem ser submetidas à fiscalização do Congresso Nacional, com parecer prévio do Tribunal de Contas da União (§ 2º do art. 33).

Se o Território contar com população superior a cem mil habitantes, além do Governador nomeado na forma do art. 84, XIV, haverá órgãos judiciários de primeira e segunda instância, membros do Ministério Público e defensores públicos, todos vinculados à União, nos termos do § 3º do art. 33.

Portanto, atenção: embora cada Território eleja quatro Deputados Federais (§ 2º do art. 45 da CF), isso quando contar com mais de cem mil habitantes, o Governador será *nomeado* pelo Presidente da República, após aprovação do Senado (§ 3º do art. 33 c/c o art. 84, XIV, da CF).

O art. 12 do ADCT estabeleceu a necessidade de criação, dentro de noventa dias da data de promulgação da Constituição de 1988, de Comissão de Estudos Territoriais, com dez membros indicados pelo Congresso Nacional e cinco pelo Poder Executivo, com a finalidade de apresentar estudos sobre o território nacional e anteprojetos relativos a novas unidades territoriais, especialmente na Amazônia Legal e em áreas pendentes de solução.

Trata-se, não obstante, de dispositivo de direito intertemporal que, uma vez não implementada a referida Comissão no prazo constitucionalmente estabelecido, tornou-se prejudicado.

10.4 O DISTRITO FEDERAL

O Distrito Federal já é parte integrante da história constitucional brasileira, se bem que nem sempre tenha sido incorporado à nossa Federação.

Com efeito, muito embora sem haver precisa demarcação dos seus limites, nota-se, desde a Constituição Republicana de 1891, a preocupação do legislador constituinte brasileiro com a criação de autarquia territorial destinada a abrigar exclusivamente a administração central do Brasil[570], fato até então não ocorrido na história brasileira, tanto que as cidades de Salvador e do Rio de Janeiro (sedes, respectivamente, do governo da Colônia de 1549 a 1808, e do governo do Brasil de 1808 a 1960)[571] não foram construídas com o fim precípuo de servir de local para o exercício da administração do País.

Não foi, todavia, a Constituição de 1988 que incluiu o ente distrital na Federação brasileira, mas sim a EC n. 25/85, quando, a partir de então, contou com a possibilidade de eleger representantes para a Câmara dos Deputados e Senado.

10.4.1 Natureza jurídica do Distrito Federal. A questão da autonomia distrital

De pronto, é indeclinável a referência à natureza jurídica desse ente federativo.

Assim, ao descrevermos sua natureza jurídica, temos que *o Distrito Federal é pessoa jurídica de direito público territorial interno, com autonomia política parcialmente tutelada.*

A respeito do problema da autonomia distrital, é bastante esclarecedora a lição de José Afonso da Silva: "A autonomia do Distrito Federal está, em termos, reconhecida no art. 32, onde se declara que se regerá por Lei Orgânica própria, como nos Municípios. O § 1º do citado artigo prevê as áreas de competência do Distrito Federal, enquanto os §§ 2º e 3º definem as regras de eleição do Governador, Vice-Governador e Deputados Distritais. Aí temos a base de uma autonomia que compreende,

---

570 O art. 3º da Constituição de 1891 previa que "fica pertencendo à União, no planalto central da Republica, uma zona de 14.400 kilometros quadrados, que será opportunamente demarcada, para nella estabelecer-se a futura Capital Federal".

571 Como forma de não se submeter ao jugo de Napoleão Bonaparte, que pretendia o domínio de toda a Europa no início do século XIX, a Família Real Portuguesa chegou ao Brasil em 28 de janeiro de 1808. Entre outras providências adotadas, decidiu-se o Imperador pela Abertura dos Portos às Nações Amigas e pela elevação da colônia brasileira ao *status* de Reino Unido a Portugal e Algarves. No dia 8 de março do mesmo ano, D. João VI fixou a cidade do Rio de Janeiro como a capital, situação que perdurou até a inauguração da cidade de Brasília, em 21 de abril de 1960.

em princípio, as capacidades de auto-organização, autogoverno, autolegislação e autoadministração sobre áreas de competência exclusiva".

"Contudo, essas capacidades sofrem profundas limitações em questões fundamentais. Assim é que as capacidades de auto-organização e autogoverno não envolvem a organização e manutenção de Poder Judiciário, nem de Ministério Público, nem de Defensoria Pública, nem mesmo de polícia civil ou militar ou de corpo de bombeiros, que são organizados e mantidos pela União (art. 21, XIII e XIV) a quem cabe também legislar sobre a matéria. O governo do Distrito Federal não tem sequer a autonomia de utilização das polícias civil e militar e do corpo de bombeiros militar, porque só poderá fazê-lo nos limites e na forma de que dispuser a lei federal (art. 32, § 4º). Nesse aspecto é que dissemos que a autonomia do Distrito Federal é tutelada. Nisso ele fica muito aquém dos Estados"[572].

Nessa linha de compreensão, imagine-se que haja impedimento ou vacância nos cargos de Governador e Vice-Governador do Distrito Federal, subsistindo, ainda, contingente impedimento de o Presidente da Câmara Distrital assumir o cargo mesmo que transitoriamente.

Nessa situação, acaso adotada a mesma regra de substituição utilizada pelas unidades estaduais, teríamos o Presidente do Tribunal de Justiça como a autoridade chamada a assumir a chefia do Executivo distrital, tornando ainda mais clara a discutível autonomia da unidade federativa, fundamentalmente porque é a União que organiza e custeia o Poder Judiciário local.

André Ramos Tavares conclui ser inviável utilizar o mesmo critério adotado nos Estados, argumentando que "tem-se, pois, como inadmissível que o Presidente do Tribunal de Justiça possa investir-se no cargo de Governador, ainda que provisoriamente. A impossibilidade tem fundamento dúplice. De uma parte, haveria violação da autonomia própria do Distrito Federal, porque se atribuiria, indiretamente, à União, por meio de seu representante judicial, a condução do governo distrital. De outra parte, a Lei Orgânica distrital não tem competência para, dispondo sobre a hipótese de vacância, obrigar órgão de poder estranho a sua estrutura (...)"[573].

Presumivelmente por esse motivo é que o art. 93 da Lei Orgânica do Distrito Federal prevê que, "em caso de impedimento do Governador e do Vice-Governador, ou de vacância dos respectivos cargos, serão sucessivamente chamados ao exercício da chefia do Poder Executivo o Presidente da Câmara Legislativa e o seu substituto legal", solucionando, desse modo, a atribuição indireta do governo distrital à União, tal como referido por André Ramos.

---

572 Cf. *Curso de Direito Constitucional Positivo*, p. 598-599. Importante ressalvar que, atualmente, após a alteração constitucional promovida pela EC n. 69, de 29-3-2012, foi transferida da União para o Distrito Federal a atribuição para organizar a Defensoria Pública.

573 Cf. *Curso de Direito Constitucional*, p. 741.

10.4.2 Organização do Distrito Federal

Não se admite a divisão do Distrito Federal em Municípios, se bem que as atuais cidades-satélites, com as suas administrações regionais, embora sem autonomia política, muito se assemelhem aos demais Municípios brasileiros.

Organiza-se através de lei orgânica (e aqui se identifica aos entes municipais), votada em dois turnos, com interstício mínimo de dez dias, e aprovada por dois terços da Câmara Legislativa, que a promulgará (art. 32, *caput*).

Por incorporar competências legislativas estaduais e municipais[574] (§ 1º do art. 32), o Distrito Federal é unidade híbrida do sistema federativo brasileiro.

A eleição de Governador e Vice-Governador do Distrito Federal, observadas as regras do art. 77[575], e dos Deputados Distritais, coincidirá com a dos Governadores e Deputados Estaduais, para mandato de igual duração (§ 2º do art. 32).

O número de Deputados Distritais corresponderá ao triplo da representação da unidade na Câmara dos Deputados (§ 3º do art. 32 c/c o art. 27).

10.5 OS MUNICÍPIOS

Se, relativamente ao Distrito Federal, afirma-se que integra a história constitucional brasileira, pode-se dizer, com Pedro Calmon, que "o Município é uma instituição mais social do que política, mais histórica do que constitucional, mais cultural do que jurídica"[576].

---

574 Atente-se para a interessante decisão do STF, na ADIn (Medida Liminar) n. 2.560-1/DF, rel. Min. Carlos Velloso, j. em 28-6-2002, que concluiu pela natureza municipal do ato legislativo do Distrito Federal, impedindo consequentemente fosse o tema tratado em sede de controle abstrato da constitucionalidade: "O controle de constitucionalidade concentrado, nesse caso, somente será possível, em face da Constituição dos Estados, se ocorrente a hipótese prevista no § 2º do art. 125 da Constituição Federal. (...) Não é, porém, o caso dos autos, pois o que se pretende é que o Supremo Tribunal Federal, em Ação Direta de Inconstitucionalidade, declare a inconstitucionalidade de Lei que, embora aprovada pelo Senado Federal, no âmbito da competência residual prevista no art. 16 do A.D.C.T., e sancionada pelo Governador do Distrito Federal, que tivera iniciativa de propô-la, tem o mesmo âmbito de uma Lei municipal, reguladora do parcelamento e aproveitamento do solo urbano, em face do que dispõem os artigos 29, 30, inc. VIII, 32, § 1º, da Constituição Federal. Se a Lei, na hipótese, excedeu, ou não, os limites da competência de um Município e, consequentemente, do Distrito Federal, é matéria de mérito. O que importa, porém, até aqui, é que a Constituição Federal não admite Ação Direta de Inconstitucionalidade, perante o Supremo Tribunal Federal, de lei de natureza municipal, mediante confronto com a própria Carta Magna. Precedentes: A.D.I. n. 611, R.T.J. 145/491; A.D.I. n. 880-DF, D.J. de 04.02.94, p. 908, Ementário n. 1731-1 e A.D.I. n. 1.375, D.J. de 23.02.96".

575 São elas: eleição realizada no primeiro domingo de outubro, em primeiro turno, e no último domingo de outubro, em segundo turno (na hipótese de nenhum candidato atingir a maioria absoluta de votos) do ano anterior ao término do mandato do Governador em exercício; a eleição do Governador implicará a do Vice-Governador com ele registrado.

576 Apud Michel Temer, *Elementos de Direito Constitucional*, p. 105.

É o que se extrai também da lição de Michel Temer, para quem "a autonomia municipal, no Brasil, é realidade natural anterior à própria autonomia política dos Estados federados. Basta examinar a origem do Município, tão bem explicada por Ataliba Nogueira (...)".

"Ensina que os aglomerados humanos se formaram em torno de uma capela, templo erigido pelos colonizadores em face de sua intensa religiosidade, sempre que se avizinhavam. Isso ocorreu antes mesmo da Independência, época em que vigoravam as Ordenações do Reino português. Entretanto, os vizinhos não aplicavam aqueles comandos legais. Às vezes, nem mesmo os conheciam. Legislavam de acordo com os usos e costumes, de acordo com as necessidades locais. Daí se vê que esses aglomerados humanos dispunham a respeito dos negócios locais por meio de manifestações também locais."

Sendo assim, quando a ordem jurídica nacional conferiu autonomia política aos Municípios – ainda que restritamente na Constituição do Império (art. 169, regulamentado pela Lei de 1º-10-1828) – reconheceu, simplesmente, uma realidade natural[577].

10.5.1 A lei orgânica municipal

Os Municípios não possuem constituições, mas leis orgânicas, tal como se sucede com o Distrito Federal.

Hely Lopes Meirelles assinala que "(...) o Município não poderia ser havido por autônomo, se a ele não se consentisse gerir o seu, dispor do seu, contratar sobre o seu e reger sua vida e seus bens, observados, apenas, os limites constitucionais e legais"[578].

Por essa razão é que o art. 29 da Constituição se alonga consideravelmente ao enunciar o conteúdo mínimo da lei orgânica municipal, atestando com isso, de igual modo, a importância detida pelos entes municipais no contexto da Federação brasileira.

O art. 29, *caput*, registra que "o Município reger-se-á por lei orgânica, votada em dois turnos, com o interstício mínimo de dez dias, e aprovada por dois terços dos membros da Câmara Municipal, que a promulgará, atendidos os princípios estabelecidos nesta Constituição, na Constituição do respectivo Estado e os seguintes preceitos (...)".

Os incisos do art. 29 evidenciam um conteúdo mínimo, como dito, a ser obedecido quando da elaboração das leis orgânicas municipais.

---

577 Cf. Michel Temer, op. cit., p. 104-105. Augusto Zimmermann também informa que "entre nós, o Município aflorou inspirado e revolto em sentimentos de liberdade e defesa, fundidos na existência dos vínculos familiares e de camaradagem. De fato, a nossa experiência de governo municipal é longa, mormente ao fato de que durante os nossos primeiros anos de existência, até o ano de 1642, as municipalidades concentraram as mais diversas competências e desenvolveram uma intensa atividade política" (cf. *Curso de Direito Constitucional,* p. 419).

578 Cf. *Direito Municipal Brasileiro*, p. 91.

Em primeiro lugar, denota a eleição do Prefeito, do Vice-Prefeito e dos Vereadores, para mandato de quatro anos, mediante pleito direto e simultâneo realizado em todo o País (inciso I), bem assim a eleição do Prefeito e do Vice-Prefeito realizada no primeiro domingo de outubro do ano anterior ao término do mandato dos que devam suceder, aplicadas as regras do art. 77, no caso de Municípios com mais de duzentos mil eleitores (inciso II), cuja posse ocorrerá no dia 1º de janeiro do ano subsequente ao da eleição (inciso III).

Em segundo lugar, cumpre destacar que o número máximo de vereadores foi alterado pela EC n. 58, de 23 de setembro de 2009, fixando nova redação ao art. 29, IV, da CF, que doravante prevê os seguintes limites para a representação parlamentar em câmaras municipais: a) 9 vereadores, nos Municípios de até 15.000 habitantes; b) 11 vereadores, nos Municípios de mais de 15.000 até 30.000 habitantes; c) 13 vereadores, nos Municípios de mais de 30.000 até 50.000 habitantes; d) 15 vereadores, nos Municípios de mais de 50.000 até 80.000 habitantes; e) 17 vereadores, nos Municípios de mais de 80.000 até 120.000 habitantes; f) 19 vereadores, nos Municípios de mais de 120.000 até 160.000 habitantes; g) 21 vereadores, nos Municípios de mais de 160.000 até 300.000 habitantes; h) 23 vereadores, nos Municípios de mais de 300.000 até 450.000 habitantes; i) 25 vereadores, nos Municípios de mais de 450.000 até 600.000 habitantes; j) 27 vereadores, nos Municípios de mais de 600.000 até 750.000 habitantes; k) 29 vereadores, nos Municípios de mais de 750.000 até 900.000 habitantes; l) 31 vereadores, nos Municípios de mais de 900.000 até 1.050.000 habitantes; m) 33 vereadores, nos Municípios de mais de 1.050.000 até 1.200.000 habitantes; n) 35 vereadores, nos Municípios de mais de 1.200.000 até 1.350.000 habitantes; o) 37 vereadores, nos Municípios de mais de 1.350.000 até 1.500.000; p) 39 vereadores, nos Municípios de mais de 1.500.000 e até 1.800.000 habitantes; q) 41 vereadores, nos Municípios de mais de 1.800.000 e até 2.400.000 habitantes; r) 43 vereadores, nos Municípios de mais de 2.400.000 e até 3.000.000 habitantes; s) 45 vereadores, nos Municípios de mais de 3.000.000 e até 4.000.000 habitantes; t) 47 vereadores, nos Municípios de mais de 4.000.000 e até 5.000.000 de habitantes; u) 49 vereadores, nos Municípios de mais de 5.000.000 e até 6.000.000 habitantes; v) 51 vereadores, nos Municípios de mais de 6.000.000 e até 7.000.000 de habitantes; w) 53 vereadores, nos Municípios de mais de 7.000.000 e até 8.000.000 de habitantes; x) 55 vereadores, nos Municípios de mais de 8.000.000 de habitantes.

O art. 3º, I, da EC n. 58/2009 determinava que a alteração no cálculo do número de vereadores já deveria valer para as eleições de 2008.

Contra tal previsão foi proposta ação direta de inconstitucionalidade pelo Procurador-Geral da República, oportunidade em que o STF acolheu pleito liminar, sob o fundamento de que "a modificação do número de vagas em disputa para vereadores tem notória repercussão no sistema de representação proporcional" (STF, ADIns 4.307 e 4.310, rel. Min. Cármen Lúcia, j. em 11-11-2009).

Quanto aos subsídios do Prefeito e Vice, bem assim dos Secretários Municipais, serão fixados por lei de iniciativa da Câmara Municipal[579], observado o que dispõem os arts. 37, XI, 39, § 4º, 150, II, 153, III, e 153, § 2º, I (inciso V), ao passo que o subsídio dos Vereadores será fixado em cada legislatura para a subsequente, observado o que dispõe a Constituição.

A respeito dos subsídios dos vereadores, serão observados os critérios estabelecidos na respectiva Lei Orgânica e os seguintes limites máximos: a) em Municípios de até 10.000 habitantes, o subsídio máximo dos Vereadores corresponderá a 20% do subsídio dos Deputados Estaduais; b) em Municípios de 10.001 a 50.000 habitantes, o subsídio máximo dos Vereadores corresponderá a 30% do subsídio dos Deputados Estaduais; c) em Municípios de 50.001 a 100.000 habitantes, o subsídio máximo dos Vereadores corresponderá a 40% do subsídio dos Deputados Estaduais; d) em Municípios de 100.001 a 300.000 habitantes, o subsídio máximo dos Vereadores corresponderá a 50% do subsídio dos Deputados Estaduais; e) em Municípios de 300.001 a 500.000 habitantes, o subsídio máximo dos Vereadores corresponderá a 60% do subsídio dos Deputados Estaduais; f) em Municípios de mais de 500.000 habitantes, o subsídio máximo dos Vereadores corresponderá a 75% do subsídio dos Deputados Estaduais (inciso VI).

Quanto às garantias parlamentares, cuida assinalar que os vereadores possuem apenas a imunidade material ou inviolabilidade, conforme dicção do art. 29, VIII, da CF: "inviolabilidade dos vereadores por suas opiniões, palavras e votos no exercício do mandato e na circunscrição do Município".

Assim se pronunciou o STF nos autos do HC 94.059/RJ, rel. Min. Ricardo Lewandowski, j. em 6-5-2008, ao concluir que a Constituição Federal não outorga a esses parlamentares imunidade quanto à prisão, diversamente do que acontece com os parlamentares federais (art. 53, § 2º, da CF) e estaduais (art. 27, § 1º, da CF).

A inviolabilidade abrange, contudo, também a responsabilidade civil, embora assim não o declare expressamente o art. 29, VIII, da CF, como decidiu o STF nos autos do AI 631.276, rel. Min. Celso de Mello, j. em 1º-2-2011: "A garantia constitucional da imunidade parlamentar em sentido material (...) exclui a responsabilidade (e também penal) do membro do Poder Legislativo (Vereadores, Deputados e Senadores), por danos eventualmente resultantes de manifestações, orais ou escritas, desde que motivadas pelo desempenho do mandato (prática *in officio*) ou externadas em razão deste (prática *propter officium*)".

Às proibições e incompatibilidades, no exercício da vereança, aplicar-se-ão, no que couberem, as mesmas regras relativas, presentes na Constituição Federal, aos membros do Congresso Nacional, e na Constituição do respectivo Estado, para os membros da Assembleia Legislativa (art. 29, IX, da CF).

---

579 O Supremo Tribunal Federal reconheceu a inconstitucionalidade de emenda constitucional estadual que alterara a proporção subsídio-população verificada no art. 29 da Constituição (STF, ADIn 2.112-5, rel. Min. Sepúlveda Pertence, *DJ* de 18-5-2001).

Também o art. 29 da CF comete o julgamento do Prefeito perante o Tribunal de Justiça (inciso X)[580].

Já o inciso XI do art. 29 prevê a organização das funções legislativas e fiscalizadoras da Câmara Municipal.

O inciso XII do art. 29 prevê a cooperação de associações para o planejamento municipal.

Faculta-se a iniciativa legislativa popular por 5% dos eleitores municipais (inciso XIII).

E, por fim, disciplina-se a perda do mandato do Prefeito, conforme art. 29 (inciso XIV).

O art. 29-A da CF (alterado pela EC n. 58, de 23-9-2009), por sua vez, busca solucionar o grave problema de gastos com Câmaras de Vereadores, fixando que o total da despesa do Poder Legislativo Municipal, incluídos os subsídios dos Vereadores e excluídos os gastos com inativos, não poderá ultrapassar os seguintes percentuais: I – 7% para Municípios com população de até 100.000 habitantes; II – 6% para Municípios com população entre 100.000 e 300.000 habitantes; III – 5% para Municípios com população entre 300.001 e 500.000 habitantes; IV – 4,5% para Municípios com população entre 500.001 e 3.000.000 de habitantes; V – 4% para Municípios com população entre 3.000.001 e 8.000.000 de habitantes; VI – 3,5% para Municípios com população acima de 8.000.001.

10.5.2 A controvérsia sobre a inclusão dos Municípios na Federação brasileira

Não existe sistema constitucional estrangeiro que, em optando pela forma federativa de Estado, nela tenha inserido os Municípios.

E por muitas razões discute-se ainda acerca da propriedade de incluir os Municípios na Federação brasileira.

580 "*HABEAS CORPUS* – AÇÃO PENAL MOVIDA PELO MP CONTRA PREFEITO MUNICIPAL, TENDO-O COMO INCURSO NO ART. 1º, INCISOS I, II E V, DO DECRETO-LEI N. 201, DE 27-2-1967, COM BASE EM PARECER DO TRIBUNAL DE CONTAS DOS MUNICÍPIOS DO ESTADO DA BAHIA. Prefeito afastado do exercício do cargo, por despacho do relator, após receber a denúncia. Decisão confirmada pelo Tribunal Estadual, ao desprover agravo regimental. O Decreto-Lei n. 201/1967 não foi revogado pela Constituição de 1988, estabelecendo-se, apenas, no art. 29, VIII, o julgamento do prefeito perante o Tribunal de Justiça. Precedente do STF – Nas hipóteses do art. 1º do Decreto-Lei n. 201/1967, a ação penal não depende de licença da Câmara Municipal. Caso em que a denúncia foi oferecida por provocação do Tribunal de Contas. É irrelevante, para a admissibilidade da ação penal, na espécie, o fato de a Câmara Municipal, após rejeitar parecer contrário do Tribunal de Contas competente, haver aprovado as contas do prefeito. Não há falar, assim, em falta de justa causa para a ação penal. Conhece-se do *habeas corpus*, como pedido originário, por estar em causa decisão de Tribunal. Julga-se prejudicado o pedido, quanto ao retorno do prefeito afastado ao exercício de suas funções, em face do término do mandato. Indefere-se o *habeas corpus*, quanto ao restante do pedido, para que prossiga a ação penal" (STF, HC 69.19915/BA, 2ª T., rel. Min. Néri da Silveira, *DJU* de 8-4-1994).

Argumenta-se que, de sorte a viabilizar adequada inserção dos entes municipais na Federação brasileira, mister se fazia a criação de órgão legislativo destinado à sua representação, tal como se opera no que se refere às entidades estaduais, representadas que se encontram no Senado Federal[581]; contudo, não há órgão legiferante representativo dos Municípios na nossa peculiaríssima Federação.

Crítica contundente é formulada por José Afonso da Silva: "(...) Não é porque uma entidade territorial tenha autonomia político-constitucional que necessariamente integre o conceito de entidade federativa. Nem o Município é essencial ao conceito de federação brasileira. Não existe federação de Municípios. Existe federação de Estados. Estes é que são essenciais ao conceito de qualquer federação. Não se vá, depois, querer criar uma câmara de representantes dos Municípios. Em que muda a federação brasileira com o incluir os Municípios como um de seus componentes? Não muda nada. Passaram os Municípios a ser entidades federativas? Certamente que não, pois não temos uma federação de Municípios. Não é uma união de Municípios que forma a federação. Se houvesse uma federação de Municípios, estes assumiriam a natureza de Estados-Membros, mas poderiam ser Estados-Membros (de segunda classe?) dentro dos Estados federados? Onde estaria a autonomia federativa de uns ou de outros, pois esta pressupõe território próprio, não compartilhado? Dizer que a República Federativa do Brasil é formada de união indissolúvel dos Municípios é algo sem sentido, porque, se assim fora, ter-se-ia que admitir que a Constituição está provendo contra uma hipotética secessão municipal. Acontece que a sanção correspondente a tal hipótese é a intervenção federal que não existe em relação aos Municípios[582]. A intervenção neles é da competência dos Estados, o que mostra serem ainda vinculados a estes. Prova que continuam a ser divisões político-administrativas dos Estados, não da União. Se fossem divisões políticas do território da União, como ficariam os Estados, cujo território é integralmente repartido entre seus Municípios? Ficariam sem território próprio? Então, que entidades seriam os Estados? Não resta dúvida que ficamos com uma federação muito complexa, com entidades superpostas"[583].

Nós, particularmente, preferimos aderir à corrente dos que reconhecem plena legitimidade ao Município como integrante da Federação brasileira, conquanto não se possa retirar o brilho das judiciosas ponderações trazidas pelo eminente constitucionalista.

Com evidência, o Município é mais do que entidade pertencente à Federação; é, mesmo, instituição social, cultural, política e até antropológica, como se pôde observar nos dizeres precisos de Pedro Calmon.

---

581 A expressão "Senado Federal" não possui rigor técnico. Remetemos o leitor ao Capítulo 14 (subitem 14.6), no qual o assunto é examinado.

582 No Capítulo 12, veremos que há, sim, procedimento interventivo deflagrado pela União em face de Municípios, desde que estejam localizados em Território (art. 35, *caput*, parte final).

583 Cf. *Curso de Direito Constitucional Positivo*, p. 450-451.

Consequentemente, guindá-lo ao *status* de integrante da nossa Federação nada mais representou do que o reconhecimento da sua importância para o povoamento, o desenvolvimento econômico, a consolidação e independência do Estado brasileiro, enfim, para a própria história do Brasil.

Por outro lado, há de se atentar para o fato de que a forma federativa de Estado urdida a partir e com fundamento nas ideias de Alexander Hamilton, John Jay e James Madison, dirigidas foram à construção do modelo norte-americano de Federação.

Nada obsta que outros sistemas constitucionais, sob o império de fatores diversos de ordem política, cultural, social ou econômica, venham impingir a edificação de entidade federativa completamente distinta da forma inaugural concebida pela Constituição norte-americana de Filadélfia de 1787.

Costuma-se promover a abstração no que concerne à essência do Estado.

Estado outra coisa não é que a vontade coletivamente direcionada à realização do bem comum.

Ocorre que é criado e constituído por seres humanos para atender às necessidades humanas. E se, eventualmente, as indigitadas necessidades se prendem à concepção de sistema federativo peculiar, não deve a circunstância, *data venia*, servir de motivo a estranheza, porquanto a realidade constitucional é constantemente informada por elementos extranormativos de grande relevância que terminam por dar forma aos órgãos e instituições disciplinadas pela Constituição.

E foi isso exatamente o que aconteceu com os Municípios e a sua inclusão na Federação brasileira.

10.5.3 Criação, incorporação, fusão e desmembramento de Municípios

A Emenda Constitucional n. 15/96 alterou a redação do § 4º do art. 18, ao consignar atualmente que "a criação, a incorporação, a fusão e o desmembramento de Municípios, far-se-ão por lei estadual, dentro do período determinado por Lei Complementar Federal, e dependerão de consulta prévia, mediante plebiscito[584],

---

584 "CONSULTAS PLEBISCITÁRIAS – EMANCIPAÇÃO POLÍTICA – ARTS. 14, INCISO I, E 18, § 4º, DA CONSTITUIÇÃO FEDERAL – LEI COMPLEMENTAR ESTADUAL N. 58/91 E LEI FEDERAL N. 9.709/98 – DESMEMBRAMENTO DE MUNICÍPIOS – ATENDIMENTO ÀS EXIGÊNCIAS LEGAIS – APROVAÇÃO – EXPEDIÇÃO DE RESOLUÇÃO PELO TRIBUNAL REGIONAL – PARÁGRAFO ÚNICO DO ART. 8º DA LEI COMPLEMENTAR N. 62/91. Tendo sido editada Lei Complementar estadual, a teor do art. 18, § 4º, da Constituição Federal, com a redação dada pela emenda n. 15/96, é admissível a realização de plebiscito para a criação, incorporação e fusão de municípios, bem como o desmembramento visando à emancipação política. Encontrando-se os pedidos suficientemente instruídos, com o preenchimento dos requisitos exigidos em Lei para a convocação das consultas plebiscitárias propostas, edita-se as resoluções pertinentes para a sua realização, definindo a forma e respectivos calendários, na forma de direito" (TREMS, FNE 160, [4.475], rel. Des. João Carlos Brandes Garcia, j. em 1º-7-2003).

às populações dos Municípios envolvidos, após divulgação dos Estudos de Viabilidade Municipal[585], apresentados e publicados na forma da lei".

Por sua vez, o Ato das Disposições Constitucionais Transitórias, com o acréscimo do art. 96 proporcionado pela EC n. 57, de 18 de dezembro de 2008, salienta que "ficam convalidados os atos de criação, fusão, incorporação e desmembramento de Municípios, cuja lei tenha sido publicada até 31 de dezembro de 2006, atendidos os requisitos estabelecidos na legislação do respectivo Estado à época de sua criação".

De conseguinte, nota-se que a menção a lei estadual[586] indica que os Municípios não são entes federativos integrados à União, mas aos Estados.

E não repugna concluir desse modo o fato de o dispositivo revelar a necessidade de lei complementar federal fixar o período no qual poderão ser criados, incorpora-

---

585 "MANDADO DE SEGURANÇA – 2. Resolução de TRE que determina a realização de plebiscito para desmembramento de distrito de um município e sua incorporação a outro município, após a vigência da Emenda Constitucional n. 15/1996, que alterou a redação do § 4º do art. 18 da Constituição. 3. Precedente do TSE no mandado de segurança n. 2.664, Maricá, RJ. 4. Consulta plebiscitária determinada somente quanto à população da área desmembrada. Sua impossibilidade, em face da Emenda Constitucional n. 15/1996. A consulta deve abranger as populações dos municípios atingidos. 5. Consulta plebiscitária somente pode dar-se, após a publicação dos estudos de viabilidade municipal, na forma de Lei ainda não editada. 6. Mandado de segurança concedido, para cassar a Resolução n. 08, de 25.9.1997, do TRE TO" (TSE MS 2674 [2674] Porto Nacional TO, rel. Min. José Néri da Silveira, *DJU* de 5-4-2002, p. 180).
"PEDIDO DE PROVIDÊNCIAS – ASSEMBLEIA LEGISLATIVA – REALIZAÇÃO DE PLEBISCITO – CRIAÇÃO DE MUNICÍPIOS – NÃO EDITADA LEI COMPLEMENTAR A QUE SE REFERE O ART. 18, § 4º, DA CONSTITUIÇÃO FEDERAL – IMPOSSIBILIDADE DE ADOÇÃO POR ESTA CORTE DE MEDIDAS NECESSÁRIAS – INDEFERIMENTO. Não tendo sido ainda expedida a lei complementar federal, nos termos do § 4º do art. 18 da Constituição Federal, no sentido de estabelecimento genérico do requisito objetivo quanto ao período possível para a criação, incorporação, fusão ou desmembramento de municípios e, também, de lei ordinária federal prevendo os requisitos genéricos exigíveis, bem como a apresentação e a publicação dos Estudos de Viabilidade Municipal, impossível é a realização de plebiscito para os fins aludidos no dispositivo constitucional referido e, por conseguinte, inadmissível a adoção, por este Tribunal, das providências pertinentes através de resolução para a realização da consulta popular" (TREMS, FNE 36 e 37 [4.063], rel. Des. Claudionor Miguel Abss Duarte, j. em 30-4-2002).

586 O Supremo Tribunal Federal concluiu que a obrigatoriedade de consulta à população fixada em norma constitucional estadual para instituir região metropolitana é inconstitucional, já que a Constituição de 1988 previu o procedimento para a hipótese de criação de Municípios, não para essas regiões, que não possuem autonomia política (ADIn 796-3, rel. Min. Néri da Silveira, *Boletim Informativo STF* n. 175). Efetivamente, o § 3º do art. 25 preconiza que as regiões metropolitanas serão criadas por lei complementar (estadual, é claro) para integrar a organização, o planejamento e a execução de funções públicas de interesse comum. A razão de instituir-se região metropolitana está atrelada ao fenômeno da conurbação, isto é, "conjunto formado por uma cidade e seus subúrbios, ou por cidades reunidas, que constituem uma sequência, sem contudo, se confundirem" (cf. Aurélio Buarque de Holanda Ferreira, *Novo Dicionário da Língua Portuguesa,* p. 176). Nenhuma relação há, portanto, entre a instituição de região metropolitana e de Município, uma vez que, no primeiro caso, atende-se exclusivamente a imperativos de ordem urbanística, sendo certo que a explosão demográfica acarretou a aproximação entre as cidades e consequente similitude entre os problemas decorrentes da desordenada ocupação do solo urbano.

dos, fundidos e desmembrados Municípios.

É que, se admitisse a Constituição viessem a realizar-se em qualquer momento, produziria enorme confusão na organização dos entes municipais e também dos Estados, visto que são formados por eles.

A consulta plebiscitária é instrumento de realização da democracia participativa referida no art. 14, I a III, não podendo ser substituída por outros procedimentos análogos, tais como consultas populares, pesquisas de opinião e abaixo-assinado, como, inclusive, já definiu o Supremo Tribunal Federal[587].

Contudo, não se dará sem que se divulguem os Estudos de Viabilidade Municipal.

Explica-se: havia e, infelizmente, ainda há, em nosso país, sanha movida por iniciativas egoístas de lideranças políticas locais, dirigidas à criação de entidades municipais tão só para a satisfação da cupidez em detrimento do interesse da coletividade, porque a receita mensal da unidade, muitas vezes, nem sequer era suficiente para o pagamento da estrutura de poder, como os salários de Vereadores e do Chefe do Executivo municipal[588].

---

587 Foi o que ocorreu relativamente ao julgamento das ADIns 2.994/BA e 3.013/BA, rel. Min. Ellen Gracie: "Ações diretas de inconstitucionalidade. Lei 8.264/02, do Estado da Bahia. Redefinição dos limites territoriais do Município de Salinas da Margarida. Desmembramento de parte de Município e incorporação da área separada ao território da Municipalidade limítrofe, tudo sem a prévia consulta, mediante plebiscito, das populações de ambas as localidades. Ofensa ao art. 18, § 4º, da Constituição Federal. 1 – Pesquisas de opinião, abaixo-assinados e declarações de organizações comunitárias, favoráveis à criação, à incorporação ou ao desmembramento de município, não são capazes de suprir o rigor e a legitimidade do plebiscito exigido pelo § 4º do art. 18 da Carta Magna. 2 – O descumprimento da exigência plebiscitária tem levado este Supremo Tribunal Federal a declarar, por reiteradas vezes, a inconstitucionalidade de leis estaduais 'redefinidoras' dos limites territoriais municipais. Precedentes: ADI 2.812, Rel. Min. Carlos Velloso, julg. em 09.10.2003, ADI 2.702, Rel. Min. Maurício Corrêa, julg. 05.11.2003 e ADI 2.632 -MC, Rel. Min. Sepúlveda Pertence, 29.08.2003. 3 – As questões relativas à idoneidade da lei de criação de município como objeto do controle concentrado e às consequências da eficácia limitada da norma inscrita no art. 18, § 4º, da CF, já foram suficientemente equacionadas no julgamento cautelar da ADI 2.381, Rel. Min. Sepúlveda Pertence. Ações diretas de inconstitucionalidade julgadas procedentes".

588 Por esse motivo é que o art. 29-A, incluído pela EC n. 25, de 14-2-2000, e alterado pela EC n. 58, de 23-9-2009, que modificou os incisos I a IV e incluiu os incisos V e VI, estabelece o seguinte: "O total da despesa do Poder Legislativo Municipal, incluídos os subsídios dos Vereadores e excluídos os gastos com inativos, não poderá ultrapassar os seguintes percentuais, relativos ao somatório da receitas tributária e das transferências previstas no § 5º do art. 153 e nos arts. 158 e 159, efetivamente realizado no exercício anterior: I – 7% (sete por cento) para Municípios com população de até 100.000 (cem mil) habitantes; II – seis (seis por cento) para Municípios com população entre 100.000 (cem mil) e 300.000 (trezentos mil) habitantes; III – 5% (cinco por cento) para Municípios com população entre 300.001 (trezentos mil e um) e 500.000 (quinhentos mil) habitantes; IV – 4,5% (quatro inteiros e cinco décimos por cento) para Municípios com população entre 500.001 (quinhentos mil e um) e 3.000.000 (três milhões) de habitantes; V – 4% (quatro por cento) para Municípios com população entre 3.000.001 (três milhões e um) e 8.000.000 (oito milhões) de habitantes; VI – 3,5% (três inteiros e cinco décimos por cento) para Municípios com população acima de 8.000.001 (oito milhões e um) habitantes. § 1º A Câmara Municipal não gastará mais de setenta por cento de sua re-

10.5.4 Competências dos Municípios

As competências municipais estão fixadas no art. 30 da Constituição.

São elas:

I – legislar sobre assuntos de interesse local;

II – suplementar a legislação federal e a estadual no que couber;

III – instituir e arrecadar os tributos de sua competência, bem como aplicar suas rendas, sem prejuízo da obrigatoriedade de prestar contas e publicar balancetes nos prazos fixados em lei;

IV – criar, organizar e suprimir distritos[589]*, observada a legislação estadual;*

V – organizar e prestar, diretamente ou sob regime de concessão ou permissão, os serviços públicos de interesse local, incluído o de transporte coletivo, que tem caráter essencial[590]*;*

VI – manter, com a cooperação técnica e financeira da União e do Estado, programas de educação infantil e de ensino fundamental (redação dada pela EC n. 53/2006);

VII – prestar, com a cooperação técnica e financeira da União e do Estado, serviços de atendimento à saúde da população;

VIII – promover, no que couber, adequado ordenamento territorial, mediante planejamento e controle do uso[591]*, do parcelamento*[592] *e da ocupação do solo urbano*[593]*;*

---

ceita com folha de pagamento, incluído o gasto com o subsídio de seus Vereadores. § 2º Constitui crime de responsabilidade do Prefeito Municipal: I – efetuar repasse que supere os limites definidos neste artigo; II – não enviar o repasse até o dia vinte de cada mês; ou III – enviá-lo a menor em relação à proporção fixada na Lei Orçamentária. § 3º Constitui crime de responsabilidade do Presidente da Câmara Municipal o desrespeito ao § 1º deste artigo". No particular, o Supremo Tribunal Federal concluiu que "a remuneração do Prefeito, Vice-Prefeito e dos Vereadores será fixada pela Câmara Municipal em cada legislatura para a subsequente – CF, art. 29, V" (*RTJ*, 165/373).

589 "INCONSTITUCIONALIDADE – LEI ANTERIOR À CARTA – INÉPCIA – INICIAL – CAUSA DE PEDIR – DISTRITO – CRIAÇÃO – COMPETÊNCIA. (...) 3. A teor do disposto no inciso IV do artigo 30 da Constituição Federal, compete aos municípios criar, organizar e suprimir distritos. A legislação estadual deve ficar restrita ao estabelecimento de normas gerais, em forma de princípios. Precedente: ação direta de inconstitucionalidade n. 390-9/DF, relatada pelo Ministro Carlos Velloso, cujo aresto foi veiculado na Revista Trimestral de Jurisprudência n. 146/741" (STF, ADI 30/PR, TP, rel. Min. Marco Aurélio, *DJU* de 15-8-1997).

590 "Ao Município compete legislar sobre matéria de interesse local (CR, art. 30, I), incumbindo-lhe a competência para 'organizar e prestar, diretamente ou sob regime de concessão ou permissão, os serviços públicos de interesse local, incluído o de transporte coletivo, que tem caráter essencial' (CR, art. 30, V), cabendo-lhe o exercício do poder de polícia administrativa de trânsito, como dispõe o art. 24 do Código de Trânsito Brasileiro" (TJMG, APCV 000.240.475-4/00, 4ª C.Cív. rel. Des. Carreira Machado, j. em 14-11-2002).

591 "(...). Também a competência municipal, para promover, no que couber, adequado ordenamento territorial, mediante planejamento e controle do uso, do parcelamento e da ocupação do solo urbano – CF, art. 30, VIII – por relacionar-se com o direito urbanístico, está sujeita a normas federais e estaduais (CF, art. 24, I). As normas das entidades políticas diversas – União e Estado-Membro – deverão, entretanto, ser gerais, em forma de diretrizes, sob pena de tornarem inócua a competência municipal, que constitui exercício de sua autonomia constitucional. (...)" (STF, ADIn 478-6/SP, TP, rel. Min. Carlos Velloso, *DJU* de 28-2-1997).

592 "PENAL – CRIME PREVISTO NO ART. 50 DA LEI N. 6.766/79 – COMPETÊNCIA. Compete ao

IX – promover a proteção do patrimônio histórico-cultural local[594]*, observada a legislação e a ação fiscalizadora federal e estadual.*

10.5.5 Fiscalização do Município

Conforme prescreve o art. 31, *caput*, da Constituição, a fiscalização do Município será exercida pelo Poder Legislativo Municipal, mediante controle externo, e pelos sistemas de controle interno do Poder Executivo Municipal, na forma da lei.

Por sua vez, o controle externo da Câmara Municipal será exercido com o auxílio dos Tribunais de Contas dos Estados ou do Município ou dos Conselhos ou Tribunais de Contas dos Municípios, onde houver (§ 1º do art. 31).

O parecer prévio, emitido pelo órgão competente sobre as contas que o Prefeito deve anualmente prestar, só deixará de prevalecer por decisão de dois terços dos membros da Câmara Municipal (§ 2º do art. 31).

Admitindo a possibilidade de o cidadão examinar a conveniência do gasto efetivado pelo Poder Público municipal, acentua o § 3º que as contas dos Municípios ficarão, durante sessenta dias, anualmente, à disposição de qualquer contribuinte, para exame e apreciação, o qual poderá questionar-lhes a *legitimidade*, nos termos da lei.

Já o § 4º do art. 31 salienta que é vedada a criação de Tribunais, Conselhos ou órgãos de Contas Municipais.

O STF, ao examinar a questão, concluiu que a vedação se dirige exclusivamente aos Municípios, não podendo ser estendida para impedir que os Estados-Membros criem tribunais de contas municipais[595].

Juízo de Direito o processo e julgamento do crime previsto na Lei que dispõe sobre o parcelamento do solo urbano. No caso dos autos, cabe a competência ao suscitado, Juízo de Direito da 3ª Vara Criminal de Taguatinga-DF" (STJ, CComp 34485/DF, 3ª S., rel. Min. Fontes de Alencar, *DJU* de 2-9-2002).

593 "(...) O uso e a ocupação do solo urbano deve propiciar a realização do bem estar social, para isso o Município deve promover a fiscalização das atividades residenciais e comerciais, não podendo ser conivente com irregularidades existentes. III – O agente público está adstrito ao princípio da legalidade, não podendo dele se afastar por razões de conveniência subjetiva da administração. Por conseguinte, não há na espécie violação ao princípio da independência dos poderes. IV – Agravo improvido" (STJ, AGRMC 4193/SP, 2ª T., rel. Min. Laurita Vaz, *DJU* de 4-2-2002).

594 "APELAÇÃO E REEXAME NECESSÁRIO – ADMINISTRATIVO – PROCESSUAL CIVIL – MUNICÍPIO DE PELOTAS – FERIADO MUNICIPAL DE 20 DE NOVEMBRO (ZUMBI DOS PALMARES) – LEI MUNICIPAL N. 4.718, DE 28.09.2001 – MANDADO DE SEGURANÇA – LIMINAR SUSPENDENDO OS EFEITOS DA LEI – AGRAVO DE INSTRUMENTO – EFEITO SUSPENSIVO À DECISÃO HOSTILIZADA – PROCEDÊNCIA DA SENTENÇA NA ORIGEM – Interesse local, promoção e proteção do patrimônio histórico-cultural local (art. 30, I e IX, da CF/1988). Procedência da apelação. Ação improcedente. Apelo provido. Prejudicado o reexame necessário" (TJRS, AP-RN 70004452066, 4ª C.Cív., rel. Des. Wellington Pacheco Barros, j. em 14-8-2002).

595 STF, ADIn 867-6/MA, rel. Min. Marco Aurélio, j. em 10-10-1994: "Tribunais de Contas dos Municípios – Criação – Extinção. A interpretação sistemática dos §§ 1º e 4º do artigo 31 da Carta da República é conducente a concluir-se que os Estados-Membros têm o poder de criar e extinguir Conse-

10.6 AS VEDAÇÕES IMPOSTAS AOS ENTES DA FEDERAÇÃO BRASILEIRA

Dispõe o art. 19 da Constituição: "É vedado à União, aos Estados, ao Distrito Federal e aos Municípios:

I – estabelecer cultos religiosos ou igrejas, subvencioná-los, embaraçar-lhes o funcionamento ou manter com eles ou seus representantes relações de dependência ou aliança, ressalvada, na forma da lei, a colaboração de interesse público;
II – recusar fé aos documentos públicos;
III – criar distinções entre brasileiros ou preferências entre si".

Tais vedações ora se dirigem à desvinculação do Estado brasileiro de qualquer segmento religioso, ora se referem à obrigatoriedade de reconhecer o conteúdo dos documentos expedidos pelas autoridades dos diversos entes federativos, ora se aplicam à observância do princípio isonômico para impedirem desequiparações entre brasileiros com base no local de nascimento.

Diante da diversidade dos temas tratados nos incisos do art. 19, recomenda-se análise particularizada de cada qual, à exceção do inciso I, cuja análise circunstanciada é empreendida na Parte III deste *Curso*.

10.6.1 Os documentos públicos e o art. 19, II

O mencionado dispositivo esclarece que será vedado aos entes federativos recusar fé aos documentos públicos.

"Recusar fé", tal como grafado no art. 19, II, tem o significado de não reconhecer como verídica a afirmação contida no documento.

O propósito é evidente: harmonizar a expedição de documentos pela União, Estados, Distrito Federal e Municípios, tornando-os válidos e legítimos para a certificação do fato sobre o qual tratam, o que, mediatamente, implica a harmonização do pacto federativo.

10.6.2 O art. 19, III, e o princípio da isonomia entre brasileiros

A Constituição de 1988 inclui, no art. 12, a nacionalidade como direito fundamental, fixando os parâmetros para o reconhecimento dos brasileiros natos (art. 12, I, *a* a *c*) e naturalizados (art. 12, II, *a* e *b*), registrando que a lei não poderá estabelecer distinção entre uns e outros, salvo os casos nela previstos, conforme o rol indicado nos incisos do § 3º do mencionado artigo, que limita o acesso a determinados cargos considerados relevantes.

Sendo assim, o art. 19, III, ao vedar aos entes federativos criar distinções entre brasileiros ou preferências entre si, é norma constitucional que põe a nacionalidade

lhos ou Tribunais de Contas dos Municípios. A expressão 'onde houver' inserta no primeiro parágrafo alberga a existência presente e futura de tais órgãos, sendo que o óbice à criação ficou restrito à atividade municipal – Precedente: ação direta de inconstitucionalidade n. 154, relatada pelo Ministro Octavio Gallotti, com acórdão publicado no Diário da Justiça de 11 de outubro de 1991".

em evidência, interditando que se perpetrem desequiparações com base no local de nascimento, seja no Município, seja no Estado-Membro.

É regra que consubstancia, portanto, o princípio da igualdade entre brasileiros, evitando que se instile a rivalidade entre unidades federadas mediante ilegítima concessão de benefícios ou prerrogativas aos indivíduos que tenham nascido num dado território de Estado ou de Município, razão pela qual o preceptivo também protege o *princípio da homogeneidade federativa.*

O STF, ao julgar ação direta, utilizou o princípio da homogeneidade federativa para concluir que "não é possível impor que aquisição de automóveis oficiais recaia em veículos produzidos no próprio Estado" (ADIn 3.583/PR, rel. Min. Cezar Peluso, j. em 21-2-2008).

Também não será aceito pela norma constitucional que se conceda título honorífico a grupos de indivíduos que tenham prestado relevantes serviços a Estado ou a Município, quando advier de tal concessão tratamento privilegiado em relação a brasileiros que não a receberam.

Por isso que decidiu o Supremo Tribunal Federal, no julgamento da ADIn 598-7 – Tocantins: "o título 'Pioneiro do Tocantins', previsto no *caput* do art. 25 da Lei n. 157/90, atribuído a servidores do Estado, nada tem de inconstitucional. Entretanto, quando utilizado para concurso de provas e títulos, ofende clara e diretamente o preceito constitucional que a todos assegura o acesso aos cargos públicos, pois, o critério consagrado nas normas impugnadas, de maneira oblíqua, mas eficaz, deforma o concurso a ponto de fraudar o preceito constitucional, art. 37, II, da Constituição".

É evidente também que a concessão do indigitado título vulnera flagrantemente o art. 19, III, porquanto cria distinção entre brasileiros não consentida pelo sistema constitucional.

10.7 OS ESTADOS NA FEDERAÇÃO BRASILEIRA

O art. 25 é a base constitucional da autonomia conferida aos entes estaduais: "Os Estados organizam-se e regem-se pelas Constituições e leis que adotarem, observados os princípios desta Constituição".

Como dado essencial e inafastável de todo e qualquer sistema federativo, a autonomia atribuída aos Estados, no Brasil, pode admitir quatro desdobramentos, que enfeixam distintas espécies de capacidades a eles outorgadas:

a) *auto-organização* – capacidade que tem o Estado-Membro de organizar-se mediante disciplina prevista em constituição própria;

b) *autolegislação* – capacidade de o Estado legislar sobre assuntos de interesse estadual, cujo âmbito espacial de validez da norma estará limitado ao território da unidade federada;

c) *autoadministração* – capacidade de conduzir a própria administração através de autoridades estaduais; e

d) *autogoverno* – capacidade de eleger representantes no Poder Legislativo e o Chefe do Poder Executivo estaduais.

A capacidade auto-organizativa resulta de manifestação do poder constituinte decorrente, traço característico que se não pode retirar da forma federativa de Estado.

É claro, entretanto, que não é ilimitado o poder atribuído ao constituinte estadual de conformar a estrutura política da unidade, pois, como já visto no Capítulo 2, somente o poder constituinte originário não aceita a imposição de peias ou contenções de caráter jurídico.

Se o poder constituinte decorrente é criatura do elemento constituinte originário, sua atividade está balizada pelas determinações impostas pelo "pai fundador" do Estado brasileiro.

Deveras, examinado o dispositivo que assegura a autonomia estadual, nota-se em sua parte final que deverão ser observados os princípios da Constituição de 1988.

Ora, que princípios são esses?

Parece-nos bastante claro que o poder constituinte decorrente não poderá afastar-se dos Princípios Fundamentais indicados nos arts. 1º a 4º da Constituição.

E por uma razão mais lógica do que jurídica: assentados naqueles dispositivos os fundamentos, os objetivos fundamentais e a forma como se processará o relacionamento da República Federativa do Brasil no contexto internacional, tornar-se-ia vero absurdo possibilitar ao constituinte estadual a emissão de juízo político acerca da permanência de tais disposições na Constituição, máxime porque quem as inscreveu foi o criador da sociedade política brasileira.

As cláusulas intangíveis (§ 4º do art. 60), por sua vez, também não podem ser vulneradas no momento da elaboração da Constituição do Estado-Membro, pois a sua elevação a patamar de cláusula constitucional de intocabilidade interdita qualquer possibilidade de alteração, extinção ou diminuição de sua amplitude por iniciativa dos legisladores constituintes decorrente e derivado ou pelos corpos legislativos quando da edição de leis ordinárias.

Os denominados "princípios constitucionais sensíveis"[596] igualmente não se prestam a qualquer tipo de avaliação a ser empreendida pelo poder constituinte decorrente.

São assim consideradas todas as referências do art. 34, VII, *a* a *e*, da Constituição, a saber:

a) *forma republicana, sistema representativo e regime democrático;*

b) *direitos da pessoa humana;*

c) *autonomia municipal;*

d) *prestação de contas da administração pública, direta e indireta;*

e) *aplicação do mínimo exigido da receita resultante de impostos estaduais, compreendida a proveniente de transferências, na manutenção e desenvolvimento do ensino e nas ações e serviços públicos de saúde* (redação dada pela EC n. 24/2000).

---

596 A expressão foi cunhada por Pontes de Miranda. Ver *Comentários à Constituição de 1967*, Rio de Janeiro: Forense, 1987, t. 2, p. 286.

São as disposições constitucionais que, uma vez transgredidas, abrem espaço à propositura da ação direta de inconstitucionalidade interventiva, cuja iniciativa, segundo o caso, será do Procurador-Geral da República e dirigida ao Supremo Tribunal Federal (quando a transgressão for consumada pelo Estado-Membro), ou do Procurador-Geral de Justiça para apreciação do respectivo Tribunal de Justiça (quando o desrespeito for cometido por ente municipal).

Em face da inviabilidade de o legislador constituinte derivado deliberar sobre as normas pertinentes ao processo legislativo, porque criadas com o fito de impedir que as alterações propostas venham facilitar reforma do Texto Constitucional ou mesmo aprovação de leis ordinárias e complementares – o que de outra forma não se conseguiria –, tal proibição também se dirige ao poder constituinte estadual[597], não se estendendo à hipótese em que a Constituição do Estado-Membro tão somente promove a adequação do procedimento descrito na Constituição Federal às peculiaridades da unidade estadual, notadamente no que atina à organização unicameral da função legislativa local.

Inserem-se também na vedação todas as normas que preveem prerrogativas às denominadas funções de Estado.

Com evidência, não seria aceitável que o legislador constituinte estadual restringisse o rol das garantias dos magistrados, matéria sobre a qual a Constituição de 1988 trata de modo explícito no art. 95. Da mesma forma, se lhe interdita a alteração das prerrogativas dos membros do Ministério Público, cuja fonte promana diretamente da Constituição Federal[598].

Outro tema de destaque é o pertinente à incorporação, subdivisão e desmembramento de Estado-Membro.

Seria possível?

597 "AÇÃO DIRETA DE INCONSTITUCIONALIDADE – ART. 77, XVII, DA CONSTITUIÇÃO DO ESTADO DO RIO DE JANEIRO – FACULDADE DO SERVIDOR DE TRANSFORMAR EM PECÚNIA INDENIZATÓRIA A LICENÇA ESPECIAL E FÉRIAS NÃO GOZADAS – AFRONTA AOS ARTS. 61, § 1º, II, 'A', E 169 DA CONSTITUIÇÃO FEDERAL – 1. A Constituição Federal, ao conferir aos Estados a capacidade de auto-organização e de autogoverno, impõe a obrigatória observância aos seus princípios, entre os quais o pertinente ao processo legislativo, de modo que o legislador constituinte estadual não pode validamente dispor sobre as matérias reservadas à iniciativa privativa do Chefe do Executivo. 2. O princípio da iniciativa reservada implica a limitação ao poder do Estado-Membro de criar como ao de revisar sua Constituição e, quando no trato da reformulação constitucional local, o legislador não pode se investir da competência para matéria que a Carta da República tenha reservado à exclusiva iniciativa do Governador (...). Ação direta de inconstitucionalidade procedente" (STF, ADI 227/RJ, TP, rel. Min. Maurício Corrêa, *DJU* de 18-5-2001, p. 429).

598 "O Ministério Público não constitui órgão auxiliar do Governo. É-lhe estranha, no domínio de suas atividades institucionais, essa função subalterna. A atuação independente dessa instituição e do membro que a integra impõe-se como exigência de respeito aos direitos individuais e coletivos e delineia-se como fator de certeza quanto à efetiva submissão dos poderes à lei e à ordem jurídica" (STF/Pleno, ADIMC 789, rel. Min. Celso de Mello, decisão de 22-10-1992, *Em. de Jurisp.*, v. 1693-02, p. 196; *DJ* 1, de 26-2-1993, p. 2356).

A Constituição de 1988 responde afirmativamente à pergunta, tanto que o § 3º do art. 18 acentua que "os Estados podem incorporar-se entre si, subdividir-se ou desmembrar-se para se anexarem a outros, ou formarem novos Estados ou Territórios Federais, mediante aprovação da população diretamente interessada, através de plebiscito, e do Congresso Nacional, por lei complementar"[599].

Examinada a norma constitucional, tem-se que os Estados podem incorporar-se, subdividir-se ou desmembrar-se para eventual anexação a outra unidade estadual.

André Ramos Tavares explicita a amplitude do § 3º do art. 18, entendendo que a incorporação "(...) ocorrerá quando dois ou mais Estados se unirem geograficamente para a formação de um terceiro Estado, absolutamente diverso dos dois anteriores. Importante é notar que os Estados que se fundem desaparecem, e o que nasce não existia anteriormente". Já a subdivisão, que também denomina cisão, dar-se-ia "(...) quando o Estado se subdivide formando dois ou mais Estados ou territórios. A característica básica é que o Estado que se subdividiu deixa de existir politicamente". Quanto ao desmembramento, salienta que "(...) a característica básica é que o Estado originário não desaparece da divisão político-administrativa do Brasil. Logicamente que continuará existindo com uma porção de território física e geograficamente menor". Por fim, esclarece que configura a anexação "quando a cessão ocorre para que um território se anexe a um outro Estado (...), pois não há criação de um novo Estado"[600].

Atente-se, outrossim, para o regramento previsto no art. 235 das Disposições Constitucionais Gerais e pertinentes à organização da nova unidade estadual durante o primeiro decênio da sua criação.

10.7.1 Bens dos Estados

O art. 26 salienta que se incluem entre os bens dos Estados:

I – as águas superficiais ou subterrâneas, fluentes, emergentes e em depósito, ressalvadas, neste caso, na forma da lei, as decorrentes de obras da União;

599 Lei n. 9.709/98: "Art. 4º A incorporação de Estados entre si, subdivisão ou desmembramento para se anexarem a outros, ou formarem novos Estados ou Territórios Federais, dependem da aprovação da população diretamente interessada, por meio de plebiscito realizado na mesma data e horário em cada um dos Estados, e do Congresso Nacional, por lei complementar, ouvidas as respectivas Assembleias Legislativas. § 1º Proclamado o resultado da consulta plebiscitária, sendo favorável à alteração territorial prevista no *caput*, o projeto de lei complementar respectivo será proposto perante qualquer das Casas do Congresso Nacional. § 2º À Casa perante a qual tenha sido apresentado o projeto de lei complementar referido no parágrafo anterior compete proceder à audiência das respectivas Assembleias Legislativas. § 3º Na oportunidade prevista no parágrafo anterior, as respectivas Assembleias Legislativas opinarão, sem caráter vinculativo, sobre a matéria, e fornecerão ao Congresso Nacional os detalhamentos técnicos concernentes aos aspectos administrativos, financeiros, sociais e econômicos da área geopolítica afetada. § 4º O Congresso Nacional, ao aprovar a lei complementar, tomará em conta as informações técnicas a que se refere o parágrafo anterior".

600 Cf. André Ramos Tavares, *Curso de Direito Constitucional*, p. 738.

II – as áreas, nas ilhas oceânicas e costeiras, que estiverem no seu domínio, excluídas aquelas sob domínio da União, Municípios ou terceiros;

III – as ilhas fluviais e lacustres não compreendidas entre as da União;

IV – as terras devolutas não compreendidas entre as da União.

Vê-se que os bens naturais pertencerão aos Estados apenas na hipótese de já não estarem sob domínio da União, razão pela qual o dispositivo indicado deve ser posto em confronto com o art. 20 da Constituição, que indica, com precisão, quais os bens do órgão central.

10.7.2 Poderes Legislativo, Executivo e Judiciário dos Estados-Membros

No contexto da organização legislativa dos Estados-Membros, a Constituição Federal estabelece o número máximo de representantes eleitos para a Assembleia Legislativa, ao determinar que corresponderá ao triplo da representação do Estado na Câmara dos Deputados e, atingido o número de trinta e seis, será acrescido de tantos quantos forem os Deputados Federais acima de doze (art. 27).

O mandato dos Deputados Estaduais será de quatro anos, aplicando-se-lhes as regras da Constituição Federal sobre sistema eleitoral, inviolabilidade, imunidades, remuneração, perda de mandato, licença, impedimentos e incorporação às Forças Armadas (§ 1º do art. 27).

É o predomínio, aqui, do princípio da simetria, que torna exigível ao legislador constituinte decorrente observar as normas constitucionais federais que dispõem sobre a organização das funções estatais e as atividades típicas de Estado.

E é o indigitado princípio que determina a forma da remuneração dos Deputados Estaduais, fixada por lei de iniciativa da Assembleia Legislativa, não podendo ser superior a setenta e cinco por cento da remuneração percebida pelos Deputados Federais, atendidas sempre as imposições contidas nos arts. 39, § 4º; 57, § 7º; 150, II; 153, III, e 153, § 2º, I, consoante a redação do § 2º do art. 27, alterada pela EC n. 19/98, a denominada "Reforma Administrativa".

A Chefia do Poder Executivo nos Estados é exercida pelo Governador, eleito juntamente com o Vice-Governador, para mandato de quatro anos, em eleição realizada no primeiro domingo de outubro, em primeiro turno, e no último domingo de outubro, em segundo turno, se houver, do ano anterior ao término do mandato de seus antecessores, e a posse ocorrerá em 1º de janeiro do ano subsequente, devendo ser atendidas as disposições do art. 77 no que couberem.

Logo, tem-se como coincidente não apenas o período de eleição do Presidente da República e dos Governadores de Estado[601], como também a posse, nos ter-

601 Na ADIn 2.709, rel. Min. Gilmar Mendes, j. em 1º-8-2006, o STf concluiu que norma constitucional estadual não poderia autorizar, no caso de dupla vacância dos cargos do Executivo estadual (Governador e Vice), o Presidente da Assembleia Legislativa a assumir para cumprir o mandato residual. Entendeu a Corte que a regra da eletividade, ínsita à forma de governo republicano, deveria ser respeitada pelo poder constituinte decorrente, mais ainda em virtude do disposto no art. 81 e parágrafos, da Constituição Federal, que impõe, quanto à vacância do Presidente da República e do

mos previstos no art. 28 da Constituição Federal.

O Governador de Estado não poderá assumir outro cargo ou função pública na administração direta ou indireta[602], ressalvada a posse em virtude de concurso público, consoante reza o § 1º do art. 28.

Nesse caso, o exercício de mandato eletivo imporá o afastamento do cargo, emprego ou função (art. 38, I), contado o tempo em que estiver afastado para todos os efeitos legais, exceto para promoção por merecimento (art. 38, IV).

Será computado o tempo de exercício do mandato eletivo para o fim de recebimento de valores a título de benefício previdenciário (art. 38, V), como a aposentadoria.

Os subsídios do Governador, do Vice-Governador e dos Secretários de Estado serão fixados por lei de iniciativa da Assembleia Legislativa, atendidas as previsões dos arts. 37, XI; 39, § 4º; 150, II; 153, III, e 153, § 2º, I, consoante a redação do § 2º do art. 28.

Relativamente ao Poder Judiciário dos Estados, o art. 125, *caput*, fixa que a atribuição outorgada às unidades estaduais não repugna o atendimento aos princípios consagrados na Constituição Federal[603].

Quais princípios?

Vice, mera assunção provisória do cargo pelas autoridades mencionadas no art. 80 da Constituição, para o fim de organizar as eleições direta ou indireta, conforme o caso.

602 Os termos "administração direta e indireta" são correntes no direito constitucional e no direito administrativo. Decorrem de nomenclatura consagrada pelo Decreto-Lei n. 200/67. Hely Lopes Meirelles esclarece que a primeira "(...) é o conjunto dos órgãos integrados na estrutura administrativa da União", ao passo que a segunda é composta "(...) dos entes (personalizados) que, vinculados a um Ministério, prestam serviço públicos ou de interesse público" (cf. *Direito Administrativo Brasileiro*, p. 628). A administração direta, no Brasil, está integrada pela Presidência da República, Ministérios e Secretarias. A indireta, por sua vez, compõe-se das empresas públicas, sociedades de economia mista (também chamados "entes paraestatais" ou ainda "agências econômicas do Estado"), autarquias e fundações públicas. Todas as pessoas jurídicas integrantes da administração indireta possuem pontos em comum: são criadas por lei específica, têm personalidade jurídica distinta da entidade que as criou e possuem patrimônio próprio para alcançar os propósitos assinalados na norma jurídica que as instituiu.

603 Entre os quais a autonomia consagrada aos órgãos judiciários estaduais no Texto Constitucional de 1988, indicativamente no art. 96, II: "AÇÃO DIRETA DE INCONSTITUCIONALIDADE – MEDIDA CAUTELAR – EMENDA CONSTITUCIONAL N. 8, DE 20.05.1999, PROMULGADA PELA ASSEMBLEIA LEGISLATIVA DO ESTADO DE SÃO PAULO – EXTINÇÃO DOS TRIBUNAIS DE ALÇADA E SUA TRANSFORMAÇÃO EM ÓRGÃOS DO TRIBUNAL DE JUSTIÇA – PROMOÇÃO DOS INTEGRANTES DAQUELES AO CARGO DE DESEMBARGADORES – AUSÊNCIA DE PROPOSTA DO TRIBUNAL DE JUSTIÇA – AFRONTA AO ART. 96, II, *d*, DA C.F. – A Constituição Federal reservou aos Tribunais de Justiça a iniciativa legislativa relacionada à auto-organização da magistratura, não restando ao constituinte ou ao legislador estadual senão reproduzir os respectivos textos na Carta Estadual, sem qualquer margem para obviar a exigência da Carta Federal. Cautelar deferida para suspender a eficácia da Emenda Constitucional n. 8, de 20.05.1999, do Estado de São Paulo" (STF, ADI-MC 2011/SP, TP, rel. Min. Ilmar Galvão, *DJU* de 4-4-2003, p. 39).

Ora, todos aqueles que comandam a forma de investidura, promoção[604], remoção, aposentadoria, composição e acesso[605] aos tribunais estaduais, enfim, todas as disposições constantes dos incisos do art. 93 do Texto Constitucional.

Observe-se também a redação do § 2º do art. 125: "Cabe aos Estados a instituição de representação de inconstitucionalidade de leis ou atos normativos estaduais ou municipais em face da Constituição estadual, vedada a atribuição da legitimação para agir a um único órgão".

É o dispositivo que fundamenta a competência do Poder Judiciário estadual para exercer o controle de constitucionalidade.

E do seu exame duas conclusões de inegável importância devem ser apontadas:

a) na esteira do que já disciplinara a Constituição Federal, no que concerne à ação direta de inconstitucionalidade (art. 103, I a IX), as Constituições estaduais não podem atribuir a legitimação para a fiscalização abstrata da constitucionalidade a um único órgão ou pessoa[606];

b) as leis municipais não podem ser objeto de controle adotando-se por parâmetro o texto da Constituição Federal, mas sim o da Constituição do respectivo Estado-Membro ao qual pertence o Município.

10.8 A UNIÃO NA FEDERAÇÃO BRASILEIRA

A União é o órgão central no sistema federativo brasileiro.

Em um federalismo assentado sobre a ideia da cooperação entre os diversos entes que o compõem[607], surge mais do que evidente a ideia relativa ao fortalecimento da pessoa política central. Decorre esse fenômeno do alargamento da atividade da União do simples fato de que ela passa a funcionar como uma espécie de "árbitro" das controvérsias entre Estados.

Constituídas como objetivo fundamental da República Federativa do Brasil a erradicação da pobreza, da marginalização e a redução das desigualdades sociais e

---

604 Para o Supremo Tribunal Federal "é inconstitucional a cláusula constante de ato regimental, editado por Tribunal de Justiça, que estabelece, como elemento de desempate nas promoções por merecimento, o fator de ordem temporal – a antiguidade na entrância, desestruturando, desse modo, a dualidade de critérios de acesso aos Tribunais de segundo grau, consagrada no art. 93 da Lei Fundamental da República" (STF, ADIn 189/DF, rel. Min. Celso de Mello, *RTJ*, 138-02/371).

605 O Supremo Tribunal Federal impediu viessem a ser movimentadas do Tribunal de Alçada para o Tribunal de Justiça as vagas referentes ao quinto constitucional da Advocacia e do Ministério Público. Segundo a decisão prolatada nos Embargos à ADIn 29/RS, "(...) O teor do art. 94 da Lei Básica referida não contempla qualquer exceção, sendo impróprio vislumbrá-la na referência '(...) a classe de origem', contida no primeiro dispositivo, porquanto implica cassação da prerrogativa da Ordem dos Advogados do Brasil e do Ministério Público, restrição ao sistema federativo e introduz carreira não contemplada na organização do Judiciário" (*RTJ*, 129/955).

606 O STF admite a legitimidade fixada por norma estadual para propositura de ação direta de inconstitucionalidade por deputado estadual (RE 261.677/PR).

607 Ver subitem 9.2.1 do Capítulo anterior.

regionais (art. 3º, IV, da CF), torna-se bastante clara a necessidade de a União intervir para diminuir o desequilíbrio econômico entre os Estados, pondo-se como certo que tal anormalidade ensejará graves resultados no contexto da federação, inclusive com possibilidade de se instilarem veladamente secessões estaduais.

Por conseguinte, nada há de insólito na atual tendência registrada nos sistemas políticos e relacionada ao adensamento dos poderes da União em face das demais unidades federativas.

10.8.1 Bens da União

O art. 20 da Constituição explicita quais são os bens da União[608]:

I – os que atualmente lhe pertencem e os que lhe vierem a ser atribuídos;

II – as terras devolutas[609] *indispensáveis à defesa das fronteiras, das fortificações e construções militares, das vias federais de comunicação e à preservação ambiental, definidas em lei;*

III – os lagos, rios e quaisquer correntes de água em terrenos de seu domínio[610]*, ou que ba-*

---

608 Decreto-Lei n. 9.760/66: "Art. 1º Incluem-se entre os bens imóveis da União: *a*) os terrenos de marinha e seus acrescidos; *b*) os terrenos marginais dos rios navegáveis, em Territórios Federais, se, por qualquer título legítimo, não pertencerem a particular; *c*) os terrenos marginais de rios e as ilhas nestes situadas na faixa da fronteira do território nacional e nas zonas onde se faça sentir a influência das marés; *d*) as ilhas situadas nos mares territoriais ou não, se por qualquer título legítimo não pertencerem aos Estados, Municípios ou particulares; *e*) a porção de terras devolutas que for indispensável para a defesa da fronteira, fortificações, construções militares e estradas de ferro federais; *f*) as terras devolutas situadas nos Territórios Federais; *g*) as estradas de ferro, instalações portuárias, telégrafos, telefones, fábricas oficinas e fazendas nacionais; *h*) os terrenos dos extintos aldeamentos de índios e das colônias militares, que não tenham passado, legalmente, para o domínio dos Estados, Municípios ou particulares; *i*) os arsenais com todo o material de marinha, exército e aviação, as fortalezas, fortificações e construções militares, bem como os terrenos adjacentes, reservados por ato imperial; *j*) os que foram do domínio da Coroa; *k*) os bens perdidos pelo criminoso condenado por sentença proferida em processo judiciário federal; *l*) os que tenham sido a algum título, ou em virtude de lei, incorporados ao seu patrimônio".

609 Decreto-Lei n. 9.760/66: "Art. 5º São devolutas, na faixa da fronteira, nos Territórios Federais e no Distrito Federal, as terras que, não sendo próprios nem aplicadas a algum uso público federal, estadual territorial ou municipal, não se incorporaram ao domínio privado: *a*) por força da Lei n. 601, de 18 de setembro de 1850, Decreto n. 1.318, de 30 de janeiro de 1854, e outras leis e decretos gerais, federais e estaduais; *b*) em virtude de alienação, concessão ou reconhecimento por parte da União ou dos Estados; *c*) em virtude de lei ou concessão emanada de governo estrangeiro e ratificada ou reconhecida, expressa ou implícitamente, pelo Brasil, em tratado ou convenção de limites; *d*) em virtude de sentença judicial com força de coisa julgada; *e*) por se acharem em posse contínua e incontestada com justo título e boa-fé, por termo superior a 20 (vinte) anos; *f*) por se acharem em posse pacífica e ininterrupta, por 30 (trinta) anos, independentemente de justo título e boa fé; *g*) por força de sentença declaratória proferida nos termos do art. 148 da Constituição Federal, de 10 de novembro de 1937. Parágrafo único. A posse a que a União condiciona a sua liberalidade não pode constituir latifúndio e depende do efetivo aproveitamento e morada do possuidor ou do seu preposto, integralmente satisfeitas por estes, no caso de posse de terras situadas na faixa da fronteira, as condições especiais impostas na lei".

610 Súmula n. 479 do STF: "As margens dos rios navegáveis são de domínio público, insuscetíveis de expropriação e, por isso mesmo, excluídas de indenização".

nhem mais de um Estado[611]*, sirvam de limites com outros países, ou se estendam a território estrangeiro ou dele provenham, bem como os terrenos marginais e as praias fluviais;*

IV – as ilhas fluviais e lacustres nas zonas limítrofes com outros países; as praias marítimas; as ilhas oceânicas e as costeiras, excluídas, destas, as que contenham a sede de Municípios, exceto aquelas áreas afetadas ao serviço público e a unidade ambiental federal, e as referidas no art. 26, II (inciso alterado pela EC n. 46/2005);

V – os recursos naturais da plataforma continental e da zona econômica exclusiva[612];

VI – o mar territorial[613];

---

611 "CRIMINAL – PROCESSUAL PENAL – CONFLITO NEGATIVO DE COMPETÊNCIA – CRIMES CONTRA A FAUNA – PESCA PREDATÓRIA COM UTILIZAÇÃO DE PETRECHO NÃO PERMITIDO – ÁGUAS DIVISORAS DE ESTADOS-MEMBROS – ART. 20, INC. III, DA CF/88 – EXISTÊNCIA DE INTERESSE DA UNIÃO – COMPETÊNCIA DA JUSTIÇA FEDERAL – 1. Presente, na hipótese, o interesse da União na lide, porquanto as águas em que foi perpetrada, em tese, a prática delitiva, são divisoras de Estados-Membros da Federação, a teor do art. 20, inc. III, da Constituição da República. 2. Conflito conhecido e para declarar competente o Juiz Federal da 1ª Vara de Jales – SJ/SP, ora suscitante" (STJ, CC 37650/SP, 3ª S., rel. Min. Laurita Vaz, *DJU* de 7-4-2003).

612 Lei n. 8.617/93: "Art. 4º A zona contígua brasileira compreende uma faixa que se estende das doze às vinte e quatro milhas marítimas, contadas a partir das linhas de base que servem para medir a largura do mar territorial. Art. 5º Na zona contígua, o Brasil poderá tomar as medidas de fiscalização necessárias para: I – evitar as infrações às leis e aos regulamentos aduaneiros, fiscais, de imigração ou sanitários, nos seus territórios, ou no seu mar territorial; II – reprimir as infrações às leis e aos regulamentos, no seu território ou no seu mar territorial. Art. 6º A zona econômica exclusiva brasileira compreende uma faixa que se estende das doze às duzentas milhas marítimas, contadas a partir das linhas de base que servem para medir a largura do mar territorial. Art. 7º Na zona econômica exclusiva, o Brasil tem direitos de soberania para fins de exploração e aproveitamento, conservação e gestão dos recursos naturais, vivos ou não vivos, das águas sobrejacentes ao leito do mar, do leito do mar e seu subsolo, e no que se refere a outras atividades com vistas à exploração e ao aproveitamento da zona para fins econômicos. Art. 8º Na zona econômica exclusiva, o Brasil, no exercício de sua jurisdição, tem o direito exclusivo de regulamentar a investigação científica marinha, a proteção e preservação do meio marítimo, bem como a construção, operação e uso de todos os tipos de ilhas artificiais, instalações e estruturas. Parágrafo único. A investigação científica marinha na zona econômica exclusiva só poderá ser conduzida por outros Estados com o consentimento prévio do Governo brasileiro, nos termos da legislação em vigor que regula a matéria. (...) Art. 11. A plataforma continental do Brasil compreende o leito e o subsolo das áreas submarinas que se estendem além do seu mar territorial, em toda a extensão do prolongamento natural de seu território terrestre, até o bordo exterior da margem continental, ou até uma distância de duzentas milhas marítimas das linhas de base, a partir das quais se mede a largura do mar territorial, nos casos em que o bordo exterior da margem continental não atinja essa distância. Parágrafo único. O limite exterior da plataforma continental será fixado de conformidade com os critérios estabelecidos no art. 76 da Convenção das Nações Unidas sobre o Direito do Mar, celebrada em Montego Bay, em 10 de dezembro de 1982".

613 No Brasil, a delimitação do mar territorial encontra-se prevista na Lei n. 8.617/93: "Art. 1º O mar territorial brasileiro compreende uma faixa de doze milhas marítimas de largura, medidas a partir da linha de baixa-mar do litoral continental e insular, tal como indicada nas cartas náuticas de grande escala, reconhecidas oficialmente no Brasil. Parágrafo único. Nos locais em que a costa apresente recortes profundos e reentrâncias ou em que exista uma franja de ilhas ao longo da costa na sua

VII – os terrenos de marinha[614] *e seus acrescidos;*

VIII – os potenciais de energia hidráulica;

IX – os recursos minerais, inclusive os do subsolo;

X – as cavidades naturais subterrâneas e os sítios arqueológicos e pré-históricos;

XI – as terras tradicionalmente ocupadas pelos índios.

---

proximidade imediata, será adotado o método das linhas de base retas, ligando pontos apropriados, para o traçado da linha de base, a partir da qual será medida a extensão do mar territorial. Art. 2º A soberania do Brasil estende-se ao mar territorial, ao espaço aéreo sobrejacente, bem como ao seu leito e subsolo. Art. 3º É reconhecido aos navios de todas as nacionalidades o direito de passagem inocente no mar territorial brasileiro. § 1º A passagem será considerada inocente desde que não seja prejudicial à paz, à boa ordem ou à segurança do Brasil, devendo ser contínua e rápida. § 2º A passagem inocente poderá compreender o parar e o fundear, mas apenas na medida em que tais procedimentos constituam incidentes comuns de navegação ou sejam impostos por motivos de força ou por dificuldade grave, ou tenham por fim prestar auxílio a pessoas a navios ou aeronaves em perigo ou em dificuldade grave. § 3º Os navios estrangeiros no mar territorial brasileiro estarão sujeitos aos regulamentos estabelecidos pelo Governo brasileiro". É necessário esclarecer que a fixação de duzentas milhas marítimas como mar territorial brasileiro foi efetivada em razão de antecedentes estrangeiros: a Argentina, em 1946, declarou formalmente que pertencia à soberania da nação o 'mar epicontinental'; em 1947 foi a vez do Chile, e poucas semanas depois, o Peru – foram os primeiros na América Latina a fixar precisamente em duzentas milhas marítimas a extensão das águas adjacentes à suas costas; em 1948, a Costa Rica estendeu, de modo unilateral, os seus direitos sobre a plataforma continental compreendida até a distância de duzentas milhas; a Nicarágua aderiu às duzentas milhas em 1965, denominando-a zona nacional de pesca. O Brasil formalizou as duzentas milhas marítimas por meio do Decreto-Lei n. 1.098, de 25 de março de 1970 (cf. Luiz Augusto de Araujo Castro, *O Brasil e o Novo Direito do Mar:* mar territorial e zona econômica exclusiva, p. 11-12). "Apesar dessas manifestações de revisionismo em matéria de direito do mar da parte de alguns países do terceiro mundo, o fato é que até o início da década de setenta a grande maioria dos Estados se recusava a reconhecer qualquer forma de soberania ou jurisdição do Estado costeiro nas águas situadas a mais de doze milhas de seu litoral. E para muitos desses Estados – em particular para as potências marítimas tradicionais – não existia nem mesmo a obrigação de reconhecer mares territoriais de largura superior a três milhas" (op. cit., p. 13).

614 Ver Decreto-Lei n. 9.760/66, arts. 2º e 3º. Registre-se também o conteúdo da seguinte decisão: "(...). O domínio da União sobre os terrenos de marinha é assegurado pela própria Constituição Federal (arts 20, VII, e 49, § 3º do ADCT), de forma que a pretensa propriedade invocada pelos impetrantes, decorrente de título indevidamente registrado no Registro de Imóveis, obviamente não poderia ser oposta àquele que detém título consagrado na Lei Maior, podendo o preceito contido em seu o art. 5º, XXII, garantidor da propriedade, também ser invocado pelo ente público. IV – É fato notório que o domínio da União sobre os terrenos de marinha advém de época remota, sendo a demarcação ato meramente declaratório, e não constitutivo de um direito de propriedade há muito estabelecido. V – A escritura registrada no Registro Geral de Imóveis possui presunção *juris tantum*, presumindo-se plena e exclusiva até prova em contrário, a qual se verifica quando se trata de imóveis de propriedade da União" (TRF, 2ª R., AP-REO-MS 97.02.38708-6, 6ª T., rel. Des. Fed. Sérgio Schwaitzer, *DJU* de 27-6-2003, p. 348-349).

COMPETÊNCIAS NA FEDERAÇÃO BRASILEIRA

11.1 INTRODUÇÃO

Se o Estado brasileiro assumiu a forma federativa, é indeclinável que promova a divisão de competências. É a técnica encontrada para se proceder à distribuição do poder entre as unidades integrantes da Federação.

No entanto, cada vez que a ciência do direito constitucional se volta ao exame das competências no sistema federativo brasileiro, lança mão habitualmente de classificação que, *data venia*, mais provoca incertezas do que auxilia a quem investiga o importante assunto.

Por esse motivo, e evidentemente sem deter a pretensão de apresentar classificação perfeita acerca das competências federativas, preferimos dividi-las em seis grupos distintos, cada um com suas características singulares:

a) competência *exclusiva;*
b) competência *privativa;*
c) competência *comum;*
d) competência *concorrente;*
e) competência *suplementar* ou *supletiva;* e
f) competência *remanescente* ou *residual.*

Demais disso, com o pensamento voltado a encontrar a melhor forma de fazer com que o tema seja apreendido, valemo-nos também de duas interessantes teorias: a *Teoria dos Poderes Implícitos* e a *Teoria da Predominância do Interesse.*

Analisemos cada uma delas em subitem específico e, após, as espécies de competências fixadas na Constituição de 1988.

11.2 A TEORIA DOS PODERES IMPLÍCITOS

A Teoria dos Poderes Implícitos se consolidou no direito constitucional ianque em virtude do caráter francamente principiológico da Constituição de Filadélfia de 1787.

Em rigor, a doutrina foi elaborada sobre a Seção VIII do art. 1º desse Texto Constitucional.

Não há nenhuma dificuldade para a compreensão do conteúdo dessa engenhosa Teoria desenvolvida no âmbito da Suprema Corte norte-americana.

Significa simplesmente o seguinte:

ali onde foi atribuído o ônus a uma unidade federativa, deve ser reservado, ainda que implicitamente, o respectivo bônus a fim de ser cumprida a obrigação firmada em nível constitucional.

Embora a Teoria dos Poderes Implícitos, *per se*, não seja suficiente para desencobrir todas as intrincadas questões que circundam a divisão de competências em um Estado federal, auxilia, sobremaneira, o intérprete da constituição por meio da utilização de raciocínio lógico.

Deveras, se ao órgão central da Federação foi cometido um rol muito mais extenso de obrigações, quer no campo prestacional dos serviços de saúde, quer no da educação, segurança ou previdência social, ainda que o sistema constitucional não tenha, de modo explícito, proporcionado os meios à consecução daquelas finalidades, passou-se a entender, com amparo na Teoria, que os recursos tendentes à satisfação de tais necessidades deveriam ser alocados à unidade central.

E o raciocínio empregado foi precisamente o de que, se a constituição estabelecera obrigações adicionais a determinados órgãos da Federação, a interpretação constitucional deveria ser conformada pela ideia relativa à necessidade de dotar-lhe de meios e recursos aptos ao cumprimento das indigitadas obrigações, mesmo que o constituinte originário tenha silenciado a respeito[615].

---

615 No julgamento do RE 128.881/RO, rel. Min. Moreira Alves, *DJ* de 17-10-1994, encontra-se assim a ementa: "Servidores públicos do Estado de Rondônia. Pretensão de aplicação a eles dos Decretos-leis federais 2.284 e 2.302, ambos de 1986, sob a alegação de, relativamente aos reajustes salariais automáticos, serem diplomas legais nacionais. No caso, é fato certo que os servidores que impetraram o presente mandado de segurança são servidores do Estado de Rondônia – por isso, aliás, o acórdão recorrido teve de enfrentar a questão de serem, ou não, de caráter nacional os Decretos-leis 2.284 e 2.302, ambos de 1986 –, e não servidores abrangidos pela Lei Complementar n. 41, de 22 de dezembro de 1981, que criou o Estado de Rondônia. De acordo com o *caput* do artigo 13 da Emenda Constitucional n. 1/69, os Estados-Membros organizar-se-ão e reger-se-ão pelas Constituições e leis que adotarem, respeitados, apenas, no que diz respeito a seus servidores – como estabelece o inciso V desse mesmo artigo – as normas constitucionais federais relativas aos funcionários públicos e os limites máximos de remuneração estabelecidos em lei federal. A fixação de vencimentos, pois, e o regime de seus reajustes se incluem no âmbito dos *poderes implícitos* dos Estados (par. 1º do referido dispositivo constitucional). Recurso extraordinário conhecido e provido". A doutrina dos poderes implícitos foi também mencionada pelo Supremo Tribunal Federal quando do julgamento da Rp. 1.360/PE, rel. Min. Moreira Alves, cuja decisão foi publicada no *DJ* de 30-4-1998: "Representação de inconstitucionalidade. Interpretação do art. 14, *caput*, da Constituição Federal. Pelo *caput* desse dispositivo constitucional compete à Lei Complementar federal apenas estabelecer os requisitos mínimos de população e renda pública, bem como a forma de consulta prévia às populações, para a criação de municípios. Já a organização municipal, a criação de Municípios e a respectiva divisão em distritos dependerão, nos Estados-Membros, de lei estadual. Não se inclui, portanto, no âmbito de competência da Lei Complementar a que alude o referido artigo 14, a disciplina, que seria cogente para os Estados-Membros, da época em que se poderão criar ou alterar territorialmente os municípios neles situados. Essa matéria, que não diz respeito a requisitos mínimos de população e renda pública, nem à forma de consulta prévia às populações, se insere nas em que cabe aos Estados-

Gomes Canotilho salienta que "esta técnica aponta para uma leve referência constitucional às situações de necessidade através da simples indicação dos órgãos de soberania competentes para a adopção das medidas necessárias e apropriadas ao restabelecimento da normalidade constitucional. O exemplo típico é o da Constituição dos Estados Unidos em que a maior parte dos poderes exigidos por situações de emergência se baseiam nos chamados poderes implícitos (*'implied and inherent powers'*) ou na cláusula geral dos 'poderes de guerra'"[616].

Mas é importante esclarecer que a Teoria dos Poderes Implícitos, nos domínios do direito constitucional norte-americano, não foi aplicada exclusivamente às hipóteses de necessidade institucional, tanto que dela se valeram os juízes da Suprema Corte para solucionar os impasses causados pela inexistência de circunstanciada distribuição de competências tributárias entre os órgãos daquela Federação, fato que instilou grande disputa pela arrecadação. Somente após as decisões da Corte Constitucional, com lastro na Teoria, é que foi pacificada a sanha arrecadatória dos entes federativos ianques.

11.3 A TEORIA DA PREDOMINÂNCIA DO INTERESSE

A Teoria da Predominância do Interesse é de grande importância para a tarefa de compreender a divisão das competências entre os entes federativos, pois é com apoio nesta doutrina que se poderão delimitar os respectivos raios de ação das unidades integrantes do pacto federativo, tomando por parâmetro a amplitude do interesse.

De ordinário, tratando-se de interesse circunscrito à localidade, a hipótese será de competência do Município para adotar as providências de cunho administrativo ou legislativo para solucionar a questão[617].

Se a hipótese é de interesse relativo a mais de uma localidade, ultrapassando os domínios territoriais de um Município, desponta a competência do Estado para atuar.

Quando, por fim, já não concerne apenas a um Estado, quer porque a questão a ensejar a iniciativa pública está afeta a interesses de mais de uma unidade estadual, quer porque se relaciona a Municípios localizados em territórios de distintos Estados, atribui-se à União a competência para agir.

-Membros legislar, pela competência legislativa que têm decorrente de seus poderes implícitos (§ 1º do artigo 13 da Carta Magna Federal). Assim, não estão os Estados-Membros, ao legislar sobre a criação de seus municípios, sujeitos à observância do artigo 6º da Lei Complementar n. 1/67, na redação dada pela Lei Complementar n. 28/75 ('a criação e qualquer alteração territorial de município somente poderão ser feitas no período compreendido entre dezoito e seis meses anteriores à data da eleição municipal'), em face da esfera estreita de competência que a esta concede o artigo 14, *caput*, da Constituição Federal. Representação julgada improcedente".

616 Cf. José Joaquim Gomes Canotilho, *Direito Constitucional e Teoria da Constituição*, p. 1078.

617 As competências municipais, previstas no art. 29 da Constituição, foram indicadas no Capítulo anterior.

O intérprete deverá ainda examinar se, no âmbito da aplicação da Teoria da Predominância do Interesse, poderá a competência ser exercitada pelo poder local, pois, induvidosamente, subjaz à divisão de competências num sistema federativo a seguinte regra: "(...) nada será exercido por um poder mais amplo quando puder ser exercido pelo poder local, afinal os cidadãos moram nos Municípios e não na União"[618].

Em síntese:

se o interesse é local, atua o Município[619]*; se ultrapassa os limites municipais ou está vinculado a toda unidade estadual (interesse estadual), outorga-se a competência ao Estado; se transcende os limites estaduais (interesse regional) ou compreende todo o território nacional (interesse nacional), demarca-se à União a competência para atuar.*

Contudo, vale o esclarecimento quanto ao fato de que a amplitude dos interesses a determinarem, de forma incondicionada, a atuação de um órgão federativo, não se registra tão objetivamente como os próprios limites territoriais dos Municípios, dos Estados e da União.

Assunto que à primeira vista possa concernir exclusivamente ao poder municipal poderá despertar a atenção da União para o problema. E assim por diante. Não há como preconizar uma fórmula matemática e precisa para a interferência deste ou daquele ente federativo, mais ainda quando estamos experimentando o apogeu do federalismo cooperativo.

É que nas órbitas dos governos federal, estadual e municipal não se pode veicular a existência de um interesse próprio de cada qual, visto que o interesse de um reflete nos outros níveis de governo da Federação brasileira[620].

11.4 AS COMPETÊNCIAS EM ESPÉCIE

11.4.1 Competências exclusivas

Estão indicadas no art. 21 da Constituição e são deferidas apenas ao órgão central de nossa Federação, que é a União:

I – manter relações com Estados estrangeiros e participar de organizações internacionais;

618 Cf. Celso Ribeiro Bastos, *Curso de Direito Constitucional*, p. 155. A jurisprudência do STF expressa a importância conferida aos Municípios em nosso pacto federativo: "Ente da Federação (CF, art. 18), que recebe diretamente da Constituição Federal numerosas competências comuns (art. 23) ou exclusivas (art. 30), (...), o Município, seu regime jurídico e as normas regentes de sua criação interessam não apenas ao Estado-Membro, mas à estrutura do Estado Federal total" (STF/Pleno, ADIn 2.381-MC/RS, rel. Min. Sepúlveda Pertence, *DJ* de 14-12-2001).

619 Súmula 419 do STF: "Os Municípios têm competência para regular o horário do comércio local, desde que não infrinjam leis estaduais ou federais válidas".

620 Cf. Celso Bastos, "O município: sua evolução histórica e suas atuais competências". *Cadernos de Direito Constitucional e Ciência Política*, p. 58.

II – declarar a guerra e celebrar a paz;

III – assegurar a defesa nacional;

IV – permitir, nos casos previstos em lei complementar, que forças estrangeiras transitem pelo território nacional ou nele permaneçam temporariamente;

V – decretar o estado de sítio, o estado de defesa e a intervenção federal;

VI – autorizar e fiscalizar a produção e o comércio de material bélico[621]*;*

VII – emitir moeda[622]*;*

VIII – administrar as reservas cambiais do País e fiscalizar as operações de natureza financeira, especialmente as de crédito, câmbio e capitalização, bem como as de seguros e de previdência privada;

IX – elaborar e executar planos nacionais e regionais de ordenação do território e de desenvolvimento econômico e social;

X – manter o serviço postal[623] *e o correio aéreo nacional;*

XI – explorar, diretamente ou mediante autorização, concessão ou permissão, os serviços de telecomunicações, nos termos da lei, que disporá sobre a organização dos serviços, a criação de um órgão regulador e outros aspectos institucionais (com redação dada pela EC n. 8/95);

XII – explorar, diretamente ou mediante autorização, concessão ou permissão: a) os serviços de radiodifusão sonora, e de sons e imagens (EC n. 8/95); *b) os serviços e instalações de energia elétrica e o aproveitamento energético dos cursos de água, em articulação com os Estados onde se situam os potenciais hidroenergéticos; c) a navegação aérea, aeroespacial e a infraestrutura aeroportuária; d) os serviços de transporte ferroviário e aquaviário entre portos brasileiros e fronteiras nacionais, ou que transponham os limites de Estado ou Território; e) os serviços de transporte rodoviário interestadual e internacional de passageiros; f) os portos marítimos, fluviais e lacustres*[624]*;*

---

621 "A expressão 'material bélico', consignada no art. 21, VI, da Constituição de 1988, compreende todo e qualquer tipo de objeto ou instrumento (revólver, metralhadora, dinamite, granada), utilizado pelas Forças Armadas na manutenção da ordem interna" (STF, *RDA*, 203/225).

622 Ver também art. 164 e parágrafos.

623 "(...) Subsiste, na atual ordem constitucional, a atribuição do serviço postal, com exclusividade, à UNIÃO, devendo ser prestado o mesmo, na qualidade de serviço público, pela Empresa Brasileira de Correios e Telégrafos – ECT, o que não se revela incompatível com o princípio da livre-iniciativa" (TRF, 5ª R., AC 250011 (200081000134905) CE, 2ª T. rel. Des. fed. conv. Élio Wanderley de Siqueira Filho, *DJU* de 30-6-2003, p. 993). No mesmo sentido: "ADMINISTRATIVO – SERVIÇO POSTAL – MONOPÓLIO DA UNIÃO – CONCESSIONÁRIA DE SERVIÇO PÚBLICO. Contratação de empresa particular para a entrega de faturas de energia elétrica – Impossibilidade – A atividade postal, à luz do art. 21, X, da Constituição Federal, caracteriza-se como serviço exclusivo da União Federal. As concessionárias que exploram serviços afetos a monopólio estatal devem entregar diretamente aos seus usuários as contas referentes à exploração de tais serviços. Apelação improvida" (TRF, 4ª R., AC 1999.70.00.033981–5 /PR, 3ª T., rel. Des. fed. Maria de Fátima Freitas Labarrère, *DJU* de 4-9-2002, p. 804).

624 Lei n. 8.630/93: "Art. 1º Cabe à União explorar, diretamente ou mediante concessão, o porto organizado. § 1º Para os efeitos desta Lei, consideram-se: I – Porto Organizado: o construído e aparelhado para atender às necessidades da navegação, da movimentação de passageiros ou da movimentação

XIII – organizar e manter o Poder Judiciário, o Ministério Público do Distrito Federal e dos Territórios e a Defensoria Pública dos Territórios (inciso alterado pela EC n. 70, de 29-3-2012)[625];

XIV – organizar e manter a polícia civil, a polícia militar e o corpo de bombeiros militar do Distrito Federal, bem como prestar assistência financeira ao Distrito Federal para a execução de serviços públicos, por meio de fundo próprio (EC n. 19/98);

XV – organizar e manter os serviços oficiais de estatística, geografia, geologia e cartografia de âmbito nacional;

XVI – exercer a classificação, para efeito indicativo, de diversões públicas e de programas de rádio e televisão;

XVII – conceder anistia;

XVIII – planejar e promover a defesa permanente contra as calamidades públicas, especialmente as secas e as inundações;

XIX – instituir sistema nacional de gerenciamento de recursos hídricos e definir critérios de outorga de direitos de seu uso;

XX – instituir diretrizes para o desenvolvimento urbano, inclusive habitação, saneamento básico e transportes urbanos;

XXI – estabelecer princípios e diretrizes para o sistema nacional de viação;

XXII – executar os serviços de polícia marítima, aeroportuária e de fronteiras (EC n. 19/98);

XXIII – explorar os serviços e instalações nucleares de qualquer natureza e exercer monopólio estatal sobre a pesquisa, a lavra, o enriquecimento e reprocessamento, a industrialização e o comércio de minérios nucleares e seus derivados, atendidos os seguintes princípios e condições: a) toda atividade nuclear em território nacional somente será admitida para fins pacíficos e mediante aprovação do Congresso Nacional; b) sob regime de permissão, são autorizadas a comercialização e a utilização de radioisótopos para a pesquisa e usos médicos, agrícolas e industriais (EC n. 49/2006); *c) sob regime de permissão, são autorizadas a produção, comercialização e utilização de radioisótopos de meia-vida ou inferior a duas horas* (EC n.

---

e armazenagem de mercadorias, concedido ou explorado pela União, cujo tráfego e operações portuárias estejam sob a jurisdição de uma autoridade portuária; II – Operação Portuária: a de movimentação de passageiros ou a de movimentação ou armazenagem de mercadorias, destinados ou provenientes de transporte aquaviário, realizada no porto organizado por operadores portuários; III – Operador portuário: a pessoa jurídica pré-qualificada para a execução de operação portuária na área do porto organizado; IV – Área do porto organizado: a compreendida pelas instalações portuárias, quais sejam, ancoradouros, docas, cais, pontes e piers de atracação e acostagem, terrenos, armazéns, edificações e vias de circulação interna, bem como pela infraestrutura de proteção e acesso aquaviário ao porto tais como guias-correntes, quebra-mares, eclusas, canais, bacias de evolução e áreas de fundeio que devam ser mantidas pela Administração do Porto, referida na Seção II do Capítulo VI desta Lei. V – Instalação Portuária de Uso Privativo: a explorada por pessoa jurídica de direito público ou privado, dentro ou fora da área do porto, utilizada na movimentação de passageiros ou na movimentação ou armazenagem de mercadorias, destinados ou provenientes de transporte aquaviário. § 2º A concessão do porto organizado será sempre precedida de licitação realizada de acordo com a lei que regulamenta o regime de concessão e permissão de serviços públicos".

625 Com isso, não mais compete à União organizar e manter a Defensoria Pública do Distrito Federal, mas apenas a dos Territórios, sendo, doravante, tal responsabilidade exclusiva do DF.

49/2006); *d) a responsabilidade civil por danos nucleares independe da existência de culpa* (EC n. 49/2006);

XXIV – organizar, manter e executar a inspeção do trabalho;

XXV – estabelecer as áreas e as condições para o exercício da atividade de garimpagem, em forma associativa.

É a conhecida competência de natureza exclusiva, atribuída apenas e tão somente à União.

Todavia, muito mais adequado do que a tentativa de memorizar todas as competências fixadas ao ente central pelo art. 21, é relevante demarcar uma característica dessa importantíssima espécie de competência, assegurada pelo constituinte originário: *não há possibilidade de qualquer delegação.*

Efetivamente, perpassados os incisos do art. 21, depreende-se que, pela natureza das competências arroladas, surge evidente a indelegabilidade das atribuições cometidas à União, porque todas elas descrevem atividades ínsitas a órgão central em um sistema federativo.

Para tanto, basta imaginar como restaria grandemente comprometido o equilíbrio do pacto federativo se a competência para declarar guerra e celebrar a paz (art. 21, I) viesse a ser outorgada aos Estados ou aos Municípios.

Em primeiro lugar porque tais entidades federativas não possuem personalidade jurídica de direito internacional.

Em segundo lugar porque a atribuição da competência implicaria o reconhecimento de entidades federadas soberanas, e não autônomas (como é próprio do federalismo), visto que passariam a praticar atos típicos de organização estatal.

E mais: o que dizer da competência para emissão de moeda (art. 21, VII)? Cada unidade federativa teria atribuição de criar o seu próprio padrão monetário? E ainda que se reduzissem a emitir papel-moeda aceito por todas as entidades, haveria como controlar a quantidade de moeda posta em circulação por cada uma delas?

Por conseguinte, para consolidar o entendimento do que significa a competência exclusiva, sobressaem dois caracteres: atividade inerente a órgão central em uma federação e (como consequência da primeira) indelegabilidade absoluta das atribuições.

11.4.2 Competências privativas

É a seguinte a redação do art. 22, que compreende as competências privativas do órgão central, ao prescrever que compete privativamente à União legislar sobre:

I – direito civil, comercial, penal, processual, eleitoral, agrário[626]*, marítimo, aeronáutico, espacial e do trabalho*[627]*;*

---

626 O Supremo Tribunal Federal, nos autos da ADIMC 3.035, rel. Min. Gilmar Ferreira Mendes, j. em 10-12-2003, entendendo não residir competência ao Estado-Membro para editar norma proibitiva da comercialização de organismos geneticamente modificados, deferiu a liminar para suspender a eficácia da Lei estadual n. 14.162, de 27-10-2003, do Paraná, cujo conteúdo se dirigia precisamente a impedir a comercialização de transgênicos. Cogitou-se também, na decisão, de ofensa aos incisos VII, X e XI do art. 22.

627 "Invade a competência privativa da União Federal, para legislar sobre direito do trabalho, a lei

II – desapropriação;

III – requisições civis e militares, em caso de iminente perigo e em tempo de guerra;

IV – águas, energia, informática, telecomunicações[628] *e radiodifusão*[629]*;*

V – serviço postal;

VI – sistema monetário e de medidas, títulos e garantias dos metais;

VII – política de crédito, câmbio, seguros e transferência de valores;

VIII – comércio exterior e interestadual[630]*;*

IX – diretrizes da política nacional de transportes;

X – regime dos portos, navegação lacustre, fluvial, marítima, aérea e aeroespacial;

XI – trânsito[631] *e transporte;*

XII – jazidas, minas, outros recursos minerais e metalurgia;

XIII – nacionalidade, cidadania e naturalização;

XIV – populações indígenas[632]*;*

---

municipal voltada a garantir estabilidade a empregados da Prefeitura regidos pela CLT" (STF, *RTJ* 148/508; *RT*, 702/219).

628 "CONSTITUCIONAL - PROJETO DE LEI ESTADUAL DE ORIGEM PARLAMENTAR - VETO TOTAL - PROMULGAÇÃO DA LEI PELA ASSEMBLEIA. Norma que disciplina forma e condições de cobrança pelas empresas de telecomunicações. Matéria privativa da União. Ofensa ao art. 21, XI, da CF. Liminar deferida" (STF, ADIMC 2615/SC rel. Min. Nelson Jobim, *DJU* de 6-12-2002, p. 51).

629 "1. Cabe à União Federal explorar os serviços de radiodifusão sonora, diretamente ou mediante concessão, permissão ou autorização, nos exatos termos do que dispõem os arts. 21, XII, a, e 223 da Constituição Federal. 2. A Constituição Federal não exclui da necessidade de regulamentação as emissoras de baixa potência, limitando-se a dizer que o serviço de transmissão de mensagens depende da prévia autorização do poder competente (...)" (TRF, 3ª R., HC 13333 (2002.03.00.029120-7) – SP, 5ª T., rel. Des. fed. Ramza Tartuce, *DJU* de 25-2-2003, p. 508).

630 É inconstitucional a frase de Constituição do Estado-Membro "sendo vedada a saída do Estado de madeiras em toras", porque é competência da União legislar sobre comércio interestadual e transporte (STF, *RTJ*, 154/381).

631 Conquanto aluda a competência "exclusiva", e não privativa, como é próprio do art. 22, da Constituição, colhe-se a seguinte decisão do STF: "AÇÃO DIRETA DE INCONSTITUCIONALIDADE – MATÉRIA ESPECÍFICA DE TRÂNSITO TRATADA EM LEI ESTADUAL – INVASÃO DE COMPETÊNCIA - LEI COMPLEMENTAR FEDERAL AINDA NÃO EDITADA (CF, ARTIGO 22, PARÁGRAFO ÚNICO) – 1. A Lei n. 2.012/99, do Estado de Mato Grosso do Sul, ao tornar obrigatória a notificação pessoal dos motoristas em casos de utilização de celular com o veículo em movimento e da não utilização do cinto de segurança, cuida de matéria específica de trânsito, invadindo competência exclusiva da União (CF, artigo 22, XI). Precedentes: ADI n. 1.592-DF, Moreira ALVES (DJ de 17-4-1998 E OUTROS). 2. Enquanto não editada a Lei Complementar prevista no parágrafo único do artigo 22 da Carta Federal, não pode o Estado legislar sobre trânsito. Precedentes: ADIs n. 1.991/DF, Maurício Corrêa (DJ de 25-6-1999); 1.704, Marco Aurélio (DJ de 6-2-1998) e 474, Octavio Gallotti (DJ de 3-5-1991). Ação julgada procedente para declarar a inconstitucionalidade da Lei n. 2.012, de 19-10-1999, do Estado de Mato Grosso do Sul" (STF, ADI 2101/MS, TP, rel. Min. Maurício Corrêa, *DJU* de 5-10-2001, p. 39).

632 "AÇÃO DIRETA DE INCONSTITUCIONALIDADE – 1. Artigo 300 da Constituição do Estado do Pará que dispõe sobre populações indígenas e Lei Complementar estadual paraense n. 31, de 14-2-

XV – emigração e imigração, entrada, extradição e expulsão de estrangeiros;

XVI – organização do sistema nacional de emprego e condições para o exercício de profissões;

XVII – organização judiciária, do Ministério Público do Distrito Federal e dos Territórios e da Defensoria Pública dos Territórios, bem como organização administrativa destes (inciso alterado pela EC n. 70, de 29-3-2012);

XVIII – sistema estatístico, sistema cartográfico e de geologia nacionais;

XIX – sistemas de poupança, captação e garantia da poupança popular;

XX – sistemas de consórcios e sorteios[633]*;*

XXI – normas gerais de organização, efetivos, material bélico, garantias, convocação e mobilização das polícias militares e corpos de bombeiros militares;

XXII – competência da polícia federal e das polícias rodoviária e ferroviária federais;

XXIII – seguridade social;

XXIV – diretrizes e bases da educação nacional;

XXV – registros públicos;

XXVI – atividades nucleares de qualquer natureza;

1996, que institui o Conselho Estadual Indigenista (CONEI), destinado ao atendimento e promoção do índio. 2. Sustenta-se violação ao art. 22, XVI, da Constituição Federal, que estabelece competir privativamente à União legislar sobre 'populações indígenas', bem assim ao art. 129, V, conjugado com o art. 231, ambos da Lei Maior. 3. Falta ao Estado-Membro competência legislativa para dispor acerca de populações indígenas. A Constituição reserva essa competência legislativa à União, de forma privativa. Vício de inconstitucionalidade formal. 4. No que concerne ao funcionamento do Conselho Indigenista, Lei Complementar n. 31/96, nada impede haja colaboração do Estado-Membro à União, por via de convênio, no que concerne aos interesses das comunidades indígenas existentes no território da Unidade Federada. Não cabe ao Estado editar normas legislativas sobre a espécie. 5. Relevantes os fundamentos da inicial e conveniente a suspensão da vigência dos dispositivos impugnados, em conflito com a Constituição. 6. Medida cautelar deferida para suspender, até o julgamento final da ação, a vigência do art. 300 e parágrafos, da Constituição do Pará, bem assim da Lei Complementar n. 31, de 14-2-1996, do mesmo Estado" (STF, ADIMC 1499, TP, rel. Min. Néri da Silveira, *DJU* de 22-10-1999, p. 56).

633 O STF, quando do julgamento da ADIn 1.169 MC/DF, rel. Min. Ilmar Galvão, *DJ* de 29-6-2001, rejeitou o pedido liminar de declaração de inconstitucionalidade de lei estadual que disciplinara o funcionamento dos controvertidos "bingos": "Da circunstância de caber ao legislador federal autorizar o funcionamento dos chamados 'bingos', não decorre necessariamente a competência para regular e fiscalizar o funcionamento da nova loteria, que haverá de atender a exigências de segurança pública, ditadas pelos Estados-Membros, na forma prevista no art. 144 da CF/88. Sem plausibilidade, pois, a tese da inconstitucionalidade dos dispositivos impugnados. Ausência, por outro lado, do pressuposto do *periculum in mora*. Cautelar indeferida". No entanto, ao prosseguir o julgamento da ADIn 2.847, rel. Min. Carlos Velloso, 10-3-2004, ajuizada pelo Procurador-Geral da República contra as Leis distritais 1.176/96; 2.793/2001; 3.130/2003 e 232/92, o Min. Carlos Britto, embora afastando a alegada violação à competência privativa da União para legislar sobre direito penal, proferiu voto-vista no sentido de acompanhar a conclusão do voto relator, para declarar a inconstitucionalidade das normas impugnadas, por afronta à competência privativa da União para legislar sobre sistemas de consórcios e sorteios, nos quais se incluiriam as loterias e bingos (CF, art. 22, XX). Após, o julgamento foi adiado em virtude do pedido de vista do Min. Marco Aurélio (*Informativo STF*, n. 339).

XXVII – normas gerais de licitação e contratação, em todas as modalidades, para as administrações públicas diretas, autárquicas e fundacionais da União, Estados, Distrito Federal e Municípios[634]*, obedecido o disposto no art. 37, XXI, e para as empresas públicas e sociedades de economia mista, nos termos do art. 173, § 1º, III* (EC n. 19/98);

XXVIII – defesa territorial, defesa aeroespacial, defesa marítima, defesa civil[635] *e mobilização nacional;*

XXIX – propaganda comercial.

Prevê, por fim, o parágrafo único do art. 22 que "lei complementar poderá autorizar os Estados a legislar sobre questões específicas das matérias relacionadas neste artigo".

De forma diversa do que acontece com o art. 21, ao fixar competências de natureza indelegável à União, o art. 22, definindo as chamadas competências privativas, traz, de contraparte, a seguinte característica: *a marca da delegabilidade.*

Deveras, examinados os incisos do art. 22, alcança-se a conclusão de que as tarefas reservadas à União não possuem o caráter de atividade cuja execução somente possa ser atribuída a órgão central em um sistema federativo.

Mas se não houver delegação, reserva-se, de modo exclusivo, à União a atividade legislativa[636].

---

634 Ver Leis n. 8.666/93, 8.883/94, 8.987/95, 9.648/98 (Licitações e Contratos da Administração Pública) e 10.520/2002 (Institui, no âmbito da União, Estados, Distrito Federal e Municípios, modalidade de licitação denominada pregão, para aquisição de bens e serviços comuns).

635 Ver Decreto n. 895/93 (Sistema Nacional de Defesa Civil – SINDEC).

636 No julgamento da ADInMC 1.592/DF, rel. Min. Moreira Alves, publicada no *DJ* de 25-9-1997, decidiu o STF que, "considerando a plausibilidade jurídica da alegada invasão da competência privativa da União Federal para legislar sobre trânsito (CF, art. 22, XI), o Tribunal deferiu medida liminar em ação direta ajuizada pelo Governador do Distrito Federal para suspender, com eficácia *ex tunc*, a Lei Distrital n. 1.407/97, que determina a colocação de placas de sinalização antes de toda e qualquer barreira eletrônica implantada nas vias do Distrito Federal, informando sobre a existência desta e a velocidade máxima permitida na via, em distância nunca superior a 500 m (quinhentos metros)". Versando sobre o mesmo tema, há ainda duas interessantes decisões do STF. Por aparente ofensa à competência privativa da União Federal para legislar sobre trânsito e transporte (CF, art. 22, XI), o Tribunal deferiu medida cautelar requerida em ação direta ajuizada pelo Governador do Estado do Mato Grosso para suspender a eficácia da Lei estadual n. 6.908/97, que autorizou o uso da película de filme solar nos vidros dos veículos, em todo o Estado de Mato Grosso. Considerou-se não estar esta matéria ligada à política de educação para segurança do trânsito, que é da competência comum da União, dos Estados, do Distrito Federal e dos Municípios (CF, art. 23, XII). ADInMC 1.704-MT, rel. Min. Marco Aurélio, 4.12.97. A última delas foi prolatada nos autos do RE n. 227.384/SP, rel. Min. Moreira Alves, DJ de 9-8-2002, cujo tema se circunscreve à possibilidade de o Município editar norma impondo o uso obrigatório do cinto de segurança. Naquela oportunidade, conquanto tenha promovido equívoco, *data venia*, relativamente à identificação entre competência privativa e exclusiva, decidiu a Suprema Corte pela inconstitucionalidade da lei municipal: "A competência para legislar sobre trânsito é exclusiva da União, conforme jurisprudência reiterada desta Corte (ADI 1.032, ADIMC 1.704, ADI 532, ADI 2.101 e ADI 2.064), assim como é a competência para dispor sobre a obrigatoriedade do uso de cinto de segurança (ADIMC 874). Ora, em se tratando de competência privativa da União, e competência essa que não pode ser exercida pelos Estados se não

Veja-se, por exemplo, o art. 22, I, que indica ser competência privativa da União legislar, entre outros, sobre direito agrário.

Não seria politicamente recomendável que a União, atendendo aos imperativos dos Estados, viabilizasse a delegação de competência para legislar sobre temas específicos relacionados à questão agrária em face da compleição continental do território brasileiro[637]?

Eis, por conseguinte, o traço específico da competência privativa, cujo precedente na história político-constitucional brasileira foi o art. 17 da Constituição estadonovista de 1937: a possibilidade de delegação.

11.4.2.1 Requisitos à delegação da competência privativa

No entanto, a indigitada delegação aos Estados-Membros da competência legislativa atribuída originariamente à União não se opera de modo indisciplinado e aleatório, porque o parágrafo único do art. 22 prescreve que "lei complementar poderá autorizar os Estados a legislar sobre questões específicas das matérias relacionadas neste artigo"[638].

Vê-se, então, que a possibilidade de delegação legislativa aos Estados-Membros está balizada pelo comando do parágrafo único do art. 22, cujo conteúdo apresenta os requisitos indispensáveis à mencionada atividade legislativa.

---

houver lei complementar – que não existe – que o autorize a legislar sobre questões específicas dessa matéria (artigo 22 da Constituição), não há como pretender-se que a competência suplementar dos Municípios prevista no inciso II do artigo 30, com base na expressão vaga aí constante "no que couber", se possa exercitar para a suplementação dessa legislação da competência privativa da União. Ademais, legislação municipal, como ocorre, no caso, que obriga o uso de cinto de segurança e proíbe transporte de menores de 10 anos no banco dianteiro dos veículos com o estabelecimento de multa em favor do município, não só não diz respeito, obviamente, a assunto de interesse local para pretender-se que se enquadre na competência legislativa municipal prevista no inciso I do artigo 30 da Carta Magna, nem se pode apoiar, como decidido na ADIMEC 874, na competência comum contemplada no inciso XII do artigo 23 da Constituição, não estando ainda prevista na competência concorrente dos Estados (artigo 24 da Carta Magna), para se sustentar que, nesse caso, caberia a competência suplementar dos Municípios. Recurso extraordinário não conhecido, declarando-se a inconstitucionalidade da Lei 11.659, de 4 de novembro de 1994, do Município de São Paulo".

637 Para atender às peculiaridades das economias estaduais, a União, mediante o art. 1º da Lei Complementar n. 103/2001, permitiu que os Estados viessem a fixar o piso salarial, a que se refere o art. 7º, V, da Constituição. Sem embargo de não presenciarmos qualquer inconstitucionalidade de ordem formal no diploma editado, parece-nos que a instituição de piso salarial distinto pelas unidades estaduais poderá repercutir negativamente em termos de equilíbrio do pacto federativo, na medida em que se instilará nociva concorrência entre governos das entidades dirigida a, por via da fixação do mencionado piso, atrair investimentos e recursos para cada Estado. É o mesmo que sucede quando a Constituição prevê salário mínimo nacionalmente unificado (art. 7º, IV), pois o real propósito é garantir a harmonia da Federação, consubstanciada, aqui, na redução das desigualdades regionais. Nenhuma iniciativa deve partir da União para delegar competências privativas do art. 22 quando o procedimento ocasionar, imediata ou mediatamente, riscos ao pacto federativo.

638 A LC n. 103/2001 autoriza os Estados e o DF a instituir piso salarial.

São eles:

a) *requisito formal* – delegação expedida através de lei complementar com o acréscimo da adoção do rito preconizado para a lei delegada;
b) *requisito material* – autorização para legislar apenas sobre questões específicas das matérias tratadas nos incisos do art. 22;
c) *requisito implícito* – caráter genérico da norma de delegação, destinando-a a todos os Estados-Membros e também ao Distrito Federal.

O primeiro deles guarda relação com a espécie de veículo normativo, reputado necessário para a pretendida delegação: a lei complementar.

Assim, não se poderá admitir delegação legislativa de qualquer matéria prevista no art. 22 da Constituição sem que o consentimento do Congresso Nacional se dê por via de lei complementar.

E não é meramente acadêmica a distinção, máxime porque se sabe que a lei complementar solicita maioria absoluta para a sua aprovação (art. 69 da CF), ao passo que as demais espécies normativas comuns (leis ordinárias e leis delegadas) demandam tão somente maioria simples, conforme indica o art. 47 da Constituição.

Em acréscimo, como a hipótese é de delegação, deve haver a aplicação das prescrições constitucionais atinentes ao rito da *lei delegada* (art. 68, §§ 1º a 3º, da CF).

Outro requisito imposto pela norma constitucional se refere à amplitude da autorização, sendo certo que "lei complementar poderá *autorizar os Estados a legislar* (...)".

Significa simplesmente que a lei complementar não poderá colher determinado(s) Estado(s)-Membro(s), mas sim a totalidade dos entes estaduais integrantes da nossa Federação, e também o Distrito Federal, porque incorpora competências dos Estados.

Qual o sentido de tal regramento?

O caráter genérico da autorização legislativa promanada do Congresso Nacional revela que o legislador constituinte originário tencionou impedir o favorecimento de unidade(s) da Federação em prejuízo das demais.

Não seria recomendável ao pacto federativo que se permitisse a alguns e se recusasse a tantos outros Estados-Membros consentimento para legislar, pois é da essência desta forma de sociedade política o tratamento igualitário das unidades que a compõem.

André Ramos Tavares explicita que não recebe tratamento uniforme pela doutrina nacional a possibilidade de delegação indicativamente dirigida a unidade(s) da Federação: "Alguns autores, como Fernanda Dias Menezes de Almeida, consideram-na inviável, tendo em vista a necessidade de conceder tratamento paritário entre os entes federativos, sendo vedada qualquer forma de discriminação, em nome do federalismo simétrico. Outros autores, como André Luiz Borges Netto, consideram a delegação desigual possível, pois o legislador federal 'deverá estar atento para as condições e peculiaridades regionais de cada um dos Estados-Membros' (...)". E conclui: "É preciso afastar, contudo, as conclusões acima, que se encontram em extremos opostos, justamente pela radicalização que acabam promovendo. O certo é que matérias haverá nas quais o tratamento desigual em eventual delegação traduzir-se-á em insuportável e inaceitável discriminação. Mas também se encontrarão casos nos quais a desequiparação é não só suportável como necessária, até para atender a outros ditames constitucionais, como o da redução das desigualdades sociais e regionais"[639].

Persistimos, *permissa venia*, no entendimento de que a delegação para legislar deve ser conferida às unidades estaduais em sua totalidade.

É claro que em uma Federação haverá sempre desigualdades entre Estados-Membros, uma vez que condições climáticas, geológicas, históricas, econômicas, culturais e até antropológicas firmarão a singularidade de cada qual, circunstância, de resto, característica não apenas do federalismo brasileiro.

Ocorre que defender a desequiparação dos entes federativos com base nessa realidade é prosseguir na fragilização do pacto federativo.

Se é indiscutível que o objetivo fundamental pertinente à redução das desigualdades sociais e regionais (art. 3º, III) deve conformar de modo marcante as decisões do Parlamento no Estado federal, não se pode desprezar o fato de que, adotado como foi pela Constituição de 1988 o modelo de intervenção no domínio econômico, as medidas tendentes à diminuição de tais disparidades podem muito bem ser implementadas por via da política econômica, sem necessidade, portanto, de abrir o sério e perigoso precedente da delegação legislativa específica para determinada(s) unidade(s).

Não se pode esquecer também que o parágrafo único do art. 23 assegura que "lei complementar fixará normas para a cooperação entre a União e os Estados, o Distrito Federal e os Municípios, tendo em vista o equilíbrio do desenvolvimento e do bem-estar em âmbito nacional".

Mesmo se tratando de dispositivo relacionado à competência comum, e não privativa – cujo conteúdo é a atividade de legislação –, serve o preceito para enfatizar que os problemas decorrentes da desigualdade entre Estados-Membros em uma Federação podem muito bem ser resolvidos sem que se recorra à outorga de competência legislativa a apenas um deles.

A Constituição oferece farta variedade de soluções para obter-se o almejado equilíbrio do pacto federativo e, se o quisesse, teria apontado a possibilidade de, mediante delegação legislativa, favorecer determinada unidade.

Entretanto, o remédio constitucionalmente ministrado para o fim de mitigar desigualdades entre Estados está no rol das competências comuns, e não na legislativa.

E os Municípios podem também ser destinatários da delegação de competência para legislar sobre as matérias do art. 22?

---

639 Cf. *Curso de Direito Constitucional*, p. 755-756.

A resposta não pode ser afirmativa, na medida em que o comando do preceptivo constitucional é suficientemente claro ("Lei complementar poderá autorizar os Estados [...]") para barrar a participação dos entes municipais no contexto da competência privativa.

Além do que foge à competência municipal o exercício de atividade legiferante sobre os temas indicados nos diversos incisos do art. 22, em face da completa impossibilidade de se inserirem no rol dos "assuntos de interesse local" a que se refere o art. 30, I.

E mais: na hipótese de as unidades estaduais terem cumprido a tarefa incumbida pela norma de delegação, não há mais nada a ser cuidado pelos entes municipais. Esgota-se a delegação no campo da atividade legislativa dos Estados-Membros.

E o que dizer do Distrito Federal?

No particular, exige-se exame pouco mais detido.

O ente distrital é híbrido, pois incorpora competências estaduais e municipais, conforme prevê o § 1º do art. 32 da Constituição: "Ao Distrito Federal são atribuídas as competências legislativas reservadas aos Estados e Municípios".

Ora, a competência dos Estados em matéria legislativa é de natureza residual (§ 1º do art. 25), razão por que se aplica o mesmo entendimento relativamente ao Distrito Federal.

Sucede que o tema levantado se atém à possibilidade de a entidade distrital ser, de igual modo, destinatária da delegação legislativa apontada pelo parágrafo único do art. 22 da Constituição.

O recurso aos processos lógico e sistemático de interpretação das normas constitucionais denota que o Distrito Federal pode, sim, receber a delegação legislativa a que se refere o aludido preceito.

Efetivamente, se, nos termos do § 1º do art. 32, recebe o Distrito Federal as mesmas competências outorgadas aos entes estaduais (e também municipais, como vimos), e se os Estados são, de forma inegável, os precípuos beneficiários de eventual delegação com base no parágrafo único do art. 22, e se, ainda, tal delegação tem natureza legislativa, é lógico concluir que, uma vez deferida às unidades estaduais, naturalmente se estenderá para propiciar ao ente distrital idêntica competência.

Portanto, o mero e simples fato de o parágrafo único não mencionar expressamente o Distrito Federal, não o impede de exercer a competência legislativa sobre temas específicos das matérias assinaladas nos incisos do art. 22.

O terceiro requisito imposto pelo parágrafo único do art. 22 concerne ao objeto da delegação legislativa.

Nesse passo, não poderá ser delegada aos Estados e ao Distrito Federal a competência para legislar sobre os domínios normativos de maneira geral.

Explica-se: se, por exemplo, o art. 22, I, comete à União a competência privativa para legislar sobre direito civil, comercial, penal, processual, do trabalho, entre outros, não se permite que a delegação verse a respeito de tais domínios em sua totalidade; consente-se apenas que as unidades estaduais legislem sobre temas específicos atinentes aos "ramos"[640] do direito ali indicados.

Assim, não será objeto de delegação aos Estados legislar sobre direito do trabalho, mas lhe poderá ser outorgada a competência para legislar sobre férias, aviso prévio, ou piso salarial normativo, como efetivamente aconteceu por força da edição da Lei Complementar n. 103/2001.

O último requisito está presente na adoção do rito reclamado para a lei delegada. Não consta explicitamente na redação do parágrafo único do art. 22.

Então, qual seria o fundamento jurídico da exigência, se a própria Constituição silenciou no particular?

Ora, a lei complementar exigida para a delegação deverá ser balizada pelos parâmetros fixados pelo Congresso Nacional, sendo certo que a extensão e a forma como se operará o exercício da competência legislativa precisam ser demarcadas, sob pena de as unidades que receberem a delegação virem a exorbitar ou ultrapassar os limites da competência delegada.

Este é o entendimento de André Luiz Borges Netto: "(...), por analogia ao procedimento adotado para as leis delegadas (art. 68 da Constituição), a lei complementar deverá especificar a extensão da delegação e os termos do seu exercício, podendo, inclusive, indicar o prazo da delegação e a necessidade de a lei estadual passar pelo crivo do Congresso Nacional"[641].

11.4.3 Competências comuns

Estão inseridas no art. 23 da Constituição, segundo o qual é competência comum da União, dos Estados, do Distrito Federal e dos Municípios:

I – zelar pela guarda da Constituição, das leis e das instituições democráticas e conservar o patrimônio público;

II – cuidar da saúde[642] *e assistência pública, da proteção e garantia das pessoas portadoras de*

---

640 Certo que o sistema normativo é uno e indivisível, a expressão "ramos" do direito deve ser entendida com cautela, dentro de um contexto em que a sua utilização atende a propósitos meramente didáticos.

641 Cf. *Competências Legislativas dos Estados-Membros*, p. 155.

642 "PROCESSUAL CIVIL, ADMINISTRATIVO E CONSTITUCIONAL – AGRAVO DE INSTRUMENTO – ANTECIPAÇÃO DE TUTELA – FORNECIMENTO DE MEDICAMENTOS DESTINADOS AO TRATAMENTO DA SIDA/AIDS A HIPOSSUFICIENTES – RESPONSABILIDADE SOLIDÁRIA DA UNIÃO – PRECEDENTES DO EG. STF – 1. A verossimilhança do direito alegado encontra guarida no texto do art. 196 da Constituição Federal, que impõe ao Poder Público o dever de velar pela saúde de todos, uma vez que se constitui em bem jurídico tutelado incondicionalmente a toda a população, em especial àqueles portadores do vírus HIV. 2. O art. 23, inciso II, da mesma Carta Magna, consagra a competência comum da União, dos Estados, do Distrito Federal e dos Municípios no cuidado com a saúde e assistência pública, bem como na proteção e garantia das pessoas portadoras de deficiência. 3. O eg. STF reconhece a solidariedade das diversas esferas institucionais do Poder Público no que se refere à prestação de saúde. 4. Agravo improvido" (TRF, 2ª R., AG 2001.02.01.030682-1/RJ, 4ª T., rel. Juiz Benedito Gonçalves, *DJU* de 19-7-2003, p. 153). No mesmo

deficiência[643];

III – proteger os documentos, as obras e outros bens de valor histórico, artístico e cultural, os monumentos, as paisagens naturais notáveis e os sítios arqueológicos[644];

IV – impedir a evasão, a destruição e a descaracterização de obras de arte e de outros bens de valor histórico, artístico ou cultural;

V – proporcionar os meios de acesso à cultura, à educação e à ciência;

VI – proteger o meio ambiente e combater a poluição em qualquer de suas formas;

VII – preservar as florestas, a fauna e a flora[645];

VIII – fomentar a produção agropecuária e organizar o abastecimento alimentar[646];

IX – promover programas de construção de moradias e a melhoria das condições habitacionais e de saneamento básico;

X – combater as causas da pobreza e os fatores de marginalização, promovendo a integração social dos setores desfavorecidos;

XI – registrar, acompanhar e fiscalizar as concessões de direitos de pesquisa e exploração de recursos hídricos e minerais em seus territórios[647];

XII – estabelecer e implantar política de educação para a segurança do trânsito[648].

E o parágrafo único do art. 23 preceitua que "leis complementares fixarão normas para a cooperação entre a União e os Estados, o Distrito Federal e os Municípios, tendo em vista o equilíbrio do desenvolvimento e do bem-estar em âmbito nacional"(EC n. 53/2006).

As competências assinaladas pelos incisos do art. 23 se dirigem a todos os entes da Federação brasileira e têm característica que as distingue dos demais artigos que tratam da distribuição de competências na Constituição: *possuem natureza administrativa*.

Com efeito, o exame do preceptivo demonstra que todas as pessoas políticas – União, Estados, Distrito Federal e Municípios – integrantes do nosso sistema federa-

---

sentido, atribuindo idêntica responsabilidade solidária aos diversos entes da Federação brasileira: "(...) O *decisum* asseverou, ainda, que o próprio eg. Supremo Tribunal Federal, quando do julgamento do RE 280.642, *DJU* de 17-11-2000, tendo como relator o Exmo. Sr. Ministro Marco Aurélio de Mello, ao interpretar a exegese do art. 196 do texto constitucional, se posicionou no sentido de que a referência contida no preceito 'Estado' mostra-se abrangente, a alcançar a União Federal, os Estados propriamente ditos, o Distrito Federal e os Municípios" (TRF, 2ª R., EDAG 2001.02.01.031924-4/RJ, 4ª T., rel. Juiz Benedito Gonçalves, *DJU* de 26-11-2002, p. 100).

643 Ver Leis n. 7.853/89 (Apoio às Pessoas Portadoras de Deficiência); 10.436/2002 (Dispõe sobre a Língua Brasileira de Sinais – LIBRAS) e o Decreto n. 914/93 (Política Nacional para Integração da Pessoa Portadora de Deficiência).

644 Ver Decreto-Lei n. 25/37 (Proteção do Patrimônio Histórico e Artístico Nacional).

645 Ver Leis n. 4.771/65 (Código Florestal); 5.197/67 (Código de Caça); 6.938/81 (Política Nacional do Meio Ambiente) e 9.605/98 (Define os Crimes Ambientais). Ver também o Decreto n. 3.179/99 (Regulamentação da Lei sobre Crimes Ambientais) e Decreto-Lei n. 221/67 (Código de Pesca).

646 Ver Lei n. 8.171/91 (Política Agrícola).

647 Ver Lei n. 9.443/97 (Política Nacional de Recursos Hídricos).

648 Ver Lei n. 9.503/97 (Código de Trânsito Brasileiro).

tivo receberam atribuições, cumprindo registrar que todas elas são de compostura administrativa.

Basta notar que "cuidar da saúde e assistência pública" (art. 23, II); "proteger os documentos, as obras, e outros bens de valor histórico, artístico e cultural, os monumentos, as paisagens naturais notáveis e os sítios arqueológicos" (art. 23, III); "proteger o meio ambiente[649] e combater a poluição em qualquer de suas formas" (art. 23, VI); "fomentar a produção agropecuária e organizar o abastecimento alimentar" (art. 23, VIII), são, todas, competências de cunho administrativo, e que por isso se diferenciam substancialmente daquelas anunciadas pelo art. 24, cuja natureza e amplitude serão objeto de exame no próximo subitem.

Interessante é a redação do parágrafo único do art. 23, já mencionado acima.

Nele se consigna que lei complementar poderá estabelecer normas de cooperação entre a União e os Estados, o Distrito Federal e os Municípios.

É a constatação eloquente de que o legislador constituinte originário decidiu-se, de modo claro e peremptório, pelo federalismo de natureza cooperativa, espécie estudada no subitem 10.7 do Capítulo anterior (ver nota de rodapé).

Não há, entretanto, necessidade de ocorrência de atuação simultânea de todos os integrantes do pacto federativo no exercício das competências comuns, se bem que lei não possa demitir unilateralmente a pessoa política do dever imposto pela Constituição[650].

Compreendamos: o art. 23 não denota mera faculdade para emissão do provimento administrativo; competências comuns descrevem autêntica obrigação comis-

---

649 Merece, aqui, um registro: embora a edição de lei em sentido material e formal sobre direito do trabalho, como é o caso de meio ambiente do trabalho, seja de competência privativa da União (art. 22, I), impõe-se a todos os entes da Federação brasileira a edição de atos administrativos (exercício da competência comum do art. 23) para a proteção do meio ambiente, nesse caso evidentemente incluído o do trabalho.

650 Na ADIn 2.544-9/RS, rel. Min. Sepúlveda Pertence, *DJ* de 8-11-2002, foi sufragada tal tese: "Federação. Competência comum. Proteção do patrimônio comum, incluído o dos sítios de valor arqueológico (CF, arts. 23, III, e 216, V). Encargo que não comporta demissão unilateral. 1. Lei estadual que confere aos Municípios em que se localizam a proteção, a guarda e a responsabilidade pelos sítios arqueológicos e seus acervos, no Estado, o que vale por excluir, a propósito de tais bens do patrimônio cultural brasileiro (CF, art. 216, V), o dever de proteção e guarda e a consequente responsabilidade não apenas do Estado, mas também da própria União, incluídas na competência comum dos entes da Federação, a qual substantivam incumbência de natureza qualificadamente irrenunciável. 2. A inclusão de determinada função administrativa no âmbito da competência comum não impõe que cada tarefa compreendida no seu domínio, por menos expressiva que seja, haja de ser objeto de ações simultâneas das três entidades federativas: donde, a previsão, no parágrafo único do art. 23 CF, de lei complementar que fixe normas de cooperação (v., sobre monumentos arqueológicos e pré-históricos, a Lei 3.924/61), cuja edição, porém, é da competência da União e, de qualquer modo, não abrange o poder de demitirem-se a União ou os Estados dos encargos constitucionais de proteção dos bens de valor arqueológico para descarregá-los ilimitadamente sobre os Municípios. 3. Plausibilidade da arguição de inconstitucionalidade da lei estadual questionada. Suspensão cautelar deferida".

siva dirigida a *todos* os entes da Federação. Não fosse tão evidente a teleologia do art. 23, bastaria ao intérprete que se quisesse prender ao pedestre processo gramatical, reconhecer, de fato, que todos os incisos principiam com *verbo* e em significado de imposição: "zelar", "cuidar", "proteger", "impedir", "preservar", "combater" etc.

Por fim, observe-se a redação do parágrafo único do art. 23: "Leis complementares fixarão normas para a cooperação entre a União e os Estados, o Distrito Federal e os Municípios, tendo em vista o equilíbrio do desenvolvimento e do bem-estar em âmbito nacional" (com redação dada pela EC n. 53/2006).

11.4.4 Competências concorrentes

Menciona-as o art. 24 da Constituição, mediante outorga de competência à União, aos Estados e ao Distrito Federal para legislar concorrentemente sobre:

I – direito tributário, financeiro, penitenciário, econômico[651] *e urbanístico;*

II – orçamento;

III – juntas comerciais;

IV – custas dos serviços forenses;

V – produção e consumo;

VI – florestas, caça, pesca, fauna, conservação da natureza, defesa do solo e dos recursos naturais, proteção do meio ambiente e controle da poluição;

VII – proteção ao patrimônio histórico, cultural, artístico, turístico e paisagístico;

VIII – responsabilidade por dano ao meio ambiente, ao consumidor, a bens e direitos de valor artístico, estético, histórico, turístico e paisagístico;

IX – educação, cultura, ensino e desporto;

X – criação, funcionamento e processo do juizado de pequenas causas;

XI – procedimentos em matéria processual;

XII – previdência social, proteção e defesa da saúde[652]*;*

XIII – assistência jurídica e Defensoria Pública[653]*;*

XIV – proteção e integração social das pessoas portadoras de deficiência;

XV – proteção à infância e à juventude[654]*;*

XVI – organização, garantias, direitos e deveres das polícias civis[655].

---

651 A redação do dispositivo sepulta toda e qualquer controvérsia existente até então acerca da autonomia didático-científica do direito econômico, visto que lhe conferiu "existência constitucional".

652 Ver Lei n. 8.212/91 e Decreto n. 2.137/92 (Organização da Seguridade Social e Instituição do Plano de Custeio); Lei n. 8.213/91 e Decreto n. 3.048/99 (Planos de Benefício da Previdência Social).

653 Ver Leis n. 1.060/50 e 10.317/2001 (Normas para Concessão de Assistência Judiciária aos Necessitados).

654 Ver Lei n. 8.069/90 (Estatuto da Criança e do Adolescente).

655 O STF, quando do julgamento da ADIMC 2.752, Governador/DF × Câmara Legislativa/DF, rel. Min. Joaquim Barbosa, concluiu pela inconstitucionalidade da Lei distrital n. 2.763/2001, suspendendo a vigência do diploma, por violação aos arts. 24, XVI, e 144, § 5º, da Constituição Federal. A

As competências concorrentes trazem a seguinte nota distintiva: *o seu caráter nitidamente legislativo.*

A redação do § 1º acentua que, no âmbito da legislação concorrente, a competência da União limitar-se-á a estabelecer normas gerais.

Por sua vez, o § 2º prescreve que a competência da União para legislar sobre normas gerais não exclui a competência suplementar dos Estados, ao passo que o § 3º menciona que, ante a inexistência de lei federal sobre normas gerais, os Estados exercerão a competência legislativa plena, para atender a suas peculiaridades.

Por fim, o § 4º esclarece que a superveniência de lei federal sobre normas gerais suspende a eficácia da lei estadual, no que lhe for contrário.

Vimos na exposição feita em torno das competências comuns que elas instrumentalizam atos de natureza administrativa.

As competências concorrentes, no entanto, expressam atribuições de ordem *legislativa.*

Aliás, o próprio *caput* do art. 24 espelha essa característica ao comandar que "compete à União, aos Estados e ao Distrito Federal *legislar* concorrentemente sobre (...)", enunciando, a partir daí, competências dirigidas à emissão de normas sobre os assuntos de que trata.

Portanto, embora as expressões "comum" e "concorrente" possam criar um colar de incertezas sobre a natureza de cada qual em virtude da aparente similitude entre elas, os incisos do art. 23 demonstram ofuscantemente que as competências comuns são administrativas, ao passo que o art. 24, logo no *caput*, apresenta o caráter legislativo das competências ali pronunciadas.

Não foram atribuídas as competências concorrentes aos Municípios.

Qual o motivo da exclusão se fazem eles parte do sistema federativo brasileiro?

É preciso entender, em primeiro lugar, que as competências legislativas outorgadas aos entes municipais pelo art. 30 da Constituição estão adstritas a suplementar a legislação federal e estadual *no que couber* (art. 30, II).

Ora, a expressão "no que couber" remete ao entendimento de que a atuação legislativa suplementar municipal se vê naturalmente demarcada pela Teoria da Predominância do Interesse, tornando-se claro que as suas iniciativas quanto à edição de leis somente serão permitidas pela Constituição quando o objeto da norma concernir a interesse local, como, a propósito, deflui da literalidade do art. 30, I.

Portanto, examinando os diversos incisos do art. 24, percebe-se que muitos deles preveem competência legislativa sobre temas a respeito dos quais não prevalece interesse local, como se nota nos incisos I (com relação ao direito penitenciário), III (juntas comerciais), IV (custas dos serviços forenses), V (produção e consumo), X

---

norma distrital fixou por objeto a regulamentação do serviço comunitário de quadra, mas o STF reconheceu que o objetivo da Lei foi criar serviço de vigilância.

(criação, funcionamento e processo do juizado de pequenas causas), XI (procedimentos em matéria processual) e XIII (assistência jurídica e Defensoria Pública).

Como há possibilidade de os diversos integrantes da Federação brasileira editarem leis sobre os temas de que tratam o art. 24 e incisos da Constituição, poderiam surgir grandes problemas de superposição de normas, ou ainda de antinomias entre espécies normativas provenientes da outorga da competência concorrencial à União, Estados e Distrito Federal.

Destarte, os parágrafos do art. 24 surgem como normas constitucionais de obrigatória remissão cada vez que se cogitar do exame da competência concorrente.

O conteúdo do § 1º do art. 24 revela que, "no âmbito da legislação concorrente, a competência da União limitar-se-á a estabelecer normas gerais".

E não poderia mesmo ser diferente...

Se, no marco das competências atribuídas aos entes federativos – e aqui se refere a todo e qualquer tipo de competência, e não apenas à concorrente –, desponta como critério delimitador da atuação de cada um deles a amplitude do interesse em questão, torna-se mais do que evidente que a União não poderá exercer a competência legislativa concorrencial para se imiscuir em assuntos afetos aos Estados ou ao Distrito Federal.

A limitação quanto a editar normas gerais no contexto da competência concorrente é conatural à posição da União no sistema federativo.

Por exemplo, imagine-se a competência concorrente legislativa a respeito da norma orçamentária (art. 24, II).

Seria absurdo sem tamanho e inconstitucionalidade maior ainda se lei federal atinente a orçamento viesse a disciplinar o destino dos recursos públicos angariados pelos Estados e o Distrito Federal, visto que, na hipotética situação, restaria inapelavelmente solapada a autonomia das unidades parciais, desnaturando-se por completo o pacto federativo.

Ocorre que as unidades parciais não têm a obrigação de esperar indefinidamente pela edição da norma geral de competência da União, razão suficiente para o § 3º do art. 24 esclarecer que, "inexistindo lei federal sobre normas gerais, os Estados exercerão a competência legislativa plena, para atender a suas peculiaridades".

E se a lei estadual aprovada pela Assembleia Legislativa estiver em rota de colisão com a norma federal superveniente editada pelo Congresso Nacional?

Dá-nos a solução o § 4º do art. 24, ao determinar que "a superveniência de lei federal sobre normas gerais suspende a eficácia da lei estadual, no que lhe for contrário".

A redação do dispositivo constitucional poderia incutir nos espíritos menos avisados a conclusão, sempre falsa, de que a lei federal tem superioridade hierárquica sobre as demais normas emitidas pelos Estados, Municípios e Distrito Federal.

Por isso, é absolutamente imprescindível extinguir esse autêntico "mito", porque a conclusão não guarda nenhum rigor técnico.

Lembre-se, de início, que o sistema federativo convive com a distribuição de competências e, entre elas, a de caráter legislativo.

Por conseguinte, se o legislador constituinte originário proclama a atribuição de tal ou qual ente para legislar a respeito de determinado tema – e só a ele é deferida, como, em alguns casos, opera-se relativamente à União –, constitui erro vitando entender que norma federal teria prevalência hierárquica em relação à lei estadual, distrital ou municipal, pois ali onde se observa o exercício de competências legislativas constitucionalmente fixadas não reside hierarquia, porque cada unidade integrante da Federação só atua nos precisos limites indicados pelo legislador constituinte originário.

Adicione-se a tal fundamentação o fato de que a relação de superioridade hierárquica entre normas decorre do reconhecimento de que uma delas, de modo necessário e incondicionado, busca, na outra, o respectivo fundamento de validade.

E surge, então, a pergunta: lei estadual, municipal e distrital buscam fundamento de validade em lei federal?

Óbvio que não.

Todas elas encontram o suporte de validade na Constituição de 1988, inclusive no que tange às leis federais.

E mais: acaso haveria necessidade de a Constituição de 1988 se ocupar da disciplina de possível antinomia entre norma federal e estadual, como previu o § 4º do art. 24, se induvidosa fosse a submissão hierárquica desta em relação àquela?

Por outro lado, parece evidente concluir também que a própria redação atribuída ao § 4º do art. 24 é absolutamente clara quanto a não reconhecer hierarquia entre tais espécies normativas.

Observe-se como se encontra grafado o dispositivo: "A superveniência de lei federal sobre normas gerais *suspende a eficácia da lei estadual*, no que lhe for contrário" (grifamos).

Nesse passo, note-se que o constituinte originário não optou pelo termo "revogação", mas sim "suspensão da eficácia", circunstância mais do que emblemática de sua tentativa quanto a deixar claro que não há superioridade hierárquica de lei federal em face de leis estaduais e municipais, ou daquelas em relação a estas, máxime porque o signo "revogação" tem forte apelo hierárquico.

Por conseguinte, não há nenhum fundamento e constitui mesmo gravíssimo erro defender a hierarquia entre leis federais, estaduais e municipais.

11.4.4.1 A competência suplementar

Exercitam-na os Estados, o Distrito Federal e os Municípios, no âmbito da competência legislativa concorrente, por meio das assembleias legislativas[656] e câmaras municipais.

656 "AÇÃO DIRETA DE INCONSTITUCIONALIDADE – MEDIDA CAUTELAR: EMOLUMENTOS RELATIVOS AOS ATOS PRATICADOS PELOS SERVIÇOS NOTARIAIS E DE REGISTRO – PROVIMENTO N. 09/97 DA CORREGEDORIA GERAL DA JUSTIÇA DO ESTADO DE MATO GROSSO – 1. Somente mediante lei podem ser fixados emolumentos relativos aos atos praticados pelos serviços notariais e de registro. 2. Ofende o princípio da reserva legal e invade a competência suplementar conferida à Assembleia Legislativa o Provimento do Poder Judiciário Estadual que dispõe

O § 2º do art. 24, de contraparte, assinala que "a competência da União para legislar sobre normas gerais não exclui a competência suplementar dos Estados"[657].

Aqui, há necessidade de um esclarecimento:

> *não se deve confundir a competência suplementar – exercitada exclusivamente no âmbito da competência concorrente – com a competência residual atribuída aos Estados-Membros pelo § 1º do art. 25.*

E por quê?

Embora venhamos a tratar especificamente da competência residual no próximo subitem, a resposta se reduz ao fato de ser ela bem mais abrangente que a competência suplementar.

A competência residual ou remanescente pode versar sobre qualquer tema cuja atuação dos entes estaduais, nos termos do § 1º do art. 25, não seja vedada pela Constituição, abrangendo inclusive a expedição de atos legislativos.

Destarte, essa competência é a mais ampla possível, ao passo que a de natureza suplementar tem por alvo exclusivamente a edição de leis para colmatar a lacuna

---

sobre fixação e cobrança de emolumentos relativos a serviços cartorários. 3. Medida liminar deferida" (STF, ADIMC 1.709/MT, T.P., rel. Min. Maurício Corrêa, *DJU* de 20-2-1998).

657 No julgamento da ADIn 1.980-5/PR, rel. Min. Cezar Peluso, *DJ* de 25-2-2000, o STF reconheceu a compatibilidade vertical à Constituição de norma estadual expedida em estrita consonância com o que autoriza o § 2º do art. 24: "Ementa: Direito Constitucional e Administrativo. Ação Direta de Inconstitucionalidade da Lei n. 12.420, de 13-1-1999, do Estado do Paraná, que assegura ao consumidor o direito de obter informações sobre natureza, procedência e qualidade dos produtos combustíveis, comercializados nos postos revendedores situados naquela unidade da Federação. Alegação de ofensa aos arts. 22, I, IV e XII, 177, §§ 1º e 2º, I e III, 238 e 170, IV, da Constituição Federal. Medida Cautelar. 1. A plausibilidade jurídica da Ação Direta de Inconstitucionalidade ficou consideravelmente abalada, sobretudo diante das informações do Exmo. Sr. Governador do Estado do Paraná. 2. Com efeito, a Constituição Federal, no art. 24, incisos V e VIII, atribui competência concorrente à União, aos Estados e ao Distrito Federal para legislar sobre produção e consumo e responsabilidade por dano ao consumidor. O § 1º desse artigo esclarece que, no âmbito da legislação concorrente, a competência da União limitar-se-á a estabelecer normas gerais. E o § 2º que a competência da União para as normas gerais não exclui a suplementar dos Estados. 3. No caso, a um primeiro exame, o Estado do Paraná, na Lei impugnada, parece haver exercido essa competência suplementar, sem invadir a esfera de competência da União, para normas gerais. Aliás, o próprio Código do Consumidor, instituído pela Lei Federal n. 8.078, de 1990, no art. 55, a estabeleceu. 4. E, como ficou dito, o diploma acoimado de inconstitucional não aparenta haver exorbitado dos limites da competência legislativa estadual (suplementar), nem ter invadido a esfera de competência concorrente da União, seja a que ficou expressa no Código do Consumidor, seja na legislação correlata, inclusive aquela concernente à proteção do consumidor no específico comércio de combustíveis. 5. É claro que um exame mais aprofundado, por ocasião do julgamento de mérito da Ação, poderá detectar alguns excessos da Lei em questão, em face dos limites constitucionais que se lhe impõem, mas, por ora, não são eles vislumbrados, neste âmbito de cognição sumária, superficial, para efeito de concessão de medida cautelar. 6. Ausente o requisito da plausibilidade jurídica, nem é preciso verificar se o do *periculum in mora* está preenchido. Ademais, se tivesse de ser examinado, é bem provável que houvesse de militar no sentido da preservação temporária da eficácia das normas em foco. 7. Medida Cautelar indeferida. Plenário: votação unânime".

deixada pela ausência de norma a ser implementada pela União ou para regular de modo específico o tema de acordo com a realidade dos órgãos parciais.

Conclusão:

enquanto a competência residual tem a base constitucional vinculada ao § 1º do art. 25 e possui objeto abrangente, a competência suplementar se acha disciplinada no § 2º do art. 24[658] *e tem por conteúdo exclusivo a edição de leis pelos Estados e Distrito Federal.*

Outro detalhe que não deve escapar à apreciação de quem se propõe ao exame da competência suplementar:

"ainda que o § 2º a assegure aos Estados-Membros *e* Distrito Federal, *os* Municípios *recebem da Constituição idêntica competência, tanto que o art. 30, II, esclarece que a eles também se outorga a prerrogativa de 'suplementar a legislação federal e a estadual no que couber"*[659].

Assim, se houver necessidade de edição de lei municipal para, adicionando novos elementos à lei expedida pelo Congresso ou pela Assembleia, solucionar questão atinente a interesse da localidade, é irrecusável o exercício da competência suplementar pelos Municípios.

11.4.4.1.1 Competência suplementar municipal

Os Municípios exercem competência suplementar, muito embora não tenham sido indicados como destinatários da competência concorrente ditada no art. 24.

E isso é facilmente explicável, desde que se note o fato de muitos dos incisos do art. 24 serem totalmente estranhos à atividade municipal, como é o caso dos incisos III ("juntas comerciais"), IV ("custas dos serviços forenses"), X ("criação, funcionamento e processo do juizado de pequenas causas"), XI ("procedimentos em matéria processual"), XIII ("assistência jurídica e Defensoria Pública") e XVI ("organização, garantias, direitos e deveres das polícias civis").

Também justifica a não inclusão dos Municípios no enunciado do art. 24, *caput*, a própria redação do art. 30, II, segundo a qual compete-lhes suplementar a legislação federal e a estadual *no que couber*.

Ora, se os Municípios suplementarão a legislação federal e estadual *no que couber*, resulta lógico que, no domínio da competência firmada no art. 24, há indiscutivelmente campo material não cabível ao exercício de atividade municipal.

Entretanto, não cabe ao Município suplementar a legislação federal constante do art. 22 da Constituição simplesmente porque a competência assinalada no pre-

---

658 Não existe ofensa à Constituição pelo fato de o Estado-Membro ter exercido a sua competência legislativa supletiva. Nessa hipótese, entrando em confronto a legislação estadual supletiva com a lei federal, não é adequada a via do recurso extraordinário, devendo o tema ficar circunscrito à interposição de recurso especial (STF, *RTJ*, 150/881).

659 Com isso demonstra-se, uma vez mais, a natureza francamente legislativa da competência suplementar, à conta de sua vinculação, pelo sistema constitucional, ao exercício da atividade legislativa, conforme deflui do comando do § 2º do art. 24 e do art. 30, II.

ceptivo é de natureza *privativa* e porque o ente municipal não pode ser destinatário de contingente delegação.

11.4.5 Competência residual ou remanescente

Ao finalizarmos o estudo das competências na Constituição de 1988, encontramos a *residual*, também chamada de *remanescente*[660].

Bem arrumadas as competências de cada ente da Federação brasileira, temos que à União foram delegadas as de cunho exclusivo (art. 21) e privativo (art. 22) e aos Municípios foram indicativamente dirigidas aquelas relacionadas ao interesse local.

E aos Estados-Membros? Como solucionar a questão do rol de competências a lhes ser outorgado?

Para completar a divisão idealizada pelo legislador constituinte originário, a melhor fórmula seria remeter às unidades estaduais a competência para edição de atos no tocante ao que sobejasse ou remanescesse (por isso "remanescente") da União e dos Municípios, surgindo, assim a redação do § 1º do art. 25:

> *São reservadas aos Estados as competências que não lhes sejam vedadas por esta Constituição.*

Embora a terminologia utilizada pelo § 1º do art. 25 promova remissão ao fato de que "são *reservadas* aos Estados" as competências que não tenham sido atribuídas a outros entes da Federação, o preceptivo finda por instalar uma nuvem de incertezas acerca da própria compostura das atribuições deferidas aos Estados-Membros.

É que a expressão torna até difícil justificar como poderiam ser "remanescentes" ou "residuais" as competências das unidades estaduais se o Texto Constitucional lhes destina aquelas que chama de "reservadas".

Presumivelmente, o uso do termo adveio do enorme fascínio produzido pelo federalismo norte-americano[661] no constituinte brasileiro de 1891, quando, inclusive, na oportunidade, optou pela modificação da forma de Estado de unitário para federal. Então, somente em louvor à história constitucional brasileira é que se pode admitir a expressão "competências reservadas", notadamente quando se tem ciência de que, em nosso sistema constitucional, há poderes enumerados à União e aos Municípios, concluindo-se logicamente que os Estados apenas po-

---

660 José Afonso da Silva prefere distinguir a competência *residual* da *remanescente*, com o que, *data venia*, não concordamos, visto que é impossível diferenciar semanticamente algo que é residual do que é remanescente, porque se por resíduo deva entender-se o que sobeja, resta, remanesce, só se pode mesmo concluir pela absoluta similitude entre as locuções. No mesmo sentido é o escólio de Fernanda Dias Menezes de Almeida (cf. *Competências na Constituição de 1988*, p. 81).

661 Repita-se que o federalismo norte-americano inicialmente optou pela modelo dualista, inclusive para viabilizar maior consensualidade das unidades parciais, já que no seu momento formativo encontravam-se as ex-colônias inglesas bastante ciosas de suas competências e preocupadas com a possibilidade de perdê-las via adoção do Estado federal. Reside aí, portanto, a origem da opção pelo termo *reserved powers*, tal como consta da Constituição de Filadélfia de 1787.

dem exercitar a autonomia política no contexto do que sobejar, restar, remanescer das competências que foram, de modo expresso, entregues ao órgão central e às unidades municipais.

É óbvio que reconhecer a existência de um "resíduo" para admitir a competência dos Estados-Membros não constitui demérito ou desapreço do sistema constitucional com relação a tais entidades federativas.

Foi, sim, repita-se, o modo encontrado para compatibilizar tais competências com as da União[662] e dos Municípios. Não é, entretanto, diminuta a competência assinalada aos Estados, desde que se tome por certo que atuam livremente no respectivo campo residual, que não é pequeno.

662 O STF entendeu compatível com a Constituição lei estadual do Rio de Janeiro que determinara a obrigatoriedade de lacre nos tanques de postos de combustível: "O Tribunal julgou improcedente ação direta (Lei 9.868/99, art. 12) ajuizada pela Confederação Nacional do Comércio – CNC e declarou a constitucionalidade da Lei 3.438/2000, do Estado do Rio de Janeiro, que obriga as distribuidoras de combustíveis a colocarem lacres eletrônicos nos tanques dos postos de combustíveis. O Tribunal entendeu que a Lei estadual impugnada insere-se na competência residual do Estado do Rio de Janeiro (CF, art. 24, V e VIII) e afastou a tese sustentada pela autora da ação no sentido de que a Lei impugnada teria invadido a competência legislativa da União (CF, art. 22, I, IV e XII). Rejeitou-se, ainda, a alegada inconstitucionalidade material por ofensa aos artigos 5º, XXII e XXIV, 170, II e IV, 177, §§ 1º e 2º, da CF. Quanto aos Decretos 27.254/2000 e 29.043/2001, também impugnados, que regulamentam a mencionada Lei, o Tribunal não conheceu da ação nesse ponto, haja vista a orientação firmada no STF no sentido do não cabimento de ação direta contra ato normativo de caráter regulamentar. ADI 2.334/DF, rel. Min. Gilmar Mendes, 24-4-2003 (ADI 2334)" (*Informativo STF*, n. 305).

12

INTERVENÇÃO FEDERAL

12.1 O PRINCÍPIO DA NÃO INTERVENÇÃO

Quem quer que se proponha ao exame do tema intervenção federal, descobrirá, de logo, ante os termos dos arts. 34 e 35 da Constituição, que a regra é precisamente a da não intervenção de uma pessoa jurídica de direito público territorial sobre a outra.

Efetivamente, preceitua o art. 34, *caput* que "a União *não* intervirá nos Estados nem no Distrito Federal, *exceto* para (...)", ao passo que o comando do art. 35 prevê que "o Estado *não* intervirá em seus Municípios, *nem* a União nos Municípios localizados em Território Federal, *exceto* quando (...)", passando a indicar, ambos os preceptivos, a partir daí, as circunstâncias impositivas da adoção da extrema medida.

E não haveria razão mesmo para ser diferente o tratamento conferido ao tema pela Constituição.

É que a autonomia política é um dado inafastável de todo e qualquer sistema federativo, permitindo-se apenas excepcionalmente que se ponha à margem a prerrogativa das entidades integrantes da Federação de decidirem acerca de questões relacionadas a assuntos próprios.

Mas o propósito de afastar a autonomia dos entes federados se afina a interesse radicado na própria sobrevivência da sociedade política estatal, ou, alternativamente, com a manutenção do pacto federativo, reputado como cláusula intangível pelo texto constitucional (art. 60, § 4º, I).

Com a redação dos mencionados dispositivos, vê-se ainda que há possibilidade de a União intervir nas unidades estaduais, mas também se viabiliza a sua intervenção nos Municípios, desde que estejam localizados em Territórios Federais[663].

---

663 Não admissível, portanto, a intervenção federal em Município localizado em Estado-Membro, tal como já se pronunciou o STF: "INTERVENÇÃO FEDERAL – DESCUMPRIMENTO DE ORDEM JUDICIAL POR MUNICÍPIO SITUADO EM TERRITÓRIO DE ESTADO-MEMBRO – PROPOSTA ENCAMINHADA PELO TST AO SUPREMO TRIBUNAL FEDERAL – IMPOSSIBILIDADE CONSTITUCIONAL – QUESTÃO DE ORDEM – PEDIDO NÃO CONHECIDO – O CUMPRIMENTO DAS DECISÕES JUDICIAIS IRRECORRÍVEIS IMPÕE-SE AO PODER PÚBLICO COMO OBRIGAÇÃO CONSTITUCIONAL INDERROGÁVEL – IMPOSSIBILIDADE DE DECRETAÇÃO DE INTERVENÇÃO FEDERAL EM MUNICÍPIO LOCALIZADO EM ESTADO-MEMBRO – 1. A exigência de respeito incondicional às decisões judiciais transitadas em julgado traduz imposição constitucional, justificada pelo princípio da separação de poderes e fundada nos postulados que infor-

Tal regramento constitucional, contudo, apresenta-se bastante esvaziado, porquanto já se sabe que os antigos Territórios de Roraima e do Amapá foram transformados em Estados pela Constituição de 1988, enquanto o Território de Fernando de Noronha foi reincorporado ao Estado de Pernambuco (arts. 14 e 15 do ADCT).

Outro detalhe digno de registro: a autoridade competente para expedir o decreto de intervenção é o Presidente da República, nos casos de intervenção federal nos Estados ou em Municípios localizados em Territórios Federais, ou o Governador de Estado, nos casos de intervenção estadual nos Municípios localizados em seu território.

12.2 CARACTERES DA INTERVENÇÃO FEDERAL

A intervenção federal possui caracteres que devem ser mencionados.

São eles:

a) *natureza política;*

b) *provisoriedade.*

12.2.1 Natureza política

Quando se defende a natureza política do processo de intervenção, está-se a firmar, por outro prisma, o entendimento de que os critérios sobre os quais se movimenta a autoridade responsável pela expedição do decreto são essencialmente políticos.

Utiliza-se, portanto, do juízo de *conveniência* e *oportunidade* da medida.

Conveniência é signo que importa a aferição de juízo de valor político acerca da efetiva necessidade para adotar-se a providência.

Oportunidade, por outro lado, significa examinar o momento político da sua execução.

mam, em nosso sistema jurídico, a própria concepção de Estado Democrático de Direito. O dever de cumprir as decisões emanadas do Poder Judiciário, notadamente nos casos em que a condenação judicial tem por destinatário o próprio Poder Público, muito mais do que simples incumbência de ordem processual, representa uma incontornável obrigação institucional a que não se pode subtrair o aparelho de Estado, sob pena de grave comprometimento dos princípios consagrados no texto da Constituição da República. A desobediência a ordem ou a decisão judicial pode gerar, em nosso sistema jurídico, gravíssimas consequências, quer no plano penal, quer no âmbito político-administrativo (possibilidade de *impeachment*), quer, ainda, na esfera institucional (decretabilidade de intervenção federal nos Estados-Membros ou em Municípios situados em Território Federal, ou de intervenção estadual nos Municípios). 2. Os Municípios situados no âmbito dos Estados-Membros não se expõem à possibilidade constitucional de sofrerem intervenção decretada pela União Federal, eis que, relativamente a esses entes municipais, a única pessoa política ativamente legitimada a neles intervir é o Estado-Membro. Magistério da doutrina. Por isso mesmo, no sistema constitucional brasileiro, falece legitimidade ativa à União Federal para intervir em quaisquer Municípios, ressalvados, unicamente, os Municípios 'localizados em Território Federal...' (CF, art. 35, *caput*)" (STF, IFQO 590/ CE, TP, rel. Min. Celso de Mello, *DJU* de 9-10-1998, p. 5).

A autoridade responsável pelo início da intervenção não usa um ou outro, mas os dois.

Entrecruzam-se conveniência e oportunidade para tornar o mais acertado possível a decisão política atinente à intervenção.

12.2.2 Provisoriedade

Outrossim, o § 4º do art. 36 salienta que "cessados os motivos da intervenção, as autoridades afastadas de seus cargos a estes voltarão, salvo impedimento legal". É a característica referente à provisoriedade da intervenção.

Medida excepcionalíssima que vulnera as autonomias estadual e municipal, o procedimento interventivo deve durar rigorosamente o tempo apto ao retorno da normalidade institucional da entidade federativa atingida.

12.3 ESPÉCIES DE INTERVENÇÃO

A normativa constitucional atinente ao procedimento interventivo não é uniforme, porque as situações postas e que viabilizam a medida de exceção também não são semelhantes.

Por conseguinte, encontraremos duas espécies de intervenção no Texto Constitucional:

a) *espontânea;*

b) *provocada.*

12.3.1 A intervenção espontânea

Por intervenção espontânea entende-se aquela a ser iniciada pelo Presidente da República sem que haja necessidade de provocação.

É suficiente o exame das situações previstas pela Constituição de 1988 para constatar que, em algumas delas, o interesse protegido está diretamente relacionado à tutela do Estado brasileiro ou das unidades federadas.

Por exemplo, o art. 34, I, revela que a União poderá intervir nos Estados para "manter a integridade nacional", o que significa dizer, de outro modo: não é possível a separação das porções estaduais do todo que é a Federação brasileira.

A história tem demonstrado que as federações se submeteram a verdadeiros cataclismos políticos para assegurar a sua identidade.

Aconteceu nos Estados Unidos da América com a Guerra da Secessão, no século XIX, através da qual as unidades federadas localizadas no sul do País resolveram se separar por força da abolição do tráfico de escravos, fato que atingiu a economia dos Estados sulistas, porquanto voltada essencialmente à agricultura e carente, via de consequência, do trabalho negro e escravo.

Em tema de manutenção da integridade nacional, ou seja, da preservação da federação brasileira tal como ela se encontra atualmente, não se torna necessária a provocação do Presidente da República a fim de que adote as medidas urgentes destinadas a impedir o afastamento de um Estado do nosso pacto federativo.

Também o art. 34, II, é exemplo de possibilidade de expedição de decreto interventivo de ofício do Presidente da República.

Convictamente, se a hipótese é de "repelir invasão estrangeira ou de uma unidade da federação em outra", não seria razoável aguardar a provocação do Chefe do Estado brasileiro para, somente depois, iniciar o procedimento de intervenção, visto que o fato impositivo da medida é sobremaneira grave para exigir contingente provocação da autoridade detentora de competência para expedir o decreto.

O art. 34, III, perfaz outra hipótese de intervenção espontânea.

Deveras, se a iniciativa se dirige para "pôr termo a grave comprometimento da ordem pública", não se admitirá a espera de provocação, fundamentalmente porque o aguardo se revela perigoso para a manutenção da ordem e tranquilidade públicas.

Já, aqui, alguma referência merece ser feita para aclarar eventual similitude entre o art. 34, III, e o art. 136, *caput*, que sinaliza para a decretação do estado de defesa.

Expõe o art. 136, *caput*, que "o Presidente da República pode, ouvidos o Conselho da República[664] e o Conselho de Defesa Nacional, decretar estado de defesa para preservar ou prontamente restabelecer, em locais restritos e determinados, *a ordem pública* ou a paz social ameaçadas por grave e iminente instabilidade institucional ou atingidas por calamidades de grandes proporções na natureza".

Não é o momento ainda de analisar circunstanciadamente o estado de defesa e o estado de sítio; todavia, a coincidência quanto a existirem dois institutos destinados a solucionar os problemas decorrentes da ameaça à ordem pública poderia levar o aplicador do direito constitucional à ideia, equivocada, de que ambos têm a mesma natureza.

Se não há palavras inúteis na Constituição, mais certo é que as normas que disciplinam as exceções à autonomia das unidades federativas têm, cada uma, objetivo específico. Não fora assim seria desnecessária a alusão à manutenção da ordem pública como fato passível de expedição de decreto interventivo e que enseja também a medida pertinente ao estado de defesa.

Qual a diferença entre eles?

Parece-nos que a resposta está no art. 136, *caput*, ao estabelecer que a preservação ou o restabelecimento da ordem pública, mediante o estado de defesa, terão por alvo locais restritos e determinados.

Consequentemente, a distinção se prende à amplitude territorial, pois o decreto interventivo movido pela ocorrência indicada no art. 34, III, implicará o desencadeamento de efeitos em todo o território da unidade federada, ao passo que o estado de defesa, decretado por idêntica motivação, dirigir-se-á, de modo exclusivo, a certos locais, razão suficiente para concluir a respeito da menor amplitude dessa última providência.

664 A Lei n. 8.041/90 disciplina a organização e o funcionamento do Conselho da República.

Temos, por fim, ainda como hipótese de intervenção espontânea, a referida no art. 34, V, destinada a reorganizar as finanças da unidade da Federação que:

a) suspender o pagamento de dívida fundada por mais de dois anos consecutivos, salvo motivo de força maior;
b) deixar de entregar aos Municípios receitas tributárias fixadas nessa Constituição, nos prazos estabelecidos em lei.

No tocante à intervenção estadual nos Municípios localizados em seu território, a Constituição prevê norma bastante parecida com aquela.

Há, no entanto, distinção merecedora de referência.

E o traço distintivo reside precisamente no fato de que, com relação ao início do processo interventivo do órgão central nos Estados, exige-se que a suspensão de dívida fundada se dê *por mais de dois anos*, ao passo que no contexto da intervenção protagonizada pelo Governador de Estado impõe-se que tal dívida deixe de ser paga *por dois anos consecutivos*.

Certamente, trata-se de disposições que se identificam sobremaneira, mas não são idênticas, mais ainda se se atentar para o fato de subsistir previsão que facilita a intervenção nos entes municipais, pois, na hipótese, alcançado o período de dois anos sem pagamento da dívida, salvo motivo de força maior, admite-se a deflagração do processo interventivo.

Na situação descrita no art. 34, V, *a*, determina-se a possibilidade de intervenção se a inadimplência da unidade estadual for superior a dois anos.

Um esclarecimento se impõe a respeito dos dispositivos: o que vem a ser "dívida fundada"?

O sistema do direito positivo promove a sua conceituação; no caso, o art. 98 da Lei n. 4.320/64:

> *Dívida fundada é a que compreende os compromissos de exigibilidade superior a doze meses, contraídos para atender a desequilíbrio orçamentário ou a financiamento de obras e serviço públicos.*

São essas as circunstâncias que impelem o Presidente da República e o Governador do Estado a expedirem o decreto de intervenção sem que, para tanto, venham a ser instados[665].

---

665 O § 1º do art. 65 da Constituição do Estado da Bahia, por conseguinte, padece de inconstitucionalidade, ao verificar que "a decretação de intervenção dependerá: I – nos casos dos incisos I, II e III deste artigo, de representação fundamentada do Tribunal de Contas dos Municípios". E o inc. I do art. 65 menciona exatamente a intervenção estadual para a hipótese de deixar de ser paga, pelo Município, sem motivo de força maior, dívida fundada, por dois anos consecutivos. Ora, previsão do gênero não se encontra no Texto Constitucional no que concerne às atribuições do Tribunal de Contas da União. Subsiste, por conseguinte, limitação à prerrogativa do governo estadual quanto à decretação do procedimento interventivo independentemente de provocação. A obrigatoriedade de as Constituições estaduais respeitarem as normas organizativas da Constituição de 1988 já foi

12.3.2 A intervenção provocada

O Presidente da República pode, de contraparte, ser levado à expedição do decreto interventivo, quer porque houve solicitação dos poderes coactos no âmbito estadual, quer em virtude de requisição por parte do Supremo Tribunal Federal, do Superior Tribunal de Justiça ou do Tribunal Superior Eleitoral (art. 36, II).

Destarte, a intervenção provocada assume duas feições:

a) a provocada *por solicitação*; e
b) a provocada *por requisição*.

12.3.2.1 A intervenção provocada por solicitação

Quando as funções executiva e legislativa estiverem sofrendo severas limitações no contexto das unidades federadas, de tal sorte que lhes impeça o livre exercício das atribuições fixadas nas Constituições estaduais, abre-se, nesse momento, a possibilidade de os Poderes Executivo ou Legislativo coactos solicitarem ao Presidente da República a expedição do decreto visando à restauração da normalidade institucional na unidade federada.

12.3.2.2 A intervenção provocada por requisição

E se a coação for exercida contra o Poder Judiciário?

A solução é oferecida pelo art. 36, I, segundo o qual caberá ao Supremo Tribunal Federal *requisitar* a providência.

A Suprema Corte brasileira atua, no particular, como órgão de cúpula do Poder Judiciário.

O art. 350, I, do Regimento Interno do Supremo Tribunal Federal prevê que, em casos tais, tanto se admitirá a iniciativa de ofício da Alta Corte quanto também em virtude de pedido do Presidente do Tribunal de Justiça.

De modo semelhante, se houver desobediência a ordem ou decisão de autoridade judiciária estadual, ou de tribunal superior que não o STJ ou TSE (porque tais órgãos colegiados podem requisitar diretamente ao Chefe do Executivo federal a expedição do decreto), comete-se ao Supremo Tribunal Federal a prerrogativa inerente à requisição ao Presidente da República quanto ao início do processo de intervenção (art. 36, II).

Se, no entanto, a ordem descumprida foi fundamentada em disposições legais e infraconstitucionais, o STF, quando do julgamento da IF 2.792, entendeu que a competência para a requisição direta é do Superior Tribunal de Justiça[666], tese à qual

---

proclamada pelo Supremo Tribunal Federal, ao estabelecer que os Estados-Membros, o Distrito Federal e os Municípios estão sujeitos, em matéria de organização, composição e atribuições fiscalizadoras de seus Tribunais de Contas, ao sistema adotado pela Constituição Federal (STF, ADIn 1.389-1/AP, rel. Min. Maurício Corrêa, *DJ* de 20-9-1996).

666 O STF adotou entendimento restritivo quanto à sua iniciativa para requisição, como se sucedeu na

aderimos por considerarmos que o exercício da competência para requisitar não se dissocia da competência material atribuída aos órgãos jurisdicionais no Brasil.

Portanto, a iniciativa do STF para requisitar a expedição do decreto interventivo, na hipótese de desrespeito a ordem ou decisão judicial do STJ e TSE, pressupõe vulneração a norma constitucional.

O mesmo se diga quanto à ordem ou decisão de tribunal superior não indicado no art. 36, II, no caso o TST e o STM.

Havendo, por exemplo, descumprimento de ordem judicial na esfera trabalhista cujo fundamento é dispositivo da Constituição, atrai-se a competência do STF para requisitar ao Presidente da República a expedição do decreto.

Tratando-se, todavia, de comando judicial amparado na Consolidação das Leis do Trabalho, competirá ao STJ promover a requisição, porquanto caberá ao tribunal constitucionalmente vocacionado à proteção do direito objetivo federal (art. 105, III, *a* a *c*)[667].

É claro que se não houver o cumprimento de ordem ou decisão do próprio Supremo Tribunal Federal, a requisição será dele originária.

Registre-se que o RISTF, no art. 350, II, repete as possibilidades de a requisição se operar de ofício ou a requerimento do Presidente do Tribunal de Justiça cuja ordem ou decisão judicial foi objeto de descumprimento[668], tal como, de

---

hipótese do julgamento da IF 2.792, rel. Min. Marco Aurélio. Na oportunidade, decidiu que compete ao Superior Tribunal de Justiça o julgamento de intervenção federal em que se alega o descumprimento de ordem judicial consistente na requisição de força policial para efetivação de imissão de particulares na posse de imóvel, fundada apenas em dispositivos legais e infraconstitucionais. Com esse entendimento, o Tribunal declinou de sua competência para o STJ processar e julgar o pedido de intervenção federal no Estado do Paraná, como entender de direito. Considerou-se que a reintegração de posse de imóvel rural constitui questão federal infraconstitucional e que, sendo a requisição de intervenção formulada pelo Presidente do Tribunal de Justiça mediante provocação da parte interessada, em ação dessa natureza, sem envolver questões constitucionais, a competência para processar e julgar o pedido é do STJ (CF, art. 36, II). Precedente citado: IF (QO) 107-SC (RTJ 141/707). IF 2.792-PR, rel. Min. Marco Aurélio, 4.6.2003. (IF-2792) (*Informativo STF*, n. 311).

667 O STF acolheu tese divergente à exposta na IF 2.792 ao decidir que lhe cabe "o julgamento de pedido de intervenção federal destinado a prover a execução de ordem ou decisão da Justiça do Trabalho, ainda que tal decisão seja derivada da aplicação de norma infraconstitucional. Interpretação do art. 36, II, da CF. Cuidando-se, por outro lado, de medida extrema, não se admite que a autoridade judiciária a quem a lei confere legitimidade para a formulação do pedido (Presidente de Tribunal de Justiça ou de Tribunal Federal, segundo o art. 350, II, do RISTF) se limite a encaminhar pretensão da parte interessada, devendo fazê-lo motivadamente" (IF 230, 231 e 232/DF, rel. Min. Sepúlveda Pertence, 24-4-1996 (*Informativo STF*, n. 29). Pensamos que o entendimento a promover o liame entre competência para requisição e competência material é o que mais se coaduna às atribuições fixadas aos diversos órgãos jurisdicionais pelo legislador constituinte originário; aquele, portanto, mais afinado ao *princípio da correção funcional*, tendente a orientar o processo de interpretação constitucional de tal forma a impedir que sejam desarrumadas as competências introduzidas na Constituição e dirigidas aos órgãos estatais pelo elemento fundador.

668 Se o descumprimento à decisão judicial não é doloso, o STF não admite a intervenção. A jurispru-

resto, já sucede com a hipótese de coação exercida contra o Judiciário estadual.

Consumado o antedito descumprimento à ordem ou decisão de tribunal superior ou estadual, o STF já entendeu, no entanto, que o procedimento é vinculado à solicitação do seu Presidente, devendo fazê-lo fundamentada e motivadamente (ver IF 230, 231 e 232).

12.3.2.2.1 A requisição prevista no art. 36, II, e a obrigatoriedade da edição do decreto interventivo pelo Presidente da República

Questão que tem aberto dissidências na doutrina é a pertinente à vinculação do Presidente da República ao ofício requisitório do Supremo Tribunal Federal, do Superior Tribunal de Justiça ou do Tribunal Superior Eleitoral (art. 36, II).

Está o Chefe do Poder Executivo Federal, nesses casos, obrigado à expedição do decreto interventivo quando assim requisitado pelos órgãos judiciais indicados?

O primeiro raciocínio a ser empreendido é aquele segundo o qual se o STF, STJ ou o TSE participam em situações de intervenção para requisitar e não para solicitar, seria mais do que lógico concluir a respeito da obrigatoriedade de expedir o decreto.

Mas se poderia objetar que a intervenção federal em Estado ou Município é, por excelência, procedimento de natureza política, e como tal deveria conservar-se, fundamentalmente porque se afasta a autonomia da unidade parcial em prol da sobrevivência do próprio sistema federativo (art. 34, II e V), quer para garantir direitos reputados relevantes (ou 'princípios constitucionais sensíveis' – art. 34, VII), quer para prover a execução de ordem ou decisão judicial (art. 34, VI, segunda parte)[669].

---

dência se afina, a propósito, com a natureza excepcional e o caráter extremo do procedimento interventivo: "Ementa – Intervenção Federal. 2. Precatórios judiciais. 3. *Não configuração de atuação dolosa e deliberada do Estado de São Paulo com finalidade de não pagamento*. 4. Estado sujeito a quadro de múltiplas obrigações de idêntica hierarquia. Necessidade de garantir eficácia a outras normas constitucionais, como, por exemplo, a continuidade de prestação de serviços públicos. 5. A intervenção, como medida extrema, deve atender à máxima da proporcionalidade. 6. Adoção da chamada relação de precedência condicionada entre princípios constitucionais concorrentes. 7. Pedido de intervenção indeferido". IF 1.262/SP, rel. Min. Maurício Corrêa, relator do Acórdão Min. Gilmar Ferreira Mendes.

669 "INTERVENÇÃO FEDERAL NO ESTADO – PROPRIEDADE PARTICULAR – INVASÃO PELO MOVIMENTO 'SEM TERRA' – REINTEGRAÇÃO DE POSSE ORDENADA – REQUISIÇÃO DE REFORÇO POLICIAL – NÃO ATENDIMENTO PELO ESTADO DE MS – DESCUMPRIMENTO DE ORDEM JUDICIAL CONFIGURADA – PORTARIA REFERENDADA. A desobediência do estado de Mato Grosso do Sul em dar cumprimento às ordens judiciais requisitando reforço policial para desocupação do imóvel invadido, cuja reintegração de posse havia sido ordenada pelo juiz de 1º grau, atenta violentamente contra a estabilidade democrática, o que deflagra evidente desrespeito à independência dos poderes. Rejeita-se as alegações por parte do estado quanto à incompetência da Justiça Estadual em dirimir conflitos agrários, haja vista tratar-se de ação que objetiva a manutenção na posse de imóvel turbado, cuja competência é fixada pelas regras de organização judiciária do estado, pelo Código de Processo Civil e pela Constituição Federal, sendo, portanto, da Justiça Estadual, no foro da situação do imóvel. É indisfarçável a resistência por parte do estado e de suas autoridades em dar cumprimento aos mandamentos judiciais, consubstanciando seu descaso e ma-

Desse modo, o Presidente da República não poderia, de ordinário, ser obrigado à edição do decreto interventivo, porque ele se moveria, em casos tais, sob o terreno dos juízos de conveniência e de oportunidade da adoção da extrema medida.

O raciocínio não resiste a exame mais circunstanciado.

Por quê?

Em virtude de a Constituição prever como crime de responsabilidade do Presidente da República atentar contra o cumprimento das leis e das decisões judiciais (art. 85, VII).

Além disso, o parágrafo único do art. 85 revela que os crimes de responsabilidade serão definidos em lei especial.

Qual lei?

É a Lei n. 1.079, de 10 de abril de 1950, cujo art. 12, item 3, expressamente consigna que:

> *são crimes de responsabilidade contra as decisões judiciárias (...) 3) deixar de atender a requisição de intervenção federal do Supremo Tribunal Federal ou do Tribunal Superior Eleitoral.*

Ora, se a norma constitucional admite a responsabilização do Presidente da República por ato atentatório ao cumprimento de decisão judicial, e, ao ser recepcionada pela Constituição, fixa a Lei n. 1.079/50 tal comportamento como tipo específico, não seria correto prosseguir defendendo a desvinculação do Chefe do Poder Executivo federal à requisição do STF ou do TSE.

E a requisição originária do Superior Tribunal de Justiça não vincularia o Presidente por não haver referência ao órgão judicial no art. 12, 3, da Lei n. 1.079/50?

Sabe-se que o princípio da reserva legal está contemplado no art. 5º, XXXIX, da Constituição ("não há crime sem lei anterior que o defina, nem pena sem prévia cominação legal"), impondo ao intérprete da norma penal a necessidade de seguir o tipo taxativamente descrito.

É, inegavelmente, direito individual importantíssimo conquistado a partir do período humanitário do direito penal.

Ainda assim, não nos parece que admitir a tipificação da conduta do Presidente da República como crime de responsabilidade quando deixa de expedir o decreto interventivo por requisição do STJ possa representar alargamento impróprio ou inconstitucional do art. 12, 3, da Lei n. 1.079/50.

Em primeiro lugar, note-se que a Lei que define os crimes de responsabilidade data de 1950, época em que não existia ainda o Superior Tribunal de Justiça, que foi incluído na organização do Poder Judiciário brasileiro a partir da Constituição de 1988.

---

nifesta afronta ao poder judiciário estadual, restando caracterizada a hipótese do artigo 34, inciso VI, da Carta Magna, o que torna plausível o decreto de intervenção federal no estado, cuja portaria inaugural deve ser referendada" (TJMS, PIN 2003.002896-0/0000-00 – Rio Brilhante, rel. Des. Rubens Bergonzi Bossay, j. em 6-8-2003).

Sendo assim, processo hermenêutico válido para solucionar o impasse é o de natureza histórico-evolutiva.

O intérprete não pode nem deve limitar o espectro da interpretação exclusivamente nos dados históricos relativos ao momento de criação da norma. Precisa criar proposição destinada a atualizar o comando normativo, tornando-o apto para resolver o problema atual. Sem se descurar quanto ao exame das causas que impuseram a edição da norma, é-lhe cometida a tarefa de "transportar" a dicção legal na história.

Nessa linha de compreensão, não é correto concluir como ofensa ao princípio da reserva legal a fixação de crime de responsabilidade por descumprimento à requisição do STJ, máxime porque a prerrogativa assinalada ao órgão judicial constou a partir da Constituição de 1988, não havendo razão para tratamento diferenciado entre inobservância da determinação do STF e do TSE e a resistência ao ofício requisitório do STJ, porque o bem jurídico, objeto de proteção constitucional e da Lei n. 1.079/50, é o cumprimento à requisição – provenha do STF, TSE ou do STJ.

Por fim, cabe assinalar que não pode emitir o Presidente da República juízo político acerca da expedição do decreto interventivo, posto que houve *requisição* do STF, STJ ou TSE, correspondendo tal hipótese a exceção ao referido caráter político da intervenção federal.

12.3.3 Ação direta de inconstitucionalidade interventiva

A ação já faz parte da tradição constitucional brasileira, visto que o art. 7º, I, *a* e *b*, da Constituição de 1934 trouxe, no seu bojo, essa importante inovação.

A ação direta de inconstitucionalidade interventiva pode ser intentada perante o Supremo Tribunal Federal, cuja titularidade exclusiva é do Procurador-Geral da República (Chefe do Ministério Público da União), conforme preveem os arts. 34, VII, *a* a *e*; 102, I, *a*, e 129, IV, ou perante os Tribunais de Justiça dos Estados, quando, nessa hipótese, assumirá o polo ativo da ação o Procurador-Geral de Justiça (Chefe do Ministério Público estadual), consoante autorizado pelo art. 129, IV, e, em cada unidade, pelas Constituições estaduais.

12.3.3.1 Hipóteses de cabimento

12.3.3.1.1 ADIn interventiva e princípios constitucionais sensíveis

Cabe a propositura de ação direta de inconstitucionalidade interventiva para a proteção dos denominados "princípios constitucionais sensíveis".

São todos aqueles previstos no art. 34, VII, *a* a *e*, da Constituição, que retranscrevemos:

a) *forma republicana, sistema representativo e regime democrático;*

b) *direitos da pessoa humana;*

c) *autonomia municipal;*

d) *prestação de contas da administração pública, direta e indireta;*

e) *aplicação do mínimo exigido da receita resultante de impostos estaduais, compreendida a proveniente de transferências, na manutenção e desenvolvimento do ensino e nas ações e serviços públicos de saúde* (redação dada pela EC n. 29/2000).

A competência é exclusiva do STF (art. 36, III), que expede uma decisão chamada de "provimento", na linguagem constitucional, caso julgue procedente a ação proposta.

No que atina à aplicação de recursos para a manutenção da qualidade do ensino nas unidades estaduais, o art. 212 fixa a obrigatoriedade de a União dispensar, no mínimo, 18%, e os Estados, o Distrito Federal e os Municípios, 25%, no mínimo, da receita resultante de impostos, compreendida, inclusive, a proveniente de transferências.

12.3.3.1.2 ADIn interventiva e recusa à execução de lei federal

Outra situação que impõe a propositura da ação direta interventiva é a recusa à execução de lei federal.

Nesse caso, antes da edição da EC n. 45/2004, nos termos do revogado art. 36, IV, poderia o Procurador-Geral da República propor a ação perante o Superior Tribunal de Justiça, que, acolhendo a tese do Ministério Público, daria provimento à medida, promovendo-se ulterior requisição ao Presidente da República.

Ocorre que não mais subsiste o inciso IV do art. 36, retirado que foi da Constituição pela EC n. 45/2004, que implementou a denominada "Reforma do Judiciário".

A redação atual é a seguinte: "Art. 36. A decretação da intervenção dependerá: (...); III – de provimento, pelo Supremo Tribunal Federal, de representação do Procurador-Geral da República, na hipótese do art. 34, VII, e no caso de recusa à execução de lei federal".

O inciso III do art. 36 absorveu a recusa à execução de lei federal, antes tratada, como dito, no inciso IV, determinando, ainda, o importante efeito relativo à perda, pelo Superior Tribunal de Justiça, da atribuição de dar provimento à representação do PGR na hipótese em questão.

12.3.3.1.2.1 Recusa à execução de lei federal por parte de Município. Competência para processar e julgar a ADIn interventiva

O STF foi apontado pela EC n. 45/2004 como órgão judiciário competente para examinar a ação. Mas, se a recusa à execução de lei federal não provier de Estado e sim de Município? Seria possível a propositura da ação direta interventiva pelo Procurador-Geral da República perante o STF?

Diante de tal situação, deve ser reconhecido que as constituições estaduais, como resultado da obrigatória reverência ao art. 35, IV, incondicionalmente incluíram nos seus textos a viabilidade quanto à iniciativa do Procurador-Geral de Justiça para compelir o administrador municipal ao cumprimento de lei federal[670].

A Constituição do Estado da Bahia, por exemplo, estatui, no seu art. 65, IV, que "o Estado não intervirá nos Municípios, exceto quando: (...) IV – o Tribunal de Justiça der provimento a representação, para assegurar a observância de princípios indicados nesta Constituição ou para prover a execução de lei, ordem ou decisão judicial".

Além disso, sabe-se que Municípios, salvo os localizados em Território Federal, não podem sofrer intervenção federal, ainda que o Prefeito tenha descumprido lei federal. Conclui-se, por conseguinte, que a recusa à lei federal cometida por Município atrai a legitimidade do Procurador-Geral de Justiça, que é o Chefe do Ministério Público estadual, atribuindo-se a expedição do decreto interventivo ao Governador após o provimento da ação pelo Tribunal de Justiça do Estado.

É importante registrar, portanto, que a propositura da ação direta de inconstitucionalidade interventiva se limita às hipóteses de ofensa a princípios constitucionais sensíveis e à recusa de execução de lei (PGR se a lei for federal e PGJ se for estadual ou municipal), não podendo ser ampliada para admitir como objeto prover a execução de ordem ou decisão judicial, conforme está indicado na parte final do art. 36, VI. E por quê? Em razão de, no caso, o processo se iniciar por iniciativa do Presidente do Tribunal ao qual pertence a autoridade cuja ordem ou decisão fora descumprida.

12.4 CONTROLE POLÍTICO DA INTERVENÇÃO

Se, como vimos ressaltando, o ato de intervenção é, em substância, político, há de se impor controle pelo parlamento, tudo para evitar a prática de instalar-se estado de exceção sem atendimento às circunstâncias constitucionalmente descritas.

A fim de possibilitar um controle político adequado, o decreto de intervenção deverá especificar a amplitude, o prazo e as condições de execução e, ainda, se couber, nomeará interventor (§ 1º do art. 36, parte inicial).

O prazo para exame pelo Congresso Nacional ou pela Assembleia Legislativa – obviamente nos casos de intervenção estadual em Município – é de vinte e quatro horas. Se a Casa Legislativa estiver em recesso, far-se-á convocação extraordinária, no mesmo prazo de vinte e quatro horas (§§ 1º e 2º do art. 36).

Acontece, porém, que nem todas as situações de intervenção permitem a emissão de ato de controle pelo parlamento.

Basta observar que não será admitida a manifestação do Congresso Nacional ou de Assembleia Legislativa quando for a hipótese de provimento de ação direta de inconstitucionalidade interventiva (§ 3º do art. 36).

---

670 Note-se que o art. 35, IV, admite a representação para prover a execução de *lei*. Qual lei? Federal, estadual, municipal? Qualquer uma delas, visto que a opção constituinte se dirigiu ao signo "lei", não restringindo a medida judicial para as hipóteses de leis estaduais ou municipais. Se o quisesse, teria o constituinte promovido restrição à lei objeto de descumprimento e ensejadora de ação interventiva, tal como procedeu relativamente à lei federal, nos precisos termos do art. 36, III.

Também não se exercita o controle pelo Congresso Nacional se a provocação se der em virtude de processo instaurado para prover a execução de ordem ou decisão judicial (art. 34, VI, parte final, c/c o art. 36, § 3º).

12.5 MANIFESTAÇÃO DO CONSELHO DA REPÚBLICA OU DO CONSELHO DE DEFESA NACIONAL

O art. 90, I, assinala, entre outras atribuições, a competência do Conselho da República para pronunciar-se sobre a intervenção federal, estado de defesa e estado de sítio.

O § 1º, II, do art. 91, por sua vez, estabelece como competência do Conselho de Defesa Nacional opinar sobre o mesmo tema.

Após a leitura dos dispositivos, fica a dúvida: ambos os Conselhos precisam manifestar-se na eventualidade de decretação de intervenção federal? Se não, como entender o regramento da Constituição?

Em primeiro lugar, surge uma ideia, extraída da natureza do procedimento interventivo: tratando-se de iniciativa de caráter excepcional e destinada a solucionar problema urgente de ordem institucional, não se compadece com o caráter emergencial da intervenção aguardarem-se opinativos de dois órgãos de assessoramento do Presidente da República, sob pena de restar ineficaz a adoção da medida de intervenção.

Portanto, temos por certo que os dois Conselhos não são ouvidos cumulativamente; ou se ouve um ou outro.

É a ilação que decorre da literalidade do art. 91, *caput*: "O Conselho de Defesa Nacional é órgão de consulta do Presidente da República nos assuntos relacionados com a soberania nacional e a defesa do Estado democrático (...)".

É o balizamento promovido pela Constituição e restrito à necessidade de opinativo do Conselho de Defesa Nacional quando se discutem temas referentes à soberania e defesa do Estado democrático.

Posto dessa forma, é inelutável que há um campo residual à manifestação do Conselho da República, não coincidente, portanto, ao conteúdo do opinativo do Conselho de Defesa Nacional, que tem sua atuação restringida pelo art. 91, *caput*.

Exemplificando, imagine-se que tropas estrangeiras tenham tomado de assalto determinadas regiões do País, abrindo-se precedente à intervenção com amparo no art. 34, II. Quem será ouvido? O Conselho da República ou o Conselho de Defesa Nacional?

Não persiste dúvida de que repelir invasão estrangeira ao nosso território é, inegavelmente, defender a integridade nacional e, portanto, a soberania, vinculando-se, desse modo, a manifestação do Conselho de Defesa Nacional.

E mais: ainda que as circunstâncias imponham a expedição de decreto interventivo, não é obrigatória a ouvida do Conselho da República ou do Conselho de Defesa Nacional, por duas razões realmente significativas.

Em primeiro lugar, partindo da ideia de que situação ensejadora de decreto interventivo implica a iniciativa expedita do Presidente da República, seria insólito, sob todos os aspectos, obrigá-lo à consulta do Conselho, burocratizando a decisão política do Chefe do Poder Executivo federal.

Em segundo lugar, as disposições dos arts. 89, 90 e 91 não preveem, a qualquer tempo, obrigatoriedade da consulta, mas, tão somente, aludem que compete ao Conselho da República pronunciar-se sobre intervenção federal, estado de defesa e estado de sítio (art. 90, I), ao passo que o art. 91, § 1º, II, fixa como uma das atribuições do Conselho da República opinar sobre a decretação do estado de defesa, do estado de sítio e da intervenção federal. E nem mesmo o exame das competências indicadas ao Presidente da República pelo art. 84 e incisos infirma a conclusão, precisamente porque, ao cogitar de intervenção federal (art. 84, X), não condiciona a expedição do decreto a prévia manifestação de quaisquer dos órgãos referidos, diversamente do que acontece com a decretação de estado de defesa ou de estado de sítio, porque, em tais hipóteses, mencionam os arts. 136, *caput*, e 137, *caput*, que serão "(...) ouvidos o Conselho da República e o Conselho de Defesa Nacional", atestando, assim, a necessidade de pronunciamento dos órgãos antes do ato a ser praticado pelo Chefe do Poder Executivo federal.

DIVISÃO DAS FUNÇÕES DO ESTADO

13.1 CRÍTICA À "TRIPARTIÇÃO" DO PODER

Em momento precedente à análise de cada função do Estado especificamente considerada, impõe-se o registro da teoria da tripartição das funções estatais pela inegável importância que encerra no estudo do tema.

Mas é preciso ter atenção para o fato de que muitos a denominam teoria da tripartição do "poder", e mesmo a Constituição de 1988, ao inaugurar o Título IV, assinala a epígrafe "Da Organização dos *Poderes*", fazendo referência nos Capítulos seguintes às expressões "Do Poder Legislativo" (arts. 44 e s.), "Do Poder Executivo" (arts. 76 e s.) e "Do Poder Judiciário" (arts. 92 e s.).

É verdade que, ao longo da exposição referente ao Legislativo, Executivo e Judiciário, iremos denominá-los "poder", sem que isso obviamente seja o reconhecimento do acerto do constituinte originário, mas mera alusão, por propósitos didáticos, aos termos que vêm sendo historicamente consagrados por todas as Constituições brasileiras.

13.1.1 Caracteres do poder: unidade, indelegabilidade e coatividade

O poder, que se consubstancia em "imposição real e unilateral de uma vontade"[671], uma vez transformado em potestade exercitável pelo Estado, passa a constituir fenômeno político marcado por caracteres que depõem contra a possibilidade de cisão.

São eles:

a) a *unidade;*
b) a *indelegabilidade;*
c) a *coatividade.*

O poder é *uno*, e, por conseguinte, indivisível.

O fenômeno do poder está relacionado ao Estado como um todo, e não às funções desempenhadas por órgãos a ele vinculados.

A existência de funções legislativa, executiva e judiciária tem a sua razão ontológica presa à necessidade de o Estado mais rápida e eficazmente alcançar as suas finalidades.

671 Cf. Salvetti Neto, *Teoria do Estado*, p. 155.

Mas o poder do Estado, enquanto tal, permanece incindível.

Outrossim, quando se afirma que o poder político é *indelegável*, defende-se a completa inviabilidade quanto a outro órgão ou pessoa vir a exercer as atribuições previstas na constituição senão aquele(a) para o(a) qual se dirigira o encargo.

E se não é possível delegação de autoridade estatal, não se permite, logicamente, seja fracionada.

A regra, portanto, é a proibição de delegação de funções, se bem que excepcionalmente permita a Constituição de 1988 o exercício de atribuições por quem não fora, de forma originária, a tanto autorizado, como se dá com a edição de lei delegada (art. 68, *caput*).

E o último traço a cingir a fronte do poder político e impeditivo de sua divisão é a sua natureza *coativa.*

O poder é coativo porque se impõe independentemente de manifestação de vontade dos destinatários dos seus comandos.

Ora, se os indivíduos renunciaram ao exercício da liberdade absoluta, objurgando o "estado de natureza" em que viviam e organizando-se em prol da consecução de finalidades comuns no "estado social", nada mais justificável do que submeterem-se incondicionadamente aos ditames promanados da pessoa coletiva.

E se o poder coage, de modo legítimo, para obrigar a conformação, às suas ordens, da conduta das pessoas, admitir a divisão seria o próprio desvanecimento do poder.

Poder, então, não se divide. Divididas são as funções do Estado, a fim de torná-lo apto ao cumprimento das finalidades que descrevem sua razão de ser e de existir.

13.2 EVOLUÇÃO TEÓRICA DA TRIPARTIÇÃO DAS FUNÇÕES ESTATAIS

O pensamento de Aristóteles. O pensamento político moderno e contemporâneo é grande devedor das formulações teóricas dos gregos. E a divisão das funções do Estado é tema que não escapa à regra.

Aristóteles (384-322 a.C.), filósofo grego nascido em Estagira, na Macedônia, que foi discípulo de Platão e preceptor de Alexandre Magno, já formulara teoria segundo a qual os atos do Estado poderiam ser reunidos em três grupos principais (ver Capítulo 9).

Celso Ribeiro Bastos explica que "o valor da descoberta aristotélica é muito relativo. Em nada influenciou a vida política durante, no mínimo, o milênio que se seguiu à sua vida. Durante esse imenso lapso histórico, dominou sem contestação a vontade do monarca, que reunia em si mesmo as três funções estatais, embora, por razões de ordem prática, estas pudessem vir a ser delegadas, segundo o seu arbítrio"[672].

672 Cf. *Curso de Direito Constitucional*, p. 352.

O predomínio do Absolutismo Monárquico até o final do século XIX demonstra efetivamente o acerto da conclusão do saudoso constitucionalista.

A doutrina de Montesquieu. Na verdade, a transformação política, ocorrida de modo gradativo a partir da Revolução Francesa de 1789, obteve grande impulso por intermédio das ideias do Barão de Montesquieu, para quem não bastava apenas a divisão das funções do Estado: à *divisão funcional* deveria corresponder a *divisão orgânica,* ou seja, órgãos distintos para o desempenho de distintas funções. Se há incumbências diferenciadas, se existem tarefas distintas e pertinentes à edição de atos legislativos, administrativos e judiciais, torna-se indeclinável também a existência de órgãos distintos para que integral e fielmente se cumpra a obrigação imposta pela constituição[673].

A tripartição das funções estatais, idealizada por Montesquieu, converteu-se em teoria tão cara à filosofia política iluminista que o art. 16 da Constituição francesa de 1791 (que é a própria Declaração dos Direitos do Homem e do Cidadão, de 1789, já, agora, incorporada ao Texto Constitucional) asseverou que "toda sociedade na qual a garantia dos direitos individuais não estiver prevista nem determinada a separação dos poderes não possui uma constituição". Era a consolidação do movimento chamado *racionalization du pouvoir*[674].

Racionalista que era, tentou Montesquieu urdir teoria que impedisse o prosseguimento do arbítrio estatal mediante a manutenção de equilíbrio entre os poderes, de sorte que nenhum pudesse imiscuir-se em questões afetas aos demais, vedando, nesse passo, qualquer espécie de interferência recíproca[675].

Ao registrar a ineficácia do Absolutismo, propõe estrutura de governo em que o *máximo de liberdade* seja produzido quando os "poderes" públicos se controlam mutuamente graças à independência de cada qual: "(...) se, num Estado livre, o poder legislativo não deve ter o direito de frear o poder executivo, tem o direito e deve ter a faculdade de examinar de que maneira as leis que criou foram executadas (...)"[676].

Conformação atual da tripartição das funções estatais. Mas as sociedades políticas mudaram muito desde a elaboração da célebre obra *O Espírito das Leis* (1748).

Ameaças, guerras de conquista, crises econômicas, duas guerras mundiais, e o resultado de tudo isso: a necessidade de maior relacionamento entre as funções do

673 Por isso que para Montesquieu "(...) as democracias se perdem quando o povo despoja o senado, os magistrados e os juízes de suas funções (...)" (cf. *O Espírito das Leis*, p. 125).

674 Ver Capítulo 4 (subitem 4.3.1).

675 É o que esclarece Montesquieu na seguinte passagem de *O Espírito das Leis*: "Pois, se não houvesse monarca e o poder executivo fosse confiado a um certo número de pessoas tiradas do corpo legislativo, não haveria mais liberdade, porque os dois poderes estariam unidos, participando as mesmas pessoas, por vezes, e podendo sempre participar de um e de outro" (p. 173).

676 Cf. *O Espírito das Leis*, p. 174.

Estado, que já não podem atuar desgarradas umas das outras, mas sim de forma coordenada.

A rigidez propugnada por Montesquieu na separação das funções legislativa, executiva e judiciária, atualmente, dá lugar a forma muito mais próxima de relacionamento.

Disso decorre a ideia da natureza *precípua* ou *principal* das funções estatais.

Não mais se aceita que a função legislativa tão só elabore leis, a executiva apenas administre ou a judiciária se reduza à prolação de atos judiciais.

Cada uma, ao seu modo, e se adstringindo ao marco de competências desenhado pelo legislador constituinte originário, termina por realizar atos que, de ordinário, não estariam enfeixados na sua principal atribuição.

Assim é que a função legislativa, além da precípua atividade relacionada à expedição de comandos abstratos e genéricos que se chamam de "leis", expede também atos administrativos, quando, por exemplo, a Câmara dos Deputados ou o Senado proveem, transformam ou extinguem os cargos, empregos e funções de seus serviços (art. 51, IV, e art. 52, XIII, da CF, respectivamente).

Mas, de acordo com o nosso sistema constitucional, o Legislativo também julga, quando na hipótese de perpetração de crimes de responsabilidade de parte do Presidente e Vice-Presidente da República, e dos Ministros de Estado e Comandantes da Marinha, do Exército e da Aeronáutica, quando conexos com aqueles, submete-os a Constituição a julgamento pelo Senado, sob a presidência do Ministro Presidente do Supremo Tribunal Federal (art. 52, I, e parágrafo único).

E o Executivo? Cabe-lhe só administrar?

É óbvio que não.

Legisla quando expede medidas provisórias (art. 62, *caput*) e julga na eventualidade de instauração dos processos administrativos disciplinares.

Já o Judiciário não se atém exclusivamente à produção de atos judiciais, porque termina exercitando prerrogativa de natureza legiferante quando cria os respectivos regimentos internos dos tribunais.

E, por sua vez, também administra quando decide sobre o preenchimento dos cargos relativos a seus serviços, ou concede férias e licenças aos agentes públicos a ele subordinados.

13.3 PRESIDENCIALISMO E PARLAMENTARISMO. CARACTERES

Parlamentarismo e Presidencialismo denotam distintas formas de relacionamento entre as funções estatais executiva e legislativa.

Remontando à Inglaterra medieval, o sistema de governo parlamentar resultou muito mais de injunções de ordem política do que de teorias destinadas a fazer com que prevalecesse tal sistema de governo.

O Monarca, na Inglaterra, passou a ser auxiliado por um corpo de cidadãos por ele escolhidos e que tinham a tarefa de aconselhá-lo nas decisões governamentais. Era o chamado *Privy Council* (Conselho Privado).

Um fato interessante sucedeu e é reputado como a causa eficiente da consolidação do Parlamentarismo na Inglaterra.

Após a Revolução Gloriosa, que, inclusive, promovera fortíssima limitação ao poder real de tributar, determinando que não seriam impostas exações fiscais sem autorização legal – entenda-se, do Parlamento – (*"no taxation without representation"*)[677], ascendeu ao trono inglês Jorge I, de dinastia germânica. Não falava uma palavra sequer em inglês, razão por que as reuniões com o Conselho Privado eram feitas em latim, fato que dificultava bastante a comunicação. Com o tempo, resolvera o Monarca distanciar-se das reuniões do Conselho, passando a acatá-las. O membro do Conselho mais influente foi encarregado de repassar as decisões ao Rei e começou a ser chamado, até de forma irônica, de "Primeiro-Ministro", designação que posteriormente foi aclamada no Parlamentarismo inglês e de muitos Estados que adotaram o sistema.

No caso do Parlamentarismo, há contínua necessidade de manifestação do Parlamento quanto à prática dos atos de governo ou mesmo a respeito de quem assumirá a sua chefia.

É possível referir alguns caracteres da organização do sistema de governo parlamentar:

a) *Executivo "bicéfalo"* – no Parlamentarismo, não se encontram a Chefia de Estado e de Governo em uma única pessoa – o Chefe de Governo é o Primeiro-Ministro (ou o Presidente do Governo, como acentua a Constituição espanhola de 1974), ao passo que o Chefe de Estado pode ser o Rei ou o Presidente (tudo a depender de se tratar de forma de governo monárquico ou republicano-presidencialista). É conveniente atentar para o fato de que, embora o Parlamentarismo tenha se originado no contexto da Monarquia inglesa, ensejou, ao longo da história política, diversas derivações, ao ponto de ser utilizado também nos sistemas políticos que consagram a figura do Presidente da República.

b) *Voto de Confiança* – é o consentimento dado pelo Parlamento ao nome proposto para chefiar o Governo, posto que a sua formação depende da prévia declaração positiva da lealdade parlamentar. Também configura qualquer outra proposição a respeito do Governo conduzida pelo Chefe de Estado, à qual responde positivamente o Parlamento.

c) *Presunção de Confiança* – uma vez emitida a declaração ou voto de confiança, presume-se o apoio parlamentar.

d) *Questão de Confiança* – o Chefe do Governo pode submeter à apreciação do Parlamento, quando entender que convém, a votação a respeito da continuidade do Gabinete.

e) *Moção de Censura* – se o Parlamento, quer provocado pelo próprio Chefe de Governo, quer pelo Chefe de Estado, responder negativamente acerca da pretensão governamental, há a destituição do Chefe de Governo e dos seus assessores diretos.

677 Ou, em vernáculo: "Nenhuma tributação sem representação".

f) *Princípio da não continuidade* – o término da legislatura corresponde igualmente ao término do Governo, devendo cada Parlamento recém-eleito indicar o seu Governo ou confirmar o anterior nas suas funções.

g) *Possibilidade de dissolução do Parlamento* – se o Primeiro-Ministro considerar que conta com pequena maioria para governar, ou mesmo, nos sistemas pluripartidários, quando for emitida uma Moção de Censura ou Voto de Desconfiança, pode solicitar ao Chefe de Estado, por entender que é o Parlamento que se encontra dissociado da vontade popular, que declare extintos os mandatos e, pelo mesmo ato, convoque novas eleições. Após as eleições, continuará no Governo o Primeiro-Ministro se persistir com o apoio da maioria; caso contrário, será destituído imediatamente com vistas à formação de novo Gabinete[678].

Já o Presidencialismo apresenta as seguintes características:

a) *é típico das Repúblicas;*

b) *o Presidente da República exerce a função executiva de forma integral*, não deixando qualquer brecha para manifestação de outro órgão de Poder;

c) *o Poder Legislativo não está sujeito à dissolução;*

d) *o Chefe do Executivo cumpre mandato por tempo determinado*, não estando, de ordinário, submetido à decisão do Poder Legislativo para a continuidade no exercício de suas atribuições[679].

678 Cf. Johann Schneider, "El régimen parlamentario", in *Manual de Derecho Constitucional*, p. 327.

679 Assinalamos "de ordinário", pois sabe-se que o Presidente da República pode eventualmente sujeitar-se à perda do mandato quando praticar infrações reputadas graves pelo sistema constitucional. No Brasil, tal responsabilização encontra-se prevista no art. 85 da Constituição, assunto a ser examinado no Capítulo 16 (subitem 16.6).

PODER LEGISLATIVO

14.1 O PODER LEGISLATIVO. BICAMERALISMO FEDERATIVO. FUNCIONAMENTO DO CONGRESSO NACIONAL

O art. 44, *caput*, da Constituição assevera que "o Poder Legislativo é exercido pelo Congresso Nacional, que se compõe da Câmara dos Deputados e do Senado Federal".

"Congresso Nacional" é o nome, portanto, da assembleia política que congrega a Câmara dos Deputados e o Senado.

É também da tradição constitucional brasileira aludir a um "Senado Federal" – exceção feita à Constituição de 1937, que o extinguiu, criando o "Conselho Federal".

Mas, se não há um "Senado estadual", tampouco, pior ainda, um "municipal", qual o sentido de ressaltar a natureza federal da assembleia se não reside congênere nas unidades estaduais, municipais e distrital?

Só mesmo a história e a tradição constitucionais podem justificar a terminologia que continuou a ser empregada pelo legislador constituinte em 1988.

O art. 44 promove a existência de duas Casas Legislativas.

Qual a razão?

Induvidosamente, encontra-se explicada a opção na forma de Estado que nos acompanha desde a Constituição de 1891: o federal.

Com efeito, se a participação das unidades parciais na formação da vontade nacional é característica inarredável da forma federativa de Estado, passou a ser injunção incondicionada a organização do Poder Legislativo de tal modo que contemplasse a representação dos Estados-Membros em uma das câmaras legislativas.

É o que acontece na Constituição de 1988, conforme a literalidade do art. 46, *caput*: "O Senado Federal compõe-se de representantes dos *Estados* e do *Distrito Federal*, eleitos segundo o princípio majoritário".

É a confirmação nos domínios do direito constitucional brasileiro do bicameralismo federativo[680].

---

680 Há também o bicameralismo do tipo aristocrático, como é o caso inglês. Naquela organização parlamentar – a primeira da espécie na história mundial – estão inseridas a Câmara dos Lordes e a Câmara dos Comuns.

Federativo porque pressupõe a existência de câmara legislativa com a missão de representar as unidades estaduais e distrital (art. 46) e outra ligada à representatividade popular (art. 45).

Legislatura e sessão legislativa. Distinção. O parágrafo único do art. 44 acentua que "cada legislatura terá duração de quatro anos".

Surge, aqui, uma dúvida: "legislatura" e "sessão legislativa" representam idêntica realidade?

O exame do Texto Constitucional revela que não.

Legislatura é o período de quatro anos, coincidente com o mandato de deputado federal, ao passo que sessão legislativa é o período em que se reúne o Congresso Nacional, iniciando-se em 2 de fevereiro até 17 de julho e de 1º de agosto até 22 de dezembro (art. 57, caput*), cuja redação foi alterada pela EC n. 50/06*[681].

Sessão legislativa ordinária, portanto, é o período compreendido entre 2 de fevereiro até 17 de julho e de 1º de agosto até 22 de dezembro.

Fora desse período, as reuniões do Congresso somente far-se-ão em virtude de convocação extraordinária, que pode ser determinada pelo Presidente do Senado, em caso de decretação de estado de defesa ou de intervenção federal, de pedido de autorização para decretação de estado de sítio e para compromisso e posse do Presidente e Vice-Presidente da República (art. 57, § 6º, I).

Também o podem fazer o Chefe do Poder Executivo federal, os Presidentes da Câmara e do Senado, ou a maioria dos membros de ambas as Casas, em caso de urgência ou interesse público relevante (art. 57, § 6º, II), condicionadas todas as hipóteses à aprovação da maioria absoluta de cada uma das Casas do Congresso Nacional, conforme alteração promovida no inciso pela EC n. 50/2006.

Por conseguinte, o § 6º do art. 57 evidencia a possibilidade de convocação em caráter excepcional do Parlamento brasileiro (*sessão legislativa extraordinária*).

É importante salientar que a sessão legislativa ordinária não poderá ser interrompida pelo recesso parlamentar se não houver sido aprovada a lei de diretrizes orçamentárias (§ 2º do art. 57).

Sessão conjunta e sessão unicameral. Distinção. No âmbito da sessão legislativa, é normal que o Congresso venha a deliberar separadamente por meio das duas Casas.

Todavia, a Constituição assinala hipóteses nas quais há participação de Deputados e Senadores numa única sessão.

Temos, assim, a *sessão conjunta* e a *sessão unicameral*, inconfundíveis entre si.

---

681 Já tivemos, no Brasil, "sessão legislativa" que durava tão só quatro meses, como ocorreu com a Constituição de 1891 (art. 17). Comentando o dispositivo, João Barbalho incorpora a estranha visão constitucional da época sobre o assunto: "Um parlamento que funccionasse o anno inteiro seria incommodo aos seos membros, insupportável ao Governo e prejudicial ao paiz" (*Comentários à Constituição*, p. 57).

Realmente, "na *sessão conjunta*, o Congresso Nacional atua bicameralmente. Assim, embora as discussões ocorram no mesmo recinto, ao mesmo tempo, a maioria pretendida deverá ser computada separadamente. Vale dizer, maioria absoluta em sessão conjunta do Congresso Nacional é maioria absoluta apurada na Câmara dos Deputados (entre Deputados) e no Senado Federal (entre Senadores), separadamente. (...) Na *sessão unicameral*, o Congresso Nacional atua como uma só Casa, composta de 594 congressistas, e a maioria pretendida será atingida pelo voto desses parlamentares em conjunto. Significa dizer que maioria absoluta em sessão unicameral é apurada entre os 594 congressistas, independentemente da Casa legislativa a que pertençam"[682].

São as seguintes as hipóteses constitucionalmente previstas para sessão conjunta:

a) inaugurar a sessão legislativa;

b) elaborar o regimento comum e regular a criação de serviços comuns às duas Casas;

c) receber o compromisso do Presidente e do Vice-Presidente da República;

d) conhecer do veto e sobre ele deliberar (§ 3º do art. 57 da CF).

Quanto à sessão unicameral, a única hipótese se refere à revisão constitucional, conforme o art. 3º do ADCT, cujo dispositivo, em face da sua realização em 1993, encontra-se com *eficácia exaurida*.

Por fim, destaque-se que importante mudança foi introduzida pela EC n. 50/2006 ao § 7º do art. 57, já que, doravante, não mais se admitirá o pagamento de qualquer parcela indenizatória por força de convocação do Congresso Nacional para a sessão legislativa extraordinária.

14.2 ORGANIZAÇÃO

A organização do Parlamento brasileiro pressupõe a existência de Mesas da Câmara dos Deputados, do Senado e também do Congresso Nacional.

As Mesas são os órgãos diretores de cada casa congressual e de toda estrutura legislativa brasileira em nível federal.

A Mesa será constituída, no primeiro ano da legislatura, em sessões preparatórias a partir de 1º de fevereiro, nas quais haverá a posse dos membros da Casa respectiva e eleição da Presidência e demais cargos diretivos, para mandato de dois anos, vedada a recondução para o mesmo cargo na eleição imediatamente subsequente (§ 4º do art. 57)[683].

---

682 Cf. Vicente Paulo e Marcelo Alexandrino, *Direito Constitucional*, p. 387.

683 O Supremo Tribunal Federal, no julgamento da ADIn 1.559-1/RO, rel. Min. Carlos Velloso, *DJ* de 7-5-1997, decidiu que "a norma do § 4º do art. 57 da CF que, cuidando da eleição das Mesas das Casas Legislativas federais, veda a recondução para o mesmo cargo na eleição imediatamente subsequente, não é de reprodução obrigatória nas Constitui-

Já a Mesa do Congresso Nacional será presidida pelo Presidente do Senado, e os demais cargos serão exercidos, alternadamente, pelos ocupantes de cargos equivalentes na Câmara dos Deputados e no Senado (§ 5º do art. 57).

14.2.1 As comissões

Na organização da Câmara dos Deputados, do Senado e do Congresso Nacional observar-se-á a existência de órgãos destinados ao auxílio da atividade parlamentar, quer emitindo juízo de mérito sobre o conteúdo de proposição legislativa, quer se atendo à fiscalização de atos de autoridade: são as Comissões.

Classificam-se em *permanentes* e *temporárias*, e são constituídas na forma e com as atribuições previstas no respectivo regimento interno[684] ou no ato de que resultar sua criação (art. 58, *caput*).

14.2.1.1 Comissões temporárias

Temporárias[685] são as comissões criadas para exame de determinado tema. Analisado o assunto e instruídos os parlamentares a respeito, esgotar-se-á o propósito da comissão.

Exemplo: apresentado projeto de lei para o fim de reforma integral do processo civil, instala-se comissão destinada a examinar o tema, que perde razão de existir após a rejeição ou aprovação do projeto.

14.2.1.2 Comissões permanentes

De modo distinto, permanentes[686] são as comissões cuja natureza implica, ne-

---

ções dos Estados-Membros, porque não se constitui num princípio constitucional estabelecido. II – Precedente do STF: Rep. 1245 – RN, Oscar Corrêa, RTJ 119/ 964".

684 O Regimento Interno do Senado fixa a competência das Comissões no art. 90, podendo ser destacadas, entre elas, a convocação de Ministros de Estado (III); o recebimento de petições, reclamações, representações ou queixas de qualquer pessoa contra atos ou omissões das autoridades ou entidades públicas (IV); exercer a fiscalização e controle dos atos do Poder Executivo (X) e opinar sobre o mérito das proposições submetidas ao seu exame, emitindo o respectivo parecer (XII). O Regimento Interno da Câmara dos Deputados as disciplina nos incisos do art. 24, mas faz questão de estender às Comissões Provisórias, no que lhes for aplicável, as atribuições fixadas no dispositivo regimental.

685 O art. 22 do Regimento Interno da Câmara dos Deputados esclarece a respeito da natureza das Comissões Temporárias: "(...) as criadas para apreciar determinado assunto, que se extinguem ao término da legislatura, ou antes dele, quando alcançado o fim a que se destinam ou expirado seu prazo de duração". Por outro lado, o Regimento do Senado, relativamente às Temporárias, divide-as em internas (previstas na norma regimental para finalidade específica); externas (destinadas a representar o Senado em congressos, solenidades e outros atos públicos) e parlamentares de inquérito (criadas com fundamento no § 3º do art. 58 da Constituição).

686 É o mesmo art. 22 do RICD, inciso I, que apresenta o conceito das Comissões Permanentes: "(...) as de caráter técnico-legislativo ou especializado integrantes da estrutura insti-

cessária e obrigatoriamente, que sejam integradas, por definitivo, à estrutura de funcionamento do Congresso Nacional. Exemplos de Comissões Permanentes são as de Trabalho, Administração e Serviço Público; de Constituição, Justiça e Redação (CCJR); de Assuntos Econômicos (CAE); de Agricultura, entre outras.

O critério norteador da fixação da natureza permanente de uma comissão é o próprio objeto de que trata.

Não há como contestar a importância, em qualquer momento, da existência de comissão especializada em assuntos relativos a trabalho ou serviço público, assim como é inegável reconhecer a necessidade de permanentemente serem municionados os parlamentares com os indispensáveis subsídios fornecidos pela Comissão de Constituição, Justiça e Redação.

De acordo com o art. 32 do Regimento Interno da Câmara dos Deputados, são as seguintes as Comissões Permanentes: Comissão de Agricultura e Política Rural; Comissão de Ciência e Tecnologia, Comunicação e Informática; Comissão de Constituição e Justiça e de Redação; Comissão de Defesa do Consumidor, Meio Ambiente e Minorias; Comissão da Amazônia e de Desenvolvimento Regional; Comissão de Economia, Indústria, Comércio e Turismo, Comissão de Educação, Cultura e Desporto, Comissão de Fiscalização Financeira e Controle; Comissão de Finanças e Tributação; Comissão de Minas e Energia; Comissão de Relações Exteriores e de Defesa Nacional; Comissão de Seguridade Social e Família; Comissão de Trabalho, de Administração e Serviço Público; Comissão de Viação e Transportes; Comissão de Desenvolvimento Urbano e Interior; Comissão de Direitos Humanos; e, por fim, Comissão de Segurança Pública e Combate ao Crime Organizado, Violência e Narcotráfico.

No entanto, no Senado, é bem mais reduzido o número de Comissões Permanentes, pois, de acordo com o art. 72 do RISF, além da Comissão Diretora (que exerce a administração interna do Senado, bem assim outras atribuições fixadas no art. 98 do RISF), encontram-se as seguintes: Comissão de Assuntos Econômicos – CAE; Comissão de Assuntos Sociais – CAS; Comissão de Constituição, Justiça e Cidadania – CCJ; Comissão de Educação – CE; Comissão de Relações Exteriores e Defesa Nacional – CRE; Comissão de Serviços de Infraestrutura – CI.

14.2.1.3 Comissões representativas

Há ainda as comissões representativas. Qual a sua atribuição? Di-lo o § 4º do art. 58 da Constituição: "Durante o recesso, haverá uma Comissão representativa do Congresso Nacional, eleita por suas Casas na última sessão ordinária do período

tucional da Casa, copartícipes e agentes do processo legiferante, que têm por finalidade apreciar os assuntos ou proposições submetidos ao seu exame e sobre eles deliberar, assim como exercer o acompanhamento dos planos e programas governamentais e a fiscalização orçamentária da União, no âmbito dos respectivos campos temáticos e áreas de atuação".

legislativo, com atribuições definidas no regimento comum, cuja composição reproduzirá, quanto possível, a proporcionalidade da representação paritária".

14.2.1.4 Comissões mistas

Por derradeiro, encontramos as chamadas Comissões mistas.

Pela variedade de temas sobre os quais tratam[687], o único traço característico de tais comissões se refere à circunstância de serem formadas por Deputados Federais e Senadores.

14.2.1.5 Comissões e dispensa de exame de projeto de lei pelo plenário

É conveniente esclarecer que as comissões poderão discutir e até mesmo votar projetos de lei que regimentalmente dispensem a apreciação de todos os parlamentares, sempre preservada a possibilidade de interposição de recurso, para o Plenário, por um décimo dos membros da Casa (art. 58, § 2º, I, da CF).

Mas os regimentos internos da Câmara dos Deputados e do Senado expressamente se referem aos projetos de lei que não poderão ser votados, de modo exclusivo, pelas comissões.

O art. 24, II, do RICD preceitua que não serão objeto de votação exclusiva em tais comissões:

a) *projetos de lei complementar;*
b) *projetos de código;*
c) *projetos de iniciativa popular;*
d) *projetos oriundos de Comissão;*
e) *os relativos a matérias que não possam ser objeto de delegação;*
f) *os oriundos do Senado, ou por ele emendados;*
g) *os que tenham sido aprovados pelo Plenário de quaisquer das Casas;*
h) *os que tenham recebido pareceres divergentes;*
i) *os que receberam tramitação em regime de urgência.*

14.2.3 As Comissões Parlamentares de Inquérito

Pela importância que passaram a assumir na estrutura do Poder Legislativo brasileiro, as Comissões Parlamentares de Inquérito merecem estudo à parte, não sem antes, ainda que rapidamente, incursionarmos no contexto do direito estrangeiro para indicar a sua gênese e o tratamento atual dispensado pelas constituições alienígenas.

---

687 O art. 26 do ADCT, por exemplo, comete a uma Comissão Mista a atribuição de exame analítico e pericial dos atos e fatos geradores do endividamento externo brasileiro, outorgando-lhe poderes semelhantes às Comissões Parlamentares de Inquérito, conforme deflui do comando do § 1º.

14.2.3.1 As Comissões Parlamentares de Inquérito no direito constitucional estrangeiro

Origem. Foram criadas na Inglaterra, no século XVII, pela Câmara dos Comuns, na forma de órgãos compostos por um reduzido número de deputados (*select commitees*). No Brasil, foram inicialmente positivadas no art. 36 da Constituição de 1934.

Desde o seu surgimento se caracterizaram como órgãos de controle do Executivo.

Na França, cujos antecedentes das CPIs remontam à monarquia orleanista, as reformas aperfeiçoaram o sistema parlamentar consolidando práticas como a interpelação e a responsabilidade política de ministros de Estado.

O mesmo aconteceu na Bélgica, cuja Constituição de 1831 tem o objetivo de determinar no art. 40 "o direito de averiguação" para cada Câmara legislativa.

Na Itália, situa-se em 1848 o início da prática do "*diritto de interpellanza*", por meio do qual os representantes do povo poderiam suscitar ao Governo questões referentes à sua atividade político-administrativa.

Na Espanha, nenhuma Constituição anterior à de 1978 previra a existência da Comissão.

Atualmente encontram-se disciplinadas nos arts. 75, 76, 109 e 110 da Constituição espanhola. O art. 76 é o mais expressivo no oferecimento da estrutura essencial da Comissão: "O Congresso e o Senado, ou ambas Câmaras conjuntamente, poderão nomear Comissões de Investigação sobre qualquer assunto de interesse público. Suas conclusões não serão vinculantes para os Tribunais, nem afetarão as resoluções judiciais, sem prejuízo de que o resultado da investigação seja comunicado ao Ministério Público para o exercício, caso proceda, das ações oportunas. 2. Será obrigatório comparecer a requerimento das Câmaras. A lei regulará as sanções que possam se impor por descumprimento desta obrigação".

Mas é na Alemanha que, após a Constituição de Weimar, de 1919, observa-se o antecedente mais direto e significativo dos atuais órgãos parlamentares de investigação, sendo, inclusive, particularmente caras àquele Estado as suas atribuições, prestigiadas que foram, de início, no art. 34 para não mais abandonar o sistema constitucional alemão.

Nos Estados Unidos, as Câmaras Legislativas (*House of Representatives* e *Senate*) desenvolvem fecunda atividade que as obriga a repartir a função parlamentar em diversas comissões e subcomissões.

Não é raro que, em apenas uma legislatura, possam ser criadas centenas de comissões, com poderes para legislar ou investigar.

Independentes no exercício das funções, inclusive no que respeita à própria Câmara que as criou, e em face da existência de número significativo, produzem o efeito da desconcentração do poder e da decisão política, podendo afirmar-se que, nos Estados Unidos, a importância do trabalho das Comissões, acrescida de sua decantada independência, fazem com que se constituam verdadeiramente em órgãos de controle do Poder Executivo, quando, por exemplo, decidem até sobre nomeação de juízes federais indicados pelo Presidente[688].

À medida que o Parlamento aumenta as suas funções, descobre-se que a função de editar leis não seria a única nem a mais importante das tarefas atribuídas ao Poder legiferante.

Walter Bagehot, em sua obra *The English Constitution*, assinalava seis funções à Câmara dos Comuns:

a) função eletiva do Poder Executivo (à vista de a Inglaterra adotar o sistema de governo parlamentarista);
b) função de expressão do ponto de vista do povo britânico;
c) função educativa da nação;
d) função de informação sobre queixas de particulares em relação ao Estado;
e) função legislativa;
f) função financeira.

Para ele, a mais importante entre todas é a função eletiva do Governo, seguindo-lhe em importância a função de informação, na qual estariam inseridas as Comissões Parlamentares de Inquérito[689].

14.2.3.2 As Comissões Parlamentares de Inquérito na Constituição brasileira de 1988

Eis sua base constitucional, no caso, o § 3º do art. 58:

As comissões parlamentares de inquérito, que terão poderes de investigação próprios das autoridades judiciais, além de outros previstos nos regimentos das respectivas Casas, serão criadas pela Câmara dos Deputados e pelo Senado Federal, em conjunto ou separadamente, mediante requerimento de um terço de seus membros, para a apuração de fato determinado e por prazo certo, sendo suas conclusões, se for o caso, encaminhadas ao Ministério Público, para que promova a responsabilidade civil ou criminal dos infratores.

14.2.3.2.1 CPI e a expressão "poderes de investigação próprios das autoridades judiciais"

A primeira consideração a ser feita sobre as Comissões Parlamentares de Inquérito concerne à natureza de sua atividade, visto que o dispositivo constitucional acentua o fato de terem poderes de investigação próprios das autoridades judiciais.

Seria, então, de natureza judicial a atividade das CPIs?

Não nos parece que assim seja.

Atente-se, em primeiro lugar, para o que dispõe a parte inicial do § 3º do art. 58 ao registrar que *as Comissões Parlamentares de Inquérito terão poderes de investigação próprios das autoridades judiciais*.

Seria mais adequado ter dito o constituinte originário que tais órgãos são dota-

688 Cf. Ricardo Medina Rubio, *La Función Constitucional de las Comisiones Parlamentarias de Investigación*, p. 35-44.

689 Apud Ricardo Medina Rubio, op. cit., p. 29.

dos de poderes de *instrução* inerentes à atividade judicante, visto que aludir à "investigação" parece levar à ideia de que juízes adotam posição ativa no processo judicial, quando, reconhecidamente, o princípio dispositivo impede, salvo restritas hipóteses[690], que o magistrado atue sem provocação dos sujeitos parciais da lide.

Mesmo assim, não há como proceder à equiparação da atividade judicante com o que realiza a CPI, máxime porque o ato de julgar pressupõe o conhecimento técnico de quem julga.

E corpo legislativo de caráter necessariamente heterogêneo e plural, com indivíduos provenientes das mais diversas profissões e atividades, não tem aptidão para decidir, por exemplo, sobre a liberdade das pessoas.

14.2.3.2.2 CPI e medidas cautelares

E, sendo certo que se não identifica a atuação parlamentar em CPI à jurisdição, torna-se claro que atos somente viáveis à prática pelo Estado-Juiz não podem ser praticados por quem não esteja investido de poder judicial.

Portanto, medidas cautelares destinadas a assegurar o resultado útil de CPI estão impedidas de ser determinadas de ofício pelo presidente da respectiva comissão[691], devendo recorrer ao Poder Judiciário para tal fim.

---

690 São exemplos de exceções ao princípio dispositivo o art. 765 da Consolidação das Leis do Trabalho ("Os Juízos e Tribunais do Trabalho terão ampla liberdade na direção do processo e velarão pelo andamento rápido das causas, podendo determinar qualquer diligência necessária ao esclarecimento delas"); o art. 209, que autoriza o juiz a ouvir, quando entender necessário, outras testemunhas além das indicadas, e o art. 234, ambos do Código de Processo Penal, cujo conteúdo outorga ao magistrado o poder de determinar a juntada de prova documental relevante para o desate da questão, independentemente de requerimento de quaisquer das partes.

691 O Supremo Tribunal Federal, no julgamento do MS 23.446/DF, rel. Min. Ilmar Galvão, 18-8-1999, decidiu que "as Comissões Parlamentares de Inquérito – CPI's têm poderes de investigação vinculados à produção de elementos probatórios para apurar fatos certos e, portanto, não podem decretar medidas assecuratórias para garantir a eficácia de eventual sentença condenatória (CPP, art. 125), uma vez que o poder geral de cautela de sentenças judiciais só pode ser exercido por juízes. Com esse entendimento, o Tribunal deferiu mandado de segurança para tornar sem efeito ato do Presidente da chamada CPI dos Bancos que decretara a indisponibilidade dos bens dos impetrantes". Também importante a referência ao julgamento do MS 23.454/DF, rel. Min. Marco Aurélio, 19-8-1999, quando o Tribunal, por unanimidade, deferiu mandado de segurança impetrado contra ato da Comissão Parlamentar de Inquérito do Senado Federal, que determinou a expedição de mandado de busca e apreensão de documentos relativos às atividades profissionais, contábeis ou comerciais dos impetrantes. O Tribunal entendeu que a CPI, ao exercer a competência investigatória prevista no art. 58, § 3º, da CF, está sujeita às mesmas limitações constitucionais que incidem sobre as autoridades judiciárias, devendo, dessa forma, fundamentar as suas decisões (CF, art. 93, IX). Salientou-se, também, que o mandado de busca e apreensão deveria ser específico quanto à diligência a ser efetuada e não poderia, de forma alguma, delegar à autoridade policial o poder de selecionar os documentos a serem apreendidos. De outra parte, os Ministros Ilmar Galvão e Octavio

14.2.3.2.3 CPI e proibição de autoincriminação

Observa-se, além disso, com infeliz habitualidade, determinações de presidentes de CPIs dirigidas a indiciados com o propósito de buscar a confissão a respeito dos fatos objeto de investigação.

Se, no processo judicial, não se autoriza o magistrado a, de ofício, tentar a incriminação do acusado obrigando-o a falar, pois o direito ao silêncio é garantia constitucional processual penal conferida aos acusados[692], motivo mais ponderoso ainda impede autoridade do Poder Legislativo a instá-lo à autoincriminação[693].

Por esse motivo, a jurisprudência dos tribunais tem convergido para declarar que a obrigação do indivíduo se cinge ao comparecimento quando convocado por CPI[694]; jamais para responder a perguntas que possam incriminá-lo[695].

Gallotti entenderam que a amplitude genérica do mandado de busca e apreensão e a delegação à autoridade policial do poder de selecionar os documentos a serem apreendidos seriam suficientes para a concessão da segurança. Em maior extensão, os Ministros Marco Aurélio, relator, Celso de Mello e Carlos Velloso também concederam a ordem por entenderem que, além dos fundamentos acima expostos, a CPI não poderia deliberar sobre o instituto da busca e apreensão domiciliar, por se tratar de ato cuja prática a CF atribui com exclusividade aos membros do Poder Judiciário (*Informativo STF*, n. 158).

692 Art. 5º, inciso LXXIII – o preso será informado de seus direitos, entre os quais o de permanecer calado, sendo-lhe assegurada a assistência da família e de advogado.

693 Colhe-se, no particular, decisão do STF que repele o procedimento: "A condição de testemunha não afasta a garantia constitucional do direito ao silêncio (...). Com esse entendimento, o Tribunal, confirmando a liminar concedida, deferiu *habeas corpus* para assegurar ao paciente – inicialmente convocado à CPI do Narcotráfico como indiciado –, na eventualidade de retornar à CPI para prestar depoimento, ainda que na condição de testemunha, o direito de recusar-se a responder perguntas quando impliquem a possibilidade de autoincriminação" (HC 79.589/DF, rel. Min. Octavio Gallotti, 5-4-2000).

694 "REMESSA DE OFÍCIO – COMISSÃO PARLAMENTAR DE INQUÉRITO – CONVOCAÇÃO PARA ESCLARECIMENTOS – AMEAÇA DE PRISÃO – DIREITO AO SILÊNCIO – OBRIGATORIEDADE DE COMPARECIMENTO. O indiciado ou testemunha convocada a comparecer à CPI é obrigado a fazê-lo, mas não a responder às perguntas passíveis de autoincriminá-lo" (TJDF, RMO 20020110740179/DF, 1ª T. Crim., rel. Des. Everards Mota e Matos, *DJU* de 28-5-2003, p. 89).

695 "COMISSÃO PARLAMENTAR DE INQUÉRITO – PRIVILÉGIO CONTRA A AUTOINCRIMINAÇÃO – DIREITO QUE ASSISTE A QUALQUER INDICIADO OU TESTEMUNHA – IMPOSSIBILIDADE DE O PODER PÚBLICO IMPOR MEDIDAS RESTRITIVAS A QUEM EXERCE, REGULARMENTE, ESSA PRERROGATIVA – PEDIDO DE *HABEAS CORPUS* DEFERIDO. O privilégio contra a autoincriminação – que é plenamente invocável perante as Comissões Parlamentares de Inquérito – traduz direito público subjetivo assegurado a qualquer pessoa, que, na condição de testemunha, de indiciado ou de réu, deva prestar depoimento perante órgãos do Poder Legislativo, do Poder Executivo ou do Poder Judiciário. O exercício do direito de permanecer em silêncio não autoriza os órgãos estatais a dispensarem qualquer tratamento que implique restrição à esfera jurídica daquele que regularmente invocou essa prerrogativa fundamental. Precedentes. O direito ao silêncio – enquanto poder jurídico reconhecido a qualquer pessoa

14.2.3.2.4 CPI e prisão de indiciado

Muito mais grave e muito pior ainda é cogitar de prisão daquele que vem a ser indiciado em CPI.

A literalidade e o caráter incisivo do art. 5º, LXI, da Constituição sinalizam quanto à sua completa impossibilidade: "Ninguém será preso senão em flagrante delito[696] ou por ordem escrita e fundamentada de autoridade judiciária competente, salvo nos casos de transgressão disciplinar ou crime propriamente militar, definidos em lei".

Nesse passo, os poderes da CPI, no que toca à determinação de prisão, limitam-se à hipótese de flagrante delito e se atêm exclusivamente aos casos em que a pessoa, na condição de indiciado ou testemunha, uma vez comparecendo à Casa Legislativa, venha a cometer crime durante o período em que lá estiver a depor.

14.2.3.2.5 CPI e quebra dos sigilos bancário, fiscal e telefônico. O princípio da colegialidade

Se o tema em questão se relaciona à quebra dos sigilos bancário, fiscal e telefônico, contudo, a jurisprudência do STF tem convergido para o entendimento de que a determinação será válida se houver fundamentação[697], e se atender ao princípio da colegialidade.

O que é o princípio da colegialidade?

É o princípio referido no § 2º do art. 4º da Lei n. 105/2001 a exigir que a decisão promanada

---

relativamente a perguntas cujas respostas possam incriminá-la (*nemo tenetur se detegere*) – impede, quando concretamente exercido, que aquele que o invocou venha, por tal específica razão, a ser preso, ou ameaçado de prisão, pelos agentes ou pelas autoridades do Estado. Ninguém pode ser tratado como culpado, qualquer que seja a natureza do ilícito penal cuja prática lhe tenha sido atribuída, sem que exista, a esse respeito, decisão judicial condenatória transitada em julgado. O princípio constitucional da não culpabilidade, em nosso sistema jurídico, consagra uma regra de tratamento que impede o Poder Público de agir e de se comportar, em relação ao suspeito, ao indiciado, ao denunciado ou ao réu, como se estes já houvessem sido condenados definitivamente por sentença do Poder Judiciário. Precedentes" (STF, HC 79812, TP, rel. Min. Celso de Mello, *DJU* de 16-2-2001, p. 21).

696 O art. 301 do Código de Processo Penal prescreve que "qualquer do povo *pode* e as autoridades policiais e seus agentes *deverão* prender quem quer que seja encontrado em flagrante delito".

697 Com entendimento favorável à quebra do sigilo, desde que devidamente fundamentada a decisão, observa-se o MS 24.024, rel. Min. Maurício Corrêa, *DJ* de 22-3-2002, cuja ementa é a seguinte: "Mandado de Segurança. Comissão Parlamentar Mista de Inquérito. Quebra de sigilo bancário, fiscal e telefônico. Falta de fundamentação. Nulidade do ato impugnado. Precedentes. 1. Se não fundamentado, nulo é o ato da Comissão Parlamentar de Inquérito que determina a quebra dos sigilos bancário, fiscal e telefônico. 2. Meras ilações e conjecturas, destituídas de qualquer evidência material, não têm o condão de justificar a ruptura das garantias constitucionais preconizadas no artigo 5º, X e XII, da Constituição Federal. Segurança concedida".

de CPI quanto à quebra de sigilo bancário e fiscal seja legitimada por votos da maioria absoluta dos seus membros[698].

No mesmo sentido da decisão do STF, foi editada a LC n. 105/2001, cujo art. 4º, nos §§ 1º e 2º, acentua, respectivamente, que "as comissões parlamentares de inquérito, no exercício de sua competência constitucional e legal de ampla investigação, obterão as informações e documentos sigilosos de que necessitarem, diretamente das instituições financeiras, ou por intermédio do Banco Central do Brasil ou da Comissão de Valores Mobiliários" e que "as solicitações de que trata este artigo deverão ser previamente aprovadas pelo Plenário da Câmara dos Deputados, do Senado Federal, ou do plenário de suas respectivas comissões parlamentares de inquérito".

Se bem que se nos pareça irrepreensível o entendimento do STF, no tocante à quebra dos sigilos bancário e fiscal, e conforme à Constituição os §§ 1º e 2º da LC n. 105/2001, porque, mesmo em se tratando de extensão do direito à privacidade protegido pelo art. 5º, X, não se reveste de caráter absoluto, pensamos que a quebra da comunicação telefônica, malgrado consentida pela norma constitucional, não pode ser determinada por autoridade parlamentar investida de poderes investigatórios, como sucede em CPI.

É que, com todo o respeito à decisão da Suprema Corte, há limite que não pode ser eliminado quando da interpretação constitucional: o próprio texto escrito da Constituição[699].

E o art. 5º, XII, acentua que "é inviolável o sigilo da correspondência e das comunicações telegráficas, de dados e das comunicações telefônicas, salvo, no último caso, por ordem judicial, nas hipóteses e na forma que a lei estabelecer para fins de investigação criminal ou instrução processual penal".

Conquanto o constituinte originário tenha tornado relativo o direito individual

---

698 STF, MS 23.669/DF (Medida Liminar), rel. Min. Celso de Mello, *DJU* de 17-4-2000: "O PRINCÍPIO DA COLEGIALIDADE CONDICIONA A EFICÁCIA DAS DELIBERAÇÕES DE QUALQUER COMISSÃO PARLAMENTAR DE INQUÉRITO, ESPECIALMENTE EM TEMA DE QUEBRA DO SIGILO BANCÁRIO. O princípio da colegialidade traduz diretriz de fundamental importância na regência das deliberações tomadas por qualquer Comissão Parlamentar de Inquérito, notadamente quando esta, no desempenho de sua competência investigatória, ordena a adoção de medidas restritivas de direitos, como aquela que importa na revelação das operações financeiras ativas e passivas de qualquer pessoa. O necessário respeito ao postulado da colegialidade qualifica-se como pressuposto de validade e de legitimidade das deliberações parlamentares, especialmente quando estas – adotadas no âmbito de Comissão Parlamentar de Inquérito – implicam ruptura, sempre excepcional, da esfera de intimidade das pessoas. A quebra do sigilo bancário, que compreende a ruptura da esfera de intimidade financeira da pessoa, quando determinada por ato de qualquer Comissão Parlamentar de Inquérito, depende, para revestir-se de validade jurídica, da aprovação da maioria absoluta dos membros que compõem o órgão de investigação legislativa (Lei n. 4.595/64, art. 38, § 4º)".

699 Cf. Konrad Hesse, *Escritos de Derecho Constitucional*, p. 52.

à inviolabilidade das comunicações telefônicas, na medida em que autoriza a escuta, foi firme na apresentação das circunstâncias permissivas: casos e forma prevista em lei para investigação criminal ou instrução processual penal, *desde que proveniente de ordem judicial*.

Fora daí, *data venia*, é reforma da Constituição mediante o procedimento interpretativo.

É preciso distinguir a comunicação telefônica em si – que se materializa na conversa entre pessoas por meio de telefone – do sigilo de dados telefônicos, expresso nas informações detidas pela empresa concessionária acerca dos números para os quais o indivíduo ligou, bem assim datas, horários e duração da conversa.

Nesse último caso, como o sigilo não é relativo à comunicação telefônica, mas sim quanto aos dados da ligação, é legítima a iniciativa de CPI, visto que amparada no § 3º do art. 58 da Constituição.

Pedro Lenza expõe que "a CPI pode, por *autoridade própria*, ou seja, sem a necessidade de qualquer intervenção judicial, sempre por *decisão fundamentada* e *motivada*, observadas todas as formalidades legais, determinar a *quebra do sigilo fiscal, bancário* e de *dados*, neste último caso, destaquem-se o sigilo dos dados telefônicos. O que a CPI não tem competência é para quebra do sigilo da comunicação telefônica (interceptação telefônica), que se encontra dentro da reserva jurisdicional. No entanto, pode a CPI requerer a quebra de *registros telefônicos pretéritos*, ou seja, com quem o investigado falou durante determinado período pretérito" (grifos do original)[700].

14.2.3.2.6 CPI e liberdade de informação jornalística. Televisamento de sessão de CPI

Por outro lado, a exposição pública de indiciados em CPI tem originado colisão entre direitos fundamentais, no caso o da imagem e o da liberdade de informação jornalística.

O art. 5º, X, da Constituição prevê que "são invioláveis a intimidade, a vida privada, a honra e a imagem das pessoas, assegurado o direito à indenização pelo dano material e moral decorrente de sua violação", salientando, por seu turno, os §§ 1º e 2º do art. 220, respectivamente, que "nenhuma lei conterá dispositivo que possa constituir embaraço à plena liberdade de informação jornalística em qualquer veículo de comunicação social, observado o disposto no art. 5º, IV, V, X, XIII e XIV", e que "é vedada toda e qualquer censura de natureza política, ideológica e artística".

É habitual o televisamento de sessões de CPI na qual vão depor indiciados, razão por que se argui, em tais circunstâncias, suposta ofensa à imagem e, até mesmo, ao princípio constitucional da presunção de não culpabilidade (art. 5º, LVII – "ninguém será considerado culpado até o trânsito em julgado de sentença penal condenatória").

---

700 Cf. *Direito Constitucional Esquematizado*, p. 285.

A primeira questão a ser analisada concerne ao fato de a publicidade ser ou não inerente à sessão de CPI.

E, convictamente, a resposta é afirmativa.

Deveras, evidenciada a natureza política da atuação de Comissão Parlamentar de Inquérito, ainda que possua poderes de investigação próprios das autoridades judiciais, emerge clara a necessidade de tornar pública a sessão a fim de que os cidadãos tomem conhecimento acerca dos fatos investigados e, mais do que isso, sejam todas as denúncias articuladas e contestadas, levando-se a confronto da opinião pública a acusação e a defesa, tudo com a mais absoluta transparência, como se espera em um Estado Democrático de Direito.

Por consequência, longe de se converter em expediente a ser reprovado, eventual televisamento de sessão de CPI deve ser sempre autorizado, até mesmo para conferir oportunidade a quem quer que seja intimado para depor na respectiva comissão.

Em segundo lugar, se a publicidade é dado inafastável dos julgamentos no âmbito do Poder Judiciário, balizando-se as exceções pelo comando do art. 93, IX, da Constituição, como defender que uma Casa política torne regra o que é posto como ressalva aos julgamentos judiciais?

É verdade que a divulgação de imagem de indiciado que vai depor em CPI poderá causar irreversível dano à sua honra, sendo certo também dizer que o art. 5º, X, sustenta-a como direito inviolável; contudo, é preciso reconhecer que, diante da denominada "colisão de direitos", deve lançar mão o aplicador da conhecida técnica de ponderação de interesses.

Da contraposição entre a imagem de indiciado e a liberdade de informação jornalística, observa-se que, em havendo salvaguarda da imagem, restará completamente afastada a liberdade de informar os indivíduos, na medida em que, conduzido a um plano de inviolabilidade absoluta o direito individual, comprometer-se-á *in totum* a fruição do direito à informação materializado no televisamento, ao vivo, de sessão da CPI.

Em julgamento de grande repercussão ocorrido em 18-3-2004, que seguramente se converterá em *leading case* para tantas outras situações análogas, o STF, nos autos do MCMS 24.832, impetrado por Law Kin Chong contra o Presidente da CPI da Pirataria, não referendando a decisão monocrática prolatada pelo Min. Cezar Peluso, entendeu, por maioria, que deveria ser prestigiado o direito à informação, compreendendo também que eventuais excessos seriam passíveis de ação específica contra a União. Temos por incensurável a decisão do STF, porquanto efetivou acertada ponderação entre os interesses colidentes, já que, se houvesse deferido o *mandamus* para impedir o televisamento, afastaria, por completo, a liberdade de informação, ao passo que, permitindo-o, não se vulnera a imagem, mais ainda porque poderá o indiciado se servir da intimação para o esclarecimento de fato que pode até mesmo isentá-lo de qualquer responsabilidade.

14.2.3.2.7 CPI e convocação de magistrados

Outra questão que merece destaque, no contexto das decisões do STF acerca de convocação de CPI, é a relativa ao HC 86.581, rel. Min. Ellen Gracie, j. em 23-2-2006.

Na hipótese, o Supremo Tribunal Federal concluiu a respeito da completa inviabilidade de convocação de magistrado federal para depor acerca da concessão de liminares que teriam causado enorme gravame financeiro à Caixa Econômica Federal, tudo com suporte na cláusula da separação de poderes[701].

14.2.3.2.8 CPI e reclamação constitucional

É importante salientar, outrossim, que os atos praticados por Comissão Parlamentar de Inquérito não podem ser objeto de reclamação constitucional, visto que, na espécie, conforme decidido pelo STF, não há processo, e, portanto, não se presencia decisão descumprida[702].

14.2.3.2.9 CPI e ilegitimidade passiva de Mesa do Senado e da Câmara dos Deputados

No caso de impetração de mandado de segurança, é indeclinável que o prejudicado pelo ato de CPI indique tal órgão como sujeito passivo da impetração, e não a Mesa da Casa Legislativa à qual está vinculada a Comissão Parlamentar, sob pena de ser reconhecida a ilegitimidade passiva *ad causam*, como já decidido pelo Supremo Tribunal Federal[703].

---

701 Encontra-se vazada nos seguintes termos a ementa do Acórdão: "Ofende o princípio constitucional da separação e independência dos poderes (CF, art. 2º) a intimação de magistrado para prestar esclarecimentos perante comissão parlamentar de inquérito sobre ato jurisdicional praticado. Com base nesse entendimento, o Tribunal deferiu *habeas corpus* impetrado contra o requerimento de convocação de magistrada federal para prestar depoimento perante a CPI dos Bingos instaurada pelo Senado Federal, a fim de esclarecer as razões pelas quais concedera liminares em favor de determinada empresa, as quais teriam acarretado prejuízos consideráveis à Caixa Econômica Federal – CEF. Precedente citado: HC 80089/RJ (DJU de 29-9-2000). HC 86581/DF, rel. Min. Ellen Gracie, 23-2-2006. (HC-86581)" (*Informativo STF*, n. 417). Note-se também a seguinte decisão: "*HABEAS CORPUS* PREVENTIVO – COMISSÃO PARLAMENTAR DE INQUÉRITO – CONVOCAÇÃO DE JUIZ – PRINCÍPIO DA INDEPENDÊNCIA DOS PODERES. Convocação de Juiz para depor em CPI da Câmara dos Deputados sobre decisão judicial, caracteriza indevida ingerência de um poder em outro. *Habeas* deferido" (STF, HC 80089, TP, rel. Min. Nelson Jobim, *DJU* de 29-9-2000, p. 71).

702 "DIREITO CONSTITUCIONAL, PENAL E PROCESSUAL PENAL – RECLAMAÇÃO CONTRA ATOS DE COMISSÃO PARLAMENTAR DE INQUÉRITO – C.P.I. DO FUTEBOL – 1. A Reclamação, de que cuidam os artigos 102, I, "l", da CF, 13 da Lei n. 8.038, de 28-5-1990 e 156 do R.I.S.T.F., pressupõe a existência de processo judicial, no qual um órgão do Poder Judiciário esteja usurpando competência do Supremo Tribunal Federal ou desrespeitando a autoridade de suas decisões. 2. Não é o caso de atos praticados por Comissão Parlamentar de Inquérito, sujeitos a outra forma de controle jurisdicional. 3. Questão de ordem, que se resolve com o não conhecimento da Reclamação. 4. Plenário. Decisão unânime" (STF, Rcl-QO 2066/RJ, TP, rel. Min. Sydney Sanches, *DJU* de 27-9-2002, p. 82).

703 "MANDADO DE SEGURANÇA – COMISSÃO PARLAMENTAR DE INQUÉRITO –

14.2.3.2.10 CPI, imunidade material e depoimento de parlamentar

Por fim, cumpre esclarecer que parlamentar que depõe em CPI encontra-se sob o pálio da regra da imunidade material prevista no art. 53, *caput*, da Constituição Federal, segundo o STF[704].

14.2.3.3 Pressupostos constitucionais à criação de CPI

O § 3º do art. 58 da Constituição fixa que as comissões parlamentares de inquérito serão criadas *pela Câmara dos Deputados e pelo Senado Federal, em conjunto ou separadamente, mediante requerimento de um terço de seus membros*, para *apuração de fato determinado* e *por prazo certo*.

14.2.3.3.1 Requerimento de um terço dos membros da Casa Legislativa

Observe-se que a prerrogativa identicamente conferida a ambas as Casas Legislativas para criação de CPI é uma das manifestações do *bicameralismo igual*, adotado pela Constituição de 1988[705].

ILEGITIMIDADE PASSIVA DA MESA DO SENADO FEDERAL – QUEBRA DE SIGILO FISCAL – FALTA DE FUNDAMENTAÇÃO – NULIDADE DO ATO IMPUGNADO – PRECEDENTES – 1. Impetração contra ato praticado pela Comissão Parlamentar de Inquérito do Futebol. A Mesa do Senado Federal, não sendo responsável pela quebra do sigilo, não tem legitimidade para compor o polo passivo do *writ* (...)" (STF, MS 23957/DF, TP, rel. Min. Maurício Corrêa, *DJU* de 14-12-2001, p. 29).

704 "QUEIXA-CRIME – DEPUTADO FEDERAL – IMPUTAÇÃO DE DELITO CONTRA A HONRA – EXPRESSÕES OFENSIVAS CONSTANTES DE DEPOIMENTO DO CONGRESSISTA PERANTE COMISSÃO PARLAMENTAR DE INQUÉRITO – INVIOLABILIDADE – IMUNIDADE PARLAMENTAR MATERIAL (CF, ART. 53, *CAPUT*) – QUEIXA-CRIME LIMINARMENTE REJEITADA – O Supremo Tribunal Federal tem acentuado que a prerrogativa constitucional da imunidade parlamentar em sentido material protege o congressista em todas as suas manifestações que guardem relação com o exercício do mandato, ainda que produzidas fora do recinto da própria casa legislativa (RTJ 131/1039 – RTJ 135/509 – RT 648/318), ou, com maior razão, quando exteriorizadas no âmbito do Congresso Nacional (RTJ 133/90). O depoimento prestado por membro do Congresso Nacional a uma comissão parlamentar de inquérito está protegido pela cláusula de inviolabilidade que tutela o legislador no desempenho do seu mandato, especialmente quando a narração dos fatos – ainda que veiculadora de supostas ofensas morais – guarda íntima conexão com o exercício do ofício legislativo e com a necessidade de esclarecer os episódios objeto da investigação parlamentar" (STF, INQO 681/SP, TP, rel. Min. Celso de Mello, *DJU* de 22-4-1994).

705 No *bicameralismo igual*, as casas legislativas exercitam paritariamente os atos inerentes ao processo legislativo, além de ocuparem posições idênticas como foros políticos da nação. No *bicameralismo desigual*, subsiste evidente supremacia de uma casa sobre outra, como acontece na Alemanha, porque a câmara de representação popular (*Bundestag*) detém clara supremacia sobre a câmara representativa dos *Länder* (*Bundesrat*). Ver, a propósito, o excelente artigo de Johann Schneider ("El Régimen Parlamentario", in *Manual de Derecho Constitucional*, p. 330).

Temos, assim, o primeiro pressuposto à criação de CPI: *requerimento de um terço dos Deputados* (para CPI na Câmara), *de um terço dos Senadores* (para CPI no Senado) ou *um terço de Deputados e Senadores* (para CPI conjunta, a denominada *Comissão Parlamentar Mista de Inquérito*).

14.2.3.3.2 Fato determinado

A dicção constitucional conduz ao entendimento de que não se autoriza a criação de CPI para investigar fatos de cunho genérico, mas sim de caráter determinado.

Não se poderá, por conseguinte, defender a criação de CPI para investigar a "corrupção no Poder Executivo federal", pois tal induziria necessariamente à investigação de toda a estrutura da função executiva, com duas consequências perniciosas à atuação parlamentar: a) a excessiva generalidade do objeto impediria a correta apuração, frustrando o fim colimado pelo constituinte originário; b) a exposição injustificada de pessoas que não têm nenhuma relação com o fato investigado.

"Fato determinado" que justifica a criação de CPI é, portanto,

> *aquele objetivamente posto no pedido de sua instauração, em que se definem a circunstância alvo dos atos investigatórios e supostos envolvidos, precisando-lhes, neste caso, nomes e razões determinantes da inclusão.*

Com evidência, se a opção do constituinte originário em 1988 foi por sociedade política "democrática" e "de direito", servindo o pincípio fundamental para conformar a atividade de todos os órgãos do Estado, é claro que a instauração de CPI necessita objetivar a causa que a ensejou mediante a indicação de fatos e nomes de indiciados, neste caso acompanhado da devida justificativa.

14.2.3.3.3 Prazo certo

Outro pressuposto constitucional é o pertinente ao lapso temporal da CPI: há de ser criada por prazo certo.

Justifica-se por sua natureza investigatória, cuja atuação estendida por período indeterminado poderia provocar a própria ineficácia e o consequente desprestígio de relevante instrumento de ação parlamentar.

Notório, além disso, que Comissão Parlamentar de Inquérito – a depender do fato sobre o qual trata – instila grande instabilidade política, tornando-se imperiosa a fixação de prazo certo.

E mais: nos termos da parte final do § 3º do art. 58, suas conclusões serão encaminhadas ao Ministério Público a fim de que promova a responsabilidade civil ou criminal dos infratores.

Como assegurar a efetividade de decisões que condenam o infrator, civil e penalmente, se há interregno deplorável entre a investigação da Casa Legislativa e a propositura da medida judicial pelo *parquet*?

O Supremo Tribunal Federal tem, todavia, sufragado entendimento no sentido de admitir prorrogações sucessivas de Comissão Parlamentar de Inquérito, desde que limitada à legislatura na qual fora criada, nos termos da Lei n. 1.579/52[706].

14.2.3.3.4 CPI e o art. 35 do Regimento Interno da Câmara dos Deputados

Questão interessante acerca dos limites à criação de CPI surgiu após a inserção do § 4º do art. 35 do Regimento Interno da Câmara dos Deputados, *in verbis:* "Não será criada Comissão Parlamentar de Inquérito enquanto estiverem funcionando pelo menos cinco na Câmara, salvo mediante projeto de resolução com o mesmo *quorum* de apresentação previsto no *caput* deste artigo" (o *quorum* estabelecido no *caput* é de um terço dos membros da Casa Legislativa).

Encontra-se o dispositivo regimental da Câmara em rota de colisão com as normas constitucionais pertinentes.

Deveras, pressupostos constitucionais à criação de CPI são somente aqueles preconizados pelo § 3º do art. 58, não se podendo buscar o seu elastecimento mediante a previsão de outras limitações pela norma regimental.

E não se socorre a Casa Legislativa da tese de o assunto se cingir a tema *interna corporis* do Parlamento, fundamentalmente pelo fato de a Comissão Parlamentar de Inquérito contribuir, de modo decisivo, para a fiscalização dos atos de autoridade.

E é precisamente com base na prerrogativa parlamentar indelegável da fiscalização que seguimos a linha da inconstitucionalidade da norma regimental da Câmara, já que apresenta nova limitação ao surgimento de CPI que se não encontra contemplada no Texto Constitucional.

Surge a dúvida: se mais e mais limitações forem inseridas no Regimento Interno, não seria a hipótese de mera e simples revogação dos preceptivos constitucionais?

Norma regimental teria aptidão para fixar novas limitações quando, reconhecidamente, a atuação fiscalizatória do Parlamento descreve a sua mais importante atribuição?

Ou, por fim: não se converteria em restrição ilegítima a instrumento da minoria parlamentar, como acertadamente concluíram, conquanto vencidos, os Ministros Marco Aurélio e Sepúlveda Pertence?

Todavia, o Supremo Tribunal Federal entendeu compatível com a Constituição o § 4º do art. 35 do RICD[707].

---

706 Ver HC 71.231, rel. Min. Carlos Velloso, j. em 5-5-1994. Há referência no Acórdão a julgamento semelhante ocorrido no HC 71.193/SP.

707 Por maioria, o Tribunal indeferiu medida cautelar em ação direta requerida pelo Partido dos Trabalhadores – PT, contra o § 4º do art. 35 do Regimento Interno da Câmara dos

14.3 ATRIBUIÇÕES E COMPETÊNCIAS EXCLUSIVAS DO CONGRESSO NACIONAL

As atribuições do Parlamento brasileiro estão mencionadas no art. 48, ao assinalar que *cabe ao Congresso Nacional, com a sanção do Presidente da República, não exigida para o especificado nos arts. 49, 51 e 52, dispor sobre todas as matérias de competência da União, especialmente sobre:*

I – sistema tributário, arrecadação e distribuição de rendas;

II – plano plurianual, diretrizes orçamentárias, orçamento anual, operações de crédito, dívida pública e emissões de curso forçado;

III – fixação e modificação do efetivo das Forças Armadas;

IV – planos e programas nacionais, regionais e setoriais de desenvolvimento;

V – limites do território nacional, espaço aéreo e marítimo e bens do domínio da União;

VI – incorporação, subdivisão ou desmembramento de áreas de Territórios ou Estados, ouvidas as respectivas Assembleias Legislativas;

VII – transferência temporária da sede do Governo Federal;

VIII – concessão de anistia;

IX – organização administrativa, judiciária, do Ministério Público e da Defensoria Pública da União e dos Territórios e organização judiciária e do Ministério Público do Distrito Federal (inciso alterado pela EC n. 70/2012);

X – criação, transformação e extinção de cargos, empregos e funções públicas, observado o que estabelece o art. 84, VI, b (redação dada pela EC n. 32/2001);

XI – criação e extinção de Ministérios e órgãos da administração pública (redação dada pela EC n. 32/2001);

XII – telecomunicações e radiodifusão[708]*;*

XIII – matéria financeira, cambial e monetária, instituições financeiras e suas operações;

XIV – moeda, seus limites de emissão, e montante da dívida mobiliária federal;

XV – fixação do subsídio dos Ministros do Supremo Tribunal Federal, observado o que dispõem os arts. 39, § 4º; 150, II; 153, III; e 153, § 2º, I (redação dada pela EC n. 41/2003).

Deputados, que determina: "Não será criada Comissão Parlamentar de Inquérito enquanto estiverem funcionando pelo menos cinco na Câmara, salvo mediante projeto de resolução com o mesmo *quorum* de apresentação previsto no *caput* deste artigo". Considerou-se não caracterizada a relevância jurídica da tese de ofensa ao § 3º do art. 58 da CF, sob o entendimento de que o artigo impugnado é norma disciplinadora do funcionamento da Câmara dos Deputados, compatível com o referido dispositivo constitucional. Vencidos os Ministros Marco Aurélio e Sepúlveda Pertence, que deferiram a liminar para suspender a eficácia da norma atacada por entenderem que, sendo a CPI instrumento da minoria, não poderia o Regimento Interno daquela Casa Legislativa impor condição de admissibilidade do requerimento para a sua criação de modo a limitar o § 3º do art. 58 da CF (ADInMC 1.635/UF, rel. Min. Maurício Corrêa, 25-9-1997).

708 Ver Lei n. 4.117/62 (Código Brasileiro de Telecomunicações).

O art. 49 prevê as competências exclusivas do Congresso Nacional:

I – resolver definitivamente sobre tratados, acordos ou atos internacionais que acarretem encargos ou compromissos gravosos ao patrimônio nacional;

II – autorizar o Presidente da República a declarar guerra, a celebrar a paz, a permitir que forças estrangeiras transitem pelo território nacional ou nele permaneçam temporariamente, ressalvados os casos previstos em lei complementar;

III – autorizar o Presidente e o Vice-Presidente da República a se ausentarem do País, quando a ausência exceder a quinze dias;

IV – aprovar o estado de defesa e a intervenção federal, autorizar o estado de sítio, ou suspender qualquer uma dessas medidas;

V – sustar os atos normativos do Poder Executivo que exorbitem do poder regulamentar ou dos limites de delegação legislativa (relembre-se que a hipótese encerra exceção ao controle repressivo caracteristicamente jurisdicional, como se processa no Brasil, tornando admissível, assim, cogitar também de controle repressivo político da constitucionalidade);

VI – mudar temporariamente sua sede;

VII – fixar idêntico subsídio para os Deputados Federais e os Senadores, observado o que dispõem os arts. 37, XI, 39, § 4º, 150, II, 153, III, e 153, § 2º, I (redação dada pela EC n. 19/98);

VIII – fixar os subsídios do Presidente e do Vice-Presidente da República e dos Ministros de Estado, observado o que dispõem os arts. 37, XI, 39, § 4º, 150, II, 153, III, e 153, § 2º, I (redação dada pela EC n. 19/98);

IX – julgar anualmente as contas prestadas pelo Presidente da República e apreciar os relatórios sobre a execução dos planos de governo;

X – fiscalizar e controlar, diretamente, ou por qualquer de suas Casas, os atos do Poder Executivo, incluídos os da administração indireta;

XI – zelar pela preservação de sua competência legislativa em face da atribuição normativa dos outros Poderes;

XII – apreciar os atos de concessão e renovação de concessão de emissoras de rádio e televisão;

XIII – escolher dois terços dos membros do Tribunal de Contas da União;

XIV – aprovar iniciativas do Poder Executivo referentes a atividades nucleares;

XV – autorizar referendo e convocar plebiscito[709]*;*

XVI – autorizar, em terras indígenas, a exploração e o aproveitamento de recursos hídricos e a pesquisa e lavra de riquezas minerais;

XVII – aprovar, previamente, a alienação ou concessão de terras públicas com área superior a dois mil e quinhentos hectares.

Consolidando os poderes fiscalizatórios do Congresso Nacional, preconiza o art. 50 que a Câmara dos Deputados e o Senado Federal, ou qualquer de suas Comissões, poderão convocar Ministro de Estado ou quaisquer titulares de órgãos.

709 A Lei n. 9.709/98 regulamenta o art. 14 da Constituição.

14.4 A CÂMARA DOS DEPUTADOS

Composição. A Câmara dos Deputados compõe-se de representantes do povo, eleitos pelo sistema proporcional, em cada Estado, em cada Território (que poderá eleger quatro Deputados – § 2º do art. 45) e no Distrito Federal (art. 45, *caput*).

Número total de Deputados. O número total de Deputados, bem como a representação por Estado e pelo Distrito Federal, será estabelecido em lei complementar, de modo proporcional à população, ajustando-o no ano anterior às eleições, sempre de forma que nenhuma unidade federativa tenha menos de oito ou mais de setenta Deputados (§ 1º do art. 45).

14.4.1 Competências da Câmara dos Deputados

Competências "privativas" ou "exclusivas"? O art. 51 alude à existência de competências *privativas* da Câmara dos Deputados.

Bem examinados os incisos, no entanto, conclui-se que têm por objeto atos sobre cuja natureza indelegável não padece dúvida, razão para entender que melhor andaria o constituinte originário se lhes tivesse nominado de competências exclusivas, com o que acompanharia coerentemente a redação do art. 21, que atribui à União competências indelegáveis.

São elas:

I – autorizar, por dois terços de seus membros, a instauração de processo contra o Presidente e o Vice-Presidente da República e os Ministros de Estado;

II – proceder à tomada de contas do Presidente da República, quando não apresentadas ao Congresso Nacional em sessenta dias após a abertura da sessão legislativa;

III – elaborar seu regimento interno;

IV – dispor sobre sua organização, funcionamento, polícia, criação, transformação ou extinção dos cargos, empregos e funções de seus serviços, e a iniciativa de lei para fixação da respectiva remuneração, observados os parâmetros estabelecidos na lei de diretrizes orçamentárias (redação dada pela EC n. 19/98);

V – eleger membros do Conselho da República, nos termos do art. 89, VII.

14.4.1.1 Juízo de admissibilidade do processo de *impeachment*

A competência firmada no art. 51, I, atribui à Câmara dos Deputados, de modo exclusivo, a emissão de juízo de admissibilidade com relação às infrações político-funcionais (art. 85) e crimes comuns cometidos pelo Presidente, Vice-Presidente da República e Ministros de Estado.

É quando, no caso do Presidente da República, se dá o início do chamado processo de *impeachment*.

Desenvolve-se da seguinte forma:

a) *o pedido de instauração é enviado à Mesa Diretora* (cuja iniciativa pode partir de qualquer cidadão brasileiro)[710], que o inclui em pauta de votação;

b) *se, por voto de dois terços dos membros da Casa, houver a aceitação da denúncia*, o processo é encaminhado ao Supremo Tribunal Federal, na hipótese de a denúncia versar sobre crime comum;

c) *se o juízo de processabilidade é emitido a respeito de denúncia de crime de responsabilidade* (ou infração político-funcional), remete-se o respectivo processo para julgamento pelo Senado (art. 84, *caput*).

Juízo de admissibilidade e crime comum praticado por Ministro de Estado. O art. 51, I, seria de obrigatório atendimento para a hipótese de crime comum praticado por Ministro de Estado?

Não é o que deflui do sistema constitucional.

A redação do dispositivo é clara quanto à necessidade de emissão do juízo de processabilidade a respeito das autoridades ali nominadas.

Até aí nenhuma dúvida a respeito.

Não obstante, a circunstância de a Constituição fixar tal competência exclusiva à Câmara não a estende toda vez que Ministro de Estado vier a ser denunciado pela prática de crime de responsabilidade, porque o art. 52, I, ao indicar as competências exclusivas do Senado, insere a pertinente ao processo e julgamento do Presidente e do Vice-Presidente da República, nos crimes de responsabilidade, bem como os Ministros de Estado e os Comandantes da Marinha, do Exército e da Aeronáutica, nos *crimes da mesma natureza conexos com aqueles*.

Assim, de sorte a atrair a exigência de emissão do juízo prévio, a que alude o art. 51, I, é indispensável que o Ministro de Estado tenha cometido crime de responsabilidade conexo com aquele praticado pelo Presidente da República, quando, por exemplo, nos termos do art. 13, II, da Lei n. 1.079, de 10 de abril de 1950 (que define os crimes de responsabilidade e regula o respectivo processo de julgamento), assinar com o Chefe do Poder Executivo federal ou com sua ordem praticar atos que tipificam a figura delituosa.

Se a prática do crime se dá de forma isolada pelo auxiliar do Presidente, quando, e. g., deixa de comparecer, injustificadamente, perante a Câmara dos Deputados ou o Senado, ou qualquer de suas comissões (art. 13, III, da Lei n. 1.079/50), fundamento não há para se impor a prévia autorização a ser concedida pela Câmara.

Idêntico raciocínio deve ser feito se estiver em discussão a prática de crime comum por Ministro de Estado.

Este é, aliás, o entendimento do Supremo Tribunal Federal[711].

---

710 O art. 218 do RICD salienta que "é permitido a qualquer cidadão denunciar à Câmara dos Deputados o Presidente da República, o Vice-Presidente da República ou Ministro de Estado por crime de responsabilidade".

711 Ver QCr. 427-8/DF, rel. Min. Moreira Alves, j. em 1º-2-1990, Acórdão do qual se transcreve trecho da ementa: "Em face da interpretação sistemática da Constituição, o requisito

14.4.1.2 Tomada de contas do Presidente da República

O art. 51, II, por sua vez, comete à Câmara dos Deputados a competência exclusiva quanto à tomada de contas do Presidente da República, se não apresentadas ao Congresso Nacional em sessenta dias da data da abertura da sessão legislativa.

É a obrigação decorrente também do art. 84, XXIV.

14.4.1.3 Elaboração do regimento interno

A elaboração do regimento interno igualmente se inclui no rol das competências exclusivas da Câmara dos Deputados, consoante prevê o art. 51, III.

E somente ela – precisamente por ser de compostura exclusiva – poderá exercer a atribuição fixada no preceptivo. É competência que resulta da configuração bicameral do Parlamento brasileiro, cujo caráter marcante é a autonomia conferida a cada uma das Casas.

14.4.1.4 Competências de natureza administrativa

O art. 51, IV, alterado pela EC n. 19/98, assegura que compete à Câmara dispor sobre sua organização, funcionamento, polícia, criação, transformação ou extinção dos cargos, empregos e funções de seus serviços, e a iniciativa de lei para fixação da respectiva remuneração, observados os parâmetros estabelecidos na lei de diretrizes orçamentárias.

Não poderia, de modo idêntico, outra Casa Legislativa dispor acerca das matérias mencionadas que não a Câmara, porque se trata de competências administrativas destinadas ao regular funcionamento da Casa.

Cada Casa Congressual tem autonomia para dispor acerca de seus serviços como decorrência pura e simples do referido bicameralismo.

Diga-se de passagem, encontra-se a organização parlamentar bicameral brasileira absolutamente protegida contra a atuação do legislador constituinte derivado, conforme evidencia o inciso III do § 4º do art. 60.

14.4.1.5 Eleição dos membros do Conselho da República

Por último, encontramos como sua atribuição exclusiva eleger membros do Conselho da República (art. 51, V) que, de acordo com a redação do art. 89, VII, garante-lhe a indicação de dois cidadãos brasileiros natos, que juntar-se-ão às demais autoridades e cidadãos mencionados pelo dispositivo.

---

de procedibilidade a que alude seu art. 51, I, restringe-se, no tocante aos Ministros de Estado, aos crimes comuns e de responsabilidade conexos com os da mesma natureza imputados ao Presidente da República".

14.5 O ART. 50 DA CONSTITUIÇÃO E A FISCALIZAÇÃO DO PODER EXECUTIVO

Base constitucional. Significado. Doutrina. Assevera o art. 50 que "a Câmara dos Deputados e o Senado Federal, ou qualquer de suas Comissões, poderão convocar Ministro de Estado ou quaisquer titulares de órgãos diretamente subordinados à Presidência da República para prestarem, pessoalmente, informações sobre assunto previamente determinado, importando crime de responsabilidade a ausência sem justificação adequada" (redação dada pela ECR n. 2, de 7-6-1994).

Significa o dispositivo simplesmente que há, no padrão constitucional brasileiro, malgrado a clara opção pelo sistema de governo presidencialista, matizes de atuação parlamentar que muito aproximam a Constituição de 1988 ao governo de gabinete.

Anna Cândida da Cunha Ferraz bem sintetizou a importância do preceptivo ao esclarecer que "(...) não há como negar que o poder atribuído ao Congresso Nacional de trazer, perante seus integrantes, os Ministros de Estado (auxiliares de confiança do Presidente da República, aos quais cabe dar concretização aos planos governamentais) propicia ao Poder Legislativo questionar o direcionamento político da ação executiva e, até mesmo, por força dos instrumentos de pressão de que dispõe (audiências públicas, utilização dos meios de comunicação de massa, por exemplo), modificá-lo. Reflexamente, o Poder Legislativo poderá influir, pois, na própria direção dos negócios públicos, afeta ao Presidente da República".

"Observe-se, ainda, que o objeto genérico da fiscalização – os atos e fatos relacionados à gestão administrativa dos ministérios – não pressupõe atos irregulares. Ao contrário, vislumbra-se a possibilidade de um questionamento mais amplo sobre a política ministerial da área que, por óbvio, é uma ramificação da política global da Presidência da República".

"Desta forma, a convocação ministerial é, sem dúvida, um instrumento de controle que pode resultar politicamente eficaz, se efetivamente utilizado"[712].

Convém informar que o art. 397, II, do Regimento Interno do Senado Federal e o art. 219, II do Regimento Interno da Câmara dos Deputados admitem o comparecimento de Ministro de Estado quando ele próprio o solicitar, mediante entendimento com a Mesa, para expor assunto de relevância de seu Ministério.

O art. 50/CF e a convocação de membro do Poder Judiciário. E o que dizer quanto à convocação de Ministros do Supremo Tribunal Federal, de Tribunal Superior ou de qualquer membro do Poder Judiciário?

Já, aí, é evidente que a convocação descamba para o desrespeito à cláusula de separação e harmonia entre os Poderes, convertendo-se em inegável ingerência de uma função estatal em outra, como, inclusive, já decidiu o Supremo Tribunal Federal[713].

---

712 Cf. *Conflito entre Poderes*: o poder congressual de sustar atos normativos do Poder Executivo, p. 171.

713 "*HABEAS CORPUS* PREVENTIVO – COMISSÃO PARLAMENTAR DE INQUÉRITO –

14.6 O SENADO

O Senado integra a evolução político-constitucional brasileira desde a Constituição Republicana de 1891, exceção feita à Constituição estadonovista de 1937, outorgada por Getulio Vargas, que o substituiu por um "Conselho Federal".

14.6.1 Competências do Senado

O art. 52 fixa as competências privativas do Senado (já, aqui, de forma acertada a nomenclatura, já que algumas podem ser delegadas):

I – processar e julgar o Presidente e o Vice-Presidente da República nos crimes de responsabilidade, bem como os Ministros de Estado e os Comandantes da Marinha, do Exército e da Aeronáutica nos crimes da mesma natureza conexos com aqueles (redação dada pela EC n. 23/99);

II – processar e julgar os Ministros do Supremo Tribunal Federal, os membros do Conselho Nacional de Justiça e do Conselho Nacional do Ministério Público, o Procurador-Geral da República e o Advogado-Geral da União nos crimes de responsabilidade (redação dada pela EC n. 45/2004);

III – aprovar previamente, por voto secreto, após arguição pública, a escolha de: a) Magistrados, nos casos estabelecidos nesta Constituição; b) Ministros do Tribunal de Contas da União indicados pelo Presidente da República; c) Governador de Território; d) Presidente e diretores do Banco Central; e) Procurador-Geral da República; f) titulares de outros cargos que a lei determinar;

IV – aprovar previamente, por voto secreto, após arguição em sessão secreta, a escolha dos chefes de missão diplomática de caráter permanente;

V – autorizar operações externas de natureza financeira, de interesse da União, dos Estados, do Distrito Federal, dos Territórios e dos Municípios;

VI – fixar, por proposta do Presidente da República, limites globais para o montante da dívida consolidada da União, dos Estados, do Distrito Federal e dos Municípios;

VII – dispor sobre limites globais e condições para as operações de crédito externo e interno da União, dos Estados, do Distrito Federal e dos Municípios, de suas autarquias e demais entidades controladas pelo Poder Público federal;

VIII – dispor sobre limites e condições para a concessão de garantia da União em operações de crédito externo e interno;

IX – estabelecer limites globais e condições para o montante da dívida mobiliária dos Estados, do Distrito Federal e dos Municípios;

X – suspender a execução, no todo ou em parte, de lei declarada inconstitucional por decisão definitiva do Supremo Tribunal Federal;

CONVOCAÇÃO DE JUIZ – PRINCÍPIO DA INDEPENDÊNCIA DOS PODERES. Convocação de Juiz para depor em CPI da Câmara dos Deputados sobre decisão judicial, caracteriza indevida ingerência de um poder em outro. *Habeas* deferido" (STF, HC 80089, TP, rel. Min. Nelson Jobim, *DJU* de 29-9-2000, p. 71).

XI – aprovar, por maioria absoluta e por voto secreto, a exoneração, de ofício, do Procurador--Geral da República antes do término de seu mandato;

XII – elaborar seu regimento interno;

XIII – dispor sobre sua organização, funcionamento, polícia, criação, transformação ou extinção dos cargos, empregos e funções de seus serviços, e a iniciativa de lei para fixação da respectiva remuneração, observados os parâmetros estabelecidos na lei de diretrizes orçamentárias (redação dada pela EC n. 19/98);

XIV – eleger membros do Conselho da República, nos termos do art. 89, VII;

XV – avaliar periodicamente a funcionalidade do Sistema Tributário Nacional, em sua estrutura e seus componentes, e o desempenho das administrações tributárias da União, dos Estados e do Distrito Federal e dos Municípios" (incluído pela EC n. 42/2003).

Já o parágrafo único salienta que "nos casos previstos nos incisos I e II, funcionará como Presidente o do Supremo Tribunal Federal, limitando-se a condenação, que somente será proferida por dois terços dos votos do Senado Federal, à perda do cargo, com inabilitação, por oito anos, para o exercício de função pública, sem prejuízo das demais sanções judiciais cabíveis".

14.6.1.1 Julgar o Presidente da República

A atribuição conferida pelo art. 52, I, denota a tentativa do sistema constitucional para promover o equilíbrio entre as duas Casas do Parlamento brasileiro: a Câmara emite o juízo prévio de admissibilidade e o Senado julga.

Outras altas autoridades da República são igualmente conduzidas a julgamento no Senado:

a) Ministros do Supremo Tribunal Federal;
b) Procurador-Geral da República;
c) Advogado-Geral da União;
d) Membros do Conselho Nacional de Justiça e do Conselho Nacional do Ministério Público, sendo que, nos casos indicados nos itens "c" e "d", a competência do Câmara Alta para o julgamento dos crimes de responsabilidade foi ditada pela EC n. 45/2004, alterando-se o inciso II do art. 52.

Mas, atenção!

Se o crime de responsabilidade é cometido *isoladamente* e não de modo *conexo* àquele praticado pelo Presidente da República, é competente o Supremo Tribunal Federal para o julgamento de Ministro de Estado (art. 102, I, *c*, da CF).

14.6.1.2 Aprovar a escolha de autoridades federais

Ao Senado, nos termos do art. 52, III, também é dirigida a competência para, após arguição pública, aprovar previamente a escolha de magistrados de Tribunais Superiores (STF, STJ, TST, TSE, STM), assim como do Procurador-Geral da República, Ministros do Tribunal de Contas da União, Governador de Território (isso quando vier a ser criado), presidente e diretores do Banco Central.

A enunciação dos cargos revela a importância de cada qual na estrutura de poder do Estado brasileiro, tornando-se politicamente recomendável e juridicamente necessária a interferência da Câmara Alta no processo de escolha.

A enumeração dos cargos submetidos à emissão de juízo político pelo Senado não é taxativa, visto que semelhante procedimento poderá ser exigido por lei para titulares de outros cargos.

14.6.1.3 Escolher chefes de missões diplomáticas permanentes

A escolha de chefes de missão diplomática de caráter permanente (art. 52, IV) é outra competência exclusiva dos Senadores.

Observe-se que a obrigatoriedade incide apenas quanto ao preenchimento de cargos diplomáticos *de chefia* de natureza *não transitória*. Os demais agentes diplomáticos integrantes da missão podem ser nomeados sem a formalidade descrita no Texto Constitucional.

14.6.1.4 Autorizar a realização de operações externas de caráter financeiro

Sendo certo, por outro lado, que o endividamento externo do Estado brasileiro, ensejado por sucessivos empréstimos contraídos pelos diversos entes federativos, implica grave limitação à soberania, o art. 52, V, atribuiu ao Senado a competência para autorizar a realização de operações externas de caráter financeiro.

E mais: a previsão do art. 52, V é inovadora quanto à autorização no que se refere à União e Territórios, porquanto o art. 42, IV, da Constituição de 1969 só obrigava a emissão de ato legislativo autorizatório no caso de empréstimos externos contraídos pelos Estados, Distrito Federal e Municípios, tornando o Poder Executivo federal imune à fiscalização, no particular, do Poder Legislativo, e implicando o crescimento simplesmente astronômico da dívida externa brasileira.

Como decorrência do princípio da paridade federativa, atualmente todos os entes da Federação brasileira podem contrair diretamente empréstimos de credores internacionais, desde que, como referido, o Senado autorize a operação externa de natureza financeira.

E mesmo na hipótese de concessão de aval por parte de qualquer ente federativo ou de alguma modificação nos compromissos originariamente assumidos, perdura a incidência do regramento do art. 52, V, da Constituição[714].

14.6.1.5 Fixação dos limites globais para o montante da dívida consolidada

Por proposta do Presidente da República, o Senado fixará limites globais para o montante da dívida consolidada da União, dos Estados, do Distrito Federal e dos Municípios (art. 52, VI).

---

714 É nesse sentido a redação dos arts. 391 e 392 do Regimento Interno do Senado Federal (RISF).

"Dívida consolidada", aqui, tem o mesmo sentido de "dívida fundada", referida nos arts. 34, V, *a*, e 35, I, ou seja, compromissos de exigibilidade que ultrapassem doze meses, conforme, inclusive, prevê o art. 98 da Lei n. 4.320/64.

Os incisos VII, VIII e IX igualmente se referem à matéria financeira e buscam, em síntese, a indenidade orçamentária do Estado brasileiro, atribuindo ao Senado a competência para fiscalizar as operações internas e externas de endividamento de todas as unidades das Federação.

14.6.1.6 A resolução coparticipativa

No art. 52, X, encontramos importante atribuição do Senado: suspender, no todo ou em parte, a execução de lei declarada inconstitucional por decisão definitiva do Supremo Tribunal Federal prolatada no controle difuso-concreto (ver subitem 8.8 do Capítulo 8).

14.6.1.7 Aprovação de destituição do Procurador-Geral da República

A destituição, de ofício, pelo Presidente, do Procurador-Geral da República, antes do término do mandato do Chefe do Ministério Público da União, deve ser precedida de aprovação do Senado, por maioria absoluta e voto secreto (art. 52, XI).

Deveras, as atribuições assinaladas ao Ministério Público em geral e ao Procurador-Geral da República, de modo especial, podem instilar a reação do Presidente quando se propuser o Chefe do *parquet* a promover investigação em torno dos atos de governo praticados.

Entendemos da mais alta relevância, portanto, a aprovação da exoneração do agente político pelo Senado em ordem a validá-la.

14.7 PRERROGATIVAS PARLAMENTARES

14.7.1 Justificativa

Não haveria fundamento em outorgarem-se prerrogativas a parlamentares se não colimassem a efetivo cumprimento do mandato concedido pelo povo.

Esta é, pois, a salvaguarda maior que instrumentaliza as prerrogativas indicadas no art. 53, *caput*, e parágrafos, da Constituição de 1988.

Destinam-se à *instituição*, que é a sede da representação popular; não à *pessoa* de quem eventualmente exerce o mandato.

Logo, quando se cogita das prerrogativas parlamentares, não se põem à disponibilidade do exercente do mandato, porquanto não enfeixam imunidades de compostura pessoal, mas, inegavelmente, de caráter institucional.

Rui Barbosa salienta que "tanto não são do Senador, ou do Deputado, as immunidades, que dellas não é lícito abrir mão. Da representação poderá despir-se, demmitindo-se do seu logar no Congresso. Mas, enquanto o occupar, a garantia da sua liberdade adherirá inseparavelmente ao representante, como a sombra ao corpo, como a epiderme ao tecido cellular"[715].

14.7.2 Espécies de prerrogativas

14.7.2.1 Imunidade material ou inviolabilidade

Base constitucional. Imunidade civil e penal. Encontra-se descrita no art. 53, *caput*, da Constituição, alterado pela EC n. 35, de 20-12-2001: "Os Deputados e Senadores são invioláveis, *civil e penalmente*, por quaisquer de suas opiniões, palavras e votos" (grifamos).

Oportuna a referência ao texto originário para evidenciar o que realmente mudou na previsão constitucional.

Assim fixava a anterior redação: "Os Deputados e Senadores são invioláveis por suas opiniões, palavras e votos".

Nota-se ter havido importante mudança na amplitude da denominada imunidade material, visto que, atualmente, presta-se a interditar não só o processamento penal do parlamentar, mas impedir também venha a ser responsabilizado, no âmbito civil, por afirmações aduzidas em razão do exercício do mandato.

E, aqui, de pouca relevância se a declaração se produzira fora do recinto do Congresso Nacional ou da tribuna da Casa à qual pertence.

Atos inerentes ao mandato e a jurisprudência do STF. Decisiva à incidência da norma constitucional imunizatória é a constatação de que as palavras proferidas guardam estreita correspondência com o exercício do mandato parlamentar.

Assim concluiu o STF: "DIREITO CONSTITUCIONAL, PENAL E PROCESSUAL PENAL – DENÚNCIA APRESENTADA, PELA PROCURADORIA-GERAL DA REPÚBLICA, CONTRA SENADOR, PERANTE O SUPREMO TRIBUNAL FEDERAL – IMPUTAÇÃO DE CRIME DE DIFAMAÇÃO PRATICADO CONTRA SECRETÁRIO DE ESTADO, MEDIANTE REPRESENTAÇÃO DESTE – IMUNIDADE PARLAMENTAR (MATERIAL) (ART. 53, § 1º, DA CONSTITUIÇÃO FEDERAL) – QUESTÃO DE ORDEM – 1. Foi como Senador da República, na representação do Estado do Paraná, que o denunciado formulou as críticas à Secretaria de Segurança daquela unidade da Federação. Mesmo consideradas ofensivas à honra do Secretário, que representou ao Ministério Público Federal, para o oferecimento de denúncia, estaria o parlamentar coberto pela imunidade material de que já tratava o art. 53, § 1º, da CF. Sobretudo, após o advento da EC n. 35, de 20-12-2001, que a estendeu a quaisquer opiniões, palavras e votos, proferidos pelo parlamentar, obviamente nessa condição. 2. De qualquer maneira, a punibilidade estaria extinta, desde 17 de março de 2002, como demonstrou o parecer da Procuradoria Geral da República. 3. Em tais circunstâncias, o Plenário resolve a Questão de Ordem, determinando o ar-

715 Cf. *Commentários à Constituição Federal Brasileira*, t. 2, p. 42.

quivamento dos autos. 4. Decisão unânime" (STF, Inq-QO 1594/DF, TP, rel. Min. Sydney Sanches, *DJU* de 21-2-2003, p. 29).

E, ao corroborar a tendência, registra a nossa Suprema Corte: "A imunidade parlamentar material *só protege* o congressista nos atos, palavras, opiniões e votos proferidos no exercício do ofício congressual. São passíveis dessa tutela jurídico-constitucional *apenas* os comportamentos parlamentares cuja prática seja imputável ao exercício do mandato legislativo" (STF, Inq. 510, rel. Min. Celso de Mello, j. em 19-4-1991) – os grifos não constam na decisão do STF.

Jurisprudência do STF antes da EC n. 35/2001. Mesmo antes da mudança do dispositivo em questão, o Supremo Tribunal Federal já reconhecia que a regra imunizante abrangia a exclusão de ilicitude do tipo penal e vedava a responsabilização civil por danos à imagem-atributo ou à honra a respeito de quem o parlamentar, obviamente nessa condição, caluniou (art. 138 do CP); difamou (art. 139 do CP) ou injuriou (art. 140 do CP)[716].

Honra e imunidade material. Todos os tipos penais que descrevem a proteção à honra do indivíduo simplesmente não estão aptos a determinar a subsunção da conduta de parlamentar ao que neles se encontra enunciado, desde que a ação tenha sido praticada *no* e em razão *do* exercício do mandato.

Além disso, esse nexo causal entre o seu comportamento ao proferir palavras, mesmo detrimentosas à honra da pessoa, e o exercício do mandato, não se pode cogitar de responsabilização de cunho civil.

Primeiro, porque a norma que o imuniza de tal gravame passou a ser objeto de expressa positivação após a EC n. 35/2001.

Segundo, porque, na maioria das vezes, o efeito da condenação de ordem pecuniária poderá provocar consequência mais grave ainda em termos de retirada da independência do parlamentar, receoso, a partir de então, com tudo o que disser e possa implicar a responsabilização civil.

A imunidade material não poderia ser limitada à exclusão de ilicitude penal, o que ocasionaria a ineficácia social do art. 53, *caput*, já que se buscaria o constrangi-

---

716 STF, RE 210.917, rel. Min. Sepúlveda Pertence. Seguem trechos do Acórdão: "(...) é manifesto que, conforme as circunstâncias, a imputação da responsabilidade civil pode ser tão ou mais inibitória da ação do mandatário político que a incriminação da conduta. (...). Não se desconhece que a afirmação da inviolabilidade parlamentar, ampliada às dimensões exigidas pela sociedade de massas, pode acarretar injustiças às vítimas da leviandade por ela eventualmente acobertada; mas as instituições democráticas têm o seu custo, às vezes, cruel. (...) a afirmação da incidência de regra constitucional de imunidade vale pelo reconhecimento de causa excludente da ilicitude do fato e, pois, de responsabilidade, não apenas penal, mas também civil, do agente parlamentar, quando do julgamento do, interposto por parlamentar que havia denunciado, na imprensa do Estado do Rio de Janeiro, determinado magistrado como coautor no rumoroso caso das fraudes à Previdência. Válida nos parece a exegese da Suprema Corte, ainda que tenha examinado o caso com base na anterior redação do art. 53, *caput*, da Constituição de 1988. (...)".

mento à atuação parlamentar mediante provocação do Poder Judiciário em prol de reparação pecuniária.

Tratando-se, no entanto, de excessos cometidos quando da manifestação de opinião, mesmo que se conexione ao exercício do mandato, o STF acena para a possibilidade de responsabilização política do parlamentar, gravame que evidentemente se atém à manifestação da Casa Legislativa à qual se vincula o mandatário[717].

Contudo, em tema de *responsabilização civil* de parlamentar, na hipótese de as declarações ofensivas à honra da pessoa terem sido assacadas no recinto da Casa Legislativa, notadamente da tribuna parlamentar, inclina-se o STF pelo reconhecimento da natureza absoluta da imunidade material (STF, AgI 631.276/SP, rel. Min. Celso de Mello, j. em 1º-2-2011).

14.7.2.2 Imunidade formal ou processual condicionada

Alterações feitas pela EC n. 35/2001. Foi bastante alterada a imunidade formal com a promulgação da EC n. 35/2001.

Com efeito, se antes da mencionada alteração constitucional não poderiam Deputados Federais e Senadores ser processados criminalmente *sem prévia licença* da Casa Legislativa à qual pertencessem, atualmente foi modificado o procedimento para permitir a abertura de processo penal perante o Supremo Tribunal Federal sem a aquiescência legislativa, circunstância que enseja, inclusive, o entendimento da Corte Suprema quanto a ter sido extinta tal espécie de imunidade parlamentar[718].

---

717 "(...) Excessos cometidos pelo vereador em suas opiniões, palavras e votos, no âmbito do Município e no exercício do mandato. Questão a ser submetida à Casa Legislativa, nos termos das disposições regimentais. Recurso extraordinário conhecido e provido" (STF, RE 140867/MS, TP, rel. Min. Marco Aurélio, *DJU* de 4-5-2001, p. 35). Todavia, os vereadores desfrutam de imunidade material, mas não de imunidade processual, que beneficia apenas Deputados e Senadores (STJ, *RDA*, 184/274).

718 "DIREITO CONSTITUCIONAL, PENAL E PROCESSUAL PENAL – QUEIXA-CRIME CONTRA DEPUTADO FEDERAL, PERANTE O SUPREMO TRIBUNAL FEDERAL – IMPUTAÇÃO DE CRIME DE DIFAMAÇÃO – LEI DE IMPRENSA (ART. 21 DA LEI N. 5.250, DE 09 DE FEVEREIRO DE 1967) – INEXISTÊNCIA, NO CASO, DE IMUNIDADE MATERIAL PREVISTA NO ART. 53 DA CF. APLICAÇÃO IMEDIATA DA EC N. 35 DE 20-12-2001 – DESNECESSIDADE DE LICENÇA PRÉVIA DA CÂMARA DOS DEPUTADOS – FALTA DE JUSTA CAUSA, PORÉM, PARA A AÇÃO PENAL – REJEIÇÃO DA QUEIXA – ARTIGO 43, INCISO I, DO CÓDIGO DE PROCESSO PENAL – 1. Com o advento da Emenda Constitucional n. 35, de 20-12-2001, que deu nova redação ao art. 53 da Constituição Federal de 05-10-1988, os Deputados e Senadores já não gozam de imunidade processual, mas, apenas, de imunidade material, por suas opiniões, palavras e votos, proferidos, obviamente, no exercício do mandato ou em razão dele. Por crimes de outra natureza, respondem os parlamentares, perante esta Corte, agora sem necessidade de prévia licença da respectiva Casa Legislativa, como exigia o § 1º do art. 53 da CF, em sua redação originária. 2. No caso presente, os fatos imputados pelo querelante ao querelado (ambos Advogados) ocorreram em plano inteiramente estranho ao exercício do mandato, pois relacionados a divergências, no âmbito de um mesmo escritório de Advocacia,

Compreendemos, no entanto, que as mudanças operadas na Constituição autorizam conceber a ideia de *imunidade formal ou processual condicionada*, uma vez que será suspenso o processo *sob condição* de que seja aprovado o pedido de sustação apresentado à Mesa da Casa Legislativa à qual pertence o parlamentar processado.

Observe-se a redação alterada do § 3º do art. 53 da Constituição: *Recebida a denúncia contra o Senador ou Deputado, por crime ocorrido após a diplomação, o Supremo Tribunal Federal dará ciência à Casa respectiva, que, por iniciativa de partido político nela representado e pelo voto da maioria de seus membros, poderá, até a decisão final, sustar o andamento da ação.*

Aqui difere o procedimento consumado pelo STF daqueloutro inerente à prisão de parlamentar (§ 2º do art. 53), visto que não *mais* serão remetidos os autos à Casa respectiva, mas simplesmente dá o STF ciência quanto ao fato de a denúncia contra parlamentar ter sido recebida.

Aspectos relevantes das alterações constitucionais. A modificação é significativa por três circunstâncias realmente relevantes:

a) não mais envia o STF os autos do processo à Casa Legislativa a fim de que delibere sobre a formação de culpa, ou seja, para o início do processo criminal (como constava da parte final da anterior redação do § 3º do art. 53), mas tão só a fim de que venha a Câmara dos Deputados ou o Senado a decidir acerca da prisão;
b) autoriza-se o processamento, que *simplesmente poderá ser sustado, até decisão final, pela Casa Legislativa, por iniciativa de partido político nela representado*;
c) a sustação somente pode versar a respeito de crime praticado *após a diplomação*.

---

com manifestações de ambas as partes pela Imprensa. 3. Sendo assim, a queixa-crime pode ser examinada por esta Corte, para recebê-la ou rejeitá-la, embora os fatos tenham ocorrido a 24 de novembro de 2000, antes, portanto, do advento da referida EC n. 35, de 20-12-2001. É que esta, suprimindo a imunidade meramente processual, antes existente, opera, desde logo, e alcança a queixa-crime, no estágio em que se encontra o feito. 4. A queixa, porém, é de ser rejeitada, pois o querelado e o Ministério Público federal conseguiram demonstrar a atipicidade da conduta descrita na inicial, como difamação, sobretudo em face das circunstâncias em que se deu a divergência entre então colegas de escritório de advocacia. 5. Falta, em consequência, justa causa para a ação penal, o que justifica a rejeição, nos termos do art. 43, inc. I, do Código de Processo Penal. 6. O art. 6º da Lei n. 8.038, de 28-5-1990, até autoriza, na oportunidade do exame inicial da denúncia ou queixa, um juízo mais amplo, de improcedência da acusação, se a decisão não depender de outras provas. A isso se poderia chegar, no caso, se se concluísse, desde logo, pela falta do *animus difamandi*. 7. Mas não se precisa ir a tanto, bastando o reconhecimento da atipicidade do fato narrado na inicial ou da falta de justa causa para a ação penal. 8. Nesse sentido é a decisão unânime do Tribunal, rejeitando a queixa-crime e determinando o arquivamento dos autos. 9. Desnecessária, porém, a remessa de cópias dos autos ao Ministério Público, para eventual ação penal contra o querelante, por crime de denunciação caluniosa, pois, como salientou o Ministério Público federal, aquele 'teve apenas por escopo defender o que considerava', embora sem razão, 'um ultraje a sua honra objetiva'" (STF, Inq. 1710/SP, TP, rel. Min. Sydney Sanches, *DJU* de 28-6-2002, p. 88).

Nessa hipótese, o pedido de sustação do processo deverá ser apreciado pela Casa respectiva no prazo improrrogável de quarenta e cinco dias de seu recebimento pela Mesa Diretora da Casa à qual está vinculado o parlamentar (§ 4º do art. 53).

Significa o seguinte: sendo a Mesa Diretora da Câmara ou do Senado o órgão legislativo competente para receber o pedido de sustação do processo feito por partido ali representado, o prazo para deliberação será de quarenta e cinco dias contados a partir de seu recebimento pela Mesa respectiva.

Tal pedido, todavia, somente poderá ser apreciado até decisão final do STF.

Se entre a formalização à Mesa do pedido de sustação e a deliberação legislativa não chegar a transcorrer o prazo de quarenta e cinco dias, mesmo assim só se admitirá exame a respeito se o STF ainda não tiver prolatado decisão final.

Portanto, o prazo de quarenta e cinco dias não se conta da data do recebimento dos autos remetidos pelo STF quando da prisão de parlamentar no caso de flagrante de crime inafiançável (§ 2º do art. 53), mas sim da formalização do pedido à Mesa quanto à sustação do processo.

Prisão de parlamentar. Quanto à prisão, estabelece o § 2º do art. 53 que, "desde a expedição do diploma, os membros do Congresso Nacional não poderão ser presos, salvo em flagrante de crime inafiançável. Nesse caso, os autos serão remetidos em vinte e quatro horas à Casa respectiva, para que, pelo voto da maioria de seus membros, resolva sobre a prisão".

Prerrogativas parlamentares e afastamento do mandato. Sendo certo que as imunidades material e formal se destinam ao exercício altivo do mandato parlamentar, não é possível estendê-las para as hipóteses nas quais Deputado ou Senador se tenha afastado para o exercício de cargo de Ministro de Estado.

Deveras, acentua o art. 56, I, da Constituição que *não perderá o mandato* o parlamentar investido nos cargos de Ministro de Estado, Governador de Território, Secretário de Estado, do Distrito Federal, de Território, de Prefeitura de Capital ou chefe de missão diplomática temporária, "(...) o que demonstra que, enquanto afastado, não se encontra no exercício do mandato, senão que interrupção de exercício", conclusão que se coaduna, demais disso, com a impossibilidade de exercício simultâneo de funções em poderes diversos[719].

Não se destinará, por conseguinte, em casos da ordem, imunidade material ou formal a parlamentar investido em cargo no Poder Executivo. É nessa linha, a propósito, a jurisprudência do Supremo Tribunal Federal[720].

---

719 Cf. Michel Temer, *Elementos de Direito Constitucional*, p. 130.

720 "O Deputado que exerce a função de Ministro de Estado não perde o mandato, porém não pode invocar a prerrogativa da imunidade, material ou processual, pelo cometimento de crime no exercício da nova função" (STF/Pleno, Inq. 105/DF, rel. Min. Néri da Silveira, *RTJ*, 99/487-491). Com isso, não restava outra alternativa ao STF senão promover o cancelamento da Súmula 4, cujo conteúdo era o seguinte: "Não perde a imunidade parlamentar o congressista nomeado Ministro de Estado".

Imunidade formal e inquérito policial. Registre-se que a imunidade é quanto à sustação de *processo*, não se podendo cogitar de deliberação legislativa na hipótese de instauração de inquérito policial em face de parlamentar.

14.7.2.3 Privilégio de foro

Base constitucional. A base constitucional é o § 1º do art. 53: "Os Deputados e Senadores, desde a expedição do diploma, serão submetidos a julgamento perante o Supremo Tribunal Federal".

Prerrogativa e crime praticado após o exercício do mandato. Na hipótese de crime perpetrado por Deputado ou Senador que não mais se encontrasse no exercício do mandato, ainda que o delito tivesse sido praticado naquele período, não se estenderia a competência especial por prerrogativa de função do Supremo Tribunal Federal[721], tornando-se competente para o julgamento a Justiça Comum.

Teria sido reavivada a Súmula 394 do STF? A Lei n. 10.628, de 24 de dezembro de 2002, ao promover alteração do art. 84 do Código de Processo Penal, dispôs que *"a competência especial por prerrogativa de função, relativa a atos administrativos do agente, prevalece ainda que o inquérito ou a ação judicial sejam iniciados após a cessação do exercício da função pública"* (§ 1º acrescido pela Lei n. 10.628/2002).

Com isso, há decisões que sustentam ter sido reavivado o entendimento consubstanciado na revogada Súmula n. 394 do STF.

Assim decidiu o TRF da 4ª Região: "PENAL – PROCESSUAL PENAL – APELAÇÃO CRIMINAL – QUESTÃO DE ORDEM – EX-PREFEITO – COMPETÊNCIA – CPP, ART. 84 – LEI N. 10.628/02 – ADIN N. 27/97. A Lei n. 10.628/02 modificou a redação do art. 84 do CPP, reavivando os efeitos antes irradiados pela revogada Súmula n. 394 do STF. Validade e eficácia dos atos processuais são aferidos por meio do princípio do *tempus regit actum.* Se o juiz sentenciante era competente à época da prolação da sentença, ela é válida, resultando disso a competência da turma para apreciação de apelação já interposta. Tramitação da ADIN 27/97 – Com liminar denegada – Perante o C. STF, que afasta, pelo menos por ora, a discussão sobre constitucionalidade do dispositivo legal (CPP, art. 84)" (TRF 4ª R., QO-ACr 1999.72.07.007448-5/SC, 4ª S., rel. Des. Fed. Vladimir Freitas, *DJU* de 7-5-2003, p. 535).

Outras decisões salientam que o foro especial se dará exclusivamente no tocante a atos de natureza administrativa, como se vê no seguinte acórdão: "CRIME DE DENUNCIAÇÃO CALUNIOSA – PERDA DO MANDATO LEGISLATIVO – COMPETÊNCIA – FORO PRIVILEGIADO – CANCELAMENTO DA SÚMULA 394 – EXEGESE DA LEI FEDERAL N. 10.628/2002. Após o cancelamento do teor da súmula n. 394 pelo Excelso Supremo Tribunal Federal, aquele que deixou definitiva-

721 Tanto é assim que o STF cancelou a Súmula 394, segundo a qual "cometido o crime durante o exercício funcional do mandato parlamentar, prevalece a competência especial por prerrogativa de função, ainda que o inquérito ou a ação penal sejam iniciados após a cessação daquele exercício".

mente o cargo – por cassação, por renúncia ou por simples término do mandato –, o seu ex-titular, responderá no foro comum por atos que tenham sido praticados no desempenho da função pública e que se considerem ensejadores da instauração de processo criminal. Assim, a competência por prerrogativa de função somente se firma no caso de o indiciado, acusado ou réu, ainda se encontrar, no curso do inquérito ou do processo, desempenhando cargo ou mandato que lhe garanta o foro especial, o que não se aplica à hipótese em apreciação, assim, tornando-se imperiosa a incompetência absoluta deste egrégio Tribunal de Justiça por fato superveniente, a saber, o não exercício de função ou cargo atinente à prerrogativa prevista no artigo 109, inciso I, alínea 'a', da Constituição Estadual. Ademais, a exegese da Lei n. 10.628/02 preceitua que a competência especial por prerrogativa de função prevalece ainda que o inquérito ou ação judicial sejam iniciados após a cessação do exercício da função, mas apenas e tão somente com relação a atos administrativos do agente, não se coadunando, pois, com a hipótese dos presentes autos. Incompetência declarada deste egrégio Tribunal de Justiça para apreciação e julgamento da presente notícia--crime, para determinar, por via de consequência, a remessa do feito ao douto Juízo de Direito da 6ª Vara Criminal da Comarca de Vitória" (TJES, NC 100020035018, TP, rel. Des. Sérgio Luiz Teixeira Gama, j. em 15-5-2003).

Com a devida vênia, pronunciamo-nos em favor da tese restritiva quanto à alteração do § 1º do art. 84 do CPP, seja porque a própria redação do enunciado vincula a competência por prerrogativa de função a *atos administrativos do agente*, seja ainda em virtude de o § 1º do art. 53 da CF fixar o STF como *juiz natural* para julgamento de Deputados e Senadores, *desde a expedição do* diploma; logo, não *antes* disso e também não *após* o exercício do mandato.

A conclusão do STF. Ao julgar a ADIn 2.797-2/DF, proposta pela Associação Nacional do Ministério Público (CONAMP), rel. Min. Menezes Direito, e concluindo pela inconstitucionalidade da Lei n. 10.628/2002, que acrescentou os §§ 1º e 2º ao art. 84 do CPP, certificou o STF que "(...) pretende a lei questionada equiparar a ação de improbidade administrativa, de natureza civil (CF, art. 37, § 4º), à ação penal contra os mais altos dignatários da República, para o fim de estabelecer competência originária do Supremo Tribunal, em relação à qual a jurisprudência do Tribunal sempre estabeleceu nítida distinção entre as duas espécies".

Portanto, se tentativa houve de reavivamento do conteúdo da Súmula 394 do STF por via legal, a declaração de inconstitucionalidade barrou a infeliz iniciativa.

14.7.2.4 Parlamentares e dever de testemunhar

Os parlamentares não serão obrigados a testemunhar sobre informações recebidas ou prestadas, em razão do exercício do mandato, nem sobre as pessoas que lhes confiaram ou deles receberam informações (§ 6º do art. 53 da CF).

14.7.2.5 Isenção do serviço militar

Decorre da literalidade do § 7º do art. 53: "A incorporação às Forças Armadas de Deputados e Senadores, embora militares e ainda que em tempo de guerra, dependerá de prévia licença da Casa respectiva".

André Ramos Tavares esclarece que "o parlamentar eleito está, em princípio, imune à obrigação, a todos imposta, de cumprir serviço militar obrigatório, nos termos do art. 143. Nem que deseje, o parlamentar poderá exercer a função militar, a não ser que renuncie ao mandato ou que a Casa delibere por sua incorporação às Forças Armadas. A renúncia ao privilégio é inadmissível. Não poderá prestar serviço militar e continuar a ser Deputado ou Senador"[722].

14.8 VEDAÇÕES PARLAMENTARES. AS INCOMPATIBILIDADES

Prescreve o art. 54, I, da Constituição que os Deputados e Senadores não poderão, *desde a expedição do diploma*:

a) firmar ou manter contrato com pessoa jurídica de direito público, autarquia, empresa pública, sociedade de economia mista ou empresa concessionária de serviço público, salvo quando o contrato obedecer a cláusulas uniformes (alínea *a*);

b) aceitar ou exercer cargo, função ou emprego remunerado, inclusive os de que sejam demissíveis ad nutum, *nas entidades constantes da alínea anterior* (alínea *b*);

E, *desde a posse*, não poderão os parlamentares brasileiros:

a) ser proprietários, controladores ou diretores de empresa que goze de favor decorrente de contrato com pessoa jurídica de direito público, ou nela exercer função remunerada (alínea *a* do inciso II);

b) ocupar cargo ou função de que sejam demissíveis ad nutum, *nas entidades referidas no inciso I,* a (alínea *b* do inciso II);

c) patrocinar causa em que seja interessada qualquer das entidades a que se refere o inciso I, a (alínea *c* do inciso II);

d) ser titulares de mais de um cargo ou mandato público eletivo (alínea *d* do inciso II).

Tais restrições podem ser classificadas em quatro distintas categorias:

a) incompatibilidades *funcionais* (art. 54, I, *b*, e II, *b*);
b) incompatibilidades *contratuais* (art. 54, I, *a*);
c) incompatibilidades *políticas* (art. 54, II, *d*); e
d) incompatibilidades *profissionais* (art. 54, II, *a* e *c*).

Algumas considerações devem ser feitas em torno ao comando do art. 54, I, *a*, que tipifica vedação de cunho contratual.

Serviria para impedir, de modo absoluto, a celebração de contrato entre parlamentar e as entidades referidas?

É conveniente atentar para a ressalva prevista na parte final do preceito: proíbe-se seja celebrado contrato por Deputado ou Senador, exceto quando a avença obedecer a cláusulas uniformes.

722 Cf. *Curso de Direito Constitucional*, p. 892.

Qual o significado de "cláusula uniforme"?

Uniforme é o conteúdo contratual que deixa pouquíssimo espaço à manifestação da autonomia privada negocial dos contratantes.

Assim, quando o indivíduo celebra contrato de financiamento dirigido à aquisição de moradia própria, o contrato que assina não difere em nada dos milhares de centenas de contratos subscritos por diversas outras pessoas.

Vedar-se-ia, no caso, a parlamentar a celebração do mencionado contrato?

É óbvio que não.

O *telos* da norma constitucional se propõe a impedir que Deputado e Senador, prevalecendo-se de tal condição, direcionem o conteúdo do contrato para incorporar cláusulas que originem alguma espécie de benefício, que, de ordinário, não é destinado aos demais contratantes.

Logo, se a espécie contratual não permite o exercício de qualquer autonomia, promovendo autêntica adesão da vontade do contratante ao conteúdo do pacto (por isso são também chamados de "contratos de adesão"), naturalmente se interdita ao parlamentar que se utilize do cargo para pressionar agente público à inserção de cláusula graciosa.

E no caso de parlamentar que subscrevera contrato com tais entidades antes de ser eleito? Persiste a proibição do art. 54, I, *a*?

Repita-se a incompatibilidade contratual assinalada no preceito: firmar ou *manter* contrato com pessoa jurídica de direito público, autarquia, empresa pública, sociedade de economia mista ou empresa concessionária de serviço público. A expressão sob grifo denota que a limitação imposta ao parlamentar lhe interdita não só celebrar contrato após a diplomação, mas também mantê-lo.

Ora, "manter" tem o sentido de conservar, sustentar. E não é lógico manter o que não existia anteriormente.

Sendo assim, não poderão Deputados e Senadores continuar a relação contratual com tais pessoas jurídicas, simplesmente porque o motivo que impede a celebração, o início de contrato, não discrepa, em substância, de idêntica justificativa relacionada ao impedimento quanto à manutenção dos pactos avençados antes da diplomação.

Deveras, fixado um conteúdo, a variabilidade dos contratos pode ensejar o aparecimento de cláusula graciosa, cuja inclusão superveniente decorrerá de iniciativa do parlamentar ao se valer de tal condição.

E ainda que não se presencie alteração no contrato, a própria execução das obrigações pode, de fato, ser grandemente afetada pela diplomação de um dos contratantes.

A proibição descrita no art. 54, I, *b*, da CF é impeditiva de utilização de mandato, pelo parlamentar, a fim de favorecer interesse privado perante a Administração Pública, fato tipificado penalmente como advocacia administrativa (art. 321 do CP).

Estende-se a vedação também para impedir Deputado ou Senador quanto a ocupar cargo ou função nas entidades referidas no art. 54, I, *a*, da CF, de que seja demissível *ad nutum*.

Com isso, nota-se o objetivo direcionado à manutenção da independência do parlamentar, comprometida que seria caso aceitasse ocupação naquelas entidades que pressupusesse demissão ao alvedrio de seus órgãos diretores.

Também as proibições encerradas no art. 54, II, *a* e *c*, da CF dirigem-se à preservação do interesse público, porquanto a vinculação de parlamentar às empresas mencionadas no art. 54, I, *a*, da CF é caminho à eversão da probidade na condução da coisa pública.

14.9 PERDA DO MANDATO PARLAMENTAR

Acentua o art. 55 da Constituição que perderá o mandato o Deputado ou Senador:

I – que infringir qualquer das proibições estabelecidas no artigo anterior;

II – cujo procedimento for declarado incompatível com o decoro parlamentar;

III – que deixar de comparecer, em cada sessão legislativa, à terça parte das sessões ordinárias da Casa a que pertencer, salvo licença ou missão por esta autorizada;

IV – que perder ou tiver suspensos os direitos políticos[723]*;*

V – quando o decretar a Justiça Eleitoral, nos casos previstos nesta Constituição;

VI – que sofrer condenação criminal em sentença transitada em julgado.

Por sua vez, declara o § 1º do art. 55 que é incompatível com o decoro parlamentar, além dos casos definidos no regimento interno, o abuso das prerrogativas asseguradas a membro do Congresso Nacional ou a percepção de vantagens indevidas.

O § 1º do art. 244 do RICD prescreve que "considera-se atentatório do decoro parlamentar usar, em discurso ou proposição, de expressões que configurem crimes contra a honra ou contenham incitamento à prática de crimes".

"Decoro é comportamento, é imagem pública, é honra, é dignidade. Decoro parlamentar é obrigação de conteúdo moral e ético que não se confunde com aspectos criminais, embora deles possa decorrer"[724].

Miguel Reale, agregando novas e importantes informações, registra que decoro parlamentar é o modo do comportamento desse agente público em função de suas atribuições em relação ao Estado e à sociedade, sempre com responsabilidade quanto às funções exercidas[725].

Já o § 2º salienta que nos casos dos incisos I, II e VI do art. 55 a perda do mandato será decidida pela Câmara dos Deputados ou pelo Senado Federal, por voto se-

---

723 O prazo – que é decadencial – para a Administração pública cancelar a inscrição eleitoral, em decorrência da perda de direitos políticos, é de cinco anos, conforme dispõe o art. 54, VI, da Lei n. 9.784/99.

724 Cf. Carla Costa Teixeira, "Decoro parlamentar: a legitimidade da esfera privada no mundo público?", p. 110-127.

725 Cf. "Decoro parlamentar e cassação de mandato eletivo", p. 86-93.

creto e maioria absoluta, mediante provocação da respectiva Mesa ou de partido político representado no Congresso Nacional, assegurada ampla defesa, enquanto o § 3º prescreve que nos casos previstos nos incisos III a V, a perda será declarada pela Mesa da Casa respectiva, de ofício ou mediante provocação de qualquer de seus membros, ou de partido político representado no Congresso Nacional, assegurada ampla defesa.

Em se tratando de renúncia de parlamentar submetido a processo que vise ou possa levar à perda do mandato, terá ela seus efeitos suspensos até as deliberações finais de que tratam os §§ 2º e 3º do art. 55.

Não se dará, no entanto, a perda do mandato de Deputado ou Senador nas seguintes situações:

a) quando investido no cargo de Ministro de Estado, Governador de Território, Secretário de Estado, do Distrito Federal, de Território, de Prefeitura de Capital ou chefe de missão diplomática temporária;

b) licenciado pela respectiva Casa por motivo de doença;

c) para tratar, sem remuneração, de interesse particular, desde que, neste caso, o afastamento não ultrapasse cento e vinte dias por sessão legislativa (art. 56, I e II).

14.9.1 O princípio da unidade de legislatura e a perda do mandato

Entende-se por *princípio da unidade de legislatura* aquele que faz cessar, a partir de cada novo quadriênio, todos os assuntos iniciados no período imediatamente anterior, dissolvendo-se, desse modo, todos os vínculos com a legislatura precedente[726].

No caso, é relevante saber se o princípio bastaria para absolver parlamentar cujo ato tipificado como *falta de decoro* fora praticado na legislatura anterior.

Não nos parece correto assim entender.

Se é verdade que o princípio da unidade de legislatura é utilizado pelo STF para impedir que funcionamento de CPI transcenda os limites da respectiva legislatura na qual foi criada (ver nota ao subitem 14.2.6.3.1), e se, por outro lado, é certo também que as próprias normas regimentais do Senado e da Câmara determinam que, ao final da legislatura, serão arquivadas todas as proposições em tramitação nas Casas (art. 332 do RISF e art. 105 do RICD), salvo as hipóteses fixadas nos respectivos Regimentos, não parece acertado concluir que o princípio em questão detém amplitude para afastar a responsabilidade política de Deputado ou Senador que atentou contra o decoro.

Sem dúvida, os atos que podem ser considerados incompatíveis com o decoro parlamentar revestem-se de tamanha gravidade que seria autêntico despropósito

---

726 Cf. José Afonso da Silva, *Princípios do Processo de Formação das Leis no Direito Constitucional*, p. 38-39.

admitir a absolvição do faltoso pelo mero e simples fato de a prática ter sido consumada na legislatura passada.

O Supremo Tribunal Federal, ao examinar o tema, concluiu pela impossibilidade de o princípio da unidade de legislatura afastar a punição ao parlamentar que cometera o ato faltoso na legislatura anterior[727].

---

727 STF, MS 24.458, rel. Min. Celso de Mello, *DJ* de 21-2-2003. Necessária a transcrição de trechos do Acórdão: "(...) cumpre rememorar que o Supremo Tribunal Federal, como precedentemente assinalado, já firmou orientação no sentido de que o princípio da unidade de legislatura não se reveste de efeito preclusivo, em tema de cassação de mandato legislativo, por falta de decoro parlamentar, ainda que por fatos ocorridos em legislatura anterior (MS 23.388/DF, Rel. Min. NÉRI DA SILVEIRA, Pleno). Isso significa, portanto, que o princípio da unidade de legislatura não representa obstáculo constitucional a que as Casas legislativas venham, ainda que por fatos anteriores à legislatura em curso, a instaurar – contra quem já era titular de mandato na legislatura precedente – procedimento de caráter político-administrativo, destinado a viabilizar a decretação da perda do mandato, por fato atentatório ao decoro parlamentar, cometido por quem então se achava investido na condição de membro de qualquer das Casas do Congresso Nacional (CF, art. 55, I, 'e', §§ 1º e 2º). Parece revelar-se essencial, portanto, para os fins a que se refere o art. 55, § 2º, da Constituição da República, a existência de uma necessária relação de contemporaneidade entre a prática do ato contrário ao decoro parlamentar, de um lado, e o exercício do mandato legislativo, de outro, mesmo que o ato ofensivo à dignidade institucional do mandato (e, também, à honorabilidade do Parlamento), tenha ocorrido na legislatura imediatamente anterior, praticado por quem, naquele momento, já era integrante do Poder Legislativo, tal como expressamente o reconheceu o Plenário do Supremo Tribunal Federal, no precedente mencionado. Cumpre identificar, neste ponto, a 'ratio' subjacente a esse entendimento que resultou do julgamento plenário do MS 23.388/DF, Rel. Min. NÉRI DA SILVEIRA: é que a ordem jurídica não pode permanecer indiferente a condutas de membros do Congresso Nacional – ou de quaisquer outras autoridades da República – que hajam eventualmente incidido em censuráveis desvios éticos, no desempenho da elevada função de representação política do Povo brasileiro. Foi por tal motivo que o Plenário desta Suprema Corte, atento aos altíssimos valores que informam e condicionam todas as atividades governamentais – não importando o domínio institucional em que elas tenham lugar –, veio a proferir o seu *dictum*, reconhecendo a possibilidade jurídico-constitucional de qualquer das Casas do Congresso Nacional adotar medidas destinadas a reprimir, com a cassação do mandato de seus próprios membros, fatos atentatórios à dignidade do ofício legislativo e lesivos ao decoro parlamentar, mesmo que ocorridos no curso de anterior legislatura, desde que, já então, o infrator ostentasse a condição de membro do Parlamento. Sabemos todos que o cidadão tem o direito de exigir que o Estado seja dirigido por administradores íntegros, por legisladores probos e por juízes incorruptíveis, que desempenhem as suas funções com total respeito aos postulados ético-jurídicos que condicionam o exercício legítimo da atividade pública. O direito ao governo honesto – nunca é demasiado reconhecê-lo – traduz uma prerrogativa insuprimível da cidadania. O sistema democrático e o modelo republicano não admitem, nem podem tolerar a existência de regimes de governo sem a correspondente noção de fiscalização e de responsabilidade. Nenhum membro de qualquer instituição da República está acima da Constituição, nem pode pretender-se excluído da crítica social ou do alcance da fiscalização da coletividade. A imputação, a qualquer membro do Congresso Nacional, de atos que importem em transgressão ao decoro

14.10 FISCALIZAÇÃO CONTÁBIL, FINANCEIRA E ORÇAMENTÁRIA. O TRIBUNAL DE CONTAS DA UNIÃO. COMPOSIÇÃO

Se o regime democrático determina a participação do povo, por seus representantes, para decidir sobre o *gasto* do dinheiro do Estado, o princípio republicano exige idêntica *fiscalização* parlamentar sobre a forma como se gasta.

Por isso, atribuição relevantíssima fixada ao Congresso Nacional brasileiro é a pertinente à fiscalização contábil, financeira e orçamentária.

Prescreve, a respeito, o art. 70 da Constituição que "a fiscalização contábil, financeira, orçamentária, operacional e patrimonial da União e das entidades da administração direta e indireta, quanto à legalidade, legitimidade, economicidade, aplicação das subvenções e renúncia de receitas, será exercida pelo Congresso Nacional, mediante controle externo, e pelo sistema de controle interno de cada Poder".

Significa o seguinte: *trata-se de atribuição do Congresso Nacional o exercício do controle externo, que é auxiliado pelo Tribunal de Contas, consoante explicita o art. 71. Enfatize-se que a atribuição é cometida ao Congresso, que é tão só auxiliado, no particular, pelo Tribunal de Contas.*

O Tribunal de Contas da União, integrado por nove Ministros, tem sede no Distrito Federal, quadro próprio de pessoal e jurisdição em todo o território nacional, exercendo, no que couber, as atribuições previstas no art. 96 (art. 73, *caput*), sendo que os seus Ministros serão nomeados entre brasileiros que satisfaçam os seguintes requisitos:

I – mais de trinta e cinco e menos de sessenta e cinco anos de idade;

II – idoneidade moral e reputação ilibada;

III – notórios conhecimentos jurídicos, contábeis, econômicos e financeiros ou de administração pública;

IV – mais de dez anos de exercício de função ou de efetiva atividade profissional que exija os conhecimentos mencionados no inciso anterior (incisos I a IV do § 1º do art. 73).

Os Ministros do Tribunal de Contas da União serão escolhidos:

---

parlamentar revela-se fato que assume, perante o corpo de cidadãos, a maior gravidade, a exigir, por isso mesmo, por efeito de imposição ética emanada de um dos dogmas essenciais da República, a plena apuração e o esclarecimento da verdade, tanto mais se se considerar que o Parlamento recebeu, dos cidadãos, não só o poder de representação política e a competência para legislar, mas, também, o mandato para fiscalizar os órgãos e agentes dos demais Poderes. Qualquer ato de ofensa ao decoro parlamentar culmina por atingir, injustamente, a própria respeitabilidade institucional do Poder Legislativo, residindo, nesse ponto, a legitimidade ético-jurídica do procedimento constitucional de cassação do mandato parlamentar, em ordem a excluir, da comunhão dos legisladores, aquele – qualquer que seja – que se haja mostrado indigno do desempenho da magna função de representar o Povo, de formular a legislação da República e de controlar as instâncias governamentais do poder. (...)" (*Informativo STF*, n. 298).

I – um terço pelo Presidente da República, com aprovação do Senado Federal, sendo dois alternadamente dentre auditores e membros do Ministério Público junto ao Tribunal, indicados em lista tríplice pelo Tribunal, segundo os critérios de antiguidade e merecimento;
II – dois terços pelo Congresso Nacional (§ 2º do art. 73)[728].

Para bem realizar as suas atribuições, os Ministros do Tribunal de Contas da União terão as mesmas garantias, prerrogativas, impedimentos, vencimentos e vantagens dos Ministros do Superior Tribunal de Justiça (§ 3º do art. 73), e o auditor, quando em substituição a Ministro, terá as mesmas garantias e impedimentos do titular e, quando no exercício das demais atribuições da judicatura, as de juiz de Tribunal Regional Federal (§ 4º do art. 73)[729].

A prestação de contas, na Constituição de 1988, pretende ser a mais ampla possível com relação àqueles que administram ou são beneficiários de recursos públicos.

O parágrafo único do art. 70 esclarece que "prestará contas qualquer pessoa física ou jurídica, pública ou privada, que utilize, arrecade, guarde, gerencie ou administre dinheiro, bens e valores públicos ou pelos quais a União responda, ou que, em nome desta, assuma obrigações de natureza pecuniária".

14.10.1 Competência do Tribunal de Contas da União

São competências constitucionalmente dirigidas ao Tribunal de Contas (art. 71 da CF, I a XI)[730]:

I – apreciar as contas prestadas anualmente pelo Presidente da República, mediante parecer prévio que deverá ser elaborado em sessenta dias a contar de seu recebimento;

II – julgar as contas dos administradores e demais responsáveis por dinheiros, bens e valores públicos da administração direta e indireta, incluídas as fundações e sociedades instituídas e mantidas pelo Poder Público federal, e as contas daqueles que derem causa a perda, extravio ou outra irregularidade de que resulte prejuízo ao erário público;

III – apreciar, para fins de registro, a legalidade dos atos de admissão de pessoal, a qualquer título, na administração direta e indireta, incluídas as fundações instituídas e mantidas pelo Poder Público, excetuadas as nomeações para cargo de provimento em comissão, bem como a das concessões de aposentadorias, reformas e pensões, ressalvadas as melhorias posteriores que não alterem o fundamento legal do ato concessório;

IV – realizar, por iniciativa própria, da Câmara dos Deputados, do Senado Federal, de Comissão técnica ou de inquérito, inspeções e auditorias de natureza contábil, financeira, orça-

---

728 Ver Decreto Legislativo n. 6/93 (Escolha dos Ministros do TCU pelo Congresso Nacional).

729 Sendo o Auditor substituto, no TCU, do Ministro, e sendo certo que a idade mínima para ingresso neste cargo é de trinta e cinco anos, não é, segundo o STF, inconstitucional a exigência prevista em lei estadual quanto ao limite mínimo de idade para auditor (STF, *RDA*, 196/103).

730 Ver Lei n. 8.443/92 (Lei Orgânica do Tribunal de Contas da União).

mentária, operacional e patrimonial, nas unidades administrativas dos Poderes Legislativo, Executivo e Judiciário, e demais entidades referidas no inciso II;

V – fiscalizar as contas nacionais das empresas supranacionais de cujo capital social a União participe, de forma direta ou indireta, nos termos do tratado constitutivo;

VI – fiscalizar a aplicação de quaisquer recursos repassados pela União mediante convênio, acordo, ajuste ou outros instrumentos congêneres, a Estado, ao Distrito Federal ou a Município[731]*;*

VII – prestar as informações solicitadas pelo Congresso Nacional, por qualquer de suas Casas, ou por qualquer das respectivas Comissões, sobre a fiscalização contábil, financeira, orçamentária, operacional e patrimonial e sobre resultados de auditorias e inspeções realizadas;

VIII – aplicar aos responsáveis, em caso de ilegalidade de despesa ou irregularidade de contas, as sanções previstas em lei, que estabelecerá, entre outras cominações, multa proporcional ao dano causado ao erário;

IX – assinar prazo para que o órgão ou entidade adote as providências necessárias ao exato cumprimento da lei, se verificada ilegalidade;

X – sustar, se não atendido, a execução do ato impugnado, comunicando a decisão à Câmara dos Deputados e ao Senado Federal;

XI – representar ao Poder competente sobre irregularidades ou abusos apurados.

No caso de contrato, o ato de sustação será adotado diretamente pelo Congresso Nacional, que solicitará, de imediato, ao Poder Executivo as medidas cabíveis (§ 1º do art. 71), sendo que, se o Congresso Nacional ou o Poder Executivo, no prazo de noventa dias, não efetivar as medidas previstas no parágrafo anterior, o Tribunal decidirá a respeito (§ 2º do art. 71).

De sorte a conferir efetividade à decisão do Tribunal de Contas da União, prescreve o § 3º do art. 71 que as suas decisões de que resulte imputação de débito ou multa terão eficácia de título executivo.

Diante de indícios de despesas não autorizadas, ainda que sob a forma de investimentos não programados ou de subsídios não aprovados, Comissão Mista de Se-

---

731 "*HABEAS CORPUS* – 2 – AÇÃO PENAL CONTRA PREFEITO MUNICIPAL – COMPETÊNCIA DA JUSTIÇA COMUM – 3 – VERBAS FEDERAIS REPASSADAS, POR CONVÊNIO, AO PATRIMÔNIO MUNICIPAL – 4 – INEXISTÊNCIA DE INTERESSE DA UNIÃO – 5 – Os fatos ocorreram na vigência da Emenda Constitucional n. 1/1969, quando não se previa norma semelhante ao art. 71, VI, da Constituição Federal em vigor, ao preceituar sobre a competência do Tribunal de Contas da União – 6 – A competência era, portanto, da Justiça Comum, tal como se processou o feito criminal. A fiscalização ocorreu pelo Tribunal de Contas do Estado. 6. Tal circunstância não modifica a matéria de competência, pois lesado, se o ilícito, por fim, se tiver como caracterizado, será o Município de Itaporã, M.S., em cujo patrimônio deveriam os recursos desviados, se procedente a denúncia, ter se integrado. 7. *Habeas corpus* indeferido" (STF, HC 74157, 2ª T., rel. Min. Néri da Silveira, *DJU* de 6-4-2001, p. 68).

nadores e Deputados poderá solicitar à autoridade governamental responsável que, no prazo de cinco dias, preste os esclarecimentos necessários (art. 72), e na hipótese de não prestados os esclarecimentos, ou sendo considerados insuficientes, a Comissão solicitará ao Tribunal pronunciamento conclusivo sobre a matéria, no prazo de trinta dias (§ 1º do art. 72).

Entendendo o Tribunal irregular a despesa, a Comissão, se julgar que o gasto pode causar dano irreparável ou grave lesão à economia pública, proporá ao Congresso Nacional sua sustação (§ 2º do art. 72).

14.10.2 O Sistema de controle interno

Determina o art. 74 da Constituição que os Poderes Legislativo, Executivo e Judiciário manterão, de forma integrada, sistema de controle interno com a finalidade de:

> *I – avaliar o cumprimento das metas previstas no plano plurianual, a execução dos programas de governo e dos orçamentos da União;*
>
> *II – comprovar a legalidade e avaliar os resultados, quanto à eficácia e eficiência, da gestão orçamentária, financeira e patrimonial nos órgãos e entidades da administração federal, bem como da aplicação de recursos públicos por entidades de direito privado;*
>
> *III – exercer o controle das operações de crédito, avais e garantias, bem como dos direitos e haveres da União;*
>
> *IV – apoiar o controle externo no exercício de sua missão institucional.*

Todos aqueles responsáveis pelo controle interno, ao tomarem conhecimento de qualquer irregularidade ou ilegalidade, dela darão ciência ao Tribunal de Contas da União, sob pena de responsabilidade solidária (§ 1º do art. 74).

Com o objetivo de efetivar da forma mais ampla possível a fiscalização pelo órgão de contas, enuncia o § 2º do art. 74 que "qualquer cidadão, partido político, associação ou sindicato é parte legítima para, na forma da lei, denunciar irregularidades ou ilegalidades perante o Tribunal de Contas da União".

14.10.3 Tribunais de Contas estaduais e municipais

As Constituições estaduais disporão sobre os Tribunais de Contas respectivos, que serão integrados por sete Conselheiros (parágrafo único do art. 75).

Muito embora o art. 75 registre que as normas estabelecidas para a fiscalização contábil, financeira e orçamentária se aplicam, no que couber, à organização, composição e fiscalização dos Tribunais de Contas dos Estados e do Distrito Federal, bem como dos Tribunais e Conselhos de Contas dos Municípios, a interpretação sistemática da Constituição revela que a parte final do dispositivo somente é válida para aqueles Municípios que, à data da promulgação do Texto Constitucional, já contavam com órgãos de contas municipais, conforme a vedação expressa contida no § 4º do art. 31 quanto à criação ulterior.

Todavia, isso não impede, é óbvio, que os Tribunais de Contas dos Estados promovam a fiscalização das contas municipais[732].

732 "A vedação contida no § 4º do art. 31 da Constituição Federal só impede a criação de órgão, Tribunal ou Conselho de Contas, pelos Municípios, inserido na estrutura destes. Não proíbe a instituição de órgão, Tribunal ou Conselho, pelos Estados, com jurisdição sobre as contas municipais. Constitucionalidade dos parágrafos do art. 358 da Carta fluminense de 1989" (STF, ADIn 154-0/RJ, rel. Min. Octavio Gallotti, *DJ* de 11-10-1991).

O PROCESSO LEGISLATIVO

15.1 O PROCESSO LEGISLATIVO. CONCEITO E NATUREZA JURÍDICA

Conceito. Processo legislativo é o conjunto de normas, fixadas na Constituição, dirigidas à elaboração de outras normas.

Natureza jurídica. O processo legislativo como conjunto de normas de organização. Toda e qualquer espécie normativa existente no sistema do direito positivo brasileiro será incluída no conjunto das *normas de estrutura* (também chamadas de *normas de organização*) ou das *normas de conduta*[733].

As primeiras apontam o modo como são elaboradas outras normas, instituem órgãos e atribuem competências. "Tais normas exercem a importante função de definir quem tem legitimidade para criar as normas de conduta e de que forma isso deve ser feito"[734].

Assim, as normas de estrutura ou de organização descrevem a forma como devem ser criadas as demais leis.

De contraparte, por norma de conduta deve ser entendido todo comando promanado do corpo legislativo e destinado à disciplina do comportamento dos indivíduos.

O Código Civil, por exemplo, guarda, em sua inteireza, normas de conduta.

Já a Constituição de 1988 nos fornece diversos exemplos de normas de estrutura, entre as quais podem ser destacadas as pertinentes ao processo legislativo.

O processo legislativo e a doutrina de Nelson Sampaio. Para Nelson de Sousa Sampaio, a expressão "processo legislativo" pode também ser entendida num sentido sociológico quando se refere "ao conjunto de fatores reais ou fáticos que põem em movimento os legisladores e ao modo como eles costumam proceder ao realizar a tarefa legislativa. Sob esse ângulo, estudaríamos a influência que teriam, sobre o surgimento e a marcha de determinados projetos de lei, a opinião pública, as crises

733 Hart opta pela dicotomia *regras primárias – regras secundárias*. Para ele, "as regras do primeiro tipo impõem deveres, as regras do segundo tipo atribuem poderes, públicos ou privados. As regras do primeiro tipo dizem respeito a ações que envolvem movimento ou mudanças físicas; as regras do segundo tipo tornam possíveis atos que conduzem não só a movimento ou mudanças físicas, mas à criação ou alteração de deveres ou obrigações" (cf. *O Conceito de Direito*, p. 91).

734 Cf. Luís Roberto Barroso, *Curso de Direito Constitucional Contemporâneo*, p. 193.

sociais, as pressões de grupos organizados, *lobbying*, os acordos de partidos, as compensações políticas, a composição partidária ou social da assembleia, a troca de votos (*logrolling*) entre parlamentares, etc."[735].

15.2 O ART. 59 DA CONSTITUIÇÃO E A HIERARQUIA DAS ESPÉCIES NORMATIVAS

O dispositivo em epígrafe assinala que o processo legislativo compreende a elaboração de:

I – emendas à Constituição;

II – leis complementares;

III – leis ordinárias;

IV – leis delegadas;

V – medidas provisórias;

VI – decretos legislativos;

VII – resoluções.

O parágrafo único do art. 59 determina que lei complementar disporá sobre a elaboração, redação, alteração e consolidação das leis[736].

Tal como se encontra positivado o preceptivo constitucional, posicionadas as diversas normas em incisos que obedecem a uma numeração, poderia ser suposta a ideia de que houve escalonamento hierárquico das espécies normativas nele referidas.

A suposição não resiste a exame mais detido do enunciado.

Com evidência, exceção feita às emendas constitucionais – porque, convictamente, estão em patamar hierárquico mais elevado que as demais normas indicadas no art. 59 –, todas as restantes estão no mesmo grau hierárquico, quer se cogite de lei complementar relativamente à lei ordinária, quer desta no que se refere às medidas provisórias, decretos legislativos e às resoluções.

O fato de as leis complementares solicitarem maioria absoluta para aprovação, conforme prevê o art. 69, não lhes outorga, em absoluto, nenhuma superioridade hierárquica em relação às leis ordinárias, cujo *quorum* para aprovação se limita à maioria simples ou relativa (art. 47).

É que o legislador constituinte originário, ao reconhecer a relevância de determinados temas para a própria organização do Estado brasileiro, resolveu discipliná-los em lei complementar.

E só...

Extrair de tal locução constitucional o entendimento de que remanesce hierarquia entre elas é desconhecer o que significa estar uma norma em plano hierarquicamente superior a outra.

---

735 Cf. *O Processo Legislativo*, p. 27.

736 Ver Lei Complementar n. 95/98, que concretiza o comando constitucional.

Somente pode ser admitida hierarquia entre normas jurídicas quando a inferior busca, de modo necessário e incondicionado, o seu fundamento de validade na norma superior.

Todas as leis ordinárias recolhem da Constituição o substrato indispensável a lhes conferir validade.

Não será tolerada a existência de lei cujo conteúdo se mostre flagrantemente contrário ao que prescreve a Constituição (inconstitucionalidade material) ou cujo processo de elaboração não tenha reverenciado o disposto nas normas de processo legislativo existentes no sistema constitucional (inconstitucionalidade formal).

O mesmo se afirme com relação às leis complementares, cujos pressupostos de validez são identicamente retirados do Texto Constitucional.

Pergunta-se, então: lei ordinária busca amparo para sua validade em lei complementar?

É claro que não.

A hierarquia normativa indica total submissão ao fundamento de validade residente na norma superior que deva sustentar a edição da espécie normativa inferior; logo, não há relação hierárquica entre lei complementar e lei ordinária[737].

De igual modo, as medidas provisórias, os decretos legislativos e as resoluções devem buscar fundamento diretamente no Texto Constitucional.

15.3 ESPÉCIES DE PROCESSO LEGISLATIVO

De acordo com a Constituição de 1988, extraem-se três espécies de processo legislativo:

a) *ordinário;*

b) *sumário;*

c) *especial.*

O processo legislativo ordinário é o pertinente à elaboração das leis ordinárias e complementares.

É o processo legislativo mais lento, com prazos regimentais mais dilatados que aqueles adotados para o procedimento sumário.

O processo sumário, diversamente, conta com prescrições regimentais tendentes a acelerar a apreciação dos membros do Congresso Nacional acerca da matéria objeto de tramitação legislativa.

Apenas o Presidente da República pode desencadear o processo legislativo sumário, porque o § 1º do art. 64 acentua que poderá solicitar urgência para apreciação de projetos de sua iniciativa, isto é, somente aqueles cujo início se defere, de modo exclusivo, ao Chefe do Poder Executivo federal, é que podem submeter-se à tramitação sumária.

737 É nessa linha o pronunciamento do STF (REs 419.629 e 377.457).

Nesses casos, terão as Casas Legislativas quarenta e cinco dias, cada uma, para se manifestarem, sucessivamente, sobre a proposição, sobrestando-se a deliberação sobre qualquer matéria, se não respeitado o lapso temporal sobredito, exceto as que tenham prazo constitucional determinado (§ 2º do art. 64).

Somando a tal período o prazo estabelecido pela Constituição para a apreciação de eventuais emendas introduzidas na proposição pela Casa Revisora, tem-se que o processo legislativo sumário deve ser encerrado no prazo máximo de cem dias.

Para melhor entender a amplitude da previsão constitucional, observe-se que, se, por exemplo, o Presidente da República solicitar urgência para apreciação de projeto de lei cometido à sua reservada iniciativa e o Congresso Nacional não deliberar em cem dias, sobrestar-se-á o exame de qualquer tema posto à apreciação do Parlamento brasileiro, exceto se a Constituição também fixar prazo para o andamento de outra proposição legislativa, como é o caso das medidas provisórias.

Destarte, não poderá ser paralisada a tramitação de medida provisória editada pelo Presidente da República pelo mero e simples fato de que tais espécies normativas devem ser examinadas pelo Congresso em quarenta e cinco dias da data de sua publicação (§ 6º do art. 62), ou seja, têm "prazo constitucional determinado" para apreciação.

Com relação ao processo legislativo especial, entende-se como aquele que se destina à introdução de emendas ao Texto Constitucional.

É processo solene, e, por isso, estão presentes as seguintes limitações de ordem procedimental:

a) quanto ao *quorum*, exige-se três quintos da composição congressual para ser aprovada a proposta de emenda constitucional (PEC);
b) são apreciadas em regime de dois turnos, em ambas as Casas do Congresso Nacional;
c) não se admite a sua tramitação na vigência de intervenção federal, de estado de defesa ou de estado de sítio (§ 1º do art. 60).

15.4 O RITO NO PROCESSO LEGISLATIVO ORDINÁRIO

Sendo o mais comum dos processos legislativos, cabe iniciar o exame do tema indicando o desenvolvimento dos atos dessa espécie de tramitação.

15.4.1 A iniciativa: reservada ou exclusiva e concorrente

O início do processo legislativo pode ser outorgado com exclusividade a um órgão ou pessoa.

Está-se, assim, diante da iniciativa *reservada* ou *exclusiva*.

Não permite a Constituição, em casos tais, seja o processo principiado por quem não recebe a prerrogativa, pena de reconhecer-se inconstitucionalidade de cunho orgânico.

Exemplo de iniciativa reservada é a descrita no § 1º do art. 61[738].

A regra, todavia, é a possibilidade de o processo legislativo ser iniciado por diversos órgãos ou pessoas, tanto que o art. 61, *caput*, dispõe que "a iniciativa das leis complementares e ordinárias cabe a qualquer membro ou comissão da Câmara dos Deputados, do Senado Federal ou do Congresso Nacional, ao Presidente da República, ao Supremo Tribunal Federal, aos Tribunais Superiores, ao Procurador-Geral da República e aos cidadãos, na forma e nos casos previstos nesta Constituição". É a chamada "iniciativa concorrente".

No caso de iniciativa popular, os requisitos à apresentação de projeto de lei estão descritos no art. 252 do RICD, entre os quais destacamos os seguintes:

a) a assinatura de cada eleitor deverá ser acompanhada de seu nome completo e legível, endereço e dados identificadores de seu título eleitoral (inciso I);
b) será lícito a entidade da sociedade civil patrocinar a apresentação de projeto de lei (inciso III);
c) cada projeto de lei deverá circunscrever-se a um único assunto, podendo, caso contrário, ser desdobrado pela CCJR em proposições autônomas (inciso VIII).

---

738 "São de iniciativa privativa do Presidente da República as leis que: I – fixem ou modifiquem os efetivos das Forças Armadas; II – disponham sobre: *a*) criação de cargos, funções ou empregos públicos na administração direta e autárquica ou aumento de sua remuneração; *b*) organização administrativa e judiciária, matéria tributária e orçamentária, serviços públicos e pessoal da administração dos Territórios; *c*) servidores públicos da União e Territórios, seu regime jurídico, provimento de cargos, estabilidade e aposentadoria; *d*) organização do Ministério Público e da Defensoria Pública da União, bem como normas gerais para a organização do Ministério Público e da Defensoria Pública dos Estados, do Distrito Federal e dos Territórios; *e*) criação e extinção de Ministérios e órgãos da administração pública, observado o disposto no art. 84, VI; *f*) militares das Forças Armadas, seu regime jurídico, provimento de cargos, promoções, estabilidade, remuneração, reforma e transferência para a reserva." A ementa no julgamento da ADIn 840-4/AM, rel. Min. Maurício Corrêa, DJ de 26-3-1993, bem sintetiza a questão do vício formal por defeito de iniciativa: "Ação Direta de Inconstitucionalidade. Lei n. 037/92, do Estado do Amazonas. Fixação de salário mínimo profissional e concessão de gratificação a servidor público. Iniciativa parlamentar. Vício formal. Violação do disposto no artigo 61, § 1º, II, *a*, da Constituição Federal. A Lei amazonense n. 037/92, que dispõe sobre salário mínimo profissional de servidor público do Estado, diplomado em Engenharia, Arquitetura ou Agronomia, e cria gratificações, tendo sido votada e aprovada mediante iniciativa parlamentar, padece do vício formal de inconstitucionalidade por usurpação da competência privativa do Chefe do Poder Executivo para desencadear o processo legislativo referente a tais proposições (CF/88, artigo 61, § 1º, II, *a*). Ação Direta de Inconstitucionalidade julgada procedente". E mais: "APOSENTADORIA – PROVENTOS – VANTAGEM INSERIDA EM CONSTITUIÇÃO ESTADUAL. Plausibilidade, segundo a jurisprudência do STF, no sentido de que é inconstitucional o trato pelo constituinte estadual de matéria – a exemplo da relativa a aposentadoria de servidores civis –, incluída, no processo legislativo ordinário, na reserva de iniciativa do Poder Executivo. Precedentes" (STF, ADIMC 1.160/AM, TP, rel. Min. Sepúlveda Pertence, *DJU* de 19-5-1995).

No caso de projetos de lei de iniciativa do Presidente da República, do Supremo Tribunal Federal e dos Tribunais Superiores, a discussão e votação terão início na Câmara dos Deputados (art. 64, *caput*).

Iniciada a tramitação do projeto, será obrigatoriamente enviado à Comissão de Constituição e Justiça da Câmara dos Deputados ou do Senado para o exame dos aspectos de constitucionalidade, legalidade, juridicidade, regimentalidade e de técnica legislativa.

Na mesma oportunidade, remeter-se-á a proposição à Comissão Técnica competente para a análise do mérito do projeto em curso.

Se a matéria versar sobre direito do trabalho, será enviada à Comissão de Trabalho e Serviços Públicos; se o tema guarda afinidade com a economia, remeter-se-lhe-á à Comissão de Assuntos Econômicos; se tributária, à Comissão de Finanças e Tributação, e assim por diante.

Entre todas as comissões permanentes da Câmara dos Deputados e do Senado, a Comissão de Constituição e Justiça é aquela que possui o mais amplo rol de atribuições, podendo até mesmo obstar a votação de projeto de lei reputado inconstitucional pelos seus membros[739].

15.4.1.1 Iniciativa reservada e incentivos fiscais

Na hipótese de concessão de incentivos fiscais, persiste a obrigatoriedade de atendimento ao disposto no art. 61 da Constituição?

O STF rechaça a possibilidade, como se vê no julgamento da ADIn 2.464/AP, rel. Min. Ellen Gracie, j. em 11-4-2007: "2. A reserva de iniciativa prevista no art. 165, II, da Carta Magna, por referir-se a normas concernentes às diretrizes orçamentárias, não se aplica a normas que tratam de direito tributário, como são aquelas que concedem benefícios fiscais. Precedentes: ADI n. 724-MC, rel. Min. Celso de Mello, DJ de 27-4-01 e ADI n. 2.659, rel. Min. Nelson Jobim, DJ de 6-2-04. 3. Ação direta de inconstitucionalidade cujo pedido se julga improcedente".

Se a regra é a viabilidade quanto ao início do processo legislativo pelos órgãos ou pessoas indicadas no art. 61, *caput*, da Constituição, a iniciativa reservada ou

739 O art. 202 do RICD preceitua que "a proposta de emenda à Constituição será despachada pelo Presidente da Câmara à Comissão de Constituição e Justiça e de Redação, que se pronunciará sobre sua admissibilidade, no prazo de cinco sessões, devolvendo-a à Mesa com o respectivo parecer"; ao passo que o § 6º do art. 189 esclarece que "não será submetida a votos emenda declarada inconstitucional ou injurídica pela Comissão de Constituição e Justiça e de Redação ou financeira e orçamentariamente incompatível pela Comissão de Finanças e Tributação, ou se no mesmo sentido se pronunciar a Comissão Especial a que se refere o art. 34, II, em decisão irrecorrida ou mantida pelo plenário". Ainda que a CCJR obste o andamento da proposição por entendê-la inconstitucional, é admissível a interposição de recurso pelo autor, desde que com o apoio dos líderes que representem, no mínimo, um terço dos Deputados, conforme prevê o § 1º do art. 202 do RICD.

exclusiva, ao se converter em exceção, deve encontrar explícita referência na Constituição.

15.4.2 Discussão e votação

Efetivada a apreciação pela CCJ e Comissão Técnica, encontra-se, a partir daí, maduro o projeto para discussão e votação pelo Plenário.

Se o projeto é de lei ordinária, demanda maioria simples para a aprovação (art. 47); se é de lei complementar, solicita maioria absoluta (art. 69).

Maioria absoluta significa o primeiro número inteiro subsequente à metade da composição da Casa Congressual.

Por exemplo, conta a Câmara dos Deputados com 513 parlamentares; logo a maioria absoluta é 257, porque 513: 2 = 256,5, e o número inteiro que lhe segue é 257.

A maioria absoluta é o número mínimo para instalação de sessão deliberativa, ou seja, identifica-se ao *quorum* regimental para instalar-se a sessão na qual haverá discussão e votação do projeto de lei (art. 47, parte final).

15.4.3 Revisão: aprovação, emendas e rejeição

Aprovada a proposição, será encaminhada à Casa Revisora para deliberar acerca da matéria aprovada pela Casa Iniciadora.

Três situações podem acontecer nessa fase do processo legislativo:

a) *aprovação;*

b) *emendas;*

c) *rejeição.*

15.4.3.1 Aprovação

Manifestada a concordância da Casa Revisora com o conteúdo de todo o projeto, aprovado sem emendas, encaminha-se-o ao Presidente da República para sanção ou veto (art. 65, *caput*).

15.4.3.2 Emendas

Se houver, todavia, a introdução de emendas, retorna-se à Casa Iniciadora (parágrafo único do art. 65) a fim de que se manifeste, no prazo de dez dias (§ 3º do art. 64), sobre as alterações feitas.

A introdução de emendas a projeto de lei é prerrogativa natural à atividade legislativa, razão por que mesmo nos casos de projetos de iniciativa reservada do Presidente da República consente-se ao parlamentar emitir juízo de valor político sobre a proposta.

15.4.3.2.1 Espécies de emendas

Podem ser referidas as seguintes espécies de emendas:

a) *aditivas* – quando acrescem algo ao projeto;
b) *supressivas* – quando suprimem disposição ou parte do projeto;
c) *modificativas* – quando alteram o projeto pontualmente;
d) *substitutivas* – quando se dirigem a alteração substancial do projeto;
e) *aglutinativas* – quando decorrem de fusão com outras emendas.

Indica-se, ainda, a existência da *subemenda*, que é aquela apresentada em Comissão a outra emenda, e também da denominada *emenda de redação*, cujo propósito é retirar vício de linguagem ou incorreções inerentes à técnica legislativa[740].

Será arquivado o projeto se houver rejeição pela Casa Revisora (art. 65, *caput*), permitida a renovação da proposta na mesma sessão legislativa, caso se manifeste a maioria absoluta dos membros de quaisquer das Casas do Congresso Nacional (art. 67).

Aqui merece registro, para afastar dúvidas, que a plausibilidade de reapreciação é de projeto de lei; no caso de proposta de emenda à Constituição (PEC), veda-se, de modo absoluto, seja novamente posta a exame na mesma sessão legislativa na qual fora rejeitada (§ 5º do art. 60).

15.4.4 A intervenção presidencial no processo legislativo brasileiro. A sanção

O Presidente da República tem importante participação no processo legislativo brasileiro, porque pode expressar a sua concordância, sancionando o projeto de lei, ou declarar a divergência, vetando-o. Pronuncia-se, respectivamente, mediante a sanção ou o veto[741].

São percebidas duas espécies de sanção no Texto Constitucional de 1988:

a) *expressa;*
b) *tácita.*

Expressa é a sanção que denota o assentimento explícito do Chefe do Poder Executivo federal, no prazo de quinze dias úteis[742], relativamente a um projeto de lei.

740 Cf. Kildare Gonçalves, *Direito Constitucional*, p. 647.

741 O STF julgou inconstitucional lei estadual de Santa Catarina em virtude de desatendido o preceito da Constituição pertinente à participação do Poder Executivo no processo de elaboração das leis: "Ação Direta de Inconstitucionalidade. Decreto Legislativo n. 18.224, de 14 de dezembro de 2001, editado pela Assembleia Legislativa do Estado de Santa Catarina. Fixação de subsídios do Governador, do Vice-governador, dos Secretários de Estado e do Procurador-geral do Estado. Procede a alegação de inconstitucionalidade formal por afronta ao disposto no § 2º do art. 28 da Constituição Federal, acrescentado pela Emenda Constitucional n. 19/98, uma vez que este dispositivo exige lei em sentido formal para tal fixação. A determinação de lei implica, nos termos do figurino estabelecido nos arts. 61 a 69 da Constituição Federal, a participação do Poder Executivo no processo legislativo, por meio das figuras da sanção e do veto (art. 66 e parágrafos). Ação direta julgada procedente".

742 Embora o § 3º do art. 66 preveja que "decorrido o prazo de quinze dias, o silêncio do

Tácita é aquela que decorre do transcurso do prazo referido sem que haja sua manifestação.

15.4.4.1 O defeito de iniciativa e a teoria da convalidação condicionada

Discute-se se o Presidente da República, ou, por simetria, os Governadores de Estado ou os Prefeitos de Municípios[743] podem sancionar projeto de lei maculado com defeito de iniciativa.

A Súmula 5 do Supremo Tribunal Federal assentava que "a sanção do projeto supre a falta de iniciativa do Poder Executivo".

Entretanto, a generalidade da jurisprudência sumulada do STF guardava incompatibilidade com o próprio Texto Constitucional de 1969, razão por que fora cancelada por ocasião do julgamento da Rp. 890[744].

Efetivamente, as prescrições constitucionais referentes à iniciativa reservada do Chefe do Poder Executivo visam disciplinar o desencadeamento da proposição legislativa exclusivamente por parte daquele que, no juízo do legislador constituinte originário, tem a responsabilidade de conduzir a Administração Pública, de modo marcante, no que se refere à gestão da receita do Estado.

Contudo, de fato, há situações nas quais não se deve conferir o beneplácito à sua omissão injustificável quanto a início de projeto de lei cometido à reservada iniciativa, porque o interesse da coletividade não pode ficar à mercê, à espera de uma providência do administrador.

Da contraposição entre o interesse público na edição da norma e a responsabilidade do Chefe do Poder Executivo quanto aos destinos dos recursos do Estado, deve ser fixada pelo Supremo Tribunal Federal, exegese na linha intermédia, tendente a prosseguir com o entendimento de que a sanção convalida o defeito de iniciativa, exceto nas hipóteses de projeto ou emenda que causam aumento de despesa, nos estritos termos do art. 63, I, da Constituição[745].

Presidente da República importará sanção", deve ser assinalado que o § 1º faz alusão direta ao prazo de quinze dias úteis.

743 Pois certo que as normas constitucionais de processo legislativo se impõem às demais entidades federativas, atendida obviamente a organização unicameral dos Estados, Municípios e Distrito Federal. Ver ADIn 1.060/MC, *RDA*, 199/173; ADIn 89/MG, *RTJ*, 150/341 e 150/482, e ADIn 872/RS.

744 "Aumento de vencimentos, resultante de emenda a projeto de iniciativa do Governador do estado da Guanabara. A sanção não supre a falta de iniciativa, *ex vi* do art. 57, parágrafo único, da Constituição, que alterou o direito anterior" (*RTJ*, 69/125). A Súmula de n. 5 era incompatível com a CF/69 porque o parágrafo único do art. 57 acentuava que "não serão admitidas emendas que aumentem a despesa prevista: a) nos projetos cuja iniciativa seja da exclusiva competência do Presidente da República; ou b) nos projetos sobre organização dos serviços administrativos da Câmara dos Deputados, do Senado Federal e dos Tribunais Federais".

745 Ver ADIn 266/RJ, *RTJ*, 150/26. No entanto, modificando substancialmente a interpretação promovida pelo STF no que se refere à possibilidade de a sanção convalidar o defei-

É o que denominamos *convalidação condicionada*.

Isto é, somente será admissível a convalidação do defeito de iniciativa sob condição de que o projeto de lei não contemple aumento de despesa pública.

15.4.4.2 O veto

O veto materializa a discordância do Presidente da República em relação ao projeto de lei.

Não é, rigorosamente, instituto novo nos domínios da manifestação do Poder Executivo.

Em Roma, o veto possibilitava ao cônsul que eventualmente se encontrava fora do exercício do poder a prerrogativa de paralisar ou anular os atos do outro cônsul. Era a chamada *intercessio*, sendo que a palavra "veto" surge a partir de Tito Lívio[746].

Dois critérios movem o Presidente da República à manifestação de desacordo (§ 1º do art. 66):

a) *inconstitucionalidade;*

b) *contrariedade ao interesse público.*

O juízo formal sobre a constitucionalidade da medida legislativa ingressa no altiplano do controle preventivo da compatibilidade das leis com o Texto Constitucional. Representa a participação do Chefe do Poder Executivo federal para impedir a entrada no ordenamento jurídico de norma material ou formalmente contrária à Constituição[747].

---

to de iniciativa, o Min. Ilmar Galvão, quando do julgamento da ADIn 1.438/DF (5-9-92), fixou exegese segundo a qual não haveria possibilidade de ocorrência da indigitada convalidação: "Ação Direta de Inconstitucionalidade. Lei n. 1.007/96, do Distrito Federal. Vinculação do reajuste dos vencimentos dos servidores distritais aos percentuais concedidos pela União. Alegada violação ao inciso XIII do art. 37 e à alínea *a* do inciso II do § 1º do art. 61, todos da Constituição Federal. Súmula 5 do Supremo Tribunal Federal. Diploma legal que, tendo resultado de projeto de lei de autoria de parlamentar, viola a iniciativa privativa do Chefe do Executivo para leis que disponham sobre aumento de remuneração de servidores, em vício de inconstitucionalidade formal não convalidado pela Sanção, não mais sendo aplicável a Súmula 5 desta Corte. Precedentes. Ação Julgada Procedente". Não nos parece acertada a decisão do STF, *data maxima venia*, simplesmente porque a tese da convalidação condicionada é a única capaz de conciliar o respeito às normas constitucionais que disciplinam o processo legislativo brasileiro com a reverência ao interesse público que se manifesta na iniciativa quanto a projetos de lei de real importância para a coletividade.

746 Cf. Ernesto Rodrigues, *O Veto no Direito Comparado*, p. 27.

747 Há constituições estrangeiras que admitem o controle preventivo da constitucionalidade por Tribunal Constitucional, como acontece atualmente no sistema português. Nesse País, a decisão do Tribunal no controle abstrato preventivo não consistirá na anulação de normas (mesmo porque ainda não há norma a anular), mas sim na proposta de veto ou reabertura do processo legislativo (ver José Joaquim Gomes Canotilho, *Direito Constitucional e Teoria da Constituição*, p. 907-910). No Brasil, o Supremo Tribunal Federal tem ad-

Como não poderia deixar de ser, também emite juízo de mérito, de natureza política, sobre a proposição.

Projeto de lei contrário ao interesse público é projeto inconveniente ou inoportuno.

Assim, os critérios políticos "conveniência" e "oportunidade" conformam a sua ação quando do veto a projeto de lei por ser contrário ao interesse público.

O comando do § 1º do art. 66 ("Se o Presidente da República considerar o projeto, no todo ou em parte, inconstitucional ou contrário ao interesse público, vetá-lo-á *total ou parcialmente*...") denota que o veto poderá assumir duas formas distintas:

a) *total*;

b) *parcial*.

Será *total* quando abranger todo o conteúdo do projeto de lei aprovado no Congresso Nacional.

O veto *parcial* somente abrangerá texto integral de artigo, de parágrafo, de inciso ou de alínea (§ 2º do art. 66).

Qual o objetivo da limitação imposta ao Chefe do Poder Executivo?

Inegavelmente, trata-se de impedir que a supressão de parte do preceptivo lhe altere a substância normativa, por exemplo, na hipótese de enviado determinado projeto para sanção que fixa comportamento proibido (*"não será permitido isso ou aquilo"*), que a atuação do Presidente mediante veto parcial, suprimindo-lhe a locução negativa, torne permitido o que antes era expressamente vedado (*"será permitido isso ou aquilo"*).

Relatividade do veto. O veto, todavia, não é *absoluto*.

Comunicado o Presidente do Senado, no prazo de quarenta e oito horas, o Congresso Nacional poderá derrubá-lo, pronunciando-se por maioria absoluta de seus

---

mitido a legitimidade de parlamentar (e apenas dele) para o exercício do controle preventivo judicial mediante impetração de mandado de segurança quando desrespeitado o processo legislativo especial (relativo às emendas constitucionais) ou na hipótese de iminente deliberação ofensiva às cláusulas intangíveis (§ 4º, art. 60, da Constituição). Eis a Ementa da decisão do STF em tal sentido, embora indeferindo o *mandamus*: "Constitucional. Processo legislativo: Controle judicial. Mandado de Segurança. I – O parlamentar tem legitimidade ativa para impetrar mandado de segurança com a finalidade de coibir atos praticados no processo de aprovação de leis e emendas constitucionais que não se compatibilizam com o processo legislativo constitucional. Legitimidade ativa do parlamentar, apenas. II – Precedentes do STF: MS 20.257/DF, Ministro Moreira Alves *(leading case)*, RTJ 99/1031; MS 21.642/DF, Ministro Celso de Mello, RDA 191/200; MS 21.303-AgR/DF, Ministro Octavio Gallotti, RTJ 139/783; MS 24.356/DF, Ministro Carlos Velloso, 'DJ' de 12-9-2003. III – Inocorrência, no caso, de ofensa ao processo legislativo, C.F., art. 60, § 2º, por isso que, no texto aprovado em 1º turno, houve, simplesmente, pela Comissão Especial, correção da redação aprovada, com a supressão da expressão 'se inferior', expressão dispensável, dada a impossibilidade de a remuneração dos Prefeitos ser superior à dos Ministros do Supremo Tribunal Federal. IV – Mandado de Segurança indeferido".

membros, em sessão conjunta, realizada em trinta dias a contar do seu recebimento, conforme redação do § 4º do art. 66.

Por isso que se defende a *relatividade* do veto no direito constitucional brasileiro.

15.4.5 Promulgação e publicação

Temos, por fim, a *promulgação* e a *publicação*.

Com a promulgação atesta-se que a ordem jurídica foi inovada; com a publicação torna-se executória a lei aprovada pelo Parlamento.

A promulgação constitui ato complementar ao processo legislativo, pois é efetivada com relação à *lei*, e não a projeto de lei[748].

É ato de competência do Presidente da República, que o fará em quarenta e oito horas, contadas a partir do término do prazo de quinze dias úteis para sanção a projeto de lei, ou da data em que recebeu o projeto aprovado pelo Congresso, após a rejeição ao veto[749].

Trata-se de competência *sucessiva*, isto é, se não o fizer o Presidente da República, competirá ao Presidente do Senado fazê-lo, no idêntico prazo de quarenta e oito horas.

Se o Presidente do Senado não promulgar a lei, caberá ao Vice-Presidente a providência, sem que haja outra autoridade a sucedê-lo na iniciativa.

Logo, o Vice-Presidente do Senado está obrigado à promulgação, podendo ser responsabilizado caso não a realize, visto que a sua recusa importará descumprimento da Constituição[750].

15.5 O RITO NO PROCESSO LEGISLATIVO ESPECIAL

Como afirmado linhas atrás, o processo legislativo especial é o pertinente à inclusão de emendas no Texto Constitucional e, por isso, submetido a regramento distinto daquele relativo às leis ordinárias e complementares.

A iniciativa para apresentação de proposta de emenda à Constituição é reservada a um terço, no mínimo, dos membros da Câmara dos Deputados ou do Senado, ao Presidente da República e a mais da metade das Assembleias Legislativas, manifestando-se, cada uma delas, por maioria relativa dos seus integrantes (art. 60, I a III).

---

748 Cf. Kildare Gonçalves, *Direito Constitucional*, p. 652.

749 Idem, p. 653.

750 Idem, ibidem. O autor aduz, no entanto, que a doutrina não se pronuncia uniformemente quanto à responsabilização do Vice-Presidente do Senado, indicando, por exemplo, o entendimento de Nelson Sampaio, para quem a norma constitucional que dispõe sobre a competência para promulgação é norma imperfeita, porque não incluído o tipo penal na lei que define crimes de tal natureza (Lei n. 1.079/50).

Não será admissível o início de processo legislativo tendente a incluir emendas na vigência de intervenção federal, de estado de defesa ou de estado de sítio (§ 1º do art. 60).

Reside, no particular, clara necessidade de estabelecer-se um ambiente propício à discussão do conteúdo de eventuais propostas de emenda apresentadas, porque tanto a intervenção federal como o estado de sítio ou o estado de defesa representam, inegavelmente, momentos de exceção institucional, inclusive com possibilidade de limitação a direitos e garantias individuais (art. 139, I a VII).

E mesmo sabendo que as imunidades parlamentares subsistirão durante o estado de sítio, só podendo ser suspensas mediante voto de dois terços dos membros da respectiva Casa, e exclusivamente nos casos de atos praticados fora do recinto do Congresso Nacional e que sejam incompatíveis com a execução da medida (§ 8º do art. 53), é importante assinalar que a manutenção das prerrogativas de Deputados e Senadores guarda relação com o necessário exame político a ser consumado pelo Parlamento acerca da situação determinante da expedição do decreto e dos efeitos da medida, consoante prescreve o art. 137, *caput*, e parágrafo único, e § 3º do art. 138.

Ademais, situações de anormalidade institucional, como são as circunstâncias mencionadas no § 1º do art. 60, podem eventualmente servir de pretexto ao governante para implantar regime de exceção por meio de mudança do Texto Constitucional.

A proposta de emenda constitucional será discutida e votada em cada Casa do Congresso Nacional, em dois turnos, considerando-se aprovada se obtiver, em ambos, três quintos dos votos (§ 2º do art. 60).

Observe-se que os dois turnos de votação são concluídos *primeiro* numa Casa do Congresso Nacional para somente após serem ultimados na outra (ver arts. 363 a 365 do RISF).

O interstício entre os dois turnos de votação é de cinco dias úteis (ver arts. 202, § 6º, do RICD e 362 do RISF).

Após aprovação, não é submetida à sanção do Presidente da República[751], mas simplesmente promulgada pelas Mesas da Câmara dos Deputados ou do Senado, com o respectivo número de ordem (§ 3º do art. 60).

A Casa na qual for ultimada a aprovação da PEC comunicará o fato ao Presidente da outra e convocará sessão para promulgação da emenda, conforme o art. 369 do RISF e parágrafo único do art. 203 do RICD.

PEC rejeitada e renovação da matéria em PL e vice-versa. Sabe-se que *matéria* constante de proposta de emenda rejeitada ou havida por prejudicada não pode ser objeto de nova proposta na mesma sessão legislativa (§ 5º do art. 60).

---

751 Sanção que igualmente se dispensa para as hipóteses de *decretos legislativos* e *resoluções*, visto se tratar de leis em sentido material e formal que decorrem do exercício da competência exclusiva do Congresso Nacional (art. 49), da Câmara dos Deputados (art. 51) e do Senado (art. 52).

Matéria constante de proposta de emenda rejeitada poderia ser reapreciada na mesma sessão legislativa como matéria constante de *projeto de lei*?

É cristalina a impossibilidade quando a matéria tratada na PEC tinha por conteúdo alteração da norma constitucional, pois evidentemente o legislador ordinário não possui esse poder.

Mas, ultrapassada essa hipótese, temos que a resposta se encontra no próprio § 5º do art. 60 da CF.

Se a proibição destacada pelo enunciado constitucional se destina genericamente à *proposta*, é óbvio que qualquer uma, seja de lei, seja de emenda, encontra-se vedada para reapreciação na mesma sessão legislativa, desde que ambas versem sobre matéria idêntica.

E o contrário seria possível? Seria admissível a reapreciação, na mesma sessão legislativa, como *proposta de emenda* de matéria constante de *projeto de lei* rejeitado?

Se bem que politicamente remota a possibilidade, dado o número de votos mais elevado para aprovação de emendas, o art. 67 da CF é claramente obstativo do procedimento porque a renovação da matéria somente se admitirá para a espécie de proposição legislativa indicada no referido art. 67: o *projeto de lei*.

Fora daí, é alargar a hipótese constitucionalmente permitida para a indigitada renovação, ampliando-a até para inserir a *proposta de emenda*, que não encontra suporte no enunciado do art. 67, versante sobre *projeto* e não *proposta*.

Aliás, quando o art. 67 menciona a palavra "proposta", o faz no sentido de *proposição legislativa* e não para significar "proposta de emenda à Constituição".

Essa é a exegese que se coaduna, a princípio implícito, com o sistema constitucional, que é o da *irrepetibilidade das proposições legislativas recusadas*, ou mesmo as prejudicadas ou ainda as que tenham perdido a eficácia por decurso de prazo, como acontece com as medidas provisórias (§ 10 do art. 62 da CF).

15.6 O PROCESSO LEGISLATIVO E AS LEIS DELEGADAS

15.6.1 Lei delegada: aspectos gerais

Como visto no Capítulo 13, desde a formulação teórica de Montesquieu que se conduziu ao patamar de dogma constitucional a indelegabilidade das funções estatais, impedindo-se que órgãos do Estado passassem a entregar parcela de poder conferida pelo legislador constituinte originário.

E fazia sentido.

Se o arcabouço da Teoria da Tripartição das Funções Estatais visava, sobretudo, evitar que o exercício do poder levasse à tirania, nada mais curial que impor a proibição de delegação, pois o procedimento configuraria perda de atribuições de uma função em prol de outra, resultando no afastamento do desejado equilíbrio entre os "poderes" do Estado[752].

Momentos há, entretanto, nos quais se imporá a necessidade, mais política do que jurídica ou constitucional, de promover-se a delegação de função atribuída a um dos poderes do Estado a outro.

São imperativos decorrentes da própria dinâmica do processo político.

Assim, no caso específico do sistema constitucional brasileiro, presenciaremos algumas exceções ao princípio da indelegabilidade das funções estatais, e, entre elas, está a lei delegada.

15.6.2 Autoridade competente para elaboração da lei delegada

As leis delegadas serão elaboradas pelo Presidente da República, que solicitará a delegação ao Congresso Nacional (art. 68, *caput*)[753].

15.6.3 Matérias que não podem ser objeto de lei delegada

Nem tudo poderá ser objeto de lei delegada, visto que os atos de competência exclusiva do Congresso Nacional (art. 49), da Câmara (art. 51) ou do Senado (art. 52) ou matéria reservada à lei complementar não serão passíveis de delegação legislativa (§ 1º do art. 68).

É justificável a proibição porque se a competência outorgada se atém à porção substancial de uma função estatal específica, compreendendo atribuições relevantes para o Estado como um todo (autorizar o Presidente da República a declarar guerra, por exemplo – art. 49, II), não seria politicamente recomendável possibilitar a delegação.

Também é correta a impossibilidade de delegação de matéria reservada à lei complementar, em virtude do *quorum* diferenciado para sua aprovação, que é de maioria absoluta, ao passo que a lei delegada demanda tão somente maioria simples (art. 47).

Igualmente não poderá ser objeto de lei delegada legislação sobre (art. 68, § 1º, I a III, da CF):

a) a organização do Poder Judiciário e do Ministério Público, a carreira e a garantia de seus membros;
b) nacionalidade, cidadania, direitos individuais, políticos e eleitorais;
c) planos plurianuais, diretrizes orçamentárias e orçamentos.

752 Nunca é demais recordar que o "poder", como fenômeno político, é sempre uno e indivisível. Divididas são as funções do Estado, tudo para tornar possível a realização dos seus fins.

753 O procedimento formativo das leis delegadas está presente nos arts. 116 a 127 do Regimento Comum do Congresso Nacional (Resolução n. 1, de 1970-CN).

15.6.4 Espécies de lei delegada

Duas são as espécies de lei delegada:

a) *pura e simples;*

b) *condicionada.*

Lei delegada *pura e simples* é aquela cuja autorização expedida não impõe ulterior exame de seu conteúdo de parte do órgão legislativo.

Condicionada é aquela, como o próprio nome deixa transparecer, submetida à análise do Congresso, que o fará em votação única, vedada qualquer emenda (§ 3º do art. 68), após a sua elaboração pelo Presidente da República.

15.6.5 Veículo normativo autorizatório de lei delegada

O veículo normativo autorizatório de lei delegada pelo Congresso Nacional é a resolução (§ 2º do art. 68)[754].

Essa é a chamada "resolução delegativa", embora a Constituição dê exemplos de três outras espécies, como se verá no próximo item.

Conquanto o Texto Constitucional possibilite eventual delegação pelo Congresso ao Chefe do Poder Executivo federal, não se converte o processo legislativo destinado à inclusão de lei delegada em procedimento habitual na praxe legislativa brasileira, porquanto o Presidente da República detém a prerrogativa de expedir medidas provisórias (art. 62, *caput*), o que esvazia substancialmente todo o teor do art. 68 diante da comodidade de edição de MPs.

15.6.6 Impossibilidade de delegação legislativa perene

Como as normas de processo legislativo fixadas na Constituição Federal devem ser, por força do princípio da simetria, atendidas pelos Estados-Membros, o STF concluiu pela inconstitucionalidade de norma estadual que atribuiu perene delegação legislativa a Governador de Estado[755].

---

754 O STF decidiu que "a delegação legislativa externa, nos casos em que se apresenta possível, só pode ser veiculada mediante resolução, o que constitui o meio formalmente idôneo para consubstanciar, em nosso sistema constitucional, o ato de outorga parlamentar de funções normativas ao Poder Executivo. A resolução não pode ser validamente substituída, em tema de delegação legislativa, por lei comum, cujo processo de formação não se ajusta à disciplina do ritual fixado pelo art. 68 da Constituição" (STF/Pleno, ADIMC 1.296/PE, rel. Min. Celso de Mello, *Em. de Jurisp.*, v. 1.795-01, p. 27).

755 É o que deflui do trecho da ementa nos autos da ADIn 425/TO, rel. Min. Maurício Corrêa, *DJ* de 19-12-2003: "Ofensa ao princípio da separação dos Poderes por norma que atribui ao Governador autorização para dispor, segundo sua conveniência, de bens públicos do Estado, sem especificá-los. Instrumento anômalo de delegação de poderes. Inobservância do processo legislativo concernente às leis delegadas. Ação, no ponto, julgada procedente".

15.7 OS DECRETOS LEGISLATIVOS E AS RESOLUÇÕES

O art. 59 inclui no processo de elaboração das leis no Brasil os decretos legislativos e as resoluções.

15.7.1 Natureza dos decretos legislativos

Decretos legislativos são leis, em sentido formal[756], aprovadas pelo Congresso Nacional no exercício da competência exclusiva ditada pelo art. 49 da Constituição.

Destarte, todas as providências relacionadas aos incisos do art. 49 (resolver definitivamente sobre tratados, acordos ou atos internacionais que impliquem encargos; autorizar o Presidente da República a declarar guerra ou celebrar a paz; aprovar estado de defesa, intervenção federal ou autorizar decreto de estado de sítio etc.) somente serão admissíveis se veiculadas por decretos legislativos.

15.7.2 Procedimento formativo dos decretos legislativos

Qual o seu procedimento formativo?

A Constituição não o diz, razão por que se deve atentar para as previsões regimentais do Congresso a respeito, no caso os arts. 211 a 353 do Regimento do Senado (RISF)[757].

15.7.3 Distinção entre decretos legislativos e decretos-leis

No sistema do direito positivo brasileiro sobrevivem ainda os chamados "decretos-leis", que não podem ser identificados com os decretos legislativos.

---

756 Aqui cabe a distinção entre lei em sentido formal e material. Leis em sentido formal são as normas expedidas pela autoridade competente e de acordo com o processo constitucionalmente estabelecido. Leis em sentido material são todos os atos de caráter normativo criados por autoridade com competência para editá-los. Regulamentos, resoluções (não confundir com a resolução legislativa), instruções, portarias ou mesmo editais de concurso público podem ser assim considerados. A divisão tem elevada importância prática porque o art. 5º, II, ao fixar que "ninguém será obrigado a fazer ou deixar de fazer alguma coisa senão em virtude de lei", impõe seja observada, de modo inflexível, a criação de lei em sentido formal para o fim de limitar a liberdade dos indivíduos, não sendo aceitável que a restrição decorra de ato com caráter normativo fora do Parlamento, pois somente o povo, num Estado democrático (pelos seus representantes, portanto), pode legitimar a limitação imposta à conduta individual por lei representativa da vontade da maioria.

757 Resolução n. 93, de 1970, alterada pelas Resoluções n. 22, de 1989, e 96, de 1989; 17 e 39, de 1992; 17, 20, 46 e 50, de 1993; 37, 40, 69 e 70, de 1995; 19, 23 e 95, de 1996 e 12, de 1997, e art. 24, XII e § 2º, bem assim o art. 109, I, do Regimento Interno da Câmara dos Deputados – RICD – (Resolução n. 17, de 1989, alterada pelas Resoluções n. 1, 3 e 10, de 1991; 22 e 24, de 1992; 25, 37 e 38, de 1993; 57 e 58, de 1994; 1, 77, 78 e 80, de 1995; e 5, 8 e 15, de 1996).

Decreto-lei é espécie normativa cuja possibilidade de edição remonta à época da Constituição de 1969, cujo art. 55 autorizava a expedição, em caso de urgência ou de interesse público relevante e desde que não houvesse aumento de despesa, para legislar sobre as seguintes matérias:

a) segurança nacional;
b) finanças públicas, inclusive normas tributárias; e
c) criação de cargos públicos e fixação de vencimentos.

Publicado o decreto-lei, entrava imediatamente em vigor, independentemente de qualquer manifestação do Poder Legislativo, que contava com o prazo de sessenta dias para examinar a norma criada pelo Presidente da República, findo o qual sem deliberação congressual, era o texto tido por aprovado (§ 1º do art. 55 da Constituição de 1969).

Mas, como enfatizado, os decretos-leis não podem mais ser editados pelo Presidente da República, pois a Constituição de 1988 não os contempla.

Ocorre que, relativamente aos diversos decretos-leis editados à época da vigência da Carta Política de 1969 que não tenham sido revogados por legislação ulterior, ou que não estejam incompatíveis com a Constituição de 1988, permanecem produzindo todos os efeitos[758].

Vale aqui, contudo, a ressalva para que se não promova qualquer tipo de similitude entre os decretos legislativos e os decretos-leis.

15.7.4 Campo material e efeitos das resoluções

As resoluções também são normas que trazem em seu conteúdo matéria de competência do Congresso Nacional, da Câmara dos Deputados ou do Senado, não se identificando, todavia, com os decretos legislativos ou as demais espécies indicadas nos incisos do art. 59, porquanto têm campo material específico, que é simplesmente aquele referido pela Constituição ou pelos regimentos das Casas Legislativas.

Ordinariamente produzem efeitos extrínsecos aos órgãos legislativos, como se poderá notar no próximo subitem.

---

758 Esclareça-se que o STF chegou a admitir validade a decreto-lei publicado após a vigência de nova ordem constitucional que impedia a sua edição, como sucedeu no RE 23.655/DF, rel. Min. Mário Guimarães, *DJ* de 25-5-1955, a cuja ementa segue reservado o seguinte conteúdo: "A lei, depois de sancionada, ainda que não publicada, já é lei, não podendo ser reformada senão por outra lei. Somente não será obrigatória para o povo enquanto pela publicação não for conhecida. O decreto que isenta de imposto sobre a renda a herança militar, promulgado pelo Presidente da República ao tempo em que lhe era permitido expedir decretos-leis, é, pois, válido, embora a sua publicação houvesse ocorrido depois de entrar em vigor a Constituição de 46, quando a competência de fazer leis se tornara privativa do Congresso Nacional".

15.7.5 Espécies de resoluções

Podem ser admitidas as seguintes espécies de resoluções:

a) *Resolução coparticipativa* – aquela que determina a suspensão, pelo Senado, da eficácia da lei declarada inconstitucional no caso concreto pelo STF (art. 52, X);

b) *Resolução delegativa* – aquela que promove a delegação legislativa ao Presidente da República;

c) *Resolução administrativa* – aquela mediante a qual o Senado autoriza as indicações para posterior nomeação a cargo cuja escolha é atribuição do Chefe do Poder Executivo federal;

d) *Resolução tributária* – aquela que funciona como instrumento normativo fixador de alíquotas dos impostos, conforme autorização constitucional expressa (art. 155, § 1º, IV, e § 2º, IV e V).

15.7.6 Procedimento formativo das resoluções

Como são elaboradas as resoluções?

De modo semelhante ao que acontece com os decretos legislativos, são elaboradas a partir e com fundamento nas normas regimentais do Congresso, da Câmara e do Senado.

O art. 17, VI, *m*, do Regimento Interno da Câmara dos Deputados (RICD) fixa como atribuição do seu Presidente promulgar as resoluções da Câmara.

Se não o fizer no prazo de duas sessões após o recebimento dos autógrafos, caberá aos Vice-Presidentes, segundo a sua numeração ordinal, proceder à promulgação (§ 2º do art. 200 do RICD).

A mesma atribuição à Presidência é prevista no art. 48, n. 28, do RISF.

Entretanto, se a resolução é do Congresso Nacional, exige-se aprovação em ambas as Casas, competindo ao Presidente do Senado, no exercício da presidência do Congresso, promulgá-la.

15.8 O PROCESSO LEGISLATIVO E AS MEDIDAS PROVISÓRIAS

Medidas provisórias e a Constituição Italiana de 1947. De logo, é importante salientar que as medidas provisórias foram incluídas no Texto de 1988 sob a influência da Constituição italiana de 27 de dezembro de 1947, que consagra os denominados *provvedimenti provvisori com forza di legge*, que o Governo pode adotar, sob sua exclusiva responsabilidade, quando se presenciem hipóteses extraordinárias de necessidade e de urgência[759].

759 Art. 77 da Constituição italiana: "Il Governo non può, senza delegazione delle Camere, emanare decreti che abbiano valore di legge ordinaria. Quando, in casi straordinari di necessità e d'urgenza, il Governo adotta, sotto la sua responsabilità, provvedimenti provvisori con forza di legge, deve il giorno stesso presentarli per la conversione alle

Medidas provisórias se inserem no processo legislativo brasileiro? Com rigor técnico, pode-se defender que as medidas provisórias não participariam do contexto do processo legislativo brasileiro, uma vez que não se aplicam a elas muitas das disposições atinentes à elaboração das leis ordinárias e complementares.

O mero e simples fato de incorporarem força de lei, desde o momento de sua edição (art. 62, *caput*), é traço a cingir de modo distinto a sua compostura jurídica em comparação às demais espécies normativas obedientes ao rito processual preconizado pela Constituição de 1988.

Contudo, como estão imbricados os dispositivos que regem a edição de medidas provisórias com as demais referências da Constituição relativamente ao processo legislativo, tudo recomenda a inclusão de seu estudo em capítulo dedicado ao exame da elaboração das normas no sistema do direito positivo brasileiro.

Base constitucional. A sua base constitucional é o art. 62, *caput*: "Em caso de relevância e urgência, o Presidente da República poderá adotar medidas provisórias, com força de lei, devendo submetê-las de imediato ao Congresso Nacional".

Os pressupostos "relevância" e "urgência". São, inicialmente, dois os pressupostos a serem atendidos pelo Chefe do Executivo federal e examinados pelas Casas Legislativas e pelo Supremo Tribunal Federal (na hipótese de discussão acerca da inconstitucionalidade da medida): *relevância* e *urgência*.

Não se traduzem em conceitos jurídicos indeterminados, como se poderia supor – e mesmo se supõe com infeliz habitualidade –, mas revelam conceitos objetivos, cuja extração do exato alcance se dará mediante o confronto do caso concreto com o comando constitucional.

O signo "relevância", por exemplo, não pode ser acoimado de discricionário ou dotado de larga subjetividade, porquanto o órgão cometido ao controle de constitucionalidade poderá recusar a validade de MP quando o conteúdo por ela veiculado não possa ser tido por relevante.

É certo que a EC n. 32/2001 promoveu grande contenção ao Poder Executivo para editar medida provisória; mas é certo também admitir que antes da sua promulgação o Presidente da República incluiu matérias em MPs que, reconhecidamente, não poderiam ser, nem de longe, reputadas relevantes[760].

Camere che, anche se sciolte, sono appositamente convocate e si riuniscono entro cinque giorni. I decreti perdono efficacia sin dall'inizio, se non sono convertiti in legge entro sessanta giorni dalla loro pubblicazione. Le Camere possono tuttavia regolare con legge i rapporti giuridici sorti sulla base dei decreti non convertiti".

760 É a seguinte a ementa do julgamento na ADIn 1.417: "Constitucional. Medida Provisória não rejeitada expressamente: Reedição: Possibilidade. Requisitos de urgência e relevância. Previdenciário: Contribuição dos Servidores ao PSS/SP. I – Reedição de medida provisória não rejeitada expressamente pelo Congresso Nacional: possibilidade. Precedentes do STF: ADIns 295-DF, 1.397-DF, 1.516-RO, 1.610-DF, 1.135-DF. II – Requisitos de urgência e relevância: caráter político: em princípio, a sua apreciação fica por conta dos Poderes Executivo e Legislativo. Todavia, se tais requisitos – relevância ou urgência –

Portanto, aqui, entendemos ser viável o controle judicial da relevância da MP, bastando para isso confrontar o caso concreto àquilo que possa, de modo objetivo, ser considerado importante para o Estado.

É claro que não defendemos a substituição da vontade do Presidente da República pela dos Ministros do Supremo Tribunal Federal...

Todavia, se é em um "Estado Democrático de Direito" que convivemos e queremos conviver, não se deve recusar a prerrogativa de o guarda da Constituição – como se refere o art. 102, *caput*, à Suprema Corte brasileira – examinar a aludida "relevância" à luz do caso concreto, posto à apreciação da Corte Constitucional.

Se o pressuposto "relevância" pode ser objetivado, por maior razão ainda poderá sê-lo o pertinente à "urgência"[761].

Com efeito, quando do estudo do procedimento legislativo sumário, vimos que o Presidente da República é o senhor do momento para solicitar que um projeto de lei tramite sob regime de urgência.

Em casos tais, sabe-se que a Casa Congressual terá quarenta e cinco dias para exame da proposição, além de dez dias concedidos à Casa Iniciadora para o exame das emendas introduzidas pela Casa Revisora.

Totalizam-se, portanto, cem dias, no máximo, para apreciação de um projeto de lei em regime de urgência pelo Congresso Nacional.

Ora, se é assim, temos um critério objetivo, e fixado na própria Constituição a fornecer segurança para reconhecer quando o Presidente poderá valer-se de medida provisória: simplesmente quando a matéria veiculada na medida provisória for daquelas que não possam aguardar a apreciação ainda que seja por procedimento legislativo sumário, cujo prazo máximo para sua conclusão é de cem dias.

Fora daí, isto é, se o Presidente consuma a edição de MP para tratar de matéria que poderia ser apreciada mediante requerimento de urgência constitucional, ou,

---

evidenciarem-se improcedentes, no controle judicial, o Tribunal deverá decidir pela ilegitimidade constitucional da medida provisória. Precedentes: ADIns 162-DF, Moreira Alves, 14-12-89; e 1.397-DF, Velloso, RDA 210/294. III – Legitimidade da cobrança da contribuição dos servidores públicos para o PSS/SP, na forma da Med. Prov. 560/94 e suas reedições. A questão da inconstitucionalidade de dispositivos das citadas medidas provisórias, que não observaram o princípio da anterioridade nonagesimal: ADIn 1.135-DF, Velloso (vencido), Pertence p/acórdão, Plenário, 13-8-97, 'DJ' de 5-12-97. Essa questão, entretanto, não é objeto desta ADIn 1.647-PA. IV – Ação direta de inconstitucionalidade julgada procedente".

761 A Suprema Corte brasileira, conquanto tenha julgado prejudicada a ação direta, concluiu, na ADIn 1.516, rel. Min. Sydney Sanches, que "a jurisprudência do S.T.F. tem considerado na competência da Presidência da República e do Congresso Nacional a avaliação subjetiva da urgência da Medida Provisória. 2. É de se excetuar, apenas, a hipótese em que a falta de urgência possa ser constatada objetivamente. E, no caso, não há evidência objetiva da falta de urgência, sendo a relevância da Medida Provisória incontestável".

pior ainda, através de projeto de lei com tramitação ordinária, há de se concluir pela incompatibilidade vertical da medida com a Constituição.

Torna-se, contudo, absolutamente dispensável o exame dos pressupostos relevância e urgência quando a medida provisória tenha se convertido em lei[762].

Autoridade competente para edição de medidas provisórias. O art. 62, *caput*, da CF indica outro tema importantíssimo e relacionado às autoridades competentes para edição de medidas provisórias.

De nossa parte, vimos defendendo, já há algum tempo, que as espécies normativas em questão somente podem ser editadas pelo Presidente da República[763].

E por quê?

Para responder à pergunta, é necessário recorrer à interpretação sistemática, atada ao princípio da unidade.

E é com lastro em tal procedimento hermenêutico que concluímos ser impróprio sustentar a plausibilidade de Governadores de Estado e Prefeitos de Municípios editarem medidas provisórias, porquanto a edição é ato privativo do Presidente da República – Chefe do Poder Executivo federal, portanto.

Não se aprova, por essa razão, que o poder constituinte decorrente outorgue idêntica prerrogativa aos Governadores, principalmente porque o art. 84, XXVI, enfatiza-a como atribuição – e privativa – do Presidente.

Quando o constituinte originário o desejou, promoveu tratamento impessoal ao fazer remissão não ao cargo, mas à função executiva, como aconteceu nos arts. 2º; 39, § 6º; 76, *caput*.

Não se deve confundir, por conseguinte, a função do Estado com a pessoa que exerce sua chefia.

E somente equívoco dessa ordem, *data venia*, é que possibilita às Constituições estaduais concederem aos Chefes do Executivo regional o poder de editar medidas provisórias.

Tal não é, entretanto, o entendimento sufragado pelo Supremo Tribunal Federal, que admite a edição de medidas provisórias por Governadores de Estados ou do Distrito Federal, desde que a possibilidade esteja presente nas Constituições estaduais e nas respectivas leis orgânicas municipais[764].

---

762 STF, ADIn 1.721, rel. Min. Carlos Ayres Britto, j. em 11-10-2006.

763 Cf. *Direito Constitucional Econômico*, p. 121.

764 ADIn 1.181/TO, rel. Min. Maurício Corrêa. Ver também trecho da seguinte ementa relativa à ADIn 490, rel. Min. Maurício Corrêa: "Ação direta de inconstitucionalidade. Preliminar. Constituição do Estado. Processo legislativo. Medida Provisória. Competência do Governador para editá-la. Aumento de remuneração de servidores públicos. Iniciativa. Doação de bens do Estado. Majoração do percentual de participação dos Municípios na arrecadação do ICMS. Eficácia legal limitada no tempo. Prejudicialidade. 1. Podem os Estados-Membros editar medidas provisórias em face do princípio da simetria, obedecidas as regras básicas do processo legislativo no âmbito da União (CF, artigo 62). 2. Constitui forma de restrição não prevista no vigente sistema constitucional pátrio (CF, § 1º do

Acreditamos que o Supremo Tribunal Federal, *data maxima venia*, além de perder grande oportunidade para catalisar a repulsa da comunidade jurídica brasileira às detestáveis medidas provisórias, terminou fazendo muito pior ao admitir que Governadores de Estados e Prefeitos Municipais legislem por via de tais espécies normativas, quando todos sabem o quanto conflagram o sistema jurídico e instilam generalizada insegurança.

As vicissitudes do art. 62 da CF e a edição da EC n. 32/2001. É relevante apontar também que as medidas provisórias ingressaram na Constituição de 1988 após a aprovação do Relatório Final pela Comissão de Sistematização, o que significa dizer que o art. 62 não foi objeto de deliberação pelo legislador constituinte originário, situação que demonstra o descaso e a falta de espírito público por parte daqueles que, de ordinário, mais deveriam porfiar pelo respeito ao processo de construção do texto fundador da sociedade política, que é a Constituição.

Embora plena em vicissitudes a incorporação do art. 62 ao Texto de 1988, e conquanto a sistemática utilização da prerrogativa por governos a fio se tenha dado à revelia do compromisso com a harmonia entre as funções estatais, em 11 de setembro de 2001 foi promulgada a Emenda Constitucional n. 32, que acarretou grandes e esperadas mudanças no contexto da edição de medidas provisórias, razão suficiente para examinar tais transformações em subitem distinto, o que será feito doravante.

15.8.1 A edição de medidas provisórias após a EC n. 32/2001

Muitas alterações foram implementadas após a promulgação da EC n. 32/2001.

15.8.1.1 Vedação material às medidas provisórias

O Texto Constitucional passou a descrever, de forma minudente no § 1º do art. 62, todas as matérias vedadas à inclusão em medidas provisórias.

São elas:

a) nacionalidade, cidadania, direitos políticos, partidos políticos e direito eleitoral;
b) direito penal, processual penal e processual civil;
c) organização do Poder Judiciário e do Ministério Público, a carreira e a garantia de seus membros;
d) planos plurianuais, diretrizes orçamentárias, orçamento[765] e créditos adicionais

---

artigo 25) qualquer limitação imposta às unidades federadas para a edição de medidas provisórias. Legitimidade e facultatividade de sua adoção pelos Estados-Membros, a exemplo da União Federal". No caso, embora a questão tenha sido posta relativamente à edição de MP por Chefe de Executivo estadual, a parte final do Acórdão, ao remitir "às unidades federadas", abre precedente para que Prefeitos de Municípios também editem medida provisória, desde que prevista a possibilidade na respectiva lei orgânica.

765 Não cabe, portanto, edição de MP em matéria orçamentária, exceto para a abertura de crédito extraordinário para atender a despesas imprevisíveis e urgentes, como as decor-

e suplementares, ressalvado o previsto no § 3º do art. 167;

e) que vise a detenção ou sequestro de bens, de poupança popular ou qualquer outro ativo financeiro;

f) as reservadas à lei complementar e aquelas já disciplinadas por projeto de lei aprovado pelo Congresso Nacional e pendente de sanção ou veto pelo Presidente da República.

É insólita a vedação estabelecida no tocante à organização do Poder Judiciário e do Ministério Público, porquanto se sabe que somente lei complementar é que poderá fixar a disciplina legislativa de tais órgãos, o que tornaria dispensável a referência existente no § 1º, *c*, do art. 62, em virtude de explícita proibição quanto a veicular-se em MP matéria cometida a tratamento através de lei complementar, consoante prevê o § 1º, III, do art. 62.

A proibição de detenção ou sequestro de bens, de poupança popular ou qualquer outro ativo financeiro (§ 1º, II, do art. 62) decorre da necessidade de salvaguarda do patrimônio das pessoas em face das mirabolantes tentativas de resolver o problema da economia brasileira mediante o recurso a planejamento econômico heterodoxo e, não raro, com grandes malefícios causados aos indivíduos, como sucedeu no Plano Collor.

Aliás, pode-se afirmar com toda certeza que foi tal plano o motivo de destinar o legislador constituinte derivado preceito específico para combater a vaidade de governantes que, convictamente, mais perseguem a inscrição do nome na história do que propriamente solucionar os graves problemas do País em cuja insidiosa nascente está a abissal desigualdade na distribuição da renda.

Por outro lado, não se poderá editar medida provisória quanto à regulamentação de artigo da Constituição cuja redação tenha sido alterada por meio de emenda promulgada entre 1º de janeiro de 1995 e 11 de setembro de 2001, inclusive, data de promulgação da EC n. 32.

15.8.1.2 Medidas provisórias em matéria tributária

É possível a edição de medida provisória em matéria tributária?

A outrora tormentosa discussão[766] não mais tem espaço diante da clareza da redação do § 2º do art. 62, ao explicitar que a instituição ou majoração de impostos

---

rentes de guerra, comoção interna ou calamidade pública (§ 3º, art. 167, da Constituição). Nem mesmo o retardo legislativo pode autorizar edição de MP em tal matéria, dada a incisiva proibição do art. 62, § 1º, I, *d*, da Constituição.

766 Embora o STF tenha assentido com a possibilidade de edição de medida provisória em matéria tributária (ADIn 1.667-9/DF, ADIn 1.441-2/DF, ADIn 1.417-0/DF), a doutrina sustentava, em sua expressiva maioria, precisamente o contrário. Todavia, "em se cuidando de medidas provisórias reeditadas, convertidas em Lei, o prazo de anterioridade nonagesimal conta-se a partir da primeira medida provisória (...)" (TRF 2ª R., AC 2002.02.01.019456-7/RJ, 4ª T., rel. Juiz Rogério Carvalho, *DJU* de 10-12-2002, p. 198).

por meio de tais normas somente produzirão os efeitos no exercício financeiro[767] seguinte se houverem sido convertidas em lei até o último dia daquele em que foram editadas, exceto se os impostos em questão forem os relativos à importação e exportação; sobre produtos industrializados; sobre operações de crédito, câmbio e seguro, ou atinentes a títulos ou valores mobiliários; e os chamados impostos extraordinários, na iminência ou no caso de guerra externa.

Significa o seguinte: não basta à medida provisória que cria ou aumenta a alíquota de impostos ser editada até o final do exercício financeiro anterior ao qual se imporá a exigência; é imprescindível também que seja convertida em lei no antedito exercício.

15.8.1.3 Prazo de vigência das medidas provisórias

As medidas provisórias, que terão a votação iniciada na Câmara dos Deputados (§ 8º do art. 62), vigorarão pelo prazo de sessenta dias, prorrogável por idêntico período.

Terão, assim, prazo máximo de vigência de cento e vinte dias, começando a fluir da data de sua publicação, suspendendo-se durante os períodos de recesso do Congresso Nacional (§ 4º do art. 62).

Portanto, de acordo com a linguagem constitucional, não mais se cogita da *reedição* de medida provisória, e sim de simples *prorrogação*, presumivelmente em virtude de as incontáveis reedições havidas com amparo no sistema anterior à EC n. 32/2001 terem, em verdade, instalado autêntico "trauma" institucional acerca das detestáveis reedições.

15.8.1.4 Perda de eficácia de medida provisória

Perderão a eficácia as medidas provisórias desde a edição se não forem convertidas em lei no prazo mencionado (§ 3º do art. 62, parte inicial), devendo o Congresso Nacional disciplinar, por decreto legislativo, as relações jurídicas dela decorrentes (§ 3º do art. 62, parte final).

Se não for editado o decreto legislativo, no prazo de sessenta dias após a rejeição ou perda de eficácia de medida provisória, tudo com o objetivo de solucionar os impasses decorrentes do período em que vigorou a MP, as relações jurídicas consolidadas durante o momento em que esteve em vigor continuarão a ser regidas pela medida rejeitada (§ 11 do art. 62).

Indiscutíveis a importância prática e o alcance da previsão constitucional, principalmente porque muitos contratos podem ter sido celebrados em período no qual esteve em vigência a medida rejeitada.

767 Observe-se que o período referente ao exercício financeiro é determinado pela legislação infraconstitucional, e coincide com o ano civil, conforme prevê o art. 34 da Lei n. 4.320/64, *in verbis*: "Art. 34. O exercício financeiro coincidirá com o ano civil".

É que os indivíduos não podem ficar à espera de uma solução do Congresso Nacional via decreto legislativo, bastando simplesmente que a avença continue a ser disciplinada pela medida, ainda que não esteja mais em vigência.

Quanto à perda da eficácia da medida provisória por decurso de prazo, convém pontuar que é decorrência imediata do transcurso do prazo de sessenta ou cento e vinte dias, nesse último caso se tiver ocorrido a prorrogação (§ 3º do art. 62).

Com isso fica evidente que não terá duração indeterminada o travamento da pauta das Casas do Congresso Nacional (§ 6º do art. 62), visto que, admitido o prazo máximo de cento e vinte dias para vigência de medida provisória, o "emperramento" da pauta só se fará até o seu último dia de vigência: no sexagésimo dia na hipótese de MP não prorrogada ou no centésimo vigésimo dia caso haja prorrogação.

15.8.1.5 Medida provisória modificada por projeto de lei de conversão

Chama-se *projeto de lei de conversão* aquele que converte a medida provisória em lei.

Se, eventualmente, o projeto de lei de conversão vier a modificar o texto da medida[768], manter-se-á integralmente o conteúdo originário da norma expedida pelo Presidente até que seja sancionado ou vetado o projeto (§ 12 do art. 62).

15.8.1.6 Medida provisória e juízo prévio sobre atendimento de pressupostos constitucionais

Não se admitirá a deliberação das Casas Congressuais sobre o mérito da medida provisória se não houver emissão de juízo prévio sobre o atendimento dos seus pressupostos constitucionais, que são a urgência e a relevância (§ 5º do art. 62).

Contudo, se a medida provisória é convertida em lei, torna-se prejudicado o debate sobre a relevância e a urgência (STF, ADIn 3.330/DF, rel. Min. Carlos Britto, j. em 2-4-2008).

15.8.1.7 Medida provisória e travamento da pauta

Se a medida provisória não for examinada em quarenta e cinco dias da data de sua publicação, entrará em regime de urgência, subsequentemente, em cada Casa do

768 O Supremo Tribunal Federal, no julgamento da Questão de Ordem na ADIn 292, rel. Min. Paulo Brossard, concluiu que, na hipótese de conversão em lei de medida provisória, deve ser aditada à petição inicial da respectiva ação direta, pena de ser decretada a prejudicialidade da medida. Explica Oswaldo Luiz Palu: "(...) Se a medida provisória não foi alterada pelo Poder Legislativo, não se encontra prejudicada a ação direta, podendo ser aditada à inicial para incluir então eventual nova numeração de artigos e o Presidente do Congresso Nacional no polo passivo. Aqui julgar-se-á inconstitucional a medida provisória quanto aos efeitos pretéritos e inconstitucional a lei de conversão. Mas nos casos onde a medida provisória é alterada materialmente em projeto de lei de conversão, indo à sanção presidencial, então com material legislativo novo, somente em nova ação se poderá pedir a declaração de sua eventual inconstitucionalidade" (cf. *Controle de Constitucionalidade*, p. 219-220).

Congresso Nacional, ficando sobrestado o andamento de qualquer projeto de lei até que seja finalizada a apreciação da MP.

É o denominado *travamento da pauta*.

Esse procedimento termina por criar uma espécie de controle político sobre a sanha presidencial no tocante à edição de medidas provisórias.

Sim, porque nenhum parlamentar, em sã consciência, ficará satisfeito com o fato de que projetos de lei de sua autoria fiquem no aguardo de deliberação legislativa sobre a medida provisória expedida pelo Presidente da República.

Acontece, então, o seguinte: embora o Presidente continue conservando a prerrogativa no que concerne à sua edição, o reiterado e constante recurso às medidas provisórias termina por instilar "antipatia" parlamentar ao Chefe de Estado e de Governo, com todas as insidiosas consequências, inclusive quanto a ulterior rejeição de projetos de lei e propostas de emenda à Constituição originárias do Poder Executivo.

Em síntese: o travamento da pauta foi engenhosa descoberta do legislador constituinte derivado para o fim de condicionar politicamente o Chefe do Poder Executivo federal quando se propuser à utilização de MP.

15.8.1.8 Medidas provisórias e apreciação pelas Casas do Congresso Nacional

Se bem que iniciadas na Câmara dos Deputados, é competência de ambas as Casas Congressuais, separadamente, o exame das medidas provisórias, conquanto se imponha o exame e elaboração de parecer prévio por Comissão Mista de Deputados e Senadores (§ 9º do art. 62).

15.8.1.9 Consequências da rejeição de medida provisória

Rejeitada a medida provisória, não pode ser ela reeditada na mesma sessão legislativa (§ 10 do art. 62).

Note-se que é idêntica a disciplina na hipótese de rejeição de proposta de emenda constitucional (§ 5º do art. 60).

Relembre-se: *sessão legislativa* é o período que vai de 2 de fevereiro a 17 de julho e de 1º de agosto a 22 de dezembro (art. 57, *caput*, com redação alterada pela EC n. 50/2006).

Nesse interregno legislativo não poderá haver reedição de MP rejeitada ou que perdeu a eficácia por decurso de prazo.

O tratamento, aqui, discrepa daquele conferido a *projeto de lei* rejeitado, porquanto, nos termos do art. 67, poderá constituir objeto de nova proposição na mesma sessão legislativa mediante proposta de maioria absoluta dos membros de quaisquer das Casas do Congresso Nacional.

PODER EXECUTIVO

16.1 INTRODUÇÃO

Há função do Estado cometida à prática de atos de governo: a função executiva.

Como já expusemos no Capítulo 13, embora não seja a única atribuição, dado que, atualmente, o Poder Executivo legisla – e muito – mediante a edição de medidas provisórias, e também julga, na hipótese do contencioso administrativo, a realização de atos de governo é, de longe, seu atributo principal.

Atos de governo, por outro lado, que se não confundem com atos administrativos, visto que igualmente os realizam o Poder Judiciário e o Poder Legislativo quando, no exercício da autonomia administrativa de cada qual, proveem os seus cargos, exoneram servidores, concedem férias, licenças etc.

Outra atribuição específica é a chefia do Estado.

Na Constituição de 1988, colhem-se diversos dispositivos que delimitam prerrogativa da espécie: manter relações com Estados estrangeiros e acreditar seus representantes diplomáticos (art. 84, VII); celebrar tratados, convenções e atos internacionais, sujeitos a referendo do Congresso Nacional (art. 84, VIII); declarar guerra, no caso de agressão estrangeira, e celebrar a paz, ambos com autorização ou referendo do Congresso Nacional (art. 84, XIX e XX); permitir, nos casos previstos em lei complementar, que forças estrangeiras transitem pelo território nacional ou nele permaneçam temporariamente (art. 84, XXII).

16.2 CLASSIFICAÇÃO DO PODER EXECUTIVO (MAURICE DUVERGER)

Maurice Duverger apresenta classificação quadripartite do Poder Executivo:

a) *Monocrático* – quando a chefia da função executiva é exercida por uma pessoa, como se dá no sistema de governo presidencialista ou nas ditaduras;

b) *Colegial* – exercido por dois indivíduos com poderes idênticos, como aconteceu com os cônsules romanos;

c) *Diretorial* – grupos de indivíduos reunidos em *comitê*, como era na antiga URSS e ainda é na Suíça;

d) *Dual* – pressupõe a existência de um Chefe de Estado e um conselho de Ministros, característica do sistema de governo parlamentarista[769].

---

769 Apud José Afonso da Silva, *Curso de Direito Constitucional Positivo*, p. 511.

16.3 TITULAR DO PODER EXECUTIVO NO BRASIL

Dá-nos a notícia a respeito dessa titularidade o art. 76 da Constituição: "O Poder Executivo é exercido pelo Presidente da República, auxiliado pelos Ministros de Estado"[770].

Traduzida a opção constituinte pelo sistema de governo presidencialista, tem-se que o Presidente da República não se submete a contínuo juízo de valor político do Congresso Nacional para manter-se no poder. Não há no Brasil, tal como se vê na Itália, Portugal e Espanha, a necessidade de frequente manifestação de concordância do Parlamento com o propósito de autorizar a continuidade do governo.

16.4 CLASSIFICAÇÃO DAS ATRIBUIÇÕES DO PRESIDENTE DA REPÚBLICA

É muito conhecida a classificação das atribuições do Chefe do Executivo em *Chefia do Estado* e *Chefia de Governo*.

Todavia, não se nos apresenta correta a classificação dicotômica das atribuições do Presidente da República, ao menos se tomarmos por parâmetro o nosso sistema constitucional.

Convictamente, a par das *Chefias de Estado* e *de Governo*, pode-se admitir uma terceira espécie de classificação: a *Chefia da Administração Federal*[771].

Temos, portanto, a seguinte classificação, de acordo com a Constituição de 1988:

a) *Chefia do Estado* – o Presidente da República incorpora atribuições vinculadas à representação do Estado brasileiro nos domínios das relações internacionais (art. 84, VII, v. g.), assim como as relacionadas ao exercício da soberania (art. 84, XXII);

b) *Chefia de Governo* – o Presidente pratica atos destinados a concretizar os desígnios governamentais, tais como iniciar o processo legislativo (art. 84, III), sancionar (art. 84, IV) ou vetar projetos de lei (art. 84, V), remeter mensagem ou plano de governo ao Congresso Nacional (art. 84, XI);

c) *Chefia da Administração Federal* – o Presidente exerce a direção superior da Administração Pública Federal com o auxílio dos Ministros de Estado (art. 84, II) e dispõe sobre a sua organização e funcionamento, conforme previsto em lei (art. 84, VI).

16.5 ELEIÇÃO DO PRESIDENTE DA REPÚBLICA. CONDIÇÕES DE ELEGIBILIDADE. MANDATO. PRAZO PARA A POSSE. SUBSTITUTOS DO PRESIDENTE DA REPÚBLICA. IMPEDIMENTO/VACÂNCIA E O ART. 80 DA CONSTITUIÇÃO

---

770 Ver art. 1º da Lei n. 9.649/98 (Organização da Presidência da República) e Lei n. 10.683/2003 (Organização da Presidência da República e dos Ministérios).

771 Acompanhamos, no particular, classificação proposta por José Afonso da Silva (cf. *Curso de Direito Constitucional Positivo*, p. 511).

16.5.1 Eleição do Presidente da República

Prescreve o art. 77, com redação dada pela Emenda Constitucional n. 16, de 4 de junho de 1997, que "a eleição do Presidente e do Vice-Presidente da República realizar-se-á, simultaneamente, no primeiro domingo de outubro, em primeiro turno, e no último domingo de outubro, em segundo turno, se houver, do ano anterior ao do término do mandato presidencial vigente".

Já o § 1º do art. 77 indica que a eleição do Chefe do Poder Executivo federal importará a do Vice-Presidente com ele registrado.

Não mais persiste, por conseguinte, o procedimento referente à eleição de Vice-Presidente de agremiação partidária não vinculada ao Presidente.

"Foi a mecânica que o sistema constitucional engendrou para evitar que o Vice-Presidente eleito pertença a partido de oposição ao Presidente, como não poucas vezes acontecera, desde Floriano Peixoto"[772].

16.5.2 Condições de elegibilidade

O candidato ao cargo de Presidente da República deve atender às condições de elegibilidade fixadas no § 3º, I a VI, e alínea *a* do art. 14 da Constituição:

a) *nacionalidade brasileira originária* (visto que a Presidência da República somente pode ser exercida por brasileiro nato – art. 12, § 3º, I, da CF);

b) *pleno exercício dos direitos políticos;*

c) *alistamento eleitoral;*

d) *filiação partidária;*

e) *idade mínima de trinta e cinco anos;*

f) *domicílio eleitoral na circunscrição.*

Quanto ao requisito pertinente ao *domicílio eleitoral na circunscrição* (art. 14, § 3º, IV), esclareça-se que a referida condição de elegibilidade será atendida se o candidato residir em qualquer local do território brasileiro por, pelo menos, um ano antes do pleito (art. 9º da Lei n. 9.504/97).

16.5.3 Possibilidade de reeleição

Embora não se revele procedimento percebido na história constitucional brasileira, a EC n. 16/97, ao alterar o § 5º do art. 14, tornou possível a reeleição do Presidente da República, dos Governadores de Estado e do Distrito Federal, dos Prefeitos e quem os houver sucedido ou substituído no curso dos mandatos.

16.5.4 Eleição e o princípio da maioria absoluta

Será considerado eleito Presidente o candidato que, registrado por partido polí-

772 Cf. José Afonso da Silva, op. cit., p. 514.

tico, obtiver a maioria absoluta de votos, não computados os em branco e os nulos (§ 2º do art. 77).

E se nenhum candidato alcançar a maioria absoluta?

Far-se-á nova eleição em até vinte dias após a proclamação do resultado, concorrendo os dois candidatos mais votados e considerando-se eleito aquele que obtiver a maioria dos votos válidos (§ 3º do art. 77).

16.5.5 Morte, desistência ou impedimento legal de candidato

Se, antes de realizado o segundo turno, ocorrer morte, desistência ou impedimento legal de candidato, convocar-se-á, entre os remanescentes, o de maior votação (§ 4º do art. 77), sendo que, na distante hipótese de remanescerem empatados, em segundo lugar, dois ou mais candidatos, habilitar-se-á para o segundo turno de votação o mais idoso (§ 5º do art. 77).

16.5.6 Posse do Presidente e do Vice

O Presidente e o Vice tomarão posse em sessão do Congresso Nacional, no prazo de dez dias. Transcorrido o referido prazo sem que o Presidente *ou* o Vice assuma o cargo, este será declarado vago, exceto se motivo de força maior impediu-lhes o comparecimento para a posse (art. 78, parágrafo único).

Com isso, soluciona-se o grave problema, de dimensão prática irrecusável, em relação ao falecimento do Presidente eleito antes da data de posse.

Sem dúvida, nosso sistema constitucional afastou-se deliberadamente de modelos constitucionais anteriores que divisavam soluções distintas.

Efetivamente, o § 2º do art. 31 da Constituição de 1967, por exemplo, previa que a Câmara dos Deputados e o Senado reunir-se-iam em sessão conjunta para, entre outros propósitos, receber o compromisso do Presidente *e* do Vice-Presidente.

Logo, o conectivo "e" determinava que deveriam ambos estar presentes na sessão de posse, ao passo que a Constituição de 1988 ressalta o disjuntivo "ou" no parágrafo único do art. 78: ou um ou outro.

Assim, embora a redação do art. 78, *caput*, registre que o Presidente *e* o Vice tomarão posse em sessão do Congresso Nacional, ou um ou outro poderá comparecer para a posse, pena de ser declarado vago o cargo, salvo motivo de força maior, conforme pontua o antedito parágrafo único do art. 78 da CF.

Doravante, portanto, não mais há fundamento para a acesa polêmica que agitou a história política brasileira em 1985, pois, naquela época, com o falecimento de Tancredo Neves antes da data fixada para a posse, houve defesa da tese de impossibilidade de assumir a Presidência o Vice, também eleito pelo Colégio Eleitoral (designação do Congresso Nacional em função eleitoral do Presidente e Vice durante o período militar), no caso José Sarney, precisamente em virtude de a norma constitucional da época condicionar a presença de ambos, e não apenas de um deles, como agora se encontra assegurado no parágrafo único do art. 78 da Constituição de 1988.

16.5.7 Impedimento e vacância do Presidente e do Vice e exercício provisório da Presidência da República

Em caso de impedimento do Presidente e do Vice-Presidente da República, ou vacância dos respectivos cargos, serão *sucessivamente* chamados ao exercício da Presidência:

a) *o Presidente da Câmara dos Deputados;*

b) *o Presidente do Senado Federal;*

c) *o Presidente do Supremo Tribunal Federal* (art. 80, *caput*).

São os chamados *substitutos* do Presidente da República e do Vice.

É preciso entender a mensagem constitucional: seja o Presidente da Câmara seja o do Senado ou o do Supremo Tribunal Federal, na hipótese de vacância dos cargos de Presidente e Vice-Presidente da República, não serão tais autoridades convocadas ao exercício da presidência para completar o mandato do anterior Chefe do Executivo federal. Apenas assumirão transitoriamente a presidência, a fim de organizar a eleição.

16.5.8 Vacância dos cargos de Presidente e Vice e o tempo de mandato decorrido

Se vagarem ambos os cargos de Presidente e Vice nos primeiros dois anos do mandato presidencial, far-se-á eleição em noventa dias da abertura da última vaga (art. 81, *caput*).

Se, no entanto, a vacância se operar nos dois últimos anos do período presidencial, a eleição para ambos os cargos será realizada trinta dias depois da última vaga, pelo Congresso Nacional, na forma da lei.

Vê-se, pois, que será decisivo para determinar a natureza (direta ou indireta) e o prazo para a realização da eleição (noventa ou trinta dias) o tempo de mandato presidencial decorrido.

Nos últimos dois anos haverá eleição indireta pelo Congresso Nacional, em trinta dias da abertura da vaga; se em período anterior, eleição direta noventa dias após a vacância.

16.6 RESPONSABILIDADE DO PRESIDENTE DA REPÚBLICA

Construído o pilar do Estado brasileiro sob a forma de governo republicano, sabe-se que o governante presta contas de tudo que realiza, porque a coisa é pública (*res publica*), não pertence àquele que eventualmente está exercendo o poder.

Por isso que no Brasil, desde a promulgação da primeira Constituição Republicana (arts. 53 e 54), convive-se com a responsabilização do Presidente do República.

Não se afastou da história brasileira o Texto Constitucional de 1988, tanto que no art. 85 apresenta os comportamentos do Presidente da República passíveis de adequação às infrações político-funcionais, ou "crimes de responsabilidade", como preferiu o legislador constituinte originário.

Dividem-se em:

a) *infrações políticas*; e

b) *crimes funcionais*[773].

As primeiras se referem aos incisos I a IV do art. 85 da Constituição (atentar contra a existência da União; o livre exercício do Poder Legislativo, do Poder Judiciário, do Ministério Público e dos Poderes constitucionais das unidades da Federação; o exercício dos direitos políticos, individuais e sociais e a segurança interna do País).

Os crimes funcionais estão indicados nos incisos V a VII do art. 85 e são eles: atentar contra a probidade na administração; contra a lei orçamentária e o cumprimento das leis e decisões judiciais.

O parágrafo único do art. 85 assevera que tais crimes serão definidos em lei especial, que estabelecerá as normas de processo e julgamento.

Tal norma já existia. É a Lei n. 1.079, de 10 de abril de 1950.

O processo se inicia por meio da emissão de juízo de processabilidade ou admissibilidade pela Câmara dos Deputados, que demanda dois terços dos votos dos seus membros para viabilizar o início do processo de responsabilização política do Presidente da República (art. 51, I)[774].

---

773 Adota-se, aqui, a classificação proposta por José Afonso da Silva (cf. *Curso de Direito Constitucional Positivo*, p. 519).

774 De acordo com a jurisprudência do STF, idêntico procedimento deve ser observado em se tratando de afastamento de Governador de Estado: "*HABEAS CORPUS* – GOVERNADOR DE ESTADO – INSTAURAÇÃO DE PERSECUÇÃO PENAL – COMPETÊNCIA ORIGINÁRIA DO SUPERIOR TRIBUNAL DE JUSTIÇA – NECESSIDADE DE PRÉVIA AUTORIZAÇÃO A SER DADA PELA ASSEMBLEIA LEGISLATIVA DO ESTADO – EXIGÊNCIA QUE DECORRE DO PRINCÍPIO DA FEDERAÇÃO – *HABEAS CORPUS* DEFERIDO – PRINCÍPIO REPUBLICANO E RESPONSABILIDADE PLENA DOS GOVERNANTES. A responsabilidade dos governantes tipifica-se como uma das pedras angulares essenciais à configuração mesma da ideia republicana (RTJ 162/462-464). A consagração do princípio da responsabilidade do Chefe do Poder Executivo, além de refletir uma conquista básica do regime democrático, constitui consequência necessária da forma republicana de governo adotada pela Constituição Federal. O princípio republicano exprime, a partir da ideia central que lhe é subjacente, o dogma de que todos os agentes públicos – os Governadores de Estado e do Distrito Federal, em particular – são igualmente responsáveis perante a lei. RESPONSABILIDADE PENAL DO GOVERNADOR DO ESTADO. Os Governadores de Estado – que dispõem de prerrogativa de foro *ratione muneris*, perante o Superior Tribunal de Justiça (CF, art. 105, I, a) – estão sujeitos, uma vez obtida a necessária licença da respectiva Assembleia Legislativa (RTJ 151/978-979 – RTJ 158/280 – RTJ 170/40-41 – Lex/Jurisprudência do STF 210/24-26), a processo penal condenatório, ainda que as infrações penais a eles imputadas sejam estranhas ao exercício das funções governamentais. CONTROLE LEGISLATIVO DA PERSECUÇÃO PENAL INSTAURADA CONTRA GOVERNADOR DE ESTADO. A jurisprudência firmada pelo Supremo Tribunal Federal, atenta ao princípio da Federação, impõe que a instauração de persecução penal, perante o Superior Tribunal de Justiça, contra Gover-

Em seguida, o Presidente será submetido a julgamento perante o Supremo Tribunal Federal, nas infrações penais comuns, ou perante o Senado, nos casos de crimes de responsabilidade (art. 86)[775].

No caso de infração penal comum de competência do Supremo Tribunal Federal, o juízo de admissibilidade proferido pela Câmara dos Deputados não vincula o juízo prévio, que é feito pela Corte, com o teor da denúncia ou da queixa-crime.

São dois momentos: a *admissão política* do processamento do Presidente da República por crime comum realizada pela Câmara e a *análise jurídica* da peça que inicia o respectivo processo criminal.

Para evitar que o Chefe do Poder Executivo federal possa embaraçar o andamento da ação penal ou do processo político de competência do Senado, o art. 86, § 1º, I e II, impõe o seu afastamento desde que seja recebida a denúncia ou queixa-crime pelo STF,m no caso de crime comum, ou após a instauração do processo pela Câmara Alta, nos crimes de responsabilidade.

A instauração é *ato meramente formal* da respectiva Mesa Diretora do Senado, não lhe competindo emitir qualquer juízo político acerca da admissibilidade da acusação, porquanto tal incumbência é, como vimos, da Câmara dos Deputados.

Deverá a Mesa proceder da seguinte forma:

a) será lido o documento enviado pela Câmara dos Deputados na hora do expediente da sessão seguinte;

---

nador de Estado, por supostas práticas delituosas perseguíveis mediante ação penal de iniciativa pública ou de iniciativa privada, seja necessariamente precedida de autorização legislativa, dada pelo Poder Legislativo local, a quem incumbe, com fundamento em juízo de caráter eminentemente discricionário, exercer verdadeiro controle político prévio de qualquer acusação penal deduzida contra o Chefe do Poder Executivo do Estado-Membro, compreendidas, na locução constitucional crimes comuns, todas as infrações penais (RTJ 33/590 – RTJ 166/785-786), inclusive as de caráter eleitoral (RTJ 63/1 – RTJ 148/689 – RTJ 150/688-689), e, até mesmo, as de natureza meramente contravencional (RTJ 91/423). Essa orientação – que submete, à Assembleia Legislativa local, a avaliação política sobre a conveniência de autorizar-se, ou não, o processamento de acusação penal contra o Governador do Estado – funda-se na circunstância de que, recebida a denúncia ou a queixa-crime pelo Superior Tribunal de Justiça, dar-se-á a suspensão funcional do Chefe do Poder Executivo estadual, que ficará afastado, temporariamente, do exercício do mandato que lhe foi conferido por voto popular, daí resultando verdadeira destituição indireta de suas funções, com grave comprometimento da própria autonomia político-institucional da unidade federada que dirige" (STF, HC 80511, 2ª T., rel. Min. Celso de Mello, *DJU* de 14-9-2001, p. 49).

775 A renúncia ao cargo, apresentada na sessão de julgamento, quando já iniciado este, não paralisa o processo de *impeachment* (STF, MS 21.869, rel. Min. Carlos Velloso). Sem dúvida, se a perda do cargo não é a única sanção cabível, visto que o parágrafo único do art. 52 prevê a inabilitação, por oito anos, para o exercício de qualquer função pública, mera renúncia quando já iniciado o julgamento – tal como decidido pelo STF – não prejudica o seu prosseguimento, dada a possibilidade de incidência da pena relativa à inabilitação.

b) na mesma sessão em que se fizer a leitura, será eleita comissão, constituída por um quarto da composição do Senado, obedecida a proporcionalidade das representações partidárias ou dos blocos parlamentares, que ficará responsável pelo processo;

c) a comissão encerrará o seu trabalho com o oferecimento do libelo acusatório, que será anexado ao processo e entregue ao Presidente do Senado, para remessa, em original, ao Presidente do Supremo Tribunal Federal, com a comunicação do dia designado para o julgamento;

d) o Primeiro-Secretário da Mesa do Senado enviará ao acusado cópia autenticada de todas as peças do processo, inclusive do libelo, intimando-o do dia e hora em que deverá comparecer ao Senado para julgamento;

e) estando o acusado ausente do Distrito Federal, a sua intimação será solicitada pelo Presidente do Senado ao Presidente do Tribunal de Justiça em que ele se encontre (art. 380 do RISF).

A suspensão das funções presidenciais não se fará por duração indeterminada. Se, decorrido o prazo de cento e oitenta dias, o julgamento não estiver concluído, cessará o afastamento do Presidente, sem prejuízo do regular andamento do processo (§ 2º do art. 86).

Enquanto não sobrevier sentença condenatória, nas infrações comuns, o Presidente da República não estará sujeito a prisão (§ 3º do art. 86).

16.6.1 Constituições estaduais e regra mais benéfica quanto à prisão de Governador

Surge, aqui, a dúvida sobre a possibilidade de as Constituições estaduais preverem regra mais benéfica aos Governadores, como, inclusive, acontece com o § 3º do art. 107 da Constituição do Estado da Bahia ("O Governador não será preso senão pela superveniência de *sentença condenatória passada em julgado*, nos crimes comuns").

Como se vê, a norma constitucional estadual garante ao Chefe do Executivo proteção mais extensa do que a fixada no § 3º do art. 86, desde que a admissibilidade da prisão do mandatário esteja condicionada ao trânsito em julgado da sentença condenatória.

Ora, decisão transitada em julgado é a que não mais admite recurso, quer em virtude de terem sido interpostas todas as espécies recursais cabíveis, quer porque não o foram no prazo prescrito nas leis processuais.

Sucede que outorgar garantia processual a Governador de Estado mais extensa do que propriamente estabelecera o legislador constituinte originário ao Presidente da República é incorrer em flagrante e indiscutível inconstitucionalidade.

Deveras, a concessão de prerrogativas aos agentes políticos deve encontrar balizamento na Constituição Federal.

É ali – repositório máximo das normas organizativas do Estado – que deve buscar fundamento de validade o poder constituinte decorrente, cuidando para não ampliar de modo ilegítimo a Governadores prerrogativas dirigidas à pessoa do Presidente da República, pois, seguramente, converter-se-iam em inomináveis transgressões à regra imorredoura do princípio republicano, que se acha acoplada à imprescindível responsabilização do mandatário.

A não se impor peias ao poder constituinte decorrente, abre-se a porta, larga e insidiosa, à previsão de regras especiais nas Constituições dos Estados-Membros que praticamente tornariam letra morta o referido princípio republicano.

O pronunciamento do STF. O STF concluiu pela inconstitucionalidade da norma constitucional baiana, assentando que "(...) o Estado-membro, ainda que em norma constante de sua própria Constituição, não dispõe de competência para outorgar ao Governador a prerrogativa extraordinária da imunidade à prisão em flagrante, à prisão preventiva e à prisão temporária, pois a disciplinação dessas modalidades de prisão cautelar submete-se com exclusividade ao poder normativo da União Federal, por efeito de expressa reserva constitucional de competência definida pela Carta da República" (ADIn 1.014-0/DF, rel. para o Acórdão Min. Celso de Mello).

16.7 AMPLITUDE DO § 4º DO ART. 86

O § 4º do art. 86 salienta que "o Presidente da República, na vigência de seu mandato, não pode ser responsabilizado por atos estranhos ao exercício de suas funções".

Qual seria a amplitude do dispositivo constitucional? Poderia impedir a responsabilização do Presidente por qualquer crime cometido ao longo do mandato? Seria viável estender a norma imunizatória para vedar a sua responsabilização civil, impedindo início de processo de natureza cível?

São questões importantes e merecedoras de análise circunstanciada.

Quanto à primeira pergunta, parece-nos lógico que, se o Presidente for contemplado com imunidade penal de caráter absoluto, não se poderá responsabilizá-lo de forma alguma, o que torna de toda inutilidade a referência do art. 86, *caput*, quando comete ao STF a competência para julgá-lo na hipótese de perpetrado crime comum.

Logo, não são todos os crimes cometidos pelo Presidente que estão fora do eixo da responsabilização penal, porque os praticados *propter officium* (em razão da função presidencial) poderão, ainda que na vigência do seu mandato, sofrer a persecução penal, após a imprescindível deliberação da Câmara dos Deputados.

Quanto à segunda indagação, importa esclarecer que, se causar dano ao patrimônio de quem quer que seja[776], não será destinatário da regra imunizatória preconizada pelo § 4º do art. 86.

776 O Presidente da República não goza de imunidade, quer em virtude de ações judiciais que se destinem a impor responsabilidade civil, quer em razão de processos instaurados por prática de infrações político-administrativas, quer, por fim, em virtude de procedimentos instaurados e tendentes a apurar a sua responsabilidade tributária (STF, *RTJ*, 146/467).

Poder-se-ia até objetar que, em se tratando de ato estranho ao exercício de suas funções, encontrar-se-ia albergado pela imunidade em questão.

Acontece que, quando a Constituição deseja promover alusão direta à imunidade civil, o faz de modo expresso, como se vê no art. 53, *caput*[777].

Pode o Presidente ser responsabilizado por crimes cometidos *antes* do exercício do mandato?

Ora, se o crime praticado pelo Chefe do Poder Executivo federal foi perpetrado *antes* do mandato, subentende-se, por óbvio, que, à época, ainda não era Presidente. E não o sendo, qualquer tentativa ulterior de persecução penal não deverá ser admitida, à vista do comezinho fato de que a conduta, conquanto típica, não guarda qualquer afinidade com a função presidencial (crimes cometidos *propter officium*), incidindo plenamente a regra do § 4º do art. 86 para impedir a responsabilização penal do mandatário, porquanto configura ato estranho ao exercício de suas funções[778].

16.7.1 Foro especial por prerrogativa de função e crimes dolosos contra a vida praticados pelo Presidente da República

Certo de que a prática de crime doloso contra a vida relacionado ao exercício do mandato determina imediata responsabilização penal do Presidente da República, sem incidência do preceito imunizatório, trata-se de saber, agora, se será processado perante o STF ou perante o Tribunal do Júri, ante o comando do art. 5º, XXXVIII, *d*, da CF.

No concurso entre a competência do Júri e a do STF prevalecerá a competência especial por prerrogativa de função, visto que a competência do Tribunal popular, como regra geral, vem a sofrer restrição ditada pelo art. 86, *caput*, c/c o art. 102, I, *b*, da CF[779].

---

777 Consolidou-se na jurisprudência do STF o entendimento de que a norma do § 4º do art. 86 reclama e impõe, em função de seu caráter excepcional, exegese estrita, não se dirigindo a situações de ordem extrapenal (STF, Inq. 927-0/SP, rel. Min. Celso de Mello).

778 "Os ilícitos penais cometidos em momento anterior ao da investidura do candidato eleito na Presidência da República – exatamente porque não configuram *delicta in officio* – também são alcançados pela norma tutelar positivada no § 4º do art. 86 da Lei Fundamental, cuja eficácia subordinante e imperativa inibe provisoriamente o exercício, pelo Estado, do seu poder de persecução criminal" (STF, Inq. 927-0/SP, rel. Min. Celso de Mello).

779 Cf. Paulo Rangel, *Direito Processual Penal*, p. 335.

17

ADMINISTRAÇÃO PÚBLICA

17.1 INTRODUÇÃO. A FUNÇÃO ADMINISTRATIVA. ADMINISTRAÇÃO PÚBLICA DIRETA E INDIRETA

Após percorrermos os domínios do Poder Executivo, importa examinar a Administração Pública, mais ainda porque a Constituição de 1988 estabeleceu princípios de obrigatória observância por todos os órgãos administrativos no Brasil.

Inicialmente, por *função administrativa*, pode-se entender, com Gabino Fraga, como "(...) uma atividade do Estado que se realiza com amparo na ordem jurídica e que consiste na execução de atos materiais, ou de atos que determinam situações jurídicas para casos individuais"[780].

Há, todavia, exame igualmente importante que devemos empreender e que se relaciona à descrição da Administração Pública direta e indireta.

Quando se cogita de "administração", a terminologia reconduz à ideia de atividade executiva de planejamento e comando, mas também significa atuação subordinada e destinada à execução de atos administrativos.

Ocorre que, tanto para a realização de atos de administração superior do Estado, como para a mera edição de atos administrativos, presencia-se a existência de órgãos por meio dos quais tais funções passam a ser exercidas.

Alcançamos, assim, a classificação da Administração Pública em sentido subjetivo, ou seja, "o conjunto de órgãos e de pessoas jurídicas aos quais a lei atribui o exercício da função administrativa do Estado"[781].

É que muitas vezes são praticados atos por órgãos centrais da Administração, como se dá na edição de atos de governo pelas chefias do Poder Executivo federal, estadual ou municipal, ou por seus auxiliares diretos (Ministros de Estado, Secretários estaduais e Secretários municipais). Em tais situações, estaremos diante da administração direta.

Porém, a complexidade de tarefas atribuídas ao Estado brasileiro não se compatibilizaria, em absoluto, com desmesurada centralização administrativa. Se o Presidente da República, por exemplo, fosse obrigado a examinar todas as questões pertinentes à administração do Estado, seguramente lhe faltariam tempo e tranquilida-

---

780 Cf. *Derecho Administrativo*, p. 71.

781 Cf. Maria Sylvia Zanella Di Pietro, *Direito Administrativo*, p. 62.

de para decidir acerca dos temas de real importância à condução do governo.

Impõe-se, nesse passo, a *descentralização administrativa*[782], procedimento tendente a racionalizar a atuação dos órgãos da Administração mediante a criação de entidades dotadas de personalidade jurídica própria. O Estado é ungido pela necessidade de delegação de autonomia de compostura administrativa até mesmo para tornar possível administrá-lo.

A propósito, é o sistema do direito positivo que oferece a definição do que vem a ser Administração direta e indireta, no caso o art. 4º do Decreto-Lei n. 200, de 25 de fevereiro de 1967, segundo o qual a Administração Federal compreende:

> I – a *administração direta*, que se constitui dos serviços integrados na estrutura administrativa da Presidência da República e dos Ministérios;
>
> II – a *administração indireta*, que compreende as seguintes categorias de entidades, dotadas de personalidade jurídica própria: a) autarquias; b) empresas públicas; c) sociedades de economia mista; d) fundações públicas.

Temos, consequentemente, a Administração direta, composta pelos órgãos centrais do governo (Presidência da República, Governadores e Prefeitos e, respectivamente, Ministérios, Secretarias Estaduais e Secretarias Municipais), e a Administração indireta, integrada pelos chamados entes paraestatais (autarquias, empresas públicas, sociedades de economia mista e fundações públicas).

Desconcentração administrativa. Distinta da *descentralização* é a *desconcentração administrativa.*

A desconcentração é mera técnica administrativa utilizada no âmbito da Administração direta e indireta, que ocorre quando a entidade encarregada de realizar os serviços administrativos promove a distribuição de competências, dentro da sua própria estrutura, a fim de tornar mais rápida e eficiente a prestação dos serviços.

Logo, tem-se que a desconcentração acontece no âmbito interno da mesma pessoa jurídica, que realiza, como dito, a distribuição interna de competências.

Descentralização administrativa, as empresas públicas e as sociedades de economia mista. Duas espécies de entes paraestatais atuam diretamente no domínio econômico, nos termos do art. 173 e parágrafos da Constituição.

São as *empresas públicas* e as *sociedades de economia mista.*

São também denominadas "agências econômicas do Estado", porque atuam diretamente no domínio econômico.

---

782 A descentralização é a antítese da *centralização administrativa*. "Existe o regime de centralização administrativa quando os órgãos se agrupam colocando-se uns em relação aos outros numa situação de dependência tal que entre todos eles existe um vínculo que, partindo do órgão situado no mais alto grau dessa ordem, os ligue até o órgão de ínfima categoria, através de diversos graus nos quais são exercidas certas faculdades (...)". (cf. Gabino Fraga, op. cit., p. 307-308).

Estão vocacionadas à intervenção direta na economia, e, para tanto, submetem-se ao mesmo regramento fixado para as empresas privadas no que concerne a direitos e obrigações civis, comerciais, trabalhistas e tributários (art. 173, § 1º, II), além de não poderem gozar de privilégios fiscais não extensivos às demais entidades do setor privado (art. 173, § 2º).

É óbvia a previsão constitucional: se o princípio isonômico não fosse reverenciado para impor às entidades criadas pelo Estado as mesmas obrigações dirigidas à iniciativa privada de forma geral, ocorreria acentuado processo de estatização da economia brasileira (na contramão do Texto Constitucional), porque não existiria ambiente de competitividade entre as "agências econômicas do Estado" e as unidades empresariais comuns, principalmente se levado em consideração que aquelas seriam contempladas com privilégios fiscais e creditícios, além de normas trabalhistas lenientes.

17.2 PRINCÍPIOS CONSTITUCIONAIS DA ADMINISTRAÇÃO PÚBLICA

A sua base constitucional é o art. 37, *caput*: "A administração pública direta e indireta de qualquer dos poderes da União, dos Estados, do Distrito Federal e dos Municípios obedecerá aos princípios da legalidade, impessoalidade, moralidade, publicidade e eficiência e, também, ao seguinte (...)".

O art. 37, *caput*, da Constituição relaciona os postulados essenciais da Administração Pública brasileira, materializados em normas jurídicas expressas e condicionantes de toda e qualquer atuação do administrador, fundamentalmente porque é o fim – e não a vontade – que domina todas as formas de administração[783].

17.2.1 O princípio da legalidade

O primeiro deles é o princípio da legalidade. E examinando a regra-matriz da legalidade no sistema constitucional brasileiro, vê-se que o art. 5º, II, esclarece que "ninguém será obrigado a fazer ou deixar de fazer alguma coisa senão em virtude de lei".

No altiplano do comportamento individual, o art. 5º, II, serve ao propósito de construir regra geral inclusiva: tudo o que não está proibido está juridicamente permitido.

Os particulares, assim, veem-se diante de considerável liberdade de ação, já que a conduta somente poderá ser limitada por lei.

Seria o mesmo raciocínio a empregar quando se cogita do princípio da legalidade para a atividade administrativa?

É claro que não!

Se o administrador, no plexo das competências outorgadas pelo legislador constituinte originário ou pelo legislador infraconstitucional, movimenta-se em prol

783 Cf. Ruy Cirne Lima, *Princípios de Direito Administrativo*, p. 22.

da consecução do interesse público, torna-se evidente que não deterá o mesmo raio de ação deferido aos particulares.

Com efeito, enquanto os indivíduos podem praticar toda e qualquer conduta *não proibida por lei*, o administrador só pode praticar os atos *expressamente permitidos pela norma*.

Há, por consequência, grande distinção entre o princípio da legalidade no que se refere aos particulares e com relação ao administrador, principalmente porque o interesse público norteador da atuação administrativa a compele à prática do ato em estrita consonância à previsão legal.

Destaca Ruy Cirne Lima: "Supõe, destarte, a atividade administrativa a preexistência de uma regra jurídica, reconhecendo-lhe uma finalidade própria. Jaz, consequentemente, a administração pública debaixo da legislação, que deve enunciar e determinar a regra de direito"[784].

Mas o princípio da legalidade para a Administração Pública quer dizer mais do que reverência absoluta à norma. Sim, porque é necessário investigar o alcance da locução "lei", tal como referida na parte final do art. 5º, II.

E, no particular, convém advertir que "lei", no caso, só pode ser aquela em sentido material e formal, ou seja, além de ter conteúdo de norma jurídica, deve ter sido criada de acordo com o processo constitucionalmente regrado.

É com suporte no princípio da legalidade que se interdita ao administrador que promova a limitação da liberdade dos indivíduos mediante o recurso a resoluções, instruções, portarias *et caterva*...

Nenhuma dessas normas em sentido exclusivamente material possui aptidão para conter a liberdade da ação individual.

É indispensável que se promova o contraste do ato praticado pela Administração e a sua respectiva adequação à lei fundamentadora da validade da espécie praticada.

Ato desconforme à lei ou sem fundamentação legal é írrito e nulo, devendo o cidadão buscar a sua anulação perante a própria autoridade que o expediu[785] ou recorrer ao Poder Judiciário para a obtenção de tutela judicial específica.

Conquanto consagrada a formulação teórica em torno do princípio em questão, registre-se que já se cogita "(...) até em substituição do princípio da legalidade pelo

---

784 Idem, ibidem.

785 É preciso distinguir "anulação" e "revogação" dos atos administrativos. Quando a Administração Pública reconhece a ilegalidade do ato praticado, promove a sua "anulação", que também poderá ser feita pelo Poder Judiciário, movido pelo idêntico critério da legalidade. Já a "revogação" é distinta daquela. Ocorre quando a Administração, de forma discricionária, extingue um ato válido por julgá-lo inoportuno ou inconveniente. Não é em outro sentido o conteúdo da Súmula 473 do STF: "A administração pode anular seus próprios atos quando eivados de vícios que os tornam ilegais, porque deles não se originam direitos; ou revogá-los, por motivo de conveniência ou oportunidade, respeitados os direitos adquiridos e ressalvada, em todos os casos, a apreciação judicial".

princípio da constitucionalidade. Talvez a principal explicação seja a preocupação, própria do mundo atual, com os direitos individuais, cuja proteção exige maiores garantias, mais facilmente alcançadas pela elevação de normas ordinárias ao nível constitucional e, em consequência, pela possibilidade de sua submissão ao controle da Corte Suprema"[786].

17.2.2 O Princípio da impessoalidade

Está consubstanciado também no art. 37, *caput*, da Constituição.

Administração impessoal é aquela que não se prende a ilegítimos favorecimentos a grupos ou a pessoas individualmente consideradas[787], bem como a que se não identifica à pessoa do administrador.

Brewer-Carias prefere denominá-lo *princípio da imparcialidade*, defendendo ainda que é "(...) derivado do princípio da igualdade e não discriminação dos administrados, conforme o qual a Administração, no curso do procedimento e ao decidi-lo, não deve tomar partido, inclinar a balança ou beneficiar ilegitimamente uma parte em prejuízo de outra, mas adotar a sua decisão unicamente conforme ao ordenamento jurídico e com a finalidade do interesse geral que o motiva"[788].

Mas dissemos também que a impessoalidade é princípio que veda a identificação do Estado à figura do governante.

As sociedades políticas muito caminharam até ser desenhado o atual quadro de tentativa de desvinculação do Estado da pessoa que o governa.

O fenômeno se iniciou com a Revolução Francesa, quando apologistas do liberalismo político remarcavam a necessidade de abandono imediato do absolutismo monárquico e seus corolários, entre os quais a incorporação do Estado à pessoa do rei (*"L'état c'est moi"*, disse Luís XIV).

Mas, no Brasil, ainda se convive com a personificação do poder político, presumivelmente por conta da nossa atávica tendência à valorização das conquistas pessoais – hábito que se arraigou à nossa ascendência lusitana e foi plasmado à civilização brasileira.

---

786 Cf. Maria Sylvia Zanella Di Pietro, "Transformações da organização administrativa. Diretrizes, relevância e amplitude do anteprojeto", in: Paulo Modesto (coord.), *Nova Organização Administrativa Brasileira*, p. 23.

787 No julgamento da ADIn 1.855 MC/RJ, rel. Min. Nelson Jobim, *DJ* de 25-5-2001, o STF concluiu que a Administração Pública não deve fixar critérios para preenchimento de vagas em concursos públicos que revertam em proveito de pessoas, pois caracteriza ofensa ao princípio da impessoalidade: "Ementa: Constitucional. Atividade notarial e de registro. Lei Estadual que assegura ao Técnico Judiciário Juramentado o direito de promoção à titularidade da mesma serventia e dá preferência, para o preenchimento de vagas, em qualquer concurso aos substitutos e responsáveis pelos expedientes das respectivas serventias. Caracterizada a ofensa à Constituição. Precedentes. Liminar deferida" (*Informativo STF*, n. 84).

788 Cf. *Principios del Procedimiento Administrativo*, p. 156.

É Sérgio Buarque de Holanda que revela o fascínio dos portugueses pela visão empreendedora dos navegadores e suas façanhas formidáveis, circunstância que se amoldou ao espírito brasileiro[789]. Passados, no entanto, mais de quinhentos anos desde que para aqui vieram os primeiros europeus, não mais se justifica o mau hábito nacional de personificar a Administração.

Parece evidente que o sistema de governo presidencialista é bastante propenso a fazer com que as pessoas, de modo geral, ao pensarem no Estado brasileiro, o fazem na figura do Presidente da República. O fato decorre naturalmente da grande exposição a que é submetido o mandatário.

Todavia, a circunstância não legitima a colocação de fotos em repartições públicas, tampouco a alusão, na publicidade inerente a obras públicas, do nome do Chefe do Governo.

Este é o segundo desdobramento do princípio da impessoalidade: impede que a Administração Pública seja identificada ao *nome* ou ao *rosto* do administrador.

Foi nessa linha que o constituinte originário se conduziu, ao ponto de assentar, no § 1º do art. 37, que "a publicidade dos atos, programas, obras, serviços, e campanhas dos órgãos públicos deverá ter caráter educativo, informativo ou de orientação social, dela não podendo constar nomes, símbolos ou imagens que caracterizem promoção pessoal de autoridades ou servidores públicos"[790].

O postulado da administração pública impessoal faz eclodir inúmeras consequências práticas de indiscutível relevo[791].

---

789 Cf. *Raízes do Brasil*, 26. ed., São Paulo: Companhia das Letras, 1995.

790 "PROGRAMA EXIBIDO SEMANALMENTE EM EMISSORA DE RÁDIO E TV SOB O TÍTULO DE 'FALA GOVERNADOR'. PROPAGANDA DESPIDA DE CARÁTER EDUCATIVO, INFORMATIVO OU DE ORIENTAÇÃO SOCIAL. VINCULAÇÃO DAS OBRAS, SERVIÇOS E PROGRAMAS DO GOVERNO DO ESTADO À IMAGEM E AO NOME DO REPRESENTADO. PROMOÇÃO PESSOAL. VIOLAÇÃO AO PRINCÍPIO CONSTITUCIONAL DA IMPESSOALIDADE. PROPAGANDA ELEITORAL ANTECIPADA. REPRESENTADO QUE NOTORIAMENTE SERÁ POSTULANTE A CARGO ELETIVO NA ELEIÇÃO DE 2002. PROPAGANDA SEM CARÁTER INSTITUCIONAL OU DE PRESTAÇÃO DE CONTAS. PUBLICIDADE QUE, A PRETEXTO DE DIVULGAR AS AÇÕES DO GOVERNO, DIVULGA AS AÇÕES DO GOVERNANTE. A propaganda que situa o interessado como candidato diante do eleitorado, independentemente do pedido direto de votos e da indicação da candidatura em convenção partidária, caracteriza dissimulada propaganda eleitoral antecipada. São equivalentes, na ordem constitucional, o princípio da liberdade de manifestação do pensamento e o da lisura e legitimidade dos pleitos eleitorais, com o que a compatibilização de ambos torna possível a repressão dos abusos cometidos. Precedente do e. Tribunal Superior Eleitoral. Dever da Justiça Eleitoral de coibir ações que afetem a igualdade dos candidatos e a lisura dos pleitos. Preliminares rejeitadas. Procedência da representação, com aplicação de multa e cessação imediata da veiculação dos programas" (TRERJ, REp. 59 [21.475] – Rio de Janeiro, rel. Des. Marco Aurélio Bellizze Oliveira, *DOERJ* de 3-7-2001).

791 "CONCURSO PÚBLICO – EXAME PSICOTÉCNICO – DIREITO DE RECORRER. Se o edital de concurso não faculta ao candidato a possibilidade de recorrer do resultado do

17.2.2.1 Distinção entre impessoalidade e igualdade

Impessoalidade não deve ser assimilada à *igualdade*. O princípio da igualdade persegue a consecução da isonomia substancial, materializada na conhecida formulação aristotélica: tratar igualmente os iguais e desigualmente os desiguais na medida das suas desigualdades. É o mesmo postulado da não discriminação assentado nos Princípios Fundamentais (art. 3º, IV), impeditivo de tratamento discriminatório quando não houver situação da vida a justificá-lo.

A igualdade penetra os mais variados domínios dos relacionamentos humanos, devendo ser de obrigatório atendimento nas relações de trabalho, da administração fiscal com o contribuinte, e, como não poderia deixar de ser, da Administração Pública com o cidadão.

Ocorre que, enquanto a igualdade se elastece para abranger toda e qualquer relação jurídica, a impessoalidade, pela sua própria natureza, colhe exclusivamente sujeitos determinados, quais sejam: o Estado e o cidadão.

A impessoalidade é princípio exclusivo ao relacionamento do Estado-administrador/cidadão[792].

Cármen Lúcia Antunes Rocha explica que, "na impessoalidade, a ênfase está na ausência de subjetividade e voluntarismo do administrador público, para que ele exerça a sua função com vistas ao interesse de todo o povo, voltando-se à finalidade pública. Por este princípio o que se busca impedir é o benefício obtido pela condição pessoal privilegiada política e administrativamente, em detrimento de toda a sociedade, o que é juridicamente inválido. O privilégio mais facilmente obtido pelo administrador público para si ou para seus 'parentes e amigos' em razão da sua proximidade do poder é injusto socialmente e inválido juridicamente. A Administração personalizada não é pública, não é democrática, não é justa"[793].

---

exame psicotécnico, não se pode considerar válido e muito menos definitivo o seu resultado, à vista do grau de falibilidade de tal teste, e, principalmente, por violar o princípio da impessoalidade, sujeitando a avaliação única e exclusivamente ao arbítrio do examinador" (TJBA, AC 18.637-8/01 [9773], 1ª C. Cív., rel. Des. Raymundo Carvalho, j. em 6-3-2002). "MUNICÍPIO – EMPREGADO PÚBLICO – TRANSFERÊNCIA – OBSERVÂNCIA DOS PRINCÍPIOS DA ADMINISTRAÇÃO PÚBLICA. Viola o princípio da impessoalidade o Município empregador que, sem justo motivo, transfere empregado para localidade diversa da que sempre trabalhou, ainda mais quando se tem notícia de que outra pessoa fora contratada para preencher a vaga surgida com a remoção do obreiro. Segurança negada" (TRT 22ª R., MS 1719 [0259/2002], rel. Juíza Liana Chaib, *DJE* de 22-3-2002, p. 16).

792 Note-se que, malgrado parte da doutrina se utilize ainda da denominação tradicional, vimos fazendo referência ao termo "cidadão", e não "administrado". A primeira expressão está, em nosso entendimento, muito mais adequada a um "Estado Democrático de Direito". Prosseguir com a denominação "administrado" é deixar transparecer, de modo equivocado, a ideia de que a Administração Pública detém superioridade em face do indivíduo ou, pior ainda, que conforma sempre a atividade das pessoas.

793 Cf. *Princípios Constitucionais da Administração Pública*, p. 153-154.

17.2.3 O princípio da moralidade

Os fins a que se propõe a Administração Pública não são atingidos mediante o exclusivo atendimento ao princípio da legalidade.

Não é suficiente que o administrador ou o indivíduo que se relaciona com a Administração[794] siga à risca as determinações legais[795] a fim de considerar se o ato é praticado como absolutamente conforme ao sistema constitucional.

Não, o ato deve ser balizado também pelo princípio da moralidade administrativa[796].

Como se caracteriza o postulado?

Conceitua-se moralidade administrativa como o princípio destinado a fazer com que se exija da conduta do administrador e do indivíduo que se relaciona com a Administração Pública adequação não apenas à lei, mas também às regras comuns de moralidade já consolidadas no meio social.

Interdita-se, nesse passo, o reconhecimento da legitimidade do ato do agente político ou do particular quando, atendendo formalmente às prescrições legais, desvia-se do padrão moral para satisfazer a interesse próprio, como acontece, por exemplo, na realização de obras públicas que, obedecendo ao conteúdo das respectivas licitações, termina por beneficiar propriedades do administrador.

---

794 "PROCESSO CIVIL E ADMINISTRATIVO – CERCEAMENTO DE DEFESA – SERVIDOR PÚBLICO – REINTEGRAÇÃO (...). A indiciada ocupava cargo de assistente social no serviço social do posto de vila velha – ES, e foi demitida deste sob o fundamento de haver deferido de forma irregular os benefícios de instrumental de trabalho e auxílio emergencial. 3 – Suas razões não merecem prosperar, ante a incidência do princípio da moralidade que, na espécie, restou vulnerado, visto que o deferimento de benefício assistencial a quem não apresenta necessidade premente, tal como filho de servidor do posto de benefícios, não condiz com os primados da assistência social e com a ética que deve informar a conduta do agente público. 4 – Apelação a que se nega provimento" (TRF 2ª R., AC 2001.50.01.002561-3/ES, 6ª T., rel. Juiz Poul Erik Dyrlund, *DJU* de 29-4-2003, p. 211).

795 "ADMINISTRATIVO – MANDADO DE SEGURANÇA – PRINCÍPIO DA IDENTIDADE DA FORMA – IMPOSSIBILIDADE DE EXONERAÇÃO – TÁCITA OU IMPLÍCITA – SERVIDOR QUE, AFASTADO DO CARGO E SEM EXERCER SUAS FUNÇÕES, CONTINUA PERCEBENDO GRATIFICAÇÃO – PREVALÊNCIA DO PRINCÍPIO DA MORALIDADE PÚBLICA – COMPORTAMENTO ILÍCITO DO SERVIDOR – SEGURANÇA DENEGADA. Cargo público: A publicação da portaria de exoneração é requisito necessário à ocorrência da vacância do cargo. Em caso de efetivo afastamento do cargo, não se pode justificar a percepção de gratificação pelo afastado. Prevalência do princípio da moralidade dos atos administrativos, que neste caso, tem maior peso do que o da vinculatoriedade à Lei *stricto sensu*. Segurança denegada" (TJPE, AC 26435-3/PE, rel. Des. José Fernandes, *DJPE* de 19-3-2003).

796 No julgamento da ADInMC 1.723-RS (16-4-1998), rel. Min. Carlos Velloso, o STF entendeu consentânea ao princípio da moralidade administrativa norma estadual que vedava a participação de empresas do ramo automobilístico nas licitações referentes à concessão de serviços públicos de inspeção de segurança veicular (*Informativo STF*, n. 106).

Em suma: administração reverente ao princípio da moralidade é aquela que, além de seguir as determinações legais, caracteriza-se pela honestidade e probidade, seja de parte do administrador seja do particular que eventualmente se relaciona com a Administração.

Antônio José Brandão pondera que "a atividade dos administradores, além de traduzir a vontade de obter o máximo de eficiência administrativa, terá ainda de corresponder à vontade constante de viver honestamente, de não prejudicar outrem e de dar a cada um o que lhe pertence – princípios de direito natural já lapidarmente formulado pelos jurisconsultos romanos. À luz dessas ideias, tanto infringe a moralidade administrativa o administrador que, para atuar, foi determinado por fins imorais ou desonestos, como aquele que desprezou a ordem institucional e, embora movido por zelo profissional, invade a esfera reservada a outras funções, ou procura obter mera vantagem para o patrimônio confiado à sua guarda. Em ambos os casos, os seus atos são infiéis à ideia que tinha de servir, pois violam o equilíbrio que deve existir entre todas as funções, ou, embora mantendo ou aumentando o patrimônio gerido, desviam-no do fim institucional, que é o de concorrer para a criação do bem comum"[797].

17.2.3.1 Princípio da moralidade e nepotismo

O que é nepotismo?

Nepotismo é o comportamento ilegítimo do administrador que favorece parentes com nomeações para cargos públicos.

Não fosse o princípio da moralidade suficientemente claro para banir a nefanda prática no âmbito da Administração Pública brasileira, há ainda resoluções administrativas que proíbem tal comportamento nos tribunais (ver Resolução n. 7, de 18-10-2005, do Conselho Nacional de Justiça, que regulamentou o art. 103-B, § 4º, II, da CF).

Nos termos da Resolução n. 7/2005, do CNJ, não há nepotismo, e, portanto, podem recair nomeações sobre parentes de magistrados nas seguintes hipóteses:

a) nomeação para cargo efetivo após aprovação em concurso público;

b) quanto a servidores admitidos antes da Constituição de 1988, quando não era exigido concurso público;

c) quanto a parentes de juízes aposentados ou falecidos;

d) quanto a servidor(a) casado(a) com magistrado(a) após a nomeação para o cargo em comissão.

O STF, julgando a constitucionalidade da Resolução do CNJ, considerou-a completamente compatível à Constituição (ADC 12-MC, rel. Min. Carlos Britto, j. em 16-2-2006).

797 Apud Hely Lopes Meirelles, *Direito Administrativo Brasileiro*, p. 80.

17.2.3.1.1 Nepotismo e a Súmula Vinculante 13

Em 29 de agosto de 2008, o STF publicou a Súmula Vinculante 13, com o seguinte conteúdo:

> "A nomeação de cônjuge, companheiro ou parente em linha reta, colateral ou por afinidade, até o terceiro grau, inclusive, da autoridade nomeante ou de servidor da mesma pessoa jurídica investido em cargo de direção, chefia ou assessoramento, para o exercício de cargo em comissão ou de confiança ou, ainda, de função gratificada na administração pública direta e indireta em qualquer dos Poderes da União, dos Estados, do Distrito Federal e dos Municípios, compreendido o ajuste mediante designações recíprocas, viola a Constituição Federal".

Como se vê, a Súmula impede que *autoridade* ou *servidor ocupante de cargo de direção, chefia ou assessoramento* promova nomeação de parente para exercício de cargo em comissão, de confiança ou ainda de função gratificada.

Impede também o denominado *nepotismo cruzado*, consistente em nomeações de parentes por meio de acordos recíprocos entabulados pelas autoridades ou servidores nomeantes.

Conquanto o fim elevado perseguido pela Súmula, o STF não se ateve ao conteúdo do art. 103-A da CF, *data venia*.

Com evidência, o STF ampliou o rol de destinatários da Súmula para além da previsão constitucional, pois o art. 103-A esclarece que a Súmula terá efeito vinculante em relação aos demais órgãos do Poder Judiciário e à Administração Pública direta e indireta, nas esferas federal, estadual e municipal.

Logo, não se pode embaralhar Administração Pública direta e indireta com órgão de Poder, tal como referido na SV 13.

E tanto é assim que os destinatários do efeito vinculante, indicados pela EC n. 3/93, eram os demais órgãos do Poder Judiciário e do Poder Executivo (§ 2º do art. 102 da CF), o que veio a ser alterado pela EC n. 45/2004, a qual fixou os demais órgãos do Poder Judiciário e da *Administração Pública*, apenas.

Assim, a SV 13 fez pior do que propriamente fizera a redação originária do § 2º do art. 102 da CF, porque obrigou também o Poder Legislativo à sua submissão. E, como se sabe, nem o efeito vinculante da Súmula nem o efeito vinculante produzido na ação direta têm aptidão para submeter o legislador.

17.2.4 O princípio da publicidade

Fixado como princípio constitucional fundamental no art. 1º, *caput* – logo, conformador de todo o sistema da Constituição de 1988 –, "Estado Democrático de Direito" é locução apta a promover importantes vinculações no âmbito da Administração Pública brasileira.

Realçar a natureza democrática do Estado brasileiro é viabilizar maior participação dos indivíduos na condução da coisa pública, como, a propósito, prescrevem os incisos I a III do art. 14 da Constituição ("A soberania popular será exercida pelo sufrágio universal e pelo voto direto e secreto, com valor igual para todos, e, nos termos da lei, mediante: I – plebiscito; II – referendo; III – iniciativa popular").

Mas não se reserva exclusivamente o princípio democrático estatuído no art. 1º, *caput,* para condicionar a elaboração de sistema político assecuratório de maior interferência popular nos assuntos do Estado.

Importa considerar mais: presta-se a promover a salvaguarda da participação do indivíduo nas questões administrativas e na condução de interesses relevantes para decisão do Poder Judiciário.

O princípio fundamental aqui reportado é norma constitucional vinculativa da abertura de espaços públicos ao cidadão, seja no contexto dos Poderes Executivo, Legislativo ou Judiciário.

Mas é irrisão atribuir às pessoas, de modo generalizado, a capacidade de interferir em assuntos administrativos sem tornar possível o conhecimento quanto ao conteúdo do ato; é o mesmo que tornar um autêntico "faz de conta" a iniciativa do cidadão em prol do controle da Administração Pública.

Por isso que se exige, de modo peremptório e incondicionado, a publicidade dos atos da Administração, atributo sem o qual o ato se desveste de legitimidade e constitucionalidade.

Com efeito, a forma de governo adotada pelo Estado brasileiro foi a República.

Ora, o signo "República" implica o atestado eloquente de que a coisa é de todos, e não do grupo ou indivíduo que se encontra transitoriamente no exercício do poder político.

Como consequência direta de o Estado a todos pertencer, decorre logicamente a necessidade de levar a público conhecimento de todo e qualquer ato relativo a assuntos estatais.

Não se poderá aduzir a existência de suposta "questão de Estado" ou *"arcana imperii"* para dificultar ou impedir que o cidadão tenha pleno acesso à informação desejada. Deveras, se assim não for, restará inapelavelmente comprometido o controle do ato da Administração, desde que não se saiba o conteúdo do ato por ela produzido.

No mesmo diapasão, o princípio da publicidade está vocacionado também para tornar conhecida de todos a conduta dos agentes públicos.

Por outro lado, põe-se como necessário o exame do art. 5º, XXXIV, da Constituição, diante da possibilidade de vinculá-lo a exegese limitativa do princípio da publicidade: "Todos têm direito a receber dos órgãos públicos informações de seu interesse particular, ou de interesse coletivo ou geral, que serão prestadas no prazo da lei, sob pena de responsabilidade, ressalvadas aquelas cujo sigilo seja imprescindível à segurança da sociedade e do Estado".

Mas o sigilo que é admitido no art. 5º, XXXIV, da Constituição deve ser utilizado com bastante cautela pela Administração Pública.

Brewer-Carias aponta que "um dos grandes vetores do Estado de Direito quanto às relações entre a Administração e os administrados é a substituição do princípio do segredo administrativo pelo princípio contrário, o da publicidade das atuações administrativas. Esta substituição, no entanto, pode dizer-se que ainda não se concretizou na prática, e em muitos países continua em vigor o princípio do segredo discricionário, conforme o qual a Administração tem o poder de manutenção sob sigilo de qualquer documento ou informação, mediante declaração sua de reservado, com o qual os particulares não têm segurança de receber a informação de que necessitam para controlar a atividade administrativa".

Dessa forma, o segredo da atuação administrativa e o mistério que o recobre não só frente aos particulares (ao exterior), senão entre os diversos órgãos da própria Administração (ao interior), com efeito, continua sendo uma prática administrativa nas administrações contemporâneas, na maioria das vezes, para encobrir arbitrariedades, irresponsabilidades e incompetências dos funcionários. Por isso, *segredo e Administração ineficiente constituem um binômio historicamente inseparável*" (grifamos)[798].

O preceptivo da Constituição chega mesmo a impor a responsabilidade do agente público, no caso de recusa ou fornecimento de informação após o prazo fixado em lei, excetuando, no entanto, aqueles dados cuja manutenção sob segredo seja indispensável à própria sobrevivência da sociedade política.

Imagine-se determinado indivíduo que tenha solicitado à Administração Pública informação sobre assunto de natureza pessoal. Foi, entretanto, recusada a informação com base na parte final do art. 5º, XXXIV, da Constituição.

Como deve proceder o cidadão? Conformar-se com a recusa? É a Administração exclusiva soberana e senhora do reconhecimento de o sigilo ser imprescindível à segurança do Estado?

Convictamente, se o indivíduo busca o fornecimento de informação e o administrador impede que tenha acesso ao dado, abre-se a oportunidade para recorrer ao Poder Judiciário, visto que a lei não excluirá de sua apreciação lesão ou ameaça a direito (art. 5º, XXXV).

A possível sindicabilidade ou controle judicial do alegado sigilo para a segurança do Estado, garante ao indivíduo a impetração de *habeas data*, pois a hipótese é de pretensão quanto ao acesso de dado de natureza pessoal, atraindo a incidência do art. 5º, LXXII, *a*.

Se, por outro lado, a informação está relacionada a assunto de caráter coletivo, a recusa da informação possibilita a propositura de ação com objeto voltado ao fornecimento do dado e como causa de pedir a ilegítima recusa da autoridade administrativa[799].

---

798 Cf. *Principios del Procedimiento Administrativo*, p. 154.

799 É assente na jurisprudência do STF o entendimento quanto à necessidade de restar comprovado o interesse de agir em sede de *habeas data*, que se perfaz na recusa da obtenção do pedido de informações. Eis a ementa: "O acesso ao *habeas data* pressupõe, dentre outras condições de admissibilidade, a existência do interesse de agir. Ausente o interesse legitimador da ação, torna-se inviável o exercício desse remédio constitucional. A prova do anterior indeferimento do pedido de informação de dados pessoais, ou da omissão em atendê-lo, constitui requisito indispensável para que se concretize o interesse de agir

17.2.5 O princípio da eficiência

A EC n. 19/98 promoveu mudança no art. 37, *caput*, incluindo o princípio da eficiência.

Ainda que inserido em momento posterior à promulgação do Texto Constitucional de 1988, deve ser enfatizado que, mesmo antes da inovação, já se exigia Administração eficiente, uma vez que a concretização das atribuições previstas no art. 23 (de natureza administrativa) somente se daria se houvesse, por parte da União, Estados[800], Distrito Federal e Municípios, a opção por modelo de Administração Pública atrelada à eficiência.

E não é só.

A redação originária do § 3º do art. 37 estabelecia que "as reclamações relativas à prestação de serviços públicos serão disciplinadas em lei", agregando-se ao sistema constitucional, por conseguinte, o valor "eficiência", na medida em que, malgrado propusesse disciplina em nível legal, ressaltava a busca de serviços públicos mais eficientes, ainda que fosse por meio de reclamação de parte dos usuários.

O que se pretende com a inscrição constitucional do princípio da eficiência não é promover suposta identificação do atuar administrativo com o comportamento dos demais entes privados, mas concitar os agentes públicos a atuarem de modo a prestar o serviço da forma mais expedita[801] e competente.

O Estado é instruído por propósitos completamente diferenciados das empresas privadas. Estas têm na prevalência do objetivo empresarial e do proveito econômico seus apanágios mais genuínos, ao passo que o ente estatal tem na consecução do interesse público a sua razão de ser e de existir.

Só isso já seria mais do que bastante para evidenciar a diversidade de propósitos de um e outro, distinguindo radicalmente a eficiência na Administração daquela outra perseguida pelas empresas.

---

no *habeas data*. Sem que se configure situação prévia de pretensão resistida, há carência da ação considerada de *habeas data*" (STF, Pleno, RHD 22-8/DF, rel. Min. Celso de Mello, *RTJ*, 162:807).

800 O STF, ao julgar a ADInMC 2.405/RS, rel. Min. Ilmar Galvão, concluiu que o art. 1º da Lei estadual n. 9.298/2001 (com redação dada pelo art. 3º da Lei estadual n. 11.475/2000), do Rio Grande do Sul, em cujo conteúdo se previra a alteração para cento e oitenta dias do prazo para emissão de dívida ativa e remessa à cobrança judicial, não acarretara em ofensa ao princípio da eficiência administrativa, sob o fundamento de ser a tese juridicamente irrelevante (*Informativo STF*, n. 289).

801 "ADMINISTRATIVO – MANDADO DE SEGURANÇA – ATO OMISSIVO – AUTORIZAÇÃO – EXECUÇÃO DE SERVIÇOS DE RADIODIFUSÃO COMUNITÁRIA – 1. O exercício da atividade administrativa está submetido ao princípio da eficiência, nos termos do art. 37, *caput*, CF/88. 2. Configura-se ofensiva ao princípio da eficiência a conduta omissiva da autoridade competente, que deixa transcorrer longo lapso temporal sem processar pedido de autorização de funcionamento de rádio comunitária. 3. Ordem parcialmente concedida" (STJ, MS 7765/DF, 1ª S., rel. Min. Paulo Medina, *DJU* de 14-10-2002).

Qual seria, então, o sentido de uma Administração "eficiente"?

Esclarece-nos Hely Lopes Meirelles ao caracterizá-la como um dos deveres da Administração Pública: "(...) é o que se impõe a todo agente público de realizar suas atribuições com presteza, perfeição e rendimento funcional. É o mais moderno princípio da função administrativa, que já não se contenta em ser desempenhada apenas com legalidade, exigindo resultados positivos para o serviço público e satisfatório atendimento das necessidades da comunidade e de seus membros. (...) Eficiência funcional é, pois, considerada em sentido amplo, abrangendo não só a produtividade do exercente do cargo ou da função, como a perfeição do trabalho e a sua adequação técnica aos fins visados pela Administração, para o que se avaliam os resultados, confrontam-se os desempenhos, e aperfeiçoa-se o pessoal através de seleção e treinamento. Assim, a verificação da eficiência atinge os aspectos quantitativo e qualitativo do serviço, para aquilatar do seu rendimento efetivo, do seu custo operacional, e da sua real utilidade para os administrados e para a Administração. Tal controle desenvolve-se, portanto, na tríplice linha administrativa, econômica e técnica"[802].

Deve ser ressaltada também a ligação existente entre o princípio da eficiência e o da economicidade.

Há, desde a Antiguidade, principalmente a partir dos estudos de Epicuro, corrente filosófica amparada na ideia de que cabe ao ser humano procurar, sempre, o maior prazer possível. É o *hedonismo* (do grego *hedoné*, que significa prazer).

O hedonismo produz reflexos no contexto de atuação da Administração Pública, pois ao propor ao ser humano a tarefa de prover as suas necessidades com a menor quantidade possível de esforço e sacrifício, impinge-a a realizar o máximo em termos de consecução do interesse público com o mínimo de dispêndio de tempo e de recursos, razão pela qual se vê conduzida pelo princípio da economicidade, que outra coisa não é que o pensamento hedonista transportado para o atuar administrativo.

17.3 QUESTÕES CONSTITUCIONAIS SOBRE OS AGENTES PÚBLICOS

Diversos questionamentos merecem ser feitos com relação aos agentes públicos e a função administrativa no Brasil.

Seja com relação à exigência de concurso público, à nomeação para cargo em comissão ou ao exercício de função de confiança, passando pelo direito de greve no serviço público, é evidente que existem sérias controvérsias a respeito de desdobramentos da atividade administrativa, razão por que se impôs a referência nesse subitem.

Cumpre registrar, contudo, que o exame de questões constitucionais, de especial importância relativamente aos agentes públicos, não prescinde de investigação prévia acerca da sua classificação.

802 Op. cit., p. 86.

17.3.1 Os agentes públicos: agentes políticos, administrativos, honoríficos e delegados

17.3.1.1 Conceito de agente público

Agente público é qualquer pessoa que se encontra prestando serviços ao Estado ou aos entes da Administração indireta.

Não se exige a existência de uma relação institucional com a Administração de sorte a delimitá-lo.

Por isso, aproveitamos a definição, consubstanciada no art. 327 do Código Penal, para concluir que agente público é *todo aquele que, embora transitoriamente ou sem remuneração, exerce cargo, emprego ou função pública.*

17.3.1.2 Espécies de agentes públicos

Agente público é gênero que comporta diversas espécies, entre as quais os *agentes políticos, administrativos, honoríficos* e *delegados.*

17.3.1.2.1 Agentes políticos

Os *agentes políticos* são os indivíduos que exercem a sua atividade com plena liberdade funcional, executando suas atribuições com prerrogativas e responsabilidades inerentes ao cargo, estabelecidas na Constituição Federal ou em leis especiais[803].

Poderia haver alguma restrição do conjunto dos agentes políticos àqueles exercentes de mandato político.

Entretanto, tal simetria não deve ser efetivada, porque há indivíduos que, muito embora não tenham sido investidos no cargo mediante processo eleitoral, são, convictamente, considerados agentes políticos, como é o caso dos magistrados e membros do Ministério Público.

É que não se submetem ao poder hierárquico quando realizam a respectiva atividade.

Sendo assim, pode ser considerado agente político todo aquele agente público que decide acerca da própria atividade.

17.3.1.2.2 Agentes administrativos

Já os *agentes administrativos* têm relação profissional com a Administração Pública, seja a direta, seja a indireta.

São os chamados "servidores públicos em sentido amplo", que se dividem ainda em "servidores públicos em sentido estrito", "empregados públicos" e "servidores temporários".

803 Cf. Hely Lopes Meirelles, op. cit., p. 67.

Os servidores *stricto sensu* são os que, detentores de cargo público, mantêm relação disciplinada pelo regime estatutário de cada uma das entidades federativas ou mesmo celetista, desde que ocupem *cargo público*.

Empregados públicos são aqueles contratados para prestar trabalho à Administração Pública pelo regime da Consolidação das Leis do Trabalho (CLT), tal como acontece com os empregados de empresas públicas e sociedades de economia mista.

Originariamente, o Texto Constitucional de 1988 só permitia a contratação nos moldes celetistas para ingresso em empresas públicas e sociedades de economia mista, a ponto de a antiga redação do art. 39 fixar que "a União, os Estados, o Distrito Federal e os Municípios instituirão, no âmbito de sua competência, regime jurídico único e planos de carreira para os servidores da administração pública direta, das autarquias e das fundações públicas".

Era, na época, muito fácil distinguir servidor público *stricto sensu* do empregado público, bastando para isso examinar a espécie de disciplina da relação travada com a Administração: se regime jurídico único, servidor público; se legislação trabalhista, empregado público.

A EC n. 19/98, no entanto, alterou o sistema constitucional, inserindo a possibilidade de contratação no âmbito da Administração direta, autárquica ou fundacional de acordo com a disciplina da CLT, o que, no contexto da Administração Pública federal, passou a ser admitido pela Lei n. 9.962, de 22 de fevereiro de 2000, que dispõe a respeito do antedito regime de emprego público.

Entretanto, estaria vedada pela Lei a aplicação do regime celetista para os cargos em comissão, para os servidores regidos pela Lei n. 8.112/90, impedindo-se ainda a contratação para criar empregos não autorizados por lei específica.

É importante salientar que o STF, quando do julgamento da ADIn 2.135 (2-8-2007), rel. Min. Néri da Silveira, mediante voto-vista do Min. Cezar Peluso, concluiu pela inconstitucionalidade formal do art. 39, *caput*, da Constituição em virtude de ofensa ao § 2º do seu art. 60.

Por 8 votos a 3, o Plenário deferiu medida cautelar para suspender o *caput* do art. 39 da CF, voltando a vigorar a redação anterior à EC n. 19/98, que consagrava o regime jurídico único em todos os níveis da Administração Pública brasileira.

Como o STF atribuiu efeitos *ex nunc* à cautelar, é válida toda a legislação editada durante a vigência do art. 39, *caput*, com a redação da EC n. 19/98.

Outrossim, *servidores temporários* são aqueles contratados com suporte no art. 37, IX, da Constituição para o exercício de função pública: "A lei estabelecerá os casos de contratação por tempo determinado para atender a necessidade temporária de excepcional interesse público".

Ora, mas qual lei?

Evidentemente que a de competência de cada uma das entidades que compõem a Federação brasileira. Haverá, assim, leis federais, estaduais, municipais e distrital versando sobre a contratação temporária indicada no art. 37, IX.

17.3.1.2.3 Agentes honoríficos

Por sua vez, *agentes honoríficos* são aqueles indicados para a prestação de função pública transitória e sem remuneração, como acontece com os mesários em eleições e os jurados do Tribunal do Júri.

17.3.1.2.4 Agentes delegados

Agentes delegados, por fim, são particulares que recebem delegação pública para execução de determinada atividade, fazendo-o por sua conta e risco, mas segundo as normas do Estado e sob estrita fiscalização do Poder Público delegante[804].

17.3.2 O art. 37, I, e o acesso aos cargos, empregos e funções públicas

Preceitua o art. 37, I, que "os cargos, empregos e funções públicas são acessíveis aos brasileiros que preencham os requisitos estabelecidos em lei, assim como aos estrangeiros, na forma da lei".

Antes da promulgação da EC n. 19/98, que promoveu a Reforma Administrativa, o dispositivo não contemplava a acessibilidade aos cargos, empregos e funções públicas por estrangeiros[805].

Contudo, em momento anterior à promulgação da referida Reforma Administrativa, a EC n. 11/96, ao alterar o art. 207, passou a permitir às universidades e instituições de pesquisa a admissão de professores, técnicos e cientistas estrangeiros, na forma da lei.

Consumada a alteração constitucional do art. 37, I, "(...), o direito de acesso estende-se também aos estrangeiros, 'na forma da lei'; entende-se que se trata de lei de cada entidade da federação, já que a matéria de servidor público não é reservada à competência privativa da União. O dispositivo não é autoaplicável, dependendo de lei que estabeleça as condições de ingresso do estrangeiro"[806].

17.3.3 O art. 37, II, e o concurso público

Salienta o dispositivo que "a investidura em cargo ou emprego público depende de aprovação prévia em concurso público de provas ou de provas e títulos, de acordo com a natureza e a complexidade do cargo ou emprego, na forma prevista em lei, ressalvadas as nomeações para cargo em comissão declarado em lei de livre nomeação e exoneração".

Embora a Constituição de 1969 admitisse regra análoga, a disciplina então realizada em muito flexibilizava a exigência do concurso público, tanto que o § 1º do art. 97 fixava que "a primeira investidura em *cargo público* dependerá de aprovação

---

804 Cf. Hely Lopes Meirelles, *Direito Administrativo Brasileiro*, p. 71.

805 Note-se a redação anterior: "Os cargos, empregos e funções públicas são acessíveis aos *brasileiros* que preencham os requisitos estabelecidos em lei".

806 Cf. Maria Sylvia Zanella Di Pietro, *Direito Administrativo*, p. 442.

prévia em concurso público de provas ou de provas e títulos, *salvo os casos indicados em lei*".

Os trechos destacados induzem a duas consequências:

a) à época da Constituição de 1969 a exigência quanto a submissão a concurso público somente poderia ser imposta no tocante a cargo público, excetuando-se, por conseguinte, o procedimento quanto à investidura em *emprego público* e viabilizando as indicações de color exclusivamente político para as admissões nas empresas públicas e sociedades de economia mista;

b) o constituinte de 1969, ao ressalvar hipóteses legais de dispensa do concurso público, abriu insidioso precedente para, na prática, tornar letra morta a referida exigência.

A Constituição de 1988, ao consagrar como Princípio Fundamental o *Estado Democrático de Direito* (art. 1º, *caput*), tratou de efetivá-lo concretamente nos domínios da Administração Pública mediante a determinação impositiva da regra do concurso público para a investidura em cargos e empregos públicos.

Com evidência, *Estado Democrático de Direito* não é locução recheada de declaratividade, como se inclina a acreditar, aqui e ali. É a forma da unidade política nacional, que juntamente com a *cidadania* (art. 1º, II, da CF), aponta para a incondicional reverência do administrador ao disposto no art. 37, II, já que se constituirá vero absurdo e real despropósito aventar sobre a existência de democracia ali onde não reside respeito ao princípio da igualdade.

Celso Antônio Bandeira de Mello explica: "O que a Lei Magna visou com os princípios da acessibilidade e do concurso público foi, de um lado, ensejar a todos iguais oportunidades de disputar cargos ou empregos na Administração direta, indireta ou fundacional. De outro lado, propôs-se a impedir tanto o ingresso sem concurso, ressalvadas as exceções previstas na Constituição, quanto obstar que o servidor habilitado por concurso para cargo ou emprego permanente de outra natureza viesse depois a ser agraciado com cargo ou emprego permanente de *outra natureza*, pois esta seria uma forma de fraudar a razão de ser do concurso público" (grifos do original)[807].

17.3.3.1 Função de confiança e cargo em comissão

O art. 37, II, não se refere às *funções públicas*, para efeito de exigência de concurso público quanto à investidura.

Bem entendendo o afastamento da exigência, tem-se por certo que o exercício de função pública não se submete a prévia aprovação em concurso público; contudo, tais funções só podem ser aquelas relativas às *contratações temporárias* – cuja submissão ao concurso burocratizaria a admissão e impediria o atendimento à necessidade temporária de excepcional interesse público (art. 37, IX) – e as pertinentes ao exercí-

807 Cf. *Curso de Direito Administrativo*, p. 132-133.

cio de *funções de confiança*, que, de acordo com a redação do art. 37, V, estão afetas unicamente às atribuições de direção, chefia e assessoramento e somente podem ser exercidas por servidores ocupantes de cargos efetivos, isto é, aqueles já submetidos e aprovados em concurso público.

O que resulta do dispositivo em questão é a dispensa do concurso público para o exercício de função de confiança.

Mas, em virtude da determinação constitucional no que respeita a tais funções serem ocupadas exclusivamente por servidores do quadro efetivo, estes inevitavelmente devem ter ingressado na Administração Pública mediante prévia aprovação em concurso público.

O art. 37, V, esclarece que "as funções de confiança, exercidas exclusivamente[808] por servidores ocupantes de cargo efetivo, e os cargos em comissão, a serem preenchidos por servidores de carreira nos casos, condições e percentuais mínimos previstos em lei, destinam-se apenas às atribuições de direção, chefia e assessoramento".

Os cargos em comissão[809] são aqueles declarados em lei de cada entidade

---

808 "AÇÃO DIRETA DE INCONSTITUCIONALIDADE – 1. Emenda à Lei Orgânica n. 29, de 1999. Dá nova redação ao art. 19, inciso V, da Lei Orgânica do Distrito Federal. 2. Redação que recompôs a redação original da Lei Orgânica que havia sido alterada pela Emenda à Lei Orgânica n. 26/98, ao estabelecer o percentual de 50% para os cargos em comissão a serem preenchidos por servidores de carreira, mas, incorretamente, estabelecia o mesmo percentual das funções de confiança a serem exercidas pelos mesmos servidores, mostrando-se, nesse ponto, também inconstitucional a Emenda n. 26/98. 3. Alegação de que a expressão preferencialmente, utilizada pela atual redação do art. 19, inciso V, da Lei Orgânica do DF, não atende à norma constitucional atualizada. 4. Relevantes os fundamentos da inicial e conveniente a suspensão da vigência dos dispositivos impugnados, em conflito com a Constituição. 5. Medida cautelar deferida, em parte, para suspender, *ex nunc*, a vigência da Emenda n. 29, de fevereiro de 1999 e, na redação da Emenda n. 26, de 1998, as expressões: 'E cinquenta por cento das funções de confiança'" (STF, ADIMC 1981, TP, rel. Min. Néri da Silveira, *DJU* de 5-11-1999, p. 2).

809 "UNICIDADE CONTRATUAL – CONTRATOS POR PRAZO DETERMINADO. Esta Corte tem firmado jurisprudência no sentido de que o concurso público exigido pelo art. 37, II, da Constituição da República é obrigatório para a investidura em cargo ou emprego público de caráter permanente, não, porém, para o provimento de cargos em comissão ou, como na presente hipótese, de contratação temporária. O legislador constituinte fixou a norma do inciso IX do art. 37 da Constituição Federal, permitindo a contratação imediata de servidores para atender a necessidade temporária de excepcional interesse público, constituindo exceção às regras do inciso II do artigo 37 e do artigo 39 da Carta Magna, estando a Administração Pública dispensada da realização do concurso público. Assim, o contrato por prazo indeterminado imposto pelo egrégio TRT pressupõe um vínculo empregatício para o qual os Reclamantes não têm prerrogativas para dele gozar, ainda que o objetivo do Reclamado fosse fraudar a norma que admite os contratos temporários. A concessão de vantagens resultantes de um ajuste nulo obviamente é infringente da norma, exceto, a decorrente da contraprestação pelo serviço prestado, vez que a força despendida pelos Reclamantes não pode ser restituída, tendo, pois, que se reco-

federativa[810], de livre nomeação e exoneração (art. 37, II, parte final).

Tanto as funções de confiança quanto os cargos em comissão são inerentes à *direção, chefia* e *assessoramento.*

As funções de direção, chefia e assessoramento não dependem de prévia aprovação em concurso público em virtude dos seguintes fundamentos:

a) no caso das atribuições de *direção* e *chefia,* cumpre salientar que liderança e capacidade de chefia não são aferíveis por meio do procedimento do concurso público;

b) quanto às atribuições de *assessoramento,* igualmente não estão compatibilizadas à escolha via concurso público, pois estão vinculadas ao *grau de confiança* e *afinidade ideológica* do agente público nomeado pelo administrador.

Por outro lado, a criação de cargos em comissão se condiciona à reservada iniciativa de projetos de lei propostos pelos respectivos Chefes dos Poderes Executivos das unidades da Federação[811].

Para impedir que a Administração Pública promovesse a contratação de servidores à margem da regra pertinente ao concurso público, o dispositivo em epígrafe

---

nhecer o direito dos autores ao salário. Recurso conhecido e provido" (TST, RR 499089, 2ª T., rel. Min. José Simpliciano Fernandes, *DJU* de 1º-8-2003).

810 Não se poderá, no entanto, requerer o cômputo do tempo de serviço prestado no exercício de cargo em comissão a entidades federativas distintas: "APOSTILAMENTO – CARGOS EM COMISSÃO – EXERCÍCIO – ENTIDADES DISTINTAS – TEMPO – SOMATÓRIO – IMPOSSIBILIDADE – Inviável se revela o somatório do período de cargos em comissão operados em entidades jurídicas distintas para fins de apostilamento. Recurso desprovido" (TJMG, APCV 000.291.817-5/00, 3ª C. Cív., rel. Des. Lucas Sávio V. Gomes, j. em 6-2-2003).

811 "AÇÃO DIRETA DE INCONSTITUCIONALIDADE – MEDIDA LIMINAR – ARTIGO 2º DA LEI COMPLEMENTAR N. 183, DE 30-11-2000, DO ESTADO DO ESPÍRITO SANTO, QUE, POR INICIATIVA DO PODER LEGISLATIVO ESTADUAL, CRIA CARGOS EM COMISSÃO NO DEPARTAMENTO ESTADUAL DE TRÂNSITO. Relevância da fundamentação jurídica do pedido de cautelar com base em ofensa ao disposto no artigo 61, § 1º, II, 'a', da Constituição, que, segundo a jurisprudência desta Corte, se aplica aos Governadores. Ocorrência do requisito da conveniência da concessão da cautelar. Pedido de liminar deferido para suspender a eficácia, *ex tunc* e até decisão final, do artigo 2º da Lei Complementar n. 183, de 30 de novembro de 2000, do Estado do Espírito Santo" (STF, ADIMC 2408/ES, TP, rel. Min. Moreira Alves, *DJU* de 9-11-2001, p. 42). E também: "AÇÃO DIRETA DE INCONSTITUCIONALIDADE – CONSTITUIÇÃO DO ESTADO DO RIO GRANDE DO SUL, ARTIGO 213, § 1º – LEIS GAÚCHAS N. 9.233/91 E 9.263/91 – ELEIÇÃO PARA PROVIMENTO DE CARGOS DE DIRETORES DE UNIDADE DE ENSINO – INCONSTITUCIONALIDADE – 1. É competência privativa do Chefe do Poder Executivo o provimento de cargos em comissão de diretor de escola pública. 2. Constituição do Estado do Rio Grande do Sul, artigo 213, § 1º, e Leis estaduais n. 9.233 e 9.263, de 1991. Eleição para o preenchimento de cargos de diretores de unidade de ensino público. Inconstitucionalidade. Ação Direta de Inconstitucionalidade procedente" (STF, ADI 578/RS, TP, rel. Min. Maurício Corrêa, *DJU* de 18-5-2001, p. 429).

assinala que as funções de confiança e os cargos em comissão não poderão ser preenchidos para outro propósito que não os vinculados ao exercício de atribuições de direção, chefia e assessoramento[812].

No caso de funções de confiança, serão *exclusivamente* ocupadas por servidores do quadro efetivo, ao passo que o preenchimento de cargos em comissão por servidores ocupantes de cargo efetivo deverá atender aos casos, condições e percentuais mínimos referidos na lei em sentido formal de cada pessoa política. Isso significa que cada entidade federativa *deverá* atender à determinação constitucional, mediante a fixação de percentuais mínimos de preenchimento de cargos em comissão por agentes públicos ocupantes de cargo de provimento efetivo, com o efeito prático de adstringir a liberdade do administrador no que se refere a nomeações para cargos em comissão, cuja natureza precária do vínculo com a Administração eleva considerável e ilegitimamente o poder político de quem nomeia.

Portanto, temos o seguinte: se a hipótese é de função de confiança, é proibida a sua ocupação por quem não ingressou no serviço público por concurso ou não foi efetivado consoante o art. 19 do ADCT; se o caso é de cargo em comissão, a lei de cada entidade preverá percentuais mínimos de preenchimento por servidores ocupantes de cargo de provimento efetivo, que são aqueles mesmos ingressos no serviço público por concurso ou estabilizados na forma da antedita norma do ADCT.

Qualquer comportamento do administrador que desborde os limites constitucionalmente fixados, criando, por exemplo, cargos em comissão para atividade não afinada ao exercício de direção, chefia e assessoramento, descamba para inconstitucionalidade material porque ofende a salutar restrição indicada na norma constitucional.

São várias as hipóteses de contratações efetivadas principalmente nos Municípios que desatendem ao comando do art. 37, II, da Constituição, inclusive com a criação de funções de confiança que se não coadunam com a referência constitucional.

---

812 O STF julgou procedente em 15-8-2007 a ADIN 3.707, proposta pelo Conselho Federal da OAB, para declarar a inconstitucionalidade de dispositivos da Lei n. 1.939/98, do Estado do Mato Grosso do Sul, que criava cargos em comissão para o Tribunal de Contas do Estado. Por unanimidade, os Ministros seguiram o voto do Relator, Min. Gilmar Mendes, que fundamentou a declaração de inconstitucionalidade no fato de que os artigos questionados admitiram a criação de cargos em comissão que, na verdade, eram cargos técnicos (*STF Últimas Notícias*, edição de 15-8-2007). Observe-se também, no particular, a jurisprudência de Tribunal Trabalhista: "SERVIDOR PÚBLICO – FUNÇÕES COMISSIONADAS. Por força de regra constitucional, as funções de confiança ditas comissionadas devem ser exercidas exclusivamente 'por servidores ocupantes de cargo efetivo, e os em comissão' e se destinam tão somente às atribuições de direção, chefia e assessoramento. Inteligência do art. 37, V, da Constituição Federal" (TRT 12ª R., RO-E-V 00188-2001-023-12-00-3 [00539/20037196/2002] – Florianópolis, 2ª T., rel. Juíza Maria Aparecida Caitano, j. em 19-12-2002).

O Tribunal Superior do Trabalho, como órgão jurisdicional com a tarefa de uniformizar a jurisprudência trabalhista no Brasil, editou a Súmula 363, com o seguinte conteúdo:

> "A contratação de servidor público, após a CF/1988, sem prévia aprovação em concurso público, encontra óbice no respectivo art. 37, II e § 2º, somente lhe conferindo direito ao pagamento da contraprestação pactuada, em relação ao número de horas trabalhadas, respeitado o valor da hora do salário mínimo, e dos valores referentes aos depósitos do FGTS".

O Supremo Tribunal Federal, no entanto, ao sufragar entendimento mais restritivo quanto aos direitos a serem reconhecidos em tais situações, registra que, "após a Carta Magna de 1988, é nula a contratação para a investidura em cargo ou emprego público sem prévia aprovação em concurso público. Tal contrato gera, tão somente, o direito ao pagamento dos salários pelos dias efetivamente trabalhados, pena de enriquecimento sem causa do Poder Público. Agravo desprovido" (STF AgRg no AgI 524.698-7/RS, rel. Min. Carlos Ayres Britto, *DJU* de 21-10-2005).

17.3.4 O exame do art. 37, II e IX, e os problemas da contratação de servidores temporários

É preciso cercar-se de cautela quando do exame das leis que autorizem a contratação temporária, porque as administrações dos diversos entes federativos podem escamotear a aplicação da salutar regra do concurso público.

Certamente, o dispositivo constitucional apresenta os pressupostos para a contratação por tempo determinado: atendimento de *necessidade temporária* de *excepcional interesse público*.

Alvacir Corrêa dos Santos explica o sentido da previsão constitucional: "Tendo-se em conta que o termo *necessidade* pode ser entendido como aquilo que é indispensável; *temporário*, o que é limitado no tempo; *excepcional*, o que é fora do comum, anormal; e *interesse público*, o que deve atender a toda a coletividade, pode-se dizer que *necessidade temporária de excepcional interesse público* significa aquilo que ocorre de modo anormal no âmbito da Administração Pública, cujo atendimento (por certo período de tempo) não se pode dispensar, sob pena de comprometer o interesse da coletividade. Por exemplo, o atendimento à situação de calamidade pública: esta é um fato anormal (fora do comum), cujo socorro, por um determinado período de tempo (ou seja, enquanto durar o estado de calamidade), é indispensável (inevitável), para evitar prejuízos à coletividade"[813].

Posto dessa forma, a compatibilidade vertical da respectiva lei com a Constituição dependerá da verificação da ocorrência de o caso concreto efetivamente recla-

813 Cf. "Contratação Temporária na Administração Pública", in *Constituição e Trabalho*, p. 20-21.

mar contratação temporária diante de situação excepcional adstrita ao interesse público[814].

Imagine-se consumada a contratação, nos moldes do art. 37, IX, de professores para a educação fundamental.

Seria possível?

É verdade que o art. 208, I, da Constituição estabelece que "o dever do Estado com a educação será efetivado mediante a garantia de: I – ensino fundamental, obrigatório e gratuito, assegurada, inclusive, sua oferta gratuita para todos os que a ele não tiveram acesso na idade própria".

Vê-se que a educação recebeu tratamento diferenciado no Texto Constitucional em virtude de sua importância para o Estado brasileiro mesmo; contudo, não poderão ser contratados professores com base no art. 37, IX, exatamente porque tais serviços não revelam "necessidade temporária", mas autêntica razão de ser e de existir do Estado, aqui e em qualquer lugar do mundo.

Logo, a par da prestação de serviços na área de educação, todas as demais atividades essenciais do Estado não poderão ser executadas por agentes públicos contratados na forma disciplinada pelo art. 37, IX. Segurança pública e saúde, por exemplo, são atividades estatais cujos servidores públicos que as desempenharem não podem ingressar na Administração mediante o generalizado recurso às contratações temporárias[815].

E na hipótese de desvirtuamento da contratação temporária, qual órgão jurisdicional teria competência para solucionar a questão?

É certo que a contratação em rigorosa obediência aos ditames do art. 37, IX, atrai a competência das Justiças Federal, Estaduais e Distrital, visto que o regime é o administrativo de natureza especial. Se a controvérsia concerne à lei federal, competente será a Justiça Federal. Se as normas atacadas são dos Estados ou do Distrito

814 "MUNICÍPIO – CONTRATO EMERGENCIAL. É incabível o contrato emergencial firmado por município, com base no art. 37, IX, da Constituição Federal, cuja natureza não guarda qualquer relação de transitoriedade e necessidade emergencial. O contrato assim havido é por prazo indeterminado e nulo, em face da inobservância do previsto no art. 37, II, da Constituição Federal" (TRT 4ª R., REO 00417.732/01-5, 6ª T., rel. Juíza Beatriz Zoratto Sanvicente, j. em 26-5-2003).

815 Não foi de outra forma que concluiu o Supremo Tribunal Federal, no julgamento da ADIn 890-DF, realizado em 11-9-2003, rel. Min. Maurício Corrêa, ao entender caracterizada a ofensa ao art. 37, II, da CF/88 e julgando procedente ação direta de inconstitucionalidade ajuizada pelo Partido dos Trabalhadores, declarando a incompatibilidade vertical da Lei distrital n. 418/93, que permitia, para o atendimento de necessidades de excepcional interesse público ali especificadas, contratações de pessoal, com duração determinada, mediante contrato de locação de serviços no âmbito das empresas públicas e de sociedades de economia mista do Distrito Federal. Considerou-se que o modelo de contratação previsto na norma impugnada autorizava a contratação de modo irregular, não enquadrada nas hipóteses excepcionais contidas no inciso IX do art. 37 (*Informativo STF*, n. 320).

Federal, a competência material será, respectivamente, das Justiças estaduais e Distrital.

Mas o problema não é esse...

Discute-se se, ainda que ocorrida a transgressão ao preceptivo constitucional, persistiria a competência de tais órgãos judiciais.

Entendemos que a fuga aos pressupostos constitucionais por parte da lei que disciplina a contratação temporária, além de inquiná-la da mácula maior da inconstitucionalidade, despe-a da natureza administrativa, convertendo-a para a modalidade trabalhista.

É preciso registrar que o Estado brasileiro elegeu como um dos Princípios Fundamentais a valorização social do trabalho (art. 1º, IV, da CF).

Então, admitir que a Administração Pública se sirva do trabalho humano mediante a contratação temporária e não promova o pagamento das parcelas decorrentes da rescisão contratual imotivada é fazer *tabula rasa* do antedito postulado fundamental.

Consequentemente, a competência para o julgamento de tais ações é da Justiça do Trabalho[816], única forma de possibilitar a justa retribuição, banindo-se, desse modo, a exploração do trabalho humano da parte de quem, de ordinário, deveria porfiar pela sua exaltação.

Por outro lado, o STF, na Rcl. 3.303, rel. Min. Carlos Britto, j. em 19-11-2007, concluiu ser da Justiça do Trabalho a competência para o julgamento de ação civil pública proposta pelo Ministério Público do Trabalho para o fim de proteção do meio ambiente do trabalho relativamente aos trabalhadores contratados com base no art. 37, IX, da Constituição, fazendo referência no *decisum* à Súmula 736 ("compete à Justiça do Trabalho julgar as ações que tenham como causa de pedir o descumprimento de normas trabalhistas relativas à segurança, higiene e saúde dos trabalhadores").

Também, por fim, ainda a respeito de tal modalidade de contratação, é preciso esclarecer que a Administração Pública não deve valer-se da contratação temporária para o preenchimento de cargos a respeito dos quais houve concurso público e há candidatos aprovados.

---

816 Todavia, a OJ 263 da SDI 1 do TST previa que "a relação jurídica que se estabelece entre o Estado ou Município e o servidor contratado para exercer funções temporárias ou de natureza técnica, decorrente de lei especial, é de natureza administrativa, razão pela qual a competência é da justiça comum, até mesmo para apreciar a ocorrência de eventual desvirtuamento do regime especial". Não concordamos, à época, *data maxima venia,* com o entendimento jurisprudencial sumulado (cf. *Curso Básico de Direito Constitucional,* t. 2, p. 258, nota de rodapé). Ali aduzimos: "(...) é a Justiça do Trabalho o órgão jurisdicional detentor de competência para o exame do tema, posto que, desvirtuado o comando constitucional, afasta-se a contratação dos domínios do direito administrativo para ingressar no altiplano da disciplina trabalhista". Felizmente o TST, por meio de sua Comissão de Jurisprudência e Precedentes Normativos, cancelou a OJ 263 em 10-9-2004.

Durante longo período foi ideia corrente que a aprovação em concurso não determinava o aparecimento de direito subjetivo do aprovado à respectiva nomeação, visto que a Administração Pública era a única a saber das suas reais necessidades em relação aos cargos a serem preenchidos.

Todavia, há, de forma inegável, ofensa a direito subjetivo de candidato aprovado em concurso público quando a Administração, valendo-se do disposto no art. 37, IX, da Constituição, resolve pela contratação temporária de servidores, havendo candidatos que aguardam nomeação precisamente para o cargo que o Poder Público decidiu contratar a título precário.

Se se impõe, à luz da circunstância, contratação por tempo determinado para atender a necessidade temporária de excepcional interesse público, que motivo impediria o aproveitamento daquele que, com mérito, foi aprovado em concurso público? A situação determinante da contratação de acordo com o art. 37, IX, não é a mesmíssima que torna obrigatória a nomeação daqueles aprovados em concurso público cujo prazo de validade ainda não se tenha esgotado?

Por conseguinte, a jurisprudência tem se inclinado fortemente para reconhecer o direito subjetivo de candidato aprovado quando a Administração Pública, dentro do prazo de validade do respectivo concurso, resolver contratar por tempo determinado, conforme autoriza o art. 37, IX, da Constituição[817].

17.3.5 Concurso público: readmissão, reversão e transposição à luz do art. 37, II, da Constituição

A readmissão se resume em ato discricionário por meio do qual o servidor exonerado reingressa no serviço público.

A reversão se caracteriza como ato de retorno de servidor aposentado.

Admite duas hipóteses:

i) a pedido; ou
ii) *ex officio*.

A reversão *ex officio* se dá quando cessa a incapacidade que originou a aposentadoria, determinando-se o retorno do agente público.

Já a transposição consiste no ato em que o servidor é transposto de um cargo para outro, ainda que de atividade distinta.

817 "CONCURSO PÚBLICO. DIREITO À NOMEAÇÃO. A existência de vaga, bem como a contratação de professor temporário (Lei n. 8.745/93) para lecionar a disciplina em relação à qual a impetrante foi aprovada em concurso público cria em favor dela o direito à nomeação, uma vez evidenciados o interesse (contratação) e a necessidade administrativa (existência de vaga). Diante desses fatos – interesse e necessidade –, é inoperante o óbice invocado (Decreto n. 1.452/95), uma vez que a legislação ordinária não pode sobrepor-se ao comando constitucional (Carta Magna, art. 37, IV). Remessa oficial improvida" (REO 96.01.09516-0/AC, TRF, 1ª R., rel. Juiz Leão Aparecido Alves [conv.], 3ª T. suplementar, *DJU* de 23-1-2002, p. 15).

Após a Constituição de 1988 não se pode admitir as modalidades de readmissão e transposição, simplesmente porque o art. 37, II, estabeleceu impedimento absoluto à continuidade de tal prática.

Assim, excetuando-se a hipótese de reversão *ex officio*, "(...) porque, nessa hipótese, desaparecendo a razão de ser da inatividade, deve o funcionário necessariamente reassumir o cargo, sob pena de ser cassada a aposentadoria"[818], todas as demais espécies aqui cogitadas estão definitivamente banidas do serviço público após a promulgação da Constituição de 1988, máxime em virtude do incondicionado comando do art. 37, II.

17.3.5.1 Considerações sobre a transposição do regime celetista para o estatutário

É necessário examinar a questão, mais ainda após a decisão do STF nos autos da ADIn 1.150-2/RS.

Com efeito, requerida pelo Procurador-Geral da República, a ADIn 1.150-2/RS tem por objeto a declaração de incompatibilidade vertical de expressões constantes dos §§ 2º, 3º e 4º do art. 276 da Lei n. 10.248, de 30 de agosto de 1994, do Estado do Rio Grande do Sul, por ofensa aos comandos constitucionais inerentes ao art. 37, II, e ao § 1º do art. 19 do ADCT.

Os dispositivos impugnados na respectiva ação direta são os seguintes: "Art. 276 – (...). § 2º Os cargos ocupados pelos nomeados interinamente e as funções correspondentes aos extranumerários e contratados de que trata este artigo, ficam transformados em cargos de provimento efetivo, em classe inicial, em número certo, operando-se automaticamente a transposição dos seus ocupantes, observada a identidade de denominação e equivalência das atribuições com cargos correspondentes dos respectivos quadros de pessoal. § 3º Nos órgãos em que já existia sistema de promoção para servidores celetistas, a transformação da respectiva função será para o cargo de provimento efetivo em classe correspondente. § 4º Os cargos de provimento efetivo resultantes das disposições deste artigo, excetuados os providos na forma do art. 6º, terão carreira de promoção própria, extinguindo-se à medida que vagarem, ressalvados os quadros próprios, criados por lei, cujos cargos são providos no sistema de carreira, indistintamente, por servidores celetistas e estatutários".

O relator da ação, Ministro Moreira Alves, deferiu medida cautelar "(...) para suspender, até a decisão final da ação, a eficácia da expressão 'operando-se automaticamente a transposição dos seus ocupantes', contida no § 2º do art. 276 da Lei n. 10.098, de 07-04-94, do Estado do Rio Grande do Sul; o § 4º do mesmo artigo, com a redação dada pela Lei n. 10.248, de 30-08-94; e, quanto ao § 3º, também do mesmo artigo, para dar, ao texto, exegese conforme a Constituição Federal, a fim de excluir, de sua aplicação, a interpretação que considerasse abrangidos, em seu alcance, servidores que não hajam ingressado, nas funções, mediante concurso público de provas".

818 Cf. Maria Sylvia Zanella Di Pietro, op. cit., p. 512.

De conseguinte, arguiu o PGR inconstitucionalidade da transposição automática de servidores celetistas para o regime estatutário, em face da imperativa dicção do art. 37, II, da Constituição.

Para que bem se compreenda a extensão do quanto decidido pelo STF, recorde-se a redação do § 2º do art. 276 da Lei n. 10.098/94, antes referida.

Ora, se a hipótese de transposição automática teve por beneficiários servidores públicos *lato sensu* "nomeados interinamente e as funções correspondentes aos extranumerários", tem-se por induvidoso mesmo que tais agentes não ingressaram no serviço público com reverência à moralizadora regra do concurso público consubstanciada no art. 37, II, da Constituição, nem, de contraparte, poderiam ser considerados estáveis à luz do art. 19 do ADCT, porquanto somente servidores contratados até 5 de outubro de 1983 estariam sob o pálio da estabilidade constitucional, e mesmo assim não seriam ocupantes de cargo de provimento efetivo, à conta da redação do § 1º do art. 19 do ADCT[819].

É o que se extrai da conclusão do Min. Moreira Alves, relator da ação: "A expressão impugnada 'operando-se automaticamente a transposição dos seus ocupantes', que se refere aos nomeados interinamente para cargos públicos e aos extranumerários e contratados que ocupam funções que são transformadas em cargos de provimento efetivo, diz respeito, sem dúvida alguma, a servidores que não são concursados (art. 37, II, da Constituição) e que, ou também não foram estabilizados por força do disposto no artigo 19 do ADCT da atual Constituição, ou, se alguns o foram, não se submeteram ao concurso para fins de efetivação a que alude o citado dispositivo do ADCT".

Por conseguinte, ressalvadas as hipóteses constitucionalmente admitidas para contratação de pessoal no serviço público sem concurso (art. 37, II, parte final, e IX), toda e qualquer tentativa de fazer ingressar servidor na Administração Pública, nos Poderes Judiciário e Legislativo à margem do salutar comando é e sempre será inconstitucional.

O judicioso voto do Min. Néri da Silveira leva à mesma conclusão, enriquecendo o debate, no entanto, com novos argumentos na linha da inconstitucionalidade reconhecida pelo relator: "A inconstitucionalidade do artigo 276 do projeto em tela é, ainda, mais gritante porque promove, sem concurso, o ingresso em cargo público, não apenas dos estabilizados pelo artigo 19 do ADCT, mas também de quem não constava ao tempo a que alude este dispositivo. E fez mais, sempre sem distinguir entre concursados e não concursados, incluiu em cargos quaisquer servidores das pessoas jurídicas de direito público, abrangendo também quem, após o advento da Constituição, houvesse sido admitido sem concurso, ou seja, inconstitucionalmente.

---

819 Art. 19, § 1º, do ADCT: "O tempo de serviço dos servidores referidos neste artigo será contado como título quando se submeterem a concurso para fins de efetivação, na forma da lei". Assim posto o comando de direito intertemporal, vale referir que a efetividade, concernente aos servidores estabilizados, poderia ser alcançada exclusivamente por via de submissão a concurso público.

Sob outro ângulo, ainda, se afigura a inconstitucionalidade do artigo 276 do Projeto. É que incorreu no vício de inobservar direitos adquiridos, provenientes de vínculos trabalhistas, ao transformar relações desta ordem em relações estatutárias, independentemente da concordância dos interessados".

17.3.6 O art. 37, II, e o problema dos requisitos fixados em edital

Outro tema a merecer tratamento destacado é o pertinente à fixação de requisitos, de forma autônoma, pelo respectivo edital do concurso público.

Seria viável estabelecerem-se requisitos exigíveis aos candidatos a determinado cargo público, quando tal imposição não se vê inserida na lei em sentido formal?

A resposta não pode ser outra que não a negativa.

Com efeito, o balizamento à constrição da liberdade individual deve provir, sempre, da lei aprovada pela autoridade competente e de acordo com o processo constitucionalmente regrado (lei em sentido formal).

Fora daí é desbordamento ilegítimo, inconstitucional da atividade administrativa.

Tais exigências podem versar sobre nível de escolaridade e até a respeito de altura ou peso do candidato.

Contudo, o que se apresenta decisivo para marcar a liceidade do comportamento da Administração, já definiu o Supremo Tribunal Federal, é a submissão incondicionada à lei[820].

17.3.7 Greve no serviço público

Salienta o art. 37, VII, que "o direito de greve será exercido nos termos e nos limites definidos em lei específica".

O dispositivo foi alterado pela EC n. 19/98, que modificou o veículo normativo destinado à disciplina da greve no serviço público: antes, lei complementar; atualmente, lei específica.

O que é "lei específica"? Seria uma nova espécie criada pelo constituinte derivado para existir ao lado das leis complementares e ordinárias?

É óbvio que não.

---

820 No julgamento do AI 460131 AgR/DF, rel Min. Joaquim Barbosa, concluiu o STF que a exigência de 1,65 m para altura mínima dos candidatos a policiais militares do Distrito Federal não era compatível à Constituição, principalmente porque lei distrital específica não promovera remissão ao atendimento do requisito posto pela norma editalícia (*Informativo STF*, n. 352). Mesmo assim – ponderamos nós, agora –, ainda que o fator de discrímen resida na lei em sentido formal, o fato não é suficiente para, por si só, impedir o controle judicial da exigência legalmente feita e concretizada no edital, porque será sempre ofensivo ao princípio da igualdade a eleição de critério desequiparador que não guarde consonância com um fato da vida (ver a respeito: Celso Antônio Bandeira de Mello, *Conteúdo Jurídico do Princípio da Igualdade*, 3. ed., São Paulo: Malheiros, 1993).

"Lei específica", nos termos do art. 37, VII, é simplesmente a lei ordinária.

A inclusão do substantivo "específica" não cria nova modalidade de lei no sistema constitucional; apenas revela o fato de que a lei deverá tratar do tema referente à greve no serviço público de modo específico, ou seja, não deverá versar sobre tema outro a não ser este, como, aqui e ali, somos forçados a presenciar quando do trato assistemático de diversos assuntos em nível de lei ordinária, compondo-a à revelia da uniformidade temática tão cara e indispensável à sua compreensão e à sua eficácia social mesmo.

Discussão de real importância prática é a alusiva ao âmbito eficacial do disposto no art. 37, VII.

E, é claro, não se presta a discussão para revolver o assunto quando se tratar de servidores públicos militares, porquanto o art. 142, § 3º, IV, da Constituição veda expressamente não só o exercício do direito de greve por esses agentes públicos federais e estaduais (por força do § 1º do art. 42), mas também a sindicalização.

E não se dirigirá a controvérsia ao contexto dos empregados das empresas públicas e sociedades de economia mista diante da clareza da redação do art. 173, § 1º, II, cujo enunciado, ao positivar o princípio isonômico, sujeitando-as a idêntico regime jurídico imposto aos demais entes privados, atrai as disposições do art. 9º, *caput*, da Constituição e da Lei n. 7.783/89.

As disceptações podem ser resumidas nas seguintes perguntas: é o art. 37, VII, norma constitucional com eficácia limitada e, assim, inteiramente submetida à atuação do legislador ordinário para lhe dotar de inteira operatividade? Ou, diversamente, poderia ser considerada norma constitucional com eficácia relativa restringível?

A inclusão do art. 37, VII, em um dos grupos de normas indicados acarreta relevantes consequências, porque, se, na hipótese, entender-se que está inserto no conjunto das disposições com eficácia limitada, não poderão os servidores públicos civis exercer o direito até que o legislador infraconstitucional cumpra a obrigação adscrita pelo constituinte originário.

Foi esse o entendimento inicialmente sufragado pela jurisprudência do Supremo Tribunal Federal, que proclamou, além disso, a inviabilidade quanto à utilização, por analogia, da Lei n. 7.783/89, que disciplina o exercício do direito de greve dos empregados de empresas privadas[821].

---

821 Foi a conclusão extratada nos autos do MI 485/MT, rel. Min. Maurício Corrêa, *DJ* de 23-8-2002. "Ementa: Mandado de Injunção. Direito de greve do servidor público. Artigo 37, VII, da Constituição Federal. Necessidade de integração legislativa. Omissão do Congresso Nacional. 1. Servidor público. Exercício do direito público subjetivo de greve. Necessidade de integralização da norma prevista no artigo 37, VII, da Constituição Federal, mediante edição de lei complementar, para definir os termos e os limites do exercício do direito de greve no serviço público. Precedentes. 2. Observância às disposições da Lei 7.783/89, ante a ausência de lei complementar, para regular o exercício do direito de greve dos serviços públicos. Aplicação dos métodos de integração da norma, em face

Não nos parecia ser a melhor solução, *data venia*, tanto que assim nos pronunciamos na edição inaugural deste *Curso*.

O direito de greve – pouco importando a sua localização topográfica na Constituição, esteja onde estiver – deverá ser incluído no rol dos direitos fundamentais dos trabalhadores, quer do setor público, quer do privado.

Pondo nesse plano a discussão, o intérprete da norma constitucional está condicionado a conferir o sentido que maior eficácia lhe atribua, tudo de sorte a reverenciar o princípio da máxima efetividade.

No caso, inclina-se o postulado pela adoção do entendimento segundo o qual os servidores públicos não devem esperar indefinidamente por solução legislativa que lhes garanta o exercício do direito.

Desse modo, reconhecemos presente no art. 37, VII, o caráter de norma constitucional com eficácia relativa restringível, seguindo a classificação proposta por Maria Helena Diniz[822].

Que é norma com eficácia relativa restringível?

É aquela que, à semelhança do que sucede com a norma com eficácia plena, produz todos os efeitos que lhe são inerentes tão logo é promulgado o Texto Constitucional.

Qual o seu traço distintivo, enfim?

A marca que a diferencia dos preceitos constitucionais plenamente operativos reside no fato da possibilidade de encurtamento da sua amplitude pelo legislador ordinário ou até pelo julgador, como se dá com a inviolabilidade de domicílio garantida no art. 5º, XI.

Frise-se, entretanto: o que há de especial na norma com eficácia restringível não é a limitação, de fato, pela lei ou pelo juiz, mas, tão somente, a possibilidade de vir a ocorrer tal restrição.

É o que se presencia quanto ao direito de greve do servidor público.

Malgrado não implementada a norma referida no art. 37, VII, basta o comando constitucional para tornar fruível o direito nela consubstanciado, simplesmente à conta de sua compostura fundamental.

Acresça-se ainda que a própria jurisprudência do Supremo Tribunal Federal, desde o julgamento do MI 20-4, do Distrito Federal, tem adotado entendimento restritivo no que respeita ao objeto do *writ*, inclusive a respeito do exercício do direito de greve, ao reconhecer o retardo legislativo mero e simples e comunicá-lo ao Congresso Nacional para adoção de providências[823], promovendo, *data venia*, o esvazia-

---

da lacuna legislativa. Impossibilidade. A hipótese não é de existência de lei omissa, mas de ausência de norma reguladora específica. Mandado de injunção conhecido em parte e, nessa parte, deferido, para declarar a omissão legislativa."

822 Cf. *Norma Constitucional e seus Efeitos*, p. 101.

823 No referido julgamento foi vencido o Min. Carlos Velloso, que, além de reconhecer a mora legislativa, acertadamente já fixava as condições para o exercício do direito de greve.

mento da ordem, equiparando-a incorretamente à ação direta de inconstitucionalidade por omissão e retirando dos trabalhadores do setor público importante instrumento de sua efetivação.

17.3.7.1 O direito de greve no serviço público e o julgamento dos MIs 670 e 712

Em importantíssimo julgamento ocorrido em 25-10-2007, o relator do MI 712 (SINJEP x Congresso Nacional), Min. Eros Grau, ao entender existente obrigação objetiva de legislar decorrente do art. 37, VII, da Constituição, concluiu pela necessidade de aplicação subsidiária dos dispositivos da Lei n. 7.783/89 até enquanto persista o vazio normativo.

No histórico julgamento, o Min. Gilmar Mendes defendeu a necessidade da adoção de sentença aditiva, em virtude da existência de sucessivos apelos encaminhados ao Congresso Nacional para regulamentar o art. 37, VII, da CF, embora não tenha defendido a revisão *in genere* da jurisprudência do STF, no tocante aos efeitos do mandado de injunção.

Prossegue, felizmente, a tendência concretizadora do mandado de injunção no âmbito das decisões do STF, porque o mesmo entendimento foi adotado pelo Min. Gilmar Mendes quando do julgamento, em 22-6-2011, dos MIs 943, 1010, 1074 e 1090, destinados a dar efetividade ao art. 7º, XXI, da CF, que trata do aviso prévio proporcional (ver *Informativo STF*, n. 632).

17.3.7.2 Greve no serviço público, negociação coletiva e lei orçamentária

Por fim, não se poderá opor ao exercício do direito de greve no serviço público a ideia de que a remuneração dos servidores, *stricto sensu*, é composta a partir e com fundamento na lei orçamentária e que os movimentos paredistas historicamente se voltam à obtenção de cláusulas econômicas mais benéficas à categoria profissional.

É que, sem desconsiderar o acerto de tantos que defendem rigoroso atendimento à Lei de Meios, o propósito da negociação coletiva no setor público – como, de resto, ocorre com os empregados de empresas privadas – pode muito bem estar centralizado na obtenção de melhores condições de trabalho (respeito às normas de higiene e segurança do trabalho, por exemplo) fato que, em absoluto, não guarda correspondência com a estipulação de um conteúdo econômico no âmbito negocial que possa implicar, ainda que remotamente, a transgressão aos ditames do art. 169 da Constituição.

17.3.8 Valor máximo para remunerações e subsídios

Prescreve o art. 37, XI, com redação dada pela EC n. 41, de 19 de dezembro de 2003, que "a remuneração e o subsídio dos ocupantes de cargos, funções e empregos públicos da administração direta, autárquica e fundacional, dos membros de qualquer dos Poderes da União, dos Estados, do Distrito Federal e dos Municípios, dos detentores de mandato eletivo e dos demais agentes políticos e os proventos, pensões ou outra espécie remuneratória, percebidos cumulativamente ou não, incluídas as vantagens pessoais ou de qualquer outra natureza, não poderão exceder o subsídio mensal, em espécie, dos Ministros do Supremo Tribunal Federal, aplicando-se como limite, nos Municípios, o subsídio do Prefeito, e nos Estados e no Distrito Federal, o subsídio mensal do Governador no âmbito do Poder Executivo, o subsídio dos Deputados Estaduais e Distritais no âmbito do Poder Legislativo e o subsídio dos Desembargadores do Tribunal de Justiça, limitado a noventa inteiros e vinte e cinco centésimos por cento do subsídio mensal, em espécie, dos Ministros do Supremo Tribunal Federal, no âmbito do Poder Judiciário, aplicável este limite aos membros do Ministério Público, aos Procuradores e aos Defensores Públicos".

A Constituição de 1988 originariamente não fazia distinção entre *remuneração* e *subsídio*, tendo resultado o tratamento dicotômico da EC n. 19/98, que alterou o art. 37, XI.

Para saber se o agente público recebe remuneração ou subsídio, impõe-se o exame do sistema constitucional, porquanto as referências a tal regime de estipêndio se operam de modo disperso na Constituição.

De todo modo, serão obrigatoriamente remunerados por subsídios:

a) todos os agentes públicos mencionados no art. 39, § 4º, a saber: *membro de Poder* (o que compreende os membros do Legislativo, Executivo e Judiciário da União, Estados e Municípios), o *detentor de mandato eletivo* (já alcançado pela expressão *membro de Poder*), Ministros de Estado e Secretários Estaduais e Municipais;

b) os *membros do Ministério Público* (art. 128, § 5º, I, *c*, com a redação da Emenda n. 19/98);

c) os integrantes da *Advocacia-Geral da União*, os *Procuradores dos Estados e do Distrito Federal* e os *Defensores Públicos* (art. 135, com a redação da EC n. 19/98);

d) os *Ministros do Tribunal de Contas da União* (art. 73, § 3º);

e) os servidores públicos policiais (art. 144, § 9º, na redação da EC n. 19/98).

"Além desses, poderão, *facultativamente*, ser remunerados mediante subsídios os servidores públicos organizados em carreira, conforme previsto no art. 39, § 8º, o que constituirá opção para o legislador de cada uma das esferas de governo" (grifos do original)[824].

O dispositivo constitucional denota grande preocupação com o limite do teto remuneratório, tudo de sorte a evitar o recebimento de salários estratosféricos no contexto da Administração Pública brasileira.

Extrai-se do enunciado que o teto remuneratório abrange não apenas os que percebem remuneração ou subsídio, mas também toda e qualquer contraprestação relativa ao exercício de cargo, emprego ou função pública, seja adequada ao regime estatutário ou trabalhista; alcança os agentes públicos da Administração direta, autárquica e fundacional, e, no tocante aos empregados de empresas públicas e socie-

---

824 Cf. Maria Sylvia Zanella Di Pietro, op. cit., p. 452.

dades de economia mista[825], a limitação incidirá quando os entes paraestatais receberem recursos das diversas entidades federativas para pagamento de despesas de pessoal ou de custeio em geral, conforme a redação do § 9º do art. 37; no âmbito federal, o teto é o mesmo para todos os servidores, que no caso corresponde ao subsídio dos Ministros do Supremo Tribunal Federal; atinge os proventos de aposentadoria e a pensão devida aos dependentes do servidor falecido; o servidor que esteja em regime de acumulação está sujeito a um teto único que corresponde à soma da dupla retribuição pecuniária[826].

Imprescindível destacar que serão incluídas no teto *as vantagens pessoais ou de qualquer outra natureza.*

> "(...) O objetivo foi o de afastar a interpretação, adotada no âmbito do Poder Judiciário, em face da redação original do art. 37, XI, de que as vantagens pessoais relativas à natureza ou ao local de trabalho ficavam fora do teto"[827].

---

825 "RECURSO DE REVISTA – REDUÇÃO SALARIAL – SOCIEDADE DE ECONOMIA MISTA – TETO CONSTITUCIONAL. O teto remuneratório fixado pelo artigo 37, XI, da CF aplica-se aos empregados das sociedades de economia mista. A norma inserta no artigo 173, § 1º, da Constituição Federal, conferindo competência infraconstitucional para a elaboração dos estatutos jurídicos da Administração Indireta, não implica afastamento do comando constitucional expresso, que há de ser observado na atuação competencial ordinária. Registre-se, ainda, que com o advento da Emenda Constitucional n. 19/98, que introduziu o § 9º ao artigo 37 da Lei Magna, a controvérsia em torno da matéria resta superada, considerando-se os expressos termos do referido dispositivo quanto à aplicabilidade do teto remuneratório aos empregados das sociedades de economia mista. Revista conhecida e provida" (TST, RR 488802, 4ª T., rel. Min. conv. Helena Sobral Albuquerque e Mello, *DJU* de 13-6-2003).

826 Cf. Maria Sylvia Zanella Di Pietro, op. cit., p. 457-458.

827 Idem, p. 459. É nesse sentido a jurisprudência do STF: "ADMINISTRATIVO – PENSIONISTAS DE PROCURADORES DO MUNICÍPIO DE SÃO PAULO – ART. 42 DA LEI MUNICIPAL N. 10.430, DE 29 DE FEVEREIRO DE 1988 – TETO REMUNERATÓRIO – VANTAGENS DE NATUREZA PESSOAL. Legitimidade do teto remuneratório, na forma fixada pelo dispositivo legal sob enfoque, sendo excluídas de sua incidência as vantagens de natureza pessoal, como tais consideradas apenas as decorrentes de situação funcional própria do servidor e as que representem uma situação individual ligada à natureza ou às condições de seu trabalho (ADI 14, Rel. Min. Célio Borja, DJ de 30/11/89). Hipótese em que se enquadram as vantagens denominadas 'gratificação de gabinete' e 'adicional de função', mas não a 'gratificação de nível superior', o 'regime de dedicação profissional exclusiva', a 'jornada H 40' e os 'honorários advocatícios', conferidos estes a todos os integrantes da categoria de procuradores do Município. Recursos conhecidos e parcialmente providos" (STF, RE 312026 /SP, 1ª T., rel. Min. Ilmar Galvão, *DJU* de 14-12-2001, p. 89). E também: "Reconhecendo a competência do STF em face do impedimento de mais da metade dos membros do Tribunal de Justiça do Estado do Pará (CF, art. 102, I, n), o Tribunal deferiu, em parte, mandado de segurança impetrado por servidor público aposentado contra ato do Desembargador Presidente do referido Tribunal que, com base na Resolução 7/98, determinara a incidência de redutor constitucional sobre o valor de sua remuneração, incidindo, inclusive, sobre vantagens pessoais, por força do disposto no art. 37, XI, da CF. O Tribunal entendeu que, por não serem autoaplicáveis as nor-

De nossa parte, ante a clareza do § 4º do art. 39 da Constituição[828], entendemos que a implementação do subsídio efetivamente revogou os dispositivos da legislação infraconstitucional que versavam sobre o denominado *adicional por tempo de serviço*, tornando insubsistente o regime jurídico que o disciplinava; todavia, os valores já incorporados ao contracheque teriam de continuar sendo pagos sob a rubrica de *vantagem pessoal nominalmente identificada*, pena de indiscutível vulneração do comando do art. 5º, XXXVI, da Constituição.

Sucede que o STF, ao julgar o MS 24.875, em 9-3-2006, rejeitou, por unanimidade, o pedido de declaração incidental de inconstitucionalidade do vocábulo "pessoais", inserido no inciso XI do art. 37, de acordo com a redação atribuída pela EC n. 41/2003, e da expressão "e da parcela recebida em razão do tempo de serviço", inserida no art. 8º da aludida Emenda, declarando a extinção do adicional por tempo de serviço e deixando claro que ficaram absorvidos pelo subsídio o vencimento básico, as verbas de representação e o adicional por tempo de serviço, nos termos do art. 8º antedito, cuja constitucionalidade foi certificada.

17.3.9 Acumulação de cargos públicos

A Constituição não veda, em tese, a acumulação de cargos públicos, desde que atendidos os requisitos fixados no art. 37, XVI.

Segundo o dispositivo, é vedada a acumulação remunerada de cargos públicos, exceto, quando houver compatibilidade de horários, observado em qualquer caso o disposto no inciso XI:

a) *a de dois cargos de professor;*

b) *a de um cargo de professor com outro, técnico ou científico;*

c) *a de dois cargos ou empregos privativos de profissionais de saúde, com profissões regulamentadas.*

O *caput* do artigo em questão foi alterado pela EC n. 19/98 para incluir a vinculação ao teto salarial ditado pelo art. 37, XI, ao passo que a alínea *c* o foi pela EC n. 34, de 13 de dezembro de 2001, tornando bem mais abrangente a acumulação, por-

---

mas dos arts. 37, XI, e 39, § 4º, da CF (redação dada pela EC 19/98) – até que seja promulgada a lei de fixação do subsídio de Ministro do STF –, as vantagens pessoais continuam excluídas do teto de remuneração. Mandado de segurança deferido, em parte, para excluir do teto o salário-família e os adicionais por tempo de serviço e por tempo de guerra. Vencido o Min. Marco Aurélio, que o indeferia. Precedente citado: AO 524-PA (DJU de 20-4-2001). AO 543-PA, rel. Min. Néri da Silveira, 8-11-2001. (AO-543)" (*Informativo STF*, n. 249).

828 § 4º do art. 39: "O membro de Poder, o detentor de mandato eletivo, os Ministros de Estado e os Secretários Estaduais e Municipais serão remunerados exclusivamente por subsídio fixado em parcela única, vedado o acréscimo de qualquer gratificação, adicional, abono, prêmio, verba de representação ou outra espécie remuneratória, obedecido, em qualquer caso, o disposto no art. 37, X e XI" (com redação dada pela EC n. 19/98).

que a redação anterior salientava apenas a possibilidade quanto a dois cargos privativos *de médico*.

Em qualquer caso deve ser atendida a compatibilidade de horários, competindo à Administração adotar providências destinadas ao conhecimento da jornada de trabalho dos agentes que acumulam cargos públicos.

17.3.10 O § 3º, I, do art. 37 e o direito de reclamação

Tem a seguinte redação o dispositivo em epígrafe: "§ 3º A lei disciplinará as formas de participação do usuário na administração pública direta e indireta, regulando especialmente: I – as reclamações relativas à prestação dos serviços públicos em geral, asseguradas a manutenção de serviços de atendimento ao usuário e a avaliação periódica, externa e interna, da qualidade dos serviços".

A forma de relacionamento da Administração Pública com o cidadão brasileiro muito foi modificada a partir da promulgação da Constituição de 1988, e particularmente após a edição da EC n. 19/98.

O § 3º do art. 37, por exemplo, é resultado da preocupação do legislador constituinte derivado com a manutenção da qualidade dos serviços prestados pela Administração Pública.

É importante anotar que a Constituição de 1988, ao inscrever os direitos políticos no âmbito do art. 14, fez inserir como modalidades de participação popular no processo político brasileiro o *plebiscito*, o *referendo* e a *iniciativa legislativa popular* (ver subitem 26.2).

De tal sorte são significativos os anteditos instrumentos de democracia direta que se pode, com propriedade, dizer que a Constituição de 1988 festejou a democracia *participativa*, em vez de consagrar apenas a de cunho representativo.

Ocorre que, suscitar a existência de sistema constitucional amparado na democracia participativa induz ao reconhecimento de que deve ser promovida a "abertura" de todas as funções estatais, dotando-as de transparência.

E no que atina à função administrativa, deve ser outorgada ao cidadão a possibilidade de exigir serviços públicos de melhor qualidade, consoante preconiza o art. 37, § 3º, I.

Adriana da Costa Ricardo Schier pontifica que "(...) o direito de reclamação, previsto no art. 37, § 3º, I, da Constituição brasileira de 1988, apresenta-se como uma espécie do direito de participação, especificamente referido à sua dimensão concretizadora do Estado de Direito e, através dele, os cidadãos são legitimados para exercer o controle da atividade administrativa na prestação dos serviços públicos.

"(...).

E a possibilidade de se incrementar o Estado no sentido de redirecionar suas atividades para a construção da sociedade preconizada na Constituição Federal de 1988 passa pelo direito, entendido não como instrumento de dominação, mas como espaço de luta, e pela Administração Pública, construída a partir dos valores consagrados na Carta Magna e aprimorada pela democracia participativa"[829].

17.3.11 O art. 41 e a estabilidade dos servidores públicos

O desejo de alcançar a estabilidade é atávico do ser humano.

E a estabilidade financeira passou a ser reivindicada, de modo enfático, pelos trabalhadores, tanto no contexto do serviço público quanto no das empresas privadas.

Todavia, conquanto todos almejem a estabilidade, a mundialização da economia impôs drástica retração no mercado formal de trabalho, fato que produz significativas consequências no altiplano das garantias *do* e *no* emprego, fundamentalmente porque se não há postos de trabalho para todos, é ilação natural que o ocupante de um deles já não possa gozar da estabilidade.

E a norma constitucional não se mantém insensível a todas essas circunstâncias, ainda mais porque o valor "estabilidade no emprego" foi objeto de acesa polêmica na Assembleia Nacional Constituinte eleita em 1986.

Redação originária do art. 41 da CF. A redação originária do art. 41 da Constituição era a seguinte: "São estáveis, após dois anos de efetivo exercício, os servidores nomeados em virtude de concurso público".

Já, à época, cogitava-se de o modelo protetivo ser endereçado igualmente aos empregados das empresas públicas e sociedades de economia mista – as denominadas "agências econômicas do Estado" – sob o fundamento de que o dispositivo constitucional não promovera distinção entre servidores *lato* e *stricto sensu*, porque a referência era genérica.

Entendimento inicial do STF sobre o art. 41 da CF. Não foi outro o entendimento do Min. Sydney Sanches quando do julgamento do Mandado de Segurança n. 21.236, do Distrito Federal, cuja ementa se encontra vazada nos seguintes termos: "Direito constitucional e Administrativo. Servidores Públicos. Disponibilidade. Empregados do quadro Permanente da Comissão de valores mobiliários (autarquia). Mandado de Segurança impetrado pelos servidores colocados em disponibilidade por força do Decreto n. 99.362, de 02-07-1990. Alegação de que o instituto da disponibilidade somente se aplica aos ocupantes de cargos e não aos de empregos públicos. Alegação repelida. 1. A garantia constitucional da disponibilidade remunerada decorre da estabilidade no serviço público, que é assegurada não apenas aos ocupantes de cargos, mas também aos de empregos públicos, já que o art. 41 da CF se refere genericamente a servidores. 2. A extinção de empregos públicos e a declaração de sua desnecessidade decorrem de juízo de conveniência e oportunidade formulado pela Administração Pública, prescindindo de lei ordinária que as discipline (...)".

Não nos parece ter sido acertada a decisão do Supremo Tribunal Federal, *data*

829 Cf. *A Participação Popular na Administração Pública*: o direito de reclamação, p. 250-256.

venia, porque o enunciado normativo do art. 41 da Constituição, mesmo antes da EC n. 19/98, permitia desconsiderar a possibilidade de se conferir o direito à garantia no emprego para trabalhadores vinculados às empresas públicas e sociedades de economia mista.

E por quê?

Simplesmente em face da redação do *caput* do antigo preceito que condicionava a estabilidade ao transcurso do lapso temporal de dois anos e a *nomeação* em virtude de concurso público.

Mesmo de acordo com a previsão originária do art. 41, não se poderia tecnicamente cogitar de adequação da estabilidade aos empregados de entidade paraestatal que atua diretamente no domínio econômico, máxime porque, desde aquela época, mencionava-se o ato de nomeação como pressuposto à incidência do dispositivo constitucional.

Redação atual do art. 41 da CF. Encontra-se assim redigido o atual art. 41: "São estáveis após três anos de efetivo exercício os servidores nomeados para cargo de provimento efetivo em virtude de concurso público".

O estágio probatório teve o seu lapso temporal elevado de dois para três anos.

E, no que concerne à estabilidade, foi endereçada, de modo exclusivo, aos servidores nomeados para cargo de provimento efetivo.

A jurisprudência do TST e a estabilidade de servidores e empregados públicos. Observe-se a jurisprudência do TST (OJ 22 da SDI 2):

"O servidor público celetista da administração direta, autárquica ou fundacional é beneficiário da estabilidade prevista no art. 41 da Constituição Federal".

Para esses, não temos dúvida de que a norma do art. 41, *caput*, aplica-se inteiramente.

Contudo, empregados de sociedades de economia mista e de empresas públicas não estão abrangidos pelo art. 41 da Constituição pelos seguintes motivos:

a) não são *nomeados* para prestar trabalho aos entes paraestatais, mas simplesmente *contratados*;

b) não ocupam *cargo público de provimento efetivo*, mas sim, com convicção, *emprego público*, com o que poderá a direção da entidade contratante extinguir o posto de trabalho, sem que o ato patronal signifique lesão ao direito dos trabalhadores quanto à manutenção dos postos de trabalho, ou concessão de eventual disponibilidade remunerada.

Motivação da dispensa e a jurisprudência do TST. O Tribunal Superior do Trabalho não sufraga a tese de necessidade de motivação da dispensa de empregados de sociedades de economia mista e empresas públicas, exceção feita à Empresa de Correios e Telégrafos, que está obrigada à motivação, segundo a jurisprudência do Tribunal, no caso a OJ 247 da SDI 1, com redação alterada em 13-11-2007:

"SERVIDOR PÚBLICO. CELETISTA CONCURSADO. DESPEDIDA IMOTIVADA. EMPRESA PÚBLICA OU SOCIEDADE DE ECONOMIA MISTA. POSSIBILIDADE. 1. A despedida de empregados de empresa pública e de sociedade de economia mista, mesmo admitidos por concurso público, independe de ato motivado para sua validade; 2. A validade do ato de despedida do empregado da Empresa Brasileira de Correios e Telégrafos (ECT) está condicionada à motivação, por gozar a empresa do mesmo tratamento destinado à Fazenda Pública em relação à imunidade tributária e à execução por precatório, além das prerrogativas de foro, prazos e custas processuais".

PODER JUDICIÁRIO

18.1 ORGANIZAÇÃO DO PODER JUDICIÁRIO BRASILEIRO

Os órgãos que compõem o Poder Judiciário no Brasil estão relacionados no art. 92 da Constituição:

a) *o Supremo Tribunal Federal;*
b) *o Conselho Nacional de Justiça;*
c) *o Superior Tribunal de Justiça;*
d) *os Tribunais Regionais Federais e os Juízes Federais;*
e) *os Tribunais e Juízes do Trabalho;*
f) *os Tribunais e Juízes Eleitorais;*
g) *os Tribunais e Juízes Militares;* e
h) *os Tribunais e Juízes dos Estados e do Distrito Federal e Territórios.*

O Supremo Tribunal Federal é o órgão de cúpula do Poder Judiciário brasileiro, detentor de competência para decidir, em última instância, sobre questões de ordem constitucional, e também de competências de natureza originária e recursal, conforme se verá neste Capítulo.

O Superior Tribunal de Justiça, criado pela Constituição de 1988, tem por missão proteger o direito objetivo federal.

18.1.1 O STF é corte constitucional?

A indagação não encerra qualquer novidade, pois, sobre ela, já se pronunciou a doutrina[830].

De nossa parte, entendemos que não parece acertado concluir seja o Supremo Tribunal Federal uma corte constitucional.

A primeira oposição que se pode fazer à ideia é a pertinente à localização do STF no contexto das funções estatais.

Deveras, não figura a nossa Suprema Corte como órgão à parte do Legislativo,

830 Ver, a respeito: Nelson Nery Junior, *Princípios de Processo Civil na Constituição Federal*; Oscar Dias Correia, *Supremo Tribunal Federal*: Corte Constitucional do Brasil, Rio de Janeiro, 1987.

do Executivo e do Judiciário; pelo contrário, é o tribunal de cúpula da organização judiciária brasileira.

Em que tal circunstância depõe contra o reconhecimento do STF como autêntica corte constitucional?

Ora, se a corte é "constitucional", deve ela posicionar-se à margem das funções legislativa, executiva e judiciária, compondo, no organograma do Estado, órgão inteiramente independente dos demais poderes, situação que se não presencia no caso do STF.

Outro fundamento impeditivo de lhe reconhecer a natureza de corte constitucional resulta da escolha dos seus integrantes.

Efetivamente, nos termos do art. 101, *caput*, da Constituição, o STF compõe-se de onze ministros, escolhidos entre cidadãos com mais de trinta e cinco anos e menos de sessenta e cinco anos de idade, *de notável saber jurídico* e reputação ilibada.

Deflui do comando constitucional a conclusão de que o integrante do STF será egresso exclusivamente da comunidade jurídica (advogados, membros do Ministério Público, magistrados e professores), porquanto o signo "notável saber jurídico" se interdita recaia a indicação sobre quem não tenha qualquer vínculo com o meio jurídico, seguramente porque não se encontrará quem detenha o conhecimento notável exigido pela norma constitucional fora desse contexto.

E, assim, agentes públicos que pertençam à função executiva ou administrativa, bem como empresários e outros profissionais liberais, estão completamente fora da incidência do preceptivo.

Como, então, cogitar de "corte constitucional", se, de modo exclusivo, a permissão para integrá-la se dirige apenas aos doutos em direito? E mais: se é "corte constitucional", não seria injuntiva a representação de toda a sociedade?

Por fim, sabe-se que os Ministros do Supremo Tribunal Federal são vitalícios. Aliás, essa é a regra para a composição do Poder Judiciário brasileiro, exceção feita aos juízes de paz (art. 98, II) e aos juízes nomeados pelo Presidente da República para o Tribunal Superior Eleitoral (art. 119, II) e Tribunais Regionais Eleitorais dos Estados e do Distrito Federal (art. 120, III).

Basta considerar que os sistemas jurídicos que agasalham uma Corte Constitucional fixam mandato para os juízes que dela fazem parte, como se vê na Alemanha, em que os integrantes têm investidura por, no máximo, doze anos.

Qual a importância da previsão de mandato com duração determinada para quem ingressa em uma Corte Constitucional? Extrai-se precisamente do fato de que o Estado é processo, tornando irrecusável a renovação dos seus integrantes, tudo de sorte a promover o desejado arejamento da interpretação constitucional em consonância com as transformações da sociedade política.

18.2 A FUNÇÃO JUDICIAL. FUNÇÕES TÍPICAS E ATÍPICAS DO PODER JUDICIÁRIO

A condição de ser humano implica a alteridade. Mas o que é alteridade? Proveniente do latim *alter* (outro), a expressão significa o caráter atávico da condição humana que pressupõe o inter-relacionamento.

E, inegavelmente, no campo dos relacionamentos humanos, não raro surgem contraposições de interesses cuja persistência no meio social produz grande inquietação e instabilidade.

Torna-se, portanto, socialmente recomendável a existência de instrumentos de solução dos conflitos.

Todavia, a solução forjada pelo próprio indivíduo repousa na força e somente prevalecerá enquanto ele detiver tal força.

De conseguinte, afastada está a autotutela ("fazer justiça com as próprias mãos", como se costuma dizer), salvo exceções permitidas pelo ordenamento.

Ora, se o Estado não autoriza que o indivíduo assim se conduza, incorreria em incrível paradoxo lógico se não apresentasse meio eficaz de desenlace do conflito que substituísse adequadamente a iniciativa individual.

Aí está o fundamento político da função judicial: fornecer aos indivíduos meio institucionalizado – porque oferecido pelo ente estatal – apto à solução do conflito.

Então, tarefa principal do Poder Judiciário é dirimir conflitos de interesses, aplicando o direito objetivo ao caso concreto. Essa é a sua função típica.

Assim leciona Gabino Fraga: "O Estado, por meio das funções legislativa e administrativa, cria situações jurídicas que devem, dentro da normalidade da vida social, ser voluntariamente respeitadas. Quando esse respeito voluntário não existe; quando essas situações ou os atos que as dispõem são motivo de dúvida, de controvérsia ou de violação, o Estado deve intervir para evitar que os particulares cheguem a impor pela força seu direito, a fazer justiça pelas próprias mãos"[831].

Exerce, no entanto, funções atípicas. Quais são?

De logo, é importante esclarecer que os tribunais, com o fim de realizar o mister jurisdicional, admitem e exoneram servidores, concedem férias e licenças a magistrados, atos que, rigorosamente, nada têm que ver com a função de julgar. São atos administrativos. Por isso se afirma que o Poder Judiciário, além da função precípua de julgar, também administra.

Mas os tribunais igualmente legislam. De que forma? Quando, por exemplo, elaboram os seus regimentos internos, cujo desatendimento poderá resultar, inclusive, na inadmissibilidade de eventual recurso interposto.

Em síntese, temos que o Poder Judiciário detém uma função típica (julgar) e duas atípicas (administrar e legislar).

18.3 O ART. 93 E A ORGANIZAÇÃO DA MAGISTRATURA NACIONAL

O art. 93, *caput*, prescreve que "lei complementar[832], de iniciativa do Supremo Tribunal Federal, disporá sobre o Estatuto da Magistratura, observados os seguintes

831 Cf. *Derecho Administrativo*, p. 56.

832 A norma de regência é a Lei Complementar n. 35/79 (Lei Orgânica da Magistratura Nacional), com as alterações das LCs n. 37/79, 54/86, e 60/89.

princípios", e passa a indicar diversas determinações respeitantes à investidura, promoção, aposentadoria e organização dos tribunais.

São as seguintes as previsões do art. 93, já, a partir da promulgação da EC n. 45/2004, muitas delas objeto de alteração: I – ingresso na carreira, cujo cargo inicial será o de juiz substituto, mediante concurso público de provas e títulos, com a participação da Ordem dos Advogados do Brasil em todas as fases, exigindo-se do bacharel em direito, no mínimo, três anos de atividade jurídica e obedecendo-se, nas nomeações, à ordem de classificação.

Note-se que o inciso foi alterado pela EC n. 45/2004, que introduziu o requisito pertinente à "atividade jurídica".

Com efeito, além de possuir o título de bacharel em direito, o indivíduo que se submeter a concurso público para a Magistratura deverá contar com, no mínimo, três anos de atividade jurídica.

De logo, parece evidente constatar que a exigência posta no art. 93, I, não é autoaplicável.

E por quê?

Precisamente em virtude de o inciso estar atrelado ao que prevê o *caput* do artigo: "*Lei complementar, de iniciativa do Supremo Tribunal Federal,* disporá sobre o Estatuto da Magistratura (...)".

E o referido Estatuto não inclui, em nenhuma passagem, tal requisito para a investidura no cargo de juiz substituto.

Por conseguinte, antes de aprovada a lei complementar, enviada ao Congresso Nacional por iniciativa do Supremo Tribunal Federal[833], é óbvio que não se poderá restringir a investidura, mais ainda porque temos por certo que o acesso a cargo público se converte em autêntico direito fundamental dos cidadãos brasileiros.

Doutra sorte, embora tenha o legislador absoluta legitimidade para fixar o conceito de "atividade jurídica", é claro que não poderá desbordar os limites do seu mandato, de sorte a construir sistema excessivamente restritivo à investidura no cargo de juiz substituto ou no Ministério Público. É que se torna indispensável balizar a atuação legislativa com recato ao princípio da proporcionalidade, que, no particular, aponta para a necessidade de serem editadas leis menos restritivas a direitos fundamentais.

Sem pretender enumeração taxativa de hipóteses de reconhecimento de "atividade jurídica", além do exercício de funções inerentes a cargos de exclusiva investidura de bacharéis em direito, parece-nos indeclinável reconhecê-la nas seguintes situações: a) qualquer estágio regulamentado exercido durante o período da graduação; b) experiência docente em disciplinas jurídicas, ainda que ministradas em ou-

833 O STF, entretanto, tem convergido para o entendimento de que "a eficácia e a aplicabilidade das normas consubstanciadas no art. 93 da Constituição Federal não dependem, em princípio, para que possam operar e atuar concretamente, da promulgação e edição do Estatuto da Magistratura" (STF, ADIn 189/RJ, rel. Min. Celso de Mello).

tros cursos que não o de direito; c) investidura em cargo público, ainda que na denominada "atividade-meio", cujas atribuições estejam relacionadas ao trato direto com questões de natureza jurídica; d) prática forense qualquer.

Atividade jurídica na jurisprudência do STJ. É com amparo na tese ampliativa do conceito de "atividade jurídica" que o Superior Tribunal de Justiça vem decidindo as controvérsias em torno à redação do art. 91, I, da Constituição: "RECURSO ORDINÁRIO EM MANDADO DE SEGURANÇA. CONCURSO PÚBLICO. MAGISTRATURA DO ESTADO DA BAHIA. EXERCÍCIO DE ATIVIDADE JURÍDICA POR TRÊS ANOS. COMPROVAÇÃO. 1. É legítima, legal e constitucional a exigência de tempo de exercício de atividade jurídica pelo período mínimo de três anos para o ingresso na Magistratura, mas o seu conceito deve ser interpretado de forma ampla, de modo a compreender não apenas o exercício da advocacia e de cargo no Ministério Público, magistratura ou outro qualquer privativo de bacharel de direito, como também as atividades desenvolvidas perante os Tribunais, os Juízos de primeira instância e até estágios nas faculdades de Direito, doadoras de experiência jurídica. Precedentes. 2. Recurso provido" (STJ, RMS 18.513/Ba, rel. Min. Hamilton Carvalhido, *DJ* de 10-10-2005).

Atividade Jurídica na Jurisprudência do STF. Nos autos da ADIn 3.460-0/DF, rel. Min Carlos Ayres Britto, j. em 31-8-2006, proposta contra o art. 7º, *caput*, e parágrafo único, da Resolução n. 35/2002, do Conselho Superior do Ministério Público do Distrito Federal e Territórios, com a redação dada pelo art. 1º da Resolução n. 55/2004, do mesmo órgão[834], concluiu o relator pela procedência parcial do pedido, aduzindo que: i) "Atividade jurídica, então, é fraseado significante de atividade para cujo desempenho se faz imprescindível a conclusão de bacharelado em Direito"; ii) "(...), a exigência dos três anos de atividade essencialmente jurídica, após a obtenção do título de bacharel, não quer dizer, necessariamente, o matemático perfazimento de 365 dias 'vezes' 3, segundo o calendário que é próprio do ano civil. Bem pode ser interpretado à luz de um peculiar 'calendário forense', de sorte a comportar o exercício profissional que se der em pelo menos três destacadas unidades de tal calendário. (...) o profissional do Direito que fizer a prova de regular atuação em três autonomizados 'exercícios forenses', no mínimo, ficará habilitado a prestar concurso para cargo integrante da carreira jurídica do Ministério Público"; iii) "(...) o prazo de três anos de atividade jurídica é exigido do bacharel em Direito para o ingresso na

834 "Art. 7º Poderão inscrever-se, no concurso público, bacharéis em Direito com, no mínimo, três anos de atividade jurídica (art. 129, § 3º, da CF) e comprovada idoneidade moral. Parágrafo único. A atividade jurídica, verificada no momento da inscrição definitiva, deverá ser demonstrada, juntamente com os demais documentos indicados no art. 11, por: a) certidão da OAB, comprovando a atividade jurídica, na forma da Lei n. 8.906, de 1994, a abranger a postulação perante qualquer órgão do Poder Judiciário, bem como atividades de consultoria, assessoria e direção jurídicas, sob inscrição da Ordem dos Advogados do Brasil; b) certidão de exercício de cargo, emprego ou função pública, privativos de bacharel em Direito, sejam efetivos, permanentes ou de confiança."

carreira do Ministério Público. E esse ingresso – que é sinônimo de investidura –, se dá com a posse no respectivo cargo, e não com o ato de mera inscrição no pertinente concurso. Motivo pelo qual não se pode exigir dos aspirantes à carreira ministerial pública, no ato de inscrição no concurso, o atendimento ao requisito temporal de três anos de atividade jurídica, referido no § 3º do art. 129 da Constituição".

O Tribunal, contudo, por maioria, julgou improcedente o pedido, esclarecendo que a norma impugnada veio atender ao objetivo da Emenda Constitucional n. 45/2004 de selecionar profissionais experientes para o exercício das funções atribuídas aos membros do Ministério Público, asseverando que os três anos de atividade jurídica contam-se da data da conclusão do curso de Direito e que a expressão "atividade jurídica" corresponde ao desempenho de atividades privativas de bacharel em Direito. Considerou-se, também, que o momento da comprovação desses requisitos deve ocorrer na data da inscrição no concurso, de molde a promover maior segurança jurídica tanto da sociedade quanto dos candidatos. Vencido, em parte, o Min. Carlos Britto, relator, que julgava parcialmente procedente o pedido para excluir do parágrafo único do art. 7º da Resolução impugnada a expressão "verificada no momento da inscrição definitiva", ao fundamento de que a comprovação dos requisitos deve dar-se na data da posse no cargo, tendo em conta ser o requisito temporal exigido para o ingresso, sinônimo de investidura na carreira do Ministério Público (*Informativo STF*, n. 438).

Por sua vez, o Conselho Nacional de Justiça, ao disciplinar o assunto na Resolução n. 75, dispôs o seguinte no art. 59: "Considera-se atividade jurídica, para os efeitos do art. 58, § 1º, alínea 'i': I – aquela exercida com exclusividade por bacharel em Direito; II – o efetivo exercício de advocacia, inclusive voluntária, mediante a participação anual mínima em 5 (cinco) atos privativos de advogado (Lei n. 8.906, de 4 de julho de 1994, art. 1º) em causas ou questões distintas; III – o exercício de cargos, empregos ou funções, inclusive de magistério superior, que exija a utilização preponderante de conhecimento jurídico; IV – o exercício da função de conciliador junto a tribunais judiciais, juizados especiais, varas especiais, anexos de juizados especiais ou de varas judiciais, no mínimo por 16 (dezesseis) horas mensais e durante 1 (um) ano; V – o exercício da atividade de mediação ou de arbitragem na composição de litígios. § 1º É vedada, para efeito de comprovação de atividade jurídica, a contagem do estágio acadêmico ou qualquer outra atividade anterior à obtenção do grau de bacharel em Direito".

Já quanto à comprovação do tempo de atividade jurídica, o § 2° refere que, relativamente a cargos, empregos ou funções não privativos de bacharel em Direito, a comprovação será realizada mediante certidão circunstanciada, expedida pelo órgão competente, indicando as respectivas atribuições e a prática reiterada de atos que exijam a utilização preponderante de conhecimento jurídico, cabendo à Comissão de Concurso, em decisão fundamentada, analisar a validade do documento.

O art. 93, II, e a promoção de juízes. Prescreve, outrossim, o art. 93, II: "Promoção de entrância para entrância, alternadamente, por antiguidade e merecimento, atendidas as seguintes normas: a) é obrigatória a promoção do juiz que figure por três vezes consecutivas ou cinco alternadas em lista de merecimento; b) a promoção por merecimento pressupõe dois anos de exercício na respectiva entrância e integrar o juiz a primeira quinta parte da lista de antiguidade desta, salvo se não houver com tais requisitos quem aceite o lugar vago; c) aferição do merecimento conforme o desempenho e pelos critérios objetivos de produtividade e presteza no exercício da jurisdição e pela frequência e aproveitamento em cursos oficiais ou reconhecidos de aperfeiçoamento" (alínea alterada pela EC n. 45/2004); "d) na apuração de antiguidade, o tribunal somente poderá recusar o juiz mais antigo pelo voto fundamentado de dois terços de seus membros, conforme procedimento próprio, e assegurada ampla defesa, repetindo-se a votação até fixar-se a indicação" (alínea alterada pela EC n. 45/2004); "e) não será promovido o juiz que, injustificadamente, retiver autos em seu poder além do prazo legal, não podendo devolvê-los ao cartório sem o devido despacho ou decisão" (alínea alterada pela EC n. 45/2004).

Observe-se que, de modo semelhante, muitos outros incisos foram alterados pela EC n. 45/2004.

O acesso aos tribunais e o art. 93, III. Note-se a redação do art. 93, III: "O acesso aos tribunais de segundo grau far-se-á por antiguidade e merecimento, alternadamente, apurados na última ou única entrância, na forma do inciso II".

O aperfeiçoamento da atividade judicial. Não se descurou o constituinte derivado quanto ao aperfeiçoamento da atividade jurisdicional, tanto que registrou no art. 93, IV, a "previsão de cursos oficiais de preparação, aperfeiçoamento e promoção de magistrados, constituindo etapa obrigatória do processo de vitaliciamento a participação em curso oficial ou reconhecido por escola nacional de formação e aperfeiçoamento de magistrados".

Subsídios dos magistrados. Pugnando pelo banimento das distorções remuneratórias ocorrentes no Poder Judiciário, prevê o inciso V que "o subsídio dos Ministros dos Tribunais Superiores corresponderá a noventa e cinco por cento do subsídio mensal fixado para os Ministros do Supremo Tribunal Federal e os subsídios dos demais magistrados serão fixados em lei e escalonados, em nível federal e estadual, conforme as respectivas categorias da estrutura judiciária nacional, não podendo a diferença entre uma e outra ser superior a dez por cento ou inferior a cinco por cento, nem exceder a noventa e cinco por cento do subsídio mensal dos Ministros dos Tribunais Superiores, obedecido, em qualquer caso, o disposto nos arts. 37, XI, e 39, § 4º".

Aposentadoria dos magistrados. Os magistrados, de forma geral, contam com regime de aposentadoria fixado para o setor público, conforme o art. 93, VI: "a aposentadoria dos magistrados e a pensão de seus dependentes observarão o disposto no art. 40".

Obrigatoriedade de residência na comarca de lotação. A presença dos juízes na comarca onde oficiem é salutar imperativo constitucional ditado no art. 93, VII: "O juiz titular residirá na respectiva comarca, salvo autorização do tribunal", sendo que a parte final resultou de alteração inserida pela EC n. 45/2004, tornando relevante para o constituinte derivado que situações excepcionais podem impor a não fixação de residência do magistrado na respectiva comarca, como na hipótese de ameaça de morte dirigida a ele ou a membro de sua família de parte de indivíduo integrante da comunidade.

Remoção, disponibilidade e aposentadoria do magistrado, por interesse público. O art. 93, VIII, assegura, por sua vez, que "o ato de remoção, disponibilidade e aposentadoria do magistrado, por interesse público, fundar-se-á em decisão por voto de maioria absoluta do respectivo tribunal ou do Conselho Nacional de Justiça, assegurada ampla defesa".

Dever de motivação das decisões judiciais. Dispõe o art. 93, IX, que "todos os julgamentos dos órgãos do Poder Judiciário serão públicos, e fundamentadas todas as decisões, sob pena de nulidade, podendo a lei limitar a presença, em determinados atos, às próprias partes e a seus advogados, ou somente a estes, em casos nos quais a preservação do direito à intimidade do interessado no sigilo não prejudique o interesse público à informação".

É inelutável concluir que o dever de motivação da sentença, mesmo se não fosse indicado de modo expresso no inciso, defluiria naturalmente da cláusula do devido processo legal (art. 5º, LIV) e também do Princípio Fundamental do Estado Democrático de Direito (art. 1º, *caput*), pois, naquele caso, não se presumiria reverência ao *due processo of law* no seu sentido processual se, ao prolatar a decisão, não estivesse o juiz obrigado a expor os motivos pelos quais rejeita ou acolhe a pretensão das partes, e, quanto ao princípio enunciado no art. 1º, *caput*, da Constituição, sendo a função jurisdicional atividade de um Poder do Estado, que se pretende "democrático" e "de direito", seria paradoxal, ilógico e desarrazoado, configurando mera e simples inconstitucionalidade, a emissão de ato judicial carente de fundamentação, cujos efeitos, além de desobrigarem a parte atingida em sua situação jurídica, tornam evidente a possibilidade de reparação por via própria.

Assim se pronuncia Wilson Alves de Souza: "sentença imotivada é não ato, ou seja, não existe juridicamente porque não existe decisão e por se qualificar como mero abuso, arbítrio, violência"[835].

Decisões administrativas motivadas. O art. 93, X, aponta que as decisões administrativas dos tribunais serão motivadas e em sessão pública, sendo as disciplinares tomadas pelo voto da maioria absoluta de seus membros (redação dada pela EC n. 45/2004).

Órgão especial. O art. 93, XI, esclarece que, "nos tribunais com número superior a vinte e cinco julgadores, poderá ser constituído órgão especial, com o mínimo de onze e o máximo de vinte e cinco membros, para o exercício das atribuições administrativas e jurisdicionais delegadas da competência do tribunal pleno, provendo-se metade das vagas por antiguidade e a outra metade por eleição pelo tribunal pleno" (*redação dada pela EC n. 45/2004*).

835 Cf. *Sentença Civil Imotivada*, p. 236.

Já os incisos XII a XV do art. 93 foram examinados quando da análise da garantia individual à razoável duração do processo (subitem 23.18.7 – Capítulo 23).

18.4 JUIZADOS ESPECIAIS E JUSTIÇA DE PAZ

Estão referidos no art. 98, I e II, da Constituição.

Consta do dispositivo que a União, no Distrito Federal e nos Territórios, e os Estados criarão:

> I – *juizados especiais*[836], providos por juízes togados, ou togados e leigos, competentes para a conciliação, o julgamento e a execução de causas cíveis de menor complexidade e infrações penais de menor potencial ofensivo, mediante os procedimentos oral e sumaríssimo, permitidos, nas hipóteses previstas em lei, a transação[837] e o

---

836 Ver Leis n. 9.099/95 e 10.259/2001 (Juizados Especiais Cíveis e Criminais). Somente *infração de menor potencial ofensivo* ("impo") pode ser apreciada no âmbito dos Juizados Especiais Criminais. Nos termos do art. 61 da Lei n. 9.099/95, consideram-se infrações de menor potencial ofensivo as contravenções penais e os crimes a que a lei comine pena máxima não superior a um ano, excetuados os casos em que a lei preveja procedimento especial. Com o advento da Lei n. 10.259/2001, operou-se mudança na conceituação legal das infrações penais de menor potencial ofensivo. Consoante o art. 2º da Lei n. 10.259/2001, consideram-se infrações de menor potencial ofensivo os crimes a que a lei comine pena máxima não superior a dois anos, ou multa. A criação de tais órgãos jurisdicionais no Brasil fez surgir a duplicidade de sistemas penais: o sistema penal *clássico* e o sistema penal *consensual*, criado pela Lei n. 9.099/95, que passou a admitir a hipótese de *transação penal*. Com isso, foi defendido entendimento segundo o qual a transação penal ofenderia a Constituição de 1988 em virtude de impor *pena* sem *processo*. Todavia, o que parece acertado é concluir que a "medida penal" de iniciativa do Ministério Público, por não se confundir propriamente com "pena", nada tem de inconstitucional. Não houve, assim, afastamento do devido processo legal no âmbito dos Juizados Especiais Criminais, especialmente quando ocorre a transação penal. O que há, inegavelmente, é um devido processo legal típico do procedimento oral e sumaríssimo inerente a tais órgãos judiciários. Na lição de Julio Fabbrini Mirabete: "Não se viola o princípio do devido processo legal porque a própria Constituição prevê o instituto, não obrigando a um processo formal, mas a um procedimento oral e sumaríssimo (art. 98, I, CF/88) para o Juizado Especial Criminal e, nos termos da lei, estão presentes as garantias constitucionais de assistência do advogado, de ampla defesa, consistente na obrigatoriedade do consenso e na possibilidade de não aceitação da transação. Trata-se da possibilidade de uma técnica de defesa concedida ao apontado como autor do fato" (cf. Julio Fabbrini Mirabete, *Juizados Especiais Criminais*, p. 58).

837 A transação penal é direito do acusado quando ele preenche os requisitos legais, não podendo o Ministério Público recusar-se quanto à proposta de transação: "JUIZADO ESPECIAL CRIMINAL – TRANSAÇÃO PENAL – RECUSA DE OFERECIMENTO PELO MINISTÉRIO PÚBLICO A RÉU QUE PREENCHE OS REQUISITOS – OFERECIMENTO DE OFÍCIO PELO PODER JUDICIÁRIO – NECESSIDADE. A recusa pelo Ministério Público em formular proposta de transação penal a réu que preenche os requisitos legais, constitui expressa violação a direito subjetivo do acusado e deve ser reparada através de formulação de ofício, de proposta pelo Poder Judiciário, tendo em vista o

julgamento de recursos por turmas de juízes de primeiro grau;

II – *justiça de paz*, remunerada, composta de cidadãos eleitos pelo voto direto, universal e secreto, com mandato de quatro anos e competência para, na forma da lei, celebrar casamentos, verificar, de ofício ou em face de impugnação apresentada, o processo de habilitação e exercer atribuições conciliatórias, sem caráter jurisdicional, além de outras previstas na legislação.

O § 1º, renumerado pela EC n. 45/2004, informa que lei federal disporá sobre a criação de juizados especiais no âmbito da Justiça Federal. A referida norma é a Lei n. 10.259/2001.

18.5 AUTONOMIA ADMINISTRATIVA E FINANCEIRA DO PODER JUDICIÁRIO

Ao Poder Judiciário é assegurada autonomia administrativa e financeira[838] (art.

---

princípio da inafastabilidade previsto na Constituição Federal" (TACRIMSP, Ap. 1.020.171, 5ª Câm., rel. Juiz Walter Swensson j. em 27-1-1997).

838 "MANDADO DE SEGURANÇA COLETIVO – LIBERAÇÃO DE RECURSOS ORÇAMENTÁRIOS (CF, ART. 168) – IMPETRAÇÃO POR ENTIDADE DE CLASSE (ASSOCIAÇÃO DE MAGISTRADOS) – INADMISSIBILIDADE – PRERROGATIVA DE PODER – GARANTIA INSTRUMENTAL DA AUTONOMIA FINANCEIRA DO PODER JUDICIÁRIO –*WRIT* COLETIVO – DEFESA DE DIREITOS E NÃO DE SIMPLES INTERESSES – ILEGITIMIDADE ATIVA *AD CAUSAM* DA ASSOCIAÇÃO DE MAGISTRADOS – EXTINÇÃO DO PROCESSO EM JULGAMENTO DE MÉRITO. O autogoverno da Magistratura tem, na autonomia do Poder Judiciário, o seu fundamento essencial, que se revela verdadeira pedra angular, suporte imprescindível à asseguração da independência político-institucional dos Juízos e dos Tribunais. O legislador constituinte, dando consequência a sua clara opção política – verdadeira decisão fundamental concernente à independência da Magistratura –, instituiu, no art. 168 de nossa Carta Política, uma típica garantia instrumental, assecuratória da autonomia financeira do Poder Judiciário. A norma inscrita no art. 168 da Constituição reveste-se de caráter tutelar, concebida que foi para impedir o Executivo de causar, em desfavor do Judiciário, do Legislativo e do Ministério Público, um estado de subordinação financeira que comprometesse, pela gestão arbitrária do orçamento ou, até mesmo, pela injusta recusa de liberar os recursos nele consignados, a própria independência político-jurídica daquelas Instituições. Essa prerrogativa de ordem jurídico-institucional, criada, de modo inovador, pela Constituição de 1988, pertence, exclusivamente, aos órgãos estatais para os quais foi deferida. O legislador constituinte, na realidade, não a partilhou e nem a estendeu aos membros e servidores integrantes dessas instituições. O exercício desse direito é, portanto, intransferível. Só poderá exercê-lo – dispondo, inclusive, de pretensão e de ação – aquele a quem se outorgou, no plano jurídico-material, a titularidade exclusiva do seu exercício. De absoluta intransmissibilidade, portanto, essa posição jurídica, que também não poderá ser invocada por terceiros, especialmente por entidades de direito privado – ainda que qualificadas como entidades de classe, cujo âmbito de atuação não transcende a esfera dos direitos de seus próprios associados. A qualidade para agir, no caso, só pertine a tais órgãos estatais, os quais, por seus Presidentes ou Procuradores-Gerais, estarão legitimados para postular, em juízo, a defesa daquela especial prerrogativa de índole constitucional, não sendo lícito a uma simples entidade de classe, atuando substitutiva-

99), devendo os tribunais elaborar suas propostas orçamentárias nos limites estipulados conjuntamente com os demais Poderes na lei de diretrizes orçamentárias (§ 1º do art. 99).

O encaminhamento da proposta, ouvidos os outros tribunais interessados, compete: I – no âmbito da União, aos Presidentes do Supremo Tribunal Federal e dos Tribunais Superiores, com a aprovação dos respectivos tribunais; II – no âmbito dos Estados e no do Distrito Federal e Territórios, aos Presidentes dos Tribunais de Justiça, com a aprovação dos respectivos tribunais (§ 2º do art. 99).

Se os órgãos referidos no § 2º não encaminharem as respectivas propostas orçamentárias no prazo estabelecido pela lei de diretrizes orçamentárias, o Poder Executivo considerará, para fins de consolidação da proposta orçamentária anual, os valores aprovados na lei orçamentária vigente, que serão ajustados de acordo com os limites estipulados no § 1º do art. 99 – consoante fixa a redação do § 3º do art. 99, incluído pela EC n. 45/2004.

Malgrado reconhecida a autonomia financeira do Poder Judiciário, se as propostas orçamentárias forem encaminhadas em desacordo com os limites genericamente estipulados entre os órgãos do Poder Judiciário, o Poder Executivo procederá aos ajustes necessários para fins de consolidação da proposta orçamentária anual (§ 4º do art. 99 – incluído pela EC n. 45/2004).

Todavia, durante a execução orçamentária do exercício, não poderá haver a realização de despesas ou a assunção de obrigações que extrapolem os limites estabelecidos na lei de diretrizes orçamentárias, exceto se previamente autorizadas, mediante a abertura de créditos suplementares ou especiais (§ 5º do art. 99 – incluído pela EC n. 45/2004).

18.6 A CONSTITUIÇÃO E O REGIME DE PRECATÓRIOS

A execução contra órgãos públicos não se processa da mesma forma como se opera com os demais entes privados[839].

Enquanto a fase executória relativamente às empresas privadas pode ultimar-se com a expropriação do bem para satisfazer o crédito exequendo, tal procedimento não é admitido quando no polo passivo da execução se faz presente pessoa jurídica de direito público.

---

mente, deduzir, em nome próprio, pretensão jurídica que nem a ela e nem a seus associados pertence. O mandado de segurança coletivo – que constitui, ao lado do *writ* individual, mera espécie da ação mandamental instituída pela Constituição de 1934 – destina-se, em sua precípua função jurídico-processual, a viabilizar a tutela jurisdicional de direito líquido e certo não amparável pelos remédios constitucionais do '*habeas corpus*' e do '*habeas data*'. Simples interesses, que não configurem direitos, não legitimam a válida utilização do mandado de segurança coletivo" (STF, Ag em MS 21.291 [Questão de Ordem] – DF, TP, rel. Min. Celso de Mello, *DJU* de 20-10-1995).

839 À exceção daqueles que atuam diretamente no domínio econômico, como é o caso das empresas públicas e das sociedades de economia mista.

Sem precedentes no direito estrangeiro, a impenhorabilidade de bens públicos resulta da disciplina constitucional prevista no art. 100 e parágrafos da Constituição.

Registre-se a redação do art. 100, *caput*, da Constituição, alterada pela EC n. 62, de 9 de dezembro de 2009: "Os pagamentos devidos pelas Fazendas Públicas Federal, Estaduais, Distrital e Municipais, em virtude de sentença judiciária, far-se-ão exclusivamente na ordem cronológica de apresentação dos precatórios e à conta dos créditos respectivos, proibida a designação de casos ou de pessoas nas dotações orçamentárias e nos créditos adicionais abertos para este fim".

Já o § 1º do art. 100 da CF tem a seguinte redação: "Os débitos de natureza alimentícia compreendem aqueles decorrentes de salários, vencimentos, proventos, pensões e suas complementações, benefícios previdenciários e indenizações por morte ou invalidez, fundadas em responsabilidade civil, em virtude de sentença transitada em julgado, e serão pagos com preferência sobre todos os demais débitos, exceto sobre aqueles referidos no § 2º deste artigo".

Impõe-se, portanto, a remissão ao § 2º do art. 100 da CF: "Os débitos de natureza alimentícia cujos titulares tenham 60 (sessenta) anos de idade ou mais na data de expedição do precatório, ou sejam portadores de doença grave, definidos na forma da lei, serão pagos com preferência sobre todos os demais débitos, até o valor equivalente ao triplo do fixado em lei para os fins do disposto no § 3º deste artigo, admitido o fracionamento para essa finalidade, sendo que o restante será pago na ordem cronológica de apresentação do precatório".

A respeito da atualização de valores dos precatórios, a Súmula Vinculante 17 estabelece que, "durante o período previsto no § 1º do art. 100 da Constituição, não incidem juros de mora sobre os precatórios que nele sejam pagos".

A formação de precatório é procedimento que se concretiza no âmbito dos tribunais, possui natureza administrativa e não jurisdicional[840], sendo de competência do Presidente da Corte, em face, inclusive, da redação do § 2º, mediante a qual as dotações orçamentárias e os créditos abertos serão consignados diretamente ao Poder Judiciário, cabendo ao *Presidente* do Tribunal que proferir a decisão exequenda determinar o pagamento segundo as possibilidades do depósito, e autorizar, a requerimento do credor, e exclusivamente para o caso de preterimento de seu direito de precedência, o sequestro da quantia necessária à satisfação do débito (§ 6º do art. 100 da CF – alterado pela EC n. 62/2009).

Logo, se não houver atendimento ao direito de precedência do credor, impõe-se a consumação do sequestro, que é o bloqueio direto do valor pertencente ao órgão público.

E no caso de deliberada ausência de inclusão no orçamento, malgrado expedido o precatório?

---

840 "(...) Não cabe recurso extraordinário contra decisão proferida no processamento de precatórios já que esta tem natureza administrativa e não jurisdicional. Precedente da Corte. 8. Recursos extraordinários não conhecidos" (STF, RE 229.786/CE, 2ª T., rel. Min. Néri da Silveira, *DJU* de 18-5-2001, p. 449).

Somos da opinião que, se a Constituição determina o sequestro por força do desrespeito ao direito de precedência do credor, por maior razão ainda deve ser admitido o sequestro para as hipóteses de não inclusão do valor no orçamento da entidade pública devedora.

A jurisprudência, entretanto, tem convergido para o entendimento de que eventual omissão quanto a incluir o valor em orçamento somente induz à possibilidade de sequestro para os casos referidos no art. 78 do Ato das Disposições Constitucionais Transitórias[841], ou seja, os precatórios pendentes na data da promulgação da EC n. 30, de 13 de setembro de 2000, decorrentes de ações judiciais propostas até 31 de dezembro de 1999 e também para os casos de obrigações de pequeno valor, como refere o art. 87 do ADCT.

Assim, a disciplina constitucional dos precatórios excepciona sua aplicação para as chamadas *obrigações de pequeno valor*.

Observe-se a redação do § 3º: "O disposto no *caput* deste artigo, relativamente à expedição de precatórios, não se aplica aos pagamentos de obrigações definidas em leis como de pequeno valor que as Fazendas referidas devam fazer em virtude de sentença judicial transitada em julgado".

Quanto à incidência do dispositivo, entendeu-se inicialmente que seria necessário que cada entidade da Federação editasse a lei prevendo os valores relativos às obrigações assim consideradas[842], máxime em razão do disposto no revogado § 5º do art. 100 da CF: "A lei poderá fixar valores distintos para o fim previsto no § 3º deste artigo, segundo as diferentes capacidades das entidades de direito público".

Não obstante, a atual redação do § 4º do art. 100 da CF esclarece que "para os fins do disposto no § 3º, poderão ser fixados, por leis próprias, valores distintos às

---

841 "MANDADO DE SEGURANÇA – EXECUÇÃO CONTRA ENTE PÚBLICO – PRECATÓRIO – PEDIDO DE SEQUESTRO COM BASE NA EMENDA CONSTITUCIONAL N. 30 – IMPOSSIBILIDADE. A Emenda Constitucional n. 30 não se aplica aos créditos de natureza alimentícia, conforme § 4º do artigo 78 das disposições constitucionais transitórias, razão por que torna-se impossível autorizar o sequestro de valores da Fazenda Pública para cumprimento de precatório judicial" (TRT 13ª R., MS 0035/2001 [064913], rel. Juiz Aluisio Rodrigues, *DJPB*, de 11-10-2001).

842 "EXECUÇÃO CONTRA MUNICÍPIO – BLOQUEIO E PENHORA DE MONTANTE REFERENTE A DÉBITO TRABALHISTA, CONSIDERADO COMO DE PEQUENO VALOR – VEDAÇÃO CONFERIDA PELOS §§ 3º E 4º DO ART. 100 DO TEXTO CONSTITUCIONAL – INEXISTÊNCIA DE VALOR FIXADO EM LEI. O art. 128 da Lei n. 8.213/91, que preconizava o imediato sequestro de valores devidos pelo Município, foi declarado incompatível com o artigo 100, *caput*, da Constituição Federal, quando do julgamento de mérito da ADIN n. 1252-5. Ademais, ainda que possível a aplicação da citada norma, tampouco poderia integrar o § 3º do art. 100 da CF, tanto por tratar o artigo de matéria previdenciária, quanto por já existir disciplinamento no § 4º do próprio artigo da Lei Maior. Assim, enquanto a lei não fixar o pequeno valor aludido nos §§ 3º e 4º do art. 100 da CF, a execução contra a Municipalidade deve continuar processando-se mediante precatório, e não com o bloqueio de seus numerários" (TRT 13ª R., Ap. 420/2001 [65379], rel. Juiz Afrânio Neves de Melo, *DJPB*, de 15-11-2001).

entidades de direito público, segundo as diferentes capacidades econômicas, sendo o mínimo igual ao valor do maior benefício do regime geral de previdência social".

Por sua vez, aponta o § 8º do art. 100 da CF que "é vedada a expedição de precatórios complementares ou suplementares de valor pago, bem como fracionamento, repartição ou quebra do valor da execução para fins de enquadramento de parcela do total ao que dispõe o § 3º deste artigo".

Torna-se claro que o comando constitucional não deve incidir na hipótese de o precatório ser emitido *antes* da promulgação da emenda que, explicitamente, vedou o procedimento de precatório complementar[843].

Todavia, "a decisão do colendo Supremo Tribunal Federal (RE n. 305186/SP, Rel. Min. Ilmar Galvão, DJ de 18-10-2002) é no sentido de que não são devidos juros moratórios no período compreendido entre a data de expedição e a do efetivo pagamento de precatório judicial, no prazo constitucionalmente estabelecido, à vista da não caracterização, na espécie, de inadimplemento por parte do Poder Público. (...) Tal posicionamento é aplicável, apenas, para o pagamento do primeiro precatório (período entre a data de expedição e a do efetivo pagamento), visto que é a própria Constituição Federal que estabelece um procedimento específico, e dilatado, para o seu pagamento. (...) No caso de precatório complementar, a jurisprudência do Superior Tribunal de Justiça está assentada na compreensão de que devem ser incluídos os juros de mora, devendo estes incidir sobre o principal e não sobre o total da conta, caso já tenham sido os mesmos inseridos por ocasião dos cálculos anteriores" (STJ, – EARESP 462922/DF, rel. Min. José Delgado, *DJU*, de 18-8-2003, p. 159).

Se o Presidente do Tribunal competente, por ato comissivo ou omissivo, retardar ou tentar frustrar a liquidação regular de precatório, incorrerá em crime de responsabilidade (§ 7º do art. 100).

18.7 GARANTIAS. VEDAÇÕES CONSTITUCIONAIS IMPOSTAS AOS JUÍZES

As garantias dos magistrados estão assinaladas no art. 95, I a III.

São elas:

I – *vitaliciedade*, que, no primeiro grau, só será adquirida após dois anos de exercício, dependendo a perda do cargo, nesse período, de deliberação do tribunal a que o juiz estiver vinculado, e, nos demais casos, de sentença judicial transitada em julgado;

---

843 "PROCESSUAL CIVIL – PRECATÓRIO COMPLEMENTAR – ART. 730 DO CPC – EMENDA CONSTITUCIONAL 37/2002 – APLICAÇÃO RETROATIVA – IMPOSSIBILIDADE – 1. Com o advento da EC 37/2002, que acrescentou o parágrafo 4º ao artigo 100 da Constituição Federal, ficou explicitamente vedada a expedição de precatório complementar ou suplementar de valor pago. Contudo, a despeito de sua eficácia plena e aplicabilidade imediata, a referida emenda não retroage para alcançar precatório complementar expedido em data anterior a sua entrada em vigor, sob pena de violar o princípio constitucional da segurança jurídica. 2. Agravo regimental desprovido" (STJ, AGA 484262/SP, rel. Min. Teori Albino Zavascki, *DJU* de 25-8-2003, p. 265).

II – *inamovibilidade*, salvo por motivo de interesse público, na forma do art. 93, VIII;

III – *irredutibilidade de subsídio*, ressalvado o disposto nos arts. 37, X e XI, 39, § 4º, 150, II, 153, III, e 153, § 2º, I.

O parágrafo único do art. 95 estabelece as seguintes restrições aos magistrados:

a) exercer, ainda que em disponibilidade, outro cargo ou função, salvo uma de magistério;

b) receber, a qualquer título ou pretexto, custas ou participação em processo;

c) dedicar-se à atividade político-partidária;

d) receber, a qualquer título ou pretexto, auxílios ou contribuições de pessoas físicas, entidades públicas ou privadas, ressalvadas as exceções previstas em lei (inciso incluído pela EC n. 45/2004);

e) exercer a advocacia no juízo ou tribunal do qual se afastou, antes de decorridos três anos do afastamento do cargo por aposentadoria ou exoneração (inciso incluído pela EC n. 45/2004).

18.8 COMPETÊNCIAS DO SUPREMO TRIBUNAL FEDERAL

As competências do Supremo Tribunal Federal podem ser classificadas em:

a) *originárias*;

b) *recursais*.

Originárias são todas aquelas indicadas nas alíneas do inciso I do art. 102 e relativas ao julgamento de:

a) ação direta de inconstitucionalidade de lei ou ato normativo federal ou estadual e ação declaratória de constitucionalidade de lei ou ato normativo federal (redação dada pela EC n. 3/93);

b) nas infrações penais comuns[844], o Presidente da República, o Vice-Presidente, os membros do Congresso Nacional, seus próprios Ministros e o Procurador-Geral da República;

c) nas infrações penais comuns e nos crimes de responsabilidade[845], os Ministros

---

844 A jurisprudência do STF considera comuns os crimes eleitorais para efeito de adequação à regra de competência do art. 102, I, *b* (*RTJ*, 150/688 e 151/402).

845 É do Ministério Público, e não de particulares, a legitimidade ativa para oferecimento de denúncia acerca de crime de responsabilidade: "DIREITO CONSTITUCIONAL, PENAL E PROCESSUAL PENAL. DENÚNCIA PERANTE O S.T.F., APRESENTADA POR CIDADÃOS, CONTRA MINISTRO DE ESTADO, POR CRIME DE RESPONSABILIDADE. ILEGITIMIDADE ATIVA DOS DENUNCIANTES. EMBARGOS DECLARATÓRIOS. 1. Como salientado no acórdão embargado, 'em se tratando de ação penal pública, é do Ministério Público – e não de particulares – a legitimidade ativa para denúncia por crime de responsabilidade (artigos 129, I, e 102, I, 'c', da C.F.)'. 2. Acolhida integralmente a manifestação do Ministério Público federal, e não havendo qualquer omissão a ser supri-

de Estado e os Comandantes da Marinha, do Exército e da Aeronáutica, ressalvado o disposto no art. 52, I, os membros dos Tribunais Superiores, os do Tribunal de Contas da União e os chefes de missão diplomática de caráter permanente (redação alterada pela EC n. 23/99);

d) o *habeas corpus*, sendo paciente qualquer das pessoas referidas nas alíneas anteriores; o mandado de segurança e o *habeas data* contra atos do Presidente da República, das Mesas da Câmara dos Deputados e do Senado Federal, do Tribunal de Contas da União, do Procurador-Geral da República e do próprio Supremo Tribunal Federal;

e) o litígio entre Estado estrangeiro ou organismo internacional e a União, o Estado, o Distrito Federal ou o Território;

f) as causas e os conflitos entre a União e os Estados, a União e o Distrito Federal, ou entre uns e outros[846], inclusive as respectivas entidades da Administração indireta;

g) a extradição solicitada por Estado estrangeiro;

h) o *habeas corpus*, quando o coator for o Tribunal Superior ou quando o coator ou o paciente for autoridade ou funcionário cujos atos estejam sujeitos diretamente à jurisdição do Supremo Tribunal Federal, ou se trate de crime sujeito à mesma jurisdição em uma única instância (redação alterada pela EC n. 22/99);

i) a revisão criminal e a ação rescisória de seus julgados;

j) a reclamação para a preservação de sua competência e garantia da autoridade de suas decisões;

k) a execução de sentença nas causas de sua competência originária, facultada a delegação de atribuições para a prática de atos processuais;

l) a ação em que todos os membros da magistratura sejam direta ou indiretamente interessados, e aquela em que mais da metade dos membros do tribunal de origem estejam impedidos, ou seja, direta ou indiretamente interessados[847];

m) os conflitos de competência entre o Superior Tribunal de Justiça e quaisquer tribunais, entre Tribunais Superiores, ou entre estes e qualquer outro tribunal;

n) o pedido de medida cautelar das ações diretas de inconstitucionalidade;

o) o mandado de injunção, quando a elaboração da norma regulamentadora for atribuição do Presidente da República, do Congresso Nacional, da Câmara dos Deputados, do Senado Federal, das Mesas de uma dessas Casas Legislativas, do Tribunal de Contas da União, de um dos Tribunais Superiores, ou do próprio Supremo Tribunal Federal;

---

da, nem contradição ou obscuridade, a serem sanadas, os embargos são rejeitados, pois o julgado enfrentou e dirimiu todas as questões suscitadas. 3. Embargos rejeitados" (STF, Pet. AgR-ED 1.104/DF, rel. Min. Sydney Sanches, j. em 23-4-2003).

846 Súmula 503 do STF: "A dúvida, suscitada por particular sobre o direito de tributar, manifestado por dois Estados, não configura litígio da competência originária do Supremo Tribunal Federal".

847 Ação referente a vencimentos de todos os Juízes do Estado desloca a competência para o STF (STF, *RDA*, 179/180-133).

p) as ações contra o Conselho Nacional de Justiça e contra o Conselho Nacional do Ministério Público (alínea incluída pela EC n. 45 de 2004).

De acordo com a redação do § 1º do art. 102, também se destina ao STF a competência originária para o julgamento da arguição de descumprimento de preceito fundamental.

O art. 102, II e III, da Constituição enuncia as competências recursais, cabendo ao STF o julgamento dos recursos ordinário e extraordinário.

No primeiro caso, isto é, em sede de recurso ordinário, cabe-lhe julgar:

a) o *habeas corpus*, o mandado de segurança, o *habeas data* e o mandado de injunção decididos em única instância pelos Tribunais Superiores, se denegatória a decisão;

b) o crime político.

No segundo caso, ou seja, na hipótese de recurso extraordinário[848], cabe-lhe julgar as causas decididas em única ou última instância, quando a decisão recorrida:

a) contrariar dispositivo da Constituição[849];

b) declarar a inconstitucionalidade de tratado ou lei federal;

c) julgar válida lei ou ato de governo local contestado em face da Constituição;

d) julgar válida lei local contestada em face de lei federal (alínea incluída pela EC n. 45/2004).

Quanto à competência recursal ditada no art. 102, III, *c*, é importante anotar que são diversas as decisões do STF que, malgrado a redação do dispositivo, reprovam a admissibilidade de recurso extraordinário quando o acórdão impugnado não aprecia lei ou ato de governo local contestado em face da Constituição Federal (AI-AgRs 450.349/SC; 516.333/MG; 4888.817/SP; 538.430/RS; 495.014/PI; 508.672/RN; 426.901/PI; 522.527/PI, entre tantos outros).

E quanto ao art. 102, III, *d*, é necessário destacar que o julgamento de recurso extraordinário na hipótese de lei local contestada em face de lei federal ampliou a competência do STF no âmbito do controle da constitucionalidade, visto que, antes da EC n. 45/2004, tal atribuição era de competência do STJ.

Com isso, o texto alterado passou a admitir como conflito de competência federativa o julgamento da validade de lei local contestada em face de lei federal[850].

848 Súmula 735/STF: "Não cabe recurso extraordinário contra acórdão que defere medida liminar".

849 É reduzidíssimo o número de recursos extraordinários admitidos por esse fundamento pelo STF. Ver, no particular, o estudo de Fabio Periandro de Almeida Hirsch, *Recurso Extraordinário e Ofensa Reflexa à Constituição*, Salvador: JusPodivm, 2009.

850 Cf. Alexandre de Moraes, *Direito Constitucional*, p. 500.

18.8.1 O recurso extraordinário e a repercussão geral das questões constitucionais

Após a EC n. 45/2004, a admissibilidade do recurso extraordinário perante o Supremo Tribunal Federal está condicionada à demonstração, pelo recorrente, da repercussão geral das questões constitucionais discutidas no caso, nos termos da lei, somente podendo o STF recusá-lo por manifestação de dois terços de seus membros (§ 3º do art. 102 da CF). É a restauração da antiga "arguição de relevância de questão federal", que existia no contexto do Código de Processo Civil revogado.

Tramitou no Congresso Nacional, o Projeto de Lei n. 12, do Senado, que regulamentou o dispositivo que deu origem à Lei n. 11.418, de 19 de dezembro de 2006.

Conquanto tenha sido bastante criticada, a criação da repercussão geral de questão constitucional, parece-nos que a sua adoção se tratava de medida absolutamente injuntiva, não apenas à conta do conhecido e grave problema do número excessivo de recursos extraordinários interpostos para o STF, mas também para resgatar a figura da nossa Suprema Corte como efetivo tribunal constitucional.

Realmente, em qualquer lugar do mundo, de modo marcante nos Estados Unidos, que criou a denominada *norma dos quatro* (somente será conhecido o recurso quando admitido por, no mínimo, quatro juízes), há clara tendência para opção por processo de filtragem das causas que devam ser submetidas à apreciação do tribunal constitucional, condicionando o conhecimento do recurso à demonstração de residir na lide *interesse público substancial*, e não apenas *os interesses exclusivos de algumas pessoas privadas*, de acordo com a lição de Bernard Schwartz[851].

É claro que a transcendência da causa apta a ensejar a admissibilidade da espécie recursal se põe em linha de afirmação de maior discricionariedade ao STF para a análise dos recursos extraordinários, exigência tanto mais necessária quando se constata que o grande número de recursos está na razão inversa da possibilidade de o Supremo atender cabalmente às expectativas inerentes a um tribunal constitucional.

É o desenvolvimento da ideia da *competência recursal facultativa*, amparada na corretíssima tese de que o tribunal constitucional não é um órgão jurisdicional comum.

Por essa razão, pode legitimamente promover a filtragem dos recursos interpostos, apenas admitindo aqueles relacionados a temas que envolvam interesses transcendentes à causa.

Diante da importância da alteração legislativa, mostra-se conveniente comentá-la.

De início, observe-se o conteúdo do art. 543-A do Código de Processo Civil, alterado pela Lei: "O Supremo Tribunal Federal, em decisão irrecorrível, não conhecerá do recurso extraordinário, quando a questão constitucional nele versada não oferecer repercussão geral, nos termos deste artigo".

---

851 Cf. *Direito Constitucional Americano*, p. 177.

Repercussão geral, aqui, deve ser entendida como questão relevante, do ponto de vista econômico, político, social ou jurídico, conforme registra o § 1º: "Para efeito da repercussão geral, será considerada a existência, ou não, de questões relevantes do ponto de vista econômico, político, social ou jurídico, que ultrapassem os interesses subjetivos da causa"[852].

Por sua vez, o recorrente deverá demonstrar, em preliminar do recurso, para apreciação exclusiva do Supremo Tribunal Federal, a existência da repercussão geral (§ 2º do art. 543-A do CPC).

No particular, o STF impõe o ônus quanto à apresentação escrita e fundamentada de preliminar de repercussão geral, não admitindo a tese de preliminar implícita (RE 569.476 AgR/SC, rel. Min. Ellen Gracie, j. em 2-4-2008).

Deve ser considerada existente a repercussão geral sempre que o recurso impugnar decisão contrária a súmula ou jurisprudência dominante do Tribunal (§ 3º).

Se a Turma decidir pela existência da repercussão geral por, no mínimo, 4 (quatro) votos, ficará dispensada a remessa do recurso ao Plenário (§ 4º).

É a adoção, no Brasil, da mesma *norma dos quatro*, já anunciada com relação à admissibilidade de recursos pela Suprema Corte norte-americana.

O § 5º indica que, negada a existência da repercussão geral, a decisão valerá para todos os recursos sobre matéria idêntica, que serão indeferidos liminarmente, salvo revisão da tese, tudo nos termos do Regimento Interno do Supremo Tribunal Federal.

Importantíssima alteração legislativa, principalmente porque atribui *efeito vinculante* à decisão do STF que rejeita a repercussão geral. E não poderia mesmo ser diferente. Se recursos extraordinários trazem ao STF o mesmo objeto, devem merecer idêntico tratamento quanto à rejeição sumária do conhecimento, tudo com base na decisão anterior que rechaçou a existência de repercussão.

O relator poderá admitir, na análise da repercussão geral, a manifestação de terceiros, subscrita por procurador habilitado, nos termos do Regimento Interno do Supremo Tribunal Federal (§ 6º).

A Súmula da decisão sobre a repercussão geral constará de ata, que será publicada no Diário Oficial e valerá como acórdão (§ 7º).

Acentua o art. 543-B do CPC: "Quando houver multiplicidade de recursos com fundamento em idêntica controvérsia, a análise da repercussão geral será processada nos termos do Regimento Interno do Supremo Tribunal Federal, observado o disposto neste artigo", ao passo que o § 1º salienta que "caberá ao Tribunal de origem selecionar um ou mais recursos representativos da controvérsia e encaminhá-

852 É preciso destacar que foi adotada, no processo do trabalho, regra análoga por meio da MP n. 2.226, de 4-9-2001, a qual incluiu o art. 896-A na CLT, que conta com a seguinte redação: "O Tribunal Superior do Trabalho, no recurso de revista, examinará previamente se a causa oferece transcendência com relação aos reflexos gerais de natureza econômica, política, social ou jurídica".

-los ao Supremo Tribunal Federal, sobrestando os demais até o pronunciamento definitivo da Corte".

Se for negada a existência de repercussão geral, os recursos sobrestados considerar-se-ão automaticamente não admitidos (§ 2º).

E se for julgado o mérito do recurso extraordinário?

Os recursos sobrestados serão apreciados pelos Tribunais, Turmas de Uniformização ou Turmas Recursais, que poderão declará-los prejudicados ou retratar-se (§ 3º).

Se for mantida a decisão e admitido o recurso, poderá o Supremo Tribunal Federal, nos termos do Regimento Interno, cassar ou reformar, liminarmente, o acórdão contrário à orientação firmada (§ 4º).

Ao final do diploma normativo está prescrita a necessidade de o Supremo Tribunal Federal, em seu Regimento Interno, estabelecer as normas indispensáveis à execução da Lei.

Com isso, foi implementada Emenda ao Regimento Interno do STF, que alterou a redação dos arts. 13, V, *c*, 21, § 1º, 322, 323, 324, 325, 326, 327, 328 e 329, revogando o disposto no § 5º do art. 321 do RISTF, consolidando a atual redação da norma regimental.

Por fim, deve ser informado que a repercussão geral de questões constitucionais, conquanto tenha sido objeto de regulamentação por meio da Lei n. 11.418/2006, que alterou o Código de Processo Civil, igualmente se aplica aos recursos extraordinários eventualmente interpostos no âmbito das causas criminais.

Assim se pronunciou o Supremo Tribunal Federal: "(...) O requisito constitucional da repercussão geral (CF, art. 102, § 3º, red. EC 45/2004), com a regulamentação da L. 11.418/06 e as normas regimentais necessárias à sua execução, aplica-se aos recursos extraordinários em geral, e, em consequência, às causas criminais. 2. Os recursos ordinários criminais de um modo geral, e, em particular o recurso extraordinário criminal e o agravo de instrumento da decisão que obsta o seu processamento, possuem um regime jurídico dotado de certas peculiaridades – referentes a requisitos formais ligados a prazos, formas de intimação e outros – que, no entanto, não afetam substancialmente a disciplina constitucional reservada a todos os recursos extraordinários (CF, art. 102, III). 3. A partir da EC 45, de 30 de dezembro de 2004 – que incluiu o § 3º no art. 102 da Constituição –, passou a integrar o núcleo comum da disciplina constitucional do recurso extraordinário a exigência da repercussão geral da questão constitucional. (...)" (AI-QO 664.567/RS, rel. Min. Sepúlveda Pertence, j. em 18-6-2007).

18.9 O SUPREMO TRIBUNAL FEDERAL E A SÚMULA VINCULANTE

Entre as diversas inovações trazidas pela EC n. 45/2004, destaca-se a súmula vinculante.

Objeto de acirradíssima polêmica, o instituto foi incorporado ao sistema constitucional pelo art. 103-A: "O Supremo Tribunal Federal poderá, de ofício ou por provocação, mediante decisão de dois terços dos seus membros, após reiteradas decisões sobre a matéria, aprovar súmula que, a partir de sua publicação na imprensa oficial, terá efeito vinculante em relação aos demais órgãos do Poder Judiciário e à administração pública direta e indireta, nas esferas federal, estadual e municipal, bem como proceder à sua revisão ou cancelamento, na forma estabelecida em lei".

A alteração constitucional que resultou na adoção da súmula vinculante no Brasil está relacionada à necessidade de tratamento das partes no âmbito judicial à luz do princípio isonômico, impedindo que casos idênticos obtenham julgamentos discrepantes.

A adoção da súmula vinculante no contexto da EC n. 45/2004 reduziu o distanciamento entre o sistema anglo-saxão de caráter judicialista (*commom law*) e o sistema brasileiro, de compostura românico-germânica (*civil law*), que se ampara na lei, porque, embora não adotada formalmente a *stare decisis*[853] do direito norte-americano, admitiu edição, de ofício ou por provocação, de súmula com efeito vinculante em relação aos órgãos da Administração Pública federal, estadual ou municipal, bem assim com relação aos demais órgãos do Poder Judiciário.

De logo, cumpre registrar que o efeito vinculante não é novidade na Constituição, visto que a EC n. 3/93, ao criar a ação declaratória de constitucionalidade no § 2º do art. 102, expressamente atribuiu efeito da espécie.

A inovação concerne ao fato de o STF poder editar, a partir de agora, súmulas com efeito vinculativo relativamente aos demais órgãos do Poder Judiciário e à Administração Pública, direta e indireta, em todos os níveis.

É claro que o art. 103-A não atribuiu efeito vinculante automático a todas as súmulas já editadas pelo Supremo Tribunal Federal, porque carece a jurisprudência sumulada, de sorte a receber o efeito vinculante, de decisão de dois terços dos Ministros daquela Corte, como, a propósito, expressa o art. 8º da EC n. 45/2004.

A adoção de súmula vinculante poderá dar-se tanto de ofício pelo STF quanto por meio de provocação.

Quem pode instar o STF à adoção de súmula vinculante? A resposta é dada pelo § 2º do art. 103-A: "Sem prejuízo do que vier a ser estabelecido em lei, a aprovação, revisão ou cancelamento de súmula poderá ser provocada por aqueles que podem propor a ação direta de inconstitucionalidade".

A prerrogativa quanto à provocação para aprovar, rever ou cancelar súmula vinculante é dos órgãos e pessoas indicadas nos incisos do art. 103 da Constituição:

São eles:

a) o *Presidente da República;*

b) a *Mesa do Senado Federal;*

c) a *Mesa da Câmara dos Deputados;*

853 Decorrente da expressão latina *stare decisis et quieta non movere* ("estar com a decisão e não mudar o que está consolidado").

d) a *Mesa da Assembleia Legislativa ou da Câmara Legislativa do Distrito Federal (alteração feita pela EC n. 45/2004);*

e) o *Governador de Estado ou do Distrito Federal (redação dada pela EC n. 45/2004);*

f) o *Procurador-Geral da República;*

g) o *Conselho Federal da Ordem dos Advogados do Brasil;*

h) *partido político com representação no Congresso Nacional;* e

i) *confederação sindical ou entidade de classe de âmbito nacional.*

Ocorre que a norma constitucional não repugna a possibilidade de a lei ordinária alargar os legitimados para a provocação do STF acerca de súmula vinculante.

Assim dispôs a Lei n. 11.417, de 19 de dezembro de 2006, ao atribuir legitimidade para o procedimento *direto* de edição, revisão e cancelamento de súmula vinculante à seguinte pessoa e entidades:

a) Defensor Público-Geral da União;

b) Tribunais Superiores;

c) Tribunais de Justiça estaduais e distrital;

d) Tribunais Regionais Federais;

e) Tribunais Regionais do Trabalho;

f) Tribunais Regionais Eleitorais;

g) Tribunais Militares.

Permite a Lei ainda a Município a legitimidade para o procedimento *incidental*, em virtude de o § 1º do art. 3º da Lei registrar que "o Município poderá propor, *incidentalmente* ao curso de processo em que seja parte, a edição, a revisão ou o cancelamento de enunciado de súmula vinculante, o que não autoriza a suspensão do processo".

A Constituição também cuidou de apresentar o objeto da súmula vinculante no § 1º do art. 103-A: a validade, a interpretação e a eficácia de normas determinadas.

De sorte a impedir que se instale incontrolável recurso ao STF para a edição de súmula vinculante, e mesmo para disciplinar a sua aprovação pelo próprio Tribunal, o mencionado § 1º traz os seus pressupostos:

a) *normas sobre as quais haja controvérsia atual entre órgãos judiciários ou entre esses e a administração pública;*

b) *que acarrete grave insegurança jurídica;* e

c) *relevante multiplicação de processos sobre questão idêntica.*

Observa-se, pois, que os pressupostos à edição de súmula vinculante estão incondicionalmente já fixados na norma constitucional, não podendo o STF pô-los à margem quando da aprovação de ofício ou por provocação.

Examinemos cada pressuposto indicativamente relacionado no § 1º do art. 103-A.

O primeiro deles se refere às normas sobre as quais haja controvérsia *atual* entre órgãos judiciários ou entre esses e a Administração Pública.

Quando o legislador constituinte derivado destaca a locução "atual", impede que venha a ser editada súmula vinculante a respeito de dissidência jurisprudencial perdida no passado, ou acerca de embate de antanho havido entre órgão judiciário e a Administração Pública.

Outro pressuposto assinalado pelo dispositivo é a grave insegurança jurídica acarretada pela controvérsia.

E, aqui, não se trata de entrega de papel em branco ao STF a fim de que venha a preenchê-lo com o sentido que quiser atribuir à expressão "grave insegurança jurídica".

Inelutavelmente, cabe ao Supremo Tribunal Federal, como órgão de cúpula do Poder Judiciário, decidir – e o fará de modo objetivo – se a controvérsia está afetando gravemente a estabilidade das relações jurídicas, a ponto de impor a edição de súmula vinculante.

E o último pressuposto é o pertinente à relevante multiplicação de processos sobre questão idêntica.

Não basta para adoção do instituto que as matérias recorrentemente cheguem ao Poder Judiciário brasileiro.

Não. É necessário mais; é preciso que o número de ações sobre idêntico tema atinja proporção tal que só admita solução aprovando-se súmula vinculante.

Registre-se, por fim, que *todos* os pressupostos devem ser atendidos para a edição de súmula vinculante, conforme, inclusive, decorre da literalidade do art. 103-A, *caput*, da Constituição.

O que acontece se houver descumprimento do conteúdo de súmula vinculante? Diz o § 3º do art. 103-A: "Do ato administrativo ou decisão judicial que contrariar a súmula aplicável ou que indevidamente a aplicar, caberá reclamação ao Supremo Tribunal Federal, que, julgando-a procedente, anulará o ato administrativo ou cassará a decisão judicial reclamada, e determinará que outra seja proferida com ou sem a aplicação da súmula, conforme o caso" (ver subitem 18.9.1.1).

Súmulas vinculantes editadas pelo STF (até 24-2-2011). Dando cumprimento ao disposto na Constituição e na Lei n. 11.417/2006, o STF editou as seguintes súmulas vinculantes até o encerramento desta edição:

> *Súmula 1 (FGTS) – Ofende a garantia constitucional do ato jurídico perfeito a decisão que, sem ponderar as circunstâncias do caso concreto, desconsidera a validez e a eficácia de acordo constante de termo de adesão instituído pela Lei Complementar n. 110/2001* (*DJ* de 6-6-2007, Precedentes: REs 418.918, 427.801 AgR-ED e 431.363 AgR).
>
> *Súmula 2 (Bingos e loterias) – É inconstitucional a lei ou ato normativo estadual ou distrital que disponha sobre sistemas de consórcios e sorteios, inclusive bingos e loterias* (*DJ* de 6-6-2007, Precedentes: ADIns 2.847, 3.147, 2.996, 2.690, 3.183 e 3.277).
>
> *Súmula 3 (Processo administrativo no TCU) – Nos processos perante o Tribunal de Contas da União asseguram-se o contraditório e a ampla defesa quando da decisão puder resultar anulação ou revogação de ato administrativo que beneficie o interessado, excetuada a apreciação da legalidade do ato de concessão inicial de aposentadoria, reforma e pensão* (*DJ* de 6-6-2007, Precedentes: MSs 24.268, 24.728, 24.754 e 24.742).

Súmula 4 – Salvo os casos previstos na Constituição Federal, o salário mínimo não pode ser usado como indexador de base de cálculo de vantagem de servidor público ou de empregado, nem ser substituído por decisão judicial (*DJ* de 9-5-2008, Precedentes: REs 236.396, 208.684, 217.700, 221.234, 338.760 e 439.035).

Súmula 5 – A falta de defesa técnica por advogado no processo administrativo disciplinar não ofende a Constituição (*DJ* de 16-5-2008, Precedentes: AI 207.197 AgR, RE 244.027 AgR e MS 24.961).

Súmula 6 – Não viola a Constituição da República o estabelecimento de remuneração inferior ao salário mínimo para os praças prestadores de serviço militar inicial (*DJ* de 16-5-2008, Precedentes: REs 570.177, 551.453, 551.608, 558.279, 557.717, 557.606, 556.233, 556.235, 555.897, 551.713, 551.778 e 557.542).

Súmula 7 – A norma do § 3º do art. 192 da Constituição, revogada pela Emenda Constitucional n. 40/2003, que limitava a taxa de juros reais a 12% ao ano, tinha sua aplicação condicionada à edição de lei complementar (*DJ* de 20-6-2008, Precedentes: ADIn 4, REs 157.897, 184.837, 186.594, 237.472, 237.952 e AI 187.925 AgR).

Súmula 8 – São inconstitucionais o parágrafo único do artigo 5º do Decreto-Lei n. 1.569/1977 e os artigos 45 e 46 da Lei n. 8.212/1991, que tratam de prescrição e decadência de crédito tributário (*DJ* de 20-6-2008, Precedentes: REs 106.217 e 138.284).

Súmula 9 – O disposto no artigo 127 da Lei n. 7.210/1984 (Lei de Execução Penal) foi recebido pela ordem constitucional vigente, e não se lhe aplica o limite temporal previsto no caput *do artigo 58* (*DJ* de 20-6-2008, Precedentes: RE 452.994, HCs 91.084, 92.799, 90.107, AI 570.188 AgR-ED e AI 580.259 AgR).

Súmula 10 – Viola a cláusula de reserva de plenário (CF, artigo 97) a decisão de órgão fracionário de tribunal que, embora não declare expressamente a inconstitucionalidade de lei ou ato normativo do Poder Público, afaste sua incidência, no todo ou em parte (*DJ* de 27-6-2008, Precedentes: REs 240.096, 544.246, 319.181 e AI 472.897 AgR).

Súmula 11, de 13 de agosto de 2008 – *Só é lícito o uso de algemas em caso de resistência e de fundado receio de fuga ou de perigo à integridade física própria ou alheia, por parte do preso ou de terceiros; justificada a excepcionalidade por escrito, sob pena de responsabilidade disciplinar civil e penal do agente ou da autoridade e de nulidade da prisão ou do ato processual a que se refere, sem prejuízo da responsabilidade civil do Estado* (Precedente: HC 91.952/SP).

Súmula 12, de 14 de agosto de 2008 – *A cobrança de taxa de matrícula nas Universidades Públicas viola o disposto no art. 206, inciso IV, da Constituição Federal* (Precedente: RE 500.171/GO).

Súmula 13, de 29 de agosto de 2008 – *A nomeação de cônjuge, companheiro ou parente em linha reta, colateral ou por afinidade, até o terceiro grau, inclusive, da autoridade nomeante ou de servidor da mesma pessoa jurídica investido em cargo de direção, chefia ou assessoramento, para o exercício de cargo em comissão ou de confiança ou, ainda, de função gratificada na administração pública direta e indireta em qualquer dos Poderes da União, dos Estados, do Distrito Federal e dos Municípios, compreendido o ajuste mediante designações recíprocas, viola a Constituição Federal* (Precedentes: ADI 1521-MC, MS 23780, ADC 12-MC, ADC 12, RE 579951).

Súmula 14, de 9 de fevereiro de 2009 – *É direito do defensor, no interesse do representado, ter acesso amplo aos elementos de prova que, já documentados em procedimento investigató-*

rio realizado por órgão com competência de polícia judiciária, digam respeito ao exercício do direito de defesa (Precedentes: HCs 88.520, 90.232, 88.190, 92.331, 87.827 e 82.354).

Súmula 15, de 1º de julho de 2009 – *O cálculo de gratificações e outras vantagens do servidor público não incide sobre o abono utilizado para se atingir o salário mínimo* (Precedentes: RE 439.360 AgR, RE 518.760 AgR, RE 548.983 AgR, RE 512.845 AgR, RE 490.879 AgR, RE 474.381 AgR, RE 436.368 AgR, RE 572921 RG-QO).

Súmula 16, de 1º de julho de 2009 – *Os artigos 7º, IV, e 39, § 3º (redação da EC n. 19/98), da Constituição, referem-se ao total da remuneração percebida pelo servidor público* (Precedentes: RE 199.098, RE 197.072, RE 265.129, AI 492.967 AgR, AI 601.522 AgR, RE 582.019 RG-QO).

Súmula 17, de 10 de novembro de 2009 – *Durante o período previsto no parágrafo 1º do artigo 100 da Constituição, não incidem juros de mora sobre os precatórios que nele sejam pagos* (Precedentes: RE 591.085 RG-QO, RE 298.616, RE 305.186, RE 372.190 AgR, RE 393.737 AgR, RE 589.345, RE 571.0222 AgR, RE 583.871).

Súmula 18, de 10 de novembro de 2009 – *A dissolução da sociedade ou do vínculo conjugal, no curso do mandato, não afasta a inelegibilidade prevista no § 7º do artigo 14 da Constituição Federal* (Precedentes: RE 568.596, RE 433.460, RE 446.999).

Súmula 19, de 10 de novembro de 2009 – *A taxa cobrada exclusivamente em razão dos serviços públicos de coleta, remoção e tratamento ou destinação de lixo ou resíduos provenientes de imóveis, não viola o artigo 145, II, da Constituição Federal* (Precedentes: RE 576.321 RG-QO, RE 256.588 ED-EDv, AI 476.945 AgR, AI 460.195 AgR, RE 440.992 AgR, AI 481.619 AgR, AI 684.607 AgR, RE 273.074 AgR, RE 532.940 AgR, RE 411.251 AgR, RE 481.713 AgR, RE 473.816 AgR, AI 457972 AgR, RE 393.331 AgR, AI 459.051 AgR, RE 362.578 AgR, RE 206.777).

Súmula 20, de 10 de novembro de 2009 – *A Gratificação de Desempenho de Atividade Técnico-Administrativa – GDATA, instituída pela Lei n. 10.404/2002, deve ser deferida aos inativos nos valores correspondentes a 37,5 (trinta e sete vírgula cinco) pontos no período de fevereiro a maio de 2002 e, nos termos do artigo 5º, parágrafo único, da Lei n. 10.404/2002, no período de junho de 2002 até a conclusão dos efeitos do último ciclo de avaliação a que se refere o artigo 1º da Medida Provisória n. 198/2004, a partir da qual passa a ser de 60 (sessenta) pontos* (Precedentes: REs 476.279, 476.390, 597.154 RG-QO).

Súmula 21, de 10 de novembro de 2009 – *É inconstitucional a exigência de depósito ou arrolamento prévios de dinheiro ou bens para admissibilidade de recurso administrativo* (Precedentes: RE 388.359, RE 389.383, RE 390.513, AI 398.933 AgR, AI 408.914 AgR, ADIn 1.976, AI 698.626 RG-QO, RE 370.927 AgR, AI 431.017 AgR, RE 504.288 AgR, AC 1.887 MC, AI 351.042 AgR-ED, AI 649.432, RE 563.844, AI 687.411).

Súmula 22, de 11 de dezembro de 2009 – *A Justiça do Trabalho é competente para processar e julgar as ações de indenização por danos morais e patrimoniais decorrentes de acidente de trabalho propostas por empregado contra empregador, inclusive aquelas que ainda não possuíam sentença de mérito em primeiro grau quando da promulgação da Emenda Constitucional n. 45/2004* (Precedentes: CComp 7.204, AI 529.763 AgR-ED, AI 540.190 AgR, AC 822 MC).

Súmula 23, de 11 de dezembro de 2009 – *A Justiça do Trabalho é competente para processar e julgar ação possessória ajuizada em decorrência do exercício do direito de greve pelos trabalhadores da iniciativa privada* (Precedentes: RE 579.648, CJ 6.959, RE 238.737, AI 611.670, AI 598.457, RE 555.075, RE 576.803).

Súmula 24, de 11 de dezembro de 2009 – *Não se tipifica crime material contra a ordem tributária, previsto no art. 1º, incisos I a IV, da Lei n. 8.137/90, antes do lançamento definitivo do tributo* (Precedentes: HCs 81.611, 85.185, 86.120, 83.353, 85.463, 85.428)

Súmula 25, de 23 de dezembro de 2009 – *É ilícita a prisão civil de depositário infiel, qualquer que seja a modalidade do depósito* (Precedentes: REs 466.343, 562.051 e 349.703).

Súmula 26, de 23 de dezembro de 2009 – *Para efeito de progressão de regime no cumprimento de pena por crime hediondo, ou equiparado, o juízo da execução observará a inconstitucionalidade do art. 20 da Lei n. 8.072, de 25 de julho de 1990, sem prejuízo de avaliar se o condenado preenche, ou não, os requisitos objetivos e subjetivos do benefício, podendo determinar, para tal fim, de modo fundamentado, a realização de exame criminológico* (Precedentes: HCs 82.959, 90.262 e 88.231).

Súmula 27, de 23 de dezembro de 2009 – *Compete à Justiça estadual julgar causas entre consumidor e concessionária de serviço público de telefonia, quando a ANATEL não seja litisconsorte passiva necessária, assistente, nem opoente* (Precedentes: REs 571.572, 548.740 e 525.852).

Súmula 28, de 4 de fevereiro de 2010 – *É inconstitucional a exigência de depósito prévio como requisito de admissibilidade de ação judicial na qual se pretenda discutir a exigibilidade do crédito tributário* (Precedente: ADIn 1.074).

Súmula 29, de 4 de fevereiro de 2010 – *É constitucional a adoção do valor de taxa de um ou mais elementos da base de cálculo própria de determinado imposto, desde que não haja integral identidade entre uma base e outra* (Precedentes: REs 576.321, 232.393, 177.835; AI 441.038 e RE 346.695 AgR).

Súmula 31, de 17 de fevereiro de 2010 – *É inconstitucional a incidência do imposto sobre serviços de qualquer natureza – ISS – sobre operações de locações de bens móveis* (Precedentes: REs 116.121, 455.613, 553.223, 465.456, 450.120 e 446.003).

Súmula 32, de 24 de fevereiro de 2011 – *O ICMS não incide sobre alienação de salvados de sinistro pelas seguradoras* (Precedentes: ADIns 1.390 MC e 1.332 MC).

18.9.1 A súmula vinculante após a edição da Lei n. 11.417, de 19 de dezembro de 2006

Propondo-se a disciplinar a edição, revisão e cancelamento de enunciado de súmula vinculante, foi editada a Lei n. 11.417/2006, com *vacatio legis* de três meses (art. 11), entrando, assim, em vigor, a partir de 20 de março de 2007.

Repete os pressupostos à edição de súmula vinculante assinalados no art. 103-A e parágrafos da Constituição Federal; apresenta, todavia, algumas inovações.

O § 2º do art. 2º, por exemplo, prescreve que "o Procurador-Geral da República, nas propostas que não houver formulado, manifestar-se-á previamente à edição, revisão ou cancelamento de enunciado de súmula vinculante".

Por sua vez, o § 4º do mesmo artigo assinala que, "no prazo de 10 (dez) dias após a sessão em que editar, rever ou cancelar enunciado de súmula com efeito vinculante, o Supremo Tribunal Federal fará publicar, em seção especial do Diário da Justiça e do Diário da União, o enunciado respectivo".

Já o art. 3º da Lei, diante de permissão dada pelo § 2º do art. 103-A da Constituição ("*sem prejuízo do que vier a ser estabelecido em lei*, a aprovação, revisão ou cancelamento de súmula poderá ser provocada por aqueles que podem propor a ação direta de inconstitucionalidade"), inclui como parte legítima para o requerimento o Defensor-Público Geral da União (art. 3º, VI), os Tribunais Superiores, os Tribunais de Justiça dos Estados e do Distrito Federal e Territórios, os Tribunais Regionais Federais, os Tribunais Regionais do Trabalho, os Tribunais Regionais Eleitorais e os Tribunais Militares.

Interessante é a previsão do § 1º do art. 3º, ao admitir a legitimidade municipal: "O Município poderá propor, incidentalmente ao curso de processo em que seja parte, a edição, a revisão ou o cancelamento de enunciado de súmula vinculante, o que não autoriza a suspensão do processo".

É certo que a legitimidade conferida ao ente municipal está evidentemente afeta à deflagração de processo de súmula vinculante acerca de leis *federais, estaduais* e *municipais,* simplesmente porque o § 1º do art. 3º indica a qualidade para agir incidentalmente no curso do processo em que seja parte, cujo núcleo central da controvérsia poderá girar em torno da norma federal, estadual e municipal.

Assim, não é oponível a município a *pertinência temática.*

Explica André Ramos Tavares que "não parece correto exigir pertinência temática do Município de maneira que só pudesse impugnar leis municipais, já que se submete plenamente à incidência de leis federais e estaduais", ressalvando, entretanto: "Não assim quanto às leis municipais de outros municípios, para o que a pertinência temática seria uma exigência plausível"[854].

O § 2º do art. 3º torna admissível a figura do *amicus curiae*: "No procedimento de edição, revisão ou cancelamento de enunciado da súmula vinculante, o relator poderá admitir, por decisão irrecorrível, a manifestação de terceiros na questão, nos termos do Regimento Interno do Supremo Tribunal Federal".

Por sua vez, controvertidíssimo é o comando do art. 4º da Lei n. 11.417/2006: "A súmula com efeito vinculante tem eficácia imediata, mas o Supremo Tribunal Federal, por decisão de 2/3 (dois terços) dos seus membros, poderá restringir os efeitos vinculantes ou decidir que só tenha eficácia a partir de outro momento, tendo em vista razões de segurança jurídica ou de excepcional interesse público".

Sabe-se que a modulação temporal dos efeitos da declaração de inconstitucionalidade está expressamente referida no art. 27 da Lei n. 9.868/99; mas o problema aqui é outro.

É que a Lei passa doravante a permitir ao STF a modulação temporal dos efeitos vinculantes de súmula, malgrado a sua eficácia imediata.

Em primeiro lugar, esclareça-se que a eficácia imediata só pode ser aquela posterior à publicação na imprensa oficial de enunciado de súmula vinculante, e não a posterior à data da decisão do STF[855].

---

854 Cf. *Nova Lei da Súmula Vinculante:* estudos e comentários à Lei 11.417, de 19-12-2006, p. 59.

855 Cf. André Ramos Tavares, op. cit., p. 63.

Em segundo lugar, surge a dúvida se a modulação temporal dos efeitos vinculantes integrará propriamente o enunciado da súmula ou se fará parte da decisão no processo inerente à sua edição[856].

Se se admitir como local adequado para modulação o próprio enunciado de súmula vinculante, tornar-se-á mais fácil a compreensão a respeito da eficácia prospectiva dada ao efeito vinculante da súmula, em virtude do próprio conteúdo do enunciado.

Por outro lado, embora se sustente que a natureza de processo objetivo e a própria característica da súmula vinculante induziriam a efeito transcendente à motivação inserida no respectivo *decisum*, parece-nos que, a par de a Lei n. 11.417/2006 não atribuir à decisão sobre súmula vinculante o mesmo efeito transcendente dos motivos adotados em sede de controle abstrato (parágrafo único do art. 28 da Lei n. 9.868/99), a gravíssima ocorrência de redimensionamento temporal do efeito vinculante recomenda se realize no próprio enunciado, pena de comprometer-se, de fato, o amplo conhecimento que devem ter todos os destinatários da norma jurídica acerca de conteúdo de súmula vinculante que diferiu a retirada de eficácia do preceito, comprometendo-se igualmente a segurança jurídica referida pela Constituição como pressuposto à própria edição da súmula.

Se, por seu turno, a súmula vinculante, que tem eficácia imediata após a publicação, admitir data no futuro a partir da qual operar-se-ão efeitos vinculantes, teremos um duríssimo golpe aplicado contra o controle concreto-difuso, caso o enunciado, além de diferir a vinculação do seu conteúdo que preveja a inconstitucionalidade da norma, disponha que até aquela data deva a lei ser considerada constitucional.

O problema é que se não for adotado o sistema antes indicado será editada súmula vinculante paradoxalmente não vinculante, porque reconhecendo o STF a inconstitucionalidade de uma norma e postergando simplesmente os efeitos vinculantes para data futura, será possível à Administração Pública e aos demais órgãos do Poder Judiciário continuarem aplicando a lei inconstitucional até que se alcance a data fixada no enunciado da súmula.

"Não haveria sentido que a súmula fosse editada com efeito vinculante diferido no tempo. Isso equivaleria a que o modelo retrocedesse até as súmulas ordinárias, já presentes no modelo brasileiro anterior à reforma sumular, que não contam com efeito vinculante (...)"[857].

Data venia, mesmo havendo modulação temporal, não há espaço para assemelhar a súmula vinculante à súmula não vinculante, de recorrente edição pelos Tribunais Superiores brasileiros. É que, malgrado a eficácia diferida, chegará o momento em que a interpretação, conferida pelo STF, não admitirá entendimento contrário, pena de ser cassada a decisão que a contraria por meio de reclamação constitucional, o que não acontece com as atuais súmulas ordinárias.

---

856 Idem, p. 64.

857 Idem, p. 67.

Também merece registro que o motivo à edição de súmula com efeito vinculante *pro futuro*, relacionado que está a razões de segurança jurídica ou de excepcional interesse público, torna absolutamente legítima a ponência de efeitos prospectivos, seja para não promover convulsionamento em série de relações jurídicas consolidadas sob a égide da norma reputada inconstitucional, seja para viabilizar o imprescindível amadurecimento dos órgãos judiciais e administrativos em torno do conteúdo do provimento sumular.

Além disso, consideramos muito mais conveniente a edição de súmula vinculante que incorra nesse "paradoxo" do que a fórmula de postergação dos efeitos vinculantes combinada com a impossibilidade de exercício do controle incidental. É que esse controle se efetiva invariavelmente para proteger direitos fundamentais no caso concreto.

Contudo, a súmula vinculante não poderá modular os efeitos quando se tratar de reconhecimento de *não recepção* ou *revogação* da norma pelo Texto Constitucional, visto que, nesse caso, fulmina-se o preceito na sua origem, não abrindo espaço para diferimento da eficácia da súmula.

Outra novidade importante trazida pela Lei n. 11.417/2006 é o comando do art. 6º: "A proposta de edição, revisão ou cancelamento de enunciado de súmula vinculante não autoriza a suspensão dos processos em que se discuta a mesma questão".

Logo, diversamente do que sucede na ação direta de inconstitucionalidade e na ação declaratória de constitucionalidade, em cujo processo se permite a formulação de pedido cautelar com eficácia paralisante das discussões travadas em tantos outros processos versantes sobre o mesmo tema, a instauração de processo de súmula vinculante não terá eficácia suspensiva relativamente a todos os demais cujo núcleo da lide seja a questão constitucional a ser disciplinada pela súmula.

18.9.1.1 Súmula vinculante e reclamação constitucional

A Constituição é instrumento formal de garantia de direitos. O Supremo Tribunal Federal é o guarda da Constituição. A reclamação constitucional, por sua vez, é medida destinada a preservar a competência do Tribunal e a garantir a autoridade de suas decisões. Logo, reveste-se de grande importância o estudo da reclamação constitucional, porque alcança o *status* de instrumento processual de realização da Constituição, e, consequentemente, de efetivação dos direitos fundamentais.

A reclamação constitucional passou por diversas fases até atingir o estágio atual: a) reclamação como natural decorrência da autoridade do STF, cujo reconhecimento se operou no contexto da jurisprudência do Tribunal, especialmente a partir da Rcl. 141/52; b) reclamação incluída no Regimento Interno do STF, tendo em vista, inclusive, o permissivo da Constituição de 1946 (art. 101); c) reclamação inserida na Constituição de 1988; d) reclamação contra descumprimento de súmula vinculante (EC n. 45/2004).

Reclamação constitucional, que detém natureza jurídica de ação, propondo-se a preservar a competência do STF e a garantir a autoridade de sua decisões (art. 102, I, *l*, da CF), não se confunde com *reclamação correicional*, também chamada de *correi-*

ção parcial, visto que, neste caso, pretende-se cassar decisão de juiz que tumultua o processo, ao passo que não há propósito correicional algum na reclamação constitucional.

Com a edição da Lei n. 11.417/2006, atinge-se nova fase do uso da reclamação constitucional, uma vez que destinada agora, também, à observância do conteúdo de súmula vinculante.

Embora a Constituição permita reclamação constitucional no âmbito do STJ para preservar a sua competência e garantir a autoridade de suas decisões (art. 105, I, *f*), distinguem-se em razão da tarefa constitucional atribuída, respectivamente, a cada um: ao STF, a guarda da Constituição; ao STJ, a proteção do direito objetivo federal.

A Lei n. 11.417/2006 passou a admitir a possibilidade de reclamação constitucional para o caso de descumprimento de súmula vinculante; trata-se, assim, de medida a ser intentada *exclusivamente* perante o STF, que é o único órgão jurisdicional brasileiro com competência para editar súmula com efeito vinculante.

Eis a base normativa: "Da decisão judicial ou do ato administrativo que contrariar enunciado de súmula vinculante, negar-lhe vigência ou aplicá-lo indevidamente caberá reclamação ao Supremo Tribunal Federal, sem prejuízo dos recursos ou outros meios admissíveis de impugnação".

Em obséquio à previsão normativa, encontram-se três circunstâncias autorizativas da reclamação:

a) *contrariedade à súmula;*
b) *negativa de vigência de súmula;*
c) *aplicação indevida de súmula.*

É óbvio o fundamento da reclamação constitucional para o caso de descumprimento de súmula vinculante.

Com evidência, se o § 1º do art. 103-A da Constituição denota que é necessária a existência de controvérsia atual, geradora, por sua vez, de *grave insegurança jurídica* e de relevante multiplicação de processos sobre a mesma questão, a insegurança a ensejar edição de súmula vinculante determina o uso da reclamação constitucional, sendo indiscutível que o generalizado descumprimento da súmula acarretará a insegurança jurídica que se tencionou evitar.

Legitimados para o uso da reclamação constitucional contra descumprimento de súmula vinculante são todos aqueles que podem propor ação direta, além de qualquer pessoa prejudicada no processo judicial em que foi prolatada decisão ofensiva ao conteúdo da súmula.

Observe-se a redação do art. 7º da Lei n. 11.417/2006: "Da decisão judicial ou do ato administrativo que contrariar enunciado de súmula vinculante, negar-lhe vigência ou aplicá-lo indevidamente caberá reclamação ao Supremo Tribunal Federal, sem prejuízo dos recursos ou outros meios admissíveis de impugnação".

Com isso, a Lei reafirma a autonomia da reclamação constitucional, porquanto o reclamante poderá utilizá-la *sem prejuízo dos recursos ou outros meios admissíveis de impugnação*.

Quanto a eventual pleito cautelar em sede de reclamação constitucional, é correto entender que o poder geral de cautela abrange toda e qualquer relação jurídica processual, pois o que se pretende nada mais é que a preservação da eficácia útil do processo em si[858].

De conseguinte, se se mostrar indeclinável a formulação de pleito cautelar, ainda que a Lei n. 11.417/2006 não tenha expressamente consignado a possibilidade, temos por induvidoso o pedido para assegurar, como dito, a eficácia útil do processo.

Um ponto importante da Lei e que se relaciona ao uso da reclamação constitucional se refere à adoção do *contencioso administrativo obrigatório*.

É a dicção do § 1º do art. 7º: "Contra omissão ou ato da administração pública, o uso da reclamação só será admitido após esgotamento das vias administrativas".

Confrontando-o com a norma constitucional, que alude a "ato administrativo ou decisão judicial" (§ 3º do art. 103-A), tem-se que o legislador ordinário promoveu significativa – e, a nosso ver, inconstitucional – ampliação da reclamação por descumprimento de súmula vinculante.

Seguramente, não é o mesmo "omissão ou ato da Administração Pública" e "ato administrativo", concluindo-se, portanto, ser incompatível com a Constituição o alargamento proposto à reclamação pela norma regulamentadora, razão por que "(...) será necessária uma redução do alcance desta norma da LSV, realizando-se uma típica declaração de inconstitucionalidade sem redução de texto para afastar, do universo dos atos da Administração Pública, os atos não administrativos"[859].

A providência inerente à criação de um *contencioso administrativo obrigatório* se impunha mais por imperativo fático que jurídico, na medida em que, aberta a possibilidade de reclamação constitucional contra ato administrativo vulnerador de enunciado de súmula vinculante, corria-se o sério risco de substituir a *crise numérica* do recurso extraordinário pela *crise numérica* decorrente do desenfreado uso da reclamação, conforme advertem Gilmar Mendes e S. Pflug[860]. Outrossim, não entendemos seja inconstitucional o dispositivo.

Inegável a extrema relevância do princípio da proteção judiciária, ou do direito de ação, não menos inegável é que o seu conteúdo não condiz com acesso *direto*, sempre, ao Poder Judiciário. Diante de determinadas hipóteses, poderá o legislador infraconstitucional eleger a necessidade de atendimento a *pressupostos processuais extrínsecos.* Note-se que o próprio sistema constitucional excepciona o acesso direto na hipótese de ações desportivas, tornando-se impositivo o prévio recurso a tais instâncias (§ 1º do art. 217).

---

858 Art. 798 do Código de Processo Civil: "Além dos procedimentos cautelares específicos, que este Código regula no Capítulo II deste Livro, poderá o juiz determinar as medidas provisórias que julgar adequadas, quando houver fundado receio de que uma parte, antes do julgamento da lide, cause ao direito da outra lesão grave e de difícil reparação".

859 Cf. André Ramos Tavares, op. cit., p. 83.

860 Apud André Ramos Tavares, op. cit., p. 85.

De mais a mais, "(...) é preciso reafirmar que acesso 'ilimitado' ao Judiciário não pode ser confundido com acesso 'ilimitado' ao STF, enquanto Justiça Constitucional *concentrada* ou final. A ideia de acesso à Justiça Constitucional deve ser compreendida e proporcionada exclusivamente pelo modelo de controle difuso-concreto (...), não por uma ilimitada *actio popularis* direta ao STF. A capacidade operativa de um Tribunal ou de uma Corte Suprema que desempenhe a função desse Tribunal em dado ordenamento (como o STF) deve partir da tese de 'jurisdição constitucional como bem escasso' (Wahl, Wieland, 1997: 12-35)"[861].

Quais as consequências da reclamação julgada procedente?

Salienta o § 2º do art. 7º da Lei n. 11.417/2006 que, "ao julgar procedente a reclamação, o Supremo Tribunal Federal anulará o ato administrativo ou cassará a decisão judicial impugnada, determinando que outra seja proferida com ou sem aplicação da súmula, conforme o caso".

Julgada procedente a reclamação, o fato não enseja o julgamento do caso concreto pelo STF, mas sim a análise do descumprimento da súmula vinculante por ato administrativo ou decisão judicial.

Mesmo assim, manejada a reclamação em caso de decisão judicial contrária a súmula vinculante, o STF simplesmente *cassará* a decisão impugnada, sem substituir a decisão cassada, a fim de que outra seja proferida, com ou sem aplicação da súmula.

É o que chamamos de *efeito rescisório mitigado*, pois o STF cassará a decisão, isto é, desconstituirá e *rescindirá* o julgado, ensejando um dos efeitos admitidos em sede de ação rescisória; não, porém, quanto a proferir novo julgamento à causa, embora a Lei permita condicionamentos à nova decisão, de modo exclusivo para impor a aplicação ou não de conteúdo de súmula vinculante.

A circunstância de a reclamação não ocasionar decisão definitiva relativamente àquele que provocou o STF não retira eventual efeito indireto para o julgamento do caso concreto, porque obterá a parte, diretamente, decisão de mérito sobre o conteúdo da súmula, inclusive com a determinação a respeito do modo como deverá ser aplicada[862].

Se, por exemplo, a súmula reconhecer que a Constituição de 1988 revogou determinada lei, caberá reclamação constitucional contra decisão judicial ou ato administrativo que atribua algum efeito à norma cuja não recepção restou consolidada na súmula vinculante.

É que a revogação opera efeitos *ex tunc*, não ensejando outra exegese pelos demais órgãos do Poder Judiciário e da Administração Pública senão de que nenhum efeito poderá ser conferido à disposição não recepcionada pelo sistema constitucional, tal como registrado na súmula.

---

861 Idem, ibidem.

862 Idem, p. 87.

Quanto a ato administrativo, a redação do § 2º do art. 7º reforça a ideia antes referida: a reclamação constitucional deve dirigir-se apenas contra ato administrativo, e não em face de qualquer ação ou omissão da Administração Pública, como sustenta o § 1º.

Se houver descumprimento por agente administrativo da decisão do STF na reclamação constitucional, a redação do art. 9º da Lei n. 11.417/2006, que alterou a Lei n. 9.784/99 (Processo Administrativo Federal), prevê sua responsabilização pessoal, seja na esfera cível, seja na administrativa e/ou penal.

O mesmo dispositivo acentua que, no caso de acolhimento de reclamação contra ato administrativo, será dada ciência à autoridade responsável pela edição do ato e também ao órgão competente para julgamento do recurso na esfera administrativa, a fim de que sejam adequadas as futuras decisões em casos semelhantes ao conteúdo de súmula vinculante.

18.10 O CONSELHO NACIONAL DE JUSTIÇA

Da mesma forma como ocorrera com a súmula vinculante, a proposta quanto à existência de órgão de composição plural e fiscalizador da atuação de juízes teve de vencer enormes resistências para ser incluída no Texto Constitucional.

Alguns sistemas constitucionais estrangeiros possuem órgão bastante parecido com o aprovado pela EC n. 45/2004, como é a hipótese da Constituição portuguesa de 1976[863].

Ficou assim redigido o *caput* do art. 103-B: O Conselho Nacional de Justiça compõe-se de quinze membros com mandato de dois anos, admitida uma recondução, sendo:

I – o Presidente do Supremo Tribunal Federal (inciso alterado pela EC n. 61/2009);

II – um Ministro do Superior Tribunal de Justiça, indicado pelo respectivo tribunal;

III – um Ministro do Tribunal Superior do Trabalho, indicado pelo respectivo tribunal;

IV – um desembargador de Tribunal de Justiça, indicado pelo Supremo Tribunal Federal;

V – um juiz estadual, indicado pelo Supremo Tribunal Federal;

VI – um juiz de Tribunal Regional Federal, indicado pelo Superior Tribunal de Justiça;

VII – um juiz federal, indicado pelo Superior Tribunal de Justiça;

---

863 Artigo 218. 1 "O Conselho Superior da Magistratura é presidido pelo Presidente do Supremo Tribunal de Justiça e composto pelos seguintes vogais: a) Dois designados pelo Presidente da República; b) Sete eleitos pela Assembleia da República; c) Sete juízes eleitos pelos seus pares, de harmonia com o princípio da representação proporcional. (...) 3. A lei poderá prever que do Conselho Superior da Magistratura façam parte funcionários de justiça, eleitos pelos seus pares, com intervenção restrita à discussão e votação das matérias relativas à apreciação do mérito profissional e ao exercício da função disciplinar sobre os funcionários de justiça".

VIII – um juiz de Tribunal Regional do Trabalho, indicado pelo Tribunal Superior do Trabalho;

IX – um juiz do trabalho, indicado pelo Tribunal Superior do Trabalho;

X – um membro do Ministério Público da União, indicado pelo Procurador-Geral da República;

XI – um membro do Ministério Público estadual, escolhido pelo Procurador-Geral da República entre os nomes indicados pelo órgão competente de cada instituição estadual;

XII – dois advogados, indicados pelo Conselho Federal da Ordem dos Advogados do Brasil;

XIII – dois cidadãos, de notável saber jurídico e reputação ilibada, indicados um pela Câmara dos Deputados e outro pelo Senado Federal.

Presidirá o Conselho Nacional de Justiça, o Presidente do Supremo Tribunal Federal, e, nas suas ausências e impedimentos, o Vice-Presidente do Supremo Tribunal Federal (§ 1º do art. 103-B – alterado pela EC n. 61/2009).

Os demais membros do Conselho serão nomeados pelo Presidente da República, depois de aprovada a escolha pela maioria absoluta do Senado Federal (§ 2º do art. 103-B – alterado pela EC n. 61/2009).

Se os órgãos incumbidos da indicação dos membros do Conselho não o fizerem no prazo legal, caberá ao Supremo Tribunal Federal fazê-lo (§ 3º do art. 103-B).

18.10.1 Atribuições do Conselho Nacional de Justiça

O § 4º do art. 103-B acentua que compete ao Conselho Nacional de Justiça o controle da atuação administrativa e financeira do Poder Judiciário e do cumprimento dos deveres funcionais dos juízes.

As atribuições do Conselho estão indicativamente relacionadas nos incisos do § 4º do art. 103-B.

O inciso I destaca que lhe cabe zelar pela autonomia do Poder Judiciário e pelo cumprimento do Estatuto da Magistratura, podendo expedir atos regulamentares, no âmbito de sua competência, ou recomendar providências.

Importante atribuição é descrita no inciso II: zelar pela observância do art. 37 e apreciar, de ofício ou mediante provocação, a legalidade dos atos administrativos praticados por membros ou órgãos do Poder Judiciário, podendo desconstituí-los, revê-los ou fixar prazo para que se adotem as providências necessárias ao exato cumprimento da lei, sem prejuízo da competência do Tribunal de Contas da União.

Sendo certo que o Poder Judiciário exerce precipuamente função judicial, mas também não deixa de realizar atos administrativos indispensáveis ao mister de julgar, o legislador constituinte derivado entendeu ser conveniente atribuir ao CNJ o papel de órgão efetivador dos princípios constitucionais da Administração Pública no âmbito dos tribunais.

Nesse momento, é indeclinável o exame da natureza dos atos expedidos pelo CNJ.

Com efeito, salienta o art. 103-B, § 4º, I, que compete ao CNJ "zelar pela autonomia do Poder Judiciário e pelo cumprimento do Estatuto da Magistratura, podendo expedir atos regulamentares, no âmbito de sua competência, ou recomendar providências".

Evidentemente, há hipóteses em que o Conselho deve reverenciar, de modo incondicionado, a exigência de reserva legal, e, de maneira geral, é possível dizer que órgão administrativo algum poderá agir infenso ao princípio da legalidade.

Contudo, se o § 4º do art. 103-B prescreve que compete ao Conselho o controle da atuação administrativa do Poder Judiciário, é óbvio que não se restringiria a sua atividade para legitimar exclusivamente a edição de atos administrativos concretos, mas sobretudo para admitir a iniciativa quanto a atos de compostura normativa. A respeito do tema, salienta Sérgio Ferraz: "Aquilo que o administrador pode ordenar ou proibir em um caso isolado, pode ordenar ou proibir em forma geral, para todos os demais casos similares"[864].

Pensar diferentemente é incorrer no que chamamos de *paradoxo da defesa do controle externo do Judiciário*, pois se não imaginaria que o referido controle defendido por expressiva maioria da sociedade brasileira pudesse efetivar-se atomisticamente, apenas.

Mas é claro que afastar a inconstitucionalidade por esse motivo não significa desprezar a possibilidade de, no exercício das atribuições, haver, aqui e ali, excessos, que merecem e devem ser afastados por meio do controle de constitucionalidade.

Se, por exemplo, a pretexto de exercício de atribuições, o CNJ ou o CNMP passa a conceituar o que propriamente pode ser considerado "atividade jurídica", é certo que o provimento administrativo é, e sempre será, inconstitucional, porque, como visto no subitem 18.3, tratando-se a investidura em cargo público de direito fundamental do indivíduo, é correto também que, se o art. 93, *caput*, sinaliza para vinculação à lei, em sentido material e formal, somente o Congresso Nacional, instado pela iniciativa do STF quanto ao projeto de lei complementar, é que poderá, inclusive à luz do princípio da proporcionalidade, descrever o que pode ser entendido por "atividade jurídica".

Enquanto isso, nem o CNJ nem o CNMP podem disciplinar o assunto por meio de resolução ou qualquer outro ato regulamentar.

Resumindo: embora esteja o CNJ (e também o CNMP) legitimado à edição de atos regulamentares, notadamente para dar cumprimento a princípios constitucionais (como os do art. 37, v.g.), não será o ato compatível com a Constituição quando ela dispuser, de forma expressa, que o veículo apto a tratar do tema é a lei em sentido concomitantemente material e formal.

A atribuição correicional do Conselho está fixada no inciso III: receber e conhecer das reclamações contra membros ou órgãos do Poder Judiciário, inclusive contra seus serviços auxiliares, serventias e órgãos prestadores de serviços notariais e de registro que atuem por delegação do Poder Público ou oficializados, sem prejuízo da competência disciplinar e correicional dos tribunais, podendo avocar processos dis-

864 Cf. "Regulamento", in *Três Estudos de Direito*, p. 107.

ciplinares em curso e determinar a remoção, a disponibilidade ou a aposentadoria com subsídios ou proventos proporcionais ao tempo de serviço e aplicar outras sanções administrativas, assegurada ampla defesa.

Como se vê no dispositivo, as reclamações podem ter por destinatários tanto o órgão judicial quanto um membro do Poder Judiciário, viável, ainda, a iniciativa do indivíduo contra servidor público que atua perante esse Poder, bem assim contra cartórios e agentes notariais.

Ainda que esteja em curso processo administrativo disciplinar contra servidor ou juiz, tem o Conselho Nacional de Justiça a prerrogativa quanto à sua avocação, podendo removê-lo, colocá-lo em disponibilidade ou aposentá-lo com subsídios ou vencimentos proporcionais ao tempo de serviço.

Ao analisar o antedito art. 103-B, § 4º, III, nos autos da ADIn n. 4.638-MC, rel. Min. Marco Aurélio, j. em 1º-2-2012, o STF concluiu, em sede de exame da medida cautelar requerida, que "(...) o Conselho Nacional de Justiça poderá iniciar investigação sobre conduta de magistrados antes mesmo do início de qualquer processo disciplinar instaurado no âmbito das corregedorias dos tribunais estaduais(...)", com o registro ainda de que "(...) a federação é mecanismo destinado a conter o poder, descentralizando-o e aproximando-o do respectivo titular, que é o povo (...)".

Outrossim, o CNJ também poderá rever, de ofício ou mediante provocação, os processos disciplinares de juízes e membros de tribunais julgados há menos de um ano (inciso V).

Na hipótese de perpetrado crime contra a Administração Pública ou de abuso de autoridade, tem o CNJ a atribuição de representar o Ministério Público (inciso IV).

Ao CNJ também se reserva considerável parcela de responsabilidade política acerca dos rumos que deve assumir o Poder Judiciário brasileiro, ao ponto de o inciso V estabelecer que elaborará semestralmente relatório estatístico sobre processos e sentenças prolatadas, por unidade da Federação, nos diferentes órgãos do Poder Judiciário; assim como o inciso VI determina a elaboração de relatório anual, propondo as providências que julgar necessárias, sobre a situação do Poder Judiciário no País e as atividades do Conselho, que deve integrar mensagem do Presidente do Supremo Tribunal Federal a ser remetida ao Congresso Nacional, por ocasião da abertura da sessão legislativa.

Será Corregedor do CNJ o Ministro do Superior Tribunal de Justiça que o integra (§ 5º), competindo-lhe, além das atribuições que lhe forem conferidas pelo Estatuto da Magistratura, as seguintes:

I – receber as reclamações e denúncias, de qualquer interessado, relativas aos magistrados e aos serviços judiciários;

II – exercer funções executivas do Conselho, de inspeção e de correição geral;

III – requisitar e designar magistrados, delegando-lhe atribuições, e requisitar servidores de juízos ou tribunais, inclusive nos Estados, Distrito Federal e Territórios.

Junto ao Conselho oficiarão o Procurador-Geral da República e o Presidente do Conselho Federal da Ordem dos Advogados do Brasil (§ 6º).

A União deverá criar, inclusive no Distrito Federal e nos Territórios, ouvidorias de justiça, competentes para receber reclamações e denúncias de qualquer interessado contra membros ou órgãos do Poder Judiciário, ou contra seus serviços auxiliares, representando diretamente ao Conselho Nacional de Justiça (§ 7º).

18.11 O SUPERIOR TRIBUNAL DE JUSTIÇA

O Superior Tribunal de Justiça é órgão judiciário vocacionado à proteção do direito objetivo federal[865].

Compõe-se de, no mínimo, trinta e três Ministros, que serão nomeados pelo Presidente da República, entre brasileiros com mais de trinta e cinco e menos de sessenta e cinco anos, de notável saber jurídico e reputação ilibada, depois de aprovada a escolha pela maioria absoluta do Senado Federal, consoante prevê o art. 104, *caput*, e parágrafo único, esse último com redação dada pela EC n. 45/2004.

A composição do STJ se dará da seguinte forma (art. 104):

I – um terço dentre juízes dos Tribunais Regionais Federais e um terço dentre desembargadores dos Tribunais de Justiça, indicados em lista tríplice elaborada pelo próprio Tribunal;

II – um terço, em partes iguais, dentre advogados e membros do Ministério Público Federal, Estadual, do Distrito Federal e Territórios, alternadamente, indicados na forma do art. 94.

18.11.1 Competências do Superior Tribunal de Justiça

Assinala o art. 105 que compete ao Superior Tribunal de Justiça:

I – processar e julgar, originariamente:

a) nos crimes comuns, os Governadores dos Estados[866] *e do Distrito Federal, e, nestes e nos de responsabilidade, os desembargadores dos Tribunais de Justiça dos Estados e do Distrito Federal, os membros dos Tribunais de Contas dos Estados e do Distrito Federal, os*

865 "RECURSO ESPECIAL – TRANSMISSÃO DE SINAIS DE TELEVISÃO POR MEIOS FÍSICOS – COMUNIDADES FECHADAS – MATÉRIA CONSTITUCIONAL – AUSÊNCIA DE PREQUESTIONAMENTO – SÚMULAS 282, 356 E 284 DO SUPREMO TRIBUNAL FEDERAL. O STJ é o guardião da Lei Federal e não Corte Constitucional. Afastada, portanto, a alegação de contrariedade aos dispositivos constitucionais. (...)" (STJ, REsp 249878/ES, 2ª T., rel. Min. Franciulli Netto, *DJU* de 18-2-2002, p. 298).

866 Mas os crimes de responsabilidade cometidos por Governadores não são julgados pelo STJ: "PETIÇÃO – CRIME DE RESPONSABILIDADE – COMPETÊNCIA – STJ – ARQUIVAMENTO – PARECER – MPF – 1. Eventual prática de crime por Governador de Estado, tipificado no art. 10, IV, c/c o art. 74 da Lei n. 1.079/50, deverá, em sendo o caso, ser denunciado, apurado e julgado pela Assembleia Legislativa (art. 75). 2. Pronunciamento ministerial vinculativo. Arquivamento da Petição" (STJ, Pet. 1916/PR, C. Esp., rel. Min. Fernando Gonçalves, *DJU* de 30-6-2003, p. 119).

dos Tribunais Regionais Federais, dos Tribunais Regionais Eleitorais e do Trabalho, os membros dos Conselhos ou Tribunais de Contas dos Municípios e os do Ministério Público da União que oficiem perante tribunais;

b) *os mandados de segurança e os* habeas data *contra ato de Ministro de Estado, dos Comandantes da Marinha, do Exército e da Aeronáutica ou do próprio Tribunal* (redação alterada pela EC n. 23/99).

c) *os* habeas corpus, *quando o coator ou paciente for qualquer das pessoas mencionadas na alínea* a, *ou quando o coator for tribunal sujeito à sua jurisdição, Ministro de Estado ou Comandante da Marinha, do Exército ou da Aeronáutica, ressalvada a competência da Justiça Eleitoral* (redação alterada pela EC n. 23/99);

d) *os conflitos de competência entre quaisquer tribunais, ressalvado o disposto no art. 102, I,* o, *bem como entre tribunal e juízes a ele não vinculados e entre juízes vinculados a tribunais diversos;*

e) *as revisões criminais e as ações rescisórias de seus julgados;*

f) *a reclamação para a preservação de sua competência e garantia da autoridade de suas decisões;*

g) *os conflitos de atribuições entre autoridades administrativas*[867] *e judiciárias da União, ou entre autoridades judiciárias de um Estado e administrativas de outro ou do Distrito Federal, ou entre as deste e da União*[868];

h) *o mandado de injunção, quando a elaboração da norma regulamentadora for atribuição de órgão, entidade ou autoridade federal, da administração direta ou indireta, excetuados os casos de competência do Supremo Tribunal Federal e dos órgãos da Justiça Militar, da Justiça Eleitoral, da Justiça do Trabalho e da Justiça Federal;*

i) *a homologação de sentenças estrangeiras e a concessão de exequatur às cartas rogatórias;* (alínea incluída pela EC n. 45/2004).

---

867 "RECURSO EXTRAORDINÁRIO INADMITIDO – AGRAVO DE INSTRUMENTO DESPROVIDO – 3. Conflito de atribuições entre autoridades administrativas. 4. Na espécie, não se configura nenhuma das hipóteses mencionadas no art. 105, I, *g*, da Constituição Federal, que atribui, originariamente, ao Superior Tribunal de Justiça, competência para processar e julgar 'os conflitos de atribuições entre autoridades administrativas e judiciárias da União, ou entre autoridades judiciárias de um Estado e administrativas de outro ou do Distrito Federal, ou entre as deste e da União'. Precedentes desta Corte. 5. Agravo regimental a que se nega provimento" (STF, AgrAg - AgrCA 234073, 2ª T., rel. Min. Néri da Silveira, *DJU* de 28-4-2000, p. 75).

868 Todavia, não é da competência do Superior Tribunal de Justiça a apreciação de contingente conflito de atribuições entre o Ministério Público estadual e o Ministério Público do Trabalho no que concerne à instauração de inquérito civil/procedimento investigatório relativo ao meio ambiente do trabalho: "CONFLITO DE ATRIBUIÇÕES. Ministério Público Estadual e Ministério Público do Trabalho. Incompetência do Superior Tribunal de Justiça. Refoge à competência do Superior Tribunal de Justiça apreciar a qual Ministério Público, Estadual e/ou do Trabalho está afeta a atribuição de promover inquérito civil para apurar irregularidades havidas no meio ambiente do trabalho" (STJ, AgrAg - AgrCA 115/SP, 2ª S., rel. Min. Nancy Andrighi, *DJU* de 12-11-2001, p. 123).

Note-se que antes da EC n. 45/2004, a competência fixada ao STJ pela alínea *i* era atribuição conferida ao STF.

Cabem ao STJ competências da natureza recursal, que se exercitam no julgamento dos recursos ordinário e especial.

Na primeira hipótese, o STJ tem competência para o julgamento de (inciso II do art. 105):

a) *habeas corpus* decididos em única ou última instância pelos Tribunais Regionais Federais ou pelos tribunais dos Estados, do Distrito Federal e Territórios, quando a decisão for denegatória;
b) mandados de segurança decididos em única instância pelos Tribunais Regionais Federais ou pelos tribunais dos Estados, do Distrito Federal e Territórios, quando denegatória a decisão;
c) causas em que forem partes Estado estrangeiro ou organismo internacional, de um lado, e, do outro, Município ou pessoa residente ou domiciliada no País.

Mediante recurso especial, o STJ detém competência para o julgamento de causas decididas, em única ou última instância, pelos Tribunais Regionais Federais ou pelos tribunais dos Estados, do Distrito Federal e Territórios, quando a decisão recorrida (inciso III do art. 105):

a) contrariar tratado ou lei federal, ou negar-lhes vigência;
b) julgar válido ato de governo local contestado em face de lei federal *(redação alterada pela EC n. 45/2004)*;
c) der a lei federal interpretação divergente da que lhe haja atribuído outro tribunal[869].

18.12 OS TRIBUNAIS REGIONAIS FEDERAIS E OS JUÍZES FEDERAIS

O art. 106 da Constituição salienta que são órgãos da Justiça Federal: I – os Tribunais Regionais Federais; II – os Juízes Federais[870].

Por sua vez, os Tribunais Regionais Federais compõem-se de, no mínimo, sete juízes, recrutados, quando possível, na respectiva região e nomeados pelo Presidente da República entre brasileiros com mais de trinta e menos de sessenta e cinco anos, sendo: I – um quinto entre advogados com mais de dez anos de efetiva atividade profissional e membros do Ministério Público Federal com mais de dez anos de carreira; II – os demais, mediante promoção de juízes federais com mais de cinco anos de exercício, por antiguidade e merecimento, alternadamente (art. 107).

Como forma de viabilizar maior aproximação dos órgãos jurisdicionais dos cidadãos, acentua o § 2º do art. 107 *(incluído pela EC n. 45/2004)* que "os Tribunais Re-

869 Súmula 13/STJ: "A divergência entre julgados do mesmo Tribunal não enseja recurso especial".

870 Ver Lei n. 7.727/89 (Composição e Instalação dos Tribunais Regionais Federais).

gionais Federais instalarão a justiça itinerante, com a realização de audiências e demais funções da atividade jurisdicional, nos limites territoriais da respectiva jurisdição, servindo-se de equipamentos públicos e comunitários".

Os Tribunais Regionais Federais poderão funcionar descentralizadamente, constituindo Câmaras regionais, a fim de assegurar o pleno acesso do jurisdicionado à justiça em todas as fases do processo *(§ 3º do art. 107 – incluído pela EC n. 45/2004).*

18.12.1 Competência dos Tribunais Regionais Federais

Está disciplinada no art. 108 da Constituição e comporta, tal como sucede com o STF e o STJ, competências de compostura originária e recursal[871].

Quanto à primeira, salienta o art. 108, I, que compete aos Tribunais Regionais Federais processar e julgar, originariamente: a) os juízes federais da área de sua jurisdição, incluídos os da Justiça Militar e da Justiça do Trabalho, nos crimes comuns e de responsabilidade, e os membros do Ministério Público da União[872], ressalvada a competência da Justiça Eleitoral; b) as revisões criminais e as ações rescisórias de seus julgados ou dos juízes federais da região; c) os mandados de segurança e os *habeas data* contra ato do próprio Tribunal ou de juiz federal; d) os *habeas corpus*, quando a autoridade coatora for juiz federal; e) os conflitos de competência entre juízes federais vinculados ao Tribunal.

O inciso II do art. 108 assinala a competência recursal: "Julgar, em grau de recurso, as causas decididas pelos juízes federais e pelos juízes estaduais no exercício da competência federal da área de sua jurisdição".

18.12.2 Competência dos juízes federais

Aos juízes federais compete processar e julgar (art. 109 da CF)[873]:

I – as causas em que a União, entidade autárquica ou empresa pública federal forem interessadas na condição de autoras, rés, assistentes ou oponentes, exceto as de falência, as de acidentes de trabalho e as sujeitas à Justiça Eleitoral e à Justiça do Trabalho;

II – as causas entre Estado estrangeiro ou organismo internacional e Município ou pessoa domiciliada ou residente no País[874];

---

871 Ver Leis n. 8.658/93 (Dispõe sobre a aplicação, nos Tribunais de Justiça e nos Tribunais Regionais Federais, das normas da Lei n. 8.038, de 28-5-1990, sobre ações penais originárias); 9.967/2000 (Dispõe sobre as reestruturações dos Tribunais Regionais Federais das cinco Regiões); e 9.968/2000 (Dispõe sobre a reestruturação do Tribunal Regional Federal da 3ª Região, art. 1º).

872 Assim decidiu o STF nos autos do RE 418.852.

873 Ver Leis n. 5.010/96 (Organiza a Justiça Federal de Primeira Instância); 7.742/86 (Crimes contra o Sistema Financeiro Nacional); 8.137/90 (Crimes contra a Ordem Tributária, Econômica e Relações de Consumo); e 8.176/90 (Crimes contra a Ordem Econômica).

874 Entretanto, a competência revisora não é do respectivo Tribunal Regional Federal, mas sim do STJ: "COMPETÊNCIA REVISORA ORDINÁRIA DO SUPERIOR TRIBUNAL DE

III – as causas fundadas em tratado ou contrato da União com Estado estrangeiro ou organismo internacional;

IV – os crimes políticos e as infrações penais praticadas em detrimento de bens, serviços[875-876] *ou interesse da União*[877] *ou de suas entidades autárquicas ou empresas públicas, excluídas as*

JUSTIÇA – ESTADO ESTRANGEIRO – ART. 105, INCISO II, LETRA 'C', DA CONSTITUIÇÃO FEDERAL. Nos termos do artigo 105, inciso II, letra 'c', da Constituição Federal, a competência revisora ordinária de causas entre estado estrangeiro ou organismo internacional e município ou pessoa domiciliada ou residente no país é do Superior Tribunal de Justiça. Incompetência desta corte. Remessa dos autos ao Superior Tribunal de Justiça. Recurso não conhecido" (TRF 2ª R., AC 97.02.37744-7, 4ª T., rel. Juíza Valeria Albuquerque, *DJU* de 27-5-2003, p. 134).

875 "COMPETÊNCIA – JUSTIÇA FEDERAL – DESVIO POR PREFEITO DE VERBAS ORIUNDAS DA QUOTA FEDERAL DO PRODUTO DA ARRECADAÇÃO DO SALÁRIO-EDUCAÇÃO – CONEXÃO – CONCURSO DE CRIMES – I. A quota federal do produto da arrecadação do salário-educação é receita da União, destinada, embora, em parte, à assistência financeira aos sistemas locais de ensino fundamental, na razão da carência de recursos próprios, do menor desenvolvimento e dos maiores déficits de escolaridade infantil (Dl. 1422/1975, art. 2º, § 1º, b). Não se cuida, assim, de subsídios discricionariamente concedidos pela União aos Municípios, mas de realizar a União uma função que é sua, a que o texto constitucional vigente chama função redistributiva e supletiva em matéria de educação, de forma a garantir equalização de oportunidades educacionais e padrão mínimo de qualidade de ensino. No desvio de recursos dela advindos, ainda que imputável a agentes políticos ou servidores locais, o que se tem é, pelo menos, crime em detrimento de um serviço da União, a ditar a competência repressiva da Justiça Federal. II – Concurso de crimes, um deles da competência da Justiça Federal. Força atrativa desta que cessa quando já exista condenação. É firme na jurisprudência do STF que, na hipótese de concurso de infrações penais, a competência da Justiça Federal para uma delas arrasta por conexão a competência para o processo das demais (V.G., HC 68.399, Pertence, 19-02-1991, RTJ, 135/672); não obstante, é de aplicar-se o princípio do art. 82 Cód. Proc. Penal, quando, embora o único crime da Alçada Federal e os diversos crimes de competência da Justiça Estadual tenham sido objeto de processo único na Justiça do Estado, neste já se tenha proferido sentença condenatória definitiva: nessa hipótese, a nulidade se restringe à persecução do crime federal: precedência (HC 57.949, 23-8-1990, Xavier, DJ 17-10-1980)" (STF, HC 74.788/MS, 1ª T., rel. Min. Sepúlveda Pertence, *DJU* de 12-9-1997).

876 Esclareça-se que, no caso de crimes cometidos contra servidores públicos federais, determinar-se-á a competência da Justiça Federal exclusivamente naquelas hipóteses nas quais os crimes tenham sido perpetrados em virtude das funções inerentes a tais servidores.

877 "ÍNDIO INTEGRADO À COMUNHÃO NACIONAL – CONDENAÇÃO PELO CRIME DO ART. 213 DO CÓDIGO PENAL – DECISÃO QUE ESTARIA EIVADA DE NULIDADES – DENEGAÇÃO DE *HABEAS CORPUS* PELO SUPERIOR TRIBUNAL DE JUSTIÇA – RENOVAÇÃO DO PEDIDO PERANTE ESTA CORTE, À GUISA DE RECURSO. Nulidades inexistentes. Não configurando os crimes praticados por índio, ou contra índio, 'disputa sobre direitos indígenas' (art. 109, inc. XI, da CF) e nem, tampouco, 'infrações penais praticadas em detrimento de bens, serviços ou interesse da União ou de suas entidades autárquicas ou empresas públicas' (inc. IV ib.), é da competência da Justiça Estadual o seu processamento e julgamento. (...)" (STF, HC 79530, 1ª T., rel. Min. Ilmar Galvão, *DJU* de 25-2-2000, p. 53).

contravenções e ressalvada a competência da Justiça Militar e da Justiça Eleitoral;

V – os crimes previstos em tratado ou convenção internacional, quando, iniciada a execução no País, o resultado tenha ou devesse ter ocorrido no estrangeiro, ou reciprocamente;

V-A – as causas relativas a direitos humanos a que se refere o § 5º deste artigo (incluído pela EC n. 45/2004);

VI – os crimes contra a organização do trabalho[878-879] *e, nos casos determinados por lei, contra o sistema financeiro e a ordem econômico-financeira*[880];

VII – os habeas corpus, *em matéria criminal de sua competência ou quando o constrangimento provier de autoridade cujos atos não estejam diretamente sujeitos a outra jurisdição;*

VIII – os mandados de segurança e os habeas data *contra ato de autoridade federal, excetuados os casos de competência dos tribunais federais;*

IX – os crimes cometidos a bordo de navios ou aeronaves, ressalvada a competência da Justiça Militar;

X – os crimes de ingresso ou permanência irregular de estrangeiro[881], *a execução de carta*

---

878 A jurisprudência encontra-se consolidada para somente admitir a competência da Justiça Federal para o julgamento de crimes contra a organização do trabalho que denotem lesão de natureza coletiva: "CONFLITO DE COMPETÊNCIA – PENAL – CRIME CONTRA ORGANIZAÇÃO DO TRABALHO – INEXISTÊNCIA DE OFENSA À ORGANIZAÇÃO GERAL DO TRABALHO OU DIREITOS DOS TRABALHADORES CONSIDERADOS COLETIVAMENTE – 1. 'Compete à Justiça Federal processar e julgar os crimes contra a organização do trabalho, quando tenham por objeto a organização geral do trabalho ou direitos dos trabalhadores considerados coletivamente'. (Súmula do TFR, Enunciado n. 115). 2. Em inexistindo ofensa a órgãos e instituições que preservam coletivamente o direito e deveres dos trabalhadores, nem violação da organização geral do trabalho ou direitos dos trabalhadores considerados coletivamente, não há falar em competência da Justiça Federal. 3. Conflito conhecido para declarar competente o Juízo de Direito da 4ª Vara Criminal de São José dos Campos/SP, o suscitado" (STJ, CComp 29851/SP, 3ª S., rel. Min. Hamilton Carvalhido, *DJU* de 17-9-2001, p. 105).

879 Importante a decisão prolatada pelo STF nos autos do RE 398.041, j. em 30-11-2006, posto que considerou competente a Justiça Federal de primeira instância para o julgamento do crime previsto no art. 149, do Código Penal e relativo à redução à condição análoga à de escravo. Restou firmado na decisão que a ignominiosa prática do trabalho escravo atrai a competência dos juízes federais.

880 "*HABEAS CORPUS* LIBERATÓRIO. Paciente preso sob acusação de dar curso a moeda falsa. Crime de competência da justiça federal. Juízo estadual incompetente e como tal declarado sendo os autos remetidos ao juízo competente. Ordem de *habeas corpus* prejudicada. Se o paciente é acusado de prática de crime da competência da justiça federal o endereçamento de pedido de *habeas corpus* a juízo estadual é impróprio" (TJBA, HC 36.666-3/2002 (26.226), 1ª C. Crim., rel. Des. Lourival Ferreira, j. em 18-2-2003).

881 "CONFLITO NEGATIVO DE COMPETÊNCIA – JUÍZO FEDERAL E JUÍZO ESTADUAL – USO DE DROGA – FLAGRANTE – ESTRANGEIRO – CIRCUNSTÂNCIA IRRELEVANTE – COMPETÊNCIA DA JUSTIÇA ESTADUAL – 1. O simples fato de ser o denunciado estrangeiro não atrai a competência da Justiça Federal, já que a conduta delituosa descrita (art. 16 da Lei n. 6.368/76) não se amolda a nenhuma das hipóteses elencadas no art. 109 da Constituição Federal, porquanto não traduz a ocorrência de

rogatória, após o exequatur, *e de sentença estrangeira, após a homologação, as causas referentes à nacionalidade, inclusive a respectiva opção, e à naturalização;*
XI – a disputa sobre direitos indígenas[882-883].

---

crime em detrimento de bens, serviços ou interesse da União, de suas autarquias ou empresas públicas. 2. 'A condição de estrangeiro, no processo penal, só tem relevância quando se trata de crime de ingresso ou permanência irregular no país (arts. 109, X, CF/88 e 338, CP).' (CC 19.046/SP, 3ª Seção, Rel. Min. Fernando Gonçalves, *DJ* de 9-12-1997). 3. Conflito conhecido para declarar competente o Juízo Comum Estadual, ora suscitado" (STJ, CComp 33624/PE, 3ª S., rel. Min. Laurita Vaz, *DJU* de 5-5-2003, p. 217).

882 "*HABEAS CORPUS* – COMPETÊNCIA DA JUSTIÇA LOCAL PARA PROCESSAR E JULGAR CRIME DE HOMICÍDIO COMETIDO CONTRA INDÍGENA, DETERMINADA PELO SUPERIOR TRIBUNAL DE JUSTIÇA AO JULGAR CONFLITO DE COMPETÊNCIA – ALEGAÇÃO DE COMPETÊNCIA DA JUSTIÇA FEDERAL – 1. O inciso IV do art. 109 da Constituição, ao atribuir competência à Justiça Federal para processar e julgar as infrações penais praticadas em detrimento de interesse da União, não tem a extensão pretendida pelos impetrantes, até porque no cenário desta singular amplitude seria muito difícil excluir alguma infração penal que não fosse praticada em detrimento dos interesses diretos ou indiretos da União. 2. O inciso XI do mesmo artigo confere competência à Justiça Federal para processar e julgar a disputa sobre direitos indígenas, os quais são aqueles indicados no art. 231 da Constituição, abrangendo os elementos da cultura e os direitos sobre terras, não alcançando delitos isolados praticados sem qualquer envolvimento com a comunidade indígena. 3. *Habeas corpus* conhecido, mas indeferido" (STF, HC 75404, 2ª T., rel. Min. Maurício Corrêa, *DJU* de 27-4-2001, p. 59).

883 A tendência que se firma na jurisprudência do STF é de não admitir que o art. 109, XI, tenha conferido competência *ratione personae* à Justiça Federal, ou seja, o fato de ser índio não determina a competência dos órgãos jurisdicionais federais. Colhe-se a conclusão do julgamento do RE 419.528, rel. p/ o Acórdão Min. Cezar Peluso. Eis a síntese do julgamento: "Os Ministros Carlos Britto, Gilmar Mendes e Ricardo Lewandowski acompanharam o voto do relator no sentido de que a regra da competência contida no art. 109, XI, da CF está voltada à proteção dos direitos e interesses da comunidade indígena. O Min. Eros Grau acompanhou o relator quanto ao requisito da especificidade da questão indígena. Os Ministros convergiram quanto à necessidade de que a aludida norma seja interpretada em conjunto com o art. 231 da CF. Afastaram, também, a existência de uma competência *ratione personae*. Acompanharam, ainda, a dissidência os Ministros Sepúlveda Pertence e Ellen Gracie. O Min. Sepúlveda Pertence afirmou que, apesar de não conferir ao conceito 'disputa sobre direitos indígenas' uma interpretação estrita, não admitia a existência de um foro *ratione personae*. Asseverou, entretanto, que a aplicação do art. 109, XI, deve ser casuística, ou seja, há de se indagar se a condição étnica do agente ou da vítima tem a ver com a ocasião ou a motivação do fato criminoso, o que não vislumbrou no caso. Vencidos os Ministros Marco Aurélio, relator, Cármen Lúcia e Joaquim Barbosa, que davam provimento ao recurso para assentar a competência da Justiça Federal, ressaltando a necessidade de se emprestar a maior eficácia possível à Constituição — no que enfatizou a proteção dos índios — e, tendo em conta inexistir restrição ao que contido no inciso XI do seu art. 109, interpretar o vocábulo 'disputa', dele constante, de forma a abranger qualquer conflito, em cujo âmbito se situam os crimes praticados pelos indígenas. RE 419528/PR, rel. orig. Min. Marco Aurélio, rel. p/ o Acórdão Min. Cezar Peluso, 3-8-2006" (*Informativo STF*, n. 434).

No caso de ações em que a União for autora, o § 1º do art. 109 assinala que serão aforadas na seção judiciária na qual a outra parte tiver domicílio.

Já as causas intentadas contra a União poderão ser aforadas na seção judiciária em que for domiciliado o autor, naquela na qual tenha ocorrido o ato ou fato que deu origem à demanda ou onde esteja situada a coisa, ou, ainda, no Distrito Federal (§ 2º do art. 109).

Outrossim, serão processadas e julgadas na Justiça estadual, no foro do domicílio dos segurados ou beneficiários, as causas em que forem parte instituição de previdência social e segurado, sempre que a comarca não seja sede de vara do juízo federal, e, se verificada essa condição, a lei poderá permitir que outras causas sejam também processadas e julgadas pela Justiça estadual (§ 3º do art. 109).

Nas hipóteses de grave violação de direitos humanos, o Procurador-Geral da República, com a finalidade de assegurar o cumprimento de obrigações decorrentes de tratados internacionais de direitos humanos dos quais o Brasil seja parte, poderá suscitar, perante o Superior Tribunal de Justiça, em qualquer fase do inquérito ou processo, incidente de deslocamento de competência para a Justiça Federal (§ 5º do art. 109 – incluído pela EC n. 45/2004).

18.13 OS TRIBUNAIS E JUÍZES DO TRABALHO

Acentua o art. 111 que são órgãos da Justiça do Trabalho: I – o Tribunal Superior do Trabalho; II – os Tribunais Regionais do Trabalho; III – Juízes do Trabalho.

O Tribunal Superior do Trabalho compor-se-á de vinte e sete Ministros, escolhidos entre brasileiros com mais de trinta e cinco e menos de sessenta e cinco anos, nomeados pelo Presidente da República após aprovação pela maioria absoluta do Senado Federal, sendo: I – um quinto entre advogados com mais de dez anos de efetiva atividade profissional e membros do Ministério Público do Trabalho com mais de dez anos de efetivo exercício, observado o disposto no art. 94; II – os demais entre juízes dos Tribunais Regionais do Trabalho, oriundos da magistratura da carreira, indicados pelo próprio Tribunal Superior (art. 111 – com redação dada pela EC n. 45/2004).

18.13.1 Competência da Justiça do Trabalho

Inegável reconhecer que o legislador constituinte derivado alargou consideravelmente a competência da Justiça do Trabalho por meio da EC n. 45/2004.

Com efeito, salientou no art. 114 que compete à Justiça do Trabalho[884] processar e julgar:

I – as ações oriundas da relação de trabalho, abrangidos os entes de direito público externo e da administração pública direta e indireta da União, dos Estados, do Distrito Federal e dos Municípios;

884 Ver Lei n. 8.984/95 (Competência da Justiça do Trabalho).

II – as ações que envolvam exercício do direito de greve;

III – as ações sobre representação sindical, entre sindicatos, entre sindicatos e trabalhadores, e entre sindicatos e empregadores;

IV – os mandados de segurança, habeas corpus *e* habeas data, *quando o ato questionado envolver matéria sujeita à sua jurisdição;*

V – os conflitos de competência entre órgãos com jurisdição trabalhista, ressalvado o disposto no art. 102, I, o;

VI – as ações de indenização por dano moral ou patrimonial, decorrentes da relação de trabalho[885]*;*

VII – as ações relativas às penalidades administrativas impostas aos empregadores pelos órgãos de fiscalização das relações de trabalho;

VIII – a execução, de ofício, das contribuições sociais previstas no art. 195, I, a, *e II, e seus acréscimos legais, decorrentes das sentenças que proferir;*

IX – outras controvérsias decorrentes da relação de trabalho, na forma da lei.

Examinados os relevantes incisos do art. 114, que outrora contava apenas com *caput* e três parágrafos, impõem-se, em face da sua indiscutível relevância, comentários específicos para cada qual.

Ações oriundas da relação de trabalho. No que concerne ao inciso I, ao registrar que compete à Justiça do Trabalho processar e julgar "as ações oriundas da relação de trabalho, abrangidos os entes de direito público externo e da administração pública direta e indireta da União, dos Estados, do Distrito Federal e dos Municípios", duas questões devem ser analisadas: a competência firmada para o julgamento de servidores públicos *stricto sensu* e a definição do que é "relação de trabalho".

Quanto ao primeiro tema, recorde-se que competência da espécie fora destinada à Justiça do Trabalho pela Lei n. 8.112/90, cujas alíneas do art. 240 lhe incumbiam o papel de órgão julgador dos dissídios individuais e coletivos entre os servidores

885 Com efeito, após avanços e recuos, finalmente o Supremo Tribunal Federal concluiu pela competência da Justiça do Trabalho para o julgamento de tais ações, o que se operou nos autos do CComp 7.204. O plenário do STF reformulou entendimento anterior e declarou que a competência para julgar ações por dano moral e material decorrente de acidente de trabalho é da Justiça Trabalhista. A decisão unânime foi tomada durante análise do referido Conflito Negativo de Competência (CComp 7.204), suscitado pelo Tribunal Superior do Trabalho em face do Tribunal de Alçada de Minas Gerais. Na oportunidade, assentou o Ministro Carlos Ayres Britto que "(...) o inciso I do artigo 109 da Constituição não autoriza concluir que a Justiça Comum Estadual detém a competência para apreciar as ações que o empregado propõe contra seu empregador, pleiteando reparação por danos morais e patrimoniais". Defendeu ainda que se a vontade objetiva do texto constitucional fosse excluir a competência da Justiça do Trabalho, teria feito isso no âmbito do artigo 114, "jamais no contexto do artigo 109, versante este último sobre a competência de uma outra categoria de juízes". No particular, a v. decisão mudou o entendimento dos ministros com relação ao julgamento do Recurso Extraordinário (RE 438.639) interposto pela empresa Morro Velho Ltda., quando o plenário atribuiu tal competência à Justiça Comum.

públicos estatutários e a Administração Pública, o que, à época, ensejou a propositura de ação direta de inconstitucionalidade pelo então Procurador-Geral da República, Aristides Junqueira Alvarenga, tendo o STF sufragado o entendimento da incompatibilidade vertical dos dispositivos impugnados com o art. 114, da Constituição Federal[886].

Após a promulgação da EC n. 45/2004, e em virtude de, mais uma vez, ter sido dirigida tal competência à Justiça do Trabalho, foi proposta ação direta de inconstitucionalidade pela Associação dos Juízes Federais, aduzindo ofensa ao processo legislativo inerente às emendas constitucionais, além de ofensa a dispositivos da Constituição.

Conquanto, como dito, tenha a EC n. 45/2004 alargado sensivelmente a competência material da Justiça do Trabalho, o Supremo Tribunal Federal, ao decidir, em sede de liminar, nos autos da Ação Direta de Inconstitucionalidade n. 3.395/DF, concluiu "(...) suspendendo toda e qualquer interpretação (...) que inclua, na competência da Justiça do Trabalho, (...) a apreciação de causas que sejam instauradas entre o Poder Público e seus servidores (...)", afastando, por conseguinte, o julgamento de tais ações por órgãos jurisdicionais trabalhistas[887].

E o que dizer do conceito de "relação de trabalho"? Após a EC n. 45/2004, seria possível concluir que todas as controvérsias inerentes a quaisquer relações de trabalho estão sob o eixo da competência da Justiça do Trabalho?

Não parece acertado concluir desse modo.

De início, cumpre salientar que a Justiça do Trabalho é corolário da criação do direito do trabalho, domínio normativo forjado no contexto da sociedade moderna e instruído pelo princípio da não neutralidade.

---

886 *RTJ*, 145/68.

887 "(...) entendeu-se estarem presentes os requisitos para a manutenção da liminar concedida. Considerou-se pertinente a interpretação conforme à Constituição emprestada pela decisão, em face do caráter polissêmico da norma em análise. Salientou-se, no ponto, a decisão do STF no julgamento da ADI 492/DF (DJU de 12-3-93), na qual se concluíra pela inconstitucionalidade da inclusão, no âmbito da competência da Justiça do Trabalho, das causas que envolvam o Poder Público e seus servidores estatutários, em razão de ser estranho ao conceito de relação de trabalho o vínculo jurídico de natureza estatutária existente entre servidores públicos e a Administração. Afastou-se a alegação de inconstitucionalidade formal, uma vez que a redação dada pelo Senado Federal à norma e suprimida na promulgação em nada alteraria o âmbito semântico do texto definitivo, mas somente tornaria expressa, naquela regra de competência, a exceção, concernente aos servidores públicos estatutários, que o art. 114, I, da CF, já contém de forma implícita. Também reputou-se presente o requisito do *periculum in mora*, visto que os possíveis transtornos e protelações no curso dos processos causados por eventuais conflitos de competência, com danos às partes e à própria Jurisdição, estariam a demonstrar o grave risco que poderia acarretar o indeferimento da liminar. Vencido o Min. Marco Aurélio, que não referendava a decisão. ADI 3395/DF, rel. Min. Cezar Peluso, 5-4-2006" (*Informativo STF*, n. 422).

Logo, a Justiça do Trabalho é naturalmente protetiva do trabalho humano e tal caráter cinge sua natureza de forma tão marcante que eventual afastamento dessa realidade imporia até a extinção dos órgãos judiciais trabalhistas.

Por isso que, ao examinar o conceito de "relação de trabalho" e sua importância para a delimitação da competência material da Justiça do Trabalho, converter-se-á em ignominioso atentado contra a proteção ao trabalho humano concluir que o conceito em questão abrange *toda e qualquer relação de trabalho*, pois ainda que se desloquem todos os recursos de todo o Poder Judiciário brasileiro para o aparelhamento da Justiça do Trabalho com vista a tal fim, dadas as multitudinárias combinações de situações fáticas afetas ao mundo do trabalho, não haverá condição humana de solucionar o grande número de conflitos postos à sua apreciação, impondo, além disso, insidioso retardo no julgamento dos verdadeiros dissídios responsáveis pela sua criação, que são aqueles referentes a empregado e empregador.

É lógico que, diante da nova redação impressa ao art. 114, I, não se poderá desprezar o conceito de "relação de trabalho" para fixar a competência da Justiça do Trabalho apenas para apreciação dos conflitos entre empregado e empregador, máxime porque "relação de trabalho" encerra realidade mais abrangente que "relação de emprego"; contudo, o alargamento da competência material induzirá, inclusive, à atração de dissídios que mais se confundem com *relações de consumo* que propriamente com aqueles decorrentes de relação de trabalho.

Por outro lado, é necessário também apontar o enunciado normativo do art. 114, IX, que atribui à Justiça do Trabalho a competência para o julgamento de "outras controvérsias decorrentes da relação de trabalho, *na forma da lei*" (grifamos).

Sendo assim, há controvérsias decorrentes de relação de trabalho que prescindem da atuação do legislador ordinário para a fixação da competência da Justiça do Trabalho: é a prevista no art. 114, I. Mas há outras a respeito das quais não se deve extrair a competência material diretamente da Constituição de 1988: são as referidas no art. 114, IX.

Por conseguinte, precisar quais são as controvérsias que impõem exame imediato e quais as subordinadas à edição de normatividade pelo legislador infraconstitucional é procedimento indeclinável após a promulgação da EC n. 45/2004.

Posto dessa forma, esclareça-se que o direito do trabalho convive atualmente com o fenômeno da *parassubordinação*, que significa simplesmente prestação de trabalho com grande autonomia por parte do prestador.

Até a EC n. 45/2004, não se admitia a provocação da Justiça do Trabalho para o exame de tais conflitos, dada a vinculação da análise das controvérsias inerentes com a relação de emprego, marcada, como cediço, pelo fenômeno da *subordinação*. A parassubordinação, em rigor, determinava, de imediato, o afastamento do juiz do trabalho quanto à apreciação do dissídio.

Por consequência, temos que o art. 114, I, autoriza o envio aos órgãos jurisdicionais trabalhistas de dissídios que, agora, envolvam trabalhadores em regime de *parassubordinação*, como sucede, por exemplo, com os representantes comerciais autônomos contratados rigorosamente de acordo com as prescrições da Lei n. 4.886/65, alterada pela Lei n. 8.420/92[888].

Aderimos, assim, à corrente restritiva da competência material da Justiça do Trabalho, concluindo o seguinte:

a) persiste, obviamente, a competência para o julgamento de ações entre empregado e empregador;

b) a "relação de trabalho", compreendida na sua competência, não se estende para o exame de controvérsias de trabalhadores autônomos (médicos, arquitetos, corretores, advogados etc.) – salvo se lei ordinária dispuser expressamente a respeito, conforme faculta o art. 114, IX –, mas tão só de relações de trabalho caracterizadas pela antedita parassubordinação, como acontece com os representantes comerciais autônomos.

Ações que envolvam o exercício do direito de greve. A Súmula Vinculante 23. O art. 114, II, atribui à Justiça do Trabalho a competência para o julgamento de ações que envolvam o exercício do direito de greve.

Consequentemente, a partir da promulgação da EC n. 45/2004, todas as questões relativas ao exercício do direito de greve devem ser examinadas pela Justiça do Trabalho.

---

888 Se ficar evidenciada a existência de subordinação jurídica, a jurisprudência se inclina fortemente pelo reconhecimento do vínculo empregatício: "RELAÇÃO DE EMPREGO – REPRESENTANTE COMERCIAL. A dicotomia codicista trabalho subordinado e trabalho autônomo persiste no nosso ordenamento jurídico, levando a jurisprudência a se apegar a critérios práticos para definir a relação concreta. No campo da ciência jurídica, ao lado de casos típicos, cuja classificação não enseja dúvidas, existem figuras intermediárias que se situam nas chamadas zonas grises, cujo enquadramento apresenta-se difícil, ensejando certa complexidade. Esse fato ocorre, muitas vezes, quando se torna necessário realizar o enquadramento do vendedor como trabalhador subordinado ou como representante comercial autônomo. E a Lei n. 4.886/65, que disciplina o trabalho deste último, dificulta ainda mais esse enquadramento quando estabelece, para o representante comercial, além do serviço não eventual (art. 1º), certos elementos que, a rigor, serviam para definir a subordinação, entre os quais, a fixação e restrição de zona de trabalho, a proibição de autorizar descontos, a obrigação de fornecer informações detalhadas sobre o andamento do negócio e a observância às instruções do representado (artigos 27, 28 e 29). Assim, restam como critérios favoráveis à caracterização da subordinação a existência de fiscalização do serviço executado, pela empresa; a obediência a métodos de venda; a ausência de apreciável margem de escolha dos clientes e de organização própria, como também o risco a cargo do dador de trabalho e cota mínima de produção. Comprovado nos autos que a prestação de serviços se desenvolveu sob o controle direto do supervisor da reclamada, o qual cobrava o cumprimento de cotas e de produtividade; e que o autor não possuía autonomia na escolha dos clientes tampouco organização própria, caracterizada está a subordinação jurídica, de que cogita o art. 3º da CLT. Mantém-se a decisão de primeiro grau que reconheceu a existência de vínculo empregatício entre as partes, pois a relação jurídica está sob a égide do Direito do Trabalho" (TRT 3ª R., RO 0170/02, 2ª T., rel. Juíza Alice Monteiro de Barros, *DJMG* de 9-2-2002, p. 9).

Compreende-se a extensão: antes da EC n. 45/2004, muitas decisões da Justiça Comum impuseram severa restrição ao exercício do direito de greve pelos trabalhadores, por meio de tutela jurisdicional de interditos proibitórios propostos por empresas[889]; agora, com a nova redação, todas as repercussões de color trabalhista e civil serão analisadas pela Justiça do Trabalho, particularmente no tocante às últimas no que se refere às reparações pelo exercício abusivo do direito que tenha causado dano ao patrimônio material e imaterial da empresa.

Importante referir o verbete da Súmula Vinculante 23, aprovada pelo Plenário do STF em 2-12-2009 e publicado no *DOU* em 11-12-2009: "A Justiça do Trabalho é competente para processar e julgar ação possessória ajuizada em decorrência do exercício do direito de greve pelos trabalhadores da iniciativa privada".

Ações sobre representação sindical. O art. 114, III, enuncia a competência da Justiça do Trabalho para o julgamento das ações sobre representação sindical, entre sindicatos, entre sindicatos e trabalhadores, e entre sindicatos e empregadores.

O dispositivo permite considerar que o juiz do trabalho é competente para apreciar e julgar não apenas as ações sobre representação sindical entre os órgãos e pessoas enumeradas no enunciado, mais ainda quando separadas entre vírgulas as expressões "representação sindical" e as demais indicadas no preceptivo[890].

Assim entendendo, convergimos para a conclusão doutrinária segundo a qual, após a EC n. 45/2004, estão superados os conteúdos da Súmula 222 do STJ e da OJ 290 da SDI-1 do TST[891], cabendo à Justiça do Trabalho, segundo explicita João Oreste Dalazen, o julgamento dos seguintes conflitos:

---

889 "INTERDITO PROIBITÓRIO – PIQUETES GREVISTAS – AMEAÇA DE FECHAMENTO DE AGÊNCIAS BANCÁRIAS – DIREITO DE GREVE – GARANTIA CONSTITUCIONAL QUE NÃO IMPLICA AUTORIZAÇÃO PARA COMETER CRIMES – 1. O exercício da proteção possessória por instituição financeira cujas agências estão ameaçadas de fechamento pelos piquetes grevistas, encontra amparo nos artigos 501 do Código Civil e 932 do CPC. 2. A garantia do direito de greve, expressamente consagrada na Constituição da República, não implica autorização para que os integrantes do movimento reivindicatório pratiquem atos que a legislação penal tipifica como ilícitos. 3. Apelação do sindicato não provida" (IRP) (TJRJ, AC 21981/2001 [2001.001.21981], 17ª C. Cív., rel. Des. Bernardo Garcez, j. em 7-11-2001).

890 Cf. Osmair Couto e Renato de Oliveira Luz, "A competência da Justiça do Trabalho para conhecer as ações sobre representação sindical – ações entre sindicatos – ações entre sindicatos e trabalhadores e entre sindicatos e empregadores por força da EC n. 45/2004", p. 97.

891 Súmula 222 do STJ: "Compete à Justiça Comum processar e julgar ações relativas à contribuição sindical prevista no art. 578, da CLT"; OJ 290 da SDI-1 do TST: "Contribuição sindical patronal. Ação de cumprimento. Incompetência da Justiça do Trabalho. É incompetente a Justiça do Trabalho para apreciar a lide entre sindicato patronal e a respectiva categoria econômica, objetivando cobrar a respectiva contribuição assistencial". Ver os comentários feitos ao inciso III do art. 114 por Osmair Couto e Renato de Oliveira Luz (op. cit., p. 98).

a) *intersindicais de representatividade* – afetos ao reconhecimento judicial do direito de representação da categoria pelo sindicato;

b) *dissídio declaratório de vínculo jurídico-sindical* – procedimento judicial tendente a viabilizar a vinculação de sindicato a entidade sindical superior;

c) *dissídio para anulação de eleição sindical* – ação destinada a obter provimento judicial declaratório da ilegalidade do processo eleitoral no sindicato;

d) *dissídio para anulação de assembleia sindical* – dissídio instalado entre membro da categoria e o próprio sindicato e destinado a obter a anulação judicial da decisão assemblear;

e) *dissídios sindicais sobre contribuições* – ainda que estipuladas em sede assemblear, cabe à Justiça do Trabalho o processamento das ações ou a execução[892].

Competência para julgar mandado de segurança, "Habeas Corpus" e "Habeas Data". Pela Justiça do Trabalho, doravante, serão julgados os mandados de segurança, *habeas corpus* e *habeas data*, quando o ato questionado envolver matéria sujeita à sua jurisdição. É a dicção do art. 114, IV.

No particular, nunca houve discussão sobre a possibilidade de impetração de mandado de segurança na Justiça do Trabalho; as oposições se dirigiam contra a utilização de *habeas corpus*[893] e do *habeas data*.

Quanto à impetração de *habeas corpus*, a literalidade do art. 114, IV, evanesce qualquer dúvida porventura ainda existente.

No que se refere, contudo, à utilização de *habeas data*, já defendemos, antes da EC n. 45/2004[894], que a impetração estava condicionada exclusivamente à existência de relação de emprego – conclusão evidentemente afastada diante da nova realidade da competência material da Justiça do Trabalho.

Julgamento de conflito de competência. É também da Justiça do Trabalho a competência para julgar os conflitos de competência entre órgãos com jurisdição trabalhista, ressalvado o disposto no art. 102, I, *o*.

Em verdade, sempre foi pacífica a competência dos tribunais trabalhistas para o julgamento de conflitos positivos ou negativos de competência entre órgãos vinculados à sua jurisdição; a controvérsia se reduzia às hipóteses, por exemplo, de con-

---

892 Cf. "A reforma do Judiciário e os novos marcos da competência material da Justiça do Trabalho no Brasil", p. 164-170.

893 "PROCESSUAL PENAL – *HABEAS CORPUS* – JUSTIÇA DO TRABALHO – COMPETÊNCIA – RECLAMAÇÃO TRABALHISTA – DEPOSITÁRIO – PENHORA DE RENDA DA EMPRESA RECLAMADA – SÓCIO-PROPRIETÁRIO – NOMEAÇÃO COERCITIVA – PRISÃO – CONSTRANGIMENTO ILEGAL – 1. É competente o Tribunal Regional Federal para processar e julgar *habeas corpus*, ação de natureza penal, contra ato emanado de Juiz do Trabalho, que não possui competência criminal para decretação de prisão, ainda que a questão material subjacente seja de natureza civil, como no caso de infidelidade de depositário, em execução de sentença (...)" (TRF 1ª R., HC 0100271999/GO, 4ª T., rel. Des. Fed. Mário César Ribeiro, *DJU* de 14-2-2003, p. 23).

894 Cf. nosso *Direitos Fundamentais e o Contrato de Trabalho*, p. 111-115.

flitos havidos entre juízes do trabalho e juízes de direito, ainda que investidos de jurisdição trabalhista.

Com a redação do art. 114, V, não se esgrimirá mais qualquer dúvida acerca da competência da Justiça do Trabalho, inclusive para juízes de direito eventualmente no exercício de jurisdição trabalhista, pois a redação alude a órgãos *com* jurisdição[895] e não *da* jurisdição trabalhista.

Todavia, se o caso é de conflito entre juiz de direito que aja nessa qualidade, a competência para dirimi-lo será do Superior Tribunal de Justiça, *ex vi* do art. 105, I, *d*, da Constituição Federal[896].

Ações de indenização por dano moral ou patrimonial. A Súmula Vinculante 22. Bastante controvertida foi a competência ditada no art. 114, VI, e relacionada ao julgamento de ações de indenização por dano moral ou patrimonial, decorrentes da relação de trabalho.

Com efeito, após avanços e recuos, finalmente o Supremo Tribunal Federal concluiu pela competência da Justiça do Trabalho para o julgamento de tais ações, o que se operou nos autos do CComp 7.204.

O Plenário do STF reformulou entendimento anterior e declarou que a competência para julgar ações por dano moral e material decorrente de acidente de trabalho é da Justiça Trabalhista. A decisão unânime foi tomada durante análise do referido Conflito Negativo de Competência (CComp 7.204), suscitado pelo Tribunal Superior do Trabalho em face do extinto Tribunal de Alçada de Minas Gerais.

Na oportunidade, assentou o Min. Carlos Ayres Britto "(...) que o inciso I do artigo 109 da Constituição não autoriza concluir que a Justiça Comum Estadual detém a competência para apreciar as ações que o empregado propõe contra seu empregador, pleiteando reparação por danos morais e patrimoniais". Defendeu ainda que se a vontade objetiva do texto constitucional fosse excluir a competência da Justiça do Trabalho, teria feito isso no âmbito do art. 114, "jamais no contexto do art. 109, versante este último sobre a competência de uma outra categoria de juízes".

No caso, a decisão mudou o entendimento dos Ministros com relação ao julgamento do RE 438.639.

Finalmente, em 2 de dezembro de 2009, o Plenário do STF aprovou o verbete da Súmula Vinculante 22, publicada no *DOU* em 11-12-2009, segundo o qual "a Justiça do Trabalho é competente para processar e julgar as causas relativas a indenizações por danos morais e patrimoniais decorrentes de acidente de trabalho propostas por empregado contra empregador, alcançando-se, inclusive, as demandas que ainda não possuíam, quando da promulgação da EC n. 45/2004, sentença de mérito em primeiro grau".

Ações relativas às penalidades administrativas. Prevê, por outro lado, o inciso VII do art. 114 a competência para as ações relativas às penalidades administrativas

---

895 Cf. Manoel Antônio Teixeira Filho, *Breves Comentários à Reforma do Poder Judiciário*, p. 191.

896 Idem, ibidem.

impostas aos empregadores pelos órgãos de fiscalização das relações de trabalho.

Com isso, é agora de competência da Justiça do Trabalho o julgamento de todas as ações, inclusive mandados de segurança, cujo objeto esteja relacionado à imposição de gravame pelos órgãos da fiscalização do trabalho, como acontece com as multas impostas pelos auditores-fiscais do trabalho.

Execução, de ofício, de contribuições sociais. Por fim, o art. 114, VIII, prescreve a competência da Justiça do Trabalho para a execução, de ofício, das contribuições sociais previstas no art. 195, I, *a*, e II, e seus acréscimos legais, decorrentes das sentenças que proferir.

É a renovação de conteúdo idêntico que já constava do antigo § 3º do art. 114.

E renovação inconstitucional, segundo nosso sentir.

Deveras, dispõe o art. 60, § 4º, III, que não será objeto de deliberação proposta de emenda tendente a abolir a separação de poderes.

Deliberar, em sentido jurídico-constitucional, expressa a ideia de discutir, debater, sendo defeso, portanto, ao constituinte de competência derivada e ao legislador ordinário iniciarem discussão acerca de projeto de emenda constitucional ou projeto de lei que importem no atingimento – ainda que pela via oblíqua, reflexa ou indireta – de norma constitucional intangível, cumprindo pôr sob destaque, demais disso, que a proibição se não dirige a suprimir o dispositivo, *tout court*; encontra-se nos domínios da vedação a impossibilidade de modificar-se o rol de competências das funções estatais executiva, legislativa e judiciária.

E tal se deve fundamentalmente a uma razão maior: onde está a natureza humana, lá estará também a imperfeição, motivo bastante para que se precatasse o constituinte originário em face das investidas do governante de plantão contra as prerrogativas e competências das funções legislativa e judiciária, por exemplo.

Parece-nos que admitir a modificação da competência material da Justiça do Trabalho pelo constituinte derivado para incluir tema completamente estranho à sua atividade é abrir seriíssimo precedente à alteração das competências dos demais órgãos do Poder Judiciário, não afastada, inclusive, a viabilidade de mudança das atribuições do próprio Supremo Tribunal Federal, o que, além de transgredir insidiosamente o postulado da correção funcional, representa claríssimo desrespeito ao regime democrático, como, e.g., na hipótese de o Congresso Nacional, por força de projeto de emenda constitucional enviado ao Parlamento pelo Poder Executivo, transferir a prerrogativa de guarda da Constituição ao Chefe de Estado e de Governo.

Não se trata de defesa de tese simplesmente acadêmica, mas, com convicção, o fato de o rol de competências atribuído à Justiça do Trabalho pelo constituinte material originário vir a ser "desarrumado" pela sua criatura, fixando-se competência insólita para promover a execução, de ofício, de contribuição previdenciária, atenta contra a razão de ser e de existir dos órgãos jurisdicionais trabalhistas, comprometendo – o que é mais grave ainda – as suas naturais atribuições nobremente direcionadas à valorização do trabalho humano.

18.13.1.1 Os dissídios coletivos e a competência da Justiça do Trabalho

No contexto da negociação coletiva, caso seja frustrada, as partes poderão eleger árbitros (§ 1º do art. 114).

Todavia, prevê o § 2º do art. 114, alterado pela EC n. 45/2004, que, recusando-se qualquer das partes à negociação coletiva ou à arbitragem, é-lhes facultado, de comum acordo, ajuizar dissídio coletivo de natureza econômica, podendo a Justiça do Trabalho decidir o conflito, respeitadas as disposições mínimas legais de proteção ao trabalho e as convencionadas anteriormente.

Parece-nos que o preceptivo encerra evidente inconstitucionalidade.

Deveras, a instauração da instância no âmbito de dissídio coletivo de natureza econômica encontra-se, a partir da promulgação da EC n. 45/2004, condicionada ao que o constituinte derivado resolveu denominar "comum acordo".

Sendo assim, consoante a locução constitucional, somente será admissível a instauração de instância em tema de dissídio coletivo econômico se ambas as partes envolvidas (sindicatos de categoria profissional e econômica) se propuserem a, de comum acordo, remeter a solução à Justiça do Trabalho.

Mesmo sabendo que não houve restrição à iniciativa quanto aos dissídios coletivos de natureza jurídica (que se destinam à interpretação de normas coletivas em vigor), concluímos que a alteração promove ofensa a cláusula constitucional intangível, no caso o art. 60, § 4º, IV, da Constituição de 1988.

Sem dúvida, os direitos e garantias individuais não se põem à possibilidade de alteração que lhes diminua o espectro ou, pior ainda, os suprima.

E, no plexo das garantias individuais, reconhece-se o elevadíssimo alcance do princípio do direito de ação, da inafastabilidade do controle judicial, ou ainda o princípio da ubiquidade, consignado no art. 5º, XXXV, segundo o qual "a lei não excluirá da apreciação do Poder Judiciário lesão ou ameaça a direito".

É indiscutível que a efetividade dos direitos fundamentais no Brasil restaria inapelavelmente afastada se não se admitisse o recurso pleno, direto, aberto, fácil e expedito ao Poder Judiciário.

Por outro lado, o processo gramatical pode conduzir à tese de inadmissibilidade da incidência do art. 5º, XXXV, da CF, no tocante às emendas constitucionais, diante da literalidade do dispositivo, a que alude a *lei*.

Não obstante, serve-se a interpretação constitucional habitualmente do princípio da coloquialidade, a patentear a necessidade de o intérprete – quando em dúvida entre a opção pela acepção técnica ou coloquial de uma palavra posta na Constituição – escolher a expressão forjada no lugar-comum do povo, notadamente quando a expressão de que se trata encontra-se inserida no conjunto dos direitos e garantias fundamentais, que se reservam aos indivíduos.

É verdade que o Excelso Supremo Tribunal Federal foi instado a se pronunciar acerca da inconstitucionalidade do dispositivo por meio de diversas ações diretas de inconstitucionalidade, no caso as de n. 3.423, 3.431, 3.432 e 3.520, sendo relator de todas as ações o Min. Cezar Peluso, que ainda não decidiu acerca da concessão das liminares, presumivelmente com o propósito de viabilizar maior discussão no altiplano dos órgãos jurisdicionais trabalhistas – aqueles que, de ordinário, têm maior condição de contribuir para o debate acerca de tão importante tema.

Nessa linha de compreensão, impende considerar que a doutrina sufraga a tese de inconstitucionalidade de lei obstativa de acesso ao Poder Judiciário, não quando simplesmente fixa a norma processual condição da ação a ser atendida, ou mesmo pressuposto processual, como quando a Lei da Arbitragem previu a cláusula compromissória. De modo induvidoso, convergem os doutrinadores para o entendimento da incompatibilidade vertical da lei com o princípio do direito de ação *quando se demonstra a existência de barreira objetiva de acesso ao Poder Judiciário.*

André Ramos Tavares acentua que "o princípio em questão significa que toda controvérsia sobre direito, incluindo a ameaça de lesão, não pode ser subtraída da apreciação do Poder Judiciário. Sob esse enfoque, o comando constitucional dirige-se diretamente ao legislador, que não pode pretender, por meio de lei, delimitar o âmbito de atividade do Poder Judiciário, até porque uma ocorrência dessas chocar-se-ia frontalmente com o princípio maior da separação de poderes"[897].

De nossa parte, sem embargo de o relator das ações, Min. Cezar Peluso, não se ter pronunciado até o momento a respeito da arguição, entendemos que a alteração feita pela EC n. 45/2004 é inconstitucional por construir barreira objetiva de acesso à Justiça do Trabalho relativamente aos dissídios econômicos.

Inegavelmente, condicionar ajuizamento de dissídio coletivo econômico ao comum acordo entre sindicatos de categoria profissional e econômica é o mesmo que impedir seja o tema conduzido à apreciação do Tribunal do Trabalho, pois o antagonismo comprovado na superação da fase negocial e da recusa à arbitragem – que, de resto, nesse último caso, raramente foi aplicada no contexto do direito coletivo do trabalho no Brasil – natural e inexoravelmente obstará ao atendimento da exigência. Se o acordo não foi atingido no instante da solução negociada, que motivo fará com que os sindicatos em litígio remetam consensualmente a solução à Justiça do Trabalho?

E mais: caso os Tribunais Trabalhistas não adotem expedientes enérgicos contra os sindicatos patronais que se recusem à negociação, tal como a estipulação de multa no âmbito do processo coletivo como decorrência da prática de atos antissindicais, a cláusula do comum acordo, muito longe de estimular a autocomposição (consolidada no *princípio da autonomia privada negocial coletiva*), representará meramente instrumento insidioso a serviço do sindicato econômico, máxime porque, a partir da alteração feita pela EC n. 45/2004, poderá simplesmente acomodar-se diante das reivindicações econômicas do grêmio profissional, visto que o dissídio coletivo econômico não poderá prosseguir sem a participação empresarial.

Melhor andaria o constituinte derivado se tivesse extinto, de uma vez, o poder normativo da Justiça do Trabalho, e não incoerentemente preservá-lo apenas no pla-

---

897 Cf. *Curso de Direito Constitucional*, p. 498.

no formal da Constituição e viabilizar a sua extinção, de fato, caso seja sufragada a tese da constitucionalidade da cláusula do comum acordo.

Mas o poder normativo não foi formalmente extinto. Daí resulta que o reconhecimento da obrigatoriedade do comum acordo implicará ofensa ao princípio da correção funcional, sendo certo que a Justiça do Trabalho, na esmagadora maioria das hipóteses de instauração da instância pelo sindicato obreiro, não poderá examinar o mérito da postulação à vista da ausência ou discordância da representação econômica, afastando-se, assim, o órgão judicial do *exercício de competência constitucionalmente firmada*.

Frise-se, de mais a mais, que o Ministério Público do Trabalho não poderá instaurar instância no caso de deflagração de toda e qualquer greve, visto que a nova redação atribuída ao § 3º do art. 114 refere somente às hipóteses de movimentos paredistas ocorridos em atividades consideradas essenciais, e mesmo assim desde que, a juízo do membro do *parquet* e do Judiciário Trabalhista, haja possibilidade de lesão do interesse público.

Com isso, sucedeu o fenômeno da *inconstitucionalidade superveniente* no que concerne à redação do art. 83, VIII, da Lei Complementar n. 75/93 (Lei Orgânica do Ministério Público da União).

Se o dispositivo denota que se inclui entre as atribuições do Ministério Público do Trabalho a de "instaurar instância em caso de greve, quando a defesa da ordem jurídica ou o interesse público assim o exigir", é correto concluir, diante do enunciado constitucional evidentemente restritivo à iniciativa do MPT, que o dispositivo da LC n. 75/93 está em rota de colisão com o novo comando constitucional[898].

E mais: entendemos, no particular, que a norma constitucional conferiu *legitimidade exclusiva* ao Ministério Público do Trabalho para instauração de instância em casos de greve deflagrada em atividade reputada essencial. E por quê? Simplesmente porque o *interesse público* referido no § 3º do art. 114 da Constituição é o mesmo que confere qualidade para agir de modo exclusivo ao *parquet*, tendo em vista a própria vocação institucional dirigida ao órgão de protetor dos interesses da coletividade.

Há decisão do Tribunal Superior do Trabalho que não segue a linha da legitimidade exclusiva do MPT: "Inconcebível que a parte diretamente interessada, envolvida materialmente no conflito, como a Empresa, a eventualmente sofrer efeitos diretos de uma eventual greve abusiva, sobretudo, nas atividades consideradas essenciais, a afetar o interesse público, não possa, ela própria, buscar, de modo direto e imediato, a tutela jurisdicional, como autorizado pela Lei n. 7.783/89" (RODC 156/2005-000-08-00.0).

Data venia, não nos parece ser essa a melhor solução, pois a unidade empresarial só remota e reflexamente consegue promover a proteção do interesse público, por-

898 Cf. Sandra Lia Simon, "A ampliação da competência da Justiça do Trabalho e o Ministério Público do Trabalho", p. 344.

quanto a visão empresarial, por mais "responsabilidade social" que tenha, continuará atada ao objetivo empresarial, que é o lucro. Logo, concluir que há legitimidade da empresa para suscitar dissídio coletivo em sede de greve deflagrada em atividade essencial é o mesmo que afirmar estarem as empresas vinculadas à persecução do interesse público, o que não é exato.

Demais disso, há outro ponto que deve depor contra a legitimidade concorrente.

É que, como têm decidido os Tribunais Trabalhistas, de modo específico o Tribunal Superior do Trabalho, instauração de dissídio coletivo econômico não pode ser admitida sem a concordância do suscitado[899], conforme a regra do § 2º do art. 114. Sendo assim, se a jurisprudência converge maciçamente para entendimento segundo o qual o suscitante (invariavelmente o sindicato profissional) precisa da anuência do suscitado, compreendemos que, mesmo em se tratando de atividade reputada essencial, seria demasiadamente restritivo ao direito de greve admitir imediata instauração de instância pela empresa envolvida no movimento paredista diante da clara tendência dos Tribunais quanto à fixação de número mínimo de trabalhadores para atendimento das necessidades inadiáveis da comunidade que, de fato, torna o movimento paredista inócuo.

Se a jurisprudência trabalhista, como se vê nas decisões antes referidas, dirige-se à impossibilidade de dissídio coletivo econômico sem comum acordo, é preciso, por simetria, mesmo em atividade essencial, deixar algum espaço para o exercício da capacidade negocial dos sindicatos, que, por sua vez, pode vincular-se à greve deflagrada.

Com isso, ponderando os interesses em questão, abrir-se-ia somente ao Ministério Público do Trabalho a emissão de juízo sobre a possibilidade de ofensa a interesse público, e, de todo modo, ainda dependeria do Poder Judiciário a palavra final sobre se a hipótese realmente se trata de interesse público.

18.13.2 Os Tribunais Regionais do Trabalho

Os Tribunais Regionais do Trabalho compõem-se de, no mínimo, sete juízes, recrutados, quando possível, na respectiva região, e nomeados pelo Presidente da República entre brasileiros com mais de trinta e menos de sessenta e cinco anos, sendo: I – um quinto dentre advogados com mais de dez anos de efetiva atividade

---

899 Ver, por exemplo, RODC 287/2005-000-11-00.0, rel. Min. Gelson Azevedo. Ver também a seguinte decisão, que convergiu acentuadamente para a aplicação da cláusula do comum acordo, fixando-a como condição do ajuizamento do dissídio coletivo, tão só ressalvando não ser necessária a elaboração de petição conjunta entre suscitante e suscitado, concluindo o relator, Min. Carlos Alberto Reis de Paula: "De qualquer forma, a norma submete-se ao controle de constitucionalidade, pelo que entendo objetivamente aplicável a literalidade da diretriz constitucional, até que venha a ocorrer a oportuna manifestação do Supremo Tribunal Federal" (TST, DC 165049/2005-000-00-00.4, rel. Min. Carlos Alberto Reis de Paula).

profissional e membros do Ministério Público do Trabalho com mais de dez anos de efetivo exercício, observado o disposto no art. 94; II – os demais, mediante promoção de juízes do trabalho por antiguidade e merecimento, alternadamente (art. 115 – com redação dada pela EC n. 45/2004).

A competência dos Tribunais Regionais do Trabalho não se encontra prevista na Constituição, razão por que deve ser disciplinada pelos respectivos regimentos internos.

Os Tribunais Regionais do Trabalho instalarão a Justiça itinerante, com a realização de audiências e demais funções de atividade jurisdicional, nos limites territoriais da respectiva jurisdição, servindo-se de equipamentos públicos e comunitários (§ 1º do art. 115), e, conforme o § 2º, poderão funcionar descentralizadamente, constituindo Câmaras regionais, a fim de assegurar o pleno acesso do jurisdicionado à Justiça em todas as fases do processo.

18.14 TRIBUNAIS E JUÍZES ELEITORAIS

São órgãos da Justiça Eleitoral: I – o Tribunal Superior Eleitoral; II – os Tribunais Regionais Eleitorais; III – os Juízes Eleitorais; IV – as Juntas Eleitorais (art. 118).

A respeito do Tribunal Superior Eleitoral, o art. 119 da Constituição refere que será composto de, no mínimo, sete membros, a serem escolhidos por duas formas distintas: I – mediante eleição, pelo voto secreto: a) três juízes dentre os Ministros do Supremo Tribunal Federal; b) dois juízes dentre os Ministros do Superior Tribunal de Justiça; II – por nomeação do Presidente da República, dois juízes dentre seis advogados de notável saber jurídico e idoneidade moral, indicados pelo Supremo Tribunal Federal.

O Presidente e o Vice-Presidente do TSE serão eleitos entre os Ministros do Supremo Tribunal Federal, ao passo que o Corregedor Eleitoral, entre os Ministros do Superior Tribunal de Justiça (parágrafo único do art. 119).

Prescreve o art. 120 que haverá um Tribunal Regional Eleitoral na Capital de cada Estado e no Distrito Federal, que serão compostos de acordo com os mesmos procedimentos previstos para a composição do TSE, ou seja, eleição, pelo voto secreto e ato de nomeação pelo Presidente da República. No primeiro caso, serão eleitos dois juízes entre desembargadores do Tribunal de Justiça e dois juízes, entre juízes de direito, escolhidos pelo Tribunal de Justiça, e também de um juiz do Tribunal Regional Federal com sede na Capital do Estado ou no Distrito Federal, ou, não havendo, juiz federal, escolhido, em qualquer caso, pelo Tribunal Regional Federal respectivo. No segundo caso, por nomeação, pelo Presidente da República, de dois juízes entre seis advogados de notável saber jurídico e idoneidade moral, indicados pelo Tribunal de Justiça (§ 1º do art. 120).

O Tribunal Regional Eleitoral elegerá seu Presidente e o Vice-Presidente entre os desembargadores (§ 2º do art. 120).

Caberá à lei complementar dispor sobre a organização e competência dos tribunais, dos juízes de direito e das juntas eleitorais (art. 121).

Os juízes dos tribunais eleitorais, salvo motivo justificado, servirão por dois anos, no mínimo, e nunca por mais de dois biênios consecutivos, sendo os substitutos escolhidos na mesma ocasião e pelo mesmo processo, em número igual para cada categoria (§ 2º do art. 121).

Não há, em regra, recorribilidade das decisões do Tribunal Superior Eleitoral, salvo as que contrariarem a Constituição e as denegatórias de *habeas corpus* ou mandado de segurança (§ 3º do art. 121).

Já com relação às decisões dos Tribunais Regionais Eleitorais, o legislador constituinte originário promoveu disciplina ampliativa da recorribilidade, cabendo recurso quando (§ 4º do art. 121):

I – forem proferidas contra disposição expressa desta Constituição ou de lei;

II – ocorrer divergência na interpretação de lei entre dois ou mais tribunais eleitorais;

III – versarem sobre inelegibilidade ou expedição de diplomas nas eleições federais ou estaduais;

IV – anularem diplomas ou decretarem a perda de mandatos eletivos federais ou estaduais;

V – denegarem habeas corpus, *mandado de segurança*[900], habeas data *ou mandado de injunção.*

18.15 TRIBUNAIS E JUÍZES MILITARES

São órgãos da Justiça Militar[901]: I – o Superior Tribunal Militar; II – os Tribunais e Juízes Militares instituídos por lei (art. 122).

O órgão de cúpula da Justiça Militar é o Superior Tribunal Militar, que será composto de quinze Ministros vitalícios, nomeados pelo Presidente da República, depois de aprovada a indicação pelo Senado Federal, sendo três dentre oficiais-generais da Marinha, quatro dentre oficiais-generais do Exército, três dentre oficiais-generais da Aeronáutica, todos da ativa e do posto mais elevado da carreira, e cinco dentre civis (art. 123).

---

900 Mas a competência originária para julgamento do mandado de segurança é do próprio Tribunal Regional Eleitoral quando dele promana o ato impugnado: "(...) Tratando-se de ato administrativo do tribunal, é dele a competência para o julgamento dos mandados de segurança que visam impugnar sua legalidade. Art. 102, I, *n*, da Constituição Federal. Inaplicável em face da ausência de interesse dos membros do tribunal do julgamento da causa. Rejeitada. Impedimento do presidente do tribunal para presidir a sessão de julgamento. Não configurado. Mandado de segurança impetrado contra ato da corte, como órgão colegiado, do qual o presidente é integrante. Rejeitada (...)" (TREMG, MS 43232000 [559/2001] – Belo Horizonte, rel. Des. João Sidney Alves Affonso, *DJMG* de 4-9-2001, p. 62-63).

901 Ver Leis n. 8.457/92 (organiza a Justiça Militar da União e regula o funcionamento de seus serviços auxiliares) e 9.839/99 (veda a aplicação da Lei n. 9.099/95 na Justiça Militar).

No tocante aos Ministros civis, serão escolhidos pelo Presidente da República dentre brasileiros maiores de trinta e cinco anos, sendo: I – três dentre advogados de notório saber jurídico e conduta ilibada, com mais de dez anos de efetiva atividade profissional; II – dois, por escolha paritária, dentre juízes auditores e membros do Ministério Público da Justiça Militar (parágrafo único do art. 123).

18.15.1 Competência da Justiça Militar

Compete à Justiça Militar processar e julgar os crimes militares definidos em lei (art. 124)[902], e a norma regente, no caso, é o Código Penal Militar[903].

18.16 TRIBUNAIS E JUÍZES DOS ESTADOS

Os Estados organizarão sua Justiça, observados os princípios estabelecidos na Constituição (art. 125).

De acordo com o § 1º do art. 125, a competência dos tribunais será definida na Constituição do Estado, sendo a lei de organização judiciária de iniciativa do Tribunal de Justiça.

Cabe aos Estados a instituição de representação de inconstitucionalidade de leis ou atos normativos estaduais ou municipais em face da Constituição estadual, vedada a atribuição da legitimação para agir a um único órgão (§ 2º do art. 125).

De acordo com a nova redação atribuída pela EC n. 45/2004 ao § 3º do art. 125, "lei estadual poderá criar, mediante proposta do Tribunal de Justiça, a Justiça Militar estadual, constituída, em primeiro grau, pelos juízes de direito e pelos Conselhos de Justiça e, em segundo grau, pelo próprio Tribunal de Justiça, ou por Tribunal de Justiça Militar nos Estados em que o efetivo militar seja superior a vinte mil integrantes".

18.16.1 Competência da Justiça estadual

Compete à Justiça Militar estadual processar e julgar os militares dos Estados[904],

---

902 Crime praticado por militar contra militar atrai a respectiva competência da Justiça Militar: "PROCESSUAL PENAL – CONFLITO DE COMPETÊNCIA – HOMICÍDIO – POLICIAL MILITAR EM ESTADO DE SOBREAVISO – VÍTIMA MILITAR. É da competência da Justiça Militar julgar homicídio praticado por militar em situação de atividade ou assemelhado, contra militar na mesma situação, *ex vi* do art. 9º, II, *a*, do Código Penal Militar. Conflito conhecido, competente o Juízo Suscitante" (STJ, CComp 31977/RS, 3ª S., rel. Min. Felix Fischer, *DJU* de 11-3-2002).

903 "(...) De acordo com o que estabelece a Constituição Federal no artigo 124, à Justiça militar compete processar e julgar os crimes militares definidos em Lei. A Lei a que remete o texto constitucional é o Código Penal Militar, a cuja conduta do paciente foi imputada nos artigos 319 e 322, no que se verifica do inquérito policial militar instaurado por determinação do comandante militar do Leste. Desta feita, resta induvidosa a competência da Justiça militar para o processamento e julgamento do feito. Ordem concedida" (TRF 2ª R., HC 2001.02.01.028494-1/RJ, 1ª T., rel. Juiz Ricardo Regueira, *DJU* de 4-12-2002, p. 110).

904 "CONFLITO DE COMPETÊNCIA – PENAL – CRIME PRATICADO POR POLICIAL

nos crimes militares definidos em lei e as ações judiciais contra atos disciplinares militares, ressalvada a competência do Júri quando a vítima for civil, cabendo ao tribunal competente decidir sobre a perda do posto e da patente dos oficiais e da graduação das praças (§ 4º do art. 125 – com redação dada pela EC n. 45/2004).

Compete aos juízes de direito do juízo militar processar e julgar, singularmente, os crimes militares cometidos contra civis e as ações judiciais contra atos disciplinares militares, cabendo ao Conselho de Justiça, sob a presidência de juiz de direito, processar e julgar os demais crimes militares (§ 5º do art. 125 – incluído pela EC n. 45/2004).

18.16.2 Funcionamento da Justiça estadual

O Tribunal de Justiça poderá funcionar descentralizadamente, constituindo Câmaras regionais, a fim de assegurar o pleno acesso do jurisdicionado à Justiça em todas as fases do processo (§ 6º do art. 125 – incluído pela EC n. 45/2004).

Da mesma forma como já previra para a Justiça Federal, o Tribunal de Justiça instalará a Justiça itinerante, com a realização de audiências e demais funções da atividade jurisdicional, nos limites territoriais da respectiva jurisdição, servindo-se de equipamentos públicos e comunitários (§ 7º do art. 125 – incluído pela EC n. 45/2004).

Para dirimir conflitos fundiários, o Tribunal de Justiça proporá a criação de varas especializadas, com competência exclusiva para questões agrárias (art. 126 – com redação dada pela EC n. 45/2004).

Nesse contexto voltado a atender o princípio da razoável duração do processo (art. 5º, LXXVIII) e também ao postulado da eficiência da Administração Pública (art. 37, *caput*), salienta o parágrafo único do art. 126 que, "sempre que necessário à eficiente prestação jurisdicional, o juiz far-se-á presente no local do litígio".

18.17 DISCIPLINA CONSTITUCIONAL DOS SERVIÇOS NOTARIAIS E DE REGISTRO

Em virtude de as atividades notariais e de registro se subordinarem ao Poder Judiciário, convém incluir exame a respeito.

Assim, preceitua o art. 236 da Constituição que "os serviços notariais e de registro são exercidos em caráter privado, por delegação do Poder Público"[905].

MILITAR ESTADUAL CONTRA SOLDADO DAS FORÇAS ARMADAS EM VILA MILITAR – 1. Compete à Justiça Militar Estadual processar e julgar os crimes praticados por Policial Militar em atividade contra Soldado da Aeronáutica na mesma situação (artigo 125, parágrafo 4º, da Constituição Federal). 2. A vila militar da Aeronáutica, onde teriam ocorrido os crimes imputados ao Policial Militar, não pode ser considerada área sujeita à administração militar, a fim de atrair a competência da Justiça Militar Federal. 3. Conflito de competência conhecido para declarar a competência da Justiça Militar Estadual" (STJ, CComp 34625/BA, 3ª S., rel. Min. Hamilton Carvalhido, *DJU* de 22-4-2003).

905 Ver Lei n. 8.935/94 (Serviços Notariais e de Registro).

A lei regulará as atividades, disciplinará a responsabilidade civil e criminal dos notários, dos oficiais de registro e de seus prepostos, e definirá a fiscalização de seus atos pelo Poder Judiciário[906] (§ 1º do art. 236).

Lei federal estabelecerá normas gerais para fixação de emolumentos relativos aos atos praticados pelos serviços notariais e de registro[907] (§ 2º do art. 236).

Por fim, esclareça-se que o ingresso na atividade notarial e de registro depende de concurso público de provas e títulos, não se permitindo que qualquer serventia fique vaga, sem abertura de concurso de provimento ou de remoção, por mais de seis meses[908] (§ 3º do art. 236).

---

906 "CONSTITUCIONAL E ADMINISTRATIVO – NOTÁRIOS E REGISTRADORES – SERVIDORES PÚBLICOS *LATO SENSU* – DEVERES LEGAIS – FISCALIZAÇÃO PELO PODER JUDICIÁRIO – ABERTURA DE PROCESSO ADMINISTRATIVO DISCIPLINAR – APURAÇÃO DE SUPOSTAS INFRAÇÕES E CONSEQUENTE APLICAÇÃO DE PENALIDADES – DIRETOR DO FORO – COMPETÊNCIA RECONHECIDA – INTELIGÊNCIA DA LEI DE ORGANIZAÇÃO JUDICIÁRIA ESTADUAL. I – A Constituição Federal foi precisa ao dispor que os serviços notariais e de registro são exercidos em caráter privado, por delegação do poder público. Desta forma, compete ao Poder Judiciário fiscalizar as atividades realizadas pelos notários, oficiais de registro e seus respectivos prepostos, justamente para apurar eventuais irregularidades nas órbitas civil e criminal. Inteligência do art. 236 da CF/88 c/c 37 da Lei n. 8.935/94. II – Na hipótese dos autos, incontestável a competência do Juiz Diretor do Foro da Comarca de Vazante-MG, para instauração do respectivo processo administrativo disciplinar, a teor do prescrito na Lei de Organização e Divisão Judiciária do Estado de Minas Gerais. Ademais, inconciliável o exercício da fiscalização sem o correspondente poder de correição, cuja prerrogativa não é exclusiva do Corregedor-Geral de Justiça, conforme se infere da interpretação sistemática da Lei de Regência. III – Recurso conhecido, mas desprovido" (STJ, ROMS 10599/MG, 5ª T., rel. Min. Gilson Dipp, *DJU* de 16-12-2002).

907 Ver Lei n. 10.169/2000, que regulamenta o parágrafo.

908 Ver Lei n. 10.506/2000, que altera o art. 16 da Lei n. 8.935/94.

FUNÇÕES ESSENCIAIS À JUSTIÇA

19.1 O PRINCÍPIO DA INÉRCIA DA JURISDIÇÃO E AS FUNÇÕES ESSENCIAIS À JUSTIÇA

À função judicial é cometida a precípua tarefa de pôr termo a conflitos de interesses.

Todavia, os conflitos postos à apreciação do Poder Judiciário deverão obrigatoriamente ser trazidos a exame por outros órgãos ou pessoas, porque o julgador precisa ser provocado para emitir o pronunciamento judicial[909].

É o *princípio da inércia da jurisdição*[910].

---

909 No contexto do direito processual civil, subsiste o princípio dispositivo (art. 128 do Código de Processo Civil), segundo o qual o juiz não se pronunciará de ofício acerca de questões a cujo respeito a lei demanda a iniciativa das partes. O princípio dispositivo é o contraponto ao princípio inquisitório. Hélio Tornaghi assinala que, "teoricamente, duas orientações podem ser seguidas em matéria de processo civil: I – a que concede às partes inteira disponibilidade da iniciativa do processo, da produção de provas, da interposição de recursos; II – a que dá poderes ao juiz ou para o impulso oficial, ou para os demais, necessários à condução do processo. De acordo com a primeira, o juiz fica na dependência da atividade do autor para exercer a jurisdição (*nemo judex sine actore*), não podendo proceder *motu proprio* (*ne procedat judex ex officio*). Deve julgar segundo os fatos e as provas trazidas ao seu conhecimento pelas partes (*secundum allegata et probata judez judiucare debet*) e não pode conceder a cada uma das partes o que essas não pediram, isto é, não pode dar mais nem diferente do que foi solicitado (*ne eat judex ultra extraque petita partium*). Essa dependência do juiz não se refere à matéria de direito: o juiz pode aplicar normas jurídicas que não hajam sido invocadas pelas partes. Na conformidade da segunda orientação, o juiz provê a tudo sem esperar a iniciativa das partes. Historicamente, a adoção do princípio dispositivo representa um progresso, não só porque liberta o processo civil de qualquer feição judicial, como ainda porque acentua a diversificação entre as funções do julgador e as das partes. Nos casos de interesse público, de ordem pública, o certo é conceder a iniciativa ao Ministério Público, não ao juiz" (Cf. *Comentário ao Código de Processo Civil*, v. 1, p. 398).

910 "PROCESSUAL CIVIL – DESENTRANHAMENTO, DE OFÍCIO, DE CONTESTAÇÃO INTEMPESTIVA APRESENTADA EM AÇÃO CAUTELAR PARA JUNTADA NA AÇÃO PRINCIPAL. Pelo princípio da inércia da jurisdição, não pode o Juiz, de ofício, desentranhar contestação intempestiva em ação cautelar para juntá-la na ação principal, tornando-a tempestiva para impedir os efeitos da revelia, em prejuízo do autor e em benefício do réu, que nada requereu nesse sentido. Assim, caracterizada está a revelia em ambos os processos. Recurso provido" (TJRJ, AI 4413/2001, 1ª C. Cív., rel. Des. Mau-

A autoridade que julga não pode ser a mesma que inicia o processo ou a que o impulsiona, salvo hipóteses expressamente consignadas no sistema normativo.

Demais disso, fixar em um único órgão as figuras do acusador/solicitador e julgador configura autêntica transgressão ao princípio do devido processo legal.

Por conseguinte, em capítulo distinto daqueles reservados às funções legislativa, executiva e judiciária, a Constituição, nos arts. 127 a 135, disciplina as denominadas "Funções Essenciais à Justiça", que compreendem o Ministério Público, a Advocacia Pública (Advocacia-Geral da União, Procuradorias dos Estados e do Distrito Federal), a Advocacia e a Defensoria Pública, a seguir examinadas.

19.2 O MINISTÉRIO PÚBLICO

É o seguinte o enunciado que inicia o Capítulo pertinente às Funções Essenciais à Justiça (art. 127, *caput*):

> *O Ministério Público é instituição permanente, essencial à função jurisdicional do Estado, incumbindo-lhe a defesa da ordem jurídica, do regime democrático e dos interesses sociais e individuais indisponíveis.*

A amplitude e a relevância do preceptivo constitucional recomendam exame mais detido do seu conteúdo.

Assim, dizer que "é instituição permanente" significa proclamar a impossibilidade de o titular do poder reformador emitir juízo político acerca da conveniência ou não da estadia do *parquet*[911] no sistema constitucional. Sobremais, interdita-

---

ro Nogueira, j. em 16-10-2001). Também é hipótese de ofensa ao princípio se o juiz tutela pleito não formulado pela parte: "PEDIDO – AUSÊNCIA DE PEDIDO DE CONDENAÇÃO SUBSIDIÁRIA OU SOLIDÁRIA. Fora dos limites do pedido impera o princípio da inércia da jurisdição. Condenação que se exclui" (TRT 2ª R., RO 02990346486, Ac. 20000356900, 6ª T., rel. Juiz Rafael E. Pugliese Ribeiro, *DOESP* de 28-7-2000).

911 A expressão é francesa. Nenhuma relação tem, entretanto, com a ideia amplamente disseminada segundo a qual os membros do Ministério Público se posicionavam sobre o assoalho (*parquet*) do auditório, o que fez surgir a vinculação do órgão à terminologia francesa. Com tradução de Marcelo Navarro Ribeiro Dantas (cf. *Princípio do Promotor Natural*, Salvador: JusPodivm, 2004), são bastante elucidativas as ideias de Jean Volff: "o nome *parquet* é igualmente dado ao Ministério Público por referência à barreira em ripas de madeira que, desde a alta Idade Média, delimita o recinto, ao ar livre, ou a parte da sala de audiência na qual ficam os magistrados e os auxiliares da Justiça, separando-os, tanto simbólica quanto materialmente, do público e dos litigantes (ou seja, os *cancelos*). Etimologicamente, *parquet* é, com efeito, o antiquíssimo diminutivo da palavra *parc*, surgida no século XIV. No século XVIII, a Enciclopédia de Diderot e d'Alembert evoca, aliás, a existência de diversos recintos chamados *parquets* nas salas de Justiça. Essa denominação, contrariamente a uma lenda complacentemente disseminada, não tem, portanto, nada a ver com o assoalho do auditório. No seio das Cortes do Antigo Regime, as *gens du roi* (denominação primeva dos agentes do Ministério Público) ficavam, assim, *dentro do* e não *sobre o* (*no*) *parquet*, sentados (e aí cai por terra outro mito, o da magistratura *debout*,

-se-lhe também a alteração das funções institucionais e das respectivas normas de organização, vedando-se, assim, eventual limitação ou, pior ainda, supressão das autonomias funcional, administrativa e financeira constitucionalmente reconhecidas, pois bem pode ser que tal iniciativa tenha por móvel adstringir a atuação do Ministério Público.

É, por outro lado, "essencial à função jurisdicional do Estado".

No particular, concordamos integralmente com Hugo Nigro Mazzilli: "(...) com isso, diz menos do que deveria (o Ministério Público tem inúmeras funções exercidas independentemente da prestação jurisdicional, como na fiscalização de fundações e prisões, nas habilitações de casamento, na homologação de acordos extrajudiciais, no inquérito civil etc.), e, paradoxalmente, também diz mais do que deveria (pois o Ministério Público não oficia em todos os feitos submetidos à prestação jurisdicional)"[912].

Efetivamente, a essencialidade da atuação do Ministério Público no processo judicial se relaciona à natureza do interesse posto em lide, sendo impositivo que oficie, quer na condição de *custos legis* (órgão fiscal, quando, por exemplo, emite pareceres ou exara despachos com o propósito de assegurar a fiel observância da lei), quer assumindo a posição de órgão agente (quando propõe ações civis públicas, apenas para citar uma das formas de atuação), toda vez que os fatos sobre os quais versa a lide guardem vinculação com os interesses sociais e individuais indisponíveis, ou mesmo aqueles aos quais, não marcados pelo signo da indisponibilidade, a lei considere necessária sua intervenção.

19.2.1 Princípios institucionais

Há princípios institucionais do Ministério Público indicados na Constituição de 1988 (§ 1º do art. 127).

São eles:

a) a *unidade;*

b) a *indivisibilidade;* e

c) a *independência funcional.*

19.2.1.1 Unidade

Afirmar que a unidade é princípio institucional do Ministério Público é o mesmo que dizer estarem os seus integrantes organizados em um único órgão e submetidos a uma única chefia.

---

ou de pé, embora seja frequente, como o próprio autor em foco faz, referir-se aos juízes como magistrados do *siége*, isto é, do assento, ou *assises*, sentados, em contraposição aos representantes do MP) sobre os degraus flor-de-lisados diante do Primeiro Presidente e dos presidentes, no meio dos conselheiros da câmara de inquéritos e da câmara de requerimentos".

912 Cf. *Introdução ao Ministério Público*, p. 21.

Adotada, entretanto, a forma federativa de Estado, a unidade do Ministério Público deve ser compreendida em termos. Não há, assim, como imaginar uma só instituição em todo o Brasil, máxime porque as unidades federadas contam com a existência de Ministérios Públicos estaduais, cujos chefes são os Procuradores-Gerais de Justiça[913].

19.2.1.2 Indivisibilidade

A indivisibilidade é princípio institucional que permite a substituição de membros do Ministério Público por outros nos casos e hipóteses legais, porque seria absolutamente desarrazoado que, por exemplo, concessão de férias a um integrante da instituição paralisasse o processo ao qual está vinculado.

O mesmo se diga em relação às licenças para tratamento de saúde ou outros afastamentos autorizados pelas respectivas leis orgânicas. É por isso que a norma constitucional, consagrada a indivisibilidade, torna viáveis as substituições sem prejuízo da atuação de todo o órgão.

Assim como a indivisibilidade impede a ocorrência de solução de continuidade na atuação do Ministério Público, obsta, de modo semelhante, a prática de ato incompatível por membro que sucedeu a outro, máxime em se tratando de processo penal[914].

19.2.1.3 Independência funcional

Por último, mas não menos importante, a Constituição se refere ao princípio da independência funcional.

O poder hierárquico, tão comum na relação servidor-Administração Pública, consubstanciado no poder de comando e na fiscalização exercidos por agentes pú-

---

913 Não foi em outro sentido a seguinte decisão do Superior Tribunal de Justiça: "O Ministério Público é uno e indivisível, mas apenas na medida em que os seus membros estão submetidos a uma mesma chefia. Essa unidade e indivisibilidade só dizem respeito a cada um dos vários Ministérios Públicos que o sistema jurídico brasileiro consagrou" (STJ, ROMS 5563/RS, rel. Min. César Asfor Rocha, 1ª T., decisão de 21-8-1995, *DJ* 1, de 16-10-1995, p. 34609).

914 "PROCESSUAL PENAL – INQUÉRITO POLICIAL – PEDIDO DE ARQUIVAMENTO – DENÚNCIA POSTERIOR OFERECIDA POR OUTRO MEMBRO DO MINISTÉRIO PÚBLICO – IMPOSSIBILIDADE – PRINCÍPIO DO PROMOTOR NATURAL – GARANTIA DO DEVIDO PROCESSO LEGAL – CPP, ART. 28. Ao Ministério Público compete promover, privativamente, a ação penal pública (CF, art. 129, I) ou requerer o arquivamento do inquérito policial ou de qualquer procedimento informativo, competindo nesta hipótese ao Juiz acolher o pedido ou elevar o assunto à consideração do Procurador-Geral nos termos do art. 28 do Código de Processo Penal. A decisão do ciente do Ministério Público, proferida no exercício da competência que lhe confere o art. 28 do CPP, vincula o novo representante do *parquet* designado para o oferecimento da denúncia. *Habeas corpus* concedido" (STJ, HC 14548/RJ, 6ª T., rel. Min. Vicente Leal, *DJU* de 9-12-2002).

blicos hierarquicamente superiores sobre os demais, não se faz presente no contexto da atuação dos membros do Ministério Público[915].

A hierarquia, aqui, tem o propósito exclusivo e único de viabilizar a organicidade administrativa, razão por que se defende, com acerto, que ela só existe pela chefia exercida pelo Procurador-Geral em casos específicos, como se opera nas designações legais ou na solução de conflitos de atribuições, excluindo-se, portanto, qualquer possibilidade de existir hierarquia no sentido funcional[916].

A independência funcional dos membros do Ministério Público indica a *autonomia de convicção*, razão pela qual tudo que realizam está exclusivamente atrelado aos ditames de consciência de cada qual.

Distinção entre independência e autonomia funcional. Não se pode identificar *independência* com *autonomia* funcional.

Enquanto a independência se dirige à atuação do membro do Ministério Público individualmente considerado, a autonomia se presta a impedir que a instituição seja alvo de intromissão indevida pelo Poderes Executivo, Legislativo e Judiciário[917].

Por exemplo, se o Poder Executivo se recusa ao repasse constitucional de recursos ao Ministério Público até o dia 20 de cada mês, em duodécimos (art. 168 da CF), é certo que o comportamento é claramente ofensivo à autonomia do *parquet*, podendo apenas reflexamente redundar em transgressão à independência funcional.

19.2.1.4 O princípio do promotor natural

Embora não tenha sido objeto de explícita remissão no § 1º do art. 127, é mais do que conveniente o exame do princípio do promotor natural (também conhecido como postulado do "promotor legal") por sua afinidade com os princípios institucionais do Ministério Público.

---

915 Assim concluiu o Supremo Tribunal Federal: "O Ministério Público não constitui órgão auxiliar do Governo. É-lhe estranha, no domínio de suas atividades institucionais, essa função subalterna. A atuação independente dessa instituição e do membro que a integra impõe-se como exigência de respeito aos direitos individuais e coletivos e delineia-se como fator de certeza quanto à efetiva submissão dos poderes à lei e à ordem jurídica" (STF/Pleno, ADIMC 789, rel. Min. Celso de Mello, decisão de 22-10-1992, *Em. de Jurisp.*, v. 1693-02, p. 196; *DJ* 1, de 26-2-1993, p. 2356).

916 Cf. Hugo Nigro Mazzilli, *Introdução ao Ministério Público*, p. 23.

917 O Tribunal de Justiça do Rio Grande do Sul, em interessante decisão, declarou a inconstitucionalidade do art. 87, I, da Lei Municipal n. 2.972/2001, do Município de Viamão (RS), que previu obrigação de os membros do Ministério Público Estadual participarem das reuniões do Conselho de Ética do Conselho Tutelar. Para o Desembargador José Eugênio Tedesco, "(...), vislumbra-se indevida intromissão do Poder Legislativo de Viamão em seara que refoge da sua competência legislativa, havendo, a princípio, violação de regramento na Constituição Federal, que assegura ao Ministério Público autonomia funcional e administrativa, bem como à Constituição do Estado, que prevê a autonomia do Ministério Público Estadual nas questões administrativas, funcionais e orçamentárias" (TJRS).

A sua base constitucional é o art. 5º, LIII: "ninguém será processado nem sentenciado senão pela autoridade competente".

Já, aqui, configura inovação do Texto Constitucional de 1988, destinado a impedir a designação de promotor ao alvedrio do respectivo Procurador-Geral ou do Conselho Superior, quando não amparado o ato de designação no interesse público[918].

---

918 "NOTÍCIA-CRIME – VAZAMENTO DE INFORMAÇÕES SIGILOSAS – COLUSÃO – AFIRMAÇÕES ARRIMADAS EM CONJETURAS E SUPOSIÇÕES – PRINCÍPIO DO PROMOTOR NATURAL – INEXISTÊNCIA DE AFRONTA – ARQUIVAMENTO REQUERIDO PELO MINISTÉRIO PÚBLICO. A delegação do Procurador-Geral da República feita a Subprocurador-Geral da República, com base no art. 48, II, e parágrafo único, da Lei Complementar n. 75, de 20-5-1993, equivale à atuação do primeiro. Inexistência no caso da figura do acusador de exceção" (STJ, AgR na NC 278/RJ, C. Esp., rel. Min. Barros Monteiro, *DJU* de 2-6-2003, p. 181).
"PROCESSUAL PENAL – VIOLAÇÃO AO PRINCÍPIO DO PROMOTOR NATURAL – NÃO OCORRÊNCIA – RATIFICAÇÃO DA DENÚNCIA E DEMAIS ATOS PROCESSUAIS. Não ocorre violação ao princípio do promotor natural na hipótese em que o titular da ação penal ratifica a petição inicial e os demais atos praticados, no processo criminal, pelos seus colegas. Precedente. Recurso ordinário desprovido" (STJ, RHC 10519/SE, 6ª T., rel. Min. Vicente Leal, *DJU* de 18-3-2002).
"PROCESSUAL PENAL – *HABEAS CORPUS* – PRINCÍPIO DO PROMOTOR NATURAL – VIOLAÇÃO – NÃO OCORRÊNCIA – TRANCAMENTO DA AÇÃO PENAL – IMPOSSIBILIDADE – 1. O princípio do promotor natural visa, em última *ratio*, impedir a atuação do acusador de exceção, designado com propósitos políticos e pouco recomendáveis, daí por que não se vislumbra possa acarretar nulidade a indicação, pela Procuradoria-Geral de Justiça, de membros do *Parquet* para, por isso mesmo, devidamente atuarem. (...)" (STJ, HC 18388/GO, 6ª T., rel. Min. Fernando Gonçalves, *DJU* de 11-3-2002).
"PROCESSUAL PENAL – JÚRI – ATUAÇÃO DE PROMOTOR DESIGNADO JUNTAMENTE COM O ORIGINÁRIO – NULIDADE – INEXISTÊNCIA – VIOLAÇÃO AO PRINCÍPIO DO PROMOTOR NATURAL – NÃO OCORRÊNCIA. 1. A atuação de um outro promotor de justiça, em auxílio àquele oficiante junto ao Tribunal do Júri é causa de nulidade relativa, somente acolhível se houver prejuízo para a defesa e, ainda assim, se suscitada no momento próprio (art. 571, VIII, do CPP). 2. Na espécie, além de o assunto não ter sido arguido oportunamente, não se pode falar em prejuízo, quando também a defesa foi produzida por dois advogados que, assim como a acusação, utilizaram-se dos tempos regulamentares, em total igualdade de condições. 3. O Princípio do Promotor Natural nem de longe resta violado, o que somente acontece quando há lesão ao exercício pleno e independente das atribuições do *Parquet*, a deixar entrever a figura do acusador de exceção, inexistente em casos deste jaez. 4. Ordem denegada" (STJ, HC 17106/GO, 6ª T., rel. Min. Fernando Gonçalves, *DJU* de 27-8-2001, p. 416).
"PROCESSUAL PENAL – *HABEAS CORPUS* – SUPRESSÃO DE INSTÂNCIA – IMPOSSIBILIDADE – ADITAMENTO À DENÚNCIA – NULIDADE – INEXISTÊNCIA – PRINCÍPIO DO PROMOTOR NATURAL – VIOLAÇÃO – NÃO OCORRÊNCIA. 1 – Não se conhece de nulidades suscitadas na impetração, se não foram elas decididas pelo acórdão do Tribunal atacado, em sede de apelação criminal, sob pena de supressão de instância. 2 – Além de a denúncia poder ser aditada a qualquer tempo, antes da sentença, inexiste nulidade quando a defesa, expressamente, se manifesta sobre o aditamento. 3 – A arguição de ofensa ao princípio do promotor natural, imanente ao sistema constitucio-

O postulado do promotor natural está contido no inovador comando segundo o qual ninguém será *processado* a não ser pela autoridade competente.

E conquanto seja correto referir que o princípio do promotor natural encerra inequivocamente, no plano formal, novidade trazida pela Constituição de 1988, é possível extraí-lo de previsões constitucionais antecedentes que pugnavam pela imposição de barreiras aos chamados "juízos ou tribunais de exceção"[919].

---

nal brasileiro, não se concretiza quando não afastada qualquer lesão ao exercício pleno e independente das atribuições do *Parquet* e ausente possível manipulação casuística ou designação seletiva por parte do Procurador-Geral de Justiça, a deixar entrever a figura do acusador de exceção. 4 – Ordem conhecida parcialmente e, nesta extensão, denegada" (STJ, HC 12616/MG, 6ª T., rel. Min. Fernando Gonçalves, *DJU* de 5-3-2001, p. 241).

919 "Se é defeso instituir juízo de exceção, impedido é conceber-se o acusador de exceção, pois não se compreende que nossa Constituição proíba o juiz de exceção e admita o acusador de exceção, isto é, conceda e, ao mesmo tempo, subtraia uma garantia" (RHC 48.728/SP, rel. Min. Luiz Gallotti). Foi, porém, no julgamento do HC 67.759-2/RJ, rel. Min. Celso de Mello, que o STF consolidou a jurisprudência acerca do princípio do promotor natural: "O postulado do promotor natural, que se revela imanente ao sistema constitucional brasileiro, repele, a partir da vedação de designações casuísticas efetuadas pela Chefia da Instituição, a figura do acusador de exceção. Esse princípio consagra uma garantia de ordem jurídica, destinada tanto a proteger o membro do Ministério Público, na medida em que lhe assegura o exercício pleno e independente do seu ofício, quanto a tutelar a própria coletividade, a quem se reconhece o direito de ver atuando, em quaisquer causas, apenas o promotor cuja intervenção se justifique a partir de critérios abstratos e predeterminados, estabelecidos em lei. A matriz constitucional desse princípio assenta-se nas cláusulas da independência funcional e da inamovibilidade dos membros da Instituição. O postulado do promotor natural limita, por isso mesmo, o poder do Procurador-Geral, que, embora expressão visível da unidade institucional, não deve exercer a Chefia do Ministério Público de modo hegemônico e incontrastável". Alguns desejam enxergar no julgamento do RE 387.974 uma suposta eversão do princípio do promotor natural pelo Supremo Tribunal Federal. Marcelo Dantas esclarece a respeito do equívoco dos que assim se manifestam: "A uma, porque o voto condutor daquele caso começou por dizer que se acostava ao multicitado precedente do HC 67.759-2-RJ, que teria rejeitado o princípio do promotor natural, quando, em verdade, ali, como foi explicitado nos EDHC de mesma numeração, e como considera toda a doutrina, o Pretório Excelso acatou, e não rechaçou o postulado, ainda que o tenha condicionado à legislação. A duas, porque a legislação em foco – em especial a Lei 8.625 e a LC 75, ambas de 1993, para não falar das LCs estaduais – foi editada, consoante reconheceu o Supremo em inúmeros outros casos. A três, porque a manifestação do ilustre Subprocurador-Geral, trasladada no voto em pauta, baseia-se fundamentalmente nos princípios da unidade e indivisibilidade do Ministério Público, aplicando, porém, tais postulados de modo integral, à moda do *parquet* da França ou de outros países europeus que lhe copiam o modelo – tanto que a maior parte dos autores estrangeiros em que se baseiam enxergam o problema sob o prisma da estrita hierarquia ali vigente –, o que não é válido para o caso brasileiro, dado que aqui, conforme se viu, vigora, ao lado daquelas duas diretrizes principiológicas, uma terceira, a da independência funcional, que precisa ser considerada, além da garantia da inamovibilidade de que são detentores os membros do MP no Brasil, da qual não costumam gozar os agentes das instituições homólogas do Velho Mundo" (op. cit., p. 59).

Além disso, se a cláusula *due processo of law* é indicativa – entre outras consequências – da obrigatoriedade de fixação de normas processuais tendentes à efetivação de um "julgamento justo", seria surpreendente que o órgão acusador, a iniciar o processo penal, pudesse ser escolhido ao alvedrio do respectivo Procurador-Geral, quer para recrudescer o ímpeto acusatório, quer para torná-lo leniente.

Não reside qualquer impropriedade na fixação de um promotor natural destinado ao oferecimento de denúncia ou para a propositura de ação civil pública. Se o juiz natural decorre explicitamente da Constituição de 1988, idêntica forma de raciocínio se aplica no que concerne ao Ministério Público, porque o art. 5º, LIII, refere, de modo claro, que ninguém será *processado* senão pela autoridade competente.

Todavia, o STF controverteu inicialmente ao examinar a existência do postulado na Constituição de 1988, tendo concluído afirmativamente (ver nota abaixo).

A incidência do postulado do promotor natural se opera tanto no processo civil quanto no trabalhista[920]. A razão justificadora da obediência ao promotor natural em

920 O STF se pronunciou inicialmente para impor a limitação do princípio do promotor natural à esfera penal (*LEXJSTF*, 152/146). *Data maxima venia*, não havia qualquer justificativa na limitação. A mesma segurança conferida ao réu no processo penal quanto à obrigatoriedade de funcionar órgão acusador previamente estabelecido pela lei em sentido formal se impõe no processo civil e no processo do trabalho, mui especialmente porque o princípio do *due process of law* – postulado do qual se extraem todos os demais princípios examinados pela teoria geral do processo – é indicativo da necessidade de se respeitar o princípio do promotor natural em qualquer domínio processual, seja penal, seja civil ou trabalhista. Posteriormente, quando do julgamento do HC 67.759-2/RJ, a Suprema Corte o admitiu para quaisquer causas: "O postulado do Promotor Natural, que se revela imanente ao sistema constitucional brasileiro, repele, a partir da vedação de designações casuísticas efetuadas pela Chefia da Instituição, a figura do acusador de exceção. Esse princípio consagra uma garantia de ordem jurídica, destinada tanto a proteger o membro do Ministério Público, na medida em que lhe assegura o exercício pleno e independente do seu ofício, quanto a tutelar a própria coletividade, a quem se reconhece o direito de ver atuando, em quaisquer causas, apenas o Promotor cuja intervenção se justifique a partir de critérios abstratos e predeterminados, estabelecidos em lei. A matriz constitucional desse princípio assenta-se nas cláusulas da independência funcional e da inamovibilidade dos membros da Instituição. O postulado do Promotor Natural limita, por isso mesmo, o poder do Procurador-Geral que, embora expressão visível da unidade institucional, não deve exercer a Chefia do Ministério Público de modo hegemônico e incontrastável. Posição dos Ministros CELSO DE MELLO (Relator), SEPÚLVEDA PERTENCE, MARCO AURÉLIO e CARLOS VELLOSO. Divergência, apenas, quanto à aplicabilidade imediata do princípio do Promotor Natural: necessidade da *interpositio legislatoris* para efeito de atuação do princípio (Ministro CELSO DE MELLO); incidência do postulado, independentemente de intermediação legislativa (Ministros SEPÚLVEDA PERTENCE, MARCO AURÉLIO e CARLOS VELLOSO). Reconhecimento da possibilidade de instituição do princípio do Promotor Natural mediante lei (Ministro SYDNEY SANCHES). Posição de expressa rejeição à existência desse princípio consignada nos votos dos Ministros PAULO BROSSARD, OCTAVIO GALLOTTI, NÉRI DA SILVEIRA e MOREIRA ALVES" (STF/ Pleno, HC 67.759/RJ, rel. Min. Celso de Mello, *DJ* de 1º-7-1993).

tais domínios processuais consulta com o interesse público pertinente à existência de membro do Ministério Público envolvido exclusivamente com a preocupação de satisfazer o interesse da coletividade, objetivo que seria frustrado se outros motivos pudessem interferir na sua atuação.

Promotor natural é a autoridade do Ministério Público previamente designada para atuar[921]. Nesse sentido, reprovam-se as designações de promotores *ad hoc* pelo Poder Judiciário[922], assim como, de parte do respectivo Procurador-Geral, de agentes do órgão sem competência legal para oficiar.

19.2.2 Autonomias funcional, administrativa e financeira do Ministério Público

As autonomias funcional e administrativa são objeto de referência explícita no § 2º do art. 127 da Constituição: "Ao Ministério Público é assegurada autonomia funcional e administrativa, podendo, observado o disposto no art. 169, propor ao Poder Legislativo a criação e extinção de seus cargos e serviços auxiliares, provendo-os por concurso público de provas ou de provas e títulos, a política remuneratória e os planos de carreira; a lei disporá sobre sua organização e funcionamento".

A *autonomia funcional* lhe destina tanto a capacidade de gerir assuntos próprios[923] quanto, de contraparte, impede que a instituição venha a ser chefiada por

---

921 O STF entende que em se tratando de denúncia oferecida e recebida anteriormente à LONMP (Lei n. 8.625/93), não reside ofensa ao princípio do promotor natural – ao qual a mencionada lei veio conferir eficácia – a participação em audiência de inquirição de testemunhas de promotor de justiça que até esse momento não havia atuado no processo. AgRg 169.169/CE, rel. Min. Ilmar Galvão.

922 O Supremo Tribunal Federal julgou, em 28-8-2003, procedente a ADIn 2874 ajuizada pela Associação Nacional dos Membros do Ministério Público (CONAMP) contra ato do corregedor-geral de Justiça do Estado de Goiás. A decisão unânime acompanhou o voto do relator, ministro Marco Aurélio, para, em consequência, declarar a inconstitucionalidade de ato administrativo do Tribunal de Justiça de Goiás, que criou a figura do promotor *ad hoc*. Em outro julgamento sobre o mesmo assunto, o STF deferiu, na mesma data, por unanimidade, a medida cautelar requerida na ADIn 2958 ajuizada pelo Procurador-Geral da República contra ato do Corregedor-Geral de Justiça do Estado de Santa Catarina, pela edição do Provimento n. 6/00, que também criou a figura do promotor *ad hoc* mediante nomeação de caráter transitório. A decisão unânime acompanhou o voto do relator, Ministro Cezar Peluso.

923 "*MANDAMUS* – MINISTÉRIO PÚBLICO – PRINCÍPIOS DA UNIDADE E INDIVISIBILIDADE – ATUAÇÃO CONJUNTA – MESMO ATO – AUSÊNCIA DE PREJUÍZO. 1 – É pacífico o entendimento que o Ministério Público, sendo uno e indivisível, pode atuar de maneira singular ou plural através de seus órgãos, não havendo qualquer prejuízo para as partes na atuação de um ou mais promotores no mesmo ato. 2. Tendo em vista os princípios da unidade e da indivisibilidade do *parquet*, bem como a sua autonomia funcional e administrativa, consagrados, na Carta Magna, *ex vi* do seu art. 127, § 2º, compete exclusivamente ao procurador-geral de justiça designar o número de promotores que achar necessário para o bom desempenho das funções do órgão ministerial. Por unanimidade, a câmara concedeu a segurança" (TJPE, MS 28679-3, rel. Des. José Fernandes, *DJPE* de 15-2-2003).

quem a ela não pertença. Convictamente, tornar admissível que agente público estranho aos domínios institucionais pudesse chefiar o Ministério Público seria a fórmula mais eficaz para retirar-lhe a autonomia de função.

A *autonomia administrativa* se materializa na prática de atos de administração pelos órgãos diretores do Ministério Público, tais como concessão de férias a servidores e membros; criação e extinção de seus cargos e serviços; realização de concursos públicos e nomeação dos aprovados etc.

A *autonomia financeira* decorre da interpretação sistemática dos parágrafos do art. 127 do Texto Constitucional, não recebendo, portanto, alusão direta, tal como sucedera com as de natureza funcional e administrativa. Todavia, nada impede considerá-la como inserida na Constituição, visto que o § 2º do art. 127 autoriza a proposição ao Poder Legislativo da política remuneratória – iniciativa tornada possível a partir da edição da EC n. 19/98, que alterou o referido parágrafo.

É providência das mais relevantes para o Ministério Público, porque, se se permitisse deixar os seus agentes políticos[924] ao alvedrio do Chefe do Poder Executivo quanto à fixação da política remuneratória, a iniciativa reservada ao Presidente da República ou Governador de projeto de lei nesse sentido subtrairia daqueles, de fato, a decantada independência funcional[925].

---

924 Os membros do Ministério Público são agentes políticos porque, no desempenho das suas funções, não devem obediência a qualquer outra autoridade. São eles que decidem sobre a própria atividade. Por via de consequência, não podem ser considerados servidores públicos *stricto sensu*.

925 O Supremo Tribunal Federal, embora reconhecendo a autonomia financeira do Ministério Público, declarou inconstitucional dispositivo de lei do Estado do Rio de Janeiro que promovera vinculação remuneratória entre membros do *parquet* e magistrados, referendando, em parte, a liminar concedida na Ação Direta de Inconstitucionalidade (ADI 2831) ajuizada pela Associação dos Magistrados Brasileiros (AMB), em face da Lei Complementar fluminense 106/2003. A liminar suspendeu a eficácia dos arts. 82, V, "d"; 86, parágrafo único; 91, V; e 186, parágrafo único, da Lei Complementar. Segundo a AMB, a LC n. 106 conferiu ao Ministério Público estadual autonomia financeira, e essa prerrogativa seria exclusiva dos Poderes da República. Argumentou, também, que não haveria isonomia constitucional entre o Poder Judiciário e o Ministério Público, visto que o MP é um órgão integrante do Poder Executivo. Tal fato seria razão determinante da impossibilidade de extensão ao MP das prerrogativas do Judiciário, com exceção das previsões constitucionais nos arts. 129, § 4º; e 93, II e VI. Sobre a previsão remuneratória, a Associação sustentou a impossibilidade de vinculação dos vencimentos dos membros do MP e dos juízes, pois o art. 37, XIII, da CF/88 proíbe tal fato. Do mesmo modo, a AMB sustentou que a possibilidade de pagamento de gratificação a juiz eleitoral implicaria invasão da competência da União, por tratar-se de um dos segmentos dos poderes constitucionais. Alegou, por fim, que o art. 163 da LC limita o exercício da autonomia administrativa reservada pela Constituição ao Judiciário, em especial no que toca à administração dos prédios em que funcionam seus serviços. Ao votar, o ministro relator, Maurício Corrêa, reconheceu a legitimidade ativa da AMB para propor a Ação de Inconstitucionalidade. Entendeu que a impugnação desses dispositivos teria como pressuposto as prerrogativas da magistratura extensíveis aos membros do MP, sendo

Outra manifestação da autonomia financeira se dá no § 3º do art. 127: "O Ministério Público elaborará sua proposta orçamentária dentro dos limites estabelecidos na lei de diretrizes orçamentárias".

Não é contenção ilegítima à indigitada autonomia, porquanto a Lei de Meios – como também é chamada a lei orçamentária – é discutida e aprovada pelo Congresso Nacional e se impõe indistintamente às funções executiva (§ 2º do art. 165), judiciária (§ 1º do art. 99) e ao próprio Poder Legislativo (inciso II do art. 63).

A EC n. 45/2004, ao incluir os §§ 4º, 5º e 6º no art. 127, acarretou importantes mudanças na autonomia financeira do Ministério Público.

Examinemo-los, pois.

---

permitidas apenas as fixadas na Constituição Federal, razão por que novas concessões violariam o princípio da igualdade, especialmente em face da distinção entre as carreiras. Lembrou ainda que a União, no exercício de sua competência, editou a Lei n. 8.625/93, que estabeleceu as normas gerais para a organização do Ministério Público dos Estados. Tal legislação contém disposições semelhantes às da Lei fluminense (art. 41, I, VI, "a", e XI), compreendendo ter havido mera reprodução literal da norma federal, não remanescendo dúvidas de que no caso dos incisos I e X, a essência foi mantida, ponderando ser da competência do Estado-Membro disciplinar o estatuto do MP local, sendo permitido, de conseguinte, o estabelecimento de condições de igualdade de tratamento entre os membros das carreiras, como procedeu a lei federal na fixação de normas gerais, não ocorrendo afronta ao princípio constitucional da isonomia. Sobre a alínea "d" do inciso V do art. 82, o ministro entendeu haver violação à autonomia e independência reconhecidas ao Judiciário, enquanto Poder da República. O livre trânsito dos membros do MP nas salas de sessões de Tribunais, mesmo além dos limites que separam a parte reservada aos juízes, não seria possível, pois poderia haver riscos à autonomia das questões internas do Judiciário e dos próprios magistrados, a exemplo de reuniões administrativas e encontros de classe, bem como de outras atividades que não guardam nenhuma coerência com as funções do Ministério Público. Ao apreciar o art. 86 da LC n. 106/2003, decidiu-se que a questão da equiparação remuneratória entre membros do MP e da Magistratura seria inconstitucional, pois a jurisprudência do Supremo entende não ser correta a vinculação ou equiparação de quaisquer espécies remuneratórias para o efeito de remuneração de pessoal do serviço público, exceto no caso de situações previstas na própria Constituição. Ao analisar o inciso V do art. 91, que versa sobre a gratificação eleitoral dos membros do MP, entendeu que o dispositivo impõe ao Tribunal Regional Eleitoral o dever de pagar a gratificação, fixando despesa para órgão do Poder Judiciário Federal, ferindo os princípios de independência e autonomia administrativa e financeira do Poder Judiciário previstas na Constituição. Por fim, ao analisar o art. 163 e seu parágrafo único, ficou assentado que os dispositivos estabelecem restrições administrativas ao Poder Judiciário em relação aos imóveis sob sua responsabilidade. De acordo com a decisão, esse dispositivo invade a competência reservada ao Judiciário de administrar os imóveis destinados às atividades jurisdicionais, com violação à autonomia administrativa prevista no art. 99 da CF/88. O acórdão registra: "Sem embargo dos imóveis pertencerem ao Estado, enquanto destinados ao funcionamento dos órgãos do Judiciário estão sob administração deste, vedada a ingerência administrativa do *parquet* ou qualquer outro órgão dos demais Poderes" (*STF Notícias*. Disponível em: <http:// www.stf.gov.br>).

O § 4º acentua que "se o Ministério Público não encaminhar a respectiva proposta orçamentária dentro do prazo estabelecido na lei de diretrizes orçamentárias, o Poder Executivo considerará, para fins de consolidação da proposta orçamentária anual, os valores aprovados na lei orçamentária vigente, ajustados de acordo com os limites estipulados na forma do § 3º".

O § 5º do art. 127 contém previsão merecedora de esclarecimento: "se a proposta orçamentária de que trata este artigo for encaminhada em desacordo com os limites estipulados na forma do § 3º, o Poder Executivo procederá aos ajustes necessários para fins de consolidação da proposta orçamentária anual".

Haveria inconstitucionalidade no § 5º do art. 127 por suposta ofensa à autonomia financeira do Ministério Público?

Não encontramos fundamento para responder afirmativamente.

Com evidência, a redação do novo § 5º nada mais faz que reforçar o princípio constitucionalmente posto de submissão generalizada à Lei de Meios, seja por parte do Poder Judiciário (inclusive os §§ 3º, 4º e 5º do art. 99 trazem o mesmo condicionamento aos Tribunais), seja do Executivo ou do Legislativo. Não poderia haver tratamento diferenciado relativamente ao Ministério Público, quando até mesmo a redação do § 3º comete a vinculação da proposta orçamentária do MP aos limites estabelecidos pela lei de diretrizes orçamentárias.

O que ficou claro no § 5º do art. 127 foi a competência do Poder Executivo para promover os ajustes com o propósito de limitação à lei orçamentária geral.

Idêntico raciocínio pode e deve ser empregado com relação ao § 6º: "Durante a execução orçamentária do exercício, não poderá haver a realização de despesas ou a assunção de obrigações que extrapolem os limites estabelecidos na lei de diretrizes orçamentárias, exceto se previamente autorizadas, mediante a abertura de créditos suplementares ou especiais".

19.2.2.1 Alteração de lei complementar e autonomia do Ministério Público

Uma ideia surge clara: não há como separar a independência no exercício da função da autonomia administrativa e funcional.

Evidentemente, seria remeter ao altiplano da retórica afirmar, com a pompa de costume, que tal ou qual representante de determinado órgão goza de independência funcional quando, no plano administrativo, reverenciam os agentes autoridade estranha ao ninho da instituição, submetendo-se, de modo contínuo, a poder alienígena.

Cindir, por outro lado, a independência funcional da correspondente autonomia é lançar um véu de incertezas a respeito do próprio fato de subsistir a decantada independência, isso por dois motivos realmente significativos: primeiro porque o binômio independência-autonomia funcional é impeditivo de escusas influências quando do exercício das atribuições institucionais, pois bem pode ser que a interferência externa tenha por alvo, inconfessado, em primeiro lugar, limitar o espectro de atuação do agente político, e, em segundo, concordando autonomia e independência, impede-se que as prerrogativas inerentes à função sejam modificadas por quem não porta competência para tanto.

Assim, contingente alteração de lei complementar organizativa do Ministério Público se prende necessariamente à análise das normas constitucionais de processo legislativo.

Enuncia o art. 61, § 1º, II, *d*, que são de iniciativa privativa do Presidente da República as leis que disponham sobre a organização do Ministério Público e da Defensoria Pública da União, bem como normas gerais para a organização do Ministério Público e da Defensoria Pública dos Estados, do Distrito Federal e dos Territórios.

Não obstante, malgrado a referência à iniciativa privativa do Chefe do Poder Executivo federal, o § 5º do art. 128 prescreve que leis complementares da União e dos Estados, cuja iniciativa é facultada aos respectivos Procuradores-Gerais, estabelecerão a organização, as atribuições e o estatuto de cada Ministério Público.

O cotejo entre o art. 61, § 1º, *d*, e o § 5º do art. 128 incutiria, falsamente, a ideia quanto a remanescer antinomia no sistema constitucional; todavia, em tema de interpretação de suas normas, resplandece o princípio da unidade, tendente a promover a compatibilidade dos enunciados constitucionais, evitando, sempre, a valoração atada a aspectos parciais.

Desse modo, ao visualizarmos a iniciativa, dita exclusiva, do Presidente da República para dar início a processo legislativo cujo conteúdo está demarcado no art. 61, § 1º, *d*, devemos ter em mente que o constituinte originário jamais cometeria o crasso equívoco de assinalar a competência exclusiva daquele para, logo adiante, transformar a iniciativa em concorrente, visto que também outorgada tal legitimidade ao Procurador-Geral da República, no específico caso de o projeto de lei versar sobre organização, atribuições e estatuto do Ministério Público da União, ou aos Procuradores-Gerais de Justiça, na hipótese de a proposição se dirigir a alterar a lei orgânica do *parquet* estadual.

Logicamente, há um campo material no que concerne à organização do Ministério Público cujo desencadeamento do processo legislativo depende apenas do Chefe do Poder Executivo que, com toda certeza, não coincide com conteúdo de projeto eventualmente apresentado ao Poder Legislativo pelo respectivo Procurador-Geral. É esta a única forma de compatibilizar o disposto no art. 61, § 1º, *d*, com o § 2º do art. 127 e o § 5º do art. 128.

Os Procuradores-Gerais dos Ministérios Públicos, como corolário da autonomia funcional, terão iniciativa quanto a projeto de lei cujo objeto esteja vinculado à supressão de garantia inerente ao cargo, competindo ao Chefe do Poder Executivo, por exclusão, toda e qualquer iniciativa que não seja particular do Chefe do *parquet*.

E mais: ainda que o art. 84, VI, preveja como competência privativa do Presidente da República dispor, mediante decreto, sobre organização e funcionamento da administração federal, quando não implicar aumento de despesa nem criação ou extinção de órgãos públicos, a delegação admitida ao Procurador-Geral da República pelo parágrafo único do dispositivo não é instrumento à constrição da autonomia administrativa conferida ao Ministério Público, tanto que o Supremo Tribunal Federal, ao se pronunciar sobre o tema, concluiu que a competência firmada ao Chefe do Poder Executivo federal pelo art. 84 deve ser compatibilizada com a autonomia atribuída ao *parquet* pela Constituição de 1988[926].

19.2.3 Organização do Ministério Público no Brasil

No Brasil, a instituição abrange o Ministério Público da União e o dos Estados. O Ministério Público da União[927] compreende: a) o Ministério Público Federal; b) o Ministério Público do Trabalho; c) o Ministério Público Militar; e d) o Ministério Público do Distrito Federal e Territórios (art. 128, I, *a* a *d*). Logo, trata-se de instituição quadripartite.

19.2.3.1 Chefia do MPU

A chefia do Ministério Público da União é exercida pelo Procurador-Geral da República, nomeado pelo Presidente da República, entre integrantes da carreira, maiores de trinta e cinco anos, após a aprovação de seu nome pela maioria absoluta dos membros do Senado, para mandato de dois anos, permitida a recondução (§ 1º do art. 128).

Algumas conclusões podem ser extraídas no que tange à pessoa a ser nomeada ao cargo de Chefe do Ministério Público da União: a) deve obrigatoriamente pertencer a um dos quatro ramos; b) não se exige que esteja no cargo mais elevado de cada

926 É a conclusão a se extrair do julgamento do MS 21.239/DF, rel. Min. Sepúlveda Pertence, *DJ* de 23-4-93, do qual são transcritas partes da alentada ementa: "7. Do regime constitucional do Ministério Público, é de inferir, como princípio basilar, a rejeição de toda e qualquer investidura precária em funções institucionais do organismo, seja, no plano externo, pela proscrição da livre exoneração do Procurador-Geral da República, seja, no plano interno, pela vedação da inamovibilidade dos titulares de seus escalões inferiores. 8. Do art. 84, XXVI e parágrafo único – postos em cotejo com o art. 127, § 2º, da Constituição –, não resulta imperativamente a competência do Presidente da República para prover os cargos do Ministério Público, a qual, se admissível, em princípio, teria de decorrer de lei e fazer-se na forma nela prescrita: inadmissível, à luz da Constituição, o provimento em comissão pelo Presidente da República do cargo – se ainda existente – de Procurador-geral da Justiça do Trabalho, é impossível receber o art. 64 da Lei 1.341/51, que lhe outorgava o poder de livre nomeação e demissão do titular do cargo, para mantér-lhe a atribuição do provimento, alterando-lhe, porém, o regime legal a que se subordinava". Reforçando a autonomia do Ministério Público para a iniciativa de leis referentes à sua organização, sustenta o voto do Min. Sepúlveda Pertence que "(...) a iniciativa da criação de cargos no Ministério Público é predicado explícito da sua autonomia (CF, art. 127, § 2º) e, por isso, iniludivelmente privativa dos seus próprios órgãos diretivos, em particular, do seu chefe. Raiaria, porém, pela mais grotesca das ilogicidades que a Constituição desse, ao Ministério Público, com uma das mãos, a prerrogativa de propor criação dos seus cargos e, com a outra, lhe reduzisse a nada o poder concedido, entregando ao Presidente da República".

927 Ver Lei Complementar n. 75, de 20-5-1993 (Lei Orgânica do Ministério Público da União – LOMPU).

carreira no MPU; c) o Presidente da República somente pode nomear após prévia aprovação do nome pelo Senado; e d) o mandato é de dois anos, permitidas reconduções de forma ilimitada.

Quanto ao último aspecto, observe-se que em muito se diferenciam as regras de recondução no que concerne ao Procurador-Geral da República e dos demais chefes dos ramos do Ministério Público da União, desde que a Lei Complementar n. 75/93 (LOMPU) prevê a possibilidade de *uma* recondução para os Procuradores-Gerais do Trabalho, Militar e do Distrito Federal e Territórios (arts. 88, 121 e 156). O mesmo se diga quanto à recondução do Procurador-Geral de Justiça, porquanto a Constituição impede mais de uma recondução (§ 3º do art. 128).

19.2.3.2 Destituição do Procurador-Geral da República

A destituição do Procurador-Geral da República é feita pelo Presidente da República, precedida da imprescindível autorização do Senado, que se manifesta por maioria absoluta (§ 2º do art. 128). O procedimento é substancialmente diverso daquele que a Constituição prevê para destituir o Procurador-Geral de Justiça – chefe do Ministério Público estadual. Nessa situação, a competência para o afastamento definitivo do Chefe do *parquet* estadual é exclusiva do Poder Legislativo local, sem qualquer participação do Governador do Estado (§ 4º do art. 128).

19.2.3.3 Competência para nomeação do Procurador-Geral do Ministério Público do Distrito Federal e Territórios

Outra questão referente à chefia do Ministério Público e que pode ensejar alguma confusão é aquela sobre a nomeação do Procurador-Geral de Justiça do Ministério Público do Distrito Federal e Territórios.

Sim, porque o fato de tal ramo do *parquet* integrar o Ministério Público da União não é indicativo de a prerrogativa da respectiva nomeação ser atribuída ao Procurador-Geral da República.

Realmente, prescreve o § 3º do art. 128 que os Ministérios Públicos dos Estados e o do Distrito Federal e Territórios formarão lista tríplice entre integrantes da carreira, na forma da lei respectiva, para escolha de seu Procurador-Geral, que será nomeado pelo Chefe do Poder Executivo.

Qual Chefe do Poder Executivo?

A ideia que poderia surgir inicialmente era a de que, em tendo o referido ramo do Ministério Público atuação territorialmente vinculada ao Distrito Federal, caberia ao Governador dessa unidade federativa a nomeação.

A suposição, no entanto, não resiste à mais comezinha constatação a respeito de ser a União detentora de competência exclusiva – indelegável, portanto – para organizar e manter o Poder Judiciário, o *Ministério Público* e a Defensoria Pública do Distrito Federal e Territórios (art. 21, XIII).

E é a interpretação sistemática da Constituição que deixa clara a atribuição do Presidente da República quanto a nomear o Chefe do Ministério Público do Distrito Federal e Territórios, tanto que a LC n. 75/93 passou a fixar, de modo expresso, no art. 156/CF, a atribuição concedida ao Chefe do Poder Executivo federal.

Sendo assim, tratando-se a nomeação de ato administrativo complexo que se perfectibiliza com a atividade do Presidente da República, compete ao Supremo Tribunal Federal examinar eventual mandado de segurança impetrado contra o referido ato, conforme preceitua o art. 102, I, *d*, da CF[928].

No tocante à destituição do Procurador-Geral de Justiça do Distrito Federal e Territórios, a Constituição apenas menciona que é atribuição do Poder Legislativo.

Qual deles? A Câmara Distrital do Distrito Federal? A Câmara dos Deputados? O Senado?

Logicamente que, em se tratando de nomeação de competência do Presidente da República, somente órgão legislativo da União poderia autorizar o ato de destituição, razão por que o § 2º do art. 156 da LC n. 75/93 compete ao Senado a atribuição, após representação feita pelo Chefe do Executivo federal.

Os atos do Procurador-Geral de Justiça do Distrito Federal e Territórios, porém, somente podem ser impugnados perante o Tribunal de Justiça local[929].

19.2.3.4 O Conselho Nacional do Ministério Público

Criado pela EC n. 45/2004 (Reforma do Judiciário), o órgão foi incluído no novo art. 130-A: *O Conselho Nacional do Ministério Público compõe-se de quatorze membros nomeados pelo Presidente da República, depois de aprovada a escolha pela maioria absoluta do Senado Federal, para um mandato de dois anos, admitida uma recondução, sendo:*

I – o Procurador-Geral da República, que o preside;

II – quatro membros do Ministério Público da União, assegurada a representação de cada uma de suas carreiras;

---

928 Conquanto não se possa concluir que prevalece o poder hierárquico do Presidente da República no ato complexo de nomeação do Procurador-Geral da República, do Procurador-Geral de Justiça do Distrito Federal e Territórios, dos Ministros dos Tribunais Superiores e nos demais casos fixados em lei (art. 84, XIV, c/c o art. 52, III/IV, da Constituição), válida a remissão ao seguinte acórdão: "'No ato administrativo complexo, autoridade coatora é a que o aprova' (RJTJESP 49/104). Torna-se coatora a autoridade superior que encampa o ato da inferior... contestando o mérito da impetração" (STJ, 2ª T., REsp 12.837-0/CE, rel. Min. Antonio de Pádua Ribeiro, 17-3-1993).

929 "CONSTITUCIONAL E PROCESSUAL CIVIL – COMPETÊNCIA PARA PROCESSAR E JULGAR MANDADO DE SEGURANÇA IMPETRADO CONTRA ATO DO PROCURADOR GERAL DE JUSTIÇA DO DISTRITO FEDERAL E TERRITÓRIOS. I – A decisão que reconhece a competência do Tribunal de Justiça do Distrito Federal e Territórios para processar e julgar mandado de segurança impetrado contra ato do Procurador Geral de Justiça do Distrito Federal e Territórios não viola o art. 109, VIII, da CF/88. II – A Lei de Organização Judiciária do Distrito Federal é clara ao dispor que 'compete ao Tribunal de Justiça processar e julgar originariamente os mandados de segurança contra atos do Procurador-Geral da Justiça do Distrito Federal e Territórios' (Lei n. 8.115/91, art. 8º, 'c'). III – Agravo improvido" (TRF 1ª R., Ag. 01307979/DF, 3ª T. Supl., rel. Juiz conv. Moacir Ferreira Ramos, *DJU* de 14-10-2002, p. 490).

III – três membros do Ministério Público dos Estados;

IV – dois juízes, indicados um pelo Supremo Tribunal Federal e outro pelo Superior Tribunal de Justiça;

V – dois advogados, indicados pelo Conselho Federal da Ordem dos Advogados do Brasil;

VI – dois cidadãos de notável saber jurídico e reputação ilibada, indicados um pela Câmara dos Deputados e outro pelo Senado Federal.

Não representa novidade nos domínios do direito constitucional estrangeiro, visto que a Constituição portuguesa de 1976 o adotou expressamente[930].

A forma da indicação dos membros do Conselho por cada Ministério Público será feita de acordo com o estabelecido em lei (§ 1º do art. 130-A). Que lei? Inegavelmente, as leis complementares federal e estadual que disciplinam a organização do MPU e dos MPEs.

19.2.3.4.1 Atribuições do Conselho Nacional do Ministério Público

A norma constitucional que estabelece as atribuições do CNMP guarda grande simetria com as atribuições fixadas para o CNJ.

Observe-se a redação do § 2º e incisos do art. 130-A:

Compete ao Conselho Nacional do Ministério Público o controle da atuação administrativa e financeira do Ministério Público e do cumprimento dos deveres funcionais de seus membros, cabendo-lhe:

I – zelar pela autonomia funcional e administrativa do Ministério Público, podendo expedir atos regulamentares, no âmbito de sua competência, ou recomendar providências;

II – zelar pela observância do art. 37 e apreciar, de ofício ou mediante provocação, a legalidade dos atos administrativos praticados por membros ou órgãos do Ministério Público da União e dos Estados, podendo desconstituí-los, revê-los ou fixar prazo para que se adotem as

---

930 "Art. 220º 2. A Procuradoria-Geral da República é presidida pelo Procurador-Geral da República e compreende o Conselho Superior do Ministério Público, que inclui membros eleitos pela Assembleia da República e membros entre si eleitos pelos magistrados do Ministério Público." Registre-se também a previsão no Estatuto do Ministério Público luso: "SECÇÃO III – Conselho Superior do Ministério Público – SUBSECÇÃO I – Organização e funcionamento – Artigo 15º – Composição: 1 – A Procuradoria-Geral da República exerce a sua competência disciplinar e de gestão dos quadros do Ministério Público por intermédio do Conselho Superior do Ministério Público. 2 – Compõem o Conselho Superior do Ministério Público: a) O Procurador-Geral da República; b) Os procuradores-gerais distritais; c) Um procurador-geral adjunto, eleito de entre e pelos procuradores-gerais-adjuntos; d) Dois procuradores da República eleitos de entre e pelos procuradores da República; e) Quatro procuradores-adjuntos eleitos de entre e pelos procuradores-adjuntos, sendo um por cada distrito judicial; f) Cinco membros eleitos pela Assembleia da República; g) Duas personalidades de reconhecido mérito designadas pelo Ministro da Justiça. 3 – Os magistrados do Ministério Público não podem recusar o cargo de vogal do Conselho Superior do Ministério Público".

providências necessárias ao exato cumprimento da lei, sem prejuízo da competência dos Tribunais de Contas;

III – receber e conhecer das reclamações contra membros ou órgãos do Ministério Público da União ou dos Estados, inclusive contra seus serviços auxiliares, sem prejuízo da competência disciplinar e correicional da instituição, podendo avocar processos disciplinares em curso, determinar a remoção, a disponibilidade ou a aposentadoria com subsídios ou proventos proporcionais ao tempo de serviço e aplicar outras sanções administrativas, assegurada ampla defesa;

IV – rever, de ofício ou mediante provocação, os processos disciplinares de membros do Ministério Público da União ou dos Estados julgados há menos de um ano;

V – elaborar relatório anual, propondo as providências que julgar necessárias sobre a situação do Ministério Público no País e as atividades do Conselho, o qual deve integrar a mensagem prevista no art. 84, XI.

19.2.3.4.2 Funcionamento do Conselho Nacional do Ministério Público

O funcionamento do CNMP está disciplinado no § 3º do art. 130-A:

O Conselho escolherá, em votação secreta, um Corregedor nacional, dentre os membros do Ministério Público que o integram, vedada a recondução, competindo-lhe, além das atribuições que lhe forem conferidas pela lei, as seguintes:

I – receber reclamações e denúncias, de qualquer interessado, relativas aos membros do Ministério Público e dos seus serviços auxiliares;

II – exercer funções executivas do Conselho, de inspeção e correição geral;

III – requisitar e designar membros do Ministério Público, delegando-lhes atribuições, e requisitar servidores de órgãos do Ministério Público.

Junto ao Conselho oficiará o Presidente do Conselho Federal da Ordem dos Advogados do Brasil (§ 4º).

Demais disso, de sorte a aproximar a atuação do CNMP o máximo possível dos cidadãos, o § 5º determina que leis da União e dos Estados criarão ouvidorias do Ministério Público, competentes para receber reclamações e denúncias de qualquer interessado contra membros ou órgãos do Ministério Público, inclusive contra seus serviços auxiliares, representando diretamente o Conselho Nacional do Ministério Público.

19.2.4 Garantias funcionais

De modo idêntico ao que sucede com os magistrados, aos membros do Ministério Público são reservadas as garantias funcionais relativas à *vitaliciedade*, *inamovibilidade* e *irredutibilidade de subsídio* (art. 128, § 5º, I, *a* a *c*).

19.2.4.1 Vitaliciedade

A vitaliciedade será obtida após dois anos de exercício do cargo, não podendo perdê-lo, depois do transcurso do biênio, senão por sentença judicial transitada em julgado.

Vê-se, assim, que os membros do Ministério Público, ao ingressarem na instituição, passam por um período denominado "estágio probatório" de dois anos.

É conveniente esclarecer que esse período é menor que aquele fixado para os servidores públicos de maneira geral, porque, de acordo com o disposto no art. 41, *caput*, da Constituição, o estágio probatório, nesse último caso, será de três anos. Também é importante anotar que a exigência constitucional relativa a sentença judicial com trânsito em julgado (decisão de que não caiba mais recurso) para a perda do cargo se dirige aos que já ultrapassaram o mencionado período.

Qual seria, então, o procedimento a ser observado no caso de cometida infração determinante da perda do cargo dos que ainda se encontram no período de estágio?

Dá-nos a resposta o art. 14, VII, da Lei n. 8.625, de 12 de fevereiro de 1993 (LONMP), ao estabelecer como competência do Conselho Superior de cada Ministério Público decidir acerca do vitaliciamento dos seus membros.

A LC n. 75/93 (LOMPU) segue o mesmo caminho ao indicar como atribuição dos Conselhos Superiores dos quatro ramos do Ministério Público da União, a fixação dos critérios para avaliar o cumprimento das condições do estágio probatório (arts. 54, *f*; 97, *f*; 131, *f*; e 166, *f*).

E mesmo no que se refere aos que já ultrapassaram o estágio, a LC n. 75/93 impõe a obrigatoriedade de prévia autorização do respectivo Conselho Superior para, por maioria de seus membros, autorizar o Procurador-Geral da República a ajuizar a ação de perda do cargo (arts. 57, XX; 98, XVIII; 131, XVIII e 166, XVIII).

19.2.4.2 Inamovibilidade

A inamovibilidade está garantida no art. 128, I, *b*, com redação alterada pela EC n. 45/2004: "b) inamovibilidade, salvo por motivo de interesse público, mediante decisão do órgão colegiado competente do Ministério Público, pelo voto da maioria absoluta de seus membros, assegurada ampla defesa". Examinada a redação do dispositivo, observa-se que a mudança se operou com relação ao *quorum* para afastamento da garantia, visto que a partir da promulgação da EC n. 45/2004, exige-se *maioria absoluta* do órgão colegiado do Ministério Público, e não mais de dois terços, como constava na redação anterior.

Qual o órgão colegiado competente para emitir a decisão sobre remoção de membro do Ministério Público? Seria o Conselho Superior de cada ramo do MP ou o Conselho Nacional do Ministério Público?

Dá-nos a resposta o art. 130-A, § 2º, III, que indica uma das atribuições do CNMP: "receber e conhecer das reclamações contra membros ou órgãos do Ministério Público da União ou dos Estados, inclusive contra seus serviços auxiliares, sem prejuízo da competência disciplinar e correicional da instituição, podendo avocar processos disciplinares em curso, determinar a remoção, a disponibilidade ou a aposentadoria com subsídios ou proventos proporcionais ao tempo de serviço e aplicar outras sanções administrativas, assegurada ampla defesa".

Ora, nada repugna a competência do respectivo Conselho Superior para decidir sobre remoção de promotor de justiça, admitida, contudo, conforme a literalidade do art. 130-A, § 2º, III, a avocação do respectivo processo pelo CNMP.

A inamovibilidade impede mudança, ao alvedrio do Chefe do Ministério Público, de funções exercidas por membros da instituição, pois seria garantia funcional de duvidosa utilidade se estivesse direcionada exclusivamente à impossibilidade de alteração da comarca onde atua o promotor de justiça.

Destina-se a muito mais, contudo, interditando-se ao Procurador-Geral, sem agravo à lotação do promotor, que determine casuística mudança de suas funções. É correto dizer que a inamovibilidade não possui caráter absoluto, pois decisão de órgão colegiado competente do Ministério Público – que leis orgânicas apontam os respectivos Conselhos Superiores –, por voto de maioria absoluta dos seus integrantes, com amparo no interesse público e assegurada ampla defesa, pode implicar a modificação de funções. Todavia, ainda que a Constituição permita a mudança perpetrada pelo Conselho Superior ou pelo Conselho Nacional do Ministério Público, cuida assinalar que a decisão é plenamente vinculada, competindo aos órgãos, de modo incondicionado, atender aos pressupostos fixados na norma constitucional que, pela sua natureza excepcionalíssima, recomendam bastante prudência e cuidado ao examinarem a questão.

A alusão, por exemplo, ao "interesse público" consolida a ideia de que o membro do Ministério Público, eventualmente removido *ex officio* por decisão do Conselho Superior ou do CNMP, tem em mãos a possibilidade de contrastar judicialmente o ato do colegiado para aferir se a hipótese mencionada para legitimar a alteração está ou não em consonância com o "interesse público"[931].

A inamovibilidade está, conforme a Constituição de 1988, restrita aos membros do Poder Judiciário e do Ministério Público, razão por que outras categorias não podem ser destinatárias de idêntica garantia a ser conferida pelo legislador ordinário, federal ou estadual[932].

19.2.4.3 Irredutibilidade de subsídio

A irredutibilidade de subsídio impede a redução nominal da remuneração dos membros do Ministério Público.

---

931 A expressão "interesse público" é um *topoi* – ponto de partida para o alcance de outras conclusões. É um termo que possui caráter aberto, mas nem por isso deixa de ser útil para determinar se, no caso concreto, houve ou não atendimento à norma constitucional que legitima a alteração das funções de membro do Ministério Público. Não se conceitua interesse público, mas é possível apontar, de fato, se a situação posta a exame traz ou não a marca de tal interesse.

932 "AÇÃO DIRETA DE INCONSTITUCIONALIDADE – PEDIDO DE LIMINAR. Art. 125, § 2º, II, da Constituição do Estado do Paraná, que assegura aos procuradores do Estado 'inamovibilidade', na forma da lei. Deferimento *ad referendum* da cautelar. Ocorrência da relevância jurídica da arguição de inconstitucionalidade e da conveniência em se suspender a eficácia do dispositivo impugnado. Precedente específico: ADI 291. Deferimento da liminar referendado pelo Plenário da Corte" (STF, ADIMC 1.246/PR, TP, rel. Min. Moreira Alves, *DJU* de 6-10-1995).

A proibição, de conseguinte, concerne à redução do valor nominal e não em termos reais, o que equivaleria a impor o reajuste do subsídio a cada vez que houvesse o recrudescimento do índice inflacionário.

19.2.5 Vedações

Ao consolidar tendência de equiparação às vedações impostas aos magistrados, assentou o constituinte, no art. 128, § 5º, II, as seguintes proibições aos membros do Ministério Público:

a) *receber, a qualquer título e sob qualquer pretexto, honorários, percentagens ou custas processuais;*

b) *exercer a advocacia;*

c) *participar de sociedade comercial, na forma da lei;*

d) *exercer, ainda que em disponibilidade, qualquer outra função pública, salvo uma de magistério;*

e) *exercer atividade político-partidária* (com redação dada pela EC n. 45/2004);

f) *receber, a qualquer título ou pretexto, auxílios ou contribuições de pessoas físicas, entidades públicas ou privadas, ressalvadas as exceções previstas em lei.*

Alguns comentários se impõem a respeito de tais vedações.

Em primeiro lugar, a vedação ao recebimento de honorários, percentagens ou custas processuais já integra a resenha da disciplina constitucional brasileira no tocante ao Ministério Público.

Quanto ao exercício da advocacia, note-se que o § 3º do art. 29 do ADCT registra que "poderá optar pelo regime anterior, no que respeita às garantias e vantagens, o membro do Ministério Público admitido antes da promulgação da Constituição, observando-se, quanto às vedações, a situação jurídica na data desta", com o que a norma constitucional de direito intertemporal ressalvou a possibilidade de exercício da advocacia pelos membros do *parquet* que já a exerciam quando do advento da Constituição de 1988, que a proibia expressamente.

O § 6º do art. 128 prevê que se aplica aos membros do Ministério Público a proibição concernente ao exercício da advocacia no juízo ou tribunal perante o qual oficiou até que sejam decorridos três anos do afastamento do cargo por aposentadoria ou exoneração.

É a figura da *quarentena*, criada pela EC n. 45/2004 e imposta também aos membros do Ministério Público.

A alínea *d* acentua a proibição quanto ao exercício, ainda que em disponibilidade, de qualquer outra função pública, salvo uma de magistério[933].

---

933 A Resolução n. 3, de 16-12-2005, do CNMP, dispõe sobre o acúmulo do exercício das funções ministeriais com o exercício do magistério por membros do Ministério Público da União e dos Estados. A crítica já formulada ao excedimento do poder regulamentar dos Conselhos Nacional de Justiça e do Ministério Público aqui se reitera. Com evidên-

A alínea *e* assinala como vedação "exercer atividade político-partidária".

O dispositivo foi alterado pela EC n. 45/2004[934], de sorte que atualmente não mais existe qualquer ressalva à proibição firmada, equiparando-se à vedação imposta aos magistrados pelo art. 95, parágrafo único, III, da Constituição.

Antes até da promulgação da EC n. 45/2004, foi, de fato, vedada a possibilidade de exercício de atividade político-partidária por membro do Ministério Público, porquanto foi proposta ação direta de inconstitucionalidade pelo então Procurador-Geral da República, Geraldo Brindeiro, contra o disposto no art. 80 e a expressão "ressalvada a filiação", constante do art. 237, V, da LC n. 75/93, tendo o Supremo Tribunal Federal acolhido o pedido[935].

Com relação aos membros do Ministério Público que se encontram no exercício de mandato iniciado antes da alteração promovida pela EC n. 45/2004, é válida a exegese segundo a qual a reeleição obstará a incidência do preceptivo alterado; no entanto, caso não haja reeleição, deverá optar entre a carreira do Ministério Público e a atividade político-partidária, máxime porque, conforme tem reiteradamente entendido o STF, não há direito adquirido a regime jurídico.

---

cia, insólita, sob todos os aspectos, a prescrição do parágrafo único do art. 1º da referida Resolução, segundo o qual "o cargo ou função de direção nas entidades de ensino não é considerado como exercício de magistério, sendo vedado aos membros do Ministério Público". Em primeiro lugar, *data maxima venia*, incorre o i. Conselho no crasso equívoco de entender possível a separação entre magistério e cargo de direção de entidade de ensino, visto que é precisamente nessa hipótese que mais se realça a importância do educador e mais se lhe possibilita efetivar os princípios da educação, que, inclusive, têm residência constitucional. Em segundo lugar, ali onde estiver presente a liberdade, só se admitirá a sua restrição, em sistemas democráticos, quando todos os indivíduos puderem opinar a respeito, o que se opera no contexto da lei em sentido material e formal, jamais por meio de resolução de quem quer que seja...

934 Redação anterior: "exercer atividade político-partidária, *salvo exceções previstas na lei*".

935 "O Tribunal, por votação majoritária, julgou parcialmente procedente a ação direta, para, sem redução de texto, (a) dar, ao art. 237, inciso V, da Lei Complementar Federal n. 075, de 20-5-1993, interpretação conforme à Constituição, no sentido de que a filiação partidária de membro do Ministério Público da União somente pode efetivar-se nas hipóteses de afastamento de suas funções instituicionais, mediante licença, nos termos da lei, e (b) dar, ao art. 080 da Lei Complementar Federal n. 075/93, interpretação conforme à Constituição, para fixar como única exegese constitucionalmente possível aquela que apenas admite a filiação partidária, se o membro do Ministério Público estiver afastado de suas funções institucionais, devendo cancelar sua filiação partidária antes de reassumir suas funções, quaisquer que sejam, não podendo, ainda, desempenhar funções pertinentes ao Ministério Público Eleitoral senão dois anos após o cancelamento dessa mesma filiação político-partidária, vencido o Ministro Octavio Gallotti, que julgava totalmente improcedente a referida ação direta. Votou o Presidente. Falou, pelo Ministério Público Federal, o Dr. Geraldo Brindeiro, Procurador-Geral da República. Ausente, justificadamente, o Ministro Ilmar Galvão. Julgamento em 3-6-1998."

A última alínea preceitua que o membro do Ministério Público não poderá receber, a qualquer título ou pretexto, auxílios ou contribuições de pessoas físicas, entidades públicas ou privadas, ressalvadas as exceções previstas em lei.

19.2.6 Funções institucionais

As funções institucionais do Ministério Público estão indicadas nos incisos I a IX do art. 129 da Constituição.

19.2.6.1 Promoção privativa da ação penal pública

A primeira delas é "promover, privativamente, a ação penal pública, na forma da lei"[936].

Isso quer dizer que, após a Constituição de 1988, inclusive com a menção ao princípio do promotor natural (art. 5º, LIII), aliado ao inciso em questão, encontram-se definitivamente abolidos os procedimentos criminais *ex officio*, que permitiam à autoridade policial e ao juiz a abertura de processo por portarias, proceder que, de resto, vulnerava, de modo flagrante, o princípio do devido processo legal, porque localizava na figura do juiz o acusador e o julgador, característica do processo inquisitorial, de há muito banido dos sistemas processuais contemporâneos.

O Supremo Tribunal Federal consagrou entendimento, entretanto, admitindo a legitimação concorrente do particular ofendido e propugnando pela admissibilidade de eventual recurso interposto pelo assistente de acusação ante a omissão de membro do Ministério Público[937].

---

936 A Súmula 609 do STF conclui que "é pública incondicionada a ação penal por crime de sonegação fiscal". Registra César de Faria Jr. que "(...) antes da conclusão do processo administrativo fiscal, definindo a existência de tributo, cujo pagamento fora supostamente 'suprimido ou reduzido', (...), não se pode promover a ação penal, por faltar o elemento material do delito, sem o qual não se pode falar em tipicidade (tipicidade objetiva). (...) Destarte, a Súmula n. 609 do Supremo Tribunal Federal, devidamente interpretada, não constitui óbice à presente conclusão, de vez que apenas declarou ser pública incondicionada a ação penal por crime de sonegação fiscal (...)" (cf. *O Processo Administrativo Fiscal e as Condições da Ação Penal nos Crimes Tributários*, p. 124-125). Observe-se que o Plenário do STF, em 2-12-2009, aprovou o verbete da Súmula Vinculante publicado em 11-12-2009, segundo a qual "não se tipifica crime material contra a ordem tributária, previsto no artigo 1º, inciso I, da Lei n. 8.137/90, antes do lançamento definitivo do tributo".

937 Com efeito, foi julgado recurso extraordinário interposto por assistente da acusação, regularmente constituído, contra acórdão do STJ que, dando provimento a recurso ordinário em *habeas corpus*, anulara ação penal proposta pelo Ministério Público Federal – após representação de servidor público, que teria sido ofendido em sua honra –, por considerar caracterizada a violação ao princípio do promotor natural, em razão de o Procurador-Geral da República haver escolhido um dos membros da instituição para o oferecimento da denúncia. Preliminarmente, a Turma, por maioria, rejeitou a ilegitimidade do assistente da acusação para a interposição do recurso extraordinário, por considerar que a omissão do órgão do Ministério Público autorizaria o servidor ofendido a oferecer tal

19.2.6.2 Zelo pelo efetivo respeito aos Poderes Públicos e dos serviços de relevância pública

O art. 129, II, consubstancia função institucional relevante ao Ministério Público, desde que lhe comete "zelar pelo efetivo respeito aos Poderes Públicos e dos serviços de relevância pública aos direitos assegurados nesta Constituição, promovendo as medidas necessárias a sua garantia". São duas espécies de atribuições fixadas no preceito: o zelo pelo respeito às autoridades constituídas e dos serviços reputados como de relevância pública[938].

19.2.6.3 Promoção do inquérito civil e da ação civil pública

O art. 129, III, assegura-lhe "promover o inquérito civil e a ação civil pública, para a proteção do patrimônio público e social, do meio ambiente e de outros interesses difusos e coletivos".

O inquérito civil público é procedimento facultativo, de natureza administrativa e preparatória da ação civil pública. Nada obsta, porém, que o membro do Ministério Público, constatada a existência de elementos de prova juntados a eventual denúncia, tente, de imediato, a celebração de termo de ajuste de conduta (que detém eficácia de título executivo extrajudicial – art. 585, II, do CPC) ou proponha

---

recurso, uma vez que a possibilidade de legitimação concorrente tanto do ofendido quanto do *parquet* para a propositura da ação penal, em crime de ofensa *propter officium*, resultou em benefício concedido ao servidor, que é o maior interessado na preservação da própria honra. Por conseguinte, diante da especificidade do caso concreto, a Turma afastou a aplicação do Verbete 208 da Súmula do STF – "O assistente do Ministério Público não pode recorrer, extraordinariamente, de decisão concessiva de *habeas corpus*". Vencido, no ponto, o Min. Celso de Mello, que não conhecia do recurso extraordinário, por entender que a legitimidade concorrente do assistente não se estende ao processo penal de *habeas corpus*. Prosseguindo no julgamento, a Turma, no mérito, aplicando o entendimento firmado pelo Plenário no julgamento do HC 67.759/RJ (*DJU* de 1º-7-93), e afastando, portanto, a contrariedade ao princípio do promotor natural, deu provimento ao recurso extraordinário para cassar o acórdão do STJ, por considerar não demonstrado que o Procurador-Geral da República teria designado seletivamente determinando membro do Ministério Público em comprometimento do princípio da independência funcional dessa instituição. RE 387.974/DF, rel. Min. Ellen Gracie, 14-10-2003 (RE 387974) (*Informativo STF*, n. 396).

938 O STF decidiu que "a Constituição qualifica a educação como um dos direitos fundamentais da pessoa e dever do Estado e da família, devendo ser promovida e incentivada com a ajuda da coletividade com vistas ao exercício pleno da cidadania. E o Ministério Público tem legitimidade para fiscalizar e propor medidas judiciais destinadas a proteger os direitos da criança e do adolescente, inclusive no que pertine (SIC) ao ensino obrigatório e, assim agindo, atua em defesa dos menores e não contra eles. Tratando-se de injustificada resistência dos pais para comparecer em juízo, a condução coercitiva pode constituir constrangimento, mas não qualificado de ilegal e abusivo. Ordem de *habeas corpus* denegada que se confirma, improvendo-se o recurso" (STF, RHC 3716/PR, decisão de 29-6-94, *DJ* 1, de 15-8-1994, p. 20342).

medida judicial para cessar a transgressão a interesse transindividual[939].

Assim se pronuncia a jurisprudência acerca da natureza do inquérito civil público: "O Inquérito civil é procedimento administrativo, facultativo, inquisitorial e autoexecutório, o que desobriga o MP de instaurá-lo se dispõe dos elementos necessários à propositura da ação" (STJ, REsp 0077899/02, 2ª T., rel. Min. Eliana Calmon, *DJ* de 9-6-2003).

A ação civil pública é, por excelência, instrumento processual apto à tutela dos interesses da coletividade. Por esse motivo, não é exclusiva do Ministério Público a titularidade para a propositura da medida, tanto que o § 1º do art. 129 preceitua que a sua legitimação não impede a de terceiros, nas mesmas hipóteses, segundo o disposto na Constituição e nas leis ordinárias[940].

---

939 A nomenclatura "interesses transindividuais" provém do sistema do direito positivo brasileiro. É o termo utilizado pelo art. 81, parágrafo único, I e II, do Código de Defesa do Consumidor: "Parágrafo único. A defesa coletiva será exercida quando se tratar de: I – interesses ou direitos difusos, assim entendidos, para efeitos deste Código, os transindividuais, de natureza indivisível, de que sejam titulares pessoas indeterminadas e ligadas por circunstâncias de fato; II – interesses ou direitos coletivos, assim entendidos para efeitos deste Código, os transindividuais de natureza indivisível de que seja titular grupo, categoria ou classe de pessoas ligadas entre si ou com a parte contrária por uma relação jurídica base; III – interesses ou direitos individuais homogêneos, assim entendidos os decorrentes de origem comum". A legitimação do Ministério Público para a propositura de ação civil pública ou ação civil coletiva (aquela que se destina à defesa de interesses individuais homogêneos, visto que a reparação se dirige aos danos individualmente sofridos) em tema de interesses transindividuais vem sendo objeto de grande discussão, inclusive na jurisprudência do Supremo Tribunal Federal. A controvérsia vem girando predominantemente em torno da qualidade para agir do *parquet* para a defesa dos interesses individuais homogêneos. Há tendência à certificação da qualidade para agir da instituição, como demonstra a seguinte decisão: "Tem legitimidade ativa o *parquet* para ajuizar ação civil pública em defesa de direitos individuais homogêneos, desde que esteja configurado interesse social relevante, como, por exemplo, a situação de trabalhadores submetidos a condições insalubres, acarretando danos à saúde" (STF, *RDA*, 207/282). O STF editou a Súmula 643, cujo conteúdo dá margem à consolidação de jurisprudência no que se refere à qualidade para agir do MP em casos tais: "O Ministério Público tem legitimidade para promover ação civil pública cujo fundamento seja a ilegalidade de reajuste de mensalidades escolares". Parece-nos, no entanto, que a base constitucional a conferir a legitimação ao órgão (art. 127, *caput*) autoriza a instituição à defesa judicial de interesses individuais, inclusive os de caráter homogêneo, apenas na hipótese de serem marcados pelo signo da indisponibilidade ("O Ministério Público é instituição permanente, [...], incumbindo-lhe a defesa da ordem jurídica, do regime democrático e dos interesses sociais e individuais indisponíveis"). No âmbito do direito do trabalho, o STF tem consolidado jurisprudência na linha da legitimação do Ministério Público do Trabalho para a defesa de interesses individuais homogêneos, sem estabelecer, entretanto, a limitação à hipótese de interesses indisponíveis (RE 213.015-0, rel. Min. Néri da Silveira, *DJ* de 24-5-2002; RE 393.229, rel. Min. Nelson Jobim, *DJ* de 17-12-2003).

940 Por atender à previsão constitucional, o art. 5º da Lei n. 7.347, de 24-7-1985 (Lei da Ação Civil Pública – LACP) foi amplamente recepcionado pela Constituição de 1988 ao acen-

E no caso de proposta pelo Ministério Público, não se poderá admitir a restrição da legitimidade ao respectivo Procurador-Geral, como, inclusive, já decidiu o STF[941].

19.2.6.4 Promoção da ação de inconstitucionalidade e da representação interventiva

O art. 129, IV, indica como funções institucionais "promover a ação de inconstitucionalidade ou representação para fins de intervenção da União e dos Estados, nos casos previstos nesta Constituição".

Embora o tema pertinente à ação direta de inconstitucionalidade interventiva seja objeto de apreciação em Capítulo à parte neste trabalho, não é demais reafirmar que o Procurador-Geral da República deve propor a medida perante o Supremo Tribunal Federal, tanto no caso de recusa à execução de lei federal como na hipótese de a transgressão vulnerar os chamados "princípios constitucionais sensíveis", que são os bens constitucionalmente tutelados no art. 34, VII, alíneas *a* a *e*[942].

19.2.6.5 Defesa judicial dos direitos e interesses das populações indígenas

A defesa judicial dos direitos e interesses das populações indígenas é referida no art. 129, V, da Constituição[943].

---

tuar que "a ação principal e a cautelar poderão ser propostas pelo Ministério Público, pela União, pelos Estados e Municípios. Poderão também ser propostas por autarquia, empresa pública, fundação, sociedade de economia mista ou por associação que: I – esteja constituída há mais de um ano, nos termos da lei civil; II – inclua entre suas finalidades institucionais a proteção do meio ambiente, ao consumidor, à ordem econômica, à livre concorrência, ou ao patrimônio artístico, estético, histórico, turístico e paisagístico".

941 STF, ADIn 1916-9, rel. Min. Eros Grau, j. em 16-11-2005: "O Tribunal iniciou julgamento de ação direta de inconstitucionalidade proposta pelo Procurador-Geral da República contra a expressão 'e a ação civil pública', contida no inciso X do art. 30 da Lei Complementar 72/94, do Estado do Mato Grosso do Sul, que estabelece ser da competência do Procurador-Geral de Justiça a propositura da referida ação. O Min. Eros Grau, relator, acompanhado pelos Ministros Joaquim Barbosa, Carlos Britto e Carlos Velloso, julgou procedente o pedido, por entender que o dispositivo atacado viola o art. 22, I, da CF ('Compete privativamente à União legislar sobre: I – direito... processual'), uma vez que veicula norma de caráter processual, restringindo a legitimidade ativa para ação civil pública. Em divergência, o Min. Cezar Peluso julgou improcedente o pedido, por considerar tratar-se de mera atribuição interna do órgão e não de direito processual. Após, pediu vista dos autos o Min. Gilmar Mendes. ADI 1916/MS, rel. Min. Eros Grau, 16-11-2005 (ADI-1916)" (*Informativo STF*, n. 409).

942 Recorde-se que competente para o exame da ADIN interventiva no caso de recusa à execução de lei federal é o Supremo Tribunal Federal e não mais o Superior Tribunal de Justiça, como constava do inciso IV do art. 36, revogado que foi pela EC n. 45/2004.

943 O Tribunal Regional Federal da 1ª Região reconheceu a amplitude da indigitada atribuição ao concluir que, "constituindo função institucional do Ministério Público Federal a defesa judicial dos interesses das populações indígenas (art. 129, V, CF), dispensável é a manifestação da FUNAI antes da concessão de qualquer medida judicial quando requerida pelo *parquet*, em relação ao qual deixa de prevalecer a exigência do art. 63 da Lei n.

19.2.6.6. Expedição de notificações

Com o intuito de dotar o Ministério Público de instrumentos de atuação condizentes às atribuições conferidas pela Constituição de 1988, o art. 129, VI, autoriza-lhe a "expedir notificações nos procedimentos administrativos de sua competência, requisitando informações e documentos para instruí-los, na forma da lei complementar respectiva".

Na linha do que consigna o Texto Constitucional, o art. 6º, XX, da LC n. 75/93 (LOMPU) indica como atribuição do Ministério Público da União "expedir recomendações, visando à melhoria dos serviços públicos e de relevância pública, bem como ao respeito aos interesses, direitos e bens cuja defesa lhe cabe promover, fixando prazo razoável para a adoção das providências cabíveis".

Está-se, assim, diante da "notificação recomendatória", documento expedido pelo membro do *parquet* para viabilizar a conformação da conduta de órgão público ou privado ao que está determinado pelo sistema normativo.

É claro que as recomendações não têm o condão de obrigar, de imediato, os seus destinatários ao cumprimento do que contiver.

O desatendimento à recomendação, não obstante, poderá ensejar a instauração de inquérito civil público ou mesmo a propositura direta da ação civil pública – a depender da efetiva existência de prova acerca da transgressão.

Outra questão que não deve ser posta à margem quando do exame do dispositivo concerne à requisição de informações e documentos para instruir ICP ou qualquer procedimento investigatório prévio instaurado no âmbito do MP.

Com efeito, ao eleger o signo *requisição* no contexto do enunciado, a Constituição não deferiu nenhuma faculdade àquele para a qual é destinada.

"O instrumento da requisição consubstancia, para além de uma simples solicitação, uma exigência legal ao seu destinatário, conquanto não se faça dotado do atributo de coercibilidade, próprio das decisões judiciais. E não poderia ser diferente. A prestação de informações e documentos respeitantes ao próprio objeto da investigação não poderia situar-se na esfera de maior ou menor disponibilidade – ou 'boa vontade' – do destinatário da requisição, sob pena de ver-se frustrada a lógica e sistemática estrutura – repita-se, de densidade constitucional – na qual foi concebido o poder requisitório"[944].

Sendo assim, se o descumprimento da requisição pode implicar a hipótese de subsunção da conduta ao pé do tipo simples do art. 330 do Código Penal, que tipifica o crime de desobediência ("Desobedecer a ordem legal de funcionário público"), impor-se-á gravame de ordem penal a quem quer que se oponha ao atendimento da requisição do Ministério Público.

6.001/73" (TRF 1ª R., Ag. 89.01.11540-9/RO, rel. Juiz Aldir Passarinho Júnior, 1ª T., decisão de 3-12-1991).

944 Cf. Luciano Feldens, "O poder requisitório do Ministério Público e a inoponibilidade de sigilo", p. 68.

Parece-nos, todavia, que a questão do poder requisitório do Ministério Público não deve ser enfrentada à luz tão somente da inoponibilidade de sigilo, *data maxima venia*.

Seguramente, subsiste no plexo dos direitos individuais a garantia quanto ao silêncio (art. 5º, LXIII), que, de forma inegável, não se circunscreve apenas ao interrogatório de acusado colhido em inquérito penal ou durante instrução no processo penal.

Se os documentos, objeto de requisição, conduzem à incriminação do destinatário da iniciativa ministerial, torna-se claro o desbordamento do poder requisitório, principalmente porque, malgrado se trate de instrumento à realização de funções institucionais do *parquet*, não deve ser alçado ao patamar de direito absoluto a ponto de menoscabar o direito ao silêncio, cuja transcendência implica o irrestrito obedecimento tanto no inquérito policial quanto no inquérito civil ou demais procedimentos investigatórios, no âmbito do Ministério Público.

Portanto, se não há, no sistema normativo brasileiro, o crime de perjúrio, ou seja, se não está o indivíduo, no processo judicial, ou mesmo em procedimento administrativo destinado a apurar comportamento tido por ofensivo à lei, obrigado a produzir prova contra si mesmo, como acontece, por exemplo, nos Estados Unidos da América, contingente determinação em tal sentido originária de membro do Ministério Público ensejaria impetração de mandado de segurança para a proteção do direito ao silêncio.

Concluindo: se a requisição expedida não for devidamente acatada pelo destinatário, não há fundamento para se processar ação penal por crime de desobediência, especialmente porque se fosse atendida a diligência ordenada pelo *parquet*, proposta a ação civil pública, oferecida a denúncia ou mesmo celebrado termo de ajuste de conduta, a parte acionada ou aquela que se obrigara a fazer ou não fazer alguma coisa por força de TAC terminaria por produzir adrede prova contra ela própria, o que, de mais a mais, revela patente ofensa ao princípio do devido processo legal, aqui presente no afastamento da garantia contra a autoincriminação[945].

19.2.6.7 Investigação do MP e denúncia anônima

Outro tema a merecer cuidadosa análise é o pertinente à investigação feita por membro do Ministério Público com base em *denúncia anônima*.

---

945 O Supremo Tribunal Federal, embora o enunciado do art. 5º, LXIII, da Constituição refira o preso como destinatário da garantia de permanecer calado, entende que a exegese do preceito deve ser no sentido de que o direito individual alcança toda e qualquer pessoa, porque a presunção da inocência (art. 5º, LVII: "ninguém será considerado culpado até o trânsito em julgado de sentença penal condenatória") outorga o ônus da prova exclusivamente ao órgão acusador (STF, HC 75.244-8/DF, rel. Min. Sepúlveda Pertence, j. em 26-4-1999). De modo semelhante, dirige-se o privilégio contra a autoincriminação às testemunhas: "Não configura o crime de falso testemunho quando a pessoa, depondo como testemunha, ainda que compromissada, deixa de revelar fatos que possam incriminá-la" (STF, rel. Min. Carlos Velloso, *RTJ*, 163/626).

Aqui, é necessário, em primeiro lugar, distinguir a denúncia "anônima" daquela denominada "sigilosa".

No primeiro caso, desconhece-se de modo absoluto o autor da denúncia, ao passo que na segunda hipótese são preservados, sob sigilo, o nome, endereço, estado civil e demais qualificações do denunciante.

O art. 5º, IV, da Constituição Federal assinala que "é livre a manifestação do pensamento, sendo vedado o *anonimato*" (grifamos).

O Ministério Público tem o dever de agir quando constatada a ocorrência de lesão a interesse reputado indisponível, não se lhe devendo opor, consequentemente, o princípio da inércia a comandar a atuação dos órgãos jurisdicionais.

Sendo assim, refluímos ao entendimento esposado em edição anterior, pois é certo que o direito individual à manifestação do pensamento, ao proscrever o anonimato, tem por objetivo impedir que o indivíduo faça uso abusivo da liberdade, escondendo-se ao não revelar a identidade.

Observe-se o seguinte trecho de decisão do STF: "Torna-se evidente, pois, que a cláusula que proíbe o anonimato – ao viabilizar, *a posteriori*, a responsabilização penal e/ou civil do ofensor – traduz medida constitucional destinada a desestimular manifestações abusivas do pensamento, de que possa decorrer gravame ao patrimônio moral das pessoas injustamente desrespeitadas em sua esfera de dignidade, qualquer que seja o meio utilizado na veiculação das imputações contumeliosas" (MS 24.369, rel. Min. Celso de Mello, *DJU* de 16-10-2002).

Todavia, quando a investigação é de natureza penal, o STF tem adotado tendência restritiva: "Peças apócrifas não podem ser formalmente incorporadas a procedimentos instaurados pelo Estado, salvo quando forem produzidas pelo acusado ou, ainda, quando constituírem, elas próprias, o corpo de delito (...). Nada impede, contudo, que o Poder Público, provocado por delação anônima ('*disque-denúncia*', p. ex.), adote medidas informais destinadas a apurar, previamente, em averiguação sumária, com '*prudência e discrição*', a possível ocorrência de eventual situação de ilicitude penal, desde que o faça com o objetivo de conferir a verossimilhança dos fatos nela denunciados, em ordem a promover, então, em caso positivo, a formal instauração da '*persecutio criminis*', mantendo-se, assim, completa desvinculação desse procedimento estatal em relação às peças apócrifas" (HC 100.042-0/RR, rel. Min. Celso de Mello, j. em 2-10-2009).

19.2.6.8 Controle externo da atividade policial[946]

Outrossim, o art. 129, VII, prevê como função do Ministério Público exercer o controle externo da atividade policial, na forma da lei complementar respectiva.

É necessário esclarecer que a atribuição pertinente a tal controle não admite disciplina por outro veículo normativo que não seja a lei complementar – estadual

946 Ver Resolução n. 20, de 28-5-2007, do Conselho Nacional do Ministério Público.

ou federal. Destarte, não pode Procurador-Geral de Ministério Público de qualquer unidade da Federação baixar normatividade a respeito do tema por meio de resolução, instrução ou até portaria. Se o controle externo não vier disciplinado em lei complementar editada pela Assembleia Legislativa, não se poderá reputar válido o ato do Chefe do *parquet*, na medida em que encerra a inconstitucionalidade de natureza formal[947].

19.2.6.9 Requisição de diligências investigatórias e instauração de inquérito policial

Por outro lado, a requisição de diligências investigatórias e a instauração de inquérito policial, sempre indicados os fundamentos jurídicos de tais iniciativas, encontram-se admitidas no art. 129, VIII, da Constituição.

Se o Ministério Público é o *dominus litis* da ação penal de iniciativa pública e se é-lhe cometida a tarefa de propositura responsável pela ação civil pública, nada mais natural que, à luz da teoria dos poderes implícitos[948], delegar-lhe a função de

---

947 Na ADIn 1.138/MC, o STF julgou inconstitucional a Resolução n. 438/91, do Procurador-Geral de Justiça do Estado do Rio de Janeiro, porque, a pretexto de instruir a forma de exercício do controle externo da atividade policial, utilizou-se de veículo normativo inadequado. No voto do Ministro-relator, Ilmar Galvão, consta o seguinte: "A impropriedade do meio empregado, todavia, é manifesta, circunstância que reforça a plausibilidade da tese da arguida inconstitucionalidade formal da referida Resolução, face à absoluta incompetência da Procuradoria-Geral de Justiça para disciplinar, por ato próprio, atividade cuja definição foi reservada à lei complementar do Estado. (...) De outra parte, revela-se manifesta a conveniência da pronta suspensão da eficácia dos textos impugnados, cuja execução poderá prejudicar a harmonia entre os órgãos envolvidos".

948 A teoria dos poderes implícitos foi inicialmente adotada pela Suprema Corte dos Estados Unidos para solucionar as gravíssimas discussões que passaram a ocorrer no que tange à delimitação da competência tributária das unidades da federação norte-americana para a cobrança de impostos. Naquela oportunidade, praticamente nos alvores da Federação ianque, decidiu a Corte que ali onde se previra o *munus* (encargo) para a execução de tarefas a qualquer das unidades, destinara-se, de modo implícito (por isso "poder implícito"), o respectivo bônus, isto é, a receita tributária imprescindível à consecução dos fins assinalados pelo constituinte de Filadélfia. Atualmente, a maioria das constituições contemporâneas, inclusive a brasileira, indica, de forma precisa, a competência para a imposição das exações tributárias, razão pela qual, ao menos no que toca ao domínio tributário, percebe-se um claro esvaziamento da teoria. Contudo, continua plenamente aplicável para consolidar os instrumentos de atuação dos órgãos do Estado, dentre os quais o Ministério Público. Celso Ribeiro Bastos e Carlos Ayres Britto ensinam que "(...) precipuamente voltada para indicação de fins a alcançar e deveres a cumprir (...), a Lei Suprema costuma omitir-se quanto à explicitação dos correspectivos meios. Daí a formulação da célebre doutrina dos poderes implícitos, de matriz norte-americana, que tem em Story um dos seus mais qualificados arautos. O reconhecimento da existência lógica de tais poderes, segundo a premissa fundamental de que 'quem dá os fins deve ministrar os meios', ou, por outra, 'quem tem o dever de agir deve dispor dos meios necessários à ação', faz da hermenêutica constitucional um mecanismo de permanente uso da chamada 'interpretação extensiva'. Isto é, uma técnica de interpretação que extrai do texto normativo um alcance maior que o permitido pela simples literalidade

requisitar diligências investigatórias ou mesmo presidir inquérito policial.

Registre-se a essência da Teoria dos Poderes Implícitos: ali onde a Constituição impôs encargos e obrigações aos órgãos do Estado, reservou, ainda que implicitamente, os meios aptos à sua consecução. Se ao Ministério Público foi atribuída a tarefa de defesa da ordem jurídica, do regime democrático e dos interesses sociais e individuais indisponíveis (art. 127, *caput*), extrai-se logicamente do preceptivo a exegese segundo a qual, se dúvida porventura puder subsistir acerca da instauração de inquérito policial pelo *parquet*, a solução será pela sua plena admissibilidade, pena de ser extratada proposição à revelia dos objetivos postos em nível constitucional[949].

Nota-se ainda que, diferentemente do controle externo da atividade policial, a instauração de inquérito prescinde de regramento ulterior, bastando, tão só, a referência aos fundamentos jurídicos motivadores da iniciativa.

A respeito da atribuição, argumenta-se que a iniciativa do Ministério Público deveria ser compatibilizada com o § 4º do art. 144 ("Às polícias civis, dirigidas por delegados de polícia de carreira, incumbem, ressalvada a competência da União, as funções de polícia judiciária e a apuração de infrações penais, exceto as militares").

Ocorre que, examinado o referido comando, dele não decorre entendimento proibitivo à instauração de inquérito policial pelo Ministério Público, pois não se dispõe à fixação de competência exclusiva às polícias civis.

E a linguagem constitucional, quando assim pretende, traduz em comando a exclusividade de atribuições a órgãos ou a pessoas.

E ainda: se ao *parquet* é reservada (aí, sim, de forma exclusiva) a competência para o controle externo da atividade policial –, incluindo-se, como é óbvio, inquéritos policiais instaurados por delegados de polícia, é envolver-se em enormes dificuldades a tentativa de defesa da tese de que o promotor de justiça não tem poderes para instaurar o inquérito. Se controla inquérito instaurado por autoridade policial, como, com rigor científico, vedar-lhe a prerrogativa quanto à instauração do próprio?

Rômulo de Andrade Moreira, agregando novos fundamentos, conclui que "(...) tal atribuição constitucional não é exclusiva da Polícia Civil (nem da Federal), sendo esta a correta interpretação deste dispositivo constitucional. Não se deve interpretar

---

vocabular que o paramenta" (cf. *Interpretação e Aplicabilidade das Normas Constitucionais*, p. 23). É o raciocínio a ser empregado acerca da atuação do Ministério Público quando não houver, de modo explícito, referência nos textos do direito positivo. Sob o império da Teoria dos Poderes Implícitos, deverá agir (trata-se de dever, e não de faculdade, já que a natureza do interesse que reclama sua atuação é a mesma a impor a iniciativa), lançando mão de qualquer instrumento processual compatível com o encargo atribuído de defensor da ordem jurídica, do regime democrático e dos interesses sociais e individuais indisponíveis, conforme proclamado no art. 127, *caput*, da Constituição.

949 Ver voto do Min. Joaquim Barbosa Gomes, relator do Inquérito n. 1.968 (Ministério Público Federal x Remy Trinta e Outros), no qual adota a Teoria dos Poderes Implícitos para admitir a instauração de inquérito policial pelo *parquet*, cujo julgamento, iniciado em 18-3-2004, foi adiado.

uma norma jurídica isoladamente, mas, ao contrário, deve-se utilizar o método sistemático, segundo o qual cada preceito é parte integrante do todo, analisando-se todas as regras em conjunto, a fim de que possamos entender o sentido de cada uma delas. Partindo-se desse pressuposto, resta claro que não deu a Constituição exclusividade na apuração de infrações penais apenas a uma Instituição. Observa-se que um outro artigo da mesma Carta (art. 58, § 3º) dá poderes às Comissões Parlamentares de Inquérito para investigação própria e, adiante, como já demonstrado, concede a mesma prerrogativa ao Ministério Público. Não nos esquecemos que ao conceder exclusividade ao Ministério Público para a propositura da ação penal pública (art. 129, I), a Constituição Federal implicitamente outorgou à instituição a possibilidade de investigar para respaldar a respectiva peça acusatória"[950].

E argumente-se mais: se a possibilidade de instauração de inquérito policial ficar restrita às autoridades policiais, em grande parte será afetado o princípio da independência funcional, a ponto de praticamente reduzi-lo a pó, porque se condicionará a propositura da ação penal (cuja titularidade exclusiva se comete ao Ministério Público) às iniciativas das Polícias Federal e Estaduais quanto aos respectivos inquéritos, órgãos, como se sabe, sem a marca autonômica, desde que totalmente vinculados ao Poder Executivo. Por consequência, se a investigação prévia é o meio obrigatório para oferecimento responsável da denúncia que inicia o processo penal, é extravagante a tese de que não pode o *parquet* adotar tais iniciativas, visto que se dirigem precisamente à indigitada finalidade.

O STF, no julgamento do HC 100.042-0/RR, rel. Min. Celso de Mello, 2-10-2009, decidiu que "o Ministério Público, independentemente da prévia instauração de inquérito policial, também pode formar a sua '*opinio delicti*' com apoio em outros elementos de convicção – inclusive aqueles resultantes de atividade investigatória por ele próprio promovida – que evidenciem a materialidade do fato delituoso e a existência de indícios suficientes de autoria, desde que os dados informativos que dão suporte à acusação penal não derivem de documentos ou escritos anônimos nem os tenham como único fundamento causal".

E mais, consolidando a tendência na Corte: "O Ministério Público dispõe de competência para promover, por autoridade própria, investigações de natureza penal, desde que respeitados os direitos e garantias que assistem a qualquer indiciado ou a qualquer pessoa sob investigação do Estado, observadas, sempre, pelos agentes de tal órgão, as prerrogativas profissionais de que se acham investidos os advogados, sem prejuízo da possibilidade – sempre presente no Estado Democrático de Direito – do permanente controle jurisdicional dos atos praticados pelos promotores de justiça e procuradores da república" (HC 89.837/DF, rel. Min. Celso de Mello, j. em 20-10-2009).

Questão correlata é o arquivamento de inquérito pelo juiz sem manifestação do *parquet*[951].

---

950 Cf. "A investigação criminal e o Ministério Público", *A Tarde*, 20 mar. 2004.

951 Concluindo pela inadmissibilidade de arquivamento sem manifestação do MP, segue-se

19.2.6.10 O art. 129, IX, como norma de fechamento

Por fim, o art. 129, IX, configura autêntica norma de fechamento das funções institucionais do Ministério Público.

Quer porque se localiza ao final do dispositivo que lhe confere os instrumentos de atuação, quer ainda em face do campo residual à ação do *parquet* outorgado pelo preceptivo ("exercer outras funções que lhe forem conferidas, desde que compatíveis com sua finalidade [...]"), o fato é que a referida norma bem pode ser compreendida à luz, mais uma vez, da Teoria dos Poderes Implícitos.

Frise-se que as funções institucionais do Ministério Público só podem ser exercidas por integrantes da carreira[952], que deverão residir na comarca da respectiva lotação (§ 2º do art. 129). Tal exigência – que, a propósito, se identifica com regra semelhante dirigida aos juízes (art. 93, VII, da CF) – consulta com o interesse da coletividade, visto que a permanência do membro do Ministério Público na comarca é uma das formas de tornar mais eficaz a defesa dos direitos indisponíveis postos sob sua responsabilidade. E, invariavelmente, a ação expedita do promotor está na razão direta de sua proximidade do local onde ocorreu a lesão a interesse transindividual.

19.2.7 O Ministério Público junto aos Tribunais de Contas

A Constituição de 1988 admitiu a existência de um ramo do Ministério Público com atuação vinculada aos Tribunais de Contas (arts. 73, § 2º, I, e 130).

Não se trata de instituição integrante do Ministério Público da União ou dos Estados, mesmo porque o art. 128 não o insere num ou noutro.

---

o seguinte aresto: "(...) 1. Sendo o inquérito policial procedimento persecutório de índole administrativa, não pode eximir-se do controle de sua legalidade. 2. Em casos de manifesta ilegalidade – tais como a atipicidade da conduta, em tese, praticada, ou a falta de justa causa – está o magistrado autorizado, desde que devidamente instado pela parte interessada, a fazer cessar ofensa a direitos e garantias individuais. 3. A decisão que ordena o arquivamento de inquérito policial, sem que tal medida tenha sido requerida pelo órgão do Ministério Público, é nula e assim deve ser declarada. 4. É que, se este é o titular da pretensão punitiva, cabe a ele proceder ao exame dos elementos colhidos na fase de informação, apresentando a denúncia (peça inaugural da ação penal), requerendo a volta dos autos à Delegacia de origem, para diligência, ou requerendo o arquivamento dos autos. 5. Correição parcial provida" (TRF 4ª R., Correição Parcial 2003.04.01.013419-1/SC, 7ª T., rel. Des. fed. Fábio Rosa, *DJU* de 18-6-2003, p. 753). No entanto, há decisões em sentido contrário: "PROCESSUAL PENAL. Arquivamento das peças informativas sem requerimento do MP. Possibilidade ante a manifesta inexistência do delito. 1) pode o juiz, sem o requerimento do Ministério Público, determinar o arquivamento de inquérito policial ou peças informativas, sem o expresso requerimento do Ministério Público, desde que patente a falta de justa causa para a investigação" (TJDF, APJ 20020110385825/DF, 1ª TRJE, rel. Des. Gilberto Pereira de Oliveira, *DJU* de 16-5-2003, p. 140).

952 Ver ADIn 2.874 referida neste Capítulo.

Com efeito, não pode haver integração de membros do Ministério Público junto ao Tribunal de Contas e ao Ministério Público comum, e, consequentemente, é inconstitucional o exercício de funções institucionais junto àquele Tribunal por membro que não seja vinculado ao *parquet* especial (STF, ADIn 3.315/CE, rel. Min. Ricardo Lewandowski, j. em 6-3-2008). Frise-se que o STF tem produzido alentadíssima jurisprudência acerca de tal inviabilidade (ADIn 2.378/GO, ADIn 1.545MC/SE, ADIn 2.068/MG; ADIn 3.192/ES).

As únicas remissões constitucionais ao Ministério Público que oficia junto ao Tribunal de Contas da União e dos Estados são as relativas à composição do TCU (art. 73, § 2º, I) e à aplicação aos seus membros das disposições pertinentes a direitos, vedações e forma de investidura (art. 130).

A Lei Orgânica do Tribunal de Contas da União (Lei n. 8.443, de 16-7-1992) indica, no art. 81, as atribuições cometidas aos membros do Ministério Público que oficiam perante aquele órgão:

a) promover a defesa da ordem jurídica, requerendo as medidas de interesse da justiça, da administração e do erário;
b) comparecer às sessões do Tribunal e se pronunciar acerca de todos os assuntos sujeitos à decisão, sendo obrigatória sua ouvida em processos de tomada ou prestação de contas e nos concernentes aos atos de admissão de pessoal e concessão de aposentadorias, reformas e pensões, promover a cobrança judicial de dívidas decorrentes das decisões do Tribunal e interpor os recursos previstos em lei.

Não goza o *parquet* que oficia junto aos Tribunais de Contas de autonomia administrativa (assegurada aos demais ramos pelo § 2º do art. 127)[953], porque não conta com quadro funcional próprio.

953 Não é outro o entendimento do STF, uma vez que, concluído o julgamento da ação direta de inconstitucionalidade ajuizada pelo Procurador-Geral da República contra expressão contida no § 7º do art. 28 da Constituição do Estado de Goiás, introduzida pela EC estadual n. 23/98 – ver *Informativo* n. 340 – o Tribunal, por maioria, julgou procedente o pedido e declarou a inconstitucionalidade da expressão "a que se aplicam as disposições sobre o Ministério Público, relativas à autonomia administrativa e financeira, à escolha, nomeação e destituição do seu titular e à iniciativa de sua lei de organização", constante do referido dispositivo estadual. Entendeu a Suprema Corte brasileira que a Constituição Federal, a teor do disposto no art. 130, apenas estendeu aos membros do Ministério Público junto aos Tribunais de Contas as disposições pertinentes aos direitos, vedações e forma de investidura do Ministério Público comum. Considerou-se caracterizada, ainda, a ofensa ao art. 73 da CF, tendo em conta o fato de que, por integrar o Ministério Público junto aos Tribunais de Contas o próprio Tribunal de Contas, seria deste último a competência para a iniciativa das leis concernentes à estrutura orgânica do *parquet* que perante ele atua. Vencidos os Ministros Marco Aurélio e Carlos Britto, que consideravam que a autonomia conferida pela norma impugnada objetivou proporcionar a atuação independente do MP junto aos Tribunais de Contas, harmonizando-se com os arts. 25, 127 e 130, da CF. ADI 2378/GO, rel. Min. Maurício Corrêa, 19-5-2004 (*Informativo STF*, n. 348).

É a exegese a extrair do art. 83 da Lei n. 8.443/92, *in verbis:* "O Ministério Público contará com o apoio administrativo e de pessoal da secretaria do Tribunal, conforme organização estabelecida no regimento interno"[954].

19.3 A ADVOCACIA PÚBLICA

A Seção II do Capítulo referente às Funções Essenciais à Justiça tem por epígrafe "Da Advocacia Pública".

Anteriormente à edição da EC n. 19/98, o trecho se iniciava com alusão exclusiva à Advocacia-Geral da União[955], o que, em verdade, constituía erro vitando na medida em que não se podia tecnicamente inserir a disciplina constitucional pertinente a todos os cargos de assessoria jurídica do Poder Executivo naquele órgão, em virtude de a ele competir a defesa judicial e extrajudicial apenas da União.

Assim, foi em boa hora que o legislador constituinte derivado promoveu a alteração para consagrar o termo "Advocacia Pública", abrangendo, portanto, não apenas a AGU, mas também as Procuradorias dos Estados e do Distrito Federal.

Examinadas as atribuições fixadas à Advocacia-Geral da União pelo art. 131 da Constituição, observa-se que poderá atuar diretamente ou através de órgão vinculado, representando a União judicial e extrajudicialmente, cabendo-lhe ainda, nos termos de lei complementar que dispuser sobre seu funcionamento (no caso a LC n. 73, de 10-2-1993), as atividades de consultoria e assessoramento jurídico do Poder Executivo[956].

A primeira dúvida que surge após a leitura do art. 131 da Constituição se refere ao que vem a ser propriamente "órgão vinculado", cuja delimitação se mostra importante porque a AGU atua diretamente ou através deles.

---

954 Interessante decisão do STF concluiu pela constitucionalidade da Lei n. 8.443/92: "O Ministério Público que atua perante o TCU qualifica-se como órgão de extração constitucional, eis que a sua existência jurídica resulta de expressa previsão normativa constante na Carta Política (art. 73, § 2º, I, e art. 130), sendo indiferente, para efeito de sua configuração jurídico-institucional, a circunstância de não constar do rol taxativo inscrito no art. 128, I, da Constituição Federal, que define a estrutura orgânica do Ministério Público da União. O Ministério Público junto ao TCU não dispõe de fisionomia institucional própria e, não obstante as expressivas garantias de ordem subjetiva concedidas aos seus Procuradores pela própria Constituição (art. 130), encontra-se consolidado na intimidade estrutural dessa Corte de Contas, que se acha investida – até mesmo em função do poder de autogoverno que lhe confere a Carta política (art. 73, *caput, in fine*) – da prerrogativa de fazer instaurar o processo legislativo concernente à sua organização, à sua estruturação interna, à definição de seu quadro de pessoal e à criação dos cargos respectivos" (STF, ADIn 797-1/DF, rel. Min. Celso de Mello).

955 Ver Lei Complementar n. 73, de 10-2-1993 (Lei Orgânica da Advocacia-Geral da União).

956 A representação judicial do Estado, por seus procuradores, decorre de lei, dispensada a juntada de mandato. O mesmo não ocorre com entidades autárquicas e sociedades de economia mista, cujos patronos deverão juntar procuração (STF, *RDA*, 179-180/158).

E não há dificuldade para entender, porque o § 3º do art. 2º da LC n. 73/93 acentua que "as Procuradorias e Departamentos Jurídicos das autarquias e fundações públicas são órgãos vinculados à Advocacia-Geral da União".

A AGU tem por chefe o Advogado-Geral da União, de livre nomeação pelo Presidente da República entre cidadãos maiores de trinta e cinco anos, de notável saber jurídico e reputação ilibada (§ 1º do art. 131). Logo, conclui-se que a nomeação para o cargo de chefe da AGU pode recair em pessoa que não tenha qualquer vinculação ao órgão, diferentemente, por exemplo, do que sucede com a indicação para o cargo de chefe do Ministério Público da União a ser feita pelo Presidente da República.

As atribuições do Advogado-Geral da União constam do próprio Texto Constitucional e da LC n. 73/93.

O § 3º do art. 103 da CF esclarece que o Supremo Tribunal Federal, ao apreciar a inconstitucionalidade, em tese, de norma legal ou ato normativo, citá-lo-á previamente a fim de que defenda o ato ou texto impugnado. Trata-se de obrigação imposta pela norma constitucional ao chefe da AGU, pouco importando seja federal ou estadual[957]. Contudo, o STF já se pronunciou no sentido de o § 3º do art. 103 da CF ser objeto de interpretação sistemática, compreendendo que o dispositivo confere ao AGU direito de manifestação, e, se for exigido dele defesa absoluta do ato impugnado, implicaria retirar-lhe sua função primordial, que é defender os interesses da União, isso quando os interesses do órgão central da Federação brasileira coincidirem com o do autor da ação direta de inconstitucionalidade (STF, ADIn 3.916/DF, rel. Min. Eros Grau, j. em 7-10-2009).

Tal obrigação, entretanto, não deve subsistir na hipótese de propositura de ação direta de inconstitucionalidade por omissão, à vista do simples fato de que, no caso, não há nenhuma norma a ser defendida[958].

O art. 4º da LC n. 73/93 prevê o rol das demais atribuições cometidas ao chefe da AGU:

a) dirigir a Advocacia-Geral da União, superintender e coordenar suas atividades e orientar-lhe a atuação; despachar com o Presidente da República;
b) representar a União junto ao Supremo Tribunal Federal;
c) apresentar as informações a serem prestadas pelo Presidente da República, relativas a medidas impugnadoras de ato ou omissão presidencial;
d) assessorar o Presidente da República em assuntos de natureza jurídica, elaborando pareceres e estudos ou propondo normas, medidas e diretrizes;
e) fixar a interpretação da Constituição, das leis, dos tratados, e demais atos normativos, a ser uniformemente seguida pelos órgãos e entidades da Administração Federal, além de outras atribuições mencionadas no antedito preceito da lei complementar.

957 STF, *RTJ*, 131/470.

958 STF, *RDA*, 178/79.

O § 3º do art. 131 fixa comando segundo o qual, "na execução de dívida ativa de natureza tributária, a representação da União cabe à Procuradoria-Geral da Fazenda Nacional, observado o disposto em lei".

A leitura apressada do dispositivo constitucional poderia levar à falsa conclusão de que estaria o órgão à parte da estrutura organizativa da AGU. A ilação não resiste ao exame do art. 2º, I, *b*, da LC n. 73/93 ao incluir na AGU, de modo expresso, a Procuradoria-Geral da Fazenda Nacional.

Quanto às Procuradorias dos Estados e do Distrito Federal, cumpre registrar que, por simetria, podem exercer, no âmbito de cada unidade federativa, as mesmas atribuições de assessoramento e consultoria do Poder Executivo assinaladas pela Constituição à AGU.

No exercício de suas atribuições, são os Procuradores do Estado *invioláveis*, não podendo ser responsabilizados em virtude de atos praticados em razão do ofício (STF, Rcl. 8.991/BA, rel. Min. Eros Grau, j. em 26-10-2010).

Interessante debate veio à tona quando da alteração da Constituição do Estado de São Paulo pelo legislador constituinte decorrente, ao inserir controvertida previsão no parágrafo único do art. 100 daquele Texto estadual, determinando que a nomeação do Procurador-Geral do Estado incidiria sobre integrantes da carreira, com o que a norma constitucional paulista passou a conferir limitação à prerrogativa outorgada ao Governador. A questão tocou fundo no incandescente tema que é a autonomia dos Estados-membros na Federação brasileira, concluindo, entretanto, o Supremo Tribunal Federal, por apertada diferença de votos, pela legitimidade do comportamento da Assembleia Legislativa como corolário do princípio autonômico a ordenar a forma federativa de Estado[959].

959 A decisão do STF foi prolatada nos autos da ADIn 2.581/SP, proposta pelo Governador do Estado contra a Assembleia Legislativa. Vale conferir o judicioso voto do Ministro Celso de Mello, segundo o qual a Corte Suprema brasileira não poderia continuar consolidando jurisprudência restritiva da autonomia dos Estados-Membros ao adotar a tese, na hipótese, da obrigatoriedade de observância da norma do § 1º do art. 131 da Constituição Federal ("A Advocacia-Geral da União tem por chefe o Advogado-Geral da União, de livre nomeação pelo Presidente da República dentre cidadãos maiores de trinta e cinco anos, de notável saber jurídico e reputação ilibada") pelas unidades estaduais quando da organização das respectivas Procuradorias-Gerais. É verdade que o art. 25 da Constituição estabelece a organização dos Estados mediante as Constituições e leis que adotarem, respeitados os princípios da norma constitucional federal, mas não menos verdade é, todavia, que a mera previsão em Constituição estadual para fazer com que a nomeação de Procurador-Geral de Estado recaia dentre integrantes da carreira não deve ser conduzida ao patamar de princípio constitucional a ser obedecido pelas unidades parciais. Com efeito, não se pode equiparar, por exemplo, o princípio fundamental alusivo à tripartição das funções estatais (art. 2º da CF), ou ainda os princípios constitucionais sensíveis (art. 34, VII, alíneas *a* a *e*, da CF), que são de obrigatório acolhimento no contexto das Constituições estaduais, à mera e simples fixação de norma organizativa de PGE direcionada à nomeação para o cargo de Procurador-Geral exclusivamente de integrantes da carreira. É alargar excessivamente o rol dos princípios constitucionais a se-

O concurso para ingresso no cargo de Procurador do Estado e do DF pressupõe a participação da Ordem dos Advogados do Brasil em todas as suas fases, determinação não repetida no tocante ao ingresso no cargo de Advogado da União.

A propósito, a presença de representante da OAB nos concursos públicos se impõe, por injunção constitucional, para os concursos públicos de ingresso na magistratura (art. 93, I) e no Ministério Público (art. 129, § 3º).

Sendo assim, parece claro o silêncio eloquente do legislador constituinte para afastar exigência da espécie relativamente ao preenchimento de cargos jurídicos no âmbito da AGU.

Se, para todas as carreiras jurídicas, foi estabelecida expressamente a exigência, qual motivo teria conduzido o constituinte a silenciar a respeito da AGU senão o de afastar a obrigatoriedade de participação da OAB?

É de duvidosa constitucionalidade, portanto, o § 4º do art. 21 da LC n. 73/93, ao estabelecer que "a Ordem dos Advogados do Brasil é representada na banca examinadora dos concursos de ingresso nas carreiras da Advocacia-Geral da União".

19.4 A ADVOCACIA

O art. 133 é a base constitucional de onde se origina toda a importância conferida ao advogado pelo sistema normativo brasileiro: "*O advogado é indispensável à administração da justiça, sendo inviolável por seus atos e manifestações no exercício da profissão, nos limites da lei*".

Apressado exame do dispositivo poderia consolidar a ideia de que a indispensabilidade e inviolabilidade do advogado estariam condicionadas ao que ulterior legislação infraconstitucional pudesse dispor a respeito.

Sucede que o art. 133 da CF é dotado de duas sentenças que bem calhariam em dois articulados distintos; não obstante, o receio de criação de texto com grande quantidade de artigos fez com que o legislador constituinte optasse por solução que satisfizesse tentativa de construir sistema constitucional menos analítico.

Mas, ainda assim, não se deve entender que a indispensabilidade do advogado segue a mesma sorte da inviolabilidade no que atina à regulamentação pela lei ordi-

---

rem observados no âmbito dos Estados, com insidiosas consequências, quer porque se atinge um grau de generalidade tão elevado de tais postulados que chegam mesmo a ser banalizados, quer, por fim, à vista da fragilização das unidades federativas à conta da diminuição da sua autonomia, aqui materializada na inconveniente restrição à sua capacidade de autogoverno. Além disso, o art. 235, VIII, esclarece que "até a promulgação da Constituição Estadual, responderão pela Procuradoria-Geral, pela Advocacia-Geral e pela Defensoria-Geral do Estado advogados de notório saber, com trinta e cinco anos de idade, no mínimo, nomeados pelo Governador eleito e demissíveis *ad nutum*". Assim, torna-se clara que a prerrogativa de livre nomeação, inclusive para indicar advogados não integrantes da carreira, encontra-se condicionada à ausência de manifestação do poder constituinte decorrente.

nária, porquanto referir que o profissional da advocacia é indispensável revela comando auto-operativo, autoexecutável, tornando-se prescindível a intermediação do corpo legislativo para dotá-lo de inteira operatividade[960]; já a inviolabilidade do advogado, pela sua própria natureza, termina por necessitar de legislação posterior a fim de que a sua atividade – vista sem contenções – não ingresse em rota de colisão com a atividade dos juízes e membros do Ministério Público, culminando com insidiosas consequências àqueles que acessam o Poder Judiciário[961].

19.5 A DEFENSORIA PÚBLICA

Proclama o art. 134, *caput*, da Constituição que "a Defensoria Pública é instituição essencial à função jurisdicional do Estado, incumbindo-lhe a orientação jurídica e a defesa, em todos os graus, dos necessitados[962], na forma do art. 5º, LXXIV".

Por sua vez, o § 1º do art. 134, renumerado pela EC n. 45/2004, estabelece que *"lei complementar organizará a Defensoria Pública da União e do Distrito Federal e dos Territórios e prescreverá normas gerais para sua organização nos Estados, em cargos de carreira, providos, na classe inicial, mediante concurso público de provas e títulos, assegurada a*

---

960 De acordo com a jurisprudência do STF a indispensabilidade do advogado alcança o direito de ação, ou seja, o direito de provocar uma resposta do Poder Judiciário. Todavia, o caráter indispensável do advogado não deve ser estendido para abranger também o direito de petição (STF/Pleno, AgrPet. 762/BA, rel. Min. Sydney Sanches).

961 Assim é que o STF, quando do julgamento da ADIn 1.287-8, rel. Min. Paulo Brossard, suspendeu, liminarmente, a eficácia da expressão "ou desacato" do art. 7º, § 2º, da Lei n. 8.906/94, que ampliava a imunidade material dos advogados. Entendeu também a Suprema Corte brasileira recepcionado o art. 142, I, do Código Penal, desde que a ofensa irrogada em juízo se não dirija ao juiz da causa (*RTJ, 146*:558). E, por fim, ao entender não caracterizada a ofensa ao art. 133, o STF, rel. Min. Moreira Alves, RHC 81.746/SP, j. em 19-3-2002, por decisão turmária, negou provimento a recurso em *habeas corpus* no qual se pretendia o trancamento de ação penal instaurada contra advogado pela suposta prática de crime contra a honra, em razão de haver formulado reclamação dirigida ao Presidente do Tribunal de Justiça do Estado de São Paulo, insurgindo-se contra o arquivamento de inquéritos policiais por juiz, afirmando que o magistrado seria incompetente, relapso ou suspeito, e, ainda, que teria sido subornado. A Turma considerou que a imunidade dos advogados não abrange ofensas dirigidas ao juiz da causa, salientando, ademais, que, estando os processos *arquivados*, não se estaria a discutir fatos ligados à causa (*Informativo STF*, n. 261).

962 O que não induz à possibilidade de defesa judicial de interesses difusos, como, inclusive, já decidiu o STF na ADIn 558-8/RJ, rel. Min. Sepúlveda Pertence, *DJ* de 26-3-1993. Na oportunidade, concluiu o Supremo Tribunal Federal pela inconstitucionalidade de dispositivo da Constituição do Estado do Rio de Janeiro que houvera outorgado atribuição à Defensoria Pública para a defesa judicial de interesses difusos, pois reduziu a aplicação do dispositivo apenas para tornar viável a defesa de interesses coletivos a hipóteses previstas na norma constitucional estadual, em que, ademais, concorra o requisito da necessidade do interessado.
Compreendeu a Corte que a prerrogativa caracterizava ofensa aos arts. 129, §§ 1º e 2º, e 134 da Constituição.

seus integrantes a garantia da inamovibilidade e vedado o exercício da advocacia fora das atribuições institucionais".

É, indiscutivelmente, instituição que se propõe a abrir a porta do Poder Judiciário àqueles que se encontram nos estratos menos privilegiados, razão por que devem ser feitas, de início, considerações pertinentes ao acesso à Justiça.

19.5.1 A dimensão atual do acesso à Justiça

Para Bobbio, "o problema fundamental em relação aos direitos do homem, hoje, não é tanto o de justificá-los, mas o de protegê-los. Trata-se de um problema não filosófico, mas político (...). Não se trata de encontrar o fundamento absoluto – empreendimento sublime, porém desesperado –, mas de buscar, em cada caso concreto, os vários fundamentos possíveis. Mas também essa busca de fundamentos possíveis – empreendimento legítimo e não destinado, como o outro, ao fracasso – não terá nenhuma importância histórica se não for acompanhada pelo estudo das condições, dos meios e das situações nas quais este ou aquele direito pode ser realizado"[963].

Deveras, muito caminhou o sistema do direito positivo para conduzir ao plano formal os direitos do homem.

Desde a racionalização do poder, vem se notando um acentuado pendor dos corpos legislativos para conceber o sistema jurídico mais apto ao atendimento das necessidades básicas do ser humano, exceção feita ao momento genético da Declaração Francesa, cuja forte inclinação individualista fora responsável pela edificação de estrutura normativa ideada à margem dos princípios de justiça social.

Contudo, o constitucionalismo social – que marcou indelevelmente as constituições do século XX – promoveu uma mudança de centro não restrita ao sistema em si, mas sobretudo no altiplano das exigências das camadas populares que, por óbvio, não mais se satisfaziam com as liberdades clássicas urdidas na Revolução Francesa.

O acesso à Justiça, na condição de garantia fundamental a instrumentalizar o exercício de tantos outros direitos densificados nos textos constitucionais, não poderia, em absoluto, dissociar-se dessa nova realidade; e, mais ainda, é com amparo nela que visualizamos três dimensões atuais do acesso à Justiça:

a) *dimensão processual* – adequação da lei processual à demanda por serviços judiciários, como se deu na reforma do Código de Processo Civil em 1994; a Lei n. 9.245/95, que alterou o art. 275 do CPC (procedimento sumário); a Lei n. 9.099/95, que criou os Juizados Especiais Cíveis e Criminais, entre outras, todas com o objetivo de, mediante a alteração das regras do processo, melhor efetivar a acessibilidade à função judicial pelo cidadão;

b) *dimensão sociológica* – exame das ocorrências no meio social impeditivas do acesso ao Poder Judiciário pelos cidadãos, de modo particular os hipossuficientes;

c) *dimensão política* – compreensão do acesso à Justiça como acesso à ordem jurídica justa.

---

963 Cf. Norberto Bobbio, *A Era dos Direitos*, p. 24.

Conquanto a solução para as dificuldades do acesso à Justiça implique a descoberta de uma via para os graves problemas atrelados às dimensões processuais, sociológicas e políticas, resta claro, claríssimo mesmo, que eventual desfecho não se dará mediante a análise da questão circunscrita ao processo, ao meio social ou às iniciativas públicas.

As três dimensões do acesso à Justiça se interpenetram para, ao fim, atingir a efetiva e substancial acessibilidade à função judicial.

Ainda assim, algumas observações se impõem a respeito de cada uma delas.

No tocante à dimensão processual, tem-se que o processo é o instrumento pelo qual o cidadão obtém, de modo coativo, a tutela do seu interesse, sujeitando o de outrem.

Se, nessa linha de compreensão, é o processo o dado realizador dos direitos individuais, nada mais lógico que, ao se deparar com barreiras opostas ao acesso à Justiça, envidar esforços para eliminar tais impedimentos.

Refira-se também que a condição existencial do indivíduo é suficiente, *per se*, para inviabilizar um efetivo acesso à Justiça.

É claro que não estamos aqui promovendo disceptação acerca do fenômeno psicológico responsável por incitar ou desestimular o acesso ao Judiciário.

Ao nos preocuparmos com a condição do indivíduo integrado à realidade social inibidora do acesso ao Judiciário, estamos pondo o assunto sob o enfoque da dimensão sociológica.

E, por fim, no campo da dimensão política, há a premência de tornar o acesso à Justiça expressão sinônima de acesso a uma ordem jurídica justa.

19.5.1.1 Acesso à Justiça e a Defensoria Pública

A efetividade do processo, indiscutivelmente, é largo passo dado pelo sistema normativo no caminho da concretização do próprio desiderato cometido ao instrumento processual de funcionar como meio apto e eficaz à solução da litigiosidade.

A transformação do processo em algo mais efetivo, entretanto, se desacompanhada de iniciativas outras tendentes a equacionar o real e grave problema relativo ao acesso à Justiça, é de pouca valia.

A dificuldade quanto à solução do problema resulta da constatação de que os motivos a impedirem a utilização do processo pelo indivíduo estão arraigados a fatores não exclusivamente de ordem jurídica, razão por que são valiosos os subsídios fornecidos pela sociologia do direito, que desvenda, com sólida base científica, as questões fundamentais pertinentes a tal acesso.

A Constituição de 1988 estabeleceu como garantia fundamental do indivíduo comprovadamente necessitado a assistência jurídica integral e gratuita como obrigação do Estado (art. 5º, LXXIV), além de incluir a Defensoria Pública entre as funções essenciais à Justiça, tendo sido, inclusive, editada a Lei Complementar n. 80, de 12 de janeiro de 1994, disciplinadora do seu funcionamento.

Com a edição da EC n. 45/2004, foram grandemente prestigiadas porque, incluído o § 2º, assentou-se que "às Defensorias Públicas Estaduais são asseguradas autonomia funcional e administrativa, e a iniciativa de sua proposta orçamentária dentro dos limites estabelecidos na lei de diretrizes orçamentárias e subordinação ao disposto no art. 99, § 2º"[964].

19.5.2 Defensoria Pública e legitimidade para ação civil pública

A Lei n. 11.448, de 15 de janeiro de 2007, alterou o art. 5º da Lei n. 7.347/85, fixando a *legitimidade ativa* da Defensoria Pública para a propositura de ação civil pública.

Contra a alteração foi proposta a ADIn 3.943, rel. Min. Cármen Lúcia, a respeito da qual foi encaminhado pelo PGR parecer favorável à pretensão da CONAMP – Associação Nacional do Ministério Público, autora da ação.

De pronto, note-se que o § 1º do art. 129 da CF esclarece que a legitimidade do Ministério Público para as ações previstas no preceptivo não impede a de terceiros, nas mesmas hipóteses, segundo as normas constitucionais e legais.

Resulta lógico que a legitimidade da Defensoria Pública deve ser proporcionada pelo *princípio da correção funcional*, postulado impeditivo da "desarrumação" de competências firmadas pelo elemento constituinte originário.

Por isso que a legitimação da Defensoria para propositura de ação civil pública na defesa de interesses transindividuais deve ser balizada pelo art. 5º, LXXIV, da CF ("o Estado prestará assistência jurídica integral e gratuita aos que comprovarem insuficiência de recursos"), e pelo art. 134, *caput*, da CF ("A Defensoria Pública é instituição essencial à função jurisdicional do Estado, incumbindo-lhe a orientação jurídica e a defesa, em todos os graus, dos necessitados, na forma do art. 5º, LXXIV").

Portanto, a qualidade para agir no processo judicial deverá estar presa à razão de ser da Defensoria Pública, que é *a orientação jurídica e a defesa dos necessitados*.

Assim, qualquer pretensão individual e relativa à defesa dos necessitados tem na Defensoria Pública parte legítima para a busca de tutela judicial específica; não, entretanto, *com relação a qualquer interesse transindividual, visto que os interesses difusos escapam às atribuições constitucionalmente fixadas ao órgão*, porquanto a difusividade do interesse impedirá o reconhecimento da hipossuficiência da coletividade protegida pela Defensoria, fato que imporá ofensa ao princípio da correção funcional.

Consequentemente, a solução mais compatível ao sistema da Constituição de 1988 é aquela que, mediante recurso à declaração parcial de inconstitucionalidade sem redução de texto, conclua por inconstitucional qualquer interpretação do art. 5º da Lei n. 7.347/85 que certifique a legitimidade da Defensoria Pública para propor a ação em hipóteses nas quais se não presencie transgressão a direitos de coletividades hipossuficientes.

---

964 Com isso, o entendimento do STF, segundo o qual "leis estaduais não podem fixar autonomia administrativa às Defensorias Públicas" (STF/Pleno, ADIMC 575/PI, rel. Min. Celso de Mello) não deve mais prevalecer.

Não é formulação teórica original, pois, em verdade, o ex-Procurador-Geral da República e subscritor da petição inicial da ADIn 3.943, Aristides Junqueira Alvarenga, formula pedido sucessivo na ação direta, exatamente para, na hipótese de não ser declarada a inconstitucionalidade do art. 5º da Lei, que seja feita a interpretação a fim de atribuir à Defensoria Pública a legitimação para defesa de interesses individuais homogêneos e coletivos de coletividades carentes.

Todavia, como não foi formulado pleito cautelar na ação direta, e como também não se pronunciou o STF, via Plenário, sobre o mérito da medida até o encerramento dessa edição (janeiro/2013), continua perfeitamente em vigência o art. 5º, II, da Lei n. 7.347/85, que atribuiu legitimação ampla à Defensoria Pública para a proteção judicial de interesses transindividuais.

Sintetizando: a) a Defensoria Pública terá legitimidade para propor ação em defesa de interesses individuais homogêneos e coletivos referentes a coletividades hipossuficientes; b) a Defensoria Pública não terá legitimidade para propor ACP em defesa de qualquer interesse *difuso,* porque, nesses casos, mostra-se inviável reconhecer se se trata ou não de coletividade necessitada; c) não havendo pedido cautelar na ação direta e pendente ainda de julgamento o mérito da medida, persiste a validade do art. 5º, II, da Lei n. 7.347/85.

ESTADO DE DEFESA E ESTADO DE SÍTIO

20.1 INTRODUÇÃO

Quando se conforma estrutura jurídica para o Estado, pretende-se estabelecer claras regras a respeito da assunção do poder político, da salvaguarda dos direitos e garantias fundamentais, da divisão das funções estatais e de mecanismos tendentes a solucionar as crises que invariavelmente decorrem de disputas internas e daquelas relacionadas à tentativa de sobrelevar a soberania da sociedade política.

A Constituição de 1988 não ficou alheia às insidiosas consequências de *situações de anormalidade institucional* resultantes das disputas internas de poder, das catástrofes naturais capazes de perturbar a ordem interna e das ameaças advindas de Estados estrangeiros ou de movimentos armados que poderiam comprometer seriamente a soberania nacional e a sobrevivência do Estado democrático[965].

Estão, assim, fixados nos arts. 136 e 137 o estado de defesa e o estado de sítio, cuja amplitude, pressupostos materiais e formais, por encerrarem distinções, merecem exame particularizado, não sem antes precedermos ao estudo dos princípios atinentes às medidas em comento.

20.2 PRINCÍPIOS ATINENTES AO ESTADO DE DEFESA E AO ESTADO DE SÍTIO

Se bem que discrepem quanto à amplitude territorial, direitos individuais passíveis de restrição e quanto aos pressupostos formais, há princípios informadores de ambas as medidas.

São eles:

a) o *princípio da necessidade;*
b) o *princípio da temporariedade;* e
c) o *princípio da proporcionalidade.*

20.2.1 O princípio da necessidade

O princípio da necessidade evidencia o atendimento rigoroso ao pressuposto material para a decretação do estado de defesa ou solicitação ao Parlamento brasilei-

965 Eis a razão de o Título V da Constituição prever como epígrafe "Da Defesa do Estado e das Instituições Democráticas".

ro para o decreto de estado de sítio; ali onde não residir a absoluta necessidade para a adoção da extrema medida, não se cogitará de conformidade da iniciativa do Presidente da República à Constituição.

20.2.2 O princípio da temporariedade

O princípio da temporariedade significa que, na condição de circunstância excepcionalíssima, os estados de defesa e de sítio estão submetidos a duração determinada, não sendo possível extrapolar o prazo constitucionalmente posto: trinta dias, podendo ser prorrogado por idêntico prazo no caso de estado de defesa (§ 2º do art. 136), enquanto o estado de sítio pode ser prorrogado, *a cada vez*, por igual período (§ 1º do art. 138). Nesse último caso, fica subentendido que não há limitação no que respeita número de vezes para sua prorrogação, desde que – é curial – os pressupostos materiais continuem subsistindo.

20.2.3 O princípio da proporcionalidade

O princípio da proporcionalidade é postulado de interpretação constitucional que se aplica perfeitamente aos casos de defesa do Estado democrático.

Apenas as medidas que estritamente bastem para debelar o momento de exceção serão permitidas. Quanto ao estado de defesa, somente aquelas restrições do § 1º, I, *a* a *c*, podem ser implementadas; relativamente ao estado de sítio decretado com fundamento no art. 137, I (comoção grave de repercussão nacional ou ocorrência de fatos que comprovem a ineficácia de medida tomada durante o estado de defesa), admite-se o afastamento dos direitos individuais relacionados nos incisos do art. 139 da Constituição.

Parece cristalino entender que, não obstante o estado de sítio decretado com fundamento no art. 137, II (declaração de estado de guerra ou resposta a agressão armada estrangeira), confira ampla margem de restrição aos direitos individuais pelo Presidente da República, tal fato, por si só, não torna a sua iniciativa incólume ao confronto da adequação dos meios empregados ao fim pretendido com o recurso à medida[966].

20.3 PRESSUPOSTOS MATERIAIS À DECRETAÇÃO DE ESTADO DE DEFESA E DE ESTADO DE SÍTIO

20.3.1 Pressupostos materiais à decretação de estado de defesa

O art. 136, *caput*, da Constituição indica as situações que impõem o decreto de estado de defesa: preservar ou prontamente restabelecer, em locais restritos e deter-

966 Canotilho assinala que "(...) parece legítimo admitir-se o controlo da constitucionalidade e da ilegalidade das medidas de excepção (...) pelos Tribunais e pelo Tribunal Constitucional (...)" (cf. *Direito Constitucional e Teoria da Constituição*, p. 1095).

minados, a ordem pública ou a paz social ameaçadas por grave e iminente instabilidade institucional ou atingidas por calamidades de grandes proporções na natureza.

Portanto, o decreto de estado de defesa tem por alvo o restabelecimento da ordem em *locais restritos e determinados* quando fatos de color político ou social ou calamidades naturais (enchentes, por exemplo) tornarem obrigatória a adoção da medida pelo Presidente da República.

E aqui uma observação merece ser feita: não é qualquer fato natural que imporá a iniciativa do Chefe do Poder Executivo federal, porque a Constituição fixa como pressuposto material que a calamidade tenha irrecusável repercussão ao ponto de desestabilizar a ordem em determinado local do território brasileiro.

20.3.2 Pressupostos materiais à decretação de estado de sítio

Com relação ao estado de sítio, quatro são os pressupostos enunciados pelo art. 137 da Constituição. São eles: comoção grave de repercussão nacional (inciso I); ocorrência de fatos que comprovem a ineficácia da medida adotada durante o estado de defesa (inciso I); declaração de estado de guerra (inciso II); e, por fim, resposta a agressão armada estrangeira (inciso II).

20.4 PRESSUPOSTOS FORMAIS À DECRETAÇÃO DE ESTADO DE DEFESA E ESTADO DE SÍTIO

20.4.1 Pressupostos formais à decretação de estado de defesa

Para a decretação de estado de defesa impõe-se, em primeiro lugar, que o Presidente da República promova a ouvida dos órgãos indicados nos arts. 89 a 91 da Constituição. Não se lhe defere, na circunstância, qualquer liberdade quanto a ouvir ou não os referidos Conselhos, na medida em que o art. 136, *caput*, esclarece que ele pode, *ouvidos o Conselho da República e o Conselho de Defesa Nacional*, decretar estado de defesa. No entanto, malgrado a obrigatoriedade quando à consulta a ser feita pelo Presidente da República, a manifestação dos Conselhos não é vinculativa relativamente à decisão política do Chefe do Poder Executivo federal.

Outro pressuposto formal está preso ao conteúdo do decreto, conforme a dicção do § 1º do art. 136: fixará o tempo de sua duração, especificará as áreas a serem abrangidas e indicará, nos termos e limites da lei, as medidas coercitivas a vigorarem.

Quanto ao tempo de duração do decreto de estado de defesa, não poderá ser superior a trinta dias, podendo ser prorrogado uma vez, por igual período, se persistirem as razões que justificaram a sua decretação.

É óbvio que a autorização constitucional para decretar estado de defesa, prorrogável por igual período, não supõe ser viável fixar, desde logo, o prazo de sessenta dias para a medida.

É que a Constituição é clara ao determinar que, na hipótese de estado de defesa, a prorrogação está condicionada à persistência dos fatos ou atos que ensejem a adoção da medida, conforme prevê a parte final do § 2º do art. 136.

Decretado estado de defesa ou sua prorrogação, o Presidente da República encaminhará o ato, com a respectiva justificação, ao Congresso Nacional, em até vinte e quatro horas da sua expedição, que decidirá por maioria absoluta (§ 4º do art. 136), no prazo máximo de dez dias (§ 6º do art. 136).

Se estiver em recesso, o Congresso Nacional será convocado, extraordinariamente, no prazo de cinco dias (§ 5º do art. 136).

20.4.2 Pressupostos formais à decretação de estado de sítio

Já com relação ao decreto de estado de sítio, embora subsista a mesma obrigatoriedade quanto à consulta ao Conselho da República e Conselho de Defesa Nacional, o Presidente da República não decreta imediatamente o estado de sítio, mas solicita ao Congresso Nacional. E aqui reside diferença substancial entre o estado de defesa e o estado de sítio: naquele há a expedição do decreto e posterior exame pelo Parlamento; neste solicita-se a expedição do decreto ao Congresso Nacional.

De modo semelhante ao que sucede com o estado de defesa, o Presidente da República, ao solicitar a autorização para expedir decreto de estado de sítio, deve relatar os motivos determinantes do pedido (parágrafo único do art. 137). Além disso, o conteúdo do decreto deverá indicar a sua duração, as normas necessárias à sua execução, as garantias constitucionais que ficarão suspensas, bem assim, depois de publicado, deverá o Presidente indicar o executor das medidas específicas e as áreas abrangidas (art. 138, *caput*).

Outra distinção quanto ao pressuposto formal de decretação de estado de sítio está relacionada à prorrogabilidade. Enquanto o decreto de estado de defesa somente poderá ser prorrogado uma vez (§ 2º do art. 136), o pertinente ao estado de sítio não contém tal limitação, porquanto o § 1º do art. 138 acentua que, no caso do art. 137, I (comoção grave de repercussão nacional ou ocorrência de fatos que comprovem a ineficácia de medida tomada durante estado de defesa), não poderá ser decretado por mais de trinta dias, nem prorrogado, *de cada vez*, por prazo superior.

Ora, se a redação faz referência à prorrogação, "de cada vez", deixa mais do que clara a possibilidade de o decreto ser expedido tantas vezes quantas bastem à solução da anormalidade institucional.

Contudo, ainda que a norma que disciplina a decretação de estado de sítio preveja a possibilidade de sucessivas prorrogações, o próprio prazo de trinta dias, a cada vez, indica a natureza temporária da medida, mesmo porque não se poderá pensar que o Estado brasileiro sobreviverá diante de interminável estado de sítio, porque a continuidade determinará inexorável ruptura institucional com nova (des)ordem institucional[967], assumindo o poder político o grupo revolucionário ou Estado estrangeiro invasor.

967 Sustenta-se, com alguma propriedade, que a "desordem" é uma ordem com a qual não concordamos.

Se o estado de sítio é decretado em virtude de declaração de guerra ou resposta a agressão armada estrangeira (art. 137, II), o prazo para vigorarem as medidas será aquele suficiente para a solução do grave problema relativo à beligerância com Estado estrangeiro ou para a proteção da sociedade política brasileira.

20.5 O ART. 139 E AS RESTRIÇÕES AOS DIREITOS INDIVIDUAIS

Prescreve o art. 139:

Na vigência do estado de sítio decretado com fundamento no art. 137, I, só poderão ser tomadas contra as pessoas as seguintes medidas:

I – obrigação de permanência em localidade determinada;

II – detenção em edifício não destinado a acusados ou condenados por crimes comuns;

III – restrições relativas à inviolabilidade da correspondência, ao sigilo das comunicações, à prestação de informações e à liberdade de imprensa, radiodifusão e televisão, na forma da lei;
IV – suspensão da liberdade de reunião;

V – busca e apreensão em domicílio;

VI – intervenção nas empresas de serviços públicos;

VII – requisição de bens. Parágrafo único. Não se inclui nas restrições do inciso III a difusão de pronunciamentos de parlamentares efetuados em suas Casas Legislativas, desde que liberada pela respectiva Mesa.

Da redação do art. 139 conclui-se que, na hipótese de comoção grave de repercussão nacional ou ocorrência de fatos que comprovem a ineficácia de medida tomada durante o estado de defesa, somente serão admitidas restrições aos direitos individuais constantes dos seus incisos, e, mesmo assim, se o respectivo decreto de estado de sítio prever as limitações.

Quid juris se o decreto de estado de sítio tiver por fundamento o art. 137, II – declaração de estado de guerra ou resposta a agressão armada estrangeira?

Nesses casos, toda e qualquer limitação a direito individual será consentida (justificada, de resto, pelas gravíssimas ocorrências que ensejam a decretação de estado de sítio em situações que tais), visto que sobre o decreto não incide a contenção prevista no art. 139.

TRIBUTAÇÃO E ORÇAMENTO

21.1 O SISTEMA CONSTITUCIONAL E AS ESPÉCIES TRIBUTÁRIAS

Estatui o art. 145 que a União, os Estados, o Distrito Federal e os Municípios poderão instituir os seguintes tributos: I – *impostos*; II – *taxas*, em razão do exercício do poder de polícia ou pela utilização, efetiva ou potencial, de serviços públicos específicos e divisíveis, prestados ao contribuinte ou postos a sua disposição[968]; III – *contribuição de melhoria*, decorrente de obras públicas.

São também espécies tributárias os *empréstimos compulsórios* (art. 148, I e II) e as *contribuições sociais* (art. 149, *caput*).

Já o § 1º, ao delimitar a natureza dos impostos, indica que terão, sempre que possível, caráter pessoal e serão graduados segundo a capacidade econômica do contribuinte, facultado à administração tributária, especialmente para conferir efetividade a esses objetivos, identificar, respeitados os direitos individuais e nos termos da lei, o patrimônio, os rendimentos e as atividades econômicas do contribuinte.

Quanto aos direitos individuais do contribuinte, é importante registrar que a LC n. 105, de 10 de janeiro de 2001, determinou grandes mudanças no âmbito do relacionamento administração fiscal-contribuinte, tanto que passou a admitir que "as autoridades e os agentes fiscais tributários da União, dos Estados, do Distrito Federal e dos Municípios somente poderão examinar documentos, livros e registros de instituições financeiras, inclusive os referentes a contas de depósito e aplicações financeiras, quando houver processo administrativo instaurado ou procedimento fiscal em curso e tais exames sejam considerados indispensáveis pela autoridade administrativa competente".

O preceito normativo é cercado de grande controvérsia em razão de se aludir que ofende o direito ao sigilo bancário.

Há jurisprudência que recusa a tese de inconstitucionalidade da LC n. 105/2001: "CONSTITUCIONAL E TRIBUTÁRIO – MANDADO DE SEGURANÇA – DIREITO À PRIVACIDADE E À INTIMIDADE – SIGILO BANCÁRIO – QUEBRA – IRRETROATIVIDADE DA LEI – CONSTITUCIONALIDADE. 1. O alegado sigilo bancá-

968 O STF editou a SV 19, segundo a qual "a taxa cobrada exclusivamente em razão dos serviços públicos de coleta, remoção e tratamento ou destinação de lixo ou resíduos provenientes de imóveis, não viola o artigo 145, II, da Constituição Federal".

rio não pode ser interpretado como direito absoluto, desvinculado de outras garantias constitucionais, havendo de compatibilizar-se, pois, com os demais princípios, voltados à consecução do interesse público. 2. É plenamente legítimo que a autoridade competente (fisco), uma vez detectados indícios de falhas, incorreções, omissões, ou de cometimento de ilícito fiscal, requisite as informações e os documentos de que necessita para a consecução de seu dever legal de constituir crédito tributário. 3. Não há que se falar em ofensa ao princípio da irretroatividade da Lei Tributária, porquanto Lei Complementar n. 105, de 10 de janeiro de 2001, não criaram novas hipóteses de incidência, a albergar fatos econômicos pretéritos, mas apenas dota a administração tributária de instrumentos legais aptos a promover a agilização e o aperfeiçoamento dos procedimentos fiscais. 4. Precedentes desta turma. 5. Apelação improvida" (TRF 3ª R., AMS 234260 [2001.61.00.014906-2], 6ª T., rel. Des. fed. Consuelo Yoshida, *DJU* de 11-11-2002, p. 371).

Contra o dispositivo há diversas ações diretas propostas perante o STF (ADIns 2.389, 2.390 e 2.397).

A redação do § 2º, ao fixar que as taxas não poderão ter base de cálculo própria de impostos, põe a claro que, se a hipótese de incidência (situação da vida que faz nascer a relação jurídica tributária) para a sua cobrança é diversa daquela inerente aos impostos, o elemento quantitativo da relação tributária, no caso a base de cálculo, não deverá ser idêntica àquela exação.

21.2 COMPETÊNCIAS CONSTITUCIONAIS TRIBUTÁRIAS

Competência tributária não se confunde com competência para arrecadar tributos. A primeira é competência de natureza legislativa que promana diretamente do Texto Constitucional; a segunda tem compostura administrativa.

E tanto são diversas tais competências que a pessoa política indicada pela Constituição para impor o tributo pode, por razões de conveniência para a administração fiscal, cometer a titularidade da cobrança a outro órgão, sem que o procedimento se converta em renúncia ao poder de tributar. É o fenômeno chamado de *sujeição ativa auxiliar*.

Examinado o sistema constitucional, vê-se que o art. 147 assegura competência à União para, em Território Federal, fixar os impostos estaduais e, se o Território não for dividido em Municípios, cumulativamente, os impostos municipais; ao Distrito Federal cabe os impostos municipais.

Poderá a União, mediante lei complementar, instituir empréstimos compulsórios: I – para atender a despesas extraordinárias, decorrentes de calamidade pública, de guerra externa ou sua iminência; II – no caso de investimento público de caráter urgente e de relevante interesse nacional, observado o disposto no art. 150, III, *b* (art. 148).

Compete-lhe, ainda, exclusivamente, instituir contribuições sociais, de intervenção no domínio econômico e de interesse das categorias profissionais ou econômicas, como instrumento de sua atuação nas respectivas áreas, observado o disposto nos arts. 146, III, e 150, I e III, e sem prejuízo do previsto no art. 195, § 6º, relativamente às contribuições a que alude o dispositivo.

21.3 PRINCÍPIOS CONSTITUCIONAIS TRIBUTÁRIOS

Na Seção II, sob o título "Das Limitações do Poder de Tributar", estão previstos os princípios constitucionais tributários.

21.3.1 O princípio da legalidade estrita

O primeiro deles é o *princípio da legalidade estrita*, consubstanciado no art. 150: "Sem prejuízo de outras garantias asseguradas ao contribuinte, é vedado à União, aos Estados, ao Distrito Federal e aos Municípios: I – exigir ou aumentar tributo sem lei que o estabeleça".

Revela-se na obrigatoriedade de a exação tributária depender totalmente de lei em sentido formal para sua compatibilidade com a Constituição[969].

Significa mais, contudo, porquanto implica a necessidade de os elementos integrantes da relação jurídica tributária estarem precisa e detalhadamente descritos na norma impositiva da exação. Assim, os elementos pessoal (sujeito ativo e passivo), material (hipótese de incidência) e quantitativo (base de cálculo e alíquota) devem estar expostos com clareza na lei tributária[970].

Antes da edição da EC n. 32, de 11 de setembro de 2001, defendia a doutrina que exação fiscal não poderia ser criada ou majorada por meio de medida provisória, entendimento que se encontra superado diante da redação do § 2º do art. 62 da Constituição.

969 "COLETA E TRATAMENTO DE ÁGUA E ESGOTO – SERVIÇO PÚBLICO – UTILIZAÇÃO COMPULSÓRIA PELO USUÁRIO – RETRIBUIÇÃO MEDIANTE TAXA E NÃO TARIFA – INSTITUIÇÃO E COBRANÇA PELA CASAN – INADMISSIBILIDADE – SENTENÇA CONFIRMADA – RECURSO NÃO PROVIDO. Mesmo prestado por concessionária, o serviço público a que a Lei imponha o uso, quer excluindo a possibilidade do atendimento da necessidade respectiva por outro meio, quer tornando obrigatório o pagamento da remuneração independentemente do efetivo uso do serviço, a remuneração sempre será feita por taxa, ainda que tenha o nome de tarifa ou preço público. Ocorrendo taxa, a sua instituição deve obedecer ao princípio tributário da legalidade estrita (art. 150, I, CF), sendo vedada a sua instituição pela Resolução n. 418/92, da CASAN" (TJSC, AC-MS 00.009389-0, 5ª C. Cív., rel. Des. João Martins, j. em 5-10-2000).

970 Assim lecionava Paulo de Barros Carvalho: "O veículo introdutor da regra tributária no ordenamento há de ser sempre a lei (sentido *lato*), porém o princípio da estrita legalidade diz mais do que isso, estabelecendo a necessidade de que a lei adventícia traga no seu bojo os elementos descritores do fato jurídico e os dados prescritores da relação obrigacional. Esse *plus* caracteriza a *tipicidade tributária*, que alguns autores tomam como outro postulado imprescindível ao subsistema de que nos ocupamos, mas que pode, perfeitamente, ser tido como uma decorrência imediata do princípio da estrita legalidade" (cf. *Curso de Direito Tributário*, p. 99).

21.3.2 O princípio da igualdade tributária

O *princípio da igualdade tributária* não poderia ausentar-se dos domínios da relação Estado-contribuinte, tanto que o art. 150, II, esclarece ser vedado instituir tratamento desigual entre contribuintes que se encontrem em situação equivalente, proibida qualquer distinção em razão de ocupação profissional ou função por eles exercida, independentemente da denominação jurídica dos rendimentos, títulos ou direitos[971].

21.3.3 O princípio da irretroatividade

Está contemplado também no sistema constitucional tributário o *princípio da irretroatividade*, porquanto proíbe a cobrança de tributos em relação a fatos geradores ocorridos antes do início da vigência da lei que os houver instituído ou aumentado (art. 150, III, *a*)[972].

Impede-se, nesse passo, a incidência da lei tributária para colher situações ocorridas em período no qual não existia lei fixando o comportamento como tributável. É corolário do *princípio da segurança jurídica*, de matriz não exclusivamente tributária[973].

---

971 "A legislação infraconstitucional, Federal e Municipal, que estabelece tratamento privilegiado para as sociedades de profissionais, permitindo a cobrança anual do ISS pelo regime de alíquotas fixas ou variáveis, conforme o número de profissionais que as integrem, é incompatível com o princípio da igualdade tributária prevista no inc. II, do art. 150, da nova CF, que expressamente vedou à União, Estados e Municípios: instituir tratamento desigual entre contribuintes que se encontrem em situação equivalente, proibida qualquer distinção em razão da ocupação profissional ou função por eles exercida, independentemente da denominação jurídica dos rendimentos, títulos ou direitos" (TAPR, RN-AC 0151395-5 (14790), 1ª C. Cív., rel. p/o Acordão Juiz Mário Rau, *DJPR* de 7-12-2001).

972 "TRIBUTÁRIO – REPETIÇÃO DE INDÉBITO – RESTITUIÇÃO DE PARCELA PAGA A TÍTULO DE IOF – APLICAÇÕES EM *OVER NIGHT* E *OPEN MARKET* – ART. 2º, I, DA LEI N. 8.033/90. No caso *sub judice*, onde as aplicações financeiras foram realizadas antes do advento da MP 160/90, não se pode aplicar a Lei n. 8.033/90 em face de flagrante afronta ao princípio da irretroatividade tributária. Exegese do art. 150, III, a, da CF/88. Apelação provida" (TRF 5ª R., AC 103110 [96.05.20901–2] – PB, 1ª T., rel. Des. fed. conv. Ivan Lira de Carvalho, *DJU* de 12-9-2002, p. 1200).

973 "PROCESSUAL CIVIL – SUSPENSÃO DO PROCESSO – AÇÃO CIVIL PÚBLICA PENDENTE – AÇÃO DE INDENIZAÇÃO CONEXA – 1. Ação de indenização motivada pela não concessão do habite-se gerando danos emergentes e lucros cessantes. Impossibilidade de comprovação dos danos em sede de Recurso Especial porquanto a cognição, sob esse ângulo, encontra-se interditada pela Súmula 07, do STJ. 2. Ação Civil Pública proposta pelo Ministério Público na qual obteve antecipação de tutela para obstar a concessão do habite-se e alvará de funcionamento. 3. Havendo conexão por prejudicialidade entre ações e não reunidos os processos, impõe-se a suspensão do feito cuja solução depende de premissa a ser decidida com força de coisa julgada noutro juízo. Suspensão prejudicial (art. 265, IV, 'a', do CPC). 4. Sob esse aspecto, merece enfatizar que a matéria encontra-se em fase de julgamento pelo Tribunal de Justiça do Distrito Federal e Territó-

21.3.4 O princípio da anterioridade

O *princípio da anterioridade* interdita que o sujeito ativo crie tributo no mesmo exercício financeiro[974] em que haja sido publicada a lei que o instituiu ou aumentou (art. 150, III, *b*)[975].

Também resulta do princípio da segurança jurídica, notadamente porque o contribuinte não deve ser surpreendido em meio ao exercício financeiro com a criação de tributo ou a majoração da alíquota daquele que já existia.

Algumas espécies tributárias, por sua própria natureza, não estão submetidas ao princípio da anterioridade. São elas: os empréstimos compulsórios, exclusivamente criados para atender a despesas extraordinárias, decorrentes de calamidade pública, de guerra externa ou sua iminência (art. 148, I), pelo óbvio motivo de que, se exposto à regra da anterioridade, não se prestaria a exação a atender à situação excepcional; os impostos sobre importação de produtos estrangeiros e sobre a expor-

---

rios cujo desate é deveras influente posto que, legitimada ao ângulo político-administrativo a *causa petendi* da ação difusa, concluir-se-á que a aprovação da obra gerou expectativa indenizável em prol do particular. Isto porque, '(...) se é assente que a Administração pode cancelar os seus atos, também o é que por força do *Princípio da Segurança Jurídica* obedece os direitos adquiridos e reembolsa eventuais prejuízos pelos seus atos ilícitos, ou originariamente lícitos, como consectário do controle jurisdicional e da responsabilidade dos atos da Administração. 5. Desta sorte, julgado improcedente o pedido da ação civil pública, nenhuma indenização caberá ao recorrente, por isso que é lícita a pretensão suspensiva. 6. O Supremo Tribunal Federal assentou premissa calcada nas cláusulas pétreas constitucionais do contraditório e do devido processo legal, que a anulação dos atos administrativos cuja formalização haja repercutido no âmbito dos interesses individuais deve ser precedida de ampla defesa (RE 158.543/RS, DJ 6-10-1995.). Em consequência, não é absoluto o poder do administrador, conforme insinua a Súmula 473. 7. Recurso Especial provido para determinar a suspensão do processo'" (STJ, REsp 402638/DF, 1ª T., rel. Min. Luiz Fux, *DJU* de 2-6-2003, p. 187).

974 Recorde-se o que já afirmamos em passagem anterior deste *Curso*: o exercício financeiro é indicado na legislação infraconstitucional e coincide com o ano civil (art. 34 da Lei n. 4.320/64).

975 "AGRAVO DE INSTRUMENTO – TRIBUTÁRIO – LEI COMPLEMENTAR N. 110/2001 – PRINCÍPIO DA ANTERIORIDADE TRIBUTÁRIA. I – O Plenário do STF no julgamento das ADINs 2556 e 2568 suspendeu em parte os efeitos da Lei Complementar 110/2001, que criou duas contribuições sociais destinadas ao custeio de valores corrigidos das contas vinculadas do Fundo de Garantia por Tempo de Serviço (FGTS). II – As contribuições sociais instituídas pela aludida Lei não têm caráter de seguro social, uma vez que não se destinam a custear o INSS, possuindo natureza de contribuição geral, conforme determina o artigo 149 da Constituição Federal. III – A LC 110/2001 não poderia ter entrado em vigor noventa dias após sua criação conforme o preconizado pelo artigo 195, § 6º, da Carta Magna, pois não é um imposto dirigido à Seguridade Social, mas um tributo comum. IV – Violação ao princípio da anterioridade tributária insculpido na alínea 'b' do inciso III do artigo 150 da Lex Fundamental segundo o qual o tributo não pode ser cobrado no mesmo exercício financeiro em que haja sido publicada a Lei que o instituiu ou aumentou" (TRF 2ª R., Ag. 2002.02.01.008211-0, 1ª T., rel. Des. fed. Julieta Lídia Lunz, *DJU* de 18-6-2003, p. 241).

tação (art. 153, I e II), tendo em conta a conveniência de alcançar o equilíbrio da economia nacional, manifestando-se por meio da extrafiscalidade[976] de tais impostos; sobre produtos industrializados (art. 153, IV) e os impostos extraordinários (art. 154, II), na iminência ou no caso de guerra externa, compreendidos ou não em sua competência tributária, os quais serão suprimidos, gradativamente, cessadas as causas de sua criação.

É de relevo ressaltar, contudo, que não se aplica a regra da anterioridade à norma jurídica que modifique o prazo de pagamento da obrigação tributária (STF, Súmula 669).

21.3.5 O princípio da imunidade tributária recíproca

O *princípio da imunidade tributária recíproca* veda à União, aos Estados, ao Distrito Federal e aos Municípios a instituição de impostos sobre o patrimônio, rendas ou serviços uns dos outros art. (150, VI, *a*, da CF).

Para o STF, o princípio em questão também se traduz em garantia do pacto federativo (ADIn 939).

Porém, a jurisprudência do STF, ainda que admita a discussão quanto à incidência do postulado para outros tributos que não apenas os impostos, sufraga a tese segundo a qual o princípio não pode ser invocado na hipótese de contribuição previdenciária (ADIn 2.024-2/DF, j. em 3-5-2007).

21.3.6 O princípio da anterioridade nonagesimal

O *princípio da anterioridade nonagesimal* se aplica exclusivamente para as contribuições sociais a que alude o § 6º do art. 195 da Constituição: "As contribuições sociais de que trata este artigo só poderão ser exigidas após decorridos noventa dias da data da publicação da lei que as houver instituído ou modificado, não se lhes aplicando o disposto no art. 150, III, *b*"[977].

21.3.7 O princípio da anterioridade nonagesimal genérica

Entre as novidades trazidas pela EC n. 42, de 19 de dezembro de 2003, está o

---

976 A extrafiscalidade é instituto de direito econômico, e não de direito tributário. Pretende-se por via da utilização do caráter extrafiscal dos tributos consolidar estado de normalidade do sistema econômico. Logo, se o propósito não é arrecadatório, mas preso à atuação estatal destinada a proporcionar o desenvolvimento econômico, nota-se que é tema afinado ao direito econômico (cf. nosso *Direito Constitucional Econômico*, p. 127).

977 Segundo o STF (ADIn 2.673-9/DF, rel. Min. Ellen Gracie), não incide o princípio da anterioridade nonagesimal no caso de prorrogação da espécie tributária: "Ocorrência de mera prorrogação da Lei n. 9.311/96, modificada pela Lei n. 9.539/97, não tendo aplicação ao caso o disposto no § 6º do art. 195 da Constituição Federal. O princípio da anterioridade nonagesimal aplica-se somente aos casos de instituição ou modificação da contribuição social, e não ao caso de simples prorrogação da lei que a houver instituído ou modificado".

princípio da anterioridade nonagesimal genérica[978].

Tem por objetivo impedir a cobrança de tributos antes de decorridos noventa dias da data em que haja sido publicada a lei que os instituiu ou aumentou, observado o princípio da anterioridade (art. 150, III, *c*).

Se bem que previsão parecida conste originariamente no § 6º do art. 195 do Texto Constitucional de 1988 – que consagrou o princípio da anterioridade nonagesimal –, não pode o art. 150, III, *c*, em verdade, admitir confusão com o inovador princípio da anterioridade nonagesimal genérica.

Sim, porque o tratamento mais favorável ao contribuinte instituído pela EC n. 42/2003 e previsto no art. 150, III, *c*, deve ser aplicado em consonância com o princípio da anterioridade já referido e que consta no art. 150, III, *b*, o que importa concluir que a lei que institui ou majora tributos somente entrará em vigor no exercício financeiro seguinte ao ano da sua edição, observando-se, à exceção dos impostos que não se submetem ao princípio da anterioridade, o prazo de noventa dias para impor a exação fiscal ao contribuinte.

Portanto, após a EC n. 42/2003, que adicionou a alínea *c* ao art. 150, III, da Constituição, determinada norma que instituir ou majorar tributo publicada em agosto

---

978 Preferimos denominar o novo princípio *anterioridade nonagesimal genérica,* para evitar similitude com os princípios da anterioridade nonagesimal ou da noventena, visto que a jurisprudência os trata de forma indistinta: "CONSTITUCIONAL E TRIBUTÁRIO – MAJORAÇÃO DE ALÍQUOTAS DE CONTRIBUIÇÃO PREVIDENCIÁRIA – SERVIDORES PÚBLICOS DO DISTRITO FEDERAL – LEGISLAÇÃO FEDERAL – LEI DISTRITAL 260/92 – INAPLICABILIDADE. Em face da autonomia do Distrito Federal, a legislação federal que aumentar contribuição previdenciária não pode ser aplicada no âmbito local. De acordo com o art. 15 da Lei orgânica compete privativamente ao Distrito Federal instituir e arrecadar tributos, cabendo à Câmara Legislativa, com sanção do governador, dispor sobre matéria tributária (art. 58, inciso I, da Lei orgânica do Distrito Federal). Não tendo sido implementada, no âmbito do Distrito Federal, a Lei n. 260/92, mantém-se a alíquota anterior, de seis por cento, até o advento da Lei local 196/99, que recepcionou a Lei Federal 9.630/98, obedecido o *princípio da noventena* (art. 195, § 6º, da Constituição Federal)" (TJDF, APC 20020110274902/DF, 4ª T. Cív., rel. Des. Sérgio Bittencourt, *DJU* de 20-8-2003, p. 59). Assim também se pronuncia o STF: "RECURSO EXTRAORDINÁRIO – CONTRIBUIÇÃO SOCIAL – *ANTERIORIDADE NONAGESIMAL* – LEI N. 8.787/89, ART. 8º. A discussão em torno da forma de recolhimento da contribuição social não tem aporte constitucional, mostrando-se inviável em sede de recurso extraordinário. Precedente: AGRAG 174.536. Por ocasião do julgamento do RE 169.740, esta Suprema Corte fixou o entendimento de que o prazo da anterioridade nonagesimal (art. 195, § 6º, da Constituição) deve ter como termo *a quo* a edição da MP 63/89 somente em relação àqueles dispositivos que foram repetidos no momento de sua conversão na Lei n. 7.787/89. Na hipótese de mudança ou introdução de novos dispositivos no momento da conversão, a contagem do termo da *noventena* deve ter início com a edição desta Lei. O disposto no art. 8º da Lei em comento, embora não estando previsto na redação original da MP 63/89, não majorou o tributo, tampouco modificou base de cálculo ou fato gerador. Por esta razão, não se lhe aplica o princípio da anterioridade mitigada. Recurso extraordinário não conhecido" (STF, RE 199.198/SP, 1ª T., rel. Min. Ellen Gracie, *DJU* de 28-6-2002, p. 125).

de 2005, somente vigorará a partir do exercício financeiro seguinte, porquanto exige-se atualmente que os tributos reverenciem a anterioridade e a anterioridade nonagesimal genérica. Se, entretanto, for a lei publicada no último dia de um exercício financeiro (31-12-2005, por exemplo), somente poderá ser exigido o seu cumprimento dos contribuintes a partir de 1º de abril de 2006, o que se não exigia formalmente antes da promulgação da EC n. 42/2003, porque se defendia que o sistema constitucional não houvera atribuído explicitamente ao fisco a obrigatoriedade de aguardar o transcurso do lapso temporal.

Contudo, como não têm sido raros os casos de tributos criados ou com alíquotas majoradas nos últimos dias de um exercício financeiro e cobrados no 1º dia do exercício seguinte, pode-se afirmar que o princípio da não surpresa, corolário do postulado da segurança jurídico-tributária, repelia fortemente o procedimento, na medida em que o valor posto em sede constitucional se atém à segurança a ser conferida ao contribuinte, que se via irremediavelmente comprometida por meio da reverência formal ao princípio da anterioridade, sem que se perscrutasse o bem jurídico por ela colimado.

Eis, portanto, a razão de ter-se inserido o princípio da anterioridade nonagesimal genérica no Texto Constitucional: garantir a segurança jurídica do contribuinte, sendo certo que o conhecimento de que a exação será cobrada após noventa dias da data em que foi instituída e sua cobrança no exercício financeiro seguinte possibilitará o planejamento econômico com vistas ao adimplemento da obrigação tributária.

É de observar, porém, que o princípio da anterioridade nonagesimal genérica não se aplica à prorrogação de uma alíquota majorada já vigente. Com esse entendimento, o STF, por maioria, deu provimento a recurso interposto pelo Estado de São Paulo contra acórdão do Tribunal de Justiça desse Estado (TJ/SP) (RE 584.100, rel. Min. Ellen Gracie, j. em 25-11-2009).

21.3.7.1 Traços distintivos entre anterioridade, anterioridade nonagesimal e anterioridade nonagesimal genérica

Em virtude de a Constituição, aqui e ali, promover a incidência dos princípios da anterioridade, da anterioridade nonagesimal e da anterioridade nonagesimal genérica com relação a distintos tributos, e como o próprio sistema constitucional aponta para a existência de diversidade entre os princípios mencionados, é necessário remarcar os traços distintivos.

Em primeiro lugar, tome-se como traço distintivo a respectiva base constitucional em que cada um deles repousa: o princípio da anterioridade está no art. 150, III, *b*; o da anterioridade nonagesimal, no art. 195, § 6º; o da anterioridade nonagesimal genérica, no art. 150, III, *c*.

E mais: a própria literalidade de cada preceito constitucional é determinante quanto à total distinção entre os princípios.

Se não vejamos.

O § 6º do art. 195 acentua que "as contribuições sociais de que trata este artigo só poderão ser exigidas após decorridos noventa dias da data da publicação da lei que as houver instituído ou modificado, não se lhes aplicando o disposto no art. 150, III, *b*".

Ora, é indubitável que a parte final do enunciado, ao prescrever que não se aplica às contribuições sociais o disposto no art. 150, III, *b*, deixa claro que o princípio da anterioridade, cujo conteúdo jurídico é específico, não pode ser aplicado às espécies tributárias em questão.

E o princípio da anterioridade nonagesimal – indicativamente dirigido às contribuições sociais – não se identifica ao da anterioridade nonagesimal genérica tendo em vista a redação que consagra esse último princípio, no caso o art. 150, III, *c*.

Efetivamente, revela o art. 150, III, *c*, que "é vedado à União, aos Estados, ao Distrito Federal e aos Municípios cobrar tributos antes de decorridos noventa dias da data em que haja sido publicada a lei que os instituiu ou aumentou, observado o disposto na alínea *b*".

Com isso nota-se que, enquanto o princípio da anterioridade nonagesimal rechaça, com relação às contribuições previdenciárias, a proteção ao contribuinte descrita no art. 150, III, *b* (cobrar tributo no mesmo exercício financeiro em que foi aprovada a lei que o instituiu ou o elevou), o da anterioridade nonagesimal genérica explicitamente impõe sua incidência, consoante reza o art. 150, III, *c*, parte final.

Quanto ao princípio da anterioridade e ao da anterioridade nonagesimal genérica, é evidente que não devem ser confundidos, especialmente quando se constata que o legislador constituinte derivado, ao criar proteção adicional para o contribuinte no art. 150, III, *c* (cobrança de tributo antes de noventa dias da data em que haja sido publicada a lei que o criou ou o majorou), foi firme ao salientar que, além disso, não poderá ser imposta exação fiscal durante o mesmo exercício financeiro em que foi criada ou elevada.

Torna-se clara a natureza distinta dos princípios referidos, porquanto o constituinte derivado jamais se remitiria num dispositivo que contempla determinado postulado constitucional tributário à incidência de norma que consagra outro princípio caso se tratasse de idênticas realidades normativas.

21.3.8 O princípio do não confisco

O art. 153, IV, proíbe a utilização de tributo com efeito de confisco. É o *princípio do não confisco*.

É verdade que não é tarefa das mais fáceis estabelecer um parâmetro objetivo e seguro a partir do qual possam ser extratadas proposições tendentes ao reconhecimento da natureza confiscatória da espécie tributária.

É norma impositiva de limites à iniciativa do Estado na criação ou majoração de tributos, não se podendo extrair unicamente do princípio *per se et se* a ilação quanto à respectiva natureza confiscatória, salvo quando a alíquota investe desarrazoadamente contra o patrimônio do contribuinte[979].

979 "Na hipótese vertente, o aumento da contribuição, ou melhor, sua instituição e, por con-

É o pensamento de Paulo de Barros Carvalho: "Intrincado e embaraçoso, o objeto da regulação do referido art. 150, IV, da CF, acaba por oferecer unicamente um rumo axiológico, tênue e confuso, cuja nota principal repousa na simples advertência ao legislador dos tributos, no sentido de comunicar-lhes que existe limite para a carga tributária"[980].

Kiyoshi Harada, no entanto, apresenta critérios objetivos que tornam viável a conclusão acerca da natureza confiscatória do tributo: "(...) para saber se um tributo é confiscatório ou não, deve-se analisar o mesmo sob o princípio da capacidade contributiva que, por sua vez, precisa ser examinado em consonância com o princípio da moderação ou da razoabilidade da tributação, verificando, ainda, se a eventual onerosidade da imposição fiscal se harmoniza com os demais princípios constitucionais, garantidores do direito de propriedade, da liberdade de iniciativa, da função social da propriedade etc."[981].

A jurisprudência do STF igualmente se dirige à delimitação do postulado: "(...) O ordenamento constitucional brasileiro, ao definir o estatuto dos contribuintes, instituiu, em favor dos sujeitos passivos que sofrem a ação fiscal dos entes estatais, expressiva garantia de ordem jurídica que limita, de modo significativo, o poder de tributar de que o Estado se acha investido. Dentre as garantias constitucionais que protegem o contribuinte, destaca-se, em face de seu caráter eminente, aquela que proíbe a utilização do tributo – de qualquer tributo – com efeito confiscatório (CF, art. 150, IV). A Constituição da República, ao consagrar o postulado da não confiscatoriedade, vedou qualquer medida, que, adotada pelo Estado, possa conduzir, no campo da fiscalidade, à injusta apropriação estatal do patrimônio ou dos rendimentos dos contribuintes, comprometendo-lhes, em função da insuportabilidade da carga tributária, o exercício a uma existência digna, ou a prática de atividade profissional lícita, ou, ainda, a regular satisfação de suas necessidades vitais (educação, saúde e habitação, p. ex.) (...)" (STF, ADIn-MC-QO 2.551/MG, rel. Min. Celso de Mello, j. em 2-4-2003).

As multas impostas pela autoridade fiscal igualmente estão submetidas ao princípio do não confisco[982].

---

sequência, da própria tributação, não se constitui em prática aceitável, ainda que se destine a diminuir o apregoado déficit nas contas da Previdência, porquanto, ao fim e ao cabo, prestar-se-ia a legitimar um tributo com efeito de confisco, o que é vedado pelo art. 150, IV, da Constituição Federal. A análise do tema induz a inevitável, embora nada original conclusão de que a arrecadação assim obtida, através do adicional de contribuição, destina-se a reforçar o orçamento da União, em obediência a compromissos firmados com bancos e organismos financeiros internacionais. O adicional de contribuição de 14% instituído pelo art. 2º e incisos da Lei n. 9.783/99 é inconstitucional, portanto, e fere direito líquido e certo da impetrante de não ter seus vencimentos sujeitos a confisco, razão pela qual deve ser deferida a segurança pleiteada" (TRT 9ª R., MS 104/1999, Ac. 25663/1999, TP, rel. Juiz Luiz Felipe Haj Mussi, *DJPR* de 5-11-1999).

980 Cf. *Curso de Direito Tributário*, p. 103.

981 Cf. *Direito Financeiro e Tributário*, p. 363.

982 "O princípio do não confisco, segundo o qual é vedado ao Poder Público utilizar tribu-

21.3.9 O princípio da uniformidade geográfica

O *princípio da uniformidade geográfica* está positivado no art. 151, I, ao preconizar ser vedado à União instituir tributo que não seja uniforme em todo o território nacional ou que implique a distinção ou preferência em relação a Estado, ao Distrito Federal ou a Município, em detrimento de outro, admitida a concessão de incentivos fiscais destinados a promover o equilíbrio do desenvolvimento socioeconômico entre as diferentes regiões do País.

Em acréscimo ao que já aduzimos ao examinar o federalismo do tipo cooperativo, a parte final do art. 151, I, da Constituição traduz a incorporação do pensamento solidarista[983], no âmbito da realidade constitucional brasileira, uma vez que afasta a exigência de uniformidade da tributação a fim de que sejam atendidas as demandas socioeconômicas impositivas de concessões de incentivos fiscais com o objetivo de desenvolvimento das diversas regiões do País.

21.4 IMPOSTOS DA UNIÃO

Estão indicados no art. 153 e são os impostos incidentes sobre importação de produtos estrangeiros; exportação, para o exterior, de produtos nacionais ou nacionalizados; renda e proventos de qualquer natureza; produtos industrializados; operações de crédito, câmbio e seguro, ou relativas a títulos ou valores mobiliários; propriedade territorial rural; grandes fortunas, nos termos de lei complementar.

Compete ainda à União exclusivamente instituir contribuições sociais, de intervenção no domínio econômico e de interesse das categorias profissionais ou econômicas, como instrumento de sua atuação nas respectivas áreas, observado o disposto nos arts. 146, III, e 150, I e III, e sem prejuízo do previsto no art. 195, § 6º, relativamente às contribuições a que alude o dispositivo (art. 149, *caput*).

---

to com efeito de confisco, consubstanciado no art. 150, inciso IV, da vigente Constituição Federal, pode ser aplicado à multa, no sentido de evitar a desproporcionalidade entre a infração e a falta, quando extrapolado o dimensionamento necessário ao desestímulo da inadimplência, gerando forte lesão ao direito do contribuinte, com correspondente enriquecimento sem causa da União. Precedente do STF (ADIN 1.075-DF, Rel. Min. Celso de Mello). 5. Apelação improvida" (TRF 4ª R., AC 2002.72.07.007529-6/SC, 1ª T., rel. Des. fed. Luiz Carlos de Castro Lugon, *DJU* de 18-6-2003, p. 516). Sufragando entendimento contrário: "Na expressão 'tributo com efeito de confisco' grafada pelo constituinte, não se compreende a multa, porquanto multa não é tributo" (TRF 5ª R., AC 305.800 [2002.05.00.026222-4] – RN, 2ª T., rel. Des. fed. Paulo Roberto de Oliveira Lima, *DJU* de 27-6-2003, p. 686). Assim decidiu o STF: "O Tribunal também considerou relevante a tese de ofensa ao princípio que veda a utilização de qualquer tributo com efeito de confisco (CF, art. 150, IV), salientando que o exame da questão do efeito confiscatório deve ser feito em função da totalidade do sistema tributário e não em função de cada tributo isoladamente" (STF/Pleno, ADIMC 2.010/DF, rel. Min. Celso de Mello, *DJU* de 29-9-1999).

983 Ver subitem 9.2.1.4, no qual examinamos o objetivo fundamental previsto no art. 3º, I, da Constituição e fizemos referência à doutrina de Léon Duguit.

21.5 IMPOSTOS DOS ESTADOS E DO DISTRITO FEDERAL

A base constitucional é o art. 155, atribuindo-se-lhes competência para instituir impostos sobre transmissão *causa mortis* e doação, de quaisquer bens ou direitos; operações relativas à circulação de mercadorias e sobre prestações de serviços de transporte interestadual e intermunicipal e de comunicação, ainda que as operações e as prestações se iniciem no exterior; propriedade de veículos automotores.

21.6 IMPOSTOS DOS MUNICÍPIOS

Indica o art. 156 que compete aos Municípios instituir impostos sobre propriedade predial e territorial urbana; transmissão *inter vivos*, a qualquer título, por ato oneroso, de bens imóveis, por natureza ou acessão física, e de direitos reais sobre imóveis, exceto os de garantia, bem como cessão de direitos a sua aquisição; serviços de qualquer natureza, não compreendidos no art. 155, II, definidos em lei complementar.

21.7 REPARTIÇÃO DAS RECEITAS TRIBUTÁRIAS

Salienta o art. 157 que "pertencem aos Estados e ao Distrito Federal: I – o produto da arrecadação do imposto da União sobre renda e proventos de qualquer natureza, incidente na fonte, sobre rendimentos pagos, a qualquer título, por eles, suas autarquias e pelas fundações que instituírem e mantiverem; II – vinte por cento do produto da arrecadação do imposto que a União instituir no exercício da competência que lhe é atribuída pelo art. 154, I".

Não se descurou o constituinte originário quanto aos Municípios, tanto que no art. 158 salienta: "Pertencem aos Municípios: I – o produto da arrecadação do imposto da União sobre renda e proventos de qualquer natureza, incidente na fonte, sobre rendimentos pagos, a qualquer título, por eles, suas autarquias e pelas fundações que instituírem e mantiverem; II – cinquenta por cento do produto da arrecadação do imposto da União sobre a propriedade territorial rural, relativamente aos imóveis neles situados, cabendo a totalidade na hipótese da opção a que se refere o art. 153, § 4º, III (com redação dada pela EC n. 42/2003); III – cinquenta por cento do produto da arrecadação do imposto do Estado sobre a propriedade de veículos automotores licenciados em seus territórios; IV – vinte e cinco por cento do produto da arrecadação do imposto do Estado sobre operações relativas à circulação de mercadorias e sobre prestações de serviços de transporte interestadual e intermunicipal e de comunicação".

A Constituição também firma a disciplina relativa à creditação dos valores devidos aos Municípios, consoante menciona o parágrafo único do art. 158: "As parcelas de receita pertencentes aos Municípios, mencionadas no inciso IV, serão creditadas conforme os seguintes critérios: I – três quartos, no mínimo, na proporção do valor adicionado nas operações relativas à circulação de mercadorias e nas prestações de serviços, realizadas em seus territórios; II – até um quarto, de acordo com o que dispuser lei estadual ou, no caso dos Territórios, lei federal".

Quanto aos impostos de competência da União, o art. 159 esclarece que entregará: "I – do produto da arrecadação dos impostos sobre renda e proventos de qualquer natureza e sobre produtos industrializados, quarenta e oito por cento na seguinte forma (com redação dada pela EC n. 55/2007): *a*) vinte e um inteiros e cinco décimos por cento ao Fundo de Participação dos Estados e do Distrito Federal; *b*) vinte e dois inteiros e cinco décimos por cento ao Fundo de Participação dos Municípios; *c*) três por cento, para aplicação em programas de financiamento ao setor produtivo das Regiões Norte, Nordeste e Centro-Oeste, através de suas instituições financeiras de caráter regional, de acordo com os planos regionais de desenvolvimento, ficando assegurada ao semiárido do Nordeste a metade dos recursos destinados à Região, na forma que a lei estabelecer; *d*) um por cento ao Fundo de Participação dos Municípios, que será entregue no primeiro decêndio do mês de dezembro de cada ano (*alínea adicionada pela EC n. 55/2007*); II – do produto da arrecadação do imposto sobre produtos industrializados, dez por cento aos Estados e ao Distrito Federal, proporcionalmente ao valor das respectivas exportações de produtos industrializados; III – do produto da arrecadação da contribuição de intervenção no domínio econômico prevista no art. 177, § 4º, vinte e nove para os Estados e o Distrito Federal, distribuídos na forma da lei, observada a destinação a que se refere o inciso II, *c*, do referido parágrafo (com redação dada pela EC n. 44/2004)".

Quanto às alterações feitas ao art. 159 pela EC n. 55/2007, prescreve o art. 2º da Emenda que, "no exercício de 2007, as alterações do art. 159 da Constituição Federal previstas nesta Emenda Constitucional somente se aplicam sobre a arrecadação dos impostos sobre renda e proventos de qualquer natureza e sobre produtos industrializados realizada a partir de 1º de setembro de 2007".

Por sua vez, o § 1º do art. 159 determina que "para efeito de cálculo da entrega a ser efetuada de acordo com o previsto no inciso I, excluir-se-á a parcela da arrecadação do imposto de renda e proventos de qualquer natureza pertencente aos Estados, ao Distrito Federal e aos Municípios, nos termos do disposto nos arts. 157, I, e 158, I".

Todavia, "a nenhuma unidade federada poderá ser destinada parcela superior a vinte por cento do montante a que se refere o inciso II do art. 159, devendo o eventual excedente ser distribuído entre os demais participantes, mantido, em relação a esses, o critério de partilha nele estabelecido" (§ 2º do art. 159).

Deverão os Estados entregar aos respectivos Municípios vinte e cinco por cento dos recursos que receberem nos termos do inciso II do art. 159, observados os critérios estabelecidos no art. 158, parágrafo único, I e II (§ 3º do art. 159).

Outrossim, "do montante dos recursos de que trata o inciso III do art. 159 que cabe a cada Estado, vinte e cinco por cento serão destinados aos seus Municípios, na forma da lei a que se refere o mencionado inciso" (§ 4º do art. 159 – acrescentado pela EC n. 42/2003).

Importante a referência ao art. 160 da Constituição: "É vedada a retenção ou qualquer restrição à entrega e ao emprego dos recursos atribuídos, nesta seção, aos

Estados, ao Distrito Federal e aos Municípios, neles compreendidos adicionais e acréscimos relativos a impostos".

Entretanto, o parágrafo único do art. 160 (com redação dada pela EC n. 29/2000) ressalva que a vedação prevista no *caput* não impede a União e os Estados de condicionarem a entrega de recursos: "I – ao pagamento de seus créditos, inclusive de suas autarquias; II – ao cumprimento do disposto no art. 198, § 2º, II e III".

A Constituição, no que concerne à repartição de receita tributária, estabelece, no art. 161, que caberá à lei complementar: "I – definir valor adicionado para fins do disposto no art. 158, parágrafo único, I; II – estabelecer normas sobre a entrega dos recursos de que trata o art. 159, especialmente sobre os critérios de rateio dos fundos previstos em seu inciso I, objetivando promover o equilíbrio socioeconômico entre Estados e entre Municípios; III – dispor sobre o acompanhamento, pelos beneficiários, do cálculo das quotas e da liberação das participações previstas nos arts. 157, 158 e 159".

O órgão competente para efetuar o cálculo das quotas referentes aos fundos de participação a que alude o inciso II do art. 161 é o Tribunal de Contas da União (parágrafo único do art. 161).

Com o objetivo de consolidar a transparência quanto aos recursos arrecadados pelos diversos entes da Federação brasileira, o *caput* do art. 162 da Constituição preceitua que "a União, os Estados, o Distrito Federal e os Municípios divulgarão, até o último dia do mês subsequente ao da arrecadação, os montantes de cada um dos tributos arrecadados, os recursos recebidos, os valores de origem tributária entregues e a entregar e a expressão numérica dos critérios de rateio", ressaltando que os dados divulgados pela União serão discriminados por Estado e por Município; os dos Estados, por Município (parágrafo único do art. 162).

21.8 FINANÇAS PÚBLICAS[984]

O exame do sistema constitucional orçamentário se processa a partir do Capítulo II do Título "Da Tributação e do Orçamento".

Em verdade, se tivesse o constituinte originário de seguir o rigor da divisão temática, o Título VI da Constituição não deveria ser "Da Tributação e do Orçamento", mas sim "Da Tributação e das Finanças Públicas", visto que o respectivo Título da Constituição Federal foi dividido em duas partes: o Capítulo I, que trata do "Sistema Tributário Nacional"; o Capítulo II, que versa sobre "Finanças Públicas".

Não se trata de preciosismo, mas sim de reconhecer que a referência ao orçamento no Título VI não abrange todas as normas, porque os comandos constitucionais tratam de matéria orçamentária e também de finanças públicas de forma genérica. Tanto isso é verdade que os arts. 163 e 164 são indicativos da existência de

984 Ver Lei Complementar n. 101/2000, que estabelece normas de finanças públicas voltadas para a responsabilidade na gestão fiscal (Lei de Responsabilidade Fiscal).

normas gerais que disciplinam a vida financeira do Estado, e não só do que se relaciona à realidade orçamentária.

Observe-se, e.g., a redação do § 1º do art. 164 da Constituição: "É vedado ao Banco Central conceder, direta ou indiretamente, empréstimos ao Tesouro Nacional e a qualquer órgão ou entidade que não seja instituição financeira".

Ora, rápido passar de olhos sobre o artigo revela que a matéria nele tratada não possui índole orçamentária, mas sim de finanças públicas.

Não se deve confundir também *finanças públicas* com *sistema financeiro nacional* (art. 192). É que, nesse caso, o que pretende a norma constitucional é a regulação da *atividade financeira de instituições privadas*, ao passo que as normas constitucionais sobre finanças públicas se dirigem à *organização da vida financeira do Estado*.

Ultrapassada essa questão, passemos à análise das Normas Gerais sobre Finanças Públicas (arts. 163 e 164).

21.8.1 Normas gerais sobre finanças públicas

O art. 163 da Constituição enuncia o veículo normativo apto para tratar de finanças públicas: a lei complementar.

Referida lei complementar disporá sobre: "I – finanças públicas; II – dívida pública externa e interna, incluída a das autarquias, fundações e demais entidades controladas pelo Poder Público; III – concessão de garantias pelas entidades públicas; IV – emissão e resgate de títulos da dívida pública; V – fiscalização financeira da administração pública direta e indireta (redação dada pela EC n. 40/2003); VI – operações de câmbio realizadas por órgãos e entidades da União, dos Estados, do Distrito Federal e dos Municípios; VII – compatibilização das funções das instituições oficiais de crédito da União, resguardadas as características e condições operacionais plenas das voltadas ao desenvolvimento regional".

O art. 164, por outro lado, estabelece que "a competência da União para emitir moeda será exercida exclusivamente pelo Banco Central"[985].

21.8.2 O sistema constitucional orçamentário

O Estado não é um fim em si mesmo; é, convictamente, instrumento para a consecução de finalidades reputadas relevantes por todos aqueles que o integram. É, por conseguinte, um meio e não um fim.

Sucede que para concretizar as aspirações da sociedade, o ente estatal precisa municiar-se de recursos.

E, sendo certo que nos sistemas democráticos a decisão sobre o que fazer com os recursos públicos pertence ao povo, somente lei aprovada por seus representantes se traduz em veículo legítimo para fixar a destinação do dinheiro do Estado.

985 Ver Lei n. 4.595, de 31-12-1964 (Dispõe sobre a política e as instituições monetárias, bancárias e creditícias, e cria o Conselho Monetário Nacional).

Surge, assim, a importância da lei orçamentária – ou "Lei de Meios", como se costuma dizer –, porquanto é a norma por meio da qual são previstos os ingressos de receita e a sua vinculação às despesas, em determinado período nela estipulado.

A disciplina da atividade financeira é a fórmula encontrada para organizar o ingresso de receita, o dispêndio (despesa pública), o endividamento (crédito público) e a atividade orçamentária do Estado (orçamento público).

Quando o Estado lança mão do crédito público, faz surgir a *dívida pública*. Por sua vez a dívida pública admite duas espécies: *dívida pública flutuante* – aquela obtida para atender às eventuais necessidades de caixa; *dívida pública consolidada* – aquela contraída a prazos muito longos ou até sem prazo definido, sem obrigação expressa de resgate. *Dívida pública consolidada* se confunde com *dívida fundada* (arts. 34, V, *a*, e 35, I, da CF). Com efeito, preceitua o art. 29, I, da Lei de Responsabilidade Fiscal que, "para os efeitos desta Lei Complementar, são adotadas as seguintes definições: I – dívida pública *consolidada* ou *fundada*: montante total, apurado sem duplicidade, das obrigações financeiras do ente da Federação, assumidas em virtude de leis, contratos, convênios ou tratados e da realização de operações de crédito, para amortização em prazo superior a doze meses".

Encontramo-nos, aqui, diante do direito financeiro constitucional[986], que são as normas de cunho constitucional que tratam de matéria financeira, seja com relação à competência da União e/ou de suas entidades para atribuições de natureza financeira (por exemplo: arts. 24, I e II, e 164 e parágrafos).

Em virtude da função principal reservada ao Poder Executivo, que é administrar, os sistemas constitucionais – aqui e no estrangeiro – têm outorgado a prerrogativa quanto à execução da lei orçamentária ao chefe de governo (o art. 165, *caput*, da Constituição, por exemplo, assevera que "leis de iniciativa do *Poder Executivo* estabelecerão [...]", e passa a indicar as espécies orçamentárias nos incisos I a III).

Quais são as espécies normativas orçamentárias indicadas no art. 165, I a III, da Constituição? São o *plano plurianual*, a *lei de diretrizes orçamentárias* e os *orçamentos anuais*.

Como, por outro lado, conceituar "orçamento público"? Entendemos que se trata de *autorização legislativa conferida ao Poder Executivo a fim de, em determinado período, promover a arrecadação das receitas criadas por lei para atender às despesas do Estado.*

---

986 Admite-se ainda a classificação doutrinária do *Direito Financeiro Administrativo* – que compreende o exame dos atos administrativos atinentes à atividade financeira do Estado (p. ex.: o empenho, a liquidação e o pagamento da despesa pública) e o *Direito Financeiro Penal* – que se refere ao conjunto de normas que se ocupam das repercussões penais resultantes do descumprimento da normativa financeira (p. ex.: art. 359-A do Código Penal: "Ordenar, autorizar ou realizar operação de crédito, interno ou externo, sem prévia autorização legislativa").

Previsão de receita[987] e fixação de despesa[988]; eis a nota essencial e a razão ontológica da lei orçamentária.

21.8.3 Classificação do orçamento público

Diversos critérios são adotados pela doutrina para a classificação do orçamento público.

Escolhemos, aqui, os critérios propostos por Dejalma de Campos, para quem o orçamento público pode ser classificado tomando por parâmetro o número de anos que abranja. Será *anual*, quando vinculado ao período de um ano, sendo, demais disso, operativo, porque é executável; ou será *plurianual*, quando o período de vigência da lei orçamentária transcender o limite anual, não sendo operativo, mas apenas programático. Quanto à categoria econômica das operações sobre as quais versa, pode ser classificado em *orçamento corrente*, relativo às operações de manutenção e funcionamento dos serviços já existentes; ou *orçamento capital*, quando corresponde às operações referentes à aquisição de bens ou relativas à aquisição ou realização de obras. Quanto ao fim colimado para a destinação dos recursos, teremos o *orçamento funcional* – aquele que prevê e autoriza as despesas por atividade exercida pelo Estado; o *orçamento desempenho* – o que prevê e autoriza as despesas por tarefas a realizar; e, finalmente, o *orçamento programa* – que, como o próprio nome já diz, relaciona-se ao programa, objetivos e metas de um plano de governo[989].

---

987 O estudo da receita pública no âmbito do direito financeiro é consumado pela Teoria Jurídica dos Ingressos Públicos. Nesse passo, receita pública é o valor em dinheiro que se recolhe ao Tesouro Nacional e, ante a sua natureza, incorpora-se ao patrimônio público. No contexto da doutrina, classifica-se a receita quanto à *duração* em *ordinária* e *extraordinária*. Há também a denominada classificação alemã, da qual decorre a dicotomia receitas *originárias* e *derivadas*. No âmbito da legislação infraconstitucional, o art. 11 da Lei n. 4.320, de 17 de março de 1964, apresenta a classificação das receitas: *receitas por fontes*, que se divide em *receitas correntes* (receitas tributária, patrimonial e industrial, transferências correntes e receitas diversas). Também pode ser incluída nesse conjunto a *receita corrente líquida*, conquanto esteja prevista em outro diploma legal, no caso o art. 2º, IV, *a* a *c*, da LC n. 101/2000 – Lei de Responsabilidade Fiscal. Também é espécie de receita por fonte a *receita de capital* (operações de crédito, alienação de bens, amortização de empréstimos, transferências de capital e outras receitas de capital).

988 Define-se por *despesa pública* o conjunto de gastos do Estado para o funcionamento dos serviços públicos. A forma da execução da despesa pública está fixada na Lei n. 4.320/64. Em primeiro lugar, é indispensável o respectivo *empenho* da despesa – após autorizado, o pagamento das despesas só poderá ser efetuado se ela estiver devidamente empenhada na dotação própria. Segue-se a fase da *liquidação*, por meio da qual se apura objetivamente o montante a pagar e, finalmente, o *pagamento*, que é a entrega ao credor do valor devido pelo Estado. A Lei n. 4.320/64 igualmente promove a classificação das despesas públicas. São de duas espécies: *despesa pública corrente* (manutenção de serviços criados, como gastos com pessoal e material de consumo do órgão público) e *despesa de capital*.

989 Cf. Kiyoshi Harada, *Direito Financeiro e Orçamentário*, p. 73.

21.8.4 Princípios constitucionais orçamentários

Podem ser encontrados alguns princípios de natureza orçamentária na Constituição de 1988.

21.8.4.1 Princípio da unidade

O primeiro deles é o *princípio da unidade.*

Inicialmente, entendeu-se que o postulado era impeditivo da existência de mais de uma norma versando sobre matéria orçamentária.

Todavia, após a Constituição de 1988, precisamente diante da redação do § 5º do art. 165, sabe-se que a disciplina orçamentária não está contida em apenas um documento com previsão de todas as despesas e receitas do Estado[990].

Por isso que, "hoje, o princípio da unidade orçamentária não mais se preocupa com a unidade documental, mas com a unidade de orientação política, de sorte que os orçamentos se estruturem uniformemente, ajustando-se a um método único, vale dizer, articulando-se com o princípio da programação"[991].

21.8.4.2 Princípio da exclusividade

O Texto Constitucional também consigna o *princípio da exclusividade.*

Observe-se a redação do § 8º do art. 165: "A lei orçamentária anual não conterá dispositivo estranho à previsão da receita e à fixação da despesa, não se incluindo na proibição a autorização para abertura de créditos suplementares e contratação de operações de crédito, ainda que por antecipação de receita, nos termos da lei".

Recorde-se, no particular, o que dissemos ao final do subitem 21.8.2: nota essencial da lei orçamentária é a previsão de receita e a fixação da despesa.

Assim, o princípio da exclusividade impede a inclusão de conteúdo estranho à lei orçamentária, ou seja, matéria diversa à previsão de receita e despesa.

21.8.4.3 Princípio da anualidade

O *princípio da anualidade,* consolidado no art. 165, III, por sua vez, "determina a periodicidade da lei orçamentária e o ano calendário constitui o melhor espaço de tempo para delimitar o exercício financeiro. A fixação do orçamento para vigorar

---

990 Tanto é assim que o referido dispositivo indica a existência de diversos documentos que disciplinam o orçamento público: "§ 5º A lei orçamentária anual compreenderá: I – o orçamento fiscal referente aos Poderes da União, seus fundos, órgãos e entidades da administração direta e indireta, inclusive fundações instituídas e mantidas pelo Poder Público; II – o orçamento de investimento das empresas em que a União, direta ou indiretamente, detenha a maioria do capital social com direito a voto; III – o orçamento da seguridade social, abrangendo todas as entidades e órgãos a ela vinculados, da administração direta ou indireta, bem como os fundos e fundações instituídos e mantidos pelo Poder Público".

991 Cf. Kiyoshi Harada, *Direito Financeiro e Tributário,* p. 88.

por período anual objetiva proporcionar a possibilidade de alterações de seu conteúdo, em vista das oscilações econômicas que envolvem a receita e a despesa"[992].

21.8.4.4 Princípio da programação

O *princípio da programação* é indicativo da necessidade de vinculação do orçamento público ao programa de governo e decorre do enunciado do art. 165, § 4º, da Constituição: "Os planos e programas nacionais, regionais e setoriais previstos nesta Constituição serão elaborados em consonância com o plano plurianual e apreciados pelo Congresso Nacional".

21.8.4.5 Princípio da especialização ou da especificação

O *princípio da especialização* ou *da especificação*, previsto no § 6º do art. 165, proclama a obrigatoriedade de discriminação das receitas e despesas por unidade administrativa, de sorte a se saber quanto renderá ou despenderá cada unidade considerada. "De acordo com este princípio, as receitas e as despesas são autorizadas pelo Poder Legislativo, não em bloco, mas em detalhe, dando, em decorrência, clareza e compreensão ao orçamento público"[993].

21.8.4.6 Princípio da universalidade

O *princípio da universalidade* determina que as rubricas pertinentes a receita e despesa devem figurar com valor bruto no orçamento, sem qualquer tipo de dedução.

21.8.4.7 Princípio da transparência orçamentária

O *princípio da transparência orçamentária*[994] impõe que o projeto de lei orçamentária será acompanhado de demonstrativo regionalizado do efeito, sobre as receitas e despesas, decorrente de isenções, anistias, remissões, subsídios e benefícios de natureza financeira, tributária e creditícia (§ 6º do art. 165).

21.8.4.8 Princípio da não afetação das receitas

Já o *princípio da não afetação das receitas* está consignado no art. 167, IV, da Constituição.

Propõe-se a impedir que ocorra a vinculação de receita de impostos com órgão, fundo ou despesa, ressalvadas as seguintes hipóteses: a) repartição do produto da arrecadação dos impostos a que se referem os arts. 158 e 159; b) destinação de recursos para ações e serviços públicos de saúde e para manutenção e desenvolvimento do ensino; c) destinação de recursos para realização de atividades de administração

---

992 Cf. Dejalma de Campos, op. cit., p. 75.
993 Idem, ibidem.
994 Cf. Kiyoshi Harada, op. cit., p. 89.

tributária; d) prestação de garantias às operações de crédito por antecipação de receita[995].

21.8.5 Vedações orçamentárias

Como forma de determinar a imperatividade da norma orçamentária, esclarece o art. art. 167 da Constituição que "são vedados: I – o início de programas ou projetos não incluídos na lei orçamentária anual; II – a realização de despesas ou a assunção de obrigações diretas que excedam os créditos orçamentários ou adicionais; III – a realização de operações de créditos que excedam o montante das despesas de capital, ressalvadas as autorizadas mediante créditos suplementares ou especiais com finalidade precisa, aprovados pelo Poder Legislativo por maioria absoluta; IV – a vinculação de receita de impostos a órgão, fundo ou despesa[996], ressalvadas a repartição do produto da arrecadação dos impostos a que se referem os arts. 158 e 159, a destinação de recursos para as ações e serviços públicos de saúde, para manutenção e desenvolvimento do ensino e para realização de ativi-

995 "AÇÃO DIRETA DE INCONSTITUCIONALIDADE – LEI ESTADUAL N. 1.046, DE 7-7-1992 E DECRETO N. 290/95 – REMUNERAÇÃO DE SERVIDORES – PARTICIPAÇÃO NOS VALORES RELATIVOS A TRIBUTOS – TRANSPORTES INTERESTADUAL E INTERMUNICIPAL E DE COMUNICAÇÕES – ICMS – GRATIFICAÇÃO DE INCENTIVO À FISCALIZAÇÃO E ARRECADAÇÃO – GIFA – INTEGRANTES DO GRUPO OCUPACIONAL TRIBUTAÇÃO E FISCO DA SECRETARIA DA FAZENDA – INCONSTITUCIONALIDADE – PRINCÍPIO DA NÃO AFETAÇÃO OU DA NÃO VINCULAÇÃO – VIOLAÇÃO AO ART. 3º, § 4º, DA CONSTITUIÇÃO DO ESTADO DO ACRE – PROCEDÊNCIA DA AÇÃO – 1. É inconstitucional a Lei Estadual que admite a participação de servidores públicos no produto da arrecadação de tributos, por ferimento ao § 4º, do art. 3º, da Constituição Estadual, contendo proibição direta e explícita de ordem pública, decorrente do princípio da não afetação ou da não vinculação, *ex vi* do art. 167, IV, da Constituição Federal. 2. Ação julgada procedente" (TJAC, ADIn 08/95, rel. Des. Eva Evangelista, j. em 1º-7-1998).

996 "VINCULAÇÃO TRIBUTÁRIA – INCONSTITUCIONALIDADE. Considerando a plausibilidade jurídica da tese de inconstitucionalidade pela vinculação de receita tributária não compreendida nas ressalvas do art. 167, IV, da CF (São vedados:... IV – a vinculação de receita de impostos a órgão, fundo ou despesa, ressalvadas a repartição do produto da arrecadação dos impostos a que se referem os arts. 159, a destinação de recursos para manutenção e desenvolvimento do ensino, como determinado pelo art. 212, e a prestação de garantias às operações de crédito por antecipação de receita, previstas no art. 165, § 8º, bem assim o disposto no § 4º deste artigo), o Tribunal, por unanimidade, deferiu com eficácia *ex tunc* medida cautelar em ação direta requerida pelo Procurador-Geral da República (atendendo solicitação do Prefeito do Município do Recife) para suspender a aplicabilidade e execução da norma inscrita no § 2º do art. 22 da Constituição do Estado de Pernambuco que determina a aplicação anual de, no mínimo, um por cento dos orçamentos gerais do referido Estado e de seus Municípios em programas de assistência integral à criança e ao adolescente. Precedentes citados: ADIn 103-RO (DJU de 08-09-1995); ADInMC 1.374-MA (DJU de 01-03-1996)" (STF, ADInMC 1.689/PE, rel. Min. Sydney Sanches, 23-10-1997, *Informativo STF*, n. 89) (*RTJ*, 1/129).

dades da administração tributária, como determinado, respectivamente, pelos arts. 198, § 2º, 212 e 37, XXII, e a prestação de garantias às operações de crédito por antecipação de receita, previstas no art. 165, § 8º, bem como o disposto no § 4º deste artigo (redação dada pela EC n. 42/2003); V – a abertura de crédito suplementar ou especial sem prévia autorização legislativa e sem indicação dos recursos correspondentes; VI – a transposição, o remanejamento ou a transferência de recursos de uma categoria de programação para outra ou de um órgão para outro, sem prévia autorização legislativa; VII – a concessão ou utilização de créditos ilimitados; VIII – a utilização, sem autorização legislativa específica, de recursos dos orçamentos fiscal e da seguridade social para suprir necessidade ou cobrir déficit de empresas, fundações e fundos, inclusive dos mencionados no art. 165, § 5º; IX – a instituição de fundos de qualquer natureza, sem prévia autorização legislativa; X – a transferência voluntária de recursos e a concessão de empréstimos, inclusive por antecipação de receita, pelos Governos Federal e Estaduais e suas instituições financeiras, para pagamento de despesas com pessoal ativo, inativo e pensionista, dos Estados, do Distrito Federal e dos Municípios (acrescentado pela EC n. 19/98); XI – a utilização dos recursos provenientes das contribuições sociais de que trata o art. 195, I, *a*, e II, para a realização de despesas distintas do pagamento de benefícios do regime geral de previdência social de que trata o art. 201 (acrescentado pela EC n. 20/98)".

Nenhum investimento cuja execução ultrapasse um exercício financeiro poderá ser iniciado sem prévia inclusão no plano plurianual, ou sem lei que autorize a inclusão, sob pena de crime de responsabilidade (§ 1º do art. 167).

Os créditos especiais e extraordinários terão vigência no exercício financeiro em que forem autorizados, salvo se o ato de autorização for promulgado nos últimos quatro meses daquele exercício, caso em que, reabertos nos limites de seus saldos, serão incorporados ao orçamento do exercício financeiro subsequente (§ 2º do art. 167).

A abertura de crédito extraordinário somente será admitida para atender a despesas imprevisíveis e urgentes, como as decorrentes de guerra, comoção interna ou calamidade pública, observado o disposto no art. 62 (§ 3º do art. 167).

Todavia, é permitida a vinculação de receitas próprias geradas pelos impostos a que se referem os arts. 155 e 156, e dos recursos de que tratam os arts. 157, 158 e 159, I, *a* e *b*, e II, para a prestação de garantia ou contragarantia à União e para pagamento de débitos para com esta (§ 4º, art. 167 – acrescentado pela EC n. 3/93).

Outrossim, de sorte a impedir que o Poder Executivo abastarde as demais funções estatais, bem assim aquelas reputadas relevantes pelo legislador constituinte originário, tal como se opera com o Ministério Público e a Defensoria Pública, o art. 168 (alterado pela EC n. 45/2004) determina que "os recursos correspondentes às dotações orçamentárias, compreendidos os créditos suplementares e especiais, destinados aos órgãos dos Poderes Legislativo e Judiciário, do Ministério Público e da Defensoria Pública, ser-lhes-ão entregues até o dia 20 de cada mês, em duodécimos, na forma da lei complementar a que se refere o art. 165, § 9º"[997].

Há, por outro lado, vedação inerente ao gasto com pessoal. É a ditada no art. 169: "A despesa com pessoal ativo e inativo da União, dos Estados, do Distrito Federal e dos Municípios não poderá exceder os limites estabelecidos em lei complementar"[998].

Outras limitações se impõem no âmbito dos gastos com pessoal (art. 169 – alterado pela EC n. 19/98).

O § 1º do art. 169 verifica que "a concessão de qualquer vantagem ou aumento de remuneração, a criação de cargos, empregos e funções ou alteração de estrutura de carreiras, bem como a admissão ou contratação de pessoal, a qualquer título, pelos órgãos e entidades da administração direta ou indireta, inclusive fundações instituídas e mantidas pelo Poder Público, só poderão ser feitas: I – se houver prévia dotação orçamentária suficiente para atender às projeções de despesa de pessoal e aos acréscimos dela decorrentes; II – se houver autorização específica na lei de diretrizes orçamentárias, ressalvadas as empresas públicas e as sociedades de economia mista".

Decorrido o prazo estabelecido na lei complementar referida no art. 169 para a adaptação aos parâmetros ali previstos, serão imediatamente suspensos todos os repasses de verbas federais ou estaduais aos Estados, ao Distrito Federal e aos Municípios que não observarem os referidos limites (§ 2º do art. 169).

Para o cumprimento dos limites estabelecidos com base no art. 169, durante o prazo fixado na lei complementar referida no *caput* do preceito, a União, os Estados, o Distrito Federal e os Municípios adotarão as seguintes providências: I – redução em pelo menos vinte por cento das despesas com cargos em comissão e funções de confiança; II – exoneração dos servidores não estáveis (§ 3º do art. 169).

Contudo, se as medidas adotadas com base nas prescrições do § 3º do art. 169 não forem suficientes para assegurar o cumprimento da determinação da lei complementar, o servidor estável poderá perder o cargo, desde que ato normativo motivado de cada um dos Poderes especifique a atividade funcional, o órgão ou unidade administrativa objeto da redução de pessoal.

Em tal hipótese, o servidor que perder o cargo na forma do parágrafo anterior fará jus a indenização correspondente a um mês de remuneração por ano de serviço (§ 5º do art. 169).

---

997 Tal norma reveste-se de caráter tutelar, visto que criada com o fim de impedir que o Executivo cause um estado de subordinação financeira do Judiciário, do Legislativo e do Ministério Público, comprometendo a própria independência dessas Instituições (STF, *RTJ*, 159/455).

998 O art. 19 da Lei de Responsabilidade Fiscal (LC n. 101/2000) fixou limite à União à ordem de 50% de sua receita corrente líquida e o limite de 60% para os Estados-Membros e Municípios, cuja base são também as respectivas receitas correntes líquidas.

Não é conferida ao administrador, não obstante, a extrema medida da perda do cargo de servidor estável como "carta branca", porquanto o cargo objeto da redução prevista nas situações anteriores será considerado extinto, vedada a criação de cargo, emprego ou função com atribuições iguais ou assemelhadas pelo prazo de quatro anos (§ 6º do art. 169), carecendo, além disso, o procedimento de disciplina via lei em sentido material e *formal*, porquanto o § 7º do art. 169 preceitua que "lei federal disporá sobre as normas gerais a serem obedecidas na efetivação do disposto no § 4º".

21.8.6 Desvinculação das Receitas da União (DRU)

A EC n. 56, de 20 de dezembro de 2007, alterou o *caput* do art. 76 do ADCT, fixando o seguinte enunciado: "É desvinculado de órgão, fundo ou despesa, até 31 de dezembro de 2011, 20% (vinte por cento) da arrecadação da União de impostos, contribuições sociais e de intervenção no domínio econômico, já instituídos ou que vierem a ser criados até a referida data, seus adicionais e respectivos acréscimos legais".

A Desvinculação das Receitas da União surgiu no ano 2000 a partir da reformulação do denominado Fundo de Estabilização Fiscal. Vigorará até 31 de dezembro de 2015, conforme redação dada pela EC n. 68/2011.

A DRU visa mitigar a rigidez no tocante à destinação de receitas orçamentárias, possibilitando à União maior flexibilidade para a alocação de recursos públicos no percentual fixado na EC n. 56/2007 (20%).

Todavia, a EC n. 59, de 11 de novembro de 2009, promoveu a gradativa redução anual, a partir do exercício financeiro de 2009, do percentual da Desvinculação das Receitas da União incidentes sobre os recursos destinados à manutenção e desenvolvimento do ensino de que trata o art. 212 da CF.

PARTE III

DIREITOS E GARANTIAS FUNDAMENTAIS. ORDEM ECONÔMICA E FINANCEIRA. ORDEM SOCIAL

TEORIA DOS DIREITOS FUNDAMENTAIS

22.1 JUSTIFICATIVA DO CAPÍTULO

Em momento precedente à análise dos direitos e garantias fundamentais, tal como consolidados na Constituição Federal de 1988, põe-se como tarefa indeclinável discorrer inicialmente a respeito da opção pela terminologia "direitos fundamentais", sua evolução histórica, as gerações dos direitos fundamentais e os seus caracteres.

É esse o conteúdo que se apresenta para uma "Teoria dos Direitos Fundamentais".

22.2 OPÇÃO PELA EXPRESSÃO "DIREITOS FUNDAMENTAIS"

Conquanto a expressão "direitos fundamentais" se encontre sedimentada na doutrina e no sistema do direito positivo brasileiro (tanto que a Constituição de 1988 inicia o Título I sob a epígrafe "Dos Direitos e Garantias Fundamentais"), convém assinalar que muitos outros termos vêm sendo utilizados como sinônimos, tais como direitos do homem ou direitos humanos, direitos individuais, liberdades públicas ou ainda direitos públicos subjetivos.

Contudo, se é certo constatar que a ciência do direito utiliza, muitas vezes, tais expressões como sinônimas, o rigor técnico exigível de quem se propõe a descrever o sistema normativo impõe desvendar a dessemelhança havida entre as diversas terminologias aqui referidas.

22.2.1 Direitos fundamentais e direitos humanos

Com efeito, não se poderá encontrar absoluta identidade entre "direitos fundamentais", "direitos do homem" ou "direitos humanos", porquanto a designação de "fundamentais" é dedicada àquele conjunto de direitos assim considerados por específico sistema normativo-constitucional, ao passo que "direitos do homem" ou "direitos humanos" são terminologias recorrentemente empregadas nos tratados e convenções internacionais[999].

999 São exemplos a Declaração dos *Direitos do Homem e do Cidadão*, de 1791; a Declaração Universal dos *Direitos Humanos*, criada pela ONU e ratificada pelo Brasil na mesma data, ou seja, em 10-12-1948; a Convenção Americana de *Direitos Humanos* (Pacto de San José

Os direitos humanos podem transformar-se em direitos fundamentais? Sim, é possível, desde que cada ordenamento jurídico implante a norma internacional sobre direitos humanos, incorporando-a ao sistema nacional, conferindo-lhe, assim, natureza de direito fundamental.

No Brasil, o processo de incorporação se dá por meio da *ratificação*, que pressupõe a concordância do Congresso Nacional (art. 49, I, da CF) e manifestação do Presidente da República mediante o respectivo *decreto de promulgação.*

Se tratados e convenções internacionais sobre direitos humanos forem aprovados, em cada Casa do Congresso Nacional, em dois turnos, por três quintos dos votos dos respectivos membros, serão equivalentes às emendas constitucionais (§ 3º do art. 5º, da CF – incluído pela EC n. 45/2004).

Relevante informação: o Decreto Legislativo n. 186, de 9 de julho de 2008, aprovou o texto da *Convenção dos Direitos da Pessoa com Deficiência,* tendo se constituído na primeira norma internacional sobre direitos humanos aprovada no Brasil de acordo com o regramento do § 3º do art. 5º da CF.

A jurisprudência do STF e a hierarquia dos tratados e convenções internacionais sobre direitos humanos (caráter supralegal). Surge a dúvida: qual a posição hierárquica dos tratados sobre direitos humanos não submetidos à aprovação disciplinada no § 3º do art. 5º?

O Supremo Tribunal Federal, quando do julgamento da ADIn 1.480/DF, concluiu que, "no sistema jurídico brasileiro, os tratados ou convenções internacionais estão hierarquicamente subordinados à autoridade normativa da Constituição da República. Em consequência, nenhum valor jurídico terá o tratado internacional que, incorporado no sistema de direito positivo interno, transgredir, formal ou materialmente, o texto da Carta Política. O exercício do *treaty-making power*, pelo Estado brasileiro – não obstante o polêmico art. 46 da Convenção de Viena sobre o Direito dos Tratados (ainda em curso de tramitação perante o Congresso Nacional) – está sujeito à necessária observância das limitações jurídicas impostas pelo texto constitucional. (...) Os tratados e convenções internacionais, uma vez regularmente incorporados ao direito interno, situam-se no sistema jurídico brasileiro, nos mesmos planos de validade, de eficácia e de autoridade em que se posicionam as leis ordinárias, havendo, em consequência, entre estas e os atos de direito internacional público, mera relação de paridade normativa. No sistema jurídico brasileiro, os atos internacionais não dispõem de primazia hierárquica sobre as normas do direito interno. A eventual precedência dos tratados ou convenções internacionais sobre as regras infraconstitucionais de direito interno somente se justificará quando a situação de antinomia com o ordenamento doméstico impuser, para a solução do conflito, a aplicação alternativa do critério cronológico (*lex posterior derogat priori*) ou, quando cabível, do critério da especialidade. (...)" (ADIn 1.480/DF, rel. Min. Celso de Mello, *Informativo STF*, n. 135, de 16-12-1998, p. 3).

da Costa Rica), de 22-11-1969, e ratificada pelo Brasil em 25-9-1992.

Por conseguinte, de acordo com a jurisprudência inicialmente consolidada no STF, não havia preeminência hierárquica entre os tratados e convenções internacionais em face das normas de direito interno. Contingente contradição seria resolvida mediante o recurso aos conhecidos critérios cronológico e o da especialidade.

No julgamento da Carta Rogatória n. 8.279, no tocante à internalização dos tratados, o STF concluiu que "(...) impõe-se a coalescência das vontades autônomas do Congresso Nacional e do Presidente da República, cujas deliberações individuais – embora necessárias – não se revelam suficientes para, isoladamente, gerarem a integração do texto convencional à ordem interna. (...) A própria jurisprudência do Supremo Tribunal Federal, ao analisar a questão pertinente à inserção dos atos internacionais no âmbito do direito positivo interno brasileiro, destacou – na perspectiva da disciplina constitucional que rege esse processo de recepção – que, 'Aprovada essa Convenção pelo Congresso Nacional, e regularmente promulgada, suas normas têm aplicação imediata, inclusive naquilo em que modificarem a legislação interna' (RTJ58/70, Rel. Min. Oswaldo Trigueiro)".

Cumpre assinalar que idêntico entendimento foi prestigiado em decisão proferida pelo Supremo Tribunal Federal no julgamento do RE 80.004/SE (*RTJ*, 83/809, rel. p/ o Acórdão Min. Cunha Peixoto), quando se consagrou a existência de mera relação de paridade normativa entre tratados e leis internas: "A normatividade emergente dos tratados internacionais, dentro do sistema jurídico brasileiro, por isso mesmo, permite situar esses atos de direito internacional público, no que concerne à hierarquia das fontes, no mesmo plano e no mesmo grau de eficácia em que se posicionam as leis internas. A eventual precedência dos atos internacionais sobre as normas infraconstitucionais de direito interno somente ocorrerá – presente o contexto de eventual situação de antinomia com o ordenamento doméstico –, não em virtude de uma inexistente primazia hierárquica, mas, sempre, em face da aplicação do critério cronológico (*lex posterior derogat priori*) ou, quando cabível, do critério da especialidade" (*RTJ*, 70/333; *RTJ*, 100/1030; *RT*, 554/434).

Todavia, a mais recente tendência do STF reconhece prevalência hierárquica aos tratados e convenções internacionais sobre direitos humanos, ainda que não submetidos ao regramento do § 3º do art. 5º da CF.

Com efeito, quando do julgamento do RE 466.343, em 3-12-2008, o STF decidiu que os tratados e convenções internacionais sobre direitos humanos, se não incorporados na forma do § 3º do art. 5º da CF, têm natureza de normas *supralegais*, determinando a eficácia paralisante de toda legislação infraconstitucional contrária. No particular, registrou o Min. Gilmar Mendes que "(...) é possível concluir que, diante da supremacia da Constituição sobre os atos normativos internacionais, a previsão constitucional da prisão civil do depositário infiel (art. 5º, inciso LXVII) não foi revogada pela ratificação do Pacto Internacional dos Direitos Civis e Políticos (art. 11) e da Convenção Americana sobre Direitos Humanos – Pacto de San José da Costa Rica (art. 7º, 7), mas deixou de ter aplicabilidade diante do efeito paralisante desses tratados em relação à legislação infraconstitucional que disciplina a matéria, incluídos o art. 1.287 do Código Civil de 1916 e o Decreto-Lei n. 911, de 1º de outubro de 1969".

Logo, é *supralegal* a hierarquia normativa conferida aos tratados e convenções internacionais sobre direitos humanos não submetidos ao regramento do § 3º do art. 5º da CF, de acordo com a jurisprudência mais recente do STF (RE 466.343), ou seja, são considerados *abaixo* da Constituição, porém *acima* de toda a legislação infraconstitucional.

Crítica à decisão do STF. Por duas razões primordiais incorreu em equívoco o STF quando do julgamento do RE 466.343, *data maxima venia*.

Em primeiro lugar, a crítica se atém à própria questão de mérito tratada, ou seja, à amplitude da proibição de decreto prisional para todas as modalidades de depósito.

Certamente, pode o depósito ser classificado em diversas espécies: a) *contratual* ou *voluntário*; b) *legal* ou *necessário*; c) *judicial*.

Das três espécies, a única que não é figura contratual é o depósito judicial, tanto que a previsão normativa não está no Código Civil, mas sim nos arts. 901 e seguintes do Código de Processo Civil.

O que é depósito judicial? "É ato judicial em que o juiz ordena, por autoridade, a guarda dos bens do executado, sejam eles móveis ou imóveis"[1000].

Observe-se, outrossim, a proibição encerrada no trecho destacado do art. 7º, 7, da Convenção Americana de Direitos Humanos: "(...) Ninguém deve ser detido p*or dívidas*. Este princípio não limita os mandados de autoridade judiciária competente expedidos em virtude de inadimplemento de obrigação alimentar".

Já o Pacto Internacional sobre Direitos Civis e Políticos, igualmente referido nos autos do RE 466.343, em seu art. 11, registra que "ninguém poderá ser preso apenas por não poder cumprir com uma obrigação contratual".

Com isso, pode-se concluir que o STF ampliou indevidamente, *venia concessa*, a proibição de prisão de depositário infiel, pois, ao dirigir a vedação igualmente para o depositário judicial, desnaturou, por completo, o espectro das normas internacionais, que tencionavam verificar a proibição exclusivamente para as hipóteses de prisão civil por dívida e decorrente de depósito *contratual* ou *legal*, o que não é o caso de quem recebe o encargo processual de guardar bens penhorados, por exemplo.

Em segundo lugar, a crítica se dirige à "eficácia paralisante" do art. 5º, LXVII, da CF.

No caso, procede a crítica formulada por Pedro Lenza, segundo a qual "(...) o grande problema parece-nos justificar (...) a possibilidade de se 'paralisar' a eficácia das leis, contrárias aos tratados e convenções sobre direitos humanos, mas que encontrariam suporte de validade na própria Constituição, que continua estabelecendo, ao lado da prisão do devedor de alimentos, a do depositário infiel"[1001].

1000 Cf. Amílcar de Castro, *Comentários ao Código de Processo Civil*, p. 240.

1001 Cf. *Direito Constitucional Esquematizado*, p. 445.

Aqui, observamos também a tentativa de o STF contornar a tradicional jurisprudência da Corte (ADIn 815-3/DF), firme na tese de que não cabe controle de constitucionalidade sobre norma constitucional originária, concluindo, já, no RE 466.343, pela atribuição de "eficácia paralisante" ao art. 5º, LXVII, tudo de sorte a não declarar a sua inconstitucionalidade – obra do legislador constituinte originário.

A redação da Súmula Vinculante 25. De sorte a afastar dúvidas acerca do pronunciamento adotado quando do julgamento do RE 466.343, o STF editou a Súmula Vinculante 25, em 23-12-2009, cuja redação é a seguinte: "É ilícita a prisão civil de depositário infiel, qualquer que seja a modalidade do depósito".

Sendo assim, até eventual revisão ou cancelamento da SV 25, entende o STF ser ofensiva ao sistema constitucional a prisão de depositário infiel, pouco importando a natureza contratual, legal ou judicial do depósito.

Malgrado o entendimento do STF vazado nessa Súmula, ratificamos, aqui, *data venia*, as observações críticas formuladas acerca da decisão proferida nos autos do RE 466.343.

22.2.2 Direitos fundamentais e liberdades públicas

A adoção do termo "liberdades públicas" decorreu da influência da doutrina francesa: "Conforme uma terminologia há muito tempo utilizada, e afinal cômoda, qualifica-se de leis sobre *liberdades públicas* todas aquelas que possuem o duplo objetivo de determinar as obrigações do Estado e de fixar as garantias ao seu cumprimento"[1002].

No Brasil, não podem propriamente ser considerados "liberdades públicas" direitos de cariz patrimonial incluídos no conjunto dos direitos fundamentais, como é o caso do direito individual à herança (art. 5º, XXX, da CF).

22.2.3 Direitos fundamentais e direitos individuais

E o que dizer do signo "direitos individuais"? Subsiste fundamento na equiparação semântica aos direitos fundamentais?

Convictamente, razão não há para conduzir ao mesmo plano os chamados direitos "individuais" e os "fundamentais", uma vez que, ao menos se levado em conta o sistema constitucional brasileiro, reside diversidade entre eles. Os direitos "individuais" são espécies dos direitos e garantias "fundamentais", a ponto de a Constituição de 1988, como já ressaltado linhas atrás, ter escolhido como inscrição para o Título I "Dos Direitos e Garantias Fundamentais", que, por sua vez, engloba os dispositivos do art. 5º ("Dos Direitos e Deveres *Individuais* e Coletivos"), dos arts. 6º a 11 ("Dos Direitos Sociais"), dos arts. 12 e 13 ("Da Nacionalidade"), dos

1002 Cf. Léon Duguit, *Traité de Droit Constitutionnel*, t. 5, p. 2 (tradução nossa). E tanto prevaleceu por longo tempo na doutrina francesa o recurso à terminologia "liberdades públicas" que o célebre publicista inicia o referido volume sob o título *"Les Libertés Publiques"* (p. 1).

arts. 14 a 16 ("Dos Direitos Políticos") e, finalmente, do art. 17 ("Dos Partidos Políticos").

22.2.4 Direitos fundamentais e direitos públicos subjetivos

Também, por fim, constitui erro vitando a identificação entre direitos "fundamentais" e os denominados direitos "públicos subjetivos", máxime em virtude de, a cada vez que se lança mão desse termo, reconduzir o amplo espectro dos direitos fundamentais à órbita individual do sujeito. Mas, como assente na doutrina e presente também na elaboração legislativa atual, a categoria dos direitos fundamentais não se esgota no restrito campo das prerrogativas que se indicam às pessoas individualmente consideradas; antes, transcendem-no para abranger direitos a prestações positivas do Estado, como se opera relativamente aos direitos sociais, ou ainda no que concerne aos direitos difusos – expressamente referidos no art. 129, III, da Constituição – que não guardam, em absoluto, contingente afinidade com o seu exercício particular e isolado pelo indivíduo.

22.2.5 Significado da expressão "direitos e garantias fundamentais"

O Título II da Constituição Federal de 1988 traz, como dito, a epígrafe "Dos Direitos e Garantias Fundamentais".

O termo "direitos" tem o mesmo significado da expressão "garantias"?

O sistema constitucional, pondo-se como instrumento disciplinador das relações de poder, garantidor da liberdade individual e destinando-se à consecução de melhores condições materiais de existência para as pessoas, não se vale de expressões inúteis. Quando o legislador constituinte originário opta por determinado termo há sempre razão vinculada ao interesse maior da sociedade política.

É o que acontece com relação aos signos "direitos" e "garantias" fundamentais. Não existe possibilidade de identificação entre eles.

A expressão "direitos" fundamentais configura o direito material reputado fundamental pelo criador do Estado de 1988, como são, por exemplo, os direitos à vida, à propriedade, à intimidade, à privacidade, à imagem, à liberdade religiosa, à inviolabilidade do domicílio, entre tantos outros previstos no Texto Constitucional.

Já o termo "garantias" fundamentais representa o instrumental disponibilizado pela Constituição para garantir a efetividade dos "direitos" fundamentais. O mandado de segurança, individual e coletivo, o direito de petição, a ação popular, o *habeas corpus*, o *habeas data*, a ação civil pública são ações constitucionais que se dirigem ao respeito do plexo dos considerados direitos materiais de cunho fundamental. Com evidência, se houvesse apenas o conjunto de direitos fundamentais sem as respectivas ações (garantias fundamentais) constitucionais dirigidas à tutela judicial daqueles direitos, pouca efetividade teriam.

Garantias fundamentais, todavia, não são apenas as ações constitucionais, mas todo e qualquer instrumento destinado a tornar concretamente fruível o direito fundamental, como é a hipótese do direito de petição (art. 5º, XXXIV, *a*, da CF), que é *garantia* fundamental, mas não é *ação* constitucional. Logo, as "ações constitucionais" (*habeas corpus, habeas data,* mandado de segurança, mandado de injunção etc.) são *espécies* do gênero "garantias fundamentais".

22.3 A TEORIA DOS QUATRO *STATUS* DOS DIREITOS FUNDAMENTAIS (JELLINEK)

Após a delimitação terminológica dos direitos fundamentais, impõe-se referir a teoria dos quatro *status,* de acordo com a formulação teórica de Georg Jellinek[1003].

Todo indivíduo, além da esfera privada de atuação, poderá fazer parte de esfera pública, na condição de integrante de determinada sociedade política estatal, oportunidade em que, dela pertencendo, adquirirá personalidade e se relacionará com o Estado por meio de quatro espécies de situações jurídicas (*status*) distintas, a saber: a) *status subjectionis* ou *status* passivo; b) *status negativus* ou *status libertatis;* c) *status civitatis* ou *status positivus* e, d) *status activus.*

No *status subjectionis* o indivíduo estaria submetido aos poderes estatais, que o vinculariam por meio de ordens e comandos proibitivos. Logo, é um feixe de obrigações e condicionamentos de conduta que consubstancia o *status subjectionis,* e não um conjunto de direitos.

No *status negativus* confere-se ao indivíduo esfera própria de liberdade que não poderá ser invadida pelo Estado, que se reduzirá a intervir para a garantia do direito.

Já no *status positivus* o indivíduo terá assegurada a intervenção do Estado para o fim de lhe garantir o acesso a determinadas prestações positivas com vista ao atendimento de dadas necessidades.

Há, por fim, o *status activus,* posição jurídica mediante a qual o indivíduo terá o direito de participar ativamente na formação da vontade do Estado.

22.4 DIMENSÕES SUBJETIVA E OBJETIVA DOS DIREITOS FUNDAMENTAIS

Reconhece-se atualmente a dupla dimensão dos direitos fundamentais: a *subjetiva* e a *objetiva*[1004].

A outorga de proteção jurídica à pessoa corresponde à *dimensão subjetiva* dos direitos fundamentais, especialmente porque o Estado lhe confere posições jurídicas subjetivas detinadas à tutela essencial de sua condição de ser humano.

Completa-se a proteção ao indivíduo, todavia, com a ideia de que os direitos fundamentais igualmente representam valores objetivos que devem ser concretizados por meio de atuação positiva do Estado. Este é o significado da *dimensão objetiva.*

1003 Cf. *Teoría General del Estado,* p. 306 e s.

1004 É preciso alertar para o fato de que a dimensão a ser tratada aqui nenhuma relação tem com o tema geração/dimensões dos direitos fundamentais, que é assunto relacionado à sua evolução histórica (ver subitem 22.5).

22.5 AS GERAÇÕES DOS DIREITOS FUNDAMENTAIS

Reconhece-se o caráter didático da indicação dos direitos fundamentais em diversas gerações.

É óbvio que, no caso, não é viável aludir à possibilidade de colisão ou substituição de uma geração de direitos fundamentais por outra; não há, por conseguinte, "conflito de gerações" entre eles.

A deflagração da Revolução Francesa, amparada no ideário de liberdade individual e política, determinou o surgimento dos direitos fundamentais de primeira geração, marcados pelo signo da ausência do Estado nas questões individuais: os direitos civis e políticos.

Contudo, o Estado que se atrelava à ideia do *laisser-faire laisser-passer*, omitindo-se, foi responsável pela agudização das desigualdades sociais.

Surgiram, assim, os direitos de segunda geração: os direitos sociais ou direitos à prestação, tais como o direito ao trabalho, à seguridade, à segurança, lazer, moradia.

A explosão da densidade demográfica, o subsequente aumento do consumo e o recrudescimento das transgressões ambientais impuseram a preocupação pela qualidade de vida, ensejando o aparecimento da terceira geração de direitos: os de natureza difusa[1005]. São direitos que têm por destinatários indivíduos indeterminados, como ocorre com o direito ao meio ambiente ecologicamente equilibrado (art. 225, *caput*, da CF); "(...) os direitos chamados de terceira geração peculiarizam-se pela titularidade difusa ou coletiva, uma vez que são concebidos para a proteção não do homem isoladamente, mas de coletividades, de grupos"[1006].

E as demandas da coletividade em prol do respeito às minorias possibilitaram o surgimento dos direitos de quarta geração: os direitos das minorias[1007], ou ainda os direitos humanos à democracia, ao pluralismo[1008] e à informação[1009].

1005 Como distinguir os interesses difusos dos direitos sociais? É certo que os direitos à educação, saúde, trabalho etc. (direitos sociais) são destinados à coletividade de forma geral, o que os assemelharia aos de compostura difusa. A diferença substancial está no fato de que os direitos sociais permitem a fruição por indivíduo isolado.

1006 Cf. Gilmar Mendes, Inocêncio Mártires Coelho e Paulo Gustavo Gonet Branco, *Curso de Direito Constitucional*, p. 234.

1007 Cf. André Ramos Tavares, *Curso de Direito Constitucional*, p. 361.

1008 A respeito de pluralismo político, ver definição apresentada no Capítulo 9 (subitem 9.2.2.1.5).

1009 Cf. Paulo Bonavides, *Curso de Direito Constitucional*, p. 525. Também no contexto dos direitos de quarta geração, Canotilho salienta que estão representados pelos direitos dos povos, tendentes a instalar "(...) a discussão internacional em torno do problema da autodeterminação, da nova ordem econômica internacional, da participação no patrimônio comum, da nova ordem de informação (...)" (cf. *Direito Constitucional e Teoria da Constituição*, p. 386).

Convém assinalar que o processo de densificação dos direitos fundamentais é infindo; vale dizer, teve seu início identificado à Revolução Francesa, mas não teve fim. E isso acontece precisamente porque o Estado, instrumento de satisfação das necessidades humanas, está, de modo ininterrupto, submetido a modificações pelo simples fato de o ser humano que o cria estar constantemente em transformação.

22.6 VISÃO CRÍTICA DOS DIREITOS FUNDAMENTAIS

É indiscutível que muito caminhou a ciência do direito constitucional até alcançar o estágio de reconhecimento dos direitos fundamentais de quarta geração, com determinações dirigidas ao respeito dos direitos humanos inerentes à democracia, ao pluralismo e à informação.

Percebe-se, infelizmente, com grande intensidade, tendência doutrinária destinada a consumar a interpretação do conjunto complexo dos direitos fundamentais da atualidade com recurso às ideias liberais; viceja, todavia, enorme incompatibilidade entre o ideário burguês e os direitos e garantias fundamentais consagrados atualmente pelos corpos legislativos, porque, em suma, trata-se de direitos cuja concretização pressupõe comportamento deliberadamente comissivo do Estado.

Embora tenham sido os direitos de caráter prestacional aqueles que, de forma pioneira, exigiram que o Estado se afastasse do *laisser-faire laisser-passer*, a própria natureza dos direitos fundamentais de terceira e quarta gerações impôs a persistência de modelo de sociedade política igualmente comprometida com a efetivação dos direitos da coletividade (direitos ou interesses difusos – terceira geração) e com a busca da isonomia substancial (direitos das minorias – quarta geração). Se é assim, torna-se evidente que o abstencionismo estatal se põe em rota de colisão com a concretização dos direitos fundamentais atuais.

Pondera judiciosamente Canotilho que "(...) a defesa actual da teoria burguesa numa desesperada tentativa de sobrevivência dos arquétipos liberais, é uma 'reacção' contra o processo de objectivação e socialização dos direitos fundamentais"[1010].

22.7 CARACTERES DOS DIREITOS FUNDAMENTAIS

Podem ser indicados quatro caracteres dos direitos fundamentais: a *historicidade*, a *inalienabilidade*, a *imprescritibilidade* e a *irrenunciabilidade*.

O caráter histórico dos direitos fundamentais está representado pela circunstância de que a sua consolidação se dá com o passar do tempo, do percurso histórico.

São direitos que se situam fora do comércio jurídico, não podendo ser alienados.

Fundamentais que são, a ausência de exercício durante determinado lapso temporal não implica a prescrição.

1010 Op. cit., p. 1380.

E, por fim, são irrenunciáveis, o que importa concluir que não é válida a manifestação de vontade do indivíduo tendente a consumar renúncia.

22.8 A TEORIA DOS LIMITES IMANENTES DOS DIREITOS FUNDAMENTAIS

De há muito já se ultrapassou, no sistema da ciência do direito, a fase dos denominados "direitos absolutos". Não há, assim, direito absoluto no ordenamento jurídico[1011].

Mesmo que dado direito fundamental esteja previsto sem qualquer contenção firmada pelo legislador constituinte originário, isso não deve engendrar conclusão de que poderá ser exercido sem peias ou limites, principalmente porque a ideia poderia reconduzir à prevalência absoluta de um direito fundamental em face de outro[1012], também protegido pela Constituição, redundando, assim, em ofensa aos princípios da unidade e da concordância prática.

Atente-se para a lição de Ruy Cirne Lima: "O que devemos, entretanto, assinalar é que, na ideia de garantia de um direito, vai implícita a possibilidade de limitação desse direito ou do respectivo exercício. São, realmente, os direitos individuais suscetíveis de limitação em seu exercício. Consistirá a limitação em restrição consentida pelo indivíduo, ou provirá, talvez, de norma ou ato do Poder Público. Umas e outras, contudo, hão de conservar-se dentro da medida, que a ordem jurídica prefixa (...)"[1013].

Ocupa, nesse passo, destacada posição a "teoria dos limites imanentes dos direitos fundamentais".

Martín-Retortillo e Otto y Pardo acentuam que "(...) os direitos e liberdades, por reconhecidos no interior do ordenamento jurídico, terão de se conciliar com outros bens que o ordenamento protege e não pode valer de modo absoluto frente a estes.

1011 Observe-se, no entanto, a ponderação de Celso Ribeiro Bastos: "Pode-se argumentar corretamente que todos os direitos individuais são passíveis de limitação. Talvez o único que escape a tal regra é o direito à igualdade perante a lei, que, por sua vez, não elide adequação interpretativa" (cf. *Curso de Direito Constitucional*, p. 501).

1012 "MANDADO DE SEGURANÇA – SIGILO BANCÁRIO – VIOLAÇÃO – GARANTIA CONSTITUCIONAL – PRINCÍPIO DA PROPORCIONALIDADE – LIMITES IMANENTES. A garantia do sigilo bancário não é absoluta, porém, como qualquer restrição a direito fundamental constitucionalmente previsto, a quebra deve ser plenamente justificada, demonstrando adequabilidade dos meios escolhidos em face do fim previsto. A relativização de direito fundamental acarreta conflito de interesses que exige a imposição de certos limites a ambos para que possam coexistir. São os limites imanentes, que podem ser estabelecidos pelo legislador ou, na ausência de regulação, pelo juiz, em face do caso concreto, de forma a evitar os efeitos catastróficos de cláusulas gerais permissivas de uma ação estatal que vise restringir direitos fundamentais. Segurança concedida" (TRT 9ª R., MS 00166-2002 [25224-2002], rel. Juíza Marlene T. Fuverki Suguimatsu, *DJPR* de 8-11-2002).

1013 Cf. *Princípios de Direito Administrativo*, p. 105.

(...) A finalidade da doutrina dos limites imanentes é óbvia: dado que nem sempre cabe contar com uma habilitação constitucional expressa para limitar os direitos, porque alguns são reconhecidos sem reserva de limitação (...), a restrição não pode se fundamentar senão na tese de que os limites são imanentes ao próprio reconhecimento do direito, de todos os direitos, de forma que também quando sejam reconhecidos sem reserva de limitação específica podem ser limitados pelo legislador"[1014].

A questão do limite dos limites. Pondo-se como certa a viabilidade de restrição de direitos fundamentais, surge outro questionamento não menos relevante: podem ser opostas limitações às iniciativas tendentes a restringir direitos fundamentais? Ou, de outro modo: há limites para imposição de limites a direitos fundamentais?

A resposta só pode ser afirmativa.

Com evidência, há um *conteúdo essencial* em todo direito fundamental cuja garantia torna incompatível à constituição qualquer limite que invada o referido conteúdo.

Bom exemplo é o parágrafo único do art. 170 da CF: "É assegurado a todos o livre exercício de qualquer atividade econômica, independentemente de autorização de órgãos públicos, *salvo nos casos previstos em lei*" (grifamos).

Com isso, sabe-se que a liberdade de iniciativa econômica pode excepcionalmente ser limitada por lei expedida pelo Parlamento; não obstante, a restrição não pode tornar concretamente inviável o exercício da liberdade protegida pela Constituição, como na situação em que o Poder Público, ainda que amparado em lei, promova exigência de atendimento a numerosos requisitos para início de atividade empresarial que, de fato, impeça o indivíduo de começar atividade econômica.

O Supremo Tribunal Federal, na controvertida decisão sobre a inexigibilidade de diploma de jornalista (RE 511.961/SP, rel. Min. Gilmar Mendes, j. em 17-6-2009), entre outros fundamentos, utilizou a doutrina do limite dos limites, especialmente ao salientar que a reserva legal fixada pelo art. 5º, XIII, da CF ("é livre o exercício de qualquer trabalho, ofício ou profissão, atendidas as qualificações profissionais que a lei estabelecer") não conferiria ao legislador o poder de restringir o exercício da liberdade a ponto de atingir o seu próprio núcleo essencial, ressaltando ainda que seria necessário examinar se a lei restritiva da liberdade de exercício profissional, ao definir as qualificações profissionais, como autorizado pelo Texto Constitucional, transbordaria os limites da proporcionalidade, atingindo o próprio núcleo essencial dessa liberdade.

22.9 CONCORRÊNCIA DE DIREITOS FUNDAMENTAIS

Entende-se por *concorrência de direitos fundamentais* o fenômeno segundo o qual um único titular acumula o exercício de mais de um direito fundamental.

1014 Cf. *Derechos Fundamentales y Constitución*, p. 110-111.

Diferentemente do que sucede nas colisões entre direitos fundamentais, em que um direito limita o outro, a concorrência determina a presença harmoniosa de diversos direitos fundamentais que comparecem para a proteção à esfera jurídica de um único titular.

Destaca Vidal Serrano Nunes Júnior: "Tal fenômeno pode ser cristalinamente enfocado no exemplo do jornalista que, emitindo uma crítica, através de um meio de comunicação de massa, vem, a um só tempo, lançar mão dos direitos fundamentais de informação, de opinião e de comunicação"[1015].

22.10 A MATERIALIDADE DOS DIREITOS FUNDAMENTAIS

Esgotam-se os direitos fundamentais no conjunto das disposições constitucionais que expressamente os protegem? Ou, por outras palavras: é possível admitir a existência de direitos fundamentais que não tenham sido explicitamente postos na Constituição de 1988?

Canotilho explicita que "os direitos consagrados e reconhecidos pela constituição designam-se, por vezes, *direitos fundamentais formalmente constitucionais*, porque eles são enunciados e protegidos por normas com valor constitucional formal (normas que têm a forma constitucional). A Constituição admite (cf. art. 16)[1016], porém, outros direitos fundamentais constantes das leis e das regras aplicáveis de direito internacional. Em virtude de as normas que os reconhecem e protegem não terem a forma constitucional, esses direitos são chamados *direitos materialmente fundamentais*"[1017].

É verdade que no início do exame da Teoria dos Direitos Fundamentais promovemos a distinção entre *direitos humanos* e *direitos fundamentais*, salientando que o traço diferencial decorre da incorporação ou não de tutela específica por um dado sistema constitucional.

Mas é preciso apontar a existência da *materialidade dos direitos fundamentais*, que não adere à tese da previsão de direitos fundamentais como resultado de expressa alusão ao texto constitucional.

A base constitucional do entendimento é o § 2º do art. 5º: "Os direitos e garantias expressos nesta Constituição *não excluem outros decorrentes do regime e dos princípios por ela adotados*, ou dos *tratados internacionais em que a República Federativa do Brasil seja parte*".

Defende-se, assim, que a Constituição de 1988 não excluiu a proteção a outros direitos fundamentais, desde que decorram do regime e dos princípios agasalhados

---

1015 Cf. *A Proteção Constitucional da Informação e o Direito à Crítica Jornalística*, p. 23.

1016 Art. 16º, 1, da Constituição portuguesa de 1976: "Os direitos fundamentais consagrados na Constituição não excluem quaisquer outros constantes das leis e das regras aplicáveis de direito internacional".

1017 *Direito Constitucional e Teoria da Constituição*, p. 403.

no sistema constitucional ou dos tratados internacionais de que o Brasil seja signatário[1018].

No entanto, o § 3º do art. 5º da CF preceitua que "os tratados e convenções internacionais sobre direitos humanos que forem aprovados, em cada Casa do Congresso Nacional, em dois turnos, por três quintos dos votos dos respectivos membros, serão equivalentes às emendas constitucionais".

Com isso, só se poderá cogitar de *fundamentalidade material externa* no que concerne a tratados e convenções internacionais relativas a direitos humanos se tiverem sido subscritos e ratificados pelo Congresso Nacional *antes* da promulgação da EC n. 45, de 8 de dezembro de 2004, que tornou compulsório o atendimento ao processo descrito no § 3º do art. 5º de sorte a reconhecer-se como fundamental o direito humano consagrado na norma alienígena.

Logo, poderão ser encontrados direitos materialmente fundamentais tanto quando decorrerem do regime e dos princípios constitucionais como no caso de subscrição de normas internacionais pelo Estado brasileiro, desde que subscritas e ratificadas até 7 de dezembro de 2004. E mais: os presentes ainda no denominado *bloco de constitucionalidade* ou, por último, aqueles que, previstos na lei ordinária, têm fundamentalidade material em razão de expressa dicção constitucional, cujo exemplo são os direitos sociais trabalhistas decorrentes do comando do art. 7º, *caput*, parte final, da Constituição Federal[1019].

A *fundamentalidade material interna*, ou seja, a existência de normas jurídicas que não foram referidas como direitos fundamentais pelo constituinte originário, mas têm naturalmente tal compostura (como o STF reconheceu na ADIN 939-7 no que concerne aos princípios constitucionais tributários que protegem o contribuinte), ou ainda a presença de normas infraconstitucionais integrativas dos comandos constitucionais que tipificam direitos fundamentais, termina por suportar a ideia de *fundamentalidade material externa*.

Explique-se: se há defesa quanto à existência de direitos fundamentais materialmente constitucionais, e os tratados e convenções internacionais, uma vez inseridos no direito brasileiro pelo procedimento ordinário da ratificação e expedição do decreto de promulgação (isso antes da EC n. 45/2004), adquirem paridade normativa às leis ordinárias e complementares (STF, ADIn 1.480), logicamente não pode existir impedimento para se reconhecer que, ratificada e expedido o decreto de promulgação *antes* da EC n. 45/2004, a norma internacional adquire irrecusável fundamentalidade material.

Fecha-se, desse modo, o saudável círculo em prol da proteção ao indivíduo mediante o reconhecimento de que são direitos fundamentais os que: i) decorrem dos princípios e regime adotados pela Constituição de 1988; ii) estão presentes no bloco

1018 Mas o STF não adota o entendimento, como ficou evidente nas decisões prolatadas na ADIn 1.480/DF, no RE 80.004/SE e na Carta Rogatória n. 8.279.

1019 Cf. Dirley da Cunha Jr., *Controle Judicial das Omissões do Poder Público*, p. 240-241.

de constitucionalidade[1020], iii) resultam de norma internacional subscrita e ratificada *antes* da promulgação da EC n. 45/2004; iv) residem na própria legislação ordinária, quando é a Constituição que os absorve em razão dos comandos imperativos que expede.

22.11 A EFICÁCIA EXTERNA OU HORIZONTAL DOS DIREITOS FUNDAMENTAIS

O surgimento da proteção aos direitos fundamentais confundiu-se com a limitação do arbítrio e interferência estatais no âmbito da liberdade dos indivíduos, fazendo eclodir a tutela aos direitos civis e políticos dos cidadãos.

Transcorridos, no entanto, mais de dois séculos desde a ocorrência da racionalização do poder, nota-se que o Estado não é o único protagonista de transgressões aos direitos dos indivíduos.

A opção generalizada pelo modo capitalista de produção conferiu aos agentes econômicos considerável parcela de poder, a ponto de se defender a necessidade da criação de plexo de normas tendente a lhes adscreverem limites, dada a rivalização dos grupos econômicos com o poder estatal.

Surgiu, assim, no século passado, na Alemanha, a teoria da eficácia horizontal (*drittwirkung*) dos direitos fundamentais.

Significado. O que significa?

A aplicabilidade dos direitos fundamentais às relações entre particulares.

Fundamento. Se, no contexto de tais relações, observa-se grande desigualdade entre os indivíduos, impõe-se o reconhecimento de aplicação dos direitos fundamentais para evitar o predomínio do arbítrio, como costuma acontecer nas relações entre o produtor-prestador de serviço e o consumidor[1021] e nas relações de trabalho.

Denomina-se eficácia *horizontal* dos direitos fundamentais para se contrapor à eficácia *vertical*, que seria aquela presente na conhecida e histórica aplicabilidade de tais direitos no âmbito da relação indivíduo-Estado.

Teorias da Eficácia Direta ou Imediata e Indireta ou Mediata. Distinção. No âmbito da aptidão dos direitos fundamentais para vincularem comportamentos de entes privados (pessoas naturais ou jurídicas), surgiram duas correntes doutrinárias: a *Teoria da Eficácia Direta ou Imediata* e a *Teoria da Eficácia Indireta ou Mediata.*

1020 Na ADIn 939-7, o STF reconheceu que os direitos fundamentais não são apenas os referidos no Título II da Constituição.

1021 O Supremo Tribunal Federal entendeu aplicáveis as prescrições do Código de Defesa do Consumidor às relações havidas entre clientes e instituições financeiras: "(...) As instituições financeiras estão, todas elas, alcançadas pela incidência das normas veiculadas pelo Código de Defesa do Consumidor. 2. 'Consumidor', para os efeitos do Código de Defesa do Consumidor, é toda pessoa física ou jurídica que utiliza, como destinatário final, atividade bancária, financeira e de crédito" (STF, ADIn 2.591/DF, rel. Min. Carlos Velloso, rel. p/ o Acórdão Min. Eros Grau).

A Teoria da Eficácia Direta ou Imediata defende a incidência *direta* nas relações privadas de normas constitucionais protetivas de direitos fundamentais, sem necessidade de intermediação legislativa. É a doutrina acolhida pela jurisprudência do STF, ao justificar que "(...) normas jusfundamentais, de índole procedimental, como a garantia da ampla defesa, podem ter incidência direta sobre relações entre particulares, em se tratando de punição de integrantes de entidades privadas – máxime tendo a associação papel relevante para a vida profissional ou comercial dos associados" (RE 201.819, rel. Min. Gilmar Mendes, *DJ* de 27-10-2006).

Daniel Sarmento esclarece que, "(...) para os adeptos da teoria da eficácia direta, cabe antes de tudo ao legislador privado a tarefa de mediar a aplicação dos direitos fundamentais sobre os particulares, estabelecendo uma disciplina das relações privadas que se revele compatível com os valores constitucionais. Competiria ao legislador proteger os direitos fundamentais na esfera privada, mas sem descurar-se da tutela da autonomia da vontade. Portanto, caberia, ao Legislativo proceder a uma ponderação entre interesses constitucionais em conflito, na qual lhe é concedida certa liberdade para acomodar os valores contrastantes, em consonância com a consciência social de cada época. Nesta perspectiva, dentre as várias soluções possíveis no conflito entre direitos fundamentais e autonomia privada, competiria à lei a tarefa de fixar o grau de cedência recíproca entre cada um dos bens jurídicos confrontantes. Esta primazia do legislador em detrimento do juiz na conformação dos direitos fundamentais no âmbito privado conferiria, por um lado, maior segurança jurídica ao tráfico jurídico, e, por outro, conciliar-se-ia melhor com os princípios da democracia e da separação de poderes"[1022].

Já a Teoria da Eficácia Indireta ou Mediata sustenta que os direitos fundamentais são aplicados indiretamente, quer para proibir o legislador de editar lei violadora de direitos fundamentais (*dimensão proibitiva*), quer para determinar a implementação de tais direitos pelo corpo legislativo ordinário (*dimensão positiva*)[1023].

A eficácia horizontal na Alemanha. Embora tenha surgido na Alemanha, a eficácia horizontal dos direitos fundamentais não chegou a receber acolhida na doutrina ou jurisprudência germânicas, tudo com suporte na ideia de que a Lei Fundamental de Bonn de 1949 não teria incorporado tutela do gênero no campo das relações privadas, consoante a redação do art. 1.3, segundo a qual os direitos fundamentais "vinculam os poderes legislativo, executivo e judicial a título de direito diretamente aplicável"[1024]; contudo, a resistência inicial foi afastada em razão de diversas decisões da Corte Constitucional Federal a partir do início da década de 50.

1022 Cf. "A vinculação dos particulares aos direitos fundamentais no direito comparado e no Brasil", Luís Roberto Barroso (coord.), in *A Nova Interpretação Constitucional*, p. 213-214).

1023 Cf. Pedro Lenza, *Direito Constitucional Esquematizado*, p. 593.

1024 Diversamente do que ocorre com a Constituição portuguesa de 1976, cujo art. 18º, item 1, salienta que "os preceitos constitucionais respeitantes aos direitos, liberdades e garantias são directamente aplicáveis e vinculam as entidades públicas e privadas".

O problema da eficácia horizontal nos Estados Unidos. Nos Estados Unidos, ganhou enorme prestígio a Teoria da Eficácia *Indireta* ou *Mediata* dos Direitos Fundamentais, consistente na aplicabilidade desses direitos às relações particulares apenas em algumas hipóteses.

O constitucionalista norte-americano Ronald Rotunda faz indicação da doutrina do *State Action*, que foi aplicada pela Suprema Corte daquele país em precedente no qual indivíduos tinham sido denunciados pela prática do racismo com base em lei editada pelo Congresso Nacional, tendo a Corte considerado inconstitucional a espécie normativa com suporte em dois argumentos: a) os direitos fundamentais seriam vinculantes apenas com relação aos Poderes Públicos; b) o Congresso Nacional norte-americano careceria de competência para legislar acerca da incidência de direitos fundamentais nas relações privadas, já que, de acordo com a Constituição de Filadélfia de 1787, tratava-se de norma de direito civil, logo, de competência reservada aos estados da federação ianque[1025].

Logo, a *State Action Doctrine* serve para impedir a incidência dos direitos fundamentais à relações privadas nos Estados Unidos sob o fundamento de que a proteção deve ser restrita aos atos praticados pelo Poder Público.

A jurisprudência da Suprema Corte americana mitigou os rigores da *State Action Doctrine* mediante a adoção da *Public Function Exception*, consolidada a partir do julgamento do Caso *Marsh v. Alabama*, em que a autoridade policial determinara a prisão de adepta de segmento religioso que distribuía publicação inerente à sua facção religiosa nos limites de vila de trabalhadores construída por empresa[1026].

O relator da ação, Juiz Black, concluiu que, "quanto mais um proprietário, para sua vantagem, abre a propriedade para uso das pessoas de uma forma geral, mais os direitos daquele tornam-se circunscritos pela lei e pelos direitos constitucionais de todos que fazem uso da propriedade. Logo, os proprietários de pontes, *ferries*, pedágios e estradas não devem administrá-las tão livremente como um fazendeiro administra a sua fazenda"[1027] (tradução nossa).

Portanto, a essência da *Public Function Exception* se relaciona à circunstância de que entes privados, no exercício da sua atividade, terminam por executar tarefas idênticas àquelas praticadas pelo Poder Público.

Também com o mesmo propósito de amenizar o rigor da *State Action Doctrine*, tem-se admitido nos Estados Unidos a arguição da *Entanglement Exception*, por meio da qual se torna obrigatória a incidência de direitos fundamentais nas rela-

---

1025 United States v. Stanley; United States v. Ryan; United States v. Nichols; United States v. Singleton; Robinson v. Memphis & Charleston Ry. Co. (cf. *Modern Constitutional Law*, p. 436-442).

1026 Cf. Ronald Rotunda, op. cit., p. 443.

1027 Idem, ibidem.

ções entre indivíduos quando o Poder Público autoriza, encoraja ou facilita o comportamento inconstitucional da entidade privada[1028].

A doutrina de Canotilho e a aplicação atual da eficácia externa. Atente-se para a nova dimensão impingida por Canotilho à eficácia externa: "deve notar-se que a eficácia horizontal dos direitos não se limita, hoje, à ordem estatal. Problemas semelhantes são agitados no âmbito das convenções internacionais de direitos do homem. A chamada *drittwirkung* da Convenção Europeia dos Direitos do Homem aponta precisamente para a necessidade de protecção dos direitos do homem perante violação dos mesmos por entidades particulares"[1029].

1028 Cf. Erwin Chemerinsky, *Constitutional Law: principles and policies*, p. 517. O Autor refere *Shelley v. Kraemer* (334 U.S. 1 [1948] como principal decisão adotada pela Suprema Corte na linha da *Entanglement Exception*. A situação foi a seguinte: em contratos de compra e venda de imóveis localizados em determinada área, previu-se a proibição de venda do bem a pessoas da raça negra. Assim, se o Poder Judiciário eventualmente obrigasse o indivíduo ao cumprimento da previsão contratual, estaria, de fato, encorajando e facilitando a ofensa à Constituição, tornando obrigatória a incidência da Emenda 14 para banir tal comportamento (op. cit., p. 527).

1029 Cf. Gomes Canotilho, *Direito Constitucional e Teoria da Constituição*, p. 1274.

DIREITOS INDIVIDUAIS

23.1 UMA QUESTÃO INICIAL: OS DESTINATÁRIOS DOS DIREITOS INDIVIDUAIS

Assinala o art. 5º, *caput*, da Constituição que "todos são iguais perante a lei, sem distinção de qualquer natureza, garantindo-se aos brasileiros e aos estrangeiros residentes no País[1030] a inviolabilidade do direito à vida, à liberdade, à igualdade, à segurança e à propriedade (...)".

Prevê o dispositivo a garantia dos direitos individuais *aos brasileiros e estrangeiros residentes no País*.

Do exame da locução poderia ser extraída a ideia de limitação dos direitos individuais aos destinatários referidos na norma: brasileiros e estrangeiros residentes no Brasil.

E o que dizer dos estrangeiros *não* residentes? Aqueles que vêm ao País, por exemplo, na condição de turistas? Seria viável subtrair-lhes o elevado espectro dos direitos individuais?

Evidentemente, não há nenhum fundamento na limitação dos direitos individuais aos brasileiros e estrangeiros residentes no País, porquanto não se poderá recusar a estrangeiros não residentes o direito à vida, à liberdade, à propriedade.

É que o Brasil é subscritor da Declaração Universal dos Direitos do Homem, e, portanto, de acordo com o § 2º do art. 5º da Constituição, trata-se de norma internacional já incorporada ao ordenamento jurídico brasileiro.

E é possível argumentar mais em favor da destinação dos direitos individuais aos estrangeiros não residentes. Com efeito, na medida em que o legislador constituinte originário inseriu como um dos objetivos fundamentais da República Federativa do Brasil a construção de sociedade livre, justa e solidária (art. 3º, I), seria completo desvirtuamento de propósito fixado à nossa sociedade política impedir a fruição dos direitos individuais do estrangeiro não residente, constituindo verdadeiro atentado contra preceito constitucional referido como "Princípio Fundamental". Além disso, como conceber a existência de sociedade "livre", "justa" e "solidária" ali onde não se presencia reverência a direitos universalmente consagrados à pessoa humana?

1030 Ver Leis n. 1.542/52 (Casamento de Funcionários da Carreira Diplomática com Pessoas de Nacionalidade Estrangeira); 5.709/71 (Aquisição de Imóvel Rural por Estrangeiro) e 6.815/80 (Estatuto do Estrangeiro).

Por conseguinte, a interpretação literal do art. 5º, *caput*, da Constituição é o processo hermenêutico menos apto a desvendar a amplitude do preceptivo.

Mas uma advertência merece ser feita: embora estrangeiros não residentes sejam destinatários de muitos dos direitos e garantias individuais assinalados no corpo do art. 5º, a própria Constituição excetua, em algumas hipóteses, a fruição de alguns direitos fundamentais, como se opera com os direitos políticos, exercitáveis, de modo exclusivo, por brasileiros natos e naturalizados (§§ 2º e 3º do art. 14).

23.2 DIREITO À VIDA

O art. 5º, *caput*, da Constituição ressalta o direito à vida, enfatizando a sua natureza inviolável: "Todos são iguais perante a lei, sem distinção de qualquer natureza, garantindo-se aos brasileiros e aos estrangeiros residentes no País a *inviolabilidade do direito à vida,* à liberdade, à igualdade, à segurança e à propriedade (...)" (grifamos).

Inviolabilidade do direito à vida. Distinção entre "inviolabilidade" e "indisponibilidade". O signo "inviolabilidade" não deve ser confundido com "indisponibilidade". Enquanto a inviolabilidade significa a tutela de determinados valores constitucionais contra ação ou omissão de terceiros, a indisponibilidade tem por alvo o próprio titular do direito reputado indisponível, cuja autonomia da vontade não pode ser exercitada para o fim de renúncia ao direito constitucionalmente protegido[1031].

Justifica-se a dicotomia em razão de a inviolabilidade estar referida na Constituição para designar a proteção a direitos que invariavelmente são ameaçados por ação ou omissão de terceiros: intimidade, vida privada, honra e imagem (art. 5º, X), consciência e crença (art. 5º, VI), domicílio (art. 5º, XI), correspondência e comunicações (art. 5º, XII), e, é claro, o direito pressuposto a todos os demais, que é o direito à vida.

Direito à vida como direito pressuposto. O direito à vida é referido como pressuposto para o reconhecimento ao ser humano de outros direitos, razão mais do que suficiente para o sistema constitucional brasileiro elevá-lo à condição de direito inviolável.

E, embora seja verdade que nem mesmo o direito à vida, no Brasil, assuma caráter absoluto, porque o art. 5º, XLVII, *a,* prevê que não haverá pena de morte, salvo em caso de guerra declarada, a exceção firmada em nível constitucional tão somente reflete a necessidade de, em conflito o direito à vida e a sobrevivência do Estado, afasta-se aquele em prol da manutenção deste, cujo desígnio constituinte é a manutenção do Estado brasileiro e da vida dos integrantes da sociedade política.

1031 Cf. Celso Ribeiro Bastos, "Direito de recusa de pacientes, de seus familiares ou dependentes, às transfusões de sangue, por razões científicas e convicções religiosas", p. 9.

23.2.1 Pena de morte e plebiscito

Um dos temas recorrentes e sempre controvertidos é o relativo à pena de morte.

A Constituição de 1988 incluiu como cláusula intangível os direitos e garantias individuais (art. 60, § 4º, IV).

Significa dizer que não haverá sequer discussão no Congresso Nacional a respeito de proposta de emenda tendente a abolir quaisquer dos direitos e garantias individuais fixados no art. 5º ou mesmo de direitos individuais assim reconhecidos[1032], mas que se encontram espalhados no sistema constitucional[1033].

Não é permitida a discussão, portanto, acerca de contingente mudança da norma constitucional para admitir-se doravante a previsão de pena de morte no País.

E se houver plebiscito? Caberia recurso a esse instrumento de democracia semidireta para legitimar a adoção da pena capital no Brasil?

A Constituição, no art. 14, I a III, assegura que a soberania popular será exercida pelo sufrágio universal e pelo voto direto e secreto, com valor igual para todos, e, nos termos da lei, mediante: *plebiscito,* referendo e iniciativa popular.

O plebiscito importa manifestação do povo acerca de tema de grande importância para o Estado, sobre o qual convém a concordância popular prévia à solução legislativa para conferir-lhe maior legitimidade.

Concluímos, todavia, que não há possibilidade de emissão de juízo prévio de conveniência para adoção de pena de morte pela via plebiscitária.

É que, malgrado se trate de manifestação popular, o que, em tese, poderia reconduzir à efetivação da *democracia participativa* tão cara ao sistema constitucional brasileiro, não é dado ao povo desconstituir o plexo de valores que foram trasladados para o Texto de 1988 pelo legislador constituinte originário. Nem mesmo assim, por meio de plebiscito, poder-se-á adotar a pena de morte no Brasil, o que equivaleria a promover ruptura com o modelo protetivo do direito à vida consagrado na Constituição. Ou, em outras palavras: não difere, em substância, a manifestação popular plebiscitária, que atinge cláusula intangível, dos processos revolucionários que afastam, casuisticamente, a legitimidade constitucional.

O Supremo Tribunal Federal examinou ação direta proposta contra a instituição de pena de morte por via plebiscitária[1034].

1032 Não apenas será reputado direito e garantia aquele expresso na Constituição como tal, mas também *outros decorrentes do regime e dos princípios por ela adotados* (§ 2º do art. 5º da Constituição).

1033 O STF reconhece que o princípio da anterioridade é garantia individual do contribuinte (ver ADIn 944-3, rel. Min. Sydney Sanches).

1034 ADIn 466-2, rel. Min. Celso de Mello, *DJ* de 10-5-1991: "EMENTA – AÇÃO DIRETA DE INCONSTITUCIONALIDADE – PROPOSTA DE EMENDA À CONSTITUIÇÃO FEDERAL – INSTITUIÇÃO DA PENA DE MORTE MEDIANTE PRÉVIA CONSULTA PLEBISCITÁRIA – LIMITAÇÃO MATERIAL EXPLÍCITA DO PODER REFORMADOR DO CONGRESSO NACIONAL (ART. 60, § 4º, IV) – INEXISTÊNCIA DE CONTROLE PREVENTIVO ABSTRATO (EM TESE) NO DIREITO BRASILEIRO – AUSÊNCIA DE ATO

23.2.2 Direito à vida e aborto

O ordenamento jurídico nacional prevê o aborto como tipo penal específico (arts. 124 a 127 do Código Penal), ressalvadas apenas as hipóteses de aborto necessário (quando não há outro meio de salvar a vida da gestante – art. 128, I, do CP) ou de aborto no caso de gravidez resultante de estupro (art. 128, II, do CP).

Sendo assim, o sistema do direito positivo brasileiro protege o direito à vida intrauterina.

Defende-se, no entanto, a ampla legalização do aborto como decorrência da liberdade da mulher sobre o próprio corpo.

De nossa parte, concluímos que não há razão para admitir aborto como apanágio da ideia de que o feto é extensão do corpo da mulher, devendo sobre ela, exclusivamente, recair a decisão sobre manter ou não o estado gravídico, porque, ponde-

---

NORMATIVO – NÃO CONHECIMENTO DA AÇÃO DIRETA. O direito constitucional positivo brasileiro, ao longo de sua evolução histórica, jamais autorizou – como a nova Constituição promulgada em 1988, também não o admite – o sistema de controle jurisdicional preventivo de constitucionalidade, em abstrato. Inexiste, desse modo, em nosso sistema jurídico, a possibilidade de fiscalização abstrata preventiva da legitimidade constitucional de meras proposições normativas pelo Supremo Tribunal Federal. Atos normativos *in fieri*, ainda em fase de formação, com tramitação procedimental não concluída, não ensejam e nem dão margem ao controle concentrado ou em tese de constitucionalidade, que supõe – ressalvadas as situações configuradoras de omissão juridicamente relevante – a existência de espécies normativas definitivas, perfeitas e acabadas. Ao contrário do ato normativo – que existe e que pode dispor de eficácia jurídica imediata, constituindo, por isso mesmo, uma realidade inovadora da ordem positiva –, a mera proposição legislativa nada mais encerra do que simples proposta de direito novo, a ser submetida à apreciação do órgão competente, para que, de sua eventual aprovação, possa derivar, então, a sua introdução formal no universo jurídico. A jurisprudência do Supremo Tribunal Federal tem refletido claramente essa posição em tema de controle normativo abstrato, exigindo, nos termos do que prescreve o próprio texto constitucional – e ressalvada a hipótese de inconstitucionalidade por omissão –, que a ação direta tenha, e só possa ter, como objeto juridicamente idôneo, apenas leis e atos normativos, federais e estaduais, já promulgados, editados e publicados. A impossibilidade jurídica de controle abstrato preventivo de meras propostas de emenda não obsta a sua fiscalização em tese quando transformadas em emendas à Constituição. Estas – que não são normas constitucionais originárias – não estão excluídas, por isso mesmo, do âmbito do controle sucessivo ou repressivo de constitucionalidade. O Congresso Nacional, no exercício de sua atividade constituinte derivada e no desempenho de sua função reformadora, está juridicamente subordinado à decisão do poder constituinte originário que, a par de restrições de ordem circunstancial, inibitórias do poder reformador (CF, art. 60, § 1º), identificou, em nosso sistema constitucional, um núcleo temático intangível e imune à ação revisora da instituição parlamentar. As limitações materiais explícitas, definidas no § 4º do art. 60 da Constituição da República, incidem diretamente sobre o poder de reforma conferido ao Poder Legislativo da União, inibindo-lhe o exercício nos pontos ali discriminados. A irreformabilidade desse núcleo temático, acaso desrespeitada, pode legitimar o controle normativo abstrato, e mesmo a fiscalização jurisdicional concreta, de constitucionalidade".

rando os interesses em questão (aborto como reflexo da autonomia feminina sobre o próprio corpo x direito à vida do nascituro), tem-se que não se poderá prestigiar um bem de modo absoluto em detrimento do outro, obrigando-se, nesse passo, o aplicador do direito ou mesmo o legislador, ao atribuir mais peso a determinado direito, não implicar a extinção daquele contraposto. Logo, ponderados os direitos em questão, conclui-se que a preservação do feto se impõe, não importando o desprezo à autonomia da mulher em razão da variedade e do elevado grau de eficácia dos métodos contraceptivos.

Interrupção terapêutica de feto anencéfalo. Questão da mais alta importância e que ensejou grande discussão nos meios jurídico e médico no Brasil foi a concernente à interrupção terapêutica de gravidez de feto anencefálico, ou seja, feto sem cérebro.

Deveras, muito embora as hipóteses fixadas na legislação penal não contemplem a possibilidade de interrupção da gravidez por deformação congênita grave do feto, foi proposta arguição de descumprimento de preceito fundamental por entidade confederativa de trabalhadores da saúde destinada a, por meio do efeito vinculante atribuído à medida judicial, autorizar a interrupção da gravidez em tais situações[1035].

A solução para a interrupção terapêutica da gravidez de feto anencefálico deve ser encontrada na análise do direito à vida e do princípio fundamental pertinente à dignidade da pessoa humana.

Com evidência, deve-se tomar por certo que, mesmo diante de deformação congênita gravíssima, como é a hipótese do feto anencefálico, está-se a constatar ser com vida.

Mas, por outro lado, deve-se entender que a gestação representa processo biológico com enormes repercussões de ordem psíquica para a mulher, com alterações orgânicas, hormonais e de comportamento que, em suma, a preparam para a maternidade.

E quando a mulher já sabe, adrede, que o ser carregado em suas entranhas tem expectativa de vida de minutos, horas, ou, no máximo, dias após o parto? É justo exigir-lhe o prosseguimento da gravidez?

Dentro dessa linha de raciocínio, o Plenário do STF, em 12-4-2012, concluiu que não tipifica crime de aborto quando a mulher decide pela "antecipação do parto" em casos de gravidez de feto com anencefalia, declarando a inconstitucionalidade de qualquer interpretação segundo a qual a interrupção de gravidez de feto anencéfalo pode tipificar o crime de aborto.

Registre-se o pronunciamento do Ministro Ayres Britto: "Se todo aborto é interrupção voluntária de gravidez, nem toda interrupção voluntária de gravidez é aborto". E arremata: "Dar à luz é dar a vida, e não a morte"[1036].

1035 Ver ADPF 54, rel. Min. Marco Aurélio, j. em 12-4-2012.
1036 Idem.

23.2.3 Direito à vida e eutanásia

A Constituição, ao garantir o direito à vida, impede que terceiros, ainda que movidos por sentimentos altruísticos, promovam a sua interrupção, como sucede com a eutanásia ou eutanasia.

Expressão originária do grego *eu thanatos*, que significa "boa morte", "morte piedosa", a eutanásia tem despertado a viva preocupação de clérigos, filósofos, políticos, da opinião pública[1037], de estudiosos do direito, de forma geral, e dos constitucionalistas, de modo particular.

Em prol da eutanásia[1038], defende-se que não há sentido algum em prolongar a vida de quem se encontra sob grande sofrimento, mais ainda quando o paciente terminal conseguiu manifestar vontade quanto à sua interrupção; contra a "morte sem sofrimento", afirma-se que não existe, em substância, qualquer distinção entre o desligamento dos aparelhos e o homicídio, além do que suposta manifestação de vontade do paciente não deve ser levada em consideração em face do seu estado crítico de saúde, e, ainda que se lhe admitisse validade, a marca da irrenunciabilidade do direito à vida constituiria óbice incontornável à sua interrupção.

Em primeiro lugar, esclareça-se que o sistema penal brasileiro não consente a eutanásia, fixando tão somente o § 1º do art. 121 do CP que homicídio impelido por motivo de relevante valor social ou moral poderá ter reduzida a pena de um sexto a um terço.

Seguramente, a problemática que circunda a eutanásia coloca em posições altamente antagônicas: a ciência médica e os ideais do Cristianismo[1039].

1037 Polêmica mundialmente conhecida foi a da paciente Terri Schiavo, visto que, após acidente, passou a ser alimentada e hidratada por tubos. O seu marido, provando que a vontade da mulher era para a retirada dos aparelhos, obteve decisão judicial que amparou a pretensão. Os pais e demais familiares recorreram até a Suprema Corte norte-americana, mas não conseguiram a reforma da decisão, vindo ela a falecer em 1º-4-2005. No caso mencionado, não houve ortotanásia, mas sim eutanásia, porque se consumou comportamento comissivo destinado ao desligamento dos aparelhos. Seria diferente se a paciente estivesse submetida a procedimento terapêutico (administração de medicamentos, por exemplo) cuja continuidade se mostrasse absolutamente ineficaz, sobrevindo a morte natural após a sua suspensão (ver nota abaixo).

1038 Eutanásia não se confunde com *distanásia* ou ainda com a *ortotanásia*. A distanásia é a antítese da eutanásia, pois significa o prolongamento da vida do paciente mediante o recurso a métodos terapêuticos e de reanimação. Já a ortotanásia compreende a morte natural que sobrevém à interrupção de tratamento terapêutico, em hipóteses cuja continuidade seria inútil em se tratando de quadro clínico de irreversibilidade comprovada.

1039 Hannah Arendt explica: "Sem dúvida, a ênfase colocada pelo cristianismo na santidade da vida faz parte da herança hebraica, que já se distinguia nitidamente das atitudes dos antigos: o desprezo pelas privações impostas ao homem pela vida no trabalho árduo e na parturição, a noção invejosa da 'vida fácil' dos deuses, o costume de enjeitar os filhos indesejados, a convicção de que a vida sem saúde não merece ser vivida (de sorte que se considerava, por exemplo, que o médico desvirtuava a sua vocação ao prolongar a vida quando era impossível restaurar a saúde), e de que o suicídio é o gesto nobre de quem

Com efeito, mesmo sabendo que o recrudescimento das questões jurídicas, religiosas e filosóficas acerca do prolongamento da vida sem saúde decorreu dos avanços extraordinários da medicina, notadamente a partir do início do século passado, são os médicos que se têm pronunciado contra o seguimento do processo vital de pacientes terminais.

Resume-se no seguinte a séria discussão: ou se prestigia o direito à vida, mantendo ligados os aparelhos, por exemplo, ou será interrompido, consumando a eutanásia.

Pronunciamo-nos no sentido de que, exceção feita às hipóteses de ortotanásia, cuja interrupção do processo terapêutico determina a morte natural, não é adequada a emissão de juízo de valor acerca do prolongamento ou não da vida de paciente, ainda que terminal. Não se compadece o direito à vida com conclusões de cunho científico tendentes a promover a própria limitação do direito, quando, em razão da sua preeminência em face dos demais direitos individuais, a Constituição apenas ressalva a circunstância de afastamento do direito à vida no caso de guerra declarada (art. 5º, XLVII, *a*) para viabilizar a sobrevivência do Estado.

Efetivamente, a ciência médica conclui pela morte clínica quando não há atividade cerebral.

Entretanto, o Superior Tribunal de Justiça, ao julgar o REsp 507.205/PR, *DJ* de 17-11-2003, definiu que persiste a obrigação do Estado em prover medicamentos a pacientes ainda que não seja constatada clinicamente atividade cerebral. Eis a ementa: "(...) 2. Recurso no qual se discute a legitimidade passiva da União para figurar em feito cuja pretensão é o fornecimento de medicamentos imprescindíveis à manutenção de pessoa carente, portadora de *atrofia cerebral* gravíssima (ausência de *atividade cerebral*, coordenação motora e fala). (...) 3. A Carta Magna de 1988 erige a saúde como um direito de todos e dever do Estado (art. 196). Daí, a seguinte conclusão: é obrigação do Estado, no sentido genérico (União, Estados, Distrito Federal e Municípios), assegurar às pessoas desprovidas de recursos financeiros o acesso à medicação necessária para a cura de suas mazelas, em especial, as mais graves. 4. Sendo o SUS composto pela União, Estados e Municípios, impõe-se a solidariedade dos três entes federativos no polo passivo da demanda 5. Recurso especial desprovido".

23.2.4 Direito à vida e pesquisas com células-tronco

Questão das mais controvertidas é a referente à utilização, em pesquisas científicas, de células-tronco embrionárias excedentárias, conforme autoriza o art. 5º da Lei n. 11.105/2005 (Lei de Biossegurança).

Foi proposta ação direta de inconstitucionalidade pelo Procurador-Geral da República contra o dispositivo (ADIn 3.510/DF), em que o relator, Min. Carlos Britto, decidiu pela realização de audiência pública a fim de que fossem ouvidas as lideranças religiosas – que defendiam a impossibilidade das pesquisas em vir-

---

deseja abandonar a vida atribulada" (cf. *A Condição Humana*, p. 328).

tude de haver *vida* a partir da concepção – e da comunidade médico-científica – que entendia ainda não existir vida com a fertilização *in vitro*, tornando viáveis as pesquisas científicas.

De nossa parte, conquanto saibamos que o tema está obrigatoriamente vinculado a aspectos filosóficos, éticos, religiosos, antropológicos, biológicos e mesmo culturais, não parece residir ofensa ao direito à vida por força de realização de pesquisas com células-tronco embrionárias excedentárias, porque o fenômeno *vida* não deve ser limitado exclusivamente ao processo biológico da concepção.

O Supremo Tribunal Federal, por sua vez, declarou a constitucionalidade do art. 5º da Lei de Biossegurança, sob o fundamento de que a norma concretiza valores protegidos pelo sistema constitucional brasileiro, destacando-se a dignidade da pessoa humana (art. 1º, III, da CF).

23.3 O PRINCÍPIO DA ISONOMIA

O art. 3º, IV, da Constituição Federal preceitua que "constituem objetivos fundamentais da República Federativa do Brasil: (...) IV – promover o bem de todos, sem preconceitos de origem[1040], raça[1041], sexo, cor, idade[1042] e quaisquer outras formas de discriminação".

Por outro lado, acentua o art. 5º, *caput*, que "*todos são iguais perante a lei, sem distinção de qualquer natureza*, garantindo-se aos brasileiros e estrangeiros residentes no País a inviolabilidade do direito à vida, à liberdade, *à igualdade* (...)".

Perfazem, assim, os comandos constitucionais descritores do princípio da igualdade em sua acepção genérica.

Mas a igualdade é perseguida pela Constituição em outros domínios da atividade humana, como no contexto das relações de trabalho (art. 7º, XXX, XXXI, XXXII e XXXIV); dos direitos da nacionalidade, vedando-se tratamento distinto entre brasileiros natos e naturalizados, salvo as hipóteses descritas nas normas constitucionais

---

1040 A discriminação com base na origem significa tomar por critério discriminatório ilegítimo: i) o local de nascimento; ii) a origem étnica da pessoa. Gregório de Matos, com a sua conhecida e refinada ironia, sintetiza poeticamente tais práticas: "Senhora Dona Bahia/ Nobre e opulenta cidade/ Madrasta dos naturais/ E dos estrangeiros madre/ Dizei-me por vida vossa/ Em que fundais o ditame/ De exaltar os que aqui vêm/ E abater os que aqui nascem?" (cf. *Poemas Escolhidos*).

1041 Ver Leis n. 7.716/89, 8.081/90 e 9.459/97, que definem crimes resultantes de preconceitos de raça ou cor.

1042 "É proibida qualquer discriminação, em razão da idade, para o ingresso em cargo público da Administração direta, autárquica ou fundacional. Norma legal que fixava o limite máximo de 35 anos não foi recepcionada, somente se admitindo o de 70 anos" (STJ, *RDA*, 184/131 e 184/141). E é importante esclarecer que a jurisprudência invocada torna legítima a restrição relativa aos 70 anos em virtude de a Constituição de 1988 fixar esta como a idade-limite para permanência no serviço público, quando então deverá ser aposentado compulsoriamente o servidor.

(§ 2º do art. 12); dos direitos políticos, atribuindo-se idêntico valor ao voto – *one man one vote*, como difundido pelos anglo-saxões (art. 14, *caput*); nas relações do Estado com o contribuinte, consolidando o princípio da igualdade no campo tributário (arts. 150, II, e 152); a igualdade para o exercício de atividade econômica, traduzindo-se na redução das desigualdades sociais e regionais e na impossibilidade de concessão de privilégios aos entes paraestatais (art. 170, VII, e § 2º do art. 173, respectivamente); e, por fim, na igualdade de condições para acesso e permanência na escola (art. 206, II).

E como deflui da leitura dos dispositivos, de modo específico dos arts. 3º, IV, e 5º, *caput*, a Constituição veda qualquer comportamento tendente à transgressão do princípio da igualdade.

Mas, para bem compreender o princípio em questão, é importante desvendar quem são os iguais e quem são os desiguais.

Sim, porque, ultrapassado o modelo de Estado burguês, que se ocupava da dimensão meramente formal do postulado isonômico, passou o ente estatal a interferir na vida em sociedade para efetivar a isonomia de natureza substancial, que vem a ser a intervenção do Estado para, ao reconhecer diferenças essenciais entre os indivíduos, tratar igualmente os iguais e desigualmente os desiguais, na medida das suas desigualdades, segundo a célebre definição aristotélica.

23.3.1 Discriminação legítima e ilegítima

Nem toda discriminação é reprovada pelo sistema constitucional.

Embora seja verdade que a norma constitucional condene a escolha dos critérios origem, raça, sexo, cor e idade para desequiparar as pessoas, não menos certo é que, em muitas situações, o recurso aos anteditos critérios termina por configurar até mesmo uma imposição ditada pela circunstância da vida.

Comportamentos há nos quais se poderá perceber facilmente que, conquanto discriminatórios, não se interdita a sua realização.

Encontram-se, desse modo, as chamadas "discriminação legítima" e "discriminação ilegítima".

Toda vez que a discriminação é consumada em razão de uma situação de fato que a determina, está-se diante da discriminação legítima; quando, todavia, não há correspondência entre o fator de desequiparação utilizado e uma circunstância de fato, observa-se a discriminação ilegítima.

Explica-nos Celso Antônio Bandeira de Mello que "(...) qualquer elemento residente nas coisas, pessoas ou situações pode ser escolhido pela lei como fator discriminatório, donde se segue que, de regra, não é no traço de diferenciação escolhido que se deve buscar algum desacato ao princípio isonômico (...) as discriminações são recebidas como compatíveis com a cláusula igualitária apenas e tão somente quando existe um vínculo de correlação lógica entre a peculiaridade diferencial acolhida por residente no objeto, e a desigualdade de tratamento em função dela conferida, desde que tal correlação não seja incompatível com interesses prestigiados na Constituição"[1043].

Se, como no exemplo indicado pelo ilustre publicista, determinada região for assolada por epidemia, comprovando-se cientificamente que pessoas de determinada raça têm imunidade natural à enfermidade, seria ofensivo ao princípio da igualdade limitar o universo dos candidatos a auxiliares de enfermagem, enfermeiros ou médicos às pessoas daquela raça?[1044] E a resposta surge prontamente: é óbvio que não. A situação de fato impõe considerar a necessidade de restringir o universo dos candidatos aos indivíduos imunes à doença. E até mesmo no interesse da preservação da indenidade física dos demais membros da coletividade, deve ser limitada àquele universo a inscrição para eventual concurso público voltado à seleção de profissionais da área de saúde.

Entretanto, se não houver correlação lógica entre a discriminação com base no critério raça e um fato da vida, trata-se de desequiparação ilegítima a ensejar o aparecimento do insidioso *preconceito racial*, tão ininteligível e despropositado num País geneticamente enformado por saudável miscigenação racial.

Ninguém descreveu melhor a importância da miscigenação racial para o Brasil do que Darcy Ribeiro: "Nós, brasileiros, somos um povo em ser, impedido de sê-lo. Um povo mestiço na carne e no espírito, já que aqui a mestiçagem jamais foi crime ou pecado. Nela fomos feitos e ainda continuamos nos fazendo. Essa massa de nativos oriundos da mestiçagem viveu por séculos sem consciência de si, afundada na ninguendade. Assim foi até se definir como uma nova identidade étnico-nacional, a de brasileiros. Um povo, até hoje, em ser, na dura busca de seu destino. Olhando-os, ouvindo-os, é fácil perceber que são, de fato, uma nova romanidade, uma romanidade tardia mas melhor, porque lavada em sangue índio e sangue negro"[1045].

23.3.2 Igualdade entre homens e mulheres

Dispõe o art. 5º, I, que "homens e mulheres são iguais em direitos e obrigações, nos termos desta Constituição".

O Texto Constitucional reconhece a igualdade entre homens e mulheres, conquanto ressalve que tal igualização se faz de acordo com a disciplina nela posta.

Firmando a igualdade de cariz substancial, é a própria Constituição que promove tratamento diferenciado entre homens e mulheres no que se refere ao direito à aposentadoria, tanto no âmbito do serviço público (art. 40, III, *a* e *b*) quanto no setor privado (art. 201, § 7º, I e II).

E é, por sua vez, com base no art. 5º, I, da Constituição que se pode concluir a respeito da incompatibilidade de previsão existente no antigo Código Civil (art. 380,

1043 Cf. *Conteúdo Jurídico do Princípio da Igualdade*, p. 17.
1044 Idem, p. 16.
1045 Cf. *O Povo Brasileiro, p. 447.*

caput e parágrafo único), segundo a qual o pátrio poder era exercido pelo homem com a colaboração da mulher; atualmente não mais subsiste a antinomia porquanto, o art. 1.511 do Código Civil vigente preceitua que "o casamento estabelece comunhão plena de vida, *com base na igualdade de direitos e deveres dos cônjuges*".

23.3.3 O princípio da igualdade e as ações afirmativas

23.3.3.1 Ações afirmativas: questões conceituais

Os direitos fundamentais de quarta geração identificam-se aos direitos das minorias.

Sendo certa a existência de histórica discriminação perpetrada contra minorias raciais e determinadas categorias de indivíduos, como é o caso das pessoas com deficiência, convergiu-se para a adoção de *ações afirmativas*.

Mas o que vêm a ser propriamente *ações afirmativas*?

Ações afirmativas, políticas afirmativas, ou, ainda, *discriminação positiva*, traduzem-se na adoção de normas jurídicas que preveem tratamento distinto para determinados indivíduos ou categorias de pessoas, com o objetivo de garantir-lhes igualdade material em relação aos outros membros da coletividade[1046].

Há quem adicione aos elementos referidos o caráter da *provisoriedade* das políticas afirmativas[1047].

Não concordamos com a conclusão.

Se o propósito das ações afirmativas se prende à efetivação da igualdade substancial após anos e anos de preconceito dirigido a minorias raciais e étnicas ou a determinados grupos de indivíduos, é bem provável que a indigitada igualização só se opere a partir da consolidação de política afirmativa em sede de norma jurídica com caráter de *perenidade*, tal como acontece no nosso país com a reserva de postos de trabalho a empregados com deficiência (art. 93 da Lei n. 8.213/91).

23.3.3.2 Ações afirmativas nos Estados Unidos

O país que iniciou a política de ações afirmativas foi os Estados Unidos, cujo estopim para a implementação de tais medidas foi o julgamento de rumoroso caso pela Suprema Corte norte-americana no ano 1957: *Brown v. Board of Education*.

Nesse Caso, foi discutida a constitucionalidade da política de segregação racial nas escolas, visto que eram exclusivamente compostas ou de alunos negros ou de alunos brancos.

Até então, a Suprema Corte desse país havia considerado constitucional a separação entre brancos e negros, consolidando a doutrina dos "separados mas iguais"

1046 Cf. Maria José Morais Pires, "A discriminação positiva no direito internacional e europeu dos direitos do homem", p. 18-19.

1047 Cf. Renata Malta Vilas-Bôas, *Ações Afirmativas e o Princípio da Igualdade*, p. 21.

(*separate-but-equal*), adotada no Caso *Plessy v. Ferguson* (1896), que, por sua vez, teve por objeto a acirrada discussão acerca da constitucionalidade da reserva de assentos para passageiros negros na parte de trás dos vagões de trem. Concluiu o Tribunal que não se poderia cogitar de inconstitucionalidade porque, mesmo separados, os assentos reservados a negros e brancos eram iguais.

Em *Brown v. Board of Education*, refluiu a Suprema Corte quanto ao entendimento adotado em *Plessy*, principalmente a partir dos argumentos trazidos pelo Juiz Burton, para quem "após setenta e cinco anos desde o julgamento do Caso *Plessy*, as condições sociais e econômicas e as relações pessoais no País devem ter mudado de tal sorte que o que pode ter sido uma interpretação válida (...) setenta e cinco anos atrás não seria uma interpretação válida (...) hoje"[1048].

Após *Brown*, o Presidente John Kennedy editou a *Executive Order* n. 10.925, de 6 de março de 1961, utilizando pela primeira vez a expressão *affirmative action* (ação afirmativa), cujo conteúdo vedava a prática de discriminação ilegítima contra funcionário ou candidato a emprego em razão de raça, credo ou nacionalidade. Em 2 de julho de 1964 foi editada a Lei dos Direitos Civis (*Civil Right Act*), que proibia a segregação em lugares públicos e práticas discriminatórias ilegítimas com base nos critérios raça, cor, sexo ou origem do indivíduo.

Outrossim, por 5 votos a 4, a Suprema Corte, em julgamento realizado em 28 de junho de 2007, considerou inconstitucional a adoção de quotas raciais nas escolas públicas de ensino médio e fundamental. "A procura de um objetivo pelas escolas (integração racial) não quer dizer que elas sejam livres para empreender uma discriminação com base na raça para atingi-lo", registrou o Presidente da Corte, John Roberts (Uol educação, 28-6-2007).

23.3.3.3 Ações afirmativas no Brasil. Sistema de quotas nas universidades públicas. Constitucionalidade

No Brasil, além da referida Lei n. 8.213/91, foi implementada ação afirmativa para ingresso de estudantes negros e índios em algumas universidades públicas brasileiras, como foi o caso da Universidade de Brasília (UNB), Universidade do Estado do Rio de Janeiro (UERJ), Universidade Federal do Paraná (UFPR), Universidade Estadual de Campinas (UNICAMP), Universidade Estadual do Amazonas (UEA), Universidade do Estado da Bahia (UNEB) e da Universidade Federal da Bahia (UFBA).

Controverte-se acerca da constitucionalidade da medida.

Argumenta-se que a Constituição de 1988 não ampararia o sistema de quotas raciais porque vinculado a critério de desequiparação ilegítimo.

Defende-se também que a ação afirmativa viola o princípio da igualdade porque contempla discriminação reversa (*reverse discrimination*). O termo surgiu nos Estados Unidos para criticar a ação afirmativa sob o fundamento de que as atuais ge-

---

1048 Cf. Mark V. Tushnet, *Brown v. Board of Education*: The Battle for Integration, p. 74.

rações não têm responsabilidade com a discriminação praticada no passado.

Nosso entendimento converge para a absoluta conformidade da política de quotas raciais em relação ao sistema constitucional.

O que se mostra incontestável é a tentativa de as ações afirmativas lograrem o alcance da igualdade substancial, circunstância que não é estranha aos sistemas jurídicos pós-modernos, mais ainda quando consolidado o constitucionalismo social após o início do século passado. E recorde-se que a mesma resistência oposta no passado às normas de direito social agora se opõe com relação às políticas afirmativas, seja aqui no Brasil, seja nos Estados Unidos.

Ademais, note-se que o art. 1º, *caput*, da Constituição enuncia que a República Federativa do Brasil constitui-se em Estado Democrático de Direito, em cujo seio deve necessariamente repousar a ideia quanto à concessão de iguais oportunidades a todos os indivíduos. Se oportunidades têm sido recusadas a determinadas minorias raciais em razão de condições históricas, sociais e econômicas, torna-se evidente a obrigatoriedade de compensação por meio de políticas públicas que objetivamente traduzam a vontade do Estado de reverter o quadro de desigualdade. Logo, o critério racial utilizado para desequiparar não é ilegítimo.

Também os objetivos fundamentais da República Federativa do Brasil (art. 3º, I a IV, da CF) amparam as políticas afirmativas, porquanto não haverá sociedade *justa* (art. 3º, I) enquanto a desigualdade for retroalimentada pelo comportamento fleumático da entidade estatal.

Sociedade *solidária* (art. 3º, I) é meta inatingível quando reside abissal desproporção nas condições materiais de existência dos indivíduos de dada sociedade, sem que se adotem medidas aptas à mitigação das desequiparações. E a ação afirmativa é uma delas.

O mesmo se afirme quanto à *garantia do desenvolvimento nacional* (art. 3º, II), que pressupõe a melhoria da condição de vida dos cidadãos brasileiros, incrementando os índices sociais inerentes à saúde, previdência social, lazer, trabalho, o que só será atingido por meio do acesso à educação e ao conhecimento.

E o que dizer da *erradicação da pobreza e da marginalização e redução das desigualdades sociais e regionais* (art. 3º, III)? Não há dúvida de que as quotas raciais nas universidades públicas contribuem, de modo decisivo, para a profissionalização de indivíduos pertencentes a minorias raciais historicamente postas à margem da distribuição da riqueza no nosso país.

Já o art. 3º, IV, da Constituição, ao consagrar a *cláusula constitucional da não discriminação* e ao determinar a promoção do bem de todos, sem preconceitos de origem, raça, sexo, cor, idade e quaisquer outras formas de discriminação, eleva-se ao *status* de princípio constitucional *vinculante* e *conformador* de políticas públicas, especialmente aquelas vocacionadas à efetivação da igualdade substancial. Por conseguinte, não há nenhuma discriminação reversa no particular.

No âmbito da competência comum ditada no art. 23 da Constituição, o inciso X se afina inteiramente com as ações afirmativas, pois determina a todos os entes federativos a obrigação de *combater as causas da pobreza e os fatores de marginalização, promovendo a integração social dos setores desfavorecidos.*

Na Ordem Social existem importantíssimos comandos constitucionais relacionados ao sistema de quotas nas universidades públicas.

O art. 206, I, enuncia que o ensino será ministrado com base no *princípio da igualdade de condições para o acesso e permanência na escola.* A referência a "escola" não impede a incidência do enunciado com relação às universidades públicas, principalmente porque são elas destinatárias dos princípios inerentes ao ensino e fixados no art. 206 da Constituição.

Por outro lado, embora não tenha ainda o STF se pronunciado acerca do tema, diversas decisões de tribunais têm sufragado a constitucionalidade da medida.

O Tribunal de Justiça do Estado do Rio de Janeiro, por exemplo, ao julgar a Apelação Cível em Mandado de Segurança n. 2003.001.27.194, e recusando a tese da inconstitucionalidade do sistema de quotas raciais adotado pela Universidade do Estado do Rio de Janeiro – UERJ, concluiu que "ação afirmativa é um dos instrumentos possibilitadores da superação do problema do não cidadão, daquele que não participa política e democraticamente como lhe é na letra da lei fundamental assegurado, porque não se lhe reconhecem os meios efetivos para se igualar com os demais. Cidadania não combina com desigualdades. República não combina com preconceito. Democracia não combina com discriminação. (...)".

23.4 O PRINCÍPIO DA LEGALIDADE

Examinando a regra-matriz da legalidade no sistema constitucional brasileiro, vê-se que o art. 5º, II, esclarece que "ninguém será obrigado a fazer ou deixar de fazer alguma coisa senão em virtude de lei".

No altiplano do comportamento individual, o art. 5º, II, serve ao propósito de construir regra geral inclusiva: tudo o que não está proibido está juridicamente permitido. Os particulares, assim, veem-se diante de considerável liberdade de ação, visto que a conduta somente poderá ser limitada por lei.

Qual lei?

Convém advertir acerca da existência de duas acepções de "lei", que se apresentam muito úteis à compreensão do princípio: *lei em sentido formal* e *lei em sentido material*.

O que seria "lei em sentido formal"?

Outra coisa não é que a norma editada pela autoridade competente e de acordo com o procedimento constitucionalmente regrado. São, em suma, as diversas leis emanadas dos Poderes Legislativos federal, estadual e municipal, cujo processo de elaboração se deu por autoridade competente, tendo, além disso, atendido ao procedimento formativo disciplinado nas Constituições Federal e estaduais e nas leis orgânicas municipais e distrital.

Logo, as leis em sentido formal são produzidas pelo corpo legislativo competente e têm o seu processo formativo ordenado pela Constituição.

E "leis em sentido material"? O que viriam a ser?

São todas as espécies normativas existentes no ordenamento jurídico e que não se submeteram ao processo legislativo apontado nos arts. 59 e seguintes da Constituição.

Portanto, os decretos expedidos pelo Poder Executivo, as resoluções, instruções e portarias emitidas pelas autoridades administrativas, e até editais de concurso público, podem ser considerados leis em sentido material.

Nesse contexto, pode-se concluir com Aftalión, Olano e Vilanova que a lei em sentido próprio tem um elemento *material*, que se identifica à *norma geral*, que, por sua vez, se contrapõe àquelas leis exclusivamente formais que encerram *normas individuais* (como na hipótese de benefícios, pensões vitalícias aprovadas pelo Parlamento etc.)[1049].

Consequentemente, podemos encontrar as seguintes espécies de leis: a) *leis em sentido exclusivamente material*, com conteúdo de lei, ou seja, são genéricas e abstratas, mas não são produzidas pelo Parlamento nem de acordo com o processo legislativo fixado na Constituição (e.g., instruções, portarias, resoluções, quando se revestirem de caráter normativo); b) *leis em sentido exclusivamente formal*, editadas pelo Parlamento e de acordo com o procedimento constitucionalmente regrado, que não são dotadas de generalidade e abstratividade (e.g., leis concessivas de pensões vitalícias); c) *leis em sentido concomitantemente material e formal*, cujo conteúdo é genérico e abstrato, são produzidas pelo Parlamento ou pela autoridade referida na constituição para produzi-la e de acordo com o processo legislativo posto pelas normas constitucionais (e.g.: as inúmeras leis aprovadas pelo Congresso Nacional ou mesmo as medidas provisórias editadas pelo Presidente da República em consonância com o art. 62 e parágrafos da CF de 1988).

Qual a importância da classificação?

É indiscutível a relevância prática em saber se uma norma é lei em sentido material e formal ou se o é apenas materialmente.

Em primeiro lugar, recorde-se que o art. 5º, II, da Constituição erige como direito individual a cláusula da liberdade-matriz: ninguém será obrigado a fazer ou não fazer alguma coisa senão em razão da lei.

A lei, em sentido exclusivamente material (portarias[1050], resoluções administrativas, instruções, regulamentos[1051] e editais), não tem aptidão para conformar por si

---

1049 Cf. *Introducción al Derecho*, p. 284.

1050 "ADMINISTRATIVO – MULTA – IBAMA – PORTARIA N. 122/85 E 267/88 – TRANSPORTE DE CARVÃO VEGETAL – NULIDADE DO AUTO DE INFRAÇÃO – I. Somente a Lei em sentido formal e material pode descrever infrações e impor penalidades, sendo nulos os autos de infração lavrados com base em portaria. II. Apelação provida" (TRF 1ª R., AC 01000339620/MG, 3ª T. Supl., rel. Juiz fed. conv. Moacir Ferreira Ramos, *DJU* de 31-7-2003, p. 105).

1051 "ADMINISTRATIVO – AÇÃO ANULATÓRIA DE DÉBITO FISCAL – MULTA APLICADA POR INFRINGÊNCIA À PORTARIA DO INMETRO – ILEGALIDADE – 1. O art. 5º,

própria o comportamento dos indivíduos; apenas as normas é que podem fazê-lo, pois, possuindo o conteúdo de lei (sentido material), são promanadas dos órgãos legislativos competentes e de acordo com o processo descrito pela Constituição.

Temos por certo, por induvidoso mesmo, que interpretação instruída pela necessária salvaguarda dos direitos individuais, perseguida pelo sistema constitucional – de modo marcante pelo art. 5º e incisos –, complementada ainda pela histórica tentativa de impedir a invasão da liberdade do indivíduo pelo Estado, implicará, em verdade, o reconhecimento de que "lei" somente pode ser aquela expedida pelo Parlamento brasileiro e de acordo com o processo legislativo fixado; lei em sentido material e, sobretudo, formal. E por quê? Simplesmente em razão de que, se, de modo equivocado, admitíssemos como "lei" qualquer norma editada por qualquer autoridade, inclusive administrativa, presenciaríamos severas limitações à liberdade individual originárias de quem não recebera delegação do povo para impor tais restrições. Lei é produto da vontade geral – *volonté générale*, na célebre definição de Rousseau – e não da vontade particular – *volonté particulière* – de quem quer que seja.

Posto dessa forma, é com suporte no princípio da legalidade que se interdita ao administrador que promova a limitação da liberdade dos indivíduos mediante o recurso a resoluções, instruções, portarias... Nenhuma dessas normas em sentido exclusivamente material possui aptidão para conter a liberdade da ação individual. É indispensável que se promova o contraste do ato praticado pela Administração e a sua respectiva adequação à lei fundamentadora da validade da espécie praticada. Ato desconforme à lei ou sem fundamentação legal é írrito e nulo, devendo o cidadão buscar a sua anulação perante a própria autoridade que o expediu ou recorrer ao Poder Judiciário para a obtenção de tutela judicial específica.

23.5 O ART. 5º, III, A TORTURA E O TRATAMENTO DESUMANO OU DEGRADANTE

Salienta o art. 5º, III, que "ninguém será submetido a tortura nem a tratamento desumano ou degradante".

O repúdio à tortura é resultado do processo histórico brasileiro, quando governos autocráticos se utilizaram da nefanda prática a fim de desarticular os contesta-

inciso II, da CF/88, dispõe que 'ninguém será obrigado a fazer ou deixar de fazer alguma coisa senão em virtude de Lei', de forma que a definição de infração, mesmo administrativa, e a cominação de penalidade, reclamam a edição de Lei em sentido formal, e não apenas de ato regulamentar. 2. Tendo a Lei n. 5.966/73 apenas definido as penalidades por infração aos seus dispositivos e as normas baixadas pelo CONMETRO, não definindo infrator, infração, nem estabelecido a necessária correspondência entre infração e penalidade, não pode o CONMETRO, por meio de Resolução, muito menos o INMETRO, por meio de Portaria, extrapolar a mera regulamentação da Lei n. 5.966/73, para, ingressando no terreno da legislação, definir infração e infrator, sob pena de afronta ao princípio da legalidade. 3. É nulo o auto de infração, na falta de Lei que defina a infração pretensamente cometida. 4. Apelações e remessa improvidas" (TRF 1ª R., AC 01000685834/MG, 3ª T. Supl., rel. Juiz conv. Wilson Alves de Souza, *DJU* de 3-4-2003, p. 103).

dores do regime, tal como aconteceu com a maioria dos governos militares pós-1964.

Mas a previsão constitucional que reprova o recurso à tortura também responde a clamor mundial para incorporação da repulsa aos sistemas internos de cada país.

Nesse passo, observe-se que a Assembleia das Nações Unidas, em 1964, delimitou o significado de tortura, que posteriormente foi incorporado ao § 4º do Decreto n. 40, de 15 de fevereiro de 1991: "Qualquer ato pelo qual dores ou sofrimentos agudos, físicos ou mentais, são infligidos intencionalmente a uma pessoa a fim de obter, dela ou de terceira pessoa, informações ou confissões; de castigá-la por ato que ela ou terceira pessoa tenha cometido ou seja suspeita de ter cometido; de intimidar ou coagir esta pessoa ou outras pessoas; ou por qualquer modo baseado em discriminação de qualquer natureza; quando tais dores ou sofrimentos são infligidos por um funcionário público ou outra pessoa no exercício de funções públicas, ou por sua instigação, ou com o seu consentimento ou aquiescência". Ressalva-se, no entanto, que "não se considerará como tortura as dores ou sofrimentos que sejam consequência unicamente de sanções legítimas, ou que sejam inerentes a tais sanções ou delas decorrentes".

No âmbito da legislação ordinária, o conceito de tortura está indicado no art. 1º da Lei n. 9.455, de 7 de abril de 1997[1052].

O crime de tortura é insuscetível de graça ou anistia (art. 5º, XLIII, parte inicial).

Embora o art. 5º, LI, da Constituição assinale que "nenhum brasileiro será extraditado, salvo o naturalizado, em caso de crime comum, praticado antes da naturalização, ou de comprovado envolvimento em tráfico ilícito de entorpecentes e drogas afins, (...)" e o art. 5º, LII, estabeleça que "não será concedida extradição de estran-

1052 É a seguinte a redação do dispositivo: "Art. 1º Constitui crime de tortura: I – constranger alguém com emprego de violência ou grave ameaça, causando-lhe sofrimento físico ou mental: a) com o fim de obter informação, declaração ou confissão da vítima ou de terceira pessoa; b) para provocar ação ou omissão de natureza criminosa; c) em razão de discriminação racial ou religiosa; II – submeter alguém, sob sua guarda, poder ou autoridade, com emprego de violência ou grave ameaça, a intenso sofrimento físico ou mental, como forma de aplicar castigo pessoal ou medida de caráter preventivo. Pena – reclusão, de dois a oito anos. § 1º Na mesma pena incorre quem submete pessoa presa ou sujeita a medida de segurança a sofrimento físico ou mental, por intermédio da prática de ato não previsto em lei ou não resultante de medida legal. § 2º Aquele que se omite em face dessas condutas, quando tinha o dever de evitá-las ou apurá-las, incorre na pena de detenção de um a quatro anos. § 3º Se resulta lesão corporal de natureza grave ou gravíssima, a pena é de reclusão de quatro a dez anos; se resulta morte, a reclusão é de oito a dezesseis anos. § 4º Aumenta-se a pena de um sexto até um terço: I – se o crime é cometido por agente público; II – se o crime é cometido contra criança, gestante, portador de deficiência, adolescente ou maior de 60 (sessenta) anos *(redação dada pela Lei n. 10.741, de 2003)*; III – se o crime é cometido mediante sequestro. § 5º A condenação acarretará a perda do cargo, função ou emprego público e a interdição para seu exercício pelo dobro do prazo da pena aplicada. § 6º O crime de tortura é inafiançável e insuscetível de graça ou anistia. § 7º O condenado por crime previsto nesta Lei, salvo a hipótese do § 2º, iniciará o cumprimento da pena em regime fechado".

geiro por crime político ou de opinião", é relevante destacar o art. 3º, item 1, da Convenção Contra a Tortura e Outros Tratamentos ou Penas Cruéis, Desumanos e Degradantes, inserido no sistema normativo brasileiro pelo referido Decreto n. 40/91: "Nenhum Estado-Parte procederá à expulsão, devolução ou extradição de uma pessoa para outro Estado, quando houver razões substanciais para crer que a mesma corre perigo de ali ser submetida a tortura".

Sendo assim, mesmo em se tratando de estrangeiro em trânsito no território nacional, não se admitirá a sua extradição se as autoridades brasileiras constatarem, utilizando o procedimento descrito no art. 3º, item 2, da norma internacional[1053], que o indivíduo corre sério risco de ser submetido a tortura no país de origem. Logo, a norma alienígena promove alargamento das hipóteses de não extradição fixadas no art. 5º, LI e LII, da Constituição de 1988.

Quanto ao tratamento desumano ou degradante, a Constituição igualmente o proscreve, cumprindo assinalar que o art. 16, item 1, da Convenção Contra a Tortura registra que "cada Estado-Parte se comprometerá a proibir, em qualquer território sob a sua jurisdição, outros atos que constituam tratamentos ou penas cruéis, desumanos ou degradantes que não constituam tortura tal como definida no 'artigo 1º', quando tais atos forem cometidos por funcionário público ou outra pessoa no exercício de funções públicas, ou por sua instigação, ou com o seu consentimento ou aquiescência. Aplicar-se-ão, em particular, as obrigações mencionadas nos 'artigos 10, 11, 12 e 13'[1054], com a substituição das referências a outras formas de tratamentos ou penas cruéis, desumanos ou degradantes".

1053 Art. 3º, item 2, da Convenção Contra a Tortura: "A fim de determinar a existência de tais razões, as autoridades competentes levarão em conta todas as considerações pertinentes, inclusive, se for o caso, a existência, no Estado em questão, de um quadro de violações sistemáticas, graves e maciças de direitos humanos".

1054 É a seguinte a redação dos referidos dispositivos: "Artigo 10º 1. Cada Estado-Parte assegurará que o ensino e a informação sobre a proibição da tortura sejam plenamente incorporados no treinamento do pessoal civil ou militar encarregado da aplicação da lei, do pessoal médico, dos funcionários públicos e de quaisquer outras pessoas que possam participar da custódia, interrogatório ou tratamento de qualquer pessoa submetida a qualquer forma de prisão, detenção ou reclusão. 2. Cada Estado-Parte incluirá a referida proibição nas normas ou instruções relativas aos deveres e funções de tais pessoas. Artigo 11º Cada Estado-Parte manterá sistematicamente sob exame as normas, instruções, métodos e práticas de interrogatório, bem como as disposições sobre a custódia e o tratamento das pessoas submetidas, em qualquer território sob a sua jurisdição, a qualquer forma de prisão, detenção ou reclusão, com vistas a evitar qualquer caso de tortura. Artigo 12º Cada Estado-Parte assegurará que suas autoridades competentes procederão imediatamente a uma investigação imparcial, sempre que houver motivos razoáveis para crer que um ato de tortura tenha sido cometido em qualquer território sob sua jurisdição. Artigo 13º Cada Estado-Parte assegurará, a qualquer pessoa que alegue ter sido submetida a tortura em qualquer território sob sua jurisdição, o direito de apresentar queixa perante as autoridades competentes do referido Estado, que procederão imediatamente e com imparcialidade ao exame do seu caso. Serão tomadas medidas para assegurar a proteção dos queixosos e das testemunhas contra qualquer mau tratamento ou intimidação, em consequência da queixa apresentada ou do depoimento prestado".

23.6 O DIREITO DE REUNIÃO

Assegura o art. 5º, XVI, que "todos podem reunir-se pacificamente, sem armas, em locais abertos ao público, independentemente de autorização, desde que não frustrem outra reunião anteriormente convocada para o mesmo local, sendo apenas exigido prévio aviso à autoridade competente".

Estado Democrático é sinônimo de liberdade de manifestação do povo.

Logo, o dispositivo não teria a finalidade de adstringir a manifestação legítima mediante suposta exigência de autorização da autoridade competente a fim de possibilitar a reunião.

Quatro elementos devem estar presentes para configurar o exercício da liberdade de reunião.

23.6.1 Pluralidade de participantes

Em primeiro lugar, é indispensável a *pluralidade de participantes*. Com isso se diferencia da liberdade de manifestação do pensamento, já que, nesse caso, o exercício do direito do indivíduo se dá de forma isolada[1055].

23.6.2 Duração limitada e caráter episódico

Em segundo lugar, temos o elemento tempo, pois a reunião deve ter *duração limitada e caráter episódico*[1056].

23.6.3 Propósito certo

Em terceiro lugar, surge o elemento finalidade. Com efeito, a reunião encerra *propósito certo, determinado*, distinguindo-se, assim, dos agrupamentos ocasionais e das aglomerações que não possuem objetivo voltado à discussão de temas de interesse dos indivíduos, como ocorre com a liberdade de reunião[1057].

O elemento finalidade não está presente quando o propósito do agrupamento é diversão. Se, na hipótese, as pessoas se encontram reunidas em estádio de futebol para assistir a uma partida, por mais que o elemento subjetivo referente à torcida pelo mesmo time crie liame entre os indivíduos, não se estará diante do exercício de liberdade de reunião, visto que não se nota a convergência para discussão de temas de interesse daqueles que ali se encontram. Se, no entanto, as pessoas se dirigem para o local a fim de discutir questões relativas ao interesse da comunidade, é inegável reconhecer o exercício do direito de reunião.

1055 Cf. Celso Bastos e Ives Gandra Martins, *Comentários à Constituição do Brasil*, p. 91.
1056 Idem, ibidem.
1057 Idem, ibidem.

23.6.4 Local fechado ou área reservada

Por último, cabe referir o elemento lugar, pois a reunião não pode ser realizada no meio de via pública. Deve ocorrer em *local fechado* ou ao menos em *área cercada*[1058].

23.6.5 Direito de reunião e dispensa de autorização do Poder Público

O exercício do direito de reunião não depende de autorização do Poder Público, bastando apenas prévio aviso, cujo propósito não é outro senão viabilizar a adoção de providências administrativas tendentes a assegurar o exercício do direito (garantir a segurança, disciplinar o trânsito no local etc.).

Também será ofensiva à liberdade de reunião contingente determinação do Poder Público dirigida a impedir que os indivíduos utilizem carros, aparelhos ou objetos sonoros, visto que a restrição tornará inviável, de fato, o exercício do direito individual ante a impossibilidade de comunicação entre os manifestantes. Há jurisprudência do STF nesse sentido[1059].

23.6.6 Direito de reunião e intervenção de autoridade policial

A intervenção da polícia não deverá ser admitida, salvo quando os indivíduos estiverem portando armas ou se a reunião descambar para a violência.

23.6.7 Possibilidade de suspensão do direito individual de reunião

Finalmente, observe-se que o direito de reunião pode ser afastado nas hipóteses de decretação de estado de defesa e de estado de sítio (arts. 136, I, *a*, 137, § 1º, I, *a*, e 139, IV, da CF), justificando-se, ademais, pela evidência da situação de anormalidade institucional[1060].

1058 Idem, ibidem.

1059 STF, ADInMC 1969/DF, rel. Min. Marco Aurélio, j. em 24-3-1999: "Deferida medida liminar em ação direta de inconstitucionalidade ajuizada pelo Partido dos Trabalhadores – PT, pela Confederação Nacional dos Trabalhadores na Agricultura - CONTAG, pela Confederação Nacional dos Trabalhadores em Educação - CNTE e pela Central Única dos Trabalhadores - CUT, para suspender o Decreto 20.098/99, editado pelo Governador do Distrito Federal, que vedava a realização de manifestações públicas com a utilização de carros, aparelhos e objetos sonoros na Praça dos Três Poderes, Esplanada dos Ministérios e Praça do Buriti e vias adjacentes. O Tribunal, por unanimidade, entendeu relevante a tese de inconstitucionalidade por aparente ofensa ao direito de reunião inscrito no art. 5º, XVI, da CF ('todos podem reunir-se pacificamente, sem armas, em locais abertos ao público, independentemente de autorização, desde que não frustrem outra reunião anteriormente convocada para o mesmo local, sendo apenas exigido prévio aviso à autoridade competente'). Considerou-se que, embora o direito de reunião não tenha caráter absoluto, as restrições tal como impostas pelo Decreto impugnado não seriam razoáveis, uma vez que inviabilizariam o exercício do próprio direito ao impedir a comunicação entre os manifestantes. ADInMC 1.969-DF, rel. Min. Marco Aurélio, 24-3-99. (ADI-1969)" (*Informativo STF*, n. 143).

1060 Cf. Celso Bastos e Ives Gandra Martins, op. cit., p. 92.

23.6.8 Ausência dos requisitos do direito de reunião. Consequência

Ausentes os elementos acima indicados, é possível restringir, de modo legítimo, o direito de reunião[1061].

23.7 O DIREITO DE ASSOCIAÇÃO

Trata-se de direito individual com amparo em diversos dispositivos constitucionais.

Acentua a Constituição que "é plena a liberdade de associação para fins lícitos, vedada a de caráter paramilitar" (art. 5º, XVII), que "a criação de associações e, na forma da lei, a de cooperativas independem de autorização, sendo vedada a interferência estatal em seu funcionamento" (art. 5º, XVIII), que "as associações só poderão ser compulsoriamente dissolvidas ou ter suas atividades suspensas por decisão judicial, exigindo-se, no primeiro caso, o trânsito em julgado" (art. 5º, XIX), que "ninguém poderá ser compelido a associar-se ou a permanecer associado" (art. 5º, XX), e, por fim, que "as entidades associativas, quando expressamente autorizadas, têm legitimidade para representar seus filiados judicial ou extrajudicialmente" (art. 5º, XXI).

No âmbito dos direitos sociais trabalhistas coletivos, indica o art. 8º, *caput,* que "é livre a associação profissional ou sindical (...)", ao tempo em que o art. 8º, V, reforça o já proclamado direito de a pessoa ingressar ou não, permanecer ou não em sindicato.

O direito de associação compreende três espécies: a) *direito de associação civil*; b) *direito de associação profissional ou sindical*; c) *direito de associação política.*

23.7.1 Direito de associação civil

O direito de associação civil se exercita para o fim de criação de entidades destinadas a melhor proporcionar o exercício dos direitos civis (por exemplo, associação de pais, associação de bairro).

23.7.2 Direito de associação profissional ou sindical

O direito de associação profissional ou sindical é corolário da atávica tendência do *homo faber* à consolidação de agrupamento para a defesa de interesses profissio-

1061 "MANDADO DE SEGURANÇA – INFÂNCIA E JUVENTUDE – PASSEATA – DIREITO DE REUNIÃO (CF, ART. 5º, INCISO XVI). O exercício do direito garantido pela regra do art. 5º, inciso XVI, da CF, encontra limite no exercício de outros direitos igualmente garantidos pela CF. Liminar satisfativa concedida. Ação procedente. Perda do objeto. Não ocorrência. Recurso do município e reexame necessário providos para denegar a segurança" (TJSP, AC 074.432-0/8-00 – São José dos Campos, C. Esp., rel. Des. Álvaro Lazzarini, j. em 7-6-2001).

nais (por exemplo: associação de médicos de determinada especialidade; associação de categoria econômica[1062] ou profissional).

23.7.3 Direito de associação política

Já o direito de associação política se expressa na faculdade que se confere a alguém para, por meio de criação ou integração a entidade existente, atuar mais ativamente no processo político (por exemplo: filiação partidária).

23.8 O DIREITO DO AUTOR

Está protegido nos seguintes dispositivos constitucionais:

art. 5º, XXVII – "aos autores pertence o direito exclusivo de utilização, publicação ou reprodução de suas obras, transmissível aos herdeiros pelo tempo que a lei fixar";

art. 5º, XXVIII – "são assegurados, nos termos da lei: *a*) a proteção às participações individuais em obras coletivas e à reprodução da imagem e voz humanas[1063], inclusive nas atividades desportivas; *b*) o direito de fiscalização do aproveitamento econômico das obras que criarem ou de que participarem aos criadores, aos intérpretes e às respectivas representações sindicais e associativas";

art. 5º, XXIX – "a lei assegurará aos autores de inventos industriais privilégio temporário para sua utilização, bem como proteção às criações industriais, à proprieda-

---

1062 "DIREITO COMERCIAL – AÇÃO ORDINÁRIA – PRELIMINAR LEVANTADA PELA SEGUNDA APELANTE – CARÊNCIA DE AÇÃO – REJEIÇÃO – ALEGAÇÃO DE QUE TEM DIREITO DE ASSOCIAR-SE EM VIRTUDE DE SUA FINALIDADE LÍCITA – QUE NÃO DESENVOLVE QUAISQUER ATOS MERCANTIS, O QUE IMPORTA NA IMPOSSIBILIDADE DE CONCORRÊNCIA COM AS AUTORAS – SUSTENTAÇÃO DAS PRIMEIRAS APELANTES – CONDENAÇÃO DA APELADA NA COMPOSIÇÃO DAS PERDAS E DANOS – INACOLHIMENTO – 1. O interesse processual limita-se a mera possibilidade de procedência do pedido sobre o direito material. 2. O direito marcário, enquanto atributo de natureza comercial, protege a marca em virtude do aspecto mercantil do bem. 3. Se a associação dos ex-distribuidores usa o nome Ford, direito constitucionalmente assegurado, e não pratica a mercancia, não ofende o direito desta. 4. A indenização por perdas e danos resulta de violação a contrato ou direito da parte ofendida perpetrado pela ofensora. 5. Inocorre ato causador de prejuízo ao nome Ford, porque o direito de associação da pretensa ofensora é garantido pela Carta Magna. Demais, essa não faz com aquela concorrência, porque seus fins não são comerciais" (TJDF, APC 20010110142350/DF, 2ª T. Cív., rel. Des. Mariozam Belmiro, *DJU* de 30-4-2003, p. 31).

1063 "DIREITO AUTORAL – OBRA MUSICAL – INTERDIÇÃO DE MÚSICA TOCADA AO VIVO E ATRAVÉS DE APARELHOS MECÂNICOS – DIREITOS AUTORAIS – ECAD. Música ao vivo quando os compositores mostram suas obras. Aplicação do art. 5º, inciso XXVIII da Constituição Federal. Cobrança indevida. Não há violação de direitos autorais, quando o compositor apresenta sua música em casa alternativa de espetáculos, porquanto ao artista é permitido dispor de sua obra, conforme assegura o inciso XXVIII do artigo 5º da Constituição Federal" (TJRJ, AC 6482/2000 (11092000), 5ª C. Cív., rel. Des. José Affonso Rondeau, j. em 27-6-2000).

de das marcas, aos nomes de empresas e a outros signos distintivos, tendo em vista o interesse social e o desenvolvimento tecnológico e econômico do País".

Consoante decorre da redação do art. 5º, XXVII, são distintos os direitos do autor quanto à utilização, publicação e reprodução de sua obra[1064].

23.9 O TRIBUNAL DO JÚRI

A base constitucional é o art. 5º, XXXVIII: "É reconhecida a instituição do júri, com a organização que lhe der a lei, assegurados: *a*) a plenitude de defesa; *b*) o sigilo das votações; *c*) a soberania dos veredictos; *d*) a competência para o julgamento dos crimes dolosos contra a vida".

Não foram e não são poucas as vozes que ainda se levantam contra a instituição do Júri no Brasil; contudo, poucas também não são as que defendem apaixonadamente a sua manutenção como único modo legítimo de julgamento do indivíduo no caso de crimes dolosos contra a vida.

Walter P. Acosta discorre sobre as posições: "Para uns, o júri é a garantia democrática de ser o indivíduo, em determinados crimes, julgado por seus concidadãos, acima das normas inflexíveis da lei, e o direito do cidadão de julgar seus semelhantes; entendem que é a sociedade mesma, representada por membros de ilibada idoneidade, que procura restabelecer o equilíbrio quebrado pela ofensa ao direito; afirmam que o júri, julgando o criminoso, não o crime, e não estando adstrito ao critério legal e às prevenções do juiz profissional, é capaz de humanizar a lei e melhor discernir sobre quais os réus merecedores de pena; por fim, sustentam que a verdade proclamada por 7 cidadãos é mais segura que a proclamada por apenas um. A este respeito, Carnellutti formulou a conhecida metáfora: o juízo colegiado é com-

---

1064 "DIREITO AUTORAL. Obras musicais inseridas em películas cinematográficas ou audiovisuais. Execução pública, via satélite, em programação de televisão por assinatura. Remuneração devida. Inteligência da Lei n. 5.988/73, posteriormente alterada pela Lei n. 9.610/98, do artigo 14 da Convenção de Berna (Decreto n. 34.954/54) e dos artigos 5º, XXVII e XXVIII, b, da Constituição Federal. Há sensível diferença entre o direito de inserção de obras musicais para produção de películas e o direito de exibição, além de reconhecer a independência de cada qual, sendo que a autorização para inclusão de música em filme não importa em renúncia do direito de receber a contribuição devida em cada reprodução pública da película, no percentual de 2,55% sobre o faturamento bruto percebido com a comercialização de assinaturas e inserções publicitárias. Tabela de preço. Compete privativamente aos autores o direito exclusivo de utilização, publicação e reprodução de suas obras, bem assim o direito de fixar preço, direito esse que, no caso, é exercido pelo ECAD e não mais está adstrito a qualquer espécie de controle ou fiscalização pela Administração Pública, dada a natureza privada do direito autoral. O fato de se executar músicas implica a aceitação dos critérios de avaliação e cobrança previamente estabelecidos, devendo-se pagar o preço previamente estipulado que o titular, por si ou quem o representa, fixou. Ação procedente. Recurso não provido" (TJSP, AC 189.365-4/0, 7ª CDPriv., rel. Des. Leite Cintra, j. em 6-2-2002).

parado à visão binocular; se a natureza nos dotou de dois olhos em lugar de um só, é porque uma única imagem não basta para que seja completamente visto o que devemos ver".

"Para outros, se é certo que o júri, nos seus primórdios, foi um respiradouro às reivindicações populares, suprimindo a intervenção dos juízes togados, integrantes da nobreza, desapareceu, depois que ditos juízes passaram a vir do seio do povo, a razão para subtrair-lhes o julgamento dos acusados; afirmam que a justiça contemporânea assumiu feição que está a exigir conhecimentos especializados e alto espírito crítico, inexistentes nos juízes leigos, que concorrem, com o seu sentimentalismo, para deixar impunes os mais graves crimes; e acrescentam que, a julgar pelos resultados alcançados em outros países, o júri somente aprova onde existem condições favoráveis para uma democracia direta, que não há no Brasil, devido à extensão geográfica, ao baixo nível cultural, à baixa moralidade, à falta de educação cívica e ao desinteresse pela coisa pública. Quem não depôs jamais as armas – terríveis armas – de combate ao júri, foi o grande Nélson Hungria. São dele estas palavras: 'O famigerado Tribunal do Júri, osso de megatério que persiste em ligar repressão penal e regime democrático, redundou, pela sua incompetência e frouxidão, em fator indireto de criminalidade'"[1065].

Examinadas as posições, declaramo-nos francamente a favor da preservação do Tribunal do Júri.

Com efeito, não fosse a questão do julgamento do indivíduo pelos seus pares, especial desdobramento do princípio democrático agasalhado em tantos domínios do sistema constitucional brasileiro, o que vedaria a alteração não só à vista das cláusulas intangíveis indicadas no art. 60, § 4º, I a IV, da Constituição, mas sobretudo em razão do princípio constitucional conformador atinente ao Estado Democrático de Direito (art. 1º, *caput*), tem-se ainda que as circunstâncias a envolverem a prática dos crimes dolosos contra a vida, com nítida interação de fenômenos sociais, econômicos, culturais, antropológicos, psicológicos etc., em tudo recomenda o julgamento do acusado por aqueles que convivem na comunidade.

A respeito da plenitude de defesa (art. 5º, XXXVIII, *a*) trata-se de norma que impõe limitações precipuamente dirigidas ao Presidente do Tribunal do Júri (que é juiz togado).

Assim, é com amparo na plenitude de defesa que é obstada a alteração da sentença de pronúncia[1066] e se impõe correto encaminhamento dos quesitos pelo

---

1065 Cf. *O Processo Penal*, p. 461-462.

1066 A sentença de pronúncia é o ato do juiz criminal que submete o acusado ao julgamento pelo Tribunal do Júri. Na hipótese de transitada em julgado, não pode haver alteração, sob pena de nulidade, salvo pela verificação de circunstância que venha a modificar a classificação do delito: "PROCESSUAL PENAL – *HABEAS CORPUS* – RETIFICAÇÃO DA SENTENÇA DE PRONÚNCIA EM SESSÃO PLENÁRIA – IMPOSSIBILIDADE – NULIDADE ABSOLUTA. Nos termos do art. 416 do Código de Processo Penal, passada em julgado a sentença de pronúncia, esta somente poderá ser alterada pela verificação

Presidente do Tribunal do Júri[1067].

Controvérsias também irromperam no tocante à redação do art. 5º, XXXVIII, especialmente no tocante à alínea *b*, prescritora do sigilo das votações.

Com efeito, se o art. 93, IX, alterado pela EC n. 45/2004, acentua que "*todos os julgamentos dos órgãos do Poder Judiciário serão públicos e fundamentadas todas as decisões, sob pena de nulidade* (...)" – malgrado a orientação pacífica do STF quanto à impossibilidade de aduzir-se inconstitucionalidade de norma constitucional originária (ADIN 815-3/DF) –, o valor *publicidade das decisões judiciais* não teria sido casuisticamente afastado pelo constituinte originário ao proclamar o sigilo das votações no Júri?

É certo que a própria Constituição, no antedito preceito, excepciona a publicidade quando em risco o direito à vida privada, honra, imagem e intimidade, sendo que, com relação a este, desde que a sua preservação não prejudique o interesse público à informação (art. 93, IX, parte final).

Todavia, o sigilo das votações consulta com o interesse público tendente a impedir que a conferência de publicidade ao julgamento incuta considerável receio nos componentes do Conselho de Sentença, que, como se sabe, é integrado por cidadãos comuns, mais propensos às represálias e pressões provenientes das famílias da vítima e do acusado – pressões que se converteriam em mera *vindicta* diante do conhecimento quanto à decisão de cada julgador leigo.

Ao examinar a questão, entendeu o Supremo Tribunal Federal que o conflito entre o art. 5º, XXXVIII, *b*, e o art. 93, IX, é de natureza meramente aparente[1068].

---

de circunstância que modifique a classificação do delito. É vedado ao Juiz Presidente do Tribunal do Júri, em sessão plenária, retificar a pronúncia, invertendo o nome dos pronunciados para adequá-los em outra conduta, diferente da descrita na denúncia, pronúncia e libelo, em total afronta ao devido processo legal e ao princípio da plenitude de defesa, precisamente porque contra tal acusação não se defenderam os réus, e porque não revela circunstância superveniente que modifique a classificação do delito. *Habeas corpus* concedido" (STJ, HC 21450/RJ, rel. Min. Vicente Leal, *DJU* de 4-8-2003, p. 432).

1067 "PROCESSUAL PENAL – RECURSO ESPECIAL – HOMICÍDIO – INEXIGIBILIDADE DE CONDUTA DIVERSA – JÚRI – QUESITOS – NULIDADE. Nos julgamentos do Tribunal do Júri, onde sobreleva a rigorosa observância da garantia da plenitude de defesa (CF, art. 5º, XXXVIII, a) impõe-se absoluta cautela na formulação dos quesitos, de modo a evitar dúvida, confusão ou perplexidade na formação do juízo de certeza pelos integrantes do Conselho de Jurados. Na hipótese, em que a defesa sustenta em plenário a tese de legítima defesa, é de rigor que o Juiz Presidente continue a votação dos quesitos referentes à figura da inexigibilidade de outra conduta, indagando aos jurados sobre as circunstâncias pertinentes a referida excludente. A não votação dos demais quesitos é causa de nulidade absoluta, porque afronta diretamente a garantia da defesa ampla e plena. Recurso especial não conhecido" (STJ, REsp 241676/GO, 6ª T., rel. Min. Vicente Leal, *DJU* de 1º-4-2002).

1068 RE 140.975 AgR/RJ, rel. Min. Paulo Brossard, *DJ* de 21-8-1992: "TRIBUNAL DO JÚRI. Sigilo das votações (art. 5º, XXXVIII, CF) e publicidade do julgamento (art. 93, IX, CF). Conflito aparente de normas. Distinção entre julgamento do Tribunal do Júri e decisão

No que concerne à soberania dos veredictos (art. 5º, XXXVIII, *c*), é com base no dispositivo da Constituição que se não admite que a instância recursal altere as qualificadoras do delito[1069], conquanto não seja ofensiva à norma constitucional contingente interposição de recurso contra a decisão do Conselho de Sentença, isso quando manifestamente contrária à prova dos autos[1070].

Por fim, a alínea *d* do art. 5º, XXXVIII, da Constituição limita a competência do Tribunal do Júri para o julgamento dos crimes dolosos contra a vida[1071].

23.10 DIREITO DE LIBERDADE. O PRINCÍPIO DA LIBERDADE-MATRIZ

A pessoa humana traz como atavismo a condição de ser livre. Livre para fazer. Livre para pensar.

---

do Conselho de Jurados. Manutenção pelo sistema constitucional vigente do sigilo das votações, através de disposição específica (...)".

1069 "APELAÇÃO CRIMINAL – HOMICÍDIO QUALIFICADO – JÚRI – DECISÃO CONTRÁRIA À PROVA DOS AUTOS EM FACE DA REJEIÇÃO DA TESE DE SEMI-IMPUTABILIDADE – INOCORRÊNCIA – EXCLUSÃO DAS QUALIFICADORAS PREVISTAS NOS INCISOS I E IV DO ART. 121, § 2º, DO CP – IMPOSSIBILIDADE – DESCLASSIFICAÇÃO PARA O CRIME DE HOMICÍDIO PRIVILEGIADO – IMPOSSIBILIDADE – PEDIDO DE LIVRAMENTO CONDICIONAL – INCOMPETÊNCIA – EXCESSO DE PENA APLICADO – OCORRÊNCIA – REFORMA DA SENTENÇA – REDUÇÃO DA PENA – RECURSO A QUE SE DÁ PROVIMENTO PARCIAL. Os jurados não ficam adstritos ao laudo pericial médico apresentado, podendo apreciar livremente o conjunto probatório na formação de sua convicção, sem que isto resulte em decisão contrária às provas dos autos. Em observância ao princípio constitucional da soberania dos veredictos, é vedado ao juízo *ad quem* alterar a decisão dos Srs. Jurados no referente às qualificadoras, pois isso implicaria dar nova definição jurídica ao fato criminoso. A comprovação, nos autos, de que a vítima não exerceu qualquer provocação contra o réu, anula a possibilidade de reconhecimento de homicídio privilegiado, por faltar, *in casu*, um dos elementos configuradores dessa figura penal. O benefício do livramento condicional deve ser requerido junto ao juízo das execuções criminais, sob pena de supressão de instância. Verificando-se que a pena-base foi fixada muito acima do mínimo legal previsto para o tipo, há que se reformar a sentença, a fim de reduzir a pena aplicada para patamares compatíveis com as circunstâncias judiciais. Recurso a que se dá provimento parcial" (TJES, ACr 024930122627, 1ª C. Crim., rel. Des. Sérgio Luiz Teixeira Gama, j. em 4-6-2003).

1070 "PROCESSUAL PENAL – RECURSO DE APELAÇÃO – MINISTÉRIO PÚBLICO – DETERMINAÇÃO DE REALIZAÇÃO DE NOVO JÚRI – DECISÃO MANIFESTAMENTE CONTRÁRIA À PROVA DOS AUTOS – ALEGAÇÃO DE ILEGALIDADE – VIOLAÇÃO À SOBERANIA DOS VEREDICTOS – INOCORRÊNCIA – NECESSIDADE DO AMPLO EXAME DE PROVAS. A possibilidade de interposição do recurso de apelação contra decisão do Júri que absolveu o réu, quando esta for manifestamente contrária à prova dos autos, não ofende o princípio da soberania dos veredictos. Infirmar tal decisão enseja o amplo exame de provas, inviável pela via estreita escolhida. Ordem denegada" (STJ, HC 20763/SP, 5ª T., rel. Min. Jorge Scartezzini, *DJU* de 24-2-2003).

1071 *Dolosos* são os crimes em que o agente quer o resultado ou assume o risco de produzi-lo (art. 18, I, do CP). Diferentemente, *culposos* são os crimes aos quais o agente dá causa por imprudência, negligência ou imperícia (art. 18, II, do CP).

Calmon de Passos revela que "o homem não é uma criatura que *pode* querer, ele é, antes de tudo, uma criatura que *precisa* querer. Ser livre é estar vivo como homem, pois sem a liberdade a criatura humana apenas pode sobreviver como animal, mutilado em sua humanidade e desprovido da força e da segurança do animal, que se apoiam na sabedoria inconsciente dos instintos"[1072].

Ocorre que a liberdade de pensar não recebe incidência normativa quando não exteriorizada, enquanto o indivíduo mantiver, recôndito, no pensamento, e apenas dentro dele, não expressando a outros indivíduos sua visão de mundo, suas ideias; enquanto não se conduzir, atuando no mundo exterior para concretizar a atitude mental mediante a liberdade de fazer, não há campo para regulamentação normativa. São duas, portanto, as espécies de liberdade: a liberdade interna e a liberdade externa[1073].

Relevante para o direito é a liberdade *objetivamente* manifestada, a liberdade de fazer, a liberdade externa.

Decorre daí a conexão entre o direito de liberdade e o princípio da legalidade.

Se, como visto anteriormente, *ninguém será obrigado a fazer ou deixar de fazer alguma coisa senão em razão de lei*, e se apenas a norma restritiva da liberdade editada com o consentimento dos indivíduos tem aptidão para conformar comportamentos, conclui-se que as ações humanas podem ser praticadas desde que não exista lei que expressamente as proíba. É a indigitada norma geral inclusiva.

E é por esse motivo que se refere ao art. 5º, II, da Constituição igualmente como prescritor do princípio da liberdade-matriz[1074].

Contudo, o reconhecimento quanto à existência de liberdades ligadas à essência da pessoa humana fez com que o Texto Constitucional não se satisfizesse com a mera indicação do princípio da liberdade-matriz, descrevendo-as de forma cuidadosa em diversos incisos do art. 5º, cujo exame particularizado se nos apresenta indeclinável.

23.10.1 Liberdade de manifestação do pensamento

A sua base constitucional é o art. 5º, IV: "é livre a manifestação do pensamento, sendo vedado o anonimato".

A locução constitucional, ao consagrar a livre manifestação do pensamento, dá existência jurídica ao chamado *direito de opinião*[1075].

1072 Cf. *Comentários ao Código de Processo Civil*, p. 5

1073 José Afonso da Silva, que também a denomina *liberdade objetiva*, esclarece que "(...) consiste na expressão externa do querer individual, e implica o afastamento de obstáculos ou de coações, de modo que o homem possa agir livremente" (cf. *Curso de Direito Constitucional Positivo*, p. 225-226).

1074 Idem, p. 229.

1075 Cf. Luiz Alberto David Araujo e Vidal Serrano Nunes Júnior, *Curso de Direito Constitucional*, p. 98.

Complementa-a o art. 5º, VIII, ao assegurar que "ninguém será privado de direitos por motivo de crença religiosa ou de convicção filosófica ou política, salvo se as invocar para eximir-se de obrigação legal a todos impostas, e recusar-se a cumprir prestação alternativa, fixada em lei".

Vidal Serrano Nunes Júnior, citando lição de Celso Ribeiro Bastos, afirma que dois valores devem ser considerados para o perfeito entendimento do direito de opinião: "o primeiro é o chamado *valor da indiferença*, segundo o qual o direito de opinião se exterioriza pela garantia de neutralidade, ou seja, pela garantia de que a opinião não será levada em conta para discriminar ou para se oferecer tratamento diferenciado ao indivíduo".

"O segundo parâmetro é o *valor da exigência*, segundo o qual o direito de opinião implica ao direito de exigir do Estado o respeito ao pensamento manifestado, para efeito de se eximir o cidadão de uma obrigação geral incompatível com sua opinião, com suas convicções"[1076].

Destarte, quando se cogita do valor de indiferença, impede-se que se incuta na pessoa o receio de manifestar a opinião diante de possível tratamento desfavorável que o fato possa lhe acarretar.

Seria de duvidosa eficácia o direito individual se consequências negativas sobreviessem à opinião manifestada, razão por que, à luz, inclusive, da máxima efetividade que deve ser conferida aos direitos individuais, é perfeitamente admissível o controle judicial dos efeitos danosos ocasionados à pessoa após o exercício legítimo do direito de opinião.

Recorde-se sempre que o Estado brasileiro, além "de direito", é "democrático" (art. 1º, *caput*, da CF), e que o sistema constitucional protege o direito de opinião também como instrumento à consecução da democracia, pois é certo que ali onde não houver viabilidade de opiniões em confronto não há reverência ao regime democrático.

Todavia, assim como o direito de opinião se manifesta para impedir que o seu legítimo exercício implique agravo à situação jurídica de quem se pronunciou, contingentes excessos determinarão a responsabilidade penal[1077] (exceção feita aos parlamentares que emitem a opinião em razão do cargo)[1078] e civil do autor, nessa última

1076 Cf. *A Proteção Constitucional da Informação e o Direito à Crítica Jornalística*, p. 25-26.

1077 "PENAL – CRIME – LEI N. 5.250/67 – LIBERDADE DE MANIFESTAÇÃO DO PENSAMENTO E INFORMAÇÃO – ABUSO – MAGISTRADOS – CALÚNIA – 1. Assentado que o réu extrapolou os limites da simples narrativa, bem assim da crítica objetiva, ofendendo a honra de magistrados, nominalmente identificados, imputando-lhes, falsamente, fato definido como crime, resta configurada a conduta tipificada no artigo 20 da Lei n. 5.250/67. 2. Apelação improvida" (TRF 1ª R., AC 19993300013778-5/BA, 4ª T., rel. Des. fed. Mário César Ribeiro, *DJU* de 25-4-2003).

1078 "IMUNIDADE PARLAMENTAR – Vereador que, embora sendo radialista, imputa fatos ofensivos à honra alheia ao pronunciar-se sobre eleição da Câmara Municipal em programa radiofônico conduzido por terceiro. Aplicação do art. 29, VIII, da Constituição

hipótese quando a manifestação do direito à crítica redundar em efetivo prejuízo à pessoa[1079].

De modo semelhante, em se tratando de exercício do direito de opinião que atinja o decoro pessoal, a jurisprudência tem-se inclinado fortemente pela concessão de direito de resposta[1080].

Federal. Necessidade. Aplica-se o art. 29, VIII, da Constituição Federal, na hipótese em que vereador, embora sendo radialista, imputa fatos, em tese, ofensivos à honra alheia ao pronunciar-se sobre eleição da Câmara Municipal em programa radiofônico conduzido por terceiro, uma vez que não se manifesta como profissional da emissora, mas munido da função parlamentar, sendo certo que o exercício de seu direito de crítica e opinião previsto na Carta Magna exclui a antijuridicidade de eventual difamação praticada por ele na entrevista à imprensa, não se podendo falar em abuso no exercício da liberdade de manifestação do pensamento e informação" (TACRIMSP, Ap. 1224027/8, 4ª C., rel. Juiz Péricles Piza, *DOESP* de 2-3-2001).

1079 "INDENIZAÇÃO POR DANO MORAL – SECRETÁRIO DE SAÚDE MUNICIPAL – DIVULGAÇÃO DE NOTÍCIA EM RÁDIO – COLOCAÇÕES RESTRITAS AO DIREITO DE CRÍTICA – PREJUÍZO MORAL NÃO COMPROVADO – APELAÇÃO DO RÉU PROVIDA – APELAÇÃO DO AUTOR PREJUDICADA – 1. A crítica de atos do Poder Executivo e de seus agentes não constitui abuso no exercício da liberdade de manifestação do pensamento e da informação (art. 27, VI, Lei de Imprensa) 2- Para justificar a imposição de condenação a título de dano moral, por notícia divulgada, além do excesso empregado na crítica, impõe provar a ocorrência do efetivo padecimento e eventual prejuízo no relacionamento social" (TAPR, AC 0148228-4 (11524), 7ª C. Cív., rel. Juiz Miguel Pessoa, *DJPR* de 6-10-2000).

1080 "Não obstante a imprensa escrita ter tratamento diferenciado em relação aos demais meios de comunicação, a liberdade de manifestação do pensamento e da informação jornalística não deve ser dissociada dos elementos que dão guarida à publicação sobre fatos verdadeiros e opiniões com base nos princípios da ética e da coerência e se tirar conclusão pessoal deve ser apresentada com sua real origem. Com efeito, a veiculação de que o candidato não possui forças físicas para atuar em campanha política e assim estaria a sua eleição prejudicada pela idade avançada, faltando-lhe disposição e ânimo, consubstancia em aspecto ofensivo, injurioso e altamente discriminatório ao conceito, imagem e decoro do candidato em sua integridade física. Concede-se, portanto, o exercício do direito de resposta mesmo porque a Justiça Eleitoral tem por função institucional a disciplina e a garantia da lisura e da legitimidade do pleito no sentido de que não haja, inclusive, distorção dos valores inerentes à pessoa humana em relação ao processo político-eleitoral, devendo a aferição, neste âmbito, ser atinada pelo eleitorado. É cabível a medida liminar em havendo prejuízo em alguma questão eleitoral e ante a exiguidade do tempo do processo eleitoral, quando a lei eleitoral não permite que o juiz pode agir de ofício, presentes logicamente requisitos do *fumus boni juris* e do *periculum in mora*, tendo a decisão liminar natureza condizente a objeto discutido e a medida pleiteada. Neste sentido, o seu descumprimento pode ser enquadrado nas disposições contidas no § 8º do art. 58 da Lei n. 9.504/97, porquanto a situação fática posta em Juízo deve ser apreciada ante todo o conjunto normativo que rege a matéria discutida, com plena invocação dos métodos interpretativos da norma jurídica. Inexistindo o efeito suspensivo à decisão que concede direito de resposta, o não cumprimento integral ou em parte da decisão que a concedeu, sujeita o infrator ao pagamento de multa (§ 8º do art. 58 da Lei n. 9.504/97 e art. 15, § 5º, da Resolução n. 20.951/01-TSE). Considerando-se que o crime

Por isso que, no âmbito do serviço público, o art. 37, *caput*, da Constituição, ao assentar o princípio da impessoalidade, realiza objetivamente a proteção ao direito individual, interditando que a Administração Pública, para prejudicar ou beneficiar, valha-se de opinião manifestada por agente público ou por qualquer cidadão.

O direito de opinião igualmente se prende ao valor da exigência, por meio do qual se impõe ao Estado a obrigatoriedade de respeito à opinião, já, aqui, destinada a fazer com que não seja imposta ao indivíduo obrigação a todos dirigida. Tratando-se de obrigação de cunho genérico firmada por lei, uma vez referida pela pessoa a impossibilidade de cumpri-la em razão de opinião ou convicções, incide nessa situação o previsto na parte final do art. 5º, VIII, da Constituição, assegurando-lhe prestação alternativa, conforme previsto em lei[1081].

A parte final do art. 5º, IV, alude à vedação quanto ao anonimato.

Fácil entender o porquê da previsão constitucional. Se a opinião declarada ofender outros direitos individuais constitucionalmente protegidos, como a intimidade, vida privada, honra e imagem (art. 5º, X), estará aberta a via para apuração judicial da responsabilidade, cuja verificação da autoria se põe como indispensável para a imposição do gravame. Logo, não se admite o exercício de direito de opinião no qual o indivíduo se homizia no anonimato, porquanto a liberdade para manifestar a opinião induz naturalmente à responsabilização pelo cometimento de excessos.

Não se confunde, todavia, anonimato e uso de pseudônimo. Na hipótese, consente-se com a sua utilização, desde que seja divulgada a verdadeira identidade se o atingido com a opinião manifestada a solicitar[1082].

Ultrapassada, por outro lado, a teoria dos direitos absolutos, mais ainda quando privilegiada a unidade da Constituição, tem-se que "a liberdade de expressão não obsta a proibição de divulgação, pelo Poder Judiciário, dirigida à emissora de TV, que denigra a honra alheia (TJ-RJ: RF 331/254), pois a censura prevista na Constituição foi aquela prévia, genérica, e de órgão público, não abrangendo a ordem judicial que vise proteger direitos da personalidade sob ameaça de violação, que não se confundem com censura"[1083].

---

de desobediência (art. 347 do Código Eleitoral) exige para sua caracterização descumprimento à ordem ou instrução judicial direta e individualizada, ou seja, direcionadas ao agente, os responsáveis pela empresa jornalística ofensora devem ser notificados dos termos do julgado que concedeu o direito de resposta. Agravo improvido e decisão mantida no sentido de ser veiculado o direito de resposta, nos termos do art. 58, inciso I e alíneas, da Lei n. 9.504/97 e art. 12, inciso I e alíneas, da Resolução TSE n. 20.951/01" (TREMS, AG-RP 251, rel. Juiz Luiz Carlos Santini, j. em 2-10-2002).

1081 A escusa de consciência está integrada em norma com eficácia limitada. São comuns as hipóteses de indivíduos que, alegando impedimento de ordem religiosa, submetem-se ao serviço militar alternativo, consoante disciplinado na Lei n. 8.239/91.

1082 Cf. Manoel Gonçalves Ferreira Filho, *Comentários à Constituição Brasileira de 1988*, v. 1, p. 31.

1083 Cf. Ernesto Lippmann, *Os direitos fundamentais da Constituição de 1988*, p. 61. Embora o tema seja verdadeiramente polêmico, como já referimos, o Supremo Tribunal Federal,

Outro tema que não deve passar despercebido é o referente à provocação de órgão do Estado mediante denúncia anônima.

Poderia, nesse passo, o Ministério Público iniciar ação penal ou ação civil pública com base em denúncia anônima?

Posicionamo-nos pela impossibilidade.

É certo que o princípio da inércia não incide sobre a atuação ministerial, autorizando o *parquet* a iniciativas de ofício. É certo também que a independência funcional (§ 1º do art. 127) torna legítima a atividade do Ministério Público, mesmo sem haver provocação.

Não obstante, deve ser pesquisada a causa a induzir, no caso concreto, a atuação do Ministério Público.

Se o motivo ensejador da ação está ligado à denúncia anônima numa relação de causa e efeito, não se poderá instaurar a instância por força da vedação quanto ao anonimato[1084]. É completamente inidônea a causa determinante de atuação de órgão

---

nos autos do MCMS 24.832, impetrado por Law Kin Chong contra o Presidente da CPI da Pirataria, não referendando a decisão monocrática prolatada pelo Min. Cezar Peluso, entendeu, por maioria, que deveria ser prestigiado o direito à informação, compreendendo também que eventuais excessos seriam passíveis de ação específica contra a União. Temos por incensurável a decisão do STF, porquanto efetivou acertada ponderação entre os interesses colidentes, já que, se houvesse deferido o *mandamus* para impedir o televisamento, afastaria, por completo, a liberdade de informação, ao passo que, permitindo-se-lhe, não se vulnera a imagem, mais ainda porque poderia o indiciado servir-se da intimação para o esclarecimento de fato que viria até mesmo isentá-lo de qualquer responsabilidade. Não se trata de relegar a plano inferior os direitos individuais à intimidade, vida privada, honra e imagem das pessoas, mas sim de atentar para a circunstância de que, no caso, a proibição de divulgar a notícia implicaria o total afastamento do direito à informação, impedindo-se o recurso à técnica de ponderação de interesses. Também nos autos da Pet. 2.702/RJ, rel. Min. Sepúlveda Pertence, 19-9-2003, concluiu o STF pela impossibilidade de utilização de tutela recursal antecipada para impedir, preventivamente, a publicação de matéria jornalística ofensiva a direitos da personalidade.

1084 O Supremo Tribunal Federal, no julgamento do HC 84.827/TO, rel. Min. Marco Aurélio, j. em 15-2-2005, concluiu pelo trancamento, por falta de justa causa, de notícia-crime, instaurada no STJ, por requisição do Ministério Público Federal, contra juiz estadual e dois desembargadores do Tribunal de Justiça do Estado de Tocantins, pela suposta prática do delito de tráfico de influência (CP, art. 332). Na oportunidade, sustentou o impetrante que a atuação do *parquet* se fez com base unicamente em denúncia anônima, o que violaria o inciso IV do art. 5º da CF ("*IV – é livre a manifestação do pensamento, sendo vedado o anonimato;*") e o disposto nos arts. 144 da Lei n. 8.112/90 e 14, § 1º, da Lei n. 8.429/92, no que versam sobre a inidoneidade da denúncia anônima para os fins quer de instauração de processo administrativo, quer de ação concernente à improbidade administrativa. O Min. Marco Aurélio, relator, concedeu a ordem por entender que a instauração de procedimento criminal originada, unicamente, de documento apócrifo seria contrária à ordem jurídica constitucional, que veda expressamente o anonimato. Salientando a necessidade de se preservar a dignidade da pessoa humana, afirmou que o acolhimento da delação anônima permitiria a prática do denuncismo inescrupuloso, voltado a prejudicar desafetos, impossibilitando eventual inde-

do Estado em tais situações, mais ainda em se tratando do Ministério Público, uma vez que, *dominus litis* da ação penal, tem a prerrogativa de iniciar o respectivo processo criminal, acarretando ao acusado inegável constrangimento, cabendo destacar que idêntico raciocínio pode e deve ser feito no que se refere aos inquéritos civis e demais procedimentos investigatórios.

Se, no entanto, não existe qualquer elemento que possa evidenciar o liame entre a iniciativa do órgão e a denúncia, não há como acoimar-se de ilegítimo o pronunciamento do *parquet*.

Tendo a investigação se iniciado ao alvedrio de promotor por conta de notícia veiculada pela imprensa, não se põe como inviável a iniciativa adotada mesmo que denúncia anônima ulterior trate do mesmo objeto.

No particular, merece ser repetida a decisão do STF transcrita no Capítulo 19: "(...) Nada impede (...) que o Poder Público, provocado por delação anônima (*'disque-denúncia'*, p. ex.), adote medidas informais destinadas a apurar, previamente, em averiguação sumária, com *'prudência e discrição'*, a possível ocorrência de eventual situação de ilicitude penal, desde que o faça com o objetivo de conferir a verossimilhança dos fatos nela denunciados, em ordem a promover, então, em caso positivo, a formal instauração da *'persecutio criminis'*, mantendo-se, assim, completa desvinculação desse procedimento estatal em relação às peças apócrifas" (HC n. 100.042-0/RR, rel. Min. Celso de Mello, j. em 2-10-2009).

23.10.2 Liberdade religiosa

Machado Neto, buscando explicar a origem da religião, ensina que "um dos fenômenos universais da cultura é a religião. A finalidade social que ela procura é – como bem observou Max Scheler – a salvação individual do homem na dimensão da ultratumba, e essa crença na sobrevivência do espírito humano é quase tão velha como a própria humanidade, não sendo raros os achados arqueológicos da pré-história que podem comprovar que dela participavam nossos irmãos trogloditas.

As razões sociológicas pelas quais o homem faz religião estão, todavia, incrustadas num passado tão remoto que a sociologia presente sabe não poder passar, nesse terreno, além de meras hipóteses e suposições, sem ter jamais as condições experimentais para contestá-las ou confirmá-las nos fatos, perdidas que são, para os próprios etnólogos, as condições integrais da vida social, de nossos antepassados mais distantes"[1085].

Num contexto historicamente mais recente, pode-se dizer que consolidado o Cristianismo e a religião Católica Apostólica Romana como a fé oficial do Estado

---

nização por danos morais ou materiais, o que ofenderia os princípios consagrados nos incisos V e X do art. 5º da CF. Ressaltou, ainda, a existência da Resolução 290/2004, que criou a Ouvidoria do STF, cujo inciso II do art. 4º impede o recebimento de reclamações, críticas ou denúncias anônimas. Acompanhou o voto do relator o Min. Eros Grau. Após, pediu vista dos autos o Min. Carlos Britto.

1085 Cf. *Sociologia Jurídica*, p. 283.

durante a Idade Média, qualquer tentativa de criação de segmento religioso ou manifestação de culto de forma distinta dos rituais sacralizados pelos procedimentos católicos era considerada bruxaria ou heresia, e, portanto, duramente castigada.

Não foram poucos os supostos hereges e bruxos queimados vivos na fogueira da Santa Inquisição.

O predomínio da Igreja Católica, de contraparte, bem poderia ser creditado à própria justificação do poder político dos monarcas, vinculado, segundo se pensava à época, à origem divina; era a consagração da Teoria da Origem Divina Sobrenatural do Poder, que, de um só golpe, consolidou o Absolutismo Monárquico (materializado na afirmação conhecidíssima de Luís XIV, segundo a qual "O Estado sou eu") e transformou a religião Católica na única, exclusiva e aceitável fé a ser professada pelas pessoas.

Com isso, as perseguições se mantiveram, e até recrudesceram, especialmente a partir das incisivas contestações de Martin Lutero e João Calvino. O primeiro deles, fundador do Luteranismo, conquanto ordenado padre agostiniano, denunciou, com vigor, a prática reinante da venda de indulgências, afixando na porta da Igreja de Wittenberg as históricas noventa e cinco teses. Nessas teses e em escritos que se lhes seguiram, negou a infalibilidade do papa, rejeitou as ambições políticas do papado, sustentando a constituição de igrejas nacionais, além de investir contra o instituto do celibato eclesiástico, tendo, inclusive, em 1525, se casado com a ex-freira Catarina de Bora, com a qual teve seis filhos. O segundo, João Calvino, converteu-se à doutrina da Reforma em 1533, quando, acusado de heresia, refugiou-se em Basileia, importante cidade da Suíça, oportunidade em que escreveu *A Instituição da Religião Cristã*. Alguns anos mais tarde, mudou-se para Genebra, fundando as bases do Calvinismo, que, em síntese, consistiu na separação entre a Igreja e o Estado, na organização de sociedade suportada por princípios cristãos e imposição de rigorosa disciplina aos indivíduos mediante o Consistório – órgão destinado a manter a disciplina religiosa, que pressionava o povo a frequentar a Igreja e policiava a vida moral da cidade. Foi considerado o "gênio teológico da Reforma".

Arthur Conan Doyle, muito embora responsável pela criação do personagem Sherlock Holmes, retratou, com fidelidade, no romance *Os Fugitivos*, o encalço aos huguenotes, protestantes franceses seguidores de Calvino. O governo católico francês promoveu violenta repressão aos estafetas da Reforma, como aconteceu na sangrenta Noite de São Bartolomeu (24-8-1572), quando se estima que cinquenta mil calvinistas foram massacrados impiedosamente.

Ainda que a questão religiosa tenha perdurado na França até meados do século XVII, é correto afirmar que a tolerância à diversidade de opção religiosa somente foi guindada ao plano de liberdade pública com a Declaração dos Direitos do Homem e do Cidadão, de 1789, ao prescrever o art. 10 que "ninguém deve ser molestado por suas opiniões, mesmo religiosas, desde que sua manifestação não perturbe a ordem pública estabelecida pela lei"[1086].

É a Declaração Francesa de 1789, de conseguinte, o marco divisório entre a proscrição da liberdade religiosa e o seu reconhecimento.

Léon Duguit aduz que todo indivíduo tem incontestavelmente o direito de crer no que quiser em matéria religiosa. Essa é propriamente a liberdade de consciência, que não é apenas a liberdade de não crer, mas também de crer no que quiser. Nem de fato, nem de direito, poderá o legislador penetrar nas consciências individuais e lhes impor uma obrigação ou proibição qualquer[1087].

Entretanto, a conquista da liberdade religiosa em todos os países é algo ainda a ser realizado, máxime porque, "apesar de as Constituições atuais a consagrarem normalmente e de em 1981 as Nações Unidas terem aprovado uma Declaração sobre a Eliminação de todas as Formas de Intolerância e de Discriminação Baseadas na Religião ou na Convicção, falta ainda percorrer um bem longo caminho até se alcançar, por toda a parte, uma efetiva liberdade e igualdade religiosa", como ensina Jorge Miranda[1088].

Acompanhando a conclusão do constitucionalista português, vê-se que a liberdade religiosa enfrenta problemas quanto à sua elevação ao patamar de garantia fundamental em muitos sistemas normativos, mas deve ser posto em destaque outro fato: mesmo nas constituições contemporâneas que a consagram, viceja desconfortável hesitação quanto à efetiva aplicabilidade do direito relativamente a inúmeras situações, como se poderá pressentir nos subitens seguintes ao exame da liberdade religiosa nas Constituições brasileiras.

23.10.2.1 As Constituições brasileiras e a proteção à liberdade religiosa

Os ventos transformadores da Revolução Francesa não balançaram os estandartes da monarquia absoluta brasileira, ao menos no que se refere à liberdade religiosa.

Se a Carta Constitucional de 1824 – outorgada, portanto, por ser "Carta" –, imposta por D. Pedro I, já que dissolvera a Assembleia Constituinte em 1823, chegou a prever diversos direitos individuais, consoante se nota nos incisos I a XXXV do art. 179, isso revela que o monarca resolvera adequar os princípios iluministas ao Absolutismo, com o que pode ser reputado como seguidor do despotismo esclarecido.

Mas, no contexto da liberdade de religião nada se alterou.

Se bem que não houvesse perseguição aos que professassem outra fé, apenas a Igreja Católica era reconhecida pela Constituição de 1824.

O art. 5º dá a noção precisa dessa realidade: "A Religião Catholica Apostolica Romana continuará a ser a Religião do Imperio. Todas as outras Religiões serão per-

---

1086 É a seguinte a transcrição original: "Nul ne doit être inquiete pour sés opinions, même religieuses, purvu que leur manifestation ne trouble pás l'ordre public établi par la loi".

1087 Cf. Léon Duguit, *Traité de Droit Constitutionnel,* v. 5, p. 451.

1088 Cf. *Manual de Direito Constitucional*, t. 4, p. 358-359.

mittidas com seu culto domestico, ou particular em casas para isso destinadas, sem fórma alguma exterior de Templo".

Já o art. 106, ao disciplinar o juramento do Chefe de Estado e de Governo, inclui, entre outras obrigações a ele cometidas, manter a religião Católica Apostólica Romana.

Com a ruptura institucional ocorrida a partir da Proclamação da República, a Constituição de 1891 modificou substancialmente a proscrição para a qual eram remetidos os demais segmentos religiosos.

Para tanto, nota-se a redação do art. 11, 2º, ao determinar ser vedado ao órgão central e aos Estados-Membros estabelecer, subvencionar ou embaraçar o exercício de cultos religiosos.

Mas é no trecho pertinente aos direitos individuais que mais se ressalta a preocupação do constituinte de 1891 a respeito da liberdade religiosa, consubstanciada em alguns parágrafos do art. 72: § 3º – "Todos os indivíduos e confissões religiosas podem exercer e livremente o seu culto, associando-se para esse fim e adquirindo bens, observadas as disposições do direito commum"; § 4º – "A República só reconhece o casamento civil, cuja celebração será gratuita" (como efeito da separação entre a Igreja e o Estado, não se poderia assumir outra conduta que não o reconhecimento exclusivo do matrimônio civil, em detrimento do milenar casamento religioso, tornando-se emblemático o dispositivo constitucional de um novo período da história da civilização brasileira, com menor interferência – e, portanto, com redução de poderes – das autoridades eclesiásticas); § 5º – "Os cemitérios terão caracter secular e serão administrados pela autoridade municipal, ficando livre a todos os cultos religiosos a pratica dos respectivos ritos em relação aos seus crentes, desde que não offendam a moral publica e as leis"; § 6º – "Será leigo o ensino ministrado nos estabelecimentos publicos" (iniciando-se um novo período na educação brasileira, já, a partir de então, completamente liberta, ao menos no domínio dos estabelecimentos oficiais de ensino, de todo e qualquer patrulhamento ou vinculação de caráter religioso); § 7º – "Nenhum culto ou igreja gozará de subvenção official, nem terá relações de dependencia ou alliança com o Governo da União, ou o dos Estados" (a previsão constitucional tem destinatário certo: a Igreja Católica, que, na Constituição de 1824, era a religião oficial do Império); § 28 – "Por motivo de crença ou funcção religiosa, nenhum cidadão brazileiro poderá ser privado de seus direitos civis e políticos nem eximir-se do cumprimento de qualquer dever cívico"; e, finalmente, o § 29 – "Os que allegarem motivo de crença religiosa com o fim de se isentarem de qualquer onus que as leis da Republica imponham aos cidadãos, e os que acceitarem condecorações ou titulos nobiliarchicos estrangeiros perderão todos os direitos políticos".

A Constituição de 1934 segue a linha separatista iniciada pelo Texto republicano, cuja vedação para relacionamento entre Igreja e Estado se encontra firmada no art. 17, II e III, ao passo que restou consagrada a liberdade religiosa como direito individual, no art. 113, itens 4, 5, 6 e 7, quadro inalterado pela Constituição de 1937.

O Texto Constitucional de 1946 traz nova dimensão a respeito do relacionamento entre a Igreja e o Estado. Sim, porque ultrapassado o período de desconfiança do

Estado para com a Igreja Católica pelo que esta poderia representar de perigo para rivalizar com o poder político estatal, tratava-se, naquele instante, de admitir a colaboração dos segmentos religiosos em prol da prevalência do interesse público. Não à toa, portanto, a dicção do art. 31, III, segundo o qual era vedado aos entes da Federação brasileira "ter relação de aliança ou dependência com qualquer culto ou igreja, sem prejuízo da colaboração recíproca em prol do interesse coletivo".

Outros significativos avanços da Constituição de 1946 são os seguintes: i) a recusa, por convicção religiosa, quanto ao cumprimento de obrigação a todos imposta não implicaria a perda de qualquer direito, exceto se o indivíduo se eximisse também de satisfazer obrigação alternativa prevista em lei, e, por outro lado, ii) direito à prestação religiosa nos estabelecimentos de internação coletiva, como os presídios.

Quanto aos Textos Constitucionais de 1967/1969, cumpre apontar que a única novidade presenciada, e assim mesmo pertinente ao último deles, refere-se à inclusão do credo religioso como gênero, tal qual o sexo, raça, trabalho e convicções políticas (§ 1º do art. 153), impedindo-se a consumação de desequiparações fortuitas fundadas igualmente na opção religiosa.

23.10.2.2 A proteção à liberdade religiosa na Constituição de 1988

Os Princípios Fundamentais referidos nos arts. 1º a 4º da Constituição de 1988 são de remissão obrigatória para desencobrir o véu de incertezas a respeito da liberdade religiosa.

No art. 1º, dois fundamentos despertam a atenção pela pertinência à liberdade religiosa: a dignidade da pessoa humana (art. 1º, III) e o pluralismo político (art. 1º, V).

Fácil é concluir acerca da associação existente entre dignidade da pessoa humana e liberdade religiosa, certo que aquele postulado inspira o sistema do direito positivo de maneira geral a adotar soluções que aclamem o direito à vida, à incolumidade física (banindo a tortura), à intimidade, à vida privada, à imagem e, por fim, à liberdade, compreendida em sua multifária acepção, notadamente a de contextura religiosa.

Algumas perguntas são mais esclarecedoras sobre a ligação entre a dignidade da pessoa humana e a liberdade de religião do que eventuais considerações a fazer em torno do tema: preserva-se a dignidade da pessoa quando o Estado a proíbe de exercer a sua fé religiosa? Reveste-se de alguma dignidade o procedimento por meio do qual alguns segmentos religiosos investem contra outros, não descartado até o recurso à violência?

Sem dúvida, a opção religiosa está tão incorporada ao substrato de ser humano que o seu desrespeito provoca idêntico desacato à dignidade da pessoa.

Outrossim, percebe-se que o fundamento do Estado brasileiro atinente ao pluralismo político também conduz à concretização da liberdade religiosa.

E como?

Em repetição ao quanto já afirmamos no Capítulo 9, pluralismo político é o fundamento do Estado brasileiro tendente a viabilizar a coexistência pacífica de centros coletivos irradiadores de opiniões, atitudes e posições diversas.

Consequentemente, se é indiscutível que a liberdade em questão é daquelas que as pessoas exercitam em conjunto, surge a necessidade de se organizar ente coletivo destinado a congregar e fortalecer a crença específica dos que professam dada fé religiosa.

E mais: quando o pluralismo político aparece como fundamento a autorizar a existência de diversos órgãos forjados no altiplano de ideias e posições as mais variadas, termina por reforçar um aspecto desse direito individual sob investigação: a liberdade de organização religiosa.

E a referência à liberdade de organização religiosa traz à tona a obrigatoriedade de indicar os demais desdobramentos do direito individual. Assim, além de estar garantida, pela Constituição de 1988, a plena liberdade para instituir segmento religioso (art. 19, I), de modo semelhante encontram-se nela asseguradas a liberdade de culto e a de crença. Ambas correspondem ao enunciado do art. 5º, VI: "é inviolável a liberdade de consciência e de crença, sendo assegurado o livre exercício dos cultos religiosos e garantida, na forma da lei, a proteção aos locais de culto e a suas liturgias".

A liberdade de culto somente admite as contenções impostas pela decantada regra de ouro da liberdade: a liberdade de alguém termina onde começa a liberdade de outrem (Spencer). Por exemplo, não se deverá aceitar como legítima expressão de tal liberdade o prosseguimento de cultos ruidosos noite adentro, impedindo o silêncio indispensável ao sono e ao descanso da comunidade[1089]. Ou, pior ainda: admitir sacrifício de vidas humanas em prol de suposta liberdade de culto. Se, no passado, em tribos primitivas, homens, mulheres, e, principalmente, crianças, eram sacrificados para aplacar a ira dos deuses, hoje, em todos os sistemas jurídicos contemporâneos, sem exceção, a conduta tipificaria ilícito penal.

Ocorre que à liberdade não se admitirá a oposição de barreiras com lastro na ideia de "bons costumes", cumprindo frisar que o sistema constitucional brasileiro

1089 "AÇÃO COMINATÓRIA – CULTO RELIGIOSO – POLUIÇÃO SONORA – LIBERDADE RELIGIOSA – REGULARIZAÇÃO E EXECUÇÃO DO PROJETO REVESTIMENTO E PROTEÇÃO ACÚSTICOS NO CURSO DA AÇÃO – FATO SUPERVENIENTE QUE LEVA À PERDA DO OBJETO – ART. 462 DO CPC – INTERESSE DE AGIR – DESAPARECIMENTO – CARÊNCIA DA AÇÃO E EXTINÇÃO DO PROCESSO SEM JULGAMENTO DO MÉRITO – ART. 267, INC. VI, DO CPC – IMPOSIÇÃO DOS ÔNUS DA SUCUMBÊNCIA À PARTE RÉ – Em se tratando de ação cominatória ajuizada com fundamento no art. 554, do Código Civil (mau uso da propriedade vizinha), em que a ré, no curso da ação, acabou por concluir obra de edificação de templo religioso dotando-o de recursos e técnicas de proteção acústica que minimizam a propagação do som originado durante a celebração de cultos religiosos – fato superveniente à época do ajuizamento da ação que leva à perda do objeto – deve ser decretada a carência da ação, com a extinção do processo sem julgamento do mérito, uma vez que o interesse de agir deve estar presente no momento da decisão. Hipótese, no entanto, em que a ré deve ser condenada a arcar com os ônus da sucumbência, pois foi ela quem deu causa ao ajuizamento da ação" (TAMG, AP 0346013-9 – Uberaba, 4ª C. Cív., rel. Juiz Paulo Cézar Dias, j. em 19-12-2001).

abandonou regra análoga antes mencionada, por exemplo, na Constituição de 1891, cujo art. 72, § 5º, promovera referência ao critério "moral pública" como dado legitimamente restritivo à liberdade de culto.

Mas a proteção constitucional à liberdade de culto, nos termos do art. 5º, VI, está condicionada ao estabelecido em lei (em sentido formal, é claro), razão suficiente para entender que o enunciado em questão é norma constitucional com eficácia relativa restringível: enquanto não demarcados os limites ao exercício do direito individual, exerce-o o indivíduo plenamente. No caso da liberdade de culto, até no tocante aos horários para as reuniões, mostra-se necessário reverenciar aqueles fixados pelo Município[1090], e, quanto à liturgia, isto é, o ritual utilizado pelo segmento religioso, o próprio Código Penal brasileiro descreve as condutas que podem ser subsumidas em homicídios ou lesões corporais.

A liberdade de crença, conjugada à de consciência, permite considerar que o indivíduo poderá crer no que quiser, e expressar publicamente a sua crença; mas não se lhe interdita, contudo, a liberdade de não crer em absolutamente nada, assim como de utilizar meios para a divulgação do seu agnosticismo[1091].

Já o inciso VII do art. 5º declara que é assegurada, nos termos da lei, a prestação de assistência religiosa nas entidades civis e militares de internação coletiva[1092].

Evidentemente, não poderá o Estado brasileiro – laico como é – escolher o segmento religioso que promoverá a referida assistência.

Celso Bastos e Ives Gandra Martins expõem que "o dever do Estado exaure-se com o criar as facilitações, por proporcionar condições. Não se pode, é curial, responsabilizar-se pela própria prestação, uma vez que, dado o caráter laico do Estado brasileiro, não é possível que ele nutra relações de emprego ou de alguma maneira subvencione uma seita ou religião para que ela preste dita assistência"[1093].

Completa-se a tutela à liberdade religiosa no âmbito dos direitos individuais com o inciso VIII do art. 5º: "ninguém será privado de direitos por motivo de crença religiosa ou de convicção filosófica ou política, salvo se as invocar para eximir-se de

---

1090 Fixação de horário-limite para cultos religiosos é assunto referente a interesse local, com o que incide a regra de competência do art. 30, I, da Constituição.

1091 Não se deve confundir *agnosticismo, ateísmo, ceticismo* e *laicismo*. Agnosticismo é corrente filosófica que repugna o conhecimento de qualquer objeto fora dos limites da ciência; o ateísmo nega a existência de qualquer ser divino; o ceticismo corresponde à doutrina filosófica segundo a qual não é possível conhecer a verdade; o laicismo é doutrina defensora da separação entre a Igreja e o Estado, sendo uma das principais reivindicações da Revolução Burguesa e do Radicalismo Republicano do século XIX (ver nosso "Proteção Constitucional à Liberdade Religiosa", p. 33-35).

1092 Ver Leis n. 6.923/81, 7.672/88 (Assistência Religiosa nas Forças Armadas) e 9.982/2000 (Prestação de Assistência Religiosa nas Entidades Hospitalares Públicas e Privadas, bem como nos Estabelecimentos Prisionais Civis e Militares).

1093 Cf. Celso Bastos e Ives Gandra Martins, *Comentários à Constituição do Brasil*, p. 54.

obrigação legal a todos imposta e recusar-se a cumprir prestação alternativa, fixada em lei"[1094].

"Cuida, este inciso, da chamada escusa de consciência. É o direito reconhecido ao objetor de não prestar o serviço militar nem de engajar-se no caso de convocação para a guerra, sob o fundamento de que a atividade marcial fere as suas convicções religiosas ou filosóficas. É verdade que o texto fala em 'eximir-se de obrigação legal a todos imposta', e não especificamente em 'serviço militar'. É fácil de verificar, contudo, que a hipótese ampla e genérica do Texto dificilmente se concretizará em outras situações senão aquelas relacionadas com os deveres marciais do cidadão"[1095].

23.10.2.2.1 Visão crítica da liberdade religiosa na Constituição de 1988

Mesmo sabendo que a Constituição de 1988 tratou da liberdade religiosa em diversos dispositivos, determinando, inclusive, a separação do Estado brasileiro dos segmentos religiosos, muito ainda há a ser feito a fim de que se outorgue aos indivíduos pleno exercício do direito individual.

Com efeito, entre todos os direitos individuais protegidos pelo sistema constitucional, a liberdade religiosa, nos dias atuais, corresponde àquele mais carente de consolidação, ao que menos evoluiu em termos de eficácia social.

É suficiente observar que não há espaço físico onde se desenvolva típica atividade estatal em que não se constate a simbólica vinculação – para dizer o mínimo – do Estado brasileiro à Igreja Católica, mediante a aposição do Crucifixo, por exemplo, em Câmaras Legislativas, salas de audiência de órgãos singulares e colegiados de tribunais e do Ministério Público, ao qual competiria, de ordinário e por missão constitucional, forcejar pela reverência à antedita liberdade (art. 127, *caput*, da CF). Todos os órgãos públicos dão demonstração às pessoas, de forma geral, que no Brasil, embora formalmente se proíba qualquer espécie de preferência a segmento religioso, há, de modo subliminar e insidioso, forte tendência à aceitação dos dogmas da fé católica.

Por que a fé católica ainda produz tamanho fascínio no Estado brasileiro?

Duas razões, segundo nosso entender, explicam o fenômeno.

A primeira delas é que, formalmente, a separação da Igreja do Estado brasileiro, no plano político, era subjacente à ideia republicana, a respeito da qual nem mesmo as lideranças católicas do Império chegaram a opor qualquer resistência; pelo contrário, até estimularam a aceitação dos postulados republicanos, por mais incrível que possa parecer a conclusão[1096].

1094 Ver Lei n. 8.239/91 (Prestação de Serviço Alternativo ao Serviço Militar).

1095 Cf. Celso Bastos e Ives Gandra Martins, op. cit., p. 55-56.

1096 Anota Sérgio Buarque de Holanda: "(...). Como corporação, a Igreja podia ser aliada e até cúmplice fiel do poder civil, onde se tratasse de refrear certas paixões populares; como indivíduos, porém, os religiosos lhe foram constantemente contrários. Não só no período colonial, mas também durante o Império, que manteve a tradição do padroado,

A segunda razão presumivelmente reside na adaptabilidade da Igreja Católica "brasileira" às novas tendências de expressão religiosa que iam naturalmente surgindo das formas de convivência social. E o *sincretismo religioso* foi a mais eloquente delas.

Com efeito, não parece totalmente acertado concluir que o sincretismo advém tão só de tentativa de manifestações heterodoxas africanas para a época de buscarem legitimação para suas liturgias e crenças; a conclusão é reducionismo que se deve evitar.

Semelhantemente, fora beneficiada a Igreja Católica com o sincretismo, visto que, ao realizar a *entropia negativa*[1097], de modo até não deliberado, incorporou valores que atualizaram a fé católica e a legitimaram de modo tão intenso como segmento religioso que se tornou conatural ao Estado brasileiro demonstrar simbolicamente o seu apreço por essa fé religiosa, seja pela intensa participação do Catolicismo brasileiro na história do País, seja pela tolerância, ao permitir a introdução nas suas crenças e liturgias de componentes não católicos.

23.10.2.3 Questões controvertidas sobre a liberdade religiosa

O assunto é controvertido por excelência. A cada momento em que se pesquisa a respeito, mais se vai encontrando aspectos bastante polêmicos em torno do exercício da liberdade religiosa.

Assim, muitas outras questões tão ou mais polarizadas que as sugeridas nos próximos subitens certamente serão descobertas por quem se propuser à apreciação mais detida; todavia, o objetivo, aqui, é apontar, de modo exemplificativo, situações ensejadoras de razoável grau de controvérsia que se submeteram à reflexão, e, portanto, são todas, indistintamente (e não poderia ser mesmo de outra forma...), conclusões ao confronto, ao cotejo.

23.10.2.3.1 A inclusão do nome de Deus no Preâmbulo do Texto Constitucional afasta a posição laica do Estado brasileiro?

Repita-se, uma vez mais, para enfatizar desdobramento da liberdade religiosa: a Constituição garante ao indivíduo a liberdade para crer e não crer em nada, assim como para expressar a sua crença ou descrença.

as constantes intromissões das autoridades nas coisas da Igreja tendiam a provocar no Clero uma atitude de latente revolta com as administrações. Essa revolta reflete-se na própria pastoral coletiva do episcopado brasileiro de março de 1890, que surge quase como um aplauso franco ao regime republicano, implantado quatro meses antes, não obstante lhe seja impossível aprovar, em princípio, as ideias de separação entre a Igreja e o Estado. E resumindo a posição do episcopado brasileiro da época, mesmo diante da declarada opção do Estado imperial pela Igreja Católica, sintetizou o Movimento de 1890: 'Era uma proteção que nos abafava'" (cf. *Raízes do Brasil*, p. 118-119).

1097 "Entropia negativa" é o fenômeno por meio do qual qualquer sistema luta para manter-se vivo.

Já o Preâmbulo expressa o seguinte: "Nós, representantes do povo brasileiro, reunidos em Assembleia Nacional Constituinte para instituir um Estado democrático, destinado a assegurar o exercício dos direitos sociais e individuais, a liberdade, a segurança, o bem-estar, o desenvolvimento, a igualdade e a justiça como valores supremos de uma sociedade fraterna, pluralista e sem preconceitos, fundada na harmonia social e comprometida, na ordem interna e internacional, com a solução pacífica das controvérsias, promulgamos, sob a proteção de Deus, a seguinte CONSTITUIÇÃO DA REPÚBLICA FEDERATIVA DO BRASIL".

Persiste, então, a dúvida: invocar a proteção de Deus na norma preambular induz à existência de um Estado brasileiro crente?

Não há qualquer novidade na discussão, visto que desde a Assembleia Nacional Constituinte grassavam incertezas sobre se incorporar o nome Deus conduziria a opção do constituinte originário, tornando oficial o fato de se crer em uma ou em diversas divindades.

Se isso fosse correto, como compatibilizar tal invocação com as liberdades de consciência e de crença expressas no art. 5º, VI? Haveria antinomia, contradição entre os dispositivos constitucionais?

Logo no início do curso de direito constitucional, na graduação, aprende-se que a Constituição não deve ser interpretada em tiras ou filetes, devendo-se conferir, destarte, prevalência ao seu sentido unitário. É o chamado princípio da unidade, vertido na atitude do intérprete tendente a prestigiar o sistema como um todo, e não apenas uma norma em particular.

Não é certo encontrar antinomias entre normas constitucionais, mas sim interpretá-las de tal modo que se evitem colisões.

E é precisamente por essa razão que não vislumbramos nenhuma incoerência entre inserir o nome de Deus no Preâmbulo e a liberdade preconizada no corpo dos direitos individuais.

Observe-se como inicia o Preâmbulo: "Nós, representantes do povo brasileiro (...)". O recurso à personificação dá a exata ideia de que o nome de Deus fora mencionado para ressaltar a postura crente da maioria dos parlamentares que atuaram na elaboração do vigente Texto Constitucional. São os legisladores constituintes de competência originária que resolveram rogar à proteção divina, não sendo correto promover contingente vinculação do Estado brasileiro à crença religiosa, porquanto se recorre ao uso do pronome pessoal da primeira pessoa do plural para reforçar a antedita personificação. Nem seria correto, de outro tanto, promover eventual vinculação do poder constituinte decorrente à inserção do nome de Deus em preâmbulo de norma constitucional estadual, visto que não se trata de dispositivo caracterizado por reprodução obrigatória pelas Constituições dos Estados-Membros[1098].

1098 Assim concluiu o Supremo Tribunal Federal no julgamento da ADIn 2.076/AC, rel. Min. Carlos Velloso.

23.10.2.3.2 A expressão "Deus seja louvado" em notas de real – hipótese de proselitismo religioso do Estado brasileiro?

Porque se cogitou da inserção do nome de Deus no Preâmbulo da Constituição de 1988, cuida investigar se esse procedimento implica o proselitismo religioso em se tratando de moeda de curso forçado no País.

O padrão monetário brasileiro, o Real, não é rigorosamente novo. Em verdade, ele retoma o nome da velha moeda, Real, de plural mil-réis, utilizado pelos nossos antepassados, até 1942, quando foi substituído pelo Cruzeiro por Getulio Vargas.

Dos muitos traços delineadores de uma nação – que é um conceito sociológico, e não jurídico –, tais como a língua, os acidentes geográficos mais conhecidos e os seus vultos históricos, a moeda igualmente se insere no conjunto dos elementos preservadores da identidade nacional.

Renato Janine Ribeiro pondera que "uma das questões essenciais da doutrina econômica é a da moeda como representação, no caso, de riquezas. Mas a moeda também pode ter o papel de representar – ou simbolizar – conteúdos menos tangíveis, não econômicos, em especial os que constituem, por exemplo, uma nacionalidade. Esse outro caráter representativo da moeda, estreitamente ligado à sua denominação, mas que obviamente depende de sua eficácia propriamente econômica, não constitui, porém, tema da economia. Investigá-lo cabe àquelas ciências humanas que lidam com a significação das ações, o que é o caso da antropologia – ou, se deixarmos de lado a aspiração científica, para enfatizar o exame dos pressupostos e significações, o da filosofia política. Aliás, para não ficarmos na simples teoria, basta lembrar o papel que o marco alemão, moeda oficial da Alemanha Federal, desempenhou no orgulho nacional daquele país. Os alemães, tendo em sua memória do século XX a inflação talvez maior da história, identificaram sua prosperidade à capacidade de administrar uma moeda estável e invejada. Basta, por isso, assinalar o receio, que muitos deles sentem, de que a substituição de sua divisa pela moeda comum europeia acarrete o fim desse período áureo de sua economia e de sua vida social"[1099].

Na Alemanha, nos Estados Unidos e no Brasil, onde quer que se tente estabilizar a economia – especialmente quando se recorre a políticas econômicas monetaristas –, a moeda cumpre atribuições muito mais importantes do que se converter em mero e simples instrumento facilitador das relações de cunho econômico, máxime quando está completamente associada a determinado planejamento econômico.

É sintomático que os mirabolantes planos econômicos urdidos nos escaninhos dos gabinetes refrigerados em Brasília tenham sido invariavelmente acompanhados da mudança do padrão monetário brasileiro. Cruzeiro, cruzado, cruzado novo, cruzeiro novo, real, cada uma moeda, enfim, foi apresentada como a solução de todos os nossos males...

Explica-se: a economia, conquanto se valha da matemática, estatística e cálculos econométricos, não é, definitivamente, ciência exata. Com isso, a norma econômica

1099 Cf. *A Sociedade Contra o Social*: o alto custo da vida pública no Brasil, p. 65-66.

planejadora, para dar certo, necessita ser recebida como um "mito" pela comunidade destinatária. "Mito", por sua vez, representativo da coincidência das aspirações da maioria com as diretrizes econômicas propostas. E, portanto, perseguindo a visão mítica do planejamento, lançam mão os governos de todos os expedientes democraticamente legítimos, entre os quais a inclusão do nome de Deus, como vem acontecendo com bastante habitualidade no Brasil, inclusive com as notas de Real.

Insubsistente, nesse passo, a defesa de qualquer entendimento que insinue vinculação do Estado brasileiro à crença religiosa, porquanto a referência ao nome de Deus em notas de curso forçado cumpre, simplesmente, o propósito de identificar os indivíduos ao Plano Real, creditando-o como norma planejadora apta e eficaz para a melhoria da vida das pessoas.

23.10.2.3.3 A polêmica sobre o dia da semana para a realização de concurso público

Ocorre, entretanto, que muitos segmentos religiosos se abstêm completamente quanto a qualquer atividade em determinado dia da semana. É o caso, por exemplo, dos adeptos da Igreja Adventista do Sétimo Dia, que guardam o dia de sábado para o descanso e a organização de cerimônias religiosas.

Surge, então, a dúvida: pode o adventista recusar-se à submissão à prova no dia designado por recair em sábado?

Atente-se, de logo, para o seguinte: a Administração Pública deve reverência ao princípio da impessoalidade, entre outros assinalados no art. 37, *caput*, da Constituição.

Ora, se o conteúdo do princípio da impessoalidade retrata uma Administração que não beneficia ou prejudica determinados indivíduos, impedindo, destarte, tratamento diferenciado[1100], como tornar aceitável que o Adventista do Sétimo Dia realize prova de concurso público em data distinta da fixada para os demais candidatos? Não haveria quebra do sigilo e vulneração de todo o certame?

Logicamente, se o(s) candidato(s) obteve(tiveram) autorização para realizar a prova em outro dia, é óbvio que não será a mesma avaliação a ser aplicada aos dois grupos de candidatos.

Embora represente um custo maior para o órgão que disponibiliza as vagas a serem preenchidas por via de concurso público, o direito individual à liberdade religiosa do adventista não deve ceder espaço à comodidade da Administração Pública.

O Supremo Tribunal Federal, pelo seu Presidente, Min. Marco Aurélio Mello, indeferiu, em 18-4-2002, o pedido de liminar na Suspensão de Segurança n. 2.144, ajuizada pela União com o objetivo de cassar a decisão concessiva de tutela antecipada a um candidato de concurso público que impetrara mandado de segurança

---

1100 É também expressão do princípio da impessoalidade a existência de Administração Pública não vinculada ao rosto do governante.

contra a Escola de Administração Fazendária, exatamente em razão de a data designada ter recaído em dia de sábado[1101].

Elogiável a decisão do STF no particular, notadamente porque, pondo na balança o valor "liberdade religiosa", não o deixou perecer em prol da conveniência dos organizadores de concurso público.

23.10.2.3.4 O sacrifício de animais nas liturgias do Candomblé e da Umbanda – exame à luz da Constituição e da legislação ordinária

Mais uma questão controvertida cuja análise reconduz ao exame também dos dispositivos infraconstitucionais pertinentes.

Viu-se que a liberdade religiosa se perfaz igualmente na liberdade de culto, representativo do ritual utilizado pelos adeptos da fé para exteriorizar seu sentimento religioso.

O art. 5º, VI, parte final, da Constituição protege os locais de culto e as liturgias, na forma da lei. Evidentemente, embora o constituinte originário refira a lei como instrumento efetivador da liberdade de culto, parece clara a conclusão no sentido de que a liberdade apontada não se condiciona à existência de disciplina infraconstitucional; a alusão à lei apenas remarca a eficácia relativa restringível do dispositivo constitucional em questão[1102].

Significa dizer o seguinte: a eficácia restringível do enunciado constitucional faz com que, desde logo, a sua vigência venha a produzir todos os efeitos que lhes são ínsitos e conaturais, assemelhando-se, por essa razão, aos preceitos dotados de eficácia plena.

A distinção que se opera está relacionada ao fato de que os preceptivos restringíveis podem vir a ter a sua amplitude encurtada pela atuação judicial ou legislativa.

No caso, sem dúvida, em face da literalidade do art. 5º, VI, suposta contenção à liberdade de culto somente poderia ser legitimada pela previsão, no ordenamento jurídico, de lei em sentido formal limitativa do direito.

É absolutamente decisivo para entender a liberdade de culto – e, no particular, a liberdade de sacrifício de animais no ritual do Candomblé e Umbanda – situar o art. 5º, VI, no contexto da teoria da aplicabilidade das normas constitucionais, como realizou-se no momento, sob pena de equivocada compreensão da sua amplitude.

Assim, torna-se impositivo percorrer o sistema normativo, de lá retornando com a conclusão a respeito da existência ou não de regra limitativa do sacrifício de animais.

E a resposta é positiva: há, sim. É precisamente o art. 64 da Lei das Contravenções Penais, cuja conduta caracterizada como fato típico é "tratar animal com crueldade ou submetê-lo a trabalho excessivo".

1101 Disponível em: <http://www.stf.gov.br/noticias/imprensa/ultimas>.

1102 A classificação utilizada é a proposta por Maria Helena Diniz (cf. *Norma Constitucional e seus Efeitos*).

Inegavelmente, uma vez ocorrido o sacrifício de animais, não há como desvencilhar-se do fato típico descrito no art. 64 da LCP.

Poder-se-ia argumentar que o termo "crueldade" é caracterizado por fortíssimo componente ambíguo, porque aquilo que seria considerado cruel por um indivíduo não o seria por outro, e, assim, os adeptos dos segmentos religiosos afro-brasileiros ou qualquer outro que se utilizasse da prática litúrgica certamente não reconheceriam a "crueldade" em tais sacrifícios. Mas não seriam os integrantes da facção religiosa aqueles que estariam legitimados a concluir a respeito, e sim a sociedade de forma geral, o que se consuma por meio do exame da situação pelo juiz.

Não foi esse, todavia, o entendimento sufragado pela Suprema Corte dos Estados Unidos da América.

Na verdade, a Suprema Corte desse país possui apenas um julgamento a respeito do tema: *Church of the Lukumi Babalu Aye, Inc. v. Hialeah.*

O caso se desenvolveu da seguinte forma: o segmento religioso denominado "Santeria", muito popular no Estado da Flórida, em razão da forte presença latina na região, decidiu construir templo religioso na cidade de Hialeah. O legislador municipal, no entanto, proibiu o sacrifício de animais, descrevendo-o como a matança de animais que não fosse para o propósito primacial de consumo para alimentação.

Todos os Juízes da Suprema Corte concordaram que a lei era inconstitucional, com o Juiz Kennedy responsável pela prolação do acórdão da Corte, que, ao reafirmar o Caso *Smith,* concluiu que a norma municipal não era neutra porque o seu claro objetivo era proibir a prática religiosa, porquanto admitia a matança de animais para o consumo humano e também para a caça.

23.10.2.3.5 A transfusão de sangue e a opção religiosa

Há, no Brasil, segmento religioso que defende, entre outros preceitos, a proibição absoluta quanto à transfusão de sangue.

Com efeito, os adeptos da religião denominada Testemunha de Jeová seguem à risca a vedação quanto à impossibilidade de transfusão de sangue[1103].

1103 "Há muito entendemos que tal sangue estocado não é mais parte da pessoa. Foi totalmente removido dela, assim, esse sangue deve ser descartado em harmonia com a lei de Deus... Em um processo diferente, sangue autólogo pode ser desviado de um paciente para um dispositivo de hemodiálise (rim artificial) ou máquina cardiopulmonar. O sangue flui através de um tubo para o órgão artificial... e retorna ao sistema circulatório... Alguns cristãos têm permitido isso desde que a máquina não seja preparada com sangue... Um cristão, tendo que decidir quanto a se permite que o seu seja desviado por algum dispositivo externo, deve ponderar, não primariamente sobre se uma breve interrupção do fluxo poderia ocorrer, mas se ele conscienciosamente consideraria o sangue desviado como parte de seu sistema circulatório... E quanto à hemodiluição?... alguns cristãos têm aceito, outros têm recusado. Novamente, cada indivíduo deve decidir..." (cf. *A Sentinela*, 1º mar. 1989, p. 30-31).

Muitos criticam o dogma religioso sob o fundamento de que, sendo o direito à vida *direito-pressuposto,* a partir do qual todos os demais direitos fundamentais podem ser exercitados, não haveria viabilidade para alguém recusar-se peremptoriamente à transfusão de sangue e atentar contra a própria vida.

É claro que não há *hard case* quando a recusa é feita pela família de paciente menor de idade, absoluta ou relativamente incapaz, pois ninguém está autorizado a promover opção de natureza irreversível por outrem. É o que chamamos de *princípio da reversibilidade da opção,* aplicável tanto para as questões nacionais relativas aos seguidores da religião "Testemunhas de Jeová" quanto à extirpação clitoriana realizada em alguns países do continente africano.

É necessário, todavia, entender que o direito à vida é marcado pelo signo da inviolabilidade, conforme preceitua o art. 5º, *caput,* da CF: "Todos são iguais perante a lei, sem distinção de qualquer natureza, garantindo-se aos brasileiros e aos estrangeiros residentes no País a *inviolabilidade* do direito à vida, à liberdade, à igualdade, à segurança e à propriedade (...)" (grifamos).

Ora, se a Constituição Federal impôs a inviolabilidade como dado característico do direito à vida, não se torna ilegítimo o comportamento do crente que, mesmo correndo risco de morte, não aceita a realização de procedimento médico tendente a promover transfusão de sangue.

É que não se pode cogitar de *vida* sem *dignidade.* E, como se sabe, a crença integra domínio existencial tão impressionantemente relevante de quem crê que melhor sorte para muitos seria morrer ao invés de receber sangue alheio.

Celso Ribeiro Bastos se pronuncia favoravelmente à licitude do comportamento do indivíduo que se recusa à transfusão: "Quando o Estado determina a realização de transfusão de sangue – ocorrência fenomênica que não pode ser revertida – fica claro que violenta a vida privada e a intimidade das pessoas no plano da liberdade individual. Mascara-se, contudo, a intervenção indevida, com o manto da atividade terapêutica benéfica ao cidadão atingido pela decisão. Paradoxalmente, há também o recurso argumentativo aos 'motivos humanitários' da prática, quando na realidade mutila-se a liberdade individual de cada ser, sob múltiplos aspectos"[1104].

O quadro atinge coloração surreal: o crente que procura tratamento pode sofrer séria agressão às suas convicções religiosas. Já o outro, doente também, mas que passou quilômetros distante do hospital, poderá até morrer, mas não terá a sua liberdade individual atingida.

E a consequência do estapafúrdio desprezo à liberdade: "(...) a posição daqueles que sustentam a possibilidade de transfusão de sangue mesmo contra a vontade do

1104 Cf. *Direito de Recusa de Pacientes, de seus Familiares ou Dependentes, às Transfusões de Sangue, por Razões Científicas e Convicções Religiosas,* p. 19.

paciente está, indiretamente, incitando as pessoas a deixarem de procurar auxílio médico, do que pode resultar um problema de saúde pública extremamente grave"[1105].

Não se trata de opção pela morte, mas sim de consagração da liberdade.

Manoel Gonçalves Ferreira Filho, ao examinar a colisão entre o direito à vida e à liberdade religiosa, sintetiza que: "(...) não há o direito à morte, embora haja o de preferir, por paradoxal que seja para alguns, a morte à perda da liberdade"[1106].

E então: por que motivo médicos e hospitais não respeitam a fé religiosa dos integrantes da religião Testemunha de Jeová?

A resposta está no pífio desenvolvimento da ideia de solidariedade e tolerância, que se acopla ao igualmente reduzido senso comum sobre o que pode ser entendido por *pluralismo político*.

23.10.3 Liberdade de expressão da atividade intelectual, artística, científica e de comunicação

Assegura o art. 5º, IX, que "é livre a expressão da atividade intelectual[1107], artística, científica e de comunicação, independentemente de censura ou licença".

A liberdade aqui contemplada se manifesta de quatro maneiras distintas: liberdade de atividade *intelectual*, *artística*, *científica* e de *comunicação*.

Com efeito, após sucessivos regimes ditatoriais responsáveis por atos inomináveis de constrição à livre expressão intelectual, artística, científica e da atividade de comunicação, por meio dos quais o Governo decidia a respeito do que poderia ser objeto de divulgação, o legislador constituinte originário resolveu adotar, por regra, a impossibilidade de contenções, via censura ou licença, ao direito individual.

Não se deve imaginar, contudo, que o direito de expressão aqui mencionado se encontra liberto de todo controle. Quando a Constituição proíbe a censura ou licença, atém-se, de modo exclusivo, à proibição de limitações de caráter administrativo, ou seja, aquela promanada dos órgãos do Poder Executivo.

Nessa linha de compreensão, se o juiz impuser, em providência cautelar, vedação à liberdade com amparo no interesse público[1108], somente por meio de recurso

---

1105 Idem, p. 23.

1106 Cf. *Questões Constitucionais e Legais Referentes a Tratamento Médico sem Transfusão de Sangue*, p. 21.

1107 Ver Leis n. 9.610/98 (Direito Autoral) e 9.609/98 (Lei de Proteção da Propriedade Intelectual de Programa de Computador e sua Comercialização no País).

1108 "Interesse público" é *topoi*, ou seja, termo que, conquanto não submetido a conceituação, delimita ponto de partida para conclusão definitiva. Logo, não é indispensável conceituá-lo, mas firmar, no caso concreto, se a hipótese fática corresponde a transgressão a interesse público. Exemplificando, se determinada película for exibida em uma dada localidade e, em virtude das inúmeras cenas de violência, desperte-se o desejo naqueles que a assistiram quanto à reprodução, de fato, das cenas, no contexto da comunidade, caso provado o nexo causal entre a exibição e a ofensa à segurança da coletividade, será

judicial à sentença poderá ser restaurado amplamente o direito individual, concluindo-se que o provimento judicial acautelatório não corresponde à censura, muito menos prévia, mas tão somente a regular exercício da atividade jurisdicional destinada à salvaguarda dos direitos à intimidade, vida privada, honra e imagem das pessoas.

Em síntese: não há como suster no Brasil, após a Constituição de 1988, a denominada *censura administrativa*, mas nada obsta que o Poder Judiciário, na tarefa de proteção dos direitos fundamentais, dirija legitimamente restrições à liberdade.

23.10.4 Liberdade de ação profissional

Dispõe o art. 5º, XIII, da Constituição que "é livre o exercício de qualquer trabalho, ofício ou profissão, atendidas as qualificações profissionais que a lei estabelecer".

O dispositivo consolida a liberdade de ação profissional.

Trata-se de norma com eficácia relativa restringível. Enquanto não for editada a lei referida, o comando constitucional possui inteira operatividade. Se não houver a disciplina em nível de lei ordinária, fixando as qualificações profissionais, é exercitável da forma mais ampla possível.

Os condicionamentos à liberdade de ação profissional só se podem impor mediante lei em sentido material e formal[1109]. Não se admitirá, assim, que atos regulamentares baixados por conselhos profissionais possam restringir o alcance da liberdade em questão[1110].

A liberdade é inerente a todo trabalho, ofício ou profissão, motivo pelo qual não se destina exclusivamente às profissões regulamentadas, mas a toda e qualquer atividade humana, remunerada ou não.

Distinção necessária entre trabalho, ofício e profissão. Necessária a conceituação do que é *trabalho, ofício* e *profissão.*

Trabalho *é qualquer atividade humana lícita, remunerada ou não, prestado por pessoa natural e destinado à obtenção de um resultado.*

Trata-se, desse modo, do mais amplo signo inserido no art. 5º, XIII, da CF.

---

admissível a proibição, pelo Poder Judiciário local, quanto a exibir o filme, sem que tal fato possa ser considerado censura.

1109 "A exigência de especificidade, no âmbito da qualificação, para a feitura de concurso público não contraria o disposto no inciso XIII do art. 5º da CF, desde que prevista em lei e consentânea com os diplomas regedores do exercício profissional" (STF, *RT*, 706/245).

1110 "ADMINISTRATIVO – EXERCÍCIO PROFISSIONAL – ENGENHEIRO – RESOLUÇÃO N. 336/89-CONFEA – LIMITAÇÃO DO NÚMERO DE EMPRESAS PELAS QUAIS PODE SER RESPONSÁVEL TÉCNICO – ILEGALIDADE – 1. O livre exercício de qualquer trabalho, ofício ou profissão é princípio constitucional que não pode ser restringido senão em virtude de Lei em sentido formal. 2. Ilegal, assim, a restrição feita por Resolução do Conselho Federal de Engenharia ao livre exercício da atividade de engenheiro. 3. Segurança concedida. 4. Sentença confirmada. 5. Remessa oficial desprovida" (TRF 1ª R., REO 41000041594/RO, 6ª T., rel. Des. fed. Daniel Paes Ribeiro, *DJU* de 10-3-2003, p. 137).

Ofício *é a atividade humana lícita, especializada e remunerada, cujo aprendizado pode processar-se por entre gerações ou em oficinas ou liceus (marcenaria e carpintaria,* por exemplo).

Profissão *é atividade humana lícita, especializada, remunerada e disciplinada por lei em sentido material e formal (advogados, médicos, engenheiros etc.).*

Requisitos à qualificação profissional. A lei somente poderá restringir a liberdade para fixar os requisitos atinentes à *qualificação profissional.*

Exige-se que o trabalho, ofício ou profissão a ser regulamentada atenda às seguintes condições de sorte a validar a interferência do Poder Público na atividade humana: a) a atividade exercida deve impor conhecimentos técnicos e científicos avançados; b) a profissão regulamentada possa trazer risco à coletividade, caso um nível mínimo de qualificações não seja atendido pela pessoa[1111].

É para essa linha que converge o pensamento de Gilmar Mendes: "(...) as qualificações profissionais de que trata o art. 5º, inciso XIII, da Constituição, somente podem ser exigidas, pela lei, daquelas profissões que, de alguma maneira, podem trazer perigo de dano à coletividade ou prejuízos diretos a direitos de terceiros, sem culpa das vítimas, tais como a medicina e demais profissões ligadas à área de saúde, a engenharia, a advocacia e a magistratura, dentre outras várias"[1112].

Mesmo assim, convém assinalar que a natureza de norma com eficácia restringível não autoriza o legislador à indicação de elenco tão rigoroso de qualificações que torne praticamente impossível o exercício do trabalho, do ofício ou da profissão, porque o princípio da proporcionalidade, numa de suas dimensões, vincula o corpo legislativo a adotar desfecho que menor restrição imponha a direito fundamental. A lei será inconstitucional quando os requisitos ou qualificações ao exercício de profissão, impostas de modo excessivo, determinarem, de fato, a impossibilidade de fruição do direito individual[1113].

Também é possível concluir que algumas atividades, pela própria natureza, não estão submetidas a prévia autorização de órgão de classe, como já se pronunciou o STF[1114].

1111 Cf. Celso Ribeiro Bastos e Ives Gandra Martins, *Comentários à Constituição do Brasil,* p. 77-78.

1112 Cf. voto prolatado nos autos do RE 511.961, j. em 17-6-2009 (sem revisão), na importante decisão do STF sobre a inexigibilidade de diploma de jornalista.

1113 Por essa razão é possível concluir que a forma ultimamente adotada para o exame da OAB vem conspurcando o direito à ação profissional. Conquanto seja notório que muitas faculdades não estejam preparando adequadamente os bacharéis em direito, não se admite o rigor excessivo aplicado pela entidade corporativa, máxime porque inverte o parâmetro constitucional e limita, de modo inconstitucional, o acesso à nobre profissão da advocacia.

1114 RE 414.426/SC, rel. Min. Ellen Gracie. Tratava-se a hipótese de exigência firmada pela Ordem dos Músicos do Brasil (OMB) que condicionara a outorga de permissão do exercício de atividade de músico exclusivamente àqueles que estivessem em dia com as respectivas contribuições anuais. Entendeu a Ministra Ellen Gracie que "a OMB dispõe de

23.10.5 Liberdade de informação

Está prevista no art. 5º, XIV, da Constituição: "É assegurado a todos o acesso à informação e resguardado o sigilo da fonte, quando necessário ao exercício profissional".

Complementa-se com o disposto no § 1º do art. 220 da Constituição, ao determinar que "nenhuma lei conterá dispositivo que possa constituir embaraço à plena liberdade de informação jornalística em qualquer veículo de comunicação social, observado o disposto no art. 5º, IV, V, X, XIII e XIV", e também na dicção do § 2º, ao indicar que "é vedada toda e qualquer censura de natureza política, ideológica e artística".

É a liberdade de informação jornalística, tão cara aos sistemas democráticos e, por essa razão, objeto de explícita referência no Texto Constitucional.

Em um Estado democrático não deve haver outros limites ao direito de informar que os relativos à intimidade, vida privada, honra e imagem das pessoas (art. 5º, X, da CF), bem assim aqueles atrelados ao interesse público, porquanto há previsão constitucional que faz reserva à concessão de informação por órgão público, conforme a literalidade do art. 5º, XXXIII: "Todos têm direito a receber dos órgãos públicos informações de seu interesse particular, ou de interesse coletivo ou geral, que serão prestadas no prazo da lei, sob pena de responsabilidade, *ressalvadas aquelas cujo sigilo seja imprescindível à segurança da sociedade e do Estado*".

O direito individual e a Lei de Acesso a Informação (Lei n. 12.527/2011). Foi nesse contexto que se operou a edição da Lei n. 12.527, de 18 de novembro de 2011, a denominada *Lei de Acesso a Informação*, que entrou em vigor 180 dias após a sua publicação, ou seja, em 16-5-2012, impondo, dentre outras providências destinadas a viabilizar o exercício do direito fundamental à informação, a observância da publicidade como preceito geral e do sigilo como exceção (art. 3º, I) e a divulgação de informações de interesse público, independentemente de solicitações (art. 3º, II).

23.10.5.1 Amplitude do direito de informação: direito de informar, informar-se e ser informado

O direito de informação é tripartite: *direito de informar*, *informar-se* e *ser informado*[1115].

---

meios para executar anuidades devidas, sem vincular sua cobrança à proibição do exercício da profissão". Concluiu ainda que "(...) na hipótese da música, a livre expressão artística é de sua essência e, por conseguinte, a obrigatoriedade de inscrição na OMB para que os profissionais da música se apresentem profissionalmente equivale à exigência de licença expressamente proibida pelo art. 5º, IX, da CF". O julgamento foi adiado em virtude de pedido de vista do Min. Gilmar Mendes (*Informativo STF*, n. 406).

1115 Assim dispõe a Constituição portuguesa de 1976: "Artigo 37º (Liberdade de expressão e informação) 1. Todos têm o direito de exprimir e divulgar livremente o seu pensamento

Vidal Serrano Nunes Júnior destaca que "o direito de informar consiste basicamente na faculdade de veicular informações, ou, assumindo outra face, no direito a meios para transmitir informações, como, *verbi gratia*, o direito a um horário no rádio ou na televisão. O direito de se informar consiste na faculdade de o indivíduo buscar as informações desejadas sem qualquer espécie de impedimento ou obstrução. Por fim, o direito de ser informado remete à faculdade de ser mantido integral e corretamente informado"[1116].

Com isso, a Lei n. 12.527/2011 comete ao Poder Público o dever de viabilizar o acesso à informação, atendendo-se à sua *autenticidade* (qualidade da informação que tenha sido produzida, expedida, recebida ou modificada por determinado indivíduo, equipamento ou sistema – art. 4º, VII); *integridade* (qualidade da informação não modificada, inclusive quanto à origem, trânsito e destino – art. 4º, VIII) e *primariedade* (qualidade da informação coletada na fonte, com o máximo de detalhamento possível, sem modificações – art. 4º, IX).

No âmbito da liberdade de informação, ainda no que se refere ao direito individual *de ser informado*, pode-se destacar o direito de o consumidor ser completa e corretamente informado acerca da oferta e apresentação de produtos e serviços, tal como, inclusive, já consta no art. 31 do Código de Defesa do Consumidor[1117].

23.10.5.2 Direito de informação e os direitos individuais à intimidade, vida privada, honra e imagem das pessoas

Mas a Constituição consagra o binômio liberdade-responsabilidade, a ponto de expressar que o direito à informação jornalística não repugna a proteção à intimidade, à vida privada e à honra das pessoas, por exemplo.

Sendo assim, há amparo constitucional para fixar-se indenização em favor do indivíduo atingido pela veiculação de notícia inverídica que atinja a sua honra, não estando legitimada eventual responsabilização do veículo de imprensa quando a notícia, malgrado desagradável, encerra absoluta veracidade[1118].

---

pela palavra, pela imagem ou por qualquer outro meio, bem como o direito de informar, de se informar e de ser informados, sem impedimentos nem discriminações".

1116 Op. cit., p. 31.

1117 "Art. 31. A oferta e apresentação de produtos ou serviços devem assegurar informações corretas, claras, precisas, ostensivas e em língua portuguesa sobre suas características, qualidades, quantidade, composição, preço, garantia, prazos de validade e origem, entre outros dados, bem como sobre os riscos que apresentam à saúde e segurança dos consumidores."

1118 "INDENIZAÇÃO – DANOS MORAIS E À IMAGEM – ABUSO À LIBERDADE DE INFORMAÇÃO JORNALÍSTICA – INOCORRÊNCIA. Se os fatos desagradáveis são verídicos, não há como impedir que a imprensa os divulgue ou seja responsabilizada por ter noticiado o que infelizmente ocorreu, porque, assim procedendo, não estará praticando nenhum abuso, pois não age com culpa – Pertinência da matéria jornalística divulgada com a pessoa cuja imagem é reproduzida na ilustração do noticiário – Recurso provido" (TJSP, AC 92.669-4 – São Paulo, 2ª Câm. Dir. Priv., rel. Des. Guimarães e Souza, j. em 22-2-2000, v.u.).

Outrossim, sabe-se que o valor arbitrado, se excessivo, pode resultar na destruição da liberdade de informação.

O aplicador do direito, portanto, deve estar atento para não incidir em excessos quando, mesmo diante da transgressão aos reputados direitos da personalidade, decidir pela sanção pecuniária.

23.11 OS DIREITOS INDIVIDUAIS À INTIMIDADE E À VIDA PRIVADA

Os direitos individuais em questão se encontram previstos no art. 5º, X, da CF: "são invioláveis a intimidade, a vida privada, a honra e a imagem das pessoas, assegurado o direito a indenização pelo dano material ou moral decorrente de sua violação".

Como se observa facilmente, a Constituição se refere, de modo expresso, aos direitos à intimidade e vida privada, o que torna indispensável o exame dos direitos individuais de modo particularizado, notadamente porque grassa desconfortável hesitação da doutrina e da jurisprudência quanto a reconhecê-los como realidades normativas diferentes, decerto por influência do direito norte-americano, que os disciplina de forma indistinta sob o signo do *right of privacy* (direito à privacidade).

Todavia, a Constituição – como, de resto, todo o ordenamento jurídico – não possui palavras inúteis; assim, seria equivocado admitir que duas terminologias foram usadas para designar o mesmo direito individual.

Se a Constituição Federal assinala serem invioláveis a intimidade, a vida privada, a honra e a imagem das pessoas, é correto visualizar a autonomia de cada qual, especialmente se o propósito está voltado à concepção de um catálogo de direitos fundamentais apto a cumprir a meta desenhada: a defesa da cidadania e do Estado Democrático de Direito.

Nem sempre foi assim. No séc. XIX, havia províncias no Brasil, como a do Rio de Janeiro e a do Rio Grande do Norte, que possuíam extravagantes leis determinando que, após as nove horas da noite, "ninguém será isento de ser apalpado e revistado" pela polícia[1119].

Mas é fato nos dias atuais que a revolução tecnológica desencadeou o aumento vertiginoso da velocidade de informação. Além disso, aparelhos de escuta telefônica, microcâmeras e gravadores, bem como toda sorte de parafernália, vêm roubando

---

1119 Para Reinaldo Pimenta, "a história consagrou as nove horas (da noite) como a hora em que as pessoas deviam se recolher. Era a hora de interromper uma visita, um jogo ou qualquer diversão e ir para casa. (...) E foi nesse mesmo século que surgiu a adjetivação *cheio de nove horas* para o sujeitinho cheio de regras, de censuras e de limites às alegrias alheias" (cf. *A Casa da Mãe Joana* – Curiosidades nas origens das palavras, frases e marcas, p. 63).

do indivíduo a garantia de sua intimidade, o direito de estar só, ou, como consagrado na expressão anglo-saxã, *the right to be left alone*[1120].

Sucede que, no domínio das relações sociais, há um campo de ação do sujeito cuja conduta é invariavelmente examinada pela comunidade, seja para enaltecê-la, seja para reprová-la.

Tais atitudes podem ser incluídas no âmbito da *vida pública* do indivíduo.

Noutro campo, bem mais restrito, encontramos o indivíduo-pai, o indivíduo-filho, filha, esposa, marido, as atividades profissionais, a situação financeira[1121] de cada um e as relações de amizade.

Neste contexto situaríamos o direito à *vida privada*.

Intimidade como direito ao segredo pessoal. Não há como identificar, portanto, intimidade e vida privada, quando é certo que a intimidade corresponde ao conjunto de *informações, hábitos, vícios, segredos, doenças, aventuras amorosas,* até mesmo desconhecidos do tecido familiar e dos amigos.

Cogitando-se de direito à intimidade, menciona-se a porção mais escondida da individualidade da pessoa. Logo, tudo que puder ser mantido na esfera do segredo pessoal é tutelado pelo direito à intimidade. Subtrair ao conhecimento público o que se atém à porção secreta da pessoa é o modo encontrado para respeitar a individualidade do ser humano[1122].

Sintetizando: em tema de direito à intimidade a pessoa dividirá o segredo se quiser. "Há um provérbio eslavo da Galícia que diz: 'O que não contas à tua mulher, o que não contas ao teu amigo, conta-o a um estranho, na estalagem'"[1123].

Intimidade como *direito ao segredo pessoal*; eis a sua marca significativa.

1120 "O direito de ser deixado a sós."

1121 De modo contrário ao entendimento de que o sigilo fiscal está protegido pela vida privada: "QUEBRA DE SIGILO BANCÁRIO – PROCEDIMENTO ADMINISTRATIVO-FISCAL – PRÉVIA AUTORIZAÇÃO JUDICIAL – DESNECESSIDADE – 1. As informações sobre o patrimônio das pessoas não se inserem nas hipóteses previstas pelo art. 5º, inciso X, da CF/88, não se confundindo o patrimônio com a intimidade e vida privada. Ademais não devem prevalecer os direitos individuais sobre o interesse público. 2. Não há conflito entre o art. 38 da Lei n. 4.595/67 e o parágrafo único do art. 197 do CTN. Havendo processo administrativo-fiscal instaurado, as instituições financeiras têm o dever de prestar as informações à autoridade fiscal competente, pois trata-se de uma exceção ao sigilo bancário. 3. Desnecessidade de autorização judicial. 4. Recurso improvido" (TRF 4ª R., AC 2001.04.01.014371-7/RS, 4ª T., rel. Juiz Joel Ilan Paciornik, *DJU* de 16-10-2002, p. 725).

1122 Aurelia Romero esclarece, com precisão, que "a intimidade é o direito em virtude do qual excluímos a todas ou a determinadas pessoas o conhecimento de nossos pensamentos, sentimentos, sensações e emoções. É o direito de viver sozinho aquela parte de nossa vida que não desejamos compartilhar com ninguém, seja com a sociedade que nos rodeia, com o mundo que nos circunda ou com uma parte desse mundo" (cf. *Honor, Intimidad e Imagen de las Personas Famosas*, p. 21).

1123 Cf. Eça de Queiroz, "Singularidades de uma Rapariga Loura", in *Contos*, p. 13.

Intimidade e objetos de uso pessoal. Mas também pode ser considerado ofensivo à intimidade das pessoas a fiscalização ou devassa de objetos de uso pessoal[1124].

Direito à intimidade de pessoas famosas. A respeito do direito à intimidade, é preciso, ainda, tecer considerações sobre as controvérsias pertinentes ao direito individual de pessoas famosas.

Sim, porque é necessário investigar se o fato da notoriedade impõe a relativização da intimidade.

Exposição pública voluntária ou involuntária, o fato é que os indivíduos famosos, por essa condição, têm o direito à intimidade, de fato, excessivamente restringido, devendo ser, por isso, demarcados limites à sede de informação do público sobre essas pessoas, cuja notoriedade não se traduz em porta sempre aberta para o desprezo de sua esfera íntima[1125].

Uma reflexão se impõe, de logo: encontram-se, em tema de direito à informação jornalística[1126], em posições diametralmente opostas, com perdão ao trocadilho, o *interesse público* e o *interesse do público.*

E tanto é assim que a EC n. 45/2004, alterando a redação do art. 93, IX, da Constituição, fixou que "todos os julgamentos dos órgãos do Poder Judiciário serão públicos, e fundamentadas todas as decisões, sob pena de nulidade, podendo a lei limitar a presença, em determinados atos, às próprias partes e a seus advogados, ou somente a estes, em casos nos quais a preservação do direito à intimidade do interessado no sigilo não prejudique o *interesse público* à informação" (grifamos).

Supõe-se que o nível de exposição ao qual ficam submetidos os indivíduos famosos determina a legitimidade de restrição do seu espaço íntimo; supõe-se, ademais, existir o direito de a comunidade acompanhar, passo a passo, as pessoas notáveis, mediante a divulgação de detalhes de sua vida afetiva, hábitos, opção sexual ou vícios.

Sucede que os órgãos de comunicação, a pretexto de viabilizar o direito fundamental de acesso à informação, não podem embaralhar o que, efetivamente, é interesse público daquilo que corresponde à mera curiosidade.

Na aparente contraposição entre o direito à intimidade de pessoas famosas e o direito à informação jornalística, estamos convictos de que a suposta antinomia se

1124 "DANO MORAL – REVISTA EM BOLSA. As revistas em bolsas de funcionárias, realizadas em local inapropriado, na presença de clientes, importam afronta ao direito de intimidade e o dano moral decorrente é passível de indenização, nos termos do disposto no art. 5º, inciso X, da CF/88" (TRT 9ª R., RO 01057-2002, Proc. 12405-2000-652-09-00-8 [08166-2003], rel. Juíza Sueli Gil El Rafihi, *DJPR* de 25-4-2003).

1125 Gregório de Matos relata o vício nacional da bisbilhotice: "(...) Em cada porta um bem frequente olheiro/ Que a vida do vizinho e da vizinha/ Pesquisa, escuta, espreita e esquadrinha/ Para o levar à praça e ao terreiro" (cf. *Poemas Escolhidos*, p. 41).

1126 Ver, logo a seguir, comentários acerca do direito à intimidade e à liberdade de informação jornalística após a EC n. 45/2004.

resolverá mediante a aplicação do *princípio da necessidade*, que consiste no exame, caso a caso, acerca da real necessidade de divulgação da notícia.

A problemática assume contornos de indiscutível importância prática quando se sabe não serem poucas as hipóteses de famosos que tiveram devassada sua intimidade.

E é precisamente com base no princípio da necessidade que se não pode dispensar o mesmo tratamento ao direito à intimidade de um cantor e ao de um político.

Com relação ao cantor ou artistas, de forma geral, não se presencia necessidade de divulgação de fatos alusivos à sua vida afetiva ou aos seus hábitos, diferentemente do que ocorre com os detentores de mandato eletivo.

E por quê?

Simplesmente em razão de a propagação ao conhecimento público de notícia sobre o comportamento de liderança política ser indispensável para que os eleitores submetam a confronto os seus atos com a imagem[1127] construída que lhe rendeu votos e mandato.

Suponha-se, assim, que determinado deputado ou senador seja eleito com o apoio do eleitorado conservador. Suponha-se também que o eleito tenha utilizado entorpecente de qualquer espécie.

Poderia ser objetada a divulgação da notícia com lastro no direito à intimidade?

É óbvio que não.

Contra a divulgação do fato não se poderia investir com base na proteção à intimidade, porquanto corresponderia a atitude em absoluto descompasso com o interesse público (e não interesse *do* público), que, no caso, firma-se na necessidade de difundir dados relativos à vida íntima de político com o propósito de instalar debate legítimo entre seus eleitores sobre o ato praticado.

Igualmente não há proibição de divulgar fatos da vida íntima de político quando versam sobre enfermidades, curáveis ou não.

É que o povo, ao escolher o mandatário, juntamente com o projeto de governo ou de atuação parlamentar, pressupõe o cumprimento integral do mandato, o que poderá ser obstado por doenças oportunistas, ou, pior ainda, por males latentes e incuráveis. Por isso, quer durante a campanha eleitoral (e principalmente nela), quer ao longo do exercício do mandato, tem o povo mais protegida ainda a garantia de acesso à informação sobre o estado de saúde daquele que vai dirigir os destinos da unidade política ou representá-lo no Parlamento.

O art. 5º, X, da CF e o princípio da reparação integral. Por outro lado, o art. 5º, X, determina que, havendo violação do direito à intimidade, impõe-se a reparação do dano material e moral.

1127 Veremos, mais adiante, que a imagem não se limita apenas à imagem fisionômica.

É a positivação do *princípio da reparação integral*, isto é, praticado o ato ilícito que ofende os direitos individuais, impõe-se a reparação do dano material e também do dano ocasionado ao patrimônio moral da pessoa.

E mais: sabendo que a reparabilidade do dano não se dirige exclusivamente a direito de indivíduo determinado em razão de as coletividades poderem sofrer idêntico agravo, o ofensor poderá ser condenado a título de dano moral coletivo ou mesmo difuso.

Há, no entanto, jurisprudência que limita a reparação do dano moral às pessoas naturais: "(...) a vítima do dano moral é, necessariamente, uma pessoa. Não parece ser compatível com o dano moral a ideia da 'transindividualidade' (= da indeterminabilidade do sujeito passivo e da indivisibilidade da ofensa e da reparação) da lesão. É que o dano moral envolve, necessariamente, dor, sentimento, lesão psíquica, afetando 'a parte sensitiva do ser humano, como a intimidade, a vida privada, a honra e a imagem das pessoas' (Clayton Reis, Os Novos Rumos da Indenização do Dano Moral, Rio de Janeiro: Forense, 2002, p. 236)"[1128].

Com todo respeito, não nos parece correta a conclusão.

O fenômeno das *lesões massivas* pode eventualmente determinar a reparação do patrimônio moral de coletividades como decorrência do direito fundamental à associação, como mero resultado da prestação de trabalho ou até em virtude do fato do nascimento em determinado lugar.

Efetivamente, em razão da atávica tendência humana à associação, os indivíduos se sentem pertencentes às coletividades que integram, como é o caso de associações, sindicatos e empresas.

Auxilia-nos o didático recurso a exemplo: imagine-se a determinação de uma empresa dirigida a *todos* os trabalhadores para que se submetam às chamadas revistas íntimas (proibida pelo art. 373-A da CLT).

Sem embargo da plausibilidade de condenação, a título de dano sofrido por empregado em ação de cunho individual, será possível ainda a imposição de gravame a título de dano moral coletivo, tudo com suporte na ideia, inafastável, de que os trabalhadores têm patrimônio moral coletivo que necessita ser protegido.

E outra hipótese: suponha-se que foi veiculada notícia inverídica de que todos os empregados da empresa "X" são preguiçosos. Não se tratou de agravo contra trabalhadores individualmente considerados, mas à *coletividade* dos empregados da unidade empresarial.

E ainda esta última: admita-se que foi amplamente divulgada nos meios de comunicação a falsa notícia de que indivíduos originários de determinada cidade são ladrões. Certo que a informação agride o *sentimento de origem*, ou o de pertencimento àquela coletividade, impõe-se a reparação do dano moral coletivo.

1128 REsp 598.281/MG, rel. p/ o Acórdão Min. Teori Albino Zavascki, j. em 2-5-2006.

Por fim, basta lembrar que a própria reparabilidade do dano moral individual fora contestada veementemente alguns anos antes da Constituição de 1988, nesse caso, a tese da impossibilidade jurídica do *dano moral coletivo* parece ser, *data maxima venia*, a atualização da jurisprudência que não admitia a proteção ao patrimônio moral das pessoas.

Portanto, além da cumulação de pedidos a título de dano material e moral destinados a reparar a ofensa praticada contra o indivíduo, a Constituição permite que o patrimônio moral de coletividades seja também resguardado mediante o efeito pedagógico da imposição de sanção pecuniária à vista de ofensa a interesse coletivo ou difuso[1129]. Essa é a extensão do princípio da reparação integral.

É certo que, nesses casos, não será deferida a indenização a cada membro da coletividade atingida, mas a um fundo público.

23.11.1 Direito à intimidade e liberdade de informação após a EC n. 45/2004

Segundo a redação do art. 93, IX, da CF: "Todos os julgamentos dos órgãos do Poder Judiciário serão públicos, e fundamentadas todas as decisões, sob pena de nulidade, podendo a lei limitar a presença, em determinados atos, às próprias partes e a seus advogados, ou somente a estes, *em casos nos quais a preservação do direito à intimidade do interessado no sigilo não prejudique o interesse público à informação*" (grifamos).

O inciso IX do art. 93 da Constituição, alterado pela EC n. 45/2004, pretende mudar o curso da atávica tendência ao decreto de sigilo pelo Poder Judiciário brasileiro, condicionando-o às hipóteses nas quais a preservação do direito à intimidade do interessado não prejudique o interesse público à informação.

E surge a primeira conclusão: após a EC n. 45/2004, *o decreto de sigilo não poderá sopesar o direito à intimidade e a liberdade de informação quando o interesse público impuser a divulgação da notícia*, devendo ser prestigiado, de modo absoluto, o direito individual à informação.

Nesse passo, após a EC n. 45/2004, presenciado, *in concreto*, o interesse público à informação, cederá sempre o direito à intimidade em favor da liberdade de informação.

Com isso, afasta-se a técnica da ponderação de interesses para solucionar contingente contraposição entre a intimidade e a liberdade de informação.

A técnica de ponderação de interesses assente com a restrição ao direito contraposto, desde que não venha a afastá-lo completamente. E, no caso, se aplicada a técnica, deveria o magistrado equilibrar o direito à intimidade e a liberdade à informação num ponto em que nenhum deles fosse passível de prevalência absoluta sobre o outro.

1129 A Súmula 3 do Conselho Superior do Ministério Público do Estado de São Paulo conclui que "o Ministério Público tem legitimidade para ajuizar ação civil pública visando à contrapropaganda e à responsabilidade por danos morais difusos".

Sucede que, após a EC n. 45/2004, não haverá possibilidade de restringir-se a liberdade de informação quando atrelada ao interesse público, mesmo diante de afastamento completo do direito individual à intimidade.

Portanto, não há, em rigor, qualquer colisão entre os direitos indigitados, razão pela qual falece fundamento para a utilização da técnica da ponderação de interesses, desde que a ocorrência do *pressuposto* ao uso do método – colisão entre direitos fundamentais – não pode subsistir no particular.

Por quê? Tão só em razão de a parte final do inciso IX do art. 93 afastar, por completo, o direito da personalidade quando residir *interesse público* na divulgação do fato.

Com efeito, presente o interesse público à informação, cede totalmente a intimidade da pessoa em favor do imperativo quanto à divulgação do fato.

Desse modo, cada vez que se instar o Poder Judiciário à solução de controvérsia cujo objeto se relacione ao direito individual à intimidade, não será admissível o sopesamento entre esse direito e a liberdade de informação quando houver interesse público na divulgação da notícia.

De conseguinte – repita-se –, a *técnica de ponderação de interesses*, que pressupõe a tentativa de equilibrar os bens constitucionalmente tutelados, após a EC n. 45/2004, não mais prevalece diante do espaço de tensão existente entre o direito à intimidade e a liberdade de informação jornalística.

E os demais direitos individuais indicados no art. 5º, X, da Constituição?

Não ficam prejudicados os direitos previstos no inciso X do art. 5º, e que se relacionam à vida privada, à imagem e à honra, principalmente porque será a intimidade o único direito individual que não poderá ser objeto da técnica de ponderação de valores.

Assim, como o inciso IX do art. 93 afastou exclusivamente o direito à intimidade quando se notar o interesse público à divulgação, continua a hermenêutica constitucional vinculada à técnica da ponderação de interesses no referente à vida privada, honra e imagem, mesmo que haja interesse público à informação.

Como se vê, a delimitação do que pode ser propriamente definido como "interesse público à informação" é crucial para o afastamento do direito à intimidade, bem como para utilizar a ponderação de interesses no tocante à vida privada, honra e imagem, oportunidade em que nos remetemos às considerações sobre "interesse público" (subitem 23.5.4).

E de sorte a aplicar corretamente a ponderação de valores com relação à vida privada, honra e imagem das pessoas, é claro que a interpretação constitucional deve ser instruída pelo princípio da proporcionalidade[1130], optando-se pela solução que menor gravame imponha aos direitos fundamentais.

1130 Consolidado inicialmente na jurisprudência da Corte Constitucional Federal alemã sob o pálio do princípio da proibição do excesso (*ubermassverbot*), o postulado da proporcionalidade assume três acepções na ciência do direito constitucional (ver subitem pertinente no Capítulo relativo à interpretação constitucional).

23.12 DIREITO À HONRA

O direito à honra também foi objeto de explícita referência no art. 5º, X, da Constituição.

São duas as espécies de honra: a *honra subjetiva* e a *honra objetiva*. A primeira se refere ao sentimento que o indivíduo tem sobre si mesmo[1131]. A segunda está relacionada ao respeito, à boa fama granjeada pelo indivíduo[1132] em razão da forma como se porta no meio social.

23.13 A IMAGEM (DIREITO DE IMAGEM E DIREITO À IMAGEM)

Acentuadas as questões atinentes à intimidade, à vida privada e à honra, é chegado o momento de investigar a imagem como direito individual.

O desenvolvimento da tecnologia trouxe inúmeros benefícios à civilização, mas acarretou excessos que resultaram na restrição à liberdade e à dignidade das pessoas, o que não seria diferente com relação à imagem.

Luiz Alberto David Araujo assinala que "a proteção da imagem é preocupação recente dos juristas. Enquanto a imagem só podia ser captada através do retrato pintado, desenhado ou esculpido, na maioria esmagadora dos casos havia permissão do retratado, o que não gerava qualquer tipo de polêmica. Para que pudesse ser retratada, a pessoa passava horas e horas diante do artista para a realização da obra. Raros, portanto, são os casos de captação de imagem sem o consentimento do retratado"[1133].

1131 Admite-se a responsabilização por dano à honra subjetiva em virtude de inclusão indevida do nome da pessoa como devedora em banco de dados de caráter público: "RESPONSABILIDADE CIVIL – INDENIZAÇÃO – INDICAÇÃO DO NOME COMO DEVEDOR INADIMPLENTE – SERASA – COBRANÇA – DÉBITO INDEVIDO – DANO MORAL CARACTERIZADO E PROVADO – I. O banco que promove a indevida inscrição de devedor no SERASA responde pela reparação do dano moral; II. A simples negativação de nome junto ao SERASA constitui fato que, de *per si*, é suficiente para atingir a honra subjetiva de uma pessoa; III – Recurso improvido" (TJMA, Ap. 000644-2003 (44.713/2003), 3ª C. Cív., rel. Des. Cleones Carvalho Cunha, j. em 22-5-2003).

1132 Em favor do reconhecimento da honra objetiva no tocante às pessoas jurídicas, colhe-se o seguinte acórdão: "INDENIZAÇÃO MORAL – PESSOA JURÍDICA – HONRA OBJETIVA – IMPROCEDÊNCIA – HONORÁRIOS. I – A pessoa jurídica está protegida quanto à *honra objetiva*, pois a honra subjetiva é privilégio dos humanos. II – A violação da honra objetiva, além da ofensa, precisa da prova da oitiva ou conhecimento por outras pessoas. III – A apelante não fez esta prova, por isso impõe-se improcedência do pedido, conforme sentença de primeiro grau. IV – Os honorários, em caso de improcedência, devem observar o § 4º do art. 20 que remete às alíneas a, b e c do § 3º, mesmo artigo do CPC. V – Apelação improvida" (TJDF, APC 20000110270830 /DF, 4ª T. Cív., rel. Des. Vera Andrighi, *DJU* de 27-8-2003, p. 46).

1133 Cf. *A Proteção Constitucional da Própria Imagem*, p. 21.

Amplitude da tutela constitucional: imagem-retrato e imagem-atributo (direito de imagem e direito à imagem). A primeira observação a ser feita, analisando os incisos V, X e XXVIII, *a*, da Constituição, é a respeito da amplitude do direito individual.

Na alínea *a* do inciso XXVIII do art. 5º da CF, a proteção se dirige ao *direito de imagem*, que se identifica à imagem física da pessoa: "(...) são assegurados, nos termos da lei: a) a proteção às participações individuais em obras coletivas e à reprodução *da* imagem e voz humanas, inclusive nas atividades desportivas".

Se a norma constitucional protege a reprodução *da* imagem humana, é evidente que o preceptivo se destina à tutela específica da imagem física da pessoa.

Já o inciso V do art. 5º da CF se propõe à defesa do direito *à* imagem: "(...) é assegurado o direito de resposta, proporcional ao agravo, além da indenização por dano material, moral ou *à* imagem".

E o inciso X do art. 5º? Qual imagem é protegida no enunciado?

Ambas, seja o direito *de* imagem ou o direito *à* imagem, pois refere que "são invioláveis a intimidade, a vida privada, a honra e *a* imagem das pessoas, assegurado o direito a indenização pelo dano material ou moral decorrente de sua violação". Ora se o direito protegido é *a* imagem, e não o direito *de* imagem, como prescreve o art. 5º, XXVIII, *a*, da CF, ou o direito *à* imagem, definido no art. 5º, V, da CF, é certo que as duas espécies se encontram preservadas no art. 5º, X, da CF.

Nota-se, portanto, a amplitude da tutela constitucional.

Com evidência, embora estejamos acostumados a admiti-la como sinônimo de expressão fisionômica da pessoa, a Constituição de 1988 promoveu a tutela de duas espécies de imagem que são absolutamente inconfundíveis: a *imagem-retrato (direito de imagem)* e a *imagem-atributo (direito à imagem)*.

Luiz Alberto David Araujo e Vidal Serrano Nunes Júnior esclarecem que "de um lado, deve ser entendido como o direito relativo à reprodução gráfica (retrato, desenho, fotografia, filmagem etc.) da figura humana. De outro, porém, a imagem assume a característica do conjunto de atributos cultivados pelo indivíduo e reconhecidos pelo conjunto social (...).

A imagem, assim, tem duas colorações: a de retrato físico da pessoa e a de 'retrato social' do indivíduo (...)"[1134].

A primeira delas é a mais fácil de ser reconhecida. É a imagem física, fisionômica, que não deve ser divulgada sem a permissão do indivíduo[1135-1136], cabendo

1134 Op. cit., p. 143.

1135 Não se poderá opor o direito à informação como óbice à reparabilidade em virtude de divulgação da imagem-retrato: "CIVIL – RESPONSABILIDADE CIVIL – DANOS MORAIS. A publicação, em jornal, de fotografia, sem a autorização exigida pelas circunstâncias, constitui ofensa ao direito de imagem, não se confundindo com o direito de informação. Agravo regimental não provido" (STJ, AGA 334134/RJ, 3ª T., rel. Min. Ari Pargendler, *DJU* de 18-3-2002).

1136 Em se tratando de empregado, é necessário que haja autorização expressa para a divulgação da imagem-retrato, quer porque reside grande desigualdade econômica na relação

indenização toda vez que houver publicidade indevida, independentemente de a pessoa sofrer ou não qualquer atentado à sua reputação[1137].

A imagem-atributo, também chamada de "imagem social"[1138], é o resultado da construção dos atributos subjetivos do indivíduo, com tutela específica admitida no assinalado art. 5º, V, da Constituição.

Observa-se nas situações em que determinados profissionais liberais passam a ser amplamente conhecidos pela especial forma de atuação, como na hipótese de advogado que se notabilizou na defesa de interesses empresariais perante o Poder Judiciário, e tenha sido divulgada em jornal de grande circulação, por equívoco, a notícia de sua contratação por sindicato de trabalhadores. É óbvio nada haver de irregular na defesa judicial dos interesses dos trabalhadores mediante o patrocínio de causa proposta pelo grêmio profissional; todavia, se algum prejuízo for ocasionado à imagem profissional de defensor de interesses das empresas – que, na espécie, traduz-se em *imagem-atributo* –, será possível a sua indenização.

É correto concluir que o direito à imagem-atributo geralmente está relacionado à atividade profissional da pessoa, visto que é por meio desse domínio existencial que o indivíduo constrói o mais relevante plexo dos seus atributos, que são aqueles de cunho profissional; todavia, não está o direito individual exclusivamente preso ao contexto das profissões.

Com efeito, é necessário examinar a hipótese de pessoa notabilizada pela filantropia. É provável a existência de alguém que tenha a sua imagem-atributo identificada com a assistência aos desamparados. De forma deliberada ou não, construiu essa pessoa atributos que a identificam à causa assistencialista. Se, por algum modo, for veiculada informação inverídica que vulnere o seu direito à imagem, surge a possibilidade de reparação.

---

contratual, quer porque revestido o direito de caráter personalíssimo. Com entendimento contrário, indica-se a seguinte decisão: "INDENIZAÇÃO – DIREITO DE IMAGEM – UTILIZAÇÃO DE FOTO DE EMPREGADO EM IMPRESSOS DA EMPRESA – CONSENTIMENTO TÁCITO – PEDIDO IMPROCEDENTE. A utilização de fotografia do empregado em folhinha e impressos da empresa não enseja indenização com base no direito de imagem, se houve o consentimento tácito deste, manifestado através de sua concordância em se deixar fotografar, sem qualquer reação contrária" (TAMG, Ap. 0340286-8 – Uberlândia, 7ª C. Cív., rel. Juiz Antônio Carlos Cruvinel, j. em 20-9-2001).

1137 Assim decidiu o STF no julgamento do RE 215.984/RJ, rel. Min. Carlos Velloso, *DJ* de 28-6-2002: "Para a reparação do dano moral não se exige a ocorrência de ofensa à reputação do indivíduo. O que acontece é que, de regra, a publicação da fotografia de alguém, com intuito comercial ou não, causa desconforto, aborrecimento ou constrangimento, não importando o tamanho desse desconforto, desse aborrecimento ou desse constrangimento. Desde que ele exista, há o dano moral, que deve ser reparado, manda a Constituição, art. 5º, X. RE conhecido e provido".

1138 Cf. Miguel Ángel Alegre Martínez, *El Derecho a la Propia Imagen*, p. 45.

Em síntese conclusiva, temos o seguinte:

a) art. 5º, XXVIII, *a*, da CF = direito à imagem-retrato = direito *de* imagem;
b) art. 5º, V, da CF = direito à imagem-atributo = direito *à* imagem;
c) art. 5º, X, da CF = direito à imagem-retrato (direito de imagem) e direito à imagem-atributo (direito à imagem) = direito *a* imagem.

Imagem-atributo de produto. A imagem-atributo é direito individual que se destina, de modo semelhante, às pessoas jurídicas ou ao produto. "Muitas vezes, a empresa gasta verba publicitária altíssima para 'formatar' o produto, e este tem um arranhão em sua imagem-atributo por uma notícia equivocada ou uma informação falsa da concorrência. Nesse caso, o agente violador deverá responder por danos materiais e danos à imagem do produto"[1139].

Imagem-atributo de pessoa jurídica. Mas a própria pessoa jurídica também poderá ser vulnerada em sua imagem-atributo, como na situação em que há divulgação, de forma inverídica, de notícia sobre fato ocorrido com a empresa não condizente com o seu "retrato social". Por exemplo, as unidades empresariais têm grande preocupação em demonstrar publicamente a sua eficiência em tal ou qual atividade. Pois bem, se for ofendida a imagem-atributo de empresa que buscou o reconhecimento público de sua eficiência, divulgando-se equivocadamente prestação de serviço realizada de modo insatisfatório, torna-se viável a responsabilização do veículo de mídia, de qualquer outro agente econômico ou do concorrente que tenha veiculado a notícia.

Imagem-atributo de empresa e divulgação de notícia pela mídia. É necessário ainda examinar se, mesmo diante da veracidade do fato, é legítimo à imprensa ou a outra empresa a divulgação da notícia.

Parecerá claro a todos que não se vedará ao meio de comunicação que divulgue notícia sobre a unidade empresarial, mesmo que seja prejudicial à sua imagem-atributo. É que, na hipótese, prevalece o direito individual à informação jornalística, que não merece ser contido pela possibilidade de ofensa ao "retrato social" da empresa.

E o que dizer de outra empresa ou do concorrente?

Já, aqui, a circunstância é completamente diversa.

O art. 1º, IV, da Constituição elegeu como um dos fundamentos do Estado brasileiro a *livre-iniciativa*. E o art. 170, *caput*, consagrando-o na espécie "liberdade de iniciativa econômica", prescreve-o como princípio geral da atividade econômica, juntamente com a livre concorrência (art. 170, IV).

E mais: o § 4º do art. 173 prevê que *a lei reprimirá o abuso do poder econômico que vise à dominação dos mercados, à eliminação da concorrência e ao aumento arbitrário dos lucros*.

Logo, o mero e simples fato de ser agente econômico – ou, pior ainda, concorrente – erige óbice à divulgação da notícia, porque, muito embora não resida, de modo explícito, nos arts. 20 e 21 da Lei n. 8.884/94 (Lei de Proteção à Concorrência),

1139 Op. cit., p. 144.

referência à divulgação de notícia prejudicial ao concorrente como infração à liberdade concorrencial, haverá seguramente ofensa à imagem-atributo da empresa atingida, com sérias implicações à competitividade no respectivo segmento econômico.

Ademais, registre-se que os dispositivos referidos da Lei n. 8.884/94 optaram pela enunciação meramente exemplificativa das práticas anticoncorrenciais[1140].

Concluindo: agente econômico qualquer ou concorrente que divulga notícia prejudicial a outra empresa não pode homiziar-se na liberdade de informação para impedir a respectiva indenização.

23.13.1 Distinção entre imagem-atributo e honra

Fácil é distinguir a imagem-retrato da honra; basta indicar a hipótese em que é revelada a imagem fisionômica da pessoa sem a sua autorização, mas, na oportunidade, destacam-se os seus atributos morais.

Um pouco mais sutil é a distinção entre imagem-atributo e o direito à honra.

Caracterizado o direito à imagem-atributo como "retrato social" ou ainda "imagem social", e, por outro lado, referida a honra objetiva como bom conceito, boa fama do indivíduo no meio social, surgiriam dúvidas a respeito da autonomia dos direitos individuais apontados.

Não há, contudo, fundamento para a identificação.

Qualquer indivíduo, no domínio das relações sociais que trava, poderá acarretar para si juízo de valor favorável ou desfavorável sobre a sua reputação enquanto pessoa. Será conhecido como honesto ou desonesto, tudo dependerá da forma como se comporta no relacionamento com outros indivíduos. As considerações da coletividade feitas sobre a sua conduta moral estão no contexto da defesa do direito à honra[1141].

1140 Basta que se atente para a redação do art. 20, I, da Lei n. 8.884/94, ao esclarecer que "constituem infração da ordem econômica, independentemente de culpa, *os atos sob qualquer forma manifestados, que tenham por objeto ou possam produzir os seguintes efeitos, ainda que não sejam alcançados*: I – limitar, falsear, *ou de qualquer forma prejudicar a livre concorrência ou a livre-iniciativa*". Importante também aludir ao art. 21, *caput*: "As seguintes condutas, *além de outras, na medida em que configurem hipótese prevista no art. 20 e seus incisos*, caracterizam infração da ordem econômica". Os dispositivos constitucionais, complementados pela legislação ordinária, quanto à divulgação de notícia prejudicial à imagem-atributo, efetivamente impedem até mesmo o agente econômico que não integra o mesmo ramo de atividade da empresa atingida. É lógico que não se poderia exigir o respeito à imagem-atributo apenas daqueles que competem entre si na mesma atividade, pois se sabe que o fenômeno do *capitalismo de grupo* determinou a reunião de empresas em grupos econômicos. Sendo assim, não seria lícito permitir que a veiculação da notícia se processasse por iniciativa de empresa que não compete com a atingida, porquanto o comportamento poderia trazer proveito econômico à empresa integrante do grupo que compete com a unidade que teve ferida a sua imagem-atributo.

1141 No romance *O Retrato de Dorian Gray*, Oscar Wilde descreve a personalidade abjeta de jovem cujo conceito que dele fazia a coletividade era o pior que se podia imaginar, tendo

Outrossim, ainda no terreno das relações sociais do mesmo indivíduo, há um campo de atuação no qual ele pretende ser visto, por exemplo, como um bom advogado defensor de causas operárias ou um bom engenheiro construtor de pontes. Não guarda a imagem-atributo de bom advogado ou de bom engenheiro nenhuma relação com a honra objetiva que sobre os profissionais possa ser extratada pela comunidade. O advogado pode ser excelente defensor de causas operárias, mas ter péssimo caráter; o engenheiro pode ser um homem honrado por gozar de excelente fama, em razão da conduta moral incensurável, mas não ter boa imagem-atributo de construtor de pontes em decorrência dos inúmeros acidentes que causou.

Não pode persistir, assim, qualquer tentativa de identificar a imagem-atributo e o direito à honra, porque há um sem-número de situações nas quais um desses direitos individuais pode vir a ser violado sem que, nem de longe, se cogite da transgressão do outro, como vimos nos exemplos mencionados.

23.13.2 Direito de imagem e direito de arena

Não podem ser identificados o direito de imagem e o direito de arena por três motivos relevantes.

Com efeito, enquanto o direito de imagem possui dimensão constitucional, o direito de arena deriva da legislação ordinária, no caso o art. 42 da Lei n. 9.615, de 24 de março de 1998.

O direito de imagem é amplo, pois admite a sua fruição em qualquer domínio de atividade do indivíduo, ao passo que o direito de arena possui natureza salarial[1142–1143], a despeito de o § 1º do art. 42 da Lei Pelé, ao ser alterado pela Lei n. 12.395,

---

em vista o seu comportamento execrável, o que terminou por caracterizar a sua *honra objetiva*. O próprio escritor era muitíssimo cioso da própria imagem-atributo, tanto que, ao visitar os Estados Unidos para uma série de conferências nos idos de 1880, ao passar pela alfândega e sofrer a habitual pergunta se tinha algo a declarar, Wilde foi cortante, como informa Marcello Rollemberg: "Nada, além da minha genialidade" (cf. *A Esfinge e Seus Segredos:* máximas e citações de Oscar Wilde, p. 9).

1142 "DIREITO DE ARENA – ATLETA PROFISSIONAL DE FUTEBOL PARCELA DE NATUREZA SALARIAL. A atuação do atleta profissional de futebol no evento divulgado, nos termos da Lei n. 9.615/98, art. 42 e seus parágrafos, é circunstância que enseja o recebimento da parcela denominada direito de arena. Sendo o atleta empregado, aquela atuação consubstancia-se na própria prestação devida em razão do contrato de trabalho, e o ganho adicional para o empregador não seria possível sem a participação do atleta. Ainda que a parcela não seja paga diretamente pelo empregador, mas por terceiros, apenas ao primeiro cabe o direito de autorizar ou proibir a divulgação do evento e negociar os respectivos montantes. Em razão da estreita vinculação ao contrato de trabalho e às prestações dele decorrentes, o ganho adicional tem natureza contraprestativa, originando-se da oportunidade que o empregador concede ao empregado para usufruir da vantagem. Assume, pois, natureza salarial e integra a remuneração do atleta" (TRT 3ª R., RO 4744/02, 5ª T., rel. Juiz Eduardo Augusto Lobato, *DJMG* de 22-6-2002, p. 13).

1143 São corriqueiros os casos de agremiações de futebol profissionais que, em fraude à legislação trabalhista, terminam remunerando os atletas tão só a título de direito de

de 16-3-2011, ter expressamente assinalado que a parcela tem natureza civil. É que no direito do trabalho predomina o *princípio da primazia da realidade*, segundo o qual, havendo discordância entre o modo como se dá, na realidade, a prestação do trabalho e o que foi formalmente avençado, privilegia-se o fato inerente às condições como a atividade é realizada.

O direito de arena está restrito à hipótese de atletas que têm a sua imagem divulgada em jogos transmitidos pela televisão, sendo certo que a agremiação à qual pertencem contratou com o veículo de mídia para viabilizar a transmissão, devendo ser repassado 5% do valor resultante da exploração dos direitos desportivos, salvo convenção coletiva de trabalho em contrário (§ 1º, art. 42, Lei n. 9.615/98, alterado pela Lei n. 12.395/2011).

O direito de imagem não comporta limite do valor fixado para a respectiva indenização; o direito de arena tem como teto o valor recebido pela agremiação desportiva em decorrência do contrato de transmissão pactuado[1144].

23.13.3 Direito de(à) imagem dos acusados

Tema que envolve grande discussão é o pertinente ao direito de imagem-retrato dos indiciados em inquérito civil ou penal ou de acusados em processo penal.

Direito de imagem e evasão do distrito de culpa. Obviamente, no caso de acusados que se evadem do distrito de culpa, furtando-se à persecução penal, não há nenhum fundamento em restringir a divulgação de retrato pelos jornais, uma vez que o inte-

imagem mediante a constituição, pelo atleta, de pessoa jurídica e furtando-se, assim, à incidência da contribuição previdenciária e ao pagamento dos direitos que decorrem do contrato de trabalho. Observem-se as seguintes decisões: "ATLETA PROFISSIONAL – DIREITO DE IMAGEM. Constitui desvirtuamento dos preceitos tuitivos do direito do trabalho o pagamento de remuneração ao atleta profissional sob a denominação de exploração de direito à imagem, ainda que a percepção de tal vantagem remuneratória se opere através de empresa constituída para esse fim" (TRT 3ª R., RO 8604/02, 3ª T., rel. Juiz José Eduardo de Resende Chaves Júnior, *DJMG* de 7-9-2002, p. 5). "ATLETA PROFISSIONAL DE FUTEBOL – DIREITO DE IMAGEM – INTEGRAÇÃO DO VALOR AO SALÁRIO. O valor fixo e mensal pago ao autor, pelo reclamado, através da empresa constituída, exclusivamente, para esse fim, não pode ser considerado como retribuição pelo direito de imagem ou participação nos lucros, de forma a não integrar a remuneração do autor, para todos os fins de direito. Incide, no caso, o artigo 9º, da CLT, haja vista que a manobra a que o reclamado recorreu, ardilosamente, não passa de simples fachada, para reduzir os encargos sociais e o valor dos impostos devidos, impedindo, desvirtuando ou fraudando, portanto, os direitos consolidados" (TRT 3ª R., RO 4897/02, 1ª T., rel. Juiz Manuel Cândido Rodrigues, *DJMG* de 12-7-2002, p. 8).

1144 O § 1º do art. 42, da Lei n. 9.615/98, alterado pela Lei n. 12.395, de 16-3-2011, preceitua que, "salvo convenção coletiva de trabalho em contrário, 5% (cinco por cento) da receita proveniente da exploração de direitos desportivos audiovisuais serão repassados aos sindicatos de atletas profissionais, e estes distribuirão, em partes iguais, aos atletas profissionais participantes do espetáculo, como parcela de natureza civil".

resse público quanto à captura impõe veicular a imagem fisionômica, quer na mídia, quer nos conhecidos cartazes de "procura-se".

É o pronunciamento de Luiz Alberto David Araujo: "O procurado não pode se insurgir contra a divulgação de sua fotografia, que, pela própria finalidade, deve ser a mais ampla possível. Capturada a pessoa ou satisfeita a exigência policial, a publicação deve cessar de imediato, sob pena de, no caso, haver violação da imagem, com a indenização prevista pelo texto constitucional. Cessada a razão da divulgação, a publicação passa a ser indevida"[1145].

Direito de imagem de adolescente em erro social. Também não se esgrimirá dúvida sobre a completa impossibilidade de criança ou adolescente acusado de ato infracional ter a sua imagem divulgada por jornais e televisões, principalmente em razão da redação dos arts. 17 e 18 do Estatuto da Criança e do Adolescente (Lei n. 8.069, de 13-7-1990)[1146].

Fundamentos para a proteção do direito de(à) imagem de indiciados e acusados. A resistência que se promove à divulgação de retrato de indiciados em inquéritos civil ou penal ou de acusados em ação penal baseia-se no fato de a repercussão da notícia, sem atendimento ao princípio da necessidade, vulnerar direito individual.

É possível também que o retrato publicado em jornais ou redes de televisão imponha efeitos negativos a indiciado ou acusado, impedindo-lhes até de frequentar locais públicos.

O inciso LVII do art. 5º adverte que "ninguém será considerado culpado até o trânsito em julgado de sentença penal condenatória".

Por conseguinte, o princípio da presunção de não culpabilidade acarreta efeitos jurídicos para impedir, por exemplo, que a determinada pessoa denunciada pelo Ministério Público seja recusada a sua condição de réu primário, simplesmente porque tal circunstância induz a tratamento diferenciado na dosimetria da pena e no campo processual penal (ver, respectivamente, os arts. 61, 63, 77 e 83 do CP e os arts. 408, § 2º, e 594 do CPP).

Mas o princípio da inocência – como também é chamado o da presunção de não culpabilidade – não pode ser utilizado como fundamento jurídico-constitucional para impedir a divulgação de retrato de acusado ou indiciado, porque prescreve consequências adstritas ao campo penal e processual penal. Não se poderá tolher a liberdade de informação jornalística à divulgação do retrato, ao menos por esse fundamento.

1145 Cf. *A Proteção Constitucional da Própria Imagem*, p. 96.

1146 "Art. 17. O direito ao respeito consiste na inviolabilidade da integridade física, psíquica e moral da criança e do adolescente, abrangendo a preservação da *imagem*, da identidade, da autonomia, dos valores, ideias e crenças, dos espaços e objetos pessoais.
Art. 18. É dever de todos velar pela dignidade da criança e do adolescente, pondo-os a salvo de qualquer tratamento desumano, violento, aterrorizante, vexatório ou constrangedor."

Não ficam, contudo, acusados e indiciados desprotegidos quanto ao direito de imagem ou à imagem por não incidir a cláusula do inciso LVII do art. 5º.

Com efeito, em tema de liberdade de informação, reafirmamos, aqui, a importância do atendimento ao princípio da necessidade, a fim de que o juiz possa confrontar o caso concreto e a necessidade de veiculação do retrato: se há interesse público nessa divulgação, permitir-se-á se propague o retrato; será sempre vedada, no entanto, se o que existe é tão só o interesse *do* público, mera curiosidade.

Algo diferente da divulgação do retrato é a mera notícia sobre o indiciamento ou início de processo de qualquer outra espécie.

Nesses casos, não será oponível ao veículo de mídia a proibição de noticiar, principalmente porque o indiciamento ou o início de qualquer processo contra o indivíduo resultaram de atividade de órgãos do Estado, no caso a polícia judiciária e o Ministério Público. E, à exceção de hipóteses nas quais o sigilo tenha sido imposto judicialmente ou pela própria autoridade de cada uma dessas instituições – em ambos os casos devidamente fundamentado o sigilo –, não estão autorizados a omitir dados de inquéritos civis, policiais ou de ações propostas. Se o fizerem, submete-se a controle judicial não apenas a recusa, mas, sobretudo, o mérito quanto ao sigilo imposto, pois o direito à informação jornalística não pode estar condicionado, de modo absoluto, à decisão unipessoal do delegado de polícia ou do membro do Ministério Público.

23.14 INVIOLABILIDADE DO DOMICÍLIO

Encontramos a inviolabilidade do domicílio como direito conexo aos direitos individuais à intimidade e à vida privada, exercitados no local fechado onde se instala o indivíduo juntamente com a sua família.

Escorço histórico. É antiga a relação do ser humano com a sua moradia.

Desde tempos imemoriais o indivíduo se homizia para proteger-se e à sua família das intempéries e do ataque de animais selvagens, principalmente a partir do momento que abandonou a vida nômade. Desde cedo, portanto, a casa funcionou como autêntico invólucro protetor da pessoa.

Há, inclusive, passagem bíblica, no caso o decálogo preparado por Moisés, que exalta o décimo mandamento: "Não cobiçarás a casa do teu próximo (...)" (Êxo. 20:2-17).

Carrara, citado por Dinorá Grotti, escreve poeticamente que "mal o homem viu o primeiro pôr do sol e logo olhou em torno à procura de um abrigo onde pudesse repousar o corpo exausto (...). E encontrando ali a proteção para as intempéries e a defesa contra os animais e, pouco a pouco, as desejadas comodidades, consagrou-lhe o seu afeto, como coisa caríssima, como parte de si mesmo; pareceu-lhe haver feito uma grande conquista, quando pôde dizer: este é meu refúgio, minha casa, meu domicílio"[1147].

No contexto do direito estrangeiro, importante destacar que a Constituição francesa de 1791 não se referia explicitamente à inviolabilidade do domicílio, conquanto a doutrina se manifeste pela sua natural decorrência da liberdade individual[1148].

No Brasil, logo a partir da Constituição Imperial de 1824 se iniciou a tutela à inviolabilidade do domicílio, conforme a redação do art. 179, VII: "Todo o Cidadão tem em sua casa um asylo inviolavel. De noite não se poderá entrar nella, senão por seu consentimento, ou para o defender de incendio, ou inundação; e de dia só será franqueada a sua entrada nos casos, e pela maneira, que a Lei determinar".

Semelhante previsão foi inserida na Constituição Republicana de 1891: "A casa é o asylo inviolavel do individuo; ninguém póde ahi penetrar, de noite, sem consentimento do morador, senão para acudir a vitimas de crimes, ou desastres, nem de dia, senão nos casos e pela fórma prescritos na lei" (art. 72, § 11). Como se vê, o legislador constituinte republicano introduziu mais uma circunstância permissiva à devassa legítima do domicílio: "acudir a vítimas de crimes ou desastres".

O direito individual sofreu sério revés com a outorga da Carta de 1937, tanto que o art. 122, item 6, protegia de forma ambígua a inviolabilidade do domicílio e das correspondências, na medida em que as condicionava às exceções expressas na lei.

A Constituição de 1946 determinou o retorno da proteção aos moldes do Texto de 1934 (art. 141, § 15).

As Constituições de 1967 (art. 150, § 10) e de 1969 (art. 153, § 10) não alteraram a forma da proteção à inviolabilidade do domicílio.

O Direito individual na CF de 1988. A Constituição de 1988 consagrou o direito individual no inciso XI do art. 5º: "A casa é asilo inviolável do indivíduo, ninguém nela podendo penetrar sem consentimento do morador, salvo em caso de flagrante delito ou desastre, ou para prestar socorro, ou, durante o dia, por determinação judicial".

Significado de "asilo inviolável". Prossegue-se com a tradicional remissão à casa como "asilo inviolável" do indivíduo; todavia, a origem etimológica remonta à ex-

---

1147 Cf. *Inviolabilidade do Domicílio na Constituição*, p. 13-14.

1148 Léon Duguit assevera que "l'inviolabilité du domicile est une conséquence et comme le prolongement de la liberté individuele" (...). La Declaration des droits de 1789 ne consacrait pas expressément le principe de l'inviolabilité du domicile; on considérait probablement qu'il était impliqué par la régle même de la liberté individuelle", ou, em vernáculo, "a inviolabilidade do domicílio é uma consequência e como que um prolongamento da liberdade individual (...). a Declaração de Direitos de 1789 não considerou expressamente o princípio da inviolabilidade do domicílio; considerou-se provavelmente que ele estava implicado à mesma regra da liberdade individual" – tradução nossa – (cf. *Traité de Droit Constitutionnel*, t. 5, p. 60).

pressão grega *asylon,* que significa "local inviolável". E mesmo em nossa língua, "asilo" tem o sentido de "lugar onde ficam isentos da execução das leis os que a ele se recolhem (...); guarida, abrigo, proteção"[1149]. Percebe-se, desse modo, que a linguagem constitucional incorre em redundância. Mas a repetição da ideia é simples reforço ao direito individual. É como se o legislador constituinte originário se dispusesse a enfatizar o seu caráter preeminente ao utilizar-se de expressão que remarca a natureza inviolável do direito individual.

Amplitude da expressão "casa". De acordo com o inciso XI do art. 5º, protege-se a "casa" do indivíduo.

O que significa? Tem o sentido de domicílio do direito civil? Qual a amplitude, enfim, do termo "casa"?

À luz do princípio da máxima efetividade que orienta a interpretação constitucional, não se poderá concluir que a locução "casa" está limitada ao lar do indivíduo.

Embora seja correto dizer que a tutela antiga à inviolabilidade do domicílio se circunscrevia à casa enquanto designativa da moradia da pessoa, atualmente qualquer fundamento jurídico há nessa limitação. "Casa", portanto, nos dias atuais, assume o sentido de qualquer espaço íntimo do indivíduo (moradia, quarto de hotel[1150], local onde exerce atividade profissional, *trailers*), ou mesmo aqueles que, reservados ao atendimento ao público, são fechados após esse horário. Assim, por exemplo, bares e restaurantes não podem ser considerados "casa" para a proteção constitucional assinalada no inciso XI do art. 5º da Constituição, salvo quando as suas portas são cerradas após o encerramento do expediente[1151].

1149 Cf. Aurélio Buarque de Holanda, *Novo Dicionário da Língua Portuguesa,* p. 65-66.

1150 STF, HC 90.376-2/RJ, rel. Min. Celso de Mello: "(...) Para os fins da proteção jurídica a que se refere o art. 5º, XI, da Constituição da República, o conceito normativo de *'casa'* revela-se abrangente e, por estender-se a qualquer aposento de habitação coletiva, desde que ocupado (CP, art. 150, § 4º, II), compreende, observada essa específica limitação espacial, os quartos de hotel. Doutrina. Precedentes.
Sem que ocorra qualquer das situações excepcionais taxativamente previstas no texto constitucional (art. 5º, XI), nenhum agente público poderá, contra a vontade de quem de direito (*invito domino*), ingressar, durante o dia, sem mandado judicial, em aposento ocupado de habitação coletiva, sob pena de a prova resultante dessa diligência de busca e apreensão reputar-se inadmissível, porque impregnada de ilicitude originária. Doutrina. Precedentes (STF)".

1151 O Código Penal, nos §§ 4º e 5º do art. 150, apresenta definição do que vem a ser "casa": "§ 4º A expressão 'casa' compreende: I – qualquer compartimento habitado; II – aposento habitado de ocupação coletiva; III – compartimento não aberto ao público, onde alguém exerce profissão ou atividade. § 5º Não se compreendem na expressão 'casa': I – hospedaria, estalagem ou qualquer outra habitação coletiva, enquanto aberta, salvo a restrição do n. II do parágrafo anterior; II – taverna, casas de jogo e outras do mesmo gênero".

Há pronunciamento da doutrina que firma a possibilidade de considerar veículo automotor como "casa" no sentido que o empresta o art. 5º, XI[1152], embora assim não entendam os tribunais brasileiros[1153].

"Casa", portanto, não tem e não deve ter o mesmo sentido de domicílio do direito civil, porque, conquanto estejamos a tratar da inviolabilidade do domicílio, este não assume a mesma feição que lhe é fixada no âmbito da disciplina estabelecida na nova legislação civil.

Com efeito, o art. 70 do Código Civil de 2002 salienta que "o domicílio da pessoa natural é o lugar onde ela estabelece a sua residência com ânimo definitivo".

Logo, se houvesse atrelamento do conceito constitucional de "casa" à ideia referida na legislação substantiva civil acerca de "domicílio", impor-se-ia severa limitação ao direito individual, porquanto outros locais de permanência do indivíduo, *sem ânimo definitivo*, como é o caso de hotéis e imóveis alugados por temporada, estão no eixo de proteção do art. 5º, XI, da Constituição.

Dinorá Grotti, recorrendo à legislação penal e à doutrina de Heleno Fragoso e Julio Mirabete, acentua que "o conceito abrange principalmente a casa onde se desenvolve a atividade familiar ou doméstica; é, em regra, o edifício, a construção que, entretanto, pode ser móvel, citando, invariavelmente, os autores o carro dos saltimbancos, a cabina de um vapor ou de um trem de ferro, o *trailer* etc., aliás, compreendidos na expressão 'qualquer compartimento habitado', que também abrange o quarto de hotel, a maloca, a barraca, a gruta ou furna com morador (...)".

"Casa é, ainda, o compartimento fechado onde alguém exerce sua atividade ou profissão. Cuida-se, agora, não da morada ou lar, mas do lugar onde a pessoa desenvolve seus negócios, sua profissão etc., tal qual o laboratório do farmacêutico (RT 214/409), o escritório do advogado, do comerciante, o consultório do médico, do dentista etc. Esses locais de atividade podem conter uma parte aberta ao público, como a saleta de recepção, onde as pessoas podem entrar ou permanecer livremente. No entanto, há os compartimentos com destinação específica ao exercício da profissão ou atividade, que constituem casa, para efeitos penais. Diante disso, quem neles ingressar sem consentimento do dono cometerá violação do domicílio. O compartimento aberto ao público não é protegido pela lei, como o museu, cinema, bar, loja, teatro, casa de diversões etc."[1154].

Instruído o art. 5º, XI, da CF pelo princípio da máxima efetividade, será injuntivo ainda reconhecer como "casa" os locais onde se opera o prolongamento da vida particular, como clubes recreativos e de lazer.

1152 Cf. Vezio Crisafulli, apud Grotti, op. cit., p. 71.

1153 "(...) A ação de busca pessoal, assim como a busca e a aprensão realizada em veículo, constituem provas lícitas. O carro não é considerado domicílio, nos exatos termos do artigo 150, § 4º, do Código Penal. A busca e apreensão efetuada em veículo deverá, tão somente, obedecer às regras da busca pessoal. (...)" (TJDF, APR 19990310006844/DF, 2ª T. Crim., rel. Des. Vaz de Mello, *DJU* de 30-4-2003, p. 63).

1154 Cf. *Inviolabilidade do Domicílio na Constituição*, p. 67-68.

Celso Ribeiro Bastos assinala que, se a pessoa não pode mais contar, como antes, com áreas próprias à recreação e à prática esportiva, é levada naturalmente a criar formas associativas para dar vazão à necessidade existencial de ócio e de lazer[1155].

Refira-se também que o entendimento de "casa" como compartimento habitado e fechado ao público denota a total irrelevância acerca do tipo de habitação; seja de tijolo, seja de barro ou mesmo de papelão, sempre haverá de receber a proteção descrita no art. 5º, XI, da Constituição.

Indaga e responde Lord Chatam: "E por que razão a casa de cada um é sua cidadela, sua fortaleza? Será por ser defendida por muralhas? Não. Seja mesmo uma choupana em que penetrem a chuva e o vento, o rei não pode lá entrar"[1156].

Limitações à inviolabilidade do domicílio. O direito individual sob exame não é absoluto, contudo, pois o art. 5º, XI, indica as hipóteses em que poderá alguém penetrar em residência ou local equivalente à "casa": a) *flagrante delito ou desastre*; b) *para prestar socorro*; c) *durante o dia, por determinação judicial.*

Examinemos as situações indicadas.

Em primeiro lugar, afasta-se a indevassabilidade do domicílio no caso de agente que perpetra delito e tenta homiziar-se em local fechado para furtar-se à perseguição policial[1157]. Nessas hipóteses, seria verdadeiro despropósito impedir a entrada na "casa", de dia ou à noite, quando é utilizada como empecilho à ação policial.

Em segundo lugar, pode ser afastada a inviolabilidade do domicílio quando ocorrer desastre.

"Desastre", nos termos do art. 5º, XI, tem o sentido de acidente, sinistro ou ocorrência natural que ponha em perigo a vida das pessoas que estão em local fechado ou a comunidade circunvizinha[1158].

1155 Cf. *Curso de Direito Constitucional*, p. 195.

1156 Apud Laveleyey, Le Gouvern, p. 132.

1157 "APELAÇÃO CRIME – TRÁFICO DE ENTORPECENTES – PRELIMINAR DE INTEMPESTIVIDADE REJEITADA – AUTORIA E MATERIALIDADE COMPROVADAS – VALIDADE DO LAUDO PERICIAL PROVISÓRIO – CONSTATAÇÃO DO PRINCÍPIO ATIVO (THC) – DEPOIMENTO DE POLICIAL EM HARMONIA COM ACERVO PROBATÓRIO – CRIME PERMANENTE – LEGALIDADE DA AÇÃO DOS POLICIAIS – PREVISÃO CONSTITUCIONAL – FLAGRANTE REALIZADO DENTRO DOS LIMITES DA LEI. '(...) A prisão em flagrante delito, no horário noturno, efetuada na residência do flagranteado, não afronta o princípio da inviolabilidade do domicílio, em se tratando de crime permanente. Exegese do inciso XI do artigo 5º da Constituição Federal (...)'" (TJRR, AC 061/02, T. Crim, rel. Des. Robério Nunes, *DPJ* de 29-4-2003, p. 3-4).

1158 "INDENIZAÇÃO – DANO MORAL. Pedido fundamentado em invasão de domicílio (apartamento) motivada por vazamento que inundou unidade inferior. Ingresso com auxílio de chaveiro chamado pelo zelador do edifício. Procedência da ação. Inadmissibilidade. Desastre e emergência comprovados. Inexigibilidade de conduta adversa. Princípio constitucional inviolado. Recurso provido" (TJSP, AC 117.433-4, 8ª CDPriv., rel. Des. Silvio Marques Neto, j. em 19-2-2001).

Em terceiro lugar, durante o dia ou à noite, também se poderá penetrar em local reservado para prestar socorro. É uma hipótese distinta daquela relativa ao desastre. Na situação, pode-se devassar local fechado para salvar a vida de alguém que, por exemplo, foi acometido de mal súbito.

A quarta e última circunstância autorizativa da violação do domicílio se refere ao cumprimento de ordem judicial, durante o dia.

Com tal previsão, impediu o legislador constituinte originário que autoridades administrativas, a título de exercício do poder de polícia, por mais ponderosos que possam ser os motivos articulados[1159], ingressem em residência ou em qualquer local fechado.

A partir da Constituição de 1988, exceção feita às situações de flagrante delito, desastre ou para prestar socorro, o Poder Público só poderá entrar em tais locais durante o dia e, mesmo assim, munido do imprescindível mandado judicial.

Conceito de dia e de noite. Sendo certo que a cláusula constitucional assenta a inviolabilidade do domicílio como direito individual, tornando possível a entrada em local reservado, entre outras hipóteses já referidas, por determinação judicial, *durante o dia*, é importantíssimo desvendar qual o conceito de dia e de noite, simplesmente porque a extensão do direito em muito dependerá do que se entenda o que é *dia*.

José Afonso da Silva defende que "dia" é o período que vai das 6 horas da manhã até as 18 horas[1160]; Celso de Mello, por outro lado, argumenta que pode considerar-se "dia" o intervalo de tempo que se situe entre a aurora e o crepúsculo[1161].

Todavia, a interpretação que melhor efetiva a inviolabilidade em exame é aquela segundo a qual será reputada incompatível com a Constituição toda e qualquer exegese que admita a diminuição do que seja "noite". Com evidência, é óbvio que, se o direito pode ser afastado *durante o dia, por determinação judicial*, não poderão ser considerados compatíveis com a norma constitucional os atos do Poder Público, mormente de natureza legislativa, que impliquem o reconhecimento de que o "dia" é período superior a doze horas, pois, desse modo, haverá redução do período noturno e, logicamente, redução do tempo em que o direito individual à inviolabilidade domiciliar possa ser exercitado.

Luiz Alberto David Araujo e Vidal Serrano Nunes Júnior não esgrimem dúvidas sobre a interpretação que mais eficácia atribui à inviolabilidade do domicílio: "Para efeitos de interpretação constitucional, a palavra 'dia' encontra antônimo em noite, sendo esta objeto de proteção maior do constituinte. O 'dia', assim, ficaria

---

1159 Esclarecem Celso Ribeiro Bastos e Ives Gandra da Silva Martins que "perdeu portanto a Administração a possibilidade da autoexecutoriedade administrativa; mesmo em caso de medidas de ordem higiênica ou de profilaxia e combate às doenças infectocontagiosas, ainda assim é necessário uma ordem judicial para invasão. É óbvio contudo que estas decisões haverão ser proferidas dentro do maior informalismo processual concebível" (apud André Ramos Tavares, *Curso de Direito Constitucional*, 456).

1160 Cf. José Afonso da Silva, *Curso de Direito Constitucional Positivo*, p. 416.

1161 Apud André Ramos Tavares, op. cit., p. 457.

'desprotegido', e a noite, mais protegida. O constituinte, na verdade, traçou um limite para o legislador infraconstitucional que pretendesse conceituar dia e noite, no sentido de que a ideia de 'dia' não ultrapasse doze horas, de forma que o período protegido (noite) mantenha, no mínimo, também doze horas. O limite do legislador infraconstitucional vem determinado pela logicidade e isonomia dos antônimos. Por esse raciocínio, o 'dia' poderia ser definido como um período de menos de doze horas, pois, nesta hipótese, estaríamos protegendo mais a noite, momento em que há garantia constitucional. Não estaria, dessa maneira, havendo violação da proteção constitucional pelo legislador infraconstitucional. A fixação, respeitado o parâmetro constitucional exigido, ficaria a cargo do legislador infraconstitucional ou mesmo do entendimento jurisprudencial, que, no caso, deveria apenas se limitar ao princípio da razoabilidade na análise da fixação"[1162].

Inviolabilidade do domicílio e as limitações administrativas ao direito de propriedade. Não poderão ser identificadas as hipóteses de ingresso na "casa" do indivíduo com base no art. 5º, XI, da CF, e as que autorizam, de forma genérica, as limitações administrativas ao direito de propriedade (ocupação temporária, tombamento, servidão administrativa e desapropriação). "As limitações administrativas impõem obrigações de caráter geral a proprietários indeterminados, em benefício do interesse geral, afetando o caráter absoluto do direito de propriedade, ou seja, o atributo pelo qual o titular tem o poder de usar, gozar e dispor da coisa da maneira que melhor lhe aprouver"[1163].

E mais: "O interesse público a que atende a limitação pode referir-se à segurança, à salubridade, à estética, à defesa nacional, ou qualquer outro fim em que o interesse da coletividade se sobreponha ao dos particulares"[1164].

Todavia, na hipótese de desastre, o sinistro poderá ensejar o ingresso na "casa" para salvar vidas, e – é claro – independentemente de autorização judicial, como ressalva o art. 5º, XI; mas também possibilitará à autoridade administrativa a adoção de providências para impedir, por exemplo, o alastramento da calamidade, configurando, assim, a denominada *requisição* civil, expressamente admitida no art. 22, III, da Constituição, ao lado da *requisição militar*, utilizada em tempo de guerra. A requisição, civil ou militar, é espécie de limitação administrativa.

É a análise do caso concreto que vai ditar se o ingresso em domicílio legitima qualquer pessoa, pública ou privada, para afastar a inviolabilidade com amparo apenas no art. 5º, XI, ou se, a par do desastre atentar contra a vida das pessoas que estão no compartimento fechado e habitado, converte-se, de modo semelhante, em *perigo público iminente*, no caso de o sinistro transcender os restritos limites da "casa",

1162 Cf. *Curso de Direito Constitucional*, p. 146.
1163 Cf. Maria Sylvia Zanella Di Pietro, *Direito Administrativo*, p. 146.
1164 Idem, p. 126.

tornando obrigatória a requisição civil fundamentada em norma de direito administrativo.

23.15 INVIOLABILIDADE DAS COMUNICAÇÕES

Dispõe o inciso XII do art. 5º da Constituição que "é inviolável o sigilo da correspondência[1165] e das comunicações telegráficas, de dados e das comunicações telefônicas[1166], salvo, no último caso, por ordem judicial, nas hipóteses e na forma que a lei estabelecer para fins de investigação criminal ou instrução processual penal".

A inviolabilidade das comunicações consulta com o interesse da preservação do direito à intimidade e à vida privada das pessoas.

"Dizer que a correspondência assim como as comunicações telegráficas, de dados e telefones são invioláveis significa que a ninguém é lícito romper o seu sigilo, isto é: penetrar-lhe o conteúdo. Significa ainda mais: implica, por parte daqueles que em função do seu trabalho tenham de travar contato com o conteúdo da mensagem, um dever de sigilo profissional. Tudo se passa, portanto, como se a matéria transmitida devesse ficar absolutamente reservada àquele que a recebe"[1167].

A questão do afastamento do direito individual no tocante às comunicações telefônicas. E as comunicações telefônicas? Ora, nesses casos, a Constituição certifica a viabilidade de afastamento do direito individual porque permite a quebra do sigilo quando atendidos os seguintes requisitos: a) previsão em ordem judicial; b) para fins de investigação criminal ou instrução processual penal; e c) nas hipóteses e na forma que a lei estabelecer[1168].

Quando o art. 5º, XII, faz menção aos termos "*salvo, no último caso*", a restrição à inviolabilidade só pode ser a das comunicações telefônicas, porque é a última circunstância relatada na norma, não abrangendo, assim, o sigilo de dados. Interpretação diversa resultaria em admitir a quebra do sigilo para as últimas situações indicadas no preceptivo, o que vai de encontro à limitação à derradeira hipótese expressamente referida, no caso, as comunicações feitas por via telefônica[1169].

1165 Ver Lei n. 6.538/78 (Serviços Postais).

1166 Ver Lei n. 9.296/96 (Escuta Telefônica).

1167 Cf. Celso Bastos e Ives Gandra Martins, *Comentários à Constituição do Brasil*, p. 71.

1168 O STF se atém a prévia reserva legal quanto às hipóteses e forma para a interceptação telefônica (HC 73.304/SP, rel. Min. Ilmar Galvão, j. em 9-5-1995).

1169 O Supremo Tribunal Federal, no entanto, ao julgar a ADIn 1.488/UF, rel. Min. Néri da Silveira, 7-11-1996, conquanto tenha admitido a relevância da tese defendida pela autora da ação direta, indeferiu, por falta de demonstração do *periculum in mora*, a medida cautelar requerida, contra o parágrafo único do art. 1º da Lei 9.296/96, que regulamenta o dispositivo em questão. Sustentou a autora que a norma impugnada, ao permitir a "interceptação do fluxo de comunicações em sistemas de informática e telemática", estaria ofendendo o citado dispositivo constitucional, que só autorizaria a quebra de sigilo das comunicações telefônicas.

Vicente Greco Filho assinala que, "se a Constituição quisesse dar a entender que as situações são apenas duas, e quisesse que a interceptação fosse possível nas comunicações telegráficas, de dados e das comunicações telefônicas, a ressalva estaria redigida não como 'no último caso', mas como 'no segundo caso'. Ademais, segundo os dicionários, último significa o derradeiro, o que encerra, e não, usualmente, o segundo"[1170].

Inviolabilidade das comunicações, correspondência e prática de atos ilícitos. É preciso compreender a natureza da inviolabilidade das comunicações.

Quando o art. 5º, XII, proíbe a violação das comunicações por correspondência, por sistema telegráfico e de dados, consolida vedação quanto à interceptação do ato comunicacional em si, não podendo a comunicação ser interceptada sequer mediante autorização judicial, preservando-se, todavia, a possibilidade de conhecer-se o resultado da comunicação. Exemplo: José envia telegrama a Maria, não sendo possível autorização judicial para interceptar a comunicação no momento em que ela se opera, por isso é absoluta; mas o resultado da comunicação, isto é, o conteúdo do telegrama enviado, pode ter o sigilo quebrado.

Compreende-se que não seja absoluta a inviolabilidade do sigilo da correspondência, das comunicações telegráficas e de dados, ainda que a Constituição tenha referido apenas a natureza relativa do direito individual inerente às comunicações telefônicas.

É que não se admitiria a absurda hipótese de inviolabilidade absoluta do sigilo de correspondência, quando, por exemplo, a remessa de carta por presidiário tivesse por objetivo a perpetração de práticas ilícitas, como, inclusive, nesse sentido, já se pronunciou o STF[1171].

O pensamento de Tércio S. Ferraz Jr. e a inviolabilidade das comunicações. Explica Tércio Sampaio Ferraz Jr.: "O que fere a liberdade de omitir pensamento é, pois, entrar na *comunicação* alheia, fazendo com que o que devia ficar entre sujeitos que se comunicam privadamente passe ilegitimamente ao domínio de um terceiro. (...) o objeto protegido no direito à inviolabilidade do sigilo não são os dados em si, mas a sua comunicação restringida (liberdade de negação). A troca de informações (comunicação) *privativa* é que não pode ser violada por sujeito estranho à comunicação. Doutro modo, se alguém, não por razões profissionais, ficasse sabendo legitimamente de dados incriminadores relativos a uma pessoa, ficaria impedido de cumprir o seu *dever* de denunciá-los" (grifos do original)[1172].

Portanto, é a impossibilidade de quebra do sigilo do ato comunicacional em si que se reveste de natureza absoluta, não o resultado da comunicação, seja carta, seja telegrama ou mensagem por computador.

1170 Cf. *Interceptação Telefônica*, p. 11-12.

1171 STF, HC 70.814-5/SP, rel. Min. Celso de Mello, *DJ* de 24-6-1994.

1172 Cf. "Sigilo de dados: o direito à privacidade e os limites à função fiscalizadora do Estado", *Cadernos de Direito Constitucional e Ciência Política*, p. 82.

E, em verdade, é exatamente porque a comunicação por correspondência, telegrama ou sistema de dados deixa vestígio que se impede a interceptação. Já o mesmo não ocorre com a interceptação telefônica, visto que, ao subsistir unicamente no ato comunicacional em si (ou seja, finalizada a ligação, perde-se completamente o conteúdo da conversa), subtrai naturalmente a possibilidade de remanescer qualquer vestígio material.

A Jurisprudência do STF e a inviolabilidade das comunicações telefônicas. Observe-se o voto no Min. Nelson Jobim, nos autos do RE 219.780-5/PE, cujo relator foi o Min. Carlos Velloso (*DJ* de 10-9-1999): "O que se veda é que alguém intercepte a correspondência, é que alguém intercepte a comunicação telegráfica, é que alguém intercepte a comunicação de dados. Mas o texto constitucional autoriza a interceptação de uma delas só, que é a interceptação telefônica. Esta foi autorizada. Por que não autorizou as outras? Por uma razão muito simples e muito clara à época em que discutíamos o texto em 1988. É porque das quatro comunicações a telefônica é a única que não deixa vestígios, em que o resultado da comunicação desaparece instantaneamente, porque não fica registro. Da comunicação por correspondência fica a correspondência, da comunicação por telégrafo fica o telegrama, da comunicação de dados ficam os dados, da comunicação telefônica não fica nada, só fica o registro de que Nelson ligou para Everardo e conversou com ele durante três minutos, mas do conteúdo da comunicação telefônica não fica registro. É por isso, exclusivamente por isso, que o texto constitucional autoriza única e exclusivamente a interceptação telefônica autorizada pelo juiz. Única e exclusivamente isto. O resto não há mais o que interceptar-se porque há o registro, remanesce o seu resultado, que é a correspondência, o telegrama e o dado".

E mesmo sabendo que o art. 5º, XII, da CF autoriza a interceptação telefônica por ordem judicial para as hipóteses constitucionalmente definidas, deve o magistrado, à luz do princípio da proporcionalidade, acautelar-se quando do deferimento do pedido a fim de evitar excessiva restrição ao direito à intimidade e à vida privada.

Inviolabilidade das comunicações e "gravação clandestina". Acerca da denominada *gravação clandestina* – ou seja, aquela efetivada sem observância do regramento constitucional – procede a conclusão doutrinária a respeito de sua admissibilidade quando, no caso concreto, revele-se como único meio adequado à comprovação da existência material de um crime cuja vítima seja o agente da gravação, porque deve ser conferido maior peso à situação subjetiva da vítima de um desses delitos em face do direito à intimidade do agente do crime[1173].

Inviolabilidade das comunicações de dados e arquivos de computador. Não incidência do art. 5º, XII, da CF. É necessário esclarecer, por outro lado, que a inviolabilidade da comunicação de dados – como é o caso de arquivos de computador – não se destina à tutela do sigilo dos registros, mas sim ao processo intersubjetivo de comunicação mantido entre as pessoas.

1173 Cf. Luiz Alberto David Araujo e Vidal Serrano Nunes Júnior, *Curso de Direito Constitucional*, p. 148.

Assim, o inciso XII do art. 5º impede que comunicação por *e-mail* seja devassada, mas não com relação aos registros mantidos pelo indivíduo em arquivo de computador, protegido pelo direito individual à intimidade, conforme decisão recente do STF[1174].

Competência para deferir medida cautelar de interceptação telefônica. Por fim, anote-se que competente para deferir a interceptação telefônica é o juiz da ação principal, embora a jurisprudência do Supremo Tribunal Federal tenha admitido abrandamento ao art. 1º da Lei n. 9.296/96, mediante a conclusão de que, em sede de medida cautelar preventiva, ainda no curso das investigações criminais, não é ilícita a interceptação autorizada por outro magistrado, máxime quando o juiz principal corrobora o ato anteriormente praticado[1175].

23.16 DIREITO DE PROPRIEDADE

O inciso XXII do art 5º assegura o direito de propriedade.

A propriedade referida como direito individual não é a mesma daqueloutra estabelecida como princípio geral da atividade econômica (art. 170, II); trata-se, aqui, de direito à aquisição de propriedade para satisfazer as condições mínimas de existência da pessoa.

Lá, nos arts. 170 e seguintes, que disciplinam a Ordem Econômica, tenta-se consolidar o direito de acesso à propriedade, o que é algo distinto, cometendo-lhe, de-

---

1174 RE 418.416, rel. Min. Sepúlveda Pertence, j. em 10-5-2006.

1175 "PRISÃO PREVENTIVA ALEGAÇÃO DE INCOMPETÊNCIA DO JUIZ – SUPERAÇÃO – A QUESTÃO DE COMPETÊNCIA DO JUIZ QUE DECRETOU A PRISÃO PREVENTIVA FICOU SUPERADA COM NOVA DECISÃO QUE A MANTEVE, PROFERIDA PELO MESMO JUIZ, QUANDO JÁ INVESTIDO DE JURISDIÇÃO SOBRE O CASO, POR ATO CUJA VALIDADE NÃO SE DISCUTE. II – QUADRILHA. DENÚNCIA IDÔNEA – (...) IV. Interceptação telefônica: exigência de autorização do 'juiz competente da ação principal' (Lei n. 9.296/96, art. 1º): inteligência. 1. Se se cuida de obter a autorização para a interceptação telefônica no curso de processo penal, não suscita dúvidas a regra de competência do art. 1º da Lei n. 9.296/96: só ao juiz da ação penal condenatória – e que dirige toda a instrução –, caberá deferir a medida cautelar incidente. 2. Quando, no entanto, a interceptação telefônica constituir medida cautelar preventiva, ainda no curso das investigações criminais, a mesma norma de competência há de ser entendida e aplicada com temperamentos, para não resultar em absurdos patentes: aí, o ponto de partida à determinação da competência para a ordem judicial de interceptação – não podendo ser o fato imputado, que só a denúncia, eventual e futura, precisará –, haverá de ser o fato suspeitado, objeto dos procedimentos investigatórios em curso. 3. Não induz à ilicitude da prova resultante da interceptação telefônica que a autorização provenha de Juiz Federal – aparentemente competente, à vista do objeto das investigações policiais em curso, ao tempo da decisão – que, posteriormente, se haja declarado incompetente, à vista do andamento delas" (STF, HC 81260/ES, TP, rel. Min. Sepúlveda Pertence, *DJU* de 19-4-2002, p. 48).

mais disso, uma função social, o que não ocorre com a propriedade destacada no inciso XXII do art. 5º.

Eros Roberto Grau esclarece que "(...) enquanto instrumento a garantir a subsistência individual e familiar – a dignidade da pessoa humana, pois – a propriedade consiste em um *direito individual* e, iniludivelmente, cumpre *função individual*. Como tal é garantida pela generalidade das Constituições de nosso tempo, capitalista e, como vimos, socialistas. A essa propriedade não é imputável *função social*; apenas os abusos cometidos no seu exercício encontram limitação, adequada, nas disposições que implementam o chamado *poder de polícia* estatal"[1176] (os grifos são do original).

Inegavelmente, sendo certo que a propriedade encartada no plexo dos direitos individuais se submete às limitações inerentes ao mau exercício do direito pelo seu titular, resolvendo-se o problema pela emanação do poder de polícia, não há razão para vinculá-la à função social.

É assistemática, portanto, a previsão constitucional quanto à propriedade (art. 5º, XXII) atender à função social, dado que somente a propriedade de bens que se dirigem à produção de outros bens (os chamados *bens de produção*) reverenciam função social.

Por via de consequência, apenas e tão somente a propriedade privada prescrita na Ordem Econômica está presa ao princípio preconizado no art. 5º, XXIII, e reforçado no art. 170, III, da Constituição.

23.17 O PRINCÍPIO DA RETROATIVIDADE RELATIVA DA LEI

O inciso XXXVI do art. 5º prevê que "a lei não prejudicará o direito adquirido, o ato jurídico perfeito e a coisa julgada".

Sistemas quanto à retroeficácia normativa. Há sistemas jurídicos nos quais se admite a retroação ou a retroeficácia absoluta da norma jurídica, colhendo, inclusive, situações já consolidadas por lei anterior. É o sistema da *retroatividade absoluta*.

Noutros casos, notam-se sistemas que impedem, de qualquer modo, a retroatividade da norma. É a *irretroatividade absoluta*.

Há, por fim, os ordenamentos jurídicos que se situam na linha intermediária dos anteriores, admitindo, em alguns casos, a retroação da lei. É a *retroatividade relativa*.

A Constituição de 1988 optou pela retroeficácia relativa da norma.

E por quê?

Tendo em vista a permissão para retrotrair, desde que não para vulnerar direito adquirido, ato jurídico perfeito e a coisa julgada.

Pronunciou-se, então, o Texto Constitucional em favor da tese da retroatividade relativa.

1176 Cf. *A Ordem Econômica na Constituição de 1988.*

Com efeito, os estafetas da doutrina da *retroeficácia radical* (retroatividade absoluta) não dimensionam que viabilizar retroação normativa em qualquer hipótese ofende o princípio da segurança jurídica.

Por outro lado, os defensores da *irretroatividade absoluta* não compreendem que, por vezes, consulta com o interesse público a retroação da norma jurídica.

O sistema brasileiro se põe a meio caminho das duas tendências radicais, admitindo retrotraia o preceito normativo desde que não fira o direito adquirido, o ato jurídico perfeito e a coisa julgada. Relativiza-se a retroação quando vulneradora de situações definitivamente consolidadas no passado (*retroatividade relativa*).

Conceito de direito adquirido. O que vem a ser direito adquirido?

Prescreve o § 2º do art. 6º da Lei de Introdução às Normas do Direito Brasileiro (LINDB): "consideram-se adquiridos assim os direitos que o seu titular, ou alguém por ele, possa exercer, como aqueles cujo começo do exercício tenha termo pré-fixo, ou condição preestabelecida inalterável, a arbítrio de outrem".

No âmbito do Supremo Tribunal Federal, o exame da incorporação de direito ao patrimônio do particular, tornando-se adquirido, tem provocado acesa polêmica[1177], consolidando-se, no entanto, na sua jurisprudência, que não há direito adquirido ao regime jurídico[1178].

Discute-se ainda se há possibilidade de opor direito adquirido em face das normas constitucionais; se existe, como se diz, direito adquirido *contra* a Constituição.

Ora, o instituto do direito adquirido vive e sobrevive com amparo no sistema constitucional, que expande o espectro da cláusula para, inclusive, legitimar o tratamento dado pelo corpo legislativo ordinário.

Consequentemente, é errado aludir a direito adquirido *contra* a Constituição, pois, se é, somente pode sê-lo *com* e não *contra* ela.

1177 Ver ADIn 3.128-7, rel. Min. Ellen Gracie. A ementa completa está no Capítulo 8.

1178 Não foi outra a conclusão do STF quando do julgamento da ADIn 2.555-4, rel. Min. Ellen Gracie, em cuja ementa a Corte expressamente consignou que não há direito adquirido a regime jurídico: "Ação direta de inconstitucionalidade. Art. 54 do ADCT. Pensão mensal vitalícia aos seringueiros recrutados ou que colaboraram nos esforços da Segunda Guerra Mundial. Art. 21 da Lei n. 9.711, de 20-11-98, que modificou a redação do art. 3º da Lei n. 7.986, de 20-11-89. Exigência, para a concessão do benefício, de início de prova material e vedação ao uso da prova exclusivamente testemunhal. A vedação à utilização da prova exclusivamente testemunhal e a exigência do início de prova material para o reconhecimento judicial da situação descrita no art. 54 do ADCT e no art. 1º da Lei n. 7.986/89 não vulneram os incisos XXXV, XXXVI e LVI do art. 5º da CF. O maior relevo conferido pelo legislador ordinário ao princípio da segurança jurídica visa a um maior rigor na verificação da situação exigida para o recebimento do benefício. Precedentes da Segunda Turma do STF: REs n. 226.588, 238.446, 226.772, 236.759 e 238.444, todos de relatoria do eminente Ministro Marco Aurélio. Descabida a alegação de ofensa a direito adquirido. O art. 21 da Lei 9.711/98 alterou o regime jurídico probatório no processo de concessão do benefício citado, sendo pacífico o entendimento fixado por esta Corte de que não há *direito adquirido a regime jurídico*. Ação direta cujo pedido se julga improcedente".

Interessante, todavia, a argumentação trazida por Daniel Sarmento a respeito do assunto, ao defender que a atribuição de eficácia jurídica absoluta aos direitos adquiridos desprezaria o princípio democrático e imporia a vontade do *governo dos mortos* sobre o *governo dos vivos*[1179].

Hipóteses para reconhecimento de direito adquirido (a doutrina de Celso Bastos). Enquanto nas relações jurídicas entre indivíduos é mais fácil reconhecer quando se ofende direito adquirido, o mesmo não acontece quando comparece o Estado, pois o Poder Público, movido pelo interesse maior da coletividade, recorre à lei (com o seu caráter mutável) para a concretização desse interesse. Não é incompatível, todavia, a incorporação de direito adquirido ao particular em face do Estado.

Celso Ribeiro Bastos aponta dois critérios que direcionam com clareza para a configuração do direito adquirido na relação Estado-indivíduo: "(...) em primeiro lugar, a referência expressa que a lei possa fazer a essa circunstância. Isso se dá toda vez que a própria lei instituidora da vantagem deixa claro o caráter perpétuo ou vitalício desta ou se utiliza da expressão *incorporação* para tornar certo que se trata de vantagem ou benefício não mais submetido à força cambiante da lei.

O segundo critério é o que poderíamos chamar de teleológico. Aqui se trata de examinar não a literalidade da norma, mas a sua racionalidade ou finalidade.

A pergunta a fazer é a seguinte: teria sentido essa norma sem admitirmos o caráter de perdurabilidade do benefício por ela criado? Se a resposta for negativa, estaremos diante de um direito adquirido. Figuremos como exemplo uma lei em que o Estado outorgasse pensão mensal para praticantes de ato de bravura em guerra. Seria profunda deslealdade, incongruente com o sentido de justiça próprio do direito, admitirmos que, três meses após sua instituição, essa vantagem viesse a ser cassada em virtude de uma suposta revogação da lei que a criou" (grifo do original)[1180].

Definição de ato jurídico perfeito. E quanto ao ato jurídico perfeito?

De acordo com o § 1º do art. 6º da LINDB, "reputa-se ato jurídico perfeito o já consumado segundo a lei vigente ao tempo em que se efetuou"[1181].

Se lei posterior fixa novas exigências para a realização de ato jurídico, o seu raio de ação não alcança aqueles atos praticados sob o império da lei revogada. No entan-

---

1179 Cf. "Direito adquirido, emenda constitucional, democracia e justiça social", *Revista Brasileira de Direito Público*, p. 12-13.

1180 Cf. *Curso de Direito Constitucional*, p. 227-228.

1181 Logo, se o conceito de *ato jurídico perfeito* extrai-se da legislação ordinária, não cabe a devolução do tema ao STF em sede de recurso extraordinário, conforme decisão prolatada nos autos do AgR 395.662/RS, relator para o Acórdão Min. Gilmar Mendes: "(...), o direito adquirido, o ato jurídico perfeito e a coisa julgada encontram proteção em dois níveis: em nível infraconstitucional, na Lei de Introdução ao Cód. Civil, art. 6º, e em nível constitucional, art. 5º, XXXVI, C.F. Todavia, o conceito de tais institutos não se encontra na Constituição, art. 5º, XXXVI, mas na lei ordinária, art. 6º da LICC. Assim, a decisão que dá pela ocorrência, ou não, no caso concreto, de tais institutos, situa-se no contencioso de direito comum, que não autoriza a admissão do RE" (*Informativo STF*, n. 344).

to, se a norma superveniente altera situações jurídicas para, de forma genérica, beneficiar, não é ofensiva ao ato jurídico perfeito a concessão de idêntico benefício a tantos que tiveram o ato regulado pela lei anterior, sob pena de ofensa ao princípio da isonomia[1182].

Distinção necessária entre direito adquirido e ato jurídico perfeito. Não há espaço para confusão entre *direito adquirido* e *ato jurídico perfeito*, conquanto se possa tecnicamente afirmar que o ato jurídico perfeito está compreendido no direito adquirido. "Assim, se alguém desfruta de um direito por força de um ato que cumpriu integralmente as etapas de sua formação debaixo da lei velha, não pode ter esse direito negado só porque a lei nova exige outra exteriorização do ato"[1183].

Mas qual seria, enfim, a distinção?

O ato jurídico perfeito é aquele que reuniu todos os elementos indispensáveis à sua formação; logo, o ato jurídico perfeito se caracteriza pela vinculação a *aspectos formais*.

Já o direito adquirido implica o reconhecimento de direito revogado por lei nova; logo, o direito adquirido se caracteriza pela vinculação a *aspectos materiais*[1184].

Definição de coisa julgada. Por fim, tem-se a coisa julgada como limite infranqueável à retroação da norma jurídica.

O § 3º do art. 6º da LINDB assevera que "chama-se coisa julgada ou caso julgado a decisão judicial de que já não caiba recurso"[1185].

23.18 O PRINCÍPIO DO DEVIDO PROCESSO LEGAL

Base constitucional. Breve histórico. Ninguém será privado da liberdade ou de seus bens sem o devido processo legal (art. 5º, LIV).

1182 Foi neste sentido que decidiu o STF nos autos do RE 414.796 AgR/SC, rel. Min. Eros Grau, *DJ* de 15-4-2005: "Inexiste aplicação retroativa de lei nova para prejudicar ato jurídico perfeito ou suposto direito adquirido por parte da Administração Pública, mas sim de incidência imediata de nova norma para regular situação jurídica que, embora tenha se aperfeiçoado no passado, irradia efeitos jurídicos para o futuro".

1183 Cf. Celso Bastos, *Curso de Direito Constitucional*, p. 228.

1184 Op. cit., p. 228-229.

1185 É certo que no âmbito de sistema genérico, como é o caso da Lei de Introdução às Normas do Direito Brasileiro, espaço não haveria para considerações em torno das espécies de coisa julgada. Contudo, sabe-se que assume duas formas: coisa julgada *formal* e coisa julgada *material*. No primeiro caso, trata-se de impossibilidade de discussão do tema no mesmo processo em que foi produzida a decisão transitada em julgado. Há situações em que o juiz, extinguindo o processo sem julgamento do mérito (art. 267 do CPC, à exceção do inciso III, quando o autor incorrer naquela conduta por três vezes, desencadeando o fenômeno processual da *perempção*, e do inciso V), faculta-se a propositura de nova ação judicial (art. 268, *caput*, do CPC). Na segunda situação, impede-se reexame em qualquer outro processo, razão por que o art. 467 do CPC assinala: "denomina-se coisa julgada *material* a eficácia, que torna imutável e indiscutível a sentença, não mais sujeita a recurso ordinário ou extraordinário".

A cláusula do devido processo legal é das mais prestigiadas pelos sistemas constitucionais.

Inicialmente consagrada como a *law of the land* (lei do lugar), o princípio do devido processo legal atingiu enorme importância no direito constitucional moderno, de modo particular com a interpretação dada pela Suprema Corte norte-americana[1186].

Uma das aplicações mais significativas da cláusula do devido processo legal pela Suprema Corte dos Estados Unidos ocorreu no Caso *Bolling v. Sharps* (347 U.S. 497 [1954]), principalmente porque a redação da Emenda 14 à Constituição americana de 1787 refere que "nenhum *Estado* pode recusar a qualquer indivíduo sob sua jurisdição a igualdade perante a lei". Com isso, não existindo na Constituição nenhum enunciado que impusesse a observância, pela *União*, do princípio da igualdade, a Suprema Corte concluiu que o princípio deveria ser respeitado pelo Governo da União com base na cláusula do devido processo legal prevista na Emenda 5.

Chemerinsky registra que "obviamente seria inaceitável permitir que o Governo Federal discriminasse com base na raça ou gênero e da mesma forma proibisse os Estados de fazê-lo de acordo com a Emenda 14. Para evitar esse embaraço, a Corte interpretou a Emenda 5 incluindo exigência implícita de respeito ao princípio da igualdade. A Corte simplesmente declarou que 'discriminação é injustificável porque viola a cláusula do devido processo legal"[1187].

Portanto, não se deve entender que o devido processo legal comporte efeitos apenas no campo processual.

Amplitude do devido processo legal. Sob ângulos distintos poderá ser entendida a cláusula do *due process of law*: *genérico*, que se biparte em *material* e *processual*.

O devido processo legal no sentido genérico tutela os direitos à vida, à liberdade e à propriedade, devendo-se entender nesse sentido a previsão do art. 5º, LIV, da Constituição[1188].

No sentido material ou substancial (*substantive due process*), a cláusula versa a respeito dos direitos materiais e à sua proteção por meio de processo judicial ou administrativo[1189].

No sentido processual (*procedural due process*), tem o sentido de atribuir-se aos litigantes diversas garantias na relação jurídica processual.

Autossuficiência da cláusula do devido processo legal para proteção às partes no processo judicial. O postulado do *due process of law* seria suficiente para, por si mesmo, assegurar garantias processuais que outorgassem às partes um processo "justo", isto é, possibilidade de contraditório, ampla produção de prova e revisão da decisão judicial.

1186 Cf. Nelson Nery Junior, *Princípios do Processo Civil na Constituição Federal*, p. 29.

1187 Cf. Eriwn Chemerinsky, *Constitutional Law*: principles and policies, p. 669.

1188 Idem, ibidem.

1189 Idem, p. 31.

Por conseguinte, além de o princípio do devido processo legal ser a regra-matriz de direitos substanciais, é também a das garantias processuais, que são, por sua vez, expressamente enumeradas na Constituição de 1988, cabendo examiná-las de forma individualizada, visto que reforçam a proteção às partes no processo judicial ou administrativo.

23.18.1 O princípio do contraditório e da ampla defesa

Base constitucional. Encontram-se consolidados em inciso vizinho ao do devido processo legal, no caso, o LV: "aos litigantes, em processo judicial ou administrativo, e aos acusados em geral são assegurados o contraditório e ampla defesa, com os meios e recursos a ela inerentes".

Compreensão do princípio do contraditório. O princípio do contraditório é autêntico pressuposto ao exercício do direito de defesa.

Sem dúvida, seria desarrazoado concluir que alguém pode adequadamente promover defesa, em processo judicial ou administrativo[1190], sem lhe proporcionar conhecimento acerca dos fatos.

Não prevalece, entretanto, o princípio do contraditório no curso das investigações preparatórias encetadas pelo Ministério Público[1191], como ocorre relativamente ao inquérito civil, representações e demais procedimentos investigatórios.

Ampla defesa no processo civil e penal. Distinção. O princípio da ampla defesa varia substancialmente quando se trata de manifestação em processo civil ou penal.

No primeiro caso, se o réu em processo civil tomou conhecimento dos fatos e foi assistido por advogado, entende-se por plenamente satisfeito o princípio da ampla defesa.

No âmbito de processo administrativo não é ofensiva à cláusula da ampla defesa a ausência de defesa por profissional da advocacia, tanto que o STF, no particular, editou a Súmula Vinculante 5, segundo a qual "a falta de defesa técnica por advogado no processo administrativo disciplinar não ofende a Constituição".

Entretanto, se a defesa feita por advogado em processo penal se deu de forma deficiente, poderá ser anulado o respectivo processo, diante do prejuízo ocasionado ao réu, cujo direito em questão, no caso a liberdade física, é daqueles de compostura indisponível[1192].

1190 "A portaria inaugural e o mandado de citação, no processo administrativo, devem explicitar os atos ilícitos atribuídos ao acusado. Ninguém pode defender-se eficazmente sem pleno conhecimento das acusações que lhe são imputadas. Apesar de informal, o processo administrativo deve obedecer às regras do devido processo legal" (STJ, *RDA*, 188/136, RMS 1.074, rel. Min. Peçanha Martins).

1191 STJ, ROMS 7.423/SP, *DJ* de 3-11-1997, e ROMS 8.176-GO, *DJ* de 25-5-1998, rel. Min. Milton Luiz Pereira.

1192 No âmbito da transação penal, com amparo ainda na cláusula do devido processo legal, tem reconhecido o STF que "(...) a transformação automática da pena restritiva de direitos, decorrente de transação, em privativa do exercício da liberdade discrepa da garantia

Assim se pronuncia o STF (Súmula 523): "A ausência de defesa determina a nulidade absoluta do processo penal, ao passo que a sua deficiência só o anulará se houver prova do prejuízo para o réu".

Duplo grau de jurisdição: garantia fundamental? Note-se, outrossim, que a expressão "recursos" grafada ao final do dispositivo não induz à estipulação de garantia fundamental de acesso às instâncias recursais.

De acordo com a sistemática das competências recursais assinalada na Constituição, é acertado concluir acerca da existência de garantia fundamental à *revisibilidade* da decisão prolatada, mas não de um direito intangível de acesso ilimitado às sucessivas instâncias recursais, podendo, por isso, a interponibilidade de recursos ser objeto de restrição pelo legislador constituinte derivado ou mesmo pelo legislador ordinário, sem que isso implique qualquer inconstitucionalidade, desde que seja possibilitada ao indivíduo, ao menos, *uma* revisão do ato decisório que lhe fora prejudicial.

Observe-se o pronunciamento do Supremo Tribunal Federal: "DUPLO GRAU DE JURISDIÇÃO NO DIREITO BRASILEIRO, À LUZ DA CONSTITUIÇÃO E DA CONVENÇÃO AMERICANA DE DIREITOS HUMANOS – 1. Para corresponder à eficácia instrumental que lhe costuma ser atribuída, o duplo grau de jurisdição há de ser concebido, à moda clássica, com seus dois caracteres específicos: a possibilidade de um reexame integral da sentença de primeiro grau e que esse reexame seja confiado a órgão diverso do que a proferiu e de hierarquia superior na ordem judiciária. 2. Com esse sentido próprio – sem concessões que o desnaturem – não é possível, sob as sucessivas Constituições da República, erigir o duplo grau em princípio e garantia constitucional, tantas são as previsões, na própria Lei Fundamental, do julgamento de única instância ordinária, já na área cível, já, particularmente, na área penal (...)" (STF, RHC 79785/RJ, TP, rel. Min. Sepúlveda Pertence, *DJU* de 22-11-2002, p. 57).

Depósito prévio para recorrer. (In)constitucionalidade. A jurisprudência do STF. Outro tema que se põe em destaque é a discussão sobre a constitucionalidade da exigência do depósito prévio no âmbito administrativo em ordem a ser admitido o recurso contra a decisão nele prolatada.

Inicialmente, o STF admitiu a constitucionalidade da exigência, tal como firmado no julgamento do RE-AgR 432.441/RJ, rel. Min. Carlos Velloso, j. em 9-11-2004: "(...) II – Inocorrência de ofensa à Constituição no fato de a lei exigir o depósito prévio da multa como pressuposto de admissibilidade do recurso administrativo. III – Precedentes do STF: ADI 1.049/DF, RE 210.246, 210.234, 210.369, 210.380 e 218.752, Min. Jobim p/acórdão, Plenário, 12-11-97. IV – Voto vencido do Min. C. Velloso. V – Agravo não provido".

---

constitucional do devido processo legal. Impõe-se, uma vez descumprido o termo de transação, a declaração de insubsistência deste último, retornando-se ao estado anterior, dando-se oportunidade ao Ministério Público de vir a requerer a instauração de inquérito ou propor a ação penal, ofertando denúncia" (STF, 2ª T., HC 79572/GO, rel. Min. Marco Aurélio, j. em 29-2-2000, *DJ* de 22-2-2002).

No entanto, o Supremo Tribunal Federal reformulou o entendimento com relação a qualquer processo administrativo, notadamente o de natureza fiscal, como ficou consignado claramente nos autos do RE-AgR 504.288/BA, rel. Min. Celso de Mello, j. em 29-5-2007: "RECURSO EXTRAORDINÁRIO – EXIGÊNCIA LEGAL DE PRÉVIO DEPÓSITO DO VALOR DA MULTA COMO CONDIÇÃO DE ADMISSIBILIDADE DO RECURSO ADMINISTRATIVO – OCORRÊNCIA DE TRANSGRESSÃO AO ART. 5º, LV, DA CONSTITUIÇÃO DA REPÚBLICA – NOVA ORIENTAÇÃO JURISPRUDENCIAL FIRMADA PELO PLENÁRIO DO SUPREMO TRIBUNAL FEDERAL – RECURSO DE AGRAVO PROVIDO. A exigência legal de prévio depósito do valor da multa, como pressuposto de admissibilidade de recurso de caráter meramente administrativo, transgride o art. 5º, LV, da Constituição da República. Revisão da jurisprudência: RE 390.513/SP (Pleno)".

Finalmente, a Corte editou a Súmula Vinculante 21, em 29-10-2009, esclarecendo que "é inconstitucional a exigência de depósito ou arrolamento prévios de dinheiro ou bens para admissibilidade de recurso administrativo".

Efetivamente, se a cláusula *due process of law* tem amplitude suficiente para abranger o processo judicial ou administrativo, se a ampla defesa é consequência imediata do respeito ao devido processo legal no âmbito administrativo; se a Constituição reconhece expressamente a importância da ampla defesa em todas as esferas (art. 5º, LV) e se a exigência de prévio depósito para recorrer é a ressurreição da autoritária cláusula *solve et repete*, isto é, a necessidade de depositar o valor do tributo para poder discutir a sua validade no Judiciário, tão em voga durante os governos militares no Brasil, mostra-se a jurisprudência do STF em linha de afinidade com a tendência de expansão da cláusula democrática em todos os níveis da Administração Pública brasileira, cumprindo enfatizar, assim, que o entendimento se aplica a *qualquer processo administrativo*, seja ou não de natureza fiscal.

Também é interessante destacar a Súmula 127 do STJ, que traduz a necessidade de respeito à cláusula do contraditório e da ampla defesa inclusive no que concerne aos processos administrativos referentes à imposição de multas por infrações de trânsito: "É ilegal condicionar a renovação de licença de veículo ao pagamento de multa, da qual o infrator não foi notificado" (ver art. 281, parágrafo único, II, do Código de Trânsito Brasileiro).

Ampla defesa e a Súmula Vinculante 14. O STF editou a SV 14, prescrevendo que "é direito do defensor, no interesse do representado, ter acesso amplo aos elementos de prova que, já documentados em procedimento investigatório realizado por órgão com competência de polícia judiciária, digam respeito ao exercício do direito de defesa".

Com isso, pode-se dizer que o STF acolhe a ideia da ampla defesa *transcendente*, ou seja, o direito de defesa resultante do devido processo legal não se esgota nos domínios do processo penal; *transcende-o* para viabilizar ao indiciado o acesso aos elementos de prova contra si obtidos na fase policial. Mas o que se vê, aqui, não é exercício de ampla defesa nos autos de inquérito policial, mas, inequivocamente, legítima exigência destinada a tornar, de verdade, ampla a defesa promovida no processo penal.

Tanto é assim que o STF decidiu: "(...) O acesso amplo aos elementos de prova, ao qual respeita a Súmula Vinculante n. 14, há de ser assegurado, sim, porém não de modo a comprometer o regular e fluente andamento do inquérito policial. Os trâmites procedimentais referentes às investigações policiais hão de ser atendidos, sem antecipações de vista das quais resulte a ampliação de prazos, da defesa, estabelecidos em lei" (Rcl. 8.173, rel. Min. Eros Grau, *DJ* de 3-6-2009).

Ampla defesa, a Súmula Vinculante 14 e o inquérito civil público. O enunciado e a teleologia da SV 14 não parecem recomendar a sua incidência para o âmbito de inquérito civil público.

Realmente, o propósito da Súmula é tornar viável para o defensor de indiciado o acesso aos elementos de prova já existentes nos autos de inquérito policial, como a própria redação da SV 14 deixa evidente.

Além disso, há substancial distinção entre o indivíduo ser indiciado em inquérito penal e no inquérito civil público. Se eventual prova colhida nos autos de inquérito penal pode sustentar o pedido de decreto prisional preventivo de indiciado, o que invariavelmente não acontece em sede de inquérito civil público, a dessemelhança é claramente obstativa da incidência da SV 14 fora dos domínios de inquérito instaurado pela polícia judiciária.

Hugo Nigro Mazzilli adverte que "o inquérito civil não é *processo* administrativo e sim *procedimento*; nele não há uma acusação nem nele se aplicam sanções; dele não decorrem limitações, restrições ou perda de direitos. (...) Não se *decidem interesses*; não se aplicam penalidades. Apenas serve para colher elementos ou informações com o fim de formar-se a convicção do órgão do Ministério Público para eventual propositura ou não da ação civil pública"[1193].

23.18.2 O princípio da proibição da prova ilícita

Fundamento da proibição. O problema das provas obtidas por meios ilícitos não é recente, tendo surgido no campo penal, quando o Estado passou a utilizar-se de violência para a confissão do acusado, da busca ilegal, da interceptação telefônica ou de correspondência.

Nos tempos atuais, aumentaram consideravelmente as hipóteses de recurso à prova ilícita, seja com a espionagem industrial, briga entre cônjuges, "grampo" de telefones ou invasão de sistemas de informática para acesso a informações e ulterior utilização como meio de prova no processo[1194].

Promana do art. 5º, LVI: "São inadmissíveis, no processo, as provas obtidas por meios ilícitos".

Não poderia mesmo ser diferente.

Se o processo judicial deve ser incondicionalmente instruído pela cláusula do devido processo legal, torna-se evidente que a prova que ampara a decisão judicial

1193 Cf. "Pontos controvertidos sobre o inquérito civil", p. 281.

1194 Cf. Rodrigo Garcia da Fonseca, "Das provas ilícitas no direito brasileiro", p. 71.

que afetará os bens e a liberdade das pessoas deva ser obtida de forma lícita.

O processo, assim, submete-se a comando constitucional que consagra a ética no contexto probatório[1195].

A relatividade da proibição. Mas o art. 5º, LVI, da Constituição não pode ser compreendido de modo absoluto.

Tratando-se, por exemplo, de manancial probatório que se destine à comprovação de que não fora o acusado quem cometera o delito, é possível submeter o princípio a grande relativização.

E mais: se a prova obtida por meio reputado, em tese, ilícito, converte-se, no caso concreto, em autêntico exercício de legítima defesa[1196], não se poderá concluir pela sua inadmissibilidade no processo judicial.

Nulidade do processo: nexo entre prova ilícita e convencimento do julgador. Para anulação do processo deverá sempre existir nexo de causalidade entre a prova ilícita, utilizada pela parte, e o convencimento do juiz. Logo, se o magistrado não amparou

1195 O STF promove exortação ao atendimento de princípios éticos quando da produção de prova em juízo, como ocorreu no julgamento do RE 251.445-GO, rel. Min. Celso de Mello, cujo trecho da ementa, a seguir, denota tal preocupação: "Prova ilícita. Material fotográfico que comprovaria a prática delituosa (Lei n. 8.069/90, art. 241). Fotos que foram furtadas do consultório profissional do réu e que, entregues à polícia pelo autor do furto, foram utilizadas contra o acusado, para incriminá-lo. Inadmissibilidade (cf. art. 5º, LVI). A cláusula constitucional do *due process of law* encontra, no dogma da inadmissibilidade processual das provas ilícitas, uma de suas mais expressivas projeções concretizadoras, pois o réu tem o direito de não ser denunciado, de não ser processado e de não ser condenado com apoio em elementos probatórios obtidos ou produzidos de forma incompatível com os limites ético-jurídicos que restringem a atuação do Estado em sede de persecução penal. A prova ilícita – por qualificar-se como elemento inidôneo de informação – é repelida pelo ordenamento constitucional, apresentando-se destituída de qualquer grau de eficácia jurídica. Qualifica-se como prova ilícita o material fotográfico que, embora alegadamente comprobatório de prática delituosa, foi furtado do interior de um cofre existente em consultório odontológico pertencente ao réu, vindo a ser utilizado pelo Ministério Público, contra o acusado, em sede de persecução penal, depois que o próprio autor do furto entregou à polícia as fotos incriminadoras que havia subtraído. No contexto do regime constitucional brasileiro, no qual prevalece a inadmissibilidade processual das provas ilícitas, impõe-se repelir, por juridicamente ineficazes, quaisquer elementos de informação, sempre que a obtenção e/ou a produção dos dados probatórios resultarem de transgressão, pelo Poder Público, do ordenamento positivo, notadamente naquelas situações em que a ofensa atingir garantias e prerrogativas asseguradas pela Carta Política (RTJ 163/682 – RTJ 163/709), mesmo que se cuide de hipótese configuradora de ilicitude por derivação (RTJ 155/508), ou, ainda que não se revele imputável aos agentes estatais o gesto de desrespeito ao sistema normativo, vier ele a ser concretizado por ato de mero particular".

1196 O STF, no julgamento do RE 212.081/RO, rel. Min. Octavio Gallotti, 1ª T., decidiu que "a captação, por meio de fita magnética, de conversa entre presentes, ou seja, a chamada gravação ambiental, autorizada por um dos interlocutores, vítima de concussão, sem o conhecimento dos demais", não induz a ilicitude da prova "(...) por caracterizar-se o exercício de legítima defesa de quem a produziu".

a decisão na prova ilícita carreada aos autos pelas partes, não se cogita de nulidade processual[1197].

Teoria dos frutos da árvore envenenada ("fruits of the poisonous tree"). Contudo, evidenciada a relação entre a prova ilícita e a conclusão judicial, contaminam-se todas as provas derivadas e também o ato judicial nelas fundado. É a "teoria dos frutos da árvore envenenada" (*"fruits of the poisonous tree"*), de iterativa aplicação pelo Supremo Tribunal Federal[1198].

Prova ilícita e flagrante delito de crime permanente. Não será ilícita, por outro lado, a prova obtida por penetração em casa de acusado, à noite, nos casos de flagrante delito de crime permanente[1199].

23.18.3 O princípio da presunção de não culpabilidade/princípio da inocência

Base constitucional e significado. Também chamado de *princípio da inocência*, está previsto no art. 5º, LVII: "Ninguém será considerado culpado até o trânsito em julgado da sentença penal condenatória".

Significa dizer que o estado penal de culpado[1200] somente será reconhecido após o trânsito em julgado de sentença que concluiu pela culpabilidade do agente.

Princípio da inocência e rol dos culpados. O art. 393, II, do Código de Processo Penal previa como efeito da sentença penal recorrível a inclusão do nome do condenado no rol dos culpados.

1197 Concluiu o STF no julgamento do HC 73.311/MS, rel. Min. Néri da Silveira, 30-4-1996, que "a existência nos autos de prova obtida ilicitamente (escuta telefônica) não basta à invalidação do processo, se a sentença condenatória está baseada em prova testemunhal autônoma, isto é, colhida sem necessidade dos elementos informativos revelados pela prova ilícita".

1198 Ver AP 307-3/DF; HC 69.912-0/RS. Atente-se, ainda, para a seguinte ementa, cuja decisão foi prolatada *antes* do advento da Lei n. 9.296/96, que disciplinou a interceptação telefônica: "(...) *Fruits of the poisonous tree.* O Supremo Tribunal Federal, por maioria de votos, assentou entendimento no sentido de que sem a edição de lei definidora das hipóteses e da forma indicada no art. 5º, XII, da Constituição, não pode o juiz autorizar a interceptação telefônica para fins de investigação criminal. Assentou, ainda, que 'a ilicitude da interceptação telefônica' – a falta de lei que, nos termos do referido dispositivo, venha a discipliná-la e viabilizá-la – contamina outros elementos probatórios eventualmente coligidos, oriundos direta ou indiretamente, das informações obtidas na escuta" (HC 73.304/SP, rel. Min. Ilmar Galvão, j. em 9-5-1995).

1199 No caso de flagrante delito, é possível a penetração na casa do indivíduo à noite. Foi assim que concluiu o STF no julgamento do HC 84.772, j. em 19-10-2004, rel. Min. Ellen Gracie: "Tráfico de entorpecentes. Prisão em flagrante. Prova ilícita. 1. Cuidando-se de crime de natureza permanente, a prisão do traficante, em sua residência, durante o período noturno, não constitui prova ilícita. Desnecessidade de prévio mandado de busca e apreensão. 2. HC indeferido".

1200 A doutrina penal reconhece na atualidade forma de culpa "(...) substancialmente elevada e determinante de uma moldura penal agravada: a culpa temerária (...)" (cf. Selma Pereira de Santana, *A Culpa Temerária*: contributo para uma construção no direito penal brasileiro, p. 15).

A controvérsia se encontra superada porque o dispositivo foi revogado pela Lei n. 12.403/2011.

Princípio da inocência e prisão decorrente de pronúncia. Poderia o princípio em questão se prestar para impedir, por exemplo, a prisão decorrente de pronúncia?

Pensamos que sim.

A pronúncia de acusado, submetendo-o a Júri Popular, não determina, ato contínuo, seja recolhido ao cárcere, mais ainda porque o princípio em comento implica a sua presumida inocência, com inegáveis reflexos no contexto da preservação de sua liberdade física[1201].

Princípio da inocência, indiciamento em inquéritos e dosimetria da pena. E o que dizer de indiciamentos em inquéritos, invariavelmente utilizados como parâmetro para dosimetria da pena, nos termos do art. 59 do Código Penal?

De modo semelhante, não reside fundamento para agravar a pena de acusado com base em indiciamento em inquérito policial.

O signo "antecedentes" previsto no art. 59, *caput*, do CP deve ser compreendido em consonância com o princípio da presunção de não culpabilidade, de sorte que apenas decisões penais com trânsito em julgado podem servir de esteio ao magistrado para a exasperação da pena.

Não é, infelizmente, o entendimento agasalhado pelo Supremo Tribunal Federal[1202].

1201 Duas decisões do STF apontaram para entendimentos divergentes acerca do problema. No julgamento do HC 67.707/RS (7-11-1999), rel. Min. Celso de Mello, concluiu-se que "a prisão provisória constitui efeito jurídico-processual que decorre, ordinariamente, da sentença de pronúncia. A concessão de liberdade provisória ao réu pronunciado traduz mera faculdade legal reconhecida ao juiz (CPP, art. 408, § 2º) (...)". Todavia, no julgamento do RHC 83.810 (17 e 18-12-2003), rel. Min. Joaquim Barbosa, ficou registrado o seguinte: "(...) Direito de Recorrer em Liberdade – 3 Iniciado o julgamento de recurso ordinário em *habeas corpus* interposto pelo Ministério Público Federal no qual se discute, em face do princípio da presunção de não culpabilidade, a possibilidade de conhecimento do recurso de apelação interposto em favor de condenado foragido (CPP, art. 594: 'O réu não poderá apelar sem recolher-se à prisão, ou prestar fiança, salvo se for primário e de bons antecedentes, assim reconhecido na sentença condenatória, ou condenado por crime de que se livre solto'). Foi proferido voto no sentido de dar provimento ao recurso, a fim de que o tribunal local profira novo juízo de admissibilidade da apelação, por entender que o princípio constitucional da presunção de inocência impõe, como regra, que o acusado recorra em liberdade, podendo-se determinar o seu recolhimento, se preenchidos os requisitos para a prisão cautelar. E consolidando tendência de não reconhecer a compatibilidade do art. 594/CPP com a Constituição de 1988, o STF se pronunciou pela excepcionalidade da restrição à liberdade da pessoa, concluindo que só se deve admitir o gravame contra acusado na hipótese de preenchidos os requisitos à prisão cautelar, prevista no art. 312/CPP" (HC 90.279/DF, rel. Min. Marco Aurélio, j. em 11-2-2008. Ver também HC 84.975/SP e HC 84.087/RJ).

1202 "*Habeas Corpus* substitutivo de recurso ordinário. Inquéritos. Antecedentes criminais. Exasperação da pena. Ausência de violação ao princípio da inocência presumida. 1. Fo-

Princípio da inocência e direito de apelar em liberdade. Outro tema de importância é o exame do princípio em questão e o direito de apelar em liberdade.

No particular, a Súmula 9 do STJ salienta que "a exigência de prisão provisória para apelar não ofende a garantia constitucional da presunção de inocência"; no entanto, "a prisão para apelar só se legitima quando se evidencia a sua necessidade cautelar" (*RTJ*, 148/753)[1203].

23.18.4 O princípio da publicidade dos atos processuais

Base constitucional e amplitude. "A lei só poderá restringir a publicidade dos atos processuais quando a defesa da intimidade ou o interesse social o exigirem", revela o art. 5º, LX, da Constituição.

Os atos processuais, como emanação da função estatal judiciária, devem ser públicos, inquinando de nulidade todos aqueles que não reverenciarem o direito individual[1204].

O princípio da publicidade é caracterizado pela possibilidade de restrição a ser feita por lei em sentido formal em favor da intimidade das pessoas ou quando assim reclamar o interesse social.

A cláusula revela que a publicidade é regra, ao passo que o sigilo é exceção.

Surge um questionamento: a referência à "lei" impede ao magistrado ou a outros órgãos do Estado que decretem sigilo quando em risco a intimidade ou o interesse social?

É óbvio que não.

---

lha criminal: existência de inquéritos e procedimentos por desacato e receptação. Maus antecedentes. Exasperação da pena. 2. Compreende-se no poder discricionário do juiz a avaliação, para efeito de exacerbação da pena, a existência de inquéritos sobre o mesmo fato imputado e outros procedimentos relativos a desacato e receptação, que caracterizem maus antecedentes. 3. Dentre as circunstâncias previstas na lei penal (CP, artigo 59) para a fixação da pena incluem-se aquelas pertinentes aos antecedentes criminais do agente, não se constituindo o seu aumento violação ao princípio da inocência presumida (CF, artigo 5º, LVII). *Habeas corpus* indeferido."

1203 Observe-se a redação do art. 312 do Código de Processo Penal: "A prisão preventiva poderá ser decretada como garantia da ordem pública, da ordem econômica, por conveniência da instrução criminal, ou para assegurar a aplicação da lei penal, quando houver prova da existência do crime e indício suficiente da autoria".

1204 Observe-se a seguinte decisão do STF, no julgamento do HC 77.611/PB, rel. Min. Maurício Corrêa, *DJ* de 25-6-1999: "*Habeas Corpus*. Tentativa de duplo homicídio qualificado. Recurso *ex officio*. Publicação em pauta de julgamento. 1. Implica vício de nulidade a decisão proferida em recurso *ex officio* que não constar da pauta de julgamento. 2. A ausência de prévia intimação ou publicação da pauta de julgamento de recurso de ofício ofende os princípios da publicidade e da ampla defesa, a teor do que preceitua a Súmula 431. 3. *Habeas Corpus* deferido".

O comando do inciso LX do art. 5º da Constituição, ao instituir que "a lei *só* poderá restringir a publicidade...", simplesmente indica um balizamento à atuação do legislador ordinário quando estiver em via de disciplinar contingente limitação à publicidade dos atos processuais, não podendo, por conseguinte, viabilizar qualquer restrição ao caráter público de tais atos fora dos limites traçados pelo art. 5º, LX. De consequência, ao juiz continua assegurado o poder de determinar a tramitação do processo sob sigilo, não apenas com base na intimidade e no interesse público, mas também se a publicidade do ato processual puder vulnerar o direito à honra e à imagem da pessoa.

Princípio da publicidade e atos investigatórios do Ministério Público. E no caso dos atos investigatórios levados a cabo pelo Ministério Público? Também se submetem ao disposto no art. 5º, LX, da Constituição?

Responde-nos Geisa de Assis Rodrigues: "O princípio da publicidade se aplica ao inquérito civil com as ressalvas ordinárias, ou seja, não podem ser divulgadas as informações cujo sigilo deva ser mantido para proteger o interesse público e o direito à intimidade e à vida privada das pessoas. No primeiro caso, o interesse público é uma noção aberta que pode justificar, em múltiplas situações, o sigilo da investigação até mesmo para resguardar a eficácia de seus resultados. A segunda hipótese ocorre quando a divulgação de um dado apurado em sigilo represente afronta ao direito, também de dignidade constitucional, da proteção da imagem, da honra e da intimidade das pessoas"[1205].

23.18.5 O devido processo legal e o processo penal

Amplitude da cláusula e importância no processo penal. Conquanto a cláusula do devido processo legal se manifeste em processos de natureza judicial ou administrativa[1206], é no altiplano do processo penal que se mostra mais atuante.

Como o *status libertatis* da pessoa pode sofrer severa restrição pelo processo penal, e como, de resto, ninguém será privado de sua liberdade sem o devido processo legal, a Constituição de 1988 prevê alguns direitos que se dirigem precipuamente ao campo processual penal.

23.18.5.1 Prisão e devido processo legal

Base constitucional e fundamento. São variados os dispositivos constitucionais que protegem a liberdade física da pessoa.

1205 Cf. *Ação Civil Pública e Termo de Ajustamento de Conduta*, p. 87.

1206 É possível distinguir *processo* e *procedimento administrativo*. O primeiro se refere aos de segundo grau, quer sejam disciplinares, sancionatórios ou revisivos, como na hipótese de presença de "litigantes" ou "acusados" (cf. Lúcia Valle Figueiredo, *Curso de Direito Administrativo*, p. 284-285). Os procedimentos representam mera forma da função administrativa. Por isso que Lúcia Valle Figueiredo defende, com propriedade, que o art. 5º, LV, da Constituição tem por objeto o processo administrativo quando há controvérsia ou acusações de uma forma geral (op. cit., p. 286).

Beccaria já expressava, no século XVIII, a preocupação com prisões decretadas ao alvedrio do juiz: "Concede-se, em geral, aos magistrados incumbidos de fazer as leis, um direito que contraria o fim da sociedade, que é a segurança pessoal; refiro-me ao direito de prender, de modo discricionário, os cidadãos, de vedar a liberdade ao inimigo sob pretextos frívolos e, consequentemente, de deixar em liberdade os seus protegidos, apesar de todas as evidências do delito"[1207].

Nesse subitem pretendemos indicar mais um desdobramento da cláusula *due process* em seu sentido substancial ou material: a tutela da liberdade física do indivíduo.

Com o propósito de tutelar a liberdade de locomoção e impedir, por exemplo, as insidiosas "prisões para averiguação", tão comuns durante os malsinados governos militares no Brasil, a Constituição determina que "ninguém será preso senão em flagrante delito ou por ordem escrita e fundamentada de autoridade judiciária competente, salvo nos casos de transgressão militar ou crime propriamente militar, definidos em lei" (art. 5º, LXI), regra que se complementa com o comando segundo o qual "a prisão de qualquer pessoa e o local onde se encontre serão comunicados imediatamente ao juiz competente e à família do preso ou à pessoa por ele indicada" (art. 5º, LXII).

Efeitos de prisão ilegal. E se for o caso de prisão ilegal?

Será imediatamente relaxada pela autoridade judiciária (art. 5º, LXV).

Prisão e liberdade provisória. Nenhum indivíduo será levado à prisão ou nela mantido quando a lei admitir a liberdade provisória, com ou sem fiança (art. 5º, LXVI), e, caso ocorra, tem o preso direito à identificação dos responsáveis por sua prisão ou por seu interrogatório pessoal.

Prisão civil por dívida e a jurisprudência do STF. Prescreve o inciso LXVII do art. 5º que "não haverá prisão civil por dívida, salvo a do responsável pelo inadimplemento voluntário e inescusável de obrigação alimentícia e a do depositário infiel".

Alguns Tribunais concluíram que a prisão civil do depositário infiel não se coadunava com as determinações constantes do art. 7º do Pacto de San José da Costa Rica[1208];

1207 Cf. *Dos Delitos e das Penas*, p. 27.

1208 "APELAÇÃO CÍVEL – AÇÃO DE BUSCA E APREENSÃO – POSSIBILIDADE DE PRISÃO CIVIL DO DEPOSITÁRIO INFIEL – REVOGADA – JUROS DE MORA EM 12% AO ANO – IMPOSSIBILIDADE – RECURSO IMPROVIDO. No conflito entre a possibilidade (Decreto-Lei n. 911/69) ou não (Pacto de San José da Costa Rica, Artigo 7º) da prisão do depositário infiel, deve-se utilizar o critério de que a lei posterior (Convenção Americana de Direitos Humanos, 1992) revoga a anterior (Decreto-lei n. 911/69) com ela incompatível, tendo em vista o conflito entre duas leis ordinárias, pois o tratado internacional adquire roupagem de legislação ordinária quando do ingresso no ordenamento pátrio, bem como o Decreto-lei foi recepcionado como lei ordinária pela CF de 88. Assim, a prisão civil do depositário infiel trazida pelo Decreto-lei n. 911/69 está revogada pelo Pacto de San José da Costa Rica. Se não há estipulação no contrato dos juros de mora, deve incidir o percentual de 6% (seis por cento) ao ano, por aplicação do artigo 1.062 do Código Civil. Apelação cível. Ação de busca e apreensão. Ausência de procuração para

não foi este, entretanto, o entendimento inicialmente sufragado pelo Supremo Tribunal Federal[1209].

Contudo, o STF editou a Súmula Vinculante 25, segundo a qual "é ilícita a prisão de depositário infiel, qualquer que seja a modalidade do depósito".

23.18.5.2 Direito ao silêncio e devido processo legal

Registrou Beccaria que "existe outra contradição entre as leis e os sentimentos naturais: é exigir que um acusado jure dizer a verdade, quando o seu maior interesse é escondê-la. Como se o homem pudesse jurar de boa-fé que concorrerá para a sua própria destruição! Como se, na maioria dos casos, a voz do interesse não sufocasse no coração humano a da religião!"[1210].

Por seu turno, o inciso LXIII do art. 5º da Constituição enuncia que "o preso será informado de seus direitos, entre os quais o de *permanecer calado*, sendo-lhe assegurada a assistência da família e de advogado" (grifamos).

É a proibição da autoincriminação.

O direito individual se dirige a indiciado em inquérito, acusado ou mesmo testemunha em processo judicial[1211].

---

recorrer. Recurso não conhecido. A regra de abertura de prazo razoável para sanar a deficiência de representação (artigo 13 do Código de Processo Civil) somente se aplica nas instâncias ordinárias. Em segundo grau, a deficiência leva ao não conhecimento recursal" (TJMS, AC 2003.001765-8/0000-00 – Campo Grande, 3ª T. Cív., rel. Des. Hamilton Carli, j. em 12-5-2003). E mais: "DIREITO CONSTITUCIONAL E PROCESSUAL CIVIL E PENAL – INADIMPLEMENTO DE PRESTAÇÃO ALIMENTÍCIA, COM CONSEQUENTE EXECUÇÃO DO PEDIDO. Mandado de prisão civil expedido, tendo em vista que bem oferecido à penhora foi desviado, tornando-se o executado depositário infiel, o que ocasionou a constrição. Fiel ao Pacto de San José da Costa Rica, que reafirmou o princípio segundo o qual ninguém pode ser preso por dívidas, o Brasil excluiu, do nosso ordenamento jurídico, a possibilidade de que o depositário infiel venha a sofrer constrição na sua liberdade de ir e vir. Ordem concedida à unanimidade" (TJPE, HC 84349-2, rel. Des. Magui Lins Azevedo, *DJPE* de 19-10-2002).

1209 STF, HC 72.131/RJ, rel Min. Moreira Alves, j. em 23-11-2005: "*Habeas corpus*. Alienação fiduciária em garantia. Prisão civil do devedor como depositário infiel. Sendo o devedor, na alienação fiduciária em garantia, depositário necessário por força de disposição legal que não desfigura essa caracterização, sua prisão civil, em caso de infidelidade, se enquadra na ressalva contida na parte final do artigo 5º, LXVII, da Constituição de 1988. Nada interfere na questão do depositário infiel em matéria de alienação fiduciária o disposto no § 7º do artigo 7º da Convenção de San José da Costa Rica. *Habeas corpus* indeferido, cassada a liminar concedida". Ver também RE 293.378/MG, rel. Min. Moreira Alves.

1210 Cf. *Dos Delitos e das Penas*, p. 41.

1211 Foi desta forma que decidiu o STF: "A condição de indiciado ou testemunha não afasta a garantia constitucional do direito ao silêncio (CF, art. 5º, LXIII: 'o preso será informado de seus direitos, entre os quais o de permanecer calado, sendo-lhe assegurada a assistência da família e de advogado'). Com esse entendimento, o Tribunal, embora salientando

Direito ao silêncio e perjúrio. Se não existe no Brasil o crime de perjúrio, tal como há nos Estados Unidos (se ficar constatado que o réu mentiu, está caracterizado o crime de perjúrio), é claro que o acusado se encontra protegido contra a autoincriminação (no subitem 14.2.1.2 do Capítulo 14, fizemos várias referências ao tema no tocante à convocação de indiciado para depor em CPI).

"(...) O direito ao silêncio – enquanto poder jurídico reconhecido a qualquer pessoa relativamente a perguntas cujas respostas possam incriminá-la (*nemo tenetur se detegere*) – impede, quando concretamente exercido, que aquele que o invocou venha, por tal específica razão, a ser preso, ou ameaçado de prisão, pelos agentes ou pelas autoridades do Estado (...)" (STF, HC 79812, TP, rel. Min. Celso de Mello, *DJU* de 16-2-2001, p. 21).

Nulidade do processo e direito ao silêncio. Não informado ao réu acerca do direito de permanecer em silêncio, impõe-se a nulidade do processo[1212].

E mesmo em se tratando de inquérito policial em que a autoridade não informou ao indiciado acerca do direito ao silêncio, considera o STF que é ilícita a prova assim obtida[1213].

Todavia, não pode ser arguido o direito ao silêncio para impor a nulidade do processo quando o acusado nega a autoria do delito que lhe é imputado[1214-1215].

---

o dever do paciente de comparecer à CPI e depor na eventualidade de convocação, deferiu *habeas corpus* para assegurar ao mesmo o direito de recusar-se a responder perguntas quando impliquem a possibilidade de autoincriminação. HC 79.812-SP, rel. Min. Celso de Mello, 8-11-2000 (HC 79812)".

1212 "(...) Não tendo sido o acusado informado do seu direito ao silêncio pelo Juízo (art. 5º, inciso LXIII), a audiência realizada, que se restringiu à sua oitiva, é nula. 3. Pedido deferido em parte" (STF, HC 82463/MG, 1ª T., rel. Min. Ellen Gracie, *DJU* de 19-12-2002, p. 92).

1213 "(...) O privilégio contra a autoincriminação – *nemo tenetur se detegere* –, erigido em garantia fundamental pela Constituição. Além da inconstitucionalidade superveniente da parte final do art. 186 C. Pr. Pen. – importou compelir o inquiridor, na polícia ou em juízo, ao dever de advertir o interrogado do seu direito ao silêncio: a falta da advertência – e da sua documentação formal – faz ilícita a prova que, contra si mesmo, forneça o indiciado ou acusado no interrogatório formal e, com mais razão, em 'conversa informal' gravada, clandestinamente ou não. (...)" (STF, HC 80949/RJ, 1ª T., rel. Min. Sepúlveda Pertence, *DJU* de 14-12-2001, p. 26).

1214 "(...) Eventual nulidade decorrente da falta de advertência, pelo juiz, em Plenário do Júri, quando do interrogatório do réu, de que poderia ficar calado, preclui se não for objeto de imediato protesto da defesa, que deve constar da ata, principalmente se há no termo de interrogatório, subscrito pelo defensor, referência a ter sido observado o disposto no artigo 186 do Código de Processo Penal. Além do mais, caso tenha ocorrido a falta de informação sobre o direito ao silêncio, dela nenhum prejuízo resultou ao réu, tendo em vista que em seu interrogatório negou a autoria do crime de homicídio simples que lhe foi imputado (artigo 121, *caput*, do Código Penal). A alegação de decisão manifestamente contrária à prova dos autos (art. 593, III, 'd', CPP) não procede quando o julgamento do Júri tem apoio em prova testemunhal, no Laudo de Exame de Necrópsia e no Laudo de Exame do Local" (TJPR, ApCr 0116256-1 (14124) – Ponta Grossa, 2ª C. Crim., rel. Des. Jesus Sarrão, *DJPR* de 10-6-2002).

1215 "(...) Mas, em matéria de direito ao silêncio e à informação oportuna dele, a apuração do gravame há de fazer-se a partir do comportamento do réu e da orientação de sua defesa

O direito ao silêncio é exercitável tanto durante a fase do inquérito policial quanto no âmbito judicial[1216].

Silenciando o acusado, não se pode atribuir a mácula de nulidade à decisão penal condenatória quando a sentença se arrimou em outros elementos de prova que não o peremptório silêncio do réu[1217].

23.18.6 Os princípios do juiz e do promotor natural

O princípio do juiz natural não é novidade na história constitucional brasileira, tanto que o art. 153, § 15, da CF de 1969, o art. 150, § 15, da CF de 1967 e o art. 141, § 26, da CF de 1946 tratam, indistintamente, da proibição de tribunais de exceção, o que é o mesmo princípio do juiz natural com outras palavras.

O princípio tanto pode ser extraído do inciso XXXVII do art. 5º ("não haverá juízo ou tribunal de exceção") quanto do inciso LIII ("ninguém será processado nem *sentenciado* senão pela autoridade competente").

Juiz natural na doutrina. Sintetiza Nelson Nery Junior: "O que se pretende coibir com a regra do inciso n. XXXVII, do art. 5º, da CF é a criação de órgãos judicantes para o julgamento de questões (civis e criminais) *ex post facto* ou *ad personam,* salvo as exceções estatuídas na própria Constituição"[1218].

---

no processo: o direito à informação oportuna da faculdade de permanecer calado visa a assegurar ao acusado a livre opção entre o silêncio – que faz recair sobre a acusação todo o ônus da prova do crime e de sua responsabilidade – e a intervenção ativa, quando oferece versão dos fatos e se propõe a prová-la: a opção pela intervenção ativa implica abdicação do direito a manter-se calado e das consequências da falta de informação oportuna a respeito" (STF, HC 78708, 1ª T., rel. Min. Sepúlveda Pertence, *DJU* de 16-4-1999, p. 8).

1216 "*HABEAS CORPUS* – RELAXAMENTO DE PRISÃO EM FLAGRANTE – DIREITO AO SILÊNCIO – GARANTIA CONSTITUCIONAL. Tanto na fase indiciária como na judicial, o indivíduo tem direito de permanecer em silêncio. A recusa em prestar declarações não pode ser interpretada desfavoravelmente, em obediência ao disposto no art. 5º, LXIII, da Constituição Federal. O fato de o paciente sequer ter sido indiciado pela autoridade policial corrobora a ocorrência de constrangimento ilegal quando da ratificação da prisão em flagrante e do indeferimento do pedido de relaxamento. Ordem concedida, ratificada a medida liminar" (TJMG, HC 000.308.325-0/00, 1ª C. Crim., rel. Des. Márcia Milanez, j. em 5-11-2002).

1217 "*HABEAS CORPUS* – PACIENTE CONDENADO PELOS CRIMES DOS ARTS. 329, *CAPUT,* E 129, *CAPUT,* DO CÓDIGO PENAL – PRERROGATIVA CONSTITUCIONAL QUE CONFERE AO ACUSADO O DIREITO AO SILÊNCIO. O acusado tem o direito de permanecer em silêncio ao ser interrogado, em virtude do princípio constitucional – *nemo tenetur se detegere* (art. 5º, LXIII), não traduzindo esse privilégio autoincriminação. No caso dos autos, não há qualquer prejuízo que nulifique o processo, tendo em vista que o silêncio do acusado não constituiu a base da condenação, que se arrimou em outras provas colhidas no processo" (STF, HC 75.616/SP, 1ª T., rel. Min. Ilmar Galvão, *DJU* de 14-11-1997).

1218 Cf. *Princípios do Processo Civil na Constituição Federal*, p. 61.

Compreendemos que constitui transgressão ao juiz natural a fixação da competência, em razão da pessoa, ressalvadas as hipóteses constitucionalmente postas, como no caso do julgamento do Presidente da República pelo Senado, nos crimes de responsabilidade.

Juiz natural na jurisprudência. Portanto, atribuir competência a um dado tribunal para julgamento de determinado crime[1219], por mais comoção que tenha causado na opinião pública[1220], é inegável ofensa ao princípio do juiz natural.

Também se vulnera o postulado quando se admite a distribuição dirigida de processos a determinado magistrado[1221].

Juiz natural e distribuição dirigida de processos. Questão que tem suscitado discussões é a pertinente à possibilidade de distribuição de processos indicativamente feita a novas varas criadas, procedimento fundamentado pelas mesas diretoras de tribunais na necessidade de conferir maior rapidez ao andamento dos processos.

Em primeiro lugar, é preciso saber se a distribuição será feita para uma única e nova vara criada ou se, diferentemente, trata-se de diversas varas recém-criadas que receberão os processos.

E por quê?

Tão só em razão de, no caso de distribuição a uma única nova vara, ser indiscutível a ofensa ao princípio do juiz natural, porquanto já se saberá, adrede, antes mesmo da distribuição, o entendimento do magistrado acerca da questão posta na lide; se, no entanto, a hipótese é de distribuição a mais de uma vara, não há transgressão ao juiz natural[1222].

1219 "Qualquer tentativa de submeter réus civis a procedimentos penais-persecutórios instaurados perante órgãos da Justiça Militar estadual representa, no contexto de nosso sistema jurídico, clara violação ao princípio constitucional do juiz natural" (STF, *RTJ*, 158/513).

1220 A Suprema Corte norte-americana, por 5 votos a 3, em decisão prolatada pelo Juiz John Paul Stevens, em junho de 2006, ao acolher pleito de Salim Ahmed Hamdan, ex-motorista de Osama bin Laden, concluiu que tribunais de exceção foram responsáveis pelos julgamentos dos prisioneiros da base militar norte-americana em Guantánamo.

1221 "No ordenamento jurídico brasileiro não é dado às partes escolherem o juiz de sua preferência. Vige o princípio do juiz natural que é aquele designado pelas Leis de organização judiciária para conhecer e julgar a lide. O juiz natural é aquele preconstituído pela Lei. A garantia alcança o processo civil e penal (art. 5º, inciso XXXVII e inciso LIII, da CF/88)" (TRF 1ª R., EEEIAC 01001058790/DF, 3ª S., rel. Des. fed. Selene Maria de Almeida, *DJU* de 21-2-2003, p. 9).

1222 "O TRF-1ª Região decidiu no julgamento do CC 1999.01.00.084663-4/GO que a redistribuição de processos, determinada por Provimento da Corregedoria-Geral, em face da criação de novas Varas Federais, não fere os princípios da legalidade e do juiz natural" (TRF 1ª R., CComp 01000297967/GO, 1ª S., rel. Des. fed. Aloisio Palmeira Lima, *DJU* de 13-11-2002, p. 123). No mesmo sentido o RHC 58.468, rel. Min. Rafael Mayer. Se criada

De modo semelhante, impõe-se investigar se as varas receptoras dos processos têm idêntica competência territorial àquela(s) para as quais foram inicialmente distribuídos. Sim, porque se os processos foram distribuídos para juízos com competência territorial diversa do que os recebeu, há, no particular, inegável ofensa ao princípio do juiz natural[1223].

O princípio do promotor natural. O princípio do promotor natural foi previsto no art. 5º, LIII ("ninguém será *processado* nem sentenciado senão pela autoridade competente")[1224].

Trata-se de comando constitucional impositivo de obrigatória reverência às normas que fixam, em abstrato, o promotor legalmente e previamente designado para oficiar.

23.18.7 O art. 5º, LXXVIII, e a razoável duração do processo

Base constitucional. Prescreve o inciso LXXVIII do art. 5º da Constituição, inserido no rol dos direitos e garantias individuais pela EC n. 45/2004, que "a todos, no âmbito judicial e administrativo, são assegurados a razoável duração do processo e os meios que garantam a celeridade de sua tramitação".

Não há, em absoluto, respeito à cláusula do devido processo legal quando é fato que o retardo na prestação jurisdicional desveste o processo de sua eficácia útil.

Razoável duração do processo e normas internacionais. Em rigor, o direito individual não corresponde a autêntica inovação, porquanto a Convenção Interamericana de Direitos Humanos (Pacto de San José da Costa Rica) assentou no art. 8º, 1, que "toda pessoa tem direito a ser ouvida, com as devidas garantias e dentro de um prazo *razoável*, por um juiz ou tribunal competente, independente e imparcial, estabelecido anteriormente por lei, na apuração de qualquer acusação penal formulada contra ela, ou para que se determinem seus direitos e obrigações de natureza civil, trabalhista, fiscal ou de qualquer outra natureza" (grifamos).

Assim, o Pacto de San José da Costa Rica não apenas protege o indivíduo contra as dilações processuais indevidas, mas também proíbe a fixação de juízo ou tribunal

---

Vara do Júri no local onde está domiciliado o réu, será esta competente para o julgamento do processo, pouco importando a fase em que se encontre: "A atuação do Tribunal do Júri é norteada pelo princípio segundo o qual o réu deve ser julgado pelos concidadãos (pares). Esta peculiaridade transmuda a espécie de incompetência, excepcionando a regra referente à definida a partir do elemento territorial. De relativa, passa a absoluta. Desdobrada a área geográfica de um certo Tribunal do Júri, criando-se um outro, para este devem ser remetidos os processos em curso, pouco importando a fase em que se encontrem, no que envolvam acusados domiciliados na área resultante do desmembramento. (...)" (STF, 2ª T., HC 71.810-8/DF, redator do Acórdão Min. Marco Aurélio).

1223 "A criação de foro regional no local do fato, em data posterior a do recebimento da denúncia, não desloca a competência antes firmada. Aplicação subsidiária da regra *perpetuatio jurisdictionis* (CPC, art. 87, autorizada pelo art. 3º do Código de Processo Penal" (STF, 2ª T., ROHC 83.008-1/RJ, rel. Min. Maurício Corrêa, j. em 20-5-2003).

1224 O princípio foi examinado circunstanciadamente no subitem 19.2.1.4 do Capítulo 19.

de exceção, o que, a propósito, já se encontra assegurado no art. 5º, XXXVII e LIII, da Constituição de 1988.

Fundamento do direito individual. Trata-se, evidentemente, de um clamor nacional à conferência de efetividade à atividade judiciária.

A EC n. 45/2004 incorporou a ideia de que processo justo é aquele no qual se realiza a tutela judicial dos direitos fundamentais em duração razoável – sinônimo de prestação jurisdicional com eficácia útil.

E tanto foi assim que o objetivo maior da EC n. 45/2004 está vinculado à diminuição do tempo em que se opera a prestação jurisdicional no Brasil.

O art. 5º, LXXVIII, é o reflexo da preocupação do legislador constituinte derivado com o gravíssimo problema pertinente à morosidade da Justiça.

Distinção entre razoável duração do processo e celeridade processual. Todavia, *razoável duração do processo* não é expressão sinônima de *celeridade processual*: "(...) o adjetivo *razoável* (duração do processo) sugere aquilo que é 'conforme à razão, ao direito, à equidade; o que é moderado, comedido' (...). Nesse sentido, *duração razoável* contrapõe-se à celeridade. Logo, o conceito de 'razoável duração do processo' não se harmoniza com o de 'celeridade'. O que está subjacente nessas expressões, como elemento comum, é o *tempo processual*. Sendo uma das dimensões humanas, o fator tempo não pode ser ignorado em tema de duração do processo. Via de regra, o tempo é um aliado do réu e um verdugo do autor, por motivos algo óbvios. Falar de *duração razoável* do processo corresponde a colocar interesses das partes no mesmo plano axiológico; cogitar de *celeridade* processual implica dar preeminência ao interesse do autor, ou seja, daquele que, por definição, busca esse serviço público a cargo do Estado-juiz, desse monopólio estatal, a que se denomina prestação jurisdicional"[1225].

Se examinadas as alterações constitucionais implementadas pela EC n. 45/2004, chega-se à conclusão que o princípio da razoável duração do processo é um dado a se integrar ao conjunto dos direitos e garantias individuais, que, em substância, não discrepa de diversas previsões estatuídas noutros domínios do sistema constitucional.

Razoável duração do processo e o art. 93 da CF. Com efeito, coerentemente à diretiva assinalada no art. 5º, LXXVIII, o legislador constituinte derivado promoveu mudanças nos incisos do art. 93, tudo de sorte a objetivar a *razoável duração do processo.*

Consagrou, por exemplo, a ideia da ininterruptividade da função judiciária mediante inclusão do inciso XII no art. 93 ("a atividade jurisdicional será ininterrupta, sendo vedadas férias coletivas nos juízos e tribunais de segundo grau, funcionando, nos dias em que não houver expediente forense normal, juízes em plantão permanente").

Impede-se, por conseguinte, a continuidade das denominadas "férias coletivas" de magistrados, que aconteciam nos meses de janeiro e julho.

1225 Cf. Manoel Antônio Teixeira Filho, *Breves Comentários à Reforma do Poder Judiciário*, p. 25-26.

A proibição alcança os juízos singulares e as instâncias recursais, à exceção dos Tribunais Superiores e do STF, que não foram referidos no art. 93, XII.

Mas é certo dizer que de nada adiantará a previsão constitucional se, de fato, os juízes, majoritariamente, solicitarem férias regulamentares para o respectivo período, uma vez que, à semelhança do que sucede com os membros do Ministério Público, os magistrados gozam de férias de sessenta dias por ano.

Logo, será imprescindível que os tribunais disciplinem o número máximo de juízes que poderão gozar férias neste ou em qualquer outro período ao longo do ano, visto que se se entender como prerrogativa adstrita ao magistrado a indicação do período de gozo, continuaremos a conviver com o mesmíssimo problema, não mais agora em face das "férias coletivas" formalmente proscritas, mas da paralisação, de fato, da atividade judiciária por força da indicação coincidente de período de férias por número expressivo de magistrados, remetendo-se ao plano da ineficácia social o quanto determinado no art. 93, XII, da Constituição.

Idêntico raciocínio deve ser extratado no tocante aos membros do Ministério Público.

Se, em diversas passagens do sistema do direito positivo brasileiro, é incondicionada a intervenção do Ministério Público no processo judicial[1226], fixando-se, inclusive, a sanção de nulidade processual se não houver a sua intimação quando a lei reputar obrigatório que intervenha no processo como *custos legis* (fiscal da lei), é mais que evidente a absoluta necessidade de as férias dos promotores e procuradores do Ministério Público da União ou dos Estados serem, de modo semelhante, objeto de disciplina pelo respectivo Procurador-Geral.

É simples: se a intervenção é imposta pela lei, não poderá seguir o processo sem que haja a manifestação ministerial, que será grandemente prejudicada se os membros do *parquet* se puserem a indicar as suas férias sem reverência ao comando do art. 93, XII.

E mais: por expressa determinação constitucional (§ 4º do art. 129), aplicam-se ao Ministério Público, no que couber, as disposições assinaladas nos incisos do art. 93 da Constituição.

Sobremais, indica ainda o preceptivo que os juízos e tribunais funcionarão nos dias em que não houver expediente forense normal, com juízes em plantão permanente.

É óbvia a previsão.

Se diversos direitos individuais podem restar vulnerados ou seriamente ameaçados, é lógico que a inexistência de expediente forense normal, como ocorre em feriados, não pode redundar em efetivo empecilho de acesso ao Poder Judiciário, quer aos órgãos singulares, quer aos tribunais.

1226 Como menciona, por exemplo, o art. 82 do Código de Processo Civil, apenas para citar algumas hipóteses de intervenção obrigatória do *parquet*.

Deveras, pouco importa a natureza do órgão judicial; seja ele de primeira, segunda ou instância extraordinária (TST, STJ, TSE), sempre deverão ser designados juízes, desembargadores ou ministros para atender à determinação constitucional. É que a coação à liberdade física, por exemplo, pode partir de autoridade jurisdicional hierarquicamente vinculada a determinado órgão revisor, e, nesse passo, contingente ausência de plantão de magistrados com competência revisora do ato considerado ilegal determinaria resultado insidioso no campo da tutela dos direitos fundamentais.

Outrossim, propôs-se a EC n. 45/2004 a diminuir a desproporção existente entre o número de juízes e a efetiva demanda, bem como no tocante à população (art. 93, XIII).

Procede a preocupação.

As alterações da legislação processual civil, abrindo a porta do Poder Judiciário às camadas mais carentes da população brasileira, somente serão concretizadas se, a par da mudança na sistemática dos recursos, houver número de magistrados apto a promover o efetivo acesso à Justiça.

Por esse motivo, no momento de ser delimitado o número de juízes por unidade jurisdicional, serão tomados por parâmetro a demanda judicial efetiva e a população abrangida pela jurisdição local.

O inciso XIV do art. 93 da Constituição indica que "os servidores receberão delegação para prática de atos de administração e atos de mero expediente sem caráter decisório".

São os casos dos atos judiciais de mero impulsionamento do processo, que, a partir da EC n. 45/2004, *serão* delegados aos servidores vinculados ao órgão jurisdicional.

Quando o dispositivo refere que "os servidores receberão delegação (...)", deixa claro que o ato não estará circunscrito à conveniência do juiz ou do órgão colegiado. Trata-se de providência que se impõe objetivamente após a alteração constitucional, podendo até mesmo a omissão da autoridade jurisdicional implicar a impetração de mandado de segurança coletivo pela Ordem dos Advogados do Brasil, em face da inequívoca importância do procedimento para a celeridade de tramitação dos processos.

E, por fim, previu, ainda na linha de atendimento ao princípio da razoável duração do processo, a imediata distribuição dos feitos em qualquer grau de jurisdição (art. 93, XV).

Realmente, não é admissível que a demora na prestação jurisdicional decorra também da ineficiência do aparelho burocrático do Poder Judiciário. Sendo assim, tanto em nível de órgãos judiciais singulares quanto em nível de tribunais, impor-se-á, doravante, a imediata distribuição dos processos.

Aqui, renova-se a vinculação ao Ministério Público.

Razoável duração do processo e atuação do Ministério Público. Seja em razão de o princípio da razoável duração do processo alcançar a atividade administrativa por expressa referência no art. 5º, LXVIII, seja porque, não raro, a indisponibilidade do interesse cuja tutela judicial é cometida ao *parquet* torna injuntiva atuação expedita do órgão, seja, por fim, em razão de explicitamente determinado no § 5º do art. 129 da Constituição que a distribuição de processos no Ministério Público será imediata, é indispensável que as representações, procedimentos investigatórios ou toda e qualquer solicitação do indivíduo quanto à adoção de providências pelo órgão sejam objeto de imediata distribuição.

Não se poderia pensar diferentemente.

O art. 127, *caput*, da Constituição assinala que "o Ministério Público é instituição permanente, essencial à função jurisdicional do Estado, incumbindo-lhe a defesa da ordem jurídica, do regime democrático e dos interesses sociais e individuais indisponíveis".

Por sua vez, preceitua o inciso III do art. 129 da Constituição que são funções institucionais do Ministério Público promover o inquérito civil e a ação civil pública, para a proteção do patrimônio público e social, do meio ambiente e de outros interesses *difusos* e coletivos.

A combinação dos dispositivos conduz à inelutável constatação acerca da imprescindibilidade da imediata distribuição e/ou adoção de providências após a oferta de qualquer denúncia no Ministério Público, e não apenas no que se refere a processos judiciais, como a redação do § 5º do art. 129 poderia deixar subentendido de forma equivocada ("A distribuição de *processos* no Ministério Público será imediata").

Com evidência, as hipóteses de atuação do *parquet* estão afetas à defesa dos interesses da coletividade, que, pela circunstância inerente à transgressão ou pela própria característica do interesse ofendido ou ameaçado (os interesses difusos, por exemplo), impor-se-á incondicionalmente a iniciativa destinada a obter provimento judicial útil à salvaguarda do interesse em questão.

É claro que isso somente será possível se, no contexto das rotinas administrativas do Ministério Público, for adotada a salutar regra constitucional da imediata distribuição das representações e investigações, pena de os interesses difusos, que se caracterizam por mutabilidade no tempo e no espaço, não receberem tutela efetiva à vista da inexistência de promotor para, de modo expedito, apresentar termo de compromisso de ajustamento de conduta ou propor imediatamente ação cautelar ou inibitória com o fim de estancar a ofensa.

23.19 GARANTIAS CONSTITUCIONAIS PENAIS

O art. 5º da Constituição prevê diversas garantias de natureza penal.

Princípio da reserva legal. A primeira delas está no inciso XXXIX do art. 5º: "não há crime sem lei anterior que o defina, nem pena sem prévia cominação legal".

É o traslado para o plano constitucional do princípio da reserva legal (*nullum crimen nulla poena sine praevia lege*), decorrência do predomínio das ideias iluministas que cingiu a feição do *período humanitário* do direito penal.

Sobrevindo à fase da *vingança pública*, cujo objetivo era a proteção do soberano mediante a adoção de penas severas e cruéis, o período humanitário foi marcado pela tentativa de defesa do acusado contra as leis atrozes e o arbítrio característico da aplicação da justiça na Idade Média.

O expoente dessa fase do direito penal foi Cesare Bonesana, Marquês de Becaria, tendo escrito à época a obra *"Dos Delitos e das Penas"*, de grande repercussão, oportunidade em que combateu com virulência a tortura nos interrogatórios e julgamentos e a pena de morte, entre outras providências aptas a tornar mais humana a legislação penal e a sua aplicação pelos juízes. Sustentou que somente às leis caberia cominar penas e somente o legislador as poderia elaborar, surgindo, a partir daí, a tendência quanto ao respeito ao princípio da reserva legal[1227].

A garantia penal fixada no dispositivo tanto impede o reconhecimento da tipicidade quando lei anterior não prevê a conduta como fato delituoso quanto, por outro lado, veda ao aplicador do direito penal seja imposta sanção à margem da previsão legal – seja pena excessiva[1228], seja pena inexistente.

Princípio da irretroatividade da lei penal. O inciso LX do art. 5º atrai o princípio da irretroatividade para os domínios da legislação penal ao determinar que "a lei penal não retroagirá, salvo para beneficiar o réu".

É corolário do princípio da reserva legal, pois que, "(...) se não há crime sem lei, não pode esta retroagir para alcançar um fato que, antes dela, não era considerado delito"[1229].

De contraparte, ninguém pode ser punido por fato que lei posterior deixa de considerar crime (art. 2º do CP) – *lex mitior*, expressamente admitida na Constituição de 1988, conforme se vê na parte final da redação do dispositivo em apreço.

1227 É o seguinte o trecho da obra de Beccaria contrário à tortura: "A tortura é, frequentemente, um meio certo de condenar o inocente débil e absolver o criminoso forte. É esse, comumente, o resultado terrível dessa barbárie que se considera capaz de produzir a verdade, desse costume próprio de canibais, e que os romanos, apesar da dureza de seus costumes, reservaram somente aos escravos, vítimas desgraçadas de um povo cuja feroz virtude tem obtido tantos elogios" (cf. *Dos Delitos e das Penas,* p. 44). Quanto à pena de morte afirma que "(...) não se apoia em nenhum direito. É guerra que se declara a um cidadão pelo país, que considera necessária ou útil a eliminação desse cidadão (...)" (op. cit., p. 62). E, por fim, a respeito do princípio da reserva legal, salienta que, "(...) para não ser um ato de violência contra o cidadão, a pena deve ser, de modo essencial, pública, pronta, necessária, a menor das penas aplicáveis nas circunstâncias referidas, proporcionada ao delito e *determinada pela lei*" (grifamos) (op. cit., p. 137).

1228 STF, HC 84.669/SP, rel. Min. Joaquim Barbosa, j. em 22-2-2005: "Por ofensa ao princípio da reserva legal, a Turma deferiu *habeas corpus*, impetrado em favor de paciente condenado pela prática do delito do art. 157, § 2º, do CP, para anular a sentença condenatória no ponto relativo à fixação da pena, a fim de que se proceda à nova estipulação dentro dos limites previstos em lei. Entendeu-se que a juíza sentenciante, ao exacerbar a pena em 3/5, pela incidência de duas causas de aumento de pena, extrapolara o limite máximo prescrito na norma, impondo ao paciente reprimenda superior ao legalmente exigido (...)".

1229 Cf. E. Magalhães Noronha, *Curso de Direito Penal,* v. 1, p. 75.

Princípio da personalidade da pena. O princípio da personalidade da pena[1230] foi igualmente festejado pelo Texto Constitucional, porquanto o inciso XLV do art. 5º acentua que nenhuma pena passará da pessoa do condenado, podendo a obrigação de reparar o dano e a decretação do perdimento de bens ser, nos termos da lei, estendidas aos sucessores e contra eles executadas, até o limite do valor do patrimônio transferido.

Impõe o postulado o reconhecimento da exclusividade da sanção penal contra quem cometeu o delito.

E mais: não poderá o Estado determinar a perda dos bens do condenado, *salvo* quando o acréscimo patrimonial decorreu da ação criminosa, possibilitando apenas nessa situação o perdimento de bens que, sem dúvida, é algo muito diferente do *confisco*, vedado pelo sistema constitucional.

A individualização da pena, por sua vez, é indicada no inciso XLVI do art. 5º, ao prescrever que a lei regulará a individualização da pena e adotará, entre outras, as seguintes:

a) privação ou restrição da liberdade;

b) perda de bens;

c) multa;

d) prestação social alternativa;

e) suspensão ou interdição de direitos.

"A individualização da pena compreende dois momentos distintos, porém integrados, quais sejam: o da individualização judicial e o da individualização executória. Na primeira etapa referida, da individualização judiciária, dá-se o ajustamento da pena às condições do fato concreto. Nesse instante, o juiz penal deverá escolher a espécie de pena aplicável ao caso e fixar-lhe a quantidade, bem como determinar o regime inicial do cumprimento da pena e decidir sobre o cabimento de eventual substituição da pena privativa de liberdade (art. 59 e incisos do CP). Tal decisão, segundo o mencionado dispositivo legal, deverá tomar em linha de conta a culpabilidade, os antecedentes, a conduta social e a personalidade do agente, bem como os motivos, circunstâncias e consequências do crime e, ainda, o comportamento da vítima. Nesse procedimento, ainda, impõe a lei ao juiz a individualização da pena consoante os critérios da necessidade e suficiência para a reprovação e prevenção do crime"[1231]. No segundo caso, opera a classificação dos reclusos mediante exame de

1230 "E que a personalidade do agente deve informar a individualização da pena, di-lo expressamente o artigo 59 do Código Penal, sendo pertinente, ao seu exame, como traço que a revela, a forma como o crime foi perpetrado. Por igual, sua insensibilidade e o seu destemor à Lei Penal. 6. Não está o juiz obrigado ao registro expresso de cada qual das circunstâncias judiciais, senão daquelas que tenham efetiva função na concreta individualização da pena (...)" (STJ, HC 20273/RJ, 6ª T., rel. Min. Hamilton Carvalhido, *DJU* de 16-6-2003, p. 411).

1231 Cf. José Eduardo Goulart, *Princípios Informadores do Direito da Execução Penal*, p. 97-106.

sua personalidade e realização de exame criminológico para os condenados a regime fechado.

O STF, ao julgar o HC 82.959/SP, considerou inconstitucional a vedação quanto à progressão de regime fixada no § 1º do art. 2º da Lei n. 8.072/90 (Lei dos Crimes Hediondos), tendo, inclusive, atribuído eficácia *erga omnes* à decisão ao julgar a Rcl. 4.335 (ver comentários sobre a eficácia *erga omnes* da decisão do STF no subitem 8.11.3).

Penas proibidas pela Constituição. A Constituição proíbe expressamente as seguintes modalidades de penas: de morte, salvo em caso de guerra declarada, nos termos do art. 84, XIX; de caráter perpétuo; de trabalhos forçados; de banimento; e, por fim, as penas cruéis.

A ressalva feita à pena de morte consulta aos interesses de sobrevivência do Estado brasileiro e, por conseguinte, da vida dos brasileiros, tal como já discorrido no item 2.2 do Capítulo 2.

Respeito à integridade física e moral do preso. O inciso XLIX do art. 5º enaltece a dignidade da pessoa humana do preso ao consagrar o respeito à sua integridade física e moral.

23.20 O DIREITO DE PETIÇÃO

Base constitucional e eficácia da garantia individual. Prevê o inciso XXXIV do art. 5º que "são a todos assegurados, independentemente do pagamento de taxas: *a*) o direito de petição aos Poderes Públicos em defesa de direitos ou contra ilegalidade ou abuso de poder (...)"[1232].

É o direito de petição, exercitável tanto para a defesa de direitos quanto para exigir providências em razão de ilegalidade ou abuso de poder.

A inexistência de sanção para a hipótese de não haver resposta pela autoridade à provocação do indivíduo torna duvidosa a eficácia da garantia constitucional, notadamente quando a exigibilidade acerca do pronunciamento administrativo resta condicionada à utilização do mandado de segurança[1233].

1232 Ver Lei n. 9.051/95 (Prazo para expedição de certidões para a defesa de direitos e esclarecimento de situações).

1233 "Consistindo parte do pedido na determinação à autoridade impetrada que decida sobre os requerimentos de declaração de isenção, vislumbra-se violação à garantia constitucional do direito de petição, mostrando-se cabível o mandado de segurança. 2. Apesar de inexistir previsão legal de prazo específico para a expedição da declaração de isenção, o ato (omissivo) impugnado constitui violação a direito líquido e certo do impetrante. O § 3º do art. 12 da Lei n. 6.360/76 prevê o prazo máximo de 90 dias a partir do requerimento para a concessão de registro de produtos no Ministério da Saúde. Ora, se para a cessão de registro o prazo não pode ultrapassar 90 dias, não há dúvida de que para a declaração de isenção o mesmo deve acontecer. 3. Apelação e remessa oficial improvidas" (TRF 1ª R., AMS 01000547395/DF, 1ª T. Supl., rel. Juiz fed. conv. Manoel José Ferreira Nunes, *DJU* de 3-7-2003, p. 182).

Direito de petição e pagamento de taxas. O direito de petição não está condicionado ao recolhimento prévio de taxas[1234].

O mesmo se diga quanto ao recurso interposto no âmbito do processo administrativo, visto que o STF, modificando a sua jurisprudência, passou a considerar inconstitucional a exigência de prévio depósito[1235].

Informalidade quanto ao exercício do direito de petição. Por outro lado, submetendo-se a Administração Pública ao princípio constitucional conformador do Estado Democrático de Direito (art. 1º, *caput*, da CF), além do específico princípio da eficiência administrativa (art. 37, *caput*, da CF), concluímos que nada obsta – pelo contrário, tudo recomenda – que o exercício do direito de petição possa ser consumado do modo mais informal possível, admitindo-se, por conseguinte, que o interessado se dirija à repartição pública e exerça a garantia fundamental simplesmente informan-

---

1234 "DIREITO DE PETIÇÃO E O PROCESSO ADMINISTRATIVO – RECURSO – ADMISSIBILIDADE CONDICIONADA A DEPÓSITO PRÉVIO – LEI N. 9.639/98, ART. 10, § 1º – NORMAÇÃO INFRACONSTITUCIONAL DESTITUÍDA DE VALIDADE POR DESCONFORME COM OS DISPOSITIVOS CONTIDOS NO ART. 5º, XXXIV, a, E LV DA CONSTITUIÇÃO FEDERAL – GRATUIDADE DO RECURSO ADMINISTRATIVO – AGRAVO PROVIDO – I – MANDAMENTO CONSTITUCIONAL INSTITUIDOR DO DIREITO DE PETIÇÃO É NORMA-MATRIZ DE REGÊNCIA DO PROCESSO ADMINISTRATIVO (CF, ART. 5º, XXXIV, *a*). II – O direito de petição é a garantia constitucional que agasalha o direito de agir de qualquer pessoa perante a administração pública, em defesa de seu direito. III – A petição é via instrumental. Ela provoca a instauração do processo administrativo. Seu recebimento e processamento não estão sujeitos a pagamento de qualquer natureza por parte do peticionário, em face da previsão estabelecida no art. 5º, XXXIV, da Constituição Federal. IV – A Constituição da República, em seu art. 5º, LV, assegura ao peticionário, em processo administrativo, a garantia constitucional-processual à ampla defesa, 'com os meios e recursos a ela inerentes'. V – O processo administrativo rege-se, conforme a Constituição, pelo princípio da gratuidade, inclusive em sua fase recursal. VI – Como a norma contida no § 1º, do art. 10, da Lei n. 9.639, de 25 de maio de 1998, instituinte da exigibilidade do depósito prévio como condição de admissibilidade de recurso administrativo, foi produzida em desconformidade com o normatizado no art. 5º, XXXIV, *a*, e LV, do texto constitucional, é de se reconhecer que o citado dispositivo legal não retirou seu fundamento de validade do sistema constitucional positivo. VII – Agravo provido" (TRF 3ª R., AG 168591 (2002.03.00.050475-6) – SP, 2ª T., rel. Des. fed. Aricê Amaral, *DJU* de 4-6-2003, p. 242).

1235 STF, RE 504.288/BA, rel. Min. Celso de Mello, j. em 29-5-2007: "RECURSO EXTRAORDINÁRIO – EXIGÊNCIA LEGAL DE PRÉVIO DEPÓSITO DO VALOR DA MULTA COMO CONDIÇÃO DE ADMISSIBILIDADE DO RECURSO ADMINISTRATIVO – OCORRÊNCIA DE TRANSGRESSÃO AO ART. 5º, LV, DA CONSTITUIÇÃO DA REPÚBLICA – NOVA ORIENTAÇÃO JURISPRUDENCIAL FIRMADA PELO PLENÁRIO DO SUPREMO TRIBUNAL FEDERAL – RECURSO DE AGRAVO PROVIDO. A exigência legal de prévio depósito do valor da multa, como pressuposto de admissibilidade de recurso de caráter meramente administrativo, transgride o art. 5º, LV, da Constituição da República. (...)". E, por fim, consolidando definitivamente a tese, o STF editou a SV n. 21, segundo a qual "é inconstitucional a exigência de depósito ou arrolamento prévios de dinheiro ou bens para admissibilidade de recurso administrativo".

do ao servidor público os motivos de seu inconformismo, *reduzindo-se a termo* a insurgência.

Direito de petição e desistência pelo interessado. Consumado o exercício do direito de petição, admite-se a sua desistência; todavia, a própria Administração *deve* promover a continuidade da tramitação se razões de interesse público assim justificarem[1236].

23.21 O PRINCÍPIO DO DIREITO DE AÇÃO

Base constitucional e terminologias utilizadas. Encarta-se no inciso XXXV do art. 5º: "a lei não excluirá da apreciação do Poder Judiciário lesão ou ameaça a direito".

É o chamado *princípio do direito de ação, da inafastabilidade do controle judicial, da proteção judiciária* ou ainda *da ubiquidade*[1237].

Fundamento e amplitude da garantia individual. Destina-se a proibir que o legislador, ou quem quer que seja, imponha restrição objetiva de acesso ao Poder Judiciário para o fim de proteger direito contra lesão ou ameaça de lesão.

Cotejando a redação do artigo com os dispositivos consagrados em Constituições brasileiras anteriores, conclui-se que o atual art. 5º, XXXV, não restringiu o acesso ao Poder Judiciário.

Observe-se, por exemplo, o que ocorreu com a Constituição de 1969, cujo § 4º do art. 153 enunciava o seguinte: "a lei não poderá excluir da apreciação do Poder Judiciário qualquer lesão de direito *individual*. O ingresso em juízo poderá ser condicionado a que se exauram previamente as vias administrativas, desde que não exigida garantia de instância, nem ultrapassado o prazo de cento e oitenta dias para a decisão sobre o pedido".

Como se vê, a norma da Constituição de 1969 tornava viável o acesso ao Poder Judiciário para o fim de tutela de direito *individual*, determinação, por sua vez, não repetida na Constituição de 1988, porquanto o inciso XXXV do art. 5º só faz referência a *direito*.

Com isso, importa concluir que a Constituição de 1988 viabiliza o acesso ao Poder Judiciário, seja para a tutela de direito individual, seja para a de direito ou interesse *transindividual*.

Assim, coerentemente se afina o preceito às múltiplas remissões constitucionais à proteção do meio ambiente e à própria alusão explícita aos direitos transindividuais, no caso o art. 129, III, que é marco na história constitucional brasileira precisamente porque se traduz na primeira norma a fazer referência a tais direitos.

Direito de ação e esgotamento prévio de instância extrajudicial. Por outro lado, há

1236 Cf. Allan Brewer-Carias, *Principios del Procedimiento Administrativo*, p. 143.

1237 *Ubiquidade* advém do signo *ubiquo*, que tem o sentido de estar ao mesmo tempo em todo lugar; onipresença (cf. Aurélio Buarque de Holanda, *Novo Dicionário da Língua Portuguesa*, p. 385).

situação em que o próprio Texto Constitucional condiciona o exercício do direito de ação ao prévio esgotamento de instância extrajudicial, como se vê no § 1º do art. 217 ("O Poder Judiciário só admitirá ações relativas à disciplina e às competições desportivas após esgotarem-se as instâncias da justiça desportiva, reguladas em lei").

Haveria inconstitucionalidade no condicionamento imposto pelo preceptivo?

Como a hipótese é de norma constitucional originária, é pacífica a jurisprudência do STF acerca da completa impossibilidade de emissão de provimento para declarar a incompatibilidade de umas em relação às outras[1238].

E no caso de o legislador fixar pressupostos processuais objetivos extrínsecos[1239], como a tentativa prévia de conciliação? Haveria, ainda assim, violação do direito individual de acesso ao Poder Judiciário?

A mera e simples indicação de tentativa obrigatória prévia de conciliação, por exemplo, não induz a qualquer inconstitucionalidade, desde que, após a conclusão da fase prévia, esteja o indivíduo livre para remeter o seu reclamo ao Poder Judiciário.

Todavia, o STF, por reputar caracterizada, em princípio, ofensa ao princípio do livre acesso ao Judiciário (art. 5º, XXXV, da CF), por maioria, deferiu parcialmente medidas cautelares em duas ações diretas de inconstitucionalidade, para dar interpretação, conforme a Constituição Federal relativamente ao art. 625-D da CLT – que determina a submissão das demandas trabalhistas à Comissão de Conciliação Prévia – a fim de afastar o sentido da obrigatoriedade dessa submissão (ADI 2.139 MC/DF, rel. orig. Min. Octavio Gallotti, red. p/ o acórdão Min. Marco Aurélio, j. em 13-5-2009. ADI 2.160 MC/DF, rel. orig. Min. Octavio Gallotti, red. p/ o acórdão Min. Marco Aurélio, j. em 13-5-2009).

Parece-nos, contudo, que o inciso XXXV do art. 5º da CF não assegura ao indivíduo, em absoluto, acesso *direto* ao Poder Judiciário[1240], mas sim a garantia individual

---

1238 Foi o que decidiu o STF nos autos da ADIn 815-3/DF: "A tese de que há hierarquia entre normas constitucionais originárias dando azo à declaração de inconstitucionalidade de umas em face de outras é incompossível com o sistema de constituição rígida".

1239 Os pressupostos processuais são os requisitos que devem ser atendidos pelo juiz e pelas partes a fim de que se constitua validamente a relação jurídica processual. A doutrina costuma dividir os pressupostos processuais em *subjetivos* e *objetivos*. Subjetivos são aqueles referentes ao juiz e às partes. Com relação ao juiz, são os seguintes: órgão com *jurisdição, competência* e *imparcialidade*. Com relação às partes: *capacidade de ser parte, capacidade processual* e *capacidade postulatória*. Os objetivos, por sua vez, podem ser *intrínsecos* ou *extrínsecos* à relação processual. Intrínsecos são os pressupostos processuais objetivos inerentes ao procedimento que deve ser respeitado por todos que dirigem a sua pretensão ao Poder Judiciário. Extrínsecos são os que se revelam na ausência de fatos que impeçam a propositura da ação, como, e.g., a litispendência, o compromisso, a falta de tentativa prévia de conciliação.

1240 Procedimento que, de mais a mais, não é seguido pelo próprio constituinte originário, tanto que estipulou a obrigatoriedade, no referido § 2º do art. 217, quanto ao esgotamen-

à *proteção judiciária*, ou seja, o direito de instar o juiz à solução do conflito para tutela jurisdicional de seu interesse.

Direito de ação e cláusula do comum acordo (art. 114, § 2º, da CF). O direito de ação se impõe para impedir a fixação pelo legislador constituinte derivado ou ordinário de barreiras *objetivas* de acesso ao Poder Judiciário, como na hipótese do comum acordo para instauração de instância em sede de conflito coletivo do trabalho (art. 114, § 2º – alterado pela EC n. 45/2004)[1241].

Direito de ação de hipossuficiente econômico. Por outro lado, é corolário do princípio do direito de ação o acesso ao Poder Judiciário pelo hipossuficiente econômico, razão por que poderá ser discutida a inconstitucionalidade de lei que pretenda revogar o benefício da Justiça gratuita[1242].

Direito de ação e nulidade da sentença. Doutra sorte, tem decidido o STF que eventual ausência de fundamentação na sentença não induz ofensa ao art. 5º, XXXV, da Constituição[1243].

---

to das instâncias da Justiça Desportiva antes de propositura de qualquer ação perante o Poder Judiciário.

1241 Ver comentários ao § 2º do art. 114 feitos em nota incluída no subitem 24.2.14 (próximo Capítulo).

1242 "GRATUIDADE JUDICIÁRIA – RECURSO CABÍVEL – FUNGIBILIDADE. Presente situação de ambiguidade e dúvida, por força do aparente conflito entre as disposições do art. 17 da Lei 1.060/50 e art. 162, parágrafo 2º, combinado com o art. 522, *caput,* do CPC, aplica-se, excepcionalmente, o princípio da fungibilidade. Concessão do benefício. A operatividade do princípio do direito de ação (art. 5, inc. XXXV, da CF/88) pressupõe garantia de acesso à justiça àqueles que não têm condições de suportar as despesas do processo. Conceito de pobreza. Para os fins da Lei 1.060/50 a necessidade não corresponde à pobreza na acepção comum da palavra. Decisão mantida" (TARS, AgI 198081374, 9ª C. Cív., rel. Juíza Mara Larsen Chechi, j. em 4-8-1998).

1243 STF, *RTJ*, 147/312. E ainda: "Decisão emanada do Poder Judiciário, ainda que errônea, incompleta ou insatisfatória, não deixa de configurar-se como resposta efetiva do Estado-juiz à invocação, pelo interessado, da tutela jurisdicional do Poder Público" (STF, *RTJ*, 147/251).

DIREITOS SOCIAIS TRABALHISTAS

24.1 CONCEITO E CLASSIFICAÇÃO DOS DIREITOS SOCIAIS

Não nos deteremos neste Capítulo a descrever a evolução do constitucionalismo e as causas que impuseram a incorporação de normas de cunho social nas constituições modernas. Isso já foi feito no estudo sobre a Teoria dos Direitos Fundamentais e também circunstanciadamente no Capítulo 4.

Procederemos, contudo, à conceituação e classificação dos direitos sociais nesta parte introdutória do estudo.

24.1.1 Conceito dos direitos sociais

Conceituando-os, podemos afirmar que *são direitos fundamentais dirigidos contra o Estado a determinar a exigibilidade de prestações no que se refere a educação, saúde, trabalho, lazer, segurança e previdência social.*

Diferem, portanto, dos direitos e garantias individuais na medida em que impõem obrigação comissiva ao Estado, comando positivo representado por um mínimo em termos de realização do projeto social. Os direitos e garantias individuais impõem ao Estado um não fazer, uma postura deliberadamente omissiva, de sorte a resguardar a esfera de liberdade individual.

24.1.2 Classificação dos direitos sociais

A Constituição de 1988 prevê as seguintes categorias de direitos sociais:

a) do trabalhador (arts. 7º a 11);
b) da seguridade social (arts. 194 a 204);
c) da educação, cultura e desporto (arts. 205 a 217);
d) da ciência e tecnologia (arts. 218 e 219);
e) da comunicação social (arts. 220 a 224);
f) do meio ambiente (art. 225);
g) da família, criança, adolescente, jovem e idoso (arts. 226 a 230);
h) dos índios (arts. 231 e 232).

Os direitos sociais referentes ao cidadão-trabalhador se desdobram, ainda, em:

a) *direitos sociais trabalhistas individuais* – inseridos no âmbito da relação individual de trabalho;

b) *direitos sociais trabalhistas coletivos* – produto da autonomia privada negocial coletiva e do poder normativo de competência da Justiça do Trabalho.

24.2 OS DIREITOS SOCIAIS TRABALHISTAS NA CONSTITUIÇÃO DE 1988

Os direitos sociais estão genericamente assegurados no art. 6º da Constituição.

São eles: a educação, a saúde, o trabalho, a moradia (incluído pela EC n. 26/2000), o lazer, a segurança, a previdência social, a proteção à maternidade e à infância, a assistência aos desamparados e a alimentação (este direito social incluído pela EC n. 64, de 4-2-2010).

No presente Capítulo serão examinados os direitos sociais dos trabalhadores, tanto no âmbito do direito individual como coletivo do trabalho, visto que a Constituição traz disposições afetas a ambos os domínios normativos.

Quanto aos demais direitos sociais, serão analisados no contexto da Ordem Social (Capítulo 29).

24.2.1 O princípio de proteção ao hipossuficiente e sua inserção na Constituição de 1988

O art. 7º, *caput*, da Constituição revela que "são direitos dos trabalhadores urbanos e rurais, além de outros que visem à melhoria de sua condição", passando a indicar, a partir daí, de modo meramente exemplificativo, o conteúdo mínimo da proteção ao trabalhador brasileiro.

Inegavelmente, o princípio protetor tem residência constitucional. Não fosse pela forma incisiva como dispôs o legislador constituinte originário, ao determinar direitos aos trabalhadores, mas ressalvando que tantos outros podem ser criados para melhoria de suas condições de existência, os fundamentos do Estado brasileiro pertinentes à dignidade da pessoa humana e à valorização social do trabalho seriam suficientes para admitir sua inserção em nível constitucional do postulado tuitivo.

Desdobramentos do princípio tuitivo. O princípio de proteção ao hipossuficiente, também chamado de princípio tuitivo ou protetor, comporta três desdobramentos:

a) aplicação da regra *in dubio pro operario;*
b) aplicação da *norma mais favorável;*
c) aplicação da *condição mais benéfica.*

24.2.1.1 Aplicação da regra *In Dubio Pro Operario*

Destina-se a fazer com que, em caso de dúvida, decida o juiz em favor do empregado.

24.2.1.2 Aplicação da norma mais favorável

No âmbito da aplicação da norma mais favorável, o direito do trabalho se distancia sobremaneira das soluções encontradas pelo direito civil para o problema das antinomias entre normas jurídicas.

E por quê?

Precisamente à conta de a aplicação da norma mais favorável afastar, de ordinário, as graves e tormentosas discussões em derredor dos critérios *hierárquico* (norma superior revoga inferior), *temporal* (norma posterior revoga anterior) e da *especialidade* (norma especial sobrepõe-se à genérica), que são comumente utilizados para solucionar contradições de normas no direito civil.

Exceções há à aplicação da norma mais favorável.

Amauri Mascaro Nascimento expõe duas hipóteses: "Primeira, diante das leis proibitivas, uma vez que, se o Estado, por lei, vedar que através de outras normas jurídicas seja dispensado um tratamento mais benéfico ao trabalhador, será inaplicável, por contrariar a lei, uma convenção coletiva que infringir a proibição. É o que pode ocorrer quando o Estado fixa normas sobre política salarial e indexação da economia, impedindo estipulações contrárias através de negociação coletiva.

Segunda, diante de leis de ordem pública, ainda que não expressamente proibitivas, pela sua função de garantia maior da sociedade"[1244].

24.2.1.3 Aplicação da condição mais benéfica

Há, por fim, desdobramento do princípio tuitivo que se atém à aplicação da condição mais benéfica.

Trata-se de saber, no caso concreto, qual condição contratual é mais vantajosa para o laborista.

Em tais situações, será importante considerar não apenas o ganho imediato do trabalhador, mas sobretudo as consequências no futuro da previsão contratual.

24.2.2 A proteção à relação de emprego

Acentua o inciso I do art. 7º que são direitos dos trabalhadores "relação de emprego protegida contra despedida arbitrária ou sem justa causa, nos termos de lei complementar, que preverá indenização compensatória, dentre outros direitos".

Observe-se a dicção constitucional: relação de emprego *protegida*.

Com isso, a Constituição deixa claro que não mais residirá no sistema do direito positivo trabalhista *garantia absoluta* contra dispensa arbitrária ou sem justa causa, o que implicaria a falsa ideia de *estabilidade absoluta no emprego*, e não a *proteção à relação de emprego*, como está consignado textualmente.

O veículo normativo para a disciplina deve ser a lei complementar[1245].

O Ato das Disposições Constitucionais Transitórias – norma constitucional de direito intertemporal –, prevendo a demora na implementação da lei protetora da relação de emprego, fixa, no art. 10, o seguinte: "Até que seja promulgada a lei com-

1244 Cf. *Iniciação ao Direito do Trabalho*, p. 102.

1245 Foi, em verdade, tal fundamento que afastou, quando do julgamento da ADIn 1.480, a aplicação dos arts. 4º e 10 da Convenção n. 158 da OIT.

plementar a que se refere o art. 7º, I, da Constituição: I – fica limitada a proteção nele referida ao aumento, para quatro vezes, da porcentagem prevista no art. 6º, *caput*, e § 1º, da Lei n. 5.107, de 13 de setembro de 1966[1246]; II – fica vedada a dispensa arbitrária ou sem justa causa: *a*) do empregado eleito para o cargo de direção de comissões internas de prevenção de acidentes, desde o registro de sua candidatura até um ano após o final de seu mandato; *b*) da empregada gestante, desde a confirmação da gravidez até cinco meses após o parto".

24.2.2.1 Exame da constitucionalidade do art. 118 da Lei n. 8.213/91

Diante da redação do art. 7º, I, da Constituição, arguiu-se a inconstitucionalidade do art. 118 da Lei n. 8.213/91[1247], que fixa a estabilidade no emprego durante um ano após o término do auxílio-doença decorrente de enfermidade contraída durante a execução do trabalho.

Contudo, tanto a doutrina quanto a jurisprudência convergiram para o entendimento de que não há qualquer inconstitucionalidade no art. 118 da Lei n. 8.213/91, porquanto a objeção estatuída pelo art. 7º, I, da Constituição se refere à edição de norma que preveja estabilidade de cunho genérico, e não aquela de natureza específica, como é o caso da estabilidade acidentária[1248].

1246 Essa norma foi revogada pela Lei n. 8.036, de 11 de maio de 1990, que trouxe nova disciplina acerca dos depósitos do Fundo de Garantia do Tempo de Serviço (FGTS).

1247 Art. 118 da Lei n. 8.213/91: "O segurado que sofreu acidente do trabalho tem garantida, pelo prazo mínimo de doze meses, a manutenção do seu contrato de trabalho na empresa, após a cessação do auxílio-doença acidentário, independentemente de percepção de auxílio-acidente".

1248 "ESTABILIDADE DECORRENTE DE ACIDENTE DE TRABALHO – CONSTITUCIONALIDADE DO ARTIGO 118 DA LEI N. 8.213/91. A estabilidade provisória decorrente de acidente do trabalho, prevista na Lei previdenciária, não é inconstitucional porque a necessidade de Lei Complementar, a que alude o artigo 7º, I, da Constituição Federal, somente diz respeito à criação de proteção genérica que alcance a grande massa de trabalhadores regidos pela CLT. Desta forma, como o dispositivo da mencionada Lei é específico, abrangendo somente uma parcela dos trabalhadores, desnecessário que a garantia de emprego seja instituída por Lei Complementar. A mencionada estabilidade provisória possui motivação social mais relevante do que a ventilada no artigo 7º, I, da Constituição Federal, pois esta visa proteger o empregado contra a dispensa baseada no livre-arbítrio do empregador, ao passo que a primeira concede ao obreiro a oportunidade de recuperar a capacidade de trabalho perdida com a ocorrência do acidente de trabalho" (TRT 3ª R., RO 9709/99, 5ª T., rel. Juiz Lucas Vanucci Lins, *DJMG* de 29-1-2000, p. 26). Por outro lado, pronunciando-se acerca do assunto, o plenário do Supremo Tribunal Federal considerou constitucional, em julgamento realizado em 2-6-2005, o *caput* do art. 118 da Lei n. 8.213/91. O dispositivo garante ao segurado da Previdência Social que sofreu acidente de trabalho a manutenção do seu contrato na empresa pelo prazo mínimo de um ano após o término do recebimento do auxílio-doença. A decisão foi tomada no julgamento da ADIn 639, ajuizada pela Confederação Nacional da Indústria, cujo relator foi o Min. Joaquim Barbosa. A CNI alegou ofensa ao art. 7º, I, da Constituição Federal, que prevê a edição de lei complementar para a garantia dos direitos dos trabalhadores contra despedida arbitrária

De sorte a ser destinatário da estabilidade acidentária, o trabalhador deve comprovar o nexo de causalidade entre a doença e a atividade executada no estabelecimento.

24.2.3 O Fundo de Garantia por Tempo de Serviço

Entre os direitos dos trabalhadores foi contemplado o fundo de garantia por tempo de serviço (art. 7º, III).

A determinação de o FGTS se converter em direito de *todos os trabalhadores urbanos e rurais*, tornou-se incompatível com a Constituição – e, logo, não foram recepcionadas as prescrições da Lei n. 5.107/66 (revogada pela Lei n. 8.036/90), que admitiam a opção para o sistema do fundo.

Trabalhadores vinculados ao FGTS. A partir da Constituição de 1988, todos os trabalhadores, à exceção dos domésticos (cujo recolhimento se faculta ao empregador), estão incondicionalmente submetidos ao regime do FGTS, extraindo-se daí a ilação quanto a ter sido extinta a estabilidade absoluta preconizada no art. 492 da Consolidação das Leis do Trabalho, ressalva feita àqueles trabalhadores que, no advento da promulgação do Texto Constitucional, já haviam incorporado o direito à estabilidade.

FGTS e prescrição. A Súmula 362 do TST. Consoante orientação decorrente da Súmula 362 do Tribunal Superior do Trabalho, deve o empregado propor ação trabalhista em dois anos da data de extinção do contrato de trabalho, quando, então, poderá obter a condenação do empregador, conforme o caso, ao recolhimento dos depósitos do FGTS retroativos a trinta anos.

24.2.4 O salário mínimo

Base constitucional. São direitos dos trabalhadores, sem exceção, "salário mínimo, fixado em lei, nacionalmente unificado, capaz de atender às suas necessidades

---

ou sem justa causa. Segundo a entidade, ainda que o dispositivo questionado buscasse uma conveniência social ao trabalhador, isso não poderia ser feito em descompasso com a Constituição Federal. Ao votar, o Min. Joaquim Barbosa disse que o *caput* do artigo questionado não trata de regime de estabilidade, mas apenas fixa os limites de uma garantia específica atribuída ao trabalhador que sofreu acidente de trabalho. Explicou ainda que o art. 7º, I, da CF fixa a reserva de lei complementar para a proteção contra a despedida arbitrária ou sem justa causa, enquanto a norma atacada trata de garantia trabalhista vinculada à ocorrência de acidente de trabalho. Concluiu também o relator que o acidente de trabalho e sua disciplina legal não se relacionam ao regime de estabilidade legal, porquanto sua conceituação constitucional é vinculada à rejeição das práticas de despedida arbitrária ou sem justa causa. No caso do dispositivo questionado, segundo o Min. Joaquim Barbosa, o acidente de trabalho é disciplinado "para garantir ao trabalhador alguma dignidade no momento em que lhe é subtraída a capacidade efetiva de trabalho, o que, não fossem as garantias constitucionais e legais, lhe subtrairia também os direitos sociais assegurados aos trabalhadores", tendo acentuado que o artigo não cria direito, mas apenas especifica o que a Constituição já prevê ao tratar das garantias referentes ao acidente do trabalho (Supremo Tribunal Federal – *Últimas Notícias*, edição de 2-6-2005).

vitais básicas e às de sua família com moradia, alimentação, educação, saúde, lazer, vestuário, higiene, transporte e previdência social, com reajustes periódicos que lhe preservem o poder aquisitivo, sendo vedada sua vinculação para qualquer fim" (art. 7º, IV).

Âmbito eficacial. É norma constitucional com eficácia limitada de princípio programático.

Tal fato, por si só, não impede o desencadeamento de efeito concreto, desde que se sabe, hoje, que as cláusulas programáticas, entre outras consequências de relevo, criam direitos subjetivos, especialmente quando permitem a fruição de condições mínimas de existência (ver comentários a respeito do direito fundamental ao mínimo existencial)[1249].

Assim, malgrado seja correto dizer que o cumprimento da previsão constitucional para todo o universo dos trabalhadores esteja condicionado a fatores extranormativos ditados pela situação econômica do País, poderá o empregado, individualmente, no processo judicial, inclusive com base em perícia, buscar a concretização do disposto no art. 7º, IV, quando o empregador, podendo pagar salário maior que o mínimo legalmente fixado, não o faz[1250].

24.2.4.1 Proibição de vinculação ao salário mínimo

A parte final do preceito estabelece ser vedada a vinculação ao salário mínimo para qualquer fim.

Deve ser entendida a proibição firmada em nível constitucional.

Sabendo que a indexação ao salário mínimo de preços e contratos seria caminho rápido à destruição do poder de compra do trabalhador, a Constituição, além de

---

1249 O STF concluiu que "o desrespeito à Constituição tanto pode ocorrer mediante ação estatal quanto mediante inércia governamental (...). A cláusula constitucional descrita no art. 7º, IV, da Carta Política – para além da proclamação da garantia do salário mínimo – consubstancia verdadeira imposição legiferante que, dirigida ao Poder Público, tem por finalidade vinculá-lo à efetivação de uma prestação positiva destinada a satisfazer as necessidades essenciais do trabalhador e de sua família e a preservar, mediante reajustes periódicos, o valor intrínseco dessa remuneração básica, conservando-lhe o poder aquisitivo. (...) A insuficiência do valor correspondente ao salário mínimo, definido em importância que se revele incapaz de atender às necessidades vitais básicas do trabalhador e dos membros de sua família, configura um claro descumprimento, ainda que parcial, da Constituição da República, pois o legislador, em tal hipótese, longe de atuar como sujeito concretizante do postulado constitucional, que garante à classe trabalhadora um piso geral de remuneração (art. 7º, IV), estará realizando, de modo imperfeito, o programa social assumido pelo Estado na ordem jurídica. (...)". (ADIn 1.458-7, rel. Min. Sepúlveda Pertence).

1250 Examinamos a questão no artigo "Ação civil pública e o salário mínimo", mediante o qual defendemos, inclusive, a possibilidade de propositura de ação coletiva para efetivar o art. 7º, IV, da Constituição (*Revista LTr*, ano 60, out. 1996, p. 1333-1337).

vedar a vinculação, salienta a necessidade de reajustes periódicos que lhe preservem o poder aquisitivo.

Ora, ofuscantemente, tal poder aquisitivo será esmaecido quando o trabalhador conviver, por exemplo, com cláusula inserida no contrato de locação que fixe o reajuste do aluguel com base no reajustamento do salário mínimo.

Mas nenhum óbice poderá ser erigido para a vinculação ao salário mínimo quanto a obrigações de conteúdo salarial, como é a hipótese do contrato de trabalho. Se empregado e empregador pactuaram remuneração com base em salário(s) mínimo(s), não há nenhuma ofensa ao dispositivo constitucional[1251].

Todavia, tem entendido o STF que persiste a proibição para a hipótese de fixação judicial de pensão a viúva de ex-servidor[1252], bem assim no que se refere à condenação judicial à indenização por dano moral[1253].

Mais recentemente, o STF editou a Súmula Vinculante 4, segundo a qual, *salvo os casos previstos na Constituição Federal, o salário mínimo não pode ser usado como indexador de base de cálculo de vantagem de servidor público ou de empregado, nem ser substituído por decisão judicial* (*DJ* de 9-5-2008. Precedentes: REs 236.396, 208.684, 217.700, 221.234, 338.760 e 439.035).

24.2.4.2 Redução de salário e redução de jornada

Outro tema a merecer investigação é o pertinente à possibilidade de pagamento de salário inferior ao mínimo legalmente estabelecido quando houver proporcional redução da jornada de trabalho.

1251 Nos RREE 170.203 e 140.356, relator de ambos o Min. Ilmar Galvão, decidiu o STF que "a vedação da vinculação ao salário mínimo visa impedir a utilização do referido parâmetro como fator de indexação para as obrigações sem conteúdo salarial ou alimentar. Entretanto, não pode abranger as hipóteses em que o objeto da prestação expressa em salários mínimos tem a finalidade de atender as mesmas garantias que a parte inicial do inciso concede ao trabalhador e à sua família, presumivelmente capazes de suprir as necessidades vitais básicas" (*RTJ*, 151/652-653).

1252 "Ofende o art. 7º, IV, da CF – que veda a vinculação do salário mínimo para qualquer fim – a fixação, em números de salários mínimos, de pensão especial concedida à viúva de ex-servidor. Com base nesse entendimento, o Tribunal recebeu embargos de divergência para conhecer e dar provimento a recurso extraordinário. Precedentes citados: RE 140.499-GO (*DJU* de 9-9-94), RE 143.812-GO (*DJU* de 18-10-96) e ADIn 1.425-PE (RTJ 169/910)" (RE (EDv) 190.384/GO, rel. Min. Octavio Gallotti, 4-10-2000 (RE-190384).

1253 "Considerando que o disposto no inciso IV do art. 7º da CF veda a utilização do salário mínimo como fator de correção ('salário mínimo, fixado em lei..., sendo vedada sua vinculação para qualquer fim'), a Turma deu provimento a recurso interposto contra acórdão que confirmou sentença que fixara em número de salários mínimos indenização por dano moral, para determinar que se considere que a condenação em número de salários mínimos é aquela relativa ao valor em dinheiro deles no momento da prolação do acórdão recorrido, devendo esse valor, a partir do acórdão recorrido, ser corrigido monetariamente por índice oficial. Precedentes citados: RE 217.700-GO (*DJU* de 17-12-99) e 237.965-SP (*DJU* de 30-3-2000)" (RE 225.488/PR, rel. Min. Moreira Alves, 11-4-2000).

No caso, a jurisprudência dos tribunais trabalhistas não perfilha compreensão uniforme do problema.

Há decisões que sustentam a impossibilidade de pagamento reduzido do salário mínimo, mesmo quando houver redução de jornada de trabalho, tendo em vista que o valor legalmente fixado se dirige à satisfação dos direitos sociais básicos referidos no art. 7º, IV, da Constituição[1254].

Outras, no entanto, fundamentam a legitimidade do pagamento proporcional mediante recurso à interpretação sistemática dos arts. 7º, IV e XIII, da Constituição de 1988, e desde que a redução tenha sido expressamente pactuada no contrato de trabalho[1255].

De nossa parte, preferimos seguir a corrente que defende tal impossibilidade, pois, com efeito, ainda que tenha havido redução de jornada contratualmente prevista, o direito social ao salário mínimo tem o propósito de viabilizar a melhoria das condições de existência dos trabalhadores; se, num caso concreto, o empregador se dispõe a reduzir a jornada de trabalho do empregado, a circunstância não tem o condão de legitimar redução salarial de sorte a atingir o valor mínimo fixado por lei, porque o que se pretende, mediante o comando do art. 7º, IV, é precisamente tornar

---

1254 "(...) 2. O direito ao salário mínimo constitui garantia constitucional, considerando subjetivamente a pessoa do trabalhador e sua dignidade, suas necessidades vitais e as de sua família. 3. O pagamento, pelo Município, de salário inferior ao mínimo torna devidas as diferenças salariais, pois a tese da proporcionalidade entre seu valor e a jornada reduzida foge ao texto constitucional. A integralidade do salário mínimo direciona-se à efetividade dos elementos informativos da sua fixação, prestante a atender às necessidades do ser humano. 4. Deve ser excluída da condenação a obrigação de contribuição previdenciária ao município em se tratando de contrato nulo, pois esta só deverá incidir sobre verbas de natureza remuneratória, sendo a parcela decorrente de contrato nulo verba de natureza indenizatória" (TRT 21ª R., REO 20-0532-01 [44.267], rel. Des. Carlos Newton Pinto, *DJERN* de 13-3-2003).

1255 "SALÁRIO MÍNIMO – PROPORCIONALIDADE À JORNADA DE TRABALHO. Apesar de o art. 7º, XIII, da CF, estabelecer a jornada de trabalho de oito horas diárias ou quarenta e quatro semanais, o salário mínimo só pode ser pago, de forma proporcional ao número de horas trabalhadas, ao empregado que tem jornada reduzida, na hipótese de restar previsto no contrato de trabalho que a remuneração será paga proporcionalmente à jornada de trabalho. No caso concreto, o acórdão recorrido consignou expressamente que não havia prova de que as partes pactuaram pagamento de salário proporcional à jornada de trabalho, não havendo como se admitir o pagamento proporcional do salário mínimo à jornada de trabalho reduzida da Reclamante. Recurso de Revista conhecido e desprovido" (TST, RR 678007, 5ª T., rel. Min. Rider Nogueira de Brito, *DJU* de 7-2-2003). Assim também a seguinte decisão: "SALÁRIO MÍNIMO – PROPORCIONALIDADE À JORNADA DE TRABALHO – NECESSIDADE DE PREVISÃO CONTRATUAL. O pagamento de salário inferior ao mínimo legal, na hipótese da redução da jornada de trabalho, exige a pactuação expressa das partes, autorizando a referida proporcionalidade" (TRT 13ª R., RO 234/2000 [58914], rel. p/o Acordão Juiz Carlos Coelho de Miranda Freire, *DJPB* de 12-1-2001).

possível a fruição dos direitos sociais ali prescritos, por meio da contraprestação, em dinheiro, do menor valor considerado pela lei.

E se, demais disso, reputa a norma constitucional que o salário mínimo será fixado em lei, e nacionalmente unificado, parece evidente que o propósito é determinar, de modo incondicionado, o menor valor a ser recebido por qualquer trabalhador no País, máxime porque não se remete à eventualidade de pagamento proporcional em razão de redução de jornada.

E mais: o pagamento proporcional de salário mínimo diante de redução de jornada importaria, seguramente, ofensa direta ao *caput* do art. 7º, em cujo seio repousa o insuprimível princípio de proteção ao hipossuficiente.

24.2.4.3 Salário mínimo e as Súmulas do STF

Por fim, cumpre destacar que o Supremo Tribunal Federal possui diversas súmulas que tratam de temas afetos ao salário mínimo.

Assim, observem-se as seguintes orientações jurisprudenciais sumuladas do STF:

- Súmula 199. "O salário das férias do empregado horista corresponde à média do período aquisitivo, não podendo ser inferior ao mínimo".
- Súmula 203. "Não está sujeita à vacância de 60 dias a vigência de novos níveis de salário mínimo".
- Súmula 204. "Tem direito o trabalhador substituto, ou de reserva, ao salário mínimo no dia em que fica à disposição do empregador sem ser aproveitado na função específica; se aproveitado, recebe o salário contratual".
- Súmula 307. "É devido o adicional de serviço insalubre, calculado à base do salário mínimo da região, ainda que a remuneração contratual seja superior ao salário mínimo acrescido da taxa de insalubridade".
- Súmula 467. "A base do cálculo das contribuições previdenciárias, anteriormente à vigência da Lei Orgânica da Previdência Social, é o salário mínimo mensal, observados os limites da Lei 2.755/1956".
- Súmula 490. "A pensão correspondente à indenização oriunda de responsabilidade civil deve ser calculada com base no salário mínimo vigente ao tempo da sentença e ajustar-se-á às variações ulteriores".
- Súmula 502. "Na aplicação do art. 839 do Código de Processo Civil, com a redação da Lei n. 4.290, de 5-12-1963, a relação do valor da causa e salário mínimo vigente na capital do Estado, ou do Território, para o efeito de alçada, deve ser considerada na data do ajuizamento do pedido".
- Súmula Vinculante 4. "Salvo nos casos previstos na Constituição Federal, o salário mínimo não pode ser usado como indexador de base de cálculo de vantagem de servidor público ou de empregado, nem ser substituído por decisão judicial".

24.2.5 Piso salarial

O inciso V do art. 7º prevê o piso salarial proporcional à extensão e à complexidade do trabalho.

Piso salarial não se confunde com salário mínimo.

No primeiro caso, temos as hipóteses de fixação de piso para determinadas categorias profissionais, quer por meio de convenção coletiva[1256], quer por via de lei, como aconteceu com a LC n. 103/00, que autorizou os Estados e o Distrito Federal à instituição de piso salarial para os respectivos servidores; na segunda situação, vê-se a implementação de um valor exclusivamente por lei, abaixo do qual se encontra vedada a remuneração de qualquer trabalhador brasileiro.

O piso salarial, portanto, diferencia-se do salário mínimo porque é destinado a determinadas categorias profissionais, ao passo que este é de incondicional atendimento em relação a todo trabalhador.

Logo, nenhum piso salarial no País pode ser fixado em valor inferior ao salário mínimo legal.

24.2.6 O princípio da autonomia privada negocial coletiva

É valor normativo decorrente da interpretação sistemática do art. 7º, VI, XIII, XIV e XXVI.

Explica-se.

Se não pode haver redução de salários, *salvo o disposto em convenção ou acordo coletivo* (art. 7º, VI); se a duração do trabalho não será superior a oito horas diárias e quarenta e quatro semanais, facultadas a compensação de horários e a redução da jornada, *mediante acordo ou convenção coletiva de trabalho* (art. 7º, XIII); se a jornada é de seis horas para o trabalho realizado em turnos ininterruptos de revezamento[1257], *salvo negociação coletiva* (art. 7º, XIV); e se, por fim, reconhece o legislador constituinte originário expressamente *as convenções e acordos coletivos de trabalho*, não é possível negar a existência do princípio da autonomia privada negocial coletiva.

Significa tão só o seguinte: a prerrogativa de os sindicatos representativos de categorias profissional, econômica e a empresa entabularem acordos e convenções

1256 É claro que não se poderá instituir piso salarial por meio de acordo coletivo, visto que a norma em questão se dirige à disciplina das respectivas relações individuais de trabalho no contexto *da(s) empresa(s)*. O acordo coletivo, por mais abrangente que seja ou possa parecer, não tem aptidão para vincular *todas* as categorias profissional e econômica envolvidas, simplesmente porque é pactuado entre sindicato obreiro e empresa(s).

1257 Convém salientar que a mera concessão de intervalo durante a jornada diária não desnatura o turno ininterrupto de revezamento, consoante entendimento já cristalizado nas Súmulas 675 do STF e no Enunciado 360 do Tribunal Superior do Trabalho. Deve ser entendida a orientação: se a atividade empresarial é daquelas que submetem o trabalhador a variados turnos de trabalho, com inegável comprometimento da sua higidez biopsíquica, com contínua alternância de jornada comprometedora de sua vida familiar, social e sindical, seria autêntico despropósito admitir que o mero artifício da empresa quanto à concessão de intervalo, por exemplo, de quinze minutos, pudesse descaracterizar o modelo protetivo descrito no art. 7º, XIV, da Constituição.

coletivas de trabalho[1258], que serão respeitadas nos limites dos contratos individuais do trabalho celebrados no âmbito das respectivas categorias representadas.

O princípio em questão não é absoluto.

Se a norma coletiva (acordo ou convenção) extrapolar os limites traçados pelo Texto Constitucional para a negociação (que é balizada pelos incisos VI, XIII e XIV do art. 7º), deverá ser declarada a nulidade da cláusula normativa que assim dispuser.

De conseguinte, fora do contexto de redução de salários, compensação de horários, redução de jornada, inclusive para aquela realizada em turnos ininterruptos de revezamento, não há espaço para o exercício da autonomia negocial pelos sindicatos.

Proceder de tal forma seria assentir com a *flexibilização selvagem* dos direitos sociais trabalhistas albergados na Constituição de 1988. Mas permitiu-se a *flexibilidade moderada*, cujo conteúdo é exclusivamente aquele mencionado nos incisos anteditos.

24.2.7 Repouso semanal remunerado, preferencialmente aos domingos

Assim dispõe o inciso XV do art. 7º: "repouso semanal remunerado, preferencialmente aos domingos".

Uma questão se impõe quando da leitura do preceptivo constitucional: os trabalhadores têm direito a reivindicar que o repouso semanal se dê, com habitualidade, aos domingos?

Não temos dúvida quanto à resposta afirmativa.

Com efeito, embora o constituinte originário não tenha adotado o signo *obrigatoriamente* para a concessão do repouso semanal aos domingos, é certo que o advérbio *preferencialmente* tem o condão de balizar a concessão de tais repousos, de sorte que, se a unidade empresarial possui atividade cuja paralisação aos domingos não determine qualquer tipo de consequência negativa para o empreendimento, vincula-se a essa concessão.

E mais: o termo *preferencialmente* torna incompatível com a Constituição toda e qualquer norma – seja federal, seja estadual ou municipal – que subverta o parâmetro constitucional para tornar acidental e eventual a concessão do repouso aos domingos[1259].

1258 Acordo não se confunde com convenção coletiva. Enquanto o acordo pode ser celebrado entre sindicato profissional e empresa(s), a convenção coletiva somente pode ser pactuada entre os respectivos sindicatos que representam as categorias profissional e econômica.

1259 Não é desta forma, entretanto, que estão se pronunciando os tribunais: "MANDADO DE SEGURANÇA – SUPERMERCADOS – AUTORIZAÇÃO PARA FUNCIONAMENTO EM DOMINGOS E FERIADOS – 1. Com o advento da Constituição Federal de 1988, o repouso semanal remunerado deixou de ser obrigatoriamente aos domingos, para ser apenas preferencialmente aos domingos (art. 7º, inc. XV). 2. O art. 6º da Lei n. 10.101/00, por sua vez, autoriza o trabalho aos domingos no comércio varejista em geral, aí incluin-

24.2.8 As férias

Prescreve o inciso XVII do art. 7º: "gozo de férias anuais remuneradas com, pelo menos, um terço a mais do que o salário normal".

As férias devem ser concedidas pelo empregador no respectivo período concessivo, que é o de doze meses após o término do período aquisitivo (art. 134 da Consolidação das Leis do Trabalho)[1260].

O dispositivo constitucional contempla o denominado "abono de férias", que é o valor à ordem de um terço da média da remuneração percebida pelo trabalhador durante o período aquisitivo (art. 142 da CLT).

O valor relativo às férias proporcionais também deve incorporar o abono constitucional[1261].

Eventuais ausências motivadas por acidente do trabalho não são descontáveis do período aquisitivo de férias (Súmula 198 do STF).

24.2.9 Licença e estabilidade à gestante

Compreendem dois direitos trabalhistas diferenciados: a *licença*, com duração de cento e vinte dias, que possibilita o efetivo exercício da maternidade pela trabalhadora no delicado período do pós-parto (art. 7º, XVIII); a *estabilidade*, que impede a dispensa da empregada grávida, desde a confirmação da gravidez até cinco meses após o parto (art. 10, II, *b*, do ADCT)[1262].

---

do-se os supermercados, desde que, ao menos uma vez no período máximo de quatro semanas, o repouso semanal remunerado coincida com o domingo e desde que respeitadas as demais normas de proteção ao trabalho e outras previstas em acordo ou convenção coletiva. Assim, à míngua de proibição constante da convenção coletiva de trabalho respectiva, forçoso admitir o funcionamento dos supermercados em domingos e feriados, desde que observado o disposto no parágrafo único do art. 6º da Lei n. 10.101/00" (TRF 4ª R., AMS 2001.72.00003272-3/SC, 3ª T., rel. Des. fed. Francisco Donizete Gomes, *DJU* de 17-7-2002, p. 549).

1260 Súmula 200/STF: "Não é inconstitucional a Lei 1.530, de 26-12-1951, que manda incluir na indenização por despedida injusta parcela correspondente às férias proporcionais". Súmula 171/TST: "Salvo na hipótese de dispensa do empregado por justa causa, a extinção do contrato de trabalho sujeita o empregador ao pagamento da remuneração das férias proporcionais, ainda que incompleto o período aquisitivo de 12 meses (art. 142 da CLT)". Súmula 261/TST: "O empregado que se demite antes de completar 12 meses de serviço tem direito a férias proporcionais".

1261 "FÉRIAS PROPORCIONAIS. Abono nas férias proporcionais. Cabimento. O abono constitucional é devido também nas férias proporcionais calculado sobre o valor total das férias como se fossem gozadas. Saldo de salário. Sentença que se reforma" (TRT 1ª R., RO 12022/90, 4ª T., rel. Juiz Francisco Dal Prá, *DORJ* de 17-9-1992).

1262 O Tribunal Superior do Trabalho, ao examinar este dispositivo, pronunciando-se em favor da teoria objetivista, editou a Súmula 244, incorporando a redação das OJs 88 e 196 da SBDI-1, que foram canceladas pela Resolução n. 129/2005, *DJ* de 20-4-2005: "I – O desconhecimento do estado gravídico pelo empregador não afasta o direito ao pagamento da indenização decorrente da estabilidade (art. 10, II, 'b', do ADCT); II – A garan-

A Constituição de 1988 ampliou a licença em questão para cento e vinte dias, dos quais vinte e oito dias devem ser concedidos antes do parto e 92 dias após, conforme preceitua o art. 71 da Lei n. 8.213/91.

Conquanto o Texto de 1988 não repita a expressão "antes e depois do parto", na linha da redação firmada em normas constitucionais anteriores, tal circunstância não determina a possibilidade de flexibilização do dispositivo pela norma infraconstitucional, porque, se o art. 7º, XVIII, esclarece que o direito social trabalhista é a "licença à gestante", torna-se intuitivo que pressupõe a concessão *antes* do parto, visto que, após, deixa a empregada a condição de *gestante*[1263].

Outra questão relevante se relaciona à concessão do benefício da licença-maternidade à mãe adotante, mesmo antes do advento da Lei n. 10.421/2002, que passou a admiti-la. Há, no particular, entendimento do TST que protege a adotante[1264] e outro que recusa o benefício[1265].

De nossa parte, temos convicção de que a teleologia constitucional se dirige indistintamente à tutela do filho biológico ou adotado, mais ainda porque o art. 227, *caput*, registra que é dever da família, da sociedade e do Estado assegurar à criança, ao adolescente e também ao jovem (acréscimo resultante da promulgação da EC n. 65, de 13-7-2010), *com absoluta prioridade*, entre outros direitos, o relativo à convivência familiar. Por sua vez, o § 6º do art. 227 esclarece que "os filhos, havidos ou não da relação do casamento, *ou por adoção*, terão os mesmos direitos e qualificações, proibidas quaisquer designações discriminatórias relativas à filiação".

O STF reconheceu a repercussão geral de matéria constitucional veiculada no RE 629.053, no qual se discutiu a necessidade, ou não, de o empregador, ao romper o vínculo contratual, ter conhecimento da gravidez da empregada para ter a obrigação de indenizá-la.

---

tia de emprego à gestante só autoriza a reintegração se esta se der durante o período da estabilidade. Do contrário, a garantia restringe-se aos salários e demais direitos correspondentes ao período de estabilidade; III – Não há direito da empregada gestante à estabilidade provisória na hipótese de admissão mediante contrato de experiência, visto que a extinção da relação de emprego, em face do término do prazo, não constitui dispensa arbitrária ou sem justa causa".

1263 Cf. Alice Monteiro de Barros, *Curso de Direito do Trabalho*, p. 1035-1036.

1264 "LICENÇA-MATERNIDADE – MÃE ADOTANTE. A mãe adotante de recém-nascido, cuja integridade objetivam a constituição e a lei proteger, tem direito à licença-maternidade, em igualdade de condições com a mãe biológica. Inteligência do artigo duzentos e vinte e sete, parágrafo sexto, da Constituição Federal. Recurso de Revista a que se nega provimento" (TST, RR 240925/1996, 5ª T., rel. Min. Gelson de Azevedo, *DJU* de 11-12-1998, p. 213).

1265 "LICENÇA-MATERNIDADE – MÃE ADOTANTE. O direito à licença-maternidade, previsto em benefício da mãe biológica (art. 7º, XVIII, da Constituição Federal), não se estende à mãe adotante de recém-nascido, na hipótese de adoção ocorrida anteriormente a 15 de abril de 2002 (art. 5º, Lei n. 10.421/2002). Recurso de revista a que se nega provimento" (TST, RR 480958, 5ª T., rel. Min. Gelson de Azevedo, *DJU* de 23-5-2003).

Por fim, impõe salientar que a Lei n. 10.421/2002, ao alterar a Lei n. 8.213/91, fixou o seguinte regramento no art. 71-A desta Lei: "À Segurada da Previdência Social que adotar ou obtiver guarda judicial para fins de adoção de criança é devido salário-maternidade pelo período de 120 (cento e vinte) dias, se a criança tiver até 1(um) ano de idade, de 60 (sessenta) dias, se a criança tiver entre 1 (um) e 4 (quatro) anos de idade, e de 30 (trinta) dias, se a criança tiver de 4 (quatro) a 8 (oito) anos de idade".

24.2.10 Licença-paternidade

O inciso XIX do art. 7º confere ao trabalhador o direito à licença-paternidade.

Como ainda não foi implementada a lei referida no dispositivo, o prazo da licença-paternidade é de cinco dias (§ 1º do art. 10 do ADCT).

24.2.11 Aviso prévio proporcional ao tempo de serviço

O inciso XXI do art. 7º fixa o aviso prévio proporcional ao tempo de serviço, sendo, no mínimo, de trinta dias, nos termos da lei.

Não mais se admite concessão de aviso prévio em lapso temporal inferior a trinta dias, razão por que não foi recepcionado pela Constituição de 1988 o art. 487, I, da CLT.

Induvidoso que o direito do trabalho convive com a supraestatalidade na sua produção normativa, porque há normas disciplinadoras das relações de trabalho não criadas pelo Estado. Não se deve concluir, portanto, que a lei referida na parte final do dispositivo seja a norma expedida pelo Parlamento e de acordo com o procedimento fixado na Constituição (lei em sentido formal). O aviso prévio proporcional poderá ser estipulado em sede de negociação coletiva (acordo ou convenção), com o que, inclusive, prestigiar-se-á o art. 7º, *caput*, quando deixa claro que a Constituição é o repositório mínimo dos direitos sociais trabalhistas.

Consequentemente, não concordamos, *permissa venia*, com o primeiro entendimento do STF acerca do tema, que, por maioria, concluiu que o benefício do art. 7º, XXI, está condicionado à expressa previsão em lei[1266].

1266 Foi o decidido nos autos do RE 197.911/PE, rel. Min. Octávio Gallotti, *DJ* de 7-11-1997: "1. DISSÍDIO COLETIVO. Recursos extraordinários providos, para excluir as cláusulas 2ª (piso correspondente ao salário mínimo acrescido de percentual) e 24ª (estabilidade temporária), por contrariarem, respectivamente, o inciso IV (parte final) e I do art. 7º da Constituição, este último juntamente com o art. 10 do ADCT, bem como a cláusula 29ª (aviso prévio de sessenta dias), por ser considerada invasiva da reserva legal específica, instituída no art. 7º, XXI, da Constituição. 2. Recursos igualmente providos, quanto à cláusula 14ª (antecipação, para junho, da primeira parcela do 13º salário), por exceder seu conteúdo à competência normativa da Justiça do Trabalho, cujas decisões, a despeito de configurarem fonte de direito objetivo, revestem o caráter de regras subsidiárias, somente suscetíveis de operar no vazio legislativo, e sujeitas à supremacia da lei formal (art. 114, § 2º, da Constituição). 3. Recursos de que não se conhece no concernente à

Contudo, quando do julgamento em 22-6-2011 dos Mandados de Injunção n. 943, 1010, 1074 e 1090, o relator, Min. Gilmar Mendes, após referir que a mudança jurisprudencial inerente à ordem injuntiva não poderia retroceder, apresenta proposta de regulamentação judicial do benefício por meio de concessão de 10 dias por ano ou fração superior a 6 meses de prestação de trabalho pelo empregado. Acompanhou o entendimento o Min. Marco Aurélio, enquanto o Min. Cezar Peluso apresentou proposta de um salário mínimo a cada 5 anos de serviço. Diante da diversidade dos parâmetros que poderiam ser indicados para a solução da controvérsia, o julgamento foi suspenso (ver *Informativo STF*, n. 632).

Finalmente, porém, foi editada a Lei n. 12.506, de 11 de outubro de 2011, que regulamentou o inciso XXI do art. 7º da CF, dispondo sobre o aviso prévio proporcional e concedendo, além dos 30 dias já previstos na legislação, 3 dias por ano de serviço prestado na mesma empresa, até o máximo de 60 dias, perfazendo um total de até 90 dias.

24.2.12. Redução dos riscos inerentes ao trabalho

A Constituição de 1988 persegue a salubridade e a segurança do meio ambiente do trabalho, razão por que o inciso XXII do art. 7º explicita como direito dos trabalhadores a redução dos riscos inerentes ao trabalho, por meio de normas de saúde[1267], higiene e segurança.

O meio ambiente do trabalho foi objeto de referência específica pelo Texto Constitucional (art. 200, VIII), sendo essa a primeira ocorrência da espécie em nossa história constitucional.

O recrudescimento da ofensa à normativa ambiental trabalhista torna mais relevante ainda a determinação constitucional.

A competência para processar as demandas relativas ao meio ambiente do trabalho é da Justiça do Trabalho, estando consolidado tal entendimento na jurisprudência do STF[1268].

---

cláusula 1ª (reajuste salarial), por ausência de pressupostos de admissibilidade, e, ainda, no que toca às cláusulas 52ª (multa pela falta de pagamento de dia de trabalho), 59ª (abrigos para a proteção dos trabalhadores), 61ª (fornecimento de listas de empregados), 63ª (afixação de quadro de avisos), visto não contrariarem os dispositivos constitucionais contra elas invocados, especialmente o § 2º do art. 114. Decisão por maioria, quanto às cláusulas 29ª e 14ª, sendo, no restante, unânime".

1267 "É competente o Ministro do Trabalho para a especificação das atividades insalubres" (Súmula 194/STF).

1268 A Súmula 736 do STF conclui que "compete à Justiça do Trabalho julgar as ações que tenham como causa de pedir o descumprimento de normas trabalhistas relativas à segurança, higiene e saúde dos trabalhadores". Nessa linha de entendimento, o Ministério Público do Estado de São Paulo editou a Súmula 39: "Diante do enunciado da Súmula n. 736, do Egrégio Supremo Tribunal Federal, as promoções de arquivamento de inquérito civil ou assemelhados que tenham por objeto as condições de higiene, saúde e segu-

24.2.13 A prescrição dos direitos trabalhistas

Alterado pela EC n. 28/2000, que uniformizou os prazos prescricionais para trabalhadores urbanos e rurais, o inciso XIX do art. 7º da CF disciplina o exercício do direito de ação, quanto aos créditos resultantes das relações de trabalho, com prazo prescricional de cinco anos, até o limite de dois anos após a extinção do contrato de trabalho.

Explicação necessária. Se o empregado trabalhou, por exemplo, por dez anos em determinada empresa, cujo contrato foi extinto em 12 de maio de 2005, poderá exercitar o direito de ação até 11 de maio de 2007, mas terá direito ao pagamento dos créditos dos cinco anos anteriores à propositura da medida judicial. Por isso é conveniente aos trabalhadores que tiveram contratos de trabalho longos que proponham imediatamente a ação trabalhista tão logo haja o rompimento do vínculo contratual, sob pena de, não o fazendo, ter inúmeras parcelas tragadas pela prescrição.

Não incidência da regra prescricional às execuções trabalhistas. É preciso investigar se o prazo de dois anos também se aplica à fase executória da lide trabalhista.

Aqui, torna-se necessário informar que duas espécies de prescrição são mencionadas no contexto da execução trabalhista: a *prescrição da execução* e a *prescrição intercorrente.*

A primeira conta-se a partir do trânsito em julgado da decisão.

A segunda se refere à inércia prolongada da parte no curso da ação.

Por sua vez, o art. 4º da Lei n. 5.584/70 salienta que, "nos dissídios de alçada exclusiva das Juntas e naqueles em que os empregados ou empregadores reclamarem pessoalmente, o processo *poderá* ser impulsionado de ofício pelo juiz" (grifamos).

Significaria o seguinte: quando o valor fixado para a causa não excedesse duas vezes o salário mínimo ou quando quaisquer das partes no processo do trabalho estivessem utilizando a faculdade descrita no art. 791 da CLT, o juiz não estaria adstrito ao princípio dispositivo.

A norma processual trabalhista tem servido de fundamento para que seja afastada a prescrição intercorrente.

Servem-se os aplicadores do direito do trabalho de raciocínio segundo o qual a norma indicada não poderia viabilizar a conclusão quanto à impossibilidade de declarar-se a prescrição intercorrente no processo do trabalho, quer em fase de conhecimento, quer em sede de execução.

Com efeito, defende-se que, conquanto tenha sido relativizado o rigor do princípio dispositivo, não seria o mero fato do exercício do *jus postulandi* (realização dos atos processuais diretamente por empregado e empregador) ou a existência de dis-

rança do meio ambiente do trabalho não serão conhecidas, devendo os autos ser remetidos ao Ministério Público do Trabalho".

sídio de alçada exclusiva da Vara do Trabalho que vedariam o reconhecimento da prescrição da execução e a prescrição intercorrente.

Sustenta-se, ademais, que o art. 4º da Lei n. 5.584/70 não imporia um dever à autoridade jurisdicional, mas assinalaria mera e simples faculdade, circunstância que, aliada à legitimidade conferida aos sujeitos parciais da lide para a iniciativa, recomendaria o reconhecimento da prescrição.

Contrapondo-se a tal conclusão e em nível de legislação ordinária, podemos defender que o art. 765 da CLT, ao determinar que "os Juízos e Tribunais do Trabalho terão ampla liberdade na direção do processo e velarão pelo andamento rápido das causas, podendo determinar qualquer diligência necessária ao esclarecimento delas", em verdade, se não dirige exclusivamente ao processo de conhecimento, tanto que a previsão está encartada nas Disposições Preliminares do Título X da Consolidação, sob título "Do Processo Judiciário do Trabalho", fazendo com que, inclusive à luz do postulado tuitivo que incide igualmente no direito processual do trabalho, os direitos dos trabalhadores não tenham a sua fruição obstada pela exceção substancial.

Esses são os fundamentos a favor e contra a incidência da exceção substancial e com base na legislação ordinária.

Temos convicção, contudo, de que nosso sistema constitucional não ampara a tese da incidência de qualquer prescrição após a propositura da ação pelo trabalhador.

Deveras, acentua o inciso XXIX do art. 7º da Constituição que são direitos dos trabalhadores "ação, quanto aos créditos resultantes das relações de trabalho, com prazo prescricional de cinco anos para os trabalhadores urbanos e rurais, até o limite de dois anos após a extinção do contrato de trabalho".

Ora, se são *direitos* dos trabalhadores urbanos e rurais, exemplificativamente, aqueles indicados nos incisos do art. 7º da Constituição, não se repugnando a existência de tantos outros que visem à *melhoria* (e não degeneração) de sua condição social, parece certo concluir que não foi objeto de recepção constitucional o § 1º do art. 884 da CLT relativamente ao trecho em que admite como matéria dos embargos à execução a prescrição da dívida, notadamente porque o art. 7º, *caput*, da Constituição é dispositivo programático apto para conformação da atividade legislativa, concitando-a à edição de normas de direito do trabalho sempre destinadas à melhoria da condição social dos trabalhadores brasileiros.

Lembre-se sempre de que as hipóteses de modificação *in pejus* de norma de direito do trabalho se encontram presas à celebração de acordo ou de convenção coletiva de trabalho, mais ainda sob o pálio do *princípio da proibição do retrocesso social*.

E se, por último, o lapso temporal para o exercício do direito de ação pelo trabalhador e imposto pela norma constitucional é somente aquele referente ao biênio após a extinção do contrato, constituindo – repita-se – direito dos trabalhadores não apenas a *ação*, mas sobretudo a incidência exclusiva da prescrição bienal, não se poderá, sob pena de violação do dispositivo, concluir que é cabível a arguição de prescrição no curso do processo, seja a intercorrente, seja a relativa ao processo de execução.

Digna de encômios, portanto, a posição do Tribunal Superior do Trabalho que consagra entendimento segundo o qual a prescrição intercorrente é inaplicável na Justiça do Trabalho (Enunciado 114), e censurável, *venia concessa*, a Súmula 327 do Supremo Tribunal Federal, que a admite.

24.2.14 O princípio constitucional da não discriminação e as relações de trabalho

Atente-se para o entendimento genérico formulado no subitem 23.3.1 e referente à cláusula constitucional da não discriminação: *não se admitirá a ocorrência de discriminação ilegítima, isto é, aquela cujo critério utilizado para desequiparar não esteja em afinidade com situação da vida.*

Idêntica conclusão pode ser extratada no tocante a práticas discriminatórias perpetradas nos domínios das relações de trabalho.

Imagine-se a circunstância em que determinado empregador deva escolher entre dois empregados de sexos diferentes a quem agraciará com promoção para exercício de cargo de diretoria em filial localizada num país que, reconhecida e notoriamente, impõe sérias restrições à presença feminina no mercado de trabalho (Arábia Saudita, por exemplo).

Optando, como certamente optará, pelo empregado do sexo masculino, poder-se-ia se cogitar em desrespeito à isonomia por consumada a escolha com base no critério sexo?

É certo que não, fundamentalmente porque a discriminação operada pela empresa está autorizada por uma situação da vida que compele a unidade à escolha de trabalhador do sexo masculino.

O mesmo raciocínio pode ser utilizado para efeito de contratação de trabalhadores para exercerem atividade em filiais no exterior que possuam o singular problema mencionado.

É certo que as admissões convergirão integralmente para empregados do sexo masculino, sem que isso proporcione algum agravo ao princípio da igualdade, estando legítima, destarte, a desequiparação consumada.

Se, entretanto, por razões ditadas exclusivamente por idiossincrasias do empregador, nega a promoção ou impede a contratação da trabalhadora, a hipótese, sem dúvida, é de discriminação ilegítima, por não estar fundada em circunstância autorizativa do procedimento desequiparador.

E não se restringem ao fator sexo as ocorrências discriminatórias legítimas e ilegítimas no âmbito da relação contratual de trabalho, uma vez que o critério idade pode ser igualmente colhido, como na hipótese de empresa de moda que contrate apenas trabalhadores até um limite de idade para desfile de coleção dirigida ao público jovem. No caso, o discrímen foi legitimado pelo fato de que o evento se voltava a público de menor faixa etária, tornando conveniente (ou mesmo comercialmente necessária) a contratação de modelos em consonância com a faixa dos consumidores que se deseja conquistar.

São inúmeras as hipóteses que autorizam e reprovam a discriminação no emprego; o que é decisivo para considerações sobre o assunto é reconhecer a insuficiência da regra genérica do art. 5º, *caput*, da Constituição para solucionar as graves incertezas que permeiam a discussão e, além disso, saber que a discriminação estará legitimada quando houver correlação lógica entre o fator de desequiparação e a situação da vida de que se trata.

Vedação às práticas discriminatórias e dispositivos constitucionais trabalhistas. Por outro lado, são três os incisos do art. 7º que buscam vedar as práticas discriminatórias no âmbito das relações de trabalho:

> *XXX – proibição de diferença de salários, de exercício de funções e de critério de admissão por motivo de sexo*[1269]*, idade*[1270]*, cor ou estado civil;*
>
> *XXXI – proibição de qualquer discriminação no tocante a salário e critérios de admissão do trabalhador portador de deficiência;* e
>
> *XXXII – proibição de distinção entre trabalho manual, técnico e intelectual ou entre os profissionais respectivos.*

Mais uma vez, o raciocínio empregado no item 23.3.1 aqui se ratifica: não é porque a Constituição proíbe a discriminação com base nos critérios sexo, idade, cor ou estado civil que o empregador não pode utilizá-los, no caso concreto, caso haja correlação lógica entre tais critérios e a situação da vida.

É preciso investigar se há consonância entre o fator de desequiparação e o fato da vida que recomende (ou mesmo imponha) a escolha do critério.

O empregado com deficiência, de natureza física, mental ou sensorial, é protegido pelo art. 7º, XXXI, contra discriminações fortuitas e ilegítimas.

Segundo estatísticas oficiais, o Brasil conta com cerca de dez por cento de pessoas com deficiência[1271] no universo da população economicamente ativa, circuns-

---

1269 Os Estados-Membros não podem legislar em tema de discriminação da mulher no mercado de trabalho, pois a iniciativa ofende os arts. 21, XXIV (fiscalização do trabalho) e 22, I (legislar sobre direito do trabalho). Assim decidiu o STF na ADIn 953, rel. Min. Ellen Gracie, j. em 19-3-2003: "AÇÃO DIRETA DE INCONSTITUCIONALIDADE. LEI N. 417, DE 2-3-93, DO DISTRITO FEDERAL. ARTS. 21, XXIV E 22, I, DA CF. COMPETÊNCIA PRIVATIVA DA UNIÃO PARA LEGISLAR SOBRE DIREITO DO TRABALHO. COMPETÊNCIA DA UNIÃO PARA IMPLEMENTAR AÇÕES FISCALIZATÓRIAS NO ÂMBITO DAS RELAÇÕES DE TRABALHO. É pacífico o entendimento deste Supremo Tribunal quanto à inconstitucionalidade de normas locais que tenham como objeto matérias de competência legislativa privativa da União. A norma sob exame, ao criar regras e prever sanções administrativas para se coibir atos discriminatórios contra a mulher nas relações de trabalho, dispôs sobre matéria de competência legislativa outorgada à União. Viola, ainda, o diploma impugnado, o art. 21, XXIV, da CF, por atribuir poder de fiscalização, no âmbito do trabalho, a ente da Federação que não a União. Ação direta que se julga procedente, para se declarar a inconstitucionalidade da Lei n. 417/93, do Distrito Federal".

1270 A Súmula 683 do STF dispõe que "o limite de idade para a inscrição em concurso público só se legitima em face do art. 7º, XXX, da Constituição, quando possa ser justificado pela natureza das atribuições do cargo a ser preenchido".

1271 Embora a CF/88 refira reiteradamente a expressão *pessoa portadora de deficiência*, cum-

tância que eleva mais ainda a importância do preceptivo[1272].

O impedimento à discriminação entre trabalho manual, técnico e intelectual, consoante estatuído no art. 7º, XXXII, veda a criação de lei trabalhista específica para cada espécie de trabalho referido na norma.

Amauri Mascaro Nascimento salienta que "a natureza antidiscriminatória do princípio é impeditiva da duplicidade de legislação trabalhista geral para cada tipo de trabalho, embora não impeça a promulgação de regulamentações especiais, sobre detalhes que são peculiares a cada profissão, pela sua natureza. Seria inconstitucional a elaboração de uma Consolidação das Leis do Trabalho para os trabalhadores intelectuais ou técnicos, porque estar-se-ia contrariando o princípio da igualdade"[1273].

24.2.15 A proibição ao trabalho da criança e do adolescente

Atente-se para o comando do inciso XXXIII do art. 7º, determinando a "proibição de trabalho noturno, perigoso ou insalubre a menores de dezoito anos e de qualquer trabalho a menores de dezesseis anos, salvo na condição de aprendiz, a partir de quatorze anos"[1274].

O art. 3º da Convenção n. 182 da Organização Internacional do Trabalho (OIT), por seu turno, esclarece quais as piores formas de exploração do trabalho da criança e do adolescente:

a) todas as formas de escravidão ou práticas análogas a escravidão, tais como a venda e tráfico de crianças, a servidão por dívidas e a condição de servo, e o trabalho forçado ou obrigatório, inclusive o recrutamento forçado ou obrigatório de crianças para serem utilizadas em conflitos armados;

b) a utilização, o recrutamento ou a oferta de crianças para a prostituição, a produção de pornografia ou atuações pornográficas;

c) a utilização, recrutamento ou a oferta de crianças para a realização de atividades ilícitas, em particular a produção e o tráfico de entorpecentes, tais como definidos nos tratados internacionais pertinentes;

d) o trabalho que, por sua natureza ou pelas condições em que é realizado, é suscetível de prejudicar a saúde, a segurança ou a moral das crianças.

---

pre informar que disposição normativa aprovada pelo Congresso Nacional de acordo com o § 3º do art. 5º/CF consagra a terminologia *pessoa com deficiência*, como é o caso do Estatuto da Pessoa com Deficiência, que incorporou força normativa de emenda à Constituição.

1272 Em nível de legislação ordinária, o art. 93 da Lei n. 8.213/91 prevê a obrigatoriedade de contratação de empregados portadores de deficiência e reabilitados nas empresas com mais de cem empregados. Os percentuais são os seguintes: 100/200 – 2%; 201/500 – 3%; 501/1000 – 4% e 1001 em diante – 5%.

1273 Cf. *Direito do Trabalho na Constituição de 1988*, p. 202.

1274 Ver Lei n. 10.097/2000 (Contrato de Aprendizagem).

Como visto, a Constituição proíbe qualquer trabalho aos menores de dezesseis anos, salvo na condição de aprendiz, a partir de quatorze anos.

É óbvio que a ressalva constitucional está condicionada a efetiva aprendizagem metódica do menor aprendiz, sob pena de descumprimento acintoso do comando constitucional.

24.2.16 A proteção em face da automação

Base constitucional. Estabelece o inciso XXVII do art. 7º da Constituição como direito social dos trabalhadores "a proteção em face da automação, na forma da lei".

Eficácia do dispositivo. A mera referência à expressão "na forma da lei" não retira a eficácia do dispositivo, visto que já tivemos oportunidade de enfatizar que as cláusulas programáticas desenvolvem diversos efeitos concretos, o que não seria diferente no tocante ao direito acentuado no art. 7º, XXVII.

E, no caso, sabendo que empresas públicas e sociedades de economia mista estão submetidas à mesma disciplina trabalhista dos demais entes privados, sem que se repugne, além disso, a conformação dos respectivos atos empresariais aos princípios constitucionais, pois é certo que integram a Administração Pública indireta no Brasil, disso resulta inequívoco que as agências econômicas não possuem liberdade quanto à reverência ao comando constitucional, tornando-se judicialmente controlável a iniciativa tendente a extinguir postos de trabalho como mera decorrência dos avanços tecnológicos utilizados pelo Estado empresário.

Nessas situações, só se admitirá a incorporação de tecnologias para a substituição da mão de obra quando o trabalhador eventualmente atingido pelo avanço tecnológico for remanejado para outro setor da empresa após submeter-se a curso regular de formação a ser patrocinado pela unidade empresarial.

Ainda que o enunciado esclareça que a disciplina da proteção em face da automação se dará *na forma da lei*, isso não impede, em absoluto, que norma coletiva (acordo ou convenção) possa concretizar o comando constitucional.

Assim pronuncia-se a jurisprudência: "MANDADO DE SEGURANÇA – PROIBIÇÃO DE AUTOATENDIMENTO EM POSTOS DE COMBUSTÍVEIS – CLÁUSULA INSERTA EM CONVENÇÃO COLETIVA DE TRABALHO – VALIDADE – PROTEÇÃO DO TRABALHO EM FACE DA AUTOMAÇÃO – 1. Cláusula inserta em convenção coletiva de trabalho, que proíbe o sistema de auto-atendimento em postos de combustíveis, não importa violação ao art. 238 da Constituição Federal, pois enquanto este diz respeito à relação jurídica contratual que vincula comprador e vendedor, aquela trata de questão atinente à relação de emprego (patrão x empregado). 2. À míngua de Lei (em sentido formal) existente no ordenamento jurídico dispondo em sentido contrário, é válida, como se Lei fosse, convenção coletiva de trabalho que, livremente pactuada entre os sindicatos signatários, proíbe o sistema de auto-atendimento em postos de combustíveis, assim realizando o princípio da proteção do trabalho em face da automação, na forma do art. XXVII da CF" (TRF 4ª R., AMS 1999.71.07.005154-9/RS, 3ª T., rel. Des. fed. Francisco Donizete Gomes, *DJU* de 9-10-2002, p. 754).

24.2.17 Os direitos dos trabalhadores domésticos

Conforme assinala o parágrafo único do art. 7º, deferem-se aos trabalhadores domésticos os seguintes direitos: salário mínimo; irredutibilidade salarial; décimo terceiro salário; repouso semanal remunerado, preferencialmente aos domingos; férias anuais remuneradas; licença à gestante; licença-paternidade; aviso prévio e aposentadoria.

O art. 7º, I, e parágrafo único, da CF. Alteração legal e fundamentalidade material. Como se vê, não foi destinado à categoria o direito social trabalhista descrito no art. 7º, I, da Constituição.

Logo, não eram as empregadas domésticas destinatárias da estabilidade mencionada no art. 10, II, *b*, do ADCT, porquanto a norma de direito intertemporal vinha com propósito definido: regulamentação, enquanto não fosse editada a lei complementar aventada pelo art. 7º, I, do modelo protetivo à relação de emprego.

O dispositivo encerrava autêntico desvalor no tocante ao trabalho das empregadas domésticas, o que foi reparado com a edição da Lei n. 11.324, de 2006, que, ao alterar o art. 4º-A da Lei n. 5.859/72, passou a vedar a dispensa arbitrária ou sem justa causa da empregada doméstica gestante desde a confirmação da gravidez até cinco meses após o parto.

Com isso, a alteração legislativa, ao consolidar modelo protetivo às empregadas em questão, integrou a determinação do art. 7º, *caput*, da CF, razão por que é detentor de *fundamentalidade material*.

24.2.18 Os direitos sociais trabalhistas coletivos e o art. 8º da Constituição

O art. 8º e a questão da liberdade sindical plena. O art. 8º, *caput*, prescreve que é livre a associação profissional ou sindical, observado o seguinte (...).

Do exame da norma, depreende-se que não foi prestigiada pelo constituinte originário a liberdade sindical plena, conforme ressalta a Convenção n. 87 da OIT[1275].

Quando se menciona que a associação sindical é livre, observadas as condições apontadas nos incisos do art. 8º, percebe-se que o Texto Constitucional não optou pela liberdade sindical plena.

E tanto é assim que, malgrado determine o inciso I que a lei não poderá exigir autorização do Estado para fundação de sindicato, ressalvado o registro no órgão competente, o inciso II declara ser vedada a criação de mais de uma organização

---

1275 Eis o conteúdo da Convenção 87/OIT sobre liberdade sindical:

"ARTIGO 3. 1. As organizações de trabalhadores e de entidades patronais têm o direito de elaborar os seus estatutos e regulamentos administrativos, de eleger livremente os seus representantes, organizar a sua gestão e a sua actividade e formular o seu programa de acção.

2. As autoridades públicas devem abster-se de qualquer intervenção susceptível de limitar esse direito ou de entravar o seu exercício legal".

sindical, em qualquer grau, representativa de categoria profissional ou econômica, na mesma base territorial, que será definida pelos trabalhadores e empregadores interessados, não podendo ser inferior à área de um Município.

A liberdade sindical plena não se compadece com a determinação constitucional de sindicato de base territorial mínima, o denominado *monismo* ou *unicidade sindical*. Então, no Brasil, não há liberdade para associação a sindicato nos moldes da indigitada norma internacional.

No Brasil, há fenômeno bastante insólito: enquanto a Constituição proíbe a existência de mais de um sindicato na base territorial mínima, que se identifica aos limites de um Município, contamos com milhares de unidades sindicais. Em contrapartida, há países que adotam o sistema da liberdade sindical plena, sem restrição alguma quanto à constituição de sindicatos, mas possuem poucos grêmios profissionais.

Órgão competente para o registro sindical. Constitucionalidade da IN n. 3, do MTE. Surgiu dúvida sobre a natureza da ressalva constante do art. 8º, I: qual o órgão competente para o registro do sindicato?

Sabido que a entidade é pessoa jurídica, o registro será efetuado no cartório de registro de títulos e documentos, quando passará a deter personalidade jurídica.

Todavia, o Ministério do Trabalho, mediante a Instrução Normativa n. 3, criou a obrigatoriedade de registro dos sindicatos naquela entidade da Administração direta, o que conduziu a diversos pleitos de declaração de inconstitucionalidade do ato administrativo, tendo o Supremo Tribunal Federal recusado a tese de incompatibilidade vertical com a Constituição sob o fundamento de que, em verdade, o registro naquele órgão está autorizado precisamente para se certificar a respeito do atendimento ao princípio da unicidade imposto pelo art. 8º, II[1276].

Recepção constitucional do art. 522 da CLT. Outra controvérsia é a seguinte: tendo a Constituição vedado a interferência e a intervenção na organização sindical (parte final do art. 8º, I), pode-se admitir por recepcionado o art. 522 da CLT, que limita em sete o número de diretorias dos sindicatos?

Admitindo a limitação, esclarece Sérgio Pinto Martins que, "caso não se estabelecesse um limite, o sindicato poderia formar uma diretoria com todos os membros da categoria, conduzindo à situação de todos serem estáveis, o que não seria razoável"[1277], pronunciamento do qual discorda Alice Monteiro de Barros, uma vez que remata acerca da incompatibilidade do art. 522 da CLT quanto ao conteúdo do art. 8º, I, da Constituição, se bem que ressalte a impossibilidade de o sindicato fixar número excessivo de dirigentes[1278].

1276 Súmula 677: "Até que lei venha a dispor a respeito, incumbe ao Ministério do Trabalho proceder ao registro das entidades sindicais e zelar pela observância do princípio da unicidade".

1277 Cf. *Direito do Trabalho*, p. 643.

1278 Cf. *Curso de Direito do Trabalho*, p. 1174 (nota de rodapé n. 1901).

Concordamos com a última posição doutrinária.

Deveras, ainda que se possa opor limite à criação de diretorias de sindicatos, tudo com amparo na ideia de que os ocupantes desses órgãos internos serão destinatários da estabilidade mencionada no art. 8º, VIII, da Constituição, é generalista, com a devida vênia, a tese de adequação da norma consolidada ao sistema constitucional.

O que se poderá é dizer, no caso concreto, se a criação de inúmeras diretorias ofendeu a razoabilidade; mas, em tese, recusar aos sindicatos a prerrogativa de criá-las, quando, por exemplo, o excedimento do número previsto na CLT resulta da grande quantidade de trabalhadores representados, é possibilitar a interferência do Estado na organização sindical.

Não é esse, contudo, o pronunciamento dos Tribunais Superiores.

O TST verifica que o sindicato pode ter quantos dirigentes desejar, mas apenas sete teriam direito à estabilidade (Súmula 369).

Já o STF conclui pela perfeita compatibilidade da norma consolidada à Constituição, articulando que a criação de diretorias imporia a destinação da estabilidade sindical fixada no art. 8º, VIII, a tantos que viessem ocupá-las, razão suficiente para restringir a iniciativa dos grêmios profissionais[1279].

O art. 8º, III, da CF e a legitimação ordinária dos sindicatos. O inciso III do art. 8º preceitua que "ao sindicato cabe a defesa dos direitos e interesses coletivos ou individuais da categoria, inclusive em questões judiciais ou administrativas".

Discutiu-se nos tribunais se o dispositivo teria assegurado ao sindicato a posição de substituto processual.

O Tribunal Superior do Trabalho editou a Súmula 310 não sufragando a tese da substituição processual, tendo sido cancelada pela Resolução n. 119, de 25 de setembro de 2003 (*DJU* de 1º-10-2003).

1279 Ver a seguinte ementa do Acórdão prolatado nos autos do RE 193.345/SC, rel. Min. Carlos Velloso, j. em 13-4-1999, *DJ* de 28-5-1999: "Constitucional. Trabalho. Sindicato: dirigentes: CLT, art. 522: recepção pela CF/88, art. 8º, I. 1 – O art. 522, CLT, que estabelece número de dirigentes sindicais, foi recebido pela CF/88, artigo 8º, I. 2 – RE conhecido e provido". O Tribunal Superior do Trabalho, por sua vez, também concluiu pela compatibilidade, como indica a OJ 369, que incorporou a redação das OJs 34, 35, 86, 145 e 266 da SBDI-1, cancelando-as por meio da Resolução n. 129/2005 (*DJ* de 20-4-2005) e fixando nova exegese, segundo a qual: "DIRIGENTE SINDICAL. ESTABILIDADE PROVISÓRIA. I – É indispensável a comunicação, pela entidade sindical, ao empregador, na forma do § 5º do art. 543 da CLT; II – O art. 522 da CLT, que limita a sete o número de dirigentes sindicais, foi recepcionado pela Constituição Federal de 1988; III – O empregado de categoria diferenciada eleito dirigente sindical só goza de estabilidade se exercer na empresa atividade pertinente à categoria profissional do sindicato para o qual foi eleito dirigente; IV – Havendo extinção da atividade empresarial no âmbito da base territorial do sindicato, não há razão para subsistir a estabilidade; V – O registro da candidatura do empregado a cargo de dirigente sindical durante o período de aviso prévio, ainda que indenizado, não lhe assegura a estabilidade, visto que inaplicável a regra do § 3º do art. 543 da Consolidação das Leis do Trabalho".

O Supremo Tribunal Federal, por seu turno, ao examinar diversos recursos extraordinários que envolviam tal matéria, consolidou entendimento de que o art. 8º, III, atribui ao grêmio profissional ampla legitimidade ativa *ad causam*, como substituto processual da categoria, tornando-se vencida a corrente que a admitia apenas para o processo de conhecimento, impedindo-a no tocante ao processo de execução[1280].

Custeio do sistema sindical e o art. 8º, IV, da CF. O custeio do sistema sindical não passou despercebido pelo Texto Constitucional, tanto que o inciso IV do art. 8º indica que a assembleia geral fixará a contribuição que, em se tratando de categoria profissional, será descontada em folha, para custeio do sistema confederativo da representação sindical respectiva[1281], independentemente da contribuição prevista em lei[1282].

Estamos em face da chamada "contribuição confederativa"[1283]. Distingue-se

---

1280 Em decisão histórica prolatada na sessão de 12 de junho de 2006, o STF certificou a ampla qualidade para agir dos sindicatos: "Concluído julgamento de uma série de recursos extraordinários nos quais se discutia sobre o âmbito de incidência do inciso III do art. 8º da CF/88 ('ao sindicato cabe a defesa dos direitos e interesses coletivos ou individuais da categoria, inclusive em questões judiciais e administrativas;') – v. Informativos 84, 88, 330 e 409. O Tribunal, por maioria, na linha da orientação fixada no MI 347/SC (DJU de 8-4-94), no RE 202.063/PR (DJU de 10-10-97) e no AI 153.148 AgR/PR (DJU de 17-11-95), conheceu dos recursos e lhes deu provimento para reconhecer que o referido dispositivo assegura ampla legitimidade ativa *ad causam* dos sindicatos como substitutos processuais das categorias que representam na defesa de direitos e interesses coletivos ou individuais de seus integrantes. Vencidos, em parte, os Ministros Nelson Jobim, Cezar Peluso, Eros Grau, Gilmar Mendes e Ellen Gracie, que conheciam dos recursos e lhes davam parcial provimento, para restringir a legitimação do sindicato como substituto processual às hipóteses em que atuasse na defesa de direitos e interesses coletivos e individuais homogêneos de origem comum da categoria, mas apenas nos processos de conhecimento, asseverando que, para a liquidação e a execução da sentença prolatada nesses processos, a legitimação só seria possível mediante representação processual, com expressa autorização do trabalhador. RE 193.503/SP, RE 193.579/SP, RE 208.983/SC, RE 210.029/RS, RE 211.874/RS, RE 213.111/SP, RE 214.668/ES, rel. orig. Min. Carlos Velloso, rel. p/ o acórdão Min. Joaquim Barbosa, 12-6-2006" (RE-193.503) (RE-193.579) (RE-208.983) (RE-210.029) (RE-211.874) (RE-213.111) (RE-214.668). (*Informativo STF*, n. 431).

1281 A Súmula 666 do STF dispõe que "a contribuição confederativa de que trata o art. 8º, IV, da Constituição, só é exigível dos filiados ao sindicato respectivo".

1282 O Supremo Tribunal Federal, no julgamento do RE 180.745/SP, rel. Min. Sepúlveda Pertence, DJ de 8-5-1998, concluiu que "a recepção pela ordem constitucional vigente da contribuição sindical compulsória, prevista no art. 578, da CLT e exigível de todos os integrantes da categoria, independentemente de sua filiação ao sindicato, resulta do art. 8º, IV, *in fine*, da Constituição". Ver também ROMS 21.758-1/DF, STF/1ª T., *DJ* de 4-11-1994.

1283 O Supremo Tribunal Federal, no julgamento da ADIn 3.353-1/DF, rel. Min. Marco Aurélio, 22-4-2005, julgou inconstitucional a Portaria n. 160/2004, expedida pelo Ministro do Trabalho, cujo art. 1º fixava que "as contribuições instituídas pelos sindicatos em

da contribuição legal porque tem matriz constitucional e os valores são destinados ao sistema confederativo como um todo (sindicatos, federações e confederações), e não apenas aos sindicatos, como acontece com a contribuição prevista no art. 578 da CLT.

Há ainda o desconto assistencial, cuja cobrança, exclusivamente imposta aos empregados sindicalizados, está condicionada, sobremais, à possibilidade de oposição do trabalhador, consoante evidencia o Precedente Normativo n. 119, da Seção de Dissídios Coletivos do Tribunal Superior do Trabalho[1284].

A imposição de obrigatoriedade de desconto assistencial de modo indistinto a trabalhadores sindicalizados ou não[1285] fere interesse coletivo da categoria, tornando-se parte legítima o Ministério Público do Trabalho para a propositura da respectiva ação declaratória de nulidade da cláusula normativa que assim dispuser[1286] – à exceção de pedido de devolução de valores indevidamente descontados[1287] – tendo

---

assembleia geral da categoria, em especial a confederativa e/ou as constantes de convenção ou acordo coletivo e sentença normativa, em especial a contribuição assistencial, são obrigatórias apenas para os empregados sindicalizados". O STF não ingressou propriamente no exame do conteúdo da norma em face do texto constitucional, mas tão só certificou a inconstitucionalidade de ordem formal do ato expedido pela Administração direta.

1284 "CONTRIBUIÇÕES SINDICAIS – INOBSERVÂNCIA DE PRECEITOS CONSTITUCIONAIS (nova redação dada pela SDC em sessão de 2-6-1998 – homologação Res. 82/1998, *DJ* 20-8-1998). A Constituição da República, em seus arts. 5º, XX, e 8º, V, assegura o direito de livre associação e sindicalização. É ofensiva a essa modalidade de liberdade cláusula constante de acordo, convenção coletiva ou sentença normativa estabelecendo contribuição em favor de entidade sindical a título de taxa para custeio do sistema confederativo, assistencial, revigoramento ou fortalecimento sindical e outras da mesma espécie, obrigando trabalhadores não sindicalizados. Sendo nulas as estipulações que inobservem tal restrição, tornam-se passíveis de devolução os valores irregularmente descontados."

1285 "(...) DESCONTO ASSISTENCIAL – NULIDADE DE CLÁUSULA. A estipulação, em convenção coletiva, de desconto efetuado no salário de sindicalizados e não sindicalizados, indistintamente, contraria o princípio constitucional da livre associação e sindicalização (Precedente Normativo n. 119 do TST). Recurso ordinário a que se dá provimento parcial" (TST, ROAA 619930 – SDC, rel. Min. Gelson de Azevedo, *DJU* de 17-11-2000, p. 533).

1286 "RECURSO ORDINÁRIO EM AÇÃO ANULATÓRIA – LEGITIMIDADE DO MINISTÉRIO PÚBLICO DO TRABALHO PARA AJUIZAR AÇÃO ANULATÓRIA. Matéria pacificada no âmbito desta Justiça Especializada, no sentido de ser inquestionável a legitimidade ativa do *parquet* para a hipótese *in casu*. O inciso IV do art. 83 da Lei Complementar n. 75/93 é cristalino ao dispor que compete ao Ministério Público do Trabalho propor as ações cabíveis para a declaração de nulidade de cláusula de contrato, acordo coletivo ou convenção coletiva que viole as liberdades individuais ou coletivas ou os direitos individuais indisponíveis dos trabalhadores. Recurso Ordinário conhecido e provido" (TST, ROAA 613477 SDC, rel. Min. Valdir Righetto, *DJU* de 12-5-2000, p. 214).

1287 "RECURSO INTERPOSTO PELO MINISTÉRIO PÚBLICO DO TRABALHO – DEVOLUÇÃO DE DESCONTOS INDEVIDAMENTE EFETUADOS EM FACE DA NULIDADE

se pronunciado os Tribunais do Trabalho pela ilegitimidade do comportamento sindical em tais situações, mas não com relação a pedido formulado pelo *parquet* de sorte a proibir o sindicato quanto a futura inclusão de idêntica cláusula[1288], pois, já, agora, ao nosso sentir, entendemos que a decisão terminaria por incorporar efeito vinculante não consentido pelo sistema do direito positivo trabalhista, além de se converter em ofensa ao princípio da autonomia privada negocial coletiva, objeto de positivação implícita na Constituição de 1988 (ver subitem 24.2.6). No caso, a juris-

---

DAS CLÁUSULAS CONSTANTES DA CONVENÇÃO COLETIVA DE TRABALHO (CONTRIBUIÇÃO CONFEDERATIVA PROFISSIONAL E CONTRIBUIÇÃO ASSISTENCIAL PROFISSIONAL). É incabível, em ação anulatória, cumular pedido de devolução de descontos indevidamente efetuados a título de contribuição para o sindicato profissional. E isso porque a competência para o exame da ação anulatória, por ser de natureza coletiva, é dos Tribunais Regionais do Trabalho ou do Tribunal Superior do Trabalho, conforme a abrangência da norma coletiva em debate. A competência para o exame de pedido de devolução de descontos indevidamente efetuados, entretanto, por ser de natureza individual, é das Varas do Trabalho. Recurso Ordinário desprovido" (TST, ROAA 753476 – SDC, rel. Min. Rider Nogueira de Brito, *DJU* de 21-9-2001, p. 388). Aqui parece-nos censurável a jurisprudência, *data maxima venia*. Com efeito, quer porque fora à custa de inobservância do princípio da liberdade sindical individual, pondo-se o sindicato a ofender abertamente direito fundamental dos trabalhadores, quer porque atingiu o princípio da intangibilidade salarial (art. 462 da CLT), reduzindo a fonte de sustento do trabalhador, a qual cabe, de ordinário, à entidade sindical defender, quer ainda porque o próprio STF já reconhece a legitimidade do Ministério Público do Trabalho para a defesa judicial de interesses individuais homogêneos, há de ser reconhecida a legitimação do *parquet* para, de modo semelhante, determinar-se a devolução do que foi descontado com acintoso desrespeito às normas constitucionais trabalhistas. De mais a mais, saliente-se também que muito perderá em efetividade a ação proposta, basicamente porque assente na jurisprudência a impossibilidade de proibir a inclusão da cláusula em futura norma coletiva, que espécie de efeito prático decorrerá da nulidade judicialmente reconhecida? Não nos parece que eventual condenação por dano moral coletivo tenha a aptidão de viabilizar reparação integral pelo prejuízo sofrido pela classe trabalhadora e, por outro lado, concluímos convictamente que o efeito pedagógico da medida será nenhum...

1288 "RECURSO ORDINÁRIO EM AÇÃO ANULATÓRIA – DO PEDIDO DE CONDENAÇÃO EM OBRIGAÇÃO DE NÃO FAZER. Inexiste, no sistema legal vigente, qualquer proibição de prática do ato que o Ministério Público do Trabalho procura obter, mediante pedido de obrigação de não fazer. Das normas geradoras da nulidade, não se pode extrair a conclusão de que os Sindicatos não devam incluir determinada cláusula em instrumentos normativos. Recurso Ordinário em Ação Anulatória ao qual se nega provimento" (TST, ROAA 571226/1999 – SDC, rel. Min. Carlos Alberto Reis de Paula, *DJU* de 3-12-1999, p. 18). E também: "AÇÃO ANULATÓRIA – OBRIGAÇÃO DE NÃO FAZER – 1. Não há no ordenamento jurídico pátrio disposição que ampare impor-se judicialmente limitação às futuras negociações coletivas entre os sindicatos das categorias profissional e econômica. 2. Recurso ordinário interposto pelo Ministério Público do Trabalho a que se nega provimento" (TST, ROAA. 771903 – SDC, rel. Min. João Oreste Dalazen, *DJU* de 7-2-2002).

prudência do Tribunal Superior do Trabalho é incisiva quanto à competência funcional dos Tribunais Regionais do Trabalho para o exame da ação[1289].

Traços distintivos entre as contribuições. Portanto, é possível indicar os seguintes traços distintivos entre as diversas espécies de contribuições:

Contribuição confederativa – base constitucional (art. 8º, IV, da CF) – obrigatória apenas para sindicalizados (Súmula 666 do STF);

Contribuição sindical compulsória – base legal (art. 578 da CLT) – obrigatória para sindicalizados ou não (art. 579 da CLT);

Desconto assistencial – base convencional (acordo ou convenção coletiva) – obrigatória apenas para sindicalizados e permitida a oposição ao desconto pelo trabalhador (Precedente Normativo n. 119 da SDC/TST).

Outrossim, competente é a Justiça do Trabalho para o julgamento de ação em que se controverte acerca do sindicato legitimado para receber a contribuição (art. 114, III, da CF, com redação dada pela EC n. 45/2004).

Não obstante, reconheceu o STF, excepcionalmente, a competência do STJ para julgamento de ação de consignação em que se discutira qual sindicato poderia receber a contribuição, diante da extraordinária circunstância de ter havido prolação de sentença de mérito pela Justiça Estadual *antes* da promulgação da EC n. 45/2004, que atribuiu tal competência à Justiça do Trabalho (CComp 7.456/RS, rel. Min. Menezes Direito, j. em 7-4-2008).

Liberdade sindical individual. A previsão de que ninguém será obrigado a filiar-se ou a manter-se filiado a sindicato (art. 8º, V) ratifica a liberdade de associação profissional, adscrita no art. 5º, XVII.

1289 "AÇÃO ANULATÓRIA – COMPETÊNCIA – TRIBUNAL REGIONAL DO TRABALHO. Compete aos tribunais regionais do trabalho apreciar, originariamente, ação declaratória de nulidade de cláusula normativa, ajuizada pelo Ministério Público do Trabalho. (...)" (TST, ROAA 495501/1998 – SDC, rel. Min. Gelson de Azevedo, *DJU* de 19-2-1999, p. 20). Dissentimos aqui também, *venia concessa.* Não é o fato de os regimentos internos dos Tribunais do Trabalho fixarem a competência funcional para julgamento de dissídios coletivos que determinará igualmente a competência hierárquica para o processamento das ações declaratórias de nulidade. Dissídio coletivo não se confunde com a ação declaratória que vise à sua desconstituição. Tratando-se de competência funcional – de natureza absoluta, como se sabe –, salvo as hipóteses nas quais o regimento da Corte estabeleça expressamente a possibilidade de julgamento de tais ações, é equivocada a atribuição de tal competência, *data venia,* quando nada dispuser a respeito a norma regimental. Competência absoluta não se presume. E quanto ao fato de a Vara do Trabalho decidir ação cujos efeitos poderão transcender os limites territoriais do órgão prolator do *decisum,* não há razão para estranheza no particular, porquanto este é fenômeno habitual, recorrente no trato de *toda e qualquer* tutela coletiva, e não seria diferente com o manejo de tais ações. Invariavelmente, no altiplano da defesa de interesses coletivos e difusos, a transcendência dos efeitos do julgado nem sequer decorre de manifestação judicial; é resultado conatural à espécie do pedido formulado em juízo.

Sindicatos profissionais e negociação coletiva. A Constituição torna obrigatória a participação dos sindicatos nas negociações coletivas de trabalho (art. 8º, VI).

A obrigatoriedade deve ser entendida em termos, pois o Texto Constitucional, ao consagrar os acordos coletivos de trabalho (art. 7º, XXVI), oportunidade em que se fazem presentes sindicato profissional e empresa(s), não poderia exigir que se apresentasse à negociação o sindicato econômico, o que lançaria por terra todos os esforços para prestigiar os saudáveis acordos coletivos e, de resto, as tentativas para fazer com que o direito coletivo do trabalho viesse a "respirar" fora do Estado.

Trabalhador aposentado e atividade sindical. O art. 8º, VII, por sua vez, prescreve que o aposentado filiado tem direito a votar e ser votado nas organizações sindicais[1290].

Estabilidade sindical. De sorte a proteger os trabalhadores que são investidos de mandato sindical, o inciso VIII do art. 8º preceitua que "é vedada a dispensa do empregado sindicalizado a partir do registro da candidatura a cargo de direção ou representação sindical e, se eleito, ainda que suplente, até um ano após o final do mandato, salvo se cometer falta grave nos termos da lei".

O *telos* da proteção constitucional é evidente: sendo o sindicato instrumento de reivindicação da categoria profissional, os empregados eleitos para mandato sindical se posicionam na linha de frente em relação às exigências dirigidas à(s) empresa(s) ou à categoria econômica, expondo-se à retaliação dos empregadores. A estabilidade sindical mitiga o poder de reação das empresas contra os trabalhadores que assumem os riscos inerentes à representação da categoria.

Membros de conselho fiscal são destinatários da estabilidade sindical?

Pronuncia-se negativamente a jurisprudência do TST, no caso por meio da OJ 365 da SDI-1, sob o fundamento de que o empregado "não representa ou atua na defesa de direitos da categoria respectiva, tendo a sua competência limitada à fiscalização da gestão financeira do sindicato".

24.2.19 O art. 9º da Constituição e o direito de greve

Base constitucional. Salienta o dispositivo constitucional em epígrafe que "é assegurado o direito de greve, competindo aos trabalhadores decidir sobre a oportunidade de exercê-lo e sobre os interesses que devam por meio dele defender".

Histórico do direito de greve. O direito de greve integra, com avanços e recuos, a evolução político-constitucional brasileira.

1290 "(...) No processo trabalhista, a substituição processual, exercida pelos sindicatos, alcança todos os integrantes da categoria, conceito que se estende aos aposentados, porquanto a aposentadoria não desnatura a condição de membro da categoria profissional, ante o comando do inciso VII do art. 8º da Constituição Federal: 'o aposentado filiado tem direito a votar e ser votado nas organizações sindicais'" (TRT 21ª R., RO 03-0293-01 [41.723], rel. Juíza Maria do Perpétuo Socorro Wanderley de Castro, *DJRN* de 31-7-2002).

A Constituição de 1937, por exemplo, asseverou, no art. 139, que a greve e o *lock-out* (paralisação de atividade empresarial) eram considerados recursos antissociais, nocivos ao trabalho e ao capital e incompatíveis com os superiores interesses da produção nacional.

Colocava, assim, lado a lado, o movimento paredista operário e o *lock-out*, fato que não se presenciou na Constituição de 1946, cujo art. 158 reconheceu o direito de greve, condicionando o seu exercício, todavia, ao disposto em lei.

A Constituição de 1988 protege amplamente o direito de greve, prevendo que os serviços ou atividades essenciais serão definidos em lei, assim como o atendimento às necessidades inadiáveis da comunidade (ver, respectivamente, arts. 10 e 11 da Lei n. 7.783/89).

Concepções sobre o direito de greve (José Cláudio Monteiro de Britto Filho). Entretanto, não se poderá entender que a outorga de prerrogativa aos trabalhadores para que decidam sobre os interesses que devam ser defendidos por meio da greve tenha instalado direito de cariz absoluto.

José Cláudio Monteiro de Brito Filho, após registrar as diversas concepções do direito de greve, entre as quais a *político-trabalhista* e a *econômico-profissional*, opta pela última delas por entender estar afinada ao sistema constitucional brasileiro: "Se a greve, no Brasil, é exercida com base na concepção econômico-profissional, óbvio que ela só pode revestir-se das hipóteses que esta concepção admite (...). Nestes termos, os interesses que podem ser defendidos pelos trabalhadores são os seus interesses profissionais, não qualquer direito que não tenha relação com aqueles"[1291].

O § 2º do art. 9º da Constituição prevê que os abusos cometidos quando do exercício do direito de greve sujeitam os responsáveis às penas da lei.

O MPT e o dissídio de greve. A EC n. 45/2004, ao alterar profundamente o acesso à Justiça do Trabalho, mesmo em situações de ocorrência de movimento paredista, consolidou na atual redação do § 3º do art. 114 que, "em caso de greve em atividade essencial, com possibilidade de lesão ao interesse público, o Ministério Público do Trabalho poderá ajuizar dissídio coletivo, competindo à Justiça do Trabalho decidir o conflito".

Nessa linha, após a mudança da Constituição, somente se admitirá a iniciativa do Ministério Público do Trabalho em caso de greve em atividade essencial (art. 10 da Lei n. 7.853/89), e mesmo assim quando houver possibilidade de lesão ao interesse público.

É certo que o membro do *parquet* terá liberdade para conformação do raciocínio acerca do que propriamente pode ser considerado "interesse público", podendo promover instauração de instância, admitida, contudo – é claro –, a emissão de juízo pelo TRT ou TST sobre a aludida possibilidade de lesão ao interesse público.

1291 Cf. *Direito Sindical*, p. 318-319.

Contrario sensu, nas demais circunstâncias não será autorizada a instauração de dissídio coletivo de iniciativa do Ministério Público do Trabalho.

Dissídio coletivo econômico e comum acordo. Quando as partes envolvidas na demanda recusarem-se à negociação coletiva ou à arbitragem, mesmo em curso movimento de paralisação, somente poderão ajuizar o dissídio coletivo de natureza econômica[1292] na hipótese de comum acordo[1293] (§ 2º do art. 114 da CF).

A greve na jurisprudência do STF e do TST. O STF editou a Súmula 316, segundo a qual "a simples adesão à greve não constitui falta grave".

O Tribunal Superior do Trabalho, na linha do entendimento consagrado nesta Súmula, quando do julgamento do RR 546.287, 1ª T., rel. Min. Ronaldo José Lopes Leal, *DJ* de 24-3-2000, decidiu que "a greve é um direito consagrado no texto constitucional, sendo facultado aos trabalhadores decidir sobre a oportunidade de desempenhá-lo. A simples adesão ao movimento paredista não constitui falta grave, porquanto somente atos de violência desencadeados por força desta paralisação conduzem ao reconhecimento da justa causa".

Portanto, se eventualmente for declarada abusiva a greve pela Justiça do Trabalho[1294], os dias de paralisação poderão ser descontados pelos empregadores; contudo, a medida extrema de extinção do contrato de trabalho por justa causa somente se legitima quando perpetrado ato de violência por força da paralisação.

24.2.20 A participação dos trabalhadores e empregadores em órgãos públicos e nos cargos de representação na empresa

O art. 10 da Constituição assegura a participação dos trabalhadores e empregadores nos colegiados dos órgãos públicos em que seus interesses profissionais ou previdenciários sejam objeto de discussão e deliberação[1295].

1292 A doutrina diferencia os dissídios coletivos de natureza *econômica ou de interesse* e de natureza *jurídica*. "Econômicos, ou de interesse, são os conflitos nos quais os trabalhadores reivindicam novas e melhores condições de trabalho. Jurídicos, ou de direito, são os conflitos em que a divergência reside na aplicação ou interpretação de uma norma jurídica. A diferença entre os dois tipos de conflitos está na finalidade de um e de outro" (cf. Amauri Mascaro Nascimento, *Compêndio de Direito Sindical*, p. 254).

1293 Foram propostas as ADIns 3.392, 3.423, 3.431, 3.432 e 3.520 para a declaração de inconstitucionalidade do § 2º do art. 114 no que concerne à exigência de comum acordo para ajuizamento de dissídio coletivo de natureza econômica. Ver considerações feitas no subitem 18.13.1.1.

1294 O Precedente Normativo n. 29 da Seção de Dissídios Coletivos do TST estabelece que "compete aos Tribunais do Trabalho decidir sobre o abuso do direito de greve".

1295 "CONSTITUCIONAL – RECURSO ORDINÁRIO EM MANDADO DE SEGURANÇA – ART. 10 DA CARTA MAGNA – NORMA DE EFICÁCIA LIMITADA – INEXISTÊNCIA DE DIREITO LÍQUIDO E CERTO À PARTICIPAÇÃO DE MEMBRO DA UGOPOCI NO CONSELHO SUPERIOR DA POLÍCIA CIVIL DO ESTADO DE GOIÁS. O legislador constituinte assegurou a participação dos trabalhadores e empregadores nos colegiados dos órgãos públicos, em que seus interesses profissionais ou previdenciários sejam obje-

Já o art. 11 salienta que, "nas empresas de mais de duzentos empregados, é assegurada a eleição de um representante destes com a finalidade exclusiva de promover-lhes o entendimento direto com os empregadores"; todavia, a eleição do delegado sindical na empresa não lhe outorga estabilidade[1296].

to de discussão e deliberação, sem, contudo, dotar de instrumentalidade a norma constitucional, de forma a tornar exercitante, sem detença, o direito revelado. Destarte, o art. 10 da Constituição Federal se insere na classe das normas constitucionais que gozam de eficácia limitada e dependem de integração legislativa ordinária. Inexiste, pois, amparo legal capaz de reverter em malferimento a direito líquido e certo da impetrante-recorrente, a ausência de determinação dos Senhores Secretário de Segurança Pública e Diretor-Geral da Polícia Civil, ambos do Estado de Goiás, para que um representante da União Goiana dos Policiais Civis – UGOPOCI fizesse parte do Conselho Superior da Polícia Civil local. Recurso ordinário improvido" (STJ, ROMS 9.495/GO, 2ª T., rel. Min. Paulo Medina, *DJU* de 13-5-2002).

1296 "(...) Embora eleito, o delegado sindical funciona, na verdade, como um elo entre o sindicato e os respectivos empregados, com a finalidade exclusiva de promover-lhes o entendimento direto com os empregadores, conforme disposto no art. 11 da Lei Maior. Tem-se, pois, que o delegado sindical não possui amplos poderes de representação de sua categoria, atributo inerente ao dirigente, este, sim, usufrui da estabilidade provisória no emprego exatamente para ter maior liberdade na defesa dos interesses da categoria profissional que representa" (TRT 3ª R., RO 1669/02, 6ª T., rel. Juiz Milton Vasques Thibau de Almeida, *DJMG* de 19-4-2002, p. 13).

DIREITOS DA NACIONALIDADE

25.1 NACIONALIDADE: CONCEITO E NATUREZA JURÍDICA

São elementos constitutivos do Estado: o povo, o território, a soberania e a finalidade.

Sem que haja a concorrência desses elementos, não se pode aventar a existência de Estado.

"Organizada uma sociedade, o que primeiro se precisa saber é quem faz parte da mesma"[1297]. Por conseguinte, importante desvendar o que é povo para conceituação da nacionalidade.

Nesse passo, esclarece o saudoso Professor Celso Ribeiro Bastos que a nacionalidade *é o vínculo jurídico que designa as pessoas que fazem parte da sociedade política estatal*[1298].

Nacionais, portanto, são todos os indivíduos que mantêm um vínculo jurídico com o Estado, seja porque nasceram no seu território, seja em razão de os seus ascendentes já serem considerados nacionais.

Os direitos da nacionalidade são espécies de direitos humanos[1299].

No Brasil, possuem assento constitucional; logo têm natureza jurídica de direitos formalmente fundamentais.

E, ainda que não fosse assim, a própria natureza de tais direitos, conquanto disciplinados em nível de legislação ordinária, como acontece em países como a França, não imporia a perda do indigitado caráter.

1297 Cf. Carlos Maximiliano, *Comentários à Constituição Brasileira*, p. 644.

1298 Cf. *Curso de Direito Constitucional*, p. 275.

1299 A nacionalidade como direito fundamental é conquista recente dos indivíduos. Pimenta Bueno, por exemplo, emérito constitucionalista do Império, defendeu à época que o direito em questão possuía natureza jurídica de direito privado, e não de direito público (apud Carlos Maximiliano, op. cit., p. 643). A questão se encontra superada, visto que a própria Declaração Universal dos Direitos Humanos, de 1948, preceitua, no artigo XV, item 1, que "todo homem tem direito a *uma* nacionalidade" (grifamos), e no item 2 que "ninguém será arbitrariamente privado de sua nacionalidade, nem do direito de mudar de nacionalidade". O direito humano a *uma* nacionalidade também foi consagrado no Pacto dos Direitos Civis e Políticos, de 1976, e na Convenção sobre os Direitos da Criança, de 1990.

25.2 DISTINÇÃO ENTRE POVO, NAÇÃO E POPULAÇÃO

É possível que pessoas possuam identidade cultural, étnica, linguística, antropológica; todavia, tais traços em comum tão só perfazem a singular compostura de uma *nação*, jamais de um povo – elemento constitutivo do Estado.

Portanto, povo não é *nação*, cujo sentido sociológico é manifesto. Como visto acima, alguns traços compõem o substrato da nação. E nada impede a existência de *povo* com diversas *nações*, bastando para isso que coletividades com diversidade étnica, cultural etc. se proponham à constituição de Estado.

Povo também não se identifica à *população*, que é o número de pessoas que se encontram em um dado território em determinado momento, quer sejam estrangeiros, quer nacionais.

Logo, o conceito de população apresenta relevo só em termos geográficos, mais especificamente no contexto da *geografia humana*, que estuda os aglomerados humanos.

Em síntese, temos o seguinte: *povo* é conceito jurídico; *nação* é conceito sociológico; *população* é conceito geográfico.

25.3 NACIONAL E CIDADÃO

Outra identificação que não será admitida é entre *nacional* e *cidadão*.

Se os atributos referentes à nacionalidade decorrem do fato do nascimento, essa circunstância, *per se et se*, não imporá o reconhecimento da capacidade eleitoral ativa, que corresponde ao conceito de cidadania em sentido estrito.

Por via de consequência, pode-se inferir que todo *cidadão* é um *nacional*, mas nem todo *nacional* pode ser considerado *cidadão*, porquanto há um número expressivo de pessoas que, malgrado sejam reputadas nacionais, não possuem capacidade eleitoral ativa, quer porque ainda não a adquiriram em razão da não implementação do limite de idade mínima para o exercício do direito ao voto, quer porque se encontrem provisoriamente impedidas de exercê-lo, como sucede, por exemplo, com os conscritos, indivíduos que estão submetidos ao regime do serviço militar obrigatório (§ 2º do art. 14 da CF).

25.4 CLASSIFICAÇÃO

São espécies de nacionalidade: a *originária* ou *primária* e a *secundária*, também denominada *adquirida*.

25.4.1 Nacionalidade originária ou primária

Dois são os critérios escolhidos pelos Estados para determinação da nacionalidade originária:

a) o *jus sanguinis*;

b) o *jus soli*.

No primeiro caso, o vínculo jurídico da pessoa com o Estado se dá em razão dos laços de sangue, considerando-se nacionais os que são deles descendentes.

Na segunda hipótese, firma-se a nacionalidade em razão do local de nascimento do indivíduo.

José Afonso da Silva aponta que "a adoção de um ou de outro destes é problema político de cada Estado. Em geral, os Estados de emigração, como a maioria dos europeus, preferem a regra do *jus sanguinis*, com base na qual a diminuição de sua população pela saída para outros países não importará redução dos integrantes da nacionalidade. Os Estados de imigração, como a maioria dos americanos, acolhem a do *jus solis*, pela qual os descendentes da massa dos imigrantes passam a integrar a sua nacionalidade, o que não ocorreria se perfilhassem o critério do sangue"[1300].

A Constituição de 1988, no tocante à nacionalidade originária, não se pronunciou pelo acolhimento absoluto do critério *jus soli* ou *jus sanguinis*, como veremos mais à frente.

25.4.2 Nacionalidade secundária ou adquirida

Quanto à nacionalidade secundária ou adquirida, perfaz-se mediante a junção da *vontade do indivíduo* e a *aquiescência do Estado*.

Imprescindível, assim, seja formalizada a manifestação de vontade da pessoa em obter determinada nacionalidade, assim como indispensável que o Estado promova o assentimento quanto a tal pretensão.

A Constituição de 1988, no que tange à nacionalidade adquirida, fixou regramento singular, situação que exige exame circunstanciado do nosso sistema constitucional.

25.5 CONFLITOS NEGATIVOS E POSITIVOS DE NACIONALIDADE

Sendo certo que o propósito da disciplina pertinente à nacionalidade é evitar o aparecimento dos *apátridas* (ou *heimatlos*, como preferem os alemães), isto é, indivíduos que não possuem nacionalidade alguma, há invariavelmente a combinação dos critérios *jus soli* e *jus sanguinis*, tudo de sorte a conferir à pessoa ao menos um vínculo jurídico com determinado Estado, visto que, como ressaltado, a nacionalidade é reconhecida como direito fundamental.

Pode-se perceber a ocorrência do grave problema quando determinada pessoa, por exemplo, vier a nascer em Estado que acolha, sem exceção, o critério do *jus sanguinis*, tendo pais nascidos em sociedade política que adote, de modo absoluto, o critério *jus soli*. Surgirá, nesse passo, o conflito negativo de nacionalidade, deixando o indivíduo sem vínculo jurídico com qualquer Estado: não poderá ter a nacionalidade do Estado onde nasceu em face da adoção absoluta do critério da consanguini-

1300 Cf. *Curso de Direito Constitucional Positivo*, p. 308.

dade; não lhe será outorgada a nacionalidade do Estado onde nasceram seus pais em razão de prevalência total do critério *jus soli.*

Por esse motivo, não é comum que os sistemas constitucionais se filiem de modo absoluto a um dos dois critérios apontados.

Mas é possível que ocorra a situação inversa. Imagine-se a hipótese de pessoa nascida em Estado que acolha o critério *jus soli*, cujos ascendentes nasceram em país que opta pelo critério *jus sanguinis*, inclusive para as gerações seguintes, sem exceção. Estar-se-á diante do fenômeno da multinacionalidade, o qual gera a figura do *polipátrida*, que não consubstancia nenhum problema para a pessoa, visto que passará a contar com mais de uma nacionalidade.

25.6 NACIONALIDADE ORIGINÁRIA NA CONSTITUIÇÃO DE 1988

A disciplina constitucional da nacionalidade originária está prevista no art. 12, I, *a*, *b* e *c*.

Dispõem os anteditos preceitos quem pode ser considerado brasileiro nato, quem detém a nacionalidade originária ou primária: os nascidos na República Federativa do Brasil, ainda que de pais estrangeiros, desde que estes não estejam a serviço de seu país (art. 12, I, *a*).

Percebe-se a opção pelo critério *jus soli* – nascimento em território brasileiro –, condicionando-o, no entanto, à situação de não estarem os pais a serviço de governo estrangeiro. Note-se que, para evitar a incidência da regra do local de nascimento, *ambos* devem ter ascendentes diretos que estão a serviço de governo estrangeiro.

Serão também considerados brasileiros natos os nascidos no estrangeiro, de pai brasileiro ou mãe brasileira, desde que qualquer deles esteja a serviço da República Federativa do Brasil (art. 12, I, *b*).

Aqui se observa a relativização do critério *jus sanguinis*.

Mesmo que o indivíduo tenha nascido em território estrangeiro, poderá ser considerado brasileiro nato, desde que o *pai ou a mãe* esteja a serviço do governo brasileiro.

Vê-se que houve adoção do critério do *jus sanguinis*, condicionando-o, todavia, ao critério funcional, ou seja, ao fato de um dos genitores estar a serviço da República Federativa do Brasil.

São muito comuns os casos de agente de missão diplomática cujos filhos são brasileiros natos em virtude da incidência desse preceptivo.

Mas não se reduz à circunstância.

Alexandre de Moraes esclarece que se compreende na vinculação do pai ou da mãe à República Federativa do Brasil, além do serviço diplomático, o serviço consular[1301], serviço público de outra natureza prestado aos órgãos da Administração dire-

---

1301 Aqui merece ser feita a distinção entre *serviço diplomático* e *serviço consular*. No primeiro

ta ou indireta da União, dos Estados-Membros, dos Municípios, do Distrito Federal e dos Territórios[1302].

25.6.1 A nacionalidade potestativa

Que fazer se a pessoa nasce em território estrangeiro, mas nenhum dos seus pais está a serviço do Estado brasileiro? É-lhe recusada a possibilidade de incorporar a nacionalidade originária?

Nesses casos, o art. 12, I, *c*, da Constituição, alínea alterada pela EC n. 54/2007, assevera que são brasileiros natos os nascidos no estrangeiro de pai brasileiro ou de mãe brasileira, desde que sejam registrados em repartição brasileira competente ou venham a residir na República Federativa do Brasil e optem, em qualquer tempo, depois de atingida a maioridade, pela nacionalidade brasileira.

É a chamada *nacionalidade potestativa*.

De acordo com a redação do art. 12, I, *c*, a nacionalidade potestativa poderá ser incorporada pelo indivíduo se atendidos, *alternativamente* (observe-se o disjuntivo *ou* que separa as duas orações), os seguintes requisitos: a) nascido no estrangeiro de pai ou mãe brasileira, desde que seja registrado em repartição brasileira competente; b) nascido no estrangeiro de pai ou mãe brasileira, desde que venha a residir no Brasil e opte, a qualquer tempo depois de atingida a maioridade, pela nacionalidade brasileira.

Já, aqui, digna de encômios a alteração promovida pela Emenda Constitucional de Revisão n. 3, de 7 de junho de 1994, porquanto a redação anterior do art. 12, I, *c*, apenas contemplava tal possibilidade se o indivíduo fosse registrado em repartição brasileira no exterior ou viesse a residir no Brasil *antes da maioridade* e, uma vez alcançada esta, optasse pela nacionalidade brasileira.

A atual redação vai ao encontro da tendência de considerar o direito da nacionalidade um direito humano, facilitando a incorporação da nacionalidade originária, principalmente quando prevê a condição de brasileiro nato para os indivíduos que forem registrados em repartição brasileira competente no exterior *ou* optem, *a qualquer tempo*, desde que atingida a maioridade (alterações introduzidas pela EC n. 54/2007), pela nacionalidade brasileira, contanto que a pessoa, tendo pai ou mãe brasileira, venha a residir no País.

Duas são as situações que possibilitam a aquisição da nacionalidade potestativa: a) indivíduo nascido no estrangeiro, de pai brasileiro ou de mãe brasileira, desde

---

caso trata-se de representação do Estado pelo indivíduo que se encontra em país estrangeiro. Não estão abrangidos apenas os embaixadores, que compõem o corpo diplomático, mas também os servidores designados para atividade em embaixadas no exterior. Já o serviço consular concerne à administração de interesses privados perante o Estado estrangeiro.

1302 Cf. *Direito Constitucional*, p. 191.

que venha a ser registrado em repartição competente; b) passe a residir no Brasil e opte, a qualquer tempo, após a maioridade, pela nacionalidade brasileira.

Com isso, desde a ECR n. 3/94, não mais persiste a obrigatoriedade de o indivíduo vir a fixar residência no Brasil até a maioridade, ou seja, até o limite de dezoito anos de idade (art. 5º do CC), se bem que atualmente a nacionalidade potestativa só possa ser exercitada após o atingimento da maioridade.

Evidentemente, não há prazo para a opção proclamada no art. 12, I, *c*, da Constituição.

Nem se pode aventar, outrossim, de a opção se constituir em ato formativo da nacionalidade, mas tão só *confirmativo*. "O momento da fixação da residência no País constitui o *fato gerador da nacionalidade*, que fica sujeita a uma condição confirmativa, a *opção*. Ocorre que, pela inexistência de prazo para essa opção, apesar da aquisição temporária da nacionalidade com a fixação da residência, seus efeitos ficarão suspensos até que haja a referida condição confirmativa. (...) nos termos da Constituição atual, em virtude da *inexistência de prazo para a realização da opção*, que poderá ser a qualquer tempo, parece-nos mais sensato que, apesar de o momento da fixação da residência no país constituir o fator gerador da nacionalidade, seus efeitos fiquem suspensos até que sobrevenha a condição confirmativa – *opção* (que terá efeitos retroativos)"[1303].

Registre-se o pronunciamento da jurisprudência na hipótese: "OPÇÃO DE NACIONALIDADE – I. são brasileiros natos os nascidos no estrangeiro, de pai brasileiro ou mãe brasileira, desde que venham a residir na República Federativa do Brasil e optem, em qualquer tempo, pela nacionalidade brasileira" (art. 12, I, *c*, da CF/88). II. Remessa necessária improvida" (TRF 2ª R., REO 2002.51.01.001787-8/RJ, 2ª T., rel. Juiz Castro Aguiar, *DJU* de 31-10-2002, p. 331).

Por sua vez, complementando as alterações da EC n. 54/2007, acentua o art. 95 do ADCT que "os nascidos no estrangeiro entre 7 de junho de 1994 e a data da promulgação desta Emenda Constitucional (no caso 20 de setembro de 2007), filhos de pai brasileiro ou mãe brasileira, poderão ser registrados em repartição diplomática ou consular brasileira competente ou em ofício de registro, se vierem a residir na República Federativa do Brasil".

Nacionalidade potestativa e filhos de brasileiros naturalizados. Filho de pai brasileiro naturalizado ou mãe brasileira na mesma condição pode incorporar a nacionalidade originária, conforme permite o art. 12, I, *c*, da CF?

Se o dispositivo constitucional indica como requisito ter pai *brasileiro* ou mãe *brasileira*, não especificando se nato ou naturalizado, tal condição é irrelevante para a incorporação da nacionalidade originária, desde que, no caso do genitor ou genitora *naturalizada*, a respectiva naturalização se tenha operado *antes* do nascimento, no território estrangeiro, do indivíduo que requer a nacionalidade originária com amparo no art. 12, I, *c*, da CF, e evidentemente desde que seja registrado em reparti-

1303 Idem, p. 193.

ção brasileira no exterior *ou* passe a residir no Brasil e opte, em qualquer tempo, após completar dezoito anos, pela nacionalidade brasileira.

Há específica decisão a respeito da necessidade de o pai ou mãe já estarem naturalizados quando do nascimento do indivíduo no Estado estrangeiro: "NACIONALIDADE BRASILEIRA – OPÇÃO – CONSTITUIÇÃO FEDERAL, ART. 12 – REQUISITOS QUE NÃO SE APERFEIÇOAM NA ESPÉCIE – 1. O autor, nascido em Montevidéu, é filho de estrangeiros, mãe uruguaia e pai italiano, este naturalizado brasileiro somente em 1982. Tal situação não merece guarida, a teor do disposto no art. 12, I, *c*, da atual Carta Política, exigindo que o direito subjetivo de optar pela nacionalidade brasileira somente possa ser reconhecido aos filhos de brasileiros assim considerados por ocasião do nascimento do optante (...)" (TRF, 3ª R., AC 264.990/SP, 6ª T., rel. Juíza Salette Nascimento, *DJU* de 8-09-1999).

25.7 NACIONALIDADE ADQUIRIDA NA CONSTITUIÇÃO DE 1988

Preceitua o art. 12, II, *a* e *b*, da Constituição que se consideram brasileiros *naturalizados* os que, na forma da lei, adquiram a nacionalidade brasileira, exigidas aos originários de países de língua portuguesa apenas residência por um ano ininterrupto e idoneidade moral (art. 12, II/*a*), e, quanto aos demais estrangeiros de outros países, que residam no Brasil há mais de quinze anos ininterruptos e que não tenham sofrido qualquer condenação penal, desde que requeiram a nacionalidade brasileira (art. 12, II/*b*).

As alíneas do art. 12, II, da CF descrevem, respectivamente, as hipóteses de *naturalização ordinária* e *naturalização extraordinária*.

Sendo certo que a Constituição se remite às condições necessárias previstas na legislação ordinária para o indivíduo se tornar brasileiro naturalizado, cumpre indicar os requisitos contemplados no art. 112 da Lei n. 6.815/80 (Estatuto do Estrangeiro): a) capacidade civil, de acordo com a lei brasileira; b) registro como estrangeiro permanente no Brasil; c) residência no território nacional pelo prazo contínuo de quatro anos; d) ler e escrever em português; e) gozar de boa saúde; f) boa conduta; g) inexistência de denúncia, pronúncia ou condenação por crime doloso a que seja cominada pena de prisão, abstratamente considerada, superior a 1 (um) ano.

O procedimento se desenvolve da seguinte forma, ainda de acordo com a Lei n. 6.815/80: inicia-se perante o Ministério da Justiça, que fará a instrução do processo e o encaminhará ao Presidente da República, que não estará obrigado a expedir o decreto de naturalização, pois se considera o ato como emanação da soberania estatal, mesmo que tenham sido preenchidos os requisitos para a naturalização. Após a decretação do Chefe do Poder Executivo federal, o processo é encaminhado à Justiça Federal, quando o indivíduo finalmente receberá o respectivo *certificado de naturalização*, com efeitos *ex nunc* a partir da data de sua entrega.

Já os portugueses e demais indivíduos originários de países de língua portuguesa possuem tratamento diferenciado no que se relaciona ao processo de naturalização, visto que é exigido residência por 1 (um) ano ininterrupto e idoneidade moral, aplicando-se o rito descrito na Lei n. 6.815/80.

No que se relaciona à naturalização extraordinária (art. 12, II/*b*), também chamada de *quinzenária*, apresenta os seguintes requisitos: a) residência fixa no País há mais de 15 (quinze) anos; b) ausência de condenação penal; c) requerimento do interessado.

Na hipótese de requerimento de naturalização extraordinária, o Presidente da República não detém a prerrogativa de recusar o pedido, desde que o art. 12, II/*b*, enuncia simplesmente os requisitos, condicionando a aquisição da nacionalidade ao expresso requerimento formulado ("*...desde que requeiram a nacionalidade brasileira*").

25.8 CARGOS PRIVATIVOS DE BRASILEIROS NATOS

Prevê o § 3º do art. 12 o seguinte rol de cargos que somente podem ser preenchidos por brasileiros natos:

a) Presidente e Vice-Presidente da República;
b) Presidente da Câmara dos Deputados;
c) Presidente do Senado Federal;
d) Ministro do Supremo Tribunal Federal;
e) da carreira diplomática;
f) de oficial das Forças Armadas;
g) Ministro de Estado da Defesa.

É incompreensível que o legislador constituinte originário, ou mesmo o derivado, ao elaborar a EC n. 45/2004, não tenha incluído no § 3º do art. 12 o cargo de Procurador-Geral da República.

Efetivamente, se o chefe do Ministério Público da União pode ser processado pela prática de crime de responsabilidade no Senado (art. 52, II, da CF), e se é o *dominus litis* da ação penal, competindo-lhe oferecer denúncia pela prática de crime comum eventualmente perpetrado pelas autoridades referidas nos incisos I, II, III, IV e VII do § 3º do art. 12, é claro que deveria o cargo somente ser ocupado por brasileiro nato.

25.9 DISTINÇÃO ENTRE BRASILEIROS NATOS E NATURALIZADOS

Não há possibilidade de distinções entre brasileiros natos e naturalizados, *salvo* as expressamente indicadas no Texto Constitucional (§ 2º do art. 12).

Luiz Alberto David Araujo e Vidal Serrano Nunes Júnior apontam, no sistema constitucional, as distinções consentidas: "a) só o brasileiro naturalizado pode ser extraditado, ainda assim em caso de crime comum, cometido anteriormente à naturalização, ou de comprovado envolvimento com tráfico de entorpecentes (art. 5º, LI); b) são privativos dos brasileiros natos os cargos de Presidente e Vice-Presidente da República, Presidente da Câmara dos Deputados, Presidente do Senado Federal, Ministro do STF, da carreira diplomática, oficial das forças armadas e Ministro de Estado da Defesa (...); c) só o brasileiro naturalizado pode perder a nacionalidade por desenvolvimento de atividade nociva ao interesse nacional (art. 12, § 4º, I); d) é privativa de brasileiro nato a composição do Conselho da República, quando se refere a cidadãos (art. 89, VII); e) as empresas jornalísticas e de radiodifusão sonora e de sons e imagens são de propriedade privativa de brasileiros natos ou naturalizados há mais de dez anos (art. 222, *caput*)"[1304].

25.10 PERDA DA NACIONALIDADE BRASILEIRA

Salienta o § 4º, I, do art. 12 que será declarada a perda da nacionalidade do brasileiro que tiver cancelada a sua naturalização, por sentença judicial, em razão de atividade nociva ao interesse nacional.

Criticável a previsão constitucional.

Se a nacionalidade é, de modo induvidoso, direito fundamental, não se entende – a não ser como mera *vindicta* do Estado – a razão para tão extremada pena a ser imposta ao indivíduo e incluída na sentença judicial, contribuindo, assim, para o aumento do número de apátridas[1305].

Enquanto a previsão do art. 12, § 4º, I, se destina unicamente aos brasileiros *naturalizados* ("será declarada a perda da nacionalidade do brasileiro que [...] tiver cancelada sua *naturalização* [...]"), a aquisição de outra nacionalidade, inclusive por brasileiro *nato*, consoante adverte o art. 12, § 4º, II, poderá implicar a perda da nacionalidade brasileira.

Assim, a aquisição de outra nacionalidade pode determinar a perda da nacionalidade brasileira, *exceto* se houver reconhecimento de nacionalidade originária pela lei estrangeira (art. 12, § 4º, II, *a*); ou no caso de imposição de naturalização, pela norma estrangeira, ao brasileiro residente no exterior, seja como condição para permanência no território de Estado estrangeiro, seja ainda para o exercício de direitos civis.

Deve ser entendido o sentido da norma constitucional.

Seria completo despropósito impor a perda da nacionalidade para brasileiro, nato ou naturalizado, que tenha optado por vínculo com outra pessoa política estatal quando a iniciativa decorreu, *tout court*, de imposição de Estado estrangeiro para viabilizar a permanência de brasileiro em seu território ou para o exercício de direitos civis, por exemplo, o direito de acesso aos serviços públicos, ao trabalho, à fixação de residência.

E ainda pode ser argumentado que a perda da nacionalidade como decorrência da autoexpatriação (renúncia da nacionalidade pelo próprio indivíduo) pressupõe, de modo absoluto, a manifestação de vontade indicativamente dirigida ao objetivo, de tal sorte que se não lance dúvida sobre o real intento da pessoa quanto à renún-

---

1304 Cf. *Curso de Direito Constitucional*, p. 224-225.

1305 Cf. João Grandino Rodas, apud André Ramos Tavares, *Curso de Direito Constitucional*, p. 558.

cia à nacionalidade brasileira, ao optar por vínculo jurídico com outro Estado.

Fora daí, se a naturalização sobreveio como exigência feita pelo Estado estrangeiro, quer para permitir ao nacional a permanência em seu território, quer para viabilizar-lhe o exercício de direitos civis, conforme a locução constitucional, não há como admitir a perda da nacionalidade brasileira.

25.11 DIREITOS DA NACIONALIDADE, EXTRADIÇÃO, EXPULSÃO E DEPORTAÇÃO. PRESSUPOSTOS À CONCESSÃO DE EXTRADIÇÃO

O inciso LI do art. 5º da CF determina que "nenhum brasileiro será extraditado, salvo o naturalizado, em caso de crime comum, praticado antes da naturalização, ou de comprovado envolvimento em tráfico ilícito de entorpecentes e drogas afins, na forma da lei".

Já o inciso LII do art. 5º da CF esclarece que "não será concedida extradição de estrangeiro por crime político ou de opinião".

Os enunciados se referem aos condicionamentos impostos à *extradição,* que não se confunde com a *expulsão* nem com a *deportação.*

Realmente, *extradição* é ato de cooperação judiciária por meio do qual um país requer seja extraditado nacional seu por outro país em razão de o indivíduo ter cometido delito no território do requerente.

A extradição comporta duas espécies: a) *extradição passiva* – quando requerida por outro Estado ao Brasil; b) *extradição ativa* – quando o Brasil a requer a outros Estados.

Os pressupostos à concessão do pedido extradicional são os seguintes, conforme registra a jurisprudência do STF (Ext. 1.068/AT, rel. Min. Ricardo Lewandowski, j. em 12-3-2008):

i) Dupla tipicidade penal;
ii) Inocorrência da prescrição;
iii) Pena superior a 2 (dois) anos (no caso de Acordo de Extradição firmado entre os Estados-Partes do MERCOSUL);
iv) Incompetência da Justiça brasileira para julgamento do crime;
v) Não submeter o extraditando, no exterior, a tribunal de exceção;
vi) Não se tratar de crime político ou de opinião;
vii) Existência de sentença condenatória à pena privativa de liberdade ou prisão cautelar decretada pela autoridade competente do país estrangeiro;
viii) Existência de Tratado ou oferecimento de reciprocidade.

Deportação é o ato determinante de saída obrigatória do país de pessoa estrangeira por não preencher requisitos legais para permanência.

Expulsão é o ato do Presidente da República que impõe a saída de estrangeiro do Brasil em razão de atividade nociva aos interesses da coletividade (art. 65 da Lei n. 6.815/80 – Estatuto do Estrangeiro).

25.12 DIREITOS DA NACIONALIDADE, EXTRADIÇÃO E A JURISPRUDÊNCIA DO STF

São numerosas e relevantes as questões decididas pelo STF no que se refere a pedidos extradicionais.

Extradição e decisão final do STF. Vinculatividade ou não da decisão ao Presiente da República. O Caso Cesare Battisti. Na Extradição n. 1.085, o STF assentou que a última palavra a ser dada em procedimentos extradicionais é a do Presidente da República, que, na condição de Chefe de Estado, expressa a soberania estatal, determinando ou recusando o pleito de extradição.

A Súmula 421 do STF e sua (in)compatibilidade com a CF de 1988.

A Súmula 421 do STF certifica que "não impede a extradição a circunstância de ser o extraditando casado com brasileira ou ter filho brasileiro".

Assim decidiu o STF nos autos da Ext. 1.074, rel. Min. Celso de Mello, j. em 27-3-2008, abrangendo também situação na qual se pudesse evidenciar união estável, mesmo com filhos.

A Súmula 421 e a decisão do STF não sopesaram adequadamente os valores constitucionais, com fuga à indispensável ponderação que deveria ser consumada no particular, *data maxima venia.*

Se há colisão entre atendimento de pleito extradicional amparado em norma alienígena e a disciplina constitucional à família, reputada base da sociedade e destinatária de *especial proteção do Estado*, como expressamente dispõe o art. 226, *caput*, da CF, o balizamento posto pelo sistema constitucional evidencia, inclusive à luz do fundamento pertinente à dignidade da pessoa humana (art. 1º, III, da CF), que o entendimento sumular está milhas distante dos valores maiores que o constituinte originário tencionou preservar, *concessa venia.*

Não fossem os dispositivos inerentes à família detentores de *fundamentalidade material*, consigne-se que, se se lhe destina o Estado brasileiro "especial proteção", o signo induz, ofuscantemente, ao obrigatório sopesamento entre as *normas-princípio*, com fim prático de não impor eversão de unidade familiar acolhendo pedido extradicional de homem ou mulher estrangeira que, na hipótese, tenha contraído matrimônio ou mesmo consolidado união estável com prole.

Extradição e promessa de reciprocidade. Segundo o STF, "a inexistência de tratado de extradição não impede a formulação e o eventual atendimento de pleito extradicional, desde que o Estado requerente prometa reciprocidade de tratamento ao Brasil, mediante expediente (Nota Verbal) formalmente transmitido por via diplomática" (STF, Ext. 1.074, rel. Min. Celso de Mello, j. em 27-3-2008).

Extradição e o "sistema de contenciosidade limitada". Para o STF, "(...) o sistema de contenciosidade limitada, que caracteriza o regime jurídico da extradição passiva no direito positivo brasileiro, não permite qualquer indagação probatória pertinente ao ilícito criminal cuja persecução, no exterior, justificou o ajuizamento da demanda extradicional perante o Supremo Tribunal Federal" (STF, Ext. 1.074, rel. Min. Celso de Mello, j. em 27-3-2008. Ver também Ext. 1.031/FR, rel. Min. Marco Aurélio, j. em 27-3-2008).

Extradição e defesa de direitos básicos do extraditando. "O Supremo Tribunal Federal não deve autorizar a extradição, se se demonstrar que o ordenamento jurídico do Estado estrangeiro que a requer não se revela capaz de assegurar, aos réus, em juízo criminal, os direitos básicos que resultam do postulado do *due process of law*" (*RTJ*, 134/56-58, *RTJ*, 177/485-488).

Extradição e condenação definitiva no Brasil. "(...) Já havendo condenação definitiva do extraditando pelo mesmo fato, não se defere pedido de prisão preventiva para o fim de extradição, mas se lhe extingue o processo, com j. de mérito" (STF, PPE-QO 601 – República Italiana, rel. Min. Cezar Peluso, j. em 30-4-2008).

Extradição e prisão perpétua. "(...) Só se defere pedido de extradição para cumprimento de pena de prisão perpétua se o Estado requerente se compromete a comutar essa pena por privativa de liberdade por prazo ou tempo não superior a 30 (trinta) anos" (STF, Ext. 1.104/UK, rel. Min. Cezar Peluso, j. em 14-4-2008).

Extradição e hipótese de inaplicabilidade de causa interruptiva da prescrição da pretensão executória. "(...) Não se defere pedido de extradição para fins de execução de pena cuja pretensão executória está prescrita ante a inaplicabilidade de causa interruptiva prevista em Tratado que não vigia à data da prática do delito" (STF, Ext. 1.071/FR, rel. Min. Cezar Peluso, j. em 17-3-2008).

Extradição e concordância de extraditando. "(...) Concordância do extraditando com o deferimento não dispensa o controle, que pesa ao Supremo, da legalidade do pedido de extradição" (STF, Ext. 1.098/IT, rel. Min. Cezar Peluso, j. em 17-3-2008).

25.13 A LÍNGUA PORTUGUESA E OS SÍMBOLOS NACIONAIS

Reputa-se a língua de um povo como traço designativo de uma nação.

Nesse passo, fato extraordinário – diante da vastidão continental do Estado brasileiro – é falar a língua portuguesa nos mais distantes locais do País.

Por isso, o art. 13 da Constituição, ao determinar que "a língua portuguesa é o idioma oficial da República Federativa do Brasil", nada mais fez que promover a correspondência entre a realidade normativo-constitucional e o que sucede, de fato, na vida da sociedade brasileira.

Mas é preciso também reconhecer que a língua portuguesa não designa apenas um traço referente à identidade linguística da nação brasileira; representa igualmente patrimônio cultural do povo brasileiro[1306].

1306 Além disso, a importância da língua portuguesa é também certificada pelas normas constitucionais que versam sobre a educação (ver art. 210, § 2º).

Por seu turno, assenta o § 1º do art. 13 que são símbolos do Estado brasileiro a bandeira[1307-1308], o hino, as armas e o selo nacionais.

Por fim, os Estados, o Distrito Federal e os Municípios poderão ter símbolos próprios (§ 2º do art. 13 da CF).

1307 De todos os traços que compõem a identidade nacional, a bandeira é, de longe, o que mais fortalece o sentimento de nacionalidade. Castro Alves, a 7 de setembro de 1868, no Ginásio Literário, em São Paulo, desfilou a sua genialidade e emoção enaltecendo a bandeira ao final de *O Navio Negreiro*, compondo uma das mais belas estrofes da poesia da língua portuguesa: "Existe um povo que a bandeira empresta/ Pra cobrir tanta infâmia e cobardia! (...) / Auriverde pendão da minha terra,/ Que a brisa do Brasil beija e balança,/ Estandarte que a luz do sol encerra/ As promessas divinas da esperança.../ Tu, que da liberdade após a guerra/ Foste hasteado dos heróis na lança,/ Antes te houvessem roto na batalha/ Que servires a um povo de mortalha! (...)" (cf. *O Navio Negreiro*).

1308 "(...) 4 – Não ocorre violação à bandeira nacional, enquanto símbolo do país, se a mesma é apresentada em um impresso, dividido em duas partes, uma em que se localiza a bandeira propriamente dita e outra em que se colocam dizeres referentes a nome de candidatos e partidos. Eventual irregularidade que consista em propaganda exige ação pública cuja iniciativa é do Ministério Público, que nos dois graus de jurisdição opinou em sentido contrário. Recurso conhecido e desprovido" (TREPR, RE 1447 (25787), rel. Juiz Sílvio Vericundo Fernandes Dias, *DJPR*, de 12-8-2002).

DIREITOS POLÍTICOS E PARTIDOS POLÍTICOS

26.1 CONCEITO DE DIREITOS POLÍTICOS. O ART. 14 DA CONSTITUIÇÃO. O SUFRÁGIO UNIVERSAL

Os direitos políticos e os partidos políticos também estão inseridos no plexo dos direitos fundamentais, respectivamente nos arts. 14 a 16 e no art. 17 da Constituição Federal.

Podemos conceituá-los como *os direitos fundamentais inerentes à participação do indivíduo na vida política do Estado.*

E essa participação é posta como imprescindível à formação da vontade da sociedade política estatal brasileira, tanto que o parágrafo único do art. 1º revela que todo poder emana do povo, que o exerce por meio de representantes eleitos ou diretamente, nos termos da Constituição.

O art. 14 repete a determinação ao fixar que "a soberania popular será exercida pelo sufrágio universal e pelo voto direto e secreto, com valor igual para todos (...)".

A norma esclarece que o sufrágio será *universal.*

O que significa isso?

Quando se afirma que o sufrágio será universal, impede-se que critérios discriminatórios ilegítimos possam imperar para o impedimento quanto à aquisição dos direitos políticos ativos e passivos[1309].

No Brasil, por exemplo, durante largo período de nossa história constitucional, consagrou-se o voto censitário, que vinculava a capacidade eleitoral à riqueza do eleitor ou do candidato, configurando o denominado *sufrágio restrito.*

Observe-se que até a Constituição de 1937 (art. 117, parágrafo único, *c*) os mendigos foram considerados inalistáveis.

26.1.1 Distinção entre sufrágio, voto e escrutínio

Sufrágio não é o mesmo que voto e também não se identifica com o escrutínio. Com evidência, sufrágio é o *direito,* voto é o *exercício,* ao passo que escrutínio é o *modo de exercício.*

1309 José Afonso da Silva expõe que "(...) a universalidade do direito de sufrágio é um princípio basilar da democracia política, que se apoia na identidade entre governantes e governados. Essa identidade será tanto mais real quanto mais se amplie o direito de sufrágio aos integrantes da nacionalidade" (cf. *Curso de Direito Constitucional Positivo,* p. 335).

O sufrágio não deve ser confundido com o voto, notadamente porque compreende a capacidade eleitoral ativa e passiva; abrange, assim, os direitos políticos ativos e passivos. O voto é manifestação objetiva da existência de capacidade eleitoral ativa, tão somente.

26.2 INSTRUMENTOS DE DEMOCRACIA PARTICIPATIVA

Após a Constituição de 1988, não é correto referir apenas à democracia representativa, mediante a qual os cidadãos, por meio do voto, elegem os seus representantes para os corpos legislativos e para mandatos nos cargos do Poder Executivo.

Atualmente, sobressai do Texto Constitucional a democracia participativa.

O art. 14, I a III, da Constituição enumera os instrumentos de democracia participativa que estão regulamentados na Lei n. 9.709/98:

a) o *plebiscito*;

b) o *referendo*;

c) a *iniciativa popular*[1310].

1310 Os prós e os contras das manifestações populares diretas já tinham sido detectados judiciosamente por Mirkine-Guetzèvitch: "As novas constituições europeias não oferecem nenhum argumento novo e decisivo para a discussão dos partidários e inimigos da votação popular. Os argumentos dos defensores do *referendum* são extremamente variados. Podem-se dividir todos estes argumentos em dois grupos: argumentos *teóricos e* argumentos *políticos*. Os primeiros, fundados nesta ou naquela doutrina do direito constitucional, veem no *referendum* uma atribuição necessária e lógica da democracia. Mas, ao lado destes argumentos teóricos, existem, entre os partidários do *referendum*, partidários de sua utilidade prática, de sua necessidade como corretivo e controle dos legisladores, de sua utilidade para emancipação dos eleitores do jugo dos partidos etc. Em Bryce achamos uma exposição bastante completa de todos estes argumentos. O próprio Bryce indica ainda o papel educativo do *referendum*, servindo para elevar o nível de consciência política das massas populares, assim como acha que a aplicação prática do *referendum* é limitada às pequenas nações. F. Fleiner, defendendo o *referendum*, sublinha especialmente a possibilidade de uma participação ativa dos *sem* partido, impossível numa eleição geral. Lawrence Lowell dá uma apreciação mais moderada do *referendum*. Ele observa que as esperanças que o *referendum* suscitou em muitos entusiastas não se realizaram. Tendo acumulado documentos interessantes sobre o *referendum*, Lawrence Lowell chega às seguintes conclusões: 'Não se dúvida que a ação popular direta sobre as leis, aplicada de maneira judiciosa e científica, será extremamente útil à sociedade em certas condições; mas não se deve esperar que ela nos dê uma idade de ouro. (...) Esmein se apresenta como adversário convicto do *referendum* por motivos não somente teóricos mas também políticos. 'Este favor de que goza o *referendum*, não somente entre os democratas, mas também entre seus adversários, como pode ser explicado? Ele parece provir nestes últimos do fato de que o povo, nos países em que tem recebido esta partipação direta na legislação, o tem usado como espírito de conservação. É o que se verifica na América; é o que se verifica também na Suíça. Mas há nisso uma visão superficial, cremos nós, pois nos parece bastante claro que se o *referendum*, junto com a iniciativa popular, não tem em suma feito senão um

Esses instrumentos têm por justificativa o alargamento da legitimidade da lei ou ato do Poder Público quando se revestem de natureza controvertida[1311].

O *plebiscito* é consulta popular que se faz *antes* da entrada em vigência da lei ou da produção de ato normativo.

O *referendo* é manifestação popular *posterior*.

A *iniciativa legislativa popular* permite a apresentação de projeto de lei ao Congresso Nacional, desde que subscrito por um por cento do eleitorado nacional, dividido em não menos do que cinco Estados da Federação, pronunciando-se cada um deles com não menos do que 0,3% (e não 3,0%) dos seus eleitores (§ 2º do art. 61 da CF).

26.3 CAPACIDADE ELEITORAL ATIVA

O alistamento e o voto expressam a capacidade eleitoral ativa.

No Brasil, são obrigatórios para os maiores de dezoito anos (art. 14, § 1º, I, da CF) e facultativos para os analfabetos, os maiores de setenta anos e maiores de dezesseis e menores de dezoito anos (art. 14, § 1º, II, *a* a *c*, da CF).

Não podem alistar-se como eleitores os estrangeiros e os conscritos (art. 14, § 2º), que são os indivíduos submetidos ao regime do serviço militar obrigatório.

A conscrição se opera exclusivamente no período do serviço obrigatório, que é de doze meses após o alistamento militar.

26.4 CAPACIDADE ELEITORAL PASSIVA

Consubstancia-se no direito político de o cidadão ser eleito.

Nem todos podem concorrer a cargos eletivos no País.

Seja em razão de não ter alcançado o limite de idade que a Constituição consi-

---

pouco de mal tem, no entanto, impedido de fazer bastante bem..." (cf. *As Novas Tendências do Direito Constitucional*, p. 221-224).

1311 Lei n. 9.709/98: "Art. 1º A soberania popular é exercida por sufrágio universal e pelo voto direto e secreto, com valor igual para todos, nos termos desta Lei e das normas constitucionais pertinentes, mediante: I – plebiscito; II – referendo; III – iniciativa popular. Art. 2º Plebiscito e referendo são consultas formuladas ao povo para que delibere sobre matéria de acentuada relevância, de natureza constitucional, legislativa ou administrativa. § 1º O plebiscito é convocado com anterioridade a ato legislativo ou administrativo, cabendo ao povo, pelo voto, aprovar ou denegar o que lhe tenha sido submetido. § 2º O referendo é convocado com posterioridade a ato legislativo ou administrativo, cumprindo ao povo a respectiva ratificação ou rejeição. Art. 3º Nas questões de relevância nacional, de competência do Poder Legislativo ou do Poder Executivo, e no caso do § 3º do art. 18 da Constituição Federal, o plebiscito e o referendo são convocados mediante decreto legislativo, por proposta de um terço, no mínimo, dos membros que compõem qualquer das Casas do Congresso Nacional, de conformidade com esta Lei (...)".

derou adequado, seja em razão de presumida pelo Texto Constitucional a incapacidade eleitoral passiva, como na hipótese dos analfabetos, seja ainda por força da condição de estrangeiro, é possível afirmar que o modelo constitucional brasileiro da atualidade – de forma específica no que se refere à inelegibilidade dos analfabetos – infelizmente apresenta resquícios do insidioso sufrágio restrito.

O § 3º do art. 14 indica as condições de elegibilidade:

a) nacionalidade brasileira;

b) pleno exercício dos direitos políticos;

c) alistamento eleitoral;

d) domicílio eleitoral na circunscrição;

e) filiação partidária.

A eles se acresce ainda o limite de idade:

a) trinta e cinco anos para Presidente e Vice-Presidente da República e Senador;

b) trinta anos para Governador e Vice-Governador de Estado e do Distrito Federal;

c) vinte e um anos para Deputado Federal, Deputado Estadual ou Distrital, Prefeito, Vice-Prefeito e Juiz de Paz;

d) dezoito anos para Vereador[1312] (art. 14, § 3º, VI, *a* a *c*, da CF).

1312 "RECURSO CONTRA DIPLOMAÇÃO – Candidato a vereador que na data da eleição não tinha 18 anos de idade. Recurso contra a diplomação interposto pelo primeiro suplente da mesma agremiação partidária do recorrido. Consulta respondida pelo TSE que não vincula os demais órgãos jurisdicionais. Possibilidade do controle difuso da constitucionalidade pela Corte Regional Eleitoral. Rejeição da preliminar de impossibilidade jurídica. Questão não suscitada na fase de impugnação de registro de candidatura. Matéria tratada na Constituição Federal como condição de elegibilidade. Possibilidade de arguição em fase posterior, inclusive através de recurso contra a diplomação. Inocorrência de preclusão. Alegação de inconstitucionalidade do parágrafo 2º do art. 11, da Lei n. 9.504/97, por ofensa à norma constitucional inserta no art. 14 parágrafo 3º, III, d da CF, que estabelece a idade mínima de 18 anos como condição de elegibilidade para o cargo de vereador. Interpretação sistemática e teleológica da norma inquinada de inconstitucional. Correlação entre as idades estabelecidas na Constituição Federal para o alistamento eleitoral, e para o exercício do mandato político, com as normas que estabelecem a capacidade e responsabilidade civil e penal das pessoas naturais. Razoabilidade da norma infraconstitucional inquinada de inconstitucional (art. 11, parágrafo 2º da Lei n. 9.504/97), que fixa a data da posse para o exame da condição de elegibilidade. A *ratio* da norma que estabelece idade mínima de 18 anos para o cargo de vereador repousa na necessidade de que o representante eleito pelo povo para o exercício do mandato eletivo, pilar da democracia representativa, ostente capacidade para ser responsabilizado penalmente pelos seus atos. Adequação da norma menor que exige a condição de elegibilidade na data da posse, momento em que o eleito exercitará o mandato político. Compatibilidade entre a norma menor e a norma constitucional. Ato de diplomação mantido. Recurso conhecido e desprovido" (TRERJ, RDIPL. 24 (21.461), Rio de Janeiro, rel. Des. Marco Aurélio Bellizze Oliveira, *DOERJ*, 29-6-2001, p. 02).

Convém examinar as anteditas condições de elegibilidade.

A respeito da *nacionalidade brasileira*, já vimos que *nacional* não é o mesmo que *cidadão* (ver Capítulo 25, subitem 25.3).

Logo, a aquisição da cidadania, em sentido estrito, pressupõe que o candidato seja brasileiro, nato ou naturalizado, exigindo-se a nacionalidade originária (brasileiro nato) para candidatos ao cargo de Presidente e Vice-Presidente da República (art. 12, § 3º, I).

O candidato deve estar no *pleno exercício dos direitos políticos*, o que significa a não incidência, sobre ele, de qualquer hipótese de perda ou suspensão de direitos políticos e de inelegibilidade[1313].

Já o *alistamento eleitoral* será obrigatório para maiores de dezoito anos (art. 14, § 1º, I) e facultativo para os analfabetos, os maiores de setenta anos e os maiores de dezesseis e menores de dezoito anos (art. 14, § 1º, II, *a*, *b* e *c*).

É óbvio que em se tratando de alistamento eleitoral como condição de elegibilidade de candidato maior de setenta anos, abandona-se a seara da facultatividade para se tornar obrigatório, visto que ninguém pode ser *eleito* se não for *eleitor*.

Outrossim, cabe exame mais circunstanciado da condição de elegibilidade relativa ao *domicílio eleitoral na circunscrição.*

Em primeiro lugar, é preciso esclarecer que domicílio eleitoral não se confunde com domicílio civil[1314], pois este revela residência com ânimo de definitividade.

O domicílio civil pressupõe, portanto, a fixação de residência acompanhada da intenção da pessoa de, naquele lugar, consolidar a sua vida familiar e profissional.

"Para o direito eleitoral, enquanto direito público, no entanto, é suficiente a moradia que revele um liame de interesse político na circunscrição, tanto assim que poderá o candidato, tendo mais de uma moradia, escolher qualquer delas. O que faz a lei, para conferir maior nota de legitimidade à representação, é exigir tempo mínimo de moradia na circunscrição, de modo que, ao domicílio eleitoral do eleitor, válido a qualquer tempo após o alistamento ou a transferência, se acrescente um *plus* de cidadania que o faça adquirir, também, o direito de ser votado"[1315].

O tempo mínimo fixado no art. 9º da Lei n. 9.504/97 é de *um ano* de domicílio eleitoral na circunscrição.

No caso de candidato a Presidente da República, considerando a natureza nacional do cargo em questão, exigir-se-á comprovação de domicílio eleitoral em qualquer local do território brasileiro por, no mínimo, um ano antes do pleito.

1313 A SV 18 acentua que "a dissolução da sociedade ou do vínculo conjugal, no curso do mandato, não afasta a inelegibilidade prevista no § 7º do art. 14 da Constituição Federal".

1314 TSE, Rec. 14.404, rel. Min. Costa Porto: "O ânimo definitivo, próprio do direito civil, não compõe o conceito em direito eleitoral".

1315 Cf. Torquato Jardim, *Direito Eleitoral Positivo*, p. 58.

Será admitida como domicílio eleitoral a localidade onde o eleitor mantenha vínculo patrimonial, como na hipótese de eleitor destinatário de parte ideal de imóvel rural objeto de inventário, situado em Município distinto daquele em que estabelecido o domicílio civil[1316].

O art. 14, § 3º, V, prevê a *filiação partidária* como condição de elegibilidade, provando-se tal filiação mediante exibição da ficha partidária[1317].

Por fim, fixa o art. 14, § 3º, VI, alíneas *a* a *e*, a *idade mínima* para concorrer a cargo eletivo.

26.4.1 Elegibilidade dos militares

Prescreve o § 8º do art. 14 que o militar alistável é elegível, atendidas as seguintes condições:

I – se contar menos de dez anos de serviço, deverá afastar-se da atividade;

II – se contar mais de dez anos de serviço, será agregado pela autoridade superior[1318] *e, se eleito, passará automaticamente, no ato da diplomação, para a inatividade.*

Agregação é a situação na qual o militar da ativa deixa de ocupar vaga na escala hierárquica de seu Corpo, Quadro, Arma ou Serviço, nela permanecendo sem número (art. 80 da Lei n. 6.880, de 9-12-1980).

Aqui surge um problema relativamente ao militar que contar com mais de dez anos de serviço.

Sim, porque sendo proibida a filiação partidária ao militar enquanto em serviço ativo (art. 142, V, da CF), e sendo a filiação partidária condição de elegibilidade posta no art. 14, § 3º, V, da Constituição, como solucionar o problema do militar da ativa que deseje concorrer a cargo eletivo?

A única solução para o caso é concluir que a filiação partidária não é exigível para o militar da ativa que contar com mais de dez anos de serviço, cumprindo-lhe, tão só, promover o registro da candidatura, a partir do qual será agregado.

Essa é a exegese extratada pelo STF no particular: "Constitucional. Eleitoral. Militar da Ativa (Sargento) com mais de dez anos de serviço. Elegibilidade. Filiação

---

1316 TSE, Rec. 11.814, rel. Min. P. Ribeiro, *DJU* de 30-9-1994.

1317 Cf. Torquato Jardim, op. cit., p. 60.

1318 "SERVIDOR PÚBLICO MILITAR – CANDIDATURA A CARGO ELETIVO – AGREGAÇÃO – PERCEPÇÃO DA REMUNERAÇÃO – Este Superior Tribunal de Justiça já proclamou o entendimento de que o atual texto constitucional (art. 14, § 8º, II) não recepcionou a expressão, prevista na L. 6.880/80 e em consonância com a CF então vigente, que considerava o militar agregado como licenciado para tratar de assuntos de interesse particular, com prejuízo dos vencimentos, limitando-se a dizer que o militar seria 'agregado'. Precedentes do STJ e STF. O militar que contar com mais de dez anos de serviço tem direito à percepção de remuneração durante o período em que for agregado para fins de candidatura eleitoral" (STJ, REsp 81.339/RJ, 6ª T., rel. Min. Vicente Leal, *DJU* de 13-5-2002).

Partidária. CF, art. 14, § 3º, V; art. 14, § 8º, LI, art. 42, § 6º, Código Eleitoral, art. 5º, parágrafo único. Lei 6.880/80, art. 82, XIV, § 4º, I). Se o militar da ativa é alistável, é ele elegível (CF, art. 14, § 8º). Porque não pode ele filiar-se a partido político (CF, art. 42, § 6º), a filiação partidária não lhe é exigível como condição de elegibilidade, certo que somente a partir do registro da candidatura é que será agregado (CF, art. 14, § 8º, II; Cod. Eleitoral, art. 5º, parágrafo único. Lei 6.880/80, art. 82, XIV, § 4º). Recurso Extraordinário conhecido e provido".

Tal exegese se coaduna perfeitamente com o comando do § 4º do art. 82 da Lei n. 6.880/80, segundo o qual a *agregação do militar que se candidata a cargo eletivo é contada a partir da data do registro como candidato até sua diplomação ou regresso à Força Armada a que pertence, se não houver sido eleito.*

26.4.2 O § 9º do art. 14 da CF e o registro de candidato "ficha suja"

Observe-se a redação do § 9º do art. 14 da CF:

Lei complementar estabelecerá outros casos de inelegibilidade e os prazos de sua cessação, a fim de proteger a probidade administrativa, a moralidade para o exercício do mandato, considerada a vida pregressa do candidato, e a normalidade e a legitimidade das eleições contra a influência do poder econômico ou o abuso do exercício da função, cargo ou emprego na administração direta ou indireta.

Com isso, sustentou-se que não haveria autorização constitucional para barrar registro de candidato com "ficha suja", ou seja, indivíduo com pendências judiciais importantes, sob o fundamento de que outros casos de inelegibilidade teriam de ser previstos obrigatoriamente em lei complementar, tal como indicado no preceptivo.

Além disso, defendeu-se também que o princípio constitucional da inocência franquearia o registro em razão da impossibilidade de a pessoa ser considerada culpada antes do trânsito em julgado da sentença condenatória.

As ponderações instalaram viva controvérsia quando do julgamento da ADPF 144, proposta pela Associação dos Magistrados Brasileiros, que pretendia impedir registros de candidatos com base na tese de que a expressão *vida pregressa* determinaria óbice ao registro em face das ações judiciais propostas contra o indivíduo.

Ao decidir, o relator da ação, Min. Celso de Mello, apresentou as seguintes conclusões: "(1) a regra inscrita no § 9º do art. 14 da Constituição, na redação dada pela Emenda Constitucional de Revisão n. 4/94, não é autoaplicável, pois a definição de novos casos de inelegibilidade e a estipulação dos prazos de sua cessação, a fim de proteger a probidade administrativa e a moralidade para o exercício do mandato, considerada a vida pregressa do candidato, dependem, exclusivamente, da edição de lei complementar, cuja ausência não pode ser suprida mediante interpretação judicial; *(2) a mera existência de inquéritos policiais em curso ou de processos judiciais em andamento ou de sentença penal condenatória ainda não transitada em julgado, além de não configurar, só por si, hipótese de inelegibilidade, também não impede o registro de candidatura de qualquer cidadão;* (3) a exigência de coisa julgada a que se referem as alíneas 'd', 'e' e 'h' do inciso I do art. 1º e o art. 15, todos da Lei Complementar n. 64/90, não transgride nem descumpre os preceitos fundamentais concernentes à probidade administrativa e à moralidade para o exercício de mandato eletivo; *(4) a ressalva a que alude a alínea 'g' do inciso I do art. 1º da Lei Complementar n. 64/90, mostra-se compatível com o § 9º do art. 14 da Constituição, na redação dada pela Emenda Constitucional de Revisão n. 4/94"* (STF, ADPF 144, rel. Min. Celso de Mello).

Entendemos acertada a tese proposta pela AMB na ADPF 144, e censurável, *venia concessa,* a decisão do STF.

Efetivamente, não há lei complementar exigindo o critério *vida pregressa* para o fim de exame de registro de candidatura; e nem é preciso tê-lo...

Se o § 9º do art. 14 da CF assinalou que deveria ser *considerada* a vida pregressa, entre outros, como critério legítimo para exame de registro de candidatura quando da edição da lei complementar, isso não quer dizer que não possa, desde já e de imediato, analisar o registro de candidaturas à luz do critério constitucionalmente posto, que, pelas suas próprias dimensão e natureza, dispensa ulterior disciplina infraconstitucional.

Vida pregressa não é valor que se põe apenas em sede de elaboração legislativa; trata-se, sim, de circunstância impeditiva do registro a ser judicialmente examinada. O que não se admite é que, à luz dos casos concretos apreciados, subtraia-se do Poder Judiciário a viabilidade de exame da natureza das ações em que o candidato é réu ou acusado, recusando-lhe o registro, ato cuja confirmação, aliás, está sempre sujeita à análise de órgãos judiciais revisores.

Paradoxalmente, quando se trata de hipótese de cidadão comum que busca o exercício do direito fundamental ao trabalho, que lhe provê a subsistência e a de sua família, o Poder Judiciário tem se pronunciado, de modo sistemático, pela legitimidade quanto à exigência de atestados de antecedentes criminais e, caso positivos, considera também legítima a recusa de posto de trabalho, o que, *data venia,* corresponde a inominável transgressão ao direito social ao trabalho[1319].

Por outro lado, quanto ao recurso ao princípio da inocência, é situação substancialmente diversa impedir que alguém seja preso porque não há sentença penal trânsita em julgado daqueloutra de candidato cujo registro é obstado por responder a diversas ações judiciais.

Nesse último caso, não se oporá o princípio da inocência para liberar-lhe o registro, porque a unidade comandante da interpretação constitucional impõe reco-

---

1319 "Dano moral coletivo. Ausência de ato danoso. Conduta patronal respaldada pela Constituição Federal. Não ficam violados os princípios constitucionais do valor social do trabalho, da dignidade da pessoa humana e da presunção de inocência pelo ato de se exigir de eventuais candidatos ao posto de trabalho a apresentação de certidão de antecedentes criminais. Assim, inexistindo ato praticado contra o direito, muito menos em abuso deste, não há se falar em dano moral coletivo, mesmo se considerando que tal modalidade de reparação civil imprescinde da respetiva prova da lesão extrapatrimonial" (TRT 5ª R., RO 00340-2008-005-05-00-0, rel. Des. Luíza Lomba, j. em 16-7-2009).

nhecer que a vida pregressa, aliada à *moralidade para o exercício do mandato*, torna judicialmente necessária a integral análise do comportamento do candidato, o que não se fará de modo adequado se ao juiz for impedido o cotejo das ações intentadas contra o indivíduo, ainda que sem trânsito em julgado da sentença ou mesmo sem decisão alguma.

26.5 PERDA OU SUSPENSÃO DOS DIREITOS POLÍTICOS

O art. 15 da Constituição assenta que é vedada a cassação de direitos políticos, cuja perda ou suspensão só se dará nos casos de:

I – cancelamento de naturalização por sentença transitada em julgado;

II – incapacidade civil absoluta;

III – condenação criminal transitada em julgado, enquanto durarem seus efeitos;

IV – recusa de cumprir obrigação a todos imposta ou prestação alternativa, nos termos do art. 5º, VIII;

V – improbidade administrativa, nos termos do art. 37, § 4º.

Quanto ao inciso III do art. 15, válida a remissão ao conteúdo da Súmula 9 do TSE:

"A suspensão de direitos políticos decorrente de condenação criminal transitada em julgado cessa com o cumprimento ou a extinção da pena, independendo de reabilitação ou de prova de reparação de danos".

Não é possível identificar *perda de direitos políticos* com *perda do mandato*.

Com efeito, as situações que ensejam a perda do mandato de Deputado ou Senador são bem mais abrangentes (arts. 54 e 55 da CF) do que as relativas à perda de direitos políticos. Além disso, quanto à perda do mandato, sob o pálio da quebra do decoro parlamentar (art. 55, I), prepondera considerável margem de discricionariedade política aos membros do Parlamento.

É importante anotar que, na hipótese de condenação criminal transitada em julgado, não se imporá, ato contínuo, a perda ou suspensão dos direitos políticos, porquanto é de competência da Casa Legislativa à qual pertence o parlamentar decidir a respeito (art. 55, VI, e § 2º).

26.6 ANUALIDADE DA LEI ELEITORAL

Enuncia o art. 16 da Constituição: "A lei que alterar o processo eleitoral entrará em vigor na data de sua publicação, não se aplicando à eleição que ocorra até um ano da data de sua vigência".

É a substanciação, em nível imediatamente constitucional, do *princípio da anualidade da lei eleitoral.*

No caso, "tem a lei nova vigência, mas não vigor; sua normatividade fica suspensa em razão de interesse público relevante de não se alterarem as regras uma vez iniciado o processo político eleitoral"[1320].

26.7 PARTIDOS POLÍTICOS. CONCEITO. NATUREZA JURÍDICA

"Os partidos são as forças políticas organizadas que agrupam cidadãos com a mesma tendência política para mobilizar a opinião pública em torno de um certo número de objetivos, participando do poder ou influindo no seu exercício para realizá-los" (Jean Louis Quermonne).

Os partidos políticos são uma consequência de a Constituição ter admitido a participação social nas decisões do Estado[1321].

Conquanto afetos à atuação no domínio público, têm natureza de pessoa jurídica de direito privado (§ 2º do art. 17 da CF).

26.7.1 Princípios constitucionais dos partidos políticos

Os partidos políticos se submetem aos princípios constitucionais da soberania nacional, do regime democrático, do pluripartidarismo e dos direitos fundamentais da pessoa humana (art. 17, *caput*, da CF).

Pluripartidarismo tem o mesmo significado de multipartidarismo. Os sistemas partidários têm admitido, além deste, o *bipartidarismo* e o sistema de *partido único*.

Temos convicção de que o pluripartidarismo adotado pela Constituição enseja a instabilidade de nosso regime político, que é amparado no sistema de governo presidencialista, pois é provável maior influência do Chefe do Poder Executivo, em todos os níveis, relativamente aos pequenos partidos.

Não menos nocivo é o sistema de partido único, fazendo surgir o *Estado partidário*. Para Georges Burdeau, o Estado partidário "(...) é a consequência lógica do reinado de um partido único. Com efeito, assim que este conseguiu impor seu monopólio quanto à expressão das aspirações do grupo, não é somente sobre os governantes que ele estabelece seu domínio, subordina a si o próprio Estado fazendo dele o agente de sua política"[1322].

Devem, além disso, atender aos seguintes preceitos:

a) caráter nacional;
b) proibição de recebimento de recursos financeiros de entidade ou governo estrangeiros ou de subordinação a estes;
c) prestação de contas à Justiça Eleitoral; e
d) funcionamento parlamentar de acordo com a lei (art. 17, I a IV).

1320 Cf. Torquato Jardim, op. cit., p. 115.

1321 Cf. Dieter Grimm, *Los Partidos Políticos*, p. 389.

1322 Cf. *O Estado*, p. 80.

O caráter nacional dos partidos políticos é observado quando se organizam em nove Estados-Membros, com a criação de diretórios municipais, regionais e nacionais e com o apoio do número de eleitores indicado no § 1º do art. 7º e no § 3º do art. 8º da Lei n. 9.096/95.

É mesmo de discutível constitucionalidade a exigência legal de número mínimo de eleitores para viabilizar o registro do partido político perante o TSE, porquanto o § 2º do art. 17 dispõe apenas que "os partidos políticos, após adquirirem personalidade jurídica, na forma da lei civil, registrarão seus estatutos no Tribunal Superior Eleitoral", razão por que restrição de tal natureza não se coaduna com a liberdade quanto à criação de grêmios partidários consagrada no art. 17, *caput*, da Constituição.

Os Tribunais têm aplicado amplamente a previsão legal[1323].

26.7.2 Fidelidade e disciplina partidárias

Prescreve o § 1º do art. 17 da Constituição, alterado pela EC n. 52/2006, que é assegurada aos partidos políticos autonomia[1324] para definir sua estrutura interna, organização e funcionamento e para adotar os critérios de escolha e o regime de suas coligações eleitorais, sem obrigatoriedade de vinculação entre as candidaturas em âmbito nacional, estadual, distrital ou municipal, devendo seus estatutos estabelecer normas de fidelidade e disciplina partidárias.

A promulgação da EC n. 52/2006 decorreu de polêmica havida entre o Tribunal Superior Eleitoral e o Congresso Nacional relativamente à denominada *verticalização*, consubstanciada no *princípio da coerência na formação de coligações*, consoante a Resolução n. 21.002/2002 do TSE (*DJ* de 15-3-2002, p. 183).

1323 "FEITOS DIVERSOS – Solicitação de criação de zona eleitoral, por desmembramento de outra zona. Resolução n. 19.994/TSE/97. Atendimento dos requisitos exigidos. Número mínimo de eleitores não atingido. Enquadramento na exceção contida no § 4º do art. 1º da Resolução n. 19.994/TSE/97. Aprovação da minuta de Resolução. Determinada a remessa dos autos ao Tribunal Superior Eleitoral, para o fim previsto no art. 23, VIII, do Código Eleitoral" (TREMG – FD 732002 (163/2002), rel. Juíza Sônia Diniz Viana, *DJMG* de 30-5-2002, p. 61). "REPRESENTAÇÃO – Criação de nova zona eleitoral no município de Bertioga – Número mínimo de eleitores não alcançado – Não acolhimento" (TRESP, RP 12519 (140770), rel. Juiz Luiz Eurico Costa Ferrari, *DOESP* de 25-4-2002).

"ELEITORAL – OFÍCIO. Solicitação de autorização para funcionamento de seção com menos de 50 eleitores. Posterior agregação de outra seção eleitoral. Obtenção do número mínimo de eleitores para regular funcionamento. Perda do objeto. Considerando-se a ocorrência de agregação de outra seção eleitoral, atingindo o número mínimo de eleitores previsto em Lei para seu regular funcionamento, deve ser julgado prejudicado o pedido, por perda de seu objeto" (TREBA – OF. 138 (2243) – Lapão, rel. Juiz Aloysio Batista, *DJBA* de 4-2-2001, p. 48).

1324 A autonomia dos partidos políticos torna incompetente a Justiça Eleitoral para julgar matéria interna dos mesmos (TSE, Pleno, CT 1.251/DF, rel. Min. Carlos Ayres Britto, *DJ* de 20-6-2006, p. 58).

Nesse passo, o TSE editou Resolução proibindo o registro de candidaturas aos cargos eletivos no âmbito dos Poderes Executivo e Legislativo federais, determinando que os partidos políticos que ajustassem coligação para eleição de Presidente da República não poderiam formar coligações para eleição de Governador de Estado ou do Distrito Federal, Senador, Deputado Federal e Deputado Estadual ou Distrital com outros partidos políticos que tivessem, isoladamente ou em aliança diversa, lançado candidato à eleição presidencial.

Essa a razão, portanto, da desvinculação fixada no novo enunciado no § 1º do art. 17 da Constituição.

E correta a desvinculação.

Não é o fato de o art. 17, I, da Constituição prever o caráter nacional dos partidos políticos que deva legitimar a reprodução das coligações nacionais no âmbito estadual. O "caráter nacional" induz, tão só, à compulsória existência de princípios organizatórios de partidos cujo conteúdo obste o surgimento daqueles de base unicamente estadual, que foram reprovados por nossa história republicana.

Além disso, é preciso considerar que o caráter nacional dos partidos políticos visa obstar o surgimento de grêmios partidários com programas regionais ou locais. *Caráter nacional*, inconfundível, por sua vez, com *âmbito nacional*, expressão cunhada e trazida pela EC n. 52/2006, que alterou a redação do § 1º do art. 17. *Âmbito nacional* dos partidos tem o significado de indicar o espaço geográfico de atividade partidária, campo de ação territorial do partido[1325].

Contudo, foi proposta ação direta contra a alteração constitucional implementada pela EC n. 52/2006, tendo o STF se pronunciado pela não aplicação de novos regramentos às eleições havidas em 2006, tendo em vista que "o princípio eleitoral extraído da norma inscrita no art. 16 da CF consubstancia garantia individual do cidadão-eleitor – detentor originário do poder exercido por seus representantes eleitos (CF, art. 1º, parágrafo único) – e protege o processo eleitoral"[1326].

Outrossim, examinado o preceito em questão, nota-se que não há coincidência entre os institutos da *fidelidade* e *disciplina* partidárias.

Por fidelidade partidária entende-se o ato ou ação do parlamentar de acordo com as diretrizes do partido; a disciplina partidária corresponde ao respeito ao conteúdo programático do partido[1327].

Examinada a Constituição de 1988, tem-se que o ato de infidelidade ou de indisciplina partidárias não deve, *jamais*, redundar em perda do mandato parlamentar, visto que as hipóteses de perda estão taxativamente previstas nos incisos do art. 55

1325 Cf. Kildare Gonçalves, *Direito Constitucional*, p. 352.

1326 ADIn 3.685/DF, rel. Min. Ellen Gracie, j. em 22-3-2006.

1327 O art. 24 da Lei dos Partidos Políticos (Lei n. 9.096/95), prescreve que "na Casa Legislativa, o integrante da bancada de partido deve subordinar sua ação parlamentar aos princípios doutrinários e programáticos e às diretrizes estabelecidas pelos órgãos de direção partidários, na forma do estatuto".

da Constituição, que não preveem tal possibilidade. E é nessa linha a redação do art. 25 da Lei dos Partidos Políticos[1328].

Perde o mandato o político que ingressa em partido distinto daquele que o elegeu?

Inicialmente, o pronunciamento do TSE foi pela impossibilidade de perda do mandato: "Inexistente no nosso ordenamento jurídico a perda de mandato parlamentar por infidelidade, desde a vigência da Emenda Constitucional n. 25/85, muito embora a Constituição Federal assegure aos partidos políticos o estabelecimento de normas de fidelidade e disciplina partidárias em seus estatutos - art. 17, § 1º - impõe-se resposta afirmativa à presente consulta, como opina o parecer ministerial" (TSE, Consulta n. 9.914, rel. Min. Francisco Rezek).

Atualmente, no entanto, outro é o entendimento do Tribunal: "(...) o vínculo de um candidato ao partido pelo qual se registra e disputa uma eleição é o mais forte, se não o único elemento de sua identidade política, podendo ser afirmado que o candidato não existe fora do partido político e nenhuma candidatura é possível fora de uma bandeira partidária. (...) parece equivocada e mesmo injurídica a suposição de que o mandato político eletivo pertence ao indivíduo eleito, pois isso equivaleria a dizer que ele, o candidato eleito, se teria tornado senhor e possuidor de uma parcela de soberania popular. (...) O cidadão pode filiar-se e desfiliar-se à sua vontade, mas sem que isso represente subtração ao partido que o abrigou na disputa eleitoral. (...) *os votos pertencem ao partido político* (...)" (grifamos) (TSE, Consulta n. 1.398/DF, rel. Min César Asfor Rocha, *DJ* de 8-5-2007).

Importante notar que o TSE estendeu idêntica interpretação para a disputa eleitoral relativa a cargos majoritários (Consulta n. 1.407/AC, rel. Min. Carlos Ayres Britto, j. em 16-10-2007).

Observe-se que o STF confirmou o entendimento do TSE, ressalvando que competiria a este tribunal "(...) estabelecer em resolução todos os ritos necessários à disciplina do respectivo procedimento, respeitadas as garantias constitucionais do contraditório e da ampla defesa" (STF, MS 26.604, rel. Min. Celso de Mello, j. em 4-10-2007).

A Resolução do TSE n. 22.610, de 25 de outubro de 2007, obedecendo ao *decisum* do STF, determinou o seguinte: a) devolução de mandatos de deputados federais, estaduais e vereadores que, sem justificação de motivo, mudaram de partido após 27 de março de 2007; b) devolução de mandatos de prefeitos, senadores, governadores e presidente da República que, sem justificação de motivo, mudaram de partido após 16 de outubro 2007; c) o partido terá o prazo de trinta dias para solicitar ao TSE

1328 "Art. 25. O estatuto do partido poderá estabelecer, além das medidas disciplinares básicas de caráter partidário, normas sobre penalidades, inclusive com desligamento temporário da bancada, suspensão do direito de voto nas reuniões internas ou perda de todas as prerrogativas, cargos e funções que exerça em decorrência da representação e da proporção partidária, na respectiva Casa Legislativa, ao parlamentar que se opuser, pela atitude ou pelo voto, às diretrizes legitimamente estabelecidas pelos órgãos partidários."

a perda do cargo eletivo, após o que a solicitação poderá ser feita, nos trinta dias subsequentes, por quem tenha interesse jurídico ou pelo Ministério Público Eleitoral (art. 1º, § 2º); d) o mandatário que se desfiliou ou pretende se desfiliar pode pedir ao Tribunal a declaração de existência de justa causa, indicando o que assim pode ser considerado: incorporação ou fusão do partido; criação de novo partido (SIC); mudança substancial ou desvio reiterado do programa partidário; grave discriminação pessoal (art. 1º, §§ 1º e 3º); e) o julgamento dos processos de perda de mandato federal competirá ao TSE, ao passo que a competência para os demais casos será dos Tribunais Regionais Eleitorais (art. 2º).

Duas ações diretas de inconstitucionalidade (ADIns 3.999 e 4.086) foram propostas contra a Resolução n. 22.610/2007, articulando, em síntese, o seguinte: a) inconstitucionalidade do art. 2º, que, ao repartir a competência entre o TSE e os Tribunais Regionais, violaria o art. 121 da CF, o qual comete a disciplina à lei complementar; b) incompatibilidade à Constituição da legitimidade conferida ao Ministério Público Eleitoral, pois violaria os arts. 128, § 5º, e 129, IX, da CF.

O STF, por maioria, julgou improcedentes as ações, referindo que "(...) a atividade normativa do TSE recebe seu amparo da extraordinária circunstância de o Supremo Tribunal Federal ter reconhecido a fidelidade partidária como requisito para permanência em cargo eletivo e a ausência expressa de mecanismo destinado a assegurá-lo (...)" (ADIns 3.999 e 4.086, rel. Min. Joaquim Barbosa, j. em 12-11-2008).

26.7.3 Direito de antena

Esclarece o § 3º do art. 17 que "os partidos políticos têm direito a recursos do fundo partidário e *acesso gratuito ao rádio e à televisão, na forma da lei*" (grifamos).

A tal acesso gratuito dá-se a denominação de *direito de antena*[1329], que atualmente se encontra disciplinado na Lei n. 9.100/95[1330].

1329 "(...) A norma contida no artigo 13 da Lei n. 9.096/95 não é atentatória ao princípio da igualdade; qualquer partido, grande ou pequeno, desde que habilitado perante a Justiça Eleitoral, pode participar da disputa eleitoral, em igualdade de condições, ressalvados o rateio dos recursos do fundo partidário e a utilização do horário gratuito de rádio e televisão – o chamado 'direito de antena' –, ressalvas essas que o comando constitucional inscrito no artigo 17, § 3º, também reserva à legislação ordinária a sua regulamentação. 6. Pedido de medida liminar indeferido" (STF, ADI 1354/DF, TP, rel. Min. Maurício Corrêa, *DJU* de 25-5-2001, p. 9).

1330 "Reconhecendo, embora, a plausibilidade da arguição de inconstitucionalidade deduzida pelo PC do B contra os incisos I e II do art. 57 da Lei n. 9.100/95 – que estabelecem como critério a ser observado pela Justiça Eleitoral na distribuição do tempo de utilização gratuita de rádio e televisão pelos partidos políticos nas próximas eleições municipais, fração proporcional ao número de representantes de cada partido na Câmara dos Deputados –, o Tribunal decidiu indeferir, por razões de conveniência, o pedido de suspensão liminar do dispositivo. Entendeu-se que o deferimento da cautelar implicaria o surgimento de vácuo legislativo ensejador de situação mais inconstitucional (i.e., mais contrária à exigência de razoabilidade que decorre do princípio do devido processo legal material) que a derivada do preceito legal impugnado. Vencido o Min. Ilmar Galvão, relator. ADIn 1408-DF, 15.02.96" (*Informativo STF*, n. 19).

INSTRUMENTOS DE GARANTIA DE DIREITOS

27.1 NOTA EXPLICATIVA AO CAPÍTULO

A Constituição ordena as relações entre as funções do Estado, disciplina a assunção do poder político. Mas não é só isso; é muito mais. É instrumento que consolida os direitos fundamentais dos indivíduos.

Havendo previsão de direitos materiais de extrema relevância para protegerem-se as pessoas, devem existir meios também para que se tornem concretamente fruíveis.

Reside aí a importância de dedicarmos capítulo distinto para o estudo dos instrumentos de garantia de direitos, as ações constitucionais aptas à efetivação dos direitos fundamentais.

Entretanto, não se esgotam as garantias constitucionais nos instrumentos processuais disponibilizados pela Constituição de 1988[1331].

Neste Capítulo, examinaremos o *habeas corpus*, o mandado de segurança individual e coletivo, o mandado de injunção, o *habeas data*, a ação popular e a ação civil pública, e, sempre que necessário, com indicação da jurisprudência do Supremo Tribunal Federal a respeito.

27.2 O *HABEAS CORPUS*

Salienta o inciso LXVIII do art. 5º: "conceder-se-á *habeas corpus* sempre que alguém sofrer ou se achar ameaçado de sofrer violência em sua liberdade de locomoção, por ilegalidade ou abuso de poder".

27.2.1 A doutrina brasileira do *habeas corpus*

A ordem de *habeas corpus* se presta tanto para estancar o ato ilegal[1332] ofensivo à

1331 José Afonso da Silva traz elenco circunstanciado de garantias constitucionais, com apoio na doutrina de Ruy Barbosa (cf. *Curso de Direito Constitucional Positivo*, p. 394-397).

1332 Segundo o art. 648 do Código de Processo Penal, a coação à liberdade física será considerada ilegal quando: I – não houver justa causa; II – alguém estiver preso por mais tempo do que determina a lei; III – quem ordenar a coação não tiver competência para fazê-lo; IV – houver cessado o motivo que autorizou a coação; V – não for alguém admitido a prestar fiança, nos casos em que a lei a autoriza; e VI – o processo for manifestamente nulo.

liberdade de locomoção quanto para impedir que ocorra a ofensa.

Nem sempre foi assim.

A Constituição de 1891 fixava, no § 22 do art. 72, que "dar-se-á o *habeas corpus* sempre que o indivíduo soffrer violência, ou coacção, por illegalidade, ou abuso de poder".

Vê-se, portanto, a amplitude daquele dispositivo constitucional, pois não se destinava unicamente à tutela da liberdade física, mas também à proteção contra ilegalidade ou abuso de poder, originando, a partir daí, a conhecida "doutrina brasileira do *habeas corpus*", tendo em Ruy Barbosa e Pedro Lessa os seus mais ardorosos defensores.

A ideia, em síntese, consistia no seguinte: inexistindo limitação no corpo do Texto Constitucional de 1891 relativamente ao uso do *habeas corpus*, tornava-se admissível atacar atos de ilegalidade, mais ainda porque, naquele estágio de nossa evolução político-constitucional, não contávamos com ação dirigida ao resguardo de direito do indivíduo conspurcado por ilegalidade, como atualmente acontece na hipótese de impetração de mandado de segurança.

Posteriormente, promulgada a Emenda Constitucional de 3 de setembro de 1926, alterou-se a redação do § 22 do art. 72, passando a constar o cabimento da ordem quando alguém sofresse ou estivesse na iminência de sofrer violência por meio de prisão ou constrangimento ilegal em sua liberdade de locomoção, pondo termo, assim, à aplicabilidade do instrumento como sucedâneo do atual mandado de segurança.

27.2.2 Espécies de *habeas corpus*: preventivo e repressivo

Observando o art. 5º, LXVIII, é intuitivo que não se poderá aguardar a consumação do cerceio à liberdade física para tornar viável a impetração da ordem.

São admitidas, portanto, duas espécies de *habeas corpus*: o preventivo e o repressivo.

Sendo a ordem de *habeas corpus* concedida para evitar a ocorrência de prisão ilegal, estamos diante do *habeas corpus* preventivo, oportunidade em que o acolhimento de pedido determinará a expedição de "salvo-conduto".

O repressivo busca a imediata liberação do paciente (nome que se dá à pessoa que sofre a coação), ordenando se "livre solto" mediante o denominado "alvará de soltura".

27.2.3 *Habeas corpus*, liberdade de locomoção e liberdade de circulação

Atente-se para o fato de que a ordem de *habeas corpus* está vocacionada à tutela da liberdade de locomoção, liberdade de ir, vir, permanecer.

A liberdade de circulação, que se refere, por exemplo, ao livre trânsito nas cidades, eventualmente limitado pelo Poder Público municipal – com amparo no art. 30, I, da Constituição – no exercício do poder de polícia, não pode ser protegida pelo instrumento em questão, mas sim pelo mandado de segurança.

27.2.4 Legitimidade ampla para impetração de *habeas corpus*

Na condição de instrumento posto à salvaguarda da liberdade de ir, vir e ficar das pessoas, o *habeas corpus* pode ser impetrado pelo próprio coagido, por qualquer outro indivíduo ou pelo Ministério Público (art. 654, *caput*, do CPP).

27.2.5 Forma de impetração. Petição inicial de *habeas corpus* apócrifa

Quanto à forma de impetração do *habeas corpus*, a legislação processual penal expressamente admite a ordem veiculada por telegrama (art. 665, parágrafo único, do CPP).

Não será admissível, todavia, petição apócrifa, consoante reiterados pronunciamentos jurisprudenciais[1333-1334].

Também não poderá ser conhecido *habeas corpus* impetrado em língua estrangeira, conforme já decidiu o STF[1335].

Se, no entanto, a petição posterior vier subscrita pelo impetrante leigo, a própria natureza da ordem vocacionada à tutela da liberdade de ir e vir não deve compadecer-se com rigorismos formais do gênero, devendo ser examinado o pleito[1336].

1333 "PROCESSUAL PENAL – *HABEAS CORPUS* – ART. 14 DA LEI N. 6.368/76 – PRISÃO EM FLAGRANTE – EXCESSO DE PRAZO NA INSTRUÇÃO CRIMINAL – PETIÇÃO APÓCRIFA: Não se pode conhecer do *habeas corpus*, em face da ausência de assinatura do impetrante na petição inicial (Precedentes). *Writ* não conhecido" (STJ, HC 26499/RJ, 5ª T., rel. Min. Felix Fischer, *DJU* de 26-5-2003, p. 373).

1334 "PROCESSUAL PENAL – *HABEAS CORPUS* – ART. 121, *CAPUT*, § 2º, II E IV, DO CÓDIGO PENAL – CRIME HEDIONDO – PROGRESSÃO DE REGIME – PETIÇÃO APÓCRIFA. Não se pode conhecer de *habeas corpus*, impetrado pelo réu em causa própria, em face da ausência de assinatura na petição inicial (Precedentes). *Writ* não conhecido" (STJ, HC 25908/SP, 5ª T., rel. Min. Felix Fischer, *DJU* de 22-4-2003).

1335 "*HABEAS CORPUS* – IMPETRAÇÃO REDIGIDA EM LÍNGUA ESPANHOLA – EXTRADIÇÃO – FORMULAÇÃO DE PEDIDO DE CLEMÊNCIA AO PRESIDENTE DA REPÚBLICA – AUSÊNCIA DE INDICAÇÃO DE ATO CONFIGURADOR DE ILEGALIDADE OU ABUSO DE PODER – HC NÃO CONHECIDO. É inquestionável o direito de súditos estrangeiros ajuizarem, em causa própria, a ação de *habeas corpus*, eis que esse remédio constitucional – por qualificar-se como verdadeira ação popular – pode ser utilizado por qualquer pessoa, independentemente da condição jurídica resultante de sua origem nacional. A petição com que impetrado o *habeas corpus* deve ser redigida em português, sob pena de não conhecimento do *writ* constitucional (CPC, art. 156, c/c CPP, art. 3º), eis que o conteúdo dessa peça processual deve ser acessível a todos, sendo irrelevante, para esse efeito, que o juiz da causa conheça, eventualmente, o idioma estrangeiro utilizado pelo impetrante. A imprescindibilidade do uso do idioma nacional nos atos processuais, além de corresponder a uma exigência que decorre de razões vinculadas à própria soberania nacional, constitui projeção concretizadora da norma inscrita no art. 13, *caput*, da Carta Federal, que proclama ser a língua portuguesa 'o idioma oficial da República Federativa do Brasil'. (...)" (STF, HC 72.391-8, Plenário, rel. Min. Celso de Mello, *DJU* de 17-3-1995).

1336 "DIREITO CONSTITUCIONAL E PROCESSUAL PENAL. Petição inicial de *habeas cor-*

27.2.6 Agente coator no *habeas corpus*. O particular

Quem pode ser agente coator em sede de ordem de *habeas corpus*?

Embora se registre que a maioria dos casos envolva autoridades como responsáveis pela coação à liberdade de ir e vir, particular também pode ser alvo da medida[1337], como na hipótese de estabelecimento hospitalar que condiciona a liberação da pessoa ao pagamento das respectivas contas.

27.2.7 Não cabimento do *habeas corpus*

Punições disciplinares militares. É incabível, contudo, em relação a punições disciplinares militares (§ 2º do art. 142 da CF).

Todavia, é preciso esclarecer que o não cabimento do *writ* em sede de punições disciplinares militares se opera exclusivamente no âmbito do mérito do decreto prisional castrense, jamais para impedir a impetração quando houver flagrante ilegalidade de ato de autoridade militar restritivo do direito de ir e vir.

Observe-se o pronunciamento jurisprudencial: "PROCESSUAL PENAL – RECURSO DE *HABEAS CORPUS* – PRISÃO DISCIPLINAR MILITAR – CONTROLE JUDICIAL – 1. Tem entendido a jurisprudência, interpretando o § 2º do art. 142 da CF ('Não caberá *habeas corpus* em relação a punições disciplinares militares'), que o controle judicial da punição disciplinar militar na via do *habeas corpus* restringe-se à sua legalidade (competência, forma, devido processo legal etc.), não se estendendo ao segmento de mérito, radicado na conveniência e na oportunidade da punição. 2. 'Ninguém será preso senão em flagrante delito ou por ordem escrita e fundamentada de autoridade judiciária competente' (CF – art. 5º, LXI), exceto nos casos de transgressão militar. 3. Improvimento do recurso" (TRF 1ª R., RHC 34000359315/DF, 3ª T., rel. Des. fed. Olindo Menezes, *DJU* de 21-3-2003, p. 68).

---

pus, apócrifa, que deixa de sê-lo, na medida em que documento juntado à exordial contém assinatura do paciente. No *habeas corpus* impetrado por pessoa leiga, o rigor formal cede lugar a atitudes de tolerância, inclinando-se o julgador a aceitar pequenas falhas formais que não prejudiquem o sentido da impetração. Preliminar de não conhecimento da impetração rejeitada, à unanimidade. No mérito, alegada extrapolação do prazo torna-se insubsistente, na medida em que a nova Lei n. 10409/02 alargou sensivelmente tais prazos. Ordem denegada, à unanimidade" (TJPE, HC 85579–4, rel. Des. Magui Lins Azevedo, *DJPE* de 15-11-2002).

1337 "É admissível o remédio do *habeas corpus* em se tratando de constrangimento à liberdade de locomoção exercido por particular" (TJ/SP, REO 68.960, de 17-11-1960, *RT*, 509/336). "Ao fazendeiro não é lícito impedir que o colono exerça o seu direito de locomoção, retendo-o na propriedade agrícola, obstando a retirada da mudança, para cumprimento de contrato ou pagamento de dívida" (TJPR, HC 39, de 14-7-1960). "É cabível o *habeas corpus* quando a coação parte de particular, porque a Carta Magna não só fala em abuso de poder, mas também em ilegalidade" (TJSP, HC 65.844, de 23-2-1960). As fontes jurisprudenciais foram extraídas do trabalho de J. M. Othon Sidou, *Habeas Data, Mandado de Injunção, Habeas Corpus, Mandado de Segurança e Ação Popular:* as garantias ativas dos direitos coletivos, segundo a nova Constituição, 3. ed., Rio de Janeiro, Forense, 1989.

Habeas corpus *e exame de autoria do delito. Impossibilidade.* Também não é cabível a impetração para o fim de exame quanto à autoria do delito, pois "(...) não se compatibiliza com o rito especial e sumário do *habeas corpus* o reexame aprofundado da prova da autoria do delito (...)" (STF, HC 75497/SP, rel. Min. Maurício Corrêa, *DJU* de 9-5-2003, p. 68).

Efeito suspensivo a recurso. Não cabimento. Deve ser registrado que "o *habeas corpus* não é a via adequada para se atribuir efeito suspensivo a recurso especial, pedido que normalmente é veiculado por medida cautelar inominada e só é acolhido em casos excepcionalíssimos, condicionando-se, ainda, ao recebimento do recurso na origem (...)" (STJ, HC 16419/MG, 5ª T., rel. Min. Gilson Dipp, *DJU* de 17-9-2001, p. 177).

Ato monocrático de relator. Impossibilidade. O STF inicialmente admitia impetração de *habeas corpus* contra ato de relator em ação penal de competência originária.

No julgamento do HC 91.207, ocorrido em 22-10-2009, essa jurisprudência foi articulada pelos Ministros Marco Aurélio (relator), Celso de Mello e Gilmar Mendes, de sorte a reconhecer a admissibilidade do remédio constitucional sob o fundamento de que o valor *segurança jurídica* assim o exigia em razão de a jurisprudência do Tribunal permitir a impetração da ordem contra ato monocrático de Ministro-relator à época em que o *writ* foi impetrado.

Não obstante as acertadas ponderações dos julgadores vencidos, o STF não conheceu do *habeas corpus*, consolidando entendimento quanto à inadmissibilidade da impetração contra ato de relator.

Impetração em favor de pessoa jurídica. Impossibilidade. Não cabe impetração de *habeas corpus* quando o paciente for pessoa jurídica, visto que o instrumento de garantia se destina à específica tutela da liberdade de locomoção, que evidentemente, pela sua própria natureza, não se aplica às pessoas jurídicas, ainda que possam ser penalmente responsabilizadas, conforme preveem as disposições da Lei n. 9.605/98.

O art. 22 da referida Lei, contudo, denota a incidência tão só de penas restritivas de direitos às pessoas jurídicas, o que torna completamente inviável a utilização do *writ*. Assim se pronunciou o STF quando do julgamento do HC 92.921/BA, rel. Min. Ricardo Lewandowski, j. em 19-8-2008.

Empate no julgamento de habeas corpus. Se ocorre empate na decisão acerca de *habeas corpus*, seja em sede de julgamento de competência originária de tribunais, seja por força de interposição de recurso ordinário constitucional, recurso especial ou extraordinário, impõe-se a proclamação da tese que beneficia o paciente, conforme vem reiteradamente decidindo o STF (HC 72.445-1/DF, 1ª T., rel. Min. Marco Aurélio; HC 74.750-7/PB, rel. Min. Marco Aurélio).

27.2.8 Suspensão do *habeas corpus*

Pode ser suspensa a ordem quando da decretação de estado de sítio?

Sim, mas somente com fundamento no art. 137, II, da Constituição, ou seja, quando houver declaração de estado de guerra ou resposta a agressão armada estrangeira.

Com efeito, se a Constituição apresenta taxativamente o elenco de direitos individuais que podem ser afastados quando da decretação de estado de sítio com amparo no art. 137, I (comoção grave de repercussão nacional ou ocorrência de fatos que comprovem a ineficácia de medida tomada durante o estado de defesa), tais ocorrências não se prestarão a sustentar a suspensão do *writ*, porquanto não se encontra em nenhum inciso do art. 139 essa possibilidade.

Contudo, silenciando acerca de eventuais restrições no caso de a medida excepcional estar presa à circunstância prevista no art. 137, II, logicamente decorre que poderá o decreto suspender qualquer direito e garantia individual, incluindo-se, por óbvio, a ordem de *habeas corpus*.

27.3 O MANDADO DE SEGURANÇA

Aponta o inciso LXIX do art. 5º: "conceder-se-á mandado de segurança para proteger direito líquido e certo, não amparado por *habeas corpus* ou *habeas data*, quando o responsável pela ilegalidade ou abuso de poder for autoridade pública ou agente de pessoa jurídica no exercício de atribuições do Poder Público".

Esse é o mandado de segurança individual.

Tomado de empréstimo do direito mexicano, que contempla o *juicio de amparo*, o mandado de segurança surgiu no Brasil com a Constituição de 1934 (art. 113, item 33), sendo suprimido pela Constituição de 1937, que instalou o período do Estado Novo no País. Retornando à Constituição de 1946 (§ 25, art. 141), não mais deixou de ser observado pelos textos seguintes, nem mesmo pelas Constituições outorgadas de 1967 (§ 21 do art. 150) e de 1969 (§ 21 do art. 153).

27.3.1 Natureza jurídica da ação constitucional

Tanto o mandado de segurança individual quanto o coletivo têm natureza jurídica de ação civil de rito sumário especial[1338].

Por conseguinte, pouco importa o órgão jurisdicional para o qual se remeta a ordem de segurança; seja a Justiça Federal, seja a Estadual (Cível ou Criminal), Militar ou do Trabalho. O mandado de segurança sempre terá natureza jurídica de ação cível.

27.3.2 A expressão "direito líquido e certo"

Visa proteger "direito líquido e certo", razão suficiente para se tentar desencobrir o sentido da expressão.

Muitas são as críticas formuladas à escolha da expressão "direito líquido e certo".

Acentua Hely Lopes Meirelles: "Quando a lei alude a *direito líquido e certo*, está exigindo que esse direito se apresente com todos os requisitos para seu reconheci-

1338 Cf. Hely Lopes Meirelles, op. cit., p. 29.

mento e exercício no momento da impetração. Em última análise, *direito líquido e certo é direito comprovado de plano*. Se depender de comprovação posterior, não é líquido nem certo, para fins de segurança" (grifos do original)[1339].

Procede a crítica. O direito é e sempre será "líquido e certo". Incertos são os fatos sobre os quais se sustenta o direito invocado pela parte.

A "liquidez" e a "certeza" do direito amparável por mandado de segurança estão a depender de o impetrante (nome que se dá a quem adota a iniciativa quanto à impetração da segurança) apresentar, de imediato, juntamente com a petição inicial, toda a prova na qual se sustentam suas alegações. Se houver necessidade de produção de qualquer prova para a confirmação da tese do autor, deixa o direito os domínios da "liquidez" e da "certeza" que permitem o seu amparo pelo remédio em questão. Se o direito não estiver consubstanciado em prova pré-constituída (juntada com a petição inicial), pode o interessado até recorrer ao Poder Judiciário por meio de outra ação, porém jamais via mandado de segurança.

Mas, ainda assim, com base no escólio do ilustre administrativista, pode-se definir direito líquido e certo como aquele que "(...) se apresenta manifesto na sua existência, delimitado na sua extensão e apto a ser exercitado no momento da impetração"[1340].

27.3.3 Não cabimento para tutela à liberdade de ir e vir e autodeterminação informática

Ofensas à liberdade de ir e vir e à autodeterminação informática não podem ser tratadas em sede de ação de segurança, visto que a Constituição prevê, respectivamente, o *habeas corpus* e o *habeas data* para tais casos.

27.3.4 Espécies de mandado de segurança

Autoriza-se a impetração para repreender ilegalidade praticada ou para impedir que se pratique, ensejando, assim, a existência dos mandados de segurança *repressivo* e *preventivo*.

As modalidades do *mandamus* podem ser extraídas do art. 1º da Lei n. 12.016, de 7 de agosto de 2009: "Conceder-se-á mandado de segurança para proteger direito líquido e certo, não amparado por *habeas corpus* ou *habeas data*, sempre que, ilegalmente ou com abuso de poder, qualquer pessoa física ou jurídica *sofrer violação* ou *houver justo receio de sofrê-la* por parte de autoridade, seja de que categoria for e sejam quais forem as funções que exerça".

O primeiro deles – o repressivo – é, de longe, o mais utilizado e tenciona paralisar o ato ilegal já consumado.

1339 Cf. *Mandado de Segurança, Ação Popular, Ação Civil Pública, Mandado de Injunção, Habeas Data*, p. 35.

1340 Idem, p. 34.

O da segunda espécie – preventivo – é admitido para evitar que o ato ilegal ocorra[1341], devendo o impetrante acautelar-se para não cometer o equívoco de discutir a ilegalidade, em tese, de lei, porquanto o STF já editou a Súmula 266, que impede procedimento desse jaez.

27.3.5 Agente coator em sede de mandado de segurança. Particular e competência delegada

Agente coator no mandado de segurança tanto poderá ser autoridade pública quanto agente de pessoa jurídica no exercício de atribuições do Poder Público.

Autoridade pública é equivalente a servidor público?

É óbvio que não.

Quando a Constituição cogita de ato de autoridade quer iniludivelmente se referir a uma categoria especial de agentes públicos: os que possuem poder de decisão na esfera da Administração Pública.

Logo, meros executores de ordem superior não podem ser considerados *autoridade* para fins de impetração de mandado de segurança, circunstância já expressamente reconhecida no § 1º, art. 1º, da Lei n. 12.016/2009.

Particular que atua mediante delegação do Poder Público é reputado autoridade para o propósito de impetração do *writ*[1342].

Ainda em tema de delegação, é preciso reconhecer a ilegitimidade passiva da autoridade delegante quando o ato é praticado pelo agente público que recebeu a delegação[1343].

Por outro lado, indicada incorretamente a autoridade coatora, a hipótese é de extinção da ação de segurança sem resolução de mérito, não cabendo ao Poder Judiciário admitir a alteração dos limites subjetivos da lide após a impetração[1344].

1341 Razão pela qual se não se recusa a possibilidade de impetração de mandado de segurança para impedir a incidência de lei nova sobre matéria tributária, pois é certo que a administração fiscal irá aplicá-la. "Assim, a jurisprudência admite que o contribuinte, encontrando-se na hipótese de incidência tributária prevista em lei, impetre o mandado de segurança preventivo, pois há uma ameaça real e um justo receio de que o fisco efetue a cobrança do tributo" (cf. Hely Lopes Meirelles, op. cit., p. 24).

1342 O STF (Súmula 510) reconhece a figura de autoridade quando o particular recebe delegação do Poder Público e não autorização: "Praticado o ato por autoridade no exercício de competência *delegada*, contra ela cabe o mandado de segurança ou a medida judicial". Superada a controvérsia no campo legislativo em virtude da redação do § 1º do art. 1º da Lei n. 12.016, de 7-8-2009: "Equiparam-se às autoridades, para os efeitos desta Lei, os representantes ou órgãos de partidos políticos e os administradores de entidades autárquicas, bem como os dirigentes de pessoas jurídicas ou as pessoas naturais no exercício de atribuições do poder público, somente no que disser respeito a essas atribuições".

1343 "Não tem legitimidade *ad causam*, para figurar no polo passivo, de mandado de segurança, o delegante, por ato praticado pela autoridade delegada, face ao que dispõe a Súmula 510, do STF" (TJPE, MS 59160-2, rel. Des. Ozael Veloso, *DJPE* de 16-5-2002, p. 91).

1344 STF, RMS 22.496/DF, 1ª T., rel. Min. Sydney Sanches, *DJU* de 25-4-1997: "1. É firme a ju-

27.3.6 Mandado de segurança e o art. 5º da Lei n. 12.016, de 7 de agosto de 2009

O *writ of security*, como preferem os anglo-saxões, é medida de natureza excepcional, cujo fim é a proteção a direito líquido e certo do impetrante.

Logo, não se poderá impetrar a medida em qualquer situação, a ponto de o art. 5º, I a III, da Lei n. 12.016/2009 esclarecer que não se dará mandado de segurança quando se tratar:

"I – de ato do qual caiba recurso administrativo com efeito suspensivo, independentemente de caução;

II – de decisão judicial da qual caiba recurso com efeito suspensivo;

III – de decisão judicial transitada em julgado".

É certo que, de acordo com o inciso I, não será exigível que o impetrante esgote a instância administrativa para viabilizar a impetração.

O que está claramente posto na norma (art. 5º, I, da Lei n. 12.016/2009) é que não caberá mandado de segurança se utilizado recurso administrativo que seja dotado de efeito suspensivo e desde que o indivíduo não esteja obrigado a prestar caução para viabilizá-lo.

Em tais situações deixa verdadeiramente de existir interesse processual para obter-se decisão a respeito, porquanto o ato ilegal não está produzindo nenhum efeito. É o que Sérgio Ferraz denomina "decretação legal de caso de inexistência de interesse de agir"[1345].

A circunstância impeditiva da impetração não é a mera possibilidade de interposição de recurso na seara administrativa, mas sim a livre escolha dessa via, quando o recurso apto para impugnar o ato ilegal for dotado de efeito suspensivo.

Significa o seguinte: se o indivíduo livremente escolher a via administrativa para atacar o ato que entende ilegal e ofensivo a direito liquido e certo de que é titu-

---

risprudência do Supremo Tribunal Federal, no sentido de não admitir que o Juiz, ou Tribunal, entendendo incorreta a indicação da autoridade coatora, pelo impetrante, corrija o equívoco deste, *ex officio*, indicando, ele próprio, a autoridade apontável como coatora. Menos ainda quando o impetrante insiste na legitimidade da autoridade que indicou, como ocorre na hipótese, inclusive, agora, mediante este Recurso. 2. O que há de fazer, nesse caso, o Juiz ou Tribunal, segundo o entendimento do STF, é extinguir o processo, sem exame do mérito, por falta de uma das condições da ação, exatamente a legitimidade *ad causam*. 3. Isso bastaria, na hipótese, para que a remessa dos autos para esta Corte, a fim de julgar a impetração como se dirigida contra o Presidente da República, resultasse cassada a esta altura, como fica. 4. De qualquer maneira, como demonstraram o recorrente e o parecer do Ministério Público federal, o Ministro da Saúde é, mesmo, a autoridade apontável, no caso, como coatora, de sorte que o Recurso Ordinário é provido, também, nesse ponto, ou seja, para ficar afastada a conclusão, em contrário, do acórdão recorrido, observada, assim, a Súmula 510 do STF. 5. Em consequência, os autos devem retornar ao Tribunal *a quo*, a fim de prosseguir no julgamento das demais questões de direito".

1345 Cf. *Mandado de Segurança (Individual e Coletivo)*: aspectos polêmicos, p. 69.

lar, não poderá recorrer ao Poder Judiciário, pois o efeito suspensivo do recurso interposto obstará à produção de efeitos do ato e, consequentemente, impedirá o reconhecimento judicial quanto à existência de interesse de agir.

Mas isso não quer dizer que o cidadão esteja obrigado a recorrer à via administrativa quando houver recurso dotado de efeito suspensivo, pois o art. 5º, XXXV, da CF determina que "a lei não excluirá da apreciação do Poder Judiciário lesão ou ameaça a direito". Somente quando, de forma espontânea, escolhe a solução pela instância administrativa é que se encontrará naturalmente impedido de lançar-se em juízo municionado com o mandado de segurança.

E, mesmo assim, por imperativo lógico, se o indivíduo recorre à via administrativa e não obtém resposta alguma, a circunstância não poderá impedi-lo de acesso ao Poder Judiciário, conforme consubstancia a Súmula 429 do STF: "A existência de recurso administrativo com efeito suspensivo não impede o uso do mandado de segurança contra *omissão* de autoridade" (grifos não constam no original).

27.3.7 Prazo para impetração. Constitucionalidade

A ordem deverá ser impetrada no prazo decadencial de cento e vinte dias, contados da ciência, pelo interessado, do ato que se deseja impugnar (art. 23 da Lei n. 12.016/2009).

Desde o advento da revogada Lei n. 1.533/51 que a doutrina contesta a constitucionalidade do dispositivo legal (art. 18, Lei n. 1.533/51), sob o fundamento de que os contornos ao exercício do direito de ação, no caso de impetrado mandado de segurança, já se encontram fixados no art. 5º, LXIX, da Constituição, não estando autorizado o legislador ordinário a promover limitações se nem sequer o fez o legislador constituinte originário[1346].

De nossa parte, aderimos à corrente que forceja pela declaração da inconstitucionalidade da norma em questão, já que, em se tratando de ação mandamental disciplinada pela Constituição e invariavelmente dirigida à proteção de direitos fundamentais, não seria dado ao legislador ordinário limitar-lhe o espectro.

Mas o STF não acolheu a tese da inconstitucionalidade do art. 18 da revogada Lei n. 1.533/51[1347].

1346 Cf. Nelson Nery Junior, *Princípios do Processo Civil na Constituição Federal*, p. 94-95.

1347 Súmula 632 do STF: "É constitucional lei que fixa o prazo de decadência para a impetração de mandado de segurança". É conveniente informar ainda que não incide o prazo decadencial na hipótese de prestações de trato sucessivo, como no caso de ato administrativo que impõe redução aos proventos de servidores, oportunidade em que o ato ofensivo a direito líquido e certo se renova a cada mês" (STJ, MS 9.577/DF, rel. Min. Francisco Peçanha Martins, 1ª S., *DJ* de 30-5-2005; STJ, MS 9.427/DF, rel. Min. Paulo Medina, 3ª S., *DJ* de 18-5-2005; STJ, AgRg no AG 574.346/PA, rel. Min. Paulo Gallotti, 6ª T., *DJ* de 2-5-2005; STJ RMS 15.575/PA, rel. Min. Paulo Medina, 6ª T., *DJ* de 2-5-2005; STJ, AgRg no AG 624.166/AM, rel. Min. Felix Fischer, *DJ* de 11-4-2005).

27.3.9 Competência para julgamento

Por fim, note-se que a competência para impetração da segurança firma-se exclusivamente com base na condição da autoridade coatora, e não em razão da natureza do ato impugnado[1348].

27.3.10 O mandado de segurança coletivo

O mandado de segurança coletivo, por sua vez, está previsto no inciso LXX, *a* e *b*, do art. 5º da Constituição Federal, admitindo a impetração por partido político com representação no Congresso Nacional, organização sindical, entidade de classe ou associação legalmente constituída e em funcionamento há pelo menos um ano[1349], em defesa dos interesses de seus membros ou associados.

27.3.10.1 Legitimidade para o *writ* coletivo

Enquanto o mandado de segurança individual poderá ser impetrado por qualquer ente com personalidade ou até mesmo por órgãos públicos despersonalizados e universalidades patrimoniais (massa falida, por exemplo), o *writ* coletivo só poderá ser manejado pelas entidades referidas no antedito preceito.

No que respeita à legitimidade para o *writ* coletivo, o art. 21 da Lei n. 12.016/2009 apresenta a seguinte redação: "O mandado de segurança coletivo pode ser impetrado por partido político com representação no Congresso Nacional, na defesa de seus interesses legítimos relativos a seus integrantes ou à finalidade partidária, ou por organização sindical, entidade de classe ou associação legalmente constituída e em funcionamento há, pelo menos, 1 (um) ano, em defesa de direitos líquidos e certos da totalidade, ou de parte, dos seus membros ou associados, na forma dos seus estatutos e desde que pertinentes às suas finalidades, dispensada, para tanto, autorização especial".

1348 STJ, REsp 2.019.09/SP, 6ª T., rel. Min. Vicente Leal, *DJU* de 5-5-2003, p. 324: "Este Superior Tribunal de Justiça vem se posicionando no sentido de que, em se cuidando de mandado de segurança, a competência deve ser firmada em razão da qualidade de quem ocupa o polo passivo da relação processual, não decorrendo da natureza ou conteúdo do ato impugnado. Precedentes. Na espécie, não se deve considerar a natureza da relação empregatícia, mas a circunstância de que a pretensão foi deduzida em mandado de segurança impetrado contra ato de prefeito municipal, cuja competência é da Justiça Comum Estadual. Recurso Especial parcialmente conhecido e, nesta extensão, provido".

1349 Tal exigência não pode ser dirigida aos sindicatos: "Tratando-se de mandado de segurança coletivo impetrado por sindicato, é indevida a exigência de um ano de constituição e funcionamento, porquanto esta restrição destina-se apenas às associações, nos termos do art. 5º, XXI, *b*, *in fine*, da CF ('o mandado de segurança coletivo pode ser impetrado por:... b) organização sindical, entidade de classe ou associação legalmente constituída e em funcionamento há pelo menos um ano, em defesa dos interesses de seus membros ou associados')" (RE 198.919/DF, rel. Min. Ilmar Galvão, 15-6-1999).

27.3.10.2 Objeto do mandado de segurança coletivo

Mas a distinção entre os dois não se reserva apenas ao plano da legitimidade para impetração; o objeto é também diferenciado.

Aqui, no mandado de segurança coletivo, serão tuteláveis exclusivamente os interesses dos membros ou associados dos partidos políticos[1350] e das demais entidades relacionadas na alínea *b*.

Impõe considerar, então, que as pessoas jurídicas legitimadas à impetração não estão autorizadas a buscar judicialmente a proteção de direito individual dos seus membros ou associados, o que corresponderia à tentativa de desnaturar o seu propósito, que é a defesa de interesse coletivo, como o próprio nome atribuído à ordem deixa evidente[1351].

Nem mesmo os sindicatos, que possuem permissão constitucional para a defesa dos direitos e interesses coletivos e individuais da categoria, na esfera judicial ou administrativa, podem lançar mão do *mandamus* coletivo para o fim de proteção de direito de associado individualmente considerado, porque o art. 8º, III, defere prerrogativa do gênero para ações de uma forma geral, não para o mandado de segurança coletivo, que detém natureza jurídica de ação sumária[1352].

Porém, será admitida a impetração do *mandamus* coletivo quando a ofensa a direito de parcela de associados representar transgressão a direito coletivo da respectiva categoria.

Exemplo: advogados que militam em determinada comarca e têm o acesso aos autos limitado ilegalmente por ato de servidor ou de juiz. No caso, conquanto de parcela de advogados, será admitido o manejo da ação coletiva pela Seccional da OAB por ofensa a prerrogativa de toda a categoria.

27.3.10.3 Mandado de segurança coletivo e dispensa de prévia autorização dos associados

A questão foi pacificada pelo STF mediante a Súmula 629: "A impetração de mandado de segurança coletivo por entidade de classe em favor dos associados independe da autorização destes".

1350 "Falta a partido político legitimação *ad causam* para impetrar mandado de segurança, se este não tem por objetivo direitos subjetivos ou interesses atinentes à finalidade partidária. É o que acontece no caso, em que o impetrante alvitra a proteção de direitos subjetivos individuais homogêneos de beneficiários da previdência social, ou seja, o pagamento de reajuste de 147,06% a todos os benefícios em manutenção e de prestação continuada" (STJ, *RDA*, 188/187, MS 1.235).

1351 Assim decidiu o TRF/2ª Região, nos autos da ApCMS 92.02.12460-4/RJ, ao declarar a impossibilidade de impetração do *writ* coletivo para a defesa de direito de parte dos associados.

1352 Ainda que tenha admitido a impetração em favor de parcela de associados, considera o STF a legitimidade do sindicato quando o interesse em lide é de natureza coletiva, não pondo à margem a vocação da medida.

E mais: a própria redação do art. 21 da Lei n. 12.016/2009, em sua parte final, dispensa, de forma explícita, autorização especial a ser conferida por associados para a iniciativa da entidade.

27.4 O MANDADO DE INJUNÇÃO

Refere o inciso LXXI do art. 5º: "conceder-se-á mandado de injunção sempre que a ausência de norma regulamentadora torne inviável o exercício dos direitos e liberdades constitucionais e das prerrogativas inerentes à nacionalidade, à soberania[1353] e à cidadania".

27.4.1 O mandado de injunção no direito estrangeiro

No direito estrangeiro está a ordem consagrada nos Estados Unidos e na França.

Todavia, a compostura do *writ of injunction* no país norte-americano nada tem que ver com o mandado brasileiro, visto que ali foi utilizado com caráter proibitivo: "(...) a *injunção* é uma ordem judicial que pode ser expedida por qualquer tribunal de

---

1353 Lembre-se, com Hely Lopes Meirelles, que a soberania referida é a *soberania popular*, posta no art. 14, e não a soberania estatal, somente invocável pelo próprio Estado no exercício de seus poderes absolutos e incontrastáveis (op. cit., p. 202). Ainda quanto ao objeto da impetração, leciona Manoel Gonçalves Ferreira Filho (cf. *Curso de Direito Constitucional*, p. 276-277) que o mandado tem campo restrito de aplicação, porque "(...) não alcança outros direitos, por exemplo, os inscritos entre os direitos sociais. Realmente, a parte final – 'inerentes à nacionalidade, à soberania e à cidadania' – restringe o alcance desse mandado. "Ele serve para garantir os direitos, liberdades e prerrogativas diretamente vinculados ao *status* de nacional (...)". Com o devido respeito, não concordamos com a opinião. Seguramente, se é que há um conjunto de direitos e liberdades constitucionais vocacionado a, por excelência, ser objeto de mandado de injunção, este é o dos direitos sociais. Referidos como "disposições constitucionais incômodas" por Vezio Crisafulli (citado por José Afonso da Silva, *Aplicabilidade das Normas Constitucionais*, p. 153), os direitos sociais são aqueles que de modo mais habitual devem figurar no âmbito da ordem injuntiva, principalmente porque a Constituição não faz referência apenas às prerrogativas inerentes à nacionalidade, à soberania e à cidadania, mas também aos *direitos* e liberdades constitucionais, dentre os quais se inserem, como é óbvio, os direito sociais. Não fosse isso, poder-se-ia também articular a ideia segundo a qual o conceito de *cidadania* não está reconduzido, no sistema constitucional, ao plano exclusivo do exercício dos direitos políticos; esta é a cidadania em sentido estrito. *Cidadania*, tal como indicada no art. 5º, LXXI, é a em sentido amplo, destinada ao desenvolvimento de uma rede de proteção social em torno à pessoa (ver Capítulo 9, subitem 9.2.1.1.2). Com efeito, é lógico que o termo "cidadania", ao ser empregado no contexto dos "Princípios Fundamentais", não pode nem deve ser limitado à capacidade eleitoral ativa, porquanto redundaria no insidioso procedimento de retirar da legislação ordinária (§ 3º, art. 1º, Lei n. 4.717/65) um valor para a exegese de norma constitucional tão relevante, como é a referente à cidadania.

acordo com as circunstâncias do caso. Não precisa, necessariamente, constar de uma lei escrita. Concedem-na os tribunais sempre que a reputarem necessária para preservar o objeto da demanda"[1354].

Por via de consequência, a ordem injuntiva estadunidense tem grande semelhança com a tutela antecipada (art. 273 do CPC) ou ainda com a tutela inibitória do direito processual brasileiro (art. 461 do CPC, art. 11 da Lei da Ação Civil Pública e art. 84 do Código de Defesa do Consumidor), diferenciando-se, todavia, em razão de, naquele sistema jurídico, ser possível a concessão da ordem mesmo à míngua de expressa previsão legal.

Na França, a ordem de injunção tem natureza de ato de poder de polícia expedido pelo magistrado, porque dirigida às partes em litígio e até mesmo contra os servidores da Justiça francesa, sendo vedada a destinação de injunções aos membros do Ministério Público[1355].

27.4.2 Legitimidade para impetração de mandado de injunção

Quanto à legitimidade para impetração da ordem, é a mais ampla possível, isto é, defere-se-a a qualquer ente com personalidade, seja pessoa natural ou jurídica, e, neste caso, pública ou privada.

27.4.3 Objeto do mandado de injunção

O objeto do mandado de injunção é transformar o direito abstrato em concreto. Tal providência resulta da histórica ausência de efetividade de diversos direitos consagrados em Constituições brasileiras precedentes, fato que decorreu da inércia legislativa.

1354 Cf. Ulderico Pires dos Santos, *Mandado de Injunção:* estudos e considerações, p. 18. O autor, remitindo-se ao *Black's Law Dictionary*, anota as seguintes espécies de injunção: *injunção interlocutória* – expedida a qualquer tempo durante a pendência do litígio para o fim imediato de prevenir dano irreparável ao requerente antes que o tribunal esteja em condições de conceder ou negar o pedido definitivamente; *injunção mandatória* – ordena ao impetrado que pratique algum ato, ou ainda proíbe-o de recusar-se a fazer ou de permitir que se faça alguma coisa prejudicial ao queixoso; *injunção permanente* – tem eficácia durante todo o desenrolar do processo; *injunção perpétua* – a que decide o caso definitivamente e não tem duração determinada; *injunção preliminar* ou *provisória* – concedida no início do processo para impedir o impetrante de fazer ou continuar algum ato, cujo direito está em disputa, e que pode ser revogada ou tornada perpétua; *injunção preventiva* – proíbe o impetrado de fazer determinado ato ou ordena que se abstenha de realizá-lo; *injunção proibitória* – ordem judicial sob a forma de julgamento que estabelece que não se faça determinada coisa (op. cit., p. 19-21).

1355 Ressalta Ulderico Pires dos Santos o caráter de poder de polícia da injunção francesa: "Tanto isto é certo que o magistrado pode expedi-la até mesmo para que as pessoas que estiverem transtornando os trabalhos judiciários com algazarra, conversa muito alta, ou outro procedimento qualquer que atrapalhe os trabalhos ponham fim ao tumulto" (op. cit., p. 31), podendo ainda abranger a injunção os atos dos advogados se estiverem se conduzindo deslealmente no processo (idem, ibidem).

O mandado de injunção pode ser impetrado para buscar a emissão de provimento colmatador de lacuna ofensiva a interesse coletivo? Não se repugna tal possibilidade, desde que a ausência de norma regulamentadora torne inviável o exercício de interesse coletivo de categoria[1356].

27.4.4 Definição de "norma regulamentadora"

Mas a possibilidade de impetração do *mandamus* se prende também à definição de "norma regulamentadora".

Norma regulamentadora não é nem pode ser, tão só, o ato administrativo que torna fruível o direito individual previsto na Constituição.

Não pode o seu significado ser restrito ao regulamento, pois é induvidoso que a ineficácia do direito derive de falta de lei em sentido formal ou em sentido unicamente material.

É, assim, qualquer norma que tenha aptidão para retirar o direito do plano meramente abstrato[1357]; seja lei a ser expedida pelo Parlamento ou ato administrativo indispensável à fruição dos direitos reconhecidos pelo art. 5º, LXXI.

Ulderico Pires dos Santos esclarece que "norma regulamentadora é muito mais abrangente, por compreender os atos normativos da Administração Pública, os regulamentos e provimentos por ela baixados para facilitar ou ordenar certas disposições administrativas tendentes a enquadrar esta ou aquela categoria de servidores, as instruções baixadas, o conjunto de princípios ordenados pelos diretores de servi-

---

1356 Foi nesta linha que decidiu o STF ao julgar o MI 102/PE, j. em 12-2-1999, conquanto, no mérito, tenha sido prejudicado o exame da ordem: "Por maioria de votos, o Tribunal reconheceu a legitimidade ativa de entidades sindicais para a propositura de mandado de injunção coletivo, quando a falta de norma regulamentadora torne inviável o exercício de direitos constitucionais de seus membros. Vencido o Min. Marco Aurélio, relator, que não admitia o mandado de injunção coletivo do impetrante, Sindicato dos Trabalhadores Rurais de Pombos-PE, por entender que a referida ação trata de direitos individuais. Precedentes citados: MI 20-DF (DJU de 22.11.96), MI 73-DF (DJU de 19.12.94); MI 361-RJ (RTJ 158/375)" (*Informativo STF*, n. 99).

1357 O STF, ao julgar o MI (AgRg) 595-MA (17-3-99), rel. Min. Carlos Velloso, entendeu que regimento interno de tribunal e súmulas de jurisprudência não podem ser considerados normas regulamentadoras: "Constitui pressuposto do mandado de injunção a existência de um direito ou liberdade constitucional, ou de prerrogativa inerente à nacionalidade, à soberania e à cidadania, cujo exercício esteja inviabilizado pela ausência da norma infraconstitucional reguladora (CF, art. 5º, LXXI). Com esse entendimento, o Tribunal negou provimento a agravo regimental contra decisão que negara seguimento a mandado de injunção que se fundava na omissão do STF na atualização de seu Regimento Interno e na edição de Súmulas em geral. Considerou-se, ainda, que é constitucional a atribuição conferida ao relator para arquivar ou negar seguimento a pedido ou recurso desde que, mediante recurso, possam as decisões ser submetidas ao controle do colegiado (RISTF, art. 21, § 1º, Lei 8.038/90, art. 38 e CPC, art. 557, na redação da Lei 9.756/98). Precedente citado: MI (AgRg) 375-PR (RTJ 139/53). MI (AgRg) 595-MA, rel. Min. Carlos Velloso, 17.3.99" (*Informativo STF*, n. 142).

ço que dificultem ou embaracem o exercício dos direitos constitucionais que estejam na sua dependência, ou quaisquer provimentos ou procedimentos que atrasem, dificultem ou obstem o exercício de direitos, ou que impeçam ou retardem proveitos consequentes de qualquer atividade de certo modo relacionada com o Poder Público e que dependam de regulamentação a ser baixada por ele. Envolve, enfim, o ato executor da norma regulamentar, do agente a ele subordinado e de todos os que direta ou indiretamente praticam o ato violador do direito do impetrante; sendo de importância nenhuma o fato de haver sido o ato impugnado praticado em consequência de regulamentos, instruções, circulares ou ordens que portem natureza genérica ou não"[1358].

Não obstante, se já se presencia lei no sistema do direito positivo, dependente, no entanto, de regulamentação, é evidente que não se admitirá a impetração de mandado de injunção para colmatar lacuna legislativa que, simplesmente, não existe[1359]. A ordem deverá dirigir-se contra a autoridade administrativa competente para edição do respectivo decreto regulamentar ou, se for o caso, de qualquer outra providência que esteja apta a possibilitar a fruição do direito, liberdade ou prerrogativa inerente à nacionalidade, à soberania e à cidadania.

27.4.5 Efeitos do mandado de injunção

Quanto aos efeitos da ordem injuntiva, a jurisprudência do Supremo Tribunal Federal concluiu inicialmente que o *writ* não se encontrava apto a viabilizar a fruição do direito por parte do impetrante prejudicado com a ausência de norma regulamentadora, atribuindo-lhe efeitos idênticos à ação direta de inconstitucionalidade por omissão[1360].

1358 Cf. *Mandado de Injunção*, p. 61 e s.

1359 Ver MI 600 AgR/BA, rel. Min. Carlos Velloso, j. em 26-3-2003. Também não se prestará a ordem para instar o STF ao reconhecimento de lacuna legislativa quando o direito se encontra disciplinado em norma constitucional intertemporal: "O Tribunal, por maioria, não conheceu de mandado de injunção impetrado com o objetivo de compelir o Congresso Nacional a regulamentar o inciso I do art. 7º da CF – que assegura aos trabalhadores urbanos e rurais 'relação de emprego protegida contra despedida arbitrária ou sem justa causa, nos termos de lei complementar' – em face da existência do art. 10, I, do ADCT, que regula provisoriamente o dispositivo em questão até que seja promulgada a referida lei complementar. Vencidos os Ministros Marco Aurélio e Sepúlveda Pertence, que conheciam da impetração haja vista o caráter provisório do art. 10 do ADCT e o fato de que, passados 14 anos da promulgação da Constituição Federal, ainda não foi elaborada a lei complementar. Precedente citado: MI 114-SP (RTJ 143/707). MI 628-RJ, rel. Min. Sydney Sanches, 19.8.2002 (MI-628)" (*Informativo STF*, n. 278).

1360 No MI 107 QO/DF, rel. Min. Moreira Alves, *DJ* de 21-9-1990, O STF concluiu que o efeito do *writ* é o mesmo daquele inerente à ação direta de inconstitucionalidade por omissão: "(...) é ação que visa obter do Poder Judiciário a declaração de inconstitucionalidade dessa omissão se estiver caracterizada a mora em regulamentar por parte do poder, órgão, entidade ou autoridade de que ela dependa, com a finalidade de que se lhe dê ciência dessa declaração, para que adote as providências necessárias, à semelhança do que

Embora tenha o STF se pronunciado inicialmente pela identidade dos efeitos do *writ* àqueles inerentes à ação direta, cumpre esclarecer que diferem sobremaneira, principalmente se tomados por parâmetro a legitimidade, o objeto e – também – os efeitos das medidas (ver subitem 8.7.2.1.2.1).

O entendimento inicial do STF quanto à impossibilidade de o mandado de injunção se prestar à concretização de direito ou liberdade constitucional foi mitigado posteriormente. Com efeito, quando do julgamento do MI 562/RS, o STF, além de reconhecer a mora legislativa conspurcadora de prerrogativa inerente à nacionalidade, à soberania e à cidadania, reconheceu aos impetrantes a viabilidade de fruição imediata do direito tornado ineficaz pela ausência de norma regulamentadora[1361].

Finalmente, naquele que nos parece o comportamento mais alvissareiro do STF sobre o objeto do mandado de injunção, nos autos do MI 712, o relator, Min. Eros Grau, admitiu a fruição imediata pelo impetrante do direito obstado pela ausência de norma regulamentadora[1362].

---

ocorre com a ação direta de inconstitucionalidade por omissão (artigo 103, § 2º, da Carta Magna), e de que se determine, se se tratar de direito constitucional oponível contra o Estado, a suspensão dos processos judiciais ou administrativos de que possa advir para o impetrante dano que não ocorreria se não houvesse a omissão inconstitucional".

1361 "Mandado de Injunção. Artigo 8º, § 3º, do ADCT. Direito à reparação econômica aos cidadãos alcançados pelas portarias reservadas do Ministério da Aeronáutica. Mora legislativa do Congresso Nacional. 1 – Na marcha do delineamento pretoriano do instituto do Mandado de Injunção, assentou este Supremo Tribunal que 'a mera superação dos prazos constitucionalmente assinalados é bastante para qualificar, como omissão juridicamente relevante, a inércia estatal, apta a ensejar, como ordinário efeito consequencial, o reconhecimento, *hic et nunc*, de uma situação de inatividade inconstitucional' (MI 543, voto do Ministro Celso de Mello, in DJ 24-5-2002). Logo, desnecessária a renovação de notificação ao órgão legislativo que, no caso, não apenas incidiu objetivamente na omissão do dever de legislar, passados quase quatorze anos da promulgação da regra que lhe criava tal obrigação, mas que, também, já foi anteriormente cientificado por esta Corte, como resultado da decisão de outros mandados de injunção. 2 – Neste mesmo precedente, acolheu esta Corte proposição do eminente Ministro Nelson Jobim, e assegurou 'aos impetrantes o imediato exercício do direito a esta indenização, nos termos do direito comum e assegurado pelo § 3º do art. 8º do ADCT, mediante ação de liquidação, independentemente de sentença de condenação, para a fixação do valor da indenização. 3 – Reconhecimento da mora legislativa do Congresso Nacional em editar a norma prevista no parágrafo 3º do art. 8º do ADCT, assegurando-se, aos impetrantes, o exercício da ação de reparação patrimonial, nos termos do direito comum ou ordinário, sem prejuízo de que se venham, no futuro, a beneficiar de tudo quanto, na lei a ser editada, lhes possa ser mais favorável que o disposto na decisão judicial. O pleito deverá ser veiculado diretamente mediante ação de liquidação, dando-se como certos os fatos constitutivos do direito, limitada, portanto, a atividade judicial à fixação do *quantum* devido. 4 – Mandado de injunção deferido em parte."

1362 "Iniciado julgamento de mandado de injunção impetrado pelo Sindicato dos Trabalhadores do Poder Judiciário do Estado do Pará – SINJEP contra o Congresso Nacional, em que se pretende seja garantido a seus associados o direito de greve previsto no art. 37, VII, da CF ('Art. 37.... VII – o direito de greve será exercido nos termos e nos limites defi-

Importante a remissão também ao voto do Min. Celso de Mello, quando, naquela oportunidade, asseverou a inaceitabilidade da omissão legislativa diante do que denominou "imposições legiferantes fundadas em cláusulas constitucionais mandatórias", afirmando ainda que por abstenção também se provoca a mudança informal da Constituição (ver voto no MI 712).

Felizmente prossegue a tendência concretizadora, agora voltada à efetivação do aviso prévio proporcional (art. 7º, XXI, da CF)[1363], objeto dos MIs 943, 1010, 1074 e 1090, visto que o relator, Min. Gilmar Mendes, salientou, em julgamento suspenso no dia 22-6-2011, que a mudança jurisprudencial referente ao mandado de injunção não poderia retroceder. Registre-se, inclusive, que a suspensão do julgamento ocorreu apenas em virtude da diversidade de parâmetros indicados para a solução da controvérsia (ver *Informativo STF*, n. 632).

27.4.6 Procedimento no mandado de injunção

E o procedimento do mandado de injunção?

Sendo certo que ainda não foi editada lei específica para regular a utilização da ordem injuntiva, é possível a aplicação das disposições relativas ao mandado de segurança.

Assente se encontra na jurisprudência a ideia quanto ao *writ* ter o procedimento disciplinado analogamente pela Lei n. 1.533/51 (revogada pela Lei n. 12.016/2009), que regula a impetração de mandado de segurança, inclusive quanto à admissibilidade de pleito liminar (STF, AgRgMI 337-8/DF, rel. Min. Octavio Gallotti, *RT*, 682/226).

27.5 O *HABEAS DATA*

Durante o período dos governos de exceção no Brasil, infelizmente se utilizou da nefanda prática de guardar informações de toda ordem, em entidades públicas, acer-

---

nidos em lei específica'). O Min. Eros Grau, relator, acompanhado pelo Min. Gilmar Mendes, conheceu do mandado de injunção para, enquanto a omissão não for sanada, aplicar, observado o princípio da continuidade do serviço público, a Lei 7.783/89, que dispõe sobre o exercício do direito de greve na iniciativa privada (CF: 'Art. 9º É assegurado o direito de greve, competindo aos trabalhadores decidir sobre a oportunidade de exercê-lo e sobre os interesses que devam por meio dele defender. § 1º A lei definirá os serviços ou atividades essenciais e disporá sobre o atendimento das necessidades inadiáveis da comunidade. § 2º Os abusos cometidos sujeitam os responsáveis às penas da lei'). Salientando a necessidade de se conferir eficácia às decisões proferidas pelo Supremo no julgamento de mandados de injunção, o relator reconheceu que a mora, no caso, é evidente e incompatível com o previsto no art. 37, VII, da CF, e que constitui dever-poder deste Tribunal a formação supletiva da norma regulamentadora faltante, a fim de remover o obstáculo decorrente da omissão, tornando viável o exercício do direito de greve dos servidores públicos. Após, pediu vista dos autos o Min. Ricardo Lewandowski. MI 712/PA, rel. Min. Eros Grau, 7.6.2006" (*Informativo STF*, n. 430).

1363 Importante informar que o art. 7º, XXI, da CF já foi regulamentado pela Lei n. 12.505, de 11 de outubro de 2011.

ca das pessoas, ofendendo flagrantemente os direitos à intimidade e à vida privada.

Com o escopo de impedir o prosseguimento de práticas dessa ordem, garantia específica foi criada pela Constituição de 1988, proporcionando ao indivíduo o *habeas data* para assegurar-lhe o conhecimento de informações relativas à sua pessoa, constantes de registros ou bancos de dados de entidades governamentais ou de caráter público; ou para retificação de dados, quando não prefira fazê-lo por processo sigiloso, judicial ou administrativo (art. 5º, LXXII, *a* e *b*).

Convictamente, deve ser preservado à pessoa o direito fundamental quanto a ser ela a exclusiva e soberana titular do fornecimento de informações de caráter estritamente pessoal. Nem o Estado nem qualquer pessoa de direito público ou privado pode manter, à sua revelia, dados de cunho personalíssimo.

27.5.1 Objeto da impetração

O *habeas data* pode ser impetrado com o objetivo de assegurar o conhecimento sobre informações arquivadas acerca da pessoa e/ou para a devida retificação, quando for o caso.

Assim, se a hipótese é de recusa quanto ao fornecimento de informações a respeito de dados inerentes ao indivíduo que os solicita, caberá *habeas data* e não mandado de segurança: "Se a proteção pedida pelo impetrante se refere à busca de informações relativas a sua pessoa constantes de registro ou banco de dados de entidade governamental, o instrumento processual adequado é o *habeas data*, não cabendo o uso do mandado de segurança como seu sucedâneo (...)" (STJ, MS 8196/DF, 3ª S., rel. Min. Felix Fischer, *DJU* de 28-4-2003).

27.5.2 Legitimidade ativa restrita. Exceção

A iniciativa somente é deferida à pessoa prejudicada com o arquivo de tais informações, configurando, desse modo, a legitimidade restrita para impetrá-lo.

É intuitivo, portanto, não caber a terceiro, nem ao Ministério Público, o uso da medida no que toca a registro atinente ao indivíduo, mais ainda porque a Constituição assegura o recebimento de informações do interesse de outrem mediante a garantia constitucional inscrita no art. 5º, XXXIII.

Há situações excepcionais que impõem a necessidade de ampliar um pouco mais a legitimidade para impetração de *habeas data*, como na circunstância de alguém já falecido cujos dados constem em arquivo de entidade pública ou de caráter público. Não seria admissível aquela exigência tendo em vista a absoluta impossibilidade de a pessoa referida no banco de dados impetrar a ordem, razão por que tem a jurisprudência permitido a impetração pelos herdeiros legítimos e cônjuge supérstite[1364].

1364 TFR, HD 001/DF, *DJ* de 25-5-1989. Como se vê, a jurisprudência é anterior ao novo Código Civil, cujo art. 1.845 incluiu o cônjuge como herdeiro necessário.

27.5.3 Legitimidade passiva

No que concerne à legitimidade passiva, pode figurar em sede de *habeas data* entidade governamental que possua registros ou banco de dados sobre o impetrante, assim como as de caráter público, cujos exemplos são o Serviço de Proteção ao Crédito (SPC) ou a SERASA. Em verdade, o caráter público de tais entidades promana de expressa dicção legal (§ 4º do art. 43 do CDC).

27.5.4 A prova da recusa das informações. Constitucionalidade

A Lei n. 9.507/97, que regulamentou o exercício do *habeas data*, fixou a obrigatoriedade de o impetrante apresentar, juntamente com a petição inicial, prova da recusa das informações[1365].

Instalou-se, com isso, a discussão a respeito da constitucionalidade do dispositivo, porquanto não referida tal hipótese pelo art. 5º, LXXII, da Constituição Federal.

Ao acompanharmos a jurisprudência do STF, aderimos ao entendimento quanto a ser constitucional a previsão, fundamentalmente porque, se o objetivo é, por meio de ação mandamental, compelir à divulgação de dados ou mesmo retificá-los, deve residir interesse processual para obtenção da providência[1366].

A prova da recusa das informações se não compadece com o mero envio de missiva à autoridade administrativa responsável pela manutenção dos dados, pois não se sabe se o documento efetivamente alcançou o destinatário[1367].

1365 Lei n. 9.507/97, art. 8º: "A petição inicial, que deverá preencher os requisitos dos arts. 282 a 285 do Código de Processo Civil, será apresentada em duas vias, e os documentos que instruírem a primeira serão reproduzidos por cópia na segunda. Parágrafo único. A petição inicial *deverá* ser instruída com prova: I – da *recusa* ao acesso às informações ou do decurso de mais de dez dias sem decisão; II – da *recusa* em fazer-se a retificação ou do decurso de mais de quinze dias, sem decisão, ou III – da *recusa* em fazer-se a anotação a que se refere o § 2º do art. 4º ou do decurso de mais de quinze dias sem decisão" (grifamos). Como deflui da norma citada, não há necessidade de comprovação que a recusa tenha se dado formalmente, por escrito, bastando o transcurso do prazo legalmente assinalado. Assim também a jurisprudência: "CONSTITUCIONAL – *HABEAS DATA* – CONSTITUIÇÃO, ART. 5º, LXXII – LEI N. 9.507, DE 12-11-1997 – RECUSA DE INFORMAÇÕES POR PARTE DA AUTORIDADE ADMINISTRATIVA. A recusa por parte da autoridade administrativa ao acesso às informações não precisa ser por escrito, basta o decurso do prazo, sem decisão" (TRF 1ª R., RHD 34000000900/DF, 2ª T., rel. Des. fed. Tourinho Neto, *DJU* de 25-3-2003, p. 33).

1366 O STF, ao julgar o RHD 24/DF, rel. Min. Maurício Corrêa, *DJ* de 13-2-1998, concluiu pela constitucionalidade da prova da recusa de informações, exigência articulada pela Lei n. 9.507/97: "Recurso de *habeas data*. Carência de ação: Interesse de agir. 1. A Lei n. 9.507, de 12-11-97, que regula o direito de acesso a informações e disciplina o rito processual do *habeas data*, acolheu os princípios gerais já proclamados por construção pretoriana. 2. É princípio axiomático do nosso direito que só pode postular em juízo quem tem interesse de agir (CPC, arts. 3º e 267, VI), traduzido pela exigência de que só se pode invocar a prestação da tutela jurisdicional diante de uma pretensão resistida, salvo as exceções expressamente previstas. 3. Recurso de *habeas data* não provido".

1367 "CONSTITUCIONAL – *HABEAS DATA* – CABIMENTO – INTERESSE DE AGIR – EX-

Não se põe como exigível, contudo, a prova documental da recusa quando escoado o prazo legal de dez dias após o requerimento do interessado: "A recusa por parte da autoridade administrativa ao acesso às informações não precisa ser por escrito, basta o decurso do prazo, sem decisão" (TRF 1ª R, RHD 34000000900/DF, 2ª T., rel. Des. fed. Tourinho Neto, *DJU* de 25-3-2003, p. 33).

27.5.5 Cabimento de *habeas data* na Justiça do Trabalho

Parece claro o cabimento do *habeas data* na Justiça do Trabalho quando a causa de pedir estiver vinculada a relação de *trabalho* ou de *emprego*.

Observe-se a jurisprudência: "*HABEAS DATA* – COMPETÊNCIA E REQUISITO. É competente o Tribunal Regional do Trabalho para conhecer e julgar pedido de *habeas data* quando o substrato do direito for decorrente da relação de trabalho. O requisito essencial para sua concessão, todavia, consoante reconhecido pelos Tribunais Superiores, inclusive o C. Sodalício, é de que a recusa de fornecimento de informações tenha sido efetivamente comprovada nos autos. Não se defere *habeas data* por mera presunção. Ausente o requisito *supra*, impõe-se a decretação da carência de ação do impetrante" (TRT 2ª R., HD 10678 (2003004457), SDI, rel. Juiz Nelson Nazar, *DOESP* de 4-4-2003).

Conquanto a decisão tenha sido prolatada *antes* da promulgação da EC n. 45/2004, afastada se encontra qualquer possibilidade de exegese contrária em razão da redação atribuída ao inciso IV do art. 114 da CF ("Compete à Justiça do Trabalho processar e julgar: I (...) IV – os mandados de segurança, *habeas corpus* e *habeas data*, quando o ato questionado envolver matéria sujeita à sua jurisdição").

27.6 A AÇÃO POPULAR

Acentua o inciso LXXIII do art. 5º que "qualquer cidadão é parte legítima para propor ação popular que vise anular ato lesivo ao patrimônio público ou de entidade de que o Estado participe, à moralidade administrativa, ao meio ambiente e ao patrimônio histórico e cultural, ficando o autor, salvo comprovada má-fé, isento de custas judiciais e do ônus da sucumbência".

27.6.1 Origem da ação popular

Surgida nos domínios do direito romano (*actione popularis*), a ação popular converte-se em instrumento de participação política dos cidadãos, efetivando concretamente o postulado da democracia participativa.

TINÇÃO – 1. Não sendo as informações desejadas de cunho pessoal, e não tendo o órgão natureza de registro ou banco de dados, não é cabível o *habeas data*. 2. A recusa ao fornecimento das informações pela autoridade administrativa deve ser devidamente demonstrada. 3. Não basta que seja juntado aos autos o recibo da carta com AR fornecido pelos correios, sem que se comprove se realmente foi recebida, quem a recebeu e qual o seu conteúdo. 4. Apelação improvida" (TRF 2ª R., AC 2002.51.01.005325-1/RJ, 3ª T., rel. Juiz Paulo Barata, *DJU* de 5-5-2003, p. 143).

27.6.2 Alargamento do objeto da ação popular

Nota-se que houve considerável alargamento do objeto da ação popular, visto que a Lei n. 4.717/65 não admitia o instrumento para a tutela da moralidade administrativa, do meio ambiente e do patrimônio cultural[1368], como o faz atualmente a Constituição.

27.6.3 A legitimidade do cidadão (legitimidade cívica)

"É um instrumento de defesa dos interesses da coletividade, utilizável por qualquer de seus membros. Por ela não se amparam direitos individuais próprios, mas sim interesses da comunidade. O beneficiário direto e imediato desta ação não é o autor; é o povo, titular do direito subjetivo ao governo honesto. O cidadão a promove em nome da coletividade, no uso de uma prerrogativa cívica que a Constituição da República lhe outorga"[1369].

Por conseguinte, a legitimidade para a propositura da ação popular é exclusiva do cidadão[1370]. Tanto é assim que o § 3º do art. 1º da Lei n. 4.717, de 29 de junho de 1965 (Lei da Ação Popular), determina que "a prova da cidadania, para ingresso em juízo, será feita com o título eleitoral, ou com documento que a ele corresponda",

---

1368 O art. 1º, *caput*, da Lei n. 4.717/65 prevê como objeto da ação popular os atos lesivos ao patrimônio da União, do Distrito Federal, dos Estados e dos Municípios, de entidades autárquicas, de sociedades de economia mista, de sociedades mútuas de seguro nas quais a União represente os segurados ausentes, de empresas públicas, de serviços sociais autônomos, de instituições ou fundações para cuja criação ou custeio o tesouro público haja concorrido ou concorra com mais de 50% do patrimônio ou da receita ânua de empresas incorporadas ao patrimônio da União, do Distrito Federal, dos Estados e dos Municípios e de quaisquer pessoas jurídicas ou entidades subvencionadas pelos cofres públicos. A Constituição de 1946 previu a possibilidade no § 38 do art. 141, admitindo a legitimidade do cidadão para pleitear anulação ou declaração de nulidade de atos lesivos ao patrimônio público. A Constituição de 1967, fazendo a primeira referência constitucional à ação popular (§ 31, art. 150), também condicionou a qualidade para agir em tema de anulação de tais atos. A Constituição de 1969 repetiu a previsão constitucional anterior.

1369 Cf. Hely Lopes Meirelles, op. cit., p. 106.

1370 "CONSTITUCIONAL – PROCESSUAL CIVIL – AÇÃO POPULAR – LEGITIMIDADE – TÍTULO DE ELEITOR. I – A ação popular destina-se a anular ato lesivo ao patrimônio público ou de entidade de que o estado participe, à moralidade administrativa, ao meio ambiente e ao patrimônio histórico e cultural, sendo legítimo para propô-la qualquer cidadão, devendo ser comprovado estar no gozo de seus direitos políticos por meio do título de eleitor, não bastando a apresentação da carteira de identidade ou do CPF para suprir tal falha, até mesmo porque aqueles que perderam seus direitos políticos ou estão com seus direitos suspensos não detêm legitimidade para propor ação popular. II – Não tendo o autor demonstrado a condição de cidadão por meio do título de eleitor, este não é parte legítima a figurar no polo ativo da demanda. Remessa de ofício improvida" (TJDF, RMO 20020150081800/DF, 3ª T. Cív., rel. Des. Jeronymo de Souza, *DJU* de 4-6-2003, p. 64).

pouco importando que o autor seja servidor público ou possua qualquer outra vinculação com a pessoa pública demandada[1371].

Pode-se afirmar que a qualidade para agir em tema de ação popular decorre da *legitimidade cívica* dos cidadãos de forma geral[1372] e destinada a impugnar os atos de governo lesivos ao patrimônio público ou de entidade de que o Estado participe, à moralidade administrativa, ao meio ambiente e ao patrimônio histórico e cultural, consoante registra o art. 5º, LXXIII.

Quando se refere à *legitimidade cívica*, procura-se ressaltar a especial posição ocupada pelo indivíduo que, movido pelo civismo e amparado no fundamento pertinente à cidadania (art. 1º, II, da CF), provoca o órgão judicial à emissão de provimento que tutele os bens assinalados no art. 5º, LXXIII.

27.6.4 Menor de dezoito anos pode propor ação popular?

Dúvida a ser solucionada é a pertinente à possibilidade de propositura de ação popular por maior de dezesseis e menor de dezoito anos.

Com efeito, o art. 12, § 1º, II, *c*, conferiu, ainda que em caráter facultativo, capacidade eleitoral ativa aos maiores de dezesseis e menores de dezoito anos. Caso sejam alistados na Justiça Eleitoral, munidos de título de eleitor ou de documento que comprove tal condição (§ 3º do art. 1º da Lei n. 4.717/65), podem ingressar com ação popular?

Não é bastante que a pessoa tenha capacidade de ser parte para propor a ação popular, pois se sabe que essa capacidade é reservada a todo ente com personalidade, seja pessoa natural ou jurídica.

A viabilidade da propositura da medida quanto aos maiores de dezesseis e menores de dezoito anos deve ser examinada à luz da *capacidade de estar em juízo*, que significa a capacidade de praticar validamente os atos processuais.

Nesse passo, é importante assinalar que a capacidade de estar em juízo (ou *legitimatio ad processum*) encontra-se consignada no art. 7º do Código de Processo Civil:

1371 "AÇÃO POPULAR – LEGITIMIDADE ATIVA – CIDADÃO – ART. 5º, LXXIII, CF/88 – SÓCIO – POSSIBILIDADE. I – Nos termos da Constituição Federal, tem legitimidade para propor ação popular contra atos lesivos ao patrimônio público o cidadão, que é aquele que está no pleno exercício de seus direitos políticos, ou seja, o eleitor. II – Não há qualquer óbice a que o agente público (seja servidor público estatutário, celetista etc.), o sócio da pessoa jurídica de que o Estado participe, ou qualquer outro cidadão que tenha qualquer vínculo jurídico com o Estado (sentido estrito), desde que comprovada a sua condição de cidadão, venha a propor a ação popular contra ato lesivo ao patrimônio público. III – Isto porque a ação popular mostra-se como o meio pelo qual o cidadão defende os interesses da coletividade, de toda a comunidade e não interesses próprios. Daí o beneficiário direto desta ação não será o autor e sim o povo que tem direito à administração séria e honesta do dinheiro público, que na verdade pertence a todos. IV – Agravo de instrumento improvido" (TRF 3ª R., AI 44.926 (96.03.076259-8)/SP, 4ª T., rel. Juiz fed. Manoel Álvares, j. em 22-3-2000).

1372 Súmula 365 do STF: "Pessoa jurídica não tem legitimidade para propor ação popular".

"Toda pessoa que se acha no exercício dos seus direitos tem capacidade para estar em juízo".

Ora, e qual norma regula a capacidade para exercitar diretamente os direitos, ou a capacidade de fato ou de exercício?

É o Código Civil de 2002 que registra, no art. 5º, que a pessoa fica habilitada à prática dos atos da vida civil a partir dos dezoito anos.

Logo, ainda que a Constituição de 1988 tenha outorgado capacidade eleitoral ativa de caráter facultativo às pessoas maiores de dezesseis e menores de dezoito anos, a circunstância não induz a pensar que podem propor ação popular, porque a capacidade de estar em juízo está condicionada ao implemento do fator "idade", indicado precisamente no art. 5º do Código Civil.

27.6.5 A ação popular pode servir para obrigar o Poder Público à emissão de norma destinada a proteger o erário?

Conquanto efetivada a aludida ampliação dos bens protegidos pela medida, firme-se a ideia de que o objeto da ação é o ato reputado ilegal e lesivo ao patrimônio público, tendo o STF, por isso, declarado inadmissível o uso da medida para impor ao Poder Público a efetivação de providências, ainda que, em tese, dirigidas ao resguardo do erário, pois se trata de objeto específico da ação direta de inconstitucionalidade por omissão[1373].

27.6.6 Ação popular e mau uso pelo cidadão

Malgrado a importância dos bens tutelados, é habitual o mau uso político da ação popular, escudando-se inconfessados motivos político-partidários na condução ao Poder Judiciário de denúncias a respeito de atos supostamente lesivos ao patrimônio público.

A Constituição de 1988 não relegou ao oblívio a possibilidade de mau uso do instrumento de garantia de direitos, a ponto de deixar registrado ao final do dispositivo que ficará o autor da medida, salvo comprovada má-fé, isento de custas judiciais e do ônus da sucumbência.

27.6.7 Ação popular e reexame necessário

Em razão dos interesses cuja tutela é perseguida na ação popular, contingentes improcedência ou extinção do processo sem resolução de mérito impõem reexame

1373 Foi o que ocorreu no julgamento da Rcl. 1.017, rel. Min. Sepúlveda Pertence (acórdão pendente de publicação), em que se examinou reclamação proposta pelo Procurador-Geral da República contra o deferimento de tutela deferida nos autos da Ação Popular n. 98.0043117-9, pela qual se determinou às autoridades nomeadas na inicial – Presidentes da República, do Senado, da Câmara e do Supremo Tribunal Federal – a tomada de providências quanto à limitação dos vencimentos e proventos dos agentes políticos de acordo com a EC n. 19/98 (*Informativo STF*, n. 383).

necessário da decisão pelo juízo *ad quem*, porque "o art. 19 da Lei da Ação Popular (Lei n. 4.717, de 29-6-965) é expresso ao estatuir o reexame necessário de sentença que concluir pela carência da ação popular ou pela improcedência desta, à vista do interesse público que se tenciona proteger por esta *actio* (...)" (TRF 2ª R., REO 2000.02.01.043418-1/RJ, 6ª T., rel. Juiz Sergio Schwaitzer, *DJU* de 6-9-2002, p. 453).

27.7 A AÇÃO CIVIL PÚBLICA

O Estado liberal permitia acesso meramente formal às instâncias judiciárias. Os que não possuíssem recursos para arcar com os custos de uma litigação eram os únicos responsáveis por sua própria sorte, razão pela qual se pode afirmar que o acesso à Justiça, no contexto do Estado do *laisser-faire*, nada mais representava que um bem posto à disposição daqueles que podiam pagar[1374].

Presenciou-se, entretanto, a agudização das desigualdades e a inaptidão do pensamento liberal para solucionar os problemas da coletividade, uma vez que o ideário estava demarcado pelos postulados individualistas.

E o constitucionalismo social foi a pronta resposta ao predomínio dos ideais liberais, consolidando a ideia do cidadão social, e não do indivíduo isolado.

As constituições do início do século passaram a incorporar direitos de cunho prestacional, advindo, daí, importantes consequências para o plano processual.

Com efeito, se, antes, estava preso o processo à solução do litígio entre João x José, ou, no máximo, João x Estado, não havia motivo que impusesse o redimensionamento do fenômeno processual. A sua concepção privatística atendia perfeitamente às demandas, que possuíam compostura individual.

Com o advento do constitucionalismo social, notou-se grave descompasso entre o direito material e o direito processual.

E por quê?

Em virtude de o direito material ter-se submetido ao fenômeno da coletivização, com a presença dos direitos sociais nas constituições, ao passo que o instrumento processual continuava estático, paralisado em sua tarefa de disciplinar somente os procedimentos relativos às causas entre pessoas certas e determinadas.

A situação não podia perdurar, sob pena de destruição do modelo de proteção dos direitos coletivos.

A explosão da litigiosidade foi outro componente importante na redefinição dos propósitos do processo, porque o grande número de ações individuais propostas ao Judiciário estava na razão inversa do aparelhamento do Estado para dar pronta resposta às demandas.

1374 É a conclusão judiciosa de Mauro Cappelletti e Bryan Garth, no clássico *Acesso à Justiça*, Porto Alegre: Sérgio A. Fabris, Editor, 1988, p. 9.

Foi, no entanto, a partir da década de 1970, na Itália, Cappelletti à frente[1375], que a doutrina processual acordou para as denominadas "lesões massivas" originadas da explosão demográfica, as quais, por sua vez, determinaram o aumento vertiginoso do consumo e as transgressões ao meio ambiente.

A Constituição de 1988 foi a primeira a hospedar a ação civil pública.

E não seria de outra forma, já que o instituto foi disciplinado na Lei n. 7.347, de 24 de julho de 1985, muito embora tenha sido criado pela Lei Complementar n. 40, de 13 de dezembro de 1981.

Sem embargo da relevância da ação civil pública como instrumento de defesa dos interesses da coletividade, a Constituição de 1988 a menciona apenas numa única passagem, no caso, no art. 129, III, ao acentuar que são funções institucionais do Ministério Público "promover o inquérito civil e a *ação civil pública*, para a proteção do patrimônio público e social, do meio ambiente e de outros interesses difusos e coletivos".

27.7.1 Ação civil pública e dispensa de inquérito civil público

O inquérito civil é apontado pelo art. 129, III, da Constituição, mas não deve ser entendido que compreende fase obrigatória à propositura de ação civil pública.

Com efeito, se o membro do Ministério Público já dispuser, quando articulada a denúncia por quem quer que seja, dos elementos de prova conducentes à propositura responsável da ação civil pública, é claro que não está obrigado a instaurá-lo. Tal raciocínio poderia implicar até mesmo insidiosa burocratização da iniciativa ministerial, com todos os efeitos malévolos, notadamente no que atina à própria defesa do interesse da coletividade atingido.

27.7.2 Objeto da ação civil pública

O objeto da ação civil pública é a proteção de qualquer interesse de cariz transindividual.

Que são interesses transindividuais?

São todos aqueles que ultrapassam a órbita de sujeito de direito.

O parágrafo único do art. 81 do Código de Defesa do Consumidor prevê que são interesses transindividuais os *difusos*, os *coletivos* e os *individuais homogêneos*.

27.7.3 Legitimidade concorrente na ação civil pública

A referência ao manuseio da ação pelo Ministério Público não induz a pensar, em absoluto, que o Texto de 1988 reservou exclusivamente ao *parquet* a legitimidade

1375 Perguntava o processualista italiano: *"A chi appartiene l'ária che respiro?"*, ou em vernáculo, "a quem pertence o ar que respiro?". A pergunta revelava a invencível dificuldade do jurista para a solução de ofensa a interesses de uma quantidade considerável de pessoas quando utiliza raciocínio individualista (ver "Formazioni sociali e interessi di gruppo davanti alla giustizia civile", p. 372).

para propor a medida, tanto que o § 1º do art. 129 esclarece, a tempo, que "a legitimação do Ministério Público para as ações previstas neste artigo não impede a de terceiros, nas mesmas hipóteses, segundo o disposto nesta Constituição e na lei".

27.7.4 Ministério Público e defesa de interesses individuais homogêneos. A jurisprudência do STF

Questão que invariavelmente suscita controvérsia nos órgãos jurisdicionais é a pertinente à legitimidade do Ministério Público para a defesa judicial de interesses individuais homogêneos.

O Supremo Tribunal Federal tem reconhecido a legitimação do *parquet* com lastro na tese de que os interesses individuais homogêneos são subespécies dos interesses coletivos, que se extraem diretamente da Constituição, no caso do art. 129, III[1376].

1376 RE 163.231/SP, rel. Min. Maurício Corrêa, *DJ* de 26-2-97: "Recurso Extraordinário. Constitucional. Legitimidade do Ministério Público para promover ação civil pública em defesa dos interesses difusos, coletivos e homogêneos. Mensalidades escolares: capacidade postulatória do *parquet* para discuti-las em juízo. 1. A Constituição Federal confere relevo ao Ministério Público como instituição permanente, essencial à função jurisdicional do Estado, incumbindo-lhe a defesa da ordem jurídica, do regime democrático e dos interesses sociais e individuais indisponíveis (CF, art. 127). 2. Por isso mesmo detém o Ministério Público capacidade postulatória, não só para a abertura do inquérito civil, da ação penal pública e da ação civil pública para a proteção do patrimônio público e social, do meio ambiente, mas também de outros interesses difusos e coletivos (CF, art. 129, I e III). 3. Interesses difusos são aqueles que abrangem número indeterminado de pessoas unidas pelas mesmas circunstâncias de fato e coletivos aqueles pertencentes a grupos, categorias ou classes de pessoas determináveis, ligadas entre si ou com a parte contrária por uma relação jurídica base. 3.1. A indeterminidade é a característica fundamental dos interesses difusos e a determinidade a daqueles interesses que envolvem os coletivos. 4. Direitos ou interesses homogêneos são os que têm a mesma origem comum (art. 81, III, da Lei n. 8.078, de 11 de setembro de 1990), constituindo-se em subespécie de direitos coletivos. 4.1. Quer se afirme interesses coletivos ou particularmente interesses homogêneos, *stricto sensu*, ambos estão cingidos a uma mesma base jurídica, sendo coletivos, explicitamente dizendo, porque são relativos a grupos, categorias ou classes de pessoas, que conquanto digam respeito às pessoas isoladamente, não se classificam como direitos individuais para o fim de ser vedada a sua defesa em ação civil pública, porque sua concepção finalística destina-se à proteção desses grupos, categorias ou classe de pessoas. 5. As chamadas mensalidades escolares, quando abusivas ou ilegais, podem ser impugnadas por via de ação civil pública, a requerimento do Órgão do Ministério Público, pois ainda que sejam interesses homogêneos de origem comum, são subespécies de interesses coletivos, tutelados pelo Estado por esse meio processual como dispõe o artigo 129, inciso III, da Constituição Federal. 5.1. Cuidando-se de tema ligado à educação, amparada constitucionalmente como dever do Estado e obrigação de todos (CF, art. 205), está o Ministério Público investido da capacidade postulatória, patente a legitimidade *ad causam*, quando o bem que se busca resguardar se insere na órbita dos interesses coletivos, em segmento de extrema delicadeza e de conteúdo social tal que, acima de tudo, recomenda-se o abrigo estatal. Recurso extraordinário conhecido e provido para, afastada a alegada ilegitimidade do Ministério Público, com vistas à defesa dos interes-

Tal entendimento ensejou também a outorga de legitimação ao Ministério Público do Trabalho para a propositura de ação civil pública em defesa de interesses individuais homogêneos de natureza trabalhista[1377].

27.7.4.1 O Ministério Público do Trabalho e a defesa dos interesses individuais homogêneos trabalhistas

Convém destacar que recentes decisões do STF não condicionaram a legitimação do Ministério Público do Trabalho à circunstância de serem indisponíveis os interesses individuais homogêneos cuja tutela judicial se persegue. Tanto é assim que no julgamento dos Embargos Declaratórios opostos ao Acórdão prolatado nos autos do AgR 394.180, a Ministra Ellen Gracie os rejeitou, pois buscavam precisamente pronunciamento explícito da Corte acerca de serem disponíveis os interesses defendidos pelo *parquet* naquela oportunidade, tudo com o propósito de se reconhecer, naquele caso, a falta de legitimação do órgão[1378].

Conclui-se, então, que se consolida na resenha de jurisprudência do STF a qualidade para agir do Ministério Público, inclusive no tocante a interesses individuais homogêneos de compostura *disponível*.

27.7.5 Sindicatos e defesa dos interesses difusos

E quanto aos sindicatos, podem defender judicialmente interesses difusos?

Tal iniciativa não merece respaldo, ao menos se disser respeito a raciocínio preso à disciplina constitucional.

Embora o § 1º do art. 129 acentue que não se recusará a legitimação à propositura de ação civil pública a terceiros, nas mesmas hipóteses, aponta, na parte final do preceptivo, ser indispensável o exame do sistema constitucional ("... *segundo o disposto nesta Constituição e na lei*").

---

ses de uma coletividade, determinar a remessa dos autos ao Tribunal de origem, para prosseguir no julgamento da ação".

1377 Assim decidiu o STF no julgamento do RE 394.180 AgR/CE, rel. Min. Ellen Gracie, j. em 23-11-2004: "Recurso Extraordinário. Agravo Regimental. Ação Civil Pública. Legitimidade ativa. Ministério Público. Defesa de direitos individuais homogêneos na esfera trabalhista. 1. Assentada a premissa de que a lide em apreço versa sobre direitos individuais homogêneos, para dela divergir é necessário o reexame das circunstâncias fáticas que envolvem o ato impugnado por meio da presente ação civil pública, providência vedada em sede de recurso extraordinário pela Súmula STF n. 279. 2. Os precedentes mencionados na decisão agravada (RREE 213.015 e 163.231) revelam-se perfeitamente aplicáveis ao caso, pois neles, independentemente da questão de fato apreciada, fixou-se tese jurídica no sentido da legitimidade do Ministério Público ajuizar ação civil pública na defesa de interesses individuais homogêneos na esfera trabalhista, contrária à orientação adotada pelo TST acerca da matéria em debate. 3. Agravo regimental improvido". Ver também RE 393.229/RJ.

1378 Ver AgR 394.180-ED/CE, rel. Min. Ellen Gracie, *DJ* de 24-6-2005.

E o art. 8º, III, da Constituição enuncia caber ao sindicato a defesa dos direitos e interesses *coletivos ou individuais da categoria*[1379], inclusive em questões judiciais ou administrativas.

Os interesses difusos, por sua própria natureza, ultrapassam – e em muito – os limites dos interesses categoriais, precisamente porque se referem a direitos inerentes a destinatários indeterminados e, pior, *indetermináveis*.

Logo, no âmbito dos interesses difusos, grassa a indeterminabilidade absoluta, afastando-se qualquer possibilidade de reconhecimento daqueles que terão a situação jurídica afetada pelo provimento judicial.

Se, como deriva expressamente do art. 8º, III, do Texto Constitucional, cabe ao sindicato a defesa dos interesses coletivos e individuais da *categoria*, e estando fora de discussão que no contexto de *uma* categoria, por mais numerosa que seja ou pareça ser, será sempre possível indicar os seus membros integrantes, não há fundamento para forcejar pela qualidade para agir do grêmio profissional no que se refere aos interesses difusos, cuja amplitude poderá abranger todas as pessoas que residem no território nacional.

Não há, em síntese, interesse difuso de *categoria profissional, mas somente coletivo, individual homogêneo* ou simplesmente *individual* dos respectivos associados.

27.7.6 Ação civil pública e a limitação territorial dos efeitos da sentença ditada pelo art. 16 da Lei n. 7.347/85

Também se tem discutido a respeito da adstrição dos efeitos do julgado em sede de ação civil pública aos limites territoriais do órgão prolator da decisão, tal como determina o art. 16 da Lei n. 7.347/85[1380].

1379 Com isso, torna-se evidente que o sindicato detém legitimidade para a defesa dos interesses individuais *homogêneos*, mas apenas dos integrantes da categoria: "FGTS – SINDICATO – SUBSTITUIÇÃO PROCESSUAL (CF, ART. 8º, III) – POSSIBILIDADE – INTERESSE INDIVIDUAL HOMOGÊNEO – RECURSO DO SINDICATO-AUTOR PROVIDO – SENTENÇA REFORMADA – 1. Os sindicatos estão legitimados para o ajuizamento de ações que beneficiam as categorias que representam. 2. A cobrança da correção monetária dos depósitos do Fundo de Garantia do Tempo de Serviço – FGTS, versa sobre interesse coletivo da categoria profissional que o Autor representa, ou mesmo, interesse individual homogêneo da categoria, conforme dispõe o artigo 5º, II da Lei n. 7.347/85, com nova redação dada pela Lei n. 8.078/90. 3. Não se pode aceitar a tese de que os interesses comuns a todos os trabalhadores estariam excluídos da defesa promovida pelos Sindicatos, sob pena de se deixar ao desamparo dessas entidades justamente os interesses mais importantes, porque gerais e comuns a todos. 4. Recurso do Autor provido. Sentença reformada" (TRF 3ª R., AC 98.03.030125-0, 5ª T., rel. Juíza Ramza Tartuce, *DJU* de 18-8-1998, p. 311).

1380 Art. 16 da Lei n. 7.347/85: "A sentença civil fará coisa julgada *erga omnes* nos limites da competência territorial do órgão prolator, exceto se o pedido for julgado improcedente por insuficiência de provas, hipótese em que qualquer legitimado poderá intentar outra ação com idêntico fundamento, valendo-se de novas provas".

Em verdade, o legislador, afastando-se grosseiramente dos princípios que regem a tutela coletiva no direito processual brasileiro, tentou limitar os efeitos do provimento com a fixação de insólita limitação territorial.

Sucede que, em casos tais, decisiva à transcendência do pleito não é a contingente restrição imposta pela lei, mas sim a natureza do objeto da lide coletiva: se tem compostura transcendente aos limites territoriais, assim será feito, e o legislador nada poderá fazer para mudar a realidade, mais fática que jurídica.

Ada Pellegrini Grinover leciona que "o indigitado dispositivo de lei tentou (sem êxito) limitar a competência, mas em lugar algum aludiu ao objeto do processo. Ora, o âmbito da abrangência da coisa julgada é determinado pelo pedido, e não pela competência. Esta nada mais é do que a relação de adequação entre o processo e o juiz, nenhuma influência tendo sobre o objeto do processo. Se o pedido é amplo (de âmbito nacional) não será por intermédio de tentativas de restrições da competência que o mesmo poderá ficar limitado"[1381].

27.7.7 Ação civil pública e controle de constitucionalidade

Outro tema que tem provocado alguma discussão é o atinente à possibilidade de efetivar-se controle de constitucionalidade em sede de ação civil pública.

Não há dúvida de que o sistema brasileiro de controle da constitucionalidade das leis e atos do Poder Público combina o modelo norte-americano de declaração *incidenter tantum* da inconstitucionalidade com o modelo austríaco da fiscalização abstrata.

1381 Cf. "A aparente restrição da coisa julgada na ação civil pública: ineficácia na modificação ao art. 16 pela Lei n. 9.494/97", p. 12. Na verdade, não apenas o art. 16 da Lei da Ação Civil Pública desenvolve consequências insidiosas no contexto da tutela coletiva, visto que o Tribunal Superior do Trabalho, com amparo no art. 93 do Código de Defesa do Consumidor, editou a combatida OJ 130, da SDI-1, segundo a qual "para a fixação da competência territorial em sede de ação civil pública, cumpre tomar em conta a extensão do dano causado ou a ser reparado, pautando-se pela incidência do art. 93 do Código de Defesa do Consumidor. Assim, se a extensão do dano a ser reparado limitar-se ao âmbito regional, a competência é de uma das Varas do Trabalho da Capital do estado; se fora de âmbito suprarregional ou nacional, o foro é o do Distrito Federal". Márcio Roberto de Freitas Evangelista critica o entendimento jurisprudencial, ponderando que não se pode admitir "(...) competência do foro do Distrito Federal ou da Capital de algum Estado quando, mesmo sendo nacional ou regional o dano, não chega a lesão (ou ameaça de lesão) a atingir quaisquer pessoas ou coletividades dos locais abrangidos pela competência territorial de tais foros (...) além de o art. 93 do CDC ser inaplicável à ação civil pública, a errônea exegese emprestada pelo TST a essa norma criará (como já vem criando) sérios embaraços à efetividade da tutela jurisdicional coletiva e levará, em algumas circunstâncias, a resultados inaceitáveis e verdadeiramente absurdos, dificultando não apenas a atuação processual das partes como o próprio exercício da jurisdição". E conclui: "Daí a urgente necessidade de revisão do posicionamento firmado na Orientação Jurisprudencial n. 130 da SBDI-2, do Tribunal Superior do Trabalho" (cf. Competência Territorial em Ação Civil Pública – Necessidade de Imediata Revisão da Orientação Jurisprudencial n. 130, da SBDI-2 do TST, *Revista LTr*, 68-08/956-962).

O que suscita alguma perplexidade é que, malgrado na ação civil pública o tema pertinente à incompatibilidade da norma ou ato do Poder Público não seja o próprio objeto da ação, a natural transcendência dos efeitos da medida, notadamente quando dirigida à tutela dos interesses difusos, provoca a eficácia *erga omnes* do quanto nela se dispôs.

E então? Seria admissível o controle de constitucionalidade?

Pensamos que não há motivo para estranheza quanto a tal possibilidade.

Sendo certo que a questão da inconstitucionalidade do ato questionado não é o núcleo sobre o qual gravita o pedido na ação civil pública, mas tão somente um dos fundamentos utilizados pelo colegitimado para promover a defesa do interesse da coletividade, não reside receio em admitir o referido controle na ação[1382].

Não pode, nesse passo, haver confusão entre a ação civil pública e a ação direta de inconstitucionalidade[1383], pois, não obstante a possibilidade de desencadeamento

---

1382 O STF, no julgamento da Rcl. 600/SP, rel. Min. Néri da Silveira, j. em 3-9-1997, consolidou entendimento na linha da admissibilidade de tal controle em sede de ação civil pública: "(...) 7. Na ação civil pública, ora em julgamento, dá-se controle de constitucionalidade da Lei n. 8.024/1990, por via difusa. Mesmo admitindo que a decisão em exame afasta a incidência de Lei que seria aplicável à hipótese concreta, por ferir direito adquirido e ato jurídico perfeito, certo está que o acórdão respectivo não fica imune ao controle do Supremo Tribunal Federal, desde logo, à vista do art. 102, III, letra b, da Lei Maior, eis que decisão definitiva de Corte local terá reconhecido a inconstitucionalidade de lei federal, ao dirimir determinado conflito de interesses. Manifesta-se, dessa maneira, a convivência dos dois sistemas de controle de constitucionalidade: a mesma lei federal ou estadual poderá ter declarada sua invalidade, quer em abstrato, na via concentrada, originariamente, pelo STF (CF, art. 102, I, a), quer na via difusa, *incidenter tantum*, ao ensejo do desate de controvérsia, na defesa de direitos subjetivos de partes interessadas, afastando-se sua incidência no caso concreto em julgamento. 8. Nas ações coletivas, não se nega, à evidência, também, a possibilidade da declaração de inconstitucionalidade, *incidenter tantum*, de lei ou ato normativo federal ou local. 9. A eficácia *erga omnes* da decisão, na ação civil pública, *ut* art. 16, da Lei n. 7.347/1997, não subtrai o julgado do controle das instâncias superiores, inclusive do STF. No caso concreto, por exemplo, já se interpôs recurso extraordinário, relativamente ao qual, em situações graves, é viável emprestar-se, ademais, efeito suspensivo. 10. Em reclamação, onde sustentada a usurpação, pela Corte local, de competência do Supremo Tribunal Federal, não cabe, em tese, discutir em torno da eficácia da sentença na ação civil pública (Lei n. 7.347/1985, art. 16), o que poderá, entretanto, constituir, eventualmente, tema do recurso extraordinário. 11. Reclamação julgada improcedente, cassando-se a liminar".

1383 Ver também as conclusões do STF nas Reclamações n. 559/MG, rel. Min. Carlos Velloso, e 602/SP, rel. Min. Ilmar Galvão. Deve ser destacado o excerto doutrinário trazido pelo Min. Celso de Mello nos autos da Rcl. 1.733/SP, que descreve com rigor científico as nítidas distinções entre os efeitos da ação civil pública e da ação direta de inconstitucionalidade: "Na ação civil pública, o objeto principal, conforme já ressaltado, é o interesse público, enquanto que, na ação direta de inconstitucionalidade, o objeto principal e único é a declaração de inconstitucionalidade com força de coisa julgada material e com eficácia *erga omnes*. Na ação civil pública, a inconstitucionalidade é invocada como fundamento, como causa de pedir, constituindo questão prejudicial ao julgamento do méri-

de efeitos contra todos naquela medida, contingente declaração de incompatibilidade vertical com a Constituição se deu de forma incidental e não *principal*, como ocorre na ADIn.

Com isso, é correto afirmar que não reside nenhum problema na arguição de inconstitucionalidade em ação civil pública, desde que o tema seja posto em sede de *causa de pedir*, e não no *pedido* propriamente dito, destinado à declaração de incompatibilidade, em tese, de lei ou ato normativo.

Assim se pronuncia o STF[1384].

---

to. Na ação civil pública, a constitucionalidade é questão prévia (decidida antes do mérito da ação principal) que influi (prejudica) na decisão sobre o pedido referente à tutela do interesse público. É decidida *incidenter tantum*, como premissa necessária à conclusão da parte dispositiva da sentença. Uma vez que a coisa julgada material recai apenas sobre o pedido, e não sobre os motivos, sobre a fundamentação da sentença, nada obsta que a questão constitucional volte a ser discutida em outras ações com pedidos e/ou partes diversos. Nesse sentido, é cristalina a legislação processual civil em seu art. 469, *verbis*: 'Art. 469. Não fazem coisa julgada: (...) III – a apreciação da questão prejudicial, decidida incidentemente no processo'. A ação direta de inconstitucionalidade é instrumento do controle concentrado da constitucionalidade; por outro lado, a ação civil pública, como todas as ações individuais ou coletivas, mesmo sendo um instrumento de processo objetivo para a defesa do interesse público, é instrumento de controle difuso de constitucionalidade. Observe-se, ainda, que, na ação civil pública, a eficácia *erga omnes* da coisa julgada material não alcança a questão prejudicial da inconstitucionalidade, é de âmbito nacional, regional ou local, conforme a extensão e a indivisibilidade do dano ou ameaça de dano. Na ação direta, a declaração de inconstitucionalidade faz coisa julgada material *erga omnes* no âmbito de vigência espacial da lei ou ato normativo impugnado (nacional ou estadual). Ademais, as ações civis públicas estão sujeitas a toda cadeia recursal prevista nas leis processuais, onde se inclui o recurso extraordinário para o Supremo Tribunal Federal, enquanto que as ações diretas são julgadas em grau único de jurisdição. Portanto, a decisão proferida na ação civil pública no que se refere ao controle de constitucionalidade, como qualquer ação, se submete, sempre, ao crivo do egrégio Supremo Tribunal, guardião final da Constituição Federal. Finalmente, a ação civil pública atua no plano dos fatos e litígios concretos, através, notadamente, das tutelas condenatória, executiva e mandamental, que lhe assegurem eficácia prático-material. A ação direta de inconstitucionalidade, de natureza meramente declaratória, limita-se a suspender a eficácia da lei ou ato normativo em tese. Não se confundem, pois, a ação direta de inconstitucionalidade e a ação civil pública, não ocorrendo, *in casu*, usurpação de competência do Supremo Tribunal Federal (cf. Paulo José Leite Farias, *Ação Civil Pública e Controle de Constitucionalidade, in* Caderno 'Direito e Justiça', *Correio Braziliense*, edição de 2-10-2000, p. 3)" (*Informativo STF*, n. 212).

1384 STF, Rcl. 2.224, rel. Min. Sepúlveda Pertence, j. em 26-10-2005: "Reclamação. Procedência: usurpação da competência do STF (CF, art. 102, I, *a*). Ação civil pública em que a declaração de inconstitucionalidade com efeitos *erga omnes* não é posta como causa de pedir, mas, sim, como o próprio objeto do pedido, configurando hipótese reservada à ação direta de inconstitucionalidade de leis federais, da privativa competência originária do Supremo Tribunal Federal". E mais: STF, RE 424.993/DF, rel. Min. Joaquim Barbosa, 12-9-2007: "É legítima a utilização da ação civil pública como instrumento de fiscalização incidental de constitucionalidade, pela via difusa, de quaisquer leis ou atos do Poder Público, desde que a controvérsia constitucional não se identifique como objeto único da demanda, mas simples questão prejudicial, indispensável à resolução do litígio principal. Com base nesse entendimento, o Tribunal desproveu recurso extraordinário interposto pelo Distrito Federal, contra acórdão do STJ, em que se pretendia fosse julgado improcedente o pedido formulado em ação civil pública ajuizada pelo Ministério Público do Distrito Federal, fundada na inconstitucionalidade da Lei distrital n. 754/94, que regulamenta a ocupação de espaços em logradouros públicos no DF, ou fosse restabelecido o acórdão do Tribunal de Justiça do Distrito Federal e Territórios que, acolhendo a preliminar de ilegitimidade ativa do Ministério Público para a ação, extinguira o processo sem julgamento de mérito. Alegava-se, na espécie, que a ação civil pública teria sido utilizada como sucedâneo de ação direta de inconstitucionalidade. Inicialmente, o Tribunal resolveu questão de ordem suscitada pelo Min. Joaquim Barbosa, relator, no sentido de dar prosseguimento ao julgamento do recurso extraordinário, não obstante já ter sido declarada a inconstitucionalidade da Lei distrital n. 754/94 pelo TJDFT em ação direta lá ajuizada. Tendo em conta serem distintos o objeto da ação originária ajuizada pelo *parquet* – a prevenção e repressão de uma suposta ocupação ilícita de logradouros públicos, apresentada na forma de vários pedidos e, junto a isso, a declaração de inconstitucionalidade da referida lei – e o objeto propriamente dito do recurso extraordinário, concluiu-se não ter havido perda de objeto deste. No mérito, considerou-se que a declaração de inconstitucionalidade da lei seria apenas um dentre outros 6 pedidos formulados na ação civil, configurando-se, ademais, como uma nítida causa de pedir. RE desprovido, com determinação da baixa dos autos ao TJDFT para julgamento de mérito da ação".

ORDEM ECONÔMICA E FINANCEIRA

28.1 AMBIGUIDADE DA EXPRESSÃO "ORDEM ECONÔMICA". CONCEITO DE ORDEM ECONÔMICA. OBJETIVOS DA ORDEM ECONÔMICA

O intento deste Capítulo é descrever as disposições constitucionais afetas à disciplina das relações econômicas.

Porém, antes, é necessário afirmar que, por "ordem econômica" pode-se entender tanto o plexo normativo, de natureza constitucional, quanto a forma como estão se sucedendo, de fato, as relações econômicas.

Temos, assim, o reconhecimento quanto à existência de uma ordem econômica no plano do *dever-ser* e uma outra atada ao mundo do *ser*.

Eros Roberto Grau adverte que "a expressão 'ordem econômica' é incorporada à linguagem dos juristas, sobretudo – mas também do direito – a partir da primeira metade desse século (o autor se refere ao século XX). Sob esse uso, de expressão nova, repousa, indiscutida – e como se fora indiscutível – a afirmação de que a ordem econômica (mundo do ser) do capitalismo foi rompida"[1385].

Com efeito, expressa a "ordem econômica" do mundo do ser a forma como realmente estão acontecendo as relações econômicas na vida em sociedade, ao passo que, no plano do dever-ser, observa-se a ordem econômica formalizada, dogmatizada e tendente à disciplina jurídica do comportamento dos agentes econômicos, neles incluído o Estado.

Invariavelmente não reside sintonia entre essas duas "ordens". Não há, de conseguinte, correspondência entre as ordens econômicas do ser e do dever-ser, porquanto a circunstância relacionada à efetiva disciplina jurídica não conduz inexoravelmente à estabilidade das economias; em rigor, é renhida, muitas vezes, a luta travada entre as normas econômicas e os fatos econômicos que se sucedem e ocorrem à margem do desejo do legislador.

Conceituando a ordem econômica objeto de estudo do direito constitucional, pode-se dizer que *é o plexo normativo, de natureza constitucional, no qual são fixadas a opção por um modelo econômico e a forma como deve operar-se a intervenção do Estado no domínio econômico*[1386].

1385 Cf. *A Ordem Econômica na Constituição de 1988*, p. 46.

1386 Cf. nosso *Direito Constitucional Econômico*, p. 135.

Quanto ao objetivo da ordem econômica, pode-se afirmar que, sendo certo o adensamento das necessidades humanas, cujas carências se submetem a processo contínuo e ininterrupto de complexização, deve o Estado forcejar pela consecução das indigitadas necessidades, que – repita-se – nunca são estáticas[1387].

Assim, o objetivo da ordem econômica é, mediante a regulação da atividade dos agentes econômicos, seja por meio da intervenção direta ou indireta na economia, conduzir a sinergia da iniciativa individual para a efetivação do interesse coletivo.

28.2 PRINCÍPIOS GERAIS DA ATIVIDADE ECONÔMICA. MODELOS DE ORDEM ECONÔMICA. A OPÇÃO CONSTITUINTE

O art. 170, *caput*, acentua que "a ordem econômica, fundada na valorização do trabalho humano e na livre-iniciativa, tem por fim assegurar a todos existência digna, conforme os ditames da justiça social, observados os seguintes princípios: (...)"[1388].

Os princípios gerais da atividade econômica estão indicados nos incisos do art. 170 e são os seguintes:

a) soberania nacional;
b) propriedade privada;
c) função social da propriedade;
d) livre concorrência;
e) defesa do consumidor;
f) defesa do meio ambiente, inclusive mediante tratamento diferenciado conforme o impacto ambiental dos produtos e serviços e de seus processos de elaboração e prestação (redação dada pela EC n. 42/2003);
g) redução das desigualdades sociais e regionais;
h) busca do pleno emprego; e
i) tratamento favorecido para as empresas de pequeno porte constituídas sob as leis brasileiras e que tenham sua sede e administração no País.

Relativamente à soberania nacional, remetemos ao Capítulo sobre Princípios Fundamentais, oportunidade em que examinamos, de modo alentado, o fundamento do Estado brasileiro pertinente à soberania.

O mesmo se afirme com relação ao inciso VII do art. 170 (redução das desigualdades regionais e sociais[1389]), examinado também naquele momento.

1387 Cf. nosso *Direito Constitucional Econômico*, p. 134.

1388 Muito semelhante à redação do art. 151 da Constituição de Weimar: "A vida econômica deve ser organizada conforme os princípios da justiça, com o fim de garantir a todos uma existência digna do homem".

1389 Ainda assim, não se pode esquecer a observação de Noam Chomsky sobre a desigualdade social na América Latina e, de modo particular, no Brasil, fruto da interferência externa norte-americana nas economias dos países da região: "(...) O Banco Mundial publicou

28.2.1 Propriedade privada

No concernente ao princípio relativo à propriedade privada, percebe-se que dois modelos de ordem econômica podem ser destacados: o *capitalista* e o *socialista.*

O modelo capitalista está baseado na apropriação privada dos bens de produção, enquanto o modelo socialista não contempla tal possibilidade.

O art. 170, II, da Constituição denota a escolha pelo modelo capitalista.

Deveras, quando o constituinte originário salienta como princípio geral da atividade econômica a *propriedade privada,* é óbvio que não a está reconduzindo à mera viabilidade quanto ao indivíduo adquirir bens de consumo. O acesso a tais bens se impõe, até por imperativo de sobrevivência da pessoa, tanto no modelo capitalista quanto no socialista. Se alguém compra alimentos para saciar a fome e manter-se vivo, o fato não é designativo da existência da propriedade privada no contexto das economias socialistas; logo, a locução constitucional, ao se referir à propriedade privada, está indicando a permissão para o acesso aos *bens de produção,* que são aqueles destinados à aquisição de outros bens. O indivíduo que compra uma roupa para se vestir está adquirindo bem de consumo; mas o indivíduo que adquire máquinas de costura para fabricar as roupas que serão disponibilizadas no mercado está tendo, em verdade, acesso a bem de produção.

---

um estudo sobre a América Latina segundo o qual essa região está ameaçada de caos por causa do nível extraordinariamente elevado de desigualdade social, o mais alto em todo o mundo (e isto depois de um período de crescimento substancial). Até mesmo as coisas que interessam ao Banco Mundial estão sob essa ameaça. Essa desigualdade não aconteceu de repente. Em meados da década de 1940, quando se preparava uma nova ordem mundial, houve uma disputa sobre o rumo do desenvolvimento latino-americano. Os documentos do Departamento de Estado sobre este tema são muito interessantes. Eles mostram que a América Latina foi varrida pelo que se procurou caracterizar como 'a filosofia do novo nacionalismo', que pregava o aumento da produção para atender às necessidades internas, e para reduzir a desigualdade social. O princípio fundamental desse novo nacionalismo era o de priorizar o povo como principal beneficiário dos recursos de cada país. Os Estados Unidos se opunham a isso veementemente, e propuseram uma estratégia econômica para o continente americano, baseada na eliminação de todas as formas de nacionalismo econômico e na insistência em que o desenvolvimento da região fosse 'complementar' ao dos Estados Unidos. Isso significava que os Estados Unidos teriam a indústria e a tecnologia mais avançadas, enquanto os peões na América Latina produziriam alimentos para exportação e se incumbiriam de um certo número de operações mais simples, que estavam ao seu alcance. Mas não se desenvolveriam economicamente, como o fizeram. Como é natural, tendo em vista a distribuição de poder, os Estados Unidos levaram a melhor. Os Estados Unidos simplesmente passaram a dirigir países como o Brasil, que há cerca de 50 anos tem sido administrado por tecnocratas norte-americanos. Com o peso dos recursos deveria ser um dos países mais ricos do mundo, e já teve as taxas de crescimento mais altas. No entanto, devido à influência norte-americana no seu sistema econômico e social, está situado perto da Albânia e do Paraguai em termos de qualidade de vida, mortalidade infantil, etc." (cf. *Segredos, Mentiras e Democracia,* p. 74-75).

28.2.2 Função social

O inciso III do art. 170 comete à propriedade uma função social.

Veremos mais adiante que o sistema constitucional econômico apresenta parâmetro diferenciado para o cumprimento da função social, tudo a depender se trate de propriedade urbana ou rural.

28.2.3 Livre concorrência

A livre concorrência é indicada no inciso IV do art. 170 da Constituição.

Paulo Sandroni a caracteriza como "situação do regime de iniciativa privada em que as empresas competem entre si, sem que nenhuma delas goze da supremacia em virtude de privilégios jurídicos, força econômica ou posse exclusiva de certos recursos"[1390].

Também quando o inciso IV se refere à livre concorrência expressa opção pelo modelo capitalista, porquanto a manutenção do nível de competitividade redunda na própria manutenção do modo capitalista de produzir.

Explica-se: no momento genético do capitalismo não se percebia a necessidade de intervenção do Estado no domínio econômico para impedir a eversão do próprio modelo capitalista. A abstenção do Estado do contexto econômico era mero corolário da sua ausência do plano das relações individuais.

Posteriormente, mudando-se a contextura do capitalismo, que de *atomista* passou a ser *de grupo*, empresas que antes se encontravam dispersas, atomizadas no sistema econômico, agregaram-se para elevar a capacidade de interferência no mercado, ou simplesmente para tornar possível a sua sobrevivência, dando origem ao capitalismo de grupo e ensejando grave problema para o Estado, visto que, desde a reunião, passaram a rivalizar fortemente com a sociedade política, tornando vulnerável a capacidade do Poder Público de conformar o comportamento dos agentes privados.

Logo, se o Estado não interviesse, dele subtrair-se-ia, incontinenti, o elemento finalidade.

Tudo isso foi dito para ressaltar que a livre concorrência, como princípio geral da atividade econômica relacionado no art. 170, IV, da Constituição, pressupõe a intervenção incondicionada no domínio econômico pelo ente estatal, pois não há economia de mercado (e, portanto, não há capitalismo) ali onde os agentes econômicos atuam da forma mais liberta possível, sendo certo que a liberdade absoluta induzirá inexoravelmente à redução ou mesmo extinção da competitividade no sistema econômico.

Consequentemente, a livre concorrência é um dado inafastável da atividade econômica no Brasil e delimita mesmo caráter essencial do modo de produção capitalista.

1390 Cf. *Novíssimo Dicionário de Economia*, p. 118-119.

28.2.4 Defesa do consumidor

A defesa do consumidor (inciso V do art. 170) é princípio que se cola naturalmente à liberdade concorrencial.

Justifique-se: em sistema econômico no qual as empresas estão disputando legitimamente o mercado consumidor (em regime de liberdade concorrencial, portanto), é certo que haverá esforços dos agentes econômicos em prol da melhoria da qualidade dos produtos e serviços disponibilizados e redução dos preços para a conquista dos consumidores. Ora, tal combinação – aumento da qualidade de bens e serviços e redução dos preços – resulta em situação favorável aos consumidores. Logo, pode-se concluir que a ofensa à livre concorrência corresponde também a maltrato em relação à defesa do consumidor; preservada aquela, esta será inevitavelmente protegida.

28.2.5 Defesa do meio ambiente

O inciso VI do art. 170 aponta como princípio geral da atividade econômica a defesa do meio ambiente, inclusive mediante tratamento diferenciado conforme o impacto ambiental dos produtos e serviços e dos seus processos de elaboração e prestação.

Aqui se nota fortíssima relação entre a questão ambiental e a denominada *sanção premial* do direito econômico.

Que é a sanção premial?

Trata-se de inversão do clássico modo de enxergar a sanção como consequência do descumprimento de dever jurídico; no caso, outorga-se incentivo fiscal ou creditício a fim de obter o espontâneo cumprimento da normativa econômica, porquanto o direito econômico reconhece o liame fatal que deve existir entre a eficácia social das normas econômicas e a atuação dos agentes econômicos privados.

Nesse passo, o inciso VI, sob a cláusula do *tratamento diferenciado*, admite a concessão de incentivos fiscais[1391] e também de crédito subvencionado pelo Poder Público.

28.2.6 Busca do pleno emprego

A busca do pleno emprego é referida no inciso VIII do art. 170.

O que significa?

Invariavelmente, quando imaginamos a expressão "pleno emprego", temos o

1391 Em alguns Estados brasileiros já vigoram leis dirigidas a repasses diferenciados aos Municípios do imposto de circulação, como atualmente acontece no Rio de Janeiro e no Paraná. É o chamado "ICMS Verde", que muito embora ainda não se destine a diminuir a carga tributária das empresas que protejam o meio ambiente, converte-se em importante iniciativa dos Estados-Membros para integrarem a imprescindível participação dos entes municipais na proteção ao meio ambiente.

hábito de concluir que configura a situação de sistema econômico em que todas as pessoas estão "empregadas".

O raciocínio é duplamente equivocado.

Com efeito, de início, cabe registrar que a própria ciência econômica acentua que uma economia conviverá com situação de pleno emprego quando não mais de três por cento da população economicamente ativa estiver fora do mercado formal de trabalho, lançando por terra a ideia de que "pleno emprego" denota circunstância de empregabilidade total da força de trabalho.

Além disso, é necessário esclarecer que o signo "pleno emprego" induz à utilização, em nível máximo possível, de todos os *fatores de produção,* capital e trabalho.

Destarte, o dispositivo programático do inciso VIII é bastante para impedir a edição de normas de política econômica recessiva quando, e.g., restringe a utilização dos fatores produtivos, tornando admissível, nessa linha de compreensão, a sindicabilidade dos atos de governo em matéria de política econômica[1392].

28.2.7 Tratamento favorecido ao pequeno empresário (conceito de empresa brasileira)

O inciso IX do art. 170 menciona o tratamento favorecido para as empresas de pequeno porte constituídas sob as leis brasileiras e que tenham sua sede e administração no País.

A importância do dispositivo em questão reside no fato de ser a única previsão constitucional esclarecedora do que vem a ser empresa brasileira: *a constituída sob as leis brasileiras e que tenha sede e administração no País.*

Com isso, notadamente após a revogação do art. 171 e seus dois incisos pela EC n. 6, de 15 de agosto de 1995, não há mais como prosseguir com a distinção antes havida entre *empresa brasileira* e *empresa brasileira de capital nacional,* que era aquela cujo controle efetivo estava em caráter permanente sob a titularidade, direta ou indireta, de pessoas físicas domiciliadas e residentes no País ou de entidades de direito público interno, entendendo-se por controle efetivo a titularidade da maioria do capital votante e o exercício, de fato e de direito, do poder decisório para gerir a atividade empresarial (redação revogada do art. 171, II).

Com a revogação do art. 171 e incisos, consagrou-se a partir daquele momento, no âmbito da atuação dos agentes econômicos privados nacionais e estrangeiros, absoluta paridade de tratamento, instituindo-se no Brasil a denominada "cláusula de tratamento nacional", elaborada a partir das ideias do jurista argentino Carlos Calvo, que, em suma, declarava o seguinte: "(...) estrangeiros que se estabelecem em

---

1392 Cf. nosso *Direito Constitucional Econômico,* p. 83-87. Neste trabalho, defendemos o controle judicial dos atos de governo em matéria econômica não apenas no que atina à busca do pleno emprego, mas também no que concerne a toda norma econômica editada pelo Poder Público ofensiva a qualquer disposição constitucional econômica, particularmente aquelas denominadas *programáticas.*

um país têm o mesmo direito à proteção que os nacionais, mas não podem reclamar proteção maior"[1393].

28.2.8 O princípio da liberdade de iniciativa econômica

O parágrafo único do art. 170 assegura a todos o livre exercício de qualquer atividade econômica, independentemente de autorização de órgãos públicos, salvo nos casos previstos em lei. Logo, o dispositivo admite a superveniência de lei limitativa da liberdade de atuação econômica[1394].

Sendo assim, a liberdade de iniciativa econômica, que representa desdobramento do princípio fundamental atinente à livre-iniciativa (art. 1º, IV, da CF), somente pode ser condicionada por lei em sentido material e formal, ou seja, ato com conteúdo normativo expedido pela autoridade competente e de acordo com o processo legislativo constitucionalmente regrado.

Não é constitucional a limitação de atividade econômica, mesmo que a título de exercício do poder de polícia. Vale dizer: se o pronunciamento do Poder Público, ainda que a pretexto de preservar o interesse da coletividade, determina limitação à atividade econômica, o único veículo normativo autorizado à contenção é a lei expedida pelo Parlamento municipal, estadual ou federal, jamais decreto, portaria, instrução ou qualquer outra espécie administrativa.

E mesmo no caso de lei editada pelo corpo legislativo competente, não poderá a norma implicar restrição excessiva à liberdade de iniciativa econômica, pena de declaração de inconstitucionalidade por vulneração do princípio da proporcionalidade, como, a propósito, já decidiu o STF[1395].

1393 Cf. *Le Droit International Théorique et Pratique*, v. 1, p. 130.

1394 "A Constituição Federal de 1988 deixou aberta a possibilidade de, através de Lei ordinária, declarar-se uma atividade econômica como monopólio estatal, quando, no parágrafo único do art. 170, dispôs que o exercício de qualquer atividade econômica é livre, salvo nos casos previstos em Lei. 4 – Ante a ressalva do parágrafo único do art. 170 da CF/88, tem-se por recepcionada a Lei n. 6.538/78, que declara ser a atividade postal monopólio da União. 5 – O contrato celebrado pela agravante, para prestação de serviços de entrega de correspondências e impressos (faturas, avisos comerciais, informativos, jornais etc.), desrespeita as regras legais e constitucionais que asseguram à União a prestação exclusiva dos serviços postais. 6 – Agravo de instrumento a que se nega provimento. 7 – Agravo regimental que se julga prejudicado" (TRF 1ª R., AG 01000864747/AC, 5ª T., rel. Des. fed. Selene Maria de Almeida, *DJU* de 7-4-2003, p. 139).

1395 RE 413.783, rel. Min. Marco Aurélio, j. em 17-3-2005. Nesta oportunidade, o Supremo Tribunal Federal examinou lei estadual de Santa Catarina que proibira a emissão de talonário de notas fiscais relativas ao ICMS para empresas em débito com o Fisco daquela unidade federativa. O fundamento maior do *decisum* foi a ofensa ao princípio da proporcionalidade, concluindo-se por ofendido o parágrafo único do art. 170 da Constituição.

28.3 A INTERVENÇÃO DO ESTADO NO DOMÍNIO ECONÔMICO NA CONSTITUIÇÃO DE 1988. A INTERVENÇÃO DIRETA E INDIRETA. O PLANEJAMENTO ECONÔMICO

A intervenção do Estado no domínio econômico genericamente considerada induz à existência de duas modalidades interventivas:

a) *direta;*

b) *indireta.*

Ambas, no entanto, prendem-se à necessidade inafastável de o Estado intervir no domínio econômico como forma de reduzir os riscos da atividade econômica tanto para os indivíduos quanto para as empresas.

Avelãs Nunes registra que "a intervenção do Estado não poderá entender-se, com efeito, como uma limitação ou um desvio imposto aos própios objectivos das empresas (particularmente das grandes empresas), mas antes como uma diminuição de riscos e uma garantia de segurança maior na prossecução dos fins últimos da acumulação capitalista"[1396].

A Constituição de 1988 inicia a disciplina da intervenção do Estado no domínio econômico no art. 173, *caput*: "Ressalvados os casos previstos nesta Constituição, a exploração direta de atividade econômica pelo Estado só será permitida quando necessária aos imperativos da segurança nacional ou a relevante interesse coletivo, conforme definidos em lei".

28.3.1 A intervenção direta

E o início do tratamento constitucional à matéria versa a respeito da *intervenção direta.*

Que é "intervenção direta" no domínio econômico?

Conceitua-se como *a intervenção na qual o Estado atua como qualquer outro agente da economia, desprovido do poder de império e das prerrogativas inerentes à sociedade política estatal.*

Pode-se conceber a atividade econômica em dois sentidos:

a) *amplo;*

b) *restrito.*

Atividade econômica em sentido amplo compreende a atuação dos agentes na economia (art. 173, *caput* e parágrafos) – reconhecida como atividade em sentido estrito – e os serviços públicos (art. 175)[1397].

1396 Cf. *Do Capitalismo ao Socialismo*, p. 125.

1397 "Art. 175. Incumbe ao Poder Público, na forma da lei, diretamente ou sob regime de concessão ou permissão, sempre através de licitação, a prestação de serviços públicos".

Os serviços públicos, por sua vez, podem ser divididos em *exclusivos* e *não exclusivos*.

Exemplos de serviços públicos *exclusivos* são o serviço postal[1398] e o correio aéreo nacional (art. 21, X).

1398 Interessante discussão ocorreu no julgamento da ADPF 46, rel. Min. Marco Aurélio, na qual o relator defendeu ser incompatível com a Constituição de 1988 a exclusividade do serviço postal conferido à Empresa de Correios e Telégrafos – ECT. O Min. Eros Grau, abrindo divergência, esclareceu que não merecia o caso discussão dos princípios gerais da atividade econômica inerentes à livre-iniciativa e liberdade concorrencial, mas sim meramente o exame do sistema constitucional que forcejava por atribuir a exclusividade à empresa pública, consoante dicção do art. 21, X. Salientou ainda a divergência que o texto constitucional, quando o quis, admitiu a não exclusividade na prestação de serviços públicos, como nas hipóteses de prestação de serviços de saúde e educação (art. 199, *caput*, e art. 209, *caput*). Após o voto contrário do Min. Eros Grau, o julgamento foi suspenso em razão de pedido de vista do Min. Joaquim Barbosa (*Informativo STF*, n. 392). Retomado o julgamento, os Ministros Joaquim Barbosa e Cezar Peluso acompanharam o voto do Min. Eros Grau. Votaram pela procedência parcial do pedido o Min. Carlos Britto, que também considerando que o serviço postal é serviço público, de prestação exclusiva por parte da União, ressalvou, entretanto, que a recepção da Lei n. 6.538/78 estaria restrita às atividades que impliquem comunicação privada e comunicação telegráfica, não alcançando, portanto, as de caráter eminentemente mercantil, e o Min. Gilmar Mendes, que declarava a não recepção somente dos arts. 42, 43, 44 e 45 da lei impugnada, que tratam da criminalização da violação ao monopólio postal da União, dado o caráter aberto da disposição, em afronta ao princípio da reserva legal estrita. Após, o julgamento foi suspenso em virtude do pedido de vista da Min. Ellen Gracie. ADPF 46/DF, rel. Min. Marco Aurélio, 17-11-2005 (*Informativo STF*, n. 409).

De nossa parte, entendemos que, efetivamente, não há fundamento, após a Constituição de 1988, para o *dirigismo estatal* em matéria de intervenção do Estado no domínio econômico, tal como sustentado no voto do Min. Marco Aurélio, máxime depois da promulgação das Emendas Constitucionais n. 6 (extinção da dicotomia *empresa brasileira* e *empresa brasileira de capital nacional*), 8 (possibilidade de autorização, concessão ou permissão dos serviços de telecomunicações e radiodifusão) e 9 (flexibilização do monopólio do petróleo), que admitiram a participação da iniciativa privada em atividades econômicas outrora reservadas somente às agências econômicas do Estado. Todavia, há atividades que, pela sua própria natureza, são reservadas de modo exclusivo ao Estado, como se sucede com os serviços postais. E mesmo naqueles não considerados exclusivos, o próprio texto constitucional apresenta condicionamentos que, em suma, visam à consecução do interesse público, como salienta a norma indicativamente com relação ao ensino (art. 209, I e II). Logo, não se trata de acesso dirigista e inconstitucional a prestação, em regime de exclusividade, dos serviços postais pela ECT, visto que não deve o intérprete desviar-se dos valores constitucionalmente postos pelo criador do Estado, dentre eles a explícita referência de o serviço postal ser prestado de modo exclusivo pela União, não permitindo, como fez para outras hipóteses, concessão, permissão ou autorização. Sobremais, estamos convictos que se justifica plenamente a exclusividade do serviço público cometida à ECT por duas razões realmente significativas: em primeiro lugar, o serviço postal desempenha o importante papel de elemento de integração nacional; em segundo lugar, há localidades para as quais a remessa de carta ou telegrama é economicamente inviável em face da distância, circunstância que ocasionaria ora o isolamento dos rincões do País pelo desinteresse do agente econômico privado em assumir de forma plena a execução do serviço, ora a inviabilidade econômica da remessa da missiva pelo cidadão em virtude da elevada tarifa que se praticaria para compensar os custos de entrega.

Não exclusivos, de contraparte, são, por exemplo, além dos serviços de saúde e educação, os referentes às telecomunicações (art. 21, XI); radiodifusão (art. 21, XII, *a*); energia elétrica (art. 21, XII, *b*); navegação aérea, aeroespacial e infraestrutura aeroportuária (art. 21, XII, *c*); transporte ferroviário e aquaviário (art. 21, XII, *d*); transporte rodoviário interestadual e internacional de passageiros (art. 21, XII, *e*) e portos marítimos, fluviais e lacustres (art. 21, XII, *f*).

Relativamente à atividade econômica em sentido estrito, seguindo a dicção constitucional (art. 173, *caput*), não é dado ao Poder Público, ao seu alvedrio, intervir diretamente no domínio econômico, substituindo a iniciativa privada quando bem entender, uma vez que admitida intervenção da espécie tão só quando necessária aos imperativos da segurança nacional ou quando amparada em relevante interesse coletivo. Em resumo: a intervenção do Estado no domínio econômico, em se tratando de atividade econômica em sentido estrito, será sempre revestida de caráter *subsidiário*.

28.3.1.1 Traços distintivos entre as empresas públicas e as sociedades de economia mista

No Brasil, a intervenção direta se dá por meio das agências econômicas do Estado[1399]: as *empresas públicas* e as *sociedades de economia mista.*

Mostram-se relevantes os traços distintivos entre a empresa pública e a sociedade de economia mista:

a) *constituição do capital*, visto que as empresas públicas só poderão ter participação de entidades de direito público interno, e, mesmo assim, desde que a maioria do capital votante, no caso das empresas federais, esteja sob controle da União; já as sociedades de economia mista admitirão o aporte de recursos da iniciativa privada, sob condição de que as ações com direito a voto pertençam, em sua maioria, à União ou a entidade da Administração indireta (art. 5º, III, do DL n. 200/67);

b) *forma jurídica*, pois enquanto as sociedades de economia mista devam assumir, obrigatoriamente, a forma de *sociedades anônimas*, as empresas públicas assumirão *qualquer forma societária permitida* pelo ordenamento jurídico brasileiro.

28.3.1.2 Intervenção direta e o princípio isonômico

E mesmo quando se põe o Estado, de modo direto, a assumir o papel de empresário, assujeita-se às mesmas condições impostas aos demais entes privados relativamente às obrigações civis, comerciais, trabalhistas e tributárias (art. 173, § 1º, II), não

---

1399 Não se deve confundir "agências econômicas do Estado" com "agências reguladoras". As primeiras estão representadas, como dito, pelas empresas públicas e sociedades de economia mista, ao passo que as últimas são autarquias criadas com propósitos fiscalizatórios de atividades econômicas, como no caso da ANATEL – Agência Nacional de Telecomunicações e da ANEEL – Agência Nacional de Energia Elétrica, apenas para citar duas delas.

podendo, além disso, gozar de privilégios fiscais não extensivos às empresas privadas (art. 173, § 2º).

Assim, tanto o § 1º, II, quanto o § 2º do art. 173 buscam localizar no mesmo plano o Estado-empresário e os entes privados, certamente por ter concluído o constituinte originário que, num sistema capitalista (governado, logo, pela regra do livre mercado), seria inaceitável a concessão de privilégios às empresas públicas e às sociedades de economia mista, visto que vulnerar-se-iam, a um só tempo, os princípios gerais da atividade econômica da livre-iniciativa e da liberdade concorrencial[1400].

Ferido seria o postulado da livre-iniciativa porque não se poderá pensar em sistema econômico que consagra a participação individual, a atuação empreendedora do indivíduo, quando ele próprio (o sistema) se ocupa em colocar na posição proeminente o Estado-empresário.

Afastada, de igual sorte, seria a livre concorrência, porque não é razoável concluir se esteja diante de ordenamento jurídico-econômico que privilegia a liberdade concorrencial quando são concedidos diversos benefícios aos entes paraestatais, cujo resultado, mediato ou imediato, é o desnível a ocorrer no altiplano das posições dominantes no mercado precisamente à conta de tais privilégios.

Pode ser concluído, assim, que os comandos do § 1º, II, e do § 2º do art. 173 vêm efetivar o princípio isonômico no âmbito da intervenção direta do Estado no domínio da economia (sob a modalidade de atividade econômica em sentido estrito), repelindo toda e qualquer concessão de privilégios ou tratamento diferenciado aos entes paraestatais.

28.3.2 A intervenção indireta

Mas a Constituição também prestigia a intervenção indireta, conquanto não se refira de modo explícito acerca da expressão, como fez no tocante à intervenção direta.

A base constitucional da intervenção indireta do Estado no domínio econômico é o art. 174: "Como agente normativo e regulador da atividade econômica, o Estado exercerá, na forma da lei, as funções de fiscalização, incentivo e planejamento, sendo este determinante para o setor público e indicativo para o setor privado"[1401].

1400 "(...) O artigo 173, § 1º, nada tem a ver com a desapropriabilidade ou indesapropriabilidade de bens de empresas públicas ou sociedades de economia mista; seu endereço é outro; visa assegurar a livre concorrência, de modo que as entidades públicas que exercem ou venham a exercer atividade econômica não se beneficiem de tratamento privilegiado em relação a entidades privadas que se dediquem a atividade econômica na mesma área ou em área semelhante. (...)" (STF, RE 172.816/RJ, T.P., rel. Min. Paulo Brossard, *DJU* de 13-5-1994).

1401 "(...) As funções de fiscalização e incentivo do Estado na atividade econômica se aplicam da mesma forma para o setor público e o privado, enquanto o planejamento tem caráter determinante para o primeiro e indicativo para o segundo. Interpretação gramatical do art. 174 da CF/88. 4. Apelação parcialmente conhecida e improvida" (TRF 4ª R., AC

28.3.2.1 Modalidades de intervenção indireta. A fiscalização, o incentivo e o planejamento

Consoante a previsão constitucional, a modalidade interventiva indireta se presencia nas funções de:

a) *fiscalização;*

b) *incentivo;* e

c) *planejamento.*

A *fiscalização* se refere aos atos do Poder Público que examinam o comportamento dos agentes econômicos para, na eventualidade de descumprimento de norma, imporem as respectivas sanções.

É o caso, por exemplo, das mencionadas agências reguladoras, que, no exercício da competência fiscalizatória, impõem sanções pecuniárias às empresas.

Outra forma de intervenção indireta admitida pelo Texto Constitucional é o *incentivo.*

Aqui, é diametral a diversidade no tocante à fiscalização.

Por quê?

Precisamente em razão de o incentivo, como um dado do direito econômico, prestar-se à adequação das empresas à normativa econômica mediante a concessão daquilo que a doutrina passou a denominar "sanções premiais"[1402]. As sanções premiais nada mais são que estímulo ao cumprimento das normas, deixando de recorrer-se à clássica imposição da sanção como consequência de descumprimento de dever jurídico, ou, no caso, de conduta que se não afina ao ordenamento econômico.

Como se dá?

Simplesmente por meio da concessão de incentivos fiscais e creditícios àquelas empresas que tenham se comportado estritamente de acordo com a ordem econômica.

Se o agente organizou a atividade empresarial em consonância com a norma pública, poderá ter acesso aos recursos do Estado disponibilizados nas agências financeiras de fomento à atividade econômica, como é o caso do BNDES – Banco Nacional de Desenvolvimento Econômico e Social.

2000.04.01.087623-6/SC, 4ª T., rel. Juiz Sérgio Renato Tejada Garcia, *DJU* de 17-10-2001, p. 976).

1402 O próprio termo suscita discussões no campo doutrinário, pois se a sanção é o resultado do descumprimento de um dever jurídico, não se poderia tecnicamente cogitar de uma "sanção premial", porquanto tal induziria à outorga de benefício através de instituto dirigido a impor gravame à situação jurídica de sujeito de direito. Todavia, os doutrinadores do direito econômico aceitam, sem polemizar, o instituto da "sanção premial", incluindo-o entre os caracteres desse domínio normativo. Ver nosso *Direito Constitucional Econômico,* São Paulo: LTr, 2001; João Bosco Leopoldino da Fonseca, *Direito Econômico,* 2. ed., Rio de Janeiro: Forense, 1999; Washington Peluso Albino de Souza, *Primeiras Linhas de Direito Econômico,* 4. ed., São Paulo: LTr, 1999.

A concessão de tais incentivos, todavia, implica a prévia determinação em lei em sentido material e formal da unidade federativa concedente[1403].

O Estado do Espírito Santo, por exemplo, editou a Lei n. 7.737/2004, cujo art. 1º conta com a seguinte redação: "Fica instituída a meia entrada para doadores regulares de sangue, em todos os locais públicos de cultura, esporte e lazer mantidos pelas entidades e órgãos das administrações direta e indireta do Estado do Espírito Santo", contra a qual ingressou o Governador do Estado com ação direta de inconstitucionalidade.

O relator da ação, Min. Eros Grau, concluiu que "(...) o § 4º do art. 199 da Constituição do Brasil estabelece que a lei disporá sobre condições e requisitos que facilitem a coleta de sangue. Veda todo tipo de comercialização, mas admite o estímulo à coleta de sangue. A lei referida pelo preceito será tanto a federal quanto a estadual. Assim, o que o Estado do Espírito Santo faz através da lei atacada é estimular as doações de sangue, atuando sobre o chamado domínio econômico por indução".

Não nos parece acertada a conclusão, *data maxima venia*.

Pondo-se como certa a possibilidade de edição de normas de direito econômico pelas entidades estaduais (art. 24, I, da CF), a circunstância não justificaria o recurso à sanção premial, já, agora, dirigida aos indivíduos singularmente considerados.

Ora, como registrado anteriormente, o modelo de sanção premial criado pelo direito econômico tem por mira a adequação *induzida* dos agentes privados às normas públicas de natureza econômica, e não para – como imposto pela lei estadual capixaba – obter a consecução de interesse público por meio de imposição de ônus à atividade econômica, que bem poderia ainda ser inconstitucional por vulneração ao postulado da proporcionalidade.

Certamente que deverão ser demarcados limites à criação de incentivos quando estão condensados em normas que limitam a liberdade do agente privado quanto ao exercício da própria atividade econômica.

Se o preço praticado pelo empreendedor não é abusivo, não reside legitimidade no comportamento estatal que, ao impor incondicionalmente os incentivos, termina por obrigar a empresa à drástica redução da margem de lucro em 50%.

1403 Porque a concessão de incentivos fiscais deve atender às prescrições constantes do art. 150, § 6º, e do art. 155, XII, *g*, da Constituição Federal, assim decidiu o STF: "AÇÃO DIRETA DE INCONSTITUCIONALIDADE – LEI N. 1.798/97 – E ART. 8º DO DECRETO N. 9.115/98, DO ESTADO DO MATO GROSSO DO SUL – ALEGADA CONTRARIEDADE AOS ARTS. 150, § 6º; E 155, § 2º, XII, 'G', DA CONSTITUIÇÃO FEDERAL. O primeiro ato normativo estadual, instituindo benefícios relativos ao ICMS sem a prévia e necessária celebração de convênio entre os Estados e o Distrito Federal, contraria os dispositivos constitucionais sob enfoque. Alegação de inconstitucionalidade igualmente plausível no tocante ao art. 8º do Decreto n. 9.115/98, que, extrapolando a regulamentação da mencionada Lei, fixa, de forma autônoma, incentivos fiscais sem observância das mencionadas normas da Carta da República. Ação julgada procedente, para declarar a inconstitucionalidade das normas em questão" (STF, ADI 2439/MS, TP, rel. Min. Ilmar Galvão, *DJU* de 21-2-2003, p. 27).

Doutra sorte, não reside inconstitucionalidade por ferimento ao princípio da isonomia tributária quando há concessão de incentivo a empresas que se instalam em determinada localidade após a vigência da norma concessiva da sanção premial, ainda que existentes no local unidades empresariais anteriormente instaladas às quais não foram concedidos os mesmos incentivos.

Foi o que decidiu o TJRJ: "REPRESENTAÇÃO POR INCONSTITUCIONALIDADE DE LEI MUNICIPAL – LEI MUNICIPAL N. 3379, DE 1997 – VOLTA REDONDA – BENEFÍCIO FISCAL – CONSTITUCIONALIDADE – ISENÇÃO TRIBUTÁRIA – TERMO INICIAL – EVENTOS ANTERIORES NÃO ABRANGIDOS PELA ISENÇÃO – INEXISTÊNCIA DE VIOLAÇÃO AO PRINCÍPIO DA ISONOMIA TRIBUTÁRIA. A concessão de incentivos fiscais para novas empresas ou empresas em expansão não importa em tratamento desigual em relação às empresas já instaladas porquanto os eventos anteriores ao termo inicial da isenção não são por ela abrangidos por não se encontrarem em condição de igualdade temporal. Improcedência da representação" (TJRJ, RIn 31/1999 [05062000], O. Esp., rel. Des. Sergio Cavalieri Filho, j. em 3-4-2000).

A respeito da concessão de incentivos, dispõe ainda o art. 41 do ADCT que "os Poderes Executivos da União, dos Estados, do Distrito Federal e dos Municípios reavaliarão todos os incentivos fiscais de natureza setorial ora em vigor, propondo aos Poderes Legislativos respectivos as medidas cabíveis".

Registra também que se considerarão revogados após dois anos, a partir da data da promulgação da Constituição, os incentivos que não forem confirmados por lei (§ 1º do art. 41 do ADCT)[1404] e que a revogação não prejudicará os direitos que já tiverem sido adquiridos, àquela data, em relação a incentivos concedidos sob condição e com prazo certo (§ 2º do art. 41 do ADCT).

Por fim, assenta o preceptivo que os incentivos concedidos por convênio entre Estados, celebrados nos termos do art. 23, § 6º, da Constituição de 1967, com a redação da Emenda Constitucional n. 1, de 17 de outubro de 1969, também deverão ser reavaliados e reconfirmados nos prazos referidos na norma (§ 3º do art. 41 do ADCT).

No contexto da ordem constitucional tributária, o art. 151, I, por sua vez, declara que é vedado à União instituir tributo que não seja uniforme em todo o território

---

1404 "CONSTITUCIONAL – TRIBUTÁRIO – ISS – INCENTIVOS FISCAIS ISENÇÕES CONCEDIDAS PELA UNIÃO – CF 1967, COM A EC 1/69, ART. 19, § 2º – PROIBIÇÃO DE CONCESSÃO, POR PARTE DA UNIÃO, DE ISENÇÕES DE TRIBUTOS ESTADUAIS E MUNICIPAIS – CF, ART. 151, III. I – O art. 41 do ADCT/1988 compreende todos os incentivos fiscais, inclusive isenções de tributos, dado que a isenção é espécie do gênero incentivo fiscal. II – Isenções de tributos municipais concedidas pela União na sistemática da Constituição de 1967, art. 19, § 2º: Decreto-lei n. 406/68, art. 11, redação da Lei Compl. 22, de 1971. Incentivos fiscais, nestes incluídas isenções. Sua revogação, com observância das regras de transição inscritas no art. 41, §§ 1º, 2º e 3º, ADCT/1988. III – RE conhecido e provido" (STF, RE 280294/MG, 2ª T., rel. Min. Carlos Velloso, *DJU* de 21-6-2002, p. 130).

nacional ou que implique a distinção ou preferência em relação a Estado, ao Distrito Federal ou a Município, em detrimento de outro, admitida a concessão de incentivos fiscais destinados a promover o equilíbrio do desenvolvimento socioeconômico entre as diferentes regiões do País.

O planejamento é a última espécie de intervenção indireta admitida pela Constituição de 1988; mas não é a menos importante.

É cediço que o Estado necessita implementar normas de planejamento econômico, até mesmo a fim de viabilizar o alcance de metas que, em última instância, são revertidas em proveito da coletividade, como são as prestações sociais (saúde, educação, segurança, assistência social etc.).

Mas os direitos sociais têm um custo; logo, se o Estado pretende concretizá-los, deve valer-se incondicionalmente de política econômica que, por sua vez, se ampara nas normas de planejamento econômico.

O art. 174 da Constituição traz interessante comando acerca do planejamento econômico ao fixar que será *determinante* para o setor público e *indicativo* para o setor privado.

Não padece dúvida a respeito da vinculação absoluta das normas de planejamento econômico com o setor público, visto que o princípio da legalidade imporá ao administrador irrestrita observância aos preceitos legais, somente podendo agir rigorosamente de acordo com os marcos apontados pelo corpo legislativo, sendo-lhe defeso, sobremais, invocar a *norma geral inclusiva* ("tudo o que não está proibido está juridicamente permitido") para legitimar a sua atuação.

O mesmo não sucede com as empresas privadas, visto que poderão portar-se com grande margem de liberdade, máxime porque apenas não praticarão atos expressamente proibidos pelas normas econômicas.

Nessa linha de compreensão, vê-se que a liberdade conferida aos particulares pode comprometer, em grande medida, a eficácia do planejamento econômico, principalmente em sistema manietado pela regra do livre mercado, no qual se presencia o estímulo à expansão da atividade econômica.

Mas a Constituição encontrou uma forma de aproximar as empresas privadas do planejamento público mediante a referência de que são tais normas *indicativas* para o setor privado.

E a dúvida que poderia surgir se estampa no âmbito eficacial do preceptivo: se é indicativo o planejamento para o setor privado, como trazer as empresas para o contexto da reverência à normativa pública?

A resposta é uma só: por meio da concessão dos incentivos fiscais e creditícios que caracterizam a sanção premial do direito econômico, agora utilizada para condicionar a concessão de recursos do Estado ou outorga de isenção fiscal à adequação do plano empresarial à política econômica.

É simples: imagine-se que determinado governo estadual tenha resolvido desenvolver região mais pobre do seu território e tenha destinado recursos públicos a serem disponibilizados exclusivamente àquelas empresas que apresentaram projeto de instalação de filial na região de acordo com as diretrizes públicas de planejamento. Temos aí hipótese clara de incidência do art. 174, parte final, da Constituição, porque legitimamente poderá o Estado-Membro recusar a concessão de incentivo creditício a agente econômico que não trouxe a lume projeto afinado ao planejamento público.

28.4 LIVRE CONCORRÊNCIA E O § 4º DO ART. 173

Acentua o dispositivo que a lei reprimirá o abuso do poder econômico que vise à dominação dos mercados, à eliminação da concorrência e ao aumento arbitrário dos lucros[1405].

Vê-se, assim, que a Constituição de 1988 proscreve o *abuso* do poder econômico, não repugnando, portanto, a possibilidade de o agente buscar, de modo legítimo, o domínio do mercado.

Sem embargo de a Ordem Econômica voltar-se à efetivação dos princípios gerais referidos no art. 170, *caput*, e em seus incisos, é necessário apontar que, em regime de economia fundada na regra do livre mercado, espaço não há para contenções à expansão natural da atividade econômica.

Logo, o domínio de mercado reprovado pelo Texto Constitucional é aquele decorrente de atuação *abusiva* do agente econômico[1406].

1405 "ATO JURÍDICO PERFEITO – DIREITO ADQUIRIDO – CONSTITUIÇÃO FEDERAL. A existência de ato jurídico perfeito, a desaguar em direito adquirido, pressupõe a formalização em harmonia com a ordem jurídica constitucional. Isto não ocorre quando a Corte soberana no exame dos elementos probatórios dos autos decidiu considera a possibilidade de o Estado coartar abusos econômicos perpetrados na fixação dos preços das mensalidades escolares. É que o § 4º do artigo 173 da Constituição Federal reserva à lei a repressão ao abuso do poder econômico, no que vise à dominação dos mercados, à eliminação da concorrência e ao aumento arbitrário dos lucros. Assim, não se pode ter a Lei n. 8.039/1990, no particular, como conflitante com a autonomia assegurada no artigo 209, nem com princípio estabelecido no inciso XXXVI do artigo 5º, ambos da Carta Federal de 1988" (STF, AGRAG 155.772/SP, 2ª T., rel. Min. Marco Aurélio, *DJU* em 27-5-994).

1406 "EMBARGOS À EXECUÇÃO – MULTA POR INFRAÇÃO AO DISPOSTO NO ARTIGO 11, ALÍNEA 'A', DA LEI DELEGADA N. 4/62 – VALOR FIXADO DENTRO DO LIMITE ESTABELECIDO NA LEI. 1. 'Em face da atual Constituição, para conciliar o fundamento da livre-iniciativa e do princípio da livre concorrência com os da defesa do consumidor e da redução das desigualdades sociais, em conformidade com os ditames da justiça social, pode o Estado, por via legislativa, regular a política de preços de bens e de serviços, abusivo que é o poder econômico que visa ao aumento arbitrário dos lucros' (STF – ADI 319 – DF). 2. A jurisprudência desta Corte já está pacificada no sentido de que são constitucionais a Lei Delegada n. 04/62 e as Portarias da SUNAB que regulamentam a disciplina legal do exercício do Poder de Polícia. 3. Em face da ausência de comprovação de desacerto do *quantum* fixado, avulta-se hígida a multa aplicada, cujo valor restou assentado de acordo com regência normativa. 4. Apelação não provida" (TRF 1ª R., AC 01275282/DF, 3ª T. Supl., rel. Juiz fed. conv. Carlos Alberto Simões de Tomaz, *DJU* de 3-7-2003, p. 196).

Tanto é assim que, em nível de lei ordinária, assentou o legislador que a conquista de mercado resultante de processo natural fundado na maior eficiência de agente econômico em relação a seus competidores não caracteriza o ilícito relativo ao domínio de mercado relevante de bens e serviços (art. 20, II, e § 1º da Lei n. 8.884/94).

Converter-se-ia em despropósito e verdadeira inconstitucionalidade se a lei proibisse a expansão da atividade econômica, mediante hipotética tipificação de ilícito contra a concorrência a mera e simples posição dominante no mercado, pois que a Constituição protege a livre-iniciativa, compatibilizando-a, contudo, com a tutela à liberdade concorrencial. Consequentemente, o ilícito não é a *posição dominante*, mas sim o *abuso* dela.

No âmbito de providências que podem ser adotadas para a proteção à concorrência, admite-se inclusive a fixação de critérios especiais de tributação com o objetivo de prevenir desequilíbrios da concorrência, mediante lei complementar, sem prejuízo da competência de a União, por lei, estabelecer normas de igual objetivo (art. 146-A da Constituição – acrescentado pela EC n. 42/2003).

28.5 MONOPÓLIO DA UNIÃO

De acordo com o art. 177 da Constituição, constituem monopólio da União:

I – a pesquisa e a lavra das jazidas de petróleo e gás natural e outros hidrocarbonetos fluidos;

II – a refinação do petróleo nacional ou estrangeiro;

III – a importação e exportação dos produtos e derivados básicos resultantes das atividades previstas nos incisos anteriores;

IV – o transporte marítimo do petróleo bruto de origem nacional ou de derivados básicos de petróleo produzidos no País, e o transporte, por meio de conduto, de petróleo bruto, seus derivados e gás natural de qualquer origem;

V – a pesquisa, a lavra, o enriquecimento, o reprocessamento, a industrialização e o comércio de minérios e minerais nucleares e seus derivados, com exceção dos radioisótopos cuja produção, comercialização e utilização poderão ser autorizadas sob regime de permissão, conforme as alíneas b *e* c *do inciso XXIII do* caput *do art. 21 desta Constituição Federal* (redação alterada pela EC n. 49/2006).

Contudo, aprovando a proposta que se convencionou denominar à época "flexibilização do monopólio do petróleo", a EC n. 9/95 atribuiu a seguinte redação ao § 1º do art. 177: "A União poderá contratar com empresas estatais ou privadas a realização das atividades previstas nos incisos I a IV deste artigo, observadas as condições estabelecidas em lei".

Por conseguinte, todas as atividades econômicas inerentes a extração, comércio, transporte, pesquisa, lavra, importação e exportação de petróleo puderam, a partir da alteração constitucional, ser concedidas a empresas públicas ou demais entes privados.

Conforme evidencia o § 1º do art. 177, não caberá a indigitada flexibilização para a hipótese de atividades econômicas relativas a minérios e minerais nucleares, presumivelmente decorrendo a proibição implícita (visto que a norma não incluiu o inciso V do art. 177) da estratégica posição que assume a questão dos minerais nucleares em tema de desenvolvimento e mesmo de segurança do País.

Por sua vez, o art. 21, inciso XXIII cometeu à União a competência exclusiva para "explorar os serviços e instalações nucleares de qualquer natureza e exercer monopólio estatal sobre a pesquisa, a lavra, o enriquecimento e reprocessamento, a industrialização e o comércio de minérios nucleares e seus derivados, atendidos os seguintes princípios e condições: *a*) toda atividade nuclear em território nacional somente será admitida para fins pacíficos e mediante aprovação do Congresso Nacional; *b*) sob regime de concessão ou permissão, é autorizada a utilização de radioisótopos para a pesquisa e usos medicinais, agrícolas, industriais e atividades análogas; *c*) a responsabilidade civil por danos nucleares independe da existência de culpa".

Que são *radioisótopos*?

Radioisótopos são elementos químicos que podem ser fabricados artificialmente pelos cientistas e usados como fonte de irradiação na medicina e na indústria, tal como autoriza a norma constitucional.

28.6 POLÍTICA URBANA

Prescreve o art. 182 que "a política de desenvolvimento urbano, executada pelo Poder Público municipal, conforme diretrizes gerais fixadas em lei, tem por objetivo ordenar o pleno desenvolvimento das funções sociais da cidade e garantir o bem-estar de seus habitantes".

Em matéria de direito urbanístico[1407], a Constituição de 1988 fixa competência concorrente para as diversas pessoas políticas integrantes da Federação.

Mas, no âmbito da política urbana, sobressai inegavelmente a importância dos Municípios, uma vez que são os entes federativos que têm competência para editar o plano diretor (§ 1º do art. 182).

E a razão de o Texto Constitucional ter dedicado capítulo distinto para a Política Urbana reside na constatação da importância da atividade construtora do particular para a construção mesma da cidade[1408], e também no fato de que conforma-se dife-

1407 Define-se o direito urbanístico como "o conjunto de normas jurídicas que, por si mesmas ou através de planejamento que regulam, estabelecem o regime urbanístico da propriedade do solo e a ordenação urbana e regulam a atividade administrativa dirigida ao uso do solo, à urbanização e à edificação". E ainda: "No Direito Urbanístico estão implicados vários interesses: por um lado, os gerais, de segurança, dos fins sociais que a Administração deve tutelar, e, por outro, os interesses particulares de que, regra geral, são titulares os proprietários. O problema a resolver consiste em harmonizar ambas classes de interesses com fórmulas justas e com instrumentos adequados, que há de desenvolver o denominado Direito Urbanístico" (cf. Antonio Carceller Fernández, *Introducción al Derecho Urbanístico*, p. 17).

1408 A *Lei del Suelo* espanhola, de 1956, registra que "a atividade construtora se submete à

rentemente o exercício do direito de propriedade de imóvel urbano em relação ao imóvel rural.

Quer porque as aglomerações urbanas denotam a especificidade do exercício desse direito como consequência natural da drástica redução dos espaços urbanos, quer porque se impõem, em defesa da *função social da cidade* (art. 182, *caput*, da CF), limitações à iniciativa individual para construir[1409], a Constituição de 1988 destacou a importância da política urbana e de seu instrumento de efetivação, que é o *plano diretor*.

28.6.1 O plano diretor

A respeito do plano diretor, consigna o § 1º do art. 182 que é o instrumento básico da política de desenvolvimento e de expansão urbana, sendo obrigatório para cidades com mais de vinte mil habitantes.

E no caso de Municípios com população em número menor que o indicado no dispositivo?

Nessas hipóteses, se a respectiva lei orgânica municipal contemplar a necessidade de plano diretor, mesmo que a entidade tenha menos de vinte mil habitantes, nada impede que venha a ser adotado nos domínios territoriais da localidade.

O que se reprova é a exigência firmada em nível de lei estadual ou mesmo em norma constitucional do Estado-Membro, porquanto resultaria em alteração do parâmetro objetivo indicado no Texto Constitucional e – o que é pior – implicaria grave ofensa à autonomia municipal, que, pela sua relevância, foi incluída no conjunto dos princípios constitucionais sensíveis (art. 34, VII, *c*, da CF)[1410].

Quanto à exigibilidade do plano diretor fora do parâmetro constitucional, algumas reflexões devem ser extratadas também no que concerne ao art. 41, IV, Lei n. 10.257/2001, o denominado "Estatuto da Cidade".

Dispõe o preceito que "o plano diretor é obrigatório para cidades: (...) IV – integrantes de áreas de especial interesse turístico".

Poder-se-ia supor que os mesmos motivos que proscrevem a imposição da obrigatoriedade para cidades com menos de vinte mil habitantes, como decidiu o STF na

---

intervenção administrativa (...) e nada mais justificado posto que (...) a vinculação dos edifícios à cidade é tão íntima que ao construí-los não se pode esquecer que se está construindo ao mesmo tempo a cidade".

1409 Federico Spantigati salienta que "a licença para construir é o instrumento por meio do qual o Poder Público controla o cumprimento e põe em prática a disciplina urbanística por parte dos cidadãos" (cf. *Manual de Derecho Urbanístico*, p. 295).

1410 Não é outro o entendimento do STF. ADIn 826/AP, rel. Min, Sydney Sanches, 17-9-1998: "Declarada a inconstitucionalidade do art. 195, *caput*, da Constituição do Estado do Amapá, que previa a obrigatoriedade de adoção de plano diretor, aprovada pela câmara municipal, para os Municípios com mais de cinco mil habitantes. Reconheceu-se, na espécie, a ofensa do princípio da autonomia dos Municípios, porquanto a referida norma rebaixara o limite de população estabelecido no § 1º do art. 182 da CF (...)".

ADIn 826/AP, conduziriam igualmente ao remate da incompatibilidade vertical do dispositivo com o § 1º do art. 182: a autonomia municipal e o critério objetivo posto pela Constituição de 1988 para exigir adoção de plano diretor.

É certa a existência de milhares de Municípios brasileiros que, conquanto ingressem no conjunto de "áreas de especial interesse turístico", têm população inferior a vinte mil habitantes.

Contudo, não nos parece padecer de inconstitucionalidade a previsão inserida no Estatuto da Cidade.

Surge elucidativo o comando do art. 180 da Constituição: "A União, os Estados, o Distrito Federal e os Municípios promoverão e incentivarão o turismo como fator de *desenvolvimento social e econômico*".

Por sua vez, o art. 182, *caput*, determina que a política de desenvolvimento urbano tem por objetivo ordenar o pleno desenvolvimento das *funções sociais da cidade e garantir o bem-estar de seus habitantes*.

E, por fim, o art. 225, § 1º, III, aponta que, para viabilizar o direito ao meio ambiente ecologicamente equilibrado, incumbe ao Poder Público "definir, em todas as unidades da Federação, espaços territoriais e seus componentes a serem especialmente protegidos, sendo a alteração e a supressão permitidas somente através de lei, vedada qualquer utilização que comprometa a integridade dos atributos que justifiquem sua proteção".

Da junção dos dispositivos conclui-se que, mesmo diante da exigência de plano diretor para cidades consideradas áreas de especial interesse turístico, com invariável inclusão de Municípios com menos de vinte mil habitantes, convictamente não será alcançado o desenvolvimento social nem se garantirá o atendimento às funções sociais da cidade e o bem-estar dos seus habitantes se não se atinar para o fato de que a população móvel – característica insuprimível de tais localidades –, que muitas vezes supera o número de habitantes do Município vocacionado à atividade turística, pode significar recrudescimento da ofensa ao patrimônio ambiental, mais ainda quando a atividade construtora do particular é causa eficiente de eversão dos mananciais ecológicos.

Logo, nada há de irregular na Lei n. 10.257/2001 quando impõe plano diretor para cidades com atividade econômica voltada ao turismo, principalmente em razão de os serviços demandados para o crescimento do turismo em dada localidade (hotéis, pousadas, restaurantes etc.) serem virtualmente responsáveis pela sua expansão desordenada e inegável comprometimento do equilíbrio ecológico.

28.6.2 Função social da propriedade urbana. Sanções ao descumprimento

Por outro lado, a propriedade urbana cumpre sua função social quando atende às exigências fundamentais de ordenação da cidade expressas no plano diretor (§ 2º do art. 182 da CF).

Assim, o critério posto pela norma constitucional para aferir o atendimento à função social pela propriedade urbana é a reverência ao plano diretor, cuja delimitação será feita por cada Município a tanto obrigado, nos termos do § 1º do art. 182.

Provado o desatendimento, é facultado ao Poder Público municipal, mediante lei específica para a área incluída no plano diretor, exigir, nos termos da lei federal (Lei n. 10.257/2001), do proprietário do solo urbano não edificado, subutilizado ou não utilizado, que promova seu adequado aproveitamento (§ 4º do art. 182).

Se o proprietário não atender à determinação do Poder Público, poderá sofrer, *sucessivamente*, as seguintes sanções (art. 182, § 4º, I a III):

> *I – parcelamento ou edificação compulsórios;*
>
> *II – imposto sobre a propriedade predial e territorial urbana progressivo no tempo*[1411];
>
> *III – desapropriação com pagamento mediante títulos da dívida pública de emissão previamente aprovada pelo Senado Federal, com prazo de resgate de até dez anos, em parcelas anuais, iguais e sucessivas, assegurados o valor real da indenização e os juros legais.*

Como se vê, o recurso ao advérbio "sucessivamente" denota que o Poder Público municipal deverá valer-se de todas as sanções prescritas pelos incisos do § 4º do art. 182, até que adote o extremo gravame relativo ao ato expropriatório[1412].

No tocante à desapropriação, salienta Maria Sylvia Zanella Di Pietro que "(...) é o procedimento administrativo pelo qual o poder público ou seus delegados, mediante prévia declaração de necessidade pública, utilidade pública ou interesse social, impõe ao proprietário a perda de um bem, substituindo-o em seu patrimônio por justa indenização"[1413].

1411 "ATÉ A PROMULGAÇÃO DA EMENDA CONSTITUCIONAL N. 29, A ÚNICA HIPÓTESE NA QUAL A CONSTITUIÇÃO ADMITIA A PROGRESSIVIDADE DAS ALÍQUOTAS DO IPTU ERA A DO ART. 182, § 4º, II, DESTINADA A ASSEGURAR O CUMPRIMENTO DA FUNÇÃO SOCIAL DA PROPRIEDADE URBANA, E QUE SÓ FOI REGULAMENTADA EM JULHO DE 2001, ATRAVÉS DA LEI N. 10.257 (ESTATUTO DA CIDADE), QUE DISCIPLINOU A PROGRESSIVIDADE NO TEMPO. A taxa de iluminação pública, nos moldes dados pelo Município de Belo Horizonte, carece de fundamento de validade, porque o serviço público de iluminação prestado não tem o caráter da especificidade e divisibilidade necessários à configuração da taxa, infringindo os arts. 77 e 79 do CTN e 145, II, da Constituição da República" (TJMG, APCV 000.295.061-6/00, 4ª C. Cív., rel. Des. Carreira Machado, j. em 19-12-2002).

1412 "Como se verifica, trata-se de modalidade de desapropriação somente aplicável nos Municípios que tenham plano diretor aprovado por lei; além disso, exige-se lei específica determinando o parcelamento, edificação ou utilização compulsórios; cumpridos esses requisitos, tem de haver notificação ao proprietário averbada no registro de imóveis; desatendida a notificação nos prazos legais, o proprietário fica sujeito ao IPTU progressivo no tempo pelo prazo máximo de cinco anos; só após esse prazo é que o Município poderá efetuar a desapropriação com pagamento em títulos. Sem considerar os prazos para aprovação do plano diretor e da lei específica, os demais prazos previstos no Estatuto da Cidade estão a indicar que o decreto de desapropriação não poderá ser expedido antes do transcurso de aproximadamente oito anos. Vale dizer que o atendimento de todas as exigências constitucionais e legais passará por três mandatos de Prefeito, no mínimo, o que torna o instituto difícil de ser aplicado, ainda que juridicamente possível" (cf. Maria Sylvia Zanella Di Pietro, *Direito Administrativo*, p. 155-156).

1413 Idem, p. 153.

Todavia, o poder geral expropriatório não se encontra previsto na Ordem Econômica, mas sim no contexto dos direitos individuais, precisamente no inciso XXIV do art, 5º, ao gizar que "a lei estabelecerá o procedimento para desapropriação por necessidade ou utilidade pública, ou por interesse social, mediante justa e prévia indenização em dinheiro, ressalvados os casos previstos nesta Constituição".

28.6.2.1 Distinção entre interesse social, necessidade pública e utilidade pública

A Constituição põe sob evidência os termos *necessidade* ou *utilidade pública* e *interesse social*, tornando-se indispensável apontar o alcance de cada qual.

"O direito de expropriação está condicionado a que haja, no seu exercício, *interesse social, necessidade ou utilidade pública.* (...) Existe *necessidade pública* se a Administração está diante de um problema inadiável e premente, isto é, que não pode ser removido, nem procrastinado, e para cuja solução é indispensável incorporar, no domínio do Estado, o bem particular. Há *utilidade pública* quando a utilização da propriedade privada é conveniente e vantajosa ao interesse coletivo, mas não constitui um imperativo irremovível. Ocorre *interesse social* quando o Estado esteja diante dos chamados problemas sociais, isto é, daqueles diretamente atinentes às classes pobres, aos trabalhadores e à massa do povo em geral, concernentes à melhoria nas condições de vida, a uma mais equitativa distribuição da riqueza, à atenuação das desigualdades em sociedade"[1414].

28.6.3 Usucapião pró-moradia

Outrossim, o art. 183, *caput*, da Constituição consagra o instituto do *usucapião pró-moradia.*

Alguns requisitos são postos pela norma constitucional para a aquisição do direito:

a) área urbana não superior a duzentos e cinquenta metros quadrados[1415];

b) posse por cinco anos ininterruptos e sem oposição;

c) utilização para moradia própria ou de sua família;

1414 Cf. Miguel Seabra Fagundes, *O Controle dos Atos Administrativos pelo Poder Judiciário*, p. 385-386.

1415 "AÇÃO ORDINÁRIA DE DESPEJO FUNDADA EM FALTA DE PAGAMENTO – USUCAPIÃO ARGUIDO COMO MATÉRIA DE DEFESA – INVIABILIDADE – RELAÇÃO *EX LOCATO* CARACTERIZADA – INTELIGÊNCIA DO ART. 492 DO CCB – DIREITO CONSTITUCIONAL NÃO CARACTERIZADO EM FACE DOS PRESSUPOSTOS DO ART. 183 DA CF/88 – DESPEJO DECRETADO – APELAÇÃO DESPROVIDA. A teor do disposto no art. 492 do CCB, até prova em contrário, entende-se manter a posse o mesmo caráter a que foi adquirida. Assim sendo, a posse decorrente de contrato de locação residencial não pode levar ao usucapião (RT 548/187 e 557/146). Para se caracterizar o usucapião urbano, imperioso o atendimento aos pressupostos no art. 183 da CF/88, dentre os quais a dimensão do imóvel usucapiendo, nunca superior a 250 m² (AP 589.067.792, TJRS, in advjur 1990, pág. 326, V. 49.336)" (TJSC, AC 00.015033-9, 2ª C. Cív., rel. Des. Anselmo Cerello, j. em 5-10-2000).

d) não ser o indivíduo proprietário de outro imóvel urbano ou rural.

O direito à usucapião pró-moradia não será reconhecido ao mesmo possuidor mais de uma vez (§ 2º do art. 183), não sendo possível, por outro lado, a sua concessão quanto a imóveis públicos urbanos (§ 3º do art. 183)[1416].

28.7 POLÍTICA AGRÁRIA, FUNDIÁRIA E REFORMA AGRÁRIA

Compete à União desapropriar por interesse social, para fins de reforma agrária, o imóvel rural que não esteja cumprindo sua função social, mediante prévia e justa indenização em títulos da dívida agrária, com cláusula de preservação do valor real, resgatáveis no prazo de até vinte anos, a partir do segundo ano de sua emissão, e cuja utilização será definida em lei (art. 184, *caput*, da CF).

Como se nota, difere o procedimento pertinente à desapropriação por interesse social, para fins de reforma agrária, daquele admitido para os imóveis urbanos.

No caso, a desapropriação de imóveis rurais será efetivada após prévio pagamento em *títulos da dívida agrária*, ao passo que os imóveis urbanos, em *títulos da dívida pública*. O prazo de resgate no caso de imóveis rurais será de até vinte anos; nos imóveis urbanos, dez anos. O pagamento nos casos de imóvel rural se dará a partir do segundo ano de emissão do título; no imóvel urbano ocorrerá no mesmo exercício em que foi efetivada a expropriação, em parcelas anuais, iguais e sucessivas.

Discussão cercada de interesse é a pertinente aos imóveis insuscetíveis de desapropriação para fins de reforma agrária.

Realmente, assevera o art. 185 que são insuscetíveis de desapropriação para fins de reforma agrária:

> *I – a pequena e média propriedade rural, assim definida em lei, desde que seu proprietário não possua outra*[1417];

1416 "ADMINISTRATIVO – IMÓVEL PÚBLICO – OCUPAÇÃO IRREGULAR – REINTEGRAÇÃO DE POSSE – LEGITIMIDADE ATIVA INSS – INDENIZAÇÃO. 1 – (...) 2 – Quanto ao recurso da Ré, mostra-se o mesmo improsperável, eis que face ao princípio da indisponibilidade do bem público, incogitável a tese de ilegitimidade do autor, por não restarem dúvidas quanto a ser de propriedade da mesma o imóvel, em tela, conforme documentação de fls. 04/32, a par de que na resposta tal circunstância restou incontroversa, sendo desinfluente, assim, para o deslinde da causa. 3 – (...) 5 – Quanto a Ação de usucapião, ajuizada pela apelante em virtude do imóvel em questão, em nada abala o teor da fundamentação da sentença, eis que conforme preceitua a legislação, os imóveis públicos não serão adquiridos por usucapião (art. 183, § 3º). 6 – No caso, trata-se de imóvel público, e portanto caracterizando-se o esbulho possessório pela parte ré. Trata-se na verdade de mera detenção, exercida pela ré. Deste modo, não sendo os bens públicos suscetíveis de ingresso no domínio particular pelo usucapião, a posse derivada neles exercida não oferece garantia de permanência. 7 – Recurso conhecido, porém desprovido" (TRF 2ª R., AC 2001.02.01.010682-0, 6ª T., rel. Des. Fed. Poul Erik Dyrlund, *DJU* de 23-6-2003, p. 242).

1417 Lei n. 8.629/93: "Art. 4º Para os efeitos desta Lei, conceituam-se: I – Imóvel Rural – o

II – a propriedade produtiva.

Surge, nesse passo, dúvida sobre a impossibilidade de a propriedade produtiva ser, *sob qualquer hipótese*, objeto de expropriação, tal a densidade do comando do art. 185.

Não obstante, o fato de o imóvel rural ser produtivo não conduz inexoravelmente à conclusão de que está, de fato, cumprindo função social, máxime porque o art. 186 da Constituição relaciona os requisitos para que assim se conclua, determinando que a propriedade agrária atenderá ao seu fim social quando ocorrer:

I – aproveitamento racional e adequado;

II – utilização adequada dos recursos naturais disponíveis e preservação do meio ambiente[1418]*;*

III – observância das disposições que regulam as relações de trabalho;

IV – exploração que favoreça o bem-estar dos proprietários e dos trabalhadores.

Logo, é possível haver situação na qual a propriedade agrária, malgrado produtiva, não esteja cumprindo função social, como no caso de utilização de trabalho escravo, chaga que grassa em nosso país.

Seria inviável a expropriação só e só em razão de o imóvel rural ser produtivo?

É evidente que a Constituição não registraria, de forma expressa e detalhada, os casos de cumprimento de função social da propriedade rural, para deixar incólume o imóvel produtivo que atenta contra as determinações do art. 186.

---

prédio rústico de área contínua, qualquer que seja a sua localização, que se destine ou possa se destinar à exploração agrícola, pecuária, extrativa vegetal, florestal ou agroindustrial; II – Pequena Propriedade – o imóvel rural: a) de área compreendida entre 1 (um) e 4 (quatro) módulos fiscais; b) (Vetado) c) (Vetado) III – Média Propriedade – o imóvel rural: a) de área superior a 4 (quatro) e até 15 (quinze) módulos fiscais; b) (Vetado). Parágrafo único. São insuscetíveis de desapropriação para fins de reforma agrária a pequena e a média propriedade rural, desde que o seu proprietário não possua outra propriedade rural".

1418 "EMBARGOS DE DECLARAÇÃO CONTRA ACÓRDÃO PROFERIDO EM AGRAVO REGIMENTAL – DANOS AMBIENTAIS – AÇÃO CIVIL PÚBLICA – RESPONSABILIDADE – ADQUIRENTE – TERRAS RURAIS – RECOMPOSIÇÃO – MATAS – 1. A Medida Provisória 1.736-33 de 11-2-99, que revogou o art. 99 da Lei 8.171/99, foi revogada pela MP 2.080-58, de 17-12-2000. 2. Em matéria de dano ambiental a responsabilidade é objetiva. O adquirente das terras rurais é responsável pela recomposição das matas nativas. 3. A Constituição Federal consagra em seu art. 186 que a função social da propriedade rural é cumprida quando atende, seguindo critérios e graus de exigência estabelecidos em Lei, a requisitos certos, entre os quais o de 'utilização adequada dos recursos naturais disponíveis e preservação do meio ambiente'. 4. A Lei 8.171/91 vigora para todos os proprietários rurais, ainda que não sejam eles os responsáveis por eventuais desmatamentos anteriores. Na verdade, a referida norma referendou o próprio Código Florestal (Lei 4.771/65), que estabelecia uma limitação administrativa às propriedades rurais, obrigando os seus proprietários a instituírem áreas de reservas legais, de no mínimo 20% de cada propriedade, em prol do interesse coletivo. 5. Embargos de Declaração parcialmente acolhidos para negar provimento ao Recurso Especial" (STJ, EARESP 255170/SP, 1ª T., rel. Min. Luiz Fux, *DJU* de 22-4-2003).

Portanto, é possível sim a desapropriação de propriedade rural, ainda que produtiva, *exceto* para a hipótese de reforma agrária, conforme a proibição encartada no art. 185, II.

Contudo, nada obsta – pelo contrário, tudo recomenda – que se efetive a desapropriação com base no disposto no art. 5º, XXIV, da Constituição[1419].

28.7.1 Usucapião *pro-labore*

Ressalte-se que a Constituição assegurou a usucapião *pro labore*: "Aquele que, não sendo proprietário de imóvel rural ou urbano, possua como seu, por cinco anos ininterruptos, sem oposição, área de terra, em zona rural, não superior a cinquenta hectares, tornando-a produtiva por seu trabalho ou de sua família, tendo nela sua moradia, adquirir-lhe-á a propriedade" (art. 191).

28.8 INSUSCETIBILIDADE DE USUCAPIÃO DE IMÓVEIS PÚBLICOS URBANOS E RURAIS

No âmbito da política urbana, prescreve o § 3º do art. 183 que os imóveis públicos não serão adquiridos por usucapião.

E, por sua vez, o parágrafo único do art. 191 ressalta idêntica vedação no tocante aos imóveis rurais.

28.9 O SISTEMA FINANCEIRO NACIONAL

Antes composto de diversos incisos, alíneas e parágrafos, foi reduzido o Capítulo ao *caput* do art. 192, que verbera: "O Sistema Financeiro Nacional, estruturado de forma a promover o desenvolvimento equilibrado do País e a servir aos interesses da coletividade, em todas as partes que o compõem, abrangendo as cooperativas de crédito, será regulado por leis complementares que disporão, inclusive, sobre a participação do capital estrangeiro nas instituições que o integram".

Trata-se, de modo induvidoso, de dispositivo constitucional integrado, a um só tempo, por conteúdo de caráter programático ("... estruturado de forma a promover o desenvolvimento equilibrado do País e a servir aos interesses da coletividade...") e institutivo ("... será regulado por leis complementares que disporão, inclusive, sobre a participação do capital estrangeiro nas instituições que o integram").

A circunstância não impede que se reconheça a plausibilidade de controle judicial sobre as políticas públicas referentes ao Sistema Financeiro Nacional, especialmente em face da compostura vinculante dos preceitos programáticos[1420].

1419 Cf. José Afonso da Silva, *Curso de Direito Constitucional Positivo*, p. 750-751.

1420 Cf. nosso *Direito Constitucional Econômico*, p. 83-87.

ORDEM SOCIAL

29.1 INTRODUÇÃO

A Ordem Social, referida no Título VIII da Constituição, encontra-se disciplinada nos arts. 194 a 232.

Critica-se o fato de ter havido demasiado alargamento, culminando com a inserção de temas que não guardariam pertinência com a questão social, como é o caso dos capítulos relativos à "Ciência e Tecnologia", "Meio Ambiente" e "Dos Índios"[1421].

Não aderimos, entretanto, à prestigiosa corrente.

É inegável que as disposições constitucionais referentes à ciência e tecnologia e meio ambiente possuem relação com os direitos sociais, porquanto, no primeiro caso, o desenvolvimento tecnológico redunda em proveito da coletividade, implicando, não raro, a melhoria das condições materiais de existência das pessoas, ao passo que o respeito à normativa ambiental conduz à almejada elevação da qualidade de vida.

Mesmo no caso dos índios, percebe-se que as previsões constitucionais, malgrado algumas delas se refiram à proteção das terras por eles habitadas, tem objetivo claramente destinado à preservação de sua identidade étnico-cultural, o que, em síntese, outra coisa não é que a tutela de direito social.

Assim se pronunciou o STF no HC 80.240/RR, rel. Min. Sepúlveda Pertence, j. em 20-6-2001: "(...). A tutela constitucional do grupo indígena, que visa proteger, além da posse e usufruto das terras originariamente dos índios, a respectiva identidade cultural, se estende ao indivíduo que o compõe (...)".

29.2 A SEGURIDADE SOCIAL

A seguridade social compreende um conjunto de ações de iniciativa dos Poderes Públicos e da sociedade, destinadas a assegurar os direitos relativos à saúde, à previdência e à assistência social (art. 194, *caput*).

É muito comum a identificação que se faz entre seguridade social e previdência. A similitude não resiste ao próprio texto escrito da Constituição ao indicar que a seguridade social se relaciona a ações amplas destinadas à garantia da saúde, da

1421 Cf. José Afonso da Silva, *Curso de Direito Constitucional Positivo*, p. 759-760.

previdência e da assistência social. Logo, seguridade está longe de ser o mesmo que previdência, porque esta é espécie daquela.

O financiamento da seguridade social será feito por toda a sociedade, de forma direta e indireta, nos termos da lei[1422], mediante os recursos orçamentários das diversas pessoas políticas que compõem a Federação brasileira (art. 195, *caput*).

Também suportam financeiramente a seguridade social as denominadas *contribuições sociais*, obtidas do empregador[1423], da empresa e da entidade a ela equiparada na forma da lei e incidente sobre: a) a folha de salários e demais rendimentos do trabalho pagos ou creditados, a qualquer título, à pessoa física prestadora do serviço, ainda que sem vínculo empregatício; b) a receita ou o faturamento; e c) o lucro (art. 195, I, *a*, *b*, *c*).

No caso das empresas, a contribuição social em questão poderá ter alíquota ou base de cálculo diferenciadas, em razão da atividade econômica, da utilização intensiva de mão de obra, do porte da empresa ou da condição estrutural do mercado de trabalho (§ 9º do art. 195 – alterado pela EC n. 47/2005).

O trabalhador e demais segurados da previdência social igualmente contribuem para o financiamento da seguridade social; no entanto, não incidirá a contribuição previdenciária sobre aposentadoria e pensão concedidas pelo regime geral de previdência social de que trata o art. 201 (art. 195, II).

É necessário dizer que são dois os sistemas de previdência social: o *geral* e o *complementar*.

O sistema geral é integrado pela previdência dos servidores públicos (art. 40 e parágrafos da CF) e dos trabalhadores da iniciativa privada (art. 201 e parágrafos).

O sistema complementar, por sua vez, poderá ser público ou privado (art. 40, § 14, e art. 202 e parágrafos, respectivamente).

Desse modo, quando o art. 195, II, exclui da incidência da contribuição previdenciária aposentadoria e pensão concedidas pelo regime geral do art. 201, possibilita a imposição do tributo para os servidores públicos aposentados, quer porque afasta o fato imponível apenas no que toca aos trabalhadores aposentados da iniciativa privada, quer porque, de modo expresso, o art. 40, *caput*, passou a admitir, a partir da promulgação da EC n. 41/2003, a contribuição dos servidores inativos e dos pensionistas[1424].

1422 Ver Lei n. 8.212/91 (Seguridade Social).

1423 Ver Lei Complementar n. 70/91 (Contribuição para Financiamento da Seguridade Social e Elevação da Alíquota da Contribuição Social sobre o Lucro das Instituições Financeiras).

1424 Acirradas discussões ocorreram antes, durante e após a promulgação da EC n. 41/2003, sustentando-se que a contribuição vulnerava o direito adquirido. O STF, no julgamento da ADIn 3.128-7, rel. Min. Ellen Gracie, pronunciou-se pela inexistência de direito adquirido do servidor público aposentado à não incidência da contribuição previdenciária sobre os respectivos proventos. Eis a ementa: "1. Inconstitucionalidade. Seguridade social. Servidor público. Vencimentos. Proventos de aposentadoria e pensões. Sujeição à

E mais: o próprio § 18 do art. 40 esclarece que incidirá contribuição sobre os proventos de aposentadorias e pensões concedidas pelo regime público, que somente será cobrada sobre as parcelas de proventos de aposentadoria e pensão que superem o dobro do limite máximo estabelecido para os benefícios do regime geral da

---

incidência de contribuição previdenciária. Ofensa a direito adquirido no ato de aposentadoria. Não ocorrência. Contribuição social. Exigência patrimonial de natureza tributária. Inexistência de norma de imunidade tributária absoluta. Emenda Constitucional n. 41/2003 (art. 4º, *caput*). Regra não retroativa. Incidência sobre fatos geradores ocorridos depois do início de sua vigência. Precedentes da Corte. Inteligência dos arts. 5º, XXXVI, 146, III, 149, 150, I e III, 194, 195, *caput*, II e § 6º, da CF, e art. 4º, *caput*, da EC n. 41/2003. No ordenamento jurídico vigente, não há norma, expressa nem sistemática, que atribua à condição jurídico-subjetiva da aposentadoria de servidor público o efeito de lhe gerar direito subjetivo como poder de subtrair *ad aeternum* a percepção dos respectivos proventos e pensões à incidência de lei tributária que, anterior ou ulterior, os submeta à incidência de contribuição previdencial. Noutras palavras, não há, em nosso ordenamento, nenhuma norma jurídica válida que, como efeito específico do fato jurídico da aposentadoria, lhe imunize os proventos e as pensões, de modo absoluto, à tributação de ordem constitucional, qualquer que seja a modalidade do tributo eleito, donde não haver, a respeito, direito adquirido com o aposentamento. 2. Inconstitucionalidade. Ação direta. Seguridade social. Servidor público. Vencimentos. Proventos de aposentadoria e pensões. Sujeição à incidência de contribuição previdenciária, por força de Emenda Constitucional. Ofensa a outros direitos e garantias individuais. Não ocorrência. Contribuição social. Exigência patrimonial de natureza tributária. Inexistência de norma de imunidade tributária absoluta. Regra não retroativa. Instrumento de atuação do Estado na área da previdência social. Obediência aos princípios da solidariedade e do equilíbrio financeiro e atuarial, bem como aos objetivos constitucionais de universalidade, equidade na forma de participação no custeio e diversidade da base de financiamento. Ação julgada improcedente em relação ao art. 4º, *caput*, da EC n. 41/2003. Votos vencidos. Aplicação dos arts. 149, *caput*, 150, I e III, 194, 195, *caput*, II e § 6º, e 201, *caput*, da CF. Não é inconstitucional o art. 4º, *caput*, da Emenda Constitucional n. 41, de 19 de dezembro de 2003, que instituiu contribuição previdenciária sobre os proventos de aposentadoria e pensões dos servidores públicos da União, dos Estados, do Distrito Federal e dos Municípios, incluídas suas autarquias e fundações. 3. Inconstitucionalidade. Ação direta. Emenda Constitucional (EC n. 41/2003, art. 4º, § único, I e II). Servidor público. Vencimentos. Proventos de aposentadoria e pensões. Sujeição à incidência de contribuição previdenciária. Bases de cálculo diferenciadas. Arbitrariedade. Tratamento discriminatório entre servidores e pensionistas da União, de um lado, e servidores e pensionistas dos Estados, do Distrito Federal e dos Municípios, de outro. Ofensa ao princípio constitucional da isonomia tributária, que é particularização do princípio fundamental da igualdade. Ação julgada procedente para declarar inconstitucionais as expressões 'cinquenta por cento do' e 'sessenta por cento do', constante do art. 4º, parágrafo único, I e II, da EC n. 41/2003. Aplicação dos arts. 145, § 1º, e 150, II, cc. art. 5º, *caput* e § 1º, e 60, § 4º, IV, da CF, com restabelecimento do caráter geral da regra do art. 40, § 18. São inconstitucionais as expressões 'cinquenta por cento do' e 'sessenta por cento do', constantes do parágrafo único, incisos I e II, do art. 4º da Emenda Constitucional n. 41, de 19 de dezembro de 2003, e tal pronúncia restabelece o caráter geral da regra do art. 40, § 18, da Constituição da República, com a redação dada por essa mesma Emenda". Leia-se também os comentários feitos sobre o direito adquirido no item 23.12 do Capítulo 23.

previdência social (redação do § 21 do art. 40 – acrescentado pela EC n. 47/2005).

Todavia, a contribuição previdenciária exigível dos servidores públicos aposentados não poderá ter alíquota progressiva, como já decidiu por reiteradas vezes o STF[1425].

Como forma de preservar indene a seguridade social, qualquer pessoa jurídica em débito com o sistema, conforme estabelecido em lei, não poderá contratar com o Poder Público nem dele receber benefícios, incentivos fiscais ou creditícios (art. 195, § 3º).

As contribuições para a seguridade social só serão exigidas após o transcurso de noventa dias da data da publicação da lei que as houver instituído ou modificado (art. 195, § 6º). Estamos diante do *princípio da anterioridade nonagesimal*.

29.2.1 O direito à saúde

A saúde é direito de todos e dever do Estado, garantido mediante políticas sociais e econômicas que visem à redução do risco de doença e de outros agravos e ao acesso universal igualitário às ações e aos serviços para sua promoção, proteção e recuperação (art. 196).

São solidariamente responsáveis todas as entidades federativas pela assistência integral à saúde no Brasil, podendo qualquer delas ser demandada judicialmente para tornar efetivo o acesso ao direito social[1426].

1425 Ver *leading case* (ADIN 2.010-MC). Observe-se também a seguinte decisão proltada nos autos do RE-AgR 414.915/PR, relª Min. Ellen Gracie, j. em 21-3-2006: "RECURSO EXTRAORDINÁRIO. AGRAVO REGIMENTAL. CONTRIBUIÇÃO PREVIDENCIÁRIA. ALÍQUOTA PROGRESSIVA. 1. O acórdão recorrido está em consonância com o entendimento do Plenário deste Supremo Tribunal que, no julgamento da ADI 2.010-MC, assentou que a instituição de alíquotas progressivas para a contribuição previdenciária dos servidores públicos ofende o princípio da vedação à utilização de qualquer tributo com efeito de confisco (art. 150, IV, da Constituição). Tal entendimento estende-se aos Estados e Municípios. 2. Agravo regimental improvido".

1426 "CONSTITUCIONAL E PROCESSUAL CIVIL – PORTADOR DO VÍRUS HIV – DIREITO AO RECEBIMENTO GRATUITO DOS MEDICAMENTOS NECESSÁRIOS AO TRATAMENTO – LEI N. 9.313/96 – RESPONSABILIDADE SOLIDÁRIA DA UNIÃO, DOS ESTADOS E DOS MUNICÍPIOS PELO FORNECIMENTO – ARTS. 196 E 198 DA CF E LEI N. 8.080/90. I – A saúde constitui direito de todos e dever do Estado, que deve prestá-la integralmente, mediante políticas sociais e econômicas que visem à redução do risco de doença, possibilitando o acesso universal e igualitário às ações e serviços para sua promoção, proteção e recuperação. II – Com o advento da Lei n. 9.313, de 13 de novembro de 1996, que dispôs sobre a distribuição de medicamentos aos portadores do vírus HIV e doentes de AIDS, não há como negar o direito ao recebimento gratuito dos medicamentos necessários ao tratamento. III – A União Federal, os Estados e os Municípios, através do Sistema Único de Saúde – SUS, são solidariamente responsáveis pelo fornecimento dos medicamentos aos pacientes em tratamento da AIDS, o que legitima, *in casu*, a inclusão da União Federal, do Estado do Rio de Janeiro e do Município do Rio de Janeiro no polo passivo da relação processual. IV – Apelações cíveis e remessa neces-

A proteção constitucional se dirige não apenas ao tratamento da doença quando instalada, mas, sobretudo, à adoção de medidas preventivas de manutenção da saúde mediante políticas sociais e econômicas.

E mais: também se converte em responsabilidade indeclinável do Poder Público o fornecimento de medicamentos eficazes para assegurar o direito à saúde dos cidadãos.

Mas entenda-se bem: é preciso reconhecer que a Constituição confere o direito à obtenção do *medicamento*; jamais, no entanto, ao valor inerente ao remédio.

Logo, não poderá o paciente recorrer ao Poder Judiciário para receber o dinheiro, mas sim o medicamento, ou, fundamentalmente, a *substância ativa* referente aos medicamentos aptos a debelar ou diminuir os efeitos deletérios da enfermidade.

Salienta o art. 198 que as ações e serviços públicos de saúde integram uma rede regionalizada e hierarquizada e constituem um sistema único, organizado de acordo com as seguintes diretrizes:

> *I – descentralização*[1427]*, com direção única em cada esfera de governo;*
>
> *II – atendimento integral, com prioridade para as atividades preventivas, sem prejuízo dos serviços assistenciais;*
>
> *III – participação da comunidade.*

---

sária improvidas" (TRF 2ª R., AC 2001.51.01.001004-1/RJ, 1ª T., rel. Juiz Ney Fonseca, *DJU* de 6-6-2003, p. 275). E no mesmo sentido: "CONSTITUCIONAL E ADMINISTRATIVO – FORNECIMENTO DE MEDICAMENTOS PARA TRATAMENTO DA AIDS – LEGITIMIDADE PASSIVA – COMINAÇÃO DE MULTA EM CASO DE DESCUMPRIMENTO DE TUTELA DEFERIDA EM JUÍZO. I – Em face da expressa disposição do art. 1º da Lei n. 9313/96, é incontestável a obrigação do SUS de fornecer medicamentos aos portadores do vírus HIV. II – O art. 198 da Constituição Federal, bem como a Lei n. 8.080/90, legislações que regem o SUS (Sistema Único de Saúde), consagram a competência solidária da união, dos estados e dos municípios. III – Cabível a cominação de multa, nos termos do art. 461 do CPC, para garantir o efetivo cumprimento da obrigação. IV – Recurso e remessa oficial improvidas" (TRF 2ª R., AC 2001.51.01.007328-2/RJ, 6ª T., rel. Juiz Sergio Schwaitzer, *DJU* de 7-5-2003, p. 253). Contudo, em sentido contrário: "AÇÃO – Obrigação de fazer. Pedido contra a Fazenda Estadual de fornecimento de medicamento. Citação da União face à solidariedade do Sistema Único de Saúde (SUS) entre os entes públicos. Inadmissibilidade. Solidariedade que não se presume. Artigo 896 do Código Civil, 198 da Constituição da República e 4º da Lei n. 8.080/90. Preliminar rejeitada" (TJSP, AC 88.407-5, 4ª CDPúb., rel. Des. Eduardo Braga, j. em 7-12-2000).

1427 "AGRAVO REGIMENTAL EM MANDADO DE SEGURANÇA – FORNECIMENTO GRATUITO DE MEDICAMENTOS – COMPETÊNCIA DA JUSTIÇA COMUM – RESPONSABILIDADE CONCORRENTE DO ESTADO – LIMINAR ADEQUADA – PRECEDENTES DO TRIBUNAL. 1. A descentralização do Sistema Único de Saúde, implicando o dever e a competência concorrente dos estados-membros para regular e implantar ações e serviços públicos de proteção e defesa da saúde (CF, arts. 24, XII, e 196), define a competência da Justiça Estadual para a causa e a responsabilidade do estado pelo fornecimento gratuito de medicamentos de alto custo indispensáveis à sobrevivência do cidadão necessitado (Lei n. 8.080/90). (...)" (TJPE, AgRg 82137-4/01, rel. Des. Fernando Ferreira, *DJPE* de 8-10-2002).

Voltado ao fim de proporcionar acesso universal e igualitário às ações e aos serviços de saúde, o Texto Constitucional criou o Sistema Único de Saúde (SUS) com financiamento de recursos oriundos do orçamento da seguridade social da União, dos Estados, do Distrito Federal e dos Municípios (§ 1º do art. 198)[1428].

A redação do § 2º do art. 198, incluído pela EC n. 29/2000, determina que "a União, os Estados, o Distrito Federal e os Municípios aplicarão, anualmente, em ações e serviços públicos de saúde recursos mínimos derivados da aplicação de percentuais calculados sobre: I – no caso da União, na forma definida nos termos da lei complementar prevista no § 3º; II – no caso dos Estados e do Distrito Federal, o produto da arrecadação dos impostos a que se refere o art. 155 e dos recursos de que tratam os arts. 157 e 159, I, *a*, e inciso II, deduzidas as parcelas que forem transferidas aos respectivos Municípios; III – no caso dos Municípios e do Distrito Federal, o produto da arrecadação dos impostos a que se refere o art. 156 e dos recursos de que tratam os arts. 158 e 159, I, *b* e § 3º".

A EC n. 51/2006 afastou a exigência constitucional de concurso público a fim de permitir aos gestores locais do SUS a contratação de agentes comunitários de saúde e agentes de combate às endemias por meio de processo seletivo público (§ 4º do art. 198).

1428 Embora o sistema seja único, não se admitirá a ingerência da União nas outras esferas de governo, a pretexto de salvaguardar o direito à saúde. O Supremo Tribunal Federal Tribunal, nos autos do MS 25.295, concedeu a segurança contra o Decreto Presidencial n. 5.392/2005, que declarara estado de calamidade pública do setor hospitalar do Sistema Único de Saúde – SUS no Município do Rio de Janeiro, e, dentre outras determinações, autorizara, nos termos do inciso XIII do art. 15 da Lei n. 8.080/90, a requisição, pelo Ministro da Saúde, dos bens, serviços e servidores afetos a hospitais daquele Município ou sob sua gestão (Lei n. 8.080/90: "Art. 15. A União, os Estados, o Distrito Federal e os Municípios exercerão, em seu âmbito administrativo, as seguintes atribuições: ... XIII – para atendimento de necessidades coletivas, urgentes e transitórias, decorrentes de situações de perigo iminente, de calamidade pública ou de irrupção de epidemias, a autoridade competente da esfera administrativa correspondente poderá requisitar bens e serviços, tanto de pessoas naturais como de jurídicas, sendo-lhes assegurada justa indenização"). O Min. Joaquim Barbosa, relator, entendeu ser nulo o ato presidencial impugnado ante a insuficiência de motivação expressa, porquanto ausente qualquer alusão aos motivos de fato ou de direito determinantes de sua prática. Ressaltou, ainda, a possibilidade de a requisição incidir sobre bens públicos, sem a necessidade da decretação do estado de defesa, por ser ela instituto que visa fornecer alternativas à administração para solução de problemas em casos de iminente perigo público (Fonte: *Informativo STF*, n. 384). Incensurável a decisão do STF, principalmente porque o reconhecimento de tal possibilidade implicaria a grave transgressão à autonomia de ente federado, cujo afastamento, como mencionado no voto do Min. Joaquim Barbosa, estaria condicionado à decretação de estado de defesa. Por outro lado, não seria cabível à espécie o procedimento interventivo, porque, malgrado o art. 35, III, da Constituição admita a intervenção da União em Município quando não tiver aplicado o mínimo exigido da receita municipal na manutenção e desenvolvimento do ensino e das ações e serviços públicos de saúde, o órgão central somente poderá fazê-lo relativamente a Municípios localizados em Território Federal, o que não é, por óbvio, o caso do Rio de Janeiro.

Já o § 5º do art. 198, alterado pela EC n. 63, de 4-2-2010, refere que lei federal disporá sobre o regime jurídico, o piso salarial profissional, as diretrizes para os planos de carreira e a regulamentação das atividades de agente comunitário de saúde e agente de combate às endemias, estabelecendo ainda que compete à União, nos termos da lei, prestar assistência financeira complementar aos Estados, ao Distrito Federal e aos Municípios, para o cumprimento do referido piso salarial.

Com relação ao Sistema Único de Saúde (SUS), assenta a norma constitucional (art. 198, I a III) que será organizado de acordo com as seguintes diretrizes:

a) descentralização, com direção única em cada esfera de governo;

b) atendimento integral[1429], com prioridade para as atividades preventivas (com o que se realça o antedito caráter de prevenção das ações e serviços de saúde); e

c) participação da comunidade.

Consoante enuncia o art. 200 da Constituição, ao SUS compete, além de outras atribuições, nos termos da lei[1430]:

I – controlar e fiscalizar procedimentos[1431]*, produtos e substâncias de interesse para a saúde e participar da produção de medicamentos*[1432]*, equipamentos, imunobiológicos, hemoderivados e outros insumos;*

1429 "RECURSO ESPECIAL – TRATAMENTO DE DOENÇA NO EXTERIOR – RETINOSE PIGMENTAR – CEGUEIRA – CUBA – RECOMENDAÇÃO DOS MÉDICOS BRASILEIROS – DIREITO FUNDAMENTAL À SAÚDE – DEVER DO ESTADO. O Sistema Único de Saúde pressupõe a integralidade da assistência, de forma individual ou coletiva, para atender cada caso em todos os níveis de complexidade, razão pela qual, comprovada a necessidade do tratamento no exterior para que seja evitada a cegueira completa do paciente, deverão ser fornecidos os recursos para tal empresa. Não se pode conceber que a simples existência de Portaria, suspendendo os auxílios financeiros para tratamento no exterior, tenha a virtude de retirar a eficácia das regras constitucionais sobre o direito fundamental à vida e à saúde. 'O ser humano é a única razão do Estado. O Estado está conformado para servi-lo, como instrumento por ele criado com tal finalidade. Nenhuma construção artificial, todavia, pode prevalecer sobre os seus inalienáveis direitos e liberdades, posto que o Estado é um meio de realização do ser humano e não um fim em si mesmo' (Ives Gandra da Silva Martins, *in*: Caderno de Direito Natural – Lei Positiva e Lei Natural, n. 1, 1ª edição, Centro de Estudos Jurídicos do Pará, 1985, p. 27). Recurso Especial provido" (STJ, REsp 353147/DF, rel. Min. Franciulli Netto, *DJU* de 18-8-2003, p. 187).

1430 Ver Leis n. 8.080/90 (Dispõe sobre as condições para promoção, proteção e recuperação da saúde, a organização e o funcionamento dos serviços correspondentes); 8.142/90 (Dispõe sobre a participação da comunidade na gestão do Sistema Único de Saúde – SUS e sobre as transferências intergovernamentais de recursos financeiros na área de saúde) e Lei n. 9.797/99 9 (Dispõe sobre a obrigatoriedade da cirurgia plástica reparadora da mama pela rede de unidades integrantes do Sistema Único de Saúde – SUS nos casos de mutilação decorrentes de tratamento de câncer).

1431 Ver Lei n. 9.431/97, que dispõe sobre a obrigatoriedade da manutenção de programa de controle de infecções hospitalares pelos hospitais do País.

1432 Ver Lei n. 10.213/2001 (Define normas de regulação para o setor de medicamentos, institui a Fórmula Paramétrica de Reajuste de Preços de Medicamentos – FPR, cria a Câmara de Medicamentos).

II – executar as ações de vigilância sanitária e epidemiológica, bem como as de saúde do trabalhador;

III – ordenar a formação de recursos humanos na área de saúde;

IV – participar da formulação da política e da execução das ações de saneamento básico;

V – incrementar em sua área de atuação o desenvolvimento científico e tecnológico;

VI – fiscalizar e inspecionar alimentos, compreendido o controle de seu teor nutricional, bem como bebidas e águas para consumo humano;

VII – participar do controle e fiscalização da produção, transporte, guarda e utilização de substâncias e produtos psicoativos, tóxicos e radioativos;

VIII – colaborar na proteção do meio ambiente, nele compreendido o do trabalho.

Ainda que a assistência médica inicialmente não tenha sido realizada por profissional da medicina conveniado ao SUS, os medicamentos indispensáveis para debelar a enfermidade devem ser fornecidos pelo Poder Público, sob pena de o direito à saúde não ser plenamente concretizado[1433].

Embora verdadeiramente a atuação do Estado em termos de prestação de serviços de saúde descreva sua razão ontológica, não reprova o Texto Constitucional a participação dos entes privados, desde que o façam de forma complementar (art. 199 e § 1º).

A participação complementar dos entes privados no SUS produz relevantes consequências, principalmente porque torna obrigatória a prestação direta majoritária pelo setor público.

"Complementar" é o "que serve de complemento; pertencente ou relativo a complemento; que sucede ao elementar"[1434]. "Elementar" é a execução direta pelo Estado.

Note-se que a Constituição não cogitou sequer de participação *subsidiária* de órgãos privados, o que permitiria ampla iniciativa à ausência de prestação direta do Estado.

Não se poderá, assim, contratar com entes privados para, no âmbito de cada estrutura de governo, deslocar-se para instituições privadas mais da metade dos serviços e ações de saúde.

1433 "PROCESSUAL CIVIL – AGRAVO DE INSTRUMENTO – ANTECIPAÇÃO DE TUTELA – PACIENTE ASSISTIDO POR MÉDICO NÃO INTEGRANTE DO SISTEMA ÚNICO DE SAÚDE – CIRROSE – NECESSIDADE DE MEDICAMENTOS – DEVER DO ESTADO. I – Restando comprovada a necessidade de o paciente se submeter a tratamento, mediante uso de medicamentos indicados, de forma a evitar que a doença evolua para cirrose, ainda que prescrito por médico não integrante do Sistema Único de Saúde, torna-se imperioso ao Estado garantir o seu fornecimento, em face da garantia constitucional do direito à vida e à saúde. Eventuais exigências burocráticas não impedem a antecipação da tutela. II – Recurso conhecido e não provido. Decisão unânime" (TJDF, AGI 20030020005432/DF, 5ª T. Cív., rel. Des. Haydevalda Sampaio, *DJU* de 28-5-2003, p. 81).

1434 Cf. Aurélio Buarque de Holanda, *Novo Dicionário da Língua Portuguesa*, p. 164.

Se isso acontecer, é possível buscar a declaração de incompatibilidade da delegação ou concessão, inclusive em sede de ação civil pública proposta para reconduzir a política pública de saúde à determinação promanada do § 1º do art. 199, máxime porque o signo "complementar" impede a particulares a assunção de obrigação em nível superior àquela que, de ordinário e de acordo com o parâmetro constitucional, deva ser atribuída ao Estado.

Além disso, se o subsistema privado conta com fonte alternativa de financiamento, ou seja, o benefício fiscal concedido a indivíduos, famílias e empresas, que podem deduzir gastos com saúde nas suas declarações de imposto de renda[1435], não há justificativa viável para autorizar a prevalência de execução direta de serviços de saúde por agentes privados.

A Constituição também preceitua que deverão ser aplicados anualmente recursos mínimos pelos diversos níveis de governo para ações e serviços de saúde. No caso da União, na forma da lei complementar, reavaliada pelo menos a cada cinco anos (§ 2º c/c o § 3º do art. 198).

Enuncia, por sua vez, o § 2º do art. 199 que "é vedada a destinação de recursos públicos para auxílios ou subvenções às instituições privadas com fins lucrativos".

E reconhecendo a importância dos serviços de saúde, ainda que prestados por entes privados, salienta o § 3º do art. 199 que "é vedada a participação direta ou indireta de empresas ou capitais estrangeiros na assistência à saúde no País, salvo nos casos previstos em lei".

Por fim, esclarece o § 4º do mesmo dispositivo que "a lei disporá sobre as condições e os requisitos que facilitem a remoção de órgãos, tecidos e substâncias humanas para fins de transplante[1436], pesquisa e tratamento, bem como a coleta, processamento e transfusão de sangue e seus derivados, sendo vedado todo tipo de comercialização".

O Supremo Tribunal Federal, quando do julgamento da ADIn 3.512-6/ES, produziu interessante decisão e que guarda pertinência com esse enunciado constitucional.

A ação foi proposta contra a Lei n. 7.737/2004, do Estado do Espírito Santo, cujo art. 1º foi redigido da seguinte forma: "Fica instituída a meia entrada para doadores regulares de sangue, em todos os locais públicos de cultura, esporte e lazer mantidos pelas entidades e órgãos das administrações direta e indireta do Estado do Espírito Santo".

1435 Cf. Vera Lúcia Almeida Formigli, Haina Silva Bidu e José Luiz Moreno Neto, *Sistema Único de Saúde:* os desafios da construção do direito a saúde no Brasil, p. 5.

1436 Consentâneo ao comando constitucional, foi criado no Brasil o Sistema Nacional de Transplante, mediante o qual cada unidade federativa passou a contar com a sua respectiva Central de Transplantes. Na hipótese de morte encefálica, o médico responsável comunicará à Central de Transplantes, que entrará em contato com a família, a qual, independentemente de existência de declaração prévia de doador feita pelo paciente, poderá decidir a respeito da doação.

Na ação proposta, o Governador do Estado aduziu, entre outros fundamentos, que a lei aprovada pela Assembleia Legislativa encerrava evidente inconstitucionalidade na medida em que colide com o disposto no § 4º do art. 199 da Constituição Federal, já que passava a admitir a comercialização do sangue, aqui representada pela obtenção de meia entrada em todos os locais públicos de cultura, esporte e lazer.

Informe-se, por fim, que a Lei n. 10.211/2001 tipifica como crime a comercialização de órgãos.

29.2.2 A previdência social

Em reforço ao que se afirmou inicialmente no item pertinente à seguridade social (29.2), dois são os regimes previdenciários previstos na Constituição de 1988: o *geral* e o *complementar*.

O regime geral – sempre de filiação obrigatória – compreende o dos servidores públicos (art. 40 e parágrafos) e o dos trabalhadores da iniciativa privada (art. 201 e parágrafos). No âmbito público, os servidores estão vinculados ao Regime Próprio de Previdência Social (RPPS), com o que não podem filiar-se ao regime geral dos trabalhadores da iniciativa privada (§ 5º do art. 201).

O regime complementar era admitido somente para os trabalhadores da iniciativa privada.

Entretanto, a EC n. 41, de 19 de dezembro de 2003, incluiu no sistema constitucional o regime complementar público (§ 14 do art. 40).

Entenda-se a previsão: se, a partir da EC n. 41/2003, os servidores ingressos na Administração Pública federal, estadual ou municipal poderão ter limitados os proventos de aposentadoria aos valores máximos fixados para o regime geral dos empregados do setor privado (conforme prevê a parte final do § 14 do art. 40), nada mais justo para compensar a limitação que seja criado pelas diversas pessoas políticas o regime complementar de natureza pública.

Aliás, é determinação constitucional que os limites dos proventos de aposentadoria somente se façam se for instituída, no âmbito público, a previdência complementar (§ 14 do art. 40), criada por lei de iniciativa do respectivo Poder Executivo, restrita a gestão do sistema a entidades fechadas de previdência complementar, de natureza pública (§ 15 do art. 40).

29.2.2.1 Aposentadoria de servidores públicos

Existem três hipóteses de aposentadoria dos servidores públicos:

1) *Por invalidez permanente*, sendo os proventos proporcionais ao tempo de contribuição, salvo se houver nexo de causalidade entre a enfermidade ou o sinistro e o serviço, ou no caso de doença grave, contagiosa e incurável, na forma da lei (art. 40, § 1º, I);
2) *Compulsória*, aos setenta anos de idade, com proventos proporcionais ao tempo de contribuição (art. 40, § 1º, II);

3) *Voluntária*, desde que cumprido tempo mínimo de dez anos de efetivo exercício no serviço público e cinco anos no cargo efetivo em que se dará a aposentadoria, devendo ser observadas as seguintes condições: a) sessenta anos de idade e trinta e cinco de contribuição, se homem, e cinquenta e cinco anos de idade e trinta de contribuição, se mulher; b) sessenta e cinco anos de idade, se homem, e sessenta anos de idade, se mulher, com proventos proporcionais ao tempo de contribuição (art. 40, § 1º, III, *a* e *b*).

É conveniente ressaltar que a aposentadoria por invalidez permanente de servidor público está condicionada à existência de liame entre o fato e a prestação do serviço.

Quanto ao mais, também é deferida para as hipóteses contempladas pela lei ordinária, que não poderá referir hipóteses outras que não as decorrentes de doença grave, contagiosa e incurável.

Fixa a Constituição a aposentadoria compulsória aos setenta anos de idade, com proventos proporcionais ao tempo de contribuição.

Deve ser bem entendida a locução constitucional: se o servidor público já implementou todas as condições para a concessão do benefício, não se cogitará evidentemente de aposentadoria com proventos proporcionais, mas sim integrais. Isso somente sucederá nas situações de servidores que, por ingressarem no serviço público em fase mais adiantada da vida, simplesmente não terão como implementar todos os requisitos até o limite máximo de idade para permanência no quadro ativo.

Imagine-se, assim, alguém que tenha ingressado, por concurso público, aos cinquenta anos de idade. É lógico que o limite de idade de setenta anos implicará a impossibilidade de tal servidor perceber proventos integrais, visto que, ao alcançar tal quadra da vida, não terá atendido aos requisitos constitucionais para receber a aposentadoria integral.

29.2.2.1.1 Aposentadoria especial de servidor público

Salienta o § 4º do art. 40 da CF que "é vedada a adoção de requisitos e critérios diferenciados para a concessão de aposentadoria aos abrangidos pelo regime de que trata este artigo, ressalvados, nos termos definidos em leis complementares, os casos de servidores: I – portadores de deficiência; II – que exerçam atividades de risco; III – cujas atividades sejam exercidas sob condições especiais que prejudiquem a saúde ou a integridade física".

Como se vê, a regra geral é quanto à impossibilidade de adoção de requisitos e critérios diferenciados para o jubilamento de servidores públicos.

No entanto, em virtude de ausência de regulamentação do inciso III do § 4º do art. 40, a Administração Pública tem rejeitado a pretensão de servidores submetidos às condições adversas referidas no preceptivo.

Sucede que o STF tem considerado inconstitucional a omissão legislativa, determinando a colmatação da lacuna pela incidência do art. 57 da Lei n. 8.213/91 (STF, MI 998-8/DF, rel. Min. Cármen Lúcia, 15-4-2009).

29.2.2.2 Aposentadoria dos trabalhadores da iniciativa privada

Em se tratando de trabalhadores da iniciativa privada, assegura-se a aposentadoria quando obedecidas as seguintes condições (art. 201):

I – trinta e cinco anos de contribuição, se homem, e trinta anos de contribuição, se mulher;

II – sessenta e cinco anos de idade, se homem, e sessenta anos de idade, se mulher, reduzido em cinco anos o limite para os trabalhadores rurais de ambos os sexos e para os que exerçam suas atividades em regime de economia familiar, nestes incluídos o produtor rural, o garimpeiro e o pescador artesanal (§ 7º, I e II – com alterações da EC n. 20/98).

Cuida assinalar que os requisitos são cumulativos.

Logo, tanto o tempo de contribuição como a idade mínima se impõem para a concessão do benefício previdenciário, critério, de resto, que igualmente se verifica quando da aposentadoria dos servidores públicos.

Os requisitos referentes ao tempo de contribuição serão reduzidos em cinco anos para o professor que comprove exclusivamente tempo de efetivo exercício das funções de magistério na educação infantil e no ensino fundamental e médio (§ 8º – com redação da EC n. 20/98).

O § 2º do art. 453 da CLT, no entanto, expressa que "o ato de concessão de benefício de aposentadoria a empregado que não tiver completado 35 (trinta e cinco) anos de serviço, se homem, ou 30 (trinta), se mulher, importa em extinção do vínculo empregatício".

Ao examinar a questão, concluiu o STF pela inconstitucionalidade da norma[1437].

1437 STF, ADIn 1.721/DF, rel. Min. Carlos Ayres Britto, j. em 11-10-2006: "O Tribunal, por maioria, julgou procedente pedido formulado em ação direta ajuizada pelo Partido dos Trabalhadores – PT, pelo Partido Democrático Trabalhista – PDT e pelo Partido Comunista do Brasil – PC do B para declarar a inconstitucionalidade do § 2º do art. 453 da CLT – adicionado pelo art. 3º da Medida Provisória 1.596-14/97, convertida na Lei 9.528/97 –, que estabelece que o ato de concessão de benefício de aposentadoria a empregado que não tiver completado trinta e cinco anos de serviço, se homem, ou trinta, se mulher, importa em extinção do vínculo empregatício. Entendeu-se que a norma impugnada é inconstitucional por instituir modalidade de despedida arbitrária ou sem justa causa, sem indenização (CF, art. 7º, I), desconsiderando a própria eventual vontade do empregador de permanecer com seu empregado, bem como o fato de que o direito à aposentadoria previdenciária, uma vez objetivamente constituído, se dá na relação jurídica entre o segurado do Sistema Geral de Previdência e o INSS, portanto a expensas de um sistema atuarial-financeiro gerido por este. Vencido o Min. Marco Aurélio, que julgava improcedente o pedido, reputando razoável o dispositivo analisado, tendo em conta a situação concreta tanto do mercado de trabalho, desequilibrado pela oferta excessiva de mão de obra e a escassez de emprego, quanto da previdência social, agravada pela assunção de aposentadorias precoces. Precedente citado: RE 449420/PR (*DJU* de 14-10-2005)" (*Informativo STF*, n. 444).

29.2.2.3 O princípio da inclusão previdenciária

Reconhecidamente há grande número de trabalhadores brasileiros que não têm acesso à previdência social em razão da informalidade reinante no mercado de trabalho no País[1438].

Diante desse quadro, o § 12 do art. 201, alterado pela EC n. 47/2005, prevê que a lei disporá sobre sistema especial de inclusão previdenciária para atender a trabalhadores de baixa renda e àqueles sem renda própria que se dediquem exclusivamente ao trabalho doméstico no âmbito de sua residência, desde que pertencentes a famílias de baixa renda, garantindo-lhes acesso a benefícios de valor igual a um salário mínimo.

29.2.3 A assistência social

Art. 203. A assistência social[1439] *será prestada a quem dela necessitar, independentemente de contribuição à seguridade social, e tem por objetivos:*

I – a proteção à família, à maternidade, à infância, à adolescência e à velhice;

II – o amparo às crianças e adolescentes carentes;

III – a promoção da integração ao mercado de trabalho;

IV – a habilitação e reabilitação das pessoas portadoras de deficiência e a promoção de sua integração à vida comunitária;

V – a garantia de um salário mínimo de benefício mensal à pessoa portadora de deficiência e ao idoso que comprovem não possuir meios de prover à própria manutenção ou de tê-la provida por sua família, conforme dispuser a lei (art. 203 da CF)[1440].

1438 Dados relativos ao censo de 2000 realizado pelo Instituto Brasileiro de Geografia e Estatística (IBGE) dão conta de que os idosos são hoje 14,5 milhões de pessoas, 8,6% da população total do País. O Instituto considera idosas as pessoas com 60 anos ou mais, mesmo limite de idade considerado pela Organização Mundial da Saúde (OMS) para os países em desenvolvimento. Em uma década, o número de idosos no Brasil cresceu 17%; em 1991, ele correspondia a 7,3% da população. O envelhecimento da população brasileira é reflexo do aumento da expectativa de vida, devido ao avanço no campo da saúde e à redução da taxa de natalidade. Prova disso é a participação dos idosos com 75 anos ou mais no total da população – em 1991, eles eram 2,4 milhões (1,6%) e, em 2000, 3,6 milhões (2,1%). E mais: do total da população idosa do País, 34% é composta de analfabetos, delineando contornos de extrema gravidade em termos de acesso à aposentadoria, visto que não mantêm contrato de trabalho formal e não é promovido o recolhimento da contribuição previdenciária.

1439 Ver Lei n. 8.742/93 (Organização da Assistência Social).

1440 Convém referir os dispositivos da Lei n. 9.720/98 que tratam da regulamentação do *benefício de prestação continuada*: "(...) Art. 6º A concessão do benefício ficará sujeita a exame médico pericial e laudo realizados pelos serviços de perícia médica do Instituto Nacional do Seguro Social – INSS. § 7º Na hipótese de não existirem serviços no município de residência do beneficiário, fica assegurado, na forma prevista em regulamento, o seu encaminhamento ao município mais próximo que contar com tal estrutura. § 8º A renda familiar mensal a que se refere o § 3º deverá ser declarada pelo requerente ou seu repre-

Por outro lado, *as ações governamentais na área da assistência social serão realizadas com recursos do orçamento da seguridade social, previstos no art. 195, além de outras fontes, e organizadas com base nas seguintes diretrizes:*

I – descentralização político-administrativa, cabendo a coordenação e as normas gerais à esfera federal e a coordenação e a execução dos respectivos programas às esferas estadual e municipal, bem como a entidades beneficentes e de assistência social;

II – participação da população, por meio de organizações representativas, na formulação das políticas e no controle das ações em todos os níveis (art. 204).

29.3 EDUCAÇÃO, CULTURA E DESPORTO

O direito fundamental à educação

A educação, direito de todos e dever do Estado e da família, será promovida e incentivada com a colaboração da sociedade, visando ao pleno desenvolvimento da pessoa, seu preparo para o exercício da cidadania e sua qualificação para o trabalho (art. 205).

Segundo o art. 206, *o ensino será ministrado com base nos seguintes princípios*[1441].

I – igualdade de condições para o acesso e permanência na escola;

II – liberdade de aprender, ensinar, pesquisar e divulgar o pensamento, a arte e o saber;

III – pluralismo de ideias e de concepções pedagógicas, e coexistência de instituições públicas e privadas de ensino;

---

sentante legal, sujeitando-se aos demais procedimentos previstos no regulamento para o deferimento do pedido. (NR). (...) Art. 29. (...) Parágrafo único. Os recursos de responsabilidade da União destinados ao financiamento dos benefícios de prestação continuada, previstos no art. 20, poderão ser repassados pelo Ministério da Previdência e Assistência Social diretamente ao INSS, órgão responsável pela sua execução e manutenção. (NR). (...). Art. 30. (...) Parágrafo único. É, ainda, condição para transferência de recursos do FNAS aos Estados, ao Distrito Federal e aos Municípios a comprovação orçamentária dos recursos próprios destinados à Assistência Social, alocados em seus respectivos Fundos de Assistência Social, a partir do exercício de 1999. (NR) (...). Art. 37. O benefício de prestação continuada será devido após o cumprimento, pelo requerente, de todos os requisitos legais e regulamentares exigidos para a sua concessão, inclusive apresentação da documentação necessária, devendo o seu pagamento ser efetuado em até quarenta e cinco dias após cumpridas as exigências de que trata este artigo. Parágrafo único. No caso de o primeiro pagamento ser feito após o prazo previsto no *caput*, aplicar-se-á na sua atualização o mesmo critério adotado pelo INSS na atualização do primeiro pagamento de benefício previdenciário em atraso. (NR) (...). Art. 38. A idade prevista no art. 20 desta Lei reduzir-se-á para sessenta e sete anos a partir de 1º de janeiro de 1998. (NR) (...) Art 2º Os órgãos envolvidos nas ações mencionadas no § 6º do art. 20 e no art. 37 da Lei n. 8.742, de 1993, deverão, até 31 de dezembro de 1995, adaptar-se e organizar-se para atender ao que consta daqueles dispositivos. Art. 3º O requerimento de benefício de prestação continuada, de que trata o art. 37 da Lei n. 8.742, de 1993, será protocolizado a partir de 1º de janeiro de 1996. Art. 4º A revisão do benefício de prestação continuada prevista no art. 21 da Lei n. 8.742, de 1993, terá início em 1º de setembro de 1997 (...)".

1441 Ver art. 3º da Lei n. 9.394/96.

IV – gratuidade do ensino público em estabelecimentos oficiais [redação da SV 12: A cobrança de taxa de matrícula nas universidades públicas viola o disposto no art. 206, IV, da Constituição];

V – valorização dos profissionais da educação escolar, garantidos, na forma da lei, planos de carreira, com ingresso exclusivamente por concurso público de provas e títulos, aos das redes públicas; (redação dada pela EC n. 53/2006);

VI – gestão democrática do ensino público, na forma da lei;

VII – garantia de padrão de qualidade;

VIII – piso salarial profissional nacional para os profissionais da educação escolar pública, nos termos de lei federal (incluído pela EC n. 53/2006).

Aqui se encontram exemplos de cláusulas programáticas invariavelmente desrespeitadas.

Com evidência, o direito social à educação acentua a distância havida entre o projeto constitucional e a realidade física, na qual as políticas públicas na área educacional estão em franco descompasso com as determinações constitucionais.

Foi editada em 2006, contudo, a EC n. 53, que promoveu importantes alterações, trazendo as determinações constantes do art. 60 do ADCT.

A Constituição reconhece nas universidades[1442] a instância máxima da pesquisa e do conhecimento científico no País, tanto que lhes outorga autonomia didático-científica, administrativa e de gestão financeira e patrimonial, devendo, no entanto, obediência ao princípio da indissociabilidade entre ensino, pesquisa e extensão (art. 207).

O inciso I do art. 208 comete ao Poder Público o dever concernente ao acesso ao ensino público fundamental obrigatório e gratuito, assegurada, inclusive, sua oferta gratuita para os que a ele não tiveram acesso na idade própria; responsabilizando a autoridade que se omite quanto à sua disponibilização (§ 2º do art. 208).

E, se o inciso II do art. 208 não torna o acesso ao ensino médio vinculado aos signos da obrigatoriedade e gratuidade, a locução constitucional relativa à sua progressiva universalização é indicativa da natureza igualmente vinculante do preceptivo, mais ainda porque, ultrapassado o período do ensino fundamental, deve o Estado porfiar pela elevação do nível educacional, universalizando o ensino médio mediante a adoção de políticas públicas em tal direção.

O inciso III do art. 208 da Constituição salienta como direito social o atendimento educacional especializado aos portadores de deficiência, preferencialmente na rede regular de ensino.

1442 A respeito da disciplina legal das universidades, ver Leis n. 8.958/94 (Relação entre as Instituições Federais de Ensino Superior); 9.678/98 (Institui a Gratificação de Estímulo a Docência no Magistério Superior) e Decretos n. 3.860/2001 (Dispõe sobre a Organização do Ensino Superior, a Avaliação de Cursos e Instituições) e 3.908/2001, que altera o Decreto n. 3.860/2001.

A obrigação do Estado quanto ao atendimento em creche e pré-escola às crianças até cinco anos de idade vem prevista no inciso IV do art. 208 (alterado pela EC n. 53/2006).

Também referida como obrigação estatal a adoção de política pública para viabilizar o acesso aos níveis mais elevados do ensino, da pesquisa e da criação artística, segundo a capacidade de cada um (art. 208, V, da CF)[1443].

Sendo certo que há grande quantidade de indivíduos que estudam e trabalham, fixa inciso VI do art. 208 a oferta de ensino noturno regular, adequado às condições do educando, prescrevendo também que o atendimento ao educando, no ensino fundamental, por meio de programas suplementares de material didático-escolar, transporte, alimentação e assistência à saúde (art. 208, VII).

Permite a Constituição de 1988 a participação da iniciativa privada no tocante ao ensino (art. 209, *caput*), estabelecendo, todavia, o atendimento às seguintes condições: a) *cumprimento das normas gerais da educação nacional*[1444]; b) *autorização e avaliação de qualidade pelo Poder Público*[1445].

1443 "REMESSA *EX OFFICIO* E APELAÇÃO VOLUNTÁRIA – MANDADO DE SEGURANÇA – EXAME SUPLETIVO DE 2º GRAU – MENORIDADE – DIREITO AOS NÍVEIS MAIS ELEVADOS DE ENSINO – ART. 208, V, DA CONSTITUIÇÃO FEDERAL – APELAÇÃO IMPROVIDA – REMESSA PREJUDICADA. A Lei n. 9.394/96, que disciplina o exame supletivo de segundo grau, deve ser interpretada em consonância com o inciso V, do art. 208, da Constituição da República, que dispõe que o dever do estado com a educação será efetivado mediante garantia, entre outros direitos, do acesso aos níveis mais elevados de ensino, segundo a capacidade de cada um. Assim, impedir ao menor o acesso a estágio superior de ensino, além de ferir frontalmente o supracitado dispositivo constitucional, rechaça o princípio basilar de que a educação é direito de todos" (TJES, REO 024010117273, 1ª C. Cív., rel. Des. Arnaldo Santos Souza, j. 26-2-2003).

1444 "MANDADO DE SEGURANÇA – ENSINO SUPERIOR – EXPEDIÇÃO DE DIPLOMA INDEPENDENTE DE PAGAMENTO DE TAXA – POSSIBILIDADE. A universidade está adstrita ao cumprimento das normas gerais da educação nacional. A Resolução do Conselho Federal de Educação (Res. 01/85) determinou que a expedição da 1ª via de diploma está compreendida no valor da mensalidade paga. Remessa oficial improvida" (TRF 5ª R., RO 80794 [2001.81.00.003869-6] CE, 3ª T., rel. Des. fed. Paulo Gadelha, *DJU* de 5-11-2002, p. 651).

1445 "(...) O ato impugnado com a impetração se funda, também, no inc. II do art. 209 da Constituição Federal, segundo o qual, o ensino é livre à iniciativa privada, desde que atendidas certas condições, dentre as quais autorização e avaliação de qualidade pelo Poder Público. Vale dizer, o próprio ensino, pela empresa privada, depende de autorização e avaliação de qualidade pelo Poder Público. Desde o advento, pelo menos, da Constituição Federal, que é de 5-10-1988, anterior, portanto, à deliberação dos Conselhos da Universidade Braz Cubas, datada de 20 de maio de 1989. Já por essa razão não se poderia falar em direito adquirido à criação do Curso de Odontologia, nem em ato jurídico perfeito. 7. Os Decretos n. 97.223, de 15-12-1988, 359, de 9-12-1991, e 98.377, de 8-11-1989, não violam o princípio tutelar da autonomia das Universidades (art. 207 da CF) ou o da legalidade, ou, ainda, o dos limites regulamentares, pois todos eles têm amparo no art. 209, II, da CF. 8. E o ato impugnado limitou-se a invocar o inc. II do art. 209 da CF e os Decretos que lhe são posteriores, pois, até então, a impetrante não havia criado, valida-

Outrossim, consolidando a separação entre o Estado brasileiro e os diversos segmentos religiosos, a Constituição esclarece que o ensino religioso será de matrícula facultativa (§ 1º do art. 210)[1446].

O § 4º do art. 211 determina que, "na organização de seus sistemas de ensino, os Estados e os Municípios definirão formas de colaboração, de modo a assegurar a universalização do ensino obrigatório"[1447].

Como forma de vincular objetivamente os orçamentos dos entes da Federação à manutenção e ao desenvolvimento do ensino, o art. 212 impõe à União dispêndio anual de não menos de dezoito por cento da receita resultante de impostos, ao passo que os Estados-Membros, o Distrito Federal e os Municípios deverão dirigir nunca menos de vinte e cinco por cento da referida receita para idêntico mister.

A ordem constitucional da cultura. Há, por outro lado, por assim dizer, uma "ordem constitucional da cultura"[1448].

"Cultura" é palavra carregada de forte variedade conotativa. Segundo Miguel Reale, "o homem realiza cultura tanto quando lança uma semente à terra, como quando cria por si mesmo uma expressão de beleza"[1449].

Mas é necessário delimitar o significado de cultura nos domínios do direito constitucional.

Explica José Afonso da Silva: "(...) vê-se bem que na *ordenação constitucional da cultura* se encontram duas ordens de valores culturais, dois sistemas de significações: uma que são as próprias *normas jurídico-constitucionais,* por si sós repositório de valores (direitos culturais, garantia de acesso à cultura, liberdade de criação e difusão cultural, igualdade no gozo dos bens culturais etc.); outra que se constitui da própria matéria normatizada: a *cultura,* o patrimônio cultural brasileiro, os diversos

---

mente, o Curso de Odontologia, já que, no momento mesmo dessa criação, essa possibilidade estava suspensa, por força do Decreto n. 97.223, de 15-12-1988. 9. Exatamente porque inválida ou ineficaz a criação do Curso de Odontologia a 20-5-1989, é que pôde o ato impugnado invocar os Decretos posteriores que regularam essa criação, com exigência não atendida pela recorrente" (STF, RMS 22.111/DF, TP, rel. Min. Sydney Sanches, *DJU* de 13-6-1997).

1446 "DESIGNAÇÃO – FUNÇÃO PÚBLICA – PROFESSOR DE ENSINO RELIGIOSO. Não há falar-se em designação para a função pública de professor de ensino religioso quando na própria escola existem professoras efetivas habilitadas a ministrar aquela disciplina" (TJMG, APCV 000.301.064-2/00, 7ª C. Cív., rel. Des. Edivaldo George dos Santos, j. em 9-12-2002).

1447 "ENSINO PÚBLICO – AÇÃO CIVIL PÚBLICA – TRANSPORTE ESCOLAR GRATUITO. Universalização do ensino obrigatório, cooperação integrada entre o Estado e os Municípios (CF, art. 211, § 4º). Programa para a manutenção de transporte escolar, ação conjunta definida como obrigação do Estado e dos municípios (CE, art. 216, § 3º). Recurso desprovido. Sentença confirmada em reexame necessário" (TJRS, AP-RN 70004121380, 3ª C.Cív., rel. Des. Luiz Ari Azambuja Ramos, j. em 8-8-2002).

1448 Cf. José Afonso da Silva, *Ordenação Constitucional da Cultura.*

1449 Apud José Afonso da Silva, op. cit., p. 20.

objetos culturais (formas de expressão; modos de criar, fazer e viver; criações artísticas; obras, objetos, documentos, edificações, conjuntos urbanos, sítios, monumentos de valor cultural)" (grifos do original)[1450].

Embora a localização topográfica não seja relevante para caracterizar a fundamentalidade de um direito constitucional, na Constituição de 1988 os direitos culturais se incluem no plexo dos direitos fundamentais, consoante se evidencia com a sua inserção nos incisos IX, XXVII, XXVIII e LXXIII do art. 5º.

O art. 215 da Constituição preceitua que o Estado garantirá a todos o pleno exercício dos direitos culturais e acesso às fontes da cultura nacional, e apoiará e incentivará a valorização e a difusão das manifestações culturais[1451].

O dispositivo é suficientemente claro para determinar a extração de efeitos normativos e impor a intervenção do Estado na produção cultural quando contrária ao programa constitucional[1452].

Com evidência, se o art. 215 da CF expõe que o Estado *garantirá* (utilizando-se o tempo verbal no futuro do presente, o que denota franco caráter determinativo da locução constitucional) a *todos* (sem distinção de qualquer espécie) o *pleno* (sem restrição de qualquer espécie) exercício dos direitos culturais, não há fundamento jurídico-constitucional a impedir a intervenção do Estado quando a fruição do patrimônio cultural for obstada por ação ou omissão do próprio Poder Público ou por ato comissivo da iniciativa privada.

E isso porque não existe *cultura de massa*, mas sim uma *indústria cultural*, que conforma habilmente o consumo de bens culturais pelo indivíduo, levando-o a reproduzir, no ócio, o mesmíssimo sistema de dominação inerente às relações de tra-

---

1450 Idem, p. 34-35. Convém lembrar que Adorno, na obra *Dialética do Iluminismo*, afirma que não há verdadeiramente uma "cultura de massa" e sim "indústria cultural". Para ele, ao aspirar à integração vertical de seus consumidores, a indústria cultural não apenas adapta os seus produtos ao consumo das massas, mas, em larga medida, determina o próprio consumo. Interessada nos indivíduos tão só enquanto consumidores ou empregados – prossegue o pensador da Escola de Frankfurt – ela reduz a humanidade, em seu conjunto, às condições que representam os seus interesses. E conclui: "A indústria cultural impede a formação de indivíduos autônomos, independentes, capazes de julgar e de decidir conscientemente" (cf. Theodor Wiesengrund, "Adorno – textos escolhidos", *in Os Pensadores*, p. 7-8).

1451 Diversas leis tencionam estimular a produção cultural e o acesso aos bens culturais, podendo ser destacadas a Lei n. 8.313/91 (Lei Rouanet – Program Nacional de Apoio à Cultura – PRONAC); Leis n. 9.312/96, 9.874/99 e 9.999/2000, que alteraram dispositivos da Lei Rouanet; Lei n. 10.454/2002 (Dispõe sobre Remissão da Contribuição para o Desenvolvimento da Indústria Cinematográfica – CONDECINE, de que trata a MP n. 2.228-1/2001).

1452 O Ministério Público do Trabalho na Bahia ingressou com ação cautelar preparatória perante a Justiça do Trabalho com o objetivo de impedir a prestação de trabalho, no período de festejos juninos, por músicos não representativos da manifestação cultural junina. O TRT 5ª Região extinguiu o processo sem resolução do mérito (TRT 5ª R., RO 00571-2009-002-05-00-6, rel. Des. Luíza Lomba, j. em 27-10-2009).

balho, e conformando o padrão musical e o gosto da população para induzir ao consumo daqueles bens culturais[1453].

Além disso, o art. 215 da CF expressa a dupla dimensão dos direitos culturais: como *norma agendi*, ao estabelecer que o Estado garantirá o acesso aos direitos culturais; e como *facultas agendi*, propiciando ao indivíduo tutela específica em favor do exercício dos direitos culturais com base na previsão constitucional[1454]. "Esse conjunto de todas as normas jurídicas, constitucionais ou ordinárias, é que constitui o *direito objetivo da cultura*; e quando se fala em *direito da cultura* se está referindo ao direito objetivo da cultura, ao conjunto de normas sobre cultura. Pois bem, essas normas geram *situações jurídicas em favor dos interessados*, que lhes dão a faculdade de agir, para auferir vantagens ou bens jurídicos que sua situação concreta produz, ao se subsumir numa determinada norma. Assim, se o Estado garante o pleno exercício dos direitos culturais, isso significa que o interessado em certa situação tem o *direito* (faculdade subjetiva) de reivindicar esse exercício, e o Estado, o *dever* de possibilitar a realização do direito em causa"[1455].

Já o § 1º do art. 215 da CF acentua que "o Estado protegerá as manifestações das culturas populares, indígenas e afro-brasileiras, e das de outros grupos participantes do processo civilizatório nacional".

Mais uma vez é incondicionada a intervenção estatal quando se fizer necessária à tutela do patrimônio cultural.

Que motivo determina especial proteção do patrimônio cultural relacionado às culturas populares, indígenas e afro-brasileiras?

Em primeiro lugar, determina-se a proteção das culturas indígenas e afro-brasileiras como forma de preservar a identidade nacional, visto que o índio e o negro foram cruciais para a formação do povo brasileiro. Em segundo lugar, percebe-se que a proteção às culturas populares tem por objetivo impedir que a ausência de estímulo oficial torne, de fato, inviável a manifestação cultural popular. Em terceiro lugar, a tutela específica referida no preceptivo indica que a Constituição de 1988 se propõe a respeitar a heterogeneidade do patrimônio cultural.

"A Constituição emprega o plural, ao referir-se às culturas particulares. O Estado tem que proteger as manifestações das 'culturas populares', não da 'cultura popular'; das 'culturas indígenas', não da 'cultura indígena'; das 'culturas afro-brasileiras', não só da 'cultura afro-brasileira'"[1456].

Registre-se que o § 1º do art. 215 da CF proporciona o patrocínio e o incentivo do Estado principalmente às manifestações culturais populares, indígenas, afro-brasileiras e das de outros grupos participantes do processo civilizatório nacional. Isso não significa excluir outras manifestações culturais que não se identifiquem com os

1453 Cf. Adorno & Horkheimer, *Dialética do Esclarecimento*, p. 113-156.

1454 Idem, p. 47.

1455 Idem, p. 47-48.

1456 Cf. José Afonso da Silva, op. cit., p. 74.

grupos referidos; porém, diante da notória insuficiência de recursos para o fomento estatal à cultura, será possível controlar judicialmente a destinação de recursos do erário para outras manifestações que não aquelas previstas no dispositivo.

Já o art. 216 da CF prescreve que "constituem patrimônio cultural brasileiro os bens de natureza material e imaterial, tomados individualmente ou em conjunto, portadores de referência à identidade, à ação, à memória dos diferentes grupos formadores da sociedade brasileira, nos quais se incluem: I – as formas de expressão; II – os modos de criar, fazer e viver; III – as criações científicas, artísticas e tecnológicas; IV – as obras, objetos, documentos, edificações e demais espaços destinados às manifestações artístico-culturais; V – os conjuntos urbanos e sítios de valor histórico, paisagístico, artístico, arqueológico, paleontológico, ecológico e científico".

Patrimônio cultural *brasileiro* não se confunde com *patrimônio nacional,* assim como inconfundíveis são os termos *cultura brasileira* e *cultura nacional.*

José Afonso da Silva aponta que "a Constituição fala em *cultura nacional,* quando garante 'acesso às fontes da cultura nacional', e em *cultura brasileira,* ao referir-se ao 'patrimônio cultural brasileiro'. Essas duas expressões não são necessariamente equivalentes. O 'brasileiro' e o 'nacional' nem sempre são termos intercambiáveis. O 'brasileiro' tem uma abrangência peculiar a tudo que ocorre no território do país, enquanto o 'nacional', que se prende à ideia de nação, não raro é empregado em contraposição ao 'regional', ao 'estadual' e ao 'local' – como se vê do art. 221, II, da Constituição –, mas também e especialmente em relação ao 'estrangeiro', ao 'internacional'. O próprio Decreto-lei 25, de 1937, que organiza o regime jurídico de proteção do 'patrimônio histórico e artístico nacional', emprega o 'nacional' no sentido do patrimônio histórico e artístico organizado pelo Governo Federal, não estando aí abrangido o patrimônio histórico e artístico estabelecido pelos Estados e Municípios"[1457].

Esclareça-se que a Emenda Constitucional n. 71, de 29 de novembro de 2012, acrescentou o art. 216-A à Constituição Federal para instituir o Sistema Nacional de Cultura: "O Sistema Nacional de Cultura, organizado em regime de colaboração, de forma descentralizada e participativa, instituiu um processo de gestão e promoção conjunta de políticas públicas de cultura, democráticas e permanentes, pactuadas entre os entes da Federação e a sociedade, tendo por objetivo promover o desenvolvimento humano, social e econômico com pleno exercício dos direitos culturais".

Já o § 1º do antedito enunciado refere diversos princípios constitucionais que regerão doravante a política pública de cultura no País, ao passo que o § 2º estabelece a estrutura do Sistema Nacional de Cultura. O § 3º registra que lei federal disporá sobre a regulamentação do Sistema, bem como da sua articulação com os demais sistemas nacionais ou políticas setoriais de governo. Por fim, o § 4º, dentro de marco federativo de divisão espacial de competências, expõe que "os Estados, o Distrito Federal e os Municípios organizarão seus respectivos sistemas de cultura em leis próprias".

1457 Idem, p. 78.

O desporto na Constituição de 1988. O art. 217, por sua vez, salienta que *é dever do Estado fomentar práticas desportivas formais e não formais, como direito de cada um, observados:*

I – a autonomia das entidades desportivas dirigentes e associações, quanto a sua organização e funcionamento;

II – a destinação de recursos públicos para a promoção prioritária do desporto educacional e, em casos específicos, para a do desporto de alto rendimento;

III – o tratamento diferenciado para o desporto profissional e o não profissional;

IV – a proteção e o incentivo às manifestações desportivas de criação nacional[1458].

29.4 CIÊNCIA E TECNOLOGIA

Como ressaltado no início deste Capítulo, consideramos correta a inclusão de disposições sobre a ciência e a tecnologia no âmbito da Ordem Social em razão de os progressos científicos reverterem em prol da melhoria da qualidade de vida das pessoas.

É precisamente o que deflui da redação do § 1º do art. 218 da Constituição ("a pesquisa científica básica receberá tratamento prioritário do Estado, tendo em vista o bem público e o progresso das ciências").

A preponderância da pesquisa tecnológica na solução dos problemas brasileiros e para o desenvolvimento do sistema produtivo nacional e regional resulta da dicção do § 2º do art. 218.

Significa dizer que, de acordo com o parâmetro constitucional, os pesquisadores que desejarem obter recursos públicos para as pesquisas na área de desenvolvimento de novas tecnologias, deverão adequar os respectivos projetos ao contexto da solução dos problemas nacionais e para o desenvolvimento do setor produtivo nacional e regional.

Também as empresas poderão ser destinatárias de estímulos (incentivos fiscais e creditícios, por exemplo), conforme disposto em lei, desde que invistam em pesquisa, criação de tecnologia adequada ao País, formação e aperfeiçoamento de seus recursos humanos e que pratiquem sistemas de remuneração que assegurem ao empregado, desvinculada do salário, participação nos ganhos econômicos resultantes da produtividade de seu trabalho (§ 4º do art. 218).

29.5 COMUNICAÇÃO SOCIAL

Iniciemos com alusão ao art. 220, *caput*: "A manifestação do pensamento, a criação, a expressão e a informação, sob qualquer forma, processo ou veículo não sofrerão qualquer restrição, observado o disposto nesta Constituição".

1458 Ver Lei n. 9.615/98, que revogou a Lei n. 8.672/93.

Alguns poderiam entender que o Texto Constitucional conduziu a estado absoluto as liberdades preconizadas no preceito.

O raciocínio é pleno em equívoco.

É preciso relembrar que a Constituição de 1988 foi promulgada após longos anos de vigência de regime político ditatorial em que a liberdade de imprensa foi severamente restringida. E o constituinte originário tentou plasmar no texto o sentimento libertário que predominava na época. Mas isso não denota que atribuiu um caráter absoluto à liberdade de expressão.

Em acréscimo ao entendimento doutrinário que reconhece a existência de limites imanentes a todo e qualquer direito fundamental (ver subitem 22.6 do Capítulo 22), note-se que a própria disciplina da comunicação social revela contenções à liberdade de expressão.

O § 1º do art. 220, por exemplo, prevê que nenhuma lei conterá dispositivo que embarace a liberdade de informação jornalística, devendo, contudo, ser observados os direitos individuais previstos no art. 5º, IV, V, X, XIII e XIV.

Parece óbvio que, não existindo direito absoluto no sistema normativo, impõe-se o controle da programação de rádio e televisão.

Alguns têm defendido o autocontrole, como sustenta Cristina Figueiredo, a ser exercido "pela própria classe jornalística, que, com o seu sentido de ética profissional e o sentido das responsabilidades, tem inequívoca vocação para ajuizar sobre os limites do exercício do direito à informação face aos restantes direitos do cidadão"[1459].

Pensamos, no entanto, que o autocontrole está longe de se converter no sistema ideal para adequar a programação de rádio e televisão aos princípios constitucionais, visto que a autorregulação não consegue competir com "a ferocidade da luta pela audiência", como bem assinala João Bosco Araújo Fontes Jr.[1460], devendo ser destacado ainda que a fiscalização da atividade efetivada somente pelas empresas de rádio e televisão apenas teria sucesso se o poder da informação estivesse menos concentrado em nosso país.

Por outro lado, também é verdade que o § 2º do art. 220 veda qualquer censura de natureza política, ideológica e artística; entretanto, a "censura" a que se refere a Constituição é a de natureza administrativa, tão em voga nos regimes de exceção e que tantos males ocasionou à democracia brasileira. Nenhuma ilação pode ser válida em se tratando de aposição de óbice a pronunciamento judicial tendente a tutelar direitos da personalidade, como já comentado no Capítulo 22 (ver subitem 22.6).

E prossegue o constituinte na adscrição de limites à liberdade de expressão, tal como realiza também no § 3º do art. 220. Nesse preceito, atribui competência ao Congresso Nacional para: I – regular as diversões e espetáculos públicos, cabendo ao Poder Público informar sobre a natureza deles, as faixas etárias a que não se reco-

1459 Criticável a previsão constitucional.

1460 Cf. *Liberdades e Limites na Atividade de Rádio e Televisão*, p. 99.

mendem, locais e horários em que sua apresentação se mostre inadequada[1461]; II – estabelecer os meios legais que garantam à pessoa e à família a possibilidade de se defenderem de programas ou programações de rádio e televisão que contrariem o disposto no art. 221, bem como da propaganda de produtos, práticas e serviços que possam ser nocivos à saúde e ao meio ambiente.

Diversão pública não é o mesmo que *espetáculo público.*

"Os 'parques de diversões', certas casas de divertimentos e brinquedos eletrônicos oferecem diversões públicas. Ficam sujeitos às limitações previstas em lei, na forma indicada no art. 220, § 3º, I, espécie de censura classificatória, para efeitos indicativos, prevista no art. 21, XVI. (...) Os *espetáculos* são de conteúdo variado. Envolvem 'criação artística, que traduz certa visão do homem e da vida, uma estética, ou mesmo uma opção política', ou simples distração ao público, evitando fazer pensar, e que não põe qualquer problema de liberdade intelectual. Assim, (...) no sentido de *espetáculo público,* referido na Constituição, trata-se de *representação teatral, exibição cinematográfica, rádio, televisão ou qualquer outra demonstração pública de pessoa ou conjunto de pessoas*"[1462].

Quando o Poder Público promove a classificação de películas cinematográficas, está dando cumprimento ao disposto no art. 220, § 3º, I, devendo ser dito que a referência à expressão "(...) faixas etárias a que não se recomendem (...)" não caracteriza mero exercício de faculdade do Estado, mas sim, convictamente, indeclinável dever de classificação que se atrela ao interesse público. Logo, se determinado filme é indicado para maiores de quatorze ou de dezesseis anos, o verbo "recomendar" não sinaliza simples possibilidade de acatamento, pelo exibidor, da classificação adotada pelo Poder Público, pois ali onde residir obrigação constitucional de legislar – sobretudo em defesa da formação da criança e do adolescente (art. 227) – se impõe, como corolário, a vinculação ao ato classificatório.

Justifica-se a digressão: é que alguma dúvida poderia surgir sobre a natureza vinculativa do ato do Poder Público em face de, no passado, ter sido consagrado o termo "proibição" em vez de "recomendação".

Mas tudo deve ser entendido em consonância com o sentimento de liberdade que moveu o constituinte, a ponto de, no plano semântico, ter preferido o signo "recomendar", sem que isso lhe retire, como dito, o caráter mandatório.

Todavia, isso não significa referir que é o Estado o censor que autorizará ou não a entrada de crianças e adolescentes em salas de exibição de filmes, pois a missão é dos pais ou responsáveis, que exercitam o denominado *poder familiar.*

Já com relação ao art. 220, § 3º, II, assegura-se a fixação de meios legais que garantam a possibilidade à pessoa e à família de se defenderem de programações de veículos de mídia que contrariem o comando do art. 221, bem como da propaganda de produtos, práticas e serviços que possam ser nocivos à saúde e ao meio ambiente.

1461 Ver arts. n. 74, 80, 247 e 258 da Lei n. 8.069/90 (Estatuto da Criança e do Adolescente).

1462 Cf. José Afonso da Silva, *Ordenação Constitucional da Cultura,* p. 63 – grifos do original.

Não que o art. 221 seja desprovido de maior eficácia; pelo contrário, tem natureza de norma constitucional com eficácia plena, sendo, assim, auto-operativo, tanto que o Texto Constitucional determina que a produção e a programação das emissoras de rádio e televisão *atenderão* aos seguintes princípios, passando a enunciar, a partir daí, os objetivos de tal atividade[1463].

Mas é que já se receava à época da promulgação do texto o desvio do parâmetro constitucional, criando-se, desse modo, obrigação legislativa quanto à previsão de meios legais – obviamente em adição ao recurso ao Poder Judiciário – destinados a garantir aos indivíduos expedientes úteis para o afastamento de programação ofensiva aos ditames do art. 221.

O § 4º do art. 220 assenta que "a propaganda comercial de tabaco, bebidas alcoólicas, agrotóxicos, medicamentos e terapias estará sujeita a restrições legais, nos termos do inciso II do parágrafo anterior, e conterá, sempre que necessário, advertência sobre os malefícios decorrentes de seu uso"[1464].

Não descurou o constituinte do tratamento da propriedade de empresa jornalística e de radiodifusão sonora e de sons e imagens: determinou que é privativa de brasileiros natos ou naturalizados há mais de dez anos, ou de pessoas jurídicas constituídas sob as leis brasileiras e que tenham sua sede e administração no País (art. 222, *caput*)[1465]. E previu mais: tais empresas deverão ser controladas com pelo menos setenta por cento do capital total e do capital votante, direta ou indiretamente, por brasileiros natos ou naturalizados há mais de dez anos, que exercerão obrigatoriamente a gestão das atividades e estabelecerão o conteúdo da programação (§ 1º), sendo que qualquer alteração do controle acionário deverá ser comunicada ao Congresso Nacional (§ 5º).

Como meio de impedir a prevalência de interesses estrangeiros na formação da opinião pública nacional, seguiu firme o constituinte na atribuição exclusiva da responsabilidade editorial e das atividades de seleção e direção da programação, em qualquer meio de comunicação social, a brasileiros natos ou naturalizados há mais de dez anos.

E até a execução de produções nacionais deverá garantir prioridade a profissionais brasileiros, conforme disciplinado em lei específica (§ 3º).

1463 "Art. 221. A produção e a programação das emissoras de rádio e televisão atenderão aos seguintes princípios: I – preferência a finalidades educativas, artísticas, culturais e informativas; II – promoção da cultura nacional e regional e estímulo à produção independente que objetive sua divulgação; III – regionalização da produção cultural, artística e jornalística, conforme percentuais estabelecidos em lei; IV – respeito aos valores éticos e sociais da pessoa e da família."

1464 Ver Lei n. 9.294, de 15-7-1996, regulamentada pelo Decreto n. 2.018/96, que dispõe sobre as restrições ao uso e à propaganda de produtos fumígeros, bebidas alcoólicas, medicamentos, terapias e defensivos agrícolas referidos no inciso.

1465 A participação do capital estrangeiro nas empresas de que trata o § 1º do art. 222 da CF está disciplinada na Lei n. 10.610/2002.

O art. 223 e parágrafos dispõem acerca da outorga e renovação de concessão, permissão e autorização para o serviço de radiodifusão sonora de sons e imagens[1466].

Tais prescrições têm por objetivo consolidar a salvaguarda constitucional à liberdade de imprensa, impedindo que concessões sejam retomadas ao alvedrio do poder concedente por motivação política – como, não raro, aconteceu nos regimes de exceção no passado.

Observe-se, entretanto, a redação do § 4º do art. 223: "O cancelamento da concessão ou permissão, antes de vencido o prazo, depende de decisão judicial".

Entende-se, com acerto, que o enunciado serve muito mais para arrostar a liberdade de comunicação que propriamente para protegê-la, máxime porque instala ambiente propício à eternização das concessões, em franca oposição ao ideal pluralista que deve marcar a comunicação social[1467].

29.6 MEIO AMBIENTE. CONCEITO. A PROTEÇÃO NO SISTEMA CONSTITUCIONAL

Como leciona José Afonso da Silva, "o meio ambiente é a interação do conjunto de elementos naturais, artificiais e culturais que propiciem o desenvolvimento equilibrado da vida em todas as suas formas"[1468].

Nenhum outro Texto Constitucional brasileiro demonstrou preocupação com o meio ambiente como a Constituição de 1988; aliás, foi esta que inaugurou a tutela específica ao direito fundamental. As Constituições precedentes, desde 1946, tão só fixaram competência legislativa da União para legislar sobre o ambiente natural.

Já a Constituição de 1988 previu alentada proteção ao meio ambiente. E é a interpretação sistemática que conduz à conclusão.

Deveras, o art. 5º, LXXIII, ao legitimar o cidadão para a propositura de ação popular, insere o *meio ambiente* entre os direitos indisponíveis cuja tutela jurisdicional pode ser buscada mediante tal instrumento.

1466 "Art. 223. Compete ao Poder Executivo outorgar e renovar concessão, permissão e autorização para o serviço de radiodifusão sonora e de sons e imagens, observado o princípio da complementaridade dos sistemas privado, público e estatal. § 1º O Congresso Nacional apreciará o ato no prazo do art. 64, §§ 2º e 4º, a contar do recebimento da mensagem. § 2º A não renovação da concessão ou permissão dependerá de aprovação de, no mínimo, dois quintos do Congresso Nacional, em votação nominal. § 3º O ato de outorga ou renovação somente produzirá efeitos legais após deliberação do Congresso Nacional, na forma dos parágrafos anteriores. § 4º O cancelamento da concessão ou permissão, antes de vencido o prazo, depende de decisão judicial. § 5º O prazo da concessão ou permissão será de dez anos para as emissoras de rádio e de quinze para as de televisão."

1467 Cf. João Bosco Fontes Jr., op. cit., p. 99.

1468 Cf. *Direito Ambiental Constitucional,* p. 2. Informa também o autor que "a palavra *ambiente* indica a esfera, o círculo, o âmbito que nos cerca, em que vivemos. Em certo sentido, portanto, nela já se contém o sentido da palavra *meio*. Por isso, até se pode reconhecer que, na expressão *meio ambiente*, se denota certa redundância (...)" (op. cit., p. 1) – grifos do original.

O art. 7º, XXII, contemplando a proteção ao *meio ambiente do trabalho*, prevê como direito dos trabalhadores urbanos e rurais a redução dos riscos inerentes ao trabalho, por meio de normas de saúde, higiene e segurança.

Quando da fixação da competência comum (entenda-se: competência de natureza administrativa cometida, de modo irrestrito, a todos os entes que compõem a Federação brasileira), foi imposta a obrigação à União, aos Estados, ao Distrito Federal e aos Municípios de protegerem o *meio ambiente* e combater a poluição em qualquer de suas formas (art. 23, VI).

Delimitando as competências concorrentes (que se diferenciam da competência comum por se tratar de atribuição de natureza legislativa), o art. 24, VII, outorga aos entes federativos a iniciativa quanto a leis de proteção ao patrimônio histórico, cultural, artístico, turístico e paisagístico, ao passo que o art. 24, VIII, assegura-lhes a capacidade para edição de leis que versem sobre a responsabilidade por dano ao *meio ambiente*.

Por seu turno, ao fixar as funções institucionais do Ministério Público, o art. 129, III, oferece-lhe os instrumentos aptos à defesa do *meio ambiente* e de outros interesses difusos e coletivos, no caso o inquérito civil público e a ação civil pública.

A proteção constitucional ao meio ambiente é tema de tamanha relevância para o constituinte originário que chega mesmo a incluí-la como princípio geral da atividade econômica (art. 170, VI), e, ainda, quando favorece a organização da atividade garimpeira, não se olvida, contudo, da proteção ao ecossistema (§ 3º do art. 174).

No Capítulo referente à Política Agrícola e Fundiária (no mesmo Título, ou seja, "Da Ordem Econômica e Financeira"), o art. 186 menciona o atendimento a diversos requisitos, a fim de que a propriedade rural atenda à sua função social, entre os quais a utilização adequada dos recursos naturais disponíveis e preservação do *meio ambiente* (inciso II).

Já no Título "Da Ordem Social", vamos encontrar a previsão constitucional quanto a competir ao sistema único de saúde, entre outras atribuições, colaborar na proteção do *meio ambiente*, nele compreendido o do trabalho (art. 200, VIII).

Mesmo no âmbito da Comunicação Social (arts. 220 a 224), o art. 220, § 3º, II, aponta como competência da lei federal estabelecer os meios legais que garantam à pessoa e à família a possibilidade de se defenderem de propaganda de produtos, práticas e serviços que possam ser nocivos à saúde e ao *meio ambiente*.

E demonstrando todo o desvelo constituinte para com o meio ambiente, terminou por destinar o Capítulo VI, da Ordem Social, exclusivamente para a sua proteção, cuja imposição incisiva do art. 225, *caput*, bem dilucida a importância que se lhe reservou: "Todos têm direito ao *meio ambiente* ecologicamente equilibrado, bem de uso comum do povo e essencial à sadia qualidade de vida, impondo-se ao Poder Público e à coletividade o dever de defendê-lo e preservá-lo para as presentes e futuras gerações".

Por último, no § 3º do art. 225 está assentada a responsabilização criminal não apenas da pessoa física, mas também da própria unidade empresarial diante da ofensa ao meio ambiente ("As condutas e atividades consideradas lesivas ao *meio ambiente* sujeitarão os infratores, pessoas físicas ou jurídicas, a sanções penais e administrativas, independentemente da obrigação de reparar os danos causados").

Walter Claudius Rothenburg, no particular, ressalta: "Fora de dúvida, entretanto, que a responsabilidade penal da pessoa jurídica está prevista constitucionalmente e necessita ser instituída, como forma, inclusive, de fazer ver, ao empresariado, que a empresa privada também é responsável pelo saneamento da economia, pela proteção da economia popular e do meio ambiente, pelo objetivo social do bem comum, que deve estar acima do objetivo individual, do lucro a qualquer preço"[1469].

O tratamento do tema de forma extensa e nos mais diversos espaços do sistema constitucional está a revelar que o interesse difuso ao meio ambiente sadio (que também pode assumir feição coletiva, no específico caso do meio ambiente do trabalho) foi guindado ao *status* de garantia fundamental por força do irrefreável ímpeto do constituinte em salvaguardá-lo como tal.

A constitucionalização do meio ambiente atende ao clamor da sociedade política, que não mais suporta a passividade do Poder Público diante dos atentados ao patrimônio ambiental.

E, no caso do Brasil, a Constituição chega mesmo a fixar tutela específica respeitante a diversos mananciais ecológicos do País, por exemplo, no § 4º do art. 225: "A Floresta Amazônica brasileira, a Mata Atlântica, a Serra do Mar, o Pantanal Mato-Grossense e a Zona Costeira são patrimônio nacional, e sua utilização far-se-á, na forma da lei, dentro de condições que assegurem a preservação do meio ambiente, inclusive quanto ao uso dos recursos naturais"[1470].

1469 Cf. *A Pessoa Jurídica Criminosa*, p. 20.

1470 "RECURSO EXTRAORDINÁRIO – ESTAÇÃO ECOLÓGICA – RESERVA FLORESTAL NA SERRA DO MAR – PATRIMÔNIO NACIONAL (CF, ART. 225, § 4º) – LIMITAÇÃO ADMINISTRATIVA QUE AFETA O CONTEÚDO ECONÔMICO DO DIREITO DE PROPRIEDADE – DIREITO DO PROPRIETÁRIO À INDENIZAÇÃO – DEVER ESTATAL DE RESSARCIR OS PREJUÍZOS DE ORDEM PATRIMONIAL SOFRIDOS PELO PARTICULAR – RE NÃO CONHECIDO. Incumbe ao Poder Público o dever constitucional de proteger a flora e de adotar as necessárias medidas que visem a coibir práticas lesivas ao equilíbrio ambiental. Esse encargo, contudo, não exonera o Estado da obrigação de indenizar os proprietários cujos imóveis venham a ser afetados, em sua potencialidade econômica, pelas limitações impostas pela Administração Pública. A proteção jurídica dispensada às coberturas vegetais que revestem as propriedades imobiliárias não impede que o *dominus* venha a promover, dentro dos limites autorizados pelo Código Florestal, o adequado e racional aproveitamento econômico das árvores nelas existentes. A jurisprudência do Supremo Tribunal Federal e dos Tribunais em geral, tendo presente a garantia constitucional que protege o direito de propriedade, firmou-se no sentido de proclamar a plena indenizabilidade das matas e revestimentos florestais que recobrem áreas dominiais privadas objeto de apossamento estatal ou sujeitas a restrições administrativas impostas pelo Poder Público. Precedentes. A circunstância de o Estado dispor de competência para criar reservas florestais não lhe confere, só por si considerando-se os princípios que tutelam, em nosso sistema normativo, o direito de propriedade, a prerrogativa de subtrair-se ao pagamento de indeni-

A proteção ao patrimônio ambiental é, sobretudo, tendência pressentida em todo o mundo.

Celso Furtado esclarece: "A ideia que começa a despontar é a de responsabilidade dos países que constituem a vanguarda da civilização industrial com respeito às destruições, custosamente reparáveis, causadas ao patrimônio comum da humanidade constituído pelos bens naturais e pela herança cultural. A Conferência das Nações Unidas sobre Meio Ambiente e Desenvolvimento, realizada no Rio de Janeiro em 1992, constituiu a plataforma em que pela primeira vez se defendeu a tese de que existe uma *fatura ecológica* a ser paga pelos países que, ocupando posições de poder, se beneficiaram da formidável destruição de recursos não renováveis, ou somente renováveis a elevado custo, que está na base do estilo de vida de suas populações e do modo de desenvolvimento difundido em todo o mundo por suas empresas. Em trabalho recente da CEPAL, apresentado à Conferência de Tlatelolco, no México, foram definidas as responsabilidades dos países ricos em cinco áreas em que é particularmente grave a degradação do meio ambiente: o esgotamento da camada de ozônio, o aquecimento do planeta, a destruição da biodiversidade nos países do Terceiro Mundo, a poluição dos rios, oceanos e solos, e a exportação de resíduos tóxicos"[1471].

---

zação compensatória ao particular, quando a atividade pública, decorrente do exercício de atribuições em tema de direito florestal, impedir ou afetar a válida exploração econômica do imóvel por seu proprietário. A norma inscrita no art. 225, § 4º, da Constituição deve ser interpretada de modo harmonioso com o sistema jurídico consagrado pelo ordenamento fundamental, notadamente com a cláusula que, proclamada pelo art. 5º, XXII, da Carta Política, garante e assegura o direito de propriedade em todas as suas projeções, inclusive aquela concernente à compensação financeira devida pelo Poder Público ao proprietário atingido por atos imputáveis à atividade estatal. O preceito consubstanciado no art. 225, § 4º, da Carta da República, além de não haver convertido em bens públicos os imóveis particulares abrangidos pelas florestas e pelas matas nele referidas (Mata Atlântica, Serra do Mar, Floresta Amazônica brasileira), também não impede a utilização, pelos próprios particulares, dos recursos naturais existentes naquelas áreas que estejam sujeitas ao domínio privado, desde que observadas as prescrições legais e respeitadas as condições necessárias à preservação ambiental. A ordem constitucional dispensa tutela efetiva ao direito de propriedade (CF/88, art. 5º, XXII). Essa proteção outorgada pela Lei Fundamental da República estende-se, na abrangência normativa de sua incidência tutelar, ao reconhecimento, em favor do *dominus*, da garantia de compensação financeira, sempre que o Estado, mediante atividade que lhe seja juridicamente imputável, atingir o direito de propriedade em seu conteúdo econômico, ainda que o imóvel particular afetado pela ação do Poder Público esteja localizado em qualquer das áreas referidas no art. 225, § 4º, da Constituição. Direito ao meio ambiente ecologicamente equilibrado: a consagração constitucional de um típico direito de terceira geração (CF, art. 225, *caput*)" (STF, RE 134.297-8/SP, 1ª T., rel. Min. Celso de Mello, *DJU* de 22-9-1995).

1471 Cf. *O Capitalismo Global*, p. 65. Na linha do pensamento de Celso Furtado, o Protocolo de Kyoto criou, em 1997, o denominado "mercado de carbono".

29.6.1 Classificação do meio ambiente

Conquanto se possa afirmar com absoluta segurança que o meio ambiente sadio (gênero) é direito fundamental dos indivíduos, é necessário indicar as respectivas espécies para facilitar o seu entendimento.

O meio ambiente (gênero) comporta quatro modalidades:

a) *natural ou físico;*

b) *artificial;*

c) *cultural;* e

d) *do trabalho.*

29.6.1.1 Meio ambiente natural

O meio ambiente natural ou físico é, de longe, o mais conhecido, pois se constitui de água, ar, solo, fauna e flora.

29.6.1.1.1 Proteção à fauna e manifestações culturais

Pode eventualmente ocorrer oposição entre algumas manifestações culturais e a tutela ambiental à fauna ou à flora.

Em tais casos, parece certo concluir que *cultura não é; cultura está sendo.*

Logo, não será admissível a persistência de manifestações ditas culturais quando o próprio sistema do direito positivo reprova e inclui como tipo penal o tratamento cruel dos animais, como é o caso da Lei das Contravenções Penais.

Posto dessa forma, intoleráveis manifestações culturais populares nas quais se aflijam ou mesmo promovam a matança de animais não devem ser admitidas, como a denominada "Farra do Boi", visto que o sistema constitucional brasileiro impõe interpretação de modo a serem compatibilizados *direitos culturais* com *proteção do meio ambiente,* mais ainda à conta do comando do art. 225, VII, da CF, impeditivo que é de práticas que submetam os animais a crueldade.

O STF reprova a ocorrência de tais manifestações culturais, inclusive com base no referido dispositivo constitucional: "COSTUME – MANIFESTAÇÃO CULTURAL – ESTÍMULO – RAZOABILIDADE – PRESERVAÇÃO DA FAUNA E DA FLORA – ANIMAIS – CRUELDADE. A obrigação de o Estado garantir a todos o pleno exercício de direitos culturais, incentivando a valorização e a difusão das manifestações, não prescinde da observância da norma do inciso VII do artigo 225 da Constituição Federal, no que veda prática que acabe por submeter os animais à crueldade. Procedimento discrepante da norma constitucional denominado 'Farra do Boi'" (STF, RE 153.531/SC, rel. Min. Francisco Rezek, j. em 3-6-1997).

29.6.1.2 Meio ambiente artificial

Por meio ambiente artificial entende-se o espaço urbano habitável, "(...) constituído pelo conjunto de edificações feitas pelo homem, estando ligado ao conceito de cidade, embora não exclua os espaços rurais artificiais criados pelo homem"[1472].

29.6.1.3 Meio ambiente cultural

O meio ambiente cultural, como o próprio nome revela, além do patrimônio cultural, é composto do patrimônio histórico, artístico, arqueológico, turístico e paisagístico[1473].

29.6.1.4 Meio ambiente do trabalho

Por fim – mas não menos importante – temos o meio ambiente do trabalho, que se trata de subespécie do meio ambiente artificial. "É o local onde as pessoas desempenham suas atividades laborais, sejam remuneradas ou não, cujo equilíbrio está baseado na salubridade do meio e na ausência de agentes que comprometam a incolumidade físico-psíquica dos trabalhadores, independentemente da condição que ostentem (...)"[1474].

A proteção do meio ambiente do trabalho invariavelmente envolve a tutela a interesse *coletivo* dos trabalhadores, muito embora não se possa recusar também a ocorrência de transgressão a interesse *difuso*, notadamente quando, pela própria característica da planta industrial, a vulneração às normas ambientais trabalhistas determine a expansão do sinistro para além dos muros da empresa, colhendo igualmente a comunidade circunvizinha ao estabelecimento.

29.6.2 Princípios constitucionais ambientais

Examinado o Capítulo da Ordem Social que trata do meio ambiente e outras previsões constitucionais correlatas, é possível apresentar breve rol dos princípios constitucionais ambientais.

29.6.2.1 Princípio da responsabilidade

Decorrente do enunciado do § 3º do art. 225, impõe a responsabilização administrativa, civil e penal pelos danos causados ao meio ambiente.

29.6.2.2 Princípio da precaução

Postulado que se extrai do art. 225, § 1º, IV, que torna obrigatório, na forma da lei, o estudo prévio de impacto ambiental, a fim de prevenir a ocorrência de dano ambiental, invariavelmente irreversível.

29.6.2.3 Princípio do poluidor-pagador

O processo de fabricação do produto induz a externalidades negativas, que sig-

---

1472 Cf. Raimundo Simão de Melo, *Direito Ambiental do Trabalho e a Saúde do Trabalhador*, p. 28.
1473 Cf. José Afonso da Silva, op. cit., p. 3.
1474 Cf. Celso Antônio Pacheco Fiorillo, apud Raimundo Simão de Melo, op. cit., p. 29.

nificam o efeito nocivo, não previsto e decorrente da atividade que implica transgressão ao patrimônio ambiental.

Por meio desses princípio, impõe-se ao agente poluidor os custos referentes à diminuição ou afastamento do dano.

29.6.2.4 Princípio da proteção ambiental

É princípio que decorre do art. 225, § 1º, VII, e se dirige à proteção da fauna e da flora, vedando-se práticas que:

a) *coloquem em risco sua função ecológica;*

b) *provoquem a extinção de espécies;* e

c) *submetam os animais à crueldade.*

29.6.2.5 Princípio da equidade intergeneracional

Encontra-se no art. 225, *caput*, da Constituição Federal: "*Todos têm direito ao meio ambiente ecologicamente equilibrado, bem de uso comum do povo e essencial à sadia qualidade de vida, impondo-se ao Poder Público e à coletividade o dever de defendê-lo e preservá-lo para as presentes e futuras gerações*".

É princípio que busca proteger os direitos não apenas das *presentes*, mas também das *futuras* gerações, conforme consta, de modo expresso, no enunciado constitucional.

29.6.2.6 Princípio da cooperação

Determina a necessidade de cooperação entre os Estados soberanos para a solução dos problemas ambientais, visto que, dada sua própria natureza, o dano ambiental pode ultrapassar os limites territoriais de um Estado.

Pode ser extraído do art. 4º, IX, da CF.

29.6.3 Socioambientalismo e a Constituição de 1988

A tutela constitucional ao meio ambiente não encerra visão canhestra e unilateral tendente a compreender que o objetivo do sistema se prende unicamente à proteção da fauna e da flora; não, as disposições constitucionais respeitantes ao meio ambiente deixam claro, ainda que de modo implícito, a necessária correlação que deve existir entre a normativa ambiental e a diversidade cultural.

Deveras, "o texto constitucional revela a compreensão de que não basta proteger a biodiversidade: a diversidade de espécies, genética e de ecossistemas, sem assegurar a diversidade cultural que está intimamente relacionada a esta"[1475].

1475 Cf. Juliana Santilli, *Socioambientalismo e Novos Direitos*: proteção jurídica à diversidade biológica e cultural, p. 60.

Sintetiza Carlos Marés: o *socioambientalismo* é movimento que se dirige à inclusão nos sistemas do direito positivo de comandos constitucionais e legais destinados, a um só tempo, à manutenção da vida de todas as espécies (biodiversidade) e de todas as culturas humanas (sociodiversidade)[1476].

29.6.4 Transgenismo e meio ambiente

As inovações tecnológicas têm acentuadamente provocado incertezas no que respeita aos limites éticos e jurídicos que se lhes podem demarcar.

Não obstante esteja fora de dúvida que a fome assola o mundo, não menos certo é que essa circunstância não autorizará a indiscriminada utilização de *biotecnologias* para incrementar a produtividade em detrimento da qualidade da alimentação humana.

Em primeiro lugar, porque não se acredita, ingenuamente, que os capitais alocados em pesquisas científicas destinadas ao aumento da quantidade de grãos estejam sincera ou minimamente preocupados com o universo dos que passam fome.

Por consequência, se os famintos não têm como pagar pela comida que é resultado do avanço tecnológico, não integrarão o conjunto dos destinatários dos "benefícios" ocasionados pelos alimentos transgênicos.

Aliás, pondo-se séria a discussão, se isso remotamente pudesse acontecer, estaríamos diante de autêntico *contradictio in adjeto* no que concerne aos postulados do capitalismo.

Em segundo lugar, a ignorância no que concerne aos efeitos dos transgênicos é infinitamente maior que o conhecimento acerca das prováveis consequências de sua utilização por anos ou décadas a fio.

Que sejam relembrados os insidiosos efeitos da *talidomida,* cuja ocorrência fora tristemente constatada por gerações concebidas por mães que recorreram ao uso da substância.

Calha bem, por isso, a advertência de Edgard Morin: "O perigo do transgenismo não está unicamente na alteração genética do milho ou de outros vegetais, mas nas consequências sobre a saúde humana. Sabe-se muito pouco, há muita polêmica e o que se impõe (...) é o *princípio da precaução*"[1477] (grifamos).

29.7 A FAMÍLIA NA CONSTITUIÇÃO DE 1988. A CRIANÇA, O ADOLESCENTE, O JOVEM E O IDOSO

A família, na Constituição de 1988 (art. 226, *caput*), é reputada *base da sociedade, devendo receber especial proteção do Estado.*

Já o § 1º do referido dispositivo enuncia que o casamento é civil e gratuita a celebração. Quando realizado o casamento religioso, terá efeito civil se atendidas as

1476 Apud Juliana Santilli, op. cit., p. 93.

1477 Cf. *Saberes Globais e Saberes Locais*: O olhar transdisciplinar, p. 40.

prescrições legais (§ 2º do art. 226), isto é, a disciplina fixada no atual Código Civil (arts. 1.514 a 1.516 e Lei n. 1.110, de 23-5-1950).

O § 3º do art. 226 assinala que "para efeito da proteção do Estado, é reconhecida a união estável entre o homem e a mulher como entidade familiar, devendo a lei facilitar sua conversão em casamento".

Por sua vez, acentua o § 4º que "*entende-se também como entidade familiar a comunidade formada por quaisquer dos pais e seus descendentes*".

O § 5º do art. 226 prescreve que os direitos e deveres referentes à sociedade conjugal são exercidos igualmente pelo homem e pela mulher.

Com isso, mesmo antes do advento do Código Civil de 2002, encontrava-se completamente dissonante da previsão constitucional o dispositivo do Código Civil anterior, que estabelecia o exercício do pátrio poder pelo homem com a colaboração da mulher.

E o § 5º do art. 226 foi responsável inclusive pela mudança na denominação do instituto, consolidando-se atualmente na linguagem da nova legislação substantiva civil o termo *poder familiar*[1478], visto que consentâneo à ideia de plena igualdade entre homem e mulher no tocante aos direitos e deveres inerentes à sociedade conjugal.

Não apenas as famílias havidas do casamento, mas também as uniões estáveis entre o homem e a mulher, recebem proteção do Texto Constitucional, devendo a lei facilitar a sua conversão em casamento – di-lo o antedito § 3º do art. 226.

As uniões homoafetivas podem ser reconhecidas pelo Estado brasileiro?

A discussão tem sido objeto de acirrada polêmica, mais ainda em razão de o § 3º ter referido a "união estável entre o homem e a mulher" como aquela passível de proteção estatal.

Sem passionalismos, não nos parece que o dispositivo constitucional possa ser utilizado para impedir o reconhecimento do Estado às denominadas *uniões homoafetivas*.

Com efeito, não fosse o fundamento pertinente à dignidade da pessoa humana absolutamente obstativo de imposição de qualquer óbice com vista à tutela das uniões homoafetivas, o princípio constitucional da não discriminação (art. 3º, IV), combinado com o direito individual à intimidade (art. 5º, X), em verdade, acenam, todos, para a tutela de tais relações.

Por outro lado, se a própria Constituição reconhece como entidade familiar a comunidade formada por qualquer dos pais e seus descendentes (§ 4º do art. 226), é óbvio que, se a pessoa decidir por consolidar união homoafetiva, a circunstância não deve desnaturar o vínculo familiar.

1478 Acentua o art. 1.631 do Código Civil em vigor que "durante o casamento e a união estável, compete o poder familiar aos pais; na falta ou impedimento de um deles, o outro o exercerá com exclusividade", ao passo que o parágrafo único esclarece que, "divergindo os pais quanto ao exercício do poder familiar, é assegurado a qualquer deles recorrer ao juiz para solução do desacordo".

E o reconhecimento do sistema constitucional à necessária proteção que deva destinar-se às uniões homoafetivas[1479] determina desdobramentos inclusive no contexto da adoção em tais casos, fazendo com que não se possa, ao menos à luz dos princípios constitucionais atinentes ao direito de família, impedir que pessoas do mesmo sexo, representativas de autêntica "unidade familiar", possam consumar a adoção[1480].

A redação do § 6º do art. 226, alterada pela EC n. 66/2010, refere que "o casamento civil pode ser dissolvido pelo divórcio".

Com isso, estão afastadas as exigências que se punham na anterior redação do § 6º, ou seja, interstício de ao menos um ano após a separação civil ou comprovada separação de fato por mais de dois anos.

Outrossim, o § 7º do art. 226 é norma que se dirige à indicação dos pressupostos do planejamento familiar: "*Fundado nos princípios da dignidade da pessoa humana e da paternidade responsável, o planejamento familiar é livre decisão do casal, competindo ao Estado propiciar recursos educacionais e científicos para o exercício desse direito, vedada qualquer forma coercitiva por parte de instituições oficiais ou privadas*".

A etiologia do planejamento familiar no Brasil sempre esteve atrelada à tentativa de disseminar o conhecimento de métodos contraceptivos.

E é essa a razão por que a parte final do § 7º do art. 226 proíbe a adoção de qualquer procedimento coercitivo para a escolha do número de filhos.

Todavia, o planejamento familiar – autêntico direito fundamental prescrito na Ordem Social – não se prestará apenas para auxiliar as famílias na limitação da prole; destina-se, de modo semelhante, a ajudá-las quando em dificuldade para a procriação.

1479 "APELAÇÃO CÍVEL. UNIÃO HOMOAFETIVA. RECONHECIMENTO. PRINCÍPIO DA DIGNIDADE DA PESSOA HUMANA E DA IGUALDADE. É de ser reconhecida judicialmente a união homoafetiva mantida entre duas mulheres de forma pública e ininterrupta pelo período de 16 anos. A homossexualidade é um fato social que se perpetua através dos séculos, não mais podendo o Judiciário se olvidar de emprestar a tutela jurisdicional a uniões que, enlaçadas pelo afeto, assumem feição de família. A união pelo amor é que caracteriza a entidade familiar e não apenas a diversidade de sexos. É o afeto a mais pura exteriorização do ser e do viver, de forma que a marginalização das relações homoafetivas constitui afronta aos direitos humanos por ser forma de privação do direito à vida, violando os princípios da dignidade da pessoa humana e da igualdade. Negado provimento ao apelo. (SEGREDO DE JUSTIÇA)" (TJRS, Ap. Cív. 70012836755, 7ª Câm. Cív., rel. Maria Berenice Dias, j. em 21-12-2005).

1480 Embora presente certo preconceito na decisão, observe-se a seguinte ementa: "ADOÇÃO – Pedido efetuado por pessoa solteira com a concordância da mãe natural – Possibilidade – Hipótese onde os relatórios social e psicológico comprovam condições morais e materiais da requerente para assumir o mister, a despeito de ser homossexual – circunstância que, por si só, não impede a adoção que, no caso presente, constitui medida que atende aos superiores interesses da criança, que já se encontra sob os cuidados da adotante – Recurso não provido" (TJSP, AC 51.111-0 – Taubaté, C. Esp., rel. Des. Oetterer Guedes, j. em 11-11-1999, v.u.).

E, aqui, surge a discussão sobre os limites que são postos pelo ordenamento jurídico à *reprodução assistida.*

Não são poucas nem livres de controvérsias as questões que se põem atualmente acerca da bioética[1481].

A Constituição de 1988 não contemplou o direito à procriação expressamente no rol dos direitos individuais; entretanto, a circunstância, por si, não é indicativa de "silêncio eloquente" do sistema constitucional para impedir o reconhecimento da procriação como direito fundamental.

Convictamente, os meios a serem propiciados pelo Estado e referidos no § 7º do art. 226 da Constituição não estão adstritos à consagração de liberdade tão só de cunho negativo, ou seja, o direito de o casal decidir livremente por não ter filhos.

E se o homem e a mulher decidirem tê-los, mas problema de infertilidade os impeça? O Estado brasileiro estaria obrigado a propiciar meios para a reprodução assistida?

Não reside dúvida quanto à resposta afirmativa.

Repita-se: o § 7º do art. 226 não se propõe a dificultar o direito à procriação; antes, outorga às pessoas o direito fundamental à procriação, homóloga ou heteróloga.

Há, contudo, limites imanentes à opção pela reprodução assistida que dimanam do Texto Constitucional.

Evidentemente, pessoas de sexos opostos, unidas pelo casamento ou relação estável, sem qualquer problema de fertilidade, não podem valer-se das técnicas inerentes à reprodução assistida, porquanto o direito fundamental à procriação – como, de resto, todo direito fundamental – é dotado de *dupla dimensionalidade*, como quer Konrad Hesse: a *subjetiva,* individual; e a que a ela se associa, a *objetiva,* consubstanciada em valores perseguidos por toda a coletividade[1482].

Logo, não se poderia utilizar o direito fundamental para a escolha pela reprodução assistida quando, na verdade, não haveria causa idônea a justificar o auxílio do Estado e tampouco de entidades privadas para esse fim, ainda que o casal possua condições financeiras para arcar com o procedimento, simplesmente porque isso representaria induvidoso desvirtuamento da disciplina constitucional.

Seguramente, mesmo no caso de clínicas particulares especializadas na reprodução assistida, não seria legítimo o desbordamento para uso das técnicas à margem do programa constitucional, que se prende, nos moldes do § 7º do art. 226, a auxiliar o recurso a tais meios exclusivamente para as hipóteses de infertilidade.

1481 Entende-se por *bioética* a ciência cujo objeto é o estudo dos procedimentos relativos à reprodução assistida e suas implicações de natureza jurídica, médica, filosófica e teológica. Distingue-se do *biodireito* porque, nesse caso, as especulações não se afastam do contexto puramente jurídico.

1482 Cf. *Elementos de Direito Constitucional da República Federal da Alemanha,* p. 112 e s.

Trata-se da denominada *eficácia direta* dos direitos fundamentais, apta a promover a vinculação dos particulares ao disposto na Constituição.

As uniões homoafetivas teriam direito à reprodução assistida?

A resposta é afirmativa.

Caso não optem pela adoção, amparando-se na ideia de que a dignidade da pessoa humana, materializada no direito à livre opção sexual, protege o indivíduo homossexual para não obrigá-lo a manter, contra a sua vontade, relação sexual com pessoa do sexo oposto apenas para viabilizar o direito à procriação, tem-se por certo que aos parceiros, nas uniões homoafetivas, igualmente está assegurado o acesso às técnicas de reprodução assistida.

No que se refere à criança e ao adolescente, é incisivo o comando do art. 227, *caput*: "É dever da família, da sociedade e do Estado assegurar à criança, ao adolescente e ao jovem, com absoluta prioridade, o direito à vida, à saúde, à alimentação, à educação, ao lazer, à profissionalização, à cultura, à dignidade, ao respeito, à liberdade e à convivência familiar e comunitária, além de colocá-los a salvo de toda forma de negligência, discriminação, exploração, violência, crueldade e opressão" (redação conferida pela EC n. 65/2010).

Há, por sua vez, preceito constitucional específico dirigido à proteção da saúde da criança, do adolescente e do jovem, no caso o § 1º e incisos do art. 227, ao determinarem que o *Estado promoverá programas de assistência integral à sua saúde, admitida a participação de entidades não governamentais e obedecendo aos seguintes preceitos*:

> *I – aplicação de percentual dos recursos públicos destinados à saúde na assistência materno-infantil;*
>
> *II – criação de programas de prevenção e atendimento especializado para os portadores de deficiência física, sensorial ou mental, bem como de integração social do adolescente e do jovem portador de deficiência, mediante o treinamento para o trabalho e a convivência, e a facilitação do acesso aos bens e serviços coletivos, com a eliminação de preconceitos e obstáculos arquitetônicos.*

Além da relevância inerente à tutela específica do direito à saúde da criança, do adolescente e do jovem, o art. 227, § 1º, II, é importante porque se mostra como a única previsão que especifica as diversas espécies de deficiência existentes no ordenamento constitucional brasileiro: *física, sensorial e mental*[1483].

De acordo com o § 3º do art. 227, o direito à proteção especial abrangerá:

> *I – idade mínima de quatorze anos para admissão ao trabalho, observado o disposto no art. 7º, XXXIII;*

1483 Ver Decreto n. 5.296, de 2-12-2004, com importante alteração do art. 4º, II, alíneas *a* e *b*, do Decreto n. 3.298/99, que considerava pessoa portadora de deficiência auditiva o indivíduo com incapacidade auditiva de 25 a 40 decibéis (deficiência *leve*). Tal previsão fez com que muitas empresas passassem a contratar exclusivamente empregados portadores de deficiência auditiva leve para lograr cumprimento ao art. 93 da Lei n. 8.213/91. Felizmente, o Decreto n. 5.296/2004, ao alterar o art. 4º do Decreto anterior, baniu tal possibilidade.

II – garantia de direitos previdenciários e trabalhistas;

III – garantia de acesso do trabalhador adolescente e jovem à escola;

IV – garantia de pleno e formal conhecimento da atribuição de ato infracional, igualdade na relação processual e defesa técnica por profissional habilitado, segundo dispuser a legislação tutelar específica;

V – obediência aos princípios de brevidade, excepcionalidade e respeito à condição peculiar de pessoa em desenvolvimento, quando da aplicação de qualquer medida privativa da liberdade;

VI – estímulo do Poder Público, através de assistência jurídica, incentivos fiscais e subsídios, nos termos da lei, ao acolhimento, sob a forma de guarda, de criança ou adolescente órfão ou abandonado;

VII – programas de prevenção e atendimento especializado à criança, ao adolescente e ao jovem dependente de entorpecentes e drogas afins.

De sorte a impedir a ocorrência de qualquer discrímen ilegítimo no tocante à filiação, assegura o § 6º do art. 227 que os filhos, havidos ou não da relação do casamento, ou por adoção, terão os mesmos direitos e qualificações, proibidas quaisquer designações discriminatórias relativas à filiação.

As pessoas idosas também foram tratadas de modo especial, tanto que a Constituição impõe à família, à sociedade e ao Estado o dever de lhes amparar, assegurando sua participação na comunidade, defendendo sua dignidade e bem-estar e garantindo-lhes o direito à vida.

Garantindo-lhes plena liberdade de circulação, indica o Texto Constitucional que os maiores de sessenta e cinco anos têm gratuidade dos transportes coletivos urbanos.

29.7.1 O § 6º do art. 226 e a disciplina constitucional do divórcio

O § 6º do art. 226 da CF dispõe que o casamento civil pode ser dissolvido pelo divórcio, conforme alteração imposta pela EC n. 66, de 13 de julho de 2010.

Com isso, foram abolidos os requisitos anteriormente referidos no enunciado, que estabeleciam, de forma alternativa, um ano de comprovada separação judicial ou dois anos da separação de fato.

29.8 OS ÍNDIOS

A Constituição de 1988 consumou autêntico resgate no que tange à questão indígena em nosso país, revelando, no art. 231, *caput*, que são reconhecidos aos índios sua organização social, costumes, línguas, crenças e tradições[1484], e os direitos origi-

1484 Foi com base neste dispositivo, além dos arts. 215 e 216 da Constituição, que o STF concedeu *habeas corpus* para impedir que liderança indígena fosse compelida a depor em CPI: "Tendo em vista a proteção constitucional outorgada aos índios (CF, arts. 215, 216 e 231), o Tribunal deferiu *habeas corpus* impetrado em favor do Presidente do Conselho Indígena do Estado de Roraima para tornar sem efeito sua intimação para prestar depoimento, em

nários sobre as terras que tradicionalmente ocupam, competindo à União demarcá-las, proteger e fazer respeitar todos os seus bens.

E explicita o Texto Constitucional logo a seguir o que deve ser entendido por "terras tradicionalmente ocupadas" pelos índios: as por eles habitadas em caráter permanente[1485], as utilizadas para suas atividades produtivas, as imprescindíveis à preservação dos recursos ambientais necessários a seu bem-estar e as necessárias a sua reprodução física e cultural, segundo seus usos, costumes e tradições (§ 1º), destinando-se a sua posse permanente, cabendo-lhes o usufruto exclusivo das riquezas do solo, dos rios e dos lagos nelas existentes (§ 2º).

Há limitações constitucionalmente postas para o aproveitamento dos recursos hídricos, incluídos os potenciais energéticos, a pesquisa e a lavra das riquezas minerais em terras indígenas, visto que só podem ser efetivados com autorização do Congresso Nacional, ouvidas as comunidades afetadas, ficando-lhes assegurada participação nos resultados da lavra, na forma da lei (§ 3º).

A proteção constitucional às terras indígenas assume foro de tamanha densidade que a Constituição prescreve que são inalienáveis e indisponíveis, e os direitos sobre elas, imprescritíveis (§ 4º).

Por outro lado, não se dará a remoção dos grupos indígenas de suas terras, salvo, *ad referendum* do Congresso Nacional, em caso de catástrofe ou epidemia que ponha em risco sua população, ou no interesse da soberania do País, após delibera-

---

audiência a ser realizada em Boa Vista, à CPI destinada a investigar a ocupação de terras públicas na região amazônica, sem prejuízo de sua oitiva na área indígena, em dia e hora previamente acordados com a comunidade, e com a presença de representante da FUNAI e de um antropólogo com conhecimento da mesma comunidade. HC 80.240-RO, rel. Min. Sepúlveda Pertence, 20-6-2001 (HC-80240)" (*Informativo STF*, n. 233).

1485 Mas a saída dos índios do local, por expulsão ou transferência compulsória, não descaracteriza o signo "terras tradicionalmente ocupadas", como já decidiu o STF: "Iniciado o julgamento de ação cível originária ajuizada pela FUNAI e pela União visando à nulidade dos títulos dominiais expedidos pelo Estado do Rio Grande do Sul em favor de agricultores na área do Toldo Indígena Ventarra, bem como a reintegração dos índios Kaingang na terra em questão, em face do § 6º do art. 231 da CF – que prescreve como nulos e extintos, não produzindo efeitos jurídicos, os atos que tenham por objeto a ocupação, o domínio e a posse das terras tradicionalmente ocupadas pelos índios. O Min. Ilmar Galvão, relator, proferiu voto no sentido de julgar procedente em parte a ação para o fim de declarar a nulidade dos títulos de propriedade expedidos pelo referido Estado e dos assentamentos imobiliários realizados no cartório de imóveis de Erechim, sob o fundamento de que a área em questão, desde o século XVII, era ocupada pelos índios Kaingang, de maneira que nunca deixou de ser do domínio da União, não podendo ser confundida com terras devolutas atribuídas aos Estados pela Constituição de 1891. O Min. Ilmar Galvão salientou, ainda, que a ausência dos índios do local após a sua expulsão ou transferência compulsória na década de 60, como parece que aconteceu, não acarretaria a transferência do domínio da área da União para o Estado. Após, o julgamento foi adiado em virtude do pedido de vista do Min. Nelson Jobim. ACO 469-RS, rel. Min. Ilmar Galvão, 15-5-2002. (ACO-469)" (*Informativo STF*, n. 268).

ção do Congresso Nacional, garantido, em qualquer hipótese, o retorno imediato logo que cesse o risco (§ 5º).

Qualquer negócio jurídico que envolva terras tradicionalmente ocupadas pelos índios não produzirá efeito, especialmente os atos que tenham por objeto sua ocupação, seu domínio ou posse, ou ainda a exploração das riquezas naturais do solo, dos rios e dos lagos nelas existentes, ressalvado relevante interesse público da União, segundo o que dispuser lei complementar, não gerando a nulidade e a extinção, direito à indenização ou a ações contra a União, salvo, na forma da lei, quanto às benfeitorias derivadas da ocupação de boa-fé (§ 6º do art. 231).

Também reside proibição no sistema constitucional em relação ao favorecimento de atividade garimpeira em regime de cooperativa quando se tratar de terras indígenas (§ 7º do art. 231).

Por fim, estão os índios, suas comunidades e organizações legitimados para ingressar em juízo em defesa de seus direitos e interesses, intervindo o Ministério Público em todos os atos do processo (art. 232), competindo, nesses casos, à Justiça Federal decidir a questão, conforme prevê o art. 109, XI[1486].

1486 Mas não com relação a crime cometido por índio contra outro índio, consoante já assentado na jurisprudência do STF: "Compete à Justiça Comum estadual o julgamento de crime comum cometido por índio contra outro índio, dentro de reserva indígena. Com base nesse entendimento, a Turma, afastando à espécie a incidência do art. 109, XI, da CF – já que não caracterizada a hipótese de disputa sobre direitos indígenas – manteve acórdão do TRF da 3ª Região que, entendendo configurado o conflito individual entre dois índios, reconhecera a incompetência absoluta da Justiça Federal para processar e julgar a ação proposta contra índio pelo crime de tentativa de homicídio e, consequentemente, anulara o processo desde o início. Precedente citado: HC 79.530-PA (DJU de 26-5-2000). RE 263.010-MS, rel. Min. Ilmar Galvão, 13-6-2000 (RE-263010)" (*Informativo STF*, n. 193). O mesmo se diga com relação a crime cometido contra índio por qualquer pessoa, quando não se presencia "disputa sobre direitos indígenas", conforme decidiu o STF no rumoroso caso da imolação do índio Galdino: "Indeferido o *habeas corpus* para confirmar decisão do STJ que, em conflito de competência, declarara a competência da Justiça Comum do Distrito Federal para o processo e julgamento do crime de homicídio praticado contra o índio Galdino Jesus dos Santos. Afastando a alegação de que a expressão 'disputa sobre direitos indígenas' abrangeria todos os crimes que fossem praticados por ou contra silvícolas para efeito de atrair a competência da Justiça Federal para o processo e julgamento do feito (CF, art. 109, XI), a Turma considerou que o delito, conforme narrado na denúncia – os pacientes teriam jogado substância inflamável e ateado fogo no índio enquanto dormia no banco de uma parada de ônibus –, não fora cometido em razão de ser a vítima um índio e nem tivera nenhuma motivação direcionada a atingir qualquer dos direitos indígenas previstos no art. 231, da CF ('São reconhecidos aos índios sua organização social, costumes, línguas, crenças e tradições, e os direitos originários sobre as terras que tradicionalmente ocupam, competindo à União demarcá-las, proteger e fazer respeitar todos os seus bens'). HC 75.404-DF, rel. Min. Maurício Corrêa, 27-6-97" (*Informativo STF*, n. 77). E, por último, mesmo que o crime tenha sido cometido em terra indígena, consoante decidido pelo STF nos autos de HC 81.827, rel. Min. Maurício Corrêa, j. em 28-5-2002: "(...) Os crimes não tiveram por motivação o conflito pela posse ou propriedade de terras indígenas, mas sim um desentendimento ocorrido entre os pacientes e as vítimas. (...)" (*Informativo*, n. 270).

REFERÊNCIAS

ACOSTA, Walter P. *O Processo Penal*. 18. ed. Rio de Janeiro: Coleção Jurídica da Editora do Autor, 1989.

ADORNO, Theodor W; HORKHEIMER, Max. *Dialética do Esclarecimento*. Tradução de Guido Antonio de Almeida. Rio de Janeiro: Zahar, 1985.

AFTALIÓN, Olano; VILANOVA. *Introducción al Derecho*. 11. ed. Buenos Aires: Cooperadora de Derecho y Ciencias Sociales, 1980.

AGUIAR, Mirella de Carvalho. *Amicus Curiae*. Salvador: JusPodivm, 2005.

ALENCAR, Francisco; CARPI, Lúcia; RIBEIRO, Marcos Venício. *História da Sociedade Brasileira*. Rio de Janeiro: Ao Livro Técnico, 1979.

ALEXY, Robert. *Teoría de los Derechos Fundamentales*. Madrid: Centro de Estudios Políticos y Constitucionales, 2001.

_____. *Teoria da Argumentação Jurídica*: a teoria do discurso racional como teoria da justificação jurídica. 2. ed. Tradução de Zilda Hutchinson Schild Silva. São Paulo: Landy, 2005.

ALMEIDA, Fernanda Dias Menezes de. *Competências na Constituição de 1988*. São Paulo: Atlas, 2000.

ALVARES, Lautaro R. *El Urbanismo y los Principios Fundamentales del Derecho Urbanístico*. Santiago: Ministerio para las Administraciones Públicas.

ANHAIA MELLO, José Luiz de. *O Estado Federal e suas Novas Perspectivas*. São Paulo: Max Limonad, 1960.

ARAS, Antônio Augusto Brandão de. *Fidelidade Partidária*: a perda do mandato parlamentar. Rio de Janeiro: Lumen Juris, 2005.

ARAUJO, Luiz Alberto David. *A Proteção Constitucional das Pessoas Portadoras de Deficiência*. Tese de Doutorado publicada pela Coordenadoria Nacional para Integração da Pessoa Portadora de Deficiência, Brasília, 1994.

_____. "Características comuns do federalismo". In: *Por uma Nova Federação*. São Paulo: Revista dos Tribunais, 1995.

_____. *A Proteção Constitucional da Própria Imagem*. Belo Horizonte: Del Rey, 1996.

_____. *A Proteção Constitucional do Transexual*. São Paulo: Saraiva, 2000.

ARAUJO, Luiz Alberto David; NUNES JÚNIOR, Vidal Serrano. *Curso de Direito Constitucional*. 5. ed. São Paulo: Saraiva, 2001.

ARENDT, Hannah. *A Condição Humana*. 10. ed. Rio de Janeiro: Forense Universitária, 2000.

ARISTÓTELES. *Política*. 3. ed. Tradução e notas de Mário da Gama Cury. Brasília: Ed. UnB, 1997.

ATALIBA, Geraldo. "Eficácia jurídica das normas constitucionais e leis complementares". *Revista de Direito Público*, São Paulo: Revista dos Tribunais, v. 13, 1975.

ATALIBA NOGUEIRA, J. C. *Estado é Meio e não Fim*. São Paulo: Empresa Gráfica Revista dos Tribunais, 1940.

AZAMBUJA, Darcy. *Teoria Geral do Estado*. 41. ed. São Paulo: Globo, 2001.

AZZARITI, Gaetano. *Problemi Attuali di Diritto Costituzionale*. Milano: Giuffrè, 1951.

BACHOF, Otto. *Normas Constitucionais Inconstitucionais?* Coimbra: Almedina, 1994.

_____. *Jueces y Constitución*. Madrid: Civitas, 1987.

BAHIA, Saulo José Casali. *Tratados Internacionais no Direito Brasileiro*. Rio de Janeiro: Forense, 2000.

_____. *Responsabilidade Civil do Estado*. Rio de Janeiro: Forense, 1995.

BANDEIRA DE MELLO, Celso Antônio. *Curso de Direito Administrativo*. 9. ed. São Paulo: Malheiros, 1997.

_____. *O Conteúdo Jurídico do Princípio da Igualdade*. 3. ed. São Paulo: Malheiros, 1993.

_____. "Eficácia das normas constitucionais sobre justiça social". *Revista de Direito Público*, São Paulo: Revista dos Tribunais, v. 57 e 58.

BANDEIRA DE MELLO, Oswaldo Aranha. *Natureza Jurídica do Estado Federal*. São Paulo: Empresa Gráfica da Revista dos Tribunais, 1937.

BARBOSA, Rui. *Comentários à Constituição Federal Brasileira*. São Paulo: Saraiva, 1933. t. 2.

_____. *Os Atos Inconstitucionais do Congresso e do Executivo ante a Justiça Federal*. Rio de Janeiro: Companhia Impressora, 1893.

BARCELLOS, Ana Paula de. "O começo da história. A nova interpretação constitucional e o papel dos princípios no direito brasileiro". In: Luis Roberto Barroso (org.). *A Nova Interpretação Constitucional*: ponderação, direitos fundamentais e relações privadas. 2. ed. Rio de Janeiro: [s. n.], 2006.

BARROS, Alice Monteiro de. *Curso de Direito do Trabalho*. São Paulo: LTr, 2005.

BARROSO, Luís Roberto. *O Direito Constitucional e a Efetividade de suas Normas*: y limites e possibilidades da Constituição Brasileira. 2. ed. Rio de Janeiro: Renovar, 1993.

_____. "Ponderação, direitos fundamentais e relações privadas". In: *A Nova Interpretação Constitucional* (coord.). Rio de Janeiro-São Paulo: Renovar, 2003.

_____. *O Controle de Constitucionalidade no Direito Brasileiro*. São Paulo: Saraiva, 2004.

_____. *Curso de Direito Constitucional Contemporâneo* – os conceitos fundamentais e a construção do novo modelo. São Paulo: Saraiva, 2009.

BARTHÉLEMY J.; DUEZ, P. *Traité de Droit Constitutionnel*. Nouvelle édition. Paris: Dalloz, 1933.

BASTOS, Celso Ribeiro. *Curso de Teoria do Estado e Ciência Política*. 4. ed. São Paulo: Saraiva, 1999.

_____. *Por uma Nova Federação* (coord.). São Paulo: Revista dos Tribunais, 1995.

_____. *Curso de Direito Constitucional*. 14. ed. São Paulo: Saraiva, 1992.

_____. "O município: sua evolução histórica e suas atuais competências. In: *Cadernos de Direito Constitucional e Ciência Política*. São Paulo: Revista dos Tribunais, ano 1, out./dez.1992, p. 54-76.

_____. "Direito de recusa de pacientes, de seus familiares ou dependentes, às transfusões de sangue, por razões científicas e convicções religiosas" (Parecer). São Paulo, 23-11-2000.

BASTOS, Celso Ribeiro; BRITTO, Carlos Ayres. *Interpretação e Aplicabilidade das Normas Constitucionais*. São Paulo: Saraiva, 1982.

BASTOS, Celso Ribeiro; MARTINS, Ives Gandra. *Comentários à Constituição do Brasil*. São Paulo: Saraiva, 1989. v. 1 e 2.

BENDA, Ernest. Dignidad humana y derechos de la personalidad. In: Benda, Maihofer, Vogel, Hesse & Heyde (org.). *Manual de Derecho Constitucional*. Madrid: Marcial Pons, 1996.

BEVILÁQUA, C. *Teoria Geral do Direito Civil*. 2. ed. Rio de Janeiro: Ed. Rio, 1980.

BIDART CAMPOS, G. J. *Filosofía del Derecho Constitucional*. Buenos Aires: Ediar, 1969.

_____. *El Derecho Constitucional del Poder*. Buenos Aires: Ediar, 1967. t. 1

BOBBIO, Norberto. *A Era dos Direitos*. Rio de Janeiro: Ed. Campus, 1992.

_____. *As Ideologias e o Poder em Crise*. 4. ed. Brasília: Ed. UnB, 1995.

_____. *Teoria do Ordenamento Jurídico*. 4. ed. Brasília: Ed. UnB, [s.n.].

BODIN, Jean. *Les Six Livres de la Republique*. Ed. Facsimilada, Scientia Aalen, 1961.

BONAVIDES, Paulo. *Ciência Política*. 10. ed. 12. tir. São Paulo: Malheiros, 2003.

_____. *Do País Constitucional aos País Neocolonial*. 2. ed. São Paulo: Malheiros, 2001.

_____. *Curso de Direito Constitucional*. 5. ed. São Paulo: Malheiros, 1994.

_____. *Do Estado Liberal ao Estado Social*. 6. ed. São Paulo: Malheiros, 1996.

BONAVIDES, Paulo; ANDRADE, Paes de. *História Constitucional do Brasil*. São Paulo: Paz e Terra, 1990.

BORGES, Roxana Cardoso Brasileiro. *Disponibilidade dos Direitos de Personalidade e Autonomia Privada*. São Paulo: Saraiva, 2005.

BORGES NETTO, André Luiz. *Competências Legislativas dos Estados-Membros*. São Paulo: Revista dos Tribunais, 1999.

BREWER-CARIAS, Allan. *Principios del Procedimiento Administrativo*. Madrid: Civitas, 1990.

BRITO FILHO, José Cláudio Monteiro de. *Direito Sindical*: análise do modelo brasileiro de relações coletivas de trabalho à luz do direito comparado e da doutrina da OIT – proposta de inserção da comissão de empresa. São Paulo: LTr, 2000.

BUARQUE DE HOLANDA, Aurélio. *Dicionário da Língua Portuguesa*. 20 ed. São Paulo: Ática, 1994.

BUARQUE DE HOLANDA, Sérgio. *Raízes do Brasil*. 26 ed. São Paulo: Companhia das Letras, 1995.

BURDEAU, Georges. *Traité de Science Politique*. 2. ed. Paris: LGDJ, 1969. t. 4.

_____. *Droit Constitutionnnel et Institutions Politiques*. Seizième Édition. Paris: LGDJ, 1974.

_____. *O Estado*. Tradução de Maria Ermantina de Almeida Prado Galvão. São Paulo: Martins Fontes, 2005.

BRYCE, James. *Constituciones Flexibles y Constituciones Rígidas*. 2. ed. Madrid: Instituto de Estudios Políticos, 1962.

CALAMANDREI, Piero. *Eles, os Juízes, Vistos por Nós, os Advogados*. Tradução de Ary Santos. Lisboa: Livr. Clássica Ed., [s.d.].

CALMON DANTAS, Miguel. *Constitucionalismo Dirigente e Pós-Modernidade*. São Paulo: Saraiva, 2009.

CALMON DE PASSOS, J. J. *Direito, Poder, Justiça e Processo*. Rio de Janeiro: Forense, 1999.

CALVO, Carlos. *Le Droit Internationnel Théorique et Pratique*. Tradução de Donald Shea, Paris: Giard, 1955. v. 1

CAMPOS, Dejalma de. *Direito Financeiro e Orçamentário*. 2. ed. São Paulo: Atlas, 2001.

CAPPELLETTI, Mauro. *O Controle Judicial de Constitucionalidade das Leis no Direito Comparado*. 2. ed. Porto Alegre: Sérgio Antônio Fabris, Editor, 1992.

_____. "Formazioni Sociali i Interesse de Gruppo Davanti alla Giustizia Civile". *Rivista di Diritto Processuale*, Milano, n. 3, 1955.

CARCELLER FERNÁNDEZ, Antonio. *Introducción al Derecho Urbanístico*. 2. ed. Madrid: Tecnos, 1992.

CARVALHO FILHO, José dos Santos. *Manual de Direito de Administrativo*. 16. ed. Rio de Janeiro: Lumen Juris, 2006.

CARVALHO JR., Pedro Lino de. *A Lesão Consumerista no Direito Brasileiro*. Rio de Janeiro: Lumen Juris, 2005.

CARVALHO, Kildare Gonçalves. *Direito Constitucional*: teoria do Estado e da Constituição. Direito constitucional positivo. 11. ed. Belo Horizonte: Del Rey, 2005.

CARVALHO, Paulo de Barros. *Curso de Direito Tributário*. 7. ed. São Paulo: Saraiva, 1995.

_____. "Sobre os princípios constitucionais tributários". *Revista de Direito Tributário*, n. 55.

CASTANHEIRA NEVES, António. *Digesta*: escritos acerca do direito, do pensamento jurídico, da sua metodologia e outros. Coimbra: Coimbra Ed., 1995. v. 2.

CASTRO, Amílcar de. *Comentários ao Código de Processo Civil*. São Paulo: Revista dos Tribunais, 1977. v. 8.

CASTRO, Luiz Augusto de Araujo. *O Brasil e o Novo Direito do Mar*: mar territorial e zona econômica exclusiva. Brasília: Fundação Alexandre de Gusmão/Instituto de Pesquisa de Relações Internacionais, 1989.

CAVALCANTI, Themístocles B. *Curso de Direito Administrativo*. 8. ed. Rio de Janeiro--São Paulo: Freitas Bastos, 1967.

CHEMERINSKY, Erwin. *Constitutional Law:* principles and policies. Third Edition. New York: Aspen Publishers, 2006.

CHOMSKY, Noam. *Segredos, Mentiras e Democracia*. Tradução de Albeigo Loutron. Brasília: Ed. UnB, 1999.

CICHOCKI NETO, José. *Limites ao Acesso à Justiça*. Curitiba: Juruá, 1998.

CIRNE LIMA, Ruy. *Princípios de Direito Administrativo*. 5. ed. São Paulo: Revista dos Tribunais, 1982.

COLOMA, Aurelia María Romero. *Honor, Intimidad, y Imagen de las Personas Famosas*. Madrid: Civitas, 2001.

COOLEY, Thomas M. *A Treatise on the Constitutional Limitations which rest upon the Legislative Power of the States of the American Union*. 8. ed. Boston: Little, Brown and Company, 1927.

CORWIN, Edward S.; PELTASON, Jack W. *Understanding the Constitution*. New York: Holt, Rinehart and Winston, 1966.

COSSIO, Carlos. *El Derecho en el Derecho Judicial*. Buenos Aires: Guillermo Kraft, 1945.

_____. *Teoría de la Verdad Jurídica*. Buenos Aires: Losada, 1964.

COSTA, Orlando Teixeira da. *Direito Coletivo do Trabalho e Crise Econômica*. São Paulo: LTr., 1991.

COUTO, Osmair; LUZ, Renato de Oliveira. "A competência da Justiça do Trabalho para conhecer as ações sobre representação sindical – ações entre sindicatos – ações entre sindicatos e trabalhadores e entre sindicatos e empregadores por força da EC nº 45/2004". In: *Competência da Justiça do Trabalho*: aspectos materiais e processuais. Alexandre Augusto Campana Pinheiro, São Paulo: LTr, 2005, p. 96-105.

CRESPIGNY A.; CRONIN, J. *Ideologias Políticas*. Tradução de Sérgio Duarte. Brasília: Ed. UnB, 1981.

CRISAFULLI, Vezio. "Efficacia delle norme costituzionali programmatiche". *Rivista Trimestrale di Diritto Pubblico*. Milano: Giuffrè, 1951.

CUNHA FERRAZ, Anna Cândida. *Conflito entre Poderes*: O poder congressual de sustar atos normativos do Poder Executivo. São Paulo: Revista dos Tribunais, 1994.

CUNHA JR., Dirley da. *Curso de Direito Constitucional*. 2. ed. Salvador: JusPodivm, 2008.

_____. *Controle de Constitucionalidade*: teoria e prática. Salvador: JusPodivm, 2006.

_____. *Controle Judicial das Omissões do Poder Público*. São Paulo: Saraiva, 2002.

DALAZEN, João Oreste. "A reforma do Judiciário e os novos marcos da competência material da Justiça do Trabalho no Brasil". In: *Competência da Justiça do Trabalho*: aspectos materiais e processuais. Alexandre Augusto Campana Pinheiro. São Paulo: LTr, 2005, p. 148-178.

DALLARI, Dalmo de Abreu. *Elementos de Teoria Geral do Estado*. 22. ed. São Paulo: Saraiva, 2001.

DANTAS, Ivo. *Princípios Constitucionais e Interpretação Constitucional*. Rio de Janeiro: Lumen Juris, 1996.

DANTAS, Marcelo Navarro Ribeiro. *Princípio do Promotor Natural*. Salvador: JusPodivm, 2004.

DIDIER JR. Freddie; BRAGA, Paula Sarno; OLIVEIRA, Rafael. "Aspectos processuais da ação direta de inconstitucionalidade e da ação declaratória de constitucionalidade". In: *Ações Constitucionais*. Salvador: JusPodivm, 2006.

DINIZ, Maria Helena. *Compêndio de Introdução à Ciência do Direito*. 3. ed. São Paulo: Saraiva, 1991.

_____. *Curso de Direito Civil Brasileiro*. 5. ed. São Paulo: Saraiva, 1987.

_____. "Vigência e eficácia da norma constitucional". In: *Constituição de 1988*: legitimidade. vigência e eficácia. Supremacia. São Paulo: Atlas, 1989.

_____. *Norma Constitucional e seus Efeitos*. 2. ed. São Paulo: Saraiva, 1992.

_____. *Conceito de Norma Jurídica como Problema de Essência*. 1. ed. 3. tir. São Paulo: Revista dos Tribunais, 1985.

_____. *Conflito de Normas*. São Paulo: Saraiva, 1987.

DI PIETRO, Maria Sylvia Zanella. *Direito Administrativo*. 17. ed. São Paulo: Atlas, 2004.

DONIZETTI, Elpídio. *A Última Onda Reformadora do Código de Processo Civil*: comentários, artigo por artigo, das alterações efetuadas no CPC pelas Leis n. 11.112/2005, 11.187/2005, 11.232/2005, 11.276/2006, 11.277/2006, 11.280/2006, 11.341/2006, 11.382/2006, 11.417/2006, 11.418/2006, 11.419/2006 e 11.441/2007. Rio de Janeiro: Lumen Juris, 2008.

DUARTE, Écio Oto Ramos; POZZOLO, Susanna. *Neoconstitucionalismo e Positivismo Jurídico*: as faces da teoria do direito em tempos de interpretação moral da constituição. São Paulo: Landy Editora, 2006.

DUGUIT, Léon. *Traité de Droit Constitutionnel*. Paris: Ancienne Librairie Fontemoing & Cie., Éditeurs, 1925. v. 5.

DWORKIN, Ronald. *Taking Rights Seriously*. Cambridge: Harvard University Press, 1978.

ECO, Umberto. *Como se Faz uma Tese*. 12. ed. São Paulo: Perspectiva, 1977.

ELY, J. H. *Democracy and Distrut. A Theory of Judicial Review*. Cambridge/Mass., 1980.

ENGISCH, Karl. Introdução ao Pensamento Jurídico. 6. ed. Lisboa: Fundação Calouste Gulbenkian, 1983.

EVANGELISTA, Márcio Roberto de Freitas. "Competência territorial em ação civil pública – necessidade de imediata revisão da orientação jurisprudencial n. 130, da SBDI-2 do TST". *Revista LTr*, n. 68, 2008, p. 956-962.

FARIA JR., César de. *O Processo Administrativo Fiscal e as Condições da Ação Penal nos Crimes Tributários*. 2. ed. Rio de Janeiro: Forense, 2005.

FARISH, Leah. *The First Amendment – Freedom of Speech, Religion, and the Press.* Berkeley Heights, Enslow Publishers Inc., 1998.

FELDENS, Luciano. "O poder requisitório do Ministério Público e a inoponibilidade de sigilo". *Boletim Científico da Escola Superior do Ministério Público da União*. Brasília, ano II, n. 7, abr./jun. 2003, p. 65-73.

FERRARA, Francesco. *Interpretação e Aplicação das Leis*. 4. ed. Coimbra: Arménio Amado Ed., 1987.

FERRAZ, Anna Cândida da Cunha. *Poder Constituinte do Estado-Membro*. São Paulo: Revista dos Tribunais, 1979.

FERRAZ, Sérgio. *Mandado de Segurança (Individual e Coletivo)*: aspectos polêmicos. 2. ed. São Paulo: Malheiros, 1993.

FERRAZ JR., Tércio Sampaio. *Teoria da Norma Jurídica*. 2. ed. Rio de Janeiro: Forense, 1986.

_____. *A Ciência do Direito*. 2. ed. São Paulo: Atlas, 1991.

_____. *Constituinte. Assembleia, Processo, Poder*. São Paulo: Revista dos Tribunais, 1985.

_____. *Introdução ao Estudo do Direito*. 2. ed. São Paulo: Atlas, 1995.

_____. *Conceito de Sistema no Direito*: uma investigação histórica a partir da obra jusfilosófica de Emil Lask. São Paulo: Revista dos Tribunais, 1976.

_____. "Legitimidade na Constituição de 1988". In: *Constituição de 1988*: legitimidade. vigência e eficácia. Supremacia. São Paulo: Atlas, 1989.

_____. "Sigilo de dados: o direito à privacidade e os limites à função fiscalizadora do Estado". *Cadernos de Direito Constitucional e Ciência Política*. São Paulo: Revista dos Tribunais, ano 1, out./dez.1992, p. 77-90.

FERREIRA FILHO, Manoel Gonçalves. *Curso de Direito Constitucional*. 22. ed. São Paulo: Saraiva, 1995.

FIGUEIREDO, Lúcia Valle. *Curso de Direito Administrativo*. 2. ed. São Paulo: Malheiros, 1995.

FONSECA, Ricardo Garcia da. "Das provas ilícitas no direito brasileiro. *Revista de Informação Legislativa*, ano 42, n. 167, jul./set. 2005, p. 59-75.

FORMIGLI, Vera Lúcia Almeida; BIDU, Haina Silva, MORENO NETO, José Luiz. *Sistema Único de Saúde – Os Desafios da Construção do Direito à Saúde no Brasil.* Texto didático para a disciplina Introdução à Medicina Social. Salvador: Universidade Federal da Bahia, 2007.

FLORES-VALDÉS, J. A. *Los Principios Generales del Derecho e su Formulación Constitucional.* Madrid: Civitas, 1990.

FRAGA, Gabino. *Derecho Administrativo*. Quinta Edición. México: Porrúa, 1952.

FRANCO SOBRINHO, Manoel de Oliveira. *História Breve do Constitucionalismo no Brasil*. Curitiba, [s.n.],1970.

FROSINI, Vittorio. *Teoría de la Interpretación Jurídica.* Bogotá: Temis, 1991.

FURTADO, Celso. *O Capitalismo Global*. Rio de Janeiro: Paz e Terra, 1998.

_____. *Formação Econômica do Brasil*. 25. ed. São Paulo: Companhia Editora Nacional, 1995.

_____. *Prefácio à Nova Economia Política*. 2. ed. Rio de Janeiro: Paz e Terra, 1976.

_____. *Não à Recessão e ao Desemprego*. 5. ed. Rio de Janeiro: Paz e Terra, 1983.

GARCÍA DE ENTERRÍA, E. *La Constitución como norma y el Tribunal Constitucional*. 3. ed. 2. reimpr. Madrid: Civitas, 1983 (1991).

GARCÍA, Enrique Alonso. *La Interpretación de la Constitución*. Madrid: Centro de Estudios Constitucionales, 1984.

GARCÍA-PELAYO, M. *Derecho Constitucional Comparado*. 8. ed. Madrid: Revista de Occidente, 1967.

GOMES CANOTILHO, J. J. *Direito Constitucional e Teoria da Constituição*. 6. ed. Coimbra: Almedina, 2002.

_____. *Constituição Dirigente e Vinculação do Legislador*. Coimbra: Coimbra Ed., 1994.

_____. *Estudos sobre Direitos Fundamentais*. 1. ed. bras; 2. ed. port. São Paulo. Coimbra: Revista dos Tribunais/Coimbra Ed., 2008.

GOMES CANOTILHO, J. J.; MOREIRA, Vital. *Fundamentos da Constituição*. Coimbra: Coimbra Ed., 1991.

GONZALEZ CASANOVA, J. A. *Teoría del Estado y Derecho Constitucional*. 2. ed. Barcelona: Editorial Vicens-vives, 1982.

GOULART, José Eduardo. *Princípios Informadores do Direito da Execução Penal*. São Paulo: Revista dos Tribunais, 1994.

GRAU, Eros Roberto. *A Ordem Econômica na Constituição de 1988*. 3. ed. São Paulo: Malheiros, 1997.

_____. *Elementos de Direito Econômico*. São Paulo: Revista dos Tribunais, 1981.

GRECO FILHO, Vicente. *Interceptação Telefônica*. São Paulo: Saraiva, 1996.

GRIMM, Dieter. "Los partidos políticos". In: *Manual de Derecho Constitucional*. Madrid: Marcial Pons, 1996.

GRINOVER, Ada Pellegrini. "A aparente restrição da coisa julgada na ação civil pública: ineficácia na modificação ao art. 16 pela Lei n. 9.494/97". In: Guilherme José Purvin de Figueiredo (coord.). *Temas de Direito Ambiental e Urbanístico*. São Paulo: Max Limonad, 1998.

GROPPALI, Alexandre. *Doutrina do Estado*. São Paulo: Saraiva, 1962.

GROTTI, Dinorá Adelaide Mussetti. *Inviolabilidade do Domicílio na Constituição*. São Paulo: Malheiros, 1993.

HÄBERLE, Peter. *Hermenêutica Constitucional*: a sociedade aberta dos intérpretes da Constituição – contribuição para a interpretação pluralista e "procedimental" da Constituição. Tradução de Gilmar Ferreira Mendes. Porto Alegre: Sérgio A. Fabris, Editor, 1997.

_____. *Pluralismo y Constitución*. Madrid: Tecnos, 2002.

HABERMAS, Jürgen. *A Crise de Legitimação no Capitalismo Tardio*. 2. ed. Rio de Janeiro: Tempo Brasileiro, 1994.

_____. *Direito e Democracia*: entre facticidade e validade. Rio de Janeiro: Tempo Brasileiro, 1997. v. 1 e 2.

HARADA, Kiyoshi. *Direito Financeiro e Tributário*. 12. ed. São Paulo: Atlas, 2004.

HART, Herbert L. A. *O Conceito de Direito*. Tradução de A. Ribeiro Mendes. Lisboa: Fundação Calouste Gulbenkian, 1986.

HAURIOU, Maurice. *Principios de Derecho Público y Constitucional (con un prólogo para la edición española)*. Madrid: Reus, 1927.

HELLER, Hermann. *Teoría del Estado*. 1. ed. 12. reimp. México: Fondo de Cultura Económica, 1934 (1987).

HERNÁNDEZ GIL, A. *Sistema de Valores en la Constitución*. México-Madrid-Buenos Aires: Cuadernos Civitas, 1983.

HESSE, Konrad. *Escritos de Derecho Constitucional*. 2. ed. Madrid: Centro de Estudios Constitucionales, 1992.

_____. *A Força Normativa da Constituição*. Tradução de Gilmar Ferreira Mendes. Porto Alegre: Sérgio A. Fabris, Editor, 1991.

_____. *Elementos de Direito Constitucional da República Federal da Alemanha*. Porto Alegre: Sérgio A. Fabris, Editor, 1998.

_____ et al. "Significado de los Derechos Fundamentales". In: *Manual de Derecho Constitucional*. Madrid: Marcial Pons, 1996.

HESSEN, Johannes. *Teoria do Conhecimento*. 8. ed. Tradução de António Correia, Coimbra: Arménio Amado, 1987.

HIRSCH, Fabio Periandro de Almeida. *Recurso Extraordinário e Ofensa Reflexa à Constituição*. Salvador: JusPodivm, 2009.

HOLANDA, Edinaldo Borges. Parecer emitido nos autos do RE n. 387.974. In: *Princípio do Promotor Natural*. Marcelo Navarro Ribeiro Dantas. Salvador: Juspodivm, 2004.

HUBERLANT, Charles. "Les mécanismes institués pour combler les lacunes de la loi". In: Le Problème des Lacunes en Droit. Bruxelles: E. Bruylant, 1968.

HUSEK, Carlos Roberto. *Curso de Direito Internacional Público*. 4. ed. São Paulo: LTr, 2003.

INFORMATIVOS STF n. 29, 77, 84, 99, 106, 135, 142, 193, 212, 233, 261, 268, 289, 298, 305, 311, 320, 330, 334, 339, 344, 348, 352, 376, 383, 384, 396, 406, 407, 409, 434 e 632.

INGEÑEROS, José. *As Forças Morais*: à juventude da América Latina. Tradução de S. Montenor. Rio de Janeiro: Livr. Tupã Ed., [s.d.].

JANINE RIBEIRO, Renato. *A Sociedade Contra o Social*: o alto custo da vida pública no Brasil. São Paulo: Companhia das Letras, 2001.

JAPIASSU, H.; MARCONDES, D. *Dicionário Básico de Filosofia*. 2. ed. 1. reimp. Rio de Janeiro: Zahar, 1993.

JARDIM, Torquato. *Direito Eleitoral Positivo*. 2. ed. Brasília: Brasília Jurídica, 1998.

JELLINEK, Georg. *Teoría General del Estado*. Tradução de Fernando de Los Ríos. Buenos Aires: Albatros, 1981.

KANT, Immanuel. *Crítica da Razão Pura*. 3. ed. Lisboa: Fundação Calouste Gulbenkian, 1994.

KELSEN, Hans. *Teoria Pura do Direito*. 4. ed. São Paulo: Martins Fontes, 1994.

_____. *Teoria Geral do Direito e do Estado*. 2. ed. São Paulo: Martins Fontes, 1992.

KROTOSCHIN, E. *Manual de Derecho del Trabajo*. 4. ed. atualizada por Gustavo Raúl Meily. Buenos Aires: Depalma, 1993.

LA FONTAINE, Jean de. *Fábulas*. São Paulo: PAUMAPE, 1993.

LASSALLE, Ferdinand. *¿Que és una Constitución?* Santa Fé de Bogotá: Temis, 1992.

LEAL, Roger Stiefelmann. *Efeito Vinculante na Jurisdição Constitucional*. São Paulo: Saraiva, 2006.

LEGROS, Robert. "Considérations sur les lacunes et l'interprétation en droit pénal". In: *Le Problème des Lacunes en Droit*. Bruxelles: E. Bruylant, 1968.

LENZA, Pedro. *Direito Constitucional Esquematizado*. 7. ed. São Paulo: Método, 2004.

LOEWENSTEIN, Karl. *Teoría de la Constitución*. 2. ed. Tradução de Alfredo Gallego Anabitarte. Barcelona: Ariel, 1970.

MACHADO NETO, A. L. *Sociologia Jurídica*. 6. ed. São Paulo: Saraiva, 1987.

MAGALHÃES NORONHA, E. *Curso de Direito Penal*. 25. ed. São Paulo: Saraiva, 1987. v. 1.

MANNHEIM, Karl. *Ideología y Utopía*. 1. ed. 1. reimp. México: Fondo de Cultura Económica, 1941 (1993).

MARKS JR., T.; COOPER, J. F. *State Constitutional Law*. St. Paul: West Publishing Co., 1988.

MARTÍN-RETORTILLO, Lorenzo; OTTO Y PARDO, Ignacio. *Derechos Fundamentales y Constitución*. Madrid: Civitas, 1992.

MARTINS, Sérgio Pinto. *Direito do Trabalho*. 14. ed. São Paulo: Atlas, 2001.

MATTOS, Gregório de. *Poemas Escolhidos*. 13. ed. São Paulo: Cultrix, 1997.

MAXIMILIANO, Carlos. *Hermenêutica e Aplicação do Direito*. 2. ed. Porto Alegre: Livr. do Globo, 1933.

_____. *Comentários à Constituição Brasileira*. 2. ed. Rio de Janeiro: J. Ribeiro dos Santos, 1923.

MAZZILLI, Hugo Nigro. *Introdução ao Ministério Público*. São Paulo: Saraiva, 1997.

_____. "Pontos controvertidos sobre o inquérito civil". In: Édis Milaré (coord.). *Ação Civil Pública:* Lei 7.347/1985 – 15 anos. São Paulo: Revista dos Tribunais, 2001.

MCBAIN, Howard Lee. *The living Constitution*. New York: Macmillan, 1929.

MC'IVER, Robert M. *Teoría del Gobierno*, Madrid: Tecnos, 1966.

MEDAUAR, Odete. *A Processualidade no Direito Administrativo*. São Paulo: Revista dos Tribunais, 1993.

MEIRELLES, Hely Lopes. *Direito Administrativo Brasileiro*. 15. ed. São Paulo: Revista dos Tribunais, 1990.

_____. *Mandado de Segurança, Ação Popular, Ação Civil Pública, Mandado de Injunção, Habeas Data*. 19. ed. São Paulo: Malheiros, 1998.

MEIRELLES TEIXEIRA, José Horácio. *Curso de Direito Constitucional*. Atualizado por Maria Garcia. São Paulo: Forense Universitária, 1991.

MELO, Raimundo Simão de. *Direito Ambiental do Trabalho e a Saúde do Trabalhador*. São Paulo: LTr, 2004.

MENDES, Gilmar Ferreira. "A declaração de inconstitucionalidade sem a pronúncia de nulidade da lei – *Unvereinbarkitser Klärung* – na jurisprudência da Corte constitucional Federal Alemã". *Revista de Informação Legislativa*. Brasília: Ed. Gráfica do Senado, ano 30, n. 118, abr./jun. 1993.

_____. *Controle de Constitucionalidade*: aspectos jurídicos e políticos. São Paulo: Saraiva, 1990.

MENDES, Gilmar; COELHO, Inocêncio Mártires; GONET BRANCO, Paulo Gustavo. *Curso de Direito Constitucional*. 2. ed. rev. atual. São Paulo: Saraiva, 2008.

MIRANDA, Jorge. *Manual de Direito Constitucional*. 2. ed. Coimbra: Coimbra Ed., 1993. t. 1.

_____. *Manual de Direito Constitucional*. 2. ed. Coimbra: Coimbra Ed., 1988. t. 4.

MIRKINE-GUETZÉVITCH, B. *Les Nouvelles Tendances du Droit Constitutionnel*. Paris: Marcel Giard, 1931.

MODESTO, Paulo (coord.). *Nova Organização Administrativa Brasileira*. Belo Horizonte: Fórum, 2009.

MONTESQUIEU. *O Espírito das Leis*. 2. ed., apresentação de Renato Janine Ribeiro. Tradução de Cristina Murachco. São Paulo: Martins Fontes, 2005.

MORAES, Alexandre de. *Direito Constitucional*. 17. ed. São Paulo: Atlas, 2005.

_____. "Comentários à Lei n. 9.882/99 – arguição de descumprimento de preceito fundamental". In: André Ramos Tavares e Walter Claudius Rothenburg (coords.). Arguição de Descumprimento de Preceito Fundamental. São Paulo: Atlas, 2000.

MOREIRA, Rômulo de Andrade. "A investigação criminal e o Ministério Público". *A Tarde*, 20 mar. 2004.

MORIN, Edgard. *Saberes Globais e Saberes Locais*: o olhar transdisciplinar. Com participação de Marcos Terena. 5. ed. Rio de Janeiro: Garamond, 2004.

_____. *Nomes de Deuses*. ninguém sabe o dia que nascerá: São Paulo: UNESP, 2002.

_____. *A Cabeça Benfeita*: repensar a reforma, reformar o pensamento. 5. ed. Tradução de Eloá Jacobina. Rio de Janeiro: Bertrand Brasil, 1999.

MULLER, Friedrich. *Métodos do Trabalho no Direito Constitucional*. 3. ed. Tradução de Peter Naumann. Rio de Janeiro: Renovar, 2005.

NAGAN, Winston Percival. "The Changing Character of Sovereignty in International Law and International Relations". *Columbia Journal of Transnational Law*. Columbia, v. 43, n. 1, 2004.

NASCIMENTO, Amauri Mascaro. *Direito do Trabalho na Constituição de 1988*. São Paulo: Saraiva, 1989.

_____. *Iniciação ao Direito do Trabalho*. 26. ed. São Paulo: LTr, 2000.

_____. *Compêndio de Direito Sindical*. 2. ed. São Paulo: LTr, 2000.

NASCIMENTO, Carlos Valder do. *Por uma Teoria da Coisa Julgada Inconstitucional*. Rio de Janeiro: Lumen Juris, 2005.

NASCIMENTO E SILVA, G. E.; ACCIOLY, Hildebrando. *Manual de Direito Internacional Público*. 15. ed. São Paulo: Saraiva, 2002.

NERY JUNIOR, Nelson. *Princípios de Processo Civil na Constituição Federal*. São Paulo: Revista dos Tribunais, 1992.

_____. *Princípios Fundamentais*: teoria geral dos recursos. 2. ed. São Paulo: Revista dos Tribunais, 1993.

NERY JUNIOR, Nelson; NERY, Rosa Maria de Andrade. *Código de Processo Civil Comentado*. 9. ed. São Paulo: Revista dos Tribunais, 2006.

NEVES, Marcelo. *A Constitucionalização Simbólica*. São Paulo: Acadêmica, 1994.

_____. *Transconstitucionalismo*. São Paulo: Martins Fontes, 2009.

NOGUEIRA, Johnson Barbosa. *Neoconstitucionalismo e Efetivação dos Direitos Sociais*. Trabalho de Conclusão da Disciplina Teoria da Constituição do Curso de Doutorado em Direito da Universidade Federal da Bahia, 2006.

NUNES, Avelãs. *Do Capitalismo ao Socialismo*. Coimbra: Atlântida Ed., 1972.

NUNES JUNIOR, Vidal Serrano. *A Proteção Constitucional da Informação e o Direito à Crítica Jornalística*. São Paulo: FTD, 1998.

ORTEGA Y GASSET, J. "Apuntes sobre el pensamiento, su teurgia y su demiurgia". In: *Obras Completas*. 2. ed. Madrid: Revista de Occidente, 1973.

_____. O Homem e a Gente. 2. ed. Rio de Janeiro: Livro Ibero-Americano, 1973.

_____. *El Tema de Nuestro Tiempo*. Introdução de Manuel Grannel. 20. ed. Madrid: [s.n.],1995.

_____. *A Desumanização da Arte*. Tradução de Ricardo Araújo. São Paulo: Cortez, 1991.

OTHON SIDOU, J. M. *Habeas Data, Mandado de Injunção. Habeas Corpus, Mandado de Segurança e Ação Popular*: As garantias ativas dos direitos coletivos, segundo a nova Constituição. 3. ed. Rio de Janeiro: Forense, 1989.

PALMER, Richard E. *Hermeneutics – Interpretation Theory*. In: Schleirmacher Dilthey, Heidegger and Gadamer. Northwestern University Press, 1969.

PALU, Oswaldo Luiz. *Controle de Constitucionalidade*: conceitos, sistemas e efeitos. 2. ed. São Paulo: Revista dos Tribunais, 2001.

PIMENTA, Paulo R. L. *Efeitos da Decisão de Inconstitucionalidade em Direito Tributário*. São Paulo: Dialética, 2002.

_____. "O Controle de Constitucionalidade das Leis e a Emenda Constitucional n. 45/2004". In: Fredie Didier Jr., Edvaldo Brito e Saulo Casali Bahia (coords.). *Reforma do Judiciário*. São Paulo: Saraiva, 2006.

PIMENTA, Reinaldo. *A Casa da Mãe Joana* – curiosidades nas origens das palavras, frases e marcas. 8. ed. Rio de Janeiro: Campus, 2002.

PINA, Rolando E. *Cláusulas Constitucionales Operativas y Programáticas*. Buenos Aires: Astrea, 1973.

PIOVESAN, Flávia C. *Proteção Judicial Contra Omissões Legislativas*. São Paulo: Revista dos Tribunais, 1995.

PINTO FERREIRA, Luiz. *Comentários à Constituição Brasileira*. São Paulo: Saraiva, 1989. v. 1.

_____. *Da Constituição*. 2. ed. Rio de Janeiro: Konfino, 1956.

PIRES DOS SANTOS, Ulderico. *Mandado de Injunção*: estudos e considerações. São Paulo: Paumape, 1988.

PIRES, Maria José Morais. "A discriminação positiva no direito internacional e europeu dos direitos do homem". *Revista Documentação e Direito Comparado*. Lisboa, 1995, p. 11-74.

PONTES DE MIRANDA. *Comentários à Constituição de 1967*. Rio de Janeiro: Forense, 1987. t. 2,

POPPER, Karl. *Lógica das Ciências Sociais*. 3. ed. Rio de Janeiro: Tempo Brasileiro, 2004.

POSADA, Adolfo. *La Idea Pura del Estado*. 4. ed. Madrid: Librería General de Victoriano Suárez Preciados, 1933.

PRADO, Roberto Barreto. *Direito do Trabalho*. São Paulo: Revista dos Tribunais, 1963.

QUEIROZ, Eça de. "Sigularidades de uma Rapariga Loura". In: *Contos*. Porto: Lello & Irmão, Editores, [s. d.].

RADBRUCH, Gustav. *Introducción a la Filosofía del Derecho*. México-Buenos Aires: Fondo de Cultura Económica, 1993.

RANGEL, Paulo. *Direito Processual Penal*. 13. ed. Rio de Janeiro: Lumen Juris, 2007.

REALE, Miguel. *Teoria Tridimensional do Direito*. 5. ed. São Paulo: Saraiva, 1994.

_____. *O Estado Democrático de Direito e o Conflito das Ideologias*. São Paulo: Saraiva, 1998.

_____. "Decoro parlamentar e cassação de mandato eletivo". *Revista de Direito Público*. v. 3, n. 10, out./dez. 1969, p. 86-93.

RECASÉNS SICHES, L. *Introducción al Estudio del Derecho*. México: Porrúa, 1970.

_____. *Los Temas de la Filosofía del Derecho*. Barcelona: Bosch, 1934.

REIS, José Carlos Vasconcellos dos. *As Normas Constitucionais Programáticas e o Controle do Estado*. Rio de Janeiro: Renovar, 2003.

REZEK, Francisco. *Direito Internacional Público*. 10. ed. São Paulo: Saraiva, 2005.

RIBEIRO, Darcy. *O Povo Brasileiro*: a formação e o sentido do Brasil. São Paulo: Companhia das Letras, 1995.

_____. *Gentidades*. Porto Alegre: L&PM, 1997.

RIBEIRO NETO, José. *Vigência da Lei Complementar n. 37/2003 (FECOP) e da Lei n. 13.417/2003 (ITCD) e os princípios da anterioridade e da noventena*: polêmicas. Disponível em: <http://www.classecontabil.com.br>.

RIPERT, Georges. *Le Régime Démocratique et le Droit Civil Moderne*. 2. ed. Paris: LGDJ, 1948.

RODRIGUES, Ernesto. *O Veto no Direito Comparado*. São Paulo: Revista dos Tribunais, 1993.

RODRIGUES, Geisa de Assis. *Ação Civil Pública e Termo de Ajustamento de Conduta.* Rio de Janeiro: Forense, 2002.

RODRIGUES PINTO, José Augusto. *Curso de Direito Individual do Trabalho.* 3. ed. São Paulo: LTr, 1997.

_____. *Direito Sindical e Coletivo do Trabalho.* São Paulo: LTr, 1998.

ROJAS, Miguel Limón. *La Interpretación Constitucional.* México: Instituto de Investigaciones Judiciales, 1975.

ROLLEMBERG, Marcello. *A Esfinge e Seus Segredos*: máximas e citações de Oscar Wilde. Rio de Janeiro-São Paulo: Record, 2000.

ROSS, Alf. *Sobre el Derecho y la Justicia.* Buenos Aires: Ed. Universitaria de Buenos Aires, [s. d.].

ROTHENBURG, Walter Claudius. *A Pessoa Jurídica Criminosa.* Curitiba: Juruá, 1997.

______. Arguição de Descumprimento de Preceito Fundamental. In: André Ramos Tavares e Walter Claudius Rothenburg (coords.). *Arguição de Descumprimento de Preceito Fundamental.* São Paulo: Atlas, 2001.

ROTUNDA, Ronald D. *Modern Constitutional Law.* St Paul: West Publishing Co., 1997.

RUBIO, Ricardo Medina. *La Función Constitucional de las Comisiones Parlamentarias de Investigación.* Madrid: Civitas, 1994.

RUEFF, Jacques. *L'Ordre Social.* Paris: Sirey, 1945.

RUSSOMANO, Rosah. *Lições de Direito Constitucional.* Rio de Janeiro: Konfino, 1968; 2. ed., 1970.

SAMPAIO, Nelson de Souza. *O Poder de Reforma Constitucional.* Atualizado por Uadi Lammêgo Bulos. Belo Horizonte: Nova Alvorada, 1994.

_____. *O Processo Legislativo.* 2. ed. rev. e atual. por Uadi Lammêgo Bulos. Belo Horizonte: Del Rey, 1996.

SANDRONI, Paulo. *Novíssimo Dicionário de Economia.* 2. ed. São Paulo: Best Seller, 1999.

SANTANA, Selma Pereira de. *A Culpa Temerária.* Contributo para uma Construção no Direito Penal Brasileiro. São Paulo: Revista dos Tribunais, 2005.

SANTILLI, Juliana. *Socioambientalismo e Novos Direitos*: proteção jurídica e diversidade biológica e cultural. São Paulo: Fundação Petrópolis, 2005.

SANTI ROMANO. *Princípios de Direito Constitucional Geral.* Tradução de Maria Helena Diniz. São Paulo: Revista dos Tribunais, 1977.

SANTOS, Alvacir Correa dos. "Contratação Temporária na Administração Pública". In: Manoel Jorge e Silva Neto (coords.). *Constituição e Trabalho.* São Paulo: LTr, 1998.

SANTOS, Boaventura de Sousa. *Pela Mão de Alice*: o social e o político na pós-modernidade. 9. ed. São Paulo: Cortez Editora, 2003.

SARAIVA, Paulo Lopo. *Manual de Direito Constitucional.* Rio de Janeiro: Lumen Juris, 1995.

SARLET, Ingo Wolfgang. *A Eficácia dos Direitos Fundamentais*. 5. ed. Porto Alegre: Livr. do Advogado Ed., 2005.

SARMENTO, Daniel. "Aspectos sobre a arguição de descumprimento de preceito fundamental". In: André Ramos Tavares e Walter Claudius Rothenburg (coords.). *Arguição de Descumprimento de Preceito Fundamental*. São Paulo: Atlas, 2001.

_____. *A Ponderação de Interesses na Constituição Federal*. Rio de Janeiro: Lumen Juris, 2000.

_____. "A vinculação dos particulares aos direitos fundamentais no direito comparado e no Brasil". In: Luís Roberto Barroso (coord.). *A Nova Interpretação Constitucional*. Rio de Janeiro: Renovar, 2003.

_____. "Direito Adquirido, Emenda Constitucional, Democracia e Justiça Social". *Revista Brasileira de Direito Público*. Belo Horizonte: Fórum, ano 3, n. 9, abr./jun. 2005, p. 9-38.

SCAFF, Fernando Facury; MAUÉS, Antônio G. Moreira. *Justiça Constitucional e Tributação*. São Paulo: Dialética, 2005.

SCHIER, Adriana da Costa Ricardo. *A Participação Popular na Administração Pública*: o direito de reclamação. Rio de Janeiro: Renovar, 2002.

SCHMITT, Carl. *Teoría de la Constitución*. Madrid: Alianza Ed., 1992.

_____. *La Defensa de la Constitución*. Madrid: Tecnos, 1983.

_____. *O Conceito do Político*. Tradução de Alvaro L. M. Valls. Petrópolis: Vozes, 1992.

SCHNEIDER, Johann. "El régimen parlamentario". In: Benda, Maihofer, Vogel, Hesse e Heyde (org.). *Manual de Derecho Constitucional*. Madrid: Marcial Pons, 1996.

SCHWARTZ, Bernard. *Direito Constitucional Americano*. Rio de Janeiro: Forense, 1966.

SEABRA FAGUNDES, Miguel. *O Controle dos Atos Administrativos pelo Poder Judiciário*. 3. ed. Rio de Janeiro: Forense, 1957.

SIEYÈS, Emmannuel. *Que és el Tercer Estado?*. Madrid: Aguilar, 1973.

SILVA, Floriano Corrêa Vaz da. *Direito Constitucional do Trabalho*. São Paulo: LTr, 1977.

SILVA, José Afonso da. *Curso de Direito Constitucional Positivo*. 13. ed. São Paulo: Malheiros, 1997.

_____. *Poder Constituinte e Poder Popular*: estudos sobre a Constituição. São Paulo: Malheiros, 2000.

_____. *Aplicabilidade das Normas Constitucionais*. 3. ed. São Paulo: Malheiros, 1998.

_____. *Ordenação Constitucional da Cultura*. São Paulo: Malheiros, 2001.

_____. *Direito Ambiental Constitucional*. 2. ed. 2. tir. São Paulo: Malheiros, 1997.

_____. *Princípios do Processo de Formação das Leis no Direito Constitucional*. São Paulo: Revista dos Tribunais, 1964.

SILVA NETO, Manoel Jorge e. *Curso Básico de Direito Constitucional*. Rio de Janeiro: Lumen Juris, 2004. t. 1.

_____. *Direito Constitucional Econômico*. São Paulo: LTr, 2001.

_____. *O Princípio da Máxima Efetividade e a Interpretação Constitucional*. São Paulo: LTr, 1999.

_____. *Proteção Constitucional à Liberdade Religiosa*. Rio de Janeiro: Lumen Juris, 2008.

SIMON, Sandra Lia. "A ampliação da competência da Justiça do Trabalho e o Ministério Público do Trabalho". In: Grijalbo Fernandes Coutinho e Marcos Neves Fava (coords.). *Nova Competência da Justiça do Trabalho*. São Paulo: LTr, 2005. p. 341-355.

SMITH, Adam. *A Riqueza das Nações*. Rio de Janeiro: Ediouro, 1986.

SOUZA, Wilson Alves de. *Sentença Civil Imotivada*. Salvador: JusPodivm, 2008.

SPANTIGATI, Federico. *Manual de Derecho Urbanístico*. Madrid: Montecorvo, 1973.

STUART MILL, John. *O Governo Representativo*. 3. ed. São Paulo: Instituição Brasileira de Difusão Cultural, 1995.

STUMM, Raquel Denize. *O Princípio da Proporcionalidade no Direito Constitucional Brasileiro*. Porto Alegre: Livr. do Advogado, Ed., 1995.

TAVARES, André Ramos. *Curso de Direito Constitucional*. São Paulo: Saraiva, 2002.

_____. "Arguição de descumprimento de preceito fundamental: aspectos essenciais do instituto na Constituição e na lei". In: André Ramos Tavares e Walter Claudius Rothenburg (Coords.). *Arguição de Descumprimento de Preceito Fundamental*. São Paulo: Atlas, 1999.

_____. *Nova Lei da Súmula Vinculante*: estudos e comentários à Lei 11.417, de 19.12.2006. São Paulo: Método, 2007.

TEIXEIRA, Carla Costa. "Decoro parlamentar: a legitimidade da esfera privada no mundo público? *Revista Brasileira de Ciências Sociais*, v. 11, n. 30, p. 110-127, 1996.

TEIXEIRA FILHO, Manoel Antônio. *Breves Comentários à Reforma do Poder Judiciário*. São Paulo: LTr, 2005.

TEMER, Michel. *Elementos de Direito Constitucional*. 14. ed. São Paulo: Malheiros, 1998.

_____. "O Congresso Nacional e a reforma política". In: Paulo Modesto e Oscar Mendonça (coords.). *Direito do Estado*: novos rumos. São Paulo: Max Limonad, 2001. t. 1.

TORNAGHI, Hélio. *Comentários ao Código de Processo Civil*. São Paulo: Revista dos Tribunais, 1974. v. 1.

TORRES, Ricardo Lobo (coord.). "A cidadania multidimensional na era dos direitos". In: *Teoria dos Direitos Fundamentais*. Rio de Janeiro: Renovar, 1999.

TOURINHO, Arx. Interrupção Terapêutica de Feto Anencefálico. Disponível em noticias.com.br.

TRIBE, L. H. The Puzzling Persistence of Process-Based Constitutional Theories. *The Yale Law Journal*, v. 89, p. 1073, 1980.

TUSHNET, Mark V. *Brown v. Board of Education:* The Battle for Integration. New York: New York Public Library, 1995.

VELOSO, Zeno. *Controle Jurisdicional de Constitucionalidade*. 2. ed. Belo Horizonte: Del Rey, 2000.

VIEIRA, David Gueiros. *O Protestantismo, a Maçonaria e a Questão Religiosa no Brasil*. 2. ed. Brasília: Ed. UnB, 1980.

VILANOVA, Lourival. *As Estruturas Lógicas e o Sistema do Direito Positivo*. São Paulo: Revista dos Tribunais, 1977.

VOGEL, Johann. "El régimen federal de la Ley Fundamental". In: Benda, Maihofer, Vogel, Hesse e Heyde (org.). *Manual de Derecho Constitucional*. Madrid: Marcial Pons, 1996.

WEIL, Pierre; TOMPAKOW, Roland. O Corpo Fala. 51. ed. Petrópolis: Vozes, 2000.

WIESENGRUND, Theodor. " Adorno – textos escolhidos". In: *Os Pensadores*. São Paulo: Nova Cultural, 1996.

WITTGENSTEIN, Ludwig. *Tratado Lógico-Filosófico*: investigações filosóficas. Tradução e prefácio de M. S. Lourenço. 2. ed. Lisboa: Fundação Calouste Gulbenkian, 1995.

ZIMMERMANN, Augusto. *Curso de Direito Constitucional*. 2. ed. Rio de Janeiro: Lumen Juris, 2002.

ÍNDICE REMISSIVO

(os números referem-se às páginas.)

A

B

C

D

E

G

H

I

J

L

M

N

O

P

Q

R

S

T

U

V

Z

ÍNDICE ONOMÁSTICO

(Os números referem-se às páginas.)

A

B

C

D

E

F

G

H

I

J

K

L

M

N

O

P

R

S

T

U

V

W

X

Z

ÍNDICE NUMÉRICO-REMISSIVO DE EMENDAS CONSTITUCIONAIS (ECS) E DE EMENDAS CONSTITUCIONAIS DE REVISÃO (ECRS)

EMENDAS CONSTITUCIONAIS (ECS)

- EC n. 1, de 31-3-1992 – Dispõe sobre a remuneração dos Deputados Estaduais e dos Vereadores
- EC n. 2, de 25-8-1992 – Dispõe sobre o plebiscito previsto no art. 2º do Ato das Disposições Constitucionais Transitórias
- EC n. 3, de 17-3-1993 – Altera o § 6º do art. 40; § 10 do art. 42; alínea *a* do inciso I do art. 102; §§ 1º e 2º do art. 102; § 4º do art. 103; §§ 6º/7º do art. 150; art. 155, I a III e §§ 1º a 3º; inciso III do art. 156; § 3º, I a II, do art. 156; parágrafo único do art. 160; art. 167, IV, e § 4º
- EC n. 4, de 14-9-1993 – Dá nova redação ao art. 16 da Constituição Federal
- EC n. 5, de 15-8-1995 – Altera o § 2º do art. 25 da Constituição Federal
- EC n. 6, de 15-8-1995 – Altera o inciso IX do art. 170, o art. 171 e o § 1º do art. 176 da Constituição Federal
- EC n. 7, de 15-8-1995 – Altera o art. 178 da Constituição Federal e dispõe sobre a adoção de Medidas Provisórias
- EC n. 8, de 15-8-1995 – Altera o inciso XI e a alínea *a* do inciso XII do art. 21 da Constituição Federal
- EC n. 9, de 9-11-1995 – Dá nova redação ao art. 177 da Constituição Federal, alterando e inserindo parágrafos
- EC n. 10, de 4-3-1996 – Altera os arts. 71 e 72 do ADCT, introduzidos pela ECR n. 1, de 1994
- EC n. 11, de 30-4-1996 – Permite a admissão de professores, técnicos e cientistas estrangeiros pelas universidades brasileiras e concede autonomia às instituições de pesquisa científica e tecnologia
- EC n. 12, de 15-8-1996 – Outorga competência à União para instituir contribuição provisória sobre movimentação ou transmissão de valores e de créditos e direitos de natureza financeira
- EC n. 13, de 21-8-1996 – Dá nova redação ao inciso II do art. 192 da Constituição Federal
- EC n. 14, de 12-9-1996 – Modifica os arts. 34, 208, 211 e 212 da Constituição Federal, e dá nova redação ao art. 60 do ADCT
- EC n. 15, de 12-9-1996 – Dá nova redação ao § 4º do art. 18 da Constituição Federal

- EC n. 16, de 4-6-1997 – Dá nova redação ao § 5º do art. 14, ao *caput* do art. 28, ao inciso II do art. 29, ao *caput* do art. 777 e ao art. 82 da Constituição Federal
- EC n. 17, de 22-11-1997 – Altera dispositivos dos arts. 71 e 72 do ADCT, introduzidos pela ECR n. 1, de 1994
- EC n. 18, de 5-2-1998 – Dispõe sobre o regime constitucional dos militares
- EC n. 19, de 4-6-1998 – Modifica o regime e dispõe sobre princípios e normas da Administração Pública, servidores e agentes políticos, controle de despesas e finanças públicas e custeio de atividades a cargo Distrito Federal, e dá outras providências
- EC n. 20, de 15-12-1998 – Modifica o sistema de previdência social, estabelece normas de transição e dá outras providências
- EC n. 21, de 18-3-1999 – Prorroga, alterando a alíquota, a contribuição provisória sobre movimentação ou transmissão de valores e de créditos e de direitos de natureza financeira, a que se refere o art. 74 do ADCT
- EC n. 22, de 18-3-1999 – Acrescenta parágrafo único ao art. 98 e altera as alíneas *i* do inciso I do art. 102, e *c* do inciso I do art. 105 da Constituição Federal
- EC n. 23, de 2-2-1999 – Altera os arts. 12, 52, 84, 91, 102 e 105 da Constituição Federal (criação do Ministério da Defesa)
- EC n. 24, de 9-12-1999 – Altera dispositivos da Constituição Federal pertinentes à representação classista na Justiça do Trabalho
- EC n. 25, de 14-2-2000 – Altera o inciso VI do art. 29 e acrescenta o art. 29-A à Constituição Federal, que dispõem sobre limites de despesas com o Poder Legislativo municipal
- EC n. 26, de 14-2-2000 – Altera o art. 6º da Constituição Federal, para introduzir a alimentação como direito social.
- EC n. 27, de 21-3-2000 – Acrescenta o art. 76 ao ADCT, instituindo a desvinculação de arrecadação de impostos e contribuições sociais da União
- EC n. 28, de 25-5-2000 – Dá nova redação ao inciso XXIX do art. 7º e revoga o art. 233 da Constituição Federal
- EC n. 29, de 13-9-2000 – Altera os arts. 34, 35, 156, 160, 167 e 198 da Constituição Federal e acrescenta artigo ao ADCT, para assegurar os recursos mínimos para o financiamento das ações e serviços públicos de saúde
- EC n. 30, de 13-9-2000 – Altera a redação do art. 100 da Constituição Federal e acrescenta o art. 78 no ADCT, referente ao pagamento de precatórios judiciais
- EC n. 31, de 14-12-2000 – Altera o ADCT, introduzindo artigos que criam o Fundo de Combate e Erradicação da Pobreza
- EC n. 32, de 11-9-2001 – Altera dispositivos dos arts. 48, 57, 61, 62, 64, 66, 84, 88 e 246 da Constituição Federal, e dá outras providências
- EC n. 33, de 11-12-2001 – Altera os arts. 149, 155 e 177 da Constituição Federal
- EC n. 34, de 13-12-2001 – Dá nova redação à alínea *c* do inciso XVI do art. 37 da Constituição Federal

- EC n. 35, de 20-12-2001 – Dá nova redação ao art. 53 da Constituição Federal
- EC n. 36, de 28-5-2002 – Dá nova redação ao art. 222 da Constituição Federal, para permitir a participação de pessoas jurídicas no capital social de empresas jornalísticas e de radiodifusão sonora e de sons e imagens, nas condições que especifica
- EC n. 37, de 12-6-2002 – Altera os arts. 100 e 156 da Constituição Federal e acrescenta os arts. 84, 85, 86, 87 e 88 ao ADCT
- EC n. 38, de 12-6-2002 – Acrescenta o art. 89 ao ADCT, incorporando os Policiais Militares do extinto Território Federal de Rondônia aos quadros da União
- EC n. 39, de 19-12-2002 – Acrescenta o art. 149-A à Constituição Federal (instituindo contribuição para custeio do serviço de iluminação pública nos Municípios e no Distrito Federal)
- EC n. 40, de 29-5-2003 – Altera o inciso V do art. 163 e o art. 192 da Constituição Federal, e o *caput* do art. 52 do ADCT
- EC n. 41, de 19-12-2003 – Modifica os arts. 37, 40, 42, 48, 96, 149 e 201 da Constituição Federal, revoga o inciso IX do § 3º do art. 142 da Constituição Federal e dispositivos da EC n. 20, de 15-12-1998, e dá outras providências
- EC n. 42, de 19-12-2003 – Altera o Sistema Tributário Nacional e dá outras providências
- EC n. 43, de 15-4-2004 – Altera o art. 42 do ADCT
- EC n. 44, de 30-6-2004 – Altera o Sistema Tributário Nacional, e dá outras providências
- EC n. 45, de 8-12-2004 – Altera diversos dispositivos da Constituição Federal (Reforma do Poder Judiciário)
- EC n. 46, de 5-5-2005 – Altera o inciso IV do art. 20 da Constituição Federal
- EC n. 47, de 5-7-2005 – Altera os arts. 37, 40, 195 e 201 da Constituição Federal, para dispor sobre a previdência social, e dá outras providências
- EC n. 48, de 10-8-2005 – Acrescenta o § 3º ao art. 215 da Constituição Federal, instituindo o Plano Nacional de Cultura
- EC n. 49, de 8-2-2006 – Altera a redação da alínea *b* e acrescenta alínea *c* ao inciso XXIII do *caput* do art. 21, e altera a redação do inciso V do *caput* do art. 177 da Constituição Federal para excluir do monopólio da União a produção, a comercialização e a utilização da radioisótopos de meia-vida curta, para usos médicos, agrícolas e industriais
- EC n. 50, de 14-2-2006 – Modifica o art. 57 da Constituição Federal
- EC n. 51, de 14-2-2006 – Acrescenta os §§ 4º, 5º e 6º ao art. 198 da Constituição Federal
- EC n. 52, de 8-3-2006 – Dá nova redação ao § 1º do art. 17 da Constituição Federal para disciplinar as coligações eleitorais
- EC n. 53, de 19-12-2006 – Dá nova redação aos arts. 7º, 23, 30, 206, 208, 211 e 212 da Constituição Federal e ao art. 60 do ADCT

- EC n. 54, de 20-9-2007 – Dá nova redação à alínea *c* do inciso I do art. 12 da Constituição Federal e acrescenta o art. 95 ao ADCT, assegurando o registro nos consulados de brasileiros nascidos no estrangeiro
- EC n. 55, de 20-9-2007 – Altera o art. 159 da Constituição Federal, aumentando a entrega de recursos pela União ao Fundo de Participação dos Municípios
- EC n. 56, de 20-12-2007 – Prorroga o prazo previsto no *caput* do art. 76 do ADCT e dá outras providências
- EC n. 57, de 18-12-2008 – Acrescenta artigo ao ADCT para convalidar os atos de criação, fusão, incorporação e desmembramento de Municípios
- EC n. 58, de 23-12-2009 – Altera a redação do inciso IV do *caput* do art. 29 e do art. 29-A da Constituição Federal, tratando das disposições relativas à recomposição das Câmaras Municipais
- EC n. 59, de 11-11-2009 – Acrescenta o § 3º ao art. 76 do ADCT, e dá nova redação aos incisos I e VII do art. 208, ao § 4º do art. 211, ao § 3º do art. 212, ao *caput* do art. 214, e acrescenta o inciso VI a este artigo da Constituição Federal
- EC n. 60, de 11-11-2009 – Altera o art. 89 do ADCT para dispor sobre o quadro de servidores civis e militares do ex-Território Federal da Rondônia
- EC n. 61, de 11-11-2009 – Altera o art. 103-B da Constituição Federal, para modificar a composição do Conselho Nacional de Justiça
- EC n. 62, de 9-12-2009 – Altera o art. 100 da Constituição Federal e acrescenta o art. 97 ao ADCT, instituindo regime especial de pagamento de precatórios pelos Estados, Distrito Federal e Municípios
- EC n. 63, de 4-2-2010 – Altera o § 5º do art. 198 da Constituição Federal para dispor sobre piso salarial profissional nacional e diretrizes para os Planos de Carreira de agentes comunitários de saúde e de agentes de combate às endemias
- EC n. 64, de 4-2-2010 – Altera o art. 6º da Constituição Federal, para introduzir a alimentação como direito social
- EC n. 65, de 13-7-2010 – Altera a denominação do Capítulo VII do Título VIII da Constituição Federal e modifica o seu art. 227, para cuidar dos interesses da juventude
- EC n. 66, de 13-7-2010 – Dá nova redação ao § 6º do art. 226 da Constituição Federal, que dispõe sobre a dissolubilidade do casamento civil pelo divórcio, suprimindo o requisito da prévia separação judicial por mais de 1 (um) ano ou de comprovada separação de fato por mais de 2 (dois) anos
- EC n. 67, de 22-12-2010 – Prorroga, por tempo indeterminado, o prazo de vigência do Fundo de Combate e Erradicação da Pobreza
- EC n. 68, de 21-12-2011 – Altera o art. 76 do ADCT
- EC n. 69, de 29-3-2012 – Altera os arts. 21, 22 e 48 da Constituição Federal, para transferir da União para o Distrito Federal as atribuições de organizar e manter a Defensoria Pública do Distrito Federal

- EC n. 70, de 29-3-2012 – Acrescenta o art. 6º-A à Emenda Constitucional n. 41, de 2003, para estabelecer critérios para o cálculo e a correção dos proventos da aposentadoria por invalidez dos servidores públicos que ingressaram no serviço público até a data da publicação daquela Emenda Constitucional.

EMENDAS CONSTITUCIONAIS DE REVISÃO (ECRS)

- ECR n. 1, de 1º-3-1994 – Acrescenta os arts. 71, 72 e 73 ao ADCT
- ECR n. 2, de 7-6-1994 – Dá nova redação ao art. 50, *caput,* e § 2º da Constituição Federal
- ECR n. 3, de 7-6-1994 – Altera a alínea *c* do inciso I, a alínea *b* do inciso II, o § 1º e o inciso II do § 4º do art. 12 da Constituição Federal
- ECR n. 4, de 7-6-1994 – Dá nova redação ao § 9º do art. 14 da Constituição Federal
- ECR n. 5, de 7-6-1994 – Substitui a expressão *cinco anos* por *quatro anos* no art. 82 da Constituição Federal
- ECR n. 6, de 7-6-1994 – Acrescenta § 4º ao art. 55 da Constituição Federal

SÚMULAS VINCULANTES

Súmula Vinculante 1: Ofende a garantia constitucional do ato jurídico perfeito a decisão que, sem ponderar as circunstâncias do caso concreto, desconsidera a validez e a eficácia de acordo constante de termo de adesão instituído pela Lei Complementar n. 110/2001.

Súmula Vinculante 2: É inconstitucional a lei ou ato normativo estadual ou distrital que disponha sobre sistemas de consórcios e sorteios, inclusive bingos e loterias.

Súmula Vinculante 3: Nos processos perante o Tribunal de Contas da União asseguram-se o contraditório e a ampla defesa quando da decisão puder resultar anulação ou revogação de ato administrativo que beneficie o interessado, excetuada a apreciação da legalidade do ato de concessão inicial de aposentadoria, reforma e pensão.

Súmula Vinculante 4: Salvo nos casos previstos na Constituição, o salário mínimo não pode ser usado como indexador de base de cálculo de vantagem de servidor público ou de empregado, nem ser substituído por decisão judicial.

Súmula Vinculante 5: A falta de defesa técnica por advogado no processo administrativo disciplinar não ofende a Constituição.

Súmula Vinculante 6: Não viola a Constituição o estabelecimento de remuneração inferior ao salário mínimo para os praças prestadores de serviço militar inicial.

Súmula Vinculante 7: A norma do § 3º do art. 192 da Constituição, revogada pela Emenda Constitucional n. 40/2003, que limitava a taxa de juros reais a 12% ao ano, tinha sua aplicação condicionada à edição de lei complementar.

Súmula Vinculante 8: São inconstitucionais o parágrafo único do art. 5º do Decreto-Lei n. 1.569/1977 e os arts. 45 e 46 da Lei n. 8.212/1991, que tratam de prescrição e decadência de crédito tributário.

Súmula Vinculante 9: O disposto no art. 127 da Lei n. 7.210/1984 (Lei de Execução Penal) foi recebido pela ordem constitucional vigente, e não se lhe aplica o limite temporal previsto no *caput* do art. 58.

Súmula Vinculante 10: Viola a cláusula de reserva de plenário (CF, art. 97) a decisão de órgão fracionário de tribunal que, embora não declare expressamente a inconstitucionalidade de lei ou ato normativo do poder público, afasta sua incidência, no todo ou em parte.

Súmula Vinculante 11: Só é lícito o uso de algemas em casos de resistência e de fundado receio de fuga ou de perigo à integridade física própria ou alheia, por parte do preso ou de terceiros, justificada a excepcionalidade por escrito, sob pena de responsabilidade disciplinar, civil e penal do agente ou da autoridade e de nulidade da prisão ou do ato processual a que se refere, sem prejuízo da responsabilidade civil do Estado.

Súmula Vinculante 12: A cobrança de taxa de matrícula nas universidades públicas viola o disposto no art. 206, IV, da Constituição Federal.

Súmula Vinculante 13: A nomeação de cônjuge, companheiro ou parente em linha reta, colateral ou por afinidade, até o terceiro grau, inclusive, da autoridade nomeante ou de servidor da mesma pessoa jurídica investido em cargo de direção, chefia ou assessoramento, para o exercício de cargo em comissão ou de confiança ou, ainda, de função gratificada na administração pública direta e indireta em qualquer dos Poderes da União, dos Estados, do Distrito Federal e dos Municípios, compreendido o ajuste mediante designações recíprocas, viola a Constituição Federal.

Súmula Vinculante 14: É direito do defensor, no interesse do representado, ter acesso amplo aos elementos de prova que, já documentados em procedimento investigatório realizado por órgão com competência de polícia judiciária, digam respeito ao exercício do direito de defesa.

Súmula Vinculante 15: O cálculo de gratificações e outras vantagens do servidor público não incide sobre o abono utilizado para se atingir o salário mínimo.

Súmula Vinculante 16: Os arts. 7º, IV, e 39, § 3º (redação da EC n. 19/98), da Constituição, referem-se ao total da remuneração percebida pelo servidor público.

Súmula Vinculante 17: Durante o período previsto no § 1º do art. 100 da Constituição, não incidem juros de mora sobre os precatórios que nele sejam pagos.

Súmula Vinculante 18: A dissolução da sociedade ou do vínculo conjugal, no curso do mandato, não afasta a inelegibilidade prevista no § 7º do art. 14 da Constituição Federal.

Súmula Vinculante 19: A taxa cobrada exclusivamente em razão dos serviços públicos de coleta, remoção e tratamento ou destinação de lixo ou resíduos provenientes de imóveis, não viola o art. 145, II, da Constituição Federal.

Súmula Vinculante 20: A gratificação de desempenho de atividade técnico-administrativa – GDATA, instituída pela Lei n. 10.404/2002, deve ser deferida aos inativos nos valores correspondentes a 37,5 (trinta e sete vírgula cinco) pontos no período de fevereiro a maio de 2002 e, nos termos do art. 5º, parágrafo único, da Lei n. 10.404/2002, no período de junho de 2002 até a conclusão dos efeitos do último ciclo de avaliação a que se refere o art. 1º da Medida Provisória n. 198/2004, a partir da qual passa a ser de 60 (sessenta) pontos.

Súmula Vinculante 21: É inconstitucional a exigência de depósito ou arrolamento prévios de dinheiro ou bens para admissibilidade de recurso administrativo.

Súmula Vinculante 22: A Justiça do Trabalho é competente para processar e julgar as ações de indenização por danos morais e patrimoniais decorrentes de acidente de trabalho propostas por empregado contra empregador, inclusive aquelas que ainda não possuíam sentença de mérito em primeiro grau quando da promulgação da Emenda Constitucional n. 45/2004.

Súmula Vinculante 23: A Justiça do Trabalho é competente para processar e julgar ação possessória ajuizada em decorrência do exercício do direito de greve pelos trabalhadores da iniciativa privada.

Súmula Vinculante 24: Não se tipifica crime material contra a ordem tributária, previsto no art. 1º, incisos I a IV, da Lei n. 8.137/90, antes do lançamento definitivo do tributo.

Súmula Vinculante 25: É ilícita a prisão civil de depositário infiel, qualquer que seja a modalidade do depósito.

Súmula Vinculante 26: Para efeito de progressão de regime no cumprimento de pena por crime hediondo, ou equiparado, o juízo da execução observará a inconstitucionalidade do art. 20 da Lei n. 8.072, de 25 de julho de 1990, sem prejuízo de avaliar se o condenado preenche, ou não, os requisitos objetivos e subjetivos do benefício, podendo determinar, para tal fim, de modo fundamentado, a realização de exame criminológico.

Súmula Vinculante 27: Compete à Justiça estadual julgar causas entre consumidor e concessionária de serviço público de telefonia, quando a ANATEL não seja litisconsorte passiva necessária, assistente, nem opoente.

Súmula Vinculante 28: É inconstitucional a exigência de depósito prévio como requisito de admissibilidade de ação judicial na qual se pretenda discutir a exigibilidade do crédito tributário.

Súmula Vinculante 29: É constitucional a adoção do valor de taxa de um ou mais elementos da base de cálculo própria de determinado imposto, desde que não haja integral identidade entre uma base e outra.

Súmula Vinculante 31: É inconstitucional a incidência do imposto sobre serviços de qualquer natureza – ISS – sobre operações de locações de bens móveis.

Súmula Vinculante 32: O ICMS não incide sobre alienação de salvados de sinistro pelas seguradoras.